LE LIVRE NOIR DU COMMUNISME

STÉPHANE COURTOIS, NICOLAS WERTH,
JEAN-LOUIS PANNÉ, ANDRZEJ PACZKOWSKI,
KAREL BARTOSEK, JEAN-LOUIS MARGOLIN

LE LIVRE NOIR DU COMMUNISME

Crimes, terreur et répression

avec la collaboration de Rémi Kauffer, Pierre Rigoulot,
Pascal Fontaine, Yves Santamaria et Sylvain Boulouque

LE GRAND LIVRE DU MOIS

Ouvrage publié sous la direction
de Charles Ronsac

L'éditeur et les auteurs dédient ce livre
à la mémoire de François Furet
qui avait accepté d'en rédiger la préface.

LES CRIMES DU COMMUNISME

par Stéphane Courtois

« La vie a perdu contre la mort,
mais la mémoire gagne
dans son combat contre le néant. »
Tzvetan Todorov
Les Abus de la mémoire.

On a pu écrire que « l'histoire est la science du malheur des hommes[1] » ; notre siècle de violence semble confirmer cette formule de manière éloquente. Certes, dans les siècles précédents, peu de peuples et peu d'États ont été exempts de toute violence de masse. Les principales puissances européennes furent impliquées dans la traite des Noirs ; la République française a pratiqué une colonisation qui, en dépit de certains apports, fut marquée par nombre d'épisodes répugnants, et ce jusqu'à sa fin. Les États-Unis restent imprégnés d'une certaine culture de la violence qui plonge ses racines dans deux crimes majeurs : l'esclavage des Noirs et l'extermination des Indiens.

Il n'en reste pas moins que notre siècle semble avoir dépassé à cet égard ses prédécesseurs. Un coup d'œil rétrospectif impose une conclusion accablante : ce fut le siècle des grandes catastrophes humaines — deux guerres mondiales, le nazisme, sans parler de tragédies plus circonscrites en Arménie, au Biafra, au Rwanda et ailleurs. L'Empire ottoman se livra en effet au génocide des Arméniens et l'Allemagne à celui des Juifs et des Tsiganes. L'Italie de Mussolini massacra les Éthiopiens. Les Tchèques ont du mal à admettre que leur comportement à l'égard des Allemands des Sudètes, en 1945-1946, ne fut pas au-dessus de tout soupçon. Et la petite Suisse elle-même est aujourd'hui rattrapée par son passé de gestionnaire de l'or volé par les nazis aux Juifs exterminés, même si le degré d'atrocité de ce comportement est sans commune mesure avec celui du génocide.

Le communisme s'insère dans cette plage de temps historique débordant de tragédies. Il en constitue même l'un des moments les plus intenses et les plus significatifs. Le communisme, phénomène majeur de ce court XXe siècle qui commence en 1914 et s'achève à Moscou en 1991, se trouve au centre même du tableau. Un communisme qui préexistait au fascisme, au nazisme et leur a survécu, et qui a touché les quatre grands continents.

1. Raymond Queneau, *Une histoire modèle*, Gallimard, 1979, p. 9.

Que désignons-nous précisément sous cette dénomination de « communisme » ? Il faut introduire ici et aussitôt une distinction entre la doctrine et la pratique. Comme philosophie politique, le communisme existe depuis des siècles, voire des millénaires. N'est-ce pas Platon qui, dans *La République*, fonda l'idée d'une cité idéale où les hommes ne seraient pas corrompus par l'argent et le pouvoir, où la sagesse, la raison et la justice commanderaient ? Un penseur et homme d'État aussi éminent que Sir Thomas More, chancelier d'Angleterre en 1530, auteur de la fameuse *Utopia* et mort sous la hache du bourreau d'Henri VIII, n'était-il pas un autre précurseur de cette idée de la cité idéale ? La démarche utopienne semble parfaitement légitime comme outil critique de la société. Elle participe du débat d'idées, oxygène de nos démocraties. Cependant, le communisme dont nous parlons ici ne se situe pas dans le ciel des idées. C'est un communisme bien réel, qui a existé à une époque donnée, dans des pays donnés, incarné par des leaders célèbres — Lénine, Staline, Mao, Hô Chi Minh, Castro, etc., et, plus près de notre histoire nationale, Maurice Thorez, Jacques Duclos, Georges Marchais.

Quel que soit le degré d'implication de la doctrine communiste antérieure à 1917 dans la pratique du communisme réel — nous y reviendrons —, c'est bien celui-ci qui a mis en œuvre une répression systématique, jusqu'à ériger, en des moments paroxystiques, la terreur en mode de gouvernement. L'idéologie est-elle pour autant innocente ? Des esprits chagrins ou scolastiques pourront toujours soutenir que ce communisme réel n'avait rien à voir avec le communisme idéal. Et il serait évidemment absurde d'imputer à des théories élaborées avant Jésus-Christ, sous la Renaissance ou même au XIXe siècle, des événements surgis au cours du XXe siècle. Néanmoins, comme l'écrit Ignazio Silone, « en vérité, les révolutions comme les arbres se reconnaissent à leurs fruits ». Et ce n'est pas sans raison que les sociaux-démocrates russes, connus sous le nom de « bolcheviks », ont décidé en novembre 1917 de s'appeler « communistes ». Ce n'est pas non plus par hasard qu'ils ont érigé au pied du Kremlin un monument à la gloire de ceux qu'ils considéraient comme leurs précurseurs : More ou Campanella.

Dépassant les crimes individuels, les massacres ponctuels, circonstanciels, les régimes communistes ont, pour asseoir leur pouvoir, érigé le crime de masse en véritable système de gouvernement. Il est vrai qu'au bout d'un laps de temps variable — allant de quelques années en Europe de l'Est à plusieurs décennies en URSS ou en Chine —, la terreur a perdu de sa vigueur, les régimes se sont stabilisés dans une gestion de la répression au quotidien, à travers la censure de tous les moyens de communication, le contrôle des frontières, l'expulsion des dissidents. Mais la « mémoire de la terreur » a continué à assurer la crédibilité, et donc l'efficacité, de la menace répressive. Aucune des expériences communistes un moment populaires en Occident n'a échappé à cette loi : ni la Chine du « Grand Timonier », ni la Corée de Kim Il Sung, ni même le Vietnam du

« gentil Oncle Hô » ou le Cuba du flamboyant Fidel, flanqué du pur Che Guevara, sans oublier l'Éthiopie de Mengistu, l'Angola de Neto et l'Afghanistan de Najiboullah.

Or les crimes du communisme n'ont pas été soumis à une évaluation légitime et normale tant du point de vue historique que du point de vue moral. Sans doute est-ce ici l'une des premières fois que l'on tente l'approche du communisme en s'interrogeant sur cette dimension criminelle comme une question à la fois centrale et globale. On nous rétorquera que la plupart de ces crimes répondaient à une « légalité », elle-même appliquée par des institutions appartenant à des régimes en place, reconnus sur le plan international et dont les chefs étaient reçus en grande pompe par nos propres dirigeants. Mais n'en fut-il pas de même du nazisme ? Les crimes que nous exposons dans ce livre ne se définissent pas au regard de la juridiction des régimes communistes, mais du code non écrit des droits naturels de l'humanité.

L'histoire des régimes et des partis communistes, de leur politique, de leurs relations avec leurs sociétés nationales et avec la communauté internationale, ne se résume pas à cette dimension criminelle, ni même à une dimension de terreur et de répression. En URSS et dans les « démocraties populaires » après la mort de Staline, en Chine après celle de Mao, la terreur s'est atténuée, la société a commencé à retrouver des couleurs, la « coexistence pacifique » — même si elle était « une poursuite de la lutte de classe sous d'autres formes » — est devenue une donnée permanente de la vie internationale. Néanmoins, les archives et les témoignages abondants montrent que la terreur a été dès l'origine l'une des dimensions fondamentales du communisme moderne. Abandonnons l'idée que telle fusillade d'otages, tel massacre d'ouvriers révoltés, telle hécatombe de paysans morts de faim, n'ont été que des « accidents » conjoncturels, propres à tel pays ou à telle époque. Notre démarche dépasse chaque terrain spécifique et considère la dimension criminelle comme l'une des dimensions propres à l'ensemble du système communiste, durant toute sa période d'existence.

De quoi allons-nous parler, de quels crimes ? Le communisme en a commis d'innombrables : crimes contre l'esprit d'abord, mais aussi crimes contre la culture universelle et contre les cultures nationales. Staline a fait démolir des centaines d'églises à Moscou ; Ceaucescu a détruit le cœur historique de Bucarest pour y édifier des bâtiments et y tracer des perspectives mégalomaniaques ; Pol Pot a fait démonter pierre par pierre la cathédrale de Phnom Penh et abandonné à la jungle les temples d'Angkor ; pendant la Révolution culturelle maoïste, des trésors inestimables ont été brisés ou brûlés par les Gardes rouges. Pourtant, si graves que puissent être à long terme ces destructions pour les nations concernées et pour l'humanité tout entière, de quel poids pèsent-elles face à l'assassinat massif des gens, des hommes, des femmes, des enfants ?

Nous n'avons donc retenu que les crimes contre les personnes, qui constituent l'essence du phénomène de terreur. Ceux-ci répondent à une nomenclature commune, même si telle pratique est plus accentuée dans tel régime : l'exécution par des moyens divers — fusillade, pendaison, noyade, bastonnade ; et dans certains cas, gaz de combat, poison ou accident automobile —, la destruction par la faim — famines provoquées et/ou non secourues —, la déportation — la mort pouvant intervenir au cours du transport (marches à pied ou wagons à bestiaux) ou sur les lieux de résidence et/ou de travaux forcés (épuisement, maladie, faim, froid). Le cas des périodes dites de « guerre civile » est plus complexe : il n'est pas aisé de distinguer ce qui relève du combat entre pouvoir et rebelles, et ce qui est massacre de population civiles.

Nous pouvons néanmoins établir un premier bilan chiffré qui n'est encore qu'une approximation minimale et nécessiterait de longues précisions mais qui, selon des estimations personnelles, donne un ordre de grandeur et permet de toucher du doigt la gravité du sujet :

— URSS, 20 millions de morts,
— Chine, 65 millions de morts,
— Vietnam, 1 million de morts,
— Corée du Nord, 2 millions de morts,
— Cambodge, 2 millions de morts,
— Europe de l'Est, 1 million de morts,
— Amérique latine, 150 000 morts,
— Afrique, 1,7 million de morts,
— Afghanistan, 1,5 million de morts,
— mouvement communiste international et partis communistes non au pouvoir, une dizaine de milliers de morts.

Le total approche la barre des cent millions de morts.

Cette échelle de grandeur recouvre de grandes disparités de situation. Il est incontestable qu'en valeur relative la « palme » revient au Cambodge où Pol Pot, en trois ans et demi, est parvenu à tuer de la manière la plus atroce — la famine généralisée, la torture — le quart environ de la population totale du pays. Cependant, l'expérience maoïste frappe par l'ampleur des masses impliquées. Quant à la Russie léninienne et stalinienne, elle glace le sang par son côté expérimental mais parfaitement réfléchi, logique, politique.

Cette approche élémentaire ne saurait épuiser la question dont l'approfondissement implique une démarche « qualitative », reposant sur une définition du crime. Celle-ci doit s'attacher à des critères « objectifs » et juridiques. La question du crime commis par un État a été abordée pour la première fois sous un angle juridique, en 1945, au tribunal de Nuremberg institué par les Alliés pour juger les crimes nazis. La nature de ces crimes a été définie par l'article 6 des statuts du tribunal, qui désigne trois crimes majeurs : les crimes contre la paix, les crimes de guerre, les crimes contre l'humanité. Or, un examen de l'ensemble des crimes commis sous le régime léninien/stalinien, puis dans le monde communiste en général, nous conduit à y reconnaître chacune de ces trois catégories.

Les crimes contre la paix sont définis par l'article 6a et concernent « la direction, la préparation, le déclenchement ou la poursuite d'une guerre d'agression, ou d'une guerre de violation des traités, assurances ou accords internationaux, ou la participation à un plan concerté ou à un complot pour l'accomplissement de l'un quelconque des actes qui précèdent ». Staline a incontestablement commis ce type de crime, ne serait-ce qu'en négociant secrètement avec Hitler, par deux traités du 23 août et du 28 septembre 1939, le partage de la Pologne et l'annexion à l'URSS des États baltes, de la Bukovine du Nord et de la Bessarabie. Le traité du 23 août, en libérant l'Allemagne du danger d'un combat sur deux fronts, provoqua directement le déclenchement de la Seconde Guerre mondiale. Staline a perpétré un nouveau crime contre la paix en agressant la Finlande le 30 novembre 1939. L'attaque inopinée de la Corée du Nord contre la Corée du Sud le 25 juin 1950 et l'intervention massive de l'armée de la Chine communiste sont du même ordre. Les méthodes de subversion, relayées un temps par les partis communistes commandités depuis Moscou, pourraient également être assimilées à des crimes contre la paix, car leur action a débouché sur des guerres ; ainsi, un coup d'État communiste en Afghanistan amena, le 27 décembre 1979, une intervention militaire massive de l'URSS, inaugurant une guerre qui n'est pas encore éteinte.

Les crimes de guerre sont définis à l'article 6b comme « les violations des lois et coutumes de la guerre. Ces violations comprennent, sans y être limitées, l'assassinat, les mauvais traitements ou la déportation pour des travaux forcés, ou pour tout autre but, des populations civiles dans les territoires occupés, l'assassinat ou les mauvais traitements des prisonniers de guerre ou des personnes en mer, l'exécution des otages, le pillage des biens publics ou privés, la destruction sans motif des villes et villages ou la dévastation que ne justifient pas les exigences militaires ». Les lois et coutumes de la guerre sont inscrites dans des conventions dont la plus connue est la Convention de La Haye de 1907, qui stipule : « En temps de guerre, les populations et les belligérants restent sous l'empire des principes du droit des gens tels qu'ils résultent des usages établis par les nations civilisées, les lois de l'humanité et les exigences de la conscience publique. »

Or, Staline a ordonné ou autorisé de nombreux crimes de guerre ; la liquidation de la quasi-totalité des officiers polonais faits prisonniers en 1939 — dont les 4 500 morts de Katyn ne sont qu'un épisode — en est le plus spectaculaire. Mais d'autres crimes de beaucoup plus grande ampleur sont passés inaperçus, comme l'assassinat ou la mort au Goulag de centaines de milliers de militaires allemands faits prisonniers entre 1943 et 1945 ; à cela s'ajoutent les viols de masse des femmes allemandes par les soldats de l'Armée rouge dans l'Allemagne occupée ; sans parler du pillage systématique de tout l'appareil industriel des pays occupés par l'Armée rouge. Relèvent du même article 6b les résistants organisés combattant le pouvoir communiste à force ouverte, quand ils sont faits prisonniers et fusillés ou déportés : par exemple, les militaires des organisations polonaises de résistance antinazie (POW, AK), les membres des organisations de partisans armés baltes et ukrainiens, les résistants afghans, etc.

L'expression de « crime contre l'humanité » est apparue pour la première fois le 18 mai 1915, dans une déclaration de la France, de l'Angleterre et de la Russie contre la Turquie en raison du massacre des Arméniens, qualifié de « nouveau crime de la Turquie contre l'humanité et la civilisation ». Les exactions nazies ont poussé le tribunal de Nuremberg à redéfinir la notion dans son article 6c : « L'assassinat, l'extermination, la réduction en esclavage, la déportation et tout autre acte inhumain commis contre toutes populations civiles, avant ou pendant la guerre, ou bien les persécutions pour des motifs politiques, raciaux ou religieux, lorsque ces actes ou persécutions, qu'ils aient constitué ou non une violation du droit interne du pays où ils ont été perpétrés, ont été commis à la suite de tout crime entrant dans la compétence du tribunal, ou en liaison avec ce crime. »

Dans son réquisitoire à Nuremberg, François de Menthon, procureur général français, soulignait la dimension idéologique de ces crimes :

> « Je me propose de vous démontrer que toute criminalité organisée et massive découle de ce que je me permettrais d'appeler un crime contre l'esprit, je veux dire d'une doctrine qui, niant toutes les valeurs spirituelles, rationnelles ou morales, sur lesquelles les peuples ont tenté depuis des millénaires de faire progresser la condition humaine, vise à rejeter l'Humanité dans la barbarie, non plus dans la barbarie naturelle et spontanée des peuples primitifs, mais dans une barbarie démoniaque puisque consciente d'elle-même et utilisant à ses fins tous les moyens matériels mis par la science contemporaine à la disposition de l'homme. Ce péché contre l'esprit, voilà bien la faute originelle du national-socialisme dont tous les crimes découlent. Cette doctrine monstrueuse est celle du racisme. [...] Qu'il s'agisse du crime contre la Paix ou des crimes de guerre, nous ne nous trouvons pas en face d'une criminalité accidentelle, occasionnelle, que les événements pourraient certes non pas justifier, mais expliquer, nous nous trouvons bien devant une criminalité systématique découlant directement et nécessairement d'une doctrine monstrueuse, servie avec une volonté délibérée par les dirigeants de l'Allemagne nazie. »

François de Menthon précisait également que les déportations destinées à assurer une main-d'œuvre supplémentaire pour la machine de guerre allemande et celles visant à exterminer les opposants n'étaient qu'« une conséquence naturelle de la doctrine nationale-socialiste pour laquelle l'homme n'a aucune valeur en soi, lorsqu'il n'est pas au service de la race allemande ». Toutes les déclarations au tribunal de Nuremberg insistaient sur l'une des caractéristiques majeures du crime contre l'humanité : le fait que la puissance de l'État soit mise au service d'une politique et d'une pratique criminelles. Cependant, la compétence du tribunal était limitée aux crimes commis durant la Seconde Guerre mondiale. Il était donc indispensable d'élargir la notion juridique à des situations ne relevant pas de cette guerre. Le nouveau Code pénal français, adopté le 23 juillet 1992, définit ainsi le crime contre l'humanité : « La déportation, la réduction en esclavage ou la pratique massive et systématique d'exécutions sommaires, d'enlèvements de personnes suivis de leur disparition, de la torture ou d'actes inhumains, inspirées par des motifs *politiques*, *philosophiques*, raciaux ou religieux, et organisées en exécution d'un plan concerté à l'encontre d'un groupe de population civile » (c'est nous qui soulignons).

Or, toutes ces définitions, en particulier la récente définition française, s'appliquent à de nombreux crimes commis sous Lénine, et surtout sous Staline, et ensuite dans tous les pays à régime communiste à l'exception (sous bénéfice d'inventaire) de Cuba et du Nicaragua des sandinistes. La condition principale semble non contestable : les régimes communistes ont œuvré « au nom d'un État pratiquant une politique d'hégémonie idéologique ». C'est bien au nom d'une doctrine, fondement logique et nécessaire du système, que furent massacrés des dizaines de millions d'innocents sans qu'aucun acte particulier puisse leur être reproché, à moins que l'on ne reconnaisse qu'il était criminel d'être noble, bourgeois, koulak, ukrainien, et même ouvrier ou... membre du Parti communiste. L'intolérance active faisait partie du programme mis en œuvre. N'est-ce pas le grand chef des syndicats soviétiques, Tomski, qui le 13 novembre 1927 dans *Troud*, déclarait : « Chez nous aussi d'autres partis peuvent exister. Mais voici le principe fondamental qui nous distingue de l'Occident ; la situation imaginable est la suivante : un parti règne, tous les autres sont en prison[1]. »

La notion de crime contre l'humanité est complexe et recouvre des crimes expressément nommés. L'un des plus spécifiques est le génocide. À la suite du génocide des Juifs par les nazis, et afin de préciser l'article 6c du tribunal de Nuremberg, la notion a été définie par une convention des Nations unies du 9 décembre 1948 : « Le génocide s'entend de l'un quelconque des actes ci-après, commis dans l'intention de détruire en tout ou en partie un groupe national, ethnique, racial ou religieux, comme tel : a) meurtres de membres du groupe. b) atteinte grave à l'intégrité physique ou mentale de membres du groupe. c) soumission intentionnelle du groupe à des conditions d'existence devant entraîner sa destruction physique totale ou partielle. d) mesures visant à entraver les naissances au sein du groupe. e) transferts forcés d'enfants du groupe à un autre groupe. »

Le nouveau Code pénal français donne du génocide une définition encore plus large : « Le fait, en exécution d'un *plan concerté* tendant à la

1. Cité par Kostas Papaionannou, *Les Marxistes*, J'ai lu, 1965.

destruction totale ou *partielle* d'un groupe national, ethnique, racial ou religieux, ou *d'un groupe déterminé à partir de tout autre critère arbitraire* » (c'est nous qui soulignons). Cette définition juridique ne contredit pas l'approche plus philosophique d'André Frossard pour qui « il y a crime contre l'humanité lorsque l'on tue quelqu'un sous prétexte qu'il est né[1] ». Et dans son court et magnifique récit intitulé *Tout passe*, Vassili Grossman dit de son héros, retour des camps, Ivan Grigorievitch : « Il est resté ce qu'il était à sa naissance, un homme[2]. » Ce précisément pour quoi il était tombé sous le coup de la terreur. La définition française permet de souligner que le génocide n'est pas toujours du même type — racial comme dans le cas des Juifs —, mais qu'il peut aussi viser des groupes sociaux. Dans un livre publié à Berlin en 1924 — intitulé *La Terreur rouge en Russie* — l'historien russe, et socialiste, Sergueï Melgounov, citait Latzis, l'un des premiers chefs de la Tcheka (la police politique soviétique) qui, le 1er novembre 1918, donna des directives à ses sbires : « Nous ne faisons pas la guerre contre les personnes en particulier. Nous exterminons la bourgeoisie comme classe. Ne cherchez pas, dans l'enquête, des documents et des preuves sur ce que l'accusé a fait, en actes ou en paroles, contre l'autorité soviétique. La première question que vous devez lui poser, c'est à quelle classe il appartient, quelles sont son origine, son éducation, son instruction, sa profession[3]. »

D'emblée, Lénine et ses camarades se sont situés dans le cadre d'une « guerre de classes », sans merci, où l'adversaire politique, idéologique, ou même la population récalcitrante étaient considérés — et traités — en ennemis et devaient être exterminés. Les bolcheviks ont décidé d'éliminer, légalement mais aussi physiquement, toute opposition ou toute résistance, même passive, à leur pouvoir hégémonique, non seulement quand celle-ci était le fait de groupes d'opposants politiques, mais aussi de groupes sociaux en tant que tels — la noblesse, la bourgeoisie, l'intelligentsia, l'Église, etc., et de catégories professionnelles (les officiers, les gendarmes...) —, et lui ont parfois conféré une dimension génocidaire. Dès 1920, la « décosaquisation » correspond largement à la définition du génocide : l'ensemble d'une population à l'implantation territoriale fortement déterminée, les Cosaques, était exterminée en tant que telle, les hommes fusillés, les femmes, les enfants et les vieillards déportés, les villages rasés ou livrés à de nouveaux occupants non cosaques. Lénine assimilait les Cosaques à la Vendée pendant la Révolution française, et souhaitait leur appliquer le traitement que Gracchus Babeuf, « l'inventeur » du communisme moderne, qualifiait dès 1795 de « populicide[4] ».

La « dékoulakisation » de 1930-1932 ne fut que la reprise à grande échelle de la « décosaquisation » avec, en prime, la revendication de l'opé-

1. *Le Crime contre l'humanité*, Robert Laffont, 1987.
2. *Tout passe*, Julliard-L'Âge de l'homme, 1984.
3. Jacques Baynac, *La Terreur sous Lénine*, Le Sagittaire, 1975, p. 75.
4. Gracchus Babeuf, *La Guerre de Vendée et le système de dépopulation*, Tallandier, 1987.

ration par Staline dont le mot d'ordre officiel, claironné par la propagande du régime, était d'« exterminer les koulaks en tant que classe ». Les koulaks qui résistaient à la collectivisation ont été fusillés, les autres déportés avec femmes, enfants et vieillards. Certes, ils n'ont pas tous été directement exterminés, mais le travail forcé auquel ils furent contraints, dans des zones non défrichées de Sibérie ou du Grand Nord, leur laissa peu de chances de survie. Plusieurs centaines de milliers y laissèrent la vie, mais le nombre exact des victimes demeure inconnu. Quant à la grande famine ukrainienne de 1932-1933, liée à la résistance des populations rurales à la collectivisation forcée, elle provoqua en quelques mois la mort de six millions de personnes.

Ici, le génocide « de classe » rejoint le génocide « de race » : la mort de faim d'un enfant de koulak ukrainien délibérément acculé à la famine par le régime stalinien « vaut » la mort de faim d'un enfant juif du ghetto de Varsovie acculé à la famine par le régime nazi. Ce constat ne remet nullement en cause la « singularité d'Auschwitz » : la mobilisation des ressources techniques les plus modernes et la mise en œuvre d'un véritable « processus industriel » — la construction d'une « usine d'extermination », l'usage des gaz, la crémation. Mais il souligne une particularité de beaucoup de régimes communistes : l'utilisation systématique de « l'arme de la faim » ; le régime tend à contrôler la totalité du stock de nourriture disponible et, par un système de rationnement parfois très sophistiqué, ne le redistribue qu'en fonction du « mérite » ou du « démérite » des uns et des autres. Cette démarche peut aller jusqu'à provoquer de gigantesques famines. Rappelons que, dans la période d'après 1918, seuls les pays communistes ont connu ces famines aboutissant à la mort de centaines de milliers, voire de millions d'hommes. Encore dans la dernière décennie, deux des pays d'Afrique se réclamant du marxisme-léninisme — l'Éthiopie et le Mozambique — ont eu à subir ces famines meurtrières.

Un premier bilan global de ces crimes peut être dressé :

— fusillade de dizaines de milliers d'otages ou de personnes emprisonnées sans jugement et massacre de centaines de milliers d'ouvriers et de paysans révoltés entre 1918 et 1922 ;

— famine de 1922 provoquant la mort de cinq millions de personnes ;

— liquidation et déportation des Cosaques du Don en 1920 ;

— assassinat de dizaines de milliers de personnes dans les camps de concentration entre 1918 et 1930 ;

— liquidation de près de 690 000 personnes lors de la Grande Purge de 1937-1938 ;

— déportation de deux millions de koulaks (ou prétendus tels) en 1930-1932 ;

— destruction par la famine provoquée et non secourue de six millions d'Ukrainiens en 1932-1933 ;

— déportation de centaines de milliers de Polonais, d'Ukrainiens, de Baltes, de Moldaves et de Bessarabiens en 1939-1941, puis en 1944-1945 ;
— déportation des Allemands de la Volga en 1941 ;
— déportation-abandon des Tatars de Crimée en 1943 ;
— déportation-abandon des Tchétchènes en 1944 ;
— déportation-abandon des Ingouches en 1944 ;
— déportation-liquidation des populations urbaines du Cambodge entre 1975 et 1978 ;
— lente destruction des Tibétains par les Chinois depuis 1950, etc.

On n'en finirait pas d'énumérer les crimes du léninisme et du stalinisme, souvent reproduits quasiment à l'identique par les régimes de Mao Zedong, Kim Il Sung, Pol Pot.

Reste une difficile question épistémologique : l'historien est-il habilité à user, dans sa caractérisation et son interprétation des faits, des notions de « crime contre l'humanité » et de « génocide » qui relèvent, nous l'avons vu, du domaine juridique ? Ces notions ne sont-elles pas trop dépendantes d'impératifs conjoncturels — la condamnation du nazisme à Nuremberg — pour être intégrées dans une réflexion historique visant à établir une analyse pertinente à moyen terme ? D'autre part, ces notions ne sont-elles pas trop chargées de « valeurs » susceptibles de « fausser » l'objectivité de l'analyse historique ?

Sur le premier point, l'histoire de ce siècle a montré que la pratique, par des États ou des Partis-États, du massacre de masse n'était pas une exclusivité nazie. La Bosnie, le Rwanda prouvent que ces pratiques perdurent et qu'elles constitueront sans doute une des caractéristiques principales de ce siècle.

Sur le second point, il n'est pas question de revenir aux conceptions historiques du XIXe siècle, où l'historien cherchait plus à « juger » qu'à « comprendre ». Néanmoins, face à d'immenses tragédies humaines directement provoquées par certaines conceptions idéologiques et politiques, l'historien peut-il abandonner tout principe de référence à une conception humaniste — liée à notre civilisation judéo-chrétienne et à notre culture démocratique —, par exemple le respect de la personne humaine ? Nombre d'historiens renommés n'hésitent pas à utiliser l'expression « crime contre l'humanité » pour qualifier les crimes nazis, tels Jean-Pierre Azema dans un article sur « Auschwitz [1] » ou Pierre Vidal-Naquet à propos du procès Touvier [2]. Il nous semble donc qu'il n'est pas illégitime d'utiliser ces notions pour caractériser certains des crimes commis dans les régimes communistes.

1. *In* J.-P. Azema, F. Bédarida, *Dictionnaire des années de tourmente*, Flammarion, 1995, p. 777.

2. *Réflexions sur le génocide*, La Découverte, 1995, p. 268 ; P. Vidal-Naquet écrit d'ailleurs : « On a parlé de Katyn et du massacre, en 1940, des officiers polonais prisonniers des Soviétiques. Katyn entre parfaitement dans la définition de Nuremberg. »

Outre la question de la responsabilité directe des communistes au pouvoir se pose celle de la complicité. Le Code criminel canadien, remanié en 1987, considère, dans son article 7 (3.77), que les infractions de crime contre l'humanité incluent les infractions de tentative, de complicité, de conseil, d'aide, *d'encouragement ou de complicité de fait*[1]. Sont également assimilés aux faits de crimes contre l'humanité — article 7(3.76) — « la tentative, le complot, *la complicité après le fait*, le conseil, l'aide ou l'encouragement à l'égard de ce fait » (c'est nous qui soulignons). Or, des années vingt aux années cinquante, les communistes du monde entier et nombre d'autres personnes ont applaudi des deux mains à la politique de Lénine puis de Staline. Des centaines de milliers d'hommes se sont engagés dans les rangs de l'Internationale communiste et des sections locales du « parti mondial de la révolution ». Dans les années cinquante-soixante-dix, d'autres centaines de milliers d'hommes ont encensé le « Grand Timonier » de la révolution chinoise et ont chanté les mérites du Grand Bond en avant ou de la Révolution culturelle. Plus près de nous encore, nombreux ont été ceux qui se sont félicités de la prise du pouvoir par Pol Pot[2]. Beaucoup répondront qu'« ils ne savaient pas ». Et il est vrai qu'il n'était pas toujours facile de savoir, les régimes communistes ayant fait du secret l'un de leurs modes de défense privilégiés. Mais bien souvent, cette ignorance n'était que le résultat d'un aveuglement dû à la croyance militante. Et dès les années quarante et cinquante, beaucoup de faits étaient connus et incontestables. Or, si beaucoup de ces thuriféraires ont aujourd'hui délaissé leurs idoles d'hier, ce fut dans le silence et la discrétion. Mais que penser de l'amoralisme foncier qu'il y a à évacuer dans le secret des âmes un engagement public sans en tirer les leçons ?

En 1969, l'un des pionniers de l'étude de la terreur communiste, Robert Conquest, écrivait : « Le fait que tant de gens "avalèrent" effectivement [la Grande Purge] fut sans doute l'un des facteurs qui rendirent possible la Purge tout entière. Les procès, notamment, n'auraient eu que peu d'intérêt s'ils n'avaient été validés par certains commentateurs étrangers — donc "indépendants". Ces derniers doivent, au moins pour une petite part, porter la responsabilité d'une complicité dans ces meurtres politiques, ou, en tout cas, dans le fait qu'ils se renouvelèrent quand la première opération, le procès Zinoviev [en 1936], eut bénéficié d'une créance injustifiée[3]. » Si l'on juge à cette aune la complicité morale et intellectuelle d'un certain nombre de non-communistes, que dire de la complicité des communistes ? Et l'on n'a pas souvenir que Louis Aragon ait publiquement regretté d'avoir, dans un poème de 1931, appelé de ses

1. Denis Szabo, Alain Joffé, « La répression des crimes contre l'humanité et des crimes de guerre au Canada », in Marcel Colin, *Le Crime contre l'Humanité*, Erès, 1996, p. 65.

2. Voir à ce propos l'analyse de Jean-Noël Darde, *Le Ministère de la Vérité : histoire d'un génocide dans le journal* L'Humanité, Le Seuil, 1984.

3. « La Grande Purge », *Preuves*, février-mars 1969.

vœux la création d'une police politique communiste en France[1] même s'il a par moment semblé critiquer la période stalinienne.

Joseph Berger, ancien cadre du Komintern qui a été « purgé » et a connu les camps, cite la lettre reçue d'une ancienne déportée du Goulag, restée membre du Parti après son retour des camps : « Les communistes de ma génération ont accepté l'autorité de Staline. Ils ont approuvé ses crimes. Ceci est vrai non seulement des communistes soviétiques mais de ceux du monde entier, et cette souillure nous marque individuellement et collectivement. Nous ne pouvons l'effacer qu'en faisant en sorte que plus jamais rien de pareil ne se reproduise. Que s'est-il passé ? Avions-nous perdu l'esprit ou sommes-nous maintenant des traîtres au communisme ? La vérité est que tous, y compris ceux qui étaient les plus proches de Staline, nous avons fait des crimes le contraire de ce qu'ils étaient. Nous les avons pris pour d'importantes contributions à la victoire du socialisme. Nous avons cru que tout ce qui affermissait la puissance politique du Parti communiste en Union soviétique et dans le monde était une victoire pour le socialisme. Nous n'avons jamais imaginé qu'il puisse y avoir conflit au sein du communisme entre la politique et l'éthique[2]. »

Pour sa part, Berger nuance le propos : « J'estime que si on peut condamner l'attitude de ceux qui ont accepté la politique de Staline, ce qui ne fut pas le cas de tous les communistes, il est plus difficile de leur reprocher de ne pas avoir rendu ces crimes impossibles. Croire que des hommes même haut placés pouvaient contrecarrer ses desseins, c'est ne rien comprendre à ce que fut son despotisme byzantin. » Encore Berger a-t-il « l'excuse » de s'être trouvé en URSS et donc d'avoir été happé par la machine infernale sans pouvoir y échapper. Mais les communistes d'Europe occidentale qui ne tombaient pas sous la contrainte directe du NKVD, quel aveuglement les a poussés à continuer de chanter les louanges du système et de son chef ? Fallait-il que le filtre magique qui les tenait dans sa soumission soit puissant ! Dans son remarquable ouvrage sur la Révolution russe — *La Tragédie soviétique* —, Martin Malia lève un coin du voile en parlant de « ce paradoxe d'un grand idéal aboutissant à un grand crime[3] ». Annie Kriegel, autre analyste majeure du communisme, insistait sur cette articulation presque nécessaire des deux faces du communisme : l'une lumineuse et l'autre sombre.

À ce paradoxe, Tzvetan Todorov apporte une première réponse : « L'habitant d'une démocratie occidentale voudrait croire le totalitarisme entièrement étranger aux aspirations humaines normales. Or le totalitarisme ne se serait pas maintenu aussi longtemps, n'aurait pas entraîné autant d'individus dans son sillage, s'il en avait été ainsi. C'est au contraire

1. Voir Louis Aragon, *Prélude au temps des cerises*.

2. Joseph Berger, *Le Naufrage d'une génération*, Denoël, « Lettres nouvelles », 1974. p. 255.

3. Le Seuil, 1995, p. 15.

une machine d'une redoutable efficacité. L'idéologie communiste propose l'image d'une société meilleure et nous incite à y aspirer : le désir de transformer le monde au nom d'un idéal n'est-il pas partie intégrante de l'identité humaine ? [...] De plus, la société communiste prive l'individu de ses responsabilités : ce sont toujours "eux" qui décident. Or la responsabilité est un fardeau souvent lourd à porter. [...] L'attrait pour le système totalitaire, éprouvé inconsciemment par de très nombreux individus, provient d'une certaine peur de la liberté et de la responsabilité — ce qui explique la popularité de tous les régimes autoritaires (c'est la thèse d'Erich Fromm dans *La Peur de la liberté*) ; il existe une "servitude volontaire", disait déjà La Boétie[1]. »

La complicité de ceux qui se sont rués dans la servitude volontaire n'a pas été et n'est toujours pas abstraite et théorique. Le simple fait d'accepter et/ou de relayer une propagande destinée à cacher la vérité relevait et relève toujours de la complicité active. Car la publicité est le seul moyen — encore qu'il ne soit pas toujours efficace, comme vient de le montrer la tragédie du Rwanda — de combattre les crimes de masse commis en secret, à l'abri des regards indiscrets.

L'analyse de cette réalité centrale du phénomène communiste au pouvoir — dictature et terreur — n'est pas aisée. Jean Ellenstein a défini le phénomène stalinien comme un mélange de tyrannie grecque et de despotisme oriental. La formule est séduisante mais ne rend pas compte du caractère moderne de cette expérience, de sa portée totalitaire, distincte des formes antérieurement connues de dictature. Un rapide survol comparatif permettra de mieux la situer.

On pourrait d'abord évoquer la tradition russe de l'oppression. Les bolcheviks combattaient le régime terroriste du tsar qui, pourtant, fait bien pâle figure face aux horreurs du bolchevisme au pouvoir. Le tsar déférait les prisonniers politiques devant une vraie justice ; la défense pouvait s'y exprimer autant, sinon plus, que l'accusation et prendre à témoin une opinion publique nationale inexistante en régime communiste, et surtout l'opinion publique internationale. Les prisonniers et les condamnés bénéficiaient d'une réglementation dans les prisons et le régime de la relégation ou même de la déportation était relativement léger. Les déportés pouvaient partir avec leur famille, lire et écrire ce que bon leur semblait, chasser, pêcher, se rencontrer à loisir avec leurs compagnons d'« infortune ». Lénine et Staline avaient pu en faire l'expérience personnelle. Même les *Souvenirs de la maison des morts*, de Dostoïevski, qui frappèrent tant l'opinion lors de leur publication, semblent bien anodins face aux horreurs du communisme. Il y eut, assurément, dans la Russie des années 1880 à 1914, des émeutes et des insurrections réprimées durement par un système politique archaïque. Cependant, de 1825 à 1917, le nombre total des personnes

1. Tzvetan Todorov, *L'Homme dépaysé*, Le Seuil, 1996, p. 36.

condamnées à mort en Russie pour leur opinion ou leur action politique a été de 6 360 dont 3 932 furent exécutées — 191 de 1825 à 1905, et 3 741 de 1906 à 1910 —, chiffre qui avait déjà été dépassé par les bolcheviks en mars 1918, après seulement quatre mois d'exercice du pouvoir. Le bilan de la répression tsariste est donc sans commune mesure avec celui de la terreur communiste.

Dans les années vingt-quarante, le communisme a violemment stigmatisé la terreur pratiquée par les régimes fascistes. Un rapide examen des chiffres montre, là aussi, que les choses ne sont pas aussi simples. Le fascisme italien, le premier en action et qui s'est ouvertement revendiqué comme « totalitaire », a certes emprisonné et souvent maltraité ses adversaires politiques. Il est pourtant rarement allé jusqu'au meurtre et, au milieu des années trente, l'Italie comptait quelques centaines de prisonniers politiques et plusieurs centaines de *confinati* — placés en résidence surveillée dans les îles —, mais il est vrai, des dizaines de milliers d'exilés politiques.

Jusqu'à la guerre, la terreur nazie a visé quelques groupes ; les opposants au régime — principalement communistes, socialistes, anarchistes, certains syndicalistes — ont été réprimés de manière ouverte, incarcérés dans des prisons et surtout internés dans des camps de concentration, soumis à des brimades sévères. Au total, de 1933 à 1939, environ 20 000 militants de gauche ont été assassinés après jugement ou sans jugement dans les camps et prisons ; sans parler des règlements de comptes internes au nazisme comme la « Nuit des longs couteaux » en juin 1934. Autre catégorie de victimes vouée à la mort, les Allemands censés ne pas correspondre aux critères raciaux du « grand Aryen blond » — malades mentaux, handicapés physiques, vieillards. Hitler s'est décidé à passer à l'acte à l'occasion de la guerre : 70 000 Allemands ont été victimes d'un programme d'euthanasie par gazage entre fin 1939 et début 1941, jusqu'à ce que les Églises protestent et que ce programme soit arrêté. Ce sont les méthodes de gazage mises alors au point qui furent appliquées au troisième groupe de victimes, les Juifs.

Jusqu'à la guerre, les mesures d'exclusion à leur encontre étaient généralisées, mais leur persécution connut son apogée lors de la « Nuit de Cristal » — plusieurs centaines de morts et 35 000 internements en camps de concentration. Ce n'est qu'avec la guerre, et surtout avec l'attaque contre l'URSS, que se déchaîna la terreur nazie dont le bilan sommaire est le suivant : 15 millions de civils tués dans les pays occupés, 5,1 millions de Juifs, 3,3 millions de prisonniers de guerre soviétiques, 1,1 million de déportés morts dans les camps, plusieurs centaines de milliers de Tsiganes. À ces victimes s'ajoutèrent 8 millions de personnes affectées à des travaux forcés et 1,6 million de détenus concentrationnaires non décédés.

La terreur nazie a frappé les imaginations à trois titres. D'abord parce qu'elle a touché directement les Européens. D'autre part, les nazis ayant été vaincus et leurs principaux dirigeants jugés à Nuremberg, leurs crimes ont officiellement été désignés et stigmatisés comme tels. Enfin, la révélation du génocide des Juifs a été un choc pour les consciences par son caractère en apparence irrationnel, sa dimension raciste, la radicalité du crime.

Notre propos n'est pas ici d'établir on ne sait quelle macabre arithmétique comparative, quelle comptabilité en partie double de l'horreur, quelle hiérarchie dans la cruauté. Les faits sont pourtant têtus et montrent que les régimes communistes ont commis des crimes concernant environ cent millions de personnes, contre environ 25 millions de personnes au nazisme. Ce simple constat doit au moins inciter à une réflexion comparative sur la similitude entre le régime qui fut considéré à partir de 1945 comme le régime le plus criminel du siècle, et un système communiste qui a conservé, jusqu'en 1991, toute sa légitimité internationale et qui, jusqu'à aujourd'hui, est au pouvoir dans certains pays et garde des adeptes dans le monde entier. Et même si beaucoup de partis communistes ont reconnu tardivement les crimes du stalinisme, ils n'ont pas, pour la plupart, abandonné les principes de Lénine et ne s'interrogent guère sur leur propre implication dans le phénomène terroriste.

Les méthodes mises en œuvre par Lénine et systématisées par Staline et leurs émules non seulement rappellent les méthodes nazies, mais bien souvent leur sont antérieures. À cet égard, Rudolf Hoess, chargé de créer le camp d'Auschwitz, et son futur commandant, a tenu des propos fort indicatifs : « La direction de la Sécurité avait fait parvenir aux commandants des camps une documentation détaillée au sujet des camps de concentration russes. Sur la foi de témoignages d'évadés, les conditions qui y régnaient étaient exposées dans tous les détails. On y soulignait particulièrement que les Russes anéantissaient des populations entières en les employant au travail forcé[1]. » Cependant, le fait que le degré et les techniques de violence de masse aient été inaugurés par les communistes et que les nazis aient pu s'en inspirer n'implique pas, à nos yeux, que l'on puisse établir un rapport direct de cause à effet entre prise du pouvoir par les bolcheviks et émergence du nazisme.

Dès la fin des années vingt, la GPU (nouvelle appellation de la Tcheka) inaugura la méthode des quotas : chaque région, chaque district devait arrêter, déporter ou fusiller un pourcentage donné de personnes appartenant à des couches sociales « ennemies ». Ces pourcentages étaient définis centralement par la direction du Parti. La folie planificatrice et la manie statistique n'ont pas concerné la seule économie, elles se sont aussi saisies du domaine de la terreur. Dès 1920, avec la victoire de l'Armée rouge sur l'armée blanche, en Crimée, apparurent des méthodes statistiques, voire sociologiques : les victimes sont sélectionnées selon des critères précis, établis sur la base de questionnaires auxquels personne ne peut se soustraire. Les mêmes méthodes « sociologiques » seront mises en

---

1. *Le commandant d'Auschwitz parle*, La Découverte, 1995, p. 224.

œuvre par les Soviétiques pour organiser les déportations et liquidations massives dans les États baltes et en Pologne occupée en 1939-1941. Le transport des déportés par wagons à bestiaux a donné lieu aux mêmes « aberrations » que dans le cas nazi : en 1943-1944, en pleine bataille, Staline a fait distraire du front des milliers de wagons et des centaines de milliers d'hommes des troupes spéciales du NKVD pour assurer dans le délai très bref de quelques jours la déportation des peuples du Caucase. Cette logique génocidaire — qui consiste, pour reprendre le Code pénal français, en « la destruction totale ou partielle d'un groupe national, ethnique, racial ou religieux, ou d'un groupe déterminé à partir de tout autre critère arbitraire » — appliquée par le pouvoir communiste à des groupes désignés comme ennemis, à des fractions de sa propre société, a été poussée à son paroxysme par Pol Pot et ses Khmers rouges.

Le rapprochement entre nazisme et communisme en ce qui concerne leurs exterminations respectives est susceptible de choquer. Pourtant, c'est Vassili Grossman — dont la mère fut tuée par les nazis dans le ghetto de Berditchev, qui écrivit le premier texte sur Treblinka et fut l'un des maîtres d'œuvre du *Livre noir* sur l'extermination des Juifs d'URSS — qui, dans son récit *Tout passe*, fait dire à l'un de ses personnages à propos de la famine en Ukraine : « Les écrivains et Staline lui-même disaient tous la même chose : les koulaks sont des parasites, ils brûlent le blé, ils tuent les enfants. Et on nous a déclaré sans ambages : il faut soulever les masses contre eux et les anéantir tous, en tant que classe, ces maudits. » Il ajoute : « Pour les tuer, il fallait déclarer : les koulaks, ce ne sont pas des êtres humains. Tout comme les Allemands disaient : les Juifs, ce ne sont pas des êtres humains. C'est ce qu'ont dit Lénine et Staline : les koulaks, ce ne sont pas des êtres humains. » Et Grossman conclut, à propos des enfants des koulaks : « C'est comme les Allemands qui ont fait mourir les enfants juifs dans les chambres à gaz : vous n'avez pas le droit de vivre, vous êtes des Juifs[1]. »

Chaque fois, ce ne sont pas tant des individus qui sont frappés que des groupes. La terreur a pour but d'exterminer un groupe désigné comme ennemi qui, certes, ne constitue qu'une fraction de la société, mais qui est frappé en tant que tel par une logique génocidaire. Ainsi, les mécanismes de ségrégation et d'exclusion du « totalitarisme de classe » ressemblent singulièrement à ceux du « totalitarisme de race ». La société nazie future devait être bâtie autour de la « race pure », la société communiste future autour d'un peuple prolétarien pur de toute scorie bourgeoise. Le remodelage de ces deux sociétés fut envisagé de la même manière, même si les critères d'exclusion n'étaient pas les mêmes. Il est donc faux de prétendre que le communisme soit un universalisme : si le projet a vocation mondiale, une partie de l'humanité y est déclarée indigne d'exister, comme dans le nazisme ; la différence est qu'un découpage par strates (classes)

1. Vassili Grossman, *op. cit.*, pp. 140 et 150.

remplace le découpage racial et territorial des nazis. Les forfaits léninien, stalinien, maoïste et l'expérience cambodgienne posent donc à l'humanité — ainsi qu'aux juristes et aux historiens — une question nouvelle : comment qualifier le crime qui consiste à exterminer, pour des raisons politico-idéologiques, non plus des individus ou des groupes limités d'opposants, mais des fractions massives de la société ? Faut-il inventer une nouvelle dénomination ? Certains auteurs anglo-saxons le pensent, qui ont créé le terme « politicide ». Ou faut-il aller, comme le font les juristes tchèques, jusqu'à qualifier les crimes commis sous le régime communiste tout simplement de « crimes communistes » ?

Que savait-on des crimes du communisme ? Que voulait-on en savoir ? Pourquoi a-t-il fallu attendre la fin du siècle pour que ce thème accède au statut d'objet de science ? Car il est évident que l'étude de la terreur stalinienne et communiste en général, comparée à l'étude des crimes nazis, a un énorme retard à combler, même si, à l'Est, les études se multiplient.

On ne peut manquer d'être frappé ici par un fort contraste. Les vainqueurs de 1945 ont légitimement placé le crime — et en particulier le génocide des Juifs — au centre de leur condamnation du nazisme. De nombreux chercheurs dans le monde entier travaillent depuis des décennies sur cette question. Des milliers de livres lui ont été consacrés, des dizaines de films, dont certains très célèbres — dans des registres très différents, *Nuit et Brouillard* ou *Shoah, Le Choix de Sophie* ou *La Liste de Schindler*. Raul Hilberg, pour ne citer que lui, a centré son œuvre majeure sur la description détaillée des modalités de la mise à mort des Juifs dans le IIIe Reich[1].

Or, les démarches de ce type n'existent pas sur la question des crimes communistes. Alors que les noms de Himmler ou d'Eichman sont connus dans le monde entier comme les symboles de la barbarie contemporaine, ceux de Dzerjinski, de Iagoda ou de Iejov sont ignorés du plus grand nombre. Quant à Lénine, Mao, Hô Chi Minh et même Staline, ils ont toujours droit à une surprenante révérence. Un organisme d'État français, le Loto, a même eu l'inconscience d'associer Staline et Mao à l'une de ses campagnes publicitaires ! Qui aurait l'idée d'utiliser Hitler ou Goebbels dans une telle opération ?

L'attention exceptionnelle accordée aux crimes hitlériens est parfaitement justifiée. Elle répond à la volonté des survivants de témoigner, des chercheurs de comprendre et des autorités morales et politiques de confirmer les valeurs démocratiques. Mais pourquoi ce faible écho, dans l'opinion, des témoignages sur les crimes communistes ? Pourquoi ce silence gêné des politiques ? Et, surtout, pourquoi ce silence « académique » sur la catastrophe communiste qui a concerné, depuis quatre-vingts

1. Raul Hilberg, *La Destruction des Juifs d'Europe*, Fayard, 1988.

ans, environ un tiers du genre humain, sur quatre continents ? Pourquoi cette incapacité à placer au centre de l'analyse du communisme un facteur aussi essentiel que le crime, le crime de masse, le crime systématique, le crime contre l'humanité ? Sommes-nous face à une impossibité de comprendre ? Ne s'agit-il pas plutôt d'un refus délibéré de savoir, d'une crainte de comprendre ?

Les raisons de cette occultation sont multiples et complexes. A joué, d'abord, la volonté classique et constante des bourreaux d'effacer les traces de leurs crimes et de justifier ce qu'ils ne pouvaient cacher. Le « rapport secret » de Khrouchtchev de 1956, qui a constitué la première reconnaissance des crimes communistes par les dirigeants communistes eux-mêmes, est aussi celui d'un bourreau qui tente à la fois de masquer et de couvrir ses propres crimes — comme patron du Parti communiste ukrainien au plus fort de la terreur — en les attribuant au seul Staline et en se prévalant de l'obéissance aux ordres, d'occulter la plus grande partie du crime — il ne parle que des victimes communistes, bien moins nombreuses que les autres —, d'euphémiser ces crimes — il les qualifie d'« abus commis sous Staline » —, et enfin de justifier la continuité du système avec les mêmes principes, les mêmes structures et les mêmes hommes.

Khrouchtchev en témoigne crûment quand il rapporte les oppositions auxquelles il se heurta lors de la préparation du « rapport secret », en particulier de la part de l'un des hommes de confiance de Staline : « Kaganovitch était un tel béni-oui-oui qu'il aurait tranché la gorge de son propre père si Staline le lui avait désigné d'un cillement en lui disant que c'était dans les intérêts de la Cause : la cause stalinienne s'entend. [...] Il argumentait contre moi dans la peur égoïste qu'il éprouvait pour sa peau. Il obéissait au désir impatient d'échapper à toute responsabilité. Si crimes il y avait, Kaganovitch ne voulait qu'une chose : être sûr que sa piste était effacée[1]. » La fermeture absolue des archives dans les pays communistes, le contrôle total de la presse, des médias et de toutes les sorties vers l'étranger, la propagande sur les « succès » du régime, tout cet appareil de verrouillage de l'information visait en premier lieu à empêcher que se fasse jour la vérité sur les crimes.

Non contents de cacher leurs forfaits, les bourreaux ont combattu par tous les moyens les hommes qui tentaient d'informer. Car certains observateurs et analystes ont essayé d'éclairer leurs contemporains. Après la Deuxième Guerre mondiale, cela fut particulièrement net en deux occasions en France. De janvier à avril 1949 se tint à Paris le procès qui opposa Victor Kravchenko — ex-haut fonctionnaire soviétique qui avait écrit *J'ai choisi la liberté* où il décrivait la dictature stalinienne — au journal communiste dirigé par Louis Aragon, *Les Lettres françaises,* qui couvrait Kravchenko d'injures. De novembre 1950 à janvier 1951 se tint, toujours à Paris, un autre procès entre *Les Lettres françaises* (à nouveau) et David

1. Nikita Khrouchtchev, *Souvenirs*, Robert Laffont, 1971, p. 330.

Rousset, un intellectuel, ancien trotskiste, qui avait été déporté en Allemagne par les nazis et qui, en 1946, avait reçu le prix Renaudot pour son livre *L'Univers concentrationnaire* ; Rousset avait, le 12 novembre 1949, appelé tous les anciens déportés des camps nazis à former une commission d'enquête sur les camps soviétiques, et avait été violemment attaqué par la presse communiste qui niait l'existence de ces camps. À la suite de l'appel de Rousset, le 25 février 1950, dans un article du *Figaro littéraire* intitulé « Pour l'enquête sur les camps soviétiques. Qui est pire, Satan ou Belzébuth ? », Margaret Buber-Neumann rendait compte de sa double expérience de déportée dans des camps nazis *et* soviétiques.

Contre tous ces éclaireurs de la conscience humaine, les bourreaux ont déployé en un combat systématique tout l'arsenal des grands États modernes, capables d'intervenir dans le monde entier. Ils ont voulu les disqualifier, les décrédibiliser, les intimider. A. Soljenitsyne, V. Boukovski, A. Zinoviev, L. Plioutch furent expulsés de leur pays, Andreï Sakharov exilé à Gorki, le général Piotr Grigorenko jeté dans un hôpital psychiatrique, Markov assassiné au moyen d'un parapluie empoisonné.

Face à une telle puissance d'intimidation et d'occultation, les victimes elles-mêmes hésitaient à se manifester et étaient incapables de réintégrer une société, où paradaient leurs délateurs et bourreaux. Vassili Grossman[1] retrace cette désespérance. À la différence de la tragédie juive — où la communauté juive internationale a pris en charge la commémoration du génocide —, il a été longtemps impossible aux victimes du communisme et à leurs ayants droit de maintenir une mémoire vivante de la tragédie, toute commémoration ou demande de réparation étant interdite.

Quand ils ne parvenaient pas à cacher quelque vérité — la pratique des fusillades, les camps de concentration, la famine provoquée —, les bourreaux se sont ingéniés à justifier les faits en les maquillant grossièrement. Après avoir revendiqué la terreur, ils l'érigèrent en figure allégorique de la Révolution : « quand on coupe la forêt, les copeaux volent », « on ne fait pas d'omelette sans casser des œufs ». Ce à quoi Vladimir Boukovski répliquait qu'il avait vu les œufs cassés, mais n'avait jamais goûté l'omelette. Le pire fut sans doute atteint avec la perversion du langage. Par la magie du vocabulaire, le système concentrationnaire devint une œuvre de rééducation, et les bourreaux des éducateurs appliqués à transformer les hommes de l'ancienne société en des « hommes nouveaux ». Les *zeks* — terme qui désigne les prisonniers des camps de concentration soviétiques — étaient « priés », par la force, de croire en un système qui les asservissait. En Chine, le concentrationnaire est dénommé « étudiant » : il doit étudier la pensée juste du parti et réformer sa propre pensée fautive.

Comme souvent, le mensonge n'est pas l'envers, *stricto sensu*, de la vérité et tout mensonge s'appuie sur des éléments de vérité. Les mots pervertis se situent dans une vision décalée qui déforme la perspective

1. *Tout passe*, *op. cit.*, 1984.

d'ensemble : on est confronté à un astigmatisme social et politique. Or, une vue déformée par la propagande communiste est aisée à corriger, mais il est très difficile de ramener le voyant fautif à une conception intellectuelle pertinente. L'impression première demeure et devient préjugé. Comme des judokas, et grâce à leur incomparable puissance propagandiste — fondée largement sur la perversion du langage —, les communistes ont utilisé la force même des critiques adressées à leurs méthodes terroristes pour les retourner contre ces mêmes critiques, soudant chaque fois les rangs de leurs militants et sympathisants par le renouvellement de l'acte de foi communiste. Ils ont retrouvé ainsi le principe premier de la croyance idéologique, formulé en son temps par Tertullien : « Je crois parce que c'est absurde. »

Dans le cadre de ces opérations de contre-propagande, des intellectuels se sont littéralement prostitués. En 1928, Gorki accepta d'aller en « excursion » aux îles Solovki, le camp de concentration expérimental qui par « métastases » (Soljenitsyne) donnera naissance au système du Goulag. Il en ramena un livre à la gloire de Solovki et du gouvernement soviétique. Un écrivain français, prix Goncourt 1916, Henri Barbusse, n'hésita pas, moyennant finances, à encenser le régime stalinien, en publiant en 1928 un livre sur la « merveilleuse Géorgie » — où, précisément en 1921, Staline et son acolyte Ordjonikidze s'étaient livrés à un véritable carnage, et où Beria, chef du NKVD, se faisait remarquer par son machiavélisme et son sadisme — et, en 1935, la première biographie officieuse de Staline. Plus récemment, Maria-Antonietta Macciochi a chanté les louanges de Mao, Alain Peyrefitte lui fit écho en mineur, tandis que Danielle Mitterrand emboîtait le pas à Castro. Cupidité, veulerie, vanité, fascination pour la force et la violence, passion révolutionnaire : quelle que soit la motivation, les dictatures totalitaires ont toujours trouvé les thuriféraires dont elles avaient besoin, la dictature communiste comme les autres.

Face à la propagande communiste, l'Occident a longtemps fait preuve d'un aveuglement exceptionnel, entretenu à la fois par la naïveté face à un système particulièrement retors, par la crainte de la puissance soviétique, et par le cynisme des politiciens et des affairistes. L'aveuglement était au rendez-vous de Yalta, quand le président Roosevelt abandonna l'Europe de l'Est à Staline contre la promesse, rédigée en bonne et due forme, que celui-ci y organiserait au plus vite des élections libres. Le réalisme et la résignation étaient au rendez-vous de Moscou quand, en décembre 1944, le général de Gaulle a troqué l'abandon de la malheureuse Pologne au Moloch, contre la garantie de paix sociale et politique, assurée par un Maurice Thorez de retour à Paris.

Cet aveuglement a été conforté, quasi légitimé, par la croyance, chez les communistes occidentaux et beaucoup d'hommes de gauche, selon laquelle ces pays étaient en train de « construire le socialisme », que cette utopie qui, dans les démocraties, nourrissait les conflits sociaux et politiques devenait « là-bas » une réalité dont Simone Weil a souligné le prestige : « Les ouvriers révolutionnaires sont trop heureux d'avoir derrière eux un État — un État qui donne à leur action ce caractère officiel, cette légitimité, cette réalité, que l'État seul confère, et qui en même temps est situé trop loin d'eux, géographiquement, pour pouvoir les dégoûter[1]. » Le communisme présentait alors sa face claire : il se réclamait des Lumières, d'une tradition d'émancipation sociale et humaine, du rêve de l'« égalité réelle » et du « bonheur pour tous » inauguré par Gracchus Babeuf. Et c'est cette face lumineuse qui occultait presque totalement la face des ténèbres.

À cette ignorance — voulue ou non — de la dimension criminelle du communisme s'est ajoutée, comme toujours, l'indifférence de nos contemporains pour leurs frères humains. Non pas que l'homme ait le cœur sec. Au contraire, dans nombre de situations-limites, il montre des ressources insoupçonnées de solidarité, d'amitié, d'affection et même d'amour. Cependant, comme le souligne Tzvetan Todorov, « la mémoire de nos deuils nous empêche de percevoir la souffrance des autres[2] ». Et, au sortir de la Première puis de la Seconde Guerre mondiale, quel peuple européen ou asiatique n'était pas occupé à panser les plaies d'innombrables deuils ? Les difficultés rencontrées dans notre propre pays pour affronter l'histoire des années sombres sont suffisamment éloquentes. L'histoire — ou plutôt la non-histoire — de l'Occupation continue d'empoisonner la conscience française. Il en est de même, parfois à un moindre degré, de l'histoire des périodes « nazie » en Allemagne, « fasciste » en Italie, « franquiste » en Espagne, de la guerre civile en Grèce, etc. Dans ce siècle de fer et de sang, chacun était trop occupé de ses malheurs pour compatir aux malheurs des autres.

L'occultation de la dimension criminelle du communisme renvoie, cependant, à trois raisons plus spécifiques. La première tient à l'attachement à l'idée même de révolution. Aujourd'hui encore, le travail de deuil de l'idée de révolution, telle qu'elle fut envisagée aux XIXe et XXe siècles, est loin d'être achevé. Ses symboles — drapeau rouge, Internationale, poing levé — resurgissent lors de chaque mouvement social d'envergure. Che Guevara redevient à la mode. Des groupes ouvertement révolutionnaires sont actifs et s'expriment en toute légalité, traitant par le mépris la moindre réflexion critique sur les crimes de leurs prédécesseurs et n'hésitant pas à réitérer les vieux discours justificateurs de Lénine, de Trotski ou de Mao. Cette passion révolutionnaire n'a pas été seulement celle des autres. Plusieurs des auteurs de ce livre ont eux-mêmes cru, un temps, à la propagande communiste.

La deuxième raison tient à la participation des Soviétiques à la victoire sur le nazisme, qui a permis aux communistes de masquer sous un patriotisme ardent leurs fins dernières qui visaient la prise du pouvoir. À

1. Simone Weil, *L'Enracinement*, Gallimard, 1949.
2. Tzvetan Todorov, « La Morale de l'historien », colloque L'Homme, la langue, les camps, Paris IV-Sorbonne, mai 1997.

partir de juin 1941, les communistes de l'ensemble des pays occupés sont entrés dans une résistance active — et souvent armée — à l'occupant nazi ou italien. Comme les résistants des autres obédiences, ils ont payé le prix de la répression, ont eu des milliers de fusillés, de massacrés, de déportés. Et ils ont joué de ces martyrs pour sacraliser la cause du communisme et interdire toute critique à son égard. En outre, au cours des combats de la Résistance, beaucoup de non-communistes ont noué des liens de solidarité, de combat, de sang avec des communistes, ce qui a empêché bien des yeux de s'ouvrir ; en France, l'attitude des gaullistes a souvent été commandée par cette mémoire commune, et encouragée par la politique du général de Gaulle qui utilisait le contrepoids soviétique face aux Américains[1].

Cette participation des communistes à la guerre et à la victoire sur le nazisme a fait définitivement triompher la notion d'antifascisme comme critère de la vérité à gauche, et, bien entendu, les communistes se sont posés en meilleurs représentants et meilleurs défenseurs de cet antifascisme. L'antifascisme est devenu pour le communisme un label définitif et il lui a été facile, au nom de l'antifascisme, de faire taire les récalcitrants. François Furet a écrit sur ce point crucial des pages lumineuses. Le nazisme vaincu ayant été désigné par les Alliés comme le « Mal absolu », le communisme a basculé presque mécaniquement dans le camp du Bien. Ce fut évident lors du procès de Nuremberg où les Soviétiques étaient au rang des procureurs. Furent ainsi prestement escamotés les épisodes gênants au regard des valeurs démocratiques, comme les pactes germano-soviétiques de 1939 ou le massacre de Katyn. La victoire sur le nazisme était censée apporter la preuve de la supériorité du système communiste. Elle eut surtout pour effet, dans l'Europe libérée par les Anglo-Américains, de susciter un double sentiment de gratitude à l'égard de l'Armée rouge (dont on n'avait pas à subir l'occupation) et de culpabilité face aux sacrifices supportés par les peuples de l'URSS, sentiments sur lesquels la propagande communiste ne manqua pas de jouer à fond.

Parallèlement, les modalités de la « libération » de l'Europe de l'Est par l'Armée rouge demeurèrent largement méconnues à l'Ouest où les historiens assimilèrent deux types de « libération » fort différents : l'un conduisait à la restauration de démocraties, l'autre ouvrait la voie à l'instauration de dictatures. En Europe centrale et orientale, le système soviétique postulait à la succession du Reich de mille ans et Witold Gombrowicz exprima en peu de mots le drame de ces peuples : « La fin de la guerre n'a pas apporté la libération aux Polonais. Dans cette triste Europe centrale, elle signifiait seulement l'échange d'une nuit contre une autre, des bourreaux de Hitler contre ceux de Staline. Au moment où dans les cafés parisiens les nobles âmes saluaient d'un chant radieux l'"émancipation du peuple polonais du joug féodal", en Pologne la même cigarette

1. Voir Pierre Nora, « Gaullistes et communistes », *Les Lieux de mémoire*, Gallimard, 1997, Quarto, vol. 2.

allumée changeait tout simplement de main et continuait de brûler la peau humaine[1]. » Là gît la faille entre deux mémoires européennes. Pourtant, certains ouvrages ont levé très vite le voile sur la manière dont l'URSS libéra du nazisme Polonais, Allemands, Tchèques et Slovaques[2].

La dernière raison de l'occultation est plus subtile, et aussi plus délicate à exprimer. Après 1945, le génocide des Juifs est apparu comme le paradigme de la barbarie moderne, jusqu'à occuper tout l'espace réservé à la perception de la terreur de masse au XXe siècle. Après avoir, dans un premier temps, nié la spécificité de la persécution des Juifs par les nazis, les communistes ont compris tout l'avantage qu'ils pouvaient tirer d'une telle reconnaissance pour réactiver régulièrement l'antifascisme. Le spectre de « la bête immonde dont le ventre est encore fécond » — selon la fameuse formule de Bertolt Brecht — fut agité en permanence, à tout propos et hors de propos. Plus récemment, la mise en exergue d'une « singularité » du génocide des Juifs, en focalisant l'attention sur une atrocité exceptionnelle, a aussi empêché de percevoir d'autres réalités du même ordre dans le monde communiste. Et puis, comment imaginer que ceux qui avaient, par leur victoire, contribué à détruire un système génocidaire aient pu, eux aussi, pratiquer ces méthodes ? Le réflexe le plus répandu fut le refus d'envisager un tel paradoxe.

Le premier grand tournant dans la reconnaissance officielle des crimes communistes se situe le 24 février 1956. Ce soir-là, Nikita Khrouchtchev, Premier secrétaire, monte à la tribune du XXe Congrès du Parti communiste d'Union soviétique, le PCUS. La séance est à huis clos, seuls les délégués au congrès y assistent. Dans un silence absolu, atterrés, ils entendent le Premier secrétaire du Parti détruire méthodiquement l'image du « petit père des peuples », du « génial Staline » qui fut, trente années durant, le héros du communisme mondial. Ce rapport, connu depuis comme le « rapport secret », constitue l'une des inflexions fondamentales du communisme contemporain. Pour la première fois, un dirigeant communiste du plus haut rang a reconnu officiellement, quoique pour la seule information des communistes, que le régime qui s'était emparé du pouvoir en 1917 avait connu une « dérive » criminelle.

Les raisons qui poussèrent « Monsieur K » à briser l'un des tabous majeurs du régime soviétique étaient multiples. Son objectif principal était d'imputer les crimes du communisme au seul Staline et ainsi de circonscrire le mal et de l'exciser afin de sauver le régime. Entrait également dans sa décision la volonté de porter une attaque contre le clan des staliniens qui s'opposait à son pouvoir au nom des méthodes de leur ancien patron,

1. Witold Gombrowicz, *Testament. Entretiens avec Dominique de Roux*, Folio, 1996, p. 109.

2. *Cf.* Piotr Pigorov, *J'ai quitté ma patrie,* La Jeune Parque, 1952 ; ou Michel Koriakoff, *Je me mets hors la loi*, Éditions du Monde nouveau, 1947.

et d'ailleurs, dès l'été 1957, ces hommes furent démis de toutes leurs fonctions. Cependant, pour la première fois depuis 1934, leur « mise à mort politique » ne fut pas suivie d'une mise à mort *réelle*, et on mesure, à ce simple « détail », que les motivations de Khrouchtchev étaient plus profondes. Lui, qui avait été le grand patron de l'Ukraine pendant des années et, à ce titre, avait mené et couvert de gigantesques tueries, semblait fatigué de tout ce sang. Dans ses mémoires, où, sans doute, il se donne le beau rôle, Khrouchtchev rappelle ses états d'âme : « Le Congrès va se terminer ; des résolutions seront adoptées, toutes pour la forme. Mais quoi ? Ceux qui par centaines de milliers ont été fusillés resteront sur nos consciences[1]. »

Du coup, il apostrophe durement ses camarades :

« Qu'allons-nous faire de ceux qui ont été arrêtés, liquidés ? [...] Nous savons maintenant que les victimes des répressions étaient innocentes. Nous avons la preuve irréfutable que, loin d'être des ennemis du peuple, c'étaient des hommes et des femmes honnêtes, dévoués au Parti, à la Révolution, à la cause léniniste de l'édification du socialisme et du communisme. [...] Il est impossible de tout couvrir. Tôt ou tard, ceux qui sont en prison, dans les camps, en sortiront et rentreront chez eux. Ils raconteront alors à leurs parents, leurs amis, leurs camarades ce qui s'est passé. [...] C'est pourquoi nous sommes obligés de tout avouer aux délégués sur la façon dont a été dirigé le Parti durant ces années-là. [...] Comment prétendre ne pas savoir ce qui s'est passé ? [...] Nous savons que c'était le règne de la répression et de l'arbitraire dans le Parti et nous devons dire au Congrès ce que nous savons. [...] Dans la vie de quiconque a commis un crime, vient le moment où la confession lui assure l'indulgence sinon l'absolution[2]. »

Chez certains de ces hommes qui avaient directement participé aux crimes perpétrés sous Staline et qui, pour la plupart, devaient leur promotion à l'extermination de leurs prédécesseurs dans la fonction, émergeait une certaine forme de remords ; certes un remords contraint, un remords intéressé, un remords de politicien, mais tout de même un remords. Il fallait bien que quelqu'un arrêtât le massacre ; Khrouchtchev eut ce courage, même si, en 1956, il n'hésita pas à envoyer les chars soviétiques à Budapest.

En 1961, lors du XXIIe Congrès du PCUS, Khrouchtchev évoqua non seulement les victimes communistes, mais l'ensemble des victimes de Staline, et proposa même que soit érigé un monument à leur mémoire. Sans doute avait-il franchi la limite invisible au-delà de laquelle était remis en cause le principe même du régime : le monopole du pouvoir absolu réservé au Parti communiste. Le monument ne vit jamais le jour. En 1962, le Premier secrétaire autorisa la publication d'*Une journée d'Ivan Denissovitch*, d'Alexandre Soljenitsyne. Le 24 octobre 1964, Khrouchtchev fut

1. Nikita Khrouchtchev, *op. cit.*, p. 329.
2. Nikita Khrouchtchev, *op. cit.*, p. 331-332.

brutalement démis de toutes ses fonctions mais lui non plus ne fut pas liquidé et il mourut dans l'anonymat en 1971.

Tous les analystes reconnaissent l'importance décisive du « rapport secret » qui suscita une rupture fondamentale dans la trajectoire du communisme au XXe siècle. François Furet, qui précisément venait de quitter le Parti communiste français en 1954, écrit à ce propos : « Or voici que le “rapport secret” de février 1956 bouleverse d'un coup, aussitôt qu'il est connu, le statut de l'idée communiste dans l'univers. La voix qui dénonce les crimes de Staline ne vient plus d'Occident, mais de Moscou, et du saint des saints à Moscou, le Kremlin. Elle n'est plus celle d'un communiste en rupture de ban, mais du premier des communistes dans le monde, le patron du Parti de l'Union soviétique. Au lieu donc d'être atteinte par le soupçon qui frappe le discours des ex-communistes, elle est revêtue de l'autorité suprême dont le système a doué son chef. [...] L'extraordinaire pouvoir du “rapport secret” sur les esprits vient de ce qu'il n'a pas de contradicteurs [1]. »

L'événement était d'autant plus paradoxal que, dès l'origine, nombre de contemporains avaient mis en garde les bolcheviks contre les dangers de leur démarche. Dès 1917-1918 s'étaient affrontés au sein même du mouvement socialiste les croyants de la « grande lueur à l'Est », et ceux qui critiquaient sans rémission les bolcheviks. La dispute portait essentiellement sur la méthode de Lénine : violence, crimes, terreur. Alors que, des années vingt jusqu'aux années cinquante, le côté sombre de l'expérience bolchevique a été dénoncé par nombre de témoins, de victimes ou d'observateurs qualifiés, et dans d'innombrables articles et ouvrages, il aura fallu attendre que les communistes au pouvoir reconnaissent eux-mêmes — et encore, de manière limitée — cette réalité pour qu'une fraction de plus en plus large de l'opinion publique commence à prendre conscience du drame. Reconnaissance biaisée, puisque le « rapport secret » n'abordait que la question des victimes communistes ; reconnaissance tout de même, qui apportait une première confirmation des témoignages et études antérieurs et corroborait ce que chacun soupçonnait depuis longtemps : le communisme avait provoqué en Russie une immense tragédie.

Les dirigeants de beaucoup de « partis frères » ne furent pas persuadés d'emblée qu'il fallait s'engager dans la voie des révélations. À côté du précurseur Khrouchtchev, ils firent même figure d'attardés : il a fallu attendre 1979 pour que le Parti communiste chinois distingue dans la politique de Mao « de grands mérites » — jusqu'en 1957 — et « de grandes erreurs » ensuite. Les Vietnamiens n'abordent la question que par le biais de la condamnation du génocide perpétré par Pol Pot. Quant à Castro, il nie les atrocités commises sous son égide.

Jusqu'à ce moment-là, la dénonciation des crimes communistes n'était venue que de la part de leurs ennemis ou de dissidents trotskistes ou anar-

1. François Furet, *Le Passé d'une illusion. Essai sur l'idée communiste au XXe siècle*, Robert Laffont/Calmann-Lévy, 1995, p. 513.

chistes ; et elle n'avait pas été particulièrement efficace. La volonté de témoigner a été aussi forte chez les rescapés des massacres communistes que chez ceux des massacres nazis. Mais ils furent peu ou pas entendus, en particulier en France où l'expérience concrète du système concentrationnaire soviétique ne toucha directement que des groupes restreints, tels les Malgré-nous d'Alsace-Lorraine [1]. La plupart du temps, les témoignages, les éruptions de la mémoire, les travaux des commissions indépendantes créées à l'initiative de quelques individus — ainsi de la Commission internationale sur le régime concentrationnaire de David Rousset, ou la Commission pour la vérité sur les crimes de Staline — ont été couverts par la grosse caisse de la propagande communiste, accompagnée par un silence lâche ou indifférent. Ce silence, qui succède généralement à quelque moment de sensibilisation dû à l'émergence d'une œuvre — *L'Archipel du Goulag*, de Soljenitsyne — ou d'un témoignage plus incontestable que les autres — *Les Récits de la Kolyma*, de Varlam Chalamov [2] ou *L'Utopie meurtrière*, de Pin Yathay [3] —, montre une résilience propre à des fractions plus ou moins larges des sociétés occidentales vis-à-vis du phénomène communiste ; elles ont refusé jusqu'à présent de regarder la réalité en face : le système communiste comporte, quoique à des degrés divers, une dimension fondamentalement criminelle. Par ce refus, elles ont participé du mensonge, au sens où l'entendait Nietzsche : « Refuser de voir quelque chose que l'on voit, refuser de voir quelque chose comme on le voit ».

En dépit de toutes ces difficultés à aborder la question, nombre d'observateurs s'y sont essayés. Des années vingt aux années cinquante — et faute de données plus fiables soigneusement celées par le régime soviétique —, la recherche reposait essentiellement sur les témoignages de transfuges. Susceptibles d'être nourris par la vengeance, le dénigrement systématique, ou d'être manipulés par un pouvoir anticommuniste, ces témoignages — contestables par les historiens comme tout témoignage — étaient systématiquement déconsidérés par les thuriféraires du communisme. Que fallait-il penser, en 1959, de la description du Goulag fournie par un transfuge de haut rang du KGB, telle qu'elle était restituée dans un livre de Paul Barton [4] ? Et que penser de Paul Barton, lui-même exilé tchécoslovaque, de son vrai nom Jiri Veltrusky, l'un des organisateurs de l'insurrection antinazie de Prague en 1945, contraint de fuir son pays en 1948 ? Or, sa confrontation avec les archives désormais ouvertes montre que cette information de 1959 était parfaitement fiable.

Dans les années soixante-dix et quatre-vingt, le grand œuvre de Soljenitsyne — *L'Archipel du Goulag*, puis le cycle des « Nœuds » de la

1. *Cf.* Pierre Rigoulot, *Les Français au Goulag*, Fayard, 1984 ; et surtout Jacques Rossi, *Le Goulag de À à Z*, Le Cherche Midi, 1997.

2. Varlam Chalamov, *Récits de la Kolyma*, F. Maspero, 1980, rééd. La Découverte/Fayard, 1986.

3. Pin Yathay, *L'Utopie meurtrière*, Robert Laffont, 1980.

4. Paul Barton, *L'Institution concentrationnaire en Russie, 1930-1957*, Plon, 1959.

révolution russe — provoqua un véritable choc dans l'opinion. Plus sans doute le choc de la littérature, du chroniqueur de génie, que la prise de conscience générale de l'horrible système qu'il décrivait. Et pourtant, Soljenitsyne eut du mal à percer la croûte du mensonge, lui qu'un journaliste d'un grand quotidien français comparait, en 1975, à Pierre Laval, Doriot et Déat « qui accueillaient les nazis en libérateurs[1] ». Son témoignage a néanmoins été décisif pour une première prise de conscience, tout comme celui de Chalamov sur la Kolyma, ou celui de Pin Yathay sur le Cambodge. Plus récemment encore, Vladimir Boukovski, l'une des principales figures de la dissidence soviétique sous Brejnev, a poussé un nouveau cri de protestation réclamant, sous le titre *Jugement à Moscou*[2], la mise en place d'un nouveau tribunal de Nuremberg pour juger les activités criminelles du régime ; son livre a été accueilli en Occident par un succès d'estime. Simultanément, on voit fleurir des publications de réhabilitation de Staline[3].

Quelle motivation, en cette fin de XXe siècle, peut animer l'exploration d'un domaine aussi tragique, aussi ténébreux, aussi polémique ? Aujourd'hui, non seulement les archives confirment ces témoignages ponctuels, mais permettent d'aller beaucoup plus loin. Les archives internes du système de répression de l'ex-Union soviétiques, des ex-démocraties populaires, du Cambodge mettent en lumière une réalité terrifiante : le caractère massif et systématique de la terreur, qui, dans nombre de cas, a abouti au crime contre l'humanité. Le moment est venu d'aborder d'une manière scientifique — documentée de faits incontestables et délivrée des enjeux politico-idéologiques qui la grevaient — la question récurrente que tous les observateurs se sont posée : quelle place tient le crime dans le système communiste ?

Dans cette perspective, quel peut être notre apport spécifique ? Notre démarche répond en premier lieu à un devoir d'histoire. Aucun thème n'est tabou à l'historien et les enjeux et pressions de tous ordres — politiques, idéologiques, personnels — ne doivent pas l'empêcher de suivre la route de la connaissance, de l'exhumation et de l'interprétation des faits, surtout quand ceux-ci ont été longtemps et volontairement enfouis dans le secret des archives et des consciences. Or, cette histoire de la terreur communiste constitue l'un des pans majeurs d'une histoire européenne qui tiendrait fermement les deux bouts de la grande question historiographique du totalitarisme. Celui-ci a connu une version hitlérienne mais aussi une version léninienne et stalinienne, et il n'est plus acceptable d'élaborer une histoire hémiplégique, ignorant le versant communiste. Pas plus que n'est tenable

1. Bernard Chapuis, *Le Monde*, 3 juillet 1975.
2. Vladimir Boukovski, *Jugement à Moscou*, Robert Laffont, 1995.
3. Voir, par exemple, le livre de Ludo Martens, *Un autre regard sur Staline* (EPO, 1994, 350 p.), vendu au Village des livres de la Fête de *l'Humanité* 1997. Dans un style à peine moins hagiographique, Lilly Marcou a publié *Staline, vie privée*, Calmann-Lévy, 1996.

la position de repli consistant à réduire l'histoire du communisme à sa seule dimension nationale, sociale et culturelle. D'autant que cette participation au phénomène totalitaire ne s'est pas limitée à l'Europe et à l'épisode soviétique. Elle concerne également la Chine maoïste, la Corée du Nord, la Cambodge de Pol Pot. Chaque communisme national a été relié par une sorte de cordon ombilical à la matrice russe et soviétique, tout en contribuant à développer ce mouvement mondial. L'histoire à laquelle nous sommes confrontés est celle d'un phénomène qui s'est déployé dans le monde entier et qui concerne toute l'humanité.

Le second devoir auquel répond cet ouvrage est un devoir de mémoire. C'est une obligation morale d'honorer la mémoire des morts, surtout quand ils sont les victimes innocentes et anonymes d'un Moloch au pouvoir absolu qui a cherché à effacer jusqu'à leur souvenir. Après la chute du Mur de Berlin et l'effondrement du centre du pouvoir communiste à Moscou, l'Europe, continent matriciel des expériences tragiques du XXe siècle, est en voie de recomposer une mémoire commune ; nous pouvons y contribuer à notre tour. Les auteurs de ce livre eux-mêmes sont porteurs de cette mémoire, l'un plus attaché à l'Europe centrale par sa vie personnelle, l'autre à l'idée et à la pratique révolutionnaires par des engagements contemporains de 1968 ou plus récents.

Ce double devoir, de mémoire et d'histoire, s'inscrit dans des cadres très divers. Ici, il touche des pays où le communisme n'a pratiquement jamais pesé, ni sur la société ni sur le pouvoir — Grande-Bretagne, Australie, Belgique, etc. Là, il se manifeste dans des pays où le communisme a été une puissance redoutée — les États-Unis après 1946 — ou redoutable, même s'il ne s'y est jamais emparé du pouvoir — France, Italie, Espagne, Grèce, Portugal. Ailleurs encore, il s'impose avec force dans les pays où le communisme a perdu le pouvoir qu'il avait détenu pendant plusieurs décennies — Europe de l'Est, Russie. Enfin, sa petite flamme vacille au milieu des périls là où le communisme est encore au pouvoir — Chine, Corée du Nord, Cuba, Laos, Vietnam.

Selon ces situations, l'attitude des contemporains face à l'histoire et à la mémoire diffère. Dans les deux premiers cas, ils s'attachent à une démarche relativement simple de connaissance et de réflexion. Dans le troisième cas, ils sont confrontés aux nécessités de la réconciliation nationale, avec ou sans châtiment des bourreaux ; à cet égard, l'Allemagne réunifiée offre sans doute l'exemple le plus surprenant et le plus « miraculeux » — il suffit de penser au désastre yougoslave. Mais l'ex-Tchécoslovaquie — devenue République tchèque et Slovaquie —, la Pologne, le Cambodge se heurtent également aux souffrances de la mémoire et de l'histoire du communisme. Un certain degré d'amnésie, spontanée ou officielle, peut paraître indispensable pour panser les blessures morales, psychiques, affectives, personnelles, collectives provoquées par un demi-siècle ou plus de communisme. Là où le communisme est toujours au pouvoir, les bourreaux ou leurs héritiers soit organisent une dénégation systématique, comme à Cuba ou en Chine, soit même continuent de revendiquer la terreur comme mode de gouvernement — en Corée du Nord.

Ce devoir d'histoire et de mémoire a incontestablement une portée morale. Et d'aucuns pourraient nous apostropher : « Qui vous autorise à dire le Bien et le Mal ? »

Selon des critères qui lui sont propres, c'est bien cet enjeu que visait l'Église catholique quand, à quelques jours de distance, le pape Pie XI condamna par deux encycliques distinctes le nazisme — *Mit Brennender Sorge*, le 14 mars 1937 — et le communisme — *Divini redemptoris*, le 19 mars 1937. Cette dernière affirmait que Dieu avait doté l'homme de prérogatives : « le droit à la vie, à l'intégrité du corps, aux moyens nécessaires à l'existence ; le droit de tendre à sa fin dernière dans la voie tracée par Dieu ; le droit d'association, de propriété, et le droit d'user de cette propriété ». Et même si l'on peut dénoncer une certaine hypocrisie de l'Église qui cautionnait l'enrichissement excessif des uns au gré de l'expropriation des autres, son appel au respect de la dignité humaine n'en demeure pas moins essentiel.

Déjà en 1931, dans l'encyclique *Quadragesimo Anno*, Pie XI avait écrit : « Le communisme a dans son enseignement et son action un double objectif qu'il poursuit non pas en secret et par des voies détournées, mais ouvertement, au grand jour et par tous les moyens, même les plus violents : une lutte des classes implacable et la disparition complète de la propriété privée. À la poursuite de ce but, il n'est rien qu'il n'ose, rien qu'il ne respecte ; là où il a pris le pouvoir, il se montre sauvage et inhumain à un degré qu'on a peine à croire et qui tient du prodige, comme en témoignent les épouvantables massacres et les ruines qu'il a accumulés dans d'immenses pays de l'Europe orientale et de l'Asie. » L'avertissement prenait tout son sens venant d'une institution qui avait, pendant plusieurs siècles, et au nom de sa foi, justifié le massacre des Infidèles, développé l'Inquisition, muselé la liberté de pensée et qui allait appuyer des régimes dictatoriaux comme celui de Franco ou de Salazar.

Cependant, si l'Église était dans son rôle de censeur moral, quel doit être, quel peut être le discours de l'historien face au récit « héroïque » des partisans du communisme ou au récit pathétique de ses victimes ? Dans ses *Mémoires d'outre-tombe*, François René de Chateaubriand écrit : « Lorsque, dans le silence de l'abjection, l'on n'entend plus retentir que la chaîne de l'esclave et la voix du délateur ; lorsque tout tremble devant le tyran, et qu'il est aussi dangereux d'encourir sa faveur que de mériter sa disgrâce, l'historien paraît, chargé de la vengeance des peuples. C'est en vain que Néron prospère, Tacite est déjà né dans l'empire[1]. » Loin de nous l'idée de nous instituer en tenants de l'énigmatique « vengeance des

1. François-René de Chateaubriand, *Mémoires d'Outre-tombe*, Paris, Gallimard, édition Quarto, 1997.

peuples » à laquelle Chateaubriand ne croyait plus à la fin de sa vie ; mais, à son modeste niveau, l'historien devient, presque malgré lui, le porte-parole de ceux qui, en raison de la terreur, ont été dans l'impossibilité de dire la vérité sur leur condition. Il est là pour faire œuvre de connaissance ; son premier devoir est d'établir des faits et des éléments de vérité qui deviendront connaissance. En outre, sa relation à l'histoire du communisme est particulière : il est contraint de se faire l'historiographe du mensonge. Et, même si l'ouverture des archives lui fournit les matériaux indispensables, il doit se garder de toute naïveté, nombre de questions complexes étant appelées à faire l'objet de controverses parfois non dénuées d'arrière-pensées. Néanmoins, cette connaissance historique ne peut s'abstraire d'un jugement qui répond à quelques valeurs fondamentales : le respect des règles de la démocratie représentative et, surtout, le respect de la vie et de la dignité humaine. C'est à cette aune que l'historien « juge » les acteurs de l'histoire.

À ces raisons générales pour engager un travail de mémoire et d'histoire s'est ajoutée pour certains une motivation personnelle. Des auteurs du livre n'ont pas toujours été étrangers à la fascination du communisme. Parfois même, ils ont été partie prenante, à leur modeste niveau, du système communiste, soit dans sa mouture orthodoxe léniniste-stalinienne, soit dans des moutures annexes et dissidentes (trotskiste, maoïste). Et s'ils demeurent ancrés à gauche — et parce qu'ils demeurent ancrés à gauche —, il leur faut réfléchir sur les raisons de leur aveuglement. Cette réflexion a emprunté, aussi, les voies de la connaissance, jalonnées par le choix de leurs thèmes d'études, par leurs publications scientifiques et par leur participation à des revues — *La Nouvelle Alternative*, *Communisme*. Ce livre n'est encore qu'un moment de cette réflexion. S'ils la conduisent sans relâche, c'est qu'ils ont la conscience qu'il ne faut pas laisser à une extrême droite de plus en plus présente le privilège de dire la vérité ; c'est au nom des valeurs démocratiques, non des idéaux national-fascistes, que l'on doit analyser et condamner les crimes du communisme.

Cette approche implique un travail comparatif, de la Chine à l'URSS, de Cuba au Vietnam. Or, nous ne disposons pas, pour l'instant, d'une qualité de documentation homogène. Dans certains cas, les archives sont ouvertes — ou entrouvertes —, dans d'autres non. Cela ne nous a pas paru une raison suffisante pour remettre le travail ; nous en savons assez, de source « sûre », pour nous lancer dans une entreprise qui, si elle n'a aucune prétention à l'exhaustivité, se veut pionnière et souhaite inaugurer un vaste chantier de recherche et de réflexion. Nous avons entamé une première recension d'un maximum de faits, première approche qui méritera, à terme, beaucoup d'autres ouvrages. Mais il faut bien commencer, en ne retenant que les faits les plus clairs, les plus incontestables, les plus graves.

Notre ouvrage contient beaucoup de mots et peu d'images. On touche là l'un des points sensibles de l'occultation des crimes du communisme : dans une société mondiale surmédiatisée, où l'image — photographiée ou télévisée — est bientôt seule à faire foi auprès de l'opinion, nous ne disposons que de rares photos d'archive sur le Goulag ou le Laogaï, d'aucune photo sur la dékoulakisation ou la famine du Grand Bond en avant. Les vainqueurs de Nuremberg ont pu à loisir photographier et filmer les milliers de cadavres du camp de Bergen-Belsen et l'on a retrouvé les photos prises par les bourreaux eux-mêmes, comme cet Allemand abattant d'un coup de fusil à bout portant une femme qui a son enfant dans les bras. Rien de tel pour le monde communiste où la terreur était organisée dans le secret le plus strict.

Que le lecteur ne se contente pas des quelques documents iconographiques réunis ici. Qu'il consacre le temps nécessaire à prendre connaissance, page après page, du calvaire subi par des millions d'hommes. Qu'il fasse l'indispensable effort d'imagination pour se représenter ce que fut cette immense tragédie qui va continuer à marquer l'histoire mondiale pour les décennies à venir. Alors se posera à lui la question cardinale : pourquoi ? Pourquoi Lénine, Trotski, Staline et les autres ont-ils jugé nécessaire d'exterminer tous ceux qu'ils désignaient comme « ennemis » ? Pourquoi se sont-ils cru autorisés à enfreindre le code non écrit qui régit la vie de l'Humanité : « Tu ne tueras point » ? Nous tentons de répondre à cette question à la fin de l'ouvrage.

PREMIÈRE PARTIE

UN ÉTAT CONTRE SON PEUPLE

Violences, répressions, terreurs en Union soviétique

par Nicolas Werth

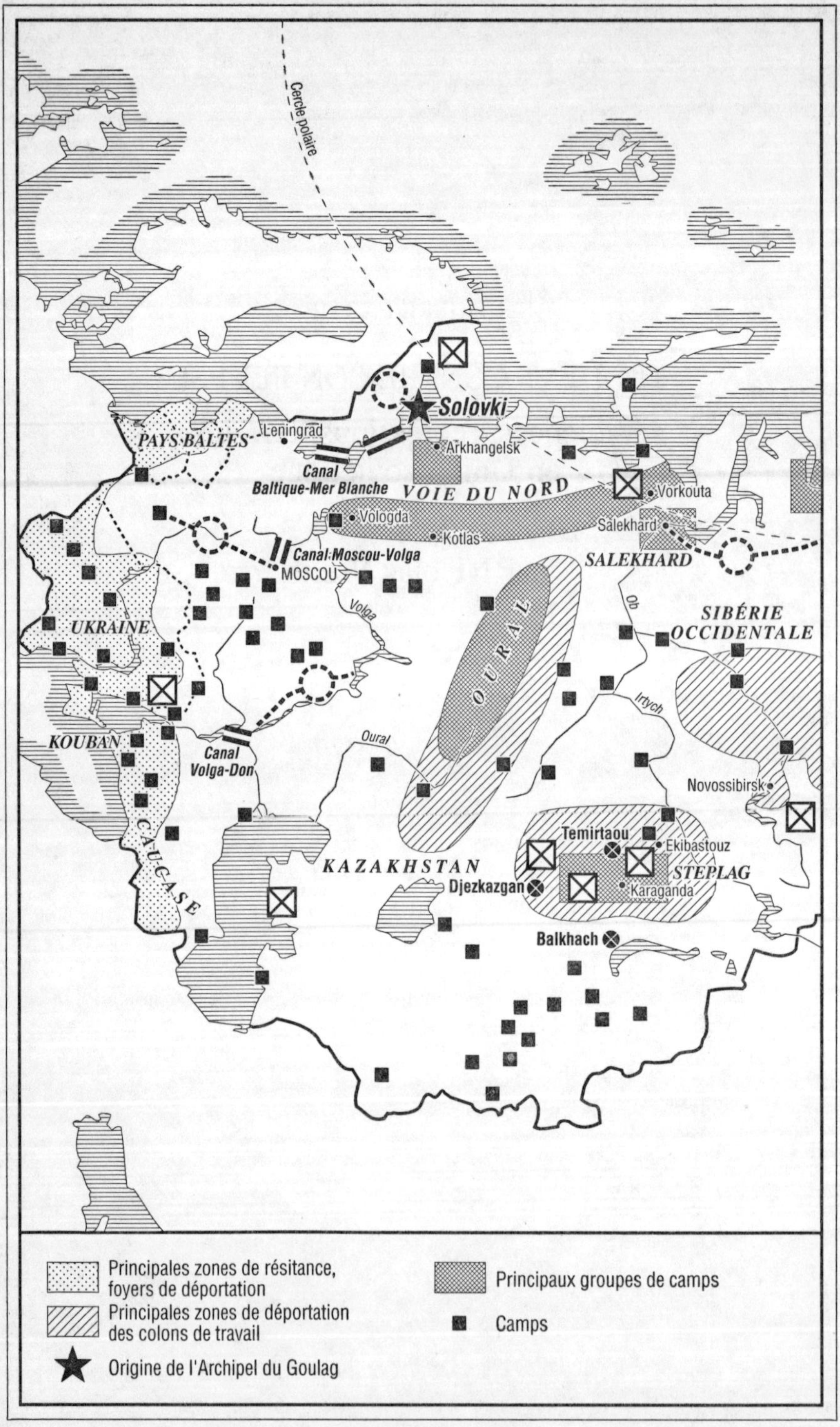
Cercle polaire
Solovki
Leningrad
Arkhangelsk
PAYS BALTES
Canal
Baltique-Mer Blanche
VOIE DU NORD
Vorkouta
Vologda
Kotlas
Salekhard
SALEKHARD
Canal Moscou-Volga
MOSCOU
Volga
OURAL
Ob
SIBÉRIE
OCCIDENTALE
UKRAINE
Irtych
KOUBAN
Canal
Volga-Don
Oural
Novossibirsk
Temirtaou
Ekibastouz
STEPLAG
KAZAKHSTAN
Djezkazgan
Karaganda
CAUCASE
Balkhach
Principales zones de résitance,
foyers de déportation
Principales zones de déportation
des colons de travail
Origine de l'Archipel du Goulag
Principaux groupes de camps
Camps

L'ARCHIPEL

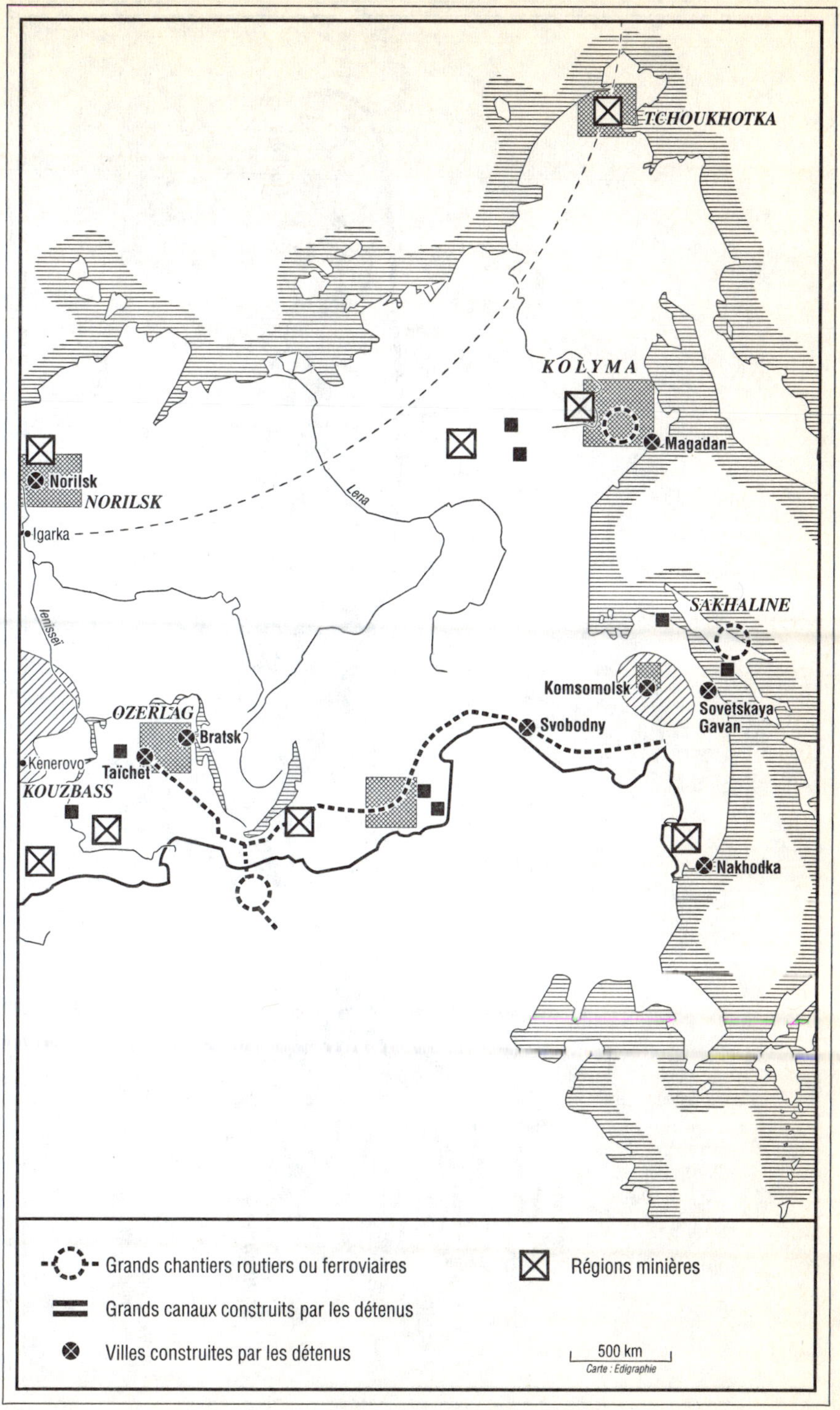
TCHOUKHOTKA
KOLYMA
Magadan
Norilsk
NORILSK
Igarka
Lena
Ienisseï
SAKHALINE
Komsomolsk
Sovetskaya
Gavan
OZERLAG
Bratsk
Svobodny
Kenerovo
Taïchet
KOUZBASS
Nakhodka
Grands chantiers routiers ou ferroviaires
Régions minières
Grands canaux construits par les détenus
Villes construites par les détenus
500 km
Carte : Edigraphie

DU GOULAG

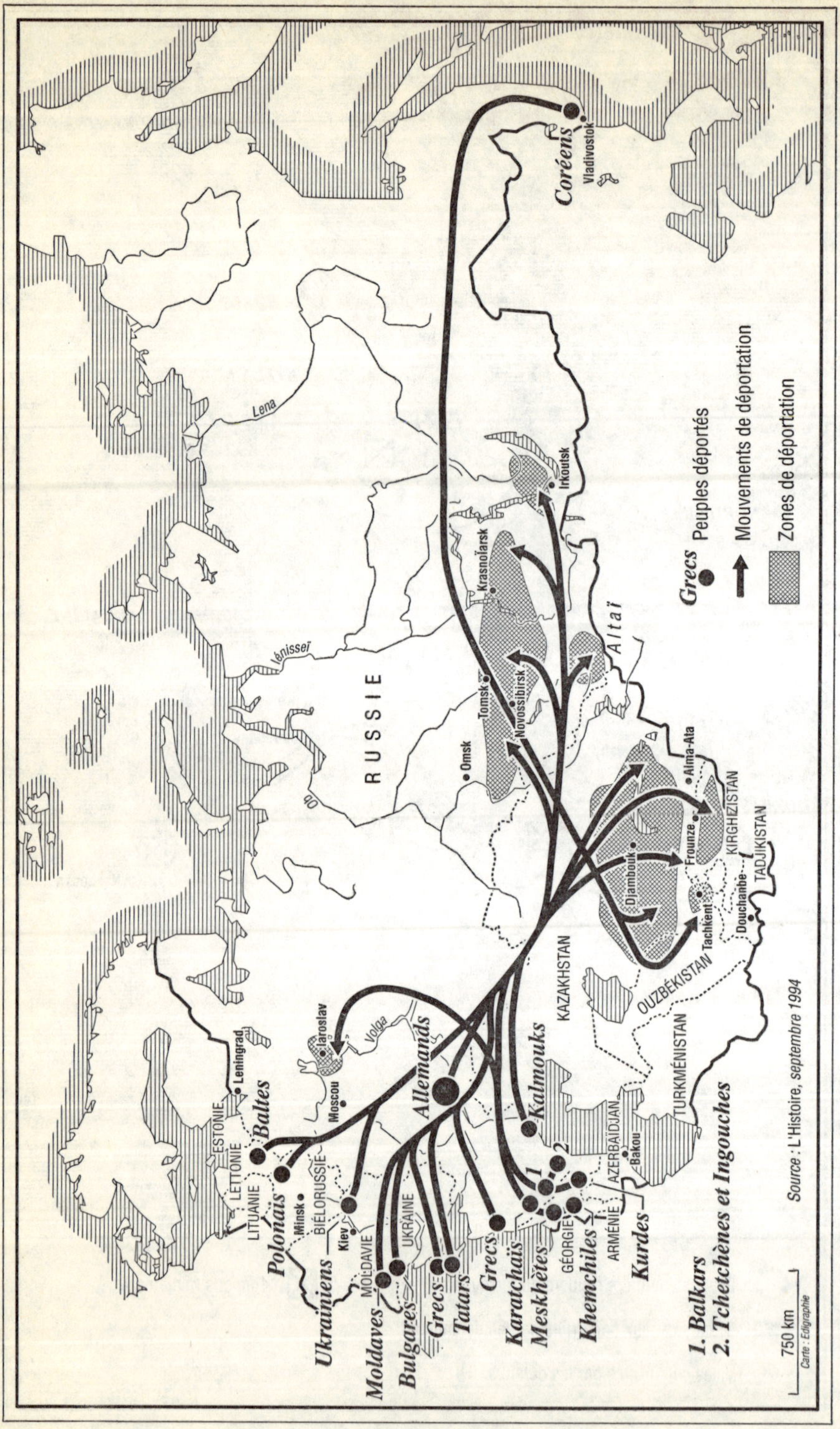

LES ROUTES DE LA DÉPORTATION

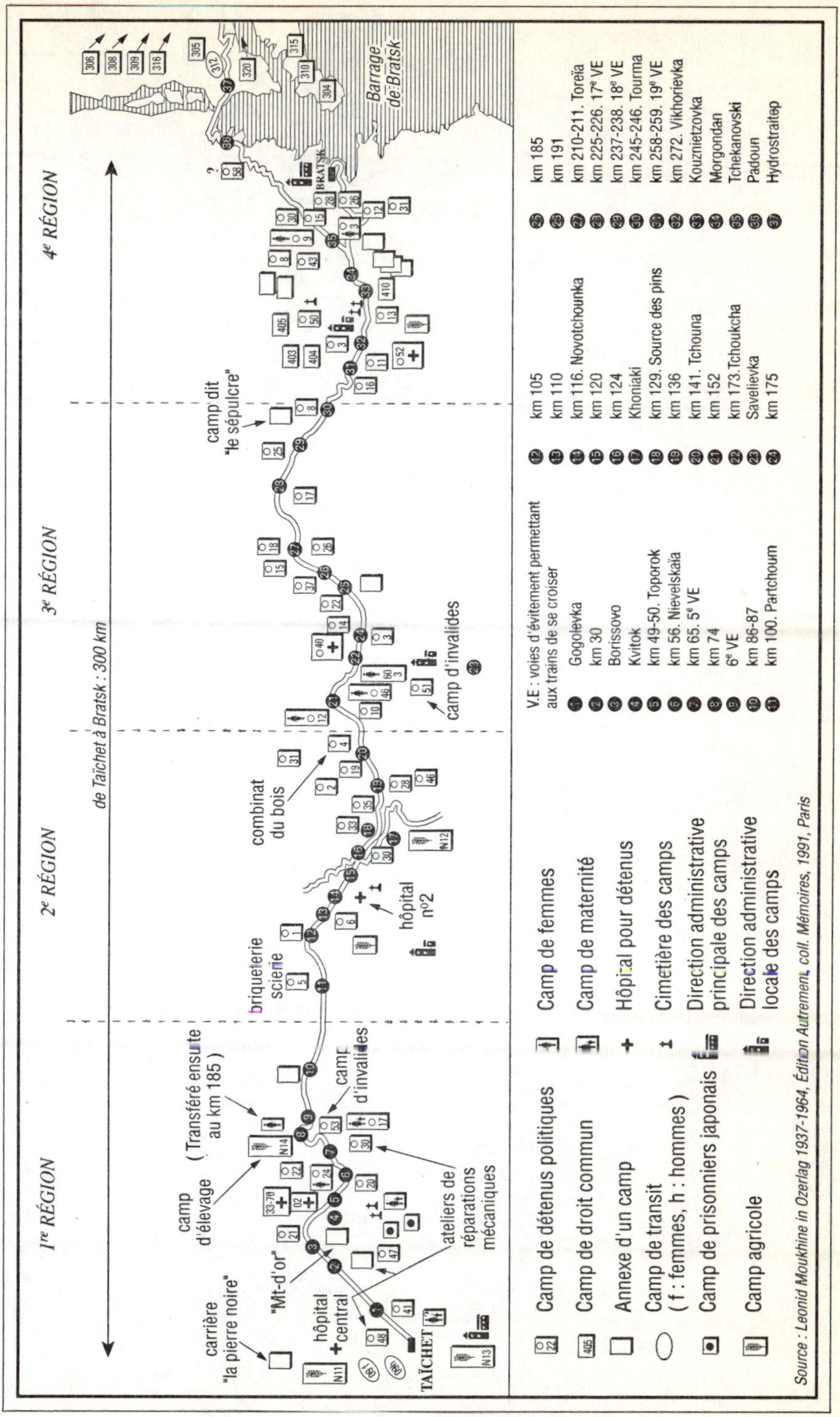

L'ARCHIPEL D'OZERLAG

…'Octobre

…ité de démontrer le carac-
…*nde Révolution socialiste*
…evenir un objet historique
… ni surtout notre société ne
sont prêts à romp… l'année zéro, de cette année
où tout aurait commencé : le … malheur du peuple russe. »

Ces propos d'un historien russe contemporain illustrent une permanence : quatre-vingts ans après l'événement, la « bataille pour le récit » de 1917 se poursuit.

Pour une première école historique, que l'on pourrait qualifier de « libérale », la révolution d'Octobre n'a été qu'un putsch imposé par la violence à une société passive, résultat d'une habile conspiration tramée par une poignée de fanatiques disciplinés et cyniques, dépourvus de toute assise réelle dans le pays. Aujourd'hui, la quasi-totalité des historiens russes, comme les élites cultivées et les dirigeants de la Russie post-communiste, a fait sienne la vulgate libérale. Privée de toute épaisseur sociale et historique, la révolution d'Octobre 1917 est relue comme un accident qui a détourné de son cours naturel la Russie pré-révolutionnaire, une Russie riche, laborieuse et en bonne voie vers la démocratie. Clamée d'autant plus haut et fort que perdure en réalité une remarquable continuité des élites dirigeantes qui ont toutes appartenu à la *nomenklatura* communiste, la rupture symbolique avec la « monstrueuse parenthèse du soviétisme » présente un atout majeur : celui de libérer la société russe du poids de la culpabilité, d'un repentir si pesant durant les années de *perestroïka*, marquées par la redécouverte douloureuse du stalinisme. Si le coup d'État bolchevique de 1917 n'a été qu'un accident, alors le peuple russe n'a été qu'une victime innocente.

Face à cette interprétation, l'historiographie soviétique a tenté de montrer qu'Octobre 1917 avait été l'aboutissement logique, prévisible, inévitable, d'un itinéraire libérateur entrepris par les « masses » consciemment ralliées au bolchevisme. Sous ses divers avatars, ce courant historiographique a amalgamé la « bataille pour le récit » de 1917 à la question de la légitimité du régime soviétique. Si la Grande Révolution socialiste d'Octobre a été l'accomplissement du sens de l'Histoire, un événement porteur d'un message d'émancipation adressé aux peuples du monde entier, alors le système politique, les institutions, l'État qui en étaient issus demeuraient, envers et contre toutes les erreurs qui avaient pu être commises par le stalinisme, légitimes. L'effondrement du régime soviétique a naturellement entraîné une délégitimation complète de la révolution d'Octobre 1917 et la disparition de la vulgate marxisante, rejetée, pour reprendre une célèbre formule bolchevique, « dans les poubelles de l'Histoire ». Néanmoins, comme la mémoire de la peur, la mémoire de cette vulgate reste vivace, autant sinon plus en Occident que dans l'ex-URSS.

Rejetant la vulgate libérale comme la vulgate marxisante, un troisième courant historiographique s'est efforcé de « dé-idéologiser » l'histoire de la révolution russe, de comprendre, comme l'écrivit Marc Ferro, que « l'insurrection d'Octobre 1917 ait pu être à la fois un mouvement de masse et [que] seul un petit nombre y ait participé ». Parmi les nombreuses questions que se posent, à propos de 1917, beaucoup d'historiens qui refusent le schéma simpliste de l'historiographie libérale aujourd'hui dominante figurent des problèmes clés. Quel rôle ont joué la militarisation de l'économie et la brutalisation des rapports sociaux consécutifs à l'entrée de l'Empire russe dans la Première Guerre mondiale ? Y a-t-il eu émergence d'une violence sociale spécifique qui allait faire le lit d'une violence politique exercée par la suite contre la société ? Comment une révolution populaire et plébéienne profondément antiautoritaire et antiétatique a-t-elle amené au pouvoir le groupe politique le plus dictatorial et le plus étatiste ? Quel lien peut-on établir entre l'indéniable radicalisation de la société russe tout au long de l'année 1917 et le bolchevisme ?

Avec le recul du temps et grâce aux nombreux travaux d'une historiographie conflictuelle, donc intellectuellement stimulante, la révolution d'Octobre 1917 nous apparaît comme la convergence momentanée de deux mouvements : une prise du pouvoir politique, fruit d'une minutieuse préparation insurrectionnelle, par un parti qui se distingue radicalement, par ses pratiques, son organisation et son idéologie, de tous les autres acteurs de la révolution ; une vaste révolution sociale, multiforme et autonome. Cette révolution sociale se manifeste sous des aspects très divers : une immense jacquerie paysanne d'abord, vaste mouvement de fond qui plonge ses racines dans une longue histoire, marquée non seulement par la haine vis-à-vis du propriétaire foncier, mais aussi par une profonde méfiance de la paysannerie envers la ville, le monde extérieur, envers toute forme d'ingérence étatique.

L'été et l'automne 1917 apparaissent ainsi comme l'aboutissement, enfin victorieux, d'un grand cycle de révoltes commencé en 1902, culminant une première fois en 1905-1907. L'année 1917 est une étape décisive d'une grande révolution agraire, de l'affrontement entre la paysannerie et les grands propriétaires pour l'appropriation de terres, la réalisation tant attendue du « partage noir », un partage de toutes les terres en fonction du nombre de bouches à nourrir dans chaque famille. Mais c'est aussi une étape importante dans l'affrontement entre la paysannerie et l'État, pour le rejet de toute tutelle du pouvoir des villes sur les campagnes. Sur ce terrain, 1917 n'est qu'un des jalons d'un cycle d'affrontements qui culminera en 1918-1922, puis dans les années 1929-1933, s'achevant sur une défaite totale du monde rural, brisé à la racine par la collectivisation forcée des terres.

Parallèlement à la révolution paysanne, on assiste, tout au cours de l'année 1917, à une décomposition en profondeur de l'armée, formée de près de dix millions de paysans-soldats mobilisés depuis plus de trois ans dans une guerre dont ils ne comprenaient guère le sens — presque tous les généraux déploraient le manque de patriotisme de ces soldats-paysans politiquement peu intégrés à la nation, et dont l'horizon civique n'allait guère au-delà de leur communauté rurale.

Un troisième mouvement de fond touche une minorité sociale représentant à peine 3 % de la population active, mais une minorité politiquement agissante, très concentrée dans les grandes villes du pays, le monde ouvrier. Ce milieu, qui condense toutes les contradictions sociales d'une modernisation économique en marche depuis à peine une génération, donne naissance à un mouvement revendicatif ouvrier spécifique, autour de mots d'ordre authentiquement révolutionnaires — le « contrôle ouvrier », le « pouvoir aux soviets ».

Enfin, un quatrième mouvement se dessine à travers l'émancipation rapide des nationalités et des peuples allogènes de l'ex-Empire tsariste, qui demandent leur autonomie, puis leur indépendance.

Chacun de ces mouvements a sa propre temporalité, sa dynamique interne, ses aspirations spécifiques, qui ne sauraient évidemment être réduites ni aux slogans bolcheviques ni à l'action politique de ce parti. Ces mouvements agissent, tout au cours de l'année 1917, comme autant de *forces dissolvantes* qui contribuent puissamment à la destruction des institutions traditionnelles et, plus généralement, de toutes les formes d'autorité. Durant un bref mais décisif instant — la fin de l'année 1917 — l'action des bolcheviks, minorité politique agissant dans le vide institutionnel ambiant, va dans le sens des aspirations du plus grand nombre, même si les objectifs à moyen et long termes sont différents pour les uns et les autres. Momentanément, coup d'État politique et révolution sociale convergent, ou, plus exactement, se télescopent, avant de diverger vers des décennies de dictature.

Les mouvements sociaux et nationaux qui explosent à l'automne 1917 se sont développés à la faveur d'une conjoncture très particulière combinant, dans une situation de guerre totale, en elle-même source de régression et de brutalisation générales, crise économique, bouleversement des relations sociales et faillite de l'État.

Loin de donner une impulsion nouvelle au régime tsariste et de renforcer la cohésion, encore très imparfaite, du corps social, la Première Guerre mondiale agit comme un formidable révélateur de la fragilité d'un régime autocratique déjà ébranlé par la révolution de 1905-1906 et affaibli par une politique inconséquente alternant concessions insuffisantes et reprise en main conservatrice. La guerre accentua également les faiblesses d'une modernisation économique inachevée, dépendante d'un afflux régulier de capitaux, de spécialistes et de technologies étrangers. Elle réactiva la fracture profonde entre une Russie urbaine, industrielle et gouvernante et la Russie rurale, politiquement non intégrée et encore largement refermée sur ses structures locales et communautaires.

Comme les autres belligérants, le gouvernement tsariste avait escompté que la guerre serait courte. La fermeture des détroits et le blocus économique de la Russie révélèrent brutalement la dépendance de l'empire vis-à-vis de ses fournisseurs étrangers. La perte des provinces occidentales, envahies par les armées allemandes et austro-hongroises dès 1915, priva la Russie des produits de l'industrie polonaise, une des plus développées de l'empire. L'économie nationale ne résista pas longtemps à la poursuite de la guerre : dès 1915, le système des transports ferroviaires fut désorganisé, faute de pièces de rechange. La reconversion de la quasi-totalité des usines vers l'effort militaire cassa le marché intérieur. Au bout de quelques mois, l'arrière manqua de produits manufacturés et le pays s'installa dans les pénuries et l'inflation. Dans les campagnes, la situation se dégrada rapidement : l'arrêt brutal du crédit agricole et du remembrement, la mobilisation massive des hommes dans l'armée, les réquisitions de cheptel et de céréales, la pénurie de biens manufacturés, la rupture des circuits d'échanges entre villes et campagnes stoppèrent net le processus de modernisation des exploitations rurales amorcé avec succès, depuis 1906, par le Premier ministre Piotr Stolypine, assassiné en 1910. Trois années de guerre renforcèrent la perception paysanne de l'État comme d'une force hostile et étrangère. Les vexations quotidiennes dans une armée où le soldat était davantage traité comme un serf que comme un citoyen exacerbèrent les tensions entre les hommes de rang et les officiers, tandis que les défaites minaient ce qui restait du prestige d'un régime impérial trop lointain. Le vieux fonds d'archaïsme et de violence, toujours présent dans les campagnes, et qui s'était exprimé avec force lors des immenses jacqueries des années 1902-1906, en sortit renforcé.

Dès la fin de 1915, le pouvoir ne maîtrisait plus la situation. Devant la passivité du régime, on vit de toute part s'organiser comités et associations prenant en charge la gestion du quotidien que l'État ne semblait plus en mesure d'assurer : soins aux blessés, ravitaillement des villes et de l'armée. Les Russes commencèrent à se gouverner eux-mêmes ; un grand mouvement, venu du tréfonds de la société et dont personne n'avait encore pris la mesure, s'était mis en branle. Mais, pour que ce mouvement triomphât des forces dissolvantes qui étaient aussi à l'œuvre, il aurait fallu que le pouvoir l'encourageât, lui donnât la main.

Or, au lieu de jeter un pont entre le pouvoir et les éléments les plus avancés de la société civile, Nicolas II s'accrocha à l'utopie monarcho-populiste du « petit-père-tsar-commandant-l'armée-de-son-bon-peuple-paysan ». Il prit en personne le commandement suprême des armées, acte suicidaire pour l'autocratie, en pleine défaite nationale. Isolé dans son train spécial au quartier général de Mogilev, Nicolas II cessa, en réalité, dès l'automne de 1915, de diriger le pays, s'en remettant à son épouse, l'impératrice Alexandra, très impopulaire, car d'origine allemande.

Au cours de l'année 1916, le pouvoir sembla se dissoudre. La Douma d'empire, seule assemblée élue, si peu représentative fût-elle, ne siégeait plus que quelques semaines par an ; gouvernements et ministres se succédaient, tout aussi incompétents et impopulaires. La rumeur publique accusait la coterie influente dirigée par l'impératrice et par Raspoutine d'ouvrir sciemment le territoire national à l'invasion ennemie. Il devenait manifeste que l'autocratie n'était plus capable de mener la guerre. À la fin de l'année 1916, le pays devint ingouvernable. Dans une atmosphère de crise politique illustrée par l'assassinat, le 31 décembre, de Raspoutine, les grèves, tombées à un niveau insignifiant au début de la guerre, reprirent de l'ampleur. L'agitation gagna l'armée, la désorganisation totale des transports cassa l'ensemble du système de ravitaillement. C'est un régime à la fois discrédité et affaibli que vinrent surprendre les journées de février 1917.

La chute du régime tsariste, emporté à l'issue de cinq jours de manifestations ouvrières et de la mutinerie de quelques milliers d'hommes de la garnison de Petrograd, révéla non seulement la faiblesse du tsarisme et l'état de décomposition d'une armée à laquelle l'état-major n'osa pas faire appel pour mater une émeute populaire, mais aussi l'impréparation politique de toutes les forces d'opposition profondément divisées, depuis les libéraux du Parti constitutionnel-démocrate jusqu'aux sociaux-démocrates.

À aucun moment de cette révolution populaire spontanée, commencée dans la rue et terminée dans les cabinets feutrés du palais de Tauride, siège de la Douma, les forces politiques d'opposition ne guidèrent le mouvement. Les libéraux avaient peur de la rue ; quant aux partis socialistes, ils craignaient une réaction militaire. Entre les libéraux, inquiets de l'extension des troubles, et les socialistes, pour lesquels l'heure était à l'évidence à la révolution « bourgeoise » — première étape d'un long processus qui pourrait, avec le temps, ouvrir la voie à une révolution socialiste —, s'engagèrent des négociations qui aboutirent après de longues tractations à la formule inédite d'un double pouvoir. D'un côté, le gouvernement provisoire, un pouvoir soucieux d'ordre, dont la logique était celle du parlementarisme, et l'objectif celui d'une Russie capitaliste, moderne et libérale, résolument ancrée à ses alliés français et britanniques. De l'autre côté, le pouvoir du soviet de Petrograd, qu'une poignée de militants socialistes venait de constituer et qui se prétendait être, dans la grande tradition du soviet de Saint-Pétersbourg de 1905, une représentation plus directe, plus révolutionnaire des « masses ». Mais ce « pouvoir des soviets » était lui-même une réalité mouvante et changeante, au gré de l'évolution de ses structures décentralisées et bourgeonnantes, et, plus encore, des changements d'une opinion publique versatile.

Les trois gouvernements provisoires qui se succédèrent, du 2 mars au 25 octobre 1917, s'avérèrent incapables de résoudre les problèmes que leur avait laissés en héritage l'Ancien Régime : la crise économique, la poursuite de la guerre, la question ouvrière, le problème agraire. Les nouveaux hommes au pouvoir — les libéraux du Parti constitutionnel-démocrate, majoritaires dans les deux premiers gouvernements, comme les mencheviks et les socialistes-révolutionnaires, majoritaires dans le troisième — appartenaient tous à ces élites urbaines cultivées, à ces éléments avancés de la société civile qui étaient partagés entre une confiance naïve et aveugle dans le « peuple », et une peur des « masses sombres » qui les entouraient et qu'ils connaissaient d'ailleurs fort mal. En majorité, ils considéraient, du moins dans les premiers mois d'une révolution qui avait frappé les esprits par son aspect pacifique, qu'il fallait laisser libre cours à la poussée démocratique libérée par la crise, puis par la chute de l'Ancien Régime. Faire de la Russie « le pays le plus libre du monde », tel était le rêve d'idéalistes comme le prince Lvov, chef des deux premiers gouvernements provisoires.

« L'esprit du peuple russe, dit-il dans une de ses premières déclarations, s'est révélé être, par sa nature même, un esprit universellement démocratique. Il est prêt non seulement à se fondre dans la démocratie universelle, mais à en prendre la tête sur le chemin du progrès jalonné par les grands principes de la Révolution française : Liberté, Égalité, Fraternité. »

Fort de ces convictions, le gouvernement provisoire multiplia les mesures démocratiques — libertés fondamentales, suffrage universel, suppression de toute discrimination de caste, de race ou de religion, reconnaissance du droit de la Pologne et de la Finlande à l'autodétermination, promesse d'autonomie pour les minorités nationales, etc. — qui devaient, pensait-il, permettre un vaste sursaut patriotique, consolider la cohésion sociale, assurer la victoire militaire aux côtés des Alliés et amarrer solidement le nouveau régime aux démocraties occidentales. Par souci tatillon de la légalité, le gouvernement se refusa cependant, dans une situation de guerre, à prendre toute une série de mesures importantes qui engageraient l'avenir, avant la réunion d'une Assemblée constituante, qui devait être élue à l'automne 1917. Il tint délibérément à rester « provisoire », laissant en suspens les problèmes les plus brûlants : le problème de la paix et le problème de la terre. Quant à la crise économique, liée à la poursuite de la guerre, pas plus que le régime précédent, le gouvernement provisoire ne parvint, durant les quelques mois de son existence, à en venir à bout ; problèmes de ravitaillement, pénuries, inflation, rupture des circuits d'échanges, fermeture d'entreprises, explosion du chômage ne firent qu'exacerber les tensions sociales.

Face à l'attentisme du gouvernement, la société continua à s'organiser de façon autonome. En quelques semaines, par milliers, soviets, comités d'usine et de quartier, milices ouvrières armées (les « Gardes rouges »), comités de paysans, comités de soldats, de Cosaques, de ménagères foisonnèrent. Autant de lieux de débats, d'initiatives, d'affrontements où s'exprimaient des revendications, une opinion publique, une autre façon de faire de la politique. Véritable fête de libération, qui devint au fil des jours de plus en plus violente, la révolution de Février ayant libéré ressentiments et frustrations sociales longtemps accumulées, le *mitingovanie* (le meeting permanent) était aux antipodes de la démocratie parlementaire dont rêvaient les hommes politiques du nouveau régime. Tout au long de l'année 1917, on assista à une indéniable radicalisation des revendications et des mouvements sociaux.

Les ouvriers passèrent de revendications économiques — la journée de huit heures, la suppression des amendes et autres mesures vexatoires, les assurances sociales, des augmentations de salaire — à des demandes politiques, qui impliquaient un changement radical des relations sociales entre patrons et salariés et une autre forme de pouvoir. Organisés en comités d'usine, dont l'objectif premier était de contrôler l'embauche et les licenciements et d'empêcher les patrons de fermer abusivement l'entreprise sous prétexte de rupture d'approvisionnement, les ouvriers en vinrent à exiger le « contrôle ouvrier » sur la production. Mais, pour que ce contrôle ouvrier prît vie, il fallait une forme absolument nouvelle de gouvernement, le « pouvoir des soviets », seul capable de prendre des mesures radicales, notamment la mise sous séquestre des entreprises, et leur nationalisation, une revendication inconnue au printemps 1917, mais de plus en plus souvent mise en avant six mois plus tard.

Dans le cours des révolutions de 1917, le rôle des soldats-paysans — une masse de dix millions d'hommes mobilisés — fut décisif. La décomposition rapide de l'armée russe, gagnée par les désertions et le pacifisme, joua un rôle d'entraînement dans la faillite généralisée des institutions. Les comités de soldats, autorisés par le premier texte adopté par le gouvernement provisoire — le fameux décret n° 1, véritable « charte des droits du soldat », qui abolissait les règles de discipline les plus vexatoires de l'Ancien Régime —, n'eurent de cesse d'outrepasser leurs prérogatives. Ils en vinrent à récuser tel ou tel officier, à en « élire » de nouveaux, à se mêler de stratégie militaire, se posant en « pouvoir soldat » d'un type inédit. Ce pouvoir soldat fit le lit d'un « bolchevisme de tranchée » spécifique, que le général Broussilov, commandant en chef de l'armée russe, caractérisait ainsi : « Les soldats n'avaient pas la moindre idée de ce qu'étaient le communisme, le prolétariat ou la Constitution. Ils voulaient la paix, la terre, la liberté de vivre sans lois, sans officiers ni propriétaires fonciers. Leur "bolchevisme" n'était en réalité qu'une formidable aspiration à une liberté sans entraves, à l'anarchie. »

Après l'échec de la dernière offensive de l'armée russe, en juin 1917, l'armée se délita : des centaines d'officiers soupçonnés par la troupe d'être des « contre-révolutionnaires » furent arrêtés par les soldats et souvent massacrés. Le nombre de déserteurs monta en flèche, pour atteindre en août-septembre plusieurs dizaines de milliers par jour. Les paysans-soldats n'eurent bientôt plus qu'une seule idée en tête : rentrer chez eux, pour ne pas manquer le partage des terres et du cheptel des grands propriétaires. De juin à octobre 1917, plus de deux millions de soldats, fatigués de combattre ou d'attendre le ventre creux dans les tranchées et les garnisons, désertèrent une armée en déliquescence. Leur retour au village alimenta, à son tour, les troubles dans les campagnes.

Jusqu'à l'été, les troubles agraires étaient restés assez circonscrits, surtout en comparaison avec ce qui s'était passé lors de la révolution de 1905-1906. Une fois connue la nouvelle de l'abdication du tsar, comme il était de coutume lorsqu'un événement important se produisait, l'assemblée paysanne se réunit et fit rédiger une pétition exposant les doléances et les souhaits des paysans. La première revendication était que la terre appartînt à ceux qui la travaillaient, que fussent immédiatement redistribuées les terres non cultivées des grands propriétaires, que les baux fussent réévalués à la baisse. Peu à peu, les paysans s'organisèrent, mettant en place des comités agraires, au niveau tant du village que du canton, dirigés le plus souvent par des membres de l'intelligentsia rurale — instituteurs, popes, agronomes, officiers de santé — proches des milieux socialistes-révolutionnaires. À partir de mai-juin 1917, le mouvement paysan se durcit : pour ne pas se laisser déborder par une base impatiente, nombre de comités agraires se mirent à saisir matériel agricole et cheptel des propriétaires fonciers et à s'approprier bois, pâturages et terres inexploitées. Cette lutte ancestrale pour le « partage noir » des terres se fit aux dépens des grands propriétaires fonciers, mais aussi des « koulaks », ces paysans aisés qui, à la faveur des réformes de Stolypine, avaient quitté la communauté rurale pour s'établir sur un lopin en pleine et entière propriété, libérée de toutes les servitudes communautaires. Dès avant la révolution d'Octobre 1917, le koulak, croque-mitaine de tous les discours bolcheviques stigmatisant le « paysan riche rapace », le « bourgeois rural », l'« usurier », le « koulak buveur de sang », n'était plus que l'ombre de lui-même. Il avait dû, en effet, rétrocéder à la communauté villageoise la majeure partie de son cheptel, de ses machines, de ses terres, reversés au pot commun et partagés selon l'ancestral principe égalitaire des « bouches à nourrir ».

Au cours de l'été, les troubles agraires, attisés par le retour au village de centaines de milliers de déserteurs armés, devinrent de plus en plus violents. À partir de la fin du mois d'août, déçus par les promesses non tenues d'un gouvernement qui ne cessait de remettre à plus tard la réforme agraire, les paysans partirent à l'assaut des domaines seigneuriaux, systématiquement mis à sac et brûlés, pour en chasser une fois pour toutes le propriétaire foncier honni. En Ukraine, dans les provinces centrales de la Russie — Tambov, Penza, Voronej, Saratov, Orel, Toula, Riazan — des milliers de demeures seigneuriales furent brûlées, des centaines de propriétaires massacrés.

Devant l'extension de cette révolution sociale, les élites dirigeantes et les partis politiques — à l'exception notable des bolcheviks, sur l'attitude desquels nous reviendrons — hésitaient entre des tentatives de contrôler, tant bien que mal, le mouvement, et la tentation du putsch militaire. Ayant accepté, dès le mois de mai, d'entrer au gouvernement, mencheviks, populaires dans les milieux ouvriers, et socialistes-révolutionnaires, mieux implantés dans le monde rural que n'importe quelle autre formation politique, se révélèrent incapables, du fait de la participation de certains de leurs dirigeants à un gouvernement soucieux d'ordre et de légalité, de réaliser les réformes qu'ils avaient toujours prônées — notamment, en ce qui concernait les socialistes-révolutionnaires, le partage des terres. Devenus les gestionnaires et les gardiens de l'État « bourgeois », les partis socialistes modérés laissèrent le champ de la contestation aux bolcheviks, sans pour autant tirer bénéfice de leur participation à un gouvernement qui contrôlait chaque jour un peu moins la situation dans le pays.

Face à l'anarchie envahissante, les milieux patronaux, les propriétaires fonciers, l'état-major et un certain nombre de libéraux désabusés furent tentés par la solution du coup de force militaire, que proposait le général Kornilov. Cette solution échoua devant l'opposition du gouvernement provisoire dirigé par Alexandre Kerenski. La victoire du putsch militaire aurait, en effet, anéanti le pouvoir civil, qui, si faible fût-il, s'accrochait à la conduite formelle des affaires du pays. L'échec du putsch du général Kornilov, les 24-27 août 1917, précipita la crise finale d'un gouvernement provisoire qui ne contrôlait plus aucun des relais traditionnels du pouvoir. Tandis qu'au sommet les jeux du pouvoir mettaient aux prises civils et militaires aspirant à une illusoire dictature, les piliers sur lesquels reposait l'État — la justice, l'administration, l'armée — cédaient, le droit était bafoué, l'autorité, sous toutes ses formes, contestée.

La radicalisation incontestable des masses urbaines et rurales signifiait-elle leur bolchevisation ? Rien n'est moins sûr. Derrière les slogans communs — « contrôle ouvrier », « tout le pouvoir aux soviets » — militants ouvriers et dirigeants bolcheviques ne donnaient pas aux termes la même signification. Dans l'armée, le « bolchevisme de tranchée » reflétait avant tout une aspiration générale à la paix, partagée par les combattants de tous les pays engagés depuis trois ans dans la plus meurtrière et la plus totale des guerres. Quant à la révolution paysanne, elle suivait une voie tout à fait autonome, bien plus proche du programme socialiste-révolutionnaire favorable au « partage noir » que du programme bolchevique qui prônait la nationalisation de la terre et son exploitation en grandes unités collectives. Dans les campagnes, on ne connaissait les bolcheviks que d'après les récits qu'en faisaient les déserteurs, fourriers d'un bolchevisme diffus, porteur de deux mots magiques : la paix et la terre. Tous les mécontents étaient loin d'adhérer au Parti bolchevique, qui comptait, selon des chiffres controversés, entre cent et deux cent mille membres début octobre 1917. Néanmoins, dans le vide institutionnel de l'automne 1917, où toute autorité étatique avait disparu pour céder la place à une pléiade de comités, soviets et autres groupuscules, il suffisait qu'un noyau bien organisé et décidé agît avec détermination pour exercer aussitôt une autorité disproportionnée à sa force réelle. C'est ce que fit le Parti bolchevique.

Depuis sa fondation en 1903, ce parti s'était démarqué des autres courants de la social-démocratie, tant russe qu'européenne, notamment par sa stratégie volontariste de rupture radicale avec l'ordre existant et par sa conception du parti, un parti fortement structuré, discipliné, élitaire et efficace, avant-garde de révolutionnaires professionnels, aux antipodes du grand parti de rassemblement, largement ouvert à des sympathisants de tendances différentes, tel que le concevaient les mencheviks et les sociaux-démocrates européens en général.

La Première Guerre mondiale accentua encore la spécificité du bolchevisme léniniste. Rejetant toute collaboration avec les autres courants sociaux-démocrates, Lénine, de plus en plus isolé, justifia théoriquement sa position dans son essai *L'Impérialisme, stade suprême du capitalisme.* Il y expliquait que la révolution éclaterait non dans le pays où le capitalisme était le plus fort, mais dans un État économiquement peu développé comme la Russie, à condition que le mouvement révolutionnaire y fût dirigé par une avant-garde disciplinée, prête à aller jusqu'au bout, c'est-à-dire jusqu'à la dictature du prolétariat et la transformation de la guerre impérialiste en une guerre civile.

Dans une lettre du 17 octobre 1914 adressée à Alexandre Chliapnikov, l'un des dirigeants bolcheviques, Lénine écrivait :

« Le moindre mal dans l'immédiat serait la *défaite* du tsarisme dans la guerre. [...] L'essence entière de notre travail (persistant, systématique, peut-être de longue durée) est de viser à la transformation de la guerre en une guerre civile. Quand cela se produira est une autre question, ce n'est pas encore clair. Nous devons laisser le moment mûrir et le "forcer à mûrir" systématiquement... Nous ne pouvons ni "promettre" la guerre civile, ni la "décréter", mais nous avons le devoir d'œuvrer — le temps qu'il faudra — *dans cette direction.* »

Révélant les « contradictions inter-impérialistes », la « guerre impérialiste » renversait ainsi les termes du dogme marxiste et rendait l'explosion plus probable en Russie que nulle part ailleurs. Tout au long de la guerre, Lénine revint sur l'idée que les bolcheviks devaient être prêts à encourager, par tous les moyens, le développement d'une guerre civile.

« Quiconque reconnaît la guerre de classes, écrivait-il en septembre 1916, doit reconnaître la guerre civile, qui dans toute société de classes représente la continuation, le développement et l'accentuation naturels de la guerre de classes. »

Après la victoire de la révolution de Février, à laquelle aucun dirigeant bolchevique d'envergure n'avait pris part, tous étant soit en exil, soit à l'étranger, Lénine, contre l'avis même de l'immense majorité des dirigeants du Parti, prédit la failllite de la politique de conciliation avec le gouvernement provisoire que tâchait de mettre en œuvre le soviet de Petrograd, dominé par une majorité de socialistes-révolutionnaires et de sociaux-démocrates, toutes tendances confondues. Dans ses quatre *Lettres de loin,* écrites à Zurich du 20 au 25 mars 1917, et dont le quotidien bolchevique la *Pravda* n'osa publier que la première, tant ces écrits rompaient avec les positions politiques alors défendues par les dirigeants bolcheviques de Petrograd, Lénine exigeait la rupture immédiate entre le soviet de Petrograd et le gouvernement provisoire, ainsi que la préparation active de la phase suivante, « prolétarienne », de la révolution. Pour Lénine, l'apparition des soviets était le signe que la révolution avait déjà dépassé sa « phase bourgeoise ». Sans plus attendre, ces organes révolutionnaires devaient s'emparer du pouvoir par la force, mettre fin à la guerre impérialiste, même au prix d'une guerre civile, inévitable dans tout processus révolutionnaire.

Rentré en Russie le 3 avril 1917, Lénine continua à défendre des positions extrêmes. Dans ses célèbres *Thèses d'avril*, il répéta son hostilité inconditionnelle à la république parlementaire et au processus démocratique. Accueillies avec stupéfaction et hostilité par la majorité des dirigeants bolcheviques de Petrograd, les idées de Lénine progressèrent rapidement, notamment parmi les nouvelles recrues du Parti, ceux que Staline appelait, à juste titre, les *praktiki* (les « praticiens ») par opposition aux « théoriciens ». En quelques mois, les éléments plébéiens, parmi lesquels les soldats-paysans occupaient une place centrale, submergèrent les éléments urbanisés et intellectuels, vieux routiers des luttes sociales institutionnalisées. Porteurs d'une grande violence enracinée dans la culture paysanne et exacerbée par trois années de guerre, moins prisonniers du dogme marxiste qu'ils ne connaissaient guère, ces militants d'origine populaire, peu formés politiquement, représentants typiques d'un bolchevisme plébéien qui allait bientôt fortement déteindre sur le bolchevisme théorisant et intellectuel des bolcheviks d'origine, ne se posaient guère la question : une « étape bourgeoise » était-elle nécessaire ou pas pour « passer au socialisme » ? Partisans de l'action directe, du coup de force, ils étaient les plus fervents activistes d'un bolchevisme où les débats théoriques laissaient place à la seule question désormais à l'ordre du jour, celle de la prise du pouvoir.

Entre une base plébéienne de plus en plus impatiente, prompte à l'aventure — les marins de la base navale de Kronstadt, au large de Petrograd, certaines unités de la garnison de la capitale, les Gardes rouges des quartiers ouvriers de Vyborg —, et des dirigeants hantés par l'échec d'une insurrection prématurée vouée à l'écrasement, la voie léniniste restait étroite. Durant toute l'année 1917, le Parti bolchevique demeura, contrairement à une idée largement répandue, profondément divisé, tiraillé entre les débordements des uns et les réticences des autres. La fameuse discipline du Parti était bien plus un acte de foi qu'une réalité. Au début du mois de juillet 1917, les débordements de la base, impatiente d'en découdre avec les forces gouvernementales, faillirent emporter le Parti bolchevique, déclaré hors la loi à la suite de manifestations sanglantes des 3-5 juillet à Petrograd, et dont les dirigeants furent soit arrêtés, soit contraints, comme Lénine, à l'exil.

L'impuissance du gouvernement à régler les grands problèmes, la faillite des institutions et des autorités traditionnelles, le développement des mouvements sociaux, l'échec de la tentative de putsch militaire du général Kornilov permirent au Parti bolchevique de refaire surface, à la fin du mois d'août 1917, dans une situation propice à une prise du pouvoir par une insurrection armée.

Une nouvelle fois, le rôle personnel de Lénine, en tant que théoricien et stratège de la prise du pouvoir, fut décisif. Dans les semaines qui précédèrent le coup d'État bolchevique du 25 octobre 1917, Lénine mit en place toutes les étapes d'un coup d'État militaire, qui ne pourrait ni être débordé par un soulèvement imprévu des « masses » ni être freiné par le « légalisme révolutionnaire » de dirigeants bolcheviques, tels Zinoviev ou Kamenev, qui, échaudés par l'amère expérience des journées de juillet, souhaitaient aller au pouvoir avec une majorité plurielle de socialistes-révolutionnaires et de sociaux-démocrates de tendances diverses, majoritaires dans les soviets. De son exil finlandais, Lénine ne cessait d'envoyer au Comité central du Parti bolchevique lettres et articles appelant à l'insurrection.

« En proposant une paix immédiate et en donnant la terre aux paysans, les bolcheviks établiront un pouvoir que *personne* ne renversera, écrivait-il. Il serait vain d'attendre une majorité *formelle* en faveur des bolcheviks. Aucune révolution n'attend ça. L'Histoire ne nous pardonnera pas si nous ne prenons pas maintenant le pouvoir. »

Ces appels laissaient la plupart des dirigeants bolcheviques sceptiques. Pourquoi brusquer les choses, alors que la situation se radicalisait chaque jour davantage ? Ne suffisait-il pas de coller aux masses en encourageant leur violence spontanée, de laisser agir les forces dissolvantes des mouvements sociaux, d'attendre la réunion du IIe Congrès panrusse des soviets prévue pour le 20 octobre ? Les bolcheviks avaient toutes les chances d'avoir une majorité relative dans cette assemblée où les délégués des soviets des grands centres ouvriers et des comités de soldats étaient largement sur-représentés par rapport aux soviets ruraux à dominante socialiste-révolutionnaire. Or, pour Lénine, si le transfert du pouvoir se faisait à l'issue d'un vote du Congrès des soviets, le gouvernement qui en serait issu serait un gouvernement de coalition où les bolcheviks devraient partager le pouvoir avec les autres formations socialistes. Lénine, qui réclamait depuis des mois tout le pouvoir pour les seuls bolcheviks, voulait à tout prix que les bolcheviks s'emparent eux-mêmes du pouvoir par une insurrection militaire, *avant* la convocation du IIe Congrès panrusse des soviets. Il savait que les autres partis socialistes condamneraient le coup d'État insurrectionnel et qu'il ne leur resterait plus alors qu'à entrer dans l'opposition, laissant tout le pouvoir aux bolcheviks.

Le 10 octobre, rentré clandestinement à Petrograd, Lénine réunit douze des vingt et un membres du Comité central du Parti bolchevique. Après dix heures de discussions, il parvint à convaincre la majorité des présents de voter la plus importante décision qu'ait jamais prise le Parti : le principe d'une insurrection armée dans les plus brefs délais. Cette décision fut approuvée par dix voix contre deux, celles de Zinoviev et de Kamenev, résolument attachés à l'idée qu'il ne fallait rien entreprendre avant la réunion du IIe Congrès des soviets. Le 16 octobre, Trotski mit sur pied, malgré l'opposition des socialistes modérés, une organisation militaire émanant théoriquement du soviet de Petrograd, mais noyautée en fait par les bolcheviks, le Comité militaire révolutionnaire de Petrograd (CMRP), chargé de mettre en œuvre la prise du pouvoir selon l'art de l'insurrection militaire, aux antipodes d'un soulèvement populaire spontané et anarchique susceptible de déborder le Parti bolchevique.

Comme le souhaitait Lénine, le nombre des participants directs à la Grande Révolution socialiste d'Octobre fut très limité : quelques milliers de soldats de la garnison, de marins de Kronstadt et de Gardes rouges ralliés au CMRP, quelques centaines de militants bolcheviques des comités d'usine. De rares accrochages, un nombre de victimes insignifiant attestent la facilité d'un coup d'État attendu, soigneusement préparé et perpétré sans opposition. De manière significative, la prise du pouvoir se fit au nom du CMRP. Ainsi les dirigeants bolcheviques attribuaient-ils la totalité du pouvoir à une instance que personne, en dehors du Comité central bolchevique, n'avait mandatée, et qui ne dépendait donc d'aucune manière du Congrès des soviets.

La stratégie de Lénine s'avéra juste : mis devant le fait accompli, les socialistes modérés, après avoir dénoncé « la conjuration militaire organisée derrière le dos des soviets », quittèrent le IIe Congrès des soviets. Restés en nombre aux côtés de leurs seuls alliés, les membres du petit groupe socialiste-révolutionnaire de gauche, les bolcheviks firent ratifier leur coup de force par les députés du Congrès encore présents, qui votèrent un texte rédigé par Lénine, attribuant « tout le pouvoir aux soviets ». Cette résolution purement formelle permit aux bolcheviks d'accréditer une fiction qui allait abuser des générations de crédules : ils gouvernaient au nom du peuple dans le « pays des soviets ». Quelques heures plus tard, le Congrès entérina, avant de se séparer, la création du nouveau gouvernement bolchevique — le Conseil des commissaires du peuple, présidé par Lénine — et approuva les décrets sur la paix et sur la terre, premiers actes du nouveau régime.

Très rapidement, les malentendus, puis les conflits, se multiplièrent entre le nouveau pouvoir et les mouvements sociaux, qui avaient agi de manière autonome comme forces dissolvantes de l'ancien ordre politique, économique et social. Premier malentendu, à propos de la révolution agraire. Les bolcheviks, qui avaient toujours prôné la nationalisation des terres, durent, dans un rapport de forces qui ne leur était pas favorable, reprendre, « voler » le programme socialiste-révolutionnaire et approuver la redistribution des terres aux paysans. Le « décret sur la terre », dont la disposition principale proclamait que « la propriété privée de la terre est abolie sans indemnité, toutes les terres sont mises à la disposition des comités agraires locaux, pour redistribution », se bornait, en réalité, à légitimer ce que de nombreuses communautés villageoises avaient entrepris depuis l'été 1917 : l'appropriation brutale des terres appartenant aux grands propriétaires fonciers et aux paysans aisés, les koulaks. Contraints momentanément de « coller » à cette révolution paysanne autonome qui avait tant facilité leur venue au pouvoir, les bolcheviks allaient reprendre leur programme une dizaine d'années plus tard. La collectivisation forcée des campagnes, apogée de l'affrontement entre le régime issu d'Octobre 1917 et la paysannerie, serait la résolution tragique du malentendu de 1917.

Deuxième malentendu : les rapports du Parti bolchevique avec toutes les institutions — comités d'usine, syndicats, partis socialistes, comités de quartier, Gardes rouges et, surtout, soviets — qui avaient à la fois participé à la destruction des institutions traditionnelles et lutté pour l'affirmation et l'extension de leurs propres compétences. En quelques semaines, ces institutions furent dessaisies de leur pouvoir, subordonnées au Parti bolchevique ou éliminées. Le « pouvoir aux soviets », mot d'ordre sans doute le plus populaire dans la Russie d'octobre 1917, devint, en un tournemain, le pouvoir du Parti bolchevique sur les soviets. Quant au « contrôle ouvrier », autre revendication majeure de ceux au nom desquels les bolcheviks prétendaient agir, les prolétaires de Petrograd et des autres grands centres industriels, il fut rapidement écarté au profit d'un contrôle de l'État, prétendument « ouvrier », sur les entreprises et les travailleurs. Une incompréhension mutuelle s'installa entre le monde ouvrier, obsédé par le chômage, la dégradation continue de son pouvoir d'achat et la faim, et un État soucieux d'efficacité économique. Dès le mois de décembre 1917, le nouveau régime dut affronter une vague de revendications ouvrières et de grèves. En quelques semaines, les bolcheviks perdirent l'essentiel du capital de confiance qu'ils avaient accumulé dans une partie du monde du travail durant l'année 1917.

Troisième malentendu : les rapports du nouveau pouvoir avec les nationalités de l'ex-Empire tsariste. Le coup d'État bolchevique accéléra les tendances centrifuges que les nouveaux dirigeants parurent, au début, cautionner. En reconnaissant l'égalité et la souveraineté des peuples de l'ancien empire, le droit à l'autodétermination, à la fédération, à la sécession, les bolcheviks semblaient inviter les peuples allogènes à s'émanciper de la tutelle du pouvoir central russe. En quelques mois, Polonais, Finnois, Baltes, Ukrainiens, Géorgiens, Arméniens, Azéris proclamèrent leur indépendance. Débordés, les bolcheviks subordonnèrent bientôt le droit des peuples à l'autodétermination à la nécessité de conserver le blé ukrainien, le pétrole et les minerais du Caucase, bref les intérêts vitaux du nouvel État, qui s'affirma rapidement, du moins sur le plan territorial, comme l'héritier de l'ex-empire plus encore que du gouvernement provisoire.

Le télescopage de révolutions sociales et nationales multiformes et d'une pratique politique spécifique qui excluait tout partage du pouvoir devait rapidement mener à un affrontement, générateur de violence et de terreur, entre le nouveau pouvoir et de larges fractions de la société.

2

Le « bras armé de la dictature du prolétariat »

Le nouveau pouvoir apparaît comme une construction complexe : une façade, « le pouvoir des Soviets », représenté formellement par le Comité exécutif central ; un gouvernement légal, le Conseil des commissaires du peuple, qui s'efforce d'acquérir une légitimité tant internationale qu'intérieure ; une organisation révolutionnaire, structure opérationnelle au centre du dispositif de prise du pouvoir, le Comité militaire révolutionnaire de Petrograd (CMRP). Voici comment Feliks Dzerjinski caractérisait ce comité où il joua, dès les premiers jours, un rôle décisif : « Une structure légère, souple, immédiatement opérationnelle, sans juridisme tatillon. Aucune restriction pour agir, pour frapper les ennemis du bras armé de la dictature du prolétariat. »

Comment fonctionnait, dès les premiers jours du nouveau régime, ce « bras armé de la dictature du prolétariat », selon l'expression imagée de Dzerjinski, reprise plus tard pour qualifier la police politique bolchevique, la Tcheka ? De manière simple et expéditive. Le CMRP était composé d'une soixantaine de membres, dont quarante-huit bolcheviks, quelques socialistes-révolutionnaires de gauche et anarchistes ; il était placé sous la direction formelle d'un « président », un socialiste-révolutionnaire de gauche, Lazimir, dûment encadré par quatre adjoints bolcheviques, dont Antonov-Ovseenko et Dzerjinski. En réalité, une vingtaine de personnes rédigeaient et signaient du titre de « Président » ou de « Secrétaire » les quelque six mille ordres émis, en général sur des petits bouts de papier griffonnés au crayon, par le CMRP durant ses cinquante-trois jours d'existence.

Même « simplicité opérationnelle » dans la diffusion des directives et l'exécution des ordres : le CMRP agissait par l'intermédiaire d'un réseau de près d'un millier de « commissaires », nommés auprès des organisations les plus diverses, unités militaires, soviets, comités de quartier, administrations. Responsables devant le seul CMRP, ces commissaires prenaient souvent des mesures sans l'aval du gouvernement ni du Comité central bolchevique. Dès le 26 octobre (8 novembre[1]), en l'absence de tous les grands leaders bolcheviques occupés à former le gouvernement, d'obscurs « commissaires » restés anonymes décidèrent d'« affermir la dictature du prolétariat » par les mesures suivantes : interdiction des tracts « contre-révolutionnaires », fermeture des sept principaux journaux de la capitale, aussi bien « bourgeois » que « socialistes modérés », contrôle de la radio et du télégraphe, établissement d'un projet de réquisition des appartements et des automobiles privés. La fermeture des journaux fut légalisée deux jours plus tard par un décret du gouvernement, et une semaine plus tard, non sans d'âpres discussions, par le Comité exécutif central des soviets[2].

Peu sûrs de leur force, les dirigeants bolcheviques encouragèrent dans un premier temps, selon une tactique qui leur avait réussi au cours de l'année 1917, ce qu'ils appelaient la « spontanéité révolutionnaire des masses ». Répondant à une délégation de représentants de soviets ruraux venus de la province de Pskov s'enquérir auprès du CMRP sur les mesures à prendre pour « éviter l'anarchie », Dzerjinski expliqua que « la tâche actuelle est de briser l'ordre ancien. Nous, bolcheviks, nous ne sommes pas assez nombreux pour accomplir cette tâche historique. Il faut laisser agir la spontanéité révolutionnaire des masses qui luttent pour leur émancipation. Dans un second temps, nous, bolcheviks, montrerons aux masses la voie à suivre. À travers le CMRP, ce sont les masses qui parlent, qui agissent contre leur ennemi de classe, contre les ennemis du peuple. Nous, nous ne sommes là que pour canaliser et diriger la haine et le désir légitime de vengeance des opprimés contre les oppresseurs ».

Quelques jours plus tôt, à la réunion du CMRP du 29 octobre (10 novembre), des personnes présentes, voix anonymes, avaient évoqué la nécessité de lutter plus énergiquement contre les « ennemis du peuple », une formule qui allait connaître, dans les mois, les années et les décennies à venir, un grand succès, et qui fut reprise dans une proclamation du CMRP datée du 13 novembre (26 novembre) : « Les hauts fonctionnaires des administrations d'État, des banques, du Trésor, des chemins de fer, des postes et des télégraphes, sabotent les mesures du gouvernement bolchevique. Dorénavant, ces personnes sont déclarées ennemis du peuple. Leurs noms seront publiés dans tous les journaux et les listes des ennemis du peuple seront affichées dans tous les lieux publics[3]. » Quelques jours après l'institution de ces listes de proscription, nouvelle proclamation : « Tous

1. Jusqu'au 1er février 1918, le calendrier en vigueur en Russie fut le calendrier julien, en retard de treize jours par rapport au calendrier grégorien. Ainsi le 25 octobre 1917 en Russie était-il le 7 novembre 1917 en France.

2. A.Z. Okorokov, *Oktiabr' i krax russkoi burzuaznoi pressy* (Octobre et la faillite de la presse bourgeoise russe), Moscou, 1971 ; V.N. Brovkin, *The Mensheviks after October*, Londres, Cornell University Press, 1987.

3. G.A. Belov, *Iz istorii Vserossiiskoi Crezvycainoi komissii, 1917-1921 : Sbornik dokumentov* (Histoire de la Commisssion extraordinaire, 1917-1921 : recueil de documents) Moscou, 1958, p. 66 ; G. Leggett, *The Cheka, Lenin's Political Police*, Oxford, 1981, p. 13-15.

les individus suspectés de sabotage, de spéculation, d'accaparement sont susceptibles d'être arrêtés sur-le-champ comme ennemis du peuple et transférés dans les prisons de Kronstadt[1]. »

En quelques jours, le CMRP a introduit deux notions particulièrement redoutables : celle d'« ennemi du peuple », celle de « suspect ».

Le 28 novembre (10 décembre), le gouvernement institutionnalisa la notion d'« ennemi du peuple » ; un décret, signé par Lénine, stipulait que « les membres des instances dirigeantes du Parti constitutionnel-démocrate, parti des ennemis du peuple, sont mis hors la loi, passibles d'arrestation immédiate et de comparution devant les tribunaux révolutionnaires[2] ». Ces tribunaux venaient d'être institués par le « décret nº 1 sur les tribunaux ». Aux termes de ce texte étaient abolies toutes les lois qui étaient « en contradiction avec les décrets du gouvernement ouvrier et paysan ainsi qu'avec les programmes politiques des Partis social-démocrate et socialiste-révolutionnaire ». En attendant la rédaction d'un nouveau Code pénal, les juges avaient toute latitude d'apprécier la validité de la législation existante « en fonction de l'ordre et de la légalité révolutionnaires », notion si vague qu'elle permettait tous les abus. Les tribunaux de l'Ancien Régime furent supprimés et remplacés par des tribunaux populaires et des tribunaux révolutionnaires compétents pour tous les crimes et délits commis « contre l'État prolétarien », le « sabotage », l'« espionnage » et les « abus de fonction » et autres « crimes contre-révolutionnaires ». Comme le reconnaissait Kourski, commissaire du peuple à la Justice de 1918 à 1928, les tribunaux révolutionnaires n'étaient pas des tribunaux dans le sens habituel, « bourgeois » de ce terme, mais des tribunaux de la dictature du prolétariat, des organes de lutte contre la contre-révolution, plus soucieux d'éradiquer que de juger[3]. Au nombre des tribunaux révolutionnaires figurait un « tribunal révolutionnaire aux affaires de presse » chargé de juger les délits de presse et de suspendre toute publication qui « sèmerait le trouble dans les esprits en publiant des nouvelles volontairement erronées[4] ».

Tandis qu'apparaissaient des catégories inédites (« suspects », « ennemis du peuple »), que se mettaient en place de nouveaux dispositifs judiciaires, le Comité militaire révolutionnaire de Petrograd continuait de se structurer. Dans une ville où les stocks de farine étaient inférieurs à un jour de rationnement de misère — une demi-livre de pain par adulte — la question du ravitaillement était naturellement primordiale.

Le 4 (17) novembre fut créée une Commission au ravitaillement, dont la première proclamation stigmatisait les « classes riches qui profitent de la misère » et affirmait : « Il est temps de réquisitionner les surplus des riches et, pourquoi pas, leurs biens. » Le 11 (24) novembre, la Commission au

1. G.A. Belov, *op. cit.*, p. 54-55.
2. *Ibid.*, p. 67.
3. D.I. Kurski, *Izbrannye stati i reci* (Discours choisis), Moscou, 1958, p. 67.
4. E.A. Finn, « Antisovetskaia pecat' na skam'e podsudimyx » (« La Presse antisoviétique sur le banc des accusés »), *Sovetskoïe Gosudarstvo i pravo*, 1967, nº 2, p. 71-72.

ravitaillement décida d'envoyer immédiatement des détachements spéciaux, composés de soldats, marins, ouvriers et Gardes rouges dans les provinces productrices de céréales afin de se procurer les produits alimentaires de première nécessité pour Petrograd et pour le front[1] ». Cette mesure prise par une commission du CMRP préfigurait la politique de réquisition menée, près de trois années durant, par les détachements de « l'armée de ravitaillement », et qui allait être le facteur essentiel de l'affrontement, générateur de violence et de terreur, entre le nouveau pouvoir et la paysannerie.

La Commission d'investigation militaire, créée le 10 (23) novembre, fut chargée de l'arrestation des officiers « contre-révolutionnaires » dénoncés le plus souvent par leurs soldats, des membres des partis « bourgeois », des fonctionnaires soupçonnés de « sabotage ». Rapidement cette commission fut saisie des affaires les plus diverses. Dans le climat trouble d'une ville affamée, où des détachements de Gardes rouges et de miliciens improvisés perquisitionnaient, rançonnaient, pillaient au nom de la révolution, en arguant d'un mandat incertain signé de quelque « commissaire », des centaines d'individus étaient présentés chaque jour devant la Commission pour les délits les plus divers : pillage, « spéculation », « accaparement » de produits de première nécessité, mais aussi « état d'ébriété » ou « appartenance à une classe hostile[2] ».

Les appels des bolcheviks en faveur de la spontanéité révolutionnaire des masses étaient une arme délicate à manier. Les règlements de comptes et les violences se multiplièrent, en particulier les vols à main armée et le pillage des magasins, notamment des magasins vendant de l'alcool, et des caves du Palais d'Hiver. Le phénomène prit au fil des jours une telle ampleur que, sur proposition de Dzerjinski, le CMRP décida de créer une Commission de lutte contre l'ivrognerie et les désordres. Le 6 décembre (20 décembre), cette commission déclara la ville de Petrograd en état de siège et décréta le couvre-feu afin de « mettre fin aux troubles et désordres initiés par des éléments louches masqués en soi-disant révolutionnaires[3] ».

Plus encore que ces troubles sporadiques, le gouvernement bolchevique craignait en réalité l'extension de la grève des fonctionnaires, qui durait depuis les lendemains du coup d'État du 25 octobre (7 novembre). C'est cette menace qui constitua le prétexte à la création, le 7 (20) décembre, de la *Vserossiskaïa tchrezvytchaïnaïa komissia po bor'be s kontr'-revoliutsii, spekuliatsieï i sabotagem* — la Commission panrusse extraordinaire de lutte contre la contre-révolution, la spéculation et le sabotage —, qui allait entrer dans l'Histoire sous ses initiales de Vetcheka, ou en abrégé Tcheka.

---

1. S.A. Pavliucenkov, *Krestianskii Brest* (Le traité de Brest des paysans), Moscou, 1996, p. 25-26.
2. G. Leggett, *op. cit.*, p. 7.
3. V.D. Bontch-Brouevitch, *Na boevyx postax fevral'skoi i oktiabrskoi revoliutsii* (Aux postes de combat des révolutions de février et d'octobre), Moscou, 1930, p. 191.

Quelques jours avant la création de la Tcheka, le gouvernement avait, non sans hésitations, décidé de dissoudre le CMRP. Structure opérationnelle provisoire fondée à la veille de l'insurrection pour diriger les opérations sur le terrain, celui-ci avait accompli les tâches qui lui avaient été dévolues. Il avait permis de prendre le pouvoir et de défendre le nouveau régime jusqu'au moment où celui-ci aurait créé son propre appareil d'État. Il devait désormais, pour éviter une confusion des pouvoirs et un chevauchement des compétences, transférer ses prérogatives au gouvernement légal, le Conseil des commissaires du peuple.

Mais comment se passer, en un moment jugé critique par les dirigeants bolcheviques, du « bras armé de la dictature du prolétariat » ? Lors de sa réunion du 6 décembre, le gouvernement chargea « le camarade Dzerjinski d'établir une commission spéciale qui examinera les moyens de lutter, avec la plus grande énergie révolutionnaire, contre la grève générale des fonctionnaires et déterminera les méthodes pour supprimer le sabotage ». Le choix du « camarade Dzerjinski » non seulement ne suscita aucune discussion, mais parut évident. Quelques jours auparavant, Lénine, toujours friand de parallèles historiques entre la Grande Révolution — française — et la révolution russe de 1917, avait fait part à son secrétaire V. Bontch-Brouevitch, de la nécessité de trouver d'urgence « notre Fouquier-Tinville, qui nous matera toute la racaille contre-révolutionnaire[1] ». Le 6 décembre, le choix d'un « solide jacobin prolétarien », pour reprendre une autre formule de Lénine, se porta unanimement sur Feliks Dzerjinski, devenu en quelques semaines, par son action énergique au CMRP, le grand spécialiste des questions de sécurité. D'ailleurs, expliqua Lénine à Bontch-Brouevitch, « de nous tous, c'est Feliks qui a passé le plus de temps dans les geôles tsaristes et qui s'est le plus frotté à l'Okhranka [la police politique tsariste]. Il connaît son affaire ! ».

Avant la réunion gouvernementale du 7 (20) décembre, Lénine envoya une note à Dzerjinski :

« Concernant votre rapport d'aujourd'hui, ne serait-il pas possible de composer un décret avec un préambule du genre : la bourgeoisie s'apprête à commettre les crimes les plus abominables, en recrutant la lie de la société pour organiser des émeutes. Les complices de la bourgeoisie, notamment les hauts fonctionnaires, les cadres des banques, etc., font du sabotage et organisent des grèves pour miner les mesures du gouvernement destinées à mettre en œuvre la transformation socialiste de la société. La bourgeoisie ne recule pas devant le sabotage du ravitaillement, condamnant ainsi des millions d'hommes à la famine. Des mesures exceptionnelles doivent être prises pour lutter contre les saboteurs et les contre-révolutionnaires. En conséquence, le Conseil des commissaires du peuple décrète[2]... »

1. V.D. Bontch-Brouevitch, *op. cit.*, p. 197.
2. G. Leggett, *op. cit.*, p. 16.

Dans la soirée du 7 (20) décembre, Dzerjinski présenta son projet au Conseil des commissaires du peuple. Il entama son intervention par un discours sur les dangers qui menaçaient la révolution sur le « front intérieur » :

« Nous devons envoyer sur ce front, le plus dangereux et le plus cruel des fronts, des camarades déterminés, durs, solides, sans états d'âme, prêts à se sacrifier pour le salut de la Révolution. Ne pensez pas, camarades, que je recherche une forme de justice révolutionnaire. Nous n'avons que faire de "justice" ! Nous sommes à la guerre, sur le front le plus cruel, car l'ennemi s'avance masqué, et c'est une lutte à mort ! Je propose, j'exige la création d'un organe qui réglera de manière révolutionnaire, authentiquement bolchevique, leur compte aux contre-révolutionnaires ! »

Dzerjinski aborda ensuite le cœur de son intervention que nous transcrivons tel qu'il apparaît dans le protocole de la réunion :

> « La Commission a pour tâche : 1) de supprimer et liquider toute tentative et acte de contre-révolution et de sabotage, de quelque bord qu'ils proviennent, sur tout le territoire de la Russie ; 2) de transférer tous les saboteurs et les contre-révolutionnaires à un tribunal révolutionnaire.
>
> La Commission se borne à une enquête préliminaire, dans la mesure où celle-ci est indispensable pour mener à bien sa tâche.
>
> La Commission est divisée en départements : 1) Information ; 2) Organisation ; 3) Opération.
>
> La Commission attachera une attention toute particulière aux affaires de presse, de sabotage, aux KD [constitutionnels-démocrates], aux SR [socialistes-révolutionnaires] de droite, aux saboteurs et aux grévistes.
>
> Mesures répressives dévolues à la Commission : confiscation des biens, expulsion du domicile, privation des cartes de rationnement, publication de listes d'ennemis du peuple, etc.
>
> Résolution : approuver le projet. Appeler la Commission Commission panrusse extraordinaire de lutte contre la contre-révolution, la spéculation et le sabotage. À publier[1]. »

Ce texte fondateur de la police politique soviétique suscite d'emblée une interrogation. Comment interpréter la discordance entre le discours offensif de Dzerjinski et la relative modestie des attributions conférées à la Tcheka ? Les bolcheviks étaient sur le point de conclure un accord avec les socialistes-révolutionnaires de gauche (six de leurs dirigeants entrèrent au gouvernement le 12 décembre) afin de rompre leur isolement politique, à un moment où il leur fallait affronter la question de la convocation de

1. *Lenin i VCK : Sbornik dokumentov* (Lénine et la Tcheka : recueil de documents), Moscou, 1975, p. 36-37 ; texte complet, GARF, 130/2/134/26-27.

l'Assemblée constituante dans laquelle ils étaient minoritaires. Aussi adoptèrent-ils un profil bas. Contrairement à la résolution adoptée par le gouvernement le 7 (20) décembre, aucun décret annonçant la création de la Tcheka et définissant ses compétences ne fut publié.

Commission « extraordinaire », la Tcheka allait prospérer et agir sans la moindre base légale. Dzerjinski, qui souhaitait, comme Lénine, avoir les mains libres, eut cette phrase étonnante : « C'est la vie même qui dicte sa voie à la Tcheka. » La vie, c'est-à-dire la « terreur révolutionnaire des masses », la violence de la rue que la plupart des dirigeants bolcheviques encourageaient alors vivement, oubliant momentanément leur profonde méfiance vis-à-vis de la spontanéité populaire.

S'adressant le 1er (13) décembre aux délégués du Comité exécutif central des soviets, Trotski, commissaire du peuple à la Guerre, prévint : « Dans moins d'un mois, la terreur va prendre des formes très violentes, à l'instar de ce qui s'est passé lors de la Grande Révolution française. Ce ne sera plus seulement la prison, mais la guillotine, cette remarquable invention de la Grande Révolution française, qui a pour avantage reconnu celui de raccourcir un homme d'une tête, qui sera prête pour nos ennemis [1]. »

Quelques semaines plus tard, prenant la parole à une assemblée d'ouvriers, Lénine appela, une nouvelle fois, à la terreur, cette « justice révolutionnaire de classe » :

« Le pouvoir des Soviets a agi comme auraient dû agir toutes les révolutions prolétariennes : il a cassé net la justice bourgeoise, instrument des classes dominantes. [...] Les soldats et les ouvriers doivent comprendre que personne ne les aidera s'ils ne s'aident eux-mêmes. Si les masses ne se lèvent pas spontanément, nous n'aboutirons à rien. [...] Tant que nous n'appliquerons pas la terreur vis-à-vis des spéculateurs — une balle dans la tête sur place —, nous n'arriverons à rien [2] ! »

Ces appels à la terreur attisaient une violence qui n'avait certes pas attendu l'arrivée des bolcheviks au pouvoir pour se déchaîner. Dès l'automne 1917, des milliers de grands domaines fonciers avaient été saccagés par les paysans en colère, et des centaines de grands propriétaires avaient été massacrés. Dans la Russie de l'été 1917, la violence était omniprésente. Cette violence n'était pas nouvelle, mais les événements de l'année 1917 avaient permis la convergence de plusieurs formes de violence, présentes à l'état latent : une violence urbaine « réactive » à la brutalité des rapports capitalistes au sein du monde industriel ; une violence paysanne « traditionnelle » ; la violence « moderne » de la Première Guerre mondiale porteuse d'une extraordinaire régression et d'une formidable brutalisation des rapports humains. Le mélange de ces trois formes de violence constituait un cocktail détonant, dont l'effet pouvait être dévastateur dans la

---

1. *Delo Naroda*, 3 décembre 1917.

2. V.I. Lénine, *Polnoe sobranie socinenii* (Œuvres complètes), Moscou, 1958-1966, vol. XXXV, p. 311.

conjoncture très particulière de la Russie en révolution, marquée à la fois par la faillite des institutions d'ordre et d'autorité, par la remontée des ressentiments et des frustrations sociales longtemps accumulés et par l'instrumentalisation politique de la violence populaire. Entre citadins et ruraux, la méfiance était réciproque ; pour ceux-ci, la ville était, plus que jamais, le lieu du pouvoir et de l'oppression. Pour l'élite urbaine, pour les révolutionnaires professionnels, issus dans leur immense majorité de l'intelligentsia, les paysans restaient, comme l'écrivait Gorki, une masse de « gens à demi sauvages » dont les « instincts cruels » et l'« individualisme animal » devaient être soumis à « la raison organisée de la ville ». En même temps, politiques et intellectuels étaient parfaitement conscients du fait que c'était le déferlement des révoltes paysannes qui avait ébranlé le gouvernement provisoire, permettant aux bolcheviks, très minoritaires dans le pays, de s'emparer du pouvoir dans le vide institutionnel ambiant.

Fin 1917 et début 1918, aucune opposition sérieuse ne menaçait le nouveau régime qui, un mois après le coup d'État bolchevique, contrôlait la majeure partie du nord et du centre de la Russie jusqu'à la Volga moyenne, mais aussi un certain nombre de grandes agglomérations jusque dans le Caucase (Bakou) et en Asie centrale (Tachkent). Certes, l'Ukraine et la Finlande avaient fait sécession, mais n'affichaient pas d'intentions belliqueuses vis-à-vis du pouvoir bolchevique. La seule force militaire antibolchevique organisée était la petite « armée des volontaires », forte de trois mille hommes environ, embryon de la future armée « blanche », mise sur pied dans le sud de la Russie par les généraux Alexeïev et Kornilov. Ces généraux tsaristes fondaient tous leurs espoirs sur les Cosaques du Don et du Kouban. Les Cosaques se différenciaient radicalement des autres paysans russes ; leur principal privilège, sous l'Ancien Régime, était de recevoir trente hectares de terre en échange d'un service militaire jusqu'à l'âge de trente six ans. S'ils n'aspiraient pas à acquérir de nouvelles terres, ils souhaitaient conserver celles qu'ils possédaient. Désirant avant tout sauvegarder leur statut et leur indépendance, les Cosaques, inquiets face aux déclarations bolcheviques stigmatisant les koulaks, rejoignirent au printemps 1918 les forces antibolcheviques.

Peut-on parler de guerre civile à propos des premiers engagements de l'hiver 1917 et du printemps 1918, dans le sud de la Russie, entre quelques milliers d'hommes de l'armée des volontaires et les troupes bolcheviques du général Sivers qui comptaient à peine six mille hommes ? Ce qui frappe d'emblée, c'est le contraste entre la modicité des effectifs engagés et la violence inouïe de la répression exercée par les bolcheviks non seulement contre les militaires capturés, mais aussi contre les civils. Instituée en juin 1919 par le général Denikine, commandant en chef des forces armées du sud de la Russie, la « Commission d'enquête sur les crimes bolcheviques » s'efforça de recenser, durant les quelques mois de son activité, les atrocités commises par les bolcheviks en Ukraine, dans le Kouban, la région du

Don et la Crimée. Les témoignages recueillis par cette commission — qui constituent la source principale du livre de S. P. Melgounov, *La Terreur rouge en Russie, 1918-1924*, le grand classique sur la terreur bolchevique paru à Londres en 1924 — font état d'innombrables atrocités perpétrées dès janvier 1918. À Taganrog, les détachements de l'armée de Sivers avaient jeté cinquante junkers et officiers « blancs », pieds et poings liés, dans un haut-fourneau. À Evpatoria, plusieurs centaines d'officiers et de « bourgeois » furent entravés puis jetés à la mer, après avoir été torturés. Des violences identiques eurent lieu dans la plupart des villes de Crimée occupées par les bolcheviks : Sébastopol, Yalta, Alouchta, Simferopol. Mêmes atrocités, à partir d'avril-mai 1918, dans les gros bourgs cosaques révoltés. Les dossiers très précis de la commission Denikine font état de « cadavres aux mains coupées, aux os brisés, aux têtes arrachées, mâchoires fracassées, organes génitaux coupés[1] ».

Comme le note Melgounov, il est néanmoins « difficile de distinguer ce qui serait une mise en pratique systématique d'une terreur organisée de ce qui apparaît comme des "excès" incontrôlés ». Jusqu'en août-septembre 1918, il n'est presque jamais fait mention d'une tcheka locale qui dirigerait les massacres. D'ailleurs, jusqu'à cette date, le réseau des tchekas resta assez clairsemé. Les massacres, dirigés sciemment non seulement contre les combattants du camp ennemi, mais aussi contre les « ennemis du peuple » civils — ainsi, parmi les 240 personnes mises à mort à Yalta au début du mois de mars 1918 figuraient, outre 165 officiers, environ 70 hommes politiques, avocats, journalistes, professeurs —, furent le plus souvent perpétrés par des « détachements armés », « Gardes rouges » et autres « éléments bolcheviques » non spécifiés. Exterminer l'« ennemi du peuple » n'était que le prolongement logique d'une révolution à la fois politique et sociale où les uns étaient les « vainqueurs » et les autres les « vaincus ». Cette conception du monde n'était pas brusquement apparue après octobre 1917, mais les prises de position bolcheviques, tout à fait explicites sur la question, l'avaient légitimée.

Rappelons ce qu'écrivait, dès mars 1917, dans une lettre ô combien perspicace, un jeune capitaine à propos de la révolution dans son régiment : « Entre nous et les soldats, l'abîme est insondable. Pour eux, nous sommes et nous resterons des *barines* [maîtres]. Pour eux, ce qui vient de se passer, ce n'est pas une révolution politique, mais bien une révolution sociale, dont ils sont les vainqueurs et nous les vaincus. Ils nous disent : "Avant vous étiez les barines, maintenant, c'est à notre tour de l'être !" Ils ont l'impression de tenir enfin leur revanche après des siècles de servitude[2]. »

Les dirigeants bolcheviques encouragèrent tout ce qui, dans les masses populaires, pouvait conforter cette aspiration à une « revanche

1. Ces dossiers sont consultables au GARF (Archives d'État de la Fédération de Russie), fonds dit des « Archives de Prague », dossiers 1 à 195. Pour la période en question, dossiers 8, 2, 27.

2. Cité in O. Figes, *The Russian Revolution*, Londres, 1995, p. 379.

sociale » qui passait par une légitimation morale de la délation, de la terreur, d'une guerre civile « juste », selon les termes mêmes de Lénine. Le 15 (28) décembre 1917, Dzerjinski publia dans les *Izvestia* un appel invitant « tous les soviets » à organiser des tchekas. Le résultat fut un formidable foisonnement de « commissions », « détachements » et autres « organes extraordinaires » que les autorités centrales eurent beaucoup de difficultés à prendre en main lorsqu'elles décidèrent, quelques mois plus tard, de mettre un terme à « l'initiative des masses » et d'organiser un réseau structuré et centralisé de tchekas[1].

Caractérisant les six premiers mois d'existence de la Tcheka, Dzerjinski écrivait, en juillet 1918 : « Ce fut une période d'improvisation et de tâtonnements, durant laquelle notre organisation ne fut pas toujours à la hauteur de la situation[2]. » À cette date, néanmoins, le bilan de l'action de la Tcheka comme organe de répression contre les libertés était déjà lourd. Et l'organisation, qui comptait une petite centaine de personnes en décembre 1917, avait multiplié par cent vingt ses effectifs en six mois !

Certes, les débuts de l'organisation furent plutôt modestes. Le 11 janvier 1918, Dzerjinski envoya un mot à Lénine : « Nous trouvons dans situation impossible, malgré importants services déjà rendus. Aucun financement. Travaillons jour et nuit sans pain, ni sucre, ni thé, ni beurre, ni fromage. Prenez des mesures pour rations décentes ou autorisez-nous à réquisitionner nous-mêmes chez bourgeois[3]. » Dzerjinski avait recruté une centaine d'hommes, pour la plupart d'anciens camarades de clandestinité, en majorité polonais ou baltes, qui avaient presque tous travaillé au Comité militaire révolutionnaire de Petrograd, et parmi lesquels figuraient déjà les futurs cadres de la Guépéou des années vingt et du NKVD des années trente : Latsis, Menjinski, Messing, Moroz, Peters, Trilisser, Unchlicht, Iagoda.

La première action de la Tcheka fut de briser la grève des fonctionnaires de Petrograd. La méthode fut expéditive — arrestation des « meneurs » — et la justification simple : « Qui ne veut pas travailler avec le peuple n'a pas sa place avec lui », déclara Dzerjinski, qui fit arrêter un certain nombre de députés socialistes-révolutionnaires et mencheviks, élus à l'Assemblée constituante. Cet acte arbitraire fut aussitôt condamné par le commissaire du peuple à la Justice, Steinberg, un socialiste-révolutionnaire de gauche entré au gouvernement quelques jours plus tôt. Ce premier incident entre la Tcheka et la Justice posait la question, capitale, du statut extralégal de cette police politique.

« À quoi bon un commissariat du peuple à la Justice ? demanda alors Steinberg à Lénine. Autant l'appeler commissariat du peuple à l'extermination sociale, et la cause sera entendue !

---

1. Archives B. Nikolaevski, Hoover Institution, *Polozenie o CK na mestax* (Rapport sur les organisations locales de la Tcheka), 11 juin 1918.

2. G. Leggett, *op. cit.*, p. 29-40.

3. M.I. Latsis, *Dva goda borby na vnutrennom fronte* (Deux Ans de lutte sur le front intérieur), Moscou, 1920, p. 6.

— Excellente idée, répondit Lénine. C'est exactement comme cela que je vois la chose. Malheureusement, on ne peut pas l'appeler ainsi[1] ! »

Naturellement, Lénine arbitra le conflit entre Steinberg, qui exigeait une stricte subordination de la Tcheka à la Justice, et Dzerjinski, qui s'insurgeait contre le « juridisme tatillon de la vieille école de l'Ancien Régime », en faveur de ce dernier. La Tcheka ne devait répondre de ses actes que devant le gouvernement.

Le 6 (19) janvier 1918 marqua une étape importante dans le renforcement de la dictature bolchevique. Au petit matin, l'Assemblée constituante, élue en novembre-décembre 1917, et où les bolcheviks étaient en minorité, puisqu'ils ne disposaient que de 175 députés sur un total de 707 élus, fut dispersée par la force, après avoir siégé une seule journée. Cet acte arbitraire ne souleva cependant aucun écho appréciable dans le pays. Une petite manifestation organisée pour protester contre la dissolution fut réprimée par la troupe. On releva vingt morts, lourd tribut pour une expérience de démocratie parlementaire qui n'avait duré que quelques heures[2].

Dans les jours et les semaines qui suivirent la dissolution de l'Assemblée constituante, la position du gouvernement bolchevique à Petrograd devint de plus en plus inconfortable, au moment même où Trotski, Kamenev, Ioffé et Radek négociaient, à Brest-Litovsk, les conditions de paix avec les délégations des empires centraux. Le 9 janvier 1918, le gouvernement consacra son ordre du jour à la question de son transfert à Moscou[3].

C'était moins la menace allemande — l'armistice tenait depuis le 15 (28) décembre — que celle d'un soulèvement ouvrier qui inquiétait les dirigeants bolcheviques. En effet, dans les quartiers ouvriers qui deux mois auparavant les soutenaient, le mécontentement grondait. Avec la démobilisation et la fin des commandes militaires, les entreprises avaient licencié par dizaines de milliers ; l'aggravation des difficultés de ravitaillement avait fait chuter la ration quotidienne de pain à un quart de livre. Incapable de redresser la situation, Lénine stigmatisait les « accapareurs » et les « spéculateurs » désignés comme boucs émissaires. « Chaque usine, chaque compagnie doit organiser des détachements de réquisition. Il faut mobiliser pour la recherche de nourriture pas seulement les volontaires, mais tout le monde sous peine de confiscation immédiate de la carte de ravitaillement », écrivait-il, le 22 janvier (3 février) 1918[4].

La nomination de Trotski, de retour de Brest-Litovsk le 31 janvier 1918, à la tête d'une Commission extraordinaire pour le ravitaillement et

1. I. Steinberg, *In the Workshop of the Revolution*, Londres, 1955, p. 145.

2. L. Schapiro, *Les Bolcheviks et l'opposition. Origines de l'absolutisme communiste, 1917-1922*, Paris, Les Iles d'or, 1957, p. 84-86 ; V. Brovkin, *op. cit.*, p. 46-47 et 59-63.

3. E. Berard, « Pourquoi les bolcheviks ont-ils quitté Petrograd ? », *Cahiers du monde russe et soviétique,* XXXIV (4), octobre-décembre 1993, p. 507-528.

4. V.I. Lénine, *Polnoie sobranie socinenii* (Œuvres complètes), Moscou, 1958-1966, vol. XXXV, p. 311

le transport était bien le signe de l'importance décisive accordée par le gouvernement à la « chasse au ravitaillement », première étape de la « dictature du ravitaillement ». C'est à cette commission que Lénine proposa, à la mi-février, un projet de décret que même les membres de cet organisme — parmi lesquels figurait, outre Trotski, Tsiouroupa, commissaire du peuple à l'Approvisionnement — jugèrent opportun de rejeter. Le texte préparé par Lénine prévoyait que tous les paysans seraient contraints de livrer leurs surplus contre un reçu. En cas de non-livraison dans les délais, les contrevenants seraient fusillés. « Quand nous lûmes ce projet, nous fûmes abasourdis, écrivit Tsiouroupa dans ses souvenirs. Appliquer pareil décret aurait conduit à des exécutions massives. Finalement, le projet de Lénine fut abandonné [1]. »

Cet épisode est néanmoins très révélateur. Dès le début de l'année 1918, Lénine, acculé dans l'impasse où l'avait conduit sa politique, inquiet devant la situation catastrophique du ravitaillement des grands centres industriels perçus comme les seuls îlots bolcheviques au milieu d'un océan paysan, était prêt à tout pour « prendre les céréales », plutôt que de modifier d'un iota sa politique. Entre une paysannerie qui désirait garder pour elle les fruits de son travail et rejetait toute ingérence d'une autorité extérieure et le nouveau régime qui voulait imposer son autorité, refusait de comprendre le fonctionnement des circuits économiques, souhaitait — et pensait — maîtriser ce qui ne lui semblait être qu'une manifestation d'anarchie sociale, le conflit était inévitable.

Le 21 février 1918, face à l'avance foudroyante des armées allemandes, consécutive à la rupture des pourparlers de Brest-Litovsk, le gouvernement proclama « la Patrie socialiste en danger ». L'appel à la résistance contre l'envahisseur s'accompagnait d'un appel à la terreur de masse : « Tout agent ennemi, spéculateur, *hooligan* [voyou], agitateur contre-révolutionnaire, espion allemand, sera fusillé sur-le-champ [2]. » Cette proclamation revenait à instaurer la loi martiale dans la zone des opérations militaires. Avec la conclusion de la paix, le 3 mars 1918 à Brest-Litovsk, elle devint caduque. Légalement, la peine de mort ne fut rétablie en Russie que le 16 juin 1918. Néanmoins, à partir de février 1918, la Tcheka procéda à de nombreuses exécutions sommaires hors des zones d'opérations militaires.

Le 10 mars 1918, le gouvernement quitta Petrograd pour Moscou, promue capitale. La Tcheka s'installa près du Kremlin, rue Bolchaïa-Loubianka, dans les bâtiments d'une compagnie d'assurances qu'elle occuperait, sous ses sigles successifs — Guépéou, NKVD, MVD, KGB — jusqu'à la chute du régime soviétique. De six cents en mars, le nombre de tchékistes travaillant à Moscou dans la « Grande Maison » passa, en juillet

1. CRCEDHC (Centre russe de conservation et d'étude de la documentation historique contemporaine), 158/1/1/10 ; S.A. Pavliucenkov, *op. cit.*, p. 29.

2. *Dekrety Sovetskoi Vlasti* (Décrets du pouvoir soviétique), vol. 1 (1957), p. 490-491.

1918, à deux mille, sans compter les troupes spéciales. Chiffre considérable lorsqu'on sait que le commissariat du peuple à l'Intérieur, chargé de diriger l'immense appareil des soviets locaux de l'ensemble du pays, ne comptait, à cette même date, que quatre cents fonctionnaires !

La Tcheka lança sa première opération d'envergure dans la nuit du 11 au 12 avril 1918 : plus de mille hommes de ses troupes spéciales prirent d'assaut à Moscou une vingtaine de maisons tenues par des anarchistes. À l'issue de plusieurs heures d'un combat acharné, 520 anarchistes furent arrêtés et 25 d'entre eux furent sommairement exécutés comme « bandits », une dénomination qui, dès lors, allait servir à désigner ouvriers en grève, déserteurs fuyant la conscription ou paysans insurgés contre les réquisitions[1].

Après ce premier succès, suivi d'autres opérations de « pacification » à Moscou comme à Petrograd, Dzerjinski réclama dans une lettre adressée au Comité exécutif central, le 29 avril 1918, un accroissement considérable des moyens de la Tcheka : « À l'étape actuelle, écrivait-il, il est inévitable que l'activité de la Tcheka connaisse une croissance exponentielle, devant la multiplication des oppositions contre-révolutionnaires de tous bords[2]. »

L'« étape actuelle » à laquelle Dzerjinski faisait référence apparaît, en effet, comme une période décisive dans la mise en place de la dictature politique et économique et dans le renforcement de la répression contre une population de plus en plus hostile aux bolcheviks. Depuis octobre 1917, elle n'avait, en effet, ni amélioré son sort quotidien ni sauvegardé les libertés fondamentales acquises tout au long de l'année 1917. Seuls de tous les politiques à avoir laissé les paysans saisir les terres si longuement convoitées, les bolcheviks s'étaient transformés à leurs yeux en « communistes » qui leur prenaient les fruits de leur travail. Étaient-ce les mêmes, s'interrogeaient de nombreux paysans, qui distinguaient, dans leurs doléances, les « bolcheviks qui avaient donné la terre » et les « communistes qui rançonnaient l'honnête laboureur, lui enlevant jusqu'à sa dernière chemise » ?

Le printemps 1918 était, en réalité, un moment clé où les jeux n'étaient pas encore faits ; les soviets, qui n'avaient pas encore été muselés et transformés en simples organes de l'administration étatique, étaient le lieu de véritables débats politiques entre les bolcheviks et les socialistes modérés. Les journaux d'opposition, bien que quotidiennement poursuivis, continuaient d'exister. La vie politique locale connaissait un foisonnement d'institutions concurrentes. Durant cette période, marquée par l'aggravation des conditions de vie et par la rupture totale des circuits d'échanges économiques entre villes et campagnes, socialistes-révolutionnaires et mencheviks remportèrent d'indéniables succès politiques. Au cours des

1. P.G. Sofinov, *Ocerki Istorii vserossiiskoi crezvycainoi komissii* (Histoire de la Commission extraordinaire), Moscou, 1960, p. 43-44 ; G. Leggett, *op. cit.*, p. 35.

2. G.A. Belov, *op. cit.*, p. 112-113.

élections pour le renouvellement des soviets, malgré pressions et manipulations, ils l'emportèrent dans dix-neuf des trente chefs-lieux de province où les élections eurent lieu et les résultats furent rendus publics[1].

Face à cette situation, le gouvernement bolchevique réagit en durcissant sa dictature, sur les plans tant économique que politique. Les circuits de distribution économiques étaient rompus à la fois au niveau des moyens, en raison de la dégradation spectaculaire des communications, notamment ferroviaires, et des motivations, car l'absence de produits manufacturés n'incitait pas le paysan à vendre. Le problème vital était donc d'assurer le ravitaillement de l'armée et des villes, lieu du pouvoir et siège du « prolétariat ». Deux possibilités s'offraient aux bolcheviks : soit rétablir un semblant de marché dans une économie en ruine, soit utiliser la contrainte. Ils choisirent la seconde, persuadés de la nécessité d'aller de l'avant dans la lutte pour la destruction de « l'ordre ancien ».

Prenant la parole le 29 avril 1918 devant le Comité exécutif central des soviets, Lénine déclara sans ambages : « Oui, les petits propriétaires, les petits possédants ont été à nos côtés, nous autres prolétaires, lorsqu'il s'est agi de renverser les propriétaires fonciers et les capitalistes. Mais maintenant nos voies divergent. Les petits propriétaires ont horreur de l'organisation, de la discipline. Le temps est venu pour nous de mener une lutte impitoyable, sans merci, contre ces petits propriétaires, ces petits possédants[2]. » Quelques jours plus tard, le commissaire du peuple au Ravitaillement précisa, devant la même assemblée : « Je le dis ouvertement : il est bien question de guerre, ce n'est qu'avec des fusils que nous obtiendrons les céréales[3]. » Et Trotski de renchérir : « Notre parti est pour la guerre civile. La guerre civile, c'est la lutte pour le pain... Vive la guerre civilc[4] ! »

Citons un dernier texte, écrit en 1921 par un autre dirigeant bolchevique, Karl Radek, qui éclaire parfaitement la politique bolchevique au printemps 1918, soit plusieurs mois *avant* le développement de l'affrontement armé qui allait opposer, deux ans durant, Rouges et Blancs : « Le paysan venait tout juste de recevoir la terre, il venait de rentrer du front chez lui, il avait gardé ses armes, et son attitude vis-à-vis de l'État pouvait être résumée ainsi : à quoi bon un État ? Il n'en avait que faire ! Si nous avions décidé de faire rentrer un impôt en nature, nous n'y serions pas arrivés, car nous n'avions pas d'appareil d'État, l'ancien avait été cassé et les paysans ne nous auraient rien donné sans y être forcés. Notre tâche, au début de 1918, était simple ; il nous fallait faire comprendre aux paysans deux choses élémentaires : que l'État avait des droits sur une partie des

1. V. Brovkin, *op. cit.*, p. 159.
2. V.I. Lénine, *Polnoie sobranie socinenii* (Œuvres complètes), vol. XXXVI, p. 265.
3. *Protokoly zasedanii VSIK 4-sozyva, Stenograficeskii otcet* (Protocoles de la 4e session du CEC), Moscou, 1918, p. 250.
4. *Ibid.*, p. 389.

produits de la paysannerie pour ses propres besoins, et qu'il disposait de la force pour faire valoir ses droits[1]. »

En mai-juin 1918, le gouvernement bolchevique prit deux mesures décisives qui inauguraient la période de guerre civile que l'on nomme traditionnellement « communisme de guerre ». Le 13 mai 1918, un décret attribua des pouvoirs extraordinaires au commissariat du peuple au Ravitaillement, chargé de réquisitionner les produits alimentaires et de mettre sur pied une véritable « armée du ravitaillement ». En juillet 1918, près de douze mille personnes participaient déjà à ces « détachements de ravitaillement » qui compteront, à leur apogée en 1920, jusqu'à quatre-vingt mille hommes dont une bonne moitié d'ouvriers de Petrograd au chômage, attirés par un salaire décent et une rémunération en nature proportionnelle aux quantités de céréales confisquées. Seconde mesure, le décret du 11 juin 1918 instituant des comités de paysans pauvres, chargés de collaborer étroitement avec les détachements de ravitaillement et de réquisitionner aussi, en échange d'une part des prises, les surplus agricoles chez les paysans aisés. Ces comités de paysans pauvres devaient aussi remplacer les soviets ruraux, jugés peu fiables par le pouvoir, car imprégnés d'idéologie socialiste-révolutionnaire. Étant donné les tâches qu'ils étaient appelés à exécuter — prendre, par la force, le fruit du travail d'autrui — et les motivations censées les aiguillonner — le pouvoir, le sentiment de frustration et d'envie vis-à-vis des « riches », la promesse d'une part du butin —, on peut imaginer ce que furent ces premiers représentants du pouvoir bolchevique dans les campagnes. Comme l'écrit avec perspicacité Andrea Graziosi, « chez ces gens, la dévotion à la cause — ou plutôt au nouvel État — et d'indéniables capacités opérationnelles allaient de pair avec une conscience politique et sociale balbutiante, un fort carriérisme et des comportements "traditionnels", comme la brutalité vis-à-vis des subordonnés, l'alcoolisme, le népotisme. [...] Nous avons là un bon exemple de la manière dont "l'esprit" de la révolution plébéienne pénétrait le nouveau régime[2] ».

Malgré quelques succès initiaux, l'organisation de comités de paysans pauvres fit long feu. L'idée même de mettre en avant la partie la plus pauvre de la paysannerie reflétait la méconnaissance profonde qu'avaient les bolcheviks de la société paysanne. Selon un schéma marxiste simpliste, ils l'imaginaient divisée en classes antagonistes, alors qu'elle était avant tout solidaire face au monde extérieur, aux étrangers venus de la ville. Dès qu'il s'agit de livrer les surplus, le réflexe égalitaire et communautaire de l'assemblée villageoise joua pleinement ; au lieu de retomber sur les seuls paysans aisés, le poids des réquisitions fut réparti en fonction des disponibilités de chacun. La masse des paysans moyens fut touchée et le

1. K. Radek, *Puti russkoi revoliutsii* (Les voies de la révolution russe), *Krasnaia, Nov*, 1921, n° 4, p. 188.

2. A. Graziosi, *The Great Soviet Peasant War*, Ukrainian Research Institute, Harvard University, 1996, p. 18.

mécontentement général. Des troubles éclatèrent dans de nombreuses régions. Devant la brutalité des détachements de ravitaillement épaulés par la Tcheka ou l'armée, une véritable guérilla prit forme dès juin 1918. En juillet-août, cent dix insurrections paysannes, qualifiées par le pouvoir de « rébellions koulaks » — terminologie bolchevique servant à désigner des émeutes auxquelles participaient des villages entiers, toutes catégories sociales confondues —, éclatèrent dans les zones contrôlées par le nouveau pouvoir. Le crédit dont avaient joui un court instant les bolcheviks pour ne s'être pas opposés en 1917 à la saisie des terres fut, en quelques semaines, anéanti. Trois années durant, la politique de réquisition allait provoquer des milliers de soulèvements, d'émeutes, qui dégénérèrent en véritables guerres paysannes réprimées avec la plus grande violence.

Sur le plan politique, le durcissement de la dictature au printemps 1918 se traduisit par la fermeture définitive de tous les journaux non bolcheviques, la dissolution des soviets non bolcheviques, l'arrestation d'opposants et la répression brutale de nombreux mouvements de grève. En mai-juin 1918, deux cent cinq journaux de l'opposition socialiste furent définitivement fermés. Les soviets, à majorité menchevik ou socialiste-révolutionnaire, de Kalouga, Tver, Iaroslavl, Riazan, Kostroma, Kazan, Saratov, Penza, Tambov, Voronej, Orel, Vologda, furent dissous par la force [1]. Le scénario était presque partout identique : quelques jours après les élections victorieuses des partis d'opposition et la formation du nouveau soviet, la fraction bolchevique appelait à l'aide la force armée, le plus souvent un détachement de la Tcheka, qui proclamait la loi martiale et arrêtait les opposants.

Dzerjinski, qui avait envoyé ses principaux collaborateurs dans les villes gagnées par l'opposition, prônait sans ambages le coup de force, comme en témoignent de manière éloquente les directives qu'il adressa, le 31 mai 1918, à Eidouk, son plénipotentiaire en mission à Tver : « Les ouvriers, influencés par les mencheviks, SR et autres salauds contre-révolutionnaires, ont fait grève et ont manifesté en faveur de la constitution d'un gouvernement rassemblant tous les "socialistes". Tu dois faire placarder dans toute la ville une proclamation indiquant que la Tcheka fera exécuter sur-le-champ tout bandit, voleur, spéculateur, contre-révolutionnaire qui complote contre le pouvoir soviétique. Mets une contribution extraordinaire sur les bourgeois de la ville. Recense-les. Ces listes seront utiles si jamais ils bougent. Tu me demandes avec quels éléments former notre tcheka locale. Prends des gens résolus qui savent qu'il n'y a rien de plus efficace qu'une balle pour faire taire quelqu'un. L'expérience m'a appris qu'un petit nombre de gens décidés peuvent faire basculer une situation [2]. »

La dissolution des soviets tenus par les opposants, l'expulsion, le 14 juin 1918, des mencheviks et des socialistes-révolutionnaires du Comité

1. V. Brovkin, *op. cit.*, p. 220-225.
2. CRCEDHC, 17/6/384/97-98.

exécutif panrusse des soviets suscitèrent protestations, manifestations et mouvements de grève dans de nombreuses villes ouvrières, où la situation alimentaire ne cessait, par ailleurs, de se dégrader. À Kolpino, près de Petrograd, le chef d'un détachement de la Tcheka fit tirer sur une marche de la faim, organisée par des ouvriers dont la ration mensuelle était tombée à deux livres de farine ! On releva dix morts. Le même jour, à l'usine Berezovski, près d'Ekaterinbourg, quinze personnes furent tuées par un détachement de Gardes rouges lors d'un meeting de protestation contre les « commissaires bolcheviques » accusés de s'être approprié les meilleures maisons de la ville et d'avoir détourné à leur profit les cent cinquante roubles imposés sur la bourgeoisie du lieu. Le lendemain, les autorités du secteur décrétèrent la loi martiale dans cette cité ouvrière et quatorze personnes furent immédiatement fusillées par la tcheka locale qui n'en référa pas à Moscou[1].

Dans la seconde quinzaine de mai et au mois de juin 1918, de nombreuses manifestations ouvrières furent réprimées dans le sang à Sormovo, Iaroslavl, Toula, ainsi que dans les villes industrielles de l'Oural, Nijni-Taguil, Beloretsk, Zlatous, Ekaterinbourg. La part de plus en plus active prise par les tchekas locales dans la répression est attestée par la fréquence croissante, en milieu ouvrier, des mots d'ordre et slogans contre la « nouvelle Okhranka » (police politique tsariste) au service de la « commissarocratie[2] ».

Du 8 au 11 juin 1918, Dzerjinski présida la première conférence panrusse des tchekas, à laquelle assistaient une centaine de délégués de quarante-trois sections locales, totalisant déjà une douzaine de milliers d'hommes — ils seront quarante mille à la fin de l'année 1918, plus de deux cent quatre-vingt mille début 1921. S'affirmant au-dessus des soviets, et même « au-dessus du Parti », dirent certains bolcheviks, la conférence déclara « assumer sur tout le territoire de la république le poids de la lutte contre la contre-révolution, en tant qu'organe suprême du pouvoir administratif de la Russie soviétique ». L'organigramme idéal adopté à l'issue de cette conférence était révélateur du vaste champ d'activité dévolu à la police politique dès juin 1918, c'est à dire *avant* la grande vague des insurrections « contre-révolutionnaires » de l'été 1918. Calquée sur le modèle de la maison mère de la Loubianka, chaque tcheka de province devait, dans les délais les plus brefs, organiser les départements et bureaux suivants : 1) Département du renseignement. Bureaux : Armée rouge, monarchistes, cadets, SR de droite et mencheviks, anarchistes et droit commun, bourgeoisie et gens d'Église, syndicats et comités ouvriers, ressortissants étrangers. Pour chacune de ces catégories, les bureaux appropriés devaient dresser une liste de suspects. 2) Département de lutte

1. *Novaïa Jizn* (La Vie nouvelle), 1er juin 1918, p. 4.

2. N. Bernstam, *Ural i Prikamie, noiabr' 1917-ianvar' 1919* (L'Oural et la région de la Kama, novembre 1917-janvier 1919), Paris, YMCA Press, 1982.

contre la contre-révolution. Bureaux : Armée rouge, monarchistes, cadets, SR de droite et mencheviks, anarchistes, syndicalistes, minorités nationales, étrangers, alcoolisme, pogroms et ordre public, affaires de presse. 3) Département de lutte contre la spéculation et les abus d'autorité. 4) Département des transports, voies de communication et ports. 5) Département opérationnel, regroupant les unités spéciales de la Tcheka[1].

Deux jours après la fin de cette conférence panrusse des tchekas, le gouvernement décréta le rétablissement légal de la peine de mort. Celle-ci, abolie après la révolution de février 1917, avait été restaurée par Kerenski en juillet 1917. Néanmoins, elle ne s'appliquait alors que dans les régions du front, sous juridiction militaire. Une des premières mesures prises par le IIe Congrès des soviets, le 26 octobre (8 novembre) 1917, fut de supprimer à nouveau la peine capitale. Cette décision suscita la fureur de Lénine : « C'est une erreur, une faiblesse inadmissible, une illusion pacifiste[2] ! » Lénine et Dzerjinski n'eurent de cesse de rétablir légalement la peine de mort, tout en sachant pertinemment qu'elle pouvait être appliquée, sans aucun « juridisme tatillon », par des organes extralégaux comme les tchekas. La première condamnation à mort légale, prononcée par un tribunal révolutionnaire, eut lieu le 21 juin 1918 : l'amiral Tchastnyi fut le premier « contre-révolutionnaire » fusillé « légalement ».

Le 20 juin, V. Volodarski, un des dirigeants bolcheviques de Petrograd, était abattu par un militant socialiste-révolutionnaire. Cet attentat survenait à une période d'extrême tension dans l'ancienne capitale. Au cours des semaines précédentes, les relations entre les bolcheviks et le monde ouvrier n'avaient cessé de se détériorer ; en mai-juin 1918, la tcheka de Petrograd fit état de soixante-dix « incidents » — grèves, meetings antibolcheviques, manifestations — impliquant principalement les métallurgistes des forteresses ouvrières, qui avaient été les plus ardents partisans des bolcheviks en 1917 et avant. Les autorités répondirent aux grèves par le lock-out des grandes usines nationalisées, une pratique qui allait être généralisée dans les mois suivants pour briser la résistance ouvrière. L'assassinat de Volodarski fut suivi d'une vague d'arrestations sans précédent dans les milieux ouvriers de Petrograd ; « l'assemblée des plénipotentiaires ouvriers », organisation à majorité menchevik coordonnant l'opposition ouvrière à Petrograd, véritable contre-pouvoir ouvrier face au soviet de Petrograd, fut dissoute. Plus de huit cents « meneurs » furent arrêtés en deux jours. Les milieux ouvriers répliquèrent à ces arrestations massives en appelant à une grève générale le 2 juillet 1918[3].

---

1. *Instruksia Crezvycainym Komissiam* (Instructions aux tchekas locales), 1er décembre 1918, Archives B.I. Nikolaevski, Hoover Institution, Stanford, cité *in* G. Leggett, *op. cit.*, p. 39-40.

2. L. Trotski, *O Lenine* (Lénine), Moscou, 1924, p. 101.

3. *Novaia Jizn* (La Vie nouvelle), 16, 26, 27, 28 juin 1918 ; V. Brovkin, *op. cit.*, p. 243-249 ; S. Rosenberg, « Russian Labor and Bolshevik Power », *Slavic Review*, vol. 44 (été 1985), p. 233 *sq.*

De Moscou, Lénine envoya alors une lettre à Zinoviev, président du comité de Petrograd du Parti bolchevique, document révélateur à la fois de la conception léniniste de la terreur et d'une extraordinaire illusion politique. C'est, en effet, un formidable contresens politique que commettait Lénine, en affirmant que les ouvriers se soulevaient *contre* l'assassinat de Volodarski !

« Camarade Zinoviev ! Nous venons juste d'apprendre que les ouvriers de Petrograd souhaitaient répondre par la terreur de masse au meurtre du camarade Volodarski et que vous (pas vous personnellement, mais les membres du comité du Parti de Petrograd) les avez freinés. Je proteste énergiquement ! Nous nous compromettons : nous prônons la terreur de masse dans les résolutions du soviet, mais, quand il s'agit d'agir, nous faisons obstruction à l'initiative absolument correcte des masses. C'est i-nad-mis-sible ! Les terroristes vont nous considérer comme des chiffes molles. L'heure est ultra-martiale. Il est indispensable d'encourager l'énergie et le caractère de masse de la terreur dirigée contre les contre-révolutionnaires, spécialement à Petrograd, dont l'exemple est décisif. Salutations. Lénine[1]. »

---

1. V.I. Lénine, *Polnoie sobranie socinenii* (Œuvres complètes), vol. L, p. 106.

3

La Terreur rouge

« Les bolcheviks disent ouvertement que leurs jours sont comptés, rapportait à son gouvernement Karl Helfferich, ambassadeur allemand à Moscou, le 3 août 1918. Une véritable panique a gagné Moscou... Les rumeurs les plus folles courent sur les “traîtres” qui se seraient introduits dans la ville ».

Jamais les bolcheviks n'avaient senti leur pouvoir aussi menacé qu'au cours de l'été 1918. Ils ne contrôlaient en effet plus guère qu'un territoire réduit à la Moscovie historique, face à trois fronts antibolcheviques désormais solidement établis : l'un dans la région du Don, occupée par les troupes cosaques de l'ataman Krasnov et par l'Armée blanche du général Denikine ; le deuxième en Ukraine, aux mains des Allemands et de la Rada (gouvernement national) ukrainienne ; le troisième le long du Transsibérien, où la plupart des grandes villes étaient tombées sous la coupe de la Légion tchèque, dont l'offensive était soutenue par le gouvernement socialiste-révolutionnaire de Samara.

Dans les régions plus ou moins contrôlées par les bolcheviks, près de cent quarante révoltes et insurrections de grande ampleur éclatèrent durant l'été 1918 ; les plus fréquentes étaient le fait de communautés paysannes refusant les réquisitions menées avec brutalité par les détachements de ravitaillement, les limitations imposées au commerce privé, les nouvelles mobilisations de conscrits pour l'Armée rouge[1]. Les paysans en colère se rendaient en foule à la ville la plus proche, assiégeaient le soviet, tentant parfois d'y mettre le feu. Généralement, les incidents dégénéraient : la troupe, les milices chargées du maintien de l'ordre et, de plus en plus souvent, les détachements de la Tcheka n'hésitaient pas à tirer sur les manifestants.

Dans ces affrontements, de plus en plus nombreux au fil des jours, les dirigeants bolcheviques voyaient une vaste conspiration contre-révolu-

1. L.M. Spirin, *Klassy i partii v grazdanskoi voine v Rossii* (Classes et partis dans la guerre civile russe), Moscou, 1968, p. 180 et suiv.

tionnaire dirigée contre leur pouvoir par des « koulaks déguisés en Gardes blancs ».

« Il est évident qu'un soulèvement de Gardes blancs est en train de se préparer à Nijni-Novgorod, télégraphia Lénine, le 9 août 1918, au président du comité exécutif du soviet de cette ville, qui venait de lui faire part d'incidents impliquant des paysans protestant contre les réquisitions. Il faut former immédiatement une "troïka" dictatoriale (vous-même, Markine et un autre), introduire sur-le-champ la terreur de masse, fusiller ou déporter les centaines de prostituées qui font boire les soldats, tous les ex-officiers, etc. Pas une minute à perdre... Il faut agir résolument : perquisitions massives. Exécution pour port d'arme. Déportations massives des mencheviks et autres éléments suspects[1]. » Le lendemain, 10 août, Lénine envoya un autre télégramme de même teneur au Comité exécutif du soviet de Penza :

« Camarades ! Le soulèvement koulak dans vos cinq districts doit être écrasé sans pitié. Les intérêts de la révolution tout entière l'exigent, car partout la "lutte finale" avec les koulaks est désormais engagée. Il faut faire un exemple. 1) Pendre (et je dis pendre *de façon que les gens le voient*) pas moins de 100 koulaks, richards, buveurs de sang connus. 2) Publier leurs noms. 3) S'emparer de tout leur grain. 4) Identifier les otages comme nous l'avons indiqué dans notre télégramme hier. Faites cela de façon qu'à des centaines de lieues à la ronde les gens voient, tremblent, sachent et se disent : ils tuent et continueront à tuer les koulaks assoiffés de sang. Télégraphiez que vous avez bien reçu et exécuté ces instructions. Vôtre, Lénine.

« P. S. Trouvez des gens plus durs[2]. »

En fait, comme en témoigne une lecture attentive des rapports de la Tcheka sur les révoltes de l'été 1918, seuls les soulèvements d'Iaroslavl, Rybinsk et Mourom, organisés par l'Union de défense de la Patrie du dirigeant socialiste-révolutionnaire Boris Savinkov, et celui des ouvriers des usines d'armement d'Ijevsk, inspiré par les mencheviks et les socialistes-révolutionnaires locaux, furent, semble-t-il, préparés à l'avance. Toutes les autres insurrections se développèrent spontanément et ponctuellement à partir d'incidents impliquant des communautés paysannes refusant les réquisitions ou la conscription. Elles furent férocement réprimées en quelques jours par des détachements sûrs de l'Armée rouge ou de la Tcheka. Seule la ville d'Iaroslavl, où des détachements de Savinkov avaient renversé le pouvoir bolchevique local, résista une quinzaine de jours. Après la chute de la ville, Dzerjinski envoya à Iaroslavl une « commission spéciale d'enquête » qui, en cinq jours, du 24 au 28 juillet 1918, fit exécuter quatre cent vingt-huit personnes.[3]

Durant tout le mois d'août 1918, c'est-à-dire avant le déclenchement « officiel » de la Terreur rouge le 3 septembre, les dirigeants bolcheviques,

1. V.I. Lénine, *Polnoie sobranie socinenii* (Œuvres complètes), vol. L, p. 142.
2. CRCEDHC, 2/1/6/898.
3. GARF (Archives d'État de la Fédération de Russie), 130/2/98a/26-32.

Lénine et Dzerjinski en tête, envoyèrent un grand nombre de télégrammes aux responsables locaux de la Tcheka ou du Parti, leur demandant de prendre des « mesures prophylactiques » pour prévenir toute tentative d'insurrection. Parmi ces mesures, expliquait Dzerjinski, « les plus efficaces sont la prise d'otages parmi la bourgeoisie, à partir des listes que vous avez établies pour les contributions exceptionnelles levées sur les bourgeois, [...] l'arrestation et l'enfermement de tous les otages et suspects dans des camps de concentration[1] ». Le 8 août, Lénine demanda à Tsourioupa, commissaire du peuple à l'Approvisionnement, de rédiger un décret aux termes duquel, « dans chaque district producteur de céréales, vingt-cinq otages désignés parmi les habitants les plus aisés répondront de leur vie pour la non-réalisation du plan de réquisition ». Tsourioupa ayant fait la sourde oreille, prétextant qu'il était difficile d'organiser cette prise d'otages, Lénine lui envoya une seconde note, encore plus explicite : « Je ne suggère pas que les otages soient pris, mais qu'ils soient *nommément désignés* dans chaque district. L'objet de cette désignation, c'est que les riches, tout comme ils sont responsables de leur contribution, soient responsables sur leur vie de la réalisation immédiate du plan de réquisition dans leur district[2]. »

Outre le système des otages, les dirigeants bolcheviques expérimentèrent, en août 1918, un autre instrument de répression apparu dans la Russie en guerre : le camp de concentration. Le 9 août 1918, Lénine télégraphia au Comité exécutif de la province de Penza d'enfermer « les koulaks, les prêtres, les Gardes blancs et autres éléments douteux dans un camp de concentration[3] ».

Quelques jours auparavant, Dzerjinski et Trotski avaient également prescrit l'enfermement d'otages dans des « camps de concentration ». Ces « camps de concentration » étaient des camps d'internement où devaient être parqués, par simple mesure administrative et sans le moindre jugement, les « éléments douteux ». De nombreux camps, où avaient été internés des prisonniers de guerre, existaient en Russie, comme dans d'autres pays belligérants.

Parmi les « éléments douteux » à arrêter préventivement figuraient, en premier lieu, les responsables politiques des partis d'opposition encore en liberté. Le 15 août 1918, Lénine et Dzerjinski signèrent l'ordre d'arrestation des principaux dirigeants du Parti menchevik — Martov, Dan, Potressov, Goldman — dont la presse avait déja été réduite au silence et les représentants chassés des soviets[4].

Pour les dirigeants bolcheviques, les frontières étaient désormais effacées entre les différentes catégories d'opposants, dans une guerre civile qui, expliquaient-ils, avait ses propres lois.

1. CRCEDHC, 76/3/22.

2. *Leninskii sbornik* (Recueil de textes de Lénine), vol. 18 (1931), p. 145-146, cité *in* D. Volkogonov, *Le Vrai Lénine*, Paris, R. Laffont, 1995, p. 248.

3. V.I. Lénine, *Polnoie sobranie socinenii* (Œuvres complètes), vol. L, p. 143.

4. CRCEDHC, 76/3/22/3.

« La guerre civile ne connaît pas de lois écrites, écrivait, dans les *Izvestia* du 23 août 1918, Latsis, un des principaux collaborateurs de Dzerjinski. La guerre capitaliste a ses lois écrites [...] mais la guerre civile a ses propres lois [...]. Il faut non seulement détruire les forces actives de l'ennemi, mais démontrer que quiconque lèvera l'épée contre l'ordre de classe existant périra par l'épée. Telles sont les règles que la bourgeoisie a toujours observées dans les guerres civiles qu'elle a menées contre le prolétariat. [...] Nous n'avons pas encore suffisamment assimilé ces règles. On tue les nôtres par centaines et par milliers. Nous exécutons les leurs un par un, après de longues délibérations devant des commissions et des tribunaux. Dans la guerre civile, il n'y a pas de tribunaux pour l'ennemi. C'est une lutte à mort. Si tu ne tues pas, tu seras tué. Alors tue, si tu ne veux pas être tué[1] ! »

Le 30 août 1918, deux attentats, l'un contre M. S. Ouritski, chef de la tcheka de Petrograd, l'autre contre Lénine, confortèrent les dirigeants bolcheviques dans l'idée qu'une véritable conspiration menaçait leur existence même. En réalité, ces deux attentats n'avaient aucune relation entre eux. Le premier avait été commis, dans la plus pure tradition du terrorisme révolutionnaire populiste, par un jeune étudiant désireux de venger un ami officier exécuté quelques jours auparavant par la tcheka de Petrograd. Quant au second, dirigé contre Lénine, longtemps attribué à Fanny Kaplan, une militante proche des milieux anarchistes et socialistes-révolutionnaires, arrêtée sur-le-champ et exécutée sans jugement trois jours après les faits, il apparaît aujourd'hui qu'il fut le résultat d'une provocation organisée par la Tcheka, qui échappa à ses instigateurs[2]. Le gouvernement bolchevique imputa aussitôt ces attentats aux « socialistes-révolutionnaires de droite, valets de l'impérialisme français et anglais ». Dès le lendemain, articles de presse et déclarations officielles appelèrent au développement de la terreur :

« Travailleurs, écrivait la *Pravda* du 31 août 1918, le temps est venu pour nous d'anéantir la bourgeoisie, sinon vous serez anéantis par elle. Les villes doivent être implacablement nettoyées de toute la putréfaction bourgeoise. Tous ces messieurs seront fichés et ceux qui représentent un danger pour la cause révolutionnaire exterminés. [...] L'hymne de la classe ouvrière sera un chant de haine et de vengeance[3] ! »

Le même jour, Dzerjinski et son adjoint Peters rédigèrent un « Appel à la classe ouvrière » dans un esprit semblable : « Que la classe ouvrière écrase, par une terreur massive, l'hydre de la contre-révolution ! Que les ennemis de la classe ouvrière sachent que tout individu arrêté en possession illicite d'une arme sera exécuté sur-le-champ, que tout individu qui

1. *Izvestia*, 23 août 1918 ; G. Leggett, *op. cit.*, p. 104.
2. S. Lyandres, « The 1918 Attempt on the Life of Lenin : A New Look at the Evidence », *Slavic Review*, 48, nº 3 (1989), p. 432-448.
3. *Pravda*, 31 août 1918.

ose faire la moindre propagande contre le régime soviétique sera aussitôt arrêté et enfermé dans un camp de concentration ! » Imprimé dans les *Izvestia* du 3 septembre, cet appel fut suivi, le lendemain, de la publication d'une instruction envoyée par N. Petrovski, commissaire du peuple à l'Intérieur, à tous les soviets. Petrovski s'y plaignait du fait qu'en dépit de la « répression de masse » exercée par les ennemis du régime contre les « masses laborieuses » la Terreur rouge tardait à se faire sentir :

« Il est grand temps de mettre fin à toute cette mollesse et à cette sentimentalité. Tous les socialistes-révolutionnaires de droite doivent être immédiatement arrêtés. Un grand nombre d'otages doivent être pris parmi la bourgeoisie et les officiers. À la moindre résistance, il faut recourir à des exécutions massives. Les comités exécutifs de province doivent faire preuve d'initiative dans ce domaine. Les tchekas et autres milices doivent repérer et arrêter tous les suspects et exécuter immédiatement tous ceux qui seraient compromis dans des activités contre-révolutionnaires. [...] Les responsables des comités exécutifs doivent informer immédiatement le commissariat du peuple à l'Intérieur de toute mollesse ou indécision de la part des soviets locaux. [...] Aucune faiblesse, aucune hésitation ne peut être tolérée dans la mise en place de la terreur de masse[1]. »

Ce télégramme, signal officiel de la Terreur rouge sur une grande échelle, réfute l'argumentation développée *a posteriori* par Dzerjinski et Peters, selon laquelle « la Terreur rouge, expression de l'indignation générale et spontanée des masses contre les attentats du 30 août 1918, débuta sans la moindre directive du Centre ». En vérité, la Terreur rouge était l'exutoire naturel d'une haine presque abstraite que nourrissaient la plupart des dirigeants bolcheviques envers les « oppresseurs » qu'ils étaient prêts à liquider, non pas individuellement, mais « en tant que classe ». Dans ses souvenirs, le dirigeant menchevik Raphaël Abramovitch rapporte une conversation tout à fait révélatrice qu'il avait eue, en août 1917, avec Feliks Dzerjinski, le futur chef de la Tcheka :

« Abramovitch, te souviens-tu du discours de Lassalle sur l'essence d'une Constitution ?

— Bien sûr.

— Il disait que toute Constitution était déterminée par le rapport des forces sociales dans un pays et à un moment donnés. Je me demande comment cette corrélation entre le politique et le social pourrait changer.

— Eh bien, par les divers processus d'évolution économique et politique, par l'émergence de nouvelles formes économiques, la montée de certaines classes sociales, etc., toutes choses que tu connais parfaitement, Feliks.

— Oui, mais ne pourrait-on pas changer radicalement cette corrélation ? Par exemple, par la soumission ou l'extermination de certaines classes de la société[2] ? »

1. *Izvestia,* 4 septembre 1918.
2. R. Abramovitch, *The Soviet Revolution, 1917-1939*, Londres, 1962, p. 312.

Une telle cruauté froide, calculée, cynique, fruit d'une logique implacable de « guerre de classes » poussée à son extrême, était partagée par bien des bolcheviks. En septembre 1918, l'un des principaux dirigeants bolcheviques, Grigori Zinoviev, déclara : « Pour défaire nos ennemis, nous devons avoir notre propre terreur socialiste. Nous devons entraîner à nos côtés disons quatre-vingt-dix des cent millions d'habitants de la Russie soviétique. Quant aux autres, nous n'avons rien à leur dire. Ils doivent être anéantis [1]. »

Le 5 septembre, le gouvernement soviétique légalisa la terreur par le fameux décret « Sur la Terreur rouge » : « Dans la situation actuelle, il est absolument vital de renforcer la Tcheka [...], de protéger la République soviétique contre ses ennemis de classe en isolant ceux-ci dans des camps de concentration, de fusiller sur-le-champ tout individu impliqué dans des organisations de Gardes blancs, des complots, des insurrections ou des émeutes, de publier les noms des individus fusillés, en donnant les raisons pour lesquelles ils ont été passés par les armes [2]. » Comme le reconnut par la suite Dzerjinski, « les textes des 3 et 5 septembre 1918 nous attribuaient enfin légalement ce contre quoi même des camarades du Parti avaient jusqu'alors protesté, le droit d'en finir sur-le-champ, sans en référer à quiconque, avec la racaille contre-révolutionnaire ».

Dans une circulaire interne datée du 17 septembre, Dzerjinski invita toutes les tchekas locales à « accélérer les procédures et à terminer, c'est-à-dire à *liquider*, les affaires en suspens [3] ». Les « liquidations » avaient, en fait, débuté dès le 31 août. Le 3 septembre, les *Izvestia* rapportèrent que plus de cinq cents otages avaient été exécutés à Petrograd au cours des jours précédents par la tcheka locale. De source tchékiste, huit cents personnes auraient été exécutées au cours du mois de septembre 1918 à Petrograd. Ce chiffre est fortement sous-estimé. Un témoin des événements relatait les détails suivants : « Pour Petrograd, un dénombrement superficiel donne 1 300 exécutions. [...] Les bolcheviks ne comptent pas, dans leurs "statistiques", les centaines d'officiers et de civils fusillés à Kronstadt sur ordre des autorités locales. Rien qu'à Kronstadt, en une seule nuit, 400 personnes furent fusillées. On creusa dans la cour trois grandes fosses, 400 personnes furent placées devant et exécutées l'une après l'autre [4]. » Dans une interview accordée, le 3 novembre 1918, au journal *Outro Moskvy*, le bras droit de Dzerjinski, Peters, reconnut qu'« à Petrograd les tchékistes sensiblards *[sic]* ont fini par perdre la tête et ont fait trop de zèle. Avant l'assassinat d'Ouritski, on n'avait exécuté personne — et, croyez-moi, en dépit de tout ce qu'on prétend, je ne suis pas aussi sanguinaire qu'on le dit — tandis qu'après il y a eu un peu trop d'exécutions, et

1. *Severnaia Kommuna,* n° 109, 19 septembre 1918, p. 2, cité *in* G. Leggett, *op. cit.*, p. 114.
2. *Izvestia*, 10 septembre 1918.
3. G.A. Belov, *op.cit.*, p. 197-198.
4. G. Leggett, *op. cit.*, p. 111.

souvent sans discernement. Mais de son côté Moscou n'a répondu à l'attentat contre Lénine que par l'exécution de quelques ministres du tsar[1] ». Toujours d'après les *Izvestia,* vingt-neuf otages « *seulement* », appartenant au « camp de la contre-révolution », furent passés par les armes à Moscou, les 3 et 4 septembre. Parmi eux figuraient deux ex-ministres de Nicolas II, N. Khvostov (Intérieur) et I. Chtcheglovitov (Justice). Toutefois, de nombreux témoignages concordants font état de centaines d'exécutions d'otages au cours des « massacres de septembre » dans les prisons moscovites.

En ces temps de Terreur rouge, Dzerjinski fit publier un journal, *Ejenedelnik VCK* (L'Hebdomadaire de la Tcheka) ouvertement chargé de vanter les mérites de la police politique et d'encourager le « juste désir de vengeance des masses ». Six semaines durant et jusqu'à sa suppression, sur ordre du Comité central, à un moment où la Tcheka était contestée par un certain nombre de responsables bolcheviques, cet hebdomadaire relata sans fard ni pudeur les prises d'otages, les internements dans les camps de concentration, les exécutions, etc. Il constitue une source officielle et *a minima* de la Terreur rouge pour les mois de septembre et d'octobre 1918. On y lit que la tcheka de Nijni-Novgorod, particulièrement prompte à réagir sous les ordres de Nicolas Boulganine — futur chef de l'État soviétique de 1954 à 1957 —, a exécuté, dès le 31 août, 141 otages ; 700 otages ont été arrêtés en trois jours dans cette ville moyenne de la Russie. De Viatka, la tcheka régionale de l'Oural, évacuée d'Ekaterinbourg, rapportait l'exécution de 23 « ex-gendarmes », de 154 « contre-révolutionnaires », de 8 « monarchistes », de 28 « membres du Parti constitutionnel-démocrate », de 186 « officiers », de 10 « mencheviks et SR de droite », en l'espace d'une semaine. La tcheka d'Ivano-Voznessensk annonçait la prise de 181 otages, l'exécution de 25 « contre-révolutionnaires » et la création d'un « camp de concentration de 1 000 places ». Pour la tcheka de la petite ville de Sebejsk, « 16 koulaks passés par les armes et 1 prêtre qui avait célébré une messe pour le tyran sanguinaire Nicolas II » ; pour la tcheka de Tver, 130 otages et 39 exécutions. Pour la tcheka de Perm, 50 exécutions. On pourrait prolonger ce catalogue macabre, tiré de quelques extraits des six numéros parus de *L'Hebdomadaire de la Tcheka*[2].

D'autres journaux provinciaux firent également état, durant l'automne 1918, de milliers d'arrestations et d'exécutions. Ainsi, pour ne prendre que deux exemples : l'unique numéro paru des *Izvestia Tsaritsynskoï Goubtcheka* (Les Nouvelles de la tcheka provinciale de Tsarytsine) faisait état de l'exécution de 103 personnes pour la semaine du 3 au 10 septembre 1918. Du 1er au 8 novembre 1918, 371 personnes passèrent devant le tribunal local de la tcheka : 50 furent condamnées à mort, les autres à

1. *Outro Moskvy* (Le Matin de Moscou), nº 21, 4 novembre 1918.
2. *Ejenedelnik VCK* (L'Hebdomadaire de la Tcheka), 6 numéros parus, du 22 septembre au 27 octobre 1918.

« l'enfermement dans un camp de concentration, par mesure prophylactique, et en qualité d'otages, jusqu'à la liquidation complète de toutes les insurrections contre-révolutionnaires ». L'unique numéro des *Izvestia Penzenskoï Goubtcheka* (Les Nouvelles de la tcheka provinciale de Penza) rapportait, sans autre commentaire : « Pour l'assassinat du camarade Egorov, ouvrier de Petrograd en mission commandée dans un détachement de réquisition, 152 Gardes blancs ont été exécutés par la tcheka. D'autres mesures, encore plus rigoureuses *[sic]*, seront prises dans le futur contre tous ceux qui lèveraient leur bras contre le bras armé du prolétariat[1]. »

Les rapports confidentiels *(svodki)* des tchekas locales envoyés à Moscou, consultables depuis peu, confirment, par ailleurs, la brutalité avec laquelle furent réprimés, dès l'été 1918, les moindres incidents entre les communautés paysannes et les autorités locales, qui avaient le plus souvent pour origine le refus des réquisitions ou de la conscription et qui furent systématiquement catalogués comme « émeutes koulaks contre-révolutionnaires » et réprimés sans pitié.

Il serait vain de tenter de chiffrer le nombre des victimes de cette première grande vague de Terreur rouge. L'un des principaux dirigeants de la Tcheka, Latsis, prétendait qu'au cours du second semestre 1918 la Tcheka avait exécuté 4 500 personnes, ajoutant non sans cynisme : « Si l'on peut accuser la Tcheka de quelque chose, ce n'est pas d'excès de zèle dans les exécutions, mais d'insuffisance dans l'application des mesures suprêmes de châtiment. Une main de fer diminue toujours la quantité de victimes[2]. » Fin octobre 1918, le dirigeant menchevik Iouri Martov estimait le nombre des victimes directes de la Tcheka, depuis le début du mois de septembre, à « plus de 10 000[3] ».

Quel que soit le nombre exact des victimes de la Terreur rouge de l'automne 1918 — et le seul décompte des exécutions rapportées dans la presse nous suggère qu'il ne saurait être inférieur à 10 000-15 000 —, cette Terreur consacrait définitivement la pratique bolchevique de traiter toute forme de contestation réelle ou potentielle dans le cadre d'une guerre civile sans merci soumise, selon l'expression de Latsis, à « ses propres lois ». Que des ouvriers se mettent en grève, comme ce fut, par exemple, le cas à l'usine d'armement de Motovilikha, dans la province de Perm, au début du mois de novembre 1918, pour protester contre le principe bolchevique de rationnement « en fonction de l'origine sociale » et les abus de la tcheka locale, c'est l'usine tout entière qui est aussitôt déclarée « en état d'insurrection » par les autorités. Aucune négociation avec les grévistes : lock-out et renvoi de tous les ouvriers, arrestation des « meneurs », recherche

1. *Izvestia Tsaritsynskoï Goubtcheka* (Les Nouvelles de la tcheka provinciale de Tsaritsyne), n° 1, 7 novembre 1918, p. 16-22, *in* Archives B. Nikolaevski, Hoover Institution, Stanford ; *Izvestia*, 29 septembre 1918, p. 2.

2. M.I. Latsis, *op. cit.*, p. 25.

3. Lettre de I. Martov à A. Stein, 25 octobre 1918, citée *in* V. Brovkin, *Behind the Front Lines of the Civil War*, Princeton, 1994, p. 283.

des « contre-révolutionnaires » mencheviks soupçonnés d'être à l'origine de cette grève [1]. Ces pratiques avaient certes été monnaie courante dès l'été 1918. À l'automne cependant, la tcheka locale, désormais bien organisée et « stimulée » par les appels au meurtre venus du Centre, alla plus loin dans la répression ; elle fit exécuter plus de 100 grévistes sans autre forme de procès.

Les seuls ordres de grandeur — de 10 000 à 15 000 exécutions sommaires en deux mois — marquaient d'ores et déjà un véritable changement d'échelle par rapport à la période tsariste. Il suffit de rappeler que, pour l'ensemble de la période 1825-1917, le nombre de sentences de mort prononcées par les tribunaux tsaristes (y compris les cours martiales) dans toutes les affaires qu'ils avaient eu à juger « en rapport avec l'ordre politique » s'était élevé, en quatre-vingt-douze ans, à 6 321, avec un maximum de 1 310 condamnations à mort en 1906, année de réaction contre les révolutionnaires de 1905. En quelques semaines, la Tcheka à elle seule avait exécuté deux à trois fois plus de personnes que l'Empire tsariste n'en avait condamné à mort en quatre-vingt-douze ans et qui, condamnées à l'issue de procédures légales, n'avaient pas toutes été exécutées, une bonne partie des sentences ayant été commuées en peines de travaux forcés [2].

Ce changement d'échelle allait bien au-delà des seuls chiffres. L'introduction de catégories nouvelles telles que « suspect », « ennemi du peuple », « otage », « camp de concentration », « tribunal révolutionnaire », de pratiques inédites comme « l'enfermement prophylactique » ou l'exécution sommaire, sans jugement, de centaines et de milliers de personnes arrêtées par une police politique d'un type nouveau, au-dessus des lois, constituait en la matière une véritable révolution copernicienne.

Cette révolution était telle que certains dirigeants bolcheviques n'y étaient pas préparés ; en témoigne la polémique qui se développa dans les milieux dirigeants bolcheviques, entre octobre et décembre 1918, autour du rôle de la Tcheka. En l'absence de Dzerjinski — envoyé pour un mois, *incognito*, se refaire une santé mentale et physique en Suisse —, le Comité central du Parti bolchevique discuta, le 25 octobre 1918, d'un nouveau statut de la Tcheka. Critiquant les « pleins pouvoirs laissés à une organisation qui prétend agir par-dessus les soviets et le Parti lui-même », Boukharine, Olminski, un des vétérans du Parti, et Petrovski, commissaire du peuple à l'Intérieur, demandèrent que fussent prises des mesures pour limiter les « excès de zèle d'une organisation truffée de criminels et de sadiques, d'éléments dégénérés du lumpenprolétariat ». Une commission

1. N. Bernstam, *op. cit.*, p. 129.

2. M.N. Gernet, *Protiv smertnoi kazni* (Contre la peine de mort), Saint-Pétersbourg, 1907, p. 385-423 ; N.S. Tagantsev, *Smertnaïa kazn* (La Peine de mort), Saint-Pétersbourg, 1913. Des chiffres proches sont fournis dans un rapport de K. Liebnecht (5 735 condamnés à mort, dont 3 741 exécutés de 1906 à 1910 ; 625 condamnés et 191 exécutés de 1825 à 1905), *in* M. Ferro, *La Révolution de 1917. La chute du tsarisme et les origines d'Octobre*, Paris, Aubier, 1967, p. 483.

de contrôle politique fut créée. Kamenev, qui en faisait partie, alla même jusqu'à proposer l'abolition pure et simple de la Tcheka[1].

Mais bientôt le camp des partisans inconditionnels de celle-ci reprit le dessus. Y figuraient, outre Dzerjinski, des sommités du Parti telles que Sverdlov, Staline, Trotski et, bien sûr, Lénine. Celui-ci prit résolument la défense d'une institution « injustement attaquée pour quelques excès par une intelligentsia bornée [...] incapable de considérer le problème de la terreur dans une perspective plus large[2] ». Le 19 décembre 1918, sur proposition de Lénine, le Comité central adopta une résolution interdisant à la presse bolchevique de publier des « articles calomnieux sur les institutions, notamment sur la Tcheka, qui accomplit son travail dans des conditions particulièrement difficiles ». Ainsi fut clos le débat. Le « bras armé de la dictature du prolétariat » reçut son brevet d'infaillibilité. Comme le dit Lénine, « un bon communiste est également un bon tchékiste ».

Début 1919, Dzerjinski obtint du Comité central la création de départements spéciaux de la Tcheka, responsables désormais de la sécurité militaire. Le 16 mars 1919, il fut nommé commissaire du peuple à l'Intérieur et engagea une réorganisation, sous l'égide de la Tcheka, de l'ensemble des milices, troupes, détachements et unités auxiliaires rattachés jusque-là à diverses administrations. En mai 1919, toutes ces unités — milices des chemins de fer, détachements de ravitaillement, gardes frontières, bataillons de la Tcheka — furent regroupées en un corps spécial, les « Troupes de défense interne de la République » qui allait atteindre deux cent mille hommes en 1921. Ces troupes étaient chargées d'assurer la surveillance des camps, des gares et autres points stratégiques, de mener les opérations de réquisition mais aussi, et surtout, de réprimer les révoltes paysannes, les émeutes ouvrières et les mutineries de l'Armée rouge. Unités spéciales de la Tcheka et Troupes de défense interne de la République — soit près de deux cent mille hommes au total — représentaient une formidable force de contrôle et de répression, une véritable armée au sein d'une Armée rouge minée par les désertions, et qui ne parvint jamais, malgré des effectifs théoriquement très élevés de l'ordre de trois à cinq millions d'hommes, à aligner plus de cinq cent mille soldats équipés[3].

Un des premiers décrets du nouveau commissaire du peuple à l'Intérieur porta sur les modalités d'organisation des camps qui existaient depuis l'été 1918 sans la moindre base juridique ou réglementaire. Le décret du 15 avril 1919 distinguait deux types de camps : les « camps de travail coercitif », où étaient, en principe, internés ceux qui avaient été condamnés par un tribunal, et les « camps de concentration », regroupant les personnes incarcérées, le plus souvent en qualité d'« otages », en vertu d'une simple

---

1. CRCEDHC, 5/1/2558.
2. *Lenin i VCK. Sbornik dokumentov (1917-1922)* (Lénine et la Tcheka. Recueil de documents), Moscou, 1975, p. 122.
3. G. Leggett, *op. cit.*, p. 204-237.

mesure administrative. En réalité, les distinctions entre ces deux types de camps restèrent largement théoriques, comme en témoigne l'instruction complémentaire du 17 mai 1919, qui, outre la création d'« au moins un camp dans chaque province, d'une capacité minimale de trois cents places », prévoyait une liste type des seize catégories de personnes à interner. Parmi celles-ci figuraient des contingents aussi divers qu'« otages issus de la haute bourgeoisie », « fonctionnaires de l'Ancien Régime jusqu'au rang d'assesseur de collège, procureur, et leurs adjoints, maires et adjoints des villes ayant rang de chef-lieu de district », « personnes condamnées, sous le régime soviétique, à toutes peines pour délits de parasitisme, proxénétisme, prostitution », « déserteurs ordinaires (non récidivistes) et soldats prisonniers de la guerre civile », etc. [1].

Le nombre des personnes internées dans les camps de travail ou de concentration connut une augmentation constante au cours des années 1919-1921, passant de seize mille environ en mai 1919 à plus de soixante-dix mille en septembre 1921 [2]. Ces chiffres ne prennent pas en compte un certain nombre de camps mis en place dans les régions insurgées contre le pouvoir soviétique : ainsi, pour la seule province de Tambov, on comptait, à l'été 1921, au moins cinquante mille « bandits » et « membres des familles des bandits pris en otage » dans les sept camps de concentration ouverts par les autorités chargées de la répression du soulèvement paysan [3].

---

1. GARF, 393/ 89/10a.

2. *Vlast' Sovetov* (Le Pouvoir des Soviets), 1922, n°s 1-2, p. 41 ; L.D. Gerson, *The Secret Police in Lenin's Russia*, Philadelphie, 1976, p. 149, *sq.* ; G. Leggett, *op. cit.*, p.178 ; GARF, 393/ 89/18 ; 393/ 89/296.

3. *Ibid.*, 393/ 89/182 ; 393/ 89/231 ; 393/ 89/295.

4
La « sale guerre »

La guerre civile en Russie a été généralement analysée comme un conflit entre les Rouges (bolcheviks) et les Blancs (monarchistes). En réalité, au-delà des affrontements militaires entre deux armées, l'Armée rouge et les diverses unités composant une Armée blanche assez hétéroclite, le plus important fut sans doute ce qui se passa à l'arrière des lignes de front très mouvantes. Cette dimension de la guerre civile est celle du « front intérieur ». Elle est caractérisée par une répression multiforme exercée par les pouvoirs établis, blanc ou rouge — la répression rouge étant beaucoup plus générale et systématique —, contre les militants politiques des partis ou des groupes d'opposition, contre les ouvriers en grève pour leurs revendications, contre les déserteurs fuyant la conscription ou leur unité, ou tout simplement contre des citoyens appartenant à une classe sociale suspecte ou « hostile », et dont le seul tort était de s'être trouvés dans une ville ou un bourg reconquis sur « l'ennemi ». La lutte sur le front intérieur de la guerre civile fut aussi et avant tout la résistance opposée par des millions de paysans, insoumis et déserteurs, ceux que les Rouges comme les Blancs appelaient les Verts et qui jouèrent un rôle souvent décisif dans l'avancée ou la déroute de l'un ou de l'autre camp.

Ainsi l'été 1919 connut d'immenses révoltes paysannes contre le pouvoir bolchevique, dans la Moyenne-Volga et en Ukraine, qui permirent à l'amiral Koltchak et au général Denikine d'enfoncer les lignes bolcheviques sur des centaines de kilomètres. De même, quelques mois plus tard, ce fut le soulèvement des paysans sibériens exaspérés par le rétablissement des droits des propriétaires fonciers qui précipita la déroute de l'amiral blanc Koltchak face à l'Armée rouge.

Alors que les opérations militaires d'envergure entre Blancs et Rouges ne durèrent guère plus d'un an, de la fin 1918 au début 1920, l'essentiel de ce que l'on a coutume de désigner du terme de « guerre civile » apparaît en réalité comme une « sale guerre », une guerre de pacification menée par les diverses autorités, militaires ou civiles, rouges ou blanches, contre tous les opposants potentiels ou réels dans les zones que chacun des deux camps contrôlait momentanément. Dans les régions tenues par les bolcheviks, c'est la « lutte des classes » contre les « ci-devant », les bourgeois, les « éléments socialement étrangers », la chasse aux militants de tous les partis non bolcheviques, la répression des grèves ouvrières, des mutineries d'unités peu sûres de l'Armée rouge, des révoltes paysannes. Dans les zones tenues par les Blancs, c'est la chasse aux éléments soupçonnés de possibles sympathies « judéo-bolcheviques ».

Les bolcheviks n'avaient pas le monopole de la terreur. Il existait une Terreur blanche dont l'expression la plus terrible fut la vague de pogroms commis en Ukraine durant l'été et l'automne 1919 par des détachements de l'armée de Denikine et des unités de Petlioura et qui firent près de cent cinquante mille victimes. Mais, comme l'ont souligné la plupart des historiens de la Terreur rouge et de la Terreur blanche durant la guerre civile russe, les deux terreurs ne peuvent être mises sur le même plan. La politique de terreur bolchevique fut plus systématique, plus organisée, pensée et mise en œuvre comme telle bien avant la guerre civile, théorisée contre des groupes entiers de la société. La Terreur blanche ne fut jamais érigée en système. Elle fut, presque toujours, le fait de détachements incontrôlés échappant à l'autorité d'un commandement militaire qui tentait, sans grand succès, de faire office de gouvernement. Si l'on excepte les pogroms, condamnés par Denikine, la Terreur blanche resta le plus souvent une répression policière du niveau d'un service de contre-espionnage militaire. Face au contre-espionnage des unités blanches, la Tcheka et les Troupes de défense interne de la République constituaient un instrument de répression autrement plus structuré et puissant, qui bénéficiait de toutes les priorités du régime bolchevique.

Comme dans toute guerre civile, il est difficile de dresser un bilan complet des formes de répression et des types de terreur perpétrés par l'un ou l'autre des camps en présence. La Terreur bolchevique, la seule que nous évoquerons ici, appelle plusieurs typologies pertinentes. Avec ses méthodes, ses spécificités et ses cibles privilégiées, elle fut bien antérieure à la guerre civile proprement dite, qui ne se développa qu'à partir de la fin de l'été 1918. Nous avons choisi une typologie qui fait ressortir, dans la continuité d'une évolution que l'on peut suivre dès les premiers mois du régime, les principaux groupes victimes soumis à une répression conséquente et systématique :

— les militants politiques non bolcheviques, depuis les anarchistes jusqu'aux monarchistes ;

— les ouvriers en lutte pour leurs droits les plus élémentaires — le pain, le travail, un minimum de liberté et de dignité ;

— les paysans — souvent des déserteurs — impliqués dans une des innombrables révoltes paysannes ou mutineries d'unités de l'Armée rouge ;

— les Cosaques, déportés en masse en tant que groupe social et ethnique réputé hostile au régime soviétique. La « décosaquisation » préfigure les grandes opérations de déportation des années trente (« dékoulakisation », déportation de groupes ethniques) et souligne la continuité des phases léninienne et stalinienne en matière de politique répressive ;

— les « éléments socialement étrangers » et autres « ennemis du peuple », « suspects » et « otages » liquidés « préventivement », notamment lors de l'évacuation de villes par les bolcheviks ou, au contraire, lors de la reprise de villes et de territoires occupés un temps par les Blancs.

La répression qui frappa les militants politiques des divers partis d'opposition au régime bolchevique est sans doute la mieux connue. De nombreux témoignages furent laissés par les principaux dirigeants des partis d'opposition, emprisonnés, souvent exilés, mais généralement restés en vie, à la différence des militants ouvriers et paysans de base, fusillés sans procès ou massacrés au cours d'opérations punitives de la Tcheka.

Un des premiers faits d'armes de celle-ci avait été l'assaut, lancé le 11 avril 1918, contre les anarchistes de Moscou, dont plusieurs dizaines avaient été exécutés sur-le-champ. La lutte contre les anarchistes ne se relâcha pas au cours des années suivantes, bien qu'un certain nombre d'entre eux eussent rejoint les rangs des bolcheviks, occupant même des postes importants à la Tcheka, comme Alexandre Goldberg, Mikhaïl Brener ou Timofci Samsonov. Le dilemme de la majorité des anarchistes, qui refusaient à la fois la dictature bolchevique et le retour des partisans de l'Ancien Régime, est illustré par les volte-face du grand leader anarchiste paysan Makhno, qui dut à la fois faire cause commune avec l'Armée rouge contre les Blancs, puis, une fois la menace blanche écartée, combattre les Rouges pour tenter de sauvegarder ses idéaux. Des milliers de militants anarchistes anonymes furent exécutés en tant que « bandits » lors de la répression menée contre les armées paysannes de Makhno et de ses partisans. Ces paysans constituèrent, semble-t-il, l'immense majorité des victimes anarchistes, si l'on en croit le bilan, incomplet sans doute mais seul disponible, de la répression bolchevique présenté par les anarchistes russes en exil à Berlin en 1922. Ce bilan faisait état de 138 militants anarchistes exécutés durant les années 1919-1921, 281 exilés et 608 toujours emprisonnés au 1er janvier 1922[1].

Alliés des bolcheviks jusqu'à l'été 1918, les socialistes-révolutionnaires de gauche bénéficièrent, jusqu'en février 1919, d'une relative clémence. Leur dirigeante historique, Maria Spiridonova, présida, en décembre 1918, un congrès de son parti, toléré par les bolcheviks. Ayant vigoureusement condamné la terreur pratiquée quotidiennement par

1. Gorelik (éd.), *Gonenia na Anarxizm v Sovetskoi Rossii* (La Persécution de l'anarchisme en Russie soviétique), Berlin, 1922, p. 27-63.

la Tcheka, elle fut arrêtée, en même temps que deux cent dix autres militants, le 10 février 1919, et condamnée par le Tribunal révolutionnaire à « la détention en sanatorium étant donné son état hystérique » ; il s'agit là du premier exemple, sous le régime soviétique, d'enfermement d'un opposant politique dans un établissement psychiatrique ; Maria Spiridonova parvint à s'évader et à diriger, dans la clandestinité, le Parti socialiste-révolutionnaire de gauche interdit par les bolcheviks. Selon des sources tchékistes, 58 organisations socialistes-révolutionnaires de gauche auraient été démantelées en 1919, et 45 en 1920. Au cours de ces deux années, 1 875 militants auraient été emprisonnés en qualité d'otages, conformément aux directives de Dzerjinski, qui avait déclaré, le 18 mars 1919 : « Dorénavant, la Tcheka ne fera plus de distinction entre les Gardes blancs du type Krasnov et les Gardes blancs du camp socialiste. [...] Les SR et les mencheviks arrêtés seront considérés comme des otages et leur sort dépendra du comportement politique de leur parti [1]. »

Pour les bolcheviks, les socialistes-révolutionnaires de droite étaient toujours apparus comme les rivaux politiques les plus dangereux. Personne n'avait oublié qu'ils avaient été largement majoritaires dans le pays lors des élections libres au suffrage universel de novembre-décembre 1917. Après la dissolution de l'Assemblée constituante où ils disposaient de la majorité absolue des sièges, les socialistes-révolutionnaires avaient continué à siéger dans les soviets et au Comité exécutif central des soviets, d'où ils avaient été expulsés en même temps que les mencheviks en juin 1918. Une partie des dirigeants socialistes-révolutionnaires constitua alors, avec des constitutionnels-démocrates et des mencheviks, des gouvernements éphémères à Samara et à Omsk, bientôt renversés par l'amiral blanc Koltchak. Pris entre deux feux, entre les bolcheviks et les Blancs, socialistes-révolutionnaires et mencheviks eurent beaucoup de difficultés à définir une politique cohérente d'opposition à un régime bolchevique qui menait face à l'opposition socialiste modérée une politique habile, alternant mesures d'apaisement, manœuvres d'infiltration et répression.

Après avoir autorisé, au plus fort de l'offensive de l'amiral Koltchak, la reparution, du 20 au 30 mars 1919, du journal socialiste-révolutionnaire *Delo Naroda* (La Cause du peuple), la Tcheka lança le 31 mars 1919 une grande rafle contre les militants socialistes-révolutionnaires et mencheviks, alors même que leurs partis ne faisaient l'objet d'aucune interdiction légale. Plus de mille neuf cents militants furent arrêtés à Moscou, Toula, Smolensk, Voronej, Penza, Samara, Kostroma [2]. Combien furent exécutés sommairement dans la répression des grèves et des révoltes paysannes, où mencheviks et socialistes-révolutionnaires jouaient souvent les premiers rôles ? Peu de données chiffrées sont disponibles car, si l'on connaît, même

---

1. *Izvestia*, 18 mars 1919 ; L.D. Gerson, *op. cit.*, p. 151-152 ; G. Leggett, *op. cit.*, p. 311-316.

2. V. Brovkin, *Behind the Lines of the Civil War*, Princeton, 1995, p. 54.

approximativement, le nombre des victimes des principaux épisodes de répression recensés, on ignore la proportion des militants politiques impliqués dans ces massacres.

Une seconde vague d'arrestations suivit l'article que Lénine publia dans la *Pravda* du 28 août 1919, où il fustigeait une nouvelle fois les SR et les mencheviks, « complices et valets des Blancs, des propriétaires fonciers et des capitalistes ». D'après les sources de la Tcheka, 2 380 socialistes-révolutionnaires et mencheviks furent arrêtés au cours des quatre derniers mois de 1919 [1]. Après que le dirigeant socialiste-révolutionnaire Victor Tchernov, président d'un jour de l'Assemblée constituante dissoute, activement recherché par la police politique, eut ridiculisé la Tcheka et le gouvernement en prenant la parole, sous une fausse identité et masqué, à un meeting organisé par le syndicat des typographes en l'honneur d'une délégation ouvrière anglaise le 23 mai 1920, la répression contre les militants socialistes reprit de plus belle. Toute la famille de Tchernov fut prise en otage et les dirigeants socialistes-révolutionnaires encore en liberté jetés en prison [2]. Durant l'été 1920, plus de deux mille militants socialistes-révolutionnaires et mencheviks, dûment fichés, furent arrêtés et incarcérés comme otages. Un document interne de la Tcheka, en date du 1er juillet 1920, explicitait ainsi avec un rare cynisme les grandes lignes de l'action à mener vis-à-vis des opposants socialistes : « Au lieu d'interdire ces partis, ce qui les ferait basculer dans une clandestinité qu'il pourrait être difficile de contrôler, il est de loin préférable de leur laisser un statut semi-légal. Il est ainsi plus aisé de les avoir sous la main et d'en extraire, dès que nécessaire, fauteurs de troubles, renégats et autres pourvoyeurs d'informations utiles. [...] Vis-à-vis de ces partis antisoviétiques, il est indispensable de mettre à profit la situation de guerre actuelle pour imputer à leurs membres des crimes tels que "activité contre-révolutionnaire", "haute trahison", "désorganisation de l'arrière", "espionnage au profit d'une puissance étrangère interventionniste", etc. [3]. »

De tous les épisodes de répression, l'un des plus soigneusement occultés par le nouveau régime fut la violence exercée contre le monde ouvrier, au nom duquel les bolcheviks avaient pris le pouvoir. Commencée dès 1918, cette répression se développa en 1919-1920 pour culminer au printemps 1921, avec l'épisode, bien connu, de Kronstadt. Le monde ouvrier de Petrograd avait manifesté, dès le début de 1918, sa défiance vis-à-vis des bolcheviks. Après l'échec de la grève générale du 2 juillet 1918, le second temps fort des troubles ouvriers dans l'ancienne capitale éclata en mars 1919, après que les bolcheviks eurent arrêté un certain

1. G.A. Belov, *op. cit.*, p. 354 ; CRCEDHC, 5/1/2615.
2. V. Brovkin, *Behind...*, *op. cit.*, p. 252-257.
3. *Tsirkuliarnoie pis'mo VCK* (Lettre circulaire de la Tcheka), Archives B. Nikolaevski, cité *ibid.*, p. 267-268.

nombre de dirigeants socialistes-révolutionnaires, dont Maria Spiridonova qui venait d'effectuer une tournée mémorable des principales usines de Petrograd où elle avait été partout acclamée. Ces arrestations déclenchèrent, dans une conjoncture déjà très tendue à cause des difficultés de ravitaillement, un vaste mouvement de protestation et de grèves. Le 10 mars 1919, l'assemblée générale des ouvriers des usines Poutilov, en présence de dix mille participants, adopta une proclamation condamnant solennellement les bolcheviks : « Ce gouvernement n'est que la dictature du Comité central du Parti communiste qui gouverne avec l'aide de la Tcheka et des tribunaux révolutionnaires [1]. »

La proclamation exigeait le passage de tout le pouvoir aux soviets, la liberté des élections aux soviets et aux comités d'usine, la suppression des limitations sur les quantités de nourriture que les ouvriers étaient autorisés à apporter de la campagne à Petrograd (1,5 poud, soit 24 kilos), la libération de tous les prisonniers politiques des « authentiques partis révolutionnaires », et tout particulièrement de Maria Spiridonova. Pour tenter de freiner un mouvement qui prenait chaque jour plus d'ampleur, Lénine en personne se rendit, les 12 et 13 mars 1919, à Petrograd. Mais, quand il voulut prendre la parole dans les usines en grève occupées par les ouvriers, il fut conspué en même temps que Zinoviev aux cris de : « À bas les Juifs et les commissaires [2] ! » Le vieux fond d'antisémitisme populaire, toujours prêt à refaire surface, associa immédiatement Juifs et bolcheviks, aussitôt que ceux-ci eurent perdu le crédit dont ils avaient momentanément joui, aux lendemains de la révolution d'Octobre 1917. Le fait qu'une proportion importante des dirigeants bolcheviques les plus connus (Trotski, Zinoviev, Kamenev, Rykov, Radek, etc.) étaient juifs justifiait, aux yeux des masses, cet amalgame bolcheviks-Juifs.

Le 16 mars 1919, les détachements de la Tcheka prirent d'assaut l'usine Poutilov défendue les armes à la main. Neuf cents ouvriers environ furent arrêtés. Au cours des jours suivants, près de deux cents grévistes furent exécutés sans jugement à la forteresse de Schlüsselbourg, distante d'une cinquantaine de kilomètres de Petrograd. Selon un nouveau rituel, les grévistes, tous licenciés, ne furent réembauchés qu'après avoir signé une déclaration dans laquelle ils reconnaissaient avoir été abusés et « induits au crime » par des meneurs contre-révolutionnaires [3]. Désormais, les ouvriers allaient être sous haute surveillance. À partir du printemps 1919, le département secret de la Tcheka mit en place, dans un certain nombre de centres ouvriers, tout un réseau d'indicateurs chargés de l'informer régulièrement sur « l'état d'esprit » dans telle ou telle usine. Classes laborieuses, classes dangereuses...

1. CRCEDHC, 17/84/43/2-4.
2. V. Brovkin, *Behind...*, *op. cit.*, p. 69 ; CRCEDHC, 17/84/43.
3. G. Leggett, *op. cit.*, p. 313 ; V. Brovkin, *Behind...*, *op. cit.*, p. 71 ; *Petrogradskaïa Pravda*, 13 avril 1919, p. 3.

Le printemps 1919 fut marqué par de très nombreuses grèves, sauvagement réprimées, dans plusieurs centres ouvriers de Russie, à Toula, Sormovo, Orel, Briansk, Tver, Ivanovo-Voznessensk, Astrakhan[1]. Les revendications ouvrières étaient presque partout identiques. Réduits à la faim par des salaires de misère qui couvraient tout juste le prix d'une carte de rationnement assurant une demi-livre de pain par jour, les grévistes réclamaient d'abord l'alignement de leurs rations sur celles des soldats de l'Armée rouge. Mais leurs demandes étaient aussi et avant tout politiques : suppression des privilèges pour les communistes, libération de tous les prisonniers politiques, élections libres au comité d'usine et au soviet, cessation de la conscription dans l'Armée rouge, liberté d'association, d'expression, de presse, etc.

Ce qui rendait ces mouvements dangereux aux yeux du pouvoir bolchevique, c'est qu'ils ralliaient souvent les unités militaires encasernées dans les villes ouvrières. À Orel, Briansk, Gomel, Astrakhan, les soldats mutinés se joignirent aux grévistes, aux cris de « Mort aux youpins, à bas les commissaires bolcheviques ! », occupant et pillant une partie de la ville qui ne fut reconquise par les détachements de la Tcheka et les troupes restées fidèles au régime qu'à l'issue de plusieurs jours de combat[2]. Face à ces grèves et à ces mutineries, la répression fut diverse. Elle alla du lock-out massif de l'ensemble des usines, avec confiscation des cartes de ravitaillement — une des armes les plus efficaces du pouvoir bolchevique était l'arme de la faim — jusqu'à l'exécution massive, par centaines, des grévistes et des mutins.

Parmi les épisodes répressifs les plus significatifs figurent, en mars-avril 1919, ceux de Toula et d'Astrakhan. Dzerjinski se rendit en personne à Toula, capitale historique de l'armurerie en Russie, le 3 avril 1919, pour liquider la grève des ouvriers des usines d'armement. Durant l'hiver 1918-1919, ces usines, vitales pour l'Armée rouge — on y fabriquait 80 % des fusils produits en Russie —, avaient déjà été le théâtre de débrayages et de grèves. Mencheviks et socialistes-révolutionnaires étaient largement majoritaires parmi les militants politiques implantés dans ce milieu ouvrier hautement qualifié. L'arrestation, début mars 1919, de centaines de militants socialistes suscita une vague de protestations, qui culmina le 27 mars lors d'une immense « marche pour la liberté et contre la faim » rassemblant des milliers d'ouvriers et de cheminots. Le 4 avril, Dzerjinski fit arrêter encore huit cents « meneurs » et évacuer par la force les usines occupées depuis plusieurs semaines par les grévistes. Tous les ouvriers furent licenciés. La résistance ouvrière fut brisée par l'arme de la faim. Depuis plusieurs semaines, les cartes de ravitaillement n'étaient plus honorées. Pour obtenir de nouvelles cartes, donnant droit à 250 g de pain, et retrouver leur travail après le lock-out général, les ouvriers durent signer une

1. CRCEDHC, 17/66/68/2-5 ; 17/6/351.
2. *Ibid.* ; 17/6/197/105 ; 17/66/68.

demande d'embauche qui stipulait notamment que tout arrêt de travail serait désormais assimilé à une désertion passible de la peine de mort. Le 10 avril, la production reprenait. La veille, vingt-six « meneurs » avaient été passés par les armes [1].

La ville d'Astrakhan, près de l'embouchure de la Volga, avait, au printemps 1919, une importance stratégique toute particulière ; elle constituait le dernier verrou bolchevique empêchant la jonction des troupes de l'amiral Koltchak, au nord-est, et celles du général Denikine, au sud-ouest. Sans doute cette circonstance explique-t-elle l'extraordinaire violence avec laquelle fut réprimée, en mars 1919, la grève ouvrière dans cette ville. Commencée début mars pour des raisons à la fois économiques — les normes de rationnement très basses — et politiques — l'arrestation de militants socialistes —, la grève dégénéra le 10 mars, lorsque le 45e régiment d'infanterie refusa de tirer sur les ouvriers qui défilaient au centre-ville. Se joignant aux grévistes, les soldats mirent à sac le siège du Parti bolchevique, tuant plusieurs responsables. Serge Kirov, président du Comité militaire révolutionnaire de la région, ordonna alors « l'extermination sans merci des poux Gardes blancs par tous les moyens ». Les troupes restées fidèles au régime et les détachements de la Tcheka bloquèrent tous les accès à la ville, avant d'en entreprendre méthodiquement la reconquête. Lorsque les prisons furent pleines à craquer, mutins et grévistes furent embarqués sur des péniches d'où ils furent précipités, par centaines, une pierre au cou, dans la Volga. Du 12 au 14 mars, on fusilla et noya entre deux mille et quatre mille ouvriers grévistes et mutins. À partir du 15, la répression frappa les « bourgeois » de la ville, sous prétexte qu'ils avaient « inspiré » le complot « Garde blanc », dont les ouvriers et les soldats n'auraient été que la piétaille. Durant deux jours, les riches demeures marchandes d'Astrakhan furent livrées au pillage, leurs propriétaires arrêtés et fusillés. Les évaluations, incertaines, du nombre des victimes « bourgeoises » des massacres d'Astrakhan oscillent entre six cents et mille personnes. Au total, en une semaine, entre trois mille et cinq mille personnes furent exécutées ou noyées. Quant au nombre de communistes tués et inhumés en grande pompe le 18 mars — jour anniversaire de la Commune de Paris, comme le soulignèrent les autorités —, il s'élevait à quarante-sept. Longtemps évoqué comme un simple épisode de la guerre entre Rouges et Blancs, la tuerie d'Astrakhan révèle aujourd'hui, à la lumière des documents d'archives disponibles, sa véritable nature : le plus grand massacre d'ouvriers accompli par le pouvoir bolchevique avant celui de Kronstadt [2].

---

1. CRCEDHC, 17/6/351 ; *Izvestia TsKa RKP(b)* (Nouvelles du CC du PC(b)R), n° 3, 4 juillet 1919 ; CRCEDHC, 2/1/24095 GARF, 130/3/363.

2. V. Brovkin, *Behind..., op. cit.*, p. 82-85 ; S.P. Melgounov, *La Terreur rouge en Russie, 1918-1924*, Paris, Payot, 1927, p. 58-60 ; P. Silin, *Astrakhanskie rasstrely* (Les Fusillades d'Astrakhan), *in* V. Tchernov, *Tcheka : Materialy po deiatelnosti Cresvycainoi Komissii*, Berlin, 1922, p. 248-255.

À la fin de 1919 et au début de 1920, les relations entre le pouvoir bolchevique et le monde ouvrier se dégradèrent encore davantage, à la suite de la militarisation de plus de deux mille entreprises. Principal partisan de la militarisation du travail, Léon Trotski développa, lors du IXe Congrès du Parti, en mars 1920, ses conceptions sur la question. L'homme est naturellement porté à la paresse, expliqua Trotski. Sous le capitalisme, les ouvriers doivent chercher du travail pour survivre. C'est le marché capitaliste qui aiguillonne le travailleur. Sous le socialisme, « l'utilisation des ressources de travail remplace le marché ». L'État a donc pour tâche d'orienter, d'affecter, d'encadrer le travailleur, qui doit obéir tel un soldat à l'État ouvrier, défenseur des intérêts du prolétariat. Tels étaient le fondement et le sens de la militarisation du travail, vivement critiquée par une minorité de syndicalistes et de dirigeants bolcheviques ; elle signifiait, en effet, l'interdiction des grèves, assimilées à une désertion en temps de guerre, le renforcement de la discipline et des pouvoirs de la direction, la subordination complète des syndicats et des comités d'usine, dont le rôle se bornait désormais à mettre en œuvre la politique productiviste, l'interdiction pour les ouvriers de quitter leur poste de travail, la sanction de l'absentéisme et des retards, fort nombreux en ces temps où les ouvriers étaient à la recherche, toujours problématique, de nourriture.

Au mécontentement suscité dans le monde du travail par la militarisation s'ajoutaient les difficultés croissantes de la vie quotidienne. Comme le reconnaissait un rapport de la Tcheka envoyé le 6 décembre 1919 au gouvernement, « ces derniers temps, la crise d'approvisionnement n'a cessé de s'aggraver. La faim tenaille les masses ouvrières. Les ouvriers n'ont plus la force physique pour continuer de travailler et s'absentent de plus en plus fréquemment sous les effets conjugués du froid et de la faim. Dans toute une série d'entreprises métallurgiques de Moscou, les masses désespérées sont prêtes à tout — grève, émeute, insurrection — si on ne résout pas, dans les plus brefs délais, la question de l'approvisionnement[1] ».

Au début de 1920, le salaire ouvrier à Petrograd était compris entre 7 000 et 12 000 roubles par mois. Outre ce salaire de base insignifiant — au marché libre, une livre de beurre coûtait 5 000 roubles, une livre de viande 3 000 roubles, un litre de lait 750 roubles ! —, chaque travailleur avait droit à un certain nombre de produits, en fonction de la catégorie dans laquelle il était classé. À Petrograd, fin 1919, un travailleur de force avait droit à une demi-livre de pain par jour, une livre de sucre par mois, une demi-livre de matières grasses, quatre livres de harengs saurs...

En théorie, les citoyens étaient classés en cinq catégories d'« estomacs », depuis les travailleurs de force et les soldats de l'Armée rouge jusqu'aux « oisifs » — catégorie dans laquelle entraient les intellectuels, particulièrement mal lotis —, avec des « rations de classe » décroissantes.

1. CRCEDHC, 2/1/11957.

En réalité, le système était bien plus injuste et complexe encore. Servis les derniers, les plus défavorisés — « oisifs », intellectuels, « ci-devant » — ne recevaient souvent rien du tout. Quant aux « travailleurs », ils étaient divisés en fait en une multitude de catégories, selon une hiérarchie de priorités privilégiant les secteurs vitaux pour la survie du régime. À Petrograd, on comptait, durant l'hiver 1919-1920, trente-trois catégories de cartes, dont la validité n'excédait jamais un mois ! Dans le système de ravitaillement centralisé que les bolcheviks avaient mis en place, l'arme alimentaire jouait un rôle majeur pour stimuler ou punir telle ou telle catégorie de citoyens.

« La ration de pain doit être réduite pour ceux qui ne travaillent pas dans le secteur des transports, aujourd'hui décisif, et augmentée pour ceux qui y travaillent, écrivait, le 1er février 1920, Lénine à Trotski. Que des milliers de gens périssent si nécessaire, mais le pays doit être sauvé[1]. »

Face à cette politique, tous ceux qui avaient gardé des liens avec la campagne, et ils étaient nombreux, s'efforçaient de rentrer au village aussi souvent que possible pour tenter d'en rapporter de la nourriture.

Destinées à « ramener l'ordre » dans les usines, les mesures de militarisation du travail suscitèrent, contrairement à l'effet recherché, de très nombreux débrayages, arrêts de travail, grèves et émeutes réprimés sans pitié. « La meilleure place pour un gréviste, ce moustique jaune et nuisible, pouvait-on lire dans la *Pravda* du 12 février 1920, c'est le camp de concentration ! » Selon les statistiques officielles du commissariat du peuple au Travail, 77 % des grandes et moyennes entreprises industrielles de Russie furent touchées par des grèves durant le premier semestre 1920. De manière significative, les secteurs les plus perturbés — la métallurgie, les mines et les chemins de fer — étaient aussi ceux où la militarisation du travail était la plus avancée. Les rapports du département secret de la Tcheka adressés aux dirigeants bolcheviques jettent une lumière crue sur la répression menée contre les ouvriers réfractaires à la militarisation : arrêtés, ils étaient, le plus souvent, jugés par un tribunal révolutionnaire pour « sabotage » ou « désertion ». Ainsi à Simbirsk, pour ne prendre que cet exemple, douze ouvriers de l'usine d'armement furent condamnés à une peine de camp en avril 1920 pour avoir « fait du sabotage sous forme de grève italienne [...] mené une propagande contre le pouvoir soviétique en s'appuyant sur les superstitions religieuses et la faible politisation des masses [...] donné une fausse interprétation de la politique soviétique en matière de salaires[2] ». Déchiffrant cette langue de bois, on peut en déduire que les accusés avaient fait des pauses non autorisées par la direction, protesté contre l'obligation de travailler le dimanche, critiqué les privilèges des communistes et dénoncé les salaires de misère...

Les plus hauts dirigeants du Parti, dont Lénine, appelaient à une répression exemplaire des grèves. Le 29 janvier 1920, inquiet devant l'ex-

1. *Trotsky Papers*, vol. II, p. 22.
2. V. Brovkin, *Behind..., op. cit.*, p. 289.

tension des mouvements ouvriers dans l'Oural, Lénine télégraphia à Smirnov, chef du Conseil militaire révolutionnaire de la Ve armée : « P. m'a rapporté qu'il y a du sabotage manifeste de la part des cheminots. [...] On me dit que les ouvriers d'Ijevsk sont aussi dans le coup. Je suis étonné que vous vous en accommodiez et que vous ne procédiez pas à des exécutions massives pour sabotage[1]. » Il y eut de nombreuses grèves suscitées en 1920 par la militarisation du travail : à Ekaterinbourg, en mars 1920, 80 ouvriers furent arrêtés et condamnés à des peines de camp ; sur la ligne de chemin de fer Riazan-Oural, en avril 1920, 100 cheminots furent condamnés ; sur la ligne de chemin de fer Moscou-Koursk, en mai 1920, 160 cheminots furent condamnés ; dans l'usine métallurgique de Briansk, en juin 1920, 152 ouvriers furent condamnés. On pourrait multiplier ces exemples de grèves sévèrement réprimées dans le cadre de la militarisation du travail[2].

L'une des plus remarquables fut, en juin 1920, celle des manufactures d'armes de Toula, haut lieu de la protestation ouvrière contre le régime, pourtant déjà très durement éprouvée en avril 1919. Le dimanche 6 juin 1920, un certain nombre d'ouvriers métallurgistes refusèrent de faire des heures supplémentaires demandées par la direction. Quant aux ouvrières, elles refusèrent de travailler ce jour-là et les dimanches en général, expliquant que le dimanche était le seul jour où elles pouvaient aller au ravitaillement dans les campagnes environnantes. À l'appel de l'administration, un fort détachement de tchékistes vint arrêter les grévistes. La loi martiale fut décrétée, et une troïka composée de représentants du Parti et de la Tcheka fut chargée de dénoncer la « conspiration contre-révolutionnaire fomentée par les espions polonais et les Cent-Noirs dans le but d'affaiblir la puissance combattante de l'Armée rouge ».

Tandis que la grève s'étendait et que les arrestations de « meneurs » se multipliaient, un fait nouveau vint troubler la tournure habituelle que prenait l'affaire : par centaines, puis par milliers, ouvrières et simples ménagères se présentèrent à la Tcheka en demandant d'être arrêtées elles aussi. Le mouvement s'amplifia, les ouvriers exigeant, à leur tour, d'être arrêtés en masse afin de rendre absurde la thèse du « complot polonais et cent-noir ». En quatre jours, plus de dix mille personnes furent incarcérées, ou plutôt parquées dans un vaste espace en plein air gardé par des tchékistes. Un moment débordées, ne sachant plus comment présenter les événements à Moscou, les organisations locales du Parti et de la Tcheka parvinrent finalement à persuader les autorités centrales de la réalité d'une vaste conspiration. Un « Comité de liquidation de la conspiration de Toula » interrogea des milliers d'ouvriers et d'ouvrières, dans l'espoir de trouver des coupables idéaux. Pour être libérés, réembauchés, et se voir délivrer une nouvelle carte de rationnement, tous les travailleurs arrêtés

1. *Trotsky Papers*, vol. II, p. 20
2. V. Brovkin, *Behind...*, *op. cit.*, p. 297 et suiv.

durent signer la déclaration suivante : « Je, soussigné, chien puant et criminel, me repens devant le Tribunal révolutionnaire et l'Armée rouge, confesse mes péchés et promets de travailler consciencieusement. »

Contrairement à d'autres mouvements de protestation ouvrière, les troubles de Toula de l'été 1920 donnèrent lieu à des condamnations assez légères : 28 personnes furent condamnées à des peines de camp et 200 furent exilées[1]. Dans une conjoncture de pénurie de main-d'œuvre hautement qualifiée, le pouvoir bolchevique ne pouvait sans doute pas se passer des meilleurs armuriers du pays. La répression, comme le ravitaillement, devait tenir compte des secteurs décisifs et des intérêts supérieurs du régime.

Si important, symboliquement et stratégiquement, que fût le « front ouvrier », il ne représentait qu'une part infime des engagements du régime sur les innombrables « fronts intérieurs » de la guerre civile. La lutte contre les paysans refusant les réquisitions et la conscription — les Verts — mobilisait toutes les énergies. Les rapports, aujourd'hui disponibles, des départements spéciaux de la Tcheka et des Troupes de défense interne de la République, chargés de lutter contre les mutineries, les désertions et les émeutes paysannes, révèlent dans toute son horreur l'extraordinaire violence de cette « sale guerre » de pacification menée en marge des combats entre Rouges et Blancs. C'est dans cet affrontement crucial entre le pouvoir bolchevique et la paysannerie que se forgea définitivement une pratique politique terroriste fondée sur une vision radicalement pessimiste des masses « à ce point obscures et ignorantes, écrivait Dzerjinski, qu'elles ne sont même pas capables de voir où est leur propre intérêt ». Ces masses bestiales ne pouvaient être matées que par la force, par ce « balai de fer » qu'évoquait Trotski pour caractériser de manière imagée la répression qu'il convenait de mener afin de « nettoyer » l'Ukraine des « bandes de bandits » dirigées par Nestor Makhno et d'autres chefs paysans.[2]

Les émeutes paysannes avaient commencé dès l'été 1918. Elles prirent une nouvelle ampleur en 1919-1920 pour culminer durant l'hiver 1920-1921, contraignant momentanément le régime bolchevique à reculer.

Deux raisons immédiates poussaient les paysans à se révolter : les réquisitions, la conscription dans l'Armée rouge. En janvier 1919, la recherche désordonnée des surplus agricoles qui avait marqué, depuis l'été 1918, les premières opérations fut remplacée par un système centralisé et planifié de réquisitions. Chaque province, chaque district, chaque canton, chaque communauté villageoise devait verser à l'État un quota fixé à l'avance, en fonction des récoltes estimées. Ces quotas ne se limitaient pas aux céréales mais incluaient une vingtaine de produits aussi variés que les

1. V. Brovkin, *op. cit.*, p. 292-296.
2. A. Graziosi, *The Great Soviet Peasant War*. Bolsheviks and Peasants, 1917-1933 (Ukrainian Research Institute, Harvard University, 1996.

pommes de terre, le miel, les œufs, le beurre, les graines oléagineuses, la viande, la crème, le lait... Chaque communauté villageoise était solidairement responsable pour la collecte. Ce n'est que lorsque le village entier avait rempli ses quotas que les autorités distribuaient des reçus donnant droit à l'acquisition de biens manufacturés, en nombre bien inférieur aux besoins puisque, à la fin de 1920, ceux-ci n'étaient couverts qu'à 15 % environ. Quant au paiement des collectes agricoles, il était effectué à des prix symboliques, le rouble ayant perdu, à la fin de 1920, 96 % de sa valeur par rapport au rouble-or. De 1918 à 1920, les réquisitions de céréales furent multipliées par trois. Difficile à chiffrer avec précision, le nombre des révoltes paysannes suivit une progression au moins parallèle[1].

Le refus de la conscription dans l'Armée rouge, après trois années sur les fronts et dans les tranchées de la « guerre impérialiste », constituait la seconde motivation des révoltes paysannes, menées, le plus souvent, par les déserteurs cachés dans les forêts, les Verts. On estime le nombre des déserteurs en 1919-1920 à plus de trois millions. En 1919, environ cinq cent mille déserteurs furent arrêtés par les divers détachements de la Tcheka et les commissions spéciales de lutte contre les déserteurs ; en 1920, sept cent à huit cent mille. Entre un million et demi et deux millions de déserteurs, dans leur immense majorité des paysans connaissant bien le terrain, parvinrent néanmoins à se soustraire aux recherches[2].

Face à l'ampleur du problème, le gouvernement prit des mesures de répression de plus en plus dures. Non seulement des milliers de déserteurs furent fusillés, mais les familles des déserteurs furent traitées comme otages. Le principe des otages était, en réalité, appliqué, depuis l'été 1918, dans les circonstances les plus quotidiennes. En témoigne, par exemple, ce décret gouvernemental du 15 février 1919, signé par Lénine, qui enjoignait aux tchekas locales de prendre des otages parmi les paysans dans les localités où les corvées de déblayage de la neige sur les voies ferrées n'avaient pas été faites de manière satisfaisante : « Si le déblayage n'est pas fait, les otages seront passés par les armes[3]. » Le 12 mai 1920, Lénine envoya les instructions suivantes à toutes les commissions provinciales de lutte contre les déserteurs : « Après expiration du délai de grâce de sept jours accordé aux déserteurs pour se rendre, il faut encore renforcer les sanctions à l'égard de ces traîtres incorrigibles au peuple travailleur. Les familles et tous ceux qui aident, de quelque manière que ce soit, les déserteurs seront désormais considérés comme otages et traités comme tels[4]. » Ce décret ne faisait que légaliser des pratiques quotidiennes. Le flot de désertions n'en continua pas moins. En 1920-1921, comme en 1919, les déserteurs consti-

1. S.A. Pavliucenkov, *op. cit.*, p. 188-240.

2. O. Figes, « The Red Army and Mass Mobilization during the Russian Civil War, 1918-1920 », *Past and Present*, n° 129, novembre 1990, p. 199-200.

3. *Dekrety sovetskoï vlasti* (Les Décrets du pouvoir soviétique), Moscou, 1968, vol. IV, p. 167

4. V. Brovkin, *Behind..., op. cit.*, p. 318.

tuèrent le gros des partisans verts, contre lesquels les bolcheviks menèrent, trois ans durant (voire quatre ou cinq ans dans certaines régions), une guerre impitoyable, d'une cruauté inouïe.

Au-delà du refus des réquisitions et de la conscription, les paysans rejetaient plus généralement toute intrusion d'un pouvoir qu'ils considéraient comme étranger, le pouvoir des « communistes » venus de la ville. Dans l'esprit de nombreux paysans, les communistes qui pratiquaient les réquisitions étaient différents des « bolcheviks » qui avaient encouragé la révolution agraire en 1917. Dans les campagnes soumises tantôt à la soldatesque blanche, tantôt aux détachements de réquisition rouges, la confusion et la violence étaient à leur comble.

Source exceptionnelle permettant d'appréhender les multiples facettes de cette guérilla paysanne, les rapports des divers départements de la Tcheka chargés de la répression distinguent deux types principaux de mouvements paysans : le *bount*, révolte ponctuelle, brève flambée de violence impliquant un groupe relativement restreint de participants, de quelques dizaines à une centaine de personnes ; la *vosstanie*, l'insurrection impliquant la participation de milliers, voire de dizaines de milliers de paysans, organisés en véritables armées capables de s'emparer de bourgs et de villes et dotés d'un programme politique cohérent, à tendance social-révolutionnaire ou anarchiste.

« 30 avril 1919. Province de Tambov. Au début d'avril, dans le district Lebiadinski, a éclaté une émeute de koulaks et de déserteurs qui protestaient contre la mobilisation des hommes, des chevaux, et la réquisition de céréales. Aux cris de “À bas les communistes ! À bas les soviets !”, les insurgés armés ont mis à sac quatre comités exécutifs de canton, tué de façon barbare sept communistes, découpés vifs à la scie. Appelé au secours par les membres du détachement de réquisition, le 212e bataillon de la Tcheka a écrasé les koulaks révoltés. Soixante personnes ont été arrêtées, cinquante exécutées sur-le-champ, le village d'où est partie la rébellion a été entièrement brûlé. »

« Province de Voronej, 11 juin 1919, 16 h 15. Par télégraphe. La situation s'améliore. La révolte du district de Novokhopersk est pratiquement liquidée. Notre aéroplane a bombardé et entièrement brûlé le bourg Tretiaki, un des nids principaux des bandits. Les opérations de nettoyage se poursuivent. »

« Province d'Iaroslavl, 23 juin 1919. La révolte des déserteurs dans la *volost* Petropavlovskaïa a été liquidée. Les familles des déserteurs ont été prises en otages. Lorsqu'on a commencé à fusiller un homme dans chaque famille de déserteurs, les Verts ont commencé à sortir des bois et à se rendre. Trente-quatre déserteurs ont été fusillés pour l'exemple[1]. »

---

1. RGVA (Archives d'État militaires de Russie), 33987/3/32.

Des milliers de rapports similaires[1] témoignent de l'extraordinaire violence de cette guerre de pacification menée par les autorités contre la guérilla paysanne, alimentée par la désertion, mais le plus souvent qualifiée de « révolte de koulaks » ou d'« insurrection de bandits ». Les trois extraits cités révèlent les méthodes de répression les plus couramment utilisées : arrestation et exécution d'otages pris dans les familles des déserteurs ou des « bandits », villages bombardés et brûlés. La répression aveugle et disproportionnée reposait sur le principe de la responsabilité collective de l'ensemble de la communauté villageoise. Généralement, les autorités donnaient aux déserteurs un délai pour se rendre. Passé ce délai, le déserteur était considéré comme « bandit des forêts » passible d'exécution immédiate. Les textes des autorités tant civiles que militaires précisaient, par ailleurs, que, « si les habitants d'un village aident de quelque manière que ce soit des bandits se cachant dans les forêts avoisinantes, le village sera entièrement brûlé ».

Certains rapports de synthèse de la Tcheka donnent des indications chiffrées sur l'ampleur de cette guerre de pacification des campagnes. Ainsi, pour la période du 15 octobre au 30 novembre 1918, dans douze provinces de la Russie seulement, éclatèrent 44 émeutes *(bounty)*, au cours desquelles 2 320 personnes furent arrêtées, 620 tuées, 982 fusillées. Durant ces troubles, 480 fonctionnaires soviétiques furent tués, ainsi que 112 hommes des détachements de ravitaillement, de l'Armée rouge et de la Tcheka. Durant le mois de septembre 1919, pour les dix provinces russes sur lesquelles on dispose d'une information synthétique, on compte 48 735 déserteurs et 7 325 « bandits » arrêtés, 1 826 tués, 2 230 fusillés, 430 victimes du côté des fonctionnaires et des militaires soviétiques. Ces chiffres très incomplets ne prennent pas en compte les pertes, bien plus importantes encore, subies lors des grandes insurrections paysannes.

Ces insurrections connurent plusieurs temps forts : mars-août 1919, notamment dans les régions de la Moyenne-Volga et de l'Ukraine ; février-août 1920, dans les provinces de Samara, Oufa, Kazan, Tambov, et, de nouveau, dans l'Ukraine reconquise par les bolcheviks sur les Blancs, mais toujours contrôlée, dans le pays profond, par la guérilla paysanne. À partir de la fin 1920 et durant toute la première moitié de l'année 1921, le mouvement paysan, malmené en Ukraine et dans les régions du Don et du Kouban, culmina en Russie par une immense jacquerie centrée sur les provinces de Tambov, Penza, Samara, Saratov, Simbirsk, Tsaritsyne[2]. Le brasier de cette guerre paysanne ne s'éteindra qu'avec l'arrivée d'une des plus terribles famines qu'ait connues le XXe siècle.

C'est dans les riches provinces de Samara et de Simbirsk, qui devaient à elles seules supporter en 1919 près d'un cinquième des réquisitions en

1. Un recueil de ces rapports, rassemblés par une équipe d'historiens russes, français et italiens, sous la direction de V.P. Danilov paraîtra en russe fin 1997.

2. M.S. Frenkin, *Tragedia krestianskix vosstanii v Rossii, 1918-1921* (Jérusalem, 1987) ; O. Figes, Peasant Russia, Civil War : the Volga Countryside in the Revolution (Oxford, 1989); V. Brovkin, Behind the Front Lines..., *op. cit.*

céréales de la Russie, que pour la première fois depuis l'établissement du régime bolchevique les émeutes paysannes ponctuelles se transformèrent, en mars 1919, en une véritable insurrection. Des dizaines de bourgs furent pris par une armée insurrectionnelle paysanne qui compta jusqu'à trente mille hommes armés. Durant près d'un mois, le pouvoir bolchevique perdit le contrôle de la province de Samara. Cette rébellion favorisa l'avancée vers la Volga des unités de l'Armée blanche commandées par l'amiral Koltchak, les bolcheviks ayant dû envoyer plusieurs dizaines de milliers d'hommes pour venir à bout d'une armée paysanne assez bien organisée, qui mettait en avant un programme politique cohérent réclamant la suppression des réquisitions, la liberté du commerce, des élections libres aux soviets, la fin de la « commissarocratie bolchevique ». Dressant, début avril 1919, le bilan de la liquidation des insurrections paysannes dans la province, le chef de la tcheka de Samara faisait état de 4 240 tués du côté des insurgés, de 625 fusillés, de 6 210 déserteurs et « bandits » arrêtés...

À peine le feu était-il momentanément éteint dans la province de Samara qu'il reprenait avec une ampleur inégalée dans la majeure partie de l'Ukraine. Après le départ des Allemands et des Austro-Hongrois, fin 1918, le gouvernement bolchevique avait décidé de reconquérir l'Ukraine. Région agricole la plus riche de l'ex-Empire tsariste, celle-ci devait « nourrir le prolétariat de Moscou et de Petrograd ». Ici, plus encore qu'ailleurs, les quotas de réquisition étaient très élevés. Les remplir, c'était condamner à une famine certaine des milliers de villages déjà ponctionnés durant toute l'année 1918 par les armées d'occupation allemandes et austro-hongroises. En outre, à la différence de la politique qu'ils avaient dû accepter en Russie à la fin de 1917 — le partage des terres entre les communautés paysannes —, les bolcheviks russes souhaitaient en Ukraine nationaliser toutes les grandes propriétés foncières, les plus modernes de l'ex-empire. Cette politique, qui visait à transformer les grands domaines céréaliers et sucriers en grandes propriétés collectives où les paysans deviendraient des ouvriers agricoles, ne pouvait que susciter le mécontentement de la paysannerie. Celle-ci s'était aguerrie dans la lutte contre les forces d'occupation allemandes et austro-hongroises. Au début de 1919 existaient en Ukraine de véritables armées paysannes de dizaines de milliers d'hommes, commandées par des chefs militaires et politiques ukrainiens, tels Simon Petlioura, Nestor Makhno, Hryhoryiv, ou encore Zeleny. Ces armées paysannes étaient fermement décidées à faire triompher leur conception de la révolution agraire : la terre aux paysans, la liberté du commerce, des soviets librement élus « sans Moscovites ni Juifs ». Pour la plupart des paysans ukrainiens, marqués par une longue tradition d'antagonisme entre campagnes majoritairement peuplées d'Ukrainiens et villes majoritairement peuplées de Russes et de Juifs, il était tentant et simple de faire l'amalgame : Moscovites = bolcheviks = Juifs. Tous devaient être boutés hors d'Ukraine.

Ces particularités propres à l'Ukraine expliquent la brutalité et la durée des affrontements entre les bolcheviks et une large fraction de la paysannerie ukrainienne. La présence d'un autre acteur, les Blancs, combattus à la fois par les bolcheviks et par les diverses armées paysannes ukrainiennes, qui ne voulaient pas du retour des grands propriétaires, rendait encore plus complexe l'imbroglio politique et militaire dans cette région où certaines villes, comme Kiev, changèrent jusqu'à quatorze fois de maître en deux ans !

Les premières grandes révoltes contre les bolcheviks et leurs détachements de réquisition honnis éclatèrent dès avril 1919. Durant ce seul mois, 93 révoltes paysannes eurent lieu dans les provinces de Kiev, Tchernigov, Poltava et Odessa. Pour les vingt premiers jours de juillet 1919, les données officielles de la Tcheka font état de 210 révoltes, impliquant près de 100 000 combattants armés et plusieurs centaines de milliers de paysans. Les armées paysannes de Hryhoryiv — près de 20 000 hommes armés, dont plusieurs unités mutinées de l'Armée rouge, avec 50 canons et 700 mitrailleuses — prirent, en avril-mai 1919, toute une série de villes du sud de l'Ukraine dont Tcherkassy, Kherson, Nikolaïev et Odessa, y établissant un pouvoir autonome dont les mots d'ordre étaient sans équivoque : « Tout le pouvoir aux soviets du peuple ukrainien ! », « L'Ukraine aux Ukrainiens, sans bolcheviks ni Juifs ! », « Partage des terres », « Liberté de l'entreprise et du commerce »[1]. Les partisans de Zeleny, soit près de 20 000 hommes armés, tenaient la province de Kiev, à l'exception des villes principales. Sous le mot d'ordre « Vive le pouvoir soviétique, à bas les bolcheviks et les youpins ! », ils organisèrent des dizaines de pogroms sanglants contre les communautés juives des bourgs et des petites villes des provinces de Kiev et de Tchernigov. Mieux connue grâce à de nombreuses études, l'action de Nestor Makhno à la tête d'une armée paysanne de dizaines de milliers d'hommes présentait un programme à la fois national, social et anarchisant élaboré au cours de véritables congrès, comme le « Congrès des délégués paysans, rebelles et ouvriers de Gouliaï-Pole », tenu en avril 1919 au centre même de la rébellion makhnoviste. Comme tant d'autres mouvements paysans moins structurés, les makhnovistes exprimaient d'abord le refus de toute ingérence de l'État dans les affaires paysannes et le désir d'un *self-government* paysan — une sorte d'autogestion — fondé sur des soviets librement élus. À ces revendications de base s'ajoutaient un certain nombre de demandes communes à tous les mouvements paysans : l'arrêt des réquisitions, la suppression des taxes et impôts, la liberté pour tous les partis socialistes et les groupes anarchistes, le partage des terres, la suppression de la « commissarocratie bolchevique », des troupes spéciales et de la Tcheka[2].

1. Taros Hunczak (ed), *The Ukraine*, 1917-1921 (Cambridge U.P., 1977).

2. Voline, *La Révolution inconnue*, Paris, Belfond, 1969, p. 509-626 ; A. Skirda, *Les Cosaques de la liberté*, Paris, Lattès, 1985 ; R. Pipes, *Russia under the Bolshevik Regime, 1919-1924*, Londres, Harper-Collins, 1994, p. 106-108.

Les centaines d'insurrections paysannes du printemps et de l'été 1919 sur les arrières de l'Armée rouge jouèrent un rôle déterminant dans la victoire sans lendemain des troupes blanches du général Denikine. Partie du sud de l'Ukraine le 19 mai 1919, l'Armée blanche avança très rapidement face aux unités de l'Armée rouge engagées dans des opérations de répression contre les rébellions paysannes. Les troupes de Denikine prirent Kharkov le 12 juin, Kiev le 28 août, Voronej le 30 septembre. La retraite des bolcheviks, qui n'étaient parvenus à établir leur pouvoir que dans les plus grandes villes, laissant les campagnes aux paysans révoltés, s'accompagna d'exécutions massives de prisonniers et d'otages, sur lesquelles nous reviendrons. Dans leur retraite précipitée à travers le pays profond tenu par la guérilla paysanne, les détachements de l'Armée rouge et de la Tcheka ne firent pas de quartier : villages brûlés par centaines, exécutions massives de « bandits », de déserteurs et d'« otages ». L'abandon puis la reconquête, fin 1919-début 1920, de l'Ukraine donnèrent lieu à une extraordinaire débauche de violence contre les populations civiles, dont rend bien compte le chef-d'œuvre d'Isaak Babel, *Cavalerie rouge*[1].

Au début de 1920, les armées blanches, à l'exception de quelques unités éparses qui avaient trouvé refuge en Crimée, sous le commandement du baron Wrangel, successeur de Denikine, étaient défaites. Restaient face à face les forces bolcheviques et les paysans. Jusqu'en 1922, une répression impitoyable allait s'abattre sur les campagnes en lutte contre le pouvoir. En février-mars 1920, une nouvelle grande révolte, connue sous le nom d'« insurrection des fourches », éclata sur un vaste territoire s'étendant de la Volga à l'Oural, dans les provinces de Kazan, Simbirsk et Oufa. Peuplées de Russes, mais aussi de Tatars et de Bachkirs, ces régions étaient soumises à des réquisitions particulièrement lourdes. En quelques semaines, la rébellion gagna une dizaine de districts. L'armée paysanne insurgée des « Aigles noirs » compta à son apogée jusqu'à cinquante mille combattants. Armés de canons et de mitrailleuses, les Troupes de défense interne de la République décimèrent les rebelles armés de fourches et de piques. En quelques jours, des milliers d'insurgés furent massacrés, et des centaines de villages brûlés[2].

Après l'écrasement, rapide, de l'« insurrection des fourches », le feu des révoltes paysannes se propagea à nouveau dans les provinces de la Moyenne-Volga, elles aussi très fortement ponctionnées par les réquisitions : à Tambov, Penza, Samara, Saratov et Tsaritsyne. Comme le reconnaissait le dirigeant bolchevique Antonov-Ovseenko, qui allait conduire la répression contre les paysans insurgés de Tambov, les plans de réquisitions de 1920-1921, s'ils étaient suivis, condamnaient les paysans à une mort certaine : ils leur laissaient en moyenne 1 poud (16 kilos) de

1. *Ibid.*, p. 105-131.
2. O. Figes, *Peasant Russia, Civil War*, Londres, 1992, p. 333 *sq.* ; V. Brovkin, *Behind...*, *op. cit.*, p. 323-325.

grains et 1,5 poud (24 kilos) de pommes de terre, par personne et par an, soit dix à douze fois moins que le minimum vital ! C'est donc une lutte pour la survie qu'engagèrent, dès l'été 1920, les paysans de ces provinces. Elle allait durer sans interruption durant deux ans, jusqu'à ce que la famine eût raison des paysans insurgés.

Le troisième grand pôle d'affrontement entre les bolcheviks et les paysans en 1920 restait l'Ukraine, reconquise en décembre 1919-février 1920 sur les armées blanches, mais dont les campagnes profondes étaient restées sous le contrôle de centaines de détachements verts libres de toute allégeance ou d'unités plus ou moins rattachées au commandement de Makhno. À la différence des Aigles noirs, les détachements ukrainiens, composés pour l'essentiel de déserteurs, étaient bien armés. Durant l'été 1920, l'armée de Makhno comptait encore près de 15 000 hommes, 2 500 cavaliers, une centaine de mitrailleuses, une vingtaine de canons d'artillerie et deux véhicules blindés. Des centaines de « bandes » plus petites, rassemblant chacune de quelques dizaines à quelques centaines de combattants, opposaient également une forte résistance à la pénétration bolchevique. Pour lutter contre cette guérilla paysanne, le gouvernement nomma, au début de mai 1920, le chef de la Tcheka, Feliks Dzerjinski, « commandant en chef de l'arrière du front sud-ouest ». Dzerjinski resta plus de deux mois à Kharkov pour mettre sur pied vingt-quatre unités spéciales des forces de sécurité interne de la République, unités d'élite, dotées d'une cavalerie chargée de poursuivre les « rebelles », et d'avions destinés à bombarder les « nids de bandits[1] ». Elles avaient pour tâche d'éradiquer, en trois mois, la guérilla paysanne. En réalité, les opérations de « pacification » se prolongèrent durant plus de deux ans, de l'été 1920 à l'automne 1922, au prix de dizaines de milliers de victimes.

Parmi les divers épisodes de la lutte menée par le pouvoir bolchevique contre la paysannerie, la « décosaquisation » — c'est-à-dire l'élimination des Cosaques du Don et du Kouban en tant que groupe social — occupe une place particulière. Pour la première fois, en effet, le nouveau régime prit un certain nombre de mesures répressives pour éliminer, exterminer, déporter, suivant le principe de la responsabilité collective, l'ensemble de la population d'un territoire que les dirigeants bolcheviques avaient pris l'habitude de qualifier de « Vendée soviétique[2] ». Ces opérations ne furent pas le résultat de mesures de rétorsion militaire prises dans le feu des combats, mais furent planifiées à l'avance, firent l'objet de plusieurs décrets pris au plus haut niveau de l'État, impliquant directement de très nombreux responsables politiques de haut rang (Lénine, Ordjonikidze, Syrtsov, Sokolnikov, Reingold). Mise en échec une première fois, au

1. CRCEDHC, 76/3/109.

2. V.L. Genis, *Raskazačwanie v Sovetskoi Rossii* (La Décosaquisation en Russie soviétique), Voprosy Istorii (Questions d'Histoire), 1994, n° 1, p. 42-55.

printemps 1919, à cause des revers militaires des bolcheviks, la décosaquisation reprit, avec une cruauté renouvelée, en 1920, lors de la reconquête bolchevique des terres cosaques du Don et du Kouban.

Les Cosaques, privés dès décembre 1917 du statut dont ils bénéficiaient sous l'Ancien Régime, catalogués par les bolcheviks comme des « koulaks » et des « ennemis de classe », avaient rejoint, sous la bannière de l'ataman Krasnov, les forces blanches qui s'étaient constituées dans le sud de la Russie au printemps 1918. Ce n'est qu'en février 1919, lors de l'avance générale des bolcheviks vers l'Ukraine et le sud de la Russie, que les premiers détachements de l'Armée rouge pénétrèrent dans les territoires cosaques du Don. D'emblée, les bolcheviks prirent un certain nombre de mesures qui annihilaient tout ce qui constituait la spécificité cosaque : les terres appartenant aux Cosaques furent confisquées et redistribuées à des colons russes ou aux paysans locaux qui n'avaient pas le statut cosaque ; les Cosaques furent sommés, sous peine de mort, de rendre leurs armes — or, de par leur statut traditionnel de gardiens des confins de l'Empire russe, tous les Cosaques étaient armés ; les assemblées et les circonscriptions administratives cosaques furent dissoutes.

Toutes ces mesures faisaient partie d'un plan préétabli de décosaquisation ainsi défini dans une résolution secrète du Comité central du Parti bolchevique, datée du 24 janvier 1919 : « Au vu de l'expérience de la guerre civile contre les Cosaques, il est nécessaire de reconnaître comme seule mesure politiquement correcte une lutte sans merci, une terreur massive contre les riches Cosaques, qui devront être exterminés et physiquement liquidés jusqu'au dernier[1]. »

En réalité, comme le reconnut, en juin 1919, Reingold, président du Comité révolutionnaire du Don, chargé d'imposer « l'ordre bolchevique » dans les terres cosaques, « nous avons eu tendance à mener une politique d'extermination massive des Cosaques sans la moindre distinction[2] ». En quelques semaines, de la mi-février à la mi-mars 1919, les détachements bolcheviques avaient exécuté plus de huit mille Cosaques[3]. Dans chaque *stanitsa* (bourg cosaque), des tribunaux révolutionnaires procédaient en quelques minutes à des jugements sommaires de listes de suspects, généralement tous condamnés à la peine capitale pour « comportement contre-révolutionnaire ». Face à cette débauche répressive, les Cosaques n'eurent d'autre issue que de se révolter.

Le soulèvement partit du district de Veshenskaïa le 11 mars 1919. Bien organisés, les Cosaques insurgés décrétèrent la mobilisation générale de tous les hommes de seize à cinquante-cinq ans ; ils envoyèrent dans toute la région du Don et jusque dans la province limitrophe de Voronej des télégrammes appelant la population à se soulever contre les bolcheviks.

1. *Izvestia TsK KPSS*, 1989, nº 6, p. 177-178.
2. CRCEDHC, 5/2/106/7.
3. V.L. Genis, *op. cit.*, p. 42-55.

« Nous Cosaques, expliquaient-ils, ne sommes pas contre les soviets. Nous sommes pour des élections libres. Nous sommes contre les communistes, les communes [exploitations collectives] et les Juifs. Nous sommes contre les réquisitions, les vols et les exécutions perpétrés par les tchekas[1]. » Au début du mois d'avril, les Cosaques révoltés représentaient une force armée considérable de près de trente mille hommes bien armés et aguerris. Opérant sur les arrières de l'Armée rouge qui combattait plus au sud les troupes de Denikine alliées aux Cosaques du Kouban, les insurgés du Don contribuèrent, tout comme les paysans ukrainiens révoltés, à l'avance foudroyante des armées blanches en mai-juin 1919. Au début du mois de juin, les Cosaques du Don firent leur jonction avec le gros des armées blanches, appuyées par les Cosaques du Kouban. Toute la « Vendée cosaque » était libérée du pouvoir honni des « Moscovites, Juifs et bolcheviks ».

Néanmoins, avec les retournements de fortune militaire, les bolcheviks revinrent en février 1920. Une seconde occupation militaire des terres cosaques commença, encore plus meurtrière que la première. La région du Don fut assujettie à une contribution de trente-six millions de pouds de céréales, une quantité qui dépassait largement l'ensemble de la production locale ; la population rurale fut systématiquement spoliée non seulement de ses maigres réserves alimentaires, mais aussi de l'ensemble de ses biens, « chaussures, vêtements, oreillers et samovars compris », précisait un rapport de la Tcheka[2]. Tous les hommes en état de combattre répondirent à ces pillages et à ces répressions systématiques en rejoignant les bandes de partisans verts. En juillet 1920, celles-ci comptaient au moins trente-cinq hommes dans le Kouban et dans le Don. Bloqué en Crimée depuis février, le général Wrangel décida, dans une ultime tentative, de se dégager de l'étau bolchevique, d'opérer la jonction avec les Cosaques et les Verts du Kouban. Le 17 août 1920, cinq mille hommes débarquèrent près de Novorossisk. Sous la pression conjuguée des Blancs, des Cosaques et des Verts, les bolcheviks durent abandonner Ekaterinodar, la principale ville du Kouban, puis l'ensemble de la région. De son côté, le général Wrangel avançait en Ukraine du Sud. Les succès des Blancs furent cependant de courte durée. Débordées par des forces bolcheviques très supérieures en nombre, les troupes de Wrangel, alourdies par d'immenses cortèges de civils, refluèrent, à la fin du mois d'octobre, vers la Crimée, dans le plus indescriptible désordre. La reprise de la Crimée par les bolcheviks, dernier épisode de l'affrontement entre Blancs et Rouges, donna lieu aux plus grandes tueries de la guerre civile : au moins cinquante mille civils furent massacrés par les bolcheviks en novembre et décembre 1920[3].

S'étant, une nouvelle fois, retrouvés dans le camp des vaincus, les Cosaques furent soumis à une nouvelle Terreur rouge. Un des principaux

1. CRCEDHC, 17/6/83.
2. V.L. Genis, art. cit., p. 50 ; CRCEDHC, 17/84/75.
3. S.P. Melgounov, *op. cit.*, p. 77 ; V. Brovkin, *Behind...*, *op. cit.*, p. 346.

dirigeants de la Tcheka, le Letton Karl Lander, fut nommé « plénipotentiaire du Nord-Caucase et du Don ». Il mit en place des *troïki,* tribunaux spéciaux chargés de la décosaquisation. Durant le seul mois d'octobre 1920, ces *troïki* condamnèrent à mort plus de six mille personnes, aussitôt exécutées[1]. Les familles, parfois même les voisins des partisans verts ou des Cosaques qui avaient pris les armes contre le régime et qui n'avaient pas été rattrapés, furent systématiquement arrêtées comme otages et enfermées dans des camps de concentration, véritables camps de la mort comme le reconnaissait Martyn Latsis, le chef de la Tcheka d'Ukraine dans l'un de ses rapports : « Rassemblés dans un camp près de Maïkop, les otages — des femmes, des enfants et des vieillards — survivent dans des conditions effrayantes, dans la boue et le froid d'octobre. [...] Ils meurent comme des mouches. [...] Les femmes sont prêtes à tout pour échapper à la mort. Les soldats qui gardent le camp en profitent pour faire commerce de ces femmes[2]. »

Toute résistance était impitoyablement punie. Lorsque le chef de la tcheka de Piatigorsk tomba dans une embuscade, les tchékistes décidèrent d'organiser une « Journée de la terreur rouge ». Outrepassant les instructions de Lander lui-même, qui souhaitait que « cet acte terroriste fût mis à profit pour attraper des otages précieux en vue de les exécuter, et pour accélérer les procédures d'exécution des espions blancs et des contre-révolutionnaires en général », les tchékistes de Piatigorsk se lancèrent dans une débauche d'arrestations et d'exécutions. Selon Lander, « la question de la Terreur rouge fut résolue de manière simpliste. Les tchékistes de Piatigorsk décidèrent de faire exécuter trois cents personnes en une journée. Ils définirent des quotas pour la ville de Piatigorsk et pour chaque bourg des environs, et ordonnèrent aux organisations du Parti de dresser des listes pour exécution. [...] Cette méthode insatisfaisante entraîna un grand nombre de règlements de comptes. [...] À Kislovodsk, faute d'idées, on décida de tuer les personnes qui se trouvaient à l'hôpital[3] ».

Une des méthodes les plus expéditives de décosaquisation était la destruction des bourgs cosaques et la déportation de tous les survivants. Les archives de Sergo Ordjonikidze, un des principaux dirigeants bolcheviques, à l'époque président du Comité révolutionnaire du Caucase-Nord, ont conservé les documents d'une de ces opérations qui se déroulèrent fin octobre-mi novembre 1920[4].

Le 23 octobre, Sergo Ordjonikidze ordonna :

« 1. de brûler entièrement le bourg Kalinovskaïa ;

2. de vider de tous leurs habitants les bourgs Ermolovskaïa, Romanovskaïa, Samachinskaïa, et Mikhaïlovskaïa ; les maisons et les terres

1. CRCEDHC, 17/84/75/28.
2. *Ibid.*, 17/84/75/59.
3. V. Brovkin, *Behind..., op. cit.*, p. 353.
4. CRCEDHC, 85/11/131/11.

appartenant aux habitants seront distribuées aux paysans pauvres et en particulier aux Tchétchènes, qui ont toujours marqué leur profond attachement au pouvoir soviétique ;

3. d'embarquer toute la population mâle de dix-huit à cinquante ans des bourgs ci-dessus mentionnés dans des convois et de la déporter, sous escorte, vers le nord, pour y accomplir des travaux forcés de catégorie lourde ;

4. d'expulser femmes, enfants et vieillards, leur laissant toutefois l'autorisation de se réinstaller dans d'autres bourgs plus au nord ;

5. de réquisitionner tout le bétail et tous les biens des habitants des bourgs ci-dessus mentionnés. »

Trois semaines plus tard, un rapport adressé à Ordjonikidze décrivait ainsi le déroulement des opérations :

« — Kalinovskaïa : bourg entièrement brûlé, toute la population (4 220) déportée ou expulsée.

— Ermolovskaïa : nettoyée de tous ses habitants (3 218).

— Romanovskaïa : déportés 1 600 ; reste à déporter 1 661.

— Samachinskaïa : déportés 1 018 ; reste à déporter 1 900.

— Mikhaïlovskaïa : déportés 600 ; reste à déporter 2 200.

Par ailleurs, 154 wagons de produits alimentaires ont été expédiés à Groznyï. Dans les trois bourgs où la déportation n'est pas encore achevée ont été déportés en premier lieu les familles des éléments blancs-verts ainsi que des éléments ayant participé à la dernière insurrection. Parmi ceux qui n'ont pas encore été déportés figurent des sympathisants du régime soviétique, des familles de soldats de l'Armée rouge, des fonctionnaires et des communistes. Le retard pris par les opérations de déportation s'explique par le manque de wagons. En moyenne, on ne reçoit, pour mener à bien les opérations, qu'un seul convoi par jour. Pour achever les opérations de déportation, 306 wagons supplémentaires sont demandés d'urgence[1] ».

Comment se terminèrent ces « opérations » ? Malheureusement, aucun document précis ne nous éclaire sur ce point. On apprend que les « opérations » ont traîné en longueur et qu'en fin de compte les hommes déportés furent, le plus souvent, envoyés non pas vers le Grand Nord, comme ce serait le cas par la suite, mais vers les mines du Donetz, plus proches. Étant donné l'état des convois ferroviaires en cette fin de 1920, l'intendance avait du mal à suivre... Néanmoins, par bien des aspects, les « opérations » de décosaquisation de 1920 préfiguraient les grandes « opérations » de dékoulakisation lancées dix ans plus tard : même conception d'une responsabilité collective, même processus de déportation par convois, mêmes problèmes d'intendance et de lieux d'accueil non préparés à recevoir les déportés, même idée d'exploiter les déportés en les soumettant au travail forcé. Les régions cosaques du Don et du Kouban payèrent un lourd tribut pour leur opposition aux bolcheviks. Selon les estimations

1. *Ibid.*, 85/11/123/15.

les plus fiables, entre trois cent et cinq cent mille personnes furent tuées ou déportées en 1919-1920, sur une population totale qui n'excédait pas trois millions de personnes.

Parmi les opérations répressives les plus difficiles à répertorier et à évaluer figurent les massacres de détenus et d'otages incarcérés pour leur seule appartenance à une « classe ennemie » ou « socialement étrangère ». Ces massacres s'inscrivaient dans la continuité et la logique de la Terreur rouge de la seconde moitié de 1918, mais à une échelle encore plus importante. Cette débauche de massacres « sur une base de classe » était en permanence justifiée par le fait qu'un monde nouveau était en train de naître. Tout était permis, comme l'expliquait à ses lecteurs l'éditorial du premier numéro de *Krasnyi Metch* (Le Glaive rouge), journal de la tcheka de Kiev :

« Nous rejetons les vieux systèmes de moralité et d'"humanité" inventés par la bourgeoisie dans le but d'opprimer et d'exploiter les "classes inférieures". Notre moralité n'a pas de précédent, notre humanité est absolue car elle repose sur un nouvel idéal : détruire toute forme d'oppression et de violence. Pour nous, tout est permis car nous sommes les premiers au monde à lever l'épée non pas pour opprimer et réduire en esclavage, mais pour libérer l'humanité de ses chaînes... Du sang ? Que le sang coule à flots ! Puisque seul le sang peut colorer à tout jamais le drapeau noir de la bourgeoisie pirate en étendard rouge, drapeau de la Révolution. Puisque seule la mort finale du vieux monde peut nous libérer à tout jamais du retour des chacals[1] ! »

Ces appels au meurtre attisaient le vieux fonds de violence et le désir de revanche sociale présents chez nombre de tchékistes, recrutés souvent, comme le reconnaissaient eux-mêmes nombre de dirigeants bolcheviques, parmi les « éléments criminels et socialement dégénérés de la société ». Dans une lettre adressée le 22 mars 1919 à Lénine, le dirigeant bolchevique Gopner décrivait ainsi les activités de la tcheka d'Ekaterinoslavl : « Dans cette organisation gangrenée de criminalité, de violence et d'arbitraire, dominée par des canailles et des criminels de droit commun, des hommes armés jusqu'aux dents exécutaient toute personne qui ne leur plaisait pas, perquisitionnaient, pillaient, violaient, emprisonnaient, écoulaient des faux billets, exigeaient des pots-de-vin, faisaient ensuite chanter ceux auxquels ils avaient extorqué ces pots-de-vin, puis les libéraient en échange de sommes dix ou vingt fois supérieures[2]. »

Les archives du Comité central, comme celles de Feliks Dzerjinski, contiennent d'innombrables rapports de responsables du Parti ou d'inspecteurs de la police politique décrivant la « dégénérescence » de tchekas locales rendues « ivres de violence et de sang ». La disparition de toute

1. *Krasnyi Metch* (Le Glaive rouge), n° 1, 18 août 1919, p. 1.
2. CRCEDHC, 5/1/2159/35-38.

norme juridique ou morale favorisait souvent une totale autonomie des responsables locaux de la Tcheka, qui ne répondaient même plus de leurs actes devant leur hiérarchie et se transformaient en tyranneaux sanguinaires, incontrôlés et incontrôlables. Trois extraits de rapports, parmi des dizaines d'autres du même ordre, illustrent cette dérive de la Tcheka dans un environnement d'arbitraire total, de non-droit absolu.

De Sysran, dans la province de Tambov, le 22 mars 1919, voici le rapport de Smirnov, instructeur de la Tcheka, à Dzerjinski : « J'ai vérifié l'affaire du soulèvement koulak dans la *volost* Novo-Matrionskaïa. L'instruction a été menée de façon chaotique. Soixante-quinze personnes ont été interrogées sous la torture, et des témoignages transcrits il est impossible de comprendre quoi que ce soit. [...] On a fusillé cinq personnes le 16 février, treize le lendemain. Le procès-verbal des condamnations et des exécutions date du 28 février. Quand j'ai demandé au responsable de la tcheka locale de s'expliquer, il m'a répondu : "On n'a jamais le temps d'écrire des procès-verbaux. À quoi cela servirait-il de toute façon, puisqu'on extermine les koulaks et les bourgeois en tant que classe ?"[1] »

D'Iaroslavl, le 26 septembre 1919, voici le rapport du secrétaire de l'organisation régionale du Parti bolchevique : « Les tchékistes pillent et arrêtent n'importe qui. Sachant qu'ils seront impunis, ils ont transformé le siège de la tcheka en un immense bordel où ils amènent les "bourgeoises". L'ivrognerie est générale. La cocaïne est largement utilisée parmi les petits chefs[2] ».

D'Astrakhan, le 16 octobre 1919, voici le rapport de mission de N. Rosental, inspecteur de la direction des départements spéciaux : « Atarbekov, chef des départements spéciaux de la XIe armée, ne reconnaît même plus le pouvoir central. Le 30 juillet dernier, quand le camarade Zakovski, envoyé par Moscou pour contrôler le travail des départements spéciaux, s'est rendu chez Atarbekov, celui-ci lui a dit : "Dites à Dzerjinski que je ne me laisserai pas contrôler..." Aucune norme administrative n'est respectée par un personnel composé majoritairement d'éléments douteux, voire criminels. Les dossiers du Département opérationnel sont quasiment inexistants. Concernant les condamnations à mort et les exécutions des sentences, je n'ai pas trouvé les protocoles individuels de jugement et de condamnation, juste des listes, souvent incomplètes, avec pour seule mention "Fusillé sur ordre du camarade Atarbekov". En ce qui concerne les événements du mois de mars, il est impossible de se faire une idée sur qui a été fusillé et pourquoi. [...] Les beuveries et les orgies sont quotidiennes. Presque tous les tchékistes font une forte consommation de cocaïne. Cela leur permet, disent-ils, de mieux supporter la vue quotidienne du sang. Ivres de violence et de sang, les tchékistes font leur devoir, mais

1. *Ibid.*, 76/3/70/20.
2. *Ibid.*, 17/6/384/62.

sont indubitablement des éléments incontrôlés qu'il est nécessaire de surveiller étroitement[1]. »

Les rapports internes de la Tcheka et du Parti bolchevique confirment aujourd'hui les nombreux témoignages recueillis, dès les années 1919-1920, par les adversaires des bolcheviks et notamment par la Commission spéciale d'enquête sur les crimes bolcheviques, mise en place par le général Denikine, et dont les archives, transférées de Prague à Moscou en 1945, longtemps fermées, sont désormais accessibles. Dès 1926, l'historien social-révolutionnaire russe Serge Melgounov avait tenté de répertorier, dans son ouvrage *La Terreur rouge en Russie*, les principaux massacres de détenus, d'otages et de simples civils exécutés en masse par les bolcheviks, presque toujours sur une « base de classe ». Bien qu'incomplète, la liste des principaux épisodes liés à ce type de répression, telle qu'elle est mentionnée dans cet ouvrage pionnier, est pleinement confirmée par un ensemble concordant de sources documentaires très diverses, émanant des deux camps en présence. L'incertitude demeure néanmoins, étant donné le chaos organisationnel qui régnait dans la Tcheka, sur le nombre des victimes exécutées au cours des principaux épisodes répressifs aujourd'hui repérés avec précision. On peut, tout au plus, se risquer à avancer des ordres de grandeur, en recoupant des sources diverses.

Les premiers massacres de « suspects », otages et autres « ennemis du peuple » enfermés préventivement, et par simple mesure administrative, dans des prisons ou dans des camps de concentration, avaient commencé en septembre 1918, lors de la première Terreur rouge. Les catégories de « suspects », « otages », « ennemis du peuple » ayant été établies, les camps de concentration étant rapidement opérationnels, la machine répressive était prête à fonctionner. L'élément déclencheur, dans une guerre aux fronts mouvants, où chaque mois apportait son lot de retournements de fortune militaire, était naturellement la prise d'une ville occupée jusqu'alors par l'adversaire, ou, au contraire, son abandon précipité.

L'imposition de la « dictature du prolétariat » dans les villes conquises ou reprises passait par les mêmes étapes : dissolution de toutes les assemblées précédemment élues ; interdiction de tout commerce — mesure qui entraînait immédiatement le renchérissement de toutes les denrées, puis leur disparition ; confiscation des entreprises, nationalisées ou municipalisées ; imposition d'une très forte contribution financière sur la bourgeoisie — 600 millions de roubles à Kharkov en février 1919, 500 millions à Odessa en avril 1919. Pour garantir la bonne exécution de cette contribution, des centaines de « bourgeois » étaient pris en otages et incarcérés dans des camps de concentration. Dans les faits, la contribution était synonyme de pillages, d'expropriations et de vexations, première étape d'une annihilation de la « bourgeoisie en tant que classe ».

« Conformément aux résolutions du soviet des travailleurs, ce 13 mai a été décrété jour d'expropriation de la bourgeoisie, pouvait-on lire dans

1. *Ibid.*, 17/66/66.

les *Izvestia* du Conseil des députés ouvriers d'Odessa du 13 mai 1919. Les classes possédantes devront remplir un questionnaire détaillé répertoriant les produits alimentaires, les chaussures, les vêtements, les bijoux, les bicyclettes, les couvertures, les draps, l'argenterie, la vaisselle et autres objets indispensables au peuple travailleur. [...] Chacun doit assister les commissions d'expropriation dans cette tâche sacrée. [...] Ceux qui n'obéiront pas aux ordres des commissions d'expropriation seront immédiatement arrêtés. Ceux qui résisteront seront fusillés sur-le-champ. »

Comme le reconnaissait Latsis, le chef de la tcheka ukrainienne, dans une circulaire aux tchekas locales, toutes ces « expropriations » allaient dans la poche des tchékistes et autres petits chefs des innombrables détachements de réquisition, d'expropriation, de Gardes rouges qui pullulaient en pareille occasion.

La deuxième étape des expropriations était la confiscation des appartements bourgeois. Dans cette « guerre de classes », l'humiliation des vaincus jouait aussi un rôle important : « Le poisson aime être assaisonné à la crème. La bourgeoisie aime l'autorité qui sévit et qui tue, pouvait-on lire dans le journal d'Odessa déja cité, en date du 26 avril 1919. Si nous exécutons quelques dizaines de ces vauriens et de ces idiots, si nous les réduisons à balayer les rues, si nous forçons leurs femmes à laver les casernes de Gardes rouges (et ce ne serait pas un mince honneur pour elles), ils comprendront alors que notre pouvoir est solide, et qu'il n'y a rien à attendre des Anglais ou des Hottentots[1]. »

Thème récurrent de nombreux articles de journaux bolcheviques, à Odessa, Kiev, Kharkov, Ekaterinoslav, mais aussi Perm, dans l'Oural, ou Nijni-Novgorod, l'humiliation des « bourgeoises » contraintes de nettoyer les latrines et les casernes des tchékistes ou des Gardes rouges semble avoir été une pratique courante. Mais c'était aussi une version édulcorée et « politiquement présentable » d'une réalité bien plus brutale : le viol, phénomène qui, d'après de très nombreux témoignages concordants, prit des proportions gigantesques, tout particulièrement lors de la seconde reconquête de l'Ukraine, des régions cosaques et de la Crimée en 1920.

Étape logique et ultime de « l'extermination de la bourgeoisie en tant que classe », les exécutions de détenus, suspects et otages incarcérés pour leur seule appartenance aux « classes possédantes », sont attestées dans bien des villes prises par les bolcheviks. À Kharkov, entre 2 000 et 3 000 exécutions en février-juin 1919 ; entre 1 000 et 2 000 lors de la seconde reprise de la ville, en décembre 1919. À Rostov-sur-le-Don, environ 1 000 en janvier 1920 ; à Odessa, 2 200 entre mai et août 1919, puis 1 500 à 3 000 entre février 1920 et février 1921 ; à Kiev, au moins 3 000 entre février et août 1919 ; à Ekaterinodar, au moins 3 000 entre août 1920 et février 1921 ; à Armavir, petite ville du Kouban, entre 2 000 et 3 000 entre août et octobre 1920. On pourrait prolonger cette liste.

1. *Izvestia Odesskogo Soveta rabocix deputatov*, n° 36, p. 1 ; cité *in* V. Brovkin, *Behind...*, *op. cit.*, p. 121.

En réalité, bien d'autres exécutions eurent lieu ailleurs mais n'ont pas fait l'objet d'enquêtes menées très peu de temps après les massacres. On connaît ainsi beaucoup mieux ce qui s'est passé en Ukraine ou dans le sud de la Russie que dans le Caucase, en Asie centrale ou dans l'Oural. En effet, les exécutions s'accéléraient généralement à l'approche de l'adversaire, au moment où les bolcheviks abandonnaient leurs positions et « déchargeaient » les prisons. À Kharkov, au cours des deux jours précédant l'arrivée des Blancs, les 8 et 9 juin 1919, des centaines d'otages furent exécutés. À Kiev, plus de 1 800 personnes furent abattues entre le 22 et le 28 août 1919, avant la reprise de la ville par les Blancs le 30 août. Même scénario à Ekaterinodar où, devant l'avancée des troupes de Cosaques, Atarbekov, le chef local de la Tcheka, fit exécuter en trois jours, du 17 au 19 août 1920, 1 600 « bourgeois » dans cette petite ville provinciale qui comptait, avant guerre, moins de 30 000 habitants[1].

Les documents des commissions d'enquête des unités de l'Armée blanche, arrivées sur les lieux quelques jours, voire quelques heures après les exécutions, contiennent une foule de dépositions, de témoignages, de comptes rendus d'autopsie, de photos sur ces massacres et sur l'identité des victimes. Si les exécutés « de la dernière heure », éliminés à la hâte d'une balle dans la nuque, ne présentaient en général pas de traces de tortures, il en allait différemment des cadavres exhumés de charniers plus anciens. L'usage des tortures les plus terribles est attesté par des rapports d'autopsie, des éléments matériels et des témoignages. Des descriptions détaillées de ces tortures figurent notamment dans le recueil de Serge Melgounov, déja cité, et celui du Bureau central du Parti socialiste-révolutionnaire, *Tcheka,* édité à Berlin en 1922[2].

C'est en Crimée, lors de l'évacuation des dernières unités blanches de Wrangel et des civils qui avaient fui l'avancée des bolcheviks, que les massacres atteignirent leur apogée. En quelques semaines, de la mi-novembre à la fin décembre 1920, environ cinquante mille personnes furent fusillées ou pendues[3]. Un grand nombre d'exécutions eurent lieu aussitôt après l'embarquement des troupes de Wrangel. À Sébastopol, plusieurs centaines de dockers furent fusillés le 26 novembre pour avoir aidé à l'évacuation des Blancs. Les 28 et 30 novembre, les *Izvestia* du Comité révolutionnaire de Sébastopol publièrent deux listes de fusillés. La première comptait 1 634 noms, la seconde 1 202. Début décembre, lorsque la fièvre des premières exécutions de masse fut retombée, les autorités commencèrent à procéder à un fichage aussi complet que possible, étant

---

1. S.P. Melgounov, *op. cit.*, p. 61-77 ; G. Leggett, *op. cit.*, p. 199-200 ; V. Brovkin, *Behind..., op. cit.*, p. 122-125 ; GARF, fonds de la commission Denikine, dossiers 134 (Kharkov), 157 (Odessa), 194, 195 (Kiev).

2. V. Tchernov (éd.), *Tcheka : Materialy po deiatelnosti crezvycainoi komissii* (Tcheka : documents sur l'activité de la Commission extraordinaire), Berlin, 1922.

3. Estimations données par S. Melgourov, *op. cit.*, p. 77 ; également par des sources socialistes-révolutionnaires de Kharkov en mai 1921.

donné les circonstances, de la population des principales villes de Crimée où, pensaient-elles, se cachaient des dizaines, voire des centaines de milliers de bourgeois, qui, de toute la Russie, avaient fui vers leurs lieux de villégiature traditionnels. Le 6 décembre, Lénine déclara devant une assemblée de responsables à Moscou que trois cent mille bourgeois s'étaient massés en Crimée. Il assura que, dans un proche avenir, ces « éléments » qui constituaient un « réservoir d'espions et d'agents prêts à prêter main-forte au capitalisme » seraient « châtiés »[1].

Les cordons militaires fermant l'isthme de Perekop, seule échappatoire terrestre, furent renforcés. Le piège refermé, les autorités ordonnèrent à chaque habitant de se présenter à la Tcheka pour y remplir un long formulaire d'enquête, comportant une cinquantaine de questions sur son origine sociale, son passé, ses activités, ses revenus, mais aussi sur son emploi du temps en novembre 1920, sur ce qu'il pensait de la Pologne, de Wrangel, des bolcheviks, etc. Sur la base de ces « enquêtes », la population fut divisée en trois catégories : à fusiller ; à envoyer en camp de concentration ; à épargner. Les témoignages des rares survivants, publiés dans les journaux de l'émigration en 1921, décrivent Sébastopol, une des villes les plus durement frappées par la répression, comme une « ville de pendus ». « La perspective Nakhimovski était pleine de cadavres pendus d'officiers, de soldats, de civils, arrêtés dans les rues. [...] La ville était morte, la population se cachait dans les caves et les greniers. Toutes les palissades, les murs des maisons, les poteaux de télégraphe, les vitrines de magasins étaient couverts d'affiches "Mort aux traîtres". [...] On pendait dans les rues pour l'édification[2]. »

Le dernier épisode de l'affrontement entre Blancs et Rouges ne mit pas fin à la répression. Les fronts militaires de la guerre civile n'existaient plus, mais la guerre de « pacification » et d'« éradication » allait se prolonger encore durant près de deux ans.

---

1. V.I. Lénine, *Polnoie Sobranie socinenii* (Œuvres complètes), vol. XLII, p. 74.
2. S. Melgounov, *op. cit.*, p. 81.

5
De Tambov à la grande famine

À la fin de 1920, le régime bolchevique semblait triompher. La dernière armée blanche avait été vaincue, les Cosaques étaient battus, les détachements de Makhno en déroute. Néanmoins, si la guerre reconnue, celle menée par les Rouges contre les Blancs, était terminée, l'affrontement entre le régime et de larges fractions de la société continuait de plus belle. L'apogée des guerres paysannes se situe au début de 1921, quand des provinces entières échappaient au pouvoir bolchevique. Dans la province de Tambov, une partie des provinces de la Volga (Samara, Saratov, Tsaritsyne, Simbirsk), en Sibérie occidentale, les bolcheviks ne tenaient que les villes. Les campagnes étaient sous le contrôle de centaines de bandes de Verts, voire de véritables armées paysannes. Des mutineries éclataient chaque jour dans des unités de l'Armée rouge. Grèves, émeutes et protestations ouvrières se multipliaient dans les derniers centres industriels du pays encore en activité, à Moscou, Petrograd, Ivanovo-Vosnessensk et Toula. À la fin du mois de février 1921, les marins de la base navale de Kronstadt, au large de Petrograd, se mutinèrent à leur tour. La situation devenait explosive, le pays ingouvernable. Devant la menace d'un véritable raz de marée social qui risquait d'emporter le régime, les dirigeants bolcheviques furent contraints de faire marche arrière et de prendre la seule mesure qui pouvait momentanément calmer le mécontentement le plus massif, le plus général et le plus dangereux : le mécontentement paysan ; ils promirent de mettre un terme aux réquisitions, remplacées par l'impôt en nature. C'est dans ce contexte d'affrontements entre le régime et la société que commença à s'esquisser, à partir de mars 1921, la NEP, la Nouvelle Politique économique.

Une histoire politique longtemps dominante a accentué exagérément la « rupture » de mars 1921. Or, adoptée à la sauvette, le dernier jour du Xᵉ Congrès du Parti bolchevique, et sous la menace d'une explosion sociale, la substitution de l'impôt en nature aux réquisitions n'entraîna ni la fin des révoltes paysannes et des grèves ouvrières, ni un relâchement de la répression. Les archives aujourd'hui accessibles montrent que la paix civile ne s'instaura pas du jour au lendemain au printemps 1921. Les tensions restèrent très fortes au moins jusqu'à l'été 1922, et bien au-delà dans certaines régions. Les détachements de réquisition continuèrent à sévir dans les campagnes, les grèves ouvrières furent sauvagement brisées, les derniers militants socialistes arrêtés, et « l'éradication des bandits des forêts » se poursuivit par tous les moyens — fusillades massives d'otages, bombardements de villages aux gaz asphyxiants. En fin de compte, c'est la grande famine de 1921-1922 qui eut raison des campagnes les plus agitées, celles que les détachements de réquisition avaient le plus ponctionnées et qui s'étaient soulevées pour survivre. La carte de la famine recouvre exactement celle des zones des plus fortes réquisitions au cours des années précédentes et celle des zones des plus fortes révoltes paysannes. Alliée « objective » du régime, arme absolue de pacification, la famine servit, par ailleurs, de prétexte aux bolcheviks pour frapper un coup décisif contre l'Église orthodoxe et l'intelligentsia qui s'étaient mobilisées pour lutter contre le fléau.

De toutes les révoltes paysannes qui avaient éclaté depuis l'instauration des réquisitions en été 1918, la révolte des paysans de Tambov fut la plus longue, la plus importante et la mieux organisée. À moins de cinq cents kilomètres au sud-est de Moscou, la province de Tambov était depuis le début du siècle un des bastions du parti socialiste-révolutionnaire, héritier du populisme russe. En 1918-1920, malgré les répressions qui s'étaient abattues sur ce parti, ses militants restaient nombreux et actifs. Mais la province de Tambov était aussi le grenier à blé le plus proche de Moscou et, dès l'automne 1918, plus de cent détachements de réquisition sévissaient dans cette province agricole densément peuplée. En 1919, des dizaines de *bounty*, émeutes sans lendemain, avaient éclaté, toutes impitoyablement réprimées. En 1920, les quotas de réquisition furent substantiellement relevés, passant de 18 à 27 millions de pouds, alors que les paysans avaient considérablement diminué leurs emblavures, sachant que tout ce qu'ils n'auraient pas le temps de consommer serait aussitôt réquisitionné[1]. Remplir les quotas signifiait donc faire mourir de faim la paysannerie. Le 19 août 1920, des incidents habituels impliquant des détachements de ravitaillement dégénérèrent dans le bourg Khitrovo. Comme le reconnaissaient elles-mêmes les autorités locales, « les détachements commettaient toute une série d'abus ; ils pillaient tout sur leur passage, jusqu'aux oreillers et aux ustensiles de cuisine, se partageaient le butin et passaient à tabac des vieillards de soixante-dix ans, au vu et au su de tous. Ces vieillards étaient punis pour l'absence de leurs fils déserteurs qui se cachaient dans les bois. [...] Ce qui révoltait aussi les paysans, c'était que

1. V. Danilov, T. Shanin, *Krestianskoie vosstanie v Tambovskoi gubernii v 1919-1921* (La Révolte paysanne dans la province de Tambov, 1919-1921), Tambov, 1994, p. 38-40.

le grain confisqué, charroyé jusqu'à la gare la plus proche, pourrissait sur place à la belle étoile [1] ».

Partie de Khitrovo, la révolte se propagea comme un feu de paille. Fin août 1920, plus de quatorze mille hommes, déserteurs pour la plupart, armés de fusils, de fourches et de faux avaient chassé ou massacré tous les « représentants du pouvoir soviétique » de trois districts de la province de Tambov. En quelques semaines, cette révolte paysanne, que rien ne distinguait au début des centaines d'autres révoltes qui depuis deux ans avaient éclaté en Russie ou en Ukraine, se transforma, dans ce bastion traditionnel des socialistes-révolutionnaires, en un mouvement insurrectionnel bien organisé sous la direction d'un chef de guerre inspiré, Alexandre Stepanovitch Antonov.

Militant socialiste-révolutionnaire depuis 1906, exilé politique en Sibérie de 1908 à la révolution de Février 1917, Antonov s'était, comme d'autres socialistes-révolutionnaires « de gauche », rallié un temps au régime bolchevique et avait occupé les fonctions de chef de la milice de Kirsanov, son district natal. En août 1918, il avait rompu avec les bolcheviks et avait pris la tête d'une de ces innombrables bandes de déserteurs qui tenaient les campagnes profondes, affrontant les détachements de réquisition, attaquant les rares fonctionnaires soviétiques qui se risquaient dans les villages. Quand la révolte paysanne embrasa, en août 1920, son district de Kirsanov, Antonov mit sur pied une organisation efficace de milices paysannes, mais aussi un remarquable service de renseignements qui infiltra jusqu'à la tcheka de Tambov. Il organisa également un service de propagande qui diffusait tracts et proclamations dénonçant la « commissarocratie bolchevique » et mobilisant les paysans autour d'un certain nombre de revendications populaires, comme la liberté du commerce, la fin des réquisitions, des élections libres, et l'abolition des commissaires bolcheviques et de la Tcheka [2].

Parallèlement, l'organisation clandestine du parti socialiste-révolutionnaire mettait en place une Union de la paysannerie laborieuse, réseau clandestin de militants paysans bien implantés localement. En dépit de fortes tensions entre Antonov, socialiste-révolutionnaire dissident, et la direction de l'Union de la paysannerie laborieuse, le mouvement paysan de la province de Tambov disposait d'une organisation militaire, d'un service de renseignements et d'un programme politique qui lui donnaient une force et une cohérence que n'avaient pas eues, auparavant, la plupart des autres mouvements paysans, à l'exception du mouvement makhnoviste.

En octobre 1920, le pouvoir bolchevique ne contrôlait plus que la ville de Tambov et quelques rares centres urbains provinciaux. Par milliers, des

---

1. CRCEDHC, 17/ 86/103/ 4 ; S. Singleton, *The Tambov Revolt, Slavic Review*, n° 3, 1966, p. 498-512 ; O. Radkey, *The Unknown Civil War in Russia. A Study of the Green Movement in the Tambov Region* (Stanford, 1976) ; O. Figes, *Peasant Russia, Civil War* (London, 1992).

2. V. Danilov, T. Shanin, *op. cit.*, p. 63-64 ; O. Radkey, *op. cit.*, p. 122-126.

déserteurs rejoignaient l'armée paysanne d'Antonov, qui allait compter à son apogée plus de cinquante mille hommes armés. Le 19 octobre, prenant enfin conscience de la gravité de la situation, Lénine écrivit à Dzerjinski : « Il est indispensable d'écraser de la manière la plus rapide et la plus exemplaire ce mouvement. [...] Il faut faire preuve de plus d'énergie [1] ! »

Début novembre, les bolcheviks alignaient à peine cinq mille hommes des Troupes de sécurité interne de la République, mais, après la défaite de Wrangel en Crimée, les effectifs des troupes spéciales envoyées à Tambov s'étoffèrent rapidement, jusqu'à atteindre cent mille hommes, y compris les détachements de l'Armée rouge, toujours minoritaires, car jugés peu fiables pour réprimer des révoltes populaires.

Au début de l'année 1921, les révoltes paysannes embrasèrent de nouvelles régions : toute la Basse-Volga (les provinces de Samara, Saratov, Tsaritsyne, Astrakhan), mais aussi la Sibérie occidentale. La situation devenait explosive, la famine menaçait ces régions riches, mais impitoyablement pillées depuis des années. Dans la province de Samara, le commandant du district militaire de la Volga rapportait, le 12 février 1921 : « Des foules de plusieurs milliers de paysans affamés assiègent les hangars où les détachements ont stocké les grains réquisitionnés pour les villes et l'armée. La situation a dégénéré à plusieurs reprises et l'armée a dû tirer sur la foule ivre de colère. » De Saratov, les dirigeants bolcheviques locaux télégraphiaient à Moscou : « Le banditisme a gagné toute la province. Les paysans ont saisi toutes les réserves — trois millions de pouds — dans les hangars d'État. Ils sont fortement armés grâce aux fusils que leur fournissent les déserteurs. Des unités entières de l'Armée rouge se sont volatilisées. »

Au même moment, à plus de mille kilomètres vers l'est, un nouveau foyer de troubles paysans prenait forme. Ayant pompé toutes les ressources possibles dans les régions agricoles prospères du sud de la Russie et de l'Ukraine, le gouvernement bolchevique s'était tourné, en automne 1920, vers la Sibérie occidentale dont les quotas de livraison furent arbitrairement fixés en fonction des exportations de céréales réalisées en... 1913 ! Mais pouvait-on comparer les rendements destinés à des exportations payées en roubles-or sonnants et trébuchants et les rendements réservés par le paysan à des réquisitions arrachées sous la menace ? Comme partout, les paysans sibériens se soulevèrent pour défendre le fruit de leur travail et assurer leur survie. En janvier-mars 1921, les bolcheviks perdirent le contrôle des provinces de Tioumen, d'Omsk, de Tcheliabinsk et d'Ekaterinbourg, un territoire plus grand que la France, et le Transsibérien, seule voie ferrée reliant la Russie d'Europe à la Sibérie, fut coupé. Le 21 février, une armée populaire paysanne s'empara de la ville de Tobolsk que les unités de l'Armée rouge ne parvinrent à reprendre que le 30 mars [2].

1. V.I. Lénine, *Polnoie sobranie socinenii* (Œuvres complètes), vol. LI, p. 310.

2. M. Bogdanov, *Razgrom zapadno sibirskogo kulačko-eserovskogo miateya*, Tiumen, 1961.

À l'autre bout du pays, dans les capitales — l'ancienne, Petrograd, et la nouvelle, Moscou — la situation au début de 1921 était presque aussi explosive. L'économie était quasiment arrêtée ; les trains ne circulaient plus ; faute de combustible, la plupart des usines étaient fermées ou travaillaient au ralenti ; le ravitaillement des villes n'était plus assuré. Les ouvriers étaient soit à la rue, soit en quête de nourriture dans les villages environnants, soit en train de discuter dans les ateliers glacials et à moitié désaffectés, chacun ayant volé tout ce qu'il pouvait emporter pour échanger de la « manufacture » contre un peu de nourriture.

« Le mécontentement est général, concluait, le 16 janvier, un rapport du département Information de la Tcheka. En milieu ouvrier, on prédit la chute prochaine du régime. Plus personne ne travaille, les gens ont faim. Des grèves de grande ampleur sont imminentes. Les unités de la garnison de Moscou sont de moins en moins sûres et peuvent à tout instant échapper à notre contrôle. Des mesures prophylactiques s'imposent[1]. »

Le 21 janvier, un décret du gouvernement ordonna de réduire d'un tiers, à compter du lendemain, les rations de pain à Moscou, Petrograd, Ivanovo-Voznessensk et Kronstadt. Cette mesure, qui survenait à un moment où le régime ne pouvait plus agiter la menace du danger contre-révolutionnaire et en appeler au patriotisme de classe des masses laborieuses — les dernières armées blanches ayant été défaites —, mit le feu aux poudres. De la fin janvier à la mi-mars 1921, grèves, meetings de protestation, marches de la faim, manifestations, occupations d'usines se succédèrent quotidiennement. Ils atteignirent leur apogée, à Moscou comme à Petrograd, fin février, début mars. Les 22-24 février, à Moscou, de graves incidents opposèrent des détachements de la Tcheka à des manifestants ouvriers qui tentaient de forcer l'entrée de casernes pour fraterniser avec les soldats. Des ouvriers furent tués et des centaines d'autres arrêtés[2].

À Petrograd, les troubles prirent une nouvelle ampleur à partir du 22 février, quand les ouvriers de plusieurs grandes usines élirent, comme en mars 1918, une « assemblée de plénipotentiaires ouvriers » à forte coloration menchevique et socialiste-révolutionnaire. Dans sa première proclamation, cette assemblée exigea l'abolition de la dictature bolchevique, des élections libres aux soviets, les libertés de parole, d'association, de presse, et la libération de tous les prisonniers politiques. Pour parvenir à ces fins, l'assemblée appelait à la grève générale. Le commandement militaire ne parvint pas à empêcher plusieurs régiments de tenir des meetings au cours desquels furent adoptées des motions de soutien aux ouvriers. Le 24 février, des détachements de la Tcheka ouvrirent le feu sur une manifestation ouvrière, tuant douze ouvriers. Ce jour-là, près de mille ouvriers et militants socialistes furent arrêtés[3]. Néanmoins, les rangs des

1. CRCEDHC, 76/3/208/12.
2. CRCEDHC, 76/3/166/3.
3. V. Brovkin, *Behind...*, *op. cit.*, p. 392.

manifestants grossissaient sans cesse, des milliers de soldats désertaient leurs unités pour se joindre aux ouvriers. Quatre ans après les journées de Février qui avaient renversé le régime tsariste, le même scénario semblait se répéter : la fraternisation des manifestants ouvriers et des soldats mutinés. Le 26 février, à 21 heures, Zinoviev, le dirigeant de l'organisation bolchevique de Petrograd, envoya à Lénine un télégramme où perçait la panique : « Les ouvriers sont entrés en contact avec les soldats encasernés. [...] Nous attendons toujours le renfort des troupes demandées à Novgorod. Si des troupes sûres n'arrivent pas dans les heures qui viennent, nous allons être débordés. »

Le surlendemain se produisit l'événement que les dirigeants bolcheviques redoutaient par-dessus tout : la mutinerie des marins de deux cuirassés de la base de Kronstadt, située au large de Petrograd. Le 28 février à 23 heures, Zinoviev adressa un nouveau télégramme à Lénine : « Kronstadt : les deux principaux navires, le *Sébastopol* et le *Petropavlovsk*, ont adopté des résolutions SR-Cent-Noirs et adressé un ultimatum auquel nous devons répondre dans les 24 heures. Parmi les ouvriers de Petrograd, la situation reste très instable. Les grandes entreprises sont en grève. Pensons que les SR vont accélérer le mouvement [1]. »

Les revendications que Zinoviev qualifiait de « SR-Cent-Noirs » n'étaient autres que celles formulées par l'immense majorité des citoyens après trois ans de dictature bolchevique : réélection des soviets au scrutin secret après des débats et des élections libres ; liberté de parole et de presse — il était néanmoins précisé « en faveur des ouvriers, des paysans, des anarchistes et des partis socialistes de gauche » ; égalité du rationnement pour tous et libération de tous les détenus politiques membres des partis socialistes, de tous les ouvriers, paysans, soldats, matelots emprisonnés en raison de leurs activités dans des mouvements ouvrier et paysan ; création d'une commission chargée d'examiner le cas de tous les détenus dans les prisons et les camps de concentration ; suppression des réquisitions ; abolition des détachements spéciaux de la Tcheka ; liberté absolue pour les paysans de « faire ce qu'ils veulent sur leur terre et d'élever leur propre bétail, à condition qu'ils se débrouillent par leurs propres moyens [2] ».

À Kronstadt, les événements se précipitaient. Le 1er mars, se tint un immense meeting rassemblant plus de quinze mille personnes, le quart de la population civile et militaire de la base navale. Arrivé sur les lieux pour tenter de sauver la situation, Mikhaïl Kalinine, président du Comité exécutif central des soviets, fut éconduit sous les huées de la foule. Le lendemain, les insurgés, rejoints par au moins la moitié des deux mille bolcheviks de Kronstadt, formèrent un Comité révolutionnaire provisoire qui tenta aussitôt d'entrer en contact avec les grévistes et les soldats de Petrograd.

1. CRCEDHC, 76/3/167/ 23.
2. P. Avrich, *La Tragédie de Cronstadt*, Paris, Le Seuil, 1975, p. 153-183.

Les rapports quotidiens de la Tcheka sur la situation à Petrograd durant la première semaine de mars 1921 témoignent de l'ampleur du soutien populaire à la mutinerie de Kronstadt : « Le Comité révolutionnaire de Kronstadt attend d'un jour à l'autre un soulèvement général à Petrograd. Le contact est établi entre les mutins et un grand nombre d'usines. [...] Aujourd'hui, lors d'un meeting à l'usine Arsenal, les ouvriers ont voté une résolution appelant à rejoindre l'insurrection. Une délégation de trois personnes — un anarchiste, un menchevik, un socialiste-révolutionnaire — a été élue pour maintenir le contact avec Kronstadt [1]. »

Pour briser net le mouvement, la tcheka de Petrograd reçut l'ordre, le 7 mars, d'« entreprendre des actions décisives contre les ouvriers ». En quarante-huit heures, plus de deux mille ouvriers, sympathisants et militants socialistes ou anarchistes, furent arrêtés. À la différence des mutins, les ouvriers n'avaient pas d'armes et ne pouvaient guère opposer de résistance face aux détachements de la Tcheka. Ayant brisé la base arrière de l'insurrection, les bolcheviks préparèrent minutieusement l'assaut contre Kronstadt. Le général Toukhatchevski fut chargé de liquider la rébellion. Pour tirer sur le peuple, le vainqueur de la campagne de Pologne de 1920 fit appel aux jeunes recrues de l'École militaire, sans tradition révolutionnaire, ainsi qu'aux troupes spéciales de la Tcheka. Les opérations s'engagèrent le 8 mars. Dix jours plus tard, Kronstadt tombait au prix de milliers de morts de part et d'autre. La répression de l'insurrection fut impitoyable. Plusieurs centaines d'insurgés prisonniers furent passés par les armes dans les jours qui suivirent leur défaite. Les archives récemment publiées font état, pour les seuls mois d'avril-juin 1921, de 2 103 condamnations à mort et de 6 459 condamnations à des peines de prison ou de camp [2]. Juste avant la prise de Kronstadt, près de huit mille personnes avaient réussi à s'enfuir, à travers les étendues glacées du golfe, jusqu'en Finlande, où elles furent internées dans des camps de transit, à Terijoki, Vyborg et Ino. Trompées par une promesse d'amnistie, nombre d'entre elles rentrèrent en 1922 en Russie où elles furent aussitôt arrêtées et envoyées dans les camps des îles Solovki et à Kholmogory, l'un des plus sinistres camps de concentration, près d'Arkhangelsk [3]. Selon une source émanant de milieux anarchistes, sur les cinq mille détenus de Kronstadt envoyés à Kholmogory, moins de mille cinq cents étaient encore en vie au printemps 1922 [4].

Le camp de Kholmogory, sur le grand fleuve Dvina, était tristement réputé pour la manière expéditive dont on s'y débarrassait d'un grand nombre de détenus. On embarquait ceux-ci sur des péniches et on précipitait les malheureux, une pierre au cou et les bras entravés, dans les eaux

1. CRCEDHC, 76/ 3/ 167.
2. Kronstadt, 1921, *Dokumenty* (Documents), Moscou, 1997, p. 15.
3. G. Leggett, *op. cit.*, p. 328.
4. S.A. Malsagoff, *An Island Hell : A Soviet Prison in the Far North* (London, 1926), p. 45-46.

du fleuve. Mikhaïl Kedrov, l'un des principaux dirigeants de la Tcheka, avait inauguré ces noyades massives en juin 1920. Selon plusieurs témoignages concordants, un grand nombre de mutins de Kronstadt, de cosaques et de paysans de la province de Tambov, déportés à Kholmogory, auraient été noyés dans la Dvina en 1922. Cette même année, une Commission spéciale d'évacuation déporta vers la Sibérie 2 514 civils de Kronstadt pour le seul fait d'être restés dans la place forte lors des événements [1] !

La rébellion de Kronstadt vaincue, le régime engagea toutes ses forces dans la chasse aux militants socialistes, la lutte contre les grèves et le « laisser-aller » ouvrier, l'écrasement des insurrections paysannes qui continuaient de plus belle malgré la proclamation officielle de la fin des réquisitions, et la répression contre l'Église.

Dès le 28 février 1921, Dzerjinski avait ordonné à toutes les tchekas provinciales « 1) d'arrêter immédiatement toute l'intelligentsia anarchisante, menchevik, socialiste-révolutionnaire, en particulier les fonctionnaires qui travaillent dans les commissariats du peuple à l'agriculture et au ravitaillement ; 2) après ce début, d'arrêter tous les mencheviks, socialistes-révolutionnaires et anarchistes travaillant dans les usines et susceptibles d'appeler à des grèves ou à des manifestations [2] ».

Loin de marquer un relâchement dans la politique répressive, l'introduction de la NEP, à partir de mars 1921, s'accompagna d'une recrudescence de la répression contre les militants socialistes modérés. Cette répression n'était pas dictée par le danger de les voir s'opposer à la Nouvelle Politique économique, mais par le fait qu'ils l'avaient réclamée depuis longtemps, montrant ainsi leur perspicacité et la justesse de leur analyse. « La seule place des mencheviks et des SR, qu'ils soient déclarés ou camouflés, écrivait Lénine en avril 1921, c'est la prison. »

Quelques mois plus tard, jugeant que les socialistes étaient encore trop « remuants », il écrivit : « Si les mencheviks et les SR montrent encore le bout de leur nez, les fusiller sans pitié ! » Entre mars et juin 1921, plus de deux mille militants et sympathisants socialistes modérés furent encore arrêtés. Tous les membres du Comité central du Parti menchevik se retrouvèrent en prison ; menacés de relégation en Sibérie, ils entamèrent, en janvier 1922, une grève de la faim ; douze dirigeants, dont Dan et Nikolaïevski, furent alors expulsés à l'étranger et arrivèrent à Berlin en février 1922.

Une des priorités du régime, au printemps 1921, était de faire redémarrer la production industrielle qui était tombée à un dixième de ce qu'elle avait été en 1913. Loin de relâcher la pression sur les ouvriers, les bolcheviks maintinrent, voire renforcèrent, la militarisation du travail mise en place au cours des années précédentes. La politique menée, en 1921,

1. Kronstadt, 1921, *op. cit.*, p. 367.
2. V. Brovkin, *op. cit.*, p. 400.

après l'adoption de la NEP, dans la grande région industrielle et minière du Donbass qui produisait plus de 80 % du charbon et de l'acier du pays, apparaît, à bien des égards, révélatrice des méthodes dictatoriales employées par les bolcheviks pour « remettre les ouvriers au travail ». À la fin de 1920, Piatakov, l'un des principaux dirigeants et proche de Trotski, avait été nommé à la tête de la Direction centrale de l'industrie charbonnière. En un an, il parvint à quintupler la production de charbon, au prix d'une politique d'exploitation et de répression sans précédent de la classe ouvrière, qui reposait sur la militarisation du travail des cent vingt mille mineurs dépendant de ses services. Piatakov imposa une discipline rigoureuse : toute absence était assimilée à un « acte de sabotage » et sanctionnée par une peine de camp, voire par la peine de mort — dix-huit mineurs furent exécutés en 1921 pour « parasitisme aggravé ». Il procéda à une augmentation des horaires de travail (et notamment le travail le dimanche) et généralisa le « chantage à la carte de rationnement » pour obtenir des ouvriers une augmentation de la productivité. Toutes ces mesures furent prises à un moment où les ouvriers recevaient, en guise de tout paiement, entre le tiers et la moitié du pain nécessaire à leur survie et où ils devaient, à la fin de leur journée de travail, prêter leur unique paire de chaussures aux camarades qui prenaient la relève. Comme le reconnaissait la Direction de l'industrie charbonnière, parmi les nombreuses raisons du fort absentéisme ouvrier figuraient, outre les épidémies, la « faim permanente » et « l'absence quasi totale de vêtements, de pantalons et de chaussures ». Pour réduire le nombre de bouches à nourrir alors que la famine menaçait, Piatakov ordonna, le 24 juin 1921, l'expulsion des villes minières de toutes les personnes qui ne travaillaient pas dans les mines et qui représentaient, par conséquent, un « poids mort ». Les cartes de rationnement furent retirées aux membres des familles des mineurs. Les normes de rationnement furent strictement alignées sur les performances individuelles de chaque mineur, et fut introduite une forme primitive de salaire aux pièces [1].

Toutes ces mesures allaient à l'encontre des idées d'égalité et de « rationnement garanti » dont se berçaient encore maints ouvriers, abusés par la mythologie ouvriériste bolchevique. Elles préfiguraient, de manière remarquable, les mesures antiouvrières des années 30. Les masses ouvrières n'étaient que de la *rabsila* (la force de travail) qu'il fallait exploiter de la manière la plus efficace possible, en contournant la législation du travail et des syndicats inutiles réduits au simple rôle d'aiguillons de la productivité. La militarisation du travail apparaissait comme la forme la plus efficace d'encadrement de cette main-d'œuvre rétive, affamée et peu productive. On ne peut manquer de s'interroger sur la parenté entre cette forme d'exploitation du travail libre et le travail forcé des grands

1. A. Graziosi, *At the Roots of Soviet Industrial Relations and Practices.* Piatakov's Donbass in 1921, *Cahiers du Monde russe*, vol. XXXVI (1-2), 1995, p. 95-138.

ensembles pénitentiaires créés au début des années 30. Comme tant d'autres épisodes de ces années matricielles du bolchevisme — qui ne sauraient être réduites à la seule guerre civile —, ce qui se passait dans le Donbass en 1921 annonçait un certain nombre de pratiques qui allaient être au cœur du stalinisme.

Parmi les autres opérations prioritaires du printemps 1921 figurait, pour le régime bolchevique, la « pacification » de toutes les régions tenues par des bandes et des détachements paysans. Le 27 avril 1921, le Bureau politique nomma le général Toukhatchevski responsable des « opérations de liquidation des bandes d'Antonov dans la province de Tambov ». À la tête de près de cent mille hommes, dont une forte proportion de détachements spéciaux de la Tcheka, équipés d'artillerie lourde et d'avions, Toukhatchevski vint à bout des détachements d'Antonov en menant une répression d'une violence inouïe. Toukhatchevski et Antonov-Ovseenko, président de la Commission plénipotentiaire du Comité exécutif central nommée pour établir un véritable régime d'occupation de la province de Tambov, pratiquèrent massivement les prises d'otages, les exécutions, les internements en camp de concentration, l'extermination par gaz asphyxiants et les déportations de villages entiers soupçonnés d'aider ou d'abriter les « bandits [1] ».

L'ordre du jour n° 171, en date du 11 juin 1921, signé d'Antonov-Ovseenko et de Toukhatchevski éclaire les méthodes avec lesquelles fut « pacifiée » la province de Tambov. Cet ordre stipulait notamment :

« 1. Fusiller sur place sans jugement tout citoyen qui refuse de donner son nom.

2. Les commissions politiques de district ou les commissions politiques d'arrondissement ont le pouvoir de prononcer contre les villages où sont cachées des armes un verdict sur l'arrestation d'otages et de les fusiller dans le cas où l'on ne rendrait pas les armes.

3. Dans le cas où l'on trouverait des armes cachées, fusiller sur place sans jugement l'aîné de la famille.

4. La famille qui aura caché un bandit dans sa maison est passible d'arrestation et de déportation hors de la province, ses biens sont confisqués, l'aîné de cette famille est fusillé sans jugement.

5. Considérer comme des bandits les familles qui cachent des membres de la famille ou des biens des bandits et fusiller sur place sans jugement l'aîné de cette famille.

6. Dans le cas de fuite d'une famille de bandit, répartir ses biens entre les paysans fidèles au pouvoir soviétique et brûler ou démolir les maisons abandonnées.

7. Appliquer le présent ordre du jour rigoureusement et sans pitié [2] ».

---

1. V. Danilov, T. Shanin, *op. cit.*, p. 179-180.
2. *Ibid.*, p. 178-179.

Le lendemain de la promulgation de l'ordre n° 171, le général Toukhatchevski ordonna de gazer les rebelles. « Les débris des bandes défaites et des bandits isolés continuent à se rassembler dans les forêts. [...] Les forêts où se cachent les bandits doivent être nettoyées au moyen de gaz asphyxiants. Tout doit être calculé pour que la nappe de gaz pénètre dans la forêt et extermine tout ce qui s'y cache. L'inspecteur de l'artillerie doit fournir immédiatement les quantités requises de gaz asphyxiants ainsi que des spécialistes compétents pour ce genre d'opération. » Le 19 juillet, devant l'opposition de nombreux dirigeants bolcheviques à cette forme extrême d'« éradication », l'ordre n° 171 fut annulé [1].

En ce mois de juillet 1921, les autorités militaires et la Tcheka avaient déjà installé sept camps de concentration où, selon des données encore partielles, étaient enfermées au moins cinquante mille personnes, en majorité des femmes, des vieillards et des enfants, « otages » et membres des familles des paysans-déserteurs. La situation de ces camps était épouvantable : le typhus et le choléra y étaient endémiques, et les détenus, à moitié nus, manquaient de tout. Durant l'été 1921, la famine fit son apparition. La mortalité atteignit, à l'automne, 15 à 20 % par mois ! Au 1er septembre 1921, on ne comptait plus que quelques bandes, rassemblant au total à peine plus d'un millier d'hommes en armes, contre quarante mille à l'apogée du mouvement paysan, en février 1921. À partir de novembre 1921, alors que les campagnes avaient été depuis longtemps « pacifiées », plusieurs milliers de détenus parmi les plus valides furent déportés vers les camps de concentration du nord de la Russie, à Arkhangelsk et à Kholmogory [2].

Comme en témoignent les rapports hebdomadaires de la Tcheka aux dirigeants bolcheviques, la « pacification » des campagnes continua, dans bien des régions — Ukraine, Sibérie occidentale, provinces de la Volga, Caucase —, au moins jusqu'à la seconde moitié de l'année 1922. Les habitudes prises au cours des années précédentes avaient la vie dure et, si officiellement les réquisitions avaient été abolies en mars 1921, la levée de l'impôt en nature qui remplaçait les réquisitions se faisait souvent avec une extrême brutalité. Les quotas, très élevés au regard de la situation catastrophique de l'agriculture en 1921, maintenaient une tension permanente dans les campagnes où bien des paysans avaient gardé des armes.

Décrivant ses impressions de voyage dans les provinces de Toula, d'Orel et de Voronej en mai 1921, le commissaire adjoint du peuple à l'Agriculture, Nikolaï Ossinski, rapportait que les fonctionnaires locaux étaient convaincus que les réquisitions seraient rétablies en automne. Les autorités locales « ne pouvaient pas considérer les paysans autrement que comme des saboteurs-nés [3] ».

1. V. Danilov, T. Shanin, *op. cit.*, p. 226-227.
2. GARF, 393/ 89/ 182 ; 393/ 89/ 231 ; 393/ 89/ 295.
3. CRCEDHC, 5/2/244/1.

Rapport du président de la Commission plénipotentaire de cinq membres sur les mesures répressives contre les bandits de la province de Tambov. 10 juillet 1921.

Les opérations de nettoyage de la volost (canton) Koudrioukovskaïa ont débuté le 27 juin par le village Ossinovki, qui avait abrité par le passé des groupes de bandits. L'attitude des paysans à l'égard de nos détachements répressifs était caractérisée par une certaine méfiance. Les paysans ne dénonçaient pas les bandits des forêts et répondaient qu'ils ne savaient rien aux questions qu'on leur posait.

Nous avons pris 40 otages, déclaré le village en état de siège, et donné deux heures aux villageois pour livrer les bandits et les armes cachées. Réunis en assemblée, les villageois hésitaient sur la conduite à tenir, mais ne se décidaient pas à collaborer activement à la chasse aux bandits. Sans doute ne prenaient-ils pas au sérieux nos menaces d'exécuter les otages. À l'expiration du délai, nous fîmes exécuter 21 otages devant l'assemblée villageoise. L'exécution publique, par fusillade individuelle, avec toutes les formalités d'usage, en présence de tous les membres de la Commission plénipotentiaire, des communistes, etc., provoqua un effet considérable sur les paysans...

Concernant le village Kareievka, qui, du fait de sa situation géographique, était un emplacement privilégié des groupes de bandits... la Commission a décidé de le rayer de la carte. Toute la population a été déportée, ses biens confisqués, à l'exception des familles des soldats servant dans l'Armée rouge, qui ont été transférées dans le bourg Kourdiouki et relogées dans les maisons confisquées aux familles de bandits. Après récupération des quelques objets de valeur — cadres de fenêtres, objets en verre et en bois, etc. —, le feu a été mis aux maisons du village...

Le 3 juillet, nous avons engagé les opérations dans le bourg Bogoslovka. Nous avons rarement rencontré une paysannerie aussi rétive et organisée. Lorsqu'on discutait avec ces paysans, du plus jeune au plus âgé, tous unanimement répondaient, prenant un air étonné : « Chez nous, des bandits ? Vous n'y pensez pas ! Peut-être en avons-vu passer une fois dans les parages, mais on ne sait même pas si c'était des bandits. Nous, on vit tranquillement, on ne fait du tort à personne, on ne sait rien. »

Nous avons pris les mêmes mesures qu'à Ossinovka : nous avons pris 58 otages. Le 4 juillet, nous avons fusillé publiquement un premier groupe de 21 personnes, puis 15 le lendemain, mis hors d'état de nuire 60 familles de bandits, soit 200 personnes environ. En fin de compte, nous sommes arrivés à nos fins et les paysans ont été contraints de partir à la chasse aux bandits et aux armes cachées...

Le nettoyage des villages et bourgs ci-dessus cités a été achevé le 6 juillet. L'opération est couronnée de succès et a des conséquences qui vont même au-delà des deux *volosts* (cantons) limitrophes. La reddition des éléments bandits se poursuit.

Le président de la Commission plénipotentiaire de 5 membres, Uskonin.
Krestianskoie vosstanie v Tambovskoi gubernii v 1919-1921, op. cit., p. 218.

Pour accélérer la collecte de l'impôt en Sibérie, région qui devait fournir le gros des rentrées en produits agricoles, à un moment où la famine ravageait toutes les provinces de la Volga, Feliks Dzerjinski fut envoyé en Sibérie, en décembre 1921, comme plénipotentiaire extraordinaire. Il mit en place des « tribunaux révolutionnaires volants » chargés de sillonner les villages et de condamner sur-le-champ, à des peines de prison ou de camp, les paysans qui ne payaient pas l'impôt[1]. Comme les détachements de réquisition, ces tribunaux, épaulés par des « détachements fiscaux », commirent tant d'abus que le président du Tribunal suprême lui-même, Nikolaï Krylenko, dut ordonner une enquête sur les agissements de ces organes appointés par le chef de la Tcheka. D'Omsk, le 14 février 1922, un inspecteur écrivait : « Les abus des détachements de réquisition ont atteint un degré inimaginable. On enferme systématiquement les paysans arrêtés dans des hangars non chauffés, on leur applique le fouet, on les menace d'exécution. Ceux qui n'ont pas rempli en totalité leur quota de livraison sont ligotés, contraints de courir, nus, le long de la rue principale du village, puis enfermés dans un hangar non chauffé. On a battu un grand nombre de femmes jusqu'à ce qu'elles perdent connaissance, on les mettait nues dans des trous creusés dans la neige... » Dans toutes les provinces, les tensions demeuraient très vives.

En témoignent ces extraits d'un rapport de la police politique pour octobre 1922, un an et demi après le début de la NEP :

> « Dans la province de Pskov, les quotas fixés pour l'impôt en nature représentent les 2/3 de la récolte. Quatre districts ont pris les armes. [...] Dans la province de Novgorod, les quotas ne seront pas remplis, malgré la baisse de 25 % récemment accordée au vu de la mauvaise récolte. Dans les provinces de Riazan et de Tver, la réalisation à 100 % des quotas condamnerait la paysannerie à mourir de faim. [...] Dans la province de Novo-Nikolaïevsk, la famine menace et les paysans font des provisions d'herbe et de racines pour leur propre consommation. [...] Mais tous ces faits semblent anodins par rapport aux informations qui nous parviennent de la province de Kiev où l'on assiste à une vague de suicides comme on n'en avait jamais vu : les paysans se suicident en masse parce qu'ils ne peuvent ni payer leurs impôts, ni reprendre les armes qui leur ont été confisquées. La famine qui s'est abattue depuis plus d'un an sur toute une série de région rend les paysans très pessimistes quant à leur avenir[2]. »

À l'automne 1922, le pire était cependant passé. Après deux années de famine, les survivants venaient d'engranger une récolte qui devait permettre de passer l'hiver, à condition toutefois que les impôts ne fussent

1. CRCEDHC, 17/87/164 ; 76/3/237.
2. CRCEDHC, 17/87/296/35-36.

pas exigibles dans leur totalité. « Cette année, la récolte de céréales sera inférieure à la moyenne des dix dernières années » : c'est en ces termes que la *Pravda* avait mentionné pour la première fois, le 2 juillet 1921, en dernière page et dans un court entrefilet, l'existence d'un « problème alimentaire » sur le « front agricole ». Dix jours plus tard, Mikhaïl Kalinine, président du Comité exécutif central des soviets, reconnaissait, dans un « Appel à tous les citoyens de la RSFSR » publié dans la *Pravda* du 12 juillet 1921, que, « dans de nombreux districts, la sécheresse de cette année a détruit la moisson ».

« Cette calamité, expliquait une résolution du Comité central datée du 21 juillet, ne résulte pas seulement de la sécheresse. Elle découle et procède de toute l'histoire passée, du retard de notre agriculture, de l'absence d'organisation, du faible niveau des connaissances en agronomie, de la technique indigente, des formes périmées de rotation des cultures. Elle est aggravée par les conséquences de la guerre et du blocus, par la lutte ininterrompue menée contre nous par les propriétaires, les capitalistes et leurs valets, par les actions incessantes des bandits qui exécutent les ordres d'organisations hostiles à la Russie soviétique et à toute sa population laborieuse[1]. »

Dans la longue énumération des causes de cette « calamité », dont on n'osait pas encore dire le nom, manquait le facteur capital : la politique des réquisitions qui depuis des années ponctionnait une agriculture déjà très fragile. Les dirigeants des provinces touchées par la famine, convoqués à Moscou en juin 1921, soulignèrent unanimement les responsabilités du gouvernement, et en particulier du tout-puissant commissariat du peuple à l'Approvisionnement, dans l'extension et l'aggravation de la famine. Le représentant de la province de Samara, un certain Vaviline, expliqua que le comité provincial à l'approvisionnement n'avait cessé, depuis l'instauration des réquisitions, de gonfler les estimations des récoltes.

Malgré la mauvaise récolte de 1920, dix millions de pouds avaient été réquisitionnés cette année-là. Toutes les réserves, y compris les semences pour la future récolte, avaient été prises. Dès janvier 1921, de nombreux paysans n'avaient plus rien à manger. La mortalité avait commencé à augmenter en février. En deux ou trois mois, émeutes et révoltes contre le régime avaient pratiquement cessé dans la province de Samara. « Aujourd'hui, expliquait Vaviline, il n'y a plus de révoltes. On voit des phénomènes nouveaux : des foules de milliers d'affamés assiègent pacifiquement le Comité exécutif des soviets ou du Parti et attendent, des jours durant, on ne sait quel arrivage miraculeux de nourriture. On n'arrive pas à chasser cette foule où les gens meurent chaque jour comme des mouches. [...] Je pense qu'il y a au moins neuf cent mille affamés dans la province[2]. »

1. *Pravda*, 21 juillet 1921 ; M. Heller, Premier avertissement : un coup de fouet. L'histoire de l'expulsion des personnalités culturelles hors de l'Union soviétique en 1922, *Cahiers du Monde russe et soviétique*, XX (2), avril-juin 1979, p. 131-172.

2. GARF, 1064/ 1/1/ 33.

À lire les rapports de la Tcheka et du renseignement militaire, on constate que la disette s'était installée dans bien des régions depuis 1919. Tout au cours de l'année 1920, la situation n'avait cessé de se dégrader. Dans leurs rapports internes, la Tcheka, le commissariat du peuple à l'Agriculture et le commissariat du peuple à l'Approvisionnement, parfaitement conscients de la situation, dressaient dès l'été 1920 une liste des districts et des provinces « affamés » ou « en proie à la disette ». En janvier 1921, un rapport relevait, parmi les causes de la famine qui gagnait la province de Tambov, « l'orgie » de réquisitions de l'année 1920. Pour le petit peuple, il était évident, comme en témoignaient les propos rapportés par la police politique, que « le pouvoir soviétique veut faire crever de faim tous les paysans qui osent lui résister ». Bien que parfaitement informé des conséquences inéluctables de sa politique de réquisitions, le gouvernement ne prit aucune mesure. Alors même que la famine gagnait un nombre croissant de régions, Lénine et Molotov envoyèrent, le 30 juillet 1921, un télégramme à tous les dirigeants des comités régionaux et provinciaux du Parti leur demandant de « renforcer les appareils de collecte [...], de développer une intense propagande auprès de la population rurale en lui expliquant l'importance économique et politique du paiement ponctuel et total des impôts [...], de mettre à la disposition des agences de collecte de l'impôt en nature toute l'autorité du Parti et la totalité du pouvoir de répression de l'appareil d'État[1] » !

Face à l'attitude des autorités, qui poursuivaient à tout prix leur politique de ponction de la paysannerie, les milieux informés et éclairés de l'intelligentsia se mobilisèrent. En juin 1921, agronomes, économistes, universitaires constituèrent, au sein de la Société moscovite d'agriculture, un Comité social de lutte contre la famine. Parmi les premiers membres de ce comité figuraient les éminents économistes Kondratiev et Prokopovitch, ancien ministre du Ravitaillement du gouvernement provisoire, Ekaterina Kouskova, une journaliste proche de Maxime Gorki, des écrivains, des médecins, des agronomes. Grâce à l'entremise de Gorki, bien introduit dans les milieux dirigeants bolcheviques, une délégation du comité, que Lénine avait refusé de recevoir, obtint à la mi-juillet 1921 une audience auprès de Lev Kamenev. Après cette entrevue, Lénine, toujours méfiant vis-à-vis de la « sensiblerie » de certains dirigeants bolcheviques, envoya un mot à ses collègues du Bureau politique : « Mettre rigoureusement Kouskova hors d'état de nuire. [...] Acceptons de Kouskova le nom, la signature, un wagon ou deux de la part de ceux qui éprouvent de la sympathie pour elle (et ceux de son espèce). Rien de plus[2]. »

Finalement, les membres du Comité parvinrent à convaincre un certain nombre de dirigeants de leur utilité. Représentants les plus en vue de la science, de la littérature et de la culture russe, connus en Occident,

1. CRCEDHC, 2/1/26847.
2. M. Heller, *art. cit.*, p. 141.

ils avaient, pour la plupart, déjà activement participé à l'organisation de l'aide aux victimes de la famine de 1891. Ils avaient, en outre, de nombreux contacts parmi les intellectuels du monde entier et pourraient se porter garants de la juste redistribution aux affamés d'une éventuelle aide internationale. Ils étaient prêts à donner leur caution, mais exigeaient l'octroi au Comité d'aide aux affamés d'un statut officiel.

Le 21 juillet 1921, le gouvernement bolchevique se décida, non sans réticences, à légaliser le Comité social qui prit le titre de Comité panrusse d'aide aux affamés. Le Comité se vit conférer l'emblème de la Croix-Rouge. Il eut le droit de se procurer en Russie et à l'étranger des vivres, du fourrage, des médicaments, de répartir les secours parmi la population nécessiteuse, d'avoir recours à des transports exceptionnels pour acheminer ses livraisons, d'organiser des soupes populaires, de créer des sections et des comités locaux, de « communiquer librement avec les organismes et les fondés de pouvoir qu'il aura désignés à l'étranger » et même de « débattre des mesures prises par les autorités centrales et locales qui, à son avis, ont trait à la question de la lutte contre la famine [1] ». À aucun moment de l'histoire soviétique une organisation sociale ne se vit octroyer de tels droits. Les concessions du gouvernement étaient à la mesure de la crise que traversait le pays, quatre mois après l'instauration officielle, et bien timide, de la NEP.

Le Comité prit contact avec le chef de l'Église orthodoxe, le patriarche Tikhon, qui créa aussitôt un Comité ecclésiastique panrusse d'aide aux affamés. Le 7 juillet 1921, le patriarche fit lire dans toutes les églises une lettre pastorale : « La charogne est devenue un mets de choix pour la population affamée, et ce mets est difficile à trouver. Pleurs et gémissements retentissent de toutes parts. On en vient déjà au cannibalisme... Tendez une main secourable à vos frères et à vos sœurs ! Avec l'agrément des fidèles, vous pouvez utiliser les trésors des églises qui n'ont pas de valeur sacramentelle pour secourir les affamés, tels qu'anneaux, chaînes et bracelets, décorations ornant les saintes icônes, etc. »

Après avoir obtenu l'aide de l'Église, le Comité panrusse d'aide aux affamés contacta diverses institutions internationales, dont la Croix-Rouge, les Quakers et l'American Relief Association (ARA), qui répondirent toutes positivement. Néanmoins, la collaboration entre le régime et le Comité ne devait durer guère plus de cinq semaines : le 27 août 1921, le Comité fut dissous, six jours après que le gouvernement eut signé un accord avec le représentant de l'American Relief Association, présidée par Herbert Hoover. Pour Lénine, maintenant que les Américains envoyaient leurs premiers cargos de ravitaillement, le comité avait joué son rôle : « le nom et la signature de Kouskova » avaient servi de caution aux bolcheviks. Cela suffisait.

« Je propose, aujourd'hui même, vendredi 26 août, écrivit Lénine, de dissoudre le Comité. [...] Arrêter Prokopovitch pour propos séditieux [...]

1. *Ibid.*, p. 143.

et le garder trois mois en prison. [...] Expulser de Moscou immédiatement, aujourd'hui même, les autres membres du Comité, les envoyer, séparément les uns des autres, dans des chefs-lieux de district, si possible à l'écart du réseau ferroviaire, en résidence surveillée. [...] Nous publierons demain un bref et sec communiqué gouvernemental en cinq lignes : Comité dissous pour refus de travailler. Donner aux journaux la directive de commencer dès demain à couvrir d'injures les gens du Comité. Des fils à papa, des gardes blancs, disposés à aller faire un tour à l'étranger, beaucoup moins à se rendre en province, les ridiculiser par tous les moyens et les malmener au moins une fois par semaine pendant deux mois[1]. »

Suivant à la lettre ces instructions, la presse se déchaîna contre les soixante intellectuels de renom qui avaient pris part au Comité. Les titres des articles publiés témoignent avec éloquence du caractère de cette campagne de dénigrement : « On ne joue pas avec la faim ! » (*Pravda*, 30 août 1921) ; « Ils spéculaient sur la faim ! » (*Komounistitcheski Troud*, 31 août 1921) ; « Le Comité d'aide... à la contre-révolution » (*Izvestia*, 30 août 1921). À une personne venue intercéder en faveur des membres du Comité arrêtés et déportés, Unschlicht, un des adjoints de Dzerjinski à la Tcheka, déclara : « Vous dites que le Comité n'a commis aucun acte déloyal. C'est vrai. Mais il est apparu comme un pôle d'attraction pour la société. Et cela nous ne pouvons l'admettre. Vous savez, lorsqu'on met dans un verre d'eau un rameau qui n'a pas encore de pousses, il se met rapidement à bourgeonner. Le Comité a commencé tout aussi rapidement à étendre ses ramifications dans la collectivité sociale. [...] Il a fallu sortir le rameau de l'eau et l'écraser[2]. »

À la place du Comité, le gouvernement mit sur pied une Commission centrale d'aide aux affamés, lourd organisme bureaucratique composé de fonctionnaires de divers commissariats du peuple, très inefficace et corrompu. Au plus fort de la famine, qui affecta à son apogée, durant l'été 1922, près de trente millions de personnes, la Commission centrale assura une aide alimentaire irrégulière à moins de trois millions de personnes. De leur côté, l'ARA, la Croix-Rouge, les Quakers nourrissaient environ onze millions de personnes par jour. Malgré cette mobilisation internationale, au moins cinq millions de personnes périrent de faim en 1921-1922, sur les 29 millions de personnes touchées par la famine[3]. La dernière grande famine qu'avait connue la Russie en 1891, approximativement dans les mêmes régions (la Moyenne, la Basse-Volga et une partie du Kazakhstan), avait fait quatre cent à cinq cent mille victimes. L'État et la société avaient alors rivalisé d'émulation pour venir en aide aux paysans victimes de la sécheresse. Jeune avocat, Vladimir Oulianov-Lénine résidait au début des

1. *Ibid.*, p. 148-149.
2. *Ibid.*, p. 151.
3. S. Adamets, *Catastrophes démographiques en Russie soviétique en 1918-1923* (Thèse de Doctorat, EHESS, décembre 1995), p. 191.

années 1890 à Samara, chef-lieu de l'une des provinces les plus touchées par la famine de 1891. Il fut le seul représentant de l'intelligentsia locale non seulement à ne pas participer à l'aide sociale aux affamés, mais à se prononcer catégoriquement contre une telle aide. Comme le rappelait un de ses amis, « Vladimir Ilitch Oulianov avait le courage de déclarer ouvertement que la famine avait de nombreuses conséquences positives, à savoir l'apparition d'un prolétariat industriel, ce fossoyeur de l'ordre bourgeois. [...] En détruisant l'économie paysanne attardée, la famine, expliquait-il, nous rapproche objectivement de notre but final, le socialisme, étape immédiatement postérieure au capitalisme. La famine détruit aussi la foi non seulement dans le tsar, mais même en Dieu[1] ».

Trente ans plus tard, le jeune avocat devenu chef du gouvernement bolchevique reprenait son idée : la famine pouvait et devait servir à « frapper mortellement l'ennemi à la tête ». Cet ennemi, c'était l'Église orthodoxe. « L'électricité remplacera Dieu. Laissez le paysan prier l'électricité, il en ressentira le pouvoir des autorités plus que celui du ciel », disait Lénine en 1918, lors d'une discussion avec Leonid Krassine au sujet de l'électrification de la Russie. Dès l'arrivée au pouvoir des bolcheviks, les relations entre le nouveau régime et l'Église orthodoxe s'étaient dégradées. Le 5 février 1918, le gouvernement bolchevique avait décrété la séparation de l'Église et de l'État, de l'école et de l'Église, proclamé la liberté de conscience et des cultes, annoncé la nationalisation des biens d'Église. Contre cette atteinte au rôle traditionnel de l'Église orthodoxe, religion d'État sous le tsarisme, le patriarche Tikhon avait vigoureusement protesté dans quatre lettres pastorales aux croyants. Les bolcheviks multiplièrent les provocations, « expertisant » — c'est-à-dire profanant — les reliques des saints, organisant des « carnavals antireligieux » lors des grandes fêtes religieuses, exigeant que le grand monastère de la Trinité-Saint-Serge, dans les environs de Moscou, où étaient conservées les reliques de saint Serge de Radonège, fût transformé en musée de l'athéisme. C'est dans ce climat déjà tendu, alors que de nombreux prêtres et évêques avaient été arrêtés pour s'être opposés à ces provocations, que les dirigeants bolcheviques, à l'initiative de Lénine, prirent prétexte de la famine pour lancer une grande opération politique contre l'Église.

Le 26 février 1922, la presse publia un décret du gouvernement ordonnant « la confiscation immédiate dans les églises de tous les objets précieux en or ou en argent, de toutes les pierres précieuses, qui ne servent pas directement au culte. Ces objets seront transmis aux organes du commissariat du peuple aux Finances qui les transférera au fonds de la Commission centrale d'aide aux affamés ». Les opérations de confiscation débutèrent dans les premiers jours de mars et s'accompagnèrent de très nombreux incidents entre les détachements chargés de prendre les trésors des églises

1. A. Beliakov, *Iunost vozdia* (L'adolescence du Guide), Moscou, 1960, p. 80-82, cité in M. Heller, *art. cit.*, p. 134.

et les fidèles. Les plus graves eurent lieu le 15 mars 1922 à Chouïa, une petite ville industrielle de la province d'Ivanovo, où la troupe tira sur la foule des fidèles, tuant une dizaine de personnes. Lénine prit prétexte de cette tuerie pour renforcer la campagne antireligieuse.

Dans une lettre adressée aux membres du Bureau politique le 19 mars 1922, il explicitait, avec le cynisme qui le caractérisait, comment la famine pouvait être mise à profit pour « frapper mortellement l'ennemi à la tête » :

> « Concernant les événements de Chouïa, qui vont être discutés au Bureau politique, je pense qu'une décision ferme doit être adoptée dès maintenant, dans le cadre du plan général de lutte sur ce front. [...] Si l'on prend en compte ce que nous rapportent les journaux à propos de l'attitude du clergé face à la campagne de confiscation des biens de l'Église, plus la prise de position subversive du patriarche Tikhon, il apparaît parfaitement clairement que le clergé Cent-Noirs est en train de mettre en œuvre un plan élaboré visant à nous infliger en ce moment même une défaite décisive. [...] Je pense que notre ennemi est en train de commettre une erreur stratégique monumentale. En effet, le moment actuel est exceptionnellement favorable pour nous, et non pas pour eux. Nous avons quatre-vingt-dix-neuf chances sur cent de frapper mortellement l'ennemi à la tête avec un succès total, et de nous garantir des positions, pour nous essentielles, pour les décennies à venir. Avec tous ces gens affamés qui se nourrissent de chair humaine, avec les routes jonchées de centaines, de milliers de cadavres, c'est maintenant et seulement maintenant que nous pouvons (et par conséquent devons) confisquer les biens de l'Église avec une énergie farouche, impitoyable. C'est précisément maintenant et seulement maintenant que l'immense majorité des masses paysannes peut nous soutenir ou, plus exactement, peut ne pas être en mesure de soutenir cette poignée de cléricaux Cent-Noirs et de petits-bourgeois réactionnaires... Nous pouvons ainsi nous procurer un trésor de plusieurs centaines de millions de roubles-or (songez aux richesses de certains monastères !). Sans ce trésor, aucune activité étatique en général, aucune édification économique en particulier, et aucune défense de nos positions n'est concevable. Nous devons coûte que coûte nous approprier ce trésor de plusieurs centaines de millions de roubles (peut-être même de plusieurs milliards !). Tout ceci ne peut être fait, avec succès, que maintenant. Tout indique que nous n'arriverons pas à nos fins à un autre moment, parce que seul le désespoir engendré par la faim peut entraîner une attitude bienveillante, ou du moins, neutre, des masses à notre égard... Aussi, j'en arrive à la conclusion catégorique que c'est le moment d'écraser le clergé Cent-Noirs de la manière la plus décisive et la plus impitoyable, avec une telle brutalité qu'il s'en souvienne pour des décennies. J'envisage la mise en œuvre de notre plan de campagne de la manière suivante :

Seul le camarade Kalinine prendra publiquement les mesures. En aucun cas, le camarade Trotski ne devra apparaître dans la presse ou en public... Il faudra envoyer l'un des membres les plus énergiques et des plus intelligents du Comité exécutif central... à Chouia, avec des instructions verbales de l'un des membres du Bureau politique. Ces instructions stipuleront qu'il a pour mission d'arrêter à Chouïa le plus grand nombre possible de membres du clergé, de petits-bourgeois et de bourgeois, pas moins de quelques douzaines, qui seront accusés de participation directe ou indirecte à la résistance violente contre le décret sur la confiscation des biens d'Église. De retour de mission, ce responsable rendra compte soit au Bureau politique réuni au complet, soit à deux de ses membres. Sur la base de ce rapport, le Bureau politique donnera, verbalement, des directives précises aux autorités judiciaires, à savoir que le procès des rebelles de Chouia doit être mené le plus rapidement possible, avec pour seule issue l'exécution, par fusillade, d'un nombre très important de Cent-Noirs de Chouïa, mais aussi de Moscou et d'autres centres cléricaux... Plus le nombre de représentants du clergé réactionnaire et de la bourgeoisie réactionnaire passés par les armes sera important, et mieux cela sera pour nous. Nous devons donner immédiatement une leçon à tous ces gens de telle sorte qu'ils ne songeront même plus à quelque résistance que ce soit des décennies durant[1]... »

Comme en témoignent les rapports hebdomadaires de la police politique, la campagne de confiscation des biens d'Église atteignit son apogée en mars, avril et mai 1922, provoquant 1 414 incidents recensés et l'arrestation de plusieurs milliers de prêtres, de moines et de moniales. Selon des sources ecclésiastiques, 2 691 prêtres, 1 962 moines et 3 447 moniales furent tués en 1922[2]. Le gouvernement organisa plusieurs grands procès publics de membres du clergé, à Moscou, Ivanovo, Chouïa, Smolensk et Petrograd. Dès le 22 mars, une semaine après les incidents de Chouïa, le Bureau politique proposa, conformément aux instructions de Lénine, toute une série de mesures : « Arrêter le synode et le patriarche, pas dans l'immédiat, mais d'ici quinze à vingt-cinq jours. Rendre publiques les circonstances de l'affaire de Chouïa. Faire passer en jugement les prêtres et laïcs de Chouïa d'ici une semaine. Fusiller les meneurs de la rébellion[3]. » Dans une note au Bureau politique, Dzerjinski indiqua que « le patriarche et sa bande [...] s'opposent ouvertement à la confiscation des biens de l'Église. [...] Il existe d'ores et déjà plus que suffisamment de motifs pour arrêter Tikhon et les membres les plus réactionnaires du synode. La Guépéou estime que : 1) l'arrestation du synode et du

1. CRCEDHC, 2/1/ 22947/ 1-4.
2. *Russkaia Pravoslavnaia tserkov i kommunisticeskoie gosudarstvo, 1917-1941* (L'Église orthodoxe russe et l'État communiste, 1917-1941), Moscou, 1996, p. 69.
3. D. Volkogonov, *Le Vrai Lénine*, Paris, Robert Laffont, p. 346.

patriarche est opportune ; 2) la désignation d'un nouveau synode ne doit pas être autorisée ; 3) tout prêtre qui s'opposerait à la confiscation des biens de l'Église devrait être relégué en tant qu'ennemi du peuple dans les régions de la Volga les plus touchées par la famine [1] ».

À Petrograd, soixante-seize ecclésiastiques furent condamnés à des peines de camp, et quatre exécutés, dont le métropolite de Petrograd, Benjamin, élu en 1917, très proche du peuple et qui avait pourtant assidûment plaidé pour une Église indépendante de l'État. À Moscou, cent quarante-huit ecclésiatiques et laïcs furent condamnés à des peines de camp, et six à la peine de mort, aussitôt appliquée. Le patriarche Tikhon fut placé en résidence surveillée au monastère Donskoï à Moscou.

Quelques semaines après ces parodies de jugement s'ouvrit à Moscou, le 6 juin 1922, un grand procès public, annoncé dans la presse depuis le 28 février : le procès de trente-quatre socialistes-révolutionnaires accusés d'avoir mené des « activités contre-révolutionnaires et terroristes contre le gouvernement soviétique », parmi lesquelles figuraient notamment l'attentat du 31 août 1918 contre Lénine et la « direction politique » de la révolte paysanne de Tambov. Selon une pratique qui allait être largement utilisée dans les années 30, les accusés constituaient un ensemble hétérogène d'authentiques dirigeants politiques, dont douze membres du Comité central du Parti socialiste-révolutionnaire, dirigé par Abraham Gots et Dimitri Donskoï, et d'agents provocateurs chargés de témoigner contre leurs coaccusés et de « confesser leurs crimes ». Ce procès permit aussi, comme l'écrit Hélène Carrère d'Encausse, de « tester la méthode des accusations emboîtées comme des poupées russes, qui, partant d'un fait exact — dès 1918, les socialistes-révolutionnaires s'étaient bien opposés à l'absolutisme dirigeant des bolcheviks —, aboutit au principe... que toute opposition équivaut en dernier ressort à coopérer avec la bourgeoisie internationale [2] »

À l'issue de cette parodie de justice, durant laquelle les autorités mirent en scène des manifestations populaires réclamant la peine de mort pour les « terroristes », onze des accusés — les dirigeants du Parti socialiste-révolutionnaire — furent condamnés, le 7 août 1922, à la peine capitale. Devant les protestations de la communauté internationale mobilisée par les socialistes russes en exil, et, plus encore, devant la menace réelle d'une reprise des insurrections dans les campagnes où « l'esprit socialiste-révolutionnaire » restait vivace, l'exécution des sentences fut suspendue « à condition que le Parti socialiste-révolutionnaire cessât toutes ses activités conspiratives, terroristes et insurrectionnelles ». En janvier 1924, les condamnations à mort furent commuées en peines de cinq ans

1. D. Volkogonov, *Le Vrai Lénine*, Paris, Robert Laffont, p. 346.
2. H. Carrère d'Encausse, *Le Malheur russe*. Essai sur le meurtre politique, Paris, Fayard, 1988, p. 400.

de camp. Les condamnés ne furent cependant jamais libérés, et furent exécutés dans les années 30, à un moment où ni l'opinion internationale ni le danger d'insurrections paysannes n'entraient plus en ligne de compte pour la direction bolchevique.

À l'occasion du procès des socialistes-révolutionnaires avait été appliqué le nouveau Code pénal, entré en vigueur le 1er juin 1922. Lénine avait tout particulièrement suivi l'élaboration de ce code qui devait légaliser la violence exercée à l'encontre des ennemis politiques, la phase de l'élimination expéditive, justifiée par la guerre civile, étant officiellement close. Les premières ébauches soumises à Lénine appelèrent de sa part, le 15 mai 1922, ces remarques adressées à Kourskii, commissaire du peuple à la Justice : « À mon avis, il faut élargir le champ d'application de la peine de mort à toutes les formes d'activités des mencheviks, socialistes-révolutionnaires, etc. Trouver une nouvelle peine qui serait le bannissement à l'étranger. Et mettre au point une formulation qui *lie* ces activités à la bourgeoisie internationale[1]. » Deux jours plus tard, Lénine écrivait à nouveau : « Camarade Kourskii, je veux ajouter à notre entretien cette ébauche d'un paragraphe complémentaire pour le Code pénal. [...] L'essentiel est clair, je crois. Il faut poser ouvertement le principe, juste politiquement — et pas seulement en termes étroitement juridiques —, qui motive l'essence et la justification de la terreur, sa nécessité, ses limites. Le tribunal ne doit pas supprimer la terreur, le dire serait se mentir ou mentir ; mais la fonder, la légaliser dans les principes, clairement, sans tricher ou farder la vérité. La formulation doit être la plus ouverte possible, car seule la conscience légale révolutionnaire et la conscience révolutionnaire créent les conditions d'application dans les faits[2]. »

En accord avec les instructions de Lénine, le Code pénal définit le crime contre-révolutionnaire comme tout acte « visant à abattre ou à affaiblir le pouvoir des soviets ouvriers et paysans établi par la révolution prolétarienne », mais aussi tout acte « contribuant à aider la partie de la bourgeoisie internationale qui ne reconnaît pas l'égalité des droits du système communiste de propriété succédant au système capitaliste, et s'efforce de le renverser par la force, l'intervention militaire, le blocus, l'espionnage ou le financement de la presse et autres moyens similaires ».

Étaient passibles de la peine de mort non seulement toutes les activités (révolte, émeute, sabotage, espionnage, etc.) susceptibles d'être qualifiées d'« actes contre-révolutionnaires », mais aussi la participation ou le concours prêté à une organisation « dans le sens d'une aide à une partie de la bourgeoisie internationale ». Même la « *propagande* susceptible d'apporter une aide à une partie de la bourgeoisie internationale » était considérée comme un crime contre-révolutionnaire, passible d'une privation de liberté « qui ne saurait être inférieure à trois ans » ou de bannissement à perpétuité.

1. V.I. Lénine, *Polnoie sobranie socinenii* (Œuvres complètes), vol. LIV, p. 189.
2. *Ibid.*, p. 198.

Dans le cadre de la légalisation de la violence politique entreprise au début de 1922, il convient de retenir la transformation nominale de la police politique. Le 6 février 1922, un décret abolit la Tcheka pour la remplacer aussitôt par la GPU — Direction politique d'État —, relevant du commissariat du peuple à l'Intérieur. Si le nom changeait, les responsables et les structures restaient identiques, témoignant clairement de la continuité de l'institution. Que pouvait donc signifier ce changement d'étiquette ? La Tcheka était nominalement une commission extraordinaire, ce qui suggérait le caractère transitoire de son existence et de ce qui la justifiait. GPU (Guépéou) indiquait, au contraire, que l'État devait disposer d'institutions normales et permanentes de contrôle et de répression politiques. Derrière le changement de dénomination se dessinaient la pérennisation et la légalisation de la terreur comme mode de résolution des rapports conflictuels entre le nouvel État et la société.

L'une des dispositions inédites du nouveau Code pénal était le bannissement à perpétuité, avec interdiction de revenir en URSS sous peine d'exécution immédiate. Elle fut mise en pratique dès l'automne 1922, à l'issue d'une grande opération d'expulsion qui frappa près de deux cents intellectuels de renom soupçonnés de s'opposer au bolchevisme. Parmi ceux-ci figuraient en bonne place tous ceux qui avaient participé au Comité social de lutte contre la famine, dissous le 27 juillet 1921.

Le 20 mai 1922, Lénine exposa, dans une longue lettre à Dzerjinski, un vaste plan d'« expulsion à l'étranger des écrivains et des professeurs qui aident la contre-révolution ». « Il faut préparer soigneusement cette opération, écrivait Lénine. Réunir une commission spéciale. Contraindre les membres du Bureau politique à consacrer 2-3 heures par semaine à examiner un certain nombre de livres et de revues. [...] Rassembler des informations systématiques sur le passé politique, les travaux et l'activité littéraire des professeurs et des écrivains. »

Et Lénine de montrer l'exemple : « En ce qui concerne la revue *Ekonomist*, par exemple, c'est de toute évidence un centre de gardes blancs. Le n° 3 (le troisième numéro seulement ! *nota bene !)* porte sur la couverture la liste des collaborateurs. Je pense que ce sont presque tous des candidats très légitimes à l'expulsion. Ce sont tous des contre-révolutionnaires avérés, des complices de l'Entente, qui forment une organisation de ses valets, d'espions et de corrupteurs de la jeunesse étudiante. Il faut organiser les choses de façon à faire la chasse à ces espions et à les capturer de manière permanente, organisée et systématique, pour les expulser à l'étranger[1]. »

Dès le 22 mai, le Bureau politique mit sur pied une Commission spéciale, comprenant notamment Kamenev, Kourskii, Unschlicht, Mantsev (deux adjoints directs de Dzerjinski), chargée de ficher un certain nombre d'intellectuels pour arrestation, puis expulsion. Les premiers à être

1. *Ibid.*, vol. LIV, p. 265-266.

expulsés, en juin 1922, furent les deux principaux dirigeants de l'ex-Comité social de lutte contre la famine, Serge Prokopovitch et Ekaterina Kouskova. Un premier groupe de cent soixante intellectuels renommés, philosophes, écrivains, historiens, professeurs d'université, arrêtés les 16 et 17 août, fut expulsé par bateau en septembre. Y figuraient notamment quelques noms qui avaient déjà acquis ou devaient acquérir une renommée internationale : Nikolaï Berdiaev, Serge Boulgakov, Semion Frank, Nikolaï Losski, Lev Karsavine, Fedor Stepoun, Serge Troubetskoï, Alexandre Izgoïev, Ivan Lapchine, Mikhaïl Ossorguine, Alexandre Kiesewetter... Chacun dut signer un document stipulant qu'en cas de retour en URSS il serait immédiatement fusillé. L'expulsé était autorisé à emporter un manteau d'hiver et un manteau d'été, un costume et du linge de corps de rechange, deux chemises de jour et deux de nuit, deux caleçons, deux paires de chaussettes ! Outre ces effets personnels, chaque expulsé avait le droit d'emporter vingt dollars en devises.

Parallèlement à ces expulsions, la police politique continuait le fichage de tous les intellectuels suspects de second rang, promis soit à la déportation administrative dans des parties reculées du pays, légalisée par un décret du 10 août 1922, soit au camp de concentration. Le 5 septembre 1922, Dzerjinski écrivit à son adjoint Unschlicht :

« Camarade Unschlicht ! Dans le domaine du fichage de l'intelligentsia, les choses sont encore bien artisanales ! Depuis le départ d'Agranov, nous n'avons plus de responsable compétent en ce domaine. Zaraïski est un peu trop jeune. Il me semble que, pour progresser, il faudrait que le camarade Menjinski prenne l'affaire en main. [...] Il est indispensable de faire un bon plan de travail, que l'on corrigerait et compléterait régulièrement. Il faut classer toute l'intelligentsia en groupes et sous-groupes : 1) écrivains ; 2) journalistes et politiciens ; 3) économistes (indispensable de faire des sous-groupes : *a)* financiers, *b)* spécialistes de l'énergie, *c)* spécialistes du transport, *d)* commerçants, *e)* spécialistes de la coopération, etc.) ; 4) spécialités techniques (ici, aussi, des sous-groupes s'imposent : *a)* ingénieurs, *b)* agronomes, *c)* médecins, etc.) ; 5) professeurs d'université et leurs assistants, etc., etc. Les informations sur tous ces messieurs doivent provenir de nos départements et être synthétisées par le département "Intelligentsia". Chaque intellectuel doit avoir chez nous son dossier. [...] Il faut toujours avoir à l'esprit que le but de notre département n'est pas seulement d'expulser ou d'arrêter des individus, mais de contribuer à l'élaboration de la ligne politique générale vis-à-vis des spécialistes : les surveiller étroitement, les diviser, mais aussi promouvoir ceux qui sont prêts, pas seulement en paroles, mais en actes, à soutenir le pouvoir soviétique[1]. »

Quelques jours plus tard, Lénine adressa un long mémorandum à Staline, dans lequel il revenait longuement, et avec un sens maniaque du

1. CRCEDHC, 76/3/303.

détail, sur le « nettoyage définitif » de la Russie de tous les socialistes, intellectuels, libéraux et autres « messieurs » :

« Sur la question de l'expulsion des mencheviks, des socialistes populaires, des cadets, etc. J'aimerais poser certaines questions, car cette mesure qui avait démarré avant mon départ n'est toujours pas terminée. A-t-il été décidé d'extirper tous les socialistes populaires ? Pechekhonov, Miakotine, Gornfeld ? Petrichtchev et les autres ? Je pense qu'ils devraient tous être expulsés. Ils sont plus dangereux que les SR parce que plus malins. Et aussi Potressov, Izgoïev et tous les gens de la revue l'*Économiste* (Ozerov et beaucoup d'autres). Les mencheviks Rozanov (un médecin, rusé), Vigdortchik (Migoulo ou quelque chose comme ça), Lioubov Nikolaïevna Radtchenko et sa jeune fille (à ce qu'on prétend, les plus perfides ennemis du bolchevisme) ; N. A. Rojkov (il doit être expulsé, il est incorrigible). [...] La commission Mantsev-Messing devrait établir des listes et plusieurs centaines de ces messieurs devraient être impitoyablement expulsés. Nous nettoierons la Russie une fois pour toutes. [...] Tous les auteurs de la Maison des écrivains, aussi, et de la Pensée (de Petrograd). Kharkov doit être fouillé de fond en comble, nous n'avons aucune idée de ce qui s'y passe, pour nous c'est un pays étranger. La ville doit être nettoyée radicalement et rapidement, pas plus tard que la fin du procès des SR. Occupez-vous des auteurs et écrivains de Petrograd (leurs adresses figurent dans *La Nouvelle Pensée russe*, n° 4, 1922, p. 37) et aussi de la liste des éditeurs privés (p. 29). C'est archi-important[1] ! »

1. CRCEDHC, 2/ 2/ 1338/.

6

De la trêve au « grand tournant »

Durant un peu moins de cinq années, du début de 1923 à la fin de 1927, l'affrontement entre le régime et la société connut une pause. Les luttes pour la succession de Lénine, mort le 24 janvier 1924, mais totalement écarté de toute activité politique depuis mars 1923, à la suite de sa troisième attaque cérébrale, monopolisèrent une grande partie de l'activité politique des dirigeants bolcheviques. Durant ces quelques années, la société pansa ses blessures.

Au cours de cette trêve, la paysannerie, qui représentait plus de 85 % de la population, tenta de renouer les liens de l'échange, de négocier les fruits de son travail et de vivre, selon la belle formule du grand historien de la paysannerie russe, Michael Confino, « comme si l'utopie paysanne fonctionnait ». Cette « utopie paysanne », que les bolcheviks qualifiaient volontiers d'*eserovschina* — terme dont la traduction la plus proche serait « mentalité socialiste-révolutionnaire » —, reposait sur quatre principes qui avaient été à la racine de tous les programmes paysans depuis des décennies : la fin des propriétaires fonciers et la terre partagée en fonction des bouches à nourrir, la liberté de disposer librement des fruits de son travail et la liberté du commerce, un *self-government* paysan représenté par la communauté villageoise traditionnelle, et la présence extérieure de l'État bolchevique réduite à sa plus simple expression — un soviet rural pour quelques villages et une cellule du Parti communiste dans un village sur cent !

Partiellement reconnus par le pouvoir, tolérés momentanément comme un signe d'« arriération » dans un pays à majorité paysanne, les mécanismes du marché, cassés de 1914 à 1922, se remirent à fonctionner. Aussitôt, les migrations saisonnières vers les villes, si fréquentes sous l'Ancien Régime, reprirent ; l'industrie d'État négligeant le secteur des biens de consommation, l'artisanat rural connut un essor remarqué, disettes et famines s'espacèrent, et les paysans recommencèrent à manger à leur faim.

Le calme apparent de ces quelques années ne saurait cependant masquer les tensions profondes qui subsistaient entre le régime et une société qui n'avait pas oublié la violence dont elle avait été victime. Pour les paysans, les sujets de mécontentement restaient nombreux[1]. Les prix agricoles étaient trop bas, les produits manufacturés trop chers et trop rares, les impôts trop lourds. Ils avaient le sentiment d'être des citoyens de seconde catégorie par rapport aux citadins et notamment aux ouvriers, souvent perçus comme des privilégiés. Les paysans se plaignaient surtout des innombrables abus de pouvoir des représentants de base du régime soviétique formés à l'école du « communisme de guerre ». Ils restaient soumis à l'arbitraire absolu d'un pouvoir local héritier à la fois d'une certaine tradition russe et des pratiques terroristes des années précédentes. « Les appareils judiciaire, administratif et policier sont totalement gangrenés par un alcoolisme généralisé, la pratique courante des pots-de-vin, [...] le bureaucratisme et une attitude de grossièreté générale vis-à-vis des masses paysannes », reconnaissait, à la fin de 1925, un long rapport de la police politique sur « L'état de la légalité socialiste dans les campagnes[2] ».

Condamnant les abus les plus criants des représentants du pouvoir soviétique, les dirigeants bolcheviques, dans leur majorité, n'en considéraient pas moins les campagnes comme une *terra incognita* dangereuse, « un milieu grouillant d'éléments koulaks, de socialistes-révolutionnaires, de popes, d'anciens propriétaires fonciers qui n'ont pas encore été éliminés », selon l'expression imagée d'un rapport du chef de la police politique de la province de Toula[3].

Comme en témoignent les documents du département Information de la Guépéou, le monde ouvrier restait aussi sous haute surveillance. Groupe social en reconstruction après les années de guerre, de révolution et de guerre civile, le monde ouvrier était toujours suspecté de conserver des attaches avec le monde hostile des campagnes. Les indicateurs présents dans chaque entreprise traquaient propos et actes déviants, « humeurs paysannes » que les ouvriers, de retour des travaux des champs après leurs congés, étaient censés ramener en ville. Les rapports policiers disséquaient le monde ouvrier en « éléments hostiles », nécessairement sous l'influence de groupuscules contre-révolutionnaires, en « éléments politiquement attardés » généralement venus des campagnes, et en éléments dignes d'être reconnus « politiquement conscients ». Arrêts de travail et grèves, assez peu nombreuses en ces années de fort chômage et de relative amélioration du niveau de vie pour ceux qui avaient un travail, étaient soigneusement analysés et les meneurs arrêtés.

1. A. Livchine, « Lettres de l'intérieur » à l'époque de la NEP. Les campagnes russes et l'autorité locale, *Communisme*, n° 42-43-44 (1995), p. 45-56 ; V. Izmozik, *Voices from the Twenties : private correspondence interceoted by the OGPU*, *The Russian Review*, vol.55/2 (avril 1996), p. 287-308.

2. N. Werth, G. Moullec, *Rapports secrets soviétiques, 1921-1991. La société russe dans les documents confidentiels*, Paris, Gallimard, 1995, p. 36.

3. *Ibid.*, p. 105.

Les documents internes, aujourd'hui partiellement accessibles, de la police politique montrent qu'après des années de formidable expansion cette institution connut quelques difficultés, dues précisément à la pause dans l'entreprise volontariste bolchevique de transformation de la société. En 1924-1926, Dzerjinski dut même batailler ferme contre certains dirigeants qui considéraient qu'il fallait fortement réduire les effectifs d'une police politique dont les activités allaient déclinant ! Pour la première et la seule fois jusqu'en 1953, les effectifs de la police politique diminuèrent, très fortement. En 1921, la Tcheka employait 105 000 civils environ et près de 180 000 militaires des diverses troupes spéciales, y compris les gardes frontières, les tchekas affectées aux chemins de fer et les gardes des camps. En 1925, ces effectifs avaient fondu à 26 000 civils environ et 63 000 militaires. À ces chiffres s'ajoutaient environ 30 000 indicateurs, dont le nombre en 1921 est inconnu en raison de l'état actuel de la documentation[1]. En décembre 1924, Nikolaï Boukharine écrivit à Feliks Dzerjinski : « Je considère que nous devons plus rapidement passer à une forme plus “libérale” de pouvoir soviétique : moins de répression, plus de légalité, plus de discussions, plus de pouvoir local (sous la direction du parti *naturaliter*), etc.[2] »

Quelques mois plus tard, le 1er mai 1925, le président du Tribunal révolutionnaire, Nikolaï Krylenko, qui avait présidé la mascarade judiciaire du procès des socialistes-révolutionnaires, adressa au Bureau politique une longue note dans laquelle il critiquait les abus de la Guépéou, qui, selon lui, outrepassait les droits qui lui étaient dévolus par la loi. Plusieurs décrets, pris en 1922-1923, avaient en effet limité les compétences de la Guépéou aux affaires d'espionnage, de banditisme, de fausse monnaie, de « contre-révolution ». Pour ces crimes, la Guépéou était seul juge et son Collège spécial pouvait prononcer des peines de déportation et de relégation en résidence surveillée (jusqu'à trois ans), de camp ou même la peine de mort. En 1924, sur 62 000 dossiers ouverts par la Guépéou, un peu plus de 52 000 avaient été transmis aux tribunaux ordinaires. Les juridictions spéciales de la Guépéou avaient gardé plus de 9 000 affaires, chiffre considérable étant donné la conjoncture politique stable, rappelait Nikolaï Krylenko, qui concluait :

« Les conditions de vie des personnes déportées et assignées à résidence dans des trous perdus de Sibérie, sans le moindre pécule, sont épouvantables. On y envoie aussi bien des jeunes de dix-huit-dix-neuf ans de milieux étudiants que des vieillards de soixante-dix ans, surtout des membres du clergé et des vieilles femmes “appartenant à des classes socialement dangereuses”. »

Aussi Krylenko proposait-il de limiter le qualificatif de « contre-révolutionnaire » aux seuls membres reconnus de « partis politiques

1. CRCEDHC, 76/ 3/ 307/ 4-15.
2. *Voprosy Istorii KPSS*, 1988, n° 11, p. 42-43.

représentant les intérêts de la bourgeoisie » afin d'éviter « une interprétation abusive du terme par les services de la Guépéou [1] ».

Face à ces critiques, Dzerjinski et ses adjoints ne manquaient pas d'alimenter les plus hauts dirigeants du Parti, et notamment Staline, de rapports alarmistes sur la persistance de graves problèmes intérieurs, de menaces diversionnistes orchestrées par la Pologne, les pays Baltes, la Grande-Bretagne, la France et le Japon. Selon le rapport d'activité de la Guépéou pour l'année 1924, la police politique aurait :

— arrêté 11 453 « bandits », dont 1 858 exécutés sur-le-champ ;
— appréhendé 926 étrangers (dont 357 expulsés) et 1 542 « espions » ;
— prévenu un « soulèvement de gardes blancs » en Crimée (132 personnes exécutées dans le cadre de cette affaire) ;
— procédé à 81 « opérations » contre des groupes anarchistes, qui s'étaient soldées par 266 arrestations ;
— « liquidé » 14 organisations menchevik (540 arrestations), 6 organisations de socialistes-révolutionnaires de droite (152 arrestations), 7 organisations de socialistes-révolutionnaires de gauche (52 arrestations), 117 organisations « diverses d'intellectuels » (1 360 arrestations), 24 organisations « monarchistes » (1 245 arrestations), 85 organisations « cléricales » et « sectaires » (1 765 arrestations), 675 « groupes koulaks » (1 148 arrestations) ;
— expulsé, en deux grandes opérations, en février 1924 et juillet 1924, environ 4 500 « voleurs », « récidivistes » et « nepmen » (commerçants et petits entrepreneurs privés) de Moscou et de Leningrad ;
— pris « sous surveillance individuelle » 18 200 personnes « socialement dangereuses » ;
— surveillé 15 501 entreprises et administrations diverses ;
— lu 5 078 174 lettres et correspondances diverses [2].

Dans quelle mesure ces données, dont la précision scrupuleuse atteint au ridicule bureaucratique, sont-elles fiables ? Incluses dans le projet de budget de la Guépéou pour 1925, elles avaient pour fonction de démontrer que la police politique ne baissait pas la garde face à toutes les menaces extérieures et méritait donc les fonds qui lui étaient alloués. Elles n'en restent pas moins précieuses pour l'historien car, au-delà des chiffres, de l'arbitraire des catégories, elles révèlent la permanence des méthodes, des ennemis potentiels, d'un réseau momentanément moins actif, mais toujours opérationnel.

1. CRCEDHC, 76/ 3/ 362/ 1-6.
2. CRCEDHC, 76/ 3/ 306. Dans une lettre à Mekhlis, F. Dzerjinski reconnaît l'exécution de 650 personnes par des services en 1924 pour la seule république de Russie (CRCEDHC, 76/3/362/7-11)

Malgré des coupes budgétaires et quelques critiques émanant de dirigeants bolcheviques inconséquents, l'activisme de la Guépéou ne pouvait qu'être encouragé par le durcissement de la législation pénale. En effet, les *Principes fondamentaux de la législation pénale de l'URSS*, adoptés le 31 octobre 1924, tout comme le nouveau Code pénal de 1926, élargissaient sensiblement la définition du crime contre-révolutionnaire et codifiaient la notion de « personne socialement dangereuse ». La loi incluait, parmi les crimes contre-révolutionnaires, toutes les activités qui, sans viser directement au renversement ou à l'affaiblissement du pouvoir soviétique, étaient par elles-mêmes, « notoirement pour le délinquant », une « atteinte aux conquêtes politiques ou économiques de la révolution prolétarienne ». Ainsi la loi sanctionnait-elle non seulement les intentions directes, mais les intentions éventuelles ou indirectes.

Par ailleurs était reconnue « socialement dangereuse [...] toute personne ayant commis un acte dangereux pour la société, ou dont les rapports avec un milieu criminel ou bien l'activité passée présentent un danger ». Les personnes désignées selon ces critères très extensibles pouvaient être condamnées, même en cas d'absence de toute culpabilité. Il était clairement précisé que « la Cour peut appliquer les mesures de protection sociale aux personnes reconnues socialement dangereuses, soit pour avoir commis un délit déterminé, soit dans le cas où, poursuivies sous l'accusation d'avoir accompli un délit déterminé, elles sont innocentées par la Cour mais reconnues socialement dangereuses ». Toutes ces dispositions, codifiées en 1926, parmi lesquelles figurait le fameux article 58 du Code pénal, avec ses quatorze alinéas définissant les crimes contre-révolutionnaires, renforçaient le fondement légal de la terreur[1]. Le 4 mai 1926, Dzerjinski envoya à son adjoint Iagoda une lettre dans laquelle il exposait un vaste programme de « lutte contre la spéculation », très révélateur des limites de la NEP et des permanences de « l'esprit de guerre civile » parmi les plus hauts dirigeants bolcheviques :

« La lutte contre la “spéculation” revêt aujourd'hui une extrême importance...Il est indispensable de nettoyer Moscou de ses éléments parasites et spéculateurs. J'ai demandé à Pauker de me rassembler toute la documentation disponible sur le fichage des habitants de Moscou au regard de ce problème. Pour l'instant, je n'ai rien reçu de lui. Ne pensez-vous pas que l'on devrait créer à la Guépéou un département spécial de colonisation, qui serait financé par un fonds spécial alimenté par les confiscations... ? Il faut peupler avec ces éléments parasites (avec famille) de nos villes les zones inhospitalières de notre pays, suivant un plan préétabli approuvé par le gouvernement. Nous devons à tout prix nettoyer nos villes des centaines de milliers de spéculateurs et de parasites qui y prospèrent... Ces parasites nous dévorent. À cause d'eux, il n'y a pas de marchandises pour les

1. *Istoria sovetskogo gosudarstva i prava* (Histoire de l'État et du droit soviétique), Moscou, 1968, vol. 2, p. 580-590.

paysans, à cause d'eux les prix montent et notre rouble baisse. La Guépéou doit prendre à bras-le-corps ce problème, avec la plus grande énergie[1]. »

Parmi les autres spécificités du système pénal soviétique figurait l'existence de deux systèmes distincts de poursuite en matière criminelle, l'un judiciaire, l'autre administratif, et de deux systèmes de lieux de détention, l'un géré par le commissariat du peuple à l'Intérieur, l'autre par la Guépéou. À côté des prisons traditionnelles où étaient incarcérées les personnes condamnées à l'issue d'une procédure judiciaire « ordinaire » existait un ensemble de camps géré par la Guépéou, où étaient enfermées les personnes condamnées par les juridictions spéciales de la police politique pour l'un des crimes relevant de cette institution : contre-révolution sous toutes ses formes, grand banditisme, fausse monnaie, délits commis par des membres de la police politique.

En 1922, le gouvernement proposa à la Guépéou d'installer un vaste camp dans l'archipel des Solovki, cinq îles de la mer Blanche au large d'Arkhangelsk, dont la principale abritait l'un des grands monastères de l'Église orthodoxe russe. Après en avoir chassé les moines, la Guépéou organisa sur l'archipel un ensemble de camps regroupés sous le sigle SLON (Camps spéciaux des Solovki). Les premiers effectifs, en provenance des camps de Kholmogory et de Pertaminsk, arrivèrent aux Solovki au début du mois de juillet 1923. À la fin de cette année, on comptait déjà 4 000 détenus, en 1927 15 000 et, à la fin de 1928, près de 38 000.

Une des spécificités de l'ensemble pénitentiaire des Solovki était son autogestion. En dehors du directeur et de quelques responsables, tous les postes du camp étaient occupés par des détenus. Dans leur écrasante majorité, c'étaient d'anciens collaborateurs de la police politique condamnés pour des abus particulièrement graves. Pratiquée par ce genre d'individu, l'autogestion était synonyme d'arbitraire le plus total qui, très rapidement, aggrava le sort presque privilégié, largement hérité de l'Ancien Régime, dont bénéficiaient les détenus qui avaient obtenu le statut de prisonnier politique. Sous la NEP, l'administration de la Guépéou distinguait en effet trois catégories de détenus.

La première regroupait les politiques, c'est à dire exclusivement les membres des anciens partis menchevik, socialiste-révolutionnaire et anarchiste ; ces détenus avaient, en 1921, arraché à Dzerjinski — longtemps lui-même prisonnier politique sous le tsarisme où il avait passé près de dix ans en prison ou en exil — un régime politique relativement clément : ils recevaient une meilleure alimentation, dite « ration politique », conservaient quelques effets personnels, pouvaient se faire envoyer journaux et revues. Ils vivaient en communauté et étaient surtout libérés de tout travail forcé. Ce statut privilégié fut supprimé à la fin des années 20.

La deuxième catégorie, la plus nombreuse, regroupait les « contre-révolutionnaires » : membres des partis politiques non socialistes ou anar-

1. CRCEDHC, 76/3/390/3-4.

chistes, membres du clergé, anciens officiers de l'armée tsariste, anciens fonctionnaires, Cosaques, participants des révoltes de Kronstadt et de Tambov, et toute autre personne condamnée au titre de l'article 58 du Code pénal.

La troisième catégorie regroupait les droit commun condamnés par la Guépéou (bandits, faux-monnayeurs) et les anciens tchékistes condamnés pour divers crimes et délits par leur institution. Les contre-révolutionnaires, obligés de cohabiter avec les droit commun qui faisaient la loi à l'intérieur du camp, étaient soumis à l'arbitraire le plus total, à la famine, au froid extrême en hiver, aux moustiques en été — une des tortures les plus fréquentes consistait à attacher les prisonniers nus dans les bois, en pâture aux moustiques, particulièrement nombreux et redoutables dans ces îles septentrionales parsemées de lacs. Pour passer d'un secteur à un autre, se rappelait l'un des plus célèbres prisonniers des Solovki, l'écrivain Varlam Chalamov, les détenus exigeaient d'avoir les mains attachées derrière le dos et que cela fût expressément mentionné dans le règlement : « C'était le seul moyen d'autodéfense des détenus contre la laconique formule "tué lors d'une tentative d'évasion[1]". »

C'est dans les camps des Solovki que se mit véritablement en place, après les années d'improvisation de la guerre civile, le système du travail forcé qui allait connaître un développement fulgurant à partir de 1929. Jusqu'en 1925, les détenus furent occupés de manière assez peu productive à divers travaux à l'intérieur même des camps. À partir de 1926, l'administration décida de passer des contrats de production avec un certain nombre d'organismes d'État et d'exploiter plus « rationnellement » le travail forcé devenu source de profit et non plus, conformément à l'idéologie des premiers camps de « travail correctif » des années 1919-1920, source de « rééducation ». Réorganisés sous le sigle USLON (Direction des camps spéciaux du Nord), les camps des Solovki essaimèrent sur le continent, d'abord sur le littoral de la mer Blanche. De nouveaux camps furent créés en 1926-1927 près de l'embouchure de la Petchora, à Kem et sur d'autres sites d'un littoral inhospitalier, mais dont l'arrière-pays était riche en forêts. Les détenus étaient chargés d'exécuter un programme précis de production, principalement l'abattage et la coupe du bois. La croissance exponentielle des programmes de production nécessita rapidement un nombre croissant de détenus. Elle devait conduire, en juin 1929, à une réforme capitale du système de détention : le transfert de tous les détenus condamnés à des peines supérieures à trois ans des prisons vers les camps de travail. Cette mesure allait permettre un formidable essor du système des camps de travail. Laboratoire expérimental du travail forcé, les

1. A. Soljenitsyne, *L'Archipel du Goulag*, Paris, Le Seuil, 1975 ; V. Chalamov, *Grani*, nº 77, 1972, p. 42-44 ; A. Melnik, A. Socina et al, *Materialy k istoriko-geograficeskomu atlasu Solovkov* (Documents pour un atlas historico-politique des Solovki), *Zvenia*, vol. 1, Moscou, 1991, p. 301-330.

« camps spéciaux » de l'archipel des Solovki étaient bien la matrice d'un autre archipel en gestation, un archipel immense à l'échelle du pays-continent tout entier : *l'Archipel du Goulag.*

Les activités ordinaires de la Guépéou, avec son lot annuel de quelques milliers de condamnations à des peines de camp ou de relégation en résidence surveillée, n'excluaient pas un certain nombre d'opérations répressives spécifiques de grande ampleur. Durant les années calmes de la NEP, de 1923 à 1927, c'est en réalité dans les républiques périphériques de la Russie, en Transcaucasie et en Asie centrale, qu'eurent lieu les épisodes de répression les plus massifs et les plus sanglants. Ces pays avaient, pour la plupart, farouchement résisté à la conquête russe au XIXe siècle et n'avaient été reconquis que tardivement par les bolcheviks : l'Azerbaïdjan en avril 1920, l'Arménie en décembre 1920, la Géorgie en février 1921, le Daguestan fin 1921, et le Turkestan, avec Boukhara, à l'automne 1920. Ils continuèrent d'opposer une forte résistance à la soviétisation. « Nous ne contrôlons que les principales villes, ou plutôt le centre des principales villes », écrivait, en janvier 1923, Peters, l'envoyé plénipotentiaire de la Tcheka au Turkestan. De 1918 à la fin des années 20 et dans certaines régions jusqu'en 1935-1936, la majeure partie de l'Asie centrale, à l'exception des villes, fut tenue par les *basmatchis*. Le terme *basmatchis* (« brigands », en ouzbek) était appliqué par les Russes aux divers types de partisans, sédentaires, mais aussi nomades, Ouzbeks, Kirghiz, Turkmènes, qui agissaient indépendamment les uns des autres dans plusieurs régions.

Le principal foyer de la révolte se situait dans la vallée de la Fergana. Après la conquête de Boukhara par l'Armée rouge en septembre 1920, le soulèvement s'étendit aux régions orientale et méridionale de l'ancien émirat de Boukhara et dans la région septentrionale des steppes turkmènes. Au début de 1921, l'état-major de l'Armée rouge estimait à trente mille le nombre des basmatchis armés. La direction du mouvement était hétérogène, formée de chefs locaux issus des notables de village ou de clan, de chefs religieux traditionnels, mais aussi de nationalistes musulmans étrangers à la région, comme Enver Pacha, l'ancien ministre de la Défense de Turquie, tué dans un affrontement avec des détachements de la Tcheka en 1922.

Le mouvement basmatchi était un soulèvement spontané, instinctif contre « l'infidèle », « l'oppresseur russe », l'ancien ennemi réapparu sous une forme nouvelle, qui se proposait non seulement de s'approprier les terres et le bétail, mais aussi de profaner le monde spirituel musulman. Guerre de « pacification » à caractère colonial, la lutte contre les basmatchis mobilisa, plus de dix ans durant, une partie importante des forces armées et des troupes spéciales de la police politique, dont l'un des principaux départements était précisément le Département oriental. Il est, à l'heure actuelle, impossible d'évaluer, même de manière approximative, le nombre de victimes de cette guerre[1].

Le second grand secteur du Département oriental de la Guépéou était la Transcaucasie. Dans la première moitié des années vingt, le Daguestan, la Géorgie et la Tchétchénie furent tout particulièrement touchés par la répression. Le Daguestan résista à la pénétration soviétique jusqu'à la fin de 1921. Sous la direction du cheikh Uzun Hadji, la confrérie musulmane des Nakchbandis prit la tête d'une grande révolte des montagnards, et la lutte adopta le caractère d'une guerre sainte contre l'envahisseur russe. Elle dura plus d'un an, mais certaines régions ne furent « pacifiées », au prix de bombardements massifs et de massacres de civils, qu'en 1923-1924[2].

Après trois années d'indépendance sous un gouvernement menchevik, la Géorgie fut occupée par l'Armée rouge en février 1921, et elle restait, de l'aveu même d'Alexandre Miasnikov, le secrétaire du Comité du Parti bolchevique de Transcaucasie, « une affaire assez ardue ». Le Parti bolchevique local squelettique, qui en trois ans de pouvoir avait pu recruter à peine dix mille personnes, était confronté à une couche intellectuelle et nobiliaire de près de cent mille personnes, très antibolchevique, et à des réseaux mencheviks encore assez vigoureux puisque le Parti menchevik y avait compté, en 1920, plus de soixante mille adhérents. Malgré la terreur exercée par la toute-puissante tcheka de Géorgie, largement indépendante de Moscou et dirigée par un jeune dirigeant policier de vingt-cinq ans promis à un grand avenir, Lavrenti Beria, les dirigeants mencheviks en exil parvinrent, à la fin de 1922, à organiser avec d'autres partis antibolcheviques un Comité secret pour l'indépendance de la Géorgie, qui prépara un soulèvement. Commencé le 28 août 1924 dans la petite ville de Tchiatoura, ce soulèvement, dont l'essentiel des participants étaient des paysans de la région de Gourie, gagna en quelques jours cinq des vingt-cinq districts géorgiens. Face à des forces supérieures dotées d'artillerie et d'aviation, l'insurrection fut écrasée en une semaine. Sergo Ordjonikidze, premier secrétaire du Comité du Parti bolchevique de Transcaucasie, et Lavrenti Beria prirent prétexte de ce soulèvement pour « en finir une fois pour toutes avec le menchevisme et la noblesse géorgienne ». Selon des données récemment rendues publiques, 12 578 personnes furent fusillées du 29 août au 5 septembre 1924. L'ampleur de la répression fut telle que même le Bureau politique s'en émut. La direction du Parti envoya à Ordjonikidze un rappel à l'ordre, lui demandant de ne procéder ni à des exécutions massives et disproportionnées ni à des exécutions politiques sans y avoir été expressément autorisé par le Comité central. Les exécutions sommaires continuèrent néanmoins des mois durant. Au plénum du

1. A. Bennigsen, C. Lemercier-Quelquejay, *Les Musulmans oubliés. L'Islam en Union soviétique*, Paris, Maspero, 1981, p. 55-59.

2. *Ibid.*, p. 53-54.

Comité central réuni en octobre 1924 à Moscou, Sergo Ordjonikidze concéda : « Peut-être avons-nous un petit peu exagéré, mais on n'y peut plus rien [1]! »

Un an après la répression du soulèvement géorgien d'août 1924, le régime lança une vaste opération de « pacification » de la Tchétchénie où chacun s'accordait à dire que le pouvoir soviétique n'existait pas. Du 27 août au 15 septembre 1925, plus de dix mille hommes des troupes régulières de l'Armée rouge, sous la direction du général Ouborevitch, appuyées par des unités spéciales de la Guépéou, procédèrent à une tentative de désarmement des partisans tchétchènes qui tenaient le pays profond. Des dizaines de milliers d'armes furent saisies, près de mille « bandits » arrêtés. Face à la résistance de la population, le dirigeant de la Guépéou, Ounchlicht, reconnut que « les troupes durent recourir à l'artillerie lourde et au bombardement des nids de bandits les plus coriaces ». À l'issue de cette nouvelle opération de « pacification », menée durant ce qu'il est convenu d'appeler « l'apogée de la NEP », Ounchlicht concluait ainsi son rapport : « Comme l'a montré l'expérience de la lutte contre les basmatchis au Turkestan, contre le banditisme en Ukraine, dans la province de Tambov et ailleurs, la répression militaire n'est efficace que dans la mesure où elle est suivie d'une soviétisation en profondeur du pays [2]. »

À partir de la fin 1926, après la mort de Dzerjinski, la Guépéou, dirigée désormais par le bras droit du fondateur de la Tcheka, Viatcheslav Rudolfovitch Menjinski — d'origine polonaise, comme Dzerjinski —, semble avoir été à nouveau très sollicitée par Staline qui préparait son offensive politique à la fois contre Trotski et contre Boukharine. En janvier 1927, la Guépéou reçut l'ordre d'accélérer le fichage des « éléments socialement dangereux et antisoviétiques » dans les campagnes. En un an, le nombre des personnes fichées passa de 30 000 à 72 000 environ. En septembre 1927, la Guépéou lança, dans plusieurs provinces, un certain nombre de campagnes d'arrestation de koulaks et autres « éléments socialement dangereux ». A posteriori, ces opérations apparaissent comme autant d'exercices préparatoires aux grandes rafles de koulaks lors de la « dékoulakisation » de l'hiver 1929-1930.

En 1926-1927, la Guépéou se montra également très active dans la chasse aux opposants communistes, étiquetés comme « zinoviévistes » ou « trotskistes ». La pratique de ficher et de suivre les opposants communistes était apparue très tôt, dès 1921-1922. En septembre 1923, Dzerjinski avait proposé, pour « resserrer l'unité idéologique du Parti », que les communistes s'engagent à transmettre à la police politique toute information en leur possession sur l'existence de fractions ou de déviations au sein

1. M. Wehner, *Le Soulèvement géorgien de 1924 et la réaction des bolcheviks*, *Communisme*, nº 42-43-44, p. 155-170.

2. *Dokumenty o sobytiax v Cecne*, 1925 (Documents sur les événements de Tchétchénie, 1925), *Istocnik*, 1995/ 5, p. 140-151.

du Parti. Cette proposition avait suscité un tollé parmi un certain nombre de responsables, dont Trotski. Néanmoins, l'habitude de faire surveiller les opposants se généralisa au cours des années suivantes. La purge de l'organisation communiste de Leningrad dirigée par Zinoviev, en janvier-février 1926, impliqua largement les services de la Guépéou. Les opposants ne furent pas seulement exclus du Parti ; plusieurs centaines d'entre eux furent exilés dans des villes éloignées du pays où leur sort resta très précaire, personne n'osant leur proposer du travail. En 1927, la chasse aux opposants trotskistes — quelques milliers dans le pays — mobilisa, des mois durant, une partie des services de la Guépéou. Tous furent fichés ; des centaines de trotskistes actifs furent arrêtés, puis exilés par simple mesure administrative. En novembre 1927, tous les principaux dirigeants de l'opposition, Trotski, Zinoviev, Kamenev, Radek, Rakovski, furent exclus du parti et arrêtés. Tous ceux qui refusèrent de faire leur autocritique publique furent exilés. Le 19 janvier 1928, la *Pravda* annonça le départ de Moscou de Trotski et d'un groupe de trente opposants, exilés à Alma-Ata. Un an plus tard, Trotski fut banni d'URSS. Avec la transformation de l'un des principaux artisans de la terreur bolchevique en « contre-révolutionnaire », une nouvelle étape avait été franchie, sous la responsabilité du nouvel homme fort du Parti, Staline.

Au début de 1928, juste après avoir éliminé l'opposition trotskiste, la majorité stalinienne du Bureau politique décida de rompre la trêve avec une société qui lui semblait s'écarter de plus en plus de la voie où les bolcheviks voulaient la conduire. L'ennemi principal restait, comme dix ans auparavant, l'immense majorité paysanne, ressentie comme une masse hostile, incontrôlée et incontrôlable. Ainsi débuta le second acte de la guerre contre la paysannerie, qui, comme le remarque justement l'historien Andrea Graziosi, « était néanmoins assez différent du premier. L'initiative était désormais entièrement aux mains de l'État, et l'acteur social ne pouvait que réagir, de plus en plus faiblement, aux attaques menées contre lui[1] ».

Même si, globalement, l'agriculture s'était relevée depuis la catastrophe des années 1918-1922, « l'ennemi paysan » était plus faible et l'État plus fort à la fin des années 20 qu'au début de la décennie. En témoignent, par exemple, la meilleure information dont disposaient les autorités sur ce qui se passait dans les villages, le fichage des « éléments socialement étrangers » qui permit à la Guépéou de mener à bien les premières rafles lors de la dékoulakisation, l'éradication progressive, mais réelle, du « banditisme », le désarmement des paysans, la progression constante du pourcentage de réservistes présents aux périodes militaires, le développement d'un réseau scolaire plus étoffé. Comme le révèlent la correspondance entre les dirigeants bolcheviques et les sténogrammes des

1. A. Graziosi, *The Great Soviet Peasant War*, Ukrainian research Institute, Harvard University, 1996, p. 44.

discussions au plus haut niveau du Parti, la direction stalinienne — tout comme d'ailleurs ses opposants, Boukharine, Rykov et Kamenev — mesurait parfaitement, en 1928, les enjeux d'un nouvel assaut contre la paysannerie. « Vous aurez une guerre paysanne, comme en 1918-1919 », prévint Boukharine. Staline y était prêt, quel qu'en soit le prix. Il savait que, cette fois-ci, le régime en sortirait vainqueur[1].

La « crise des collectes » de la fin de l'année 1927 fournit à Staline le prétexte recherché. Le mois de novembre 1927 fut marqué par une chute spectaculaire des livraisons des produits agricoles aux organismes de collecte d'État, qui prit des proportions catastrophiques en décembre. En janvier 1928, il fallut se rendre à l'évidence : malgré une bonne récolte, les paysans n'avaient livré que 4,8 millions de tonnes, au lieu de 6,8 millions l'année précédente. La baisse des prix offerts par l'État, la cherté et la pénurie de produits manufacturés, la désorganisation des agences de collecte comme les rumeurs de guerre, bref le mécontentement général de la paysannerie vis-à-vis du régime expliquaient cette crise, que Staline qualifia aussitôt de « grève des koulaks ».

Le groupe stalinien en prit prétexte pour recourir, de nouveau, aux réquisitions et à toute une série de mesures répressives déjà expérimentées du temps du communisme de guerre. Staline se rendit en personne en Sibérie. D'autres dirigeants, tels Andreïev, Mikoïan, Postychev ou Kossior, partirent pour les grandes régions productrices de céréales, la région des terres noires, l'Ukraine et le Caucase du Nord. Le 14 janvier 1928, le Bureau politique adressa aux autorités locales une circulaire leur demandant d'« arrêter les spéculateurs, les koulaks et autres désorganisateurs du marché et de la politique des prix ». Des « plénipotentiaires » — le terme même rappelait le temps des réquisitions des années 1918-1921 — et des détachements de militants communistes furent envoyés dans les campagnes pour épurer les autorités locales jugées complaisantes vis-à-vis des koulaks et pour débusquer les surplus cachés, si nécessaire avec l'aide des paysans pauvres auxquels était promis le quart des céréales trouvées chez les « riches ».

Parmi l'arsenal de mesures destinées à pénaliser les paysans récalcitrants à livrer, dans les délais prescrits et à des prix dérisoires inférieurs de trois à quatre fois à ceux du marché, leurs produits agricoles figurait la multiplication, par deux, trois ou cinq, des quantités initialement fixées. L'article 107 du Code pénal, qui prévoyait une peine de trois ans de prison pour toute action contribuant à faire monter les prix, fut aussi largement utilisé. Enfin, les impôts sur les koulaks furent multipliés par dix en deux ans. On procéda également à la fermeture des marchés, mesure qui ne touchait évidemment pas les seuls paysans aisés. En quelques semaines, toutes ces mesures brisèrent net la trêve qui, depuis 1922-1923, s'était tant bien que mal établie entre le régime et la paysannerie. Les réquisitions et

---

1. A. Grazioli, *op. cit.*, p. 44-45.

les mesures répressives n'eurent d'autre effet que d'aggraver la crise ; dans l'immédiat, les autorités obtinrent par la force une collecte à peine inférieure à celle de 1927 ; mais, pour l'année suivante, comme du temps du communisme de guerre, les paysans réagirent en diminuant leurs emblavures[1].

La « crise des collectes » de l'hiver 1927-1928 joua un rôle crucial dans le tour que prirent les événements par la suite ; Staline, en effet, en tira toute une série de conclusions sur la nécessité de créer des « forteresses du socialisme » dans les campagnes — des kolkhozes et des sovkhozes géants —, de collectiviser l'agriculture afin de contrôler directement la production agricole et les producteurs sans avoir à passer par les lois du marché, et de se débarrasser une fois pour toutes des koulaks en les « liquidant en tant que classe ».

En 1928, le régime rompit également la trêve qu'il avait conclue avec une autre catégorie sociale, les *spetzy*, ces « spécialistes bourgeois » issus de l'intelligentsia de l'Ancien Régime qui, à la fin des années 20, occupaient encore l'immense majorité des postes d'encadrement aussi bien dans les entreprises que dans les administrations. Lors du plénum du Comité central d'avril 1928 fut annoncée la découverte d'une entreprise de « sabotage industriel » dans la région de Chakhty, un bassin houiller du Donbass, au sein du trust Donougol qui employait des « spécialistes bourgeois » et entretenait des relations avec des milieux financiers occidentaux. Quelques semaines plus tard, cinquante-trois accusés, en majorité des ingénieurs et des cadres d'entreprise, comparurent dans le premier procès politique public depuis le procès des socialistes-révolutionnaires en 1922. Onze des accusés furent condamnés à mort, et cinq exécutés. Ce procès exemplaire, longuement rapporté dans la presse, illustrait un des principaux mythes du régime, celui du « saboteur-à-la-solde-de-l'étranger » qui allait servir à mobiliser militants et indicateurs de la Guépéou, « expliquer » toutes les défaillances économiques, mais aussi permettre de « réquisitionner » des cadres pour les nouveaux « bureaux spéciaux de construction de la Guépéou », devenus célèbres sous le nom de *charachki*. Des milliers d'ingénieurs et de techniciens condamnés pour sabotage purgèrent leur peine sur les chantiers et les entreprises du premier plan. Dans les mois qui suivirent le procès de Chakhty, le département économique de la Guépéou fabriqua plusieurs dizaines d'affaires similaires, notamment en Ukraine. Dans le seul complexe métallurgique Iougostal de Dniepropetrovsk, cent douze cadres furent arrêtés au cours du mois de mai 1928[2].

Les cadres industriels ne furent pas les seuls visés par la vaste opération anti-spécialistes lancée en 1928. De nombreux professeurs et étudiants

---

1. M. Lewin, *La Paysannerie et le pouvoir soviétique, 1928-1930*, Paris, Mouton, 1968 ; E.H. Carr, R.W. Davies, *Foundations of a Planned Economy*, vol. 1, London, Pelican, 1974, p. 71-112.

2. E.H. Carr, R.W. Davies, *op. cit.*, p. 610-642.

d'origine « socialement étrangère » furent exclus de l'enseignement supérieur à l'occasion d'une des nombreuses campagnes de purge des universités et de promotion d'une nouvelle « intelligentsia rouge et prolétarienne ».

Le durcissement de la répression et les difficultés économiques des dernières années de la NEP, marquées par un chômage croissant et par une montée de la délinquance, eurent pour résultat un accroissement spectaculaire du nombre des condamnations pénales : 578 000 en 1926, 709 000 en 1927, 909 000 en 1928, 1 178 000 en 1929 [1]. Pour tenter d'endiguer ce flux qui engorgeait des prisons qui ne comptaient en 1928 que cent cinquante mille places, le gouvernement adopta deux décisions importantes. La première, par le décret du 26 mars 1928, proposait, pour les délits mineurs, de remplacer les réclusions de courte durée par des travaux correctifs effectués sans rémunération « dans les entreprises, sur les chantiers, les exploitations forestières ». La seconde mesure, prise par décret le 27 juin 1929, allait avoir d'immenses conséquences. Elle prévoyait, en effet, de transférer tous les détenus des prisons condamnés à des peines supérieures à trois ans dans des camps de travail qui auraient pour but « la mise en valeur des richesses naturelles des régions orientales et septentrionales du pays ». L'idée était dans l'air depuis plusieurs années. La Guépéou s'était engagée dans un vaste programme de production de bois pour l'exportation ; elle avait déjà à plusieurs reprises demandé à la Direction principale des lieux de détention du commissariat du peuple à l'Intérieur, qui gérait les prisons ordinaires, des suppléments de main-d'œuvre ; en effet, « ses » propres détenus des camps spéciaux des Solovki, au nombre de 38 000 en 1928, n'étaient pas en mesure de réaliser la production prévue [2].

La préparation du premier plan quinquennal mit à l'ordre du jour les questions de répartition de la main-d'œuvre et d'exploitation de régions inhospitalières mais riches en ressources naturelles. Dans cette optique, la main-d'œuvre pénale jusqu'alors inutilisée pouvait devenir, à condition d'être bien exploitée, une véritable richesse dont le contrôle et la gestion seraient source de revenu, d'influence et de pouvoir. Les dirigeants de la Guépéou, en particulier Menjinski et son adjoint Iagoda, soutenus par Staline, étaient bien conscients de l'enjeu. Ils mirent au point, dès l'été 1929, un plan ambitieux de « colonisation » de la région de Narym couvrant trois cent cinquante mille kilomètres carrés de taïga en Sibérie occidentale, et n'eurent de cesse de réclamer l'application immédiate du décret du 27 juin 1929. C'est dans ce contexte que germa l'idée de la « dékoulakisation », c'est-à-dire la déportation en masse de tous les prétendus paysans aisés, les koulaks, qui ne pouvaient, considérait-on dans les milieux officiels, que s'opposer violemment à la collectivisation [3].

1. *Sovetskaia Iustitsia*, 1930, n° 24-25, p. 2.
2. N. Werth, G. Moullec, *op. cit.*, p. 355.
3. O. Khlevniouk, *Le Cercle du Kremlin. Staline et le Bureau politique dans les années 1930 : les jeux du pouvoir*, Paris, le Seuil, 1996, p. 38-40.

Une année entière fut néanmoins nécessaire à Staline et à ses partisans pour venir à bout des résistances, au sein même de la direction du Parti, à la politique de collectivisation forcée, de dékoulakisation et d'industrialisation accélérée, trois volets inséparables d'un programme cohérent de transformation brutale de l'économie et de la société. Ce programme était fondé à la fois sur l'arrêt des mécanismes du marché, l'expropriation des terres paysannes et la mise en valeur des richesses naturelles des régions inhospitalières du pays grâce au travail forcé de millions de proscrits, dékoulakisés et autres victimes de cette « seconde révolution ».

L'opposition dite de « droite », emmenée notamment par Rykov et Boukharine, considérait que la collectivisation ne pouvait déboucher que sur « l'exploitation militaro-féodale » de la paysannerie, la guerre civile, le déchaînement de la terreur, le chaos et la famine ; elle fut brisée en avril 1929. Au cours de l'été 1929, les « droitiers » furent quotidiennement attaqués par une campagne de presse d'une rare violence, qui les accusa de « collaboration avec les éléments capitalistes » et de « collusion avec les trotskistes ». Totalement discrédités, les opposants firent publiquement leur autocritique au plénum du Comité central de novembre 1929.

Tandis que se déroulaient au sommet les divers épisodes de la lutte entre partisans et adversaires de l'abandon de la NEP, le pays s'enfonçait dans une crise économique de plus en plus profonde. Les résultats agricoles de 1928-1929 furent catastrophiques. En dépit du recours systématique à tout un arsenal de mesures coercitives frappant l'ensemble de la paysannerie — fortes amendes, peine de prison pour ceux qui refusaient de vendre leur production aux organismes d'État —, la campagne de collecte de l'hiver 1928-1929 rapporta bien moins de céréales que la précédente, tout en créant un climat de tension extrême dans les campagnes. La Guépéou recensa, de janvier 1928 à décembre 1929, c'est-à-dire avant la collectivisation forcée, plus de 1 300 émeutes et « manifestations de masse » dans les campagnes, durant lesquelles des dizaines de milliers de paysans furent arrêtés. Un autre chiffre rend compte du climat qui régnait alors dans le pays : en 1929, plus de 3 200 fonctionnaires soviétiques furent victimes d'« actes terroristes ». En février 1929, les cartes de rationnement qui avaient disparu depuis le début de la NEP firent leur réapparition dans les villes où une pénurie généralisée s'était installée depuis que les autorités avaient fermé la majeure partie des petits commerces et des échoppes d'artisan, qualifiées d'entreprises « capitalistes ».

Pour Staline, la situation critique de l'agriculture était due à l'action des koulaks et autres forces hostiles qui se préparaient à « miner le régime soviétique ». L'enjeu était clair : les « capitalistes ruraux » ou les kolkhozes ! En juin 1929, le gouvernement annonça le début d'une nouvelle phase, celle de la « collectivisation de masse ». Les objectifs du premier plan quinquennal, ratifié en avril par la XVIe Conférence du Parti, furent révisés à la hausse. Le plan prévoyait initialement la collectivisation de cinq millions de foyers, soit 20 % environ des exploitations, d'ici la fin du quinquennat. En juin, on annonça un objectif de huit millions de foyers pour la seule année 1930 ; en septembre, de treize millions ! Durant l'été 1929, les autorités mobilisèrent des dizaines de milliers de communistes, de syndicalistes, de membres des jeunesses communistes (les komsomols), d'ouvriers, d'étudiants, envoyés dans les villages, encadrés par les responsables locaux du Parti et les agents de la Guépéou. Les pressions sur les paysans allèrent s'amplifiant, tandis que les organisations locales du Parti rivalisaient d'ardeur pour battre des records de collectivisation. Le 31 octobre 1929, la *Pravda* appela à la « collectivisation totale », sans aucune limite au mouvement. Une semaine plus tard, à l'occasion du douzième anniversaire de la Révolution, Staline publia son fameux article « Le Grand Tournant », fondé sur une appréciation fondamentalement erronée selon laquelle « le paysan moyen s'était tourné vers les kolkhozes ». La NEP avait vécu.

7
Collectivisation forcée et dékoulakisation

Comme le confirment les archives aujourd'hui accessibles, la collectivisation forcée des campagnes fut une véritable guerre déclarée par l'État soviétique contre toute une nation de petits exploitants. Plus de deux millions de paysans déportés, dont un million huit cent mille rien qu'en 1930-1931, six millions morts de faim, des centaines de milliers morts en déportation : ces quelques chiffres donnent la mesure de la tragédie humaine que fut ce « grand assaut » contre la paysannerie. Loin de se borner à l'hiver 1929-1930, cette guerre dura au moins jusqu'au milieu des années 30, culminant au cours des années 1932-1933, marquées par une terrible famine délibérément provoquée par les autorités pour briser la résistance de la paysannerie. La violence exercée contre les paysans permit d'expérimenter des méthodes appliquées par la suite à d'autres groupes sociaux. En ce sens, elle constitue une étape décisive dans le développement de la Terreur stalinienne.

Dans son rapport au Plénum du Comité central de novembre 1929, Viatcheslav Molotov avait déclaré : « La question des rythmes de la collectivisation ne se pose pas dans le cadre du plan. [...] Il reste novembre, décembre, janvier, février, mars, quatre mois et demi au cours desquels, si les Impérialistes ne nous attaquent pas directement, nous devons effectuer une percée décisive dans le domaine de l'économie et de la collectivisation. » Les décisions du plénum entérinèrent cette fuite en avant. Une commission élabora un nouveau calendrier de collectivisation, qui, après plusieurs révisions à la hausse, fut promulgué le 5 janvier 1930. Le Caucase du Nord, la Basse et la Moyenne-Volga devaient être entièrement collectivisés dès l'automne 1930 ; les autres régions productrices de céréales, un an plus tard[1].

Le 27 décembre 1929, Staline avait déjà annoncé le passage de « la limitation des tendances exploiteuses des koulaks à la liquidation des

1. N.A. Ivnitski, *Kollektivizatsia i raskoulacivanie* (Collectivisation et dékoulakisation), Moscou, 1994, p. 32-49.

koulaks en tant que classe ». Une commission du Bureau politique, présidée par Molotov, fut chargée de mettre au point les mesures pratiques pour cette liquidation. Elle définit trois catégories de koulaks : les premiers, « engagés dans des activités contre-révolutionnaires », devaient être arrêtés et transférés dans les camps de travail de la Guépéou ou exécutés en cas de résistance, leurs familles déportées et leurs biens confisqués. Les koulaks de deuxième catégorie, définis comme « manifestant une opposition moins active, mais néanmoins archi-exploiteurs et, de ce fait, naturellement enclins à aider la contre-révolution », devaient être arrêtés et déportés, avec leur famille, dans des régions reculées du pays. Enfin, les koulaks de troisième catégorie, qualifiés de « loyaux envers le régime », seraient installés d'office aux marges des districts dans lesquels ils résidaient, « hors des zones collectivisées, sur des terres nécessitant une bonification ». Le décret précisait que « la quantité d'exploitations koulaks à liquider dans un délai de quatre mois [...] se situe dans une fourchette de 3 à 5 % du nombre total des exploitations », chiffre indicatif censé guider les opérations de dékoulakisation[1].

Coordonnées dans chaque district par une troïka composée du premier secrétaire du comité du Parti, du président du Comité exécutif des soviets et du responsable local de la Guépéou, les opérations furent menées sur le terrain par des commissions et des brigades de dékoulakisation. La liste des koulaks de première catégorie, qui comprenait soixante mille chefs de famille selon le « plan indicatif » fixé par le Bureau politique, était du ressort exclusif de la police politique. Quant aux listes des koulaks des autres catégories, elles étaient préparées sur place en tenant compte des « recommandations » des « activistes » du village. Qui étaient ces activistes ? Un des plus proches collaborateurs de Staline, Sergo Ordjonikidze, les décrivait ainsi : « Comme il n'y a guère de militants du Parti au village, on y a mis généralement un *jeune communiste,* on lui a adjoint deux ou trois paysans pauvres et c'est cet *activ* (groupe d'activistes) qui est chargé de régler personnellement toutes les affaires du village : collectivisation, dékoulakisation[2]. » Les instructions étaient claires : collectiviser le plus possible d'exploitations, arrêter les récalcitrants étiquetés koulaks.

De telles pratiques ouvraient naturellement la voie à tous les abus comme à tous les règlements de comptes. Comment définir le koulak ? Le koulak de deuxième catégorie ou celui de troisième catégorie ? En janvier-février 1930, on ne pouvait même plus utiliser les critères définissant l'exploitation koulak, patiemment élaborés après maintes discussions par différents idéologues et économistes du Parti durant les années précédentes. En effet, au cours de la dernière année, les koulaks s'étaient considérablement appauvris pour faire face aux impôts de plus en plus lourds qui les frappaient. En l'absence de signes extérieurs de richesse,

1. *Ibid.*, p. 49-69.
2. A. Graziosi, *art. cit.*, p. 449.

les commissions devaient recourir aux listes fiscales souvent anciennes et incomplètes conservées par le soviet rural, aux renseignements de la Guépéou, aux dénonciations de voisins attirés par la possibilité de piller les biens d'autrui. En effet, au lieu de procéder à un inventaire précis et détaillé des biens et de les transférer, selon les instructions officielles, au fonds inaliénable du kolkhoze, les brigades de dékoulakisation agissaient selon le mot d'ordre « Mangeons et buvons, tout est à nous ». Comme le notait un rapport de la Guépéou en provenance de la province de Smolensk, « les dékoulakisateurs ôtaient aux paysans aisés leurs vêtements d'hiver et leurs sous-vêtements chauds, s'emparant en premier lieu des chaussures. Ils laissaient les koulaks en caleçon, prenaient tout, y compris les vieilles chaussures en caoutchouc, les habits des femmes, du thé pour 50 kopecks, des tisonniers, des brocs... Les brigades confisquaient jusqu'aux petits oreillers placés sous la tête des enfants, tout comme la kacha qui cuisait au four et qu'ils répandaient sur les icônes, après les avoir brisées[1] ». Les propriétés des paysans dékoulakisés furent souvent tout simplement mises à sac ou vendues aux enchères à des prix dérisoires ; des isbas furent achetées pour 60 kopeks, des vaches pour 15 kopecks — soit à des prix plusieurs centaines de fois inférieurs à leur valeur réelle — par les membres des brigades de dékoulakisation ! Possibilité illimitée de pillage, la dékoulakisation servit aussi souvent de prétexte pour régler des comptes personnels.

Dans ces conditions, il n'est pas étonnant que, dans certains districts, entre 80 et 90 % des paysans dékoulakisés aient été des *seredniaki*, des paysans moyens. Il fallait bien atteindre, et si possible dépasser, le nombre « indicatif » de koulaks présenté par les autorités locales ! Des paysans étaient arrêtés et déportés qui pour avoir vendu durant l'été des grains au marché, qui pour avoir employé deux mois durant en 1925 ou 1926 un ouvrier agricole, qui pour avoir possédé deux samovars, qui pour avoir tué un cochon en septembre 1929 « dans le but de le consommer et de le soustraire ainsi à l'appropriation socialiste ». Tel paysan était arrêté sous prétexte qu'il « s'était livré au commerce » alors qu'il n'était qu'un paysan pauvre vendant les produits de sa propre fabrication ; tel autre était déporté sous prétexte que son oncle avait été officier tsariste, tel autre était étiqueté koulak à cause de sa « fréquentation assidue de l'église ». Mais le plus souvent, on était catalogué comme koulak par le seul fait de s'être ouvertement opposé à la collectivisation. Une telle confusion régnait dans les brigades de dékoulakisation qu'on atteignait parfois les sommets de l'absurde. Ainsi, dans un bourg d'Ukraine, pour ne citer que cet exemple, un seredniak, membre d'une brigade de dékoulakisation, fut arrêté comme *koulak* par des représentants d'une autre brigade de dékoulakisation qui siégeait à l'autre extrémité du bourg !

1. M. Fainsod, *Smolensk à l'heure de Staline*, Paris, Fayard, 1967, p. 271-277 ; R.W. Davies, *The Socialist Offensive, The Collectivisation of Soviet Agriculture*, London, MacMillan, 1980, p. 243-251.

Néanmoins, après une première phase qui servit à certains de prétexte pour régler de vieux comptes, ou tout simplement pour s'adonner au pillage, la communauté villageoise ne tarda pas à se ressouder face aux « dékoulakisateurs » et aux « collectivisateurs ». En janvier 1930, la Guépéou recensa 402 révoltes et « manifestations de masse » paysannes contre la collectivisation et la dékoulakisation, en février 1 048 et en mars 6 528[1].

Cette résistance massive et inattendue de la paysannerie contraignit le pouvoir à modifier momentanément ses plans. Le 2 mars 1930, tous les journaux soviétiques publièrent le fameux article de Staline, « Le vertige du succès », dans lequel celui-ci condamnait « les nombreuses entorses au principe du volontariat dans l'adhésion des paysans aux kolkhozes », imputant les « excès » de la collectivisation et de la dékoulakisation aux responsables locaux « ivres de succès ». L'impact de l'article fut immédiat ; durant le seul mois de mars, plus de cinq millions de paysans quittèrent les kolkhozes. Les troubles et les désordres liés à la réappropriation, souvent violente, des outils et du cheptel par leurs propriétaires ne cessèrent pas pour autant. Tout au cours du mois de mars, les autorités centrales reçurent quotidiennement des rapports de la Guépéou faisant état de soulèvements massifs en Ukraine occidentale, dans la région centrale des terres noires, au Caucase du Nord, au Kazakhstan. Au total, la Guépéou comptabilisa durant ce mois critique plus de 6 500 « manifestations de masse » dont plus de 800 durent être « écrasées par la force armée ». Au cours de ces événements, plus de 1 500 fonctionnaires furent tués, blessés ou passés à tabac. Le nombre des victimes parmi les insurgés n'est pas connu, mais il doit se compter par milliers[2].

Au début du mois d'avril, le pouvoir dut se résoudre à de nouvelles concessions. Il envoya aux autorités locales plusieurs circulaires appelant à un rythme plus lent de collectivisation, reconnaissant qu'il existait un danger réel d'« une véritable vague de guerres paysannes » et d'« un anéantissement physique de la moitié des fonctionnaires locaux du pouvoir soviétique ». En avril, le nombre des révoltes et manifestations paysannes baissa, tout en restant encore imposant avec 1 992 cas enregistrés par la Guépéou. La décrue s'accéléra à partir de l'été : 886 révoltes en juin, 618 en juillet, 256 en août. Au total, durant l'année 1930, près de 2,5 millions de paysans participèrent à près de 14 000 révoltes, émeutes et manifestations de masse contre le régime. Les régions les plus touchées furent l'Ukraine, en particulier l'Ukraine occidentale où des districts entiers, notamment aux frontières de la Pologne et de la Roumanie, échappèrent au contrôle du régime, la région des terres noires, le Caucase du Nord[3].

1. V. Danilov, A. Berelowitch, *Les Documents de la VCK-OGPU-NKVD sur la campagne soviétique, 1918-1937*, Cahiers du Monde russe, XXXV (3), juillet-septembre 1994, p. 671-676.

2. *Ibid.*, p. 674 ; A. Graziosi, *Collectivisation, révoltes paysannes et politiques gouvernementales à travers les rapports du GPU d'Ukraine de février-mars 1930, Cahiers du Monde russe*, XXXV (3), 1994, p. 437-632.

3. V. Danilov, A. Berelowitch, *art. cit.*, p. 674-676.

Une des particularités de ces mouvements était le rôle clé qu'y jouaient les femmes, envoyées en première ligne dans l'espoir qu'elles ne seraient pas soumises à des répressions trop sévères[1]. Mais, si les manifestations de paysannes protestant contre la fermeture de l'église ou la collectivisation des vaches laitières, qui mettait en cause la survie même de leurs enfants, frappèrent tout particulièrement les autorités, il y eut aussi de nombreux affrontements sanglants entre détachements de la Guépéou et groupes de paysans armés de fourches et de haches. Des centaines de soviets furent mis à sac, tandis que des comités paysans prenaient en main, pour quelques heures ou pour quelques jours, les affaires du village, formulant une liste de revendications, parmi lesquelles figuraient pêle-mêle la restitution des outils et du bétail confisqués, la dissolution du kolkhoze, la restauration de la liberté de commerce, la réouverture de l'église, la restitution aux koulaks de leurs biens, le retour des paysans déportés, l'abolition du pouvoir bolchevique ou... le rétablissement de « l'Ukraine indépendante[2] ».

Si les paysans parvinrent, notamment en mars et en avril, à perturber les plans gouvernementaux de collectivisation accélérée, leurs succès furent de courte durée. À la différence de ce qui s'était passé en 1920-1921, ils ne parvinrent pas à mettre sur pied une véritable organisation, à trouver des leaders, à se fédérer ne serait-ce qu'au niveau régional. Faute de temps face à un régime qui réagit rapidement, faute de cadres décimés lors de la guerre civile, faute d'armes progressivement confisquées au cours des années 20, les révoltes paysannes firent long feu.

La répression fut terrible. Dans les seuls districts frontaliers de l'Ukraine occidentale, le « nettoyage des éléments contre-révolutionnaires » conduisit à l'arrestation, à la fin du mois de mars 1930, de plus de 15 000 personnes. La Guépeou d'Ukraine arrêta en outre en l'espace de quarante jours, du 1er février au 15 mars, 26 000 autres personnes, dont 650 furent fusillées. D'après des données de la Guépéou, 20 200 personnes furent condamnées à mort en 1930 par les seules juridictions d'exception de la police politique[3].

Tandis que se poursuivait la répression des « éléments contre-révolutionnaires », la Guépéou appliquait la directive n° 44/21 de G. Iagoda sur l'arrestation des soixante mille koulaks de première catégorie. À en juger d'après les rapports quotidiens envoyés à Iagoda, l'opération fut rondement menée : le premier rapport, en date du 6 février, fait état de 15 985 individus arrêtés ; au 9 février, 25 245 personnes avaient été, selon les termes mêmes de la Guépéou, « retirées de la circulation ». Le « rapport secret »

1. L. Viola, Babii bunty (Les émeutes de paysannes), *Russian Review*, 45, 1986, p. 23-42.

2. A. Graziosi, *art. cit.*

3. A. Graziosi, *art. cit.*, p. 462 ; V.P. Popov, *Gosudarstvennyi terror v Sovetskoï Rossii, 1923-1953* (La Terreur d'État en Russie soviétique, 1923-1953), Otecestvennye Arkhivy, 1992, n° 2, p.28.

(spetzsvodka) daté du 15 février précisait : « En liquidations, en individus retirés de la circulation et en opérations de masse, on atteint un total de 64 589, dont retirés au cours des opérations préparatoires (1re catégorie) 52 166 ; retirés au cours des opérations de masse 12 423. » En quelques jours, le « plan » de soixante mille koulaks de première catégorie avait été dépassé [1].

En réalité, les koulaks ne représentaient qu'une partie des personnes « retirées de la circulation ». Les agents locaux de la Guépéou avaient profité de l'occasion pour « nettoyer » leur district des « éléments socialement étrangers » parmi lesquels figuraient des « policiers de l'Ancien Régime », des « officiers blancs », des « serviteurs du culte », des « nonnes », des « artisans ruraux », d'anciens « commerçants », des « membres de l'intelligentsia rurale » et d'« autres ». Au bas du rapport du 15 février 1930, qui détaillait les diverses catégories d'individus arrêtés dans le cadre de la liquidation des koulaks de première classe, Iagoda écrivit : « Les régions Nord-Est et Léningrad n'ont pas compris nos consignes ou bien ne veulent pas les comprendre ; *il faut les obliger à comprendre.* Nous ne sommes pas en train de nettoyer les territoires de popes, commerçants et autres. S'ils disent "autres", cela veut dire qu'ils ne savent pas *qui ils arrêtent.* On aura tout notre temps pour se débarrasser des popes et des commerçants, il faut aujourd'hui frapper précisément la cible : *les koulaks* et les koulaks contre-révolutionnaires [2]. » Combien d'individus arrêtés dans le cadre de l'opération de « liquidation des koulaks de 1re catégorie » furent-ils exécutés ? À ce jour, aucune donnée n'est disponible.

Les koulaks de « 1re catégorie » constituèrent, sans doute, une part notable des premiers contingents de détenus transférés dans les camps de travail. À l'été 1930, la Guépéou avait déjà mis en place un vaste réseau de ces camps. L'ensemble pénitentiaire le plus ancien, celui des îles Solovki, continua son extension sur le littoral de la mer Blanche, de la Carélie à la région d'Arkhangelsk. Plus de quarante mille détenus construisaient la route Kem-Oukhta et assuraient la majeure partie de la production de bois exportée depuis le port d'Arkhangelsk. Le groupe des camps du Nord, comptant environ quarante mille détenus, s'activait à la construction d'une voie de chemin de fer de trois cents kilomètres entre Oust, Sysolsk et Pinioug, et d'une route de deux cent quatre-vingt-dix kilomètres entre Oust, Sysolsk et Oukhta. Dans le groupe des camps d'extrême orient, les quinze mille détenus constituaient la main-d'œuvre exclusive du chantier de la ligne ferroviaire de Bogoutchatchinsk. Un quatrième ensemble, dit de la Vitchera et comptant vingt mille détenus environ, fournissait la main-d'œuvre du chantier du grand combinat chimique de Berezniki dans l'Oural. Enfin, le groupe des camps de Sibérie, soit vingt-quatre mille

1. N.A. Ivnitski, *op. cit.*, p. 106.
2. V. Danilov, A. Berelowitch, *art. cit.*, p. 665-666.

détenus environ, contribuait à la construction de la ligne de chemin de fer Tomsk-Ienisseïsk et du combinat métallurgique de Kouznetsk[1].

En un an et demi, de la fin 1928 à l'été 1930, la main-d'œuvre pénale exploitée dans les camps de la Guépéou avait été multipliée par 3,5 passant de quarante mille à cent quarante mille détenus environ. Les succès de l'exploitation de cette force de travail encouragèrent le pouvoir à entreprendre de nouveaux grands projets. En juin 1930, le gouvernement décida de construire un canal de deux cent quarante kilomètres de long, creusé sur sa majeure partie dans une roche granitique, qui relierait la mer Baltique à la mer Blanche. Faute de moyens techniques et de machines, ce projet pharaonique nécessitait une main-d'œuvre d'au moins cent vingt mille détenus, travaillant avec pour seuls outils des pioches, des pelles et des brouettes. Mais à l'été 1930, avec la dékoulakisation battant son plein, la main-d'œuvre pénale était, moins que jamais, un produit déficitaire !

En réalité, la masse des dékoulakisés était telle — plus de 700 000 personnes à la fin de 1930, plus de 1 800 000 à la fin de 1931[2] — que les « structures d'encadrement » ne « suivaient pas ». C'est dans l'improvisation et l'anarchie la plus complète que se déroulèrent les opérations de déportation de l'immense majorité des koulaks, dits de « deuxième » ou de « troisième » catégorie. Elles aboutirent à une forme sans précédent de « déportation-abandon », à la rentabilité économique nulle pour les autorités, alors même qu'un des objectifs principaux de la dékoulakisation était la mise en valeur, par les déportés, des régions inhospitalières, mais riches en ressources naturelles, du pays[3].

Les déportations des koulaks de deuxième catégorie commencèrent dès la première semaine de février 1930. Selon le plan approuvé par le Bureau politique, 60 000 familles devaient être déportées au cours d'une première phase qui devait être achevée fin avril. La région Nord devait accueillir 45 000 familles, l'Oural 15 000. Dès le 16 février cependant, Staline télégraphia à Eikhe, premier secrétaire du Comité régional du parti de Sibérie occidentale : « Il est inadmissible que la Sibérie et le Kazakhstan prétendent ne pas être prêts pour l'accueil des déportés. La Sibérie doit impérativement recevoir 15 000 familles d'ici fin avril. » En réponse, Eikhe envoya à Moscou un « devis » estimatif des coûts pour « l'installation » du contingent planifié de déportés, se montant à 40 millions de roubles, somme qu'il ne reçut jamais[4] !

Aussi les opérations de déportation furent-elles marquées par une absence complète de coordination entre les différents bouts de la chaîne. Les paysans arrêtés furent parqués des semaines durant dans des locaux

---

1. O. Khlevniouk, *op. cit.*, p. 37.

2. V.N. Zemskov, Kulackaia ssylka v 30-ye gody (La déportation des koulaks dans les années 1930), *Sotsiologiceskie issledovania*, 1991, nº 10, p. 3-20.

3. N. Werth, « Déplacés spéciaux » et « colons de travail » dans la société stalinienne, *XXe siècle*, nº 54, avril-juin 1997, p. 34-50.

4. N. Ivnitski, *op. cit.*, p. 124.

improvisés — casernes, bâtiments administratifs, gares — d'où un grand nombre d'entre eux parvinrent à prendre la fuite. La Guépéou avait prévu pour la première phase 240 convois de 53 wagons, chaque convoi étant, selon les normes définies par la Guépéou, composé de 44 wagons à bestiaux pour quarante déportés chacun, de 8 wagons pour le transport des outils, du ravitaillement et de quelques biens appartenant aux déportés, dans une limite de 480 kilos par famille, et d'un wagon pour le transport des gardes. Comme en témoigne la correspondance acerbe entre la Guépéou et le commissariat du peuple aux Transports, les convois n'arrivaient qu'au compte-gouttes. Dans les grands centres de triage, à Vologda, Kotlas, Rostov, Sverdlovsk et Omsk, ils restaient immobilisés des semaines durant avec leur chargement humain. Le stationnement prolongé de ces convois de réprouvés, où femmes, enfants et vieillards étaient en nombre, ne passait généralement pas inaperçu de la population locale, comme l'attestent les nombreuses lettres collectives envoyées à Moscou, stigmatisant « le massacre des innocents » et signées du « collectif des ouvriers et employés de Vologda » ou des « cheminots de Kotlas »[1].

Dans ces convois immobilisés en plein hiver sur quelque voie de garage, dans l'attente d'un lieu d'affectation où pourraient être « installés » les déportés, le froid, l'absence d'hygiène, les épidémies entraînaient, selon les convois, une mortalité sur laquelle on dispose de peu d'éléments chiffrés pour les années 1930-1931.

Une fois acheminés par convoi ferroviaire jusqu'à une gare, les hommes valides étaient souvent séparés de leur famille, installée provisoirement dans des baraquements édifiés à la hâte, et envoyés sous escorte vers les « lieux de colonisation » situés, comme le prévoyaient les instructions officielles, « à l'écart des voies de communication ». L'interminable périple se poursuivait donc sur plusieurs centaines de kilomètres encore, avec ou sans famille, soit l'hiver en convois de traîneaux, ou en chariots l'été, soit à pied. D'un point de vue pratique, cette dernière étape du périple des « koulaks de deuxième catégorie » s'apparentait souvent à la déportation des « koulaks de troisième catégorie » déplacés vers des « terres nécessitant une bonification à l'intérieur de leur région » — régions qui couvraient, en Sibérie ou dans l'Oural, plusieurs centaines de milliers de kilomètres carrés. Comme le rapportaient, le 7 mars 1930, les autorités du district de Tomsk en Sibérie occidentale, « les premiers convois de koulaks de troisième catégorie sont arrivés à pied, en l'absence de chevaux, de traîneaux, de harnais. [...] En général, les chevaux affectés aux convois sont absolument inaptes à des déplacements sur trois cents kilomètres et plus, car lors de la formation des convois tous les bons chevaux appartenant aux déportés ont été remplacés par des rosses. [...] Vu la situation, il n'est pas question de transporter les affaires et le ravitaillement de deux

1. N. Werth, G. Moullec, *op. cit.*, p. 140.

mois auxquels ont droit les koulaks. Que faire aussi des enfants et des vieillards qui représentent plus de 50 % du contingent[1] ».

Dans un autre rapport de la même teneur, le Comité exécutif central de Sibérie occidentale démontrait, par l'absurde, l'impossibilité de mettre en œuvre les instructions de la Guépéou concernant la déportation de 4 902 koulaks de troisième catégorie de deux districts de la province de Novossibirsk. « Le transport, sur trois cent soixante-dix kilomètres de routes exécrables, des 8 560 tonnes de céréales et de fourrage auxquels les déportés avaient théoriquement droit "pour leur voyage et leur installation" entraînerait la mobilisation de 28 909 chevaux et de 7 227 surveillants (un surveillant pour quatre chevaux). » Le rapport concluait que « la réalisation d'une telle opération compromettrait la campagne de semailles du printemps dans la mesure où les chevaux, épuisés, nécessiteraient une longue période de repos. [...] Aussi est-il indispensable de revoir fortement à la baisse les provisions que les déportés sont autorisés à emporter[2] ».

C'est donc sans provisions ni outils, le plus souvent sans abri, que les déportés devaient s'installer ; un rapport en provenance de la région d'Arkhangelsk reconnaissait, en septembre 1930, que, sur les 1 641 habitations « programmées » pour les déportés, sept seulement avaient été construites ! Les déportés « s'installaient » sur quelque bout de terre, au milieu de la steppe ou de la taïga. Les plus chanceux, qui avaient eu la possibilité d'emporter quelques outils, pouvaient alors essayer de se confectionner un abri rudimentaire, le plus souvent la traditionnelle *zemlianka*, un simple trou dans la terre recouvert de branchages. Dans certains cas, lorsque les déportés étaient assignés à résidence par milliers près d'un grand chantier ou d'un site industriel en construction, ils étaient logés dans des baraquements sommaires, sur trois niveaux de châlits, à plusieurs centaines par baraque.

Sur les 1 803 392 personnes officiellement déportées au titre de la « dékoulakisation » en 1930-1931, combien périrent de froid et de faim durant les premiers mois de leur « nouvelle vie » ? Les archives de Novossibirsk ont conservé un document saisissant, le rapport envoyé à Staline en mai 1933 par un instructeur du Comité du parti de Narym en Sibérie occidentale, sur le sort réservé à deux convois comprenant plus de six mille personnes déportées en provenance de Moscou et de Saint-Pétersbourg. Bien que tardif et concernant une autre catégorie de déportés, non pas des paysans mais des « éléments déclassés » chassés de la nouvelle « ville socialiste » à partir de la fin 1932, ce document illustre une situation qui n'était sans doute pas exceptionnelle, et que l'on pourrait qualifier de « déportation-abandon ».

Voici quelques extraits de ce terrible témoignage :

1. V.P. Danilov, S.A. Krasilnikov, *Spetzpereselentsy v Zapadnoi Sibiri* (vol. 1) (Les déplacés spéciaux en Sibérie occidentale, 1930), Novossibirsk, 1993, p. 57-58.

2. *Ibid.*, p. 167.

« Les 29 et 30 avril 1933, deux convois d'éléments déclassés nous ont été envoyés par train de Moscou et de Leningrad. Arrivés à Tomsk, ces éléments ont été mis sur des péniches et ont été débarqués, l'un le 18 mai, l'autre le 26 mai, sur l'île de Nazino, située au confluent de l'Ob et de la Nazina. Le premier convoi comportait 5 070 personnes ; le second 1 044, soit au total 6 114 personnes. Les conditions de transport étaient épouvantables : nourriture insuffisante et exécrable ; manque d'air et de place ; vexations subies par les plus faibles. [...] Résultat : une mortalité quotidienne d'environ 35-40 personnes par jour. Néanmoins, ces conditions d'existence s'avérèrent être un véritable luxe par rapport à ce qui attendait les déportés sur l'île de Nazino (d'où ils devaient être expédiés, par groupes, jusqu'à leur destination finale, vers des secteurs de colonisation situés en amont de la rivière Nazina). L'île de Nazino est un endroit totalement vierge, sans la moindre habitation. [...] Pas d'outils, pas de semences, pas de nourriture... La nouvelle vie commença. Le lendemain de l'arrivée du premier convoi, le 19 mai, la neige se mit à tomber, le vent se leva. Affamés, amaigris, sans toit, sans outils [...] les déportés se retrouvèrent dans une situation sans issue. Ils n'étaient capables que d'allumer des feux pour tenter d'échapper au froid. Les gens commencèrent à mourir. [...] Le premier jour, 295 cadavres furent enterrés. [...] Ce n'est que le quatrième ou le cinquième jour après l'arrivée des déportés sur l'île que les autorités envoyèrent, par bateau, un peu de farine, à raison de quelques centaines de grammes par personne. Ayant reçu leur maigre ration, les gens couraient vers le bord et tentaient de délayer, dans leur chapka, leur pantalon ou leur veste un peu de cette farine avec de l'eau. Mais la plupart des déportés tentaient d'avaler la farine telle quelle et mouraient souvent étouffés. Durant tout leur séjour dans l'île, les déportés ne reçurent en tout et pour tout qu'un peu de farine. Les plus débrouillards s'efforcèrent de cuire des galettes, mais il n'y avait pas le moindre récipient. [...] Bientôt apparurent des cas de cannibalisme. [...]

À la fin du mois de juin commença l'envoi de déportés vers les soi-disant villages de colonisation. Ces lieux étaient à environ deux cents kilomètres de l'île, en remontant la rivière Nazina, en pleine taïga. En matière de village, c'était la nature vierge. On parvint néanmoins à installer un four primitif, ce qui permit de fabriquer une sorte de pain. Mais, pour le reste, il y avait peu de changement par rapport à la vie sur l'île de Nazino : même oisiveté, mêmes feux, même dénuement. Seule différence, l'espèce de pain distribué une fois tous les quelques jours. La mortalité continuait. Un seul exemple. Des 78 personnes embarquées sur l'île en direction du 5e secteur de colonisation, 12 arrivèrent en vie. Bientôt, les autorités reconnurent que ces endroits n'étaient pas colonisables, et tout le contingent survivant fut renvoyé, par bateau, vers l'aval. Les évasions se multiplièrent. [...]

Sur les nouveaux lieux d'installation, les déportés survivants, à qui on avait enfin donné quelques outils, se mirent à construire, à partir de la seconde quinzaine de juillet, des abris à moitié enterrés dans le sol. [...] Il y eut encore quelques cas de cannibalisme. [...] Mais la vie reprenait progressivement ses droits : les gens se remirent à travailler, mais l'usure des organismes était telle que, même quand ils recevaient 750-1000 grammes de pain par jour, ils continuaient à tomber malades, à crever, à manger de la mousse, de l'herbe, des feuilles, etc. Le résultat de tout cela : sur les 6 100 personnes parties de Tomsk (auxquelles il faut ajouter 500-700 personnes envoyées dans la région en provenance d'ailleurs), il ne restait plus en vie, au 20 août, que 2 200 personnes environ[1]. »

Combien y eut-il de Nazino, de cas similaires de déportation-abandon ? Quelques chiffres donnent la mesure des pertes. Entre février 1930 et décembre 1931, un peu plus de 1 800 000 dékoulakisés furent déportés. Or, au 1er janvier 1932, lorsque les autorités effectuèrent un premier pointage général, on ne recensa que 1 317 022 personnes[2]. Les pertes atteignaient le demi-million, soit près de 30 % des déportés. Certes, le nombre de ceux qui étaient parvenus à s'enfuir était sans doute élevé[3]. En 1932, l'évolution des « contingents » fit pour la première fois l'objet d'une étude systématique de la part de la Guépéou ; celle-ci était, depuis l'été 1931, seule responsable des déportés désormais étiquetés « colons spéciaux » à tous les bouts de la chaîne, depuis la déportation jusqu'à la gestion des « villages de colonisation ». D'après cette étude, il y avait eu plus de 210 000 évadés et environ 90 000 morts. En 1933, année de la grande famine, les autorités recensèrent 151 601 décès sur les 1 142 022 colons spéciaux comptabilisés le 1er janvier 1933. Le taux de mortalité annuel était donc de 6,8 % environ en 1932, de 13,3 % en 1933. Pour les années 1930-1931, on ne dispose que de données partielles, mais elles sont éloquentes : en 1931, la mortalité était de 1,3 % parmi les déportés du Kazakhstan, de 0,8 % par mois parmi ceux de Sibérie occidentale. Quant à la mortalité infantile, elle oscillait entre 8 et 12 %... par mois, avec des pointes de 15 % par mois à Magnitogorsk. Du 1er juin 1931 au 1er juin 1932, la mortalité parmi les déportés de la région de Narym, en Sibérie occidentale, atteignit 11,7 % sur l'année. Globalement, il est peu probable qu'en 1930-1931 le taux de mortalité ait été inférieur au taux de 1932 : il a sans doute approché, ou dépassé, 10 % l'an. Ainsi, en trois ans, on peut estimer qu'environ 300 000 déportés moururent en déportation[4].

1. V.P. Danilov, S.A. Krasilnikov, *Spetzpereselentsy v Zapadnoi Sibiri, 1933-1938* (vol.3), Novossibirsk, 1994, p. 89-99.
2. V.N. Zemskov, *art. cit.*, p. 4-5.
3. GARF, 9414/1/1943/56-61 in N. Werth, G. Moullec, *op. cit.*, p. 142-145.
4. V.P. Danilov, S.A. Krasilnikov, *op. cit.*, vol. 2, p. 81-83 ; GARF, 9479/1/7/5-12 ; N. Werth, G. Moullec, *op. cit.*, p. 363-374.

Pour les autorités centrales, soucieuses de « rentabiliser » le travail de ceux qu'elles désignaient sous le terme de « déplacés spéciaux » ou, à partir de 1932, de « colons de travail », la déportation-abandon n'était qu'un pis-aller, imputable, comme l'écrivait N. Pouzitski, l'un des dirigeants de la Guépéou chargé des colons de travail, « à la négligence criminelle et à la myopie politique des responsables locaux qui n'ont pas assimilé l'idée de colonisation par les ex-koulaks[1] ».

En mars 1931, pour mettre fin à « l'insupportable gâchis de main-d'œuvre déportée », fut mise en place une commission spéciale, directement rattachée au Bureau politique, présidée par V. Andreïev, et où Iagoda jouait un rôle clé. L'objectif premier de cette commission était « une gestion rationnelle et efficace des colons de travail ». Les premières enquêtes menées par la commission avaient, en effet, révélé la productivité quasi nulle de la main-d'œuvre déportée. Ainsi, sur les trois cent mille colons de travail installés dans l'Oural, 8 % seulement étaient, en avril 1931, affectés « aux coupes de bois et autres travaux productifs » ; le reste des adultes valides « construisaient des logements pour eux-mêmes [...] et s'activaient pour survivre ». Un autre document reconnaissait que l'ensemble des opérations de dékoulakisation avait été déficitaire pour l'État : la valeur moyenne des biens confisqués aux koulaks en 1930 s'élevait à 564 roubles par exploitation, somme dérisoire (équivalent à une quinzaine de mois de salaire ouvrier), qui en disait long sur la prétendue « aisance » du koulak. Quant aux dépenses engagées pour la déportation des koulaks, elles se montaient à plus de 1 000 roubles par famille[2] !

Pour la commission Andreïev, la rationalisation de la gestion des colons de travail passait d'abord par une réorganisation administrative des structures responsables des déportés. Durant l'été 1931, la Guépéou reçut le monopole de la gestion administrative des « peuplements spéciaux » qui dépendaient jusqu'alors des autorités locales. Tout un réseau de *komandatures* fut mis en place, véritable administration parallèle qui permettait à la Guépéou de bénéficier d'une sorte d'exterritorialité et de contrôler entièrement d'immenses territoires où les colons spéciaux constituaient désormais l'essentiel de la population locale. Ceux-ci étaient soumis à un règlement interne très strict. Assignés à résidence, ils étaient affectés par l'administration soit dans une entreprise d'État, soit dans une « coopérative agricole ou artisanale à statut spécial, dirigée par le commandant local de l'OGPU », soit encore à des travaux de construction et d'entretien de routes ou de défrichement. Bien entendu, normes et salaires relevaient aussi d'un statut spécial : en moyenne, les normes étaient de 30 à 50 % supérieures à celles des travailleurs libres ; quant aux salaires, quand ils étaient payés, ils subissaient une retenue de 15 à 25 % directement reversée à l'administration de la Guépéou.

1. GARF, 9414/ 1/ 1943/ 52.
2. GARF, 1235 / 2/ 776/ 83-86.

En réalité, comme en témoignent les documents de la commission Andreïev, la Guépéou se félicitait d'un « coût d'encadrement » des colons de travail neuf fois inférieur à celui des détenus des camps ; ainsi, en juin 1933, les 203 000 colons spéciaux de Sibérie occidentale, répartis en 83 komandatures, n'étaient surveillés que par 971 personnes[1]. La Guépéou avait pour objectif de fournir, contre le versement d'une commission composée d'un pourcentage sur les salaires et d'une somme forfaitaire par contrat, *sa* main-d'œuvre à un certain nombre de grands combinats chargés de l'exploitation des ressources naturelles des régions septentrionales et orientales du pays, comme Ourallesprom (exploitation forestière), Ouralougol, Vostougol (charbon), Vostokstal (aciéries), Tsvetmetzoloto (minerais non ferreux), Kouznetzstroi (métallurgie), etc. En principe, l'entreprise se chargeait d'assurer les infrastructures d'hébergement, de scolarisation et de ravitaillement des déportés. En réalité, comme le reconnaissaient eux-mêmes les fonctionnaires de la Guépéou, les entreprises avaient tendance à considérer cette main-d'œuvre au statut ambigu, mi-libre, mi-détenue, comme une ressource gratuite. Les colons de travail ne touchaient souvent aucun salaire, dans la mesure où les sommes qu'ils gagnaient étaient en général inférieures à celles retenues par l'administration pour la construction des baraquements, les outils, les cotisations obligatoires en faveur des syndicats, de l'emprunt d'État, etc.

Inscrits dans la dernière catégorie de rationnement, véritables parias, ils étaient soumis en permanence à la disette et à la faim, mais aussi à toutes sortes de vexations et d'abus. Parmi les abus les plus criants relevés dans les rapports de l'administration : instauration de normes irréalisables, salaires non versés, déportés bastonnés ou enfermés en plein hiver dans des cachots improvisés sans le moindre chauffage, déportées « échangées par les commandants de la Guépéou contre des marchandises » ou envoyées gratuitement comme bonnes « à tout faire » chez les petits chefs locaux. Cette remarque d'un directeur d'une entreprise forestière de l'Oural employant des colons de travail, citée et critiquée dans un rapport de la Guépéou de 1933, résumait bien l'état d'esprit de nombre de dirigeants vis-à-vis d'une main-d'œuvre corvéable à merci : « On pourrait tous vous liquider, de toute façon la Guépéou nous enverra à votre place une nouvelle fournée de cent mille comme vous ! »

Peu à peu, l'utilisation des colons de travail devint, du point de vue de la stricte productivité, plus rationnelle. Dès 1932, on assista à un abandon progressif des « zones de peuplement » ou de « colonisation » les plus inhospitalières au profit des grands chantiers, des pôles miniers et industriels. Dans certains secteurs, la part de la main-d'œuvre déportée, qui travaillait dans les mêmes entreprises ou sur les mêmes chantiers que les travailleurs libres et vivait dans des baraquements contigus, était très importante, voire prédominante. Dans les mines du Kouzbass, à la fin de

1. V.P. Danilov, S.A. Krasilnikov, *op. cit.*, vol. 3, p. 244-245.

1933, plus de 41 000 colons de travail représentaient 47 % de l'ensemble des mineurs. À Magnitogorsk, les 42 462 déportés recensés en septembre 1932 constituaient les deux tiers de la population locale[1]. Assignés à résidence dans quatre zones de peuplement spéciales, à une distance de deux à six kilomètres du site principal de construction, ils travaillaient néanmoins dans les mêmes équipes que les ouvriers libres, situation qui avait tendance à gommer en partie les frontières entre les statuts différents des uns et des autres. Par la force des choses, autrement dit les impératifs économiques, les dékoulakisés de la veille, devenus colons de travail, réintégraient une société marquée par une pénalisation générale des rapports sociaux et dans laquelle nul ne savait qui seraient les prochains exclus.

1. GARF, 374/28s/4055/1-12.

8
La grande famine

Parmi les « taches blanches » de l'histoire soviétique a longtemps figuré la grande famine de 1932-1933, qui fit, selon des sources aujourd'hui incontestables, plus de 6 millions de victimes [1]. Cette catastrophe ne fut cependant pas une famine comme les autres, dans la lignée des famines que connaissait, à intervalles réguliers, la Russie tsariste. Elle fut une conséquence directe du nouveau système d'« exploitation militaro-féodale » de la paysannerie — selon l'expression du dirigeant bolchevique antistalinien Nikolaï Boukharine —, mis en place lors de la collectivisation forcée, et une illustration tragique de la formidable régression sociale qui accompagna l'assaut donné aux campagnes par le pouvoir soviétique à la fin des années 1920.

À la différence de la famine de 1921-1922, reconnue par les autorités soviétiques qui firent largement appel à l'aide internationale, celle de 1932-1933 fut toujours niée par le régime qui couvrit de sa propagande les quelques voix qui, à l'étranger, attirèrent l'attention sur cette tragédie. Il y fut grandement aidé par des « témoignages » sollicités, comme celui du député français et leader du Parti radical Édouard Herriot qui, voyageant en Ukraine en été 1933, claironna qu'il n'y avait que « jardins potagers de kolkhozes admirablement irrigués et cultivés » et « récoltes décidément admirables », avant de conclure, péremptoire : « J'ai traversé l'Ukraine. Eh bien ! je vous affirme que je l'ai vue tel un jardin en plein rendement [2]. » Cet aveuglement était d'abord le résultat d'une formidable mise en scène organisée par la Guépéou pour les hôtes étrangers dont l'itinéraire était jalonné de kolkhozes et de jardins d'enfants modèles. Cet aveuglement était évidemment conforté par des considérations politiques, notamment, de la part des dirigeants français alors au pouvoir, qui avaient

1. A. Blum, *Naître, vivre et mourir en URSS, 1917-1991*, Paris, Plon, 1994, p. 99.

2. F. Kupferman, *Au pays des Soviets. Le Voyage français en Union soviétique, 1917-1939*, Paris, Gallimard, 1979, p. 88.

le souci de ne pas rompre le processus de rapprochement esquissé avec l'Union soviétique face à une Allemagne devenue plus menaçante à la suite de la récente arrivée au pouvoir d'Adolf Hitler.

Néanmoins, un certain nombre de hauts dirigeants politiques, en particulier allemands et italiens, eurent connaissance, avec une remarquable précision, de la famine de 1932-1933. Les rapports des diplomates italiens en poste à Kharkov, Odessa ou Novorossisk, récemment découverts et publiés par l'historien italien Andrea Graziosi[1], montrent que Mussolini, qui lisait ces textes avec soin, était parfaitement informé de la situation, mais ne l'utilisa pas pour sa propagande anticommuniste. Au contraire, l'été 1933 fut marqué par la signature d'un traité de commerce italo-soviétique, suivie de celle d'un pacte d'amitié et de non-agression. Niée, ou sacrifiée sur l'autel de la raison d'État, la vérité sur la grande famine, évoquée dans des publications à faible tirage des organisations ukrainiennes à l'étranger, ne commença à s'imposer qu'à partir de la seconde moitié des années 80, à la suite de la publication d'une série de travaux et de recherches, tant par des historiens occidentaux que par des chercheurs de l'ex-Union soviétique.

On ne peut évidemment comprendre la famine de 1932-1933 sans la replacer dans le contexte des nouveaux rapports entre l'État soviétique et la paysannerie, issus de la collectivisation forcée des campagnes. Dans les campagnes collectivisées, le rôle du kolkhoze était stratégique. Il avait pour fonction d'assurer à l'État des livraisons fixes de produits agricoles, par une ponction de plus en plus forte sur la récolte « collective ». Chaque automne, la campagne de collecte se transformait en une véritable épreuve de force entre l'État et une paysannerie qui tentait désespérément de garder pour elle une part de la récolte. L'enjeu était de taille : pour l'État le prélèvement, pour le paysan la survie. Plus la région était fertile et plus elle était ponctionnée. En 1930, l'État collecta 30 % de la production agricole en Ukraine, 38 % dans les riches plaines du Kouban, au Caucase du Nord, 33 % de la récolte du Kazakhstan. En 1931, pour une récolte bien inférieure, ces pourcentages atteignirent respectivement 41,5 %, 47 % et 39,5 %. Un tel prélèvement ne pouvait que désorganiser totalement le cycle productif ; il suffit ici de rappeler que sous la NEP les paysans ne commercialisaient que 15 à 20 % de leur récolte, réservant 12 à 15 % pour les semences, 25 à 30 % pour le bétail et le reste pour leur propre consommation. Entre les paysans, décidés à user de tous les stratagèmes pour conserver une partie de leur récolte, et les autorités locales, obligées de remplir à tout prix un plan de plus en plus irréaliste — en 1932, le plan de collecte était supérieur de 32 % à celui de 1931 —, le conflit était inévitable[2].

1. A. Graziosi, Lettres de Kharkov. La famine en Ukraine et dans le Caucase du Nord à travers les rapports des diplomates italiens, 1932-1934, *Cahiers du Monde russe et soviétique*, XXX (1-2), janvier-juin 1989, p. 5-106.

2. M. Lewin, *La Formation du système soviétique*, Paris, Gallimard, 1987, p. 206-237.

La campagne de collecte de 1932 prit un départ très lent. Dès que l'on commença à battre la nouvelle moisson, les kolkhoziens s'efforcèrent de cacher, ou de « voler » de nuit, une part de la récolte. Un véritable « front de résistance passive » se constitua, conforté par l'accord tacite et réciproque qui allait souvent du kolkhozien au brigadier, du brigadier au comptable, du comptable au directeur du kolkhoze, lui-même paysan récemment promu, du directeur au secrétaire local du Parti. Pour « prendre les céréales », les autorités centrales durent envoyer de nouvelles « brigades de choc » recrutées en ville parmi des komsomols et des communistes.

Sur le véritable climat de guerre qui régnait alors dans les campagnes, voici ce qu'écrivait à sa hiérarchie un instructeur du Comité exécutif central envoyé en mission dans un district céréalier de la Basse-Volga :

> « Les arrestations et les fouilles se font par n'importe qui : par les membres du soviet rural, les émissaires en tout genre, les membres des brigades de choc, n'importe quel komsomol qui n'a pas la flemme. Cette année, 12 % des exploitants du district sont passés devant le tribunal, sans compter les koulaks déportés, les paysans frappés d'amendes, etc. D'après les calculs de l'ancien procureur adjoint du district, au cours de la dernière année 15 % de la population adulte a été victime de répression sous une forme ou une autre. Si l'on ajoute à ceci qu'au cours du dernier mois huit cents exploitants environ ont été exclus des kolkhozes, vous aurez une idée de l'ampleur de la répression dans le district. [...] Si l'on exclut les cas où la répression de masse est réellement justifiée, il faut dire que l'efficacité des mesures répressives ne cesse de diminuer dans la mesure où, lorsqu'elles dépassent un certain seuil, il devient difficile de les mettre en œuvre. [...] Toutes les prisons sont pleines à craquer. La prison de Balachevo contient cinq fois plus de gens que prévu, et à Elan il y a, dans la petite prison du district, 610 personnes. Au cours du dernier mois, la prison de Balachevo a “rendu” à Elan 78 condamnés, parmi lesquels 48 avaient moins de dix ans ; 21 ont été immédiatement relâchés. [...] Pour en finir avec cette fameuse méthode, la seule employée ici — la méthode de la force — deux mots sur les paysans individuels vis-à-vis desquels tout est fait pour les détourner d'ensemencer et de produire.
>
> L'exemple suivant montre à quel point les paysans individuels sont terrorisés : à Mortsy, un paysan individuel, qui avait pourtant rempli son plan à 100 % est venu voir le camarade Fomitchev, président du comité exécutif du district, et lui a demandé de le faire déporter dans le Nord car, de toute façon, expliqua-t-il, “on ne peut plus vivre dans ces conditions”. Également exemplaire est la pétition, signée par seize paysans individuels du soviet rural d'Alexandrov, dans laquelle ces paysans demandent à être déportés hors de leur région ! [...] Bref, la

> seule forme de "travail de masse", c'est "l'assaut" : on "prend d'assaut" les semences, les crédits, l'élevage du bétail, on "va à l'assaut" du travail, etc. Rien ne se fait sans "assaut". [...] On "assiège" la nuit, de 9-10 heures du soir à l'aube. L'"assaut" se déroule de la façon suivante : la "brigade de choc", siégeant dans une isba, "convoque" à tour de rôle toutes les personnes qui n'ont pas rempli telle ou telle obligation ou plan et "convainc" celles-ci, par divers moyens, d'honorer leurs obligations. On "assiège" ainsi chaque personne sur la liste, et on recommence, toute la nuit[1]. »

Dans l'arsenal répressif, une loi fameuse promulguée le 7 août 1932, au plus fort de la guerre entre la paysannerie et le régime, jouait un rôle décisif. Elle prévoyait de condamner à dix ans de camp ou à la peine de mort « tout vol ou dilapidation de la propriété socialiste ». Elle était connue dans le peuple sous le nom de « loi des épis » car les personnes le plus souvent condamnées avaient volé quelques épis de blé ou de seigle dans les champs kolkhoziens. Cette loi scélérate permit de condamner, d'août 1932 à décembre 1933, plus de 125 000 personnes dont 5 400 à la peine capitale[2].

Malgré ces mesures draconniennes, le blé ne « rentrait pas ». À la mi-octobre 1932, le plan de collecte pour les principales régions céréalières du pays n'était rempli qu'à 15-20 %. Le 22 octobre 1932, le Bureau politique décida donc d'envoyer en Ukraine et dans le Caucase du Nord deux commissions extraordinaires, l'une dirigée par Viatcheslav Molotov, l'autre par Lazar Kaganovitch, dans le but d'« accélérer les collectes »[3]. Le 2 novembre, la commission de Lazar Kaganovitch, dont faisait partie Genrikh Iagoda, arriva à Rostov-sur-le-Don. Elle convoqua aussitôt une réunion de tous les secrétaires de district du Parti de la région du Caucase du Nord, au terme de laquelle fut adoptée la résolution suivante : « À la suite de l'échec particulièrement honteux du plan de collecte des céréales, obliger les organisations locales du Parti à casser le sabotage organisé par les éléments koulaks contre-révolutionnaires, anéantir la résistance des communistes ruraux et des présidents de kolkhoze qui ont pris la tête de ce sabotage. » Pour un certain nombre de districts inscrits au « tableau noir » (selon la terminologie officielle) furent prises les mesures suivantes : retrait de tous les produits des magasins, arrêt total du commerce, remboursement immédiat de tous les crédits en cours, imposition exceptionnelle, arrestation de tous les « saboteurs », « éléments étrangers » et « contre-révolutionnaires » suivant une procédure accélérée, sous l'égide de la Guépéou. En cas de poursuite du « sabotage », la population était passible de déportation massive.

1. GARF, 1235/ 2/ 1521/ 71-78 ; N. Werth, G. Moullec, *op. cit.*, p. 152-155.
2. GARF, 3316/ 2/ 1254/ 4-7.
3. N. Ivnitski, *op. cit.*, p. 192-193.

Au cours du seul mois de novembre 1932, premier mois de « lutte contre le sabotage », 5 000 communistes ruraux jugés « criminellement complaisants » vis-à-vis du « sabotage » de la campagne de collecte, et 15 000 kolkhoziens furent arrêtés dans cette région hautement stratégique du point de vue de la production agricole qu'était le Caucase du Nord. En décembre, commencèrent des déportations massives non plus des seuls koulaks, mais de villages entiers, notamment de stanitsy cosaques déjà frappées en 1920 par des mesures semblables[1]. Le nombre des colons spéciaux repartit rapidement à la hausse. Si, pour 1932, les données de l'administration du Goulag faisaient état de l'arrivée de 71 236 déportés, l'année 1933 enregistra un afflux de 268 091 nouveaux colons spéciaux[2].

En Ukraine, la commission Molotov prit des mesures analogues : inscription des districts où le plan de collecte n'avait pas été rempli au « tableau noir », avec toutes les conséquences précédemment décrites : purge des organisations locales du Parti, arrestations massives non seulement de kolkhoziens, mais aussi des cadres des kolkhozes, soupçonnés de « minimiser la production ». Bientôt ces mesures furent étendues à d'autres régions productrices de céréales.

Ces mesures répressives pouvaient-elles permettre à l'État de gagner la guerre contre les paysans ? Non, soulignait, dans un rapport particulièrement perspicace, le consul italien de Novorossijsk :

« L'appareil soviétique excessivement armé et puissant se trouve en fait dans l'impossibilité de trouver la victoire dans une ou plusieurs batailles rangées ; l'ennemi n'est pas massé, il est dispersé et l'on s'épuise en une série sans fin de minuscules opérations : ici, un champ n'est pas sarclé, là quelques quintaux de blé sont cachés ; sans compter un tracteur inopérant, un deuxième volontairement détraqué, un troisième en vadrouille au lieu de travailler... Et de constater ensuite qu'un entrepôt a été dévalisé, que les livres de comptes, petits ou grands, sont mal tenus ou falsifiés, que les directeurs des kolkhozes, par peur ou par malveillance, ne déclarent pas la vérité dans leurs rapports... Et ainsi de suite, à l'infini, et toujours à nouveau dans cet immense territoire ! [...] L'ennemi, il faut aller le chercher maison par maison, village par village. C'est comme porter de l'eau dans un baquet percé[3] ! »

Aussi, pour vaincre « l'ennemi », ne restait-il qu'une seule solution : l'affamer.

Les premiers rapports sur les risques d'une « situation alimentaire critique » pour l'hiver 1932-1933 parvinrent à Moscou dès l'été 1932. En août 1932, Molotov rapporta au Bureau politique qu'il existait « une réelle menace de famine même dans les districts où la récolte avait été excellente ». Néanmoins, il proposa de remplir coûte que coûte le plan de

1. N. Ivnitski, *op. cit.*, p. 198-206.
2. V. Zemskov, *art. cit.*, p. 4-5.
3. A. Graziosi, *Lettres de Kharkov, art. cit.*, p. 51.

collecte. Ce même mois d'août, le président du Conseil des commissaires du peuple du Kazakhstan, Issaev, informa Staline de l'ampleur de la famine dans cette république, où la collectivisation-sédentarisation avait complètement désorganisé l'économie nomade traditionnelle. Même des staliniens endurcis tels Stanislas Kossior, premier secrétaire du Parti communiste d'Ukraine, ou Mikhaïl Khataïevitch, premier secrétaire du Parti de la région de Dniepropetrovk, demandèrent à Staline et à Molotov de diminuer le plan de collecte. « Pour qu'à l'avenir la production puisse augmenter conformément aux besoins de l'État prolétarien, écrivait Khataïevitch à Molotov en novembre 1932, nous devons prendre en considération les besoins minimum des kolkhoziens, faute de quoi il n'y aura plus personne pour semer et assurer la production. »

« Votre position, répondit Molotov, est profondément incorrecte, non bolchevique. Nous autres, bolcheviks, nous ne pouvons pas mettre les besoins de l'État — besoins définis précisément par des résolutions du Parti — à la dixième ni même à la seconde place[1]. »

Quelques jours plus tard, le Bureau politique envoyait aux autorités locales une circulaire ordonnant que les kolkhozes qui n'avaient pas encore rempli leur plan fussent immédiatement ponctionnés de « tout le grain qu'ils détenaient, y compris les soi-disant réserves de semences » !

Ayant été contraints de livrer sous la menace, voire la torture, toutes leurs maigres réserves, n'ayant ni les moyens ni la possibilité d'acheter quoi que ce soit, des millions de paysans des régions agricoles les plus riches de l'Union soviétique furent ainsi livrés à la famine et n'eurent d'autre ressource que de partir vers les villes. Or, le gouvernement venait d'instaurer, le 27 décembre 1932, le passeport intérieur et l'enregistrement obligatoire pour les citadins, dans le but de limiter l'exode rural, de « liquider le parasitisme social » et de « combattre l'infiltration des éléments koulaks dans les villes ». Face à cette fuite des paysans pour la survie, il édicta donc, le 22 janvier 1933, une circulaire qui condamnait à une mort programmée des millions d'affamés. Signée par Staline et Molotov, elle ordonnait aux autorités locales et en particulier à la Guépéou d'interdire « par tous les moyens les départs massifs des paysans d'Ukraine et du Caucase du Nord vers les villes. Après arrestation des éléments contre-révolutionnaires, les autres fuyards seront ramenés sur leur lieu de résidence ». La circulaire expliquait ainsi la situation : « Le Comité central et le gouvernement ont les preuves que cet exode massif des paysans est organisé par les ennemis du pouvoir soviétique, les contre-révolutionnaires et les agents polonais dans un but de propagande contre le système kolkhozien en particulier et le pouvoir soviétique en général[2]. »

Dans toutes les régions touchées par la famine, la vente des billets de train fut immédiatement suspendue ; des barrages, contrôlés par les unités

1. N. Ivnitski, *op. cit.*, p. 198-199.
2. *Ibid.*, p. 204.

spéciales de la Guépéou, furent mis en place pour empêcher les paysans de quitter leur district. Au début du mois de mars 1933, un rapport de la police politique précisait qu'en l'espace d'un mois 219 460 personnes avaient été interceptées dans le cadre des opérations destinées à limiter l'exode des paysans affamés vers les villes, que 186 588 avaient été « ramenées dans leur région d'origine », les autres étant arrêtées et jugées. Mais le rapport restait muet sur l'état des personnes expulsées hors des villes.

Sur ce point, voici le témoignage du consul italien de Kharkov, au cœur d'une des régions les plus touchées par la famine :

« Depuis une semaine, un service pour recueillir les enfants abandonnés a été organisé. En effet, en plus des paysans qui affluent vers la ville parce qu'ils n'ont plus aucun espoir de survie à la campagne, il y a des enfants qu'on amène ici et qui sont ensuite abandonnés par les parents, lesquels s'en retournent au village pour y mourir. Ces derniers espèrent qu'en ville quelqu'un prendra soin de leur progéniture. [...] Depuis une semaine, on a mobilisé des *dvorniki* [les concierges] en blouse blanche qui patrouillent la ville et ramènent les enfants au poste de police le plus proche. [...] Vers minuit, on commence à les transporter en camion à la gare de marchandises de Severo Donetz. C'est là qu'on rassemble aussi les enfants trouvés dans les gares, les trains, les familles de paysans, les personnes isolées plus âgées, ratissées en ville pendant la journée. Il y a du personnel médical [...] qui fait la “sélection”. Ceux qui ne sont pas encore enflés et offrent une chance de survie sont dirigés vers les baraquements de Holodnaïa Gora, où dans des hangars, sur la paille, agonise une population de près de 8 000 âmes, composée essentiellement d'enfants. [...] Les personnes enflées sont transportées en train de marchandises à la campagne et abandonnées à cinquante-soixante kilomètres de la ville en sorte qu'elles meurent sans qu'on les voie. [...] À l'arrivée sur les lieux de déchargement, on creuse de grandes fosses et on enlève tous les morts des wagons[1]. »

Dans les campagnes, la mortalité atteint des sommets au printemps 1933. À la faim s'ajoute le typhus ; dans des bourgs de plusieurs milliers d'habitants, les survivants ne se comptent que par quelques dizaines. Des cas de cannibalisme sont signalés dans les rapports de la Guépéou comme dans ceux des diplomates italiens en poste à Kharkov :

« On ramasse à Kharkov chaque nuit près de 250 cadavres de personnes mortes de faim ou du typhus. On remarqua qu'un très grand nombre d'entre eux n'avait plus de foie : celui-ci paraissait avoir été retiré par une large entaille. La police finit par cueillir quelques-uns des mystérieux “amputeurs” qui avouèrent qu'avec cette viande ils confectionnaient la farce des *pirojki* [des petits pâtés] qu'ils vendaient ensuite sur le marché[2]. »

1. A. Graziosi, *art. cit.*, p. 59-60.
2. *Ibid.*, p. 79 ; R. Conquest, *Sanglantes moissons*, Paris, R. Laffont, 1995, p. 267-296.

En avril 1933, l'écrivain Mikhaïl Cholokhov, de passage dans un bourg du Kouban, écrivit deux lettres à Staline exposant en détail la manière dont les autorités locales avaient extorqué, sous la torture, toutes les réserves des kolkhoziens, réduits à la famine. Il demandait au premier secrétaire d'envoyer une aide alimentaire. Dans sa réponse à l'écrivain, Staline dévoilait sans ambages sa position : les paysans étaient justement punis pour avoir « fait grève, fait du sabotage », pour avoir « mené une guerre de sape contre le pouvoir soviétique, une guerre à mort[1]. » Pendant qu'en cette année 1933 des millions de paysans mouraient de faim, le gouvernement soviétique continuait d'exporter à l'étranger dix-huit millions de quintaux de blé pour « les besoins de l'industrialisation ».

Les archives démographiques et les recensements de 1937 et de 1939, tenus secrets jusqu'à ces dernières années, permettent d'évaluer l'ampleur de la famine de 1933. Géographiquement, la « zone de la faim » couvrait l'ensemble de l'Ukraine, une partie de la zone des terres noires, les riches plaines du Don, du Kouban et du Caucase du Nord, une grande partie du Kazakhstan. Près de quarante millions de personnes furent touchées par la famine ou la disette. Dans les régions les plus atteintes, comme les zones rurales autour de Kharkov, la mortalité entre janvier et juin 1933 fut multipliée par dix par rapport à la moyenne : 100 000 décès en juin 1933 dans la région de Kharkov, contre 9 000 en juin 1932. Encore faut-il noter que de très nombreux décès n'étaient pas enregistrés. Les zones rurales furent bien sûr plus durement frappées que les villes, mais celles-ci ne furent pas épargnées. Kharkov perdit en un an plus de 120 000 habitants, Krasnodar 40 000, Stavropol 20 000.

En dehors de la « zone de la faim », les pertes démographiques, dues en partie à la disette, ne furent pas négligeables. Dans les zones rurales de la région de Moscou, la mortalité augmenta de 50 % entre janvier et juin 1933 ; dans la ville d'Ivanovo, théâtre d'émeutes de la faim en 1932, la mortalité progressa de 35 % au cours du premier semestre 1933. Pour l'année 1933 et pour l'ensemble du pays, on observe un surplus de décès supérieur à six millions. L'immense majorité de ce surplus étant due à la famine, on peut valablement estimer à six millions de victimes environ le bilan de cette tragédie. La paysannerie d'Ukraine paya le plus lourd tribut avec au moins quatre millions de morts. Au Kazakhstan, un million de morts environ, notamment parmi la population nomade privée, depuis la collectivisation, de tout son bétail et sédentarisée de force. Dans le Caucase du Nord et la région des terres noires, un million de morts[2]...

1. A.P.F.R. (Archives Présidentielles de la Fédération de Russie), 45/1/827/7-22.

2. N. Aralovetz, Poteri naselenia v 30-ye gody (Les pertes démographiques dans les années 1930), *Otecestvennaia Istoria*, 1995, n° 1, p. 135-145 ; N. Ossokina, Jertvy goloda 1933.Skol'ko ix ? (Le nombre de victimes de la famine de 1933. Combien ?), *Otecestvennaia Istoria*, 1995, n° 5, p. 18-26 ; V. Tsaplin, Statistika jertv stalinisma (Statistique des victimes du stalinisme), *Voprosy Istorii*, 1989, n° 4, p. 175-181.

Extraits de la lettre envoyée par Mikhaïl Cholokhov, auteur du *Don paisible*, le 4 avril 1933 à Staline.

Camarade Staline !

Le district Vechenski, comme beaucoup d'autres districts du Nord-Caucase, n'a pas rempli le plan de livraison de céréales non pas à cause de quelque « sabotage koulak », mais à cause de la mauvaise direction locale du Parti...

En décembre dernier, le Comité régional du Parti a envoyé, pour « accélérer » la campagne de collecte, un « plénipotentiaire », le camarade Ovtchinnikov. Ce dernier a pris les mesures suivantes : 1) réquisitionner toutes les céréales disponibles, y compris l'« avance » donnée par la direction des kolkhozes aux kolkhoziens pour l'ensemencement de la récolte future, 2) répartir par foyer les livraisons dues par chaque kolkhoze à l'État. Quels ont été les résultats de ces mesures ? Quand ont commencé les réquisitions, les paysans se sont mis à cacher et à enterrer le blé. Maintenant, quelques mots sur les résultats chiffrés de toutes ces réquisitions. Céréales « trouvées » : 5 930 quintaux... Et voici quelques méthodes employées pour obtenir ces 593 tonnes, dont une partie était enterrée... depuis 1918 !

La méthode du froid... On déshabille le kolkhozien et on le met « au froid », tout nu, dans un hangar. Souvent on mettait « au froid » les kolkhoziens par brigades entières.

La méthode du chaud. On arrose les pieds et les rebords des jupes des kolkhoziennes de kérosène et on y met le feu. Puis on l'éteint et on recommence...

Dans le kolkhoze Napolovski, un certain Plotkine, « plénipotentiaire » du Comité du district, forçait les kolkhoziens interrogés à s'allonger sur un poêle chauffé à blanc, puis il les « déchauffait » en les enfermant nus dans un hangar...

Dans le kolkhoze Lebiajenski, on alignait les kolkhoziens le long d'un mur et on simulait une exécution...

Je pourrais multiplier à l'infini ce genre d'exemples. Ce ne sont pas des « abus », non, c'est la méthode courante de collecte du blé...

S'il vous semble que ma lettre est digne de retenir l'attention du Comité central, envoyez donc ici de véritables communistes qui auront le courage de démasquer tous ceux qui ont porté dans ce district un coup mortel à la construction kolkhozienne...Vous êtes notre seul espoir.

Votre Mikhaïl Cholokhov.

(Archives présidentielles, 45/1/827/7-22)

Et la réponse de Staline à M. Cholokhov, le 6 mai 1933.

« Cher camarade Cholokhov,

J'ai bien reçu vos deux lettres. L'aide que vous avez demandée a été accordée. J'ai envoyé le camarade Chkiriatov pour démêler les affaires dont vous me parlez. Je vous demande de l'aider. Voilà. Mais, camarade Cholokhov, ce n'est pas tout ce que je voulais vous dire. En effet, vos lettres donnent un tableau que je qualifierais de non objectif, et, à ce propos, je voudrais vous écrire quelques mots.

Je vous ai remercié pour vos lettres qui révèlent une petite maladie de notre appareil, qui montrent qu'en voulant bien faire, c'est-à-dire désarmer nos ennemis, certains de nos fonctionnaires du Parti s'en prennent à nos amis et peuvent même devenir franchement sadiques. Mais ces remarques ne signifient pas que je sois d'accord EN TOUT avec vous. Vous voyez UN aspect des choses, et vous ne le voyez pas mal. Mais ce n'est QU'UN aspect des choses. Pour ne pas se tromper en politique — et vos lettres, ce n'est pas de la littérature, c'est de la pure politique —, il faut savoir voir L'AUTRE aspect de la réalité. Et l'autre aspect, c'est que les respectés laboureurs de votre district — et pas seulement du vôtre — faisaient grève, faisaient du sabotage et étaient prêts à laisser les ouvriers et l'Armée rouge sans pain ! Le fait que ce sabotage était silencieux et apparemment pacifique (sans effusion de sang) — ce fait ne change rien au fond de l'affaire, à savoir que les respectés laboureurs menaient une guerre de sape contre le pouvoir soviétique. Une guerre à mort, cher camarade Cholokhov !

Bien sûr, ces spécificités ne peuvent justifier les abus qui ont été, selon vous, commis par nos fonctionnaires. Et les coupables devront répondre de leur comportement. Mais il est clair comme le jour que nos respectés laboureurs ne sont pas des brebis innocentes, comme on pourrait le penser en lisant vos lettres.

Allez, portez-vous bien. Je vous serre la main. Votre J. Staline »

(Archives présidentielles, 3/61/549/194)

Cinq ans avant la Grande Terreur qui frappera en premier lieu l'intelligentsia et les cadres de l'économie et du Parti, la grande famine de 1932-1933, apogée du second acte de la guerre antipaysanne engagée en 1929 par le Parti-État, apparaît comme un épisode décisif dans la mise en place d'un système répressif expérimenté tour à tour, et selon les opportunités politiques de l'heure, contre tel ou tel groupe social. Avec son cortège de violences, de tortures, de mise à mort de populations entières, la grande famine traduit une formidable régression, à la fois politique et sociale. On voit se multiplier tyranneaux et despotes locaux, prêts à tout pour extorquer aux paysans leurs dernières provisions, et la barbarie s'installer. Les exactions sont érigées en pratique quotidienne, les enfants abandonnés, le cannibalisme réapparaît avec les épidémies et le brigandage ; on installe des « baraques de la mort », les paysans connaissent une nouvelle forme de servage, sous la férule du Parti-État. Comme l'écrivait avec perspicacité

Sergo Ordjonikidze à Sergueï Kirov en janvier 1934 : « Nos cadres qui ont connu la situation de 1932-1933 et qui ont tenu le coup sont vraiment trempés comme l'acier. Je pense qu'avec eux on bâtira un État comme l'histoire n'en a jamais connu. »

Faut-il voir dans cette famine, comme le font aujourd'hui certains publicistes et historiens ukrainiens, un « génocide du peuple ukrainien[1] » ? Il est indéniable que la paysannerie ukrainienne a été la principale victime de la famine de 1932-1933 et que cet « assaut » a été précédé, dès 1929, de plusieurs offensives contre l'intelligentsia ukrainienne accusée d'abord de « déviation nationaliste », puis à partir de 1932 contre une partie des communistes ukrainiens. On peut sans conteste, reprenant l'expression d'Andreï Sakharov, parler de « l'ukrainophobie de Staline ». Toutefois, il est aussi important de remarquer que proportionnellement la répression par la famine a touché tout autant les contrées cosaques du Kouban et du Don, et le Kazakhstan. Dans cette dernière république, dès 1930, la collectivisation et la sédentarisation forcée des nomades avaient eu des conséquences désastreuses ; 80 % du cheptel fut décimé en deux ans. Dépossédés de leurs biens, réduits à la famine, deux millions de Kazakhs émigrèrent, près d'un demi-million vers l'Asie centrale, un million et demi environ vers la Chine.

En réalité, dans nombre de régions, comme l'Ukraine, les pays cosaques, voire certains districts de la région des terres noires, la famine apparaît comme l'ultime épisode de l'affrontement, commencé dans les années 1918-1922, entre l'État bolchevique et la paysannerie. On constate en effet une remarquable coïncidence des zones de forte résistance aux réquisitions de 1918-1921 et à la collectivisation de 1929-1930, et des zones touchées par la famine. Des 14 000 émeutes et révoltes paysannes recensées par la Guépéou en 1930, plus de 85 % eurent lieu dans les régions « punies » par la famine de 1932-1933. Ce sont les régions agricoles les plus riches et les plus dynamiques, celles qui avaient à la fois le plus à donner à l'État et le plus à perdre au système d'extorsion de la production agricole mis en place au terme de la collectivisation forcée, qui ont été les plus touchées par la grande famine de 1932-1933.

---

1. S. Merl, Golod 1932-1933 — genotsid Ukraintsev dlia osuscestvlenia politiki russifikatsii ? (La famine de 1932-1933 — un génocide en vue de la russification de l'Ukraine ?), *Otecestvennaia Istoria,* 1995, n° 1, p. 49-61.

9

« Éléments socialement étrangers » et cycles répressifs

Si la paysannerie, dans son ensemble, paya le plus lourd tribut au projet volontariste stalinien de transformation radicale de la société, d'autres groupes sociaux, qualifiés de « socialement étrangers » à la « nouvelle société socialiste », furent, à divers titres, mis au ban de la société, privés de leurs droits civiques, chassés de leur travail et de leur logement, rétrogradés dans l'échelle sociale, exilés : « spécialistes bourgeois », « ci-devant », membres du clergé et des professions libérales, petits entrepreneurs privés, commerçants et artisans furent les principales victimes de la « révolution anticapitaliste » lancée au début des années 30. Mais le « petit peuple » des villes aussi, qui n'entrait pas dans la catégorie canonique du « prolétariat-ouvrier-constructeur-du-socialisme », eut sa part de mesures répressives, qui visaient toutes à mettre au pas — et en conformité avec l'idéologie — une société jugée rétive à la marche vers le progrès.

Le fameux procès de Chakhty avait clairement marqué la fin de la trêve, commencée en 1921, entre le régime et les « spécialistes ». À la veille du lancement du premier plan quinquennal, la leçon politique du procès de Chakhty était claire : le scepticisme, l'indécision, l'indifférence à l'égard de l'œuvre entreprise par le Parti ne pouvaient que conduire au « sabotage ». Douter, c'était déjà trahir. Le *spetzeedstvo* — mot à mot, « harcèlement du spécialiste » — était profondément enraciné dans la mentalité bolchevique, et le signal politique donné par le procès de Chakhty fut parfaitement reçu par la base. Les *spetzy* allaient devenir les boucs émissaires pour les échecs économiques comme pour les frustrations engendrées par la chute brutale du niveau de vie. Dès la fin de 1928, des milliers de cadres industriels et d'ingénieurs « bourgeois » furent licenciés, privés de cartes de rationnement, de l'accès aux services médicaux, parfois chassés de leur logement. En 1929, des milliers de fonctionnaires du Gosplan, du Conseil suprême de l'Économie nationale, des commissariats du peuple aux Finances, au Commerce et à l'Agriculture furent purgés, sous prétexte de « déviation droitière », de « sabotage » ou d'appartenance à une « classe socialement étrangère ». Il est vrai que 80 % des hauts fonctionnaires des Finances avaient servi sous l'Ancien Régime[1].

La campagne de purge de certaines administrations se durcit à partir de l'été 1930, lorsque Staline, désireux d'en finir définitivement avec les « droitiers », notamment avec Rykov qui occupait toujours le poste de chef du gouvernement, décida de démontrer les liens qu'entretenaient ceux-ci avec des « spécialistes-saboteurs ». En août-septembre 1930, la Guépéou multiplia les arrestations de spécialistes de renom occupant des postes importants au Gosplan, à la Banque d'État et dans les commissariats du peuple aux Finances, au Commerce et à l'Agriculture. Parmi les personnalités arrêtées figuraient notamment le professeur Kondratiev — inventeur des fameux « cycles Kondratiev » et ministre adjoint à l'Approvisionnement dans le gouvernement provisoire en 1917, qui dirigeait l'Institut de conjoncture du commissariat du peuple aux Finances —, les professeurs Makarov et Tchaïanov qui occupaient des postes importants au commissariat du peuple à l'Agriculture, le professeur Sadyrine, membre de la direction de la Banque d'État de l'URSS, le professeur Ramzine, Groman, l'un des statisticiens économistes les plus connus du Gosplan, et d'autres éminents spécialistes[2].

Dûment instruite par Staline qui suivait tout particulièrement les affaires des « spécialistes bourgeois », la Guépéou avait préparé des dossiers destinés à démontrer l'existence d'un réseau d'organisations antisoviétiques reliées entre elles au sein d'un prétendu « Parti paysan du travail » dirigé par Kondratiev, et d'un prétendu « Parti industriel » dirigé par Ramzine. Les enquêteurs parvinrent à extorquer à un certain nombre de personnes arrêtées des « aveux » à la fois sur leurs contacts avec les « droitiers » Rykov, Boukharine et Syrtsov, ainsi que sur leur participation à des complots imaginaires visant à éliminer Staline et à renverser le régime soviétique avec l'aide d'organisations antisoviétiques émigrées et des services de renseignements étrangers. Allant plus loin encore, la Guépéou arracha à deux instructeurs de l'Académie militaire des « aveux » sur la préparation d'un complot dirigé par le chef d'état-major de l'Armée rouge, Mikhaïl Toukhatchevski. Comme en témoigne la lettre qu'il adressa alors à Sergo Ordjonikidze, Staline ne prit pas alors le risque de faire arrêter Toukhatchevski, préférant se limiter à d'autres cibles, les « spécialistes-saboteurs[3] ».

Cet épisode significatif montre clairement que les techniques et les mécanismes de fabrication d'affaires sur de prétendus « groupes terroristes » auxquels seraient mêlés des communistes opposés à la ligne

1. Lewin, *op. cit.*, p. 330-334.
2. O. Khlevniouk, *op. cit.*, p. 40-50.
3. *Ibid.*, p. 49.

stalinienne étaient dès 1930 parfaitement rodés. Pour l'heure, Staline ne voulait et ne pouvait aller plus loin. Toutes les provocations et les manœuvres de cette période poursuivaient des buts somme toute assez modestes : décourager les derniers opposants à la ligne stalinienne à l'intérieur du Parti, faire peur à tous les indécis et à tous les hésitants.

Le 22 septembre 1930, la *Pravda* publia les « aveux » de quarante-huit fonctionnaires des commissariats du peuple au Commerce et aux Finances, qui s'étaient reconnus coupables « des difficultés d'approvisionnement dans le pays et de la disparition de la monnaie d'argent ». Quelques jours auparavant, dans une lettre adressée à Molotov, Staline avait donné ses instructions concernant cette affaire : « Il nous faut : *a)* radicalement purger l'appareil du commissariat du peuple aux Finances et de la Banque d'État, nonobstant les criailleries de communistes douteux du type Piatakov-Brioukhanov ; *b)* fusiller absolument deux ou trois dizaines de saboteurs infiltrés dans ces appareils. [...] ; *c)* continuer, sur tout le territoire de l'URSS, les opérations de la Guépéou visant à récupérer les pièces d'argent en circulation. » Le 25 septembre 1930, les quarante-huit spécialistes furent exécutés[1].

Dans les mois qui suivirent, plusieurs procès identiques furent montés de toutes pièces. Certains se tinrent à huis clos, comme le procès des « spécialistes du Conseil suprême de l'Économie nationale » ou du « Parti paysan du travail ». D'autres furent publics, comme le procès du « Parti industriel », au cours duquel huit des accusés « avouèrent » avoir mis sur pied un vaste réseau, fort de deux mille spécialistes et chargé, sur l'instigation d'ambassades étrangères, d'organiser la subversion économique. Ces procès entretinrent le mythe du sabotage qui, avec celui du complot, allait être au centre du montage idéologique stalinien.

En quatre ans, de 1928 à 1931, 138 000 fonctionnaires furent exclus de la fonction publique, dont 23 000, classés dans la catégorie I (« ennemis du pouvoir soviétique »), furent privés de leurs droits civiques[2]. La chasse aux spécialistes prit une ampleur encore plus forte dans les entreprises, soumises à une pression productiviste qui multipliait les accidents, la fabrication de rebut, les pannes de machines. De janvier 1930 à juin 1931, 48 % des ingénieurs du Donbass furent révoqués ou arrêtés ; 4 500 « spécialistes-saboteurs » furent « démasqués » au cours du premier semestre 1931 dans le seul secteur des transports. Cette chasse aux spécialistes, jointe à des mises en chantier incontrôlées d'objectifs irréalisables, à une forte chute de la productivité et de la discipline du travail, au mépris affiché pour les contraintes économiques, finit par désorganiser durablement la marche des entreprises.

1. Pisma I.V. Stalina V.M. Molotovu (Lettre de J. Staline à V. Molotov), Moscou, 1995, p. 193-194.

2. S. Ikonnikov, *Sozdanie i deiatel'nost obedinennyx organov TsKK-RKI v 1923-1934* (La création et l'activité des organes de la CCC-Inspection Ouvrière et Paysanne en 1923-1934), Moscou, 1971, p. 212-214.

Devant l'ampleur de la crise, la direction du Parti dut se résoudre à adopter quelques « correctifs ». Le 10 juillet 1931, le Bureau politique prit une série de mesures tendant à limiter l'arbitraire dont étaient victimes, depuis 1928, les spetzy : libération immédiate de plusieurs milliers d'ingénieurs et de techniciens, « en priorité dans la métallurgie et les houillères », suppression de toutes les discriminations limitant l'accès à l'enseignement supérieur pour leurs enfants, interdiction faite à la Guépéou d'arrêter un spécialiste sans l'accord préalable du commissariat du peuple dont il dépendait. Le simple énoncé de ces mesures témoignait de l'ampleur des discriminations et de la répression dont avaient été victimes, depuis le procès de Chakhty, des dizaines de milliers d'ingénieurs, d'agronomes, de techniciens et d'administrateurs à tous les niveaux [1].

Parmi les autres catégories sociales mises au ban de la « nouvelle société socialiste » figuraient notamment les membres du clergé. Les années 1929-1930 virent se développer la seconde grande offensive de l'État soviétique contre l'Église, après celle des années 1918-1922. À la fin des années 20, malgré la contestation, par un certain nombre de prélats, de la déclaration d'allégeance faite par le métropolite Serge, successeur du Patriarche Tikhon, au pouvoir soviétique, l'importance de l'Église orthodoxe dans la société restait forte. Des 54 692 églises actives en 1914, 39 000 environ étaient encore ouvertes au culte au début de 1929 [2]. Emelian Iaroslavski, président de la Ligue des sans-Dieu fondée en 1925, reconnaissait que moins de dix millions de personnes sur les cent trente millions que comptait le pays « avaient rompu » avec la religion.

L'offensive antireligieuse de 1929-1930 se développa en deux étapes. La première, au printemps et à l'été 1929, fut marquée par le durcissement et la réactivation de la législation antireligieuse des années 1918-1922. Le 8 avril 1929 fut promulgué un important décret qui accentuait le contrôle des autorités locales sur la vie des paroisses et ajoutait de nouvelles restrictions à l'activité des sociétés religieuses. Désormais, toute activité « dépassant les limites de la seule satisfaction des aspirations religieuses » tombait sous le coup de la loi et notamment de l'alinéa 10 du redoutable article 58 du Code pénal qui stipulait que « toute utilisation des préjugés religieux des masses [...] visant à affaiblir l'État » était passible d'« une peine allant au minimum de trois ans de détention jusqu'à la peine de mort ». Le 26 août 1929, le gouvernement institua la semaine de travail continu de cinq jours — cinq jours de travail, un jour de repos — qui éliminait le dimanche en tant que jour de repos commun à l'ensemble de la population. Cette mesure devait « faciliter la lutte pour l'éradication de la religion [3] ».

1. S. Fitzpatrick, *Education and Social Mobility in the Soviet Union, 1921-1934*, Cambridge, 1979, p. 213-217.

2. N. Timasheff, *Religion in Soviet Russia*, London, 1943, p. 64.

3. N. Werth, Le Pouvoir soviétique et l'Eglise orthodoxe de la collectivisation à la Constitution de 1936, *Revue d'Études comparatives Est-Ouest,* 1993, n° 3-4, p. 41-49.

Ces divers décrets n'étaient que le prélude à des actions plus directes, seconde étape de l'offensive antireligieuse. En octobre 1929 fut ordonnée la saisie des cloches : « Le son des cloches enfreint le droit au repos des larges masses athées des villes et des campagnes. » Les serviteurs du culte furent assimilés aux koulaks : accablés d'impôts — la taxation des popes décupla entre 1928 et 1930 —, privés de leurs droits civiques, ce qui signifiait notamment qu'ils étaient désormais privés de leurs cartes de rationnement et de toute l'assistance médicale, ils furent souvent arrêtés, puis exilés ou déportés. Selon des données incomplètes, plus de treize mille serviteurs du culte furent « dékoulakisés » en 1930. Dans bien des villages et des bourgs, la collectivisation commença symboliquement par la fermeture de l'église, et la dékoulakisation par le pope. Fait significatif, près de 14 % des émeutes et soulèvements paysans enregistrés en 1930 eurent pour cause première la fermeture des églises et la confiscation des cloches[1]. La campagne antireligieuse atteignit son apogée durant l'hiver 1929-1930. Au 1er mars 1930, 6 715 églises avaient été fermées ou détruites. Certes, à la suite du fameux article de Staline, « Le vertige du succès » du 2 mars 1930, une résolution du Comité central condamna cyniquement « les déviations inadmissibles dans la lutte contre les préjugés religieux, en particulier la fermeture administrative des églises sans le consentement des habitants ». Cette condamnation formelle n'eut cependant aucune incidence sur le sort des serviteurs du culte déportés.

Au cours des années suivantes, les grandes offensives contre l'Église cédèrent la place à un harcèlement administratif quotidien des serviteurs du culte et des sociétés religieuses. Interprétant librement les soixante-huit articles du décret du 8 avril 1929, outrepassant leurs prérogatives en matière de fermeture d'église, les autorités locales continuaient la guérilla, pour les motifs les plus variés : vétusté ou « état antisanitaire » des bâtiments, « défaut d'assurance », non-paiement des impôts et autres innombrables contributions imposées sur les membres des sociétés religieuses. Privés de leurs droits civiques, de leur magistère, de la possibilité de gagner leur vie en prenant un travail salarié, imposés de façon arbitraire comme « éléments parasites vivant de revenus non salariaux », un certain nombre de serviteurs du culte n'eurent d'autre solution que de devenir des « popes errants », menant une vie clandestine aux marges de la société. Se développèrent ainsi, en opposition à la politique d'allégeance au pouvoir soviétique prônée par le métropolite Serge, des mouvements schismatiques, notamment dans les provinces de Voronej et de Tambov.

Les fidèles d'Alexeï Bouï, évêque de Voronej arrêté en 1929 pour son intransigeance vis-à-vis de tout compromis entre l'Église et le régime, s'organisèrent en une Église autonome, la « Vraie Église orthodoxe », avec son clergé propre, souvent « errant », ordonné hors de l'Église patriarcale sergueïevienne. Les adeptes de cette « Église du désert » qui ne possédait

1. GARF, 374/ 28/ 145/ 13-26.

pas de bâtiments cultuels propres se rassemblaient pour prier dans les lieux les plus divers : domiciles privés, ermitages, grottes[1]. Ces « vrais chrétiens orthodoxes », comme ils se nommaient eux-mêmes, furent tout particulièrement persécutés ; plusieurs milliers d'entre eux furent arrêtés et déportés comme colons spéciaux ou envoyés dans les camps. Quant à l'Église orthodoxe, le nombre de ses lieux de culte et de ses serviteurs connut, face à la pression constante des autorités, une très nette diminution, même si, comme le recensement annulé de 1937 allait le montrer, 70 % des adultes continuaient à se dire croyants. Au 1er avril 1936, il ne restait plus en URSS que 15 835 églises orthodoxes en activité (28 % du chiffre d'avant la révolution), 4 830 mosquées (32 % du chiffre d'avant la révolution) et quelques dizaines d'églises catholiques et protestantes. Quant au nombre des serviteurs du culte dûment enregistrés, il n'était plus que de 17 857, contre 112 629 en 1914 et encore environ 70 000 en 1928. Le clergé n'était plus, pour reprendre la formule officielle, qu'« un débris des classes moribondes »[2].

Les koulaks, les spetzy et les membres du clergé ne furent pas les seules victimes de la « révolution anticapitaliste » du début des années 30. En janvier 1930, les autorités lancèrent une vaste campagne d'« éviction des entrepreneurs privés ». Cette opération visait tout particulièrement les commerçants, les artisans et quelques membres des professions libérales, au total, près d'un million et demi d'actifs, qui, sous la NEP, avaient exercé dans le secteur privé au demeurant fort modeste. Ces entrepreneurs privés, dont le capital moyen dans le commerce ne dépassait pas 1 000 roubles, et dont 98 % n'employaient pas un seul salarié, furent rapidement évincés par le décuplement de leur imposition, la confiscation de leurs biens, puis, en tant qu'« éléments déclassés », « oisifs » ou « éléments étrangers », privés de leurs droits civiques au même titre qu'un ensemble disparate de « ci-devant » et autres « membres des classes possédantes et de l'appareil d'État tsariste ». Un décret du 12 décembre 1930 recensa plus de trente catégories de *lichentsy*, citoyens privés de leurs droits civiques : « ex-propriétaires terriens », « ex-commerçants », « ex-nobles », « ex-policiers », « ex-fonctionnaires tsaristes », « ex-koulaks », « ex-locataires ou propriétaires d'entreprises privées », « ex-officiers blancs », serviteurs du culte, moines, nonnes, « ex-membres de partis politiques », etc. Les discriminations dont étaient victimes les lichentsy, qui, en 1932, représentaient 4 % des électeurs, soit environ, avec leurs familles, sept millions de personnes, ne se limitaient évidemment pas à la simple privation du droit de vote. En 1929-1932, cette privation s'accompagna de la perte de tout droit au logement, aux services de soins et aux cartes de rationnement. En 1933-1934, des mesures encore plus sévères furent prises, allant jusqu'à la relé-

1. W. C. Fletcher, *L'Église clandestine en Union soviétique*, Paris, Éd. A. Moreau, 1971.
2. N. Werth, G. Moullec, *op. cit.*, p. 291-304.

gation dans le cadre des opérations de « passeportisation » destinées à purger les villes de leurs « éléments déclassés [1] ».

Brisant à la racine les structures sociales et les modes de vie ruraux, la collectivisation forcée des campagnes, relayée par l'industrialisation accélérée, avait engendré une formidable migration paysanne vers les villes. La Russie paysanne se transforma en un pays de vagabonds, *Rous' brodjaschaïa*. De la fin 1928 à la fin 1932, les villes soviétiques furent submergées par un flot de paysans, estimé à douze millions de personnes, fuyant la collectivisation et la dékoulakisation. À elles seules, les régions de Moscou et de Leningrad « accueillirent » plus de trois millions et demi de migrants. Parmi ceux-ci figuraient bon nombre de paysans entreprenants qui avaient préféré fuir le village, au besoin « s'auto-dékoulakiser », plutôt que d'entrer au kolkhoze. En 1930-1931, les innombrables chantiers absorbèrent cette main-d'œuvre peu exigeante. Mais, à partir de 1932, les autorités commencèrent à s'inquiéter de cet afflux massif et incontrôlé d'une population vagabonde qui « ruralisait » la ville, lieu du pouvoir et vitrine du nouvel ordre socialiste, mettait en péril l'ensemble du système de rationnement laborieusement élaboré depuis 1929, dont le nombre des « ayants droit » passa de vingt-six millions au début de 1930 à près de quarante millions à la fin de 1932, et transformait les usines en d'immenses « campements de nomades ». Les nouveaux venus n'étaient-ils pas à l'origine de toute une série de « phénomènes négatifs » qui, selon les autorités, désorganisaient durablement la production : absentéisme, effondrement de la discipline du travail, hooliganisme, fabrication de rebut, développement de l'alcoolisme et de la criminalité [2] ?

Pour combattre cette *stikhia* — terme désignant à la fois les éléments naturels, l'anarchie, le désordre —, les autorités prirent, en novembre-décembre 1932, une série de mesures répressives qui allaient d'une pénalisation sans précédent des relations du travail à une tentative de purger les villes de leurs « éléments socialement étrangers ». La loi du 15 novembre 1932 sanctionnait sévèrement l'absentéisme au travail et prévoyait notamment le licenciement immédiat, le retrait des cartes de rationnement et l'expulsion des contrevenants de leur logement. Son but affiché était de permettre de démasquer les « pseudo-ouvriers ». Le décret du 4 décembre 1932, qui donnait aux entreprises la responsabilité de la délivrance des nouvelles cartes de rationnement, avait pour principal objectif d'éliminer toutes les « âmes mortes » et les « parasites » indûment inscrits sur les listes municipales de rationnement moins bien tenues.

Mais la clé de voûte du dispositif fut l'introduction, le 27 décembre 1932, du passeport intérieur. La « passeportisation » de la population

1. A.I. Dobkin, *Licentsy, 1918-1936* (Les personnes privées de leurs droits civiques), Zvenia, vol. 2 (Moscou, 1992), p. 600-620.
2. M. Lewin, *op. cit.*, p. 311-317.

répondait à plusieurs objectifs explicitement définis dans le préambule du décret : liquider le « parasitisme social », restreindre l'« infiltration » des koulaks dans les centres urbains et leur activité sur les marchés, limiter l'exode rural, sauvegarder la pureté sociale des villes. Tous les citadins adultes, c'est-à-dire âgés de plus de seize ans, non privés de leurs droits civiques, ainsi que les cheminots, les salariés permanents des chantiers de construction, les ouvriers agricoles des fermes d'État, recevaient un passeport délivré par les services de police. Ce passeport n'était toutefois valable que revêtu d'un tampon officiel certifiant l'adresse légale *(propiska)* du citadin. La propiska régissait entièrement le statut du citadin avec ses avantages spécifiques : carte de rationnement, assurances sociales, droit au logement. Les villes furent divisées en deux catégories : « ouvertes » ou « fermées ». Les villes « fermées » — Moscou, Leningrad, Kiev, Odessa, Minsk, Kharkov, Rostov-sur-le-Don, Vladivostok dans un premier temps — étaient des villes au statut privilégié, mieux ravitaillées, où la domiciliation définitive ne pouvait être obtenue que par filiation, mariage ou emploi spécifique ouvrant droit à la propiska. Les villes « ouvertes » étaient soumises à une propiska plus facile à obtenir.

Les opérations de « passeportisation » de la population, qui se prolongèrent durant toute l'année 1933 — 27 millions de passeports furent délivrés —, permirent aux autorités de purger les villes des éléments indésirables. Commencée à Moscou le 5 janvier 1933, la première semaine de passeportisation de vingt grandes entreprises industrielles de la capitale se solda par la « découverte » de 3 450 « ex-gardes blancs, ex-koulaks et autres éléments criminels ». Au total, dans les « villes fermées », près de 385 000 personnes se virent refuser un passeport et furent contraintes de quitter leur lieu de résidence dans un délai de dix jours, avec interdiction de s'installer dans une autre ville, même « ouverte ». « Il faut bien entendu ajouter à ce chiffre, reconnaissait le chef du département des passeports du NKVD dans son rapport du 13 août 1934, tous ceux qui, lorsque fut annoncée l'opération de « passeportisation », préférèrent quitter les villes de leur propre chef, sachant qu'on ne leur délivrerait pas de passeport. À Magnitogorsk, par exemple, près de 35 000 personnes quittèrent la ville. [...] À Moscou, au cours des deux premiers mois de l'opération, la population diminua de 60 000 personnes. À Leningrad, en un mois, 54 000 personnes disparurent dans la nature. » Dans les villes « ouvertes », l'opération permit d'expulser plus de 420 000 personnes [1].

Contrôles de police et rafles d'individus sans papier se soldèrent par l'exil de centaines de milliers de personnes. En décembre 1933, Genrikh Iagoda ordonna à ses services de « nettoyer » chaque semaine gares et marchés dans les villes « fermées ». Au cours des huit premiers mois de 1934, dans les seules villes « fermées », plus de 630 000 personnes furent interpellées pour infraction au régime des passeports. Parmi celles-ci,

1. GARF, 1235/ 2/ 1650/ 27-34.

65 661 furent incarcérées par voie administrative, puis généralement déportées comme « éléments déclassés » avec le statut de colon spécial, 3 596 furent déférées devant un tribunal et 175 627 exilées sans statut de colon spécial ; les autres s'en tirèrent avec une simple amende [1].

C'est au cours de l'année 1933 qu'eurent lieu les opérations les plus spectaculaires : du 28 juin au 3 juillet, arrestation et déportation vers des « villages de travail » sibériens de 5 470 Tsiganes de Moscou [2] ; du 8 au 12 juillet, arrestation et déportation de 4 750 « éléments déclassés » de Kiev ; en avril, juin et juillet 1933, rafle-déportation de trois contingents d'« éléments déclassés » de Moscou et de Leningrad [3], soit au total plus de 18 000 personnes. Le premier de ces contingents se retrouva sur l'île de Nazino où, en un mois, périrent les deux tiers des déportés.

Sur l'identité de certains de ces prétendus « éléments déclassés » déportés à la suite d'un simple contrôle de police, voici ce qu'écrivait, dans son rapport déjà cité, l'instructeur du parti de Narym :

> « Je pourrais multiplier les exemples de déportation totalement injustifiée. Malheureusement, tous ces gens, qui étaient proches, ouvriers, membres du Parti, sont morts, car ils étaient les moins adaptés aux conditions : Novojilov Vladimir, de Moscou. Chauffeur à l'usine Compresseur de Moscou, trois fois primé. Épouse et enfant à Moscou. S'apprêtait à aller au cinéma avec son épouse. Pendant qu'elle se préparait, est descendu, sans ses papiers, chercher des cigarettes. A été raflé dans la rue ; Vinogradova, kolkhozienne. Se rendait chez son frère, chef de la milice du 8e secteur, à Moscou. A été raflée à la descente du train, dans une des gares de la ville, déportée ; Voikine, Nikolaï Vassilievitch, membre du komsomol depuis 1929, ouvrier à l'usine L'Ouvrier textile rouge de Serpoukhov. Trois fois primé. Se rendait le dimanche à un match de football. Avait oublié de prendre ses papiers. Raflé, déporté. — Matveev, I.M. Ouvrier du bâtiment, sur le chantier de l'usine de fabrication de pain nº 9. Avait un passeport de travailleur saisonnier, valable jusqu'en décembre 1933. Raflé avec son passeport. Avait dit que personne ne voulait même jeter un coup d'œil à ses papiers [4]... »

La purge des villes de l'année 1933 s'accompagna de nombreuses autres opérations ponctuelles menées dans le même esprit, dans les administrations comme dans les entreprises. Dans les transports ferroviaires, secteur stratégique dirigé d'une main de fer par Andreïev, puis par Kaganovitch, 8 % de l'ensemble du personnel, soit près de 20 000 personnes, fut purgé au printemps 1933. Sur le déroulement d'une de ces opérations, voici

---

1. *Ibid.*
2. GARF, 9479/1/19/ 7 ; N. Werth, G .Moullec, *op. cit.*, p. 43-44.
3. GARF, 9479/1/19/19.
4. V. Danilov, S.A. Krasilnikov, *op. cit.*, vol. 3, p. 96-99.

un extrait du rapport du chef du département Transports de la Guépéou sur « l'élimination des éléments contre-révolutionnaires et antisoviétiques sur les chemins de fer », daté du 5 janvier 1933 :

« Les opérations de nettoyage effectuées par le département Transports de la Guépéou de la huitième région ont donné les résultats suivants : Avant-dernière opération de purge, 700 personnes arrêtées et déférées devant les tribunaux, parmi lesquelles : pilleurs de colis 325, hooligans (petits voyous) et éléments criminels 221, bandits 27, éléments contre-révolutionnaires 127 ; 73 pilleurs de colis faisant partie de bandes organisées ont été passés par les armes. Au cours de la dernière opération de purge [...] 200 personnes environ ont été arrêtées. Ce sont principalement des éléments koulaks. Par ailleurs, 300 personnes douteuses ont été licenciées par voie administrative. Ainsi, au cours des quatre derniers mois, ce sont 1 270 personnes qui, d'une manière ou d'une autre, ont été chassées du réseau. Le nettoyage se poursuit[1]. »

Au printemps 1934, le gouvernement prit une série de mesures répressives vis-à-vis des nombreux jeunes vagabonds et petits délinquants qui, depuis la dékoulakisation, la famine, la brutalisation générale des rapports sociaux, s'étaient multipliés dans les villes. Le 7 avril 1935, le Bureau politique édicta un décret qui prévoyait de « soumettre à la justice, pour leur appliquer toutes les sanctions pénales prévues par la loi, les adolescents, à compter de l'âge de douze ans, convaincus de cambriolages, d'actes de violence, de dommages corporels, d'actes de mutilation et de meurtre ». Quelques jours plus tard, le gouvernement envoya une instruction secrète au parquet précisant que les sanctions pénales à l'égard des adolescents « comportent aussi la mesure suprême de défense sociale », c'est-à-dire la peine de mort. En conséquence, les anciennes dispositions du Code pénal qui interdisaient d'appliquer la peine de mort aux mineurs furent abrogées[2]. Parallèlement, le NKVD fut chargé de réorganiser les « maisons d'accueil et d'affectation des mineurs » dépendant jusqu'alors du commissariat du peuple à l'Instruction, et de développer un réseau de « colonies de travail » pour mineurs.

Néanmoins, face à l'ampleur croissante de la délinquance juvénile et du vagabondage, ces mesures n'eurent guère d'effet. Comme le notait un rapport sur « la liquidation du vagabondage des mineurs durant la période du 1er juillet 1935 au 1er octobre 1937 » :

« Malgré la réorganisation des services, la situation ne s'est guère améliorée. [...] À partir de février 1937, on a noté un fort afflux de vagabonds des zones rurales, notamment des régions touchées par la mauvaise récolte de 1936. [...] Les départs massifs des enfants des campagnes à cause de difficultés matérielles temporaires affectant leur famille s'expli-

1. CRCEDHC, 17/120/94/133-136.
2. O. Khlevniouk, *op. cit.*, p. 154-156.

quent non seulement par la mauvaise organisation des caisses d'entraide des kolkhozes, mais aussi par les pratiques criminelles des dirigeants de nombreux kolkhozes qui, désireux de se débarrasser des jeunes mendiants et des vagabonds, donnent à ces derniers des "attestations de vagabondage et de mendicité" et les expédient vers les gares et les villes les plus proches. [...] Par ailleurs, l'administration ferroviaire et la milice des chemins de fer, au lieu d'arrêter les mineurs vagabonds et de les diriger vers les centres d'accueil et de répartition du NKVD, se bornent à les mettre de force dans les trains de passage "pour nettoyer leur secteur" [...] et les vagabonds se retrouvent dans les grandes villes [1]. »

Quelques chiffres donnent une idée de l'ampleur du phénomène. Au cours de la seule année 1936, plus de 125 000 mineurs vagabonds passèrent par les « maisons d'accueil » du NKVD ; de 1935 à 1939, plus de 155 000 mineurs furent enfermés dans les colonies de travail du NKVD, et 92 000 enfants de douze à seize ans comparurent en justice pour les seules années 1936-1939. Au 1er avril 1939, plus de 10 000 mineurs étaient incarcérés dans le système des camps du Goulag [2].

Dans la première moitié des années 30, l'ampleur de la répression menée par le Parti-État contre la société connut des variations d'intensité, des cycles alternant moments de violente confrontation, avec leur cortège de mesures terroristes et de purges massives, et moments de pause qui permettaient de retrouver un certain équilibre, voire d'enrayer le chaos que risquait d'engendrer un affrontement permanent, porteur de dérapages incontrôlés.

Le printemps de 1933 marqua sans doute l'apogée d'un premier grand cycle de terreur qui avait débuté à la fin de 1929 avec le lancement de la dékoulakisation. Les autorités furent alors confrontées à des problèmes réellement inédits. Et d'abord, comment assurer, dans les régions dévastées par la famine, les travaux des champs pour la récolte future ? « Si nous ne prenons pas en considération les besoins minimum des kolkhoziens, avait prévenu en automne 1932 un important responsable régional du Parti, il n'y aura plus personne pour semer et assurer la production. »

Ensuite, que faire des centaines de milliers de prévenus qui engorgeaient les prisons et que le système des camps n'était même pas en mesure d'exploiter ? « Quel effet peuvent avoir sur la population nos lois superrépressives, s'interrogeait un autre responsable local du Parti en mars 1933, quand on sait que sur proposition du parquet des centaines de kolkhoziens, condamnés le mois dernier à deux ans et plus d'emprisonnement pour sabotage des semailles, ont déjà été libérés ? »

---

1. GARF, 1235/2/2032/15-29.
2. J.A. Getty, G.T. Rittersporn, V.N. Zemskov, « Les victimes de la répression pénale dans l'URSS d'avant-guerre », *Revue des Études Slaves*, vol. 65 (4), 1993, p. 641.

Les réponses apportées par les autorités à ces deux situations limites, au cours de l'été 1933, révélaient deux orientations différentes dont le mélange, l'alternance et le fragile équilibre allaient caractériser la période allant de l'été 1933 à l'automne 1936, avant le déclenchement de la Grande Terreur.

À la première question — comment assurer, dans les régions ravagées par la famine, les travaux des champs pour la future récolte ? —, les autorités répondirent de la façon la plus expéditive en organisant d'immenses rafles de la population urbaine, envoyée aux champs *manu militari*.

« La mobilisation des forces citadines, écrivait le 20 juillet 1933 le consul italien de Kharkov, a pris des proportions énormes. [...] Cette semaine, 20 000 personnes au moins ont été envoyées chaque jour à la campagne. [...] Avant-hier on a cerné le bazar, pris tous les gens valides, hommes, femmes, adolescents et adolescentes, on les a emmenés à la gare encadrés par la Guépéou, et expédiés aux champs [1]. »

L'arrivée massive de ces citadins dans les campagnes affamées ne manqua pas de créer des tensions. Les paysans incendiaient les baraquements où étaient parqués les « mobilisés » qui avaient été dûment mis en garde par les autorités de ne pas s'aventurer dans les villages « peuplés de cannibales ». Néanmoins, grâce à des conditions météorologiques exceptionnellement favorables, à la mobilisation de toute la main-d'œuvre citadine disponible, à l'instinct de survie des rescapés qui, consignés dans leurs villages, n'avaient d'autre alternative que de travailler cette terre qui ne leur appartenait plus ou de mourir, les régions frappées par la famine de 1932-1933 donnèrent, à l'automne 1933, une récolte somme toute honorable.

À la seconde question — que faire du flux de détenus engorgeant les prisons ? —, les autorités répondirent de manière pragmatique en libérant plusieurs centaines de milliers de personnes. Une circulaire confidentielle du Comité central du 8 mai 1933 reconnut la nécessité de « réglementer les arrestations [...] effectuées par n'importe qui », de « désengorger les lieux de détention » et de « porter, dans un délai de deux mois, le nombre total des détenus, exception faite des camps, de 800 000 à 400 000 [2] ». L'opération de « désengorgement » dura près d'un an et environ 320 000 personnes arrêtées furent libérées.

L'année 1934 fut marquée par une certaine accalmie de la politique répressive. En témoigne la forte diminution du nombre de condamnations relevant d'affaires suivies par la Guépéou, qui tombèrent à 79 000, contre 240 000 en 1933 [3]. La police politique fut réorganisée. Conformément au décret du 10 juillet 1934, la Guépéou devenait un département du nouveau commissariat du peuple à l'Intérieur unifié à l'échelle de l'URSS. Elle

1. A. Graziosi, Lettres de Kharkov..., *art. cit.*, p. 77.
2. CRCEDHC, 17/3/922/56-58.
3. V. Popov, *art. cit.*, p. 28.

semblait ainsi se fondre parmi d'autres départements moins redoutés, tels la milice ouvrière et paysanne, les gardes frontières, etc. Portant désormais le même sigle que le commissariat du peuple à l'Intérieur — *Narodnyï Komissariat Vnoutrennykh Diel,* ou NKVD —, la « nouvelle » police politique perdait une partie de ses attributions judiciaires ; au terme de l'instruction, les dossiers devaient être « transmis dans les organes judiciaires compétents », et elle n'avait plus la possibilité d'ordonner des exécutions capitales sans l'aval des autorités politiques centrales. Était également créée une procédure d'appel : toutes les condamnations à mort devaient être confirmées par une commission du Bureau politique.

Ces dispositions, présentées comme autant de mesures « renforçant la légalité socialiste », n'eurent néanmoins que des effets très limités. Le contrôle des décisions d'arrestation par le parquet s'avéra sans portée, car le procureur général Vychinski laissa toute latitude aux organes répressifs. Par ailleurs, dès septembre 1934, le Bureau politique enfreignit les procédures qu'il avait lui-même établies à propos de la confirmation des condamnations à la peine capitale, en autorisant les responsables d'un certain nombre de régions à ne pas en référer à Moscou pour les condamnations à mort prononcées au niveau local. L'accalmie fut de courte durée.

L'assassinat de Serge Kirov, membre du Bureau politique et premier secrétaire de l'organisation du Parti de Leningrad, abattu le 1er décembre 1934 par Leonid Nikolaïev, un jeune communiste exalté qui avait réussi à pénétrer armé à l'Institut Smolny, siège de la direction du Parti de Leningrad, relança un nouveau cycle répressif.

Des décennies durant, l'hypothèse de la participation directe de Staline à l'assassinat de son principal « rival » politique, prévalut, notamment à la suite des « révélations » faites par Nikita Khrouchtchev dans son « Rapport secret » présenté dans la nuit du 24 au 25 février 1956 devant les délégués soviétiques présents au XXe Congrès du PCUS. Cette hypothèse a récemment été mise à mal, notamment dans l'ouvrage de Alla Kirilina[1], qui s'appuie sur des sources archivistiques inédites. Il n'en reste pas moins que l'assassinat de Kirov fut largement utilisé par Staline à des fins politiques. Il matérialisait en effet, de façon éclatante, la figure du complot, figure centrale de la rhétorique stalinienne. Il permettait d'entretenir une atmosphère de crise et de tension. Il pouvait servir, à tout moment, de preuve tangible — de seul élément, en réalité — de l'existence d'une vaste conspiration qui menaçait le pays, ses dirigeants, le socialisme. Il fournissait, à terme, une excellente explication des faiblesses du système : si les choses allaient mal, si la vie était difficile, alors qu'elle devait être, selon le mot fameux de Staline, « gaie et heureuse », c'était « la faute aux assassins de Kirov ».

1. Alla Kirilina, *L'Assassinat de Kirov. Destin d'un stalinien, 1888-1934* (Paris, Le Seuil, 1995).

Quelques heures après l'annonce de l'assassinat, Staline rédigea un décret, connu sous le nom de « loi du 1er décembre ». Cette mesure extraordinaire, mise en œuvre sur décision personnelle de Staline, et qui ne fut entérinée par le Bureau politique que deux jours plus tard, ordonnait de réduire à dix jours l'instruction des affaires de terrorisme, de les juger en l'absence des parties, d'appliquer immédiatement les sentences de mort. Cette loi, qui marquait une rupture radicale avec les procédures établies quelques mois plus tôt, allait être l'instrument idéal pour l'application de la Grande Terreur[1].

Dans les semaines qui suivirent, un grand nombre d'anciens opposants à Staline au sein du Parti furent accusés d'activités terroristes. Le 22 décembre 1934, la presse annonça que le « crime odieux » était l'œuvre d'un « groupe terroriste clandestin » comprenant, outre Nikolaïev, treize anciens « zinoviévistes » repentis, et dirigé par un prétendu « Centre de Leningrad ». Tous les membres de ce groupe furent jugés à huis clos les 28 et 29 décembre, condamnés à mort et immédiatement exécutés. Le 9 janvier 1935, s'ouvrit le procès du mythique « Centre contre-révolutionnaire zinoviéviste de Leningrad » impliquant soixante-dix-sept personnes, dont de nombreux militants éminents du Parti qui s'étaient opposés par le passé à la ligne stalinienne et qui furent condamnés à des peines de prison. La découverte du Centre de Leningrad permit de mettre la main sur un « Centre de Moscou » dont les dix-neuf prétendus participants, parmi lesquels figuraient Zinoviev et Kamenev en personne, furent accusés de « complicité idéologique » avec les assassins de Kirov et jugés le 16 janvier 1935. Zinoviev et Kamenev admirent que « l'ancienne activité de l'opposition ne pouvait, par la force des circonstances objectives, que stimuler la dégénérescence de ces criminels ». La reconnaissance de cette stupéfiante « complicité idéologique », qui venait après tant de repentirs et de reniements publics, devait exposer les deux anciens dirigeants à figurer comme victimes expiatoires dans une future parodie de justice. En attendant, elle leur valut respectivement cinq et dix ans de réclusion criminelle. Au total, en deux mois, de décembre 1934 à février 1935, 6 500 personnes furent condamnées selon les nouvelles procédures prévues par la loi du 1er décembre sur le terrorisme[2].

Au lendemain de la condamnation de Zinoviev et de Kamenev, le Comité central adressa à toutes les organisations du Parti une circulaire secrète intitulée « Leçons des événements liés au meurtre ignoble du camarade Kirov ». Ce texte affirmait l'existence d'un complot dirigé par « deux centres zinoviévistes [...] forme masquée d'une organisation de gardes blancs » et rappelait que l'histoire du Parti avait été et restait un combat permanent contre des « groupes anti-Parti » : trotskistes, « centralistes-démocratiques », « déviationnistes de droite », « avortons droito-gauchis-

1. R. Conquest, *La Grande Terreur*, Paris, R. Laffont, 1995, p. 429-430.
2. O. Khlevniouk, *op. cit.*, p. 150-154.

tes », etc. Étaient donc suspects tous ceux qui s'étaient un jour ou l'autre prononcés contre la direction stalinienne. La chasse aux anciens opposants s'intensifia. À la fin janvier 1935, 988 anciens partisans de Zinoviev furent exilés de Leningrad vers la Sibérie et la Iakoutie. Le Comité central ordonna à toutes les organisations locales du Parti d'établir des listes de communistes exclus en 1926-1928 pour appartenance au « bloc trotskiste et trotskiste-zinoviéviste ». C'est sur la base de ces listes que furent opérées, par la suite, les arrestations. En mai 1935, Staline fit envoyer aux instances locales du Parti une nouvelle lettre du Comité central ordonnant une vérification minutieuse de la carte de chaque communiste.

La version officielle de l'assassinat de Kirov, perpétré par un individu qui avait pénétré à Smolny grâce à une « fausse » carte du Parti, démontrait de façon éclatante « l'immense importance politique » de la campagne de vérification des cartes. Celle-ci dura plus de six mois, se déroula avec la participation active de l'appareil de la police politique, le NKVD fournissant aux instances du Parti des dossiers sur les communistes « douteux », et les organisations du Parti communiquant à leur tour au NKVD les renseignements sur les adhérents exclus pendant la campagne de « vérification ». Celle-ci se solda par l'exclusion de 9 % des membres du Parti, soit environ 250 000 personnes[1]. D'après des données incomplètes citées devant le plénum du Comité central réuni à la fin de décembre 1935 par Nikolaï Iejov, chef du Département central des cadres et responsable de l'opération, 15 218 « ennemis » exclus du Parti furent arrêtés au cours de cette campagne. Cette purge s'était néanmoins, d'après Iejov, fort mal déroulée. Elle avait duré trois fois plus longtemps que prévu à cause de « la mauvaise volonté, confinant au sabotage », d'un grand nombre d'« éléments bureaucratisés installés dans les appareils ». Malgré les appels des autorités centrales à démasquer trotskistes et zinoviévistes, 3 % seulement des exclus appartenaient à ces catégories. Les dirigeants locaux du Parti avaient été souvent réticents « à prendre contact avec les organes du NKVD et à donner au Centre une liste individuelle des gens à exiler sans délai par décision administrative ». Bref, selon Iejov, la campagne de vérification des cartes avait révélé à quel point la « caution solidaire » des appareils locaux du Parti faisait obstacle à tout contrôle efficace des autorités centrales sur ce qui se passait réellement dans le pays[2]. C'était là un enseignement crucial, dont se souviendrait Staline.

La vague de terreur qui s'abattit dès le lendemain de l'assassinat de Kirov n'emporta pas seulement d'anciens opposants au sein du Parti. Prenant prétexte que « des éléments terroristes gardes blancs avaient franchi la frontière occidentale de l'URSS », le Bureau politique décréta,

1. *Ibid*, p. 158.

2. O. Khlevniouk, *op. cit.*, p. 156-159 ; sur cette campagne, J.A. Getty, *Origins of the Great Purges : the soviet CP Reconsidered, 1933-1938*, Cambridge VP, 1985 ; CRCEDHC 17/120/240.

le 27 décembre 1934, la déportation de deux mille « familles antisoviétiques » des districts frontaliers d'Ukraine. Le 15 mars 1935, des mesures analogues furent prises pour la déportation de « tous les éléments peu sûrs des districts frontaliers de la région de Leningrad et de la république autonome de Carélie [...] vers le Kazakhstan et la Sibérie occidentale ». Il s'agissait principalement de Finlandais, premières victimes des déportations ethniques qui allaient atteindre leur apogée durant la guerre. Cette première grande déportation d'environ dix mille personnes sur des critères de nationalité fut suivie, au printemps 1936, d'une seconde, qui toucha plus de quinze mille familles et environ cinquante mille personnes, polonaises et allemandes d'Ukraine déportées dans la région de Karaganda, au Kazakhstan et installées dans les kolkhozes [1].

Comme en témoigne le nombre de condamnations prononcées dans des affaires relevant du NKVD — 267 000 en 1935, plus de 274 000 en 1936 [2] —, le cycle répressif connut une nouvelle flambée au cours de ces deux années. Quelques rares mesures d'apaisement furent adoptées durant cette période, comme la suppression de la catégorie des lichentsy, l'annulation des condamnations à des peines inférieures à cinq ans prononcées contre les kolkhoziens, la libération anticipée de 37 000 personnes condamnées aux termes de la loi du 7 août 1932, le rétablissement dans leurs droits civiques des colons spéciaux déportés, l'abrogation des discriminations interdisant l'accès à l'enseignement supérieur des enfants de déportés. Mais ces mesures étaient contradictoires. Ainsi les koulaks déportés, rétablis en principe dans leurs droits civiques au bout de cinq années de déportation, n'eurent-ils finalement pas le droit de quitter leur lieu de résidence forcée. Aussitôt rétablis dans leurs droits, ils avaient commencé à revenir dans leur village, ce qui avait entraîné une suite de problèmes inextricables. Pouvait-on les laisser entrer au kolkhoze ? Où les loger, puisque leurs biens et leur maison avaient été confisqués ? La logique de la répression ne tolérait que des pauses ; elle ne permettait pas de retour en arrière.

Les tensions entre le régime et la société s'accrurent encore lorsque le pouvoir décida de récupérer le mouvement stakhanoviste, né après le fameux « record » établi par le mineur Andreï Stakhanov, qui avait multiplié par quatorze les normes d'abattage du charbon grâce à une formidable organisation d'équipe, et de promouvoir une vaste campagne productiviste. En novembre 1935, deux mois à peine après le célèbre record de Stakhanov, se tint à Moscou une conférence des travailleurs d'avant-garde. Staline y souligna le caractère « profondément révolutionnaire d'un mouvement libéré du conservatisme des ingénieurs, des techniciens et des

1. CRCEDHC, 17/162/17 ; O. Khlevniouk, *op. cit.*, p.154 ; N. Werth, G. Moullec, *op. cit.*, p. 376-377.

2. V. Popov, *art. cit.*, p. 28.

dirigeants d'entreprise ». Dans les conditions de fonctionnement de l'industrie soviétique de l'époque, l'organisation de journées, de semaines, de décades stakhanovistes désorganisait durablement la production ; l'équipement était détérioré, les accidents du travail se multipliaient, les « records » étaient suivis d'une période de chute de la production. Renouant avec le spetzeedstvo des années 1928-1931, les autorités imputèrent naturellement les difficultés économiques à de prétendus saboteurs infiltrés parmi les cadres, les ingénieurs et les spécialistes. Un mot imprudent lâché à l'encontre des stakhanovistes, des ruptures de rythme dans la production, un incident technique étaient considérés comme autant d'actions contre-révolutionnaires. Au cours du premier semestre 1936, plus de quatorze mille cadres de l'industrie furent arrêtés pour sabotage. Staline utilisa la campagne stakhanoviste pour durcir encore sa politique répressive et déclencher une nouvelle vague de terreur sans précédent, qui allait entrer dans l'Histoire sous le nom de la « Grande Terreur ».

10

La Grande Terreur (1936-1938)

Beaucoup a été écrit sur la « Grande Terreur », que les Soviétiques appellent aussi la *Iejovschina*, « le temps de Iejov ». C'est, en effet, au cours des deux années durant lesquelles le NKVD fut dirigé par Nikolaï Iejov (de septembre 1936 à novembre 1938) que la répression prit une ampleur sans précédent, frappant toutes les couches de la population soviétique, des dirigeants du Bureau politique aux simples citoyens arrêtés dans la rue afin que fussent remplis les quotas d'« éléments contre-révolutionnaires à réprimer ». Durant des décennies, la tragédie de la Grande Terreur fut passée sous silence. En Occident, on ne retint de la période que les trois spectaculaires procès publics de Moscou d'août 1936, de janvier 1937 et de mars 1938, au cours desquels les plus prestigieux compagnons de Lénine (Zinoviev, Kamenev, Krestinski, Rykov, Piatakov, Radek, Boukharine et d'autres) avouèrent les pires forfaits : avoir organisé des « centres terroristes » d'obédience « trotsko-zinoviéviste » ou « trotsko-droitière », ayant pour but de renverser le gouvernement soviétique, assassiner ses dirigeants, restaurer le capitalisme, exécuter des actes de sabotage, saper la puissance militaire de l'URSS, démembrer l'Union soviétique et en détacher, au profit d'États étrangers, l'Ukraine, la Biélorussie, la Géorgie, l'Arménie, l'Extrême-Orient soviétique...

Formidable événement-spectacle, les procès de Moscou furent aussi un événement-écran, qui détourna l'attention des observateurs étrangers conviés au spectacle de tout ce qui se passait derrière et à côté : la répression massive de toutes les catégories sociales. Pour ces observateurs, qui avaient déjà passé sous silence la dékoulakisation, la famine, le développement du système des camps, les années 1936-1938 ne furent que le dernier acte de la lutte politique qui avait opposé, durant plus de dix ans, Staline à ses principaux rivaux, la fin de l'affrontement entre la « bureaucratie stalinienne thermidorienne » et la « vieille garde léniniste » restée fidèle à ses engagements révolutionnaires.

Reprenant les principaux thèmes de l'ouvrage de Trotski paru en 1936, *La Révolution trahie,* l'éditorialiste du grand quotidien français *Le Temps* écrivait (27 juillet 1936) :

« La révolution russe en est à son Thermidor. M. Staline a mesuré l'inanité de la pure idéologie marxiste et du mythe de la révolution universelle. Bon socialiste certes, mais patriote avant tout, il sait le danger que font courir à son pays cette idéologie et ce mythe. Son rêve est probablement celui d'un despotisme éclairé, d'une sorte de paternalisme tout à fait éloigné du capitalisme, mais aussi éloigné des chimères du communisme. »

Et *L'Écho de Paris* d'exprimer, en termes plus imagés et moins respectueux, la même idée le 30 janvier 1937 :

« Le Géorgien au front bas rejoint sans le vouloir Ivan le Terrible, Pierre le Grand et Catherine II. Les autres, ceux qu'il fait massacrer, ce sont les révolutionnaires demeurés fidèles à leur foi diabolique, des névrosés en proie à une rage permanente de destruction [1] ».

Il faudra attendre le « Rapport secret de Khrouchtchev au XXe Congrès du PCUS, le 25 février 1956, pour que le voile se lève enfin sur « les nombreux actes de violation de la légalité socialiste commis dans les années 1936-1938 à l'encontre de dirigeants et cadres du Parti ». Dans les années qui suivirent, un certain nombre de responsables, notamment des militaires, furent réhabilités. Le silence resta néanmoins total sur les victimes « ordinaires ». Certes, lors du XXIIe Congrès du PCUS, en octobre 1961, Khrouchtchev reconnut publiquement que des « répressions de masse [...] avaient frappé de simples et honnêtes citoyens soviétiques », mais il ne dit rien de l'ampleur de ces répressions, dont il avait été, comme bien d'autres dirigeants de sa génération, directement responsable.

À la fin des années soixante, à partir des témoignages de Soviétiques passés à l'Ouest, de publications tant émigrées que soviétiques de la période du « dégel khrouchtchévien », un historien comme Robert Conquest put néanmoins reconstituer, dans ses grandes lignes, la trame générale de la Grande Terreur, avec toutefois des extrapolations parfois hasardeuses sur les mécanismes de prise de décision et une surévaluation importante du nombre des victimes [2].

L'ouvrage de Robert Conquest suscita un grand nombre de discussions, notamment sur le degré de centralisation de la terreur, les rôles respectifs de Staline et de Iejov, le nombre des victimes. Par exemple, certains historiens de l'école révisionniste américaine contestèrent l'idée selon laquelle Staline aurait planifié précisément le déroulement des événements de 1936 à 1938. Insistant, au contraire, sur la montée des tensions entre les autorités centrales et des appareils locaux de plus en plus puissants, ainsi que sur les « dérapages » d'une répression largement incontrôlée, ils expliquèrent l'ampleur exceptionnelle des répressions des

1. N. Werth, *Les Procès de Moscou, 1936-1938*, Bruxelles, Complexe, 1987, p. 61.
2. R. Conquest, *La Grande Terreur*, Paris, Stock, 1968 ; rééd. R. Laffont, 1995.

années 1936-1938 par le fait que, désireux de détourner le coup qui leur était destiné, les appareils locaux avaient dirigé la terreur contre d'innombrables « boucs émissaires », démontrant ainsi au Centre leur vigilance et leur intransigeance dans la lutte contre les « ennemis » de tous bords[1].

Autre point de divergence : le nombre de victimes. Pour Conquest et ses disciples, la Grande Terreur se serait soldée par au moins six millions d'arrestations, trois millions d'exécutions et deux millions de décès dans les camps. Pour les historiens révisionnistes, ces chiffres sont très fortement surévalués.

L'ouverture — encore partielle — des archives soviétiques permet aujourd'hui de faire un nouveau point sur la Grande Terreur. Il ne s'agit pas de retracer, en ces quelques pages, après d'autres, l'histoire extraordinairement complexe et tragique des deux plus sanglantes années du régime soviétique, mais de tenter d'éclairer les questions qui ont suscité, au cours des dernières années, le débat — notamment sur le degré de centralisation de la terreur, sur les catégories et le nombre de victimes.

En ce qui concerne le degré de centralisation de la terreur, les documents du Bureau politique aujourd'hui accessibles[2] confirment que la répression de masse a bien été le résultat d'une initiative décidée par la plus haute instance du Parti, le Bureau politique, et par Staline en particulier. L'organisation puis le déroulement de la plus sanglante des grandes opérations de répression, l'opération de « liquidation des ex-koulaks, criminels et autres éléments antisoviétiques[3] », qui eut lieu d'août 1937 à mai 1938, apportent un éclairage tout à fait révélateur sur le rôle respectif du Centre et du local dans la répression, mais aussi sur la logique de cette opération, censée, à l'origine du moins, résoudre définitivement un problème qui n'avait pu être réglé au cours des années précédentes.

Depuis 1935-1936, la question du sort ultérieur des ex-koulaks déportés était à l'ordre du jour. Malgré l'interdiction, qui leur était régulièrement rappelée, de quitter le lieu où ils étaient assignés à résidence, de plus en plus de « colons spéciaux » se fondaient parmi la masse des travailleurs libres. Dans un rapport daté d'août 1936, Rudolf Berman, le chef du Goulag, écrivait : « Profitant d'un régime de surveillance assez laxiste, de nombreux colons spéciaux, travaillant depuis longtemps dans des équipes mixtes avec des ouvriers libres, ont quitté leur lieu de résidence. Il est de plus en plus difficile de les récupérer. En effet, ils ont acquis une spécialité,

1. J.A. Getty, *Origins of the Great Purges : the Soviet CR Reconsidered, 1933-1938*, Cambridge UP, 1985 ; G. Rittersporn, *Simplifications staliniennes et complications soviétiques, 1933-1953*, Paris, EAC, 1988 ; J.A. Getty, R.T. Manning (éd.), *Stalinist Terror. New Perspectives*, Cambridge UP, 1993.

2. *Stalinskoie Politburo v 30-ye gody* (Le Bureau politique stalinien dans les années trente), recueil de documents rassemblés par O.V. Khlevniouk, A.V. Kvachonkine, L.P. Kocheleva, L.A. Rogovaïa, Moscou, 1995 ; O.V. Khlevniouk, L.P. Kocheleva, J. Howlett, L. Rogovaïa, « Les Sources archivistiques des organes dirigeants du PC(b)R », *Communisme*, n°s 42-43-44 (1995), p. 15-34.

3. *Troud*, 4 juin 1992.

l'administration des entreprises tient à les garder, ils se sont même parfois débrouillés pour acquérir un passeport, ils se sont mariés avec des collègues libres, ont souvent une maison[1]... »

Si de nombreux colons spéciaux assignés à résidence sur des sites industriels avaient tendance à se fondre dans la classe ouvrière locale, d'autres s'enfuyaient plus loin. Un grand nombre de ces « fuyards » sans papiers et sans toit rejoignaient les bandes de marginaux sociaux et de petits délinquants de plus en plus nombreuses aux périphéries des villes. Les inspections menées à l'automne 1936 dans certaines komandatures révélèrent une situation « intolérable » aux yeux des autorités : ainsi, dans la région d'Arkhangelsk, il ne restait plus sur place que 37 000 des 89 700 colons spéciaux théoriquement assignés à résidence !

L'obsession du « koulak-saboteur-infiltré-dans-les-entreprises » et du « koulak-bandit-rôdant-dans-les-villes » explique que cette « catégorie » ait été désignée en priorité comme victime expiatoire lors de la grande opération de répression décidée au début du mois de juillet 1937 par Staline.

Le 2 juillet 1937, le Bureau politique envoya aux autorités locales un télégramme leur ordonnant d'« arrêter immédiatement tous les koulaks et criminels [...], de fusiller les plus hostiles d'entre eux après examen administratif de leur affaire par une troïka [une commission de trois membres, composée du premier secrétaire régional du Parti, du procureur et du chef régional du NKVD] et de déporter les éléments moins actifs, mais néanmoins hostiles au régime [...]. Le Comité central propose que lui soit présentée dans un délai de cinq jours la composition des troïki, ainsi que le nombre des individus à fusiller et des individus à déporter ».

Le Centre reçut ainsi, dans les semaines qui suivirent, des « chiffres indicatifs » fournis par les autorités locales, sur la base desquels Iejov prépara l'ordre opérationnel nº 00447, en date du 30 juillet 1937, qu'il soumit pour ratification, ce même jour, au Bureau politique. Dans le cadre de cette « opération », 259 450 personnes devaient être arrêtées, dont 72 950 fusillées[2]. Ces chiffres étaient en fait incomplets, car dans la liste établie manquait toute une série de régions, qui n'avaient pas encore, semble-t-il, fait parvenir à Moscou leurs « estimations ». Comme lors de la dékoulakisation, toutes les régions reçurent des quotas pour chacune des deux catégories (1re catégorie : à exécuter ; 2e catégorie : à déporter).

On notera que les éléments visés par l'opération appartenaient à un spectre socio-politique bien plus large que les catégories énumérées au départ : aux côtés des « ex-koulaks » et des « éléments criminels » figuraient les « éléments socialement dangereux », les « membres des partis antisoviétiques », les anciens « fonctionnaires tsaristes », les « Gardes blancs », etc. Ces « appellations » étaient naturellement attribuées à n'im-

1. GARF, 9479/1/978/32.
2. *Troud*, 4 juin 1992.

porte quel suspect, qu'il appartînt au Parti, à l'intelligentsia ou au « petit peuple ». Quant aux listes des suspects, les services compétents de la Guépéou, puis du NKVD, avaient eu tout le temps de les préparer, de les tenir à jour, et de les actualiser depuis des années.

L'ordre opérationnel du 30 juillet 1937 donnait aux dirigeants locaux le droit de demander à Moscou des listes complémentaires d'individus à réprimer. Les familles des personnes condamnées à des peines de camp ou exécutées pouvaient être arrêtées « en sus des quotas ».

Dès la fin du mois d'août, le Bureau politique fut saisi de nombreuses demandes de hausse des quotas. Du 28 août au 15 décembre 1937, il ratifia diverses propositions d'augmentation des quotas pour un total de 22 500 individus à exécuter et de 16 800 à interner en camp. Le 31 janvier 1938, il adopta, sur proposition du NKVD, une nouvelle « rallonge » de 57 200 personnes, dont 48 000 devaient être exécutées. L'ensemble des opérations devait être terminé pour le 15 mars 1938. Mais, cette fois encore, les autorités locales, qui avaient été, depuis l'année précédente, plusieurs fois « purgées » et renouvelées, jugèrent opportun de montrer leur zèle. Du 1er février au 29 août 1938, le Bureau politique ratifia des contingents complémentaires pour encore 90 000 individus à réprimer.

Ainsi, l'opération qui devait à l'origine durer quatre mois s'étendit sur plus d'un an, et toucha au moins 200 000 personnes en sus des quotas approuvés au départ[1]. Tout individu soupçonné de « mauvaises » origines sociales était une victime potentielle. Étaient également particulièrement vulnérables toutes les personnes habitant dans les zones frontalières, ou qui avaient, d'une manière ou d'une autre, eu des contacts avec l'étranger, qu'elles aient été prisonniers de guerre ou qu'elles aient de la famille, même éloignée, hors d'URSS. Ces personnes, de même que les radio-amateurs, les philatélistes ou les espérantistes, avaient de fortes chances de tomber sous le coup d'une accusation d'espionnage. Du 6 août au 21 décembre 1937, au moins dix opérations, du même type que celle déclenchée à la suite de l'ordre opérationnel n° 00447, furent lancées par le Bureau politique et son relais en la matière, le NKVD, en vue de « liquider », nationalité par nationalité, des groupes présumés d'« espions » et de « diversionnistes » : Allemands, Polonais, Japonais, Roumains, Finlandais, Lituaniens, Estoniens, Lettons, Grecs, Turcs. Au cours de ces opérations « anti-espions », plusieurs centaines de milliers de personnes furent arrêtées en quinze mois, d'août 1937 à novembre 1938.

Parmi d'autres opérations sur lesquelles nous disposons aujourd'hui d'informations — encore très lacunaires, les archives de l'ex-KGB et les archives présidentielles où sont conservés les documents les plus confidentiels étant inaccessibles aux chercheurs — citons :

— l'opération de « liquidation des contingents allemands travaillant dans les entreprises de la Défense nationale », le 20 juillet 1937 ;

1. O. Khlevniouk, *Le Cercle du Kremlin, op. cit.*, p. 208-210.

— l'opération de « liquidation des activités terroristes, de diversion et d'espionnage du réseau japonais des rapatriés de Kharbine », lancée le 19 septembre 1937 ;

— l'opération de « liquidation de l'organisation droitière militaro-japonaise des Cosaques », lancée le 4 août 1937 ; de septembre à décembre 1937, plus de 19 000 personnes furent réprimées dans le cadre de cette opération ;

— l'opération de « répression des familles des ennemis du peuple arrêtés », commandée par l'ordre opérationnel du NKVD n° 00486 du 15 août 1937.

Cette brève énumération, très incomplète, d'une petite partie des opérations décidées par le Bureau politique et mises en œuvre par le NKVD suffit à souligner le caractère centralisé des répressions de masse des années 1937-1938. Certes, ces opérations comme toutes les grandes actions répressives menées, sur ordre du Centre, par les fonctionnaires locaux — que ce soit la dékoulakisation, la purge des villes ou la chasse aux spécialistes — n'allaient pas sans dérapages ni excès. Après la Grande Terreur, une seule commission fut envoyée sur place, au Turkménistan, enquêter sur les excès de la *Iejovschina*. Dans cette petite république de 1 300 000 habitants (0,7 % de la population soviétique), 13 259 personnes avaient été condamnées par les troïki du NKVD d'août 1937 à septembre 1938 dans le cadre de la seule opération de « liquidation des ex-koulaks, criminels et autres éléments antisoviétiques ». Parmi celles-ci, 4 037 avaient été fusillées. Les quotas fixés par Moscou étaient respectivement de 6 277 (nombre total des condamnations) et de 3 225 (nombre total des exécutions)[1]. On peut supposer que des excès et des dépassements semblables eurent cours dans les autres régions du pays. Ils découlaient du principe même des quotas, des ordres planifiés venus du Centre et de réflexes bureaucratiques, bien assimilés, inculqués depuis des années, qui consistaient à anticiper les désirs des supérieurs hiérarchiques et les directives de Moscou.

Une autre série de documents confirme le caractère centralisé de ces assassinats de masse ordonnés et ratifiés par Staline et le Bureau politique. Il s'agit des listes de personnalités à condamner établies par la Commission des affaires judiciaires du Bureau politique. Les peines des personnalités devant comparaître devant le collège militaire de la Cour suprême, les tribunaux militaires ou la Conférence spéciale du NKVD étaient prédéterminées par la Commission des affaires judiciaires du Bureau politique. Cette commission, dont faisait partie Iejov, soumit à la signature de Staline et des membres du Bureau politique au moins 383 listes, comptant plus de 44 000 noms de dirigeants et cadres du Parti, de l'armée et de l'économie. Plus de 39 000 d'entre eux furent condamnés à la peine de mort. La signature de Staline figure au bas de 362 listes, celle de Molotov de 373 listes,

1. O. Khlevniouk, *op. cit.*, p. 212.

celle de Vorochilov de 195 listes, celle de Kaganovitch de 191 listes, celle de Jdanov de 177 listes, celle de Mikoïan de 62 listes[1].

Tous ces dirigeants se rendirent personnellement sur place pour mener, à partir de l'été 1937, les purges des organisations locales du Parti : ainsi Kaganovitch fut-il envoyé purger le Donbass, les régions de Tchéliabinsk, d'Iaroslavl, d'Ivanovo, de Smolensk. Jdanov, après avoir purgé *sa* région, celle de Leningrad, partit pour Orenbourg, la Bachkirie, le Tatarstan. Andreïev se rendit au Caucase du Nord, en Ouzbékistan et au Tadjikistan, Mikoïan en Arménie, Khrouchtchev en Ukraine.

Bien que la majorité des instructions sur les répressions de masse aient été ratifiées comme résolutions du Bureau politique dans son ensemble, il apparaît, à la lumière des documents d'archives aujourd'hui accessibles, que Staline fut personnellement l'auteur et l'initiateur de la majeure partie des décisions répressives à tous les niveaux. Pour ne prendre qu'un exemple : lorsque, le 27 août 1937, à 17 heures, le secrétariat du Comité central reçut une communication de Mikhaïl Korotchenko, secrétaire du comité régional du Parti de Sibérie orientale, sur le déroulement d'un procès d'agronomes « coupables d'actes de sabotage », Staline lui-même télégraphia à 17 h 10 : « Je vous conseille de condamner les saboteurs du district d'Andreïev à la peine de mort et de publier la nouvelle de leur exécution dans la presse[2]. »

Tous les documents aujourd'hui disponibles (protocoles du Bureau politique, emploi du temps de Staline et liste des visiteurs reçus par Staline au Kremlin) démontrent que Staline contrôlait et dirigeait minutieusement l'activité de Iejov. Il corrigeait les principales instructions du NKVD, réglait le déroulement de l'instruction des grands procès politiques et en définissait même le scénario. Pendant l'instruction de l'affaire du « complot militaire », mettant en cause le maréchal Toukhatchevski et d'autres hauts dirigeants de l'Armée rouge, Staline reçut Iejov tous les jours[3]. À toutes les étapes de la *Iejovschina*, Staline garda le contrôle politique des événements. C'est lui qui décida de la nomination de Iejov au poste de commissaire du peuple à l'Intérieur, en envoyant de Sotchi le fameux télégramme du 25 septembre 1936 au Bureau politique : « Il est absolument nécessaire et urgent que le camarade Iejov soit désigné au poste de commissaire du peuple à l'Intérieur. Iagoda ne s'est manifestement pas montré à la hauteur de sa tâche pour démasquer le bloc trotskiste-zinoviéviste. La Guépéou a quatre ans de retard dans cette affaire. » C'est Staline aussi qui décida de mettre un terme aux « excès du NKVD ». Le 17 novembre 1938, un décret du Comité central mit fin (provisoirement) à l'organisation d'« opérations massives d'arrestations et de déportations ».

1. *Reabilitatsia. Politiceskie processy 30-50 godov* (Réhabilitation. Les procès politiques des années trente-cinquante), Moscou, 1991, p. 39 ; *Istocnik*, 1995, n° 1, p. 117-130.

2. *Izvestia*, 10 juin 1992, p. 2.

3. Emploi du temps et liste des visiteurs reçus par Staline au Kremlin, *Istoriceskii Arxiv*, 1995, n° 4, p. 15-73 pour les années 1936-1937.

Une semaine plus tard, Iejov fut démis de son poste de commissaire du peuple à l'Intérieur, et remplacé par Beria. La Grande Terreur s'acheva comme elle avait commencé : sur un ordre de Staline.

Peut-on dresser un bilan documenté du nombre et des catégories de victimes de la *Iejovschina* ?

Nous disposons aujourd'hui de quelques documents ultra-confidentiels préparés pour Nikita Khrouchtchev et les principaux dirigeants du Parti durant la déstalinisation, notamment une longue étude sur « les répressions commises durant l'époque du culte de la personnalité » réalisée par une commission, dirigée par Nikolaï Chvernik, créée à l'issue du XXIIe Congrès du PCUS[1]. Les chercheurs peuvent confronter ces données avec diverses autres sources statistiques de l'administration du Goulag, du commissariat du peuple à la Justice, du parquet, aujourd'hui accessibles[2].

Il apparaît ainsi que, durant les seules années 1937 et 1938, 1 575 000 personnes furent arrêtées par le NKVD ; 1 345 000 (soit 85,4 %) furent condamnées au cours de ces années ; 681 692 (soit 51 % des personnes condamnées en 1937-1938) furent exécutées.

Les personnes arrêtées étaient condamnées selon des procédures diverses. Les affaires des « cadres » politiques, économiques et militaires, des membres de l'intelligentsia — catégorie la plus repérable et la mieux connue — étaient jugées par les tribunaux militaires et les « Conférences spéciales du NKVD ». Devant l'ampleur des opérations, le gouvernement mit en place, fin juillet 1937, des « troiki » au niveau régional, composées du procureur, des chefs du NKVD et de la direction de la police. Ces troiki fonctionnaient selon des procédures extrêmement expéditives, puisqu'elles répondaient à des quotas fixés à l'avance par le Centre. Il suffisait de « réactiver » les listes des individus déjà fichés par les services. L'instruction était réduite à sa plus simple expression ; les troïki faisaient défiler plusieurs centaines de dossiers par jour, comme le confirme, par exemple, la récente publication du *Martyrologe de Léningrad*, annuaire, mois par mois, des Léningradois arrêtés et condamnés à mort, sur la base de l'article 58 du Code pénal, à partir d'août 1937. Le délai habituel entre l'arrestation et la condamnation à mort était de quelques jours à quelques semaines. La sentence, sans appel, était appliquée dans un délai de quelques jours. Dans le cadre des opérations spécifiques de « liquidation des espions et des diversionnistes », comme dans celui des grandes opérations répressives, telle l'opération de « liquidation des koulaks... », lancée le 30 juillet 1937, l'opération de « liquidation des éléments criminels », lancée le 12 septembre 1937, l'opération de « répression des familles des ennemis du peuple », etc., les chances d'être arrêté, à la seule fin que fût rempli un quota, relevaient d'une série de hasards. Hasards « géographi-

1. *Istocnik*, 1995, n° 1, p. 117-132 ; V.P. Popov, *art. cit.*, p. 20-31.

2. J.A. Getty, G. Rittersporn, V. Zemskov, « Les victimes de la répression pénale dans l'URSS d'avant-guerre », *Revue des études slaves*, tome LXV, 4, p. 631-663.

ques » (les personnes habitant dans les zones frontalières étant beaucoup plus exposées), itinéraire individuel lié, d'une manière ou d'une autre, avec un pays étranger, origines étrangères, problèmes d'homonymie. Pour « remplir les normes », si la liste des personnes fichées était insuffisante, les autorités locales « s'arrangeaient ». Ainsi, pour ne donner qu'un exemple, pour compléter la catégorie des « saboteurs », le NKVD de Turkménie prit prétexte d'un incendie dans une entreprise pour arrêter tous les gens se trouvant sur les lieux et les força à nommer des « complices [1] ». Programmée en haut, désignant arbitrairement des catégories d'ennemis « politiques », la Terreur générait, par sa nature même, des dérapages qui en disaient long sur la culture de violence des appareils répressifs de base.

Toutes ces données, qui rappellent, entre autres, que les cadres communistes ne représentaient qu'une faible proportion des 681 692 personnes exécutées, ne prétendent pas à l'exhaustivité. Elles ne comprennent pas les déportations effectuées au cours de ces années (comme, par exemple, l'opération de déportation hors de l'Extrême-Orient soviétique de 172 000 Coréens, transférés, entre mai et octobre 1937, vers le Kazakhstan et l'Ouzbékistan). Elles ne prennent en compte ni les personnes arrêtées mortes sous la torture durant leur séjour en prison ou leur transfert vers les camps (chiffre inconnu) ni les détenus morts en camp durant ces années (25 000 environ en 1937, plus de 90 000 en 1938) [2]. Même corrigés à la baisse par rapport aux extrapolations tirées des témoignages des survivants, ces chiffres disent l'effroyable ampleur de ces assassinats de masse, par centaines de milliers, dirigés contre une société tout entière.

Peut-on aujourd'hui aller plus loin dans une analyse catégorielle des victimes de ces assassinats de masse ? Nous disposons de quelques données statistiques, que nous présenterons plus loin, sur les détenus du Goulag à la fin des années trente. Ces informations, qui concernent l'ensemble des détenus (et pas seulement ceux arrêtés durant la Grande Terreur), n'apportent cependant que des éléments de réponse parcellaires sur les victimes condamnées à une peine de camp durant la *Iejovschina*. Ainsi, on remarque un fort accroissement proportionnel des détenus ayant une éducation supérieure (+ 70 % entre 1936 et 1939), ce qui confirme que la terreur de la fin des années trente s'exerçait plus particulièrement contre les élites éduquées, qu'elles aient ou non appartenu au Parti.

Parce qu'elle fut la première dénoncée (dès le XXe Congrès), la répression des cadres du Parti est l'un des aspects les mieux connus de la Grande Terreur. Dans son « Rapport secret », Khrouchtchev s'étendit longuement sur cet aspect-là de la répression, qui frappa cinq membres du Bureau politique, tous de fidèles staliniens (Postychev, Roudzoutak, Eikhe, Kossior, Tchoubar), 98 des 139 membres du Comité central, 1 108 des 1 966 délégués du XVIIe Congrès du Parti (1934). Les cadres dirigeants

1. J.A. Getty, G.T. Rittersporn, V.K. Zemskov, *art. cit.*, p. 655.
2. V. Zemskov, *Goulag, Sotsiologiceskie Issledovania*, 1991, no 6, p. 14-15.

du Komsomol furent également touchés : 72 des 93 membres du Comité central furent arrêtés, ainsi que 319 des 385 secrétaires régionaux et 2 210 des 2 750 secrétaires de district. D'une manière générale, les appareils régionaux et locaux du Parti et du Komsomol, soupçonnés par le Centre de « saboter » les décisions nécessairement « correctes » de Moscou, de faire obstacle à tout contrôle efficace des autorités centrales sur ce qui passait dans le pays, furent totalement renouvelés. À Leningrad, ville suspecte par excellence, où le Parti avait été dirigé par Zinoviev, où Kirov avait été assassiné, Jdanov et Zakovski, le chef du NKVD régional, arrêtèrent plus de 90 % des cadres du Parti. Ceux-ci ne constituaient cependant qu'une petite partie des Léningradois réprimés en 1936-1939[1]. Pour stimuler les purges, des émissaires du Centre, accompagnés de troupes du NKVD, furent envoyés dans les provinces avec pour mission, selon l'expression imagée de la *Pravda*, « d'enfumer et de détruire les nids de punaises trotsko-fascistes ».

Certaines régions, sur lesquelles on dispose de données statistiques partielles, furent plus spécialement « purgées » : au premier rang figure, une fois de plus, l'Ukraine. Durant la seule année 1938, après la nomination de Khrouchtchev à la tête du Parti communiste ukrainien, plus de 106 000 personnes furent arrêtées en Ukraine (et, dans leur grande majorité, exécutées). Des 200 membres du Comité central du Parti communiste ukrainien, trois survécurent. Le même scénario se répéta dans toutes les instances régionales et locales du Parti, où furent organisés des dizaines de procès publics de dirigeants communistes.

À la différence des procès à huis clos ou des séances secrètes des troïki, où le sort d'un accusé était réglé en quelques minutes, les procès publics de dirigeants avaient une forte coloration populiste et remplissaient une importante fonction propagandiste. Ils était censés resserrer l'alliance entre le « petit peuple, le simple militant, porteur de la solution juste », et le Guide, en dénonçant les dirigeants locaux, ces « nouveaux seigneurs, toujours satisfaits d'eux-mêmes [...] qui, par leur attitude inhumaine, produisent artificiellement quantité de mécontents et d'irrités, créant par là une armée de réserve pour les trotskistes » (Staline, discours du 3 mars 1937). Comme les grands procès de Moscou, mais cette fois-ci à l'échelle du district, ces procès publics, dont les audiences étaient largement reproduites dans la presse locale, donnaient lieu à une exceptionnelle mobilisation idéologique, populaire et populiste. Parce qu'ils démasquaient le complot, figure essentielle de l'idéologie, parce qu'ils assumaient une fonction carnavalesque (les puissants devenus vilains, les « simples gens » reconnus « porteurs de la solution juste »), ces procès publics constituaient, pour reprendre l'expression d'Annie Kriegel, « un formidable mécanisme de prophylaxie sociale ».

---

1. *Leningradski Martirolog* (Martyrologe de Leningrad), *1937-1938*, Saint-Pétersbourg, 1995, sur les statistiques des exécutions à Leningrad, p. 3-50.

Les répressions dirigées contre les responsables locaux du Parti ne représentaient naturellement que la partie émergée de l'iceberg. Prenons l'exemple d'Orenbourg, province sur laquelle nous disposons d'un rapport détaillé du département régional du NKVD « sur les mesures opérationnelles de liquidation des groupes clandestins trotskistes et boukhariniens, ainsi que d'autres formations contre-révolutionnaires, menées du 1er avril au 18 septembre 1937 », c'est-à-dire avant la mission de Jdanov, destinée à « accélérer » les purges[1].

Dans cette province avaient été arrêtés, en l'espace de cinq mois :

— 420 « trotskistes », tous des cadres politiques et économiques de premier plan ;

— 120 « droitiers », tous des dirigeants locaux importants.

Ces 540 cadres du Parti représentaient près de 45 % de la *nomenklatura* locale. À la suite de la mission de Jdanov à Orenbourg, 598 autres cadres furent arrêtés et exécutés. Dans cette province, comme ailleurs, dès l'automne 1937, la quasi-totalité des dirigeants politiques et économiques fut donc éliminée et remplacée par une nouvelle génération, celle des « promus » du premier plan, des Brejnev, Kossyguine, Oustinov, Gromyko, bref du Bureau politique des années soixante-dix.

Néanmoins, à côté de ce millier de cadres arrêtés figurait une masse de sans-grade, membres du Parti, ex-communistes, donc particulièrement vulnérables, ou simples citoyens fichés depuis des années, qui constituèrent l'essentiel des victimes de la Grande Terreur.

Reprenons le rapport du NKVD d'Orenbourg :

— « un peu plus de 2 000 membres de l'organisation droitière militaro-japonaise des Cosaques » (dont 1 500 environ ont été fusillés) ;

— « plus de 1 500 officiers et fonctionnaires tsaristes exilés en 1935 de Leningrad à Orenbourg » (il s'agissait des « éléments socialement étrangers » exilés après l'assassinat de Kirov dans diverses régions du pays) ;

— « 250 personnes environ arrêtées dans le cadre de l'affaire des Polonais » ;

— « 95 personnes environ arrêtées [...] dans le cadre de l'affaire des éléments originaires de Kharbine » ;

— « 3 290 personnes dans le cadre de l'opération de liquidation des ex-koulaks » ;

— « 1 399 personnes [...] au cours de l'opération de liquidation des éléments criminels... ».

Ainsi, en comptant encore la trentaine de komsomols et la cinquantaine de cadets de l'école d'instruction militaire locale, plus de 7 500 personnes avaient été arrêtées par le NKVD en cinq mois dans cette province, avant même l'intensification de la répression consécutive à la mission d'Andreï Jdanov. Si spectaculaire qu'elle fût, l'arrestation de 90 % des cadres de la *nomenklatura* locale ne représentait qu'un pourcentage

1. CRCEDHC, 17/120/285/24-37.

négligeable du nombre total des personnes réprimées, presque toutes classées dans une des catégories visées dans le cours d'opérations spécifiques définies et approuvées par le Bureau politique, et par Staline en particulier.

Certaines catégories de cadres et de dirigeants furent tout particulièrement décimées : les diplomates et le personnel du commissariat du peuple aux Affaires étrangères, qui tombaient naturellement sous le coup d'une accusation d'espionnage, ou encore les fonctionnaires des ministères économiques et les directeurs d'usine, soupçonnés de « sabotage ». Parmi les diplomates de haut rang arrêtés — et pour la plupart exécutés — figuraient Krestinski, Sokolnikov, Bogomolov, Ioureniev, Ostrovski, Antonov-Ovseenko, respectivement en poste à Berlin, Londres, Pékin, Tokyo, Bucarest et Madrid[1].

Dans certains ministères, tous les fonctionnaires presque sans exception furent victimes de la répression. Ainsi, à l'obscur commissariat du peuple aux Machines-Outils, toute l'administration fut renouvelée ; furent aussi arrêtés tous les directeurs d'usine (sauf deux) dépendant de cette branche, la quasi-totalité des ingénieurs et des techniciens. Il en fut de même dans les autres secteurs industriels, notamment dans la construction aéronautique, la construction navale, la métallurgie, ainsi que dans les transports, secteurs sur lesquels on dispose d'études fragmentaires. Après la fin de la Grande Terreur, Kaganovitch reconnut, au XVIIIe Congrès, en mars 1939, qu'en « 1937 et 1938 le personnel dirigeant de l'industrie lourde a été entièrement renouvelé, des milliers d'hommes nouveaux ont été nommés à des postes dirigeants à la place des saboteurs démasqués. Dans certaines branches, il a fallu révoquer plusieurs couches de saboteurs et d'espions [...] Maintenant nous avons des cadres qui accepteront n'importe quelle tâche qui leur sera assignée par le camarade Staline ».

Au nombre des cadres du Parti le plus durement frappés durant la *Iejovschina* figuraient les dirigeants des partis communistes étrangers et les cadres de l'Internationale communiste, installés à Moscou, à l'hôtel Lux[2]. Ainsi, parmi les personnalités du Parti communiste allemand arrêtées figuraient : Heinz Neumann, Hermann Remmele, Fritz Schulte, Hermann Schubert, tous anciens membres du Bureau politique , Leo Flieg, secrétaire du Comité central, Heinrich Susskind et Werner Hirsch, rédacteurs en chef du journal *Rote Fahne*, Hugo Eberlein, délégué du Parti allemand à la conférence fondatrice de l'Internationale communiste. En septembre 1939, après la conclusion du Pacte germano-soviétique, 570 communistes allemands incarcérés dans les prisons de Moscou furent livrés à la Gestapo, sur le pont frontière de Brest-Litovsk.

L'épuration exerça également ses ravages parmi les communistes hongrois. Béla Kun, l'instigateur de la révolution hongroise de 1919, fut arrêté et exécuté, ainsi que douze autres commissaires du peuple de l'éphé-

1. R. Conquest, *op. cit.*, p. 918-921.
2. *Ibid.*, p. 886-912.

Parmi les victimes de la Grande Terreur, une majorité écrasante d'anonymes. Extraits d'un dossier « ordinaire » de l'année 1938

Dossier n° 24260

1. Nom : Sidorov.
2. Prénom : Vassili Klementovitch.
3. Lieu et date de naissance : Setchevo, région de Moscou, 1893.
4. Adresse : Setchevo, district Kolomenskii, région de Moscou.
5. Profession : employé de coopérative.
6. Appartenance syndicale : syndicat des employés de coopérative.
7. Patrimoine au moment de l'arrestation (description détaillée) : 1 maison en bois, 8 mètres par 8, couverte de tôle, une cour en partie couverte de 20 mètres sur 7, 1 vache, 4 brebis, 2 cochons, volaille.
8. Patrimoine en 1929 : le même, plus 1 cheval.
9. Patrimoine en 1917 : 1 maison de bois, 8 mètres par 8 ; 1 cour en partie couverte de 30 mètres sur 20 ; 2 granges, 2 hangars, 2 chevaux, 2 vaches, 7 brebis.
10. Situation sociale au moment de l'arrestation : employé.
11. États de service dans l'armée tsariste : en 1915-1916, fantassin de 2e classe au 6e RI du Turkestan.
12. États de service dans l'Armée blanche : néant
13. États de service dans l'Armée rouge : néant.
14. Origine sociale : je me considère comme fils de paysan moyen.
15. Passé politique : sans-parti.
16. Nationalité, citoyenneté : russe, citoyen de l'URSS.
17. Appartenance au PC(b)R : non.
18. Niveau d'études : primaire.
19. Situation militaire actuelle : réserviste.
20. Condamnations passées : néant.
21. État de santé : hernie.
22. Situation familiale : marié. Épouse : Anastasia Fedorovna, 43 ans, kolkhozienne ; fille : Nina, 24 ans.

Arrêté le 13 février 1938 par la direction de district du NKVD.

2. Extraits du protocole d'interrogatoire.

Question : Donnez-nous des explications concernant votre origine sociale, votre situation sociale et patrimoniale avant et après 1917.

Réponse : Je suis originaire d'une famille de commerçants. Jusqu'en 1904 environ, mon père possédait une petite boutique à Moscou, rue Zolotorojskaïa, où, d'après ce que m'a dit mon père, il faisait du commerce sans employer qui que ce soit. Après 1904, mon père a dû fermer boutique, car il ne pouvait concurrencer les grands marchands. Il revint à la campagne, à Sytchevo, où il prit en location six hectares de terres labourables et deux hectares de prés. Il avait un employé, un certain Goriatchev, qui a travaillé avec mon père de longues années, jusqu'en 1916. Après 1917, nous avons gardé notre exploitation, mais perdu les chevaux. J'ai travaillé avec mon

père jusqu'en 1925, puis après sa mort, mon frère et moi avons partagé l'exploitation.
Je ne me reconnais coupable en rien.

3. Extraits de l'acte d'accusation.

[...] Sidorov, malintentionné envers le pouvoir soviétique en général et le Parti en particulier, menait systématiquement une propagande antisoviétique, disant : « Staline et sa bande ne veulent pas quitter le pouvoir, Staline a tué un tas de gens, mais il ne veut pas s'en aller. Les bolcheviks gardent le pouvoir, arrêtent les gens honnêtes, et même de ceci on ne peut pas parler, sinon on vous met en camp pour vingt-cinq ans. »

Le prévenu Sidorov a plaidé non coupable, mais a été démasqué par plusieurs témoignages. L'affaire a été transmise pour jugement par une troïka.

Signé : Salakhaïev, sous-lieutenant de milice du district de Kolomenskoïe.

Pour accord : Galkine, lieutenant de la Sûreté d'État, chef du détachement de la Sûreté d'État du district de Kolomenskoïe.

4. Extraits du protocole de la décision de la troïka, 16 juillet 1938.

[...] Affaire Sidorov, V.K. Ancien commerçant, exploitait avec son père une boutique. Accusé d'avoir mené, parmi les kolkhoziens, une propagande contre-révolutionnaire, caractérisée par des propos défaitistes, accompagnés de menaces contre les communistes, de critiques contre la politique du Parti et du gouvernement.

Verdict : FUSILLER Sidorov Vassili Klementovitch, confisquer tous ses biens.

La sentence a été exécutée le 3 août 1938.

Réhabilité à titre posthume le 24 janvier 1989.

(Source : *Volia*, 1994, n°s 2-3, p. 45-46.)

mère gouvernement communiste de Budapest, tous réfugiés à Moscou. Près de deux cents communistes italiens furent arrêtés (dont Paolo Robotti, le beau-frère de Togliatti), de même qu'une centaine de communistes yougoslaves (parmi lesquels Gorkic, le secrétaire général du Parti, Vlada Copic, secrétaire à l'organisation et dirigeant des Brigades internationales, ainsi que les trois quarts des membres du Comité central).

Mais ce furent les Polonais qui payèrent le tribut le plus lourd. La situation des communistes polonais était particulière : le Parti communiste polonais dérivait du Parti social-démocrate des royaumes de Pologne et de Lituanie, qui avait été admis en 1906, sur une base d'autonomie, au sein du Parti ouvrier social-démocrate de Russie. Les liens entre le Parti russe et le Parti polonais, dont l'un des dirigeants d'avant 1917 n'était autre que Feliks Dzerjinski, étaient très étroits. De nombreux sociaux-démocrates polonais avaient fait carrière dans le Parti bolchevique : Dzerjinski, Menjinski, Unschlikht (tous dirigeants de la Guépéou), Radek... pour ne citer que les plus connus.

En 1937-1938, le Parti communiste polonais fut entièrement liquidé. Les douze membres polonais du Comité central présents en URSS furent exécutés, ainsi que tous les représentants polonais des instances de l'Internationale communiste. Le 28 novembre 1937, Staline signa un document proposant le « nettoyage » du Parti communiste polonais. Généralement, après avoir fait épurer un parti, Staline choisissait un nouveau personnel dirigeant appartenant à l'une ou à l'autre des factions rivales apparues dans le cours de la purge. Dans le cas du Parti communiste polonais, toutes les factions furent accusées de « suivre les instructions des services secrets contre-révolutionnaires polonais ». Le 16 août 1938, le Comité exécutif de l'Internationale vota la dissolution du Parti communiste polonais. Comme l'expliqua Manouilski, « les agents du fascisme polonais s'étaient arrangés pour occuper tous les postes clés du Parti communiste polonais ».

Ayant été « abusés », ayant manqué de « vigilance », les responsables soviétiques de l'Internationale communiste furent, naturellement, les prochaines victimes de l'épuration : la quasi-totalité des cadres soviétiques de l'Internationale (dont Knorine, membre du Comité exécutif, Mirov-Abramov, chef du département des communications avec l'étranger, Alikhanov, chef du département des cadres), soit plusieurs centaines de personnes, fut liquidée. Seuls de rares dirigeants, totalement inféodés à Staline, tels Manouilski ou Kuusinen, survécurent à la purge de l'Internationale.

Parmi les autres catégories durement frappées au cours des années 1937-1938, et sur lesquelles on dispose de données précises, figurent les militaires[1]. Le 11 juin 1937, la presse annonça qu'un tribunal militaire, siégeant à huis clos, avait condamné à mort, pour trahison et espionnage, le maréchal Toukhatchevski, vice-commissaire à la Défense et principal artisan de la modernisation de l'Armée rouge, que des différends répétés avaient opposé à Staline et à Vorochilov depuis la campagne de Pologne de 1920, ainsi que sept généraux d'armée, Iakir (commandant la région militaire de Kiev), Ouborevitch (commandant la région militaire de Biélorussie), Eideman, Kork, Poutna, Feldman, Primakov. Dans les dix jours qui suivirent, 980 officiers supérieurs furent arrêtés, dont 21 généraux de corps d'armée et 37 généraux de division. L'affaire du « complot militaire », imputée à Toukhatchevski et à ses « complices », avait été préparée depuis plusieurs mois. Les principaux inculpés furent arrêtés dans le courant du mois de mai 1937. Soumis à des interrogatoires « musclés » (examinées vingt ans plus tard, lors de la réhabilitation de Toukhatchevski,

1. A. Cristiani et V. Michaleva (éd.), *Le Repressioni degli anni trenta nell' Armata rossa*, recueil de documents, Naples, IUO, 1996.

plusieurs pages de la déposition du maréchal portaient des traces de sang), menés par Iejov lui-même, les accusés passèrent aux aveux peu de temps avant leur jugement. Staline supervisa personnellement toute l'instruction. Il avait reçu, vers le 15 mai, *via* l'ambassadeur soviétique à Prague, un dossier falsifié, établi par les services secrets nazis, contenant de fausses lettres échangées entre Toukhatchevski et des membres du haut commandement allemand. Les services allemands avaient été eux-mêmes manipulés par le NKVD...

En deux ans, la purge de l'Armée rouge élimina :

— 3 maréchaux sur 5 (Toukhatchevski, Iegorov et Blücher, ces deux derniers étant éliminés respectivement en février et en octobre 1938) ;

— 13 généraux d'armée sur 15 ;

— 8 amiraux sur 9 ;

— 50 généraux de corps d'armée sur 57 ;

— 154 généraux de division sur 186 ;

— 16 commissaires d'armée sur 16 ;

— 25 commissaires de corps d'armée sur 28.

De mai 1937 à septembre 1938, 35 020 officiers furent arrêtés ou renvoyés de l'armée. On ne sait toujours pas combien furent exécutés. Environ 11 000 (dont les généraux Rokossovski et Gorbatov) furent rappelés entre 1939 et 1941. Mais de nouvelles épurations eurent lieu après septembre 1938, si bien que le nombre total des arrestations de la Grande Terreur dans l'armée atteignit, selon les estimations les plus sérieuses, environ 30 000 cadres, sur un total de 178 000 [1]. Proportionnellement moins importante qu'on ne le pensait généralement, la « purge » de l'Armée rouge, notamment à ses échelons les plus élevés, se fit sentir au cours de la guerre russo-finlandaise de 1940 et au début de la guerre germano-soviétique, et constitua un des plus lourds handicaps de l'Armée rouge.

Malgré la menace hitlérienne, qu'il prenait beaucoup moins au sérieux que d'autres dirigeants bolcheviques, comme Boukharine ou Litvinov, commissaire du peuple aux Affaires étrangères jusqu'en avril 1939, Staline n'hésita pas à sacrifier la majeure partie des meilleurs officiers de l'Armée rouge au profit d'un encadrement entièrement nouveau, qui n'avait aucune mémoire des épisodes controversés impliquant Staline en tant que « chef militaire » durant la guerre civile, et qui ne serait pas tenté de contester, comme auraient pu le faire des hommes comme le maréchal Toukhatchevski, un certain nombre de décisions militaires et politiques prises par Staline à la fin des années trente, notamment le rapprochement avec l'Allemagne nazie.

L'intelligentsia représente un autre groupe social victime de la Grande Terreur sur lequel on dispose d'une information relativement abon-

1. *Le Repressioni...*, *op. cit.*, p. 20 sq.

dante[1]. Depuis sa constitution en groupe social reconnu, l'intelligentsia russe avait été, dès le milieu du XIXe siècle, au centre de la résistance au despotisme et à l'asservissement de la pensée. Il était naturel que l'épuration la frappât tout particulièrement, dans la continuité des premières vagues de répression — par comparaison très modérées — de 1922 et de 1928-1931. En mars-avril 1937, une campagne de presse stigmatisa le « déviationnisme » dans le domaine de l'économie, de l'histoire, de la littérature. En réalité, toutes les branches du savoir et de la création furent visées, les prétextes doctrinaux et politiques servant souvent à couvrir des rivalités et des ambitions. Ainsi, en histoire, les disciples de Pokrovski, mort en 1932, furent tous arrêtés. Les professeurs, tenus de continuer à faire des conférences publiques, et donc susceptibles d'influencer un large auditoire d'étudiants, étaient particulièrement vulnérables, le moindre de leurs propos pouvant être relevé par des indicateurs zélés. Universités, instituts et académies furent décimés, notamment en Biélorussie (où 87 des 105 académiciens furent arrêtés comme « espions polonais ») et en Ukraine. Dans cette république, une première épuration de « nationalistes bourgeois » avait eu lieu en 1933 : plusieurs milliers d'intellectuels ukrainiens furent arrêtés pour avoir « transformé en repaires de nationalistes bourgeois et de contre-révolutionnaires l'Académie ukrainienne des sciences, l'Institut Chevtchenko, l'Académie agricole, l'Institut ukrainien du marxisme-léninisme, ainsi que les commissariats du peuple à l'Éducation, à l'Agriculture et à la Justice » (discours de Postychev, 22 juin 1933). La grande épuration de 1937-1938 paracheva ici une opération commencée quatre ans plus tôt.

Les milieux scientifiques ayant un rapport, même lointain, avec la politique, l'idéologie, l'économie ou la défense furent également touchés. Les plus grandes sommités de l'industrie aéronautique, comme Tupolev (le constructeur du fameux avion) ou Korolev (à l'origine du premier programme spatial soviétique), furent arrêtées et envoyées dans une de ces unités de recherche du NKVD décrites par Soljenitsyne dans *Le Premier Cercle*. Furent également arrêtés : la quasi-totalité (27 sur 29) des astronomes du grand observatoire de Poulkovo ; la quasi-totalité des statisticiens de la Direction centrale de l'économie nationale, qui venaient de réaliser le recensement de janvier 1937 annulé pour « violation profonde des fondements élémentaires de la science statistique et des instructions du gouvernement » ; de nombreux linguistes, qui s'opposaient à la théorie, officiellement approuvée par Staline, du « linguiste » marxiste Marr ; plusieurs centaines de biologistes, qui rejetaient le charlatanisme du « biologiste officiel », Lyssenko. Parmi les victimes les plus connues figuraient le professeur Levit, directeur de l'Institut médico-génétique, Toulaïkov, directeur de l'Institut des céréales, le botaniste Ianata et l'aca-

1. R. Conquest, *op. cit.*, p. 749-772 ; V. Chentalinski, *La Parole ressuscitée. Dans les archives littéraires du KGB*, Paris, R. Laffont, 1993.

démicien Vavilov, président de l'Académie Lénine des sciences agricoles, arrêté le 6 août 1940 et mort en prison le 26 janvier 1943.

Accusés de défendre des points de vue « étrangers » ou « hostiles », de s'écarter des normes du « réalisme socialiste », écrivains, publicistes, gens de théâtre, journalistes payèrent un lourd tribut à la *Iejovschina*. Environ deux mille membres de l'Union des écrivains furent arrêtés, déportés en camp ou exécutés. Parmi les victimes les plus célèbres figuraient l'auteur des *Contes d'Odessa* et de *Cavalerie rouge*, Issak Babel (fusillé le 27 janvier 1940), les écrivains Boris Pilniak, Iouri Olecha, Panteleimon Romanov, les poètes Nikolaï Kliouev, Nikolaï Zabolotski, Ossip Mandelstam (mort dans un camp de transit sibérien le 26 décembre 1938), Gourgen Maari, Titsian Tabidze. Furent aussi arrêtés des musiciens (le compositeur Jeliaïev, le chef d'orchestre Mikoladze), des gens de théâtre, au premier rang desquels le grand metteur en scène Vsevolod Meyerhold. Début 1938, le théâtre Meyerhold fut fermé comme étant « étranger à l'art soviétique ». Ayant refusé de faire publiquement son autocritique, V. Meyerhold fut arrêté en juin 1939, torturé et exécuté le 2 février 1940.

Au cours de ces années, les autorités tentèrent de « liquider définitivement » — pour reprendre une expression en vogue à l'époque — les « derniers débris cléricaux ». Le recensement annulé de janvier 1937 ayant révélé qu'une très large majorité de la population — environ 70 % — avait, malgré les pressions d'ordres divers exercées sur elle, répondu positivement à la question « Êtes-vous croyant ? », les dirigeants soviétiques décidèrent de lancer un troisième et dernier assaut contre l'Église. En avril 1937, Malenkov envoya une note à Staline, dans laquelle il jugeait dépassée la législation sur les cultes et proposait l'abrogation du décret du 8 avril 1929. « Celui-ci, expliquait-il, avait créé une base légale pour la mise en place, par la partie la plus active des cléricaux et des membres des sectes, d'une organisation ramifiée de six cent mille individus hostiles au pouvoir soviétique. Il est temps, concluait-il, d'en finir avec les organisations cléricales et la hiérarchie ecclésiastique [1] ». Des milliers de prêtres et la quasi-totalité des évêques reprirent le chemin du camp, mais, cette fois-ci, un grand nombre d'entre eux furent exécutés. Des vingt mille églises et mosquées encore en activité en 1936, moins de mille étaient encore ouvertes au culte au début de 1941. Quant au nombre de serviteurs du culte officiellement enregistrés, il se serait élevé, au début de 1941, à 5 665 (dont plus de la moitié venant des territoires baltes, polonais, ukrainiens et moldaves incorporés en 1939-1941), alors qu'il était encore supérieur à 24 000 en 1936 [2].

La Grande Terreur, opération politique initiée et menée du début à la fin par les plus hautes instances du Parti, c'est-à-dire par Staline, qui domi-

1. M.I. Odinsov, *Na puti k svobode sovesti* (sur la voie de la liberté de conscience), Moscou, 1990, p. 53-54.

2. GARF, 3316/2/1615/116-149.

nait alors entièrement ses collègues du Bureau politique, atteignit ses deux objectifs majeurs.

Le premier était de mettre en place une bureaucratie civile et militaire aux ordres, faite de jeunes cadres formés dans l'esprit stalinien des années trente, qui, selon les paroles de Kaganovitch au XVIIIe Congrès, « accepteront n'importe quelle tâche qui leur sera assignée par le camarade Staline ». Jusque-là, les diverses administrations, mélange hétérogène de « spécialistes bourgeois » formés sous l'Ancien Régime et de cadres bolcheviques, souvent peu compétents, formés sur le tas durant la guerre civile, avaient tenté de préserver leur professionnalisme, leurs logiques administratives, ou, tout simplement, leur autonomie et leurs réseaux clientélistes, sans se plier aveuglément au volontarisme idéologique et aux ordres du Centre. Les difficultés de la campagne de « vérification des cartes du Parti » de 1935, qui s'était heurtée à la résistance passive des dirigeants communistes locaux, tout comme le refus, exprimé par la majorité des statisticiens, d'« enjoliver » les résultats du recensement de janvier 1937 en les mettant en conformité avec les souhaits de Staline, représentaient deux exemples significatifs qui interpellaient les dirigeants staliniens sur la nature de l'administration dont ils disposaient pour gouverner le pays. Il était évident qu'une partie importante des cadres, qu'ils fussent communistes ou pas, n'était pas prête à suivre n'importe quel ordre émanant du Centre. Il était donc urgent, pour Staline, de les remplacer par des gens plus « efficaces », c'est-à-dire plus obéissants.

Le second objectif de la Grande Terreur était de parachever, radicalement, l'élimination de tous les « éléments socialement dangereux », une notion aux contours très larges. Comme l'indiquait le Code pénal, était reconnu socialement dangereux tout individu « ayant commis un acte dangereux pour la société, ou dont les rapports avec un milieu criminel ou l'activité passée présentent un danger ». C'est selon ces principes qu'étaient socialement dangereux toute la vaste cohorte des « ex », qui avaient, le plus souvent, déjà fait l'objet, par le passé, de mesures répressives : ex-koulaks, ex-criminels, ex-fonctionnaires tsaristes, ex-membres des Partis menchevik, socialiste-révolutionnaire, etc. Tous ces « ex » furent éliminés durant la Grande Terreur conformément à la théorie stalinienne, exprimée notamment au cours du plénum du Comité central de février-mars 1937, selon laquelle « plus on avance vers le socialisme, et plus la lutte des débris des classes moribondes est acharnée ».

Lors de son discours au plénum du Comité central de février-mars 1937, Staline insista tout particulièrement sur l'idée de l'encerclement de l'URSS, seul pays « ayant bâti le socialisme », par des puissances ennemies. Ces puissances limitrophes — la Finlande, les pays Baltes, la Pologne, la Roumanie, la Turquie, le Japon —, aidées par la France et la Grande-Bretagne, envoyaient en URSS des « armées de diversionnistes et d'espions », chargées de saboter la construction du socialisme. État unique, sacralisé, l'URSS avait des frontières « sacrées », qui étaient autant de lignes de front contre un ennemi extérieur omniprésent. Il n'est pas étonnant que, dans ce contexte, la chasse aux espions, c'est-à-dire tous ceux qui avaient eu quelque contact, si ténu fût-il, avec « l'autre monde », et l'élimination d'une potentielle et mythique « 5e colonne » aient été au cœur de la Grande Terreur.

À travers les grandes catégories de victimes — cadres et spécialistes, éléments socialement dangereux (les « ex »), espions — on saisit les principales fonctions de ce paroxysme de mise à mort de près de sept cent mille personnes en deux ans.

11

L'empire des camps

Les années trente, marquées par une répression sans précédent contre la société, virent une formidable expansion du système concentrationnaire. Les archives du Goulag, aujourd'hui disponibles, permettent d'en cerner avec précision l'évolution au cours de ces années, ses différentes réorganisations, les flux et le nombre des détenus, leur affectation économique, leur répartition par type de condamnation, sexe, âge, nationalité, niveau d'éducation[1]. Certes, des zones d'ombre subsistent ; la bureaucratie du Goulag fonctionnait bien pour comptabiliser ses pensionnaires, ceux qui étaient arrivés à destination. Mais on ne sait presque rien en termes statistiques sur tous ceux qui ne sont jamais arrivés à destination, qu'ils soient morts en prison ou au cours des interminables transferts, et même si les descriptions du chemin de croix entre le moment de l'arrestation et la condamnation ne manquent pas.

Au milieu de l'année 1930, environ 140 000 détenus travaillaient déjà dans les camps gérés par la Guépéou. L'immense chantier du canal Baltique-mer Blanche, qui nécessitait à lui seul une main-d'œuvre servile de 120 000 individus, accéléra le transfert des prisons vers les camps de dizaines de milliers de détenus, tandis que les flux de condamnations ne cessaient de croître : 56 000 condamnés en 1929 pour des affaires suivies par la Guépéou, plus de 208 000 en 1930 (contre 1 178 000 condamnés pour des affaires ne dépendant pas de la Guépéou en 1929 et 1 238 000 en 1931[2]). Au début de 1932, plus de 300 000 détenus peinaient sur les grands chantiers de la Guépéou, où le taux de mortalité annuel pouvait atteindre 10 %, comme ce fut le cas sur le canal Baltique-mer Blanche.

En juillet 1934, lors de la réorganisation de la Guépéou en NKVD, le Goulag — administration principale des camps — absorba 780 petites

---

1. A. Getty, G. Rittersporn, V. Zemskov, *art. cit.* ; N. Werth, Goulag, les vrais chiffres, art. cit. ; A. Nove, « Victims of Stalinism : How Many ? », *in* J.A. Getty, R. Manning, *Stalinist Terror*, *op. cit.*

2. Voir Popov, *art. cit.*, p. 20-31.

colonies pénitentiaires regroupant 212 000 détenus environ, jugées peu productives et mal gérées et qui dépendaient jusqu'alors du commissariat du peuple à la Justice. Pour être productif, et à l'image du reste du pays, le camp devait être grand et spécialisé. D'immenses complexes pénitentiaires, regroupant chacun des dizaines de milliers de détenus, allaient prendre une place primordiale dans l'économie de l'URSS stalinienne. Au 1er janvier 1935, le système désormais unifié du Goulag regroupait plus de 965 000 détenus, dont 725 000 dans les « camps de travail » et 240 000 dans les « colonies de travail », unités plus petites où étaient affectés les individus « socialement moins dangereux » condamnés en général à des peines inférieures à trois ans[1].

À cette date, la carte du Goulag était, dans ses grands traits, tracée pour les prochaines deux décennies. L'ensemble pénitentiaire des îles Solovki, qui comptait environ 45 000 détenus, avait essaimé ses « camps volants » qui se déplaçaient en fonction des chantiers de coupe de bois à la fois en Carélie, sur le littoral de la mer Blanche et dans la région de Vologda. Le grand ensemble du Svirlag, regroupant environ 43 000 détenus, avait pour tâche d'approvisionner en bois de chauffage l'ensemble de l'agglomération de Leningrad, tandis que celui de Temnikovo, avec 35 000 détenus, était chargé de fonctions identiques pour l'agglomération de Moscou.

À partir du carrefour stratégique de Kotlas, une « voie du Nord-Est » poussait ses rails, ses coupes de bois et ses mines vers Ouest-Vym, Oukhta, Petchora et Vorkouta. L'Oukhtpetchlag exploitait 51 000 détenus dans la construction de routes, dans les mines de charbon et les champs pétrolifères de cette région de l'extrême Nord. Une autre ramification partait vers le nord de l'Oural et les combinats chimiques de Solikamsk et de Berezniki, tandis que vers le sud-est l'ensemble des camps de Sibérie occidentale, et leurs 63 000 détenus, fournissait une main-d'œuvre gratuite pour le grand combinat houiller Kouzbassougol.

Plus au sud, dans la région de Karaganda au Kazakhstan, les « camps agricoles » du Steplag, qui comptaient 30 000 détenus, expérimentaient une nouvelle formule pour la mise en valeur des steppes. Le régime y était, semble-t-il, moins rigoureux que sur le plus grand chantier du milieu des années trente, le Dmitlag (196 000 détenus), chargé, après l'achèvement en 1933 du canal Baltique-mer Blanche, de la construction du second grand canal stalinien, le canal Moscou-Volga.

Un autre grand chantier pharaonique était le BAM (Baïkalo-Amourskaïa Magistral), la ligne de chemin de fer qui devait doubler le Transsibérien du lac Baïkal jusqu'à l'Amour. Au début de 1935, environ 150 000 détenus de l'ensemble concentrationnaire du Bamlag, répartis en une trentaine de « divisions », travaillaient sur le premier tronçon de la voie ferrée. En 1939, le Bamlag était, avec 260 000 détenus, le plus vaste ensemble concentrationnaire soviétique.

---

1. V. Zemskov, « Goulag », *art. cit.*, p. 11.

Enfin, depuis 1932, un ensemble de camps (le Sevvostlag, les camps du Nord-Est) travaillait pour un combinat hautement stratégique, le Dal'stroï, chargé de la production de l'or exporté pour acheter l'équipement occidental nécessaire à l'industrialisation. Les gisements d'or étaient situés dans une région particulièrement inhospitalière, la Kolyma. Complètement isolée puisqu'on n'y accédait que par mer, la Kolyma allait devenir la région symbole du Goulag. Son chef-lieu et port d'entrée des proscrits, Magadan, fut édifié par les détenus eux-mêmes. Sa « chaussée », artère vitale, elle aussi construite par les détenus, ne reliait que des camps dont les conditions de vie particulièrement inhumaines ont été magistralement décrites dans les nouvelles de Varlam Chalamov. De 1932 à 1939, la production d'or extrait par les détenus de la Kolyma — ils étaient 138 000 en 1939 — passa de 276 kilos à 48 tonnes, soit 35 % de la production soviétique cette année-là[1].

En juin 1935, le gouvernement lança un nouveau grand projet, qui ne pouvait être mené à bien qu'avec une main-d'œuvre pénale, la construction d'un grand combinat de production de nickel à Norilsk, au-delà du cercle polaire. L'ensemble concentrationnaire de Norilsk allait compter, à l'apogée du Goulag au début des années cinquante, jusqu'à 70 000 détenus. La fonction productive du camp dit de « travail correctif » était clairement reflétée dans les structures internes du Goulag. Les directions centrales n'étaient ni géographiques ni fonctionnelles, mais économiques : direction des constructions hydroélectriques, direction des constructions ferroviaires, direction des ponts et chaussées, etc. Entre ces directions pénitentiaires et les directions des ministères industriels, le détenu ou le colon spécial était une marchandise faisant l'objet de contrats[2].

Dans la seconde moitié des années trente, la population du Goulag doubla, passant de 965 000 détenus au début de 1935 à 1 930 000 au début de 1941. Au cours de la seule année 1937, elle s'accrut de 700 000 personnes[3]. L'afflux massif de nouveaux détenus désorganisa à un tel point la production cette année-là que sa valeur diminua de 13 % par rapport à 1936 ! Elle continua à stagner en 1938 jusqu'à ce que le nouveau commissaire du peuple à l'Intérieur, Lavrenti Beria, prît des mesures énergiques pour « rationaliser » le travail des détenus. Dans une note du 10 avril 1939 adressée au Bureau politique, Beria exposa son « programme de réorganisation du Goulag ». Son prédécesseur, Nikolaï Iejov, expliquait-il en substance, avait privilégié la « chasse aux ennemis » au détriment d'une « saine gestion économique ». La norme d'alimentation des détenus, qui était de 1 400 calories par jour, avait été calculée pour « des gens assis en prison »[4]. Aussi le nombre de individus aptes au travail avait-il, au cours

1. O. Khlevniouk, « Prinuditelnyi trud v ekonomike SSSR, 1929-1941 » (« Le travail forcé dans l'économie de l'URSS »), *Svobodnaia Mysl*, 1992, n° 13, p. 78-92.
2. N. Werth, G. Moullec, *op. cit.*, p. 345-379.
3. V. Zemskov, *art. cit.*, p. 11-15.
4. O. Khlevniouk, *art. cit.*, p. 88-89.

des années précédentes, fondu ; 250 000 détenus étaient inaptes au travail au 1er mars 1939 et 8 % de l'ensemble des détenus étaient morts au cours de la seule année 1938. Pour espérer pouvoir réaliser le plan de production dévolu au NKVD, Beria proposait une augmentation des rations alimentaires, la suppression de toutes les libérations anticipées, la punition exemplaire de tous les tire-au-flanc et autres « désorganisateurs de la production », et enfin l'allongement du temps de travail qui serait porté à onze heures par jour, avec trois jours de repos par mois, afin d'« exploiter rationnellement et au maximum toutes les capacités physiques des détenus ».

Contrairement à une idée largement partagée, les archives du Goulag révèlent que la rotation des détenus était importante puisque de 20 à 35 % d'entre eux étaient relâchés chaque année. Cette rotation s'explique par le nombre relativement élevé de peines inférieures à cinq ans qui représentaient 57 % des concentrationnaires au début de 1940. L'arbitraire d'une administration et d'une juridiction d'exception, notamment pour les « politiques » incarcérés en 1937-1938, n'hésita pas, dix ans plus tard, à reconduire les peines qui venaient à échéance. Cependant, l'entrée au camp ne signifiait pas, en règle générale, un billet sans retour. D'ailleurs, toute une série de « peines annexes », tels l'assignation à résidence ou l'exil, étaient prévues pour « l'après-camp » !

Contrairement à une autre opinion courante, les camps du Goulag étaient loin d'accueillir une majorité de politiques, condamnés pour « activités contre-révolutionnaires » au titre de l'un des quatorze alinéas du tristement célèbre article 58 du Code pénal. Le contingent des politiques oscillait selon les années entre un quart et un tiers des effectifs du Goulag. Les autres détenus n'étaient pas pour autant des droit commun dans le sens habituel de ce terme. Ils s'étaient retrouvés en camp pour avoir enfreint l'une des innombrables lois répressives qui sanctionnaient presque chaque sphère d'activité, depuis la « dilapidation de la propriété socialiste », l'« infraction à la loi sur les passeports », le « hooliganisme », la « spéculation », jusqu'à l'« abandon de son poste de travail », le « sabotage » ou encore le « non-accomplissement du nombre minimum de journées-travail » dans les kolkhozes. Ni politiques, ni droit commun au sens habituel du terme, la majorité des détenus du Goulag n'étaient que des citoyens « ordinaires » victimes de la pénalisation générale des relations de travail et d'un nombre sans cesse croissant de comportements sociaux. Tel était le résultat d'une décennie de répression menée par le Parti-État contre des secteurs de plus en plus larges de la société[1].

Tentons de dresser un bilan provisoire des divers aspects de cette répression qui ne se situent pas, naturellement, sur le même plan.

1. J. A. Getty, G. Rittersporn, V. Zemskov, *art. cit.*, p. 650-657.

— 6 millions de morts à la suite de la famine de 1932-1933, une catastrophe très largement imputable à la politique de collectivisation forcée et de prélèvement prédateur, par l'État, des récoltes des kolkhozes ;

— 720 000 exécutions, dont plus de 680 000 pour les seules années 1937-1938, à l'issue d'une parodie de jugement par une juridiction spéciale de la Guépéou-NKVD ;

— 300 000 décès attestés dans les camps entre 1934 et 1940 ; sans doute, par extrapolation pour les années 1930-1933, sur lesquelles on ne dispose pas de données précises, environ 400 000 pour l'ensemble de la décennie, sans compter le nombre invérifiable de personnes décédées entre le moment de leur arrestation et leur enregistrement en qualité d'« entrants » par la bureaucratie pénitentiaire ;

— 600 000 décès environ attestés parmi les déportés, « déplacés » ou colons spéciaux ;

— environ 2 200 000 déportés, déplacés ou colons spéciaux ;

— un chiffre cumulé d'entrées aux camps et colonies du Goulag de 7 millions de personnes entre 1934 et 1941, avec pour les années 1930-1933 des données insuffisamment précises.

Au 1er janvier 1940, les 53 ensembles de « camps de travail correctif » et les 425 « colonies de travail correctif » regroupaient 1 670 000 détenus ; ils en compteront 1 930 000 un an plus tard. Les prisons renfermaient environ 200 000 personnes attendant leur jugement ou leur transfert en camp. Enfin, 1 800 komandatures du NKVD géraient plus de 1 200 000 colons spéciaux[1]. Même fortement révisés à la baisse par rapport à certaines estimations jusqu'à récemment avancées par des historiens ou des témoins, qui confondaient souvent flux d'entrée au Goulag et nombre de détenus présents à telle ou telle date, ces quelques chiffres donnent la mesure de la répression dont furent victimes les couches les plus variées de la société soviétique au cours des années trente.

De la fin de 1939 à l'été 1941, les camps, les colonies et les peuplements spéciaux du Goulag connurent un nouvel afflux de proscrits. Ce mouvement était lié à la soviétisation de nouveaux territoires et à une criminalisation, sans précédent, des comportements sociaux, notamment dans le monde du travail.

Le 24 août 1939, le monde stupéfait apprit la nouvelle de la signature, la veille, d'un traité de non-agression entre l'URSS stalinienne et l'Allemagne hitlérienne. L'annonce du pacte produisit un véritable choc dans les pays européens directement intéressés par la crise, dont l'opinion publique

1. Ces données synthétiques sont fondées principalement sur des articles et ouvrages cités ci-dessus, notamment, J.A. Getty, G.T. Rittersporn, V.K. Zemskov, *art. cit.* ; V.K. Zemskov, *art. cit.* ; N. Werth, *art. cit.* ; V.P. Popov, *art. cit.* ; O. Khlevniouk, *art. cit.* ; *Istocnik*, 1995, nº 1, p. 117-130 ; A. Blum, *op. cit.*

n'avait pas été préparée à ce qui lui apparaissait comme un renversement total des alliances, peu d'esprits ayant alors compris ce qui pouvait unir des régimes aux idéologies si opposées.

Le 21 août 1939, le gouvernement soviétique avait ajourné les négociations qu'il menait avec la mission anglo-française arrivée à Moscou le 11 août, dans le but de conclure un accord engageant réciproquement les trois parties en cas d'agression allemande contre l'une d'entre elles. Depuis le début de l'année 1939, la diplomatie soviétique, dirigée par Viatcheslav Molotov, s'était progressivement écartée de l'idée d'un accord avec la France et la Grande-Bretagne, soupçonnées d'êtres prêtes à conclure un nouveau Munich aux dépens des Polonais, ce qui aurait laissé aux Allemands le champ libre à l'Est. Tandis que les négociations entre Soviétiques d'une part, Britanniques et Français d'autre part, s'enlisaient dans des problèmes insolubles — comment, par exemple, en cas d'agression allemande contre la France, l'Armée rouge traverserait-elle la Pologne pour attaquer l'Allemagne ? — les contacts entre représentants soviétiques et allemands à divers niveaux prenaient une tournure nouvelle. Le 14 août, le ministre allemand des Affaires étrangères, Ribbentrop, proposa de se rendre à Moscou pour conclure un vaste accord politique avec les dirigeants soviétiques. Dès le lendemain, Staline accepta.

Le 19, Allemands et Soviétiques signèrent un accord commercial qui était en cours de négociations depuis la fin de 1938, et qui s'annonçait très avantageux pour l'URSS. Le soir même, les Soviétiques acceptèrent que Ribbentrop vînt à Moscou pour signer un pacte de non-agression déjà élaboré du côté soviétique et transmis aussitôt à Berlin. Le ministre allemand, doté de « pleins pouvoirs extraordinaires », arriva à Moscou dans l'après-midi du 23 et le traité de non-agression signé pendant la nuit fut rendu public le 24. Valable dix ans, il entrait en vigueur immédiatement. La partie la plus importante de l'accord, qui délimitait les sphères d'influence et les annexions des deux pays en Europe de l'Est, resta évidemment secrète. Jusqu'en 1989, les dirigeants soviétiques nièrent, contre l'évidence, l'existence de ce « protocole secret », véritable « crime contre la paix » commis par les deux puissances signataires. Aux termes de ce texte, la Lituanie entrait dans la sphère d'intérêts allemande ; l'Estonie, la Lettonie, la Finlande, la Bessarabie dans la sphère soviétique. Quant à la Pologne, si la question du maintien d'un reste d'État polonais demeurait en suspens, l'URSS devait en tout état de cause recouvrer, après l'intervention militaire des Allemands et des Soviétiques contre la Pologne, les territoires biélorusses et ukrainiens cédés à la suite du traité de Riga en 1920, ainsi qu'une partie des territoires « historiquement et ethniquement polonais » dans les provinces de Lublin et de Varsovie.

Huit jours après la signature du pacte, les troupes nazies attaquèrent la Pologne. Une semaine plus tard, le 9 septembre, devant l'effondrement de la résistance polonaise et sur l'insistance des Allemands, le gouvernement soviétique fit connaître à Berlin son intention d'occuper rapidement les territoires qui devaient lui revenir aux termes du protocole secret du 23 août. Le 17 septembre, l'Armée rouge pénétra en Pologne sous prétexte de « venir en aide aux frères de sang ukrainiens et biélorusses » menacés par « la désagrégation de l'État polonais ». L'intervention soviétique à un moment où l'armée polonaise était presque totalement anéantie rencontra peu de résistance. Les Soviétiques firent 230 000 prisonniers de guerre, dont 15 000 officiers [1].

L'idée, un moment esquissée par les Allemands et les Soviétiques, de laisser un État-tampon polonais fut rapidement abandonnée, ce qui rendit plus délicate la fixation de la frontière entre l'Allemagne et l'URSS. Prévue, le 22 septembre, sur la Vistule à Varsovie, elle fut repoussée vers l'est jusqu'au Bug, lors de la venue de Ribbentrop à Moscou le 28 septembre. En échange de cette « concession » soviétique par rapport aux termes du protocole secret du 23 août, l'Allemagne incluait la Lituanie dans la sphère d'intérêts soviétique. Le partage de la Pologne permit à l'URSS d'annexer de vastes territoires de cent quatre-vingt mille kilomètres carrés peuplés de douze millions d'habitants, Biélorusses, Ukrainiens et Polonais. Les 1er et 2 novembre, après un simulacre de consultation populaire, ces territoires furent rattachés aux républiques soviétiques d'Ukraine et de Biélorussie.

À cette date, le « nettoyage » de ces régions par le NKVD était déjà bien avancé. Les premiers visés étaient les Polonais, arrêtés et déportés en masse comme « éléments hostiles ». Parmi les plus exposés figuraient les propriétaires fonciers, les industriels, les commerçants, les fonctionnaires, les policiers et les « colons militaires » *(osadnicy wojskowi)* qui avaient reçu du gouvernement polonais un lopin de terre dans les régions frontalières en récompense de leurs états de service durant la guerre soviéto-polonaise de 1920. Selon les statistiques du département des colons spéciaux du Goulag, entre février 1940 et juin 1941, 381 000 civils polonais des seuls territoires incorporés par l'URSS en septembre 1939 furent déportés comme colons spéciaux vers la Sibérie, la région d'Arkhangelsk, le Kazakhstan et d'autres régions éloignées de l'URSS [2]. Les chiffres retenus par les historiens polonais sont beaucoup plus élevés, de l'ordre d'un million de personnes déportées [3]. Nous ne disposons malheureusement d'aucune donnée précise sur les arrestations et les déportations de civils menées entre septembre 1939 et janvier 1940.

Pour la période postérieure, les documents d'archives aujourd'hui accessibles font état de trois grandes « rafles-déportations », les 9 et 10 février, les 12 et 13 avril, les 28 et 29 juin 1940 [4]. Deux mois étaient

1. K. Sword, *Deportation and Exile. Poles in the Soviet Union, 1939-1948*, Londres, MacMillan, 1994, p. 7.

2. V. Zemskov, « Spetzposelentsi », *art. cit.*, p. 5.

3. Z.S. Siemaszko, *W sowieckim osaczeniu*, Londres, 1991 ; W. Wielhorski, *Los Polakow w Niewoli Sowieckiej*, Londres, 1956.

4. K. Sword, *op. cit.*, p. 15-23.

nécessaires aux convois pour faire un aller et retour entre la frontière polonaise et la Sibérie, le Kazakhstan ou l'extrême Nord. Pour ce qui est des prisonniers de guerre polonais, seuls 82 000 sur 230 000 survécurent jusqu'à l'été 1941. Les pertes parmi les colons spéciaux polonais furent également très élevées. En effet, en août 1941, après accord avec le gouvernement polonais en exil, le gouvernement soviétique accorda une « amnistie » aux Polonais déportés depuis novembre 1939, mais il ne restait trace que de 243 100 colons spéciaux, alors qu'au moins 381 000 avaient été déportés entre février 1940 et juin 1941. Au total 388 000 Polonais prisonniers de guerre, réfugiés internés et déportés civils bénéficièrent de cette amnistie. Plusieurs centaines de milliers avaient disparu au cours des deux années précédentes. Un grand nombre d'entre eux furent exécutés sous prétexte qu'ils étaient des « ennemis acharnés et déterminés du pouvoir soviétique ».

Parmi ceux-ci figuraient notamment les 25 700 officiers et civils polonais que Beria avait, dans une lettre adressée à Staline le 5 mars 1940, proposé de fusiller. Une partie des charniers contenant les corps des suppliciés fut découverte, en avril 1943, par les Allemands, dans la forêt de Katyn. Plusieurs fosses communes contenaient les restes de 4 000 officiers polonais. Les autorités soviétiques tentèrent d'imputer le massacre aux Allemands et ce n'est qu'en 1992, lors d'une visite de Boris Eltsine à Varsovie, que les autorités russes reconnurent la responsabilité directe de Staline et des membres du Bureau politique dans l'élimination de l'élite polonaise en 1940.

Aussitôt après l'annexion des régions ayant appartenu à la Pologne, et conformément aux accords passés avec l'Allemagne nazie, le gouvernement soviétique convoqua à Moscou les chefs des gouvernements estonien, letton et lituanien, et leur imposa des « traités d'assistance mutuelle » en vertu desquels ces pays « accordaient » des bases militaires à l'URSS. Aussitôt après, 25 000 soldats soviétiques s'installèrent en Estonie, 30 000 en Lettonie, 20 000 en Lituanie. Ces effectifs dépassaient déjà largement ceux des armées de ces pays encore officiellement indépendants. L'installation des troupes soviétiques en octobre 1939 marqua véritablement la fin de l'indépendance des pays Baltes. Dès le 11 octobre, Beria donna l'ordre d'« extirper tous les éléments antisoviétiques et antisociaux » de ces pays. Dès lors, la police militaire soviétique multiplia les arrestations d'officiers, de fonctionnaires, d'intellectuels considérés comme peu « sûrs » par rapport aux objectifs ultérieurs de l'URSS.

En juin 1940, au lendemain de l'offensive-éclair victorieuse des troupes allemandes en France, le gouvernement soviétique décida de concrétiser toutes les clauses du protocole secret du 23 août 1939. Le 14 juin, prétextant des « actes de provocation contre les garnisons soviétiques », il adressa un ultimatum aux dirigeants baltes, les mettant en demeure de former « un gouvernement disposé à garantir une application

Lettre de L. Beria, commissaire du peuple à l'Intérieur, à Staline, 5 mars 1940, ultra-secret.

Au camarade Staline.

Un grand nombre d'anciens officiers de l'armée polonaise, d'anciens fonctionnaires de la police et des services de renseignement polonais, de membres des partis nationalistes contre-révolutionnaires, de membres d'organisations d'opposition contre-révolutionnaires dûment démasqués, de transfuges et autres, tous ennemis jurés du pouvoir soviétique, pleins de haine contre le système soviétique, sont actuellement détenus dans des camps de prisonniers de guerre du NKVD de l'URSS et dans des prisons situées dans les régions occidentales d'Ukraine et de Biélorussie.

Les officiers de l'armée et de la police prisonniers dans les camps tentent de poursuivre leurs activités contre-révolutionnaires et entretiennent une agitation anti-soviétique. Chacun d'entre eux n'attend que sa libération pour entrer activement en lutte contre le pouvoir soviétique.

Les organes du NKVD dans les régions occidentales d'Ukraine et de Biélorussie ont découvert bon nombre d'organisations rebelles contre-révolutionnaires. Les anciens officiers de l'armée et de la police polonaises, ainsi que les gendarmes, jouent un rôle actif à la tête de toutes ces organisations.

Parmi les anciens transfuges et ceux qui ont violé les frontières de l'État figurent bon nombre de personnes qui ont été identifiées comme appartenant à des organisations contre-révolutionnaires d'espionnage et de résistance.

14 736 anciens officiers, fonctionnaires, propriétaires terriens, policiers, gendarmes, gardiens de prison, colons installés dans les régions frontalières *(osadniki)* et agents de renseignement (dont plus de 97 % sont polonais) se trouvent détenus dans des camps de prisonniers de guerre. Dans ce nombre ne figurent ni les simples soldats, ni les sous-officiers.

On y dénombre :

— Généraux, colonels et lieutenants-colonels	295
— Commandants et capitaines	2 080
— Lieutenants, sous-lieutenants et aspirants	6 049
— Officiers et sous-officiers de la police, des gardes frontières et de la gendarmerie	1 030
— Agents de police, gendarmes, gardiens de prison et agents de renseignement	5 138
— Fonctionnaires, propriétaires terriens, prêtres et colons des régions frontalières	144

Par ailleurs, 18 632 hommes sont détenus dans les prisons des régions occidentales de l'Ukraine et de la Biélorussie (dont 10 685 Polonais).

On y dénombre :

— Anciens officiers	1 207
— Anciens agents de renseignement, de la police et de la gendarmerie	5 141
— Espions et saboteurs	347

— Anciens propriétaires terriens, propriétaires d'usine et fonctionnaires 465
— Membres de diverses organisations contre-révolutionnaires de résistance et éléments divers 5 345
— Transfuges 6 127

Étant donné que tous ces individus sont des ennemis acharnés et irréductibles du pouvoir soviétique, le NKVD de l'URSS considère qu'il est nécessaire :

1. D'ordonner au NKVD de l'URSS de juger devant des tribunaux spéciaux :

a) 14 700 anciens officiers, fonctionnaires, propriétaires terriens, agents de police, agents de renseignement, gendarmes, colons des régions frontalières et gardiens de prison détenus dans des camps de prisonniers de guerre ;

b) ainsi que 11 000 membres des diverses organisations contre-révolutionnaires d'espions et de saboteurs, les anciens propriétaires terriens, propriétaires d'usine, anciens officiers de l'armée polonaise, fonctionnaires et transfuges qui ont été arrêtés et sont détenus dans les prisons des régions occidentales d'Ukraine et de Biélorussie, pour leur APPLIQUER LE CHÂTIMENT SUPRÊME : LA PEINE DE MORT PAR FUSILLADE.

2. L'étude des dossiers individuels se fera sans comparution des détenus et sans acte d'accusation ; les conclusions de l'enquête et la sentence finale seront présentées comme suit :

a) sous forme de certificats produits par l'administration des Affaires des prisonniers de guerre du NKVD de l'URSS pour les individus détenus dans les camps de prisonniers de guerre ;

b) sous forme de certificats produits par le NKVD de la RSS d'Ukraine et le NKVD de la RSS de Biélorussie pour les autres personnes arrêtées.

3. Les dossiers seront examinés et les sentences prononcées par un tribunal composé de trois personnes, les camarades Merkoulov, Koboulov et Bachtalov.

Le commissaire du peuple à l'Intérieur de l'URSS, L. Beria.

honnête du traité d'assistance et à mater les adversaires dudit traité ». Dans les jours qui suivirent, plusieurs centaines de milliers de soldats soviétiques occupèrent les pays Baltes. Staline envoya dans les capitales baltes ses représentants chargés d'entreprendre la soviétisation des trois républiques, le procureur Vychinski à Riga, Jdanov à Tallinn et le dirigeant de la police politique Dekanozov, vice-ministre des Affaires étrangères de l'URSS, à Kaunas. Les parlements et les institutions locales en place furent dissous et la plupart de leurs membres arrêtés. Le Parti communiste fut le seul parti autorisé à présenter des candidats pour les « élections » qui eurent lieu les 14 et 15 juillet 1940.

Dans les semaines qui précédèrent ce simulacre, le NKVD, sous la direction du général Serov, arrêta entre 15 000 et 20 000 « éléments hostiles ». Dans la seule Lettonie, 1 480 opposants furent sommairement exécutés au début du mois de juillet. Les parlements issus des élections sollicitèrent l'admission de leurs pays au sein de l'URSS, demande qui fut naturellement « accordée » début août par le Soviet suprême qui proclama la naissance de trois nouvelles républiques socialistes soviétiques. Alors que, le 8 août, la *Pravda* écrivait : « Le soleil de la grande Constitution stalinienne répand désormais ses rayons bienfaisants sur de nouveaux territoires et de nouveaux peuples », commençait pour les Baltes une période d'arrestations, de déportations et d'exécutions.

Les archives ont conservé les détails du déroulement d'une grande opération de déportation d'éléments socialement hostiles des pays Baltes, de Moldavie, de Biélorussie et d'Ukraine occidentale, réalisée dans la nuit du 13 au 14 juin 1941 sous les ordres du général Serov. Cette opération avait été planifiée quelques semaines plus tôt, le 16 mai 1941 Beria ayant adressé à Staline son dernier projet d'« opération de nettoyage des régions récemment intégrées à l'URSS de leurs éléments antisoviétiques, socialement étrangers et criminels ». Au total, 85 716 personnes devaient être déportées en juin 1941, dont 25 711 Baltes. Dans son rapport en date du 17 juillet 1941, Merkoulov, le numéro deux du NKVD, fit le bilan de la partie balte de l'opération. Durant la nuit du 13 au 14 juin 1941 furent déportés 11 038 membres des familles de « nationalistes bourgeois », 3 240 membres des familles d'ex-gendarmes et policiers, 7 124 membres des familles d'ex-propriétaires fonciers, industriels, fonctionnaires, 1 649 membres des familles d'ex-officiers, et enfin 2 907 « divers ». Il est clair, d'après ce document, que les chefs de famille avaient préalablement été arrêtés et, probablement, exécutés. L'opération du 13 juin ne visait en effet que les « membres des familles » jugées « socialement étrangères [1] ».

Chaque famille eut droit à cent kilos de bagages dont de la nourriture pour un mois, le NKVD ne prenant pas en charge le ravitaillement durant le transfert ! Les convois n'arrivèrent à destination qu'à la fin du mois de juillet 1941, pour la plupart dans la province de Novossibirsk ainsi qu'au Kazakhstan. Certains n'atteignirent leur lieu de déportation, la région de l'Altaï, qu'à la mi-septembre ! Combien de déportés moururent au cours des six à douze semaines de route, entassés à cinquante par wagon à bestiaux, avec ce qu'ils avaient pu emporter comme effets et nourriture durant la nuit de leur arrestation ? Une autre opération de grande envergure était planifiée par Beria pour la nuit du 27 au 28 juin 1941. Le choix de cette date confirme que les plus hauts dirigeants de l'État soviétique n'envisageaient nullement l'attaque allemande pour le 22 juin. L'opération Barbarossa différa de quelques années la poursuite du « nettoyage » par le NKVD des pays Baltes.

1. GARF, 9401/1/4475.

Quelques jours après l'occupation des pays Baltes, le gouvernement soviétique adressa à la Roumanie un ultimatum exigeant le « retour » immédiat à l'URSS de la Bessarabie, qui avait fait partie de l'Empire tsariste et avait été mentionnée dans le protocole secret soviéto-allemand du 23 août 1939. Il demandait, en outre, le transfert à l'URSS de la Bukovine du Nord qui n'avait jamais fait partie de l'Empire tsariste. Lâchés par les Allemands, les Roumains se soumirent. La Bukovine et une partie de la Bessarabie furent incorporées à l'Ukraine ; le reste de la Bessarabie devint la République socialiste soviétique de Moldavie, proclamée le 2 août 1940. Ce même jour, Koboulov, adjoint de Beria, signait un ordre de déportation de 31 699 « éléments antisoviétiques » vivant dans les territoires de la RSS de Moldavie, et de 12 191 autres « éléments antisoviétiques » des régions roumaines incorporées à la RSS d'Ukraine. Tous ces « éléments » avaient été, en quelques mois, dûment fichés selon une technique bien rodée. La veille, 1er août 1940, Molotov avait dressé devant le Soviet suprême un tableau triomphaliste des acquis de l'entente germano-soviétique : en un an, 23 millions d'habitants avaient été incorporés à l'Union soviétique.

Mais l'année 1940 était aussi remarquable à un autre titre : le nombre des détenus du Goulag, des déportés, des personnes incarcérées dans les prisons soviétiques et des condamnations pénales atteignit son apogée. Au 1er janvier 1941, les camps du Goulag comptaient 1 930 000 détenus, soit une augmentation de 270 000 détenus en un an ; plus de 500 000 personnes des territoires « soviétisés » avaient été déportées, s'ajoutant aux 1 200 000 colons spéciaux comptabilisés à la fin de 1939 ; les prisons soviétiques, d'une capacité théorique de 234 000 places, renfermaient plus de 462 000 individus [1] ; enfin, le nombre total des condamnations pénales connut, cette année-là, une croissance exceptionnelle, passant en un an de 700 000 environ à près de 2 300 000 [2].

Cette augmentation spectaculaire était le résultat d'une pénalisation sans précédent des rapports sociaux. Pour le monde du travail, l'année 1940 resta dans la mémoire collective comme celle du décret du 26 juin « sur l'adoption de la journée de huit heures, de la semaine de sept jours, et l'interdiction pour les ouvriers de quitter l'entreprise de leur propre initiative ». Toute absence injustifiée, commençant par un retard supérieur à vingt minutes, fut désormais sanctionnée pénalement. Le contrevenant était passible de six mois de « travaux correctifs » sans privation de liberté, d'une retenue de 25 % sur son salaire, peine pouvant être aggravée par un emprisonnement de deux à quatre mois.

Le 10 août 1940, un autre décret porta les sanctions d'un à trois ans de camp frappant les « actes de hooliganisme », la production de rebut et

1. V.K. Zemskov, Goulag, *art. cit.*, p. 19.
2. GARF, 9492/2/42/125.

les petits vols sur le lieu de travail. Dans les conditions de fonctionnement de l'industrie soviétique, tout ouvrier pouvait tomber sous le coup de cette nouvelle « loi scélérate ».

Ces décrets, qui allaient rester en vigueur jusqu'en 1956, marquaient une nouvelle étape dans la pénalisation du droit du travail. Au cours des six premiers mois de leur application, plus d'un million et demi de personnes furent condamnées, dont près de 400 000 à des peines d'emprisonnement ; ce qui explique la très forte croissance du nombre de détenus dans les prisons à partir de l'été 1940. Le nombre des hooligans condamnés à des peines de camp passa de 108 000 en 1939 à 200 000 en 1940[1].

La fin de la Grande Terreur fut donc relayée par une nouvelle offensive, sans précédent depuis 1932, contre le petit peuple qui refusait de se plier à la discipline de l'usine ou du kolkhoze. En réponse aux lois scélérates de l'été 1940, bon nombre d'ouvriers, à en juger d'après les rapports des informateurs du NKVD, firent preuve d'« états d'esprit malsains », notamment durant les premières semaines de l'invasion nazie. Ils souhaitaient ouvertement « l'élimination des Juifs et des communistes » et diffusaient, tel cet ouvrier moscovite dont les propos furent transmis au NKVD, des « rumeurs provocatrices » : « Quand Hitler prend nos villes, il fait placarder des affiches disant : Je ne ferai pas passer les ouvriers devant un tribunal, comme le fait votre gouvernement, quand ils arrivent au travail avec vingt et une minutes de retard[2]. » De tels propos étaient sanctionnés avec la plus grande sévérité, comme l'indique un rapport du procureur militaire général sur « les crimes et délits commis sur les chemins de fer entre le 22 juin et le 1er septembre 1941 » et faisant état de 2 524 condamnations, dont 204 à la peine capitale. Parmi ces condamnations, on n'en comptait pas moins de 412 pour « diffusion de rumeurs contre-révolutionnaires ». Pour ce crime, 110 cheminots furent condamnés à mort[3].

Un recueil de documents publié récemment sur « l'esprit public » à Moscou durant les premiers mois de la guerre[4] souligne le désarroi du « petit peuple » face à l'avancée allemande de l'été 1941. Les Moscovites semblent avoir été divisés en trois groupes — les « patriotes », un « marais » où naissaient et se diffusaient toutes les rumeurs, et les « défaitistes » qui souhaitaient la victoire des Allemands sur les « Juifs et les bolcheviques », assimilés et détestés. En octobre 1941, lors du démontage des usines en vue de leur évacuation vers l'est du pays, des « désordres antisoviétiques » se produisirent dans des entreprises textiles de la région d'Ivanovo[5]. Les propos défaitistes tenus par certains ouvriers étaient révé-

1. GARF, 9492/2/42.
2. N. Werth, G. Moullec, *op. cit.*, p. 229.
3. *Istocnik*, 1994, nº 3, p. 107-112.
4. *Moskva Voennaia : Memuary i arkhivnye dokumenty* (Moscou en guerre : Souvenirs et documents d'archives), Moscou, 1995.
5. CRCEDHC, 17/88/45.

lateurs de l'état de désespoir dans lequel se trouvait une partie du monde ouvrier soumis depuis 1940 à une législation de plus en plus dure.

Parce qu'elle n'ouvrait aucun avenir aux sous-hommes soviétiques, voués à l'extermination ou, au mieux, à l'esclavage, la barbarie nazie finit par réconcilier néanmoins, dans un grand sursaut de patriotisme, le petit peuple avec le régime. Très habilement, Staline sut réaffirmer avec force les valeurs russes, nationales et patriotiques. Dans son célèbre discours radiodiffusé du 3 juillet 1941, il avait repris, pour s'adresser à la Nation, le vieil appel qui avait soudé la communauté nationale à travers les siècles : « Frères et sœurs, un grave danger menace notre patrie. » Les références à « la grande Nation russe de Plekhanov, de Lénine, de Pouchkine, de Tolstoï, de Tchaïkovski, de Tchekhov, de Lermontov, de Souvorov et de Koutouzov » devaient servir de support à la « guerre sacrée », à la « Grande Guerre patriotique ». Le 7 novembre 1941, passant en revue les bataillons de volontaires partant pour le front, Staline les conjura de se battre sous l'inspiration du « glorieux exemple de nos ancêtres Alexandre Nevski et Dimitri Donskoï », qui avaient, le premier, au XIIIe siècle, sauvé la Russie des chevaliers teutoniques, le second, un siècle plus tard, mis fin au joug tatar.

12

L'envers d'une victoire

Parmi les nombreuses « taches blanches » de l'histoire soviétique figura longtemps, comme un secret particulièrement bien gardé, l'épisode de la déportation, au cours de la « Grande Guerre patriotique », de peuples entiers soupçonnés collectivement de « diversion, espionnage et collaboration » avec l'occupant nazi. Ce n'est qu'à partir de la fin des années cinquante que les autorités reconnurent que des « excès » et des « généralisations » avaient eu lieu dans l'accusation de « collaboration collective ». Dans les années soixante, l'existence juridique d'un certain nombre de républiques autonomes rayées de la carte pour collaboration avec l'occupant fut rétablie. Ce n'est qu'en 1972, cependant, que les ressortissants des peuples déportés reçurent enfin l'autorisation théorique de « choisir librement leur lieu de domicile ». Et ce n'est qu'en 1989 que les Tatars de Crimée furent pleinement « réhabilités ». Jusqu'au milieu des années soixante, le plus grand secret entoura la levée progressive des sanctions infligées aux « peuples punis » et les décrets antérieurs à 1964 ne furent jamais publiés. Il fallut attendre la « déclaration du Soviet suprême » du 14 novembre 1989 pour que l'État soviétique reconnût enfin « l'illégalité criminelle des actes barbares commis par le régime stalinien vis-à-vis des peuples massivement déportés ».

Les Allemands furent le premier groupe ethnique déporté collectivement, quelques semaines après l'invasion de l'URSS par l'Allemagne nazie. D'après le recensement de 1939, 1 427 000 Allemands vivaient en URSS, qui, pour la plupart d'entre eux, descendaient des colons allemands appelés par Catherine II, elle-même originaire de Hesse, à peupler les vastes espaces vides du sud de la Russie. En 1924, le gouvernement soviétique avait créé une République autonome des Allemands de la Volga. Ces « Allemands de la Volga », qui comptaient environ 370 000 personnes, ne représentaient toutefois qu'un quart environ d'une population d'origine allemande répartie aussi bien en Russie (dans les régions de Saratov, de Stalingrad, de Voronej, Moscou, Leningrad, etc.), en Ukraine

(390 000 personnes) qu'au Caucase du Nord (dans les régions de Krasnodar, d'Ordjonikidze, de Stavropol), voire en Crimée ou en Géorgie. Le 28 août 1941, le Praesidium du Soviet suprême prit un décret, aux termes duquel toute la population allemande de la République autonome de la Volga, des régions de Saratov et de Stalingrad devait être déportée vers le Kazakhstan et la Sibérie. Selon ce texte, cette décision n'était autre qu'une mesure humanitaire préventive !

Extraits du décret du Praesidium du Soviet suprême du 28 août 1941 sur la déportation collective des Allemands.

D'après des renseignements dignes de foi reçus par les autorités militaires, la population allemande installée dans la région de la Volga abrite des milliers et des dizaines de milliers de saboteurs et d'espions qui doivent, au premier signal reçu d'Allemagne, organiser des attentats dans les régions où vivent les Allemands de la Volga. Personne n'a averti les autorités soviétiques de la présence d'une telle quantité de saboteurs et d'espions parmi les Allemands de la Volga ; en conséquence, la population allemande de la Volga cache en son sein les ennemis du peuple et du pouvoir soviétique...

Si se produisent des actes de sabotage accomplis sur ordre de l'Allemagne par des saboteurs et des espions allemands dans la république des Allemands de la Volga ou dans les districts voisins, le sang coulera, et le gouvernement soviétique, conformément aux lois du temps de guerre, sera contraint de prendre des mesures punitives contre toute la population allemande de la Volga. Pour éviter une situation aussi regrettable et de graves effusions de sang, le Praesidium du Soviet suprême de l'URSS a jugé nécessaire de transférer toute la population allemande vivant dans la région de la Volga dans d'autres districts, en lui fournissant des terres et une aide de l'État pour s'installer dans ces nouvelles contrées.

Les districts abondants en terres des régions de Novossibirsk et d'Omsk, du territoire de l'Altaï, du Kazakhstan et d'autres régions limitrophes sont affectés à ce transfert.

Alors que l'Armée rouge reculait sur tous les fronts, perdant chaque jour des dizaines de milliers de tués et de prisonniers, Beria détacha près de 14 000 hommes des troupes du NKVD pour cette opération, dirigée par le vice-commissaire du peuple à l'Intérieur, le général Ivan Serov, qui s'était déjà illustré lors du « nettoyage » des pays Baltes. Compte tenu des circonstances et de la débâcle sans précédent de l'Armée rouge, les opérations furent rondement menées. Du 3 au 20 septembre 1941, 446 480 Allemands furent déportés en 230 convois de 50 wagons en moyenne, soit près de 2 000 personnes par convoi ! À la vitesse moyenne de quelques kilomètres à l'heure, ces convois mirent entre quatre et huit semaines pour atteindre leur lieu de destination, les régions d'Omsk et de Novossibirsk, la région de Barnaoul, au sud de la Sibérie, et le territoire de Krasnoïarsk en Sibérie orientale. Comme lors des précédentes déportations de Baltes, les « personnes déplacées » avaient eu, selon les instructions officielles, « un délai déterminé [*sic*] pour prendre avec elles du ravitaillement pour une période d'au minimum un mois » !

Alors que se déroulait cette « opération principale » de déportation, d'autres « opérations secondaires » se multipliaient au gré des aléas militaires. Dès le 29 août 1941, Molotov, Malenkov et Jdanov proposèrent à Staline de « nettoyer » la région et la ville de Leningrad de 96 000 individus d'origine allemande et finnoise. Le 30 août, les troupes allemandes atteignirent la Neva, coupant les liaisons par voie ferrée entre Leningrad et le reste du pays. La menace d'un encerclement de la ville se précisait de jour en jour, et les autorités compétentes n'avaient pris aucune mesure d'évacuation de la population civile de Leningrad ni la moindre mesure pour constituer des stocks alimentaires. Néanmoins, ce même 30 août, Beria rédigea une circulaire ordonnant la déportation de 132 000 personnes de la région de Leningrad, 96 000 par train et 36 000 par voie fluviale. Le NKVD n'eut le temps d'arrêter et de déporter que 11 000 citoyens soviétiques de nationalité allemande.

Au cours des semaines suivantes, des opérations semblables furent engagées dans les régions de Moscou (9 640 Allemands déportés le 15 septembre), de Toula (2 700 déportés le 21 septembre), de Gorki (3 162 déportés le 14 septembre), de Rostov (38 288 du 10 au 20 septembre), de Zaporojie (31 320 du 25 septembre au 10 octobre), de Krasnodar (38 136 déportés au 15 septembre), d'Ordjonikidze (77 570 déportés au 20 septembre). Durant le mois d'octobre 1941, la déportation frappa encore plus de 100 000 Allemands résidant en Géorgie, en Arménie, en Azerbaïdjan, dans le Caucase du Nord et en Crimée. Un bilan comptable du transfert des Allemands fait apparaître qu'au 25 décembre 1941 894 600 personnes avaient été déportées, la plupart vers le Kazakhstan et la Sibérie. Si l'on prend en compte les Allemands déportés en 1942, on arrive à un total de 1 209 430 déportés en moins d'un an, d'août 1941 à juin 1942. Rappelons que, d'après le recensement de 1939, la population allemande en URSS était de 1 427 000 personnes.

Ainsi, plus de 82 % des Allemands dispersés sur le territoire soviétique furent déportés, alors même que la situation catastrophique d'un pays au bord de l'anéantissement eût voulu que tout l'effort militaire et policier portât sur la lutte armée contre l'ennemi, plutôt que sur la déportation de centaines de milliers de citoyens soviétiques innocents. La proportion des citoyens soviétiques d'origine allemande déportés était en réalité encore plus importante, si l'on prend en compte les dizaines de milliers de soldats et officiers d'origine allemande retirés des unités de l'Armée rouge et envoyés dans des bataillons disciplinaires de « l'Armée du travail » à Vorkouta, Kotlas, Kemerovo, Tcheliabinsk ; dans cette seule ville, plus de 25 000 Allemands travaillaient à la construction du combinat métallurgique. Précisons que les conditions de travail et de survie dans les bataillons disciplinaires de l'Armée du travail n'étaient guère meilleures qu'au Goulag.

Combien de déportés disparurent durant leur transfert ? Aucun bilan d'ensemble n'est aujourd'hui disponible, et les données éparses sur tel ou tel convoi sont impossibles à suivre dans le contexte de la guerre, des violences de l'apocalypse de cette période. Mais combien de convois ne parvinrent jamais à destination, dans le chaos de l'automne 1941 ? Fin novembre, 29 600 déportés allemands devaient « d'après le plan » rejoindre la région de Karaganda. Or, le décompte, au 1er janvier 1942, faisait état de 8 304 arrivées seulement. Le « plan » pour la région de Novossibirsk était de 130 998 individus, mais on n'en dénombra que 116 612. Où étaient passés les autres ? Moururent-ils en route ? Furent-ils expédiés ailleurs ? La région de l'Altaï, « planifiée » pour 11 000 déportés, en vit affluer 94 799 ! Plus parlants que cette sinistre arithmétique, tous les rapports du NKVD sur l'installation des déportés soulignaient, unanimement, « l'impréparation des régions d'accueil ».

Secret oblige, les autorités locales ne furent prévenues qu'au dernier moment de l'arrivée de dizaines de milliers de déportés. Aucun logement n'ayant été prévu, ceux-ci furent casés n'importe où, dans des baraquements, des étables, ou à la belle étoile, alors que l'hiver arrivait. La mobilisation ayant envoyé au front une grande partie de la main-d'œuvre masculine, et les autorités ayant acquis, depuis dix ans, une certaine expérience en la matière, « l'affectation économique » des nouveaux déportés se fit néanmoins plus rapidement que celle des koulaks déportés en 1930 et abandonnés en pleine taïga. Au bout de quelques mois, la plupart des déportés furent affectés comme les autres colons spéciaux, c'est-à-dire dans des conditions de logement, de travail et de ravitaillement particulièrement dures et précaires, et dans le cadre d'une komandature du NKVD, à un kolkhoze, un sovkhoze ou une entreprise industrielle [1].

La déportation des Allemands fut suivie d'une seconde grande vague de déportation, de novembre 1943 à juin 1944, au cours de laquelle six peuples — les Tchétchènes, les Ingouches, les Tatars de Crimée, les Karatchaïs, les Balkars et les Kalmouks — furent déportés vers la Sibérie, le Kazakhstan, l'Ouzbékistan et la Kirghizie sous prétexte d'« avoir massivement collaboré avec l'occupant nazi ». Cette vague principale de déportation, qui frappa près de 900 000 personnes, fut suivie, de juillet à décembre 1944, d'autres opérations destinées à « nettoyer » la Crimée et le Caucase de plusieurs autres nationalités jugées « douteuses » : les Grecs,

1. N. Bugaï, *L. Beria-I. Stalinu, « Soglasno vasemu ukazaniu »* (L. Beria à Staline, Conformément à vos instructions), Moscou, 1995, p. 27-55 ; N. Bugaï, 40-ye gody : « Avtonomiu Nemtsev Povoljia likvidirovat' » (Les années 1940. La « liquidation de l'autonomie des Allemands de la Volga »), *Istoria SSSR*, 1991, n° 2, p. 172-182 ; J-J. Marie, *Les Peuples déportés d'Union soviétique*, Bruxelles, Complexe, 1995, p. 35-56.

les Bulgares, les Arméniens de Crimée, les Turcs Meskhètes, les Kurdes et les Khemchines du Caucase[1].

Archives et documents récemment accessibles n'apportent aucune précision nouvelle sur la prétendue « collaboration » avec les nazis des peuples montagnards du Caucase, des Kalmouks et des Tatars de Crimée. Aussi est-on réduit, sur ce point, à ne retenir qu'un certain nombre de faits qui induisent seulement l'existence — en Crimée, en Kalmoukie, dans le pays karatchaï et en Kabardino-Balkarie — de noyaux restreints de collaborateurs, mais pas d'une collaboration générale érigée en véritable politique. C'est après la perte par l'Armée rouge de Rostov-sur-le-Don, en juillet 1942, et l'occupation allemande du Caucase de l'été 1942 au printemps 1943, que se situent les épisodes collaborationnistes les plus controversés. Dans le vide du pouvoir entre le départ des Soviétiques et l'arrivée des nazis, un certain nombre de personnalités locales mirent alors sur pied des « comités nationaux » à Mikoïan-Chakhar dans la région autonome des Karatchaïs-Tcherkesses, à Naltchik dans la république autonome de Kabardino-Balkarie, et à Elista dans la république autonome des Kalmouks. L'armée allemande reconnut l'autorité de ces comités locaux qui disposèrent, quelques mois durant, d'une autonomie religieuse, politique et économique. L'expérience caucasienne ayant renforcé le « mythe musulman » à Berlin, les Tatars de Crimée furent autorisés à créer leur « Comité central musulman » installé à Simferopol.

Cependant, par crainte de voir renaître le mouvement pantouranien brisé par le pouvoir soviétique au début des années vingt, les autorités nazies n'accordèrent jamais aux Tatars de Crimée l'autonomie dont bénéficièrent, quelques mois durant, Kalmouks, Karatchaïs et Balkars. En contrepartie de l'autonomie, chichement mesurée, qui leur était accordée, les autorités locales levèrent quelques troupes pour combattre les maquis de partisans locaux restés fidèles au régime soviétique. Au total, quelques milliers d'hommes composant des unités aux effectifs réduits : six bataillons tatars en Crimée et un corps de cavalerie kalmouke.

Quant à la république autonome de Tchétchénie-Ingouchie, elle ne fut que très partiellement occupée par des détachements nazis, pendant une dizaine de semaines seulement, entre le début septembre et la mi-novembre 1942. De collaboration, il n'y eut ici pas la moindre amorce. Mais il est vrai que les Tchétchènes, qui avaient résisté plusieurs décennies durant à la colonisation russe avant de capituler en 1859, étaient restés un peuple insoumis. Le pouvoir soviétique avait déjà lancé plusieurs expéditions punitives en 1925 pour confisquer une partie des armes détenues par la population, puis en 1930-1932 pour tenter de briser la résistance des Tchétchènes et des Ingouches à la collectivisation. En mars-avril 1930, puis en

1. N. Bugaï, *op. cit.*, p. 56-220 ; N. Zemskov, *art. cit.*, p. 8-17 ; M. Guboglo, A. Kuznetsov (ed), *Deportatsii narodov SSSR, 1930-ye-1950-ye gody* (La déportation des peuples de l'URSS, années 1930-1950), recueil de documents, Moscou, 1992 ; J-J. Marie, *op. cit.*, p. 57-128.

avril-mai 1932, dans leur lutte contre les « bandits », les troupes spéciales du NKVD avaient fait appel à l'artillerie et à l'aviation. Un lourd contentieux opposait donc le pouvoir central à ce peuple indépendant qui avait toujours refusé la tutelle de Moscou.

Les cinq grandes rafles-déportations, qui eurent lieu durant la période comprise entre novembre 1943 et mai 1944, se déroulèrent conformément à un processus bien rodé et, à la différence des premières déportations de koulaks, « avec une remarquable efficacité opérationnelle », selon les termes mêmes de Beria. La phase de « préparation logistique » fut soigneusement organisée durant plusieurs semaines, sous la surveillance personnelle de Beria et de ses adjoints Ivan Serov et Bogdan Koboulov, présents sur les lieux dans leur train blindé spécial. Il s'agissait de mettre sur pied un nombre impressionnant de convois : 46 convois de 60 wagons pour la déportation de 93 139 Kalmouks en quatre jours, du 27 au 30 décembre 1943, et 194 convois de 65 wagons pour la déportation en six jours, du 23 au 28 février 1944, de 521 247 Tchétchènes et Ingouches. Pour ces opérations exceptionnelles, le NKVD ne lésinait pas sur les moyens ; pour la rafle des Tchétchènes et des Ingouches, pas moins de 119 000 hommes des troupes spéciales du NKVD furent déployés, à un moment où la guerre battait son plein !

Les opérations, minutées heure par heure, débutaient par l'arrestation des « éléments potentiellement dangereux », entre 1 et 2 % d'une population composée majoritairement de femmes, d'enfants et de vieillards, une grande partie des hommes dans la force de l'âge ayant été appelés sous les drapeaux. Si l'on en croit les « rapports opérationnels » envoyés à Moscou, les opérations se déroulaient très rapidement. Ainsi, lors de la rafle des Tatars de Crimée, du 18 au 20 mai 1944, le soir du premier jour, Koboulov et Serov, responsables de l'opération, télégraphièrent à Beria : « À 20 heures, ce jour, avons effectué le transfert de 90 000 individus vers les gares. 17 convois ont déjà emmené 48 400 individus vers leurs lieux de destination. 25 convois sont en cours de chargement. Le déroulement de l'opération n'a donné lieu à aucun incident. L'opération continue. » Le lendemain, 19 mai, Beria informa Staline qu'au terme de cette seconde journée 165 515 individus avaient été rassemblés dans les gares, dont 136 412 chargés dans les convois partis vers « la destination fixée dans les instructions ». Le troisième jour, 20 mai, Serov et Koboulov télégraphièrent à Beria pour lui annoncer que l'opération avait pris fin à 16 h 30. Au total, 63 convois emmenant 173 287 personnes étaient déjà en train de rouler. Les quatre derniers convois transportant les 6 727 restants devaient partir le soir même[1].

À lire les rapports de la bureaucratie du NKVD, toutes ces opérations de déportation de centaines de milliers de personnes n'auraient été qu'une pure formalité, chaque opération étant plus « réussie », plus « efficace »,

1. N. Bugaï, *op. cit.*, p. 153.

plus « économe » que la précédente. Après la déportation des Tchétchènes, des Ingouches et des Balkars, un certain Milstein, fonctionnaire du NKVD, rédigea un long rapport sur... « les économies de wagons, de planches, de seaux et de pelles [...] réalisées lors des dernières déportations par rapport aux précédentes opérations ».

« L'expérience du transport des Karatchaïs et des Kalmouks, écrivait-il, nous a donné la possibilité de prendre certaines dispositions qui ont permis de réduire les besoins en convois et de diminuer le nombre de trajets à effectuer. Nous avons installé dans chaque wagon à bestiaux 45 personnes, au lieu de 40 précédemment, et, comme nous les avons installées avec leurs bagages personnels, nous avons économisé un nombre important de wagons, soit au total 37 548 mètres linéaires de planches, 11 834 seaux et 3 400 poêles[1]. »

Derrière la vision bureaucratique d'une opération parfaitement réussie du point de vue du NKVD, quelle était l'effroyable réalité du voyage ? Voici quelques témoignages de Tatars survivants recueillis à la fin des années soixante-dix : « Le voyage jusqu'à la gare de Zeraboulak, dans la région de Samarkand, dura 24 jours. De là on nous emmena au kolkhoze Pravda. On nous força à réparer des carrioles. [...] Nous travaillions et nous avions faim. Beaucoup d'entre nous vacillaient sur leurs jambes. De notre village on avait déporté trente familles. Il resta un ou deux survivants dans cinq familles. Tous les autres moururent de faim ou de maladie. » Un autre survivant raconta : « Dans les wagons hermétiquement clos, les gens mouraient comme des mouches à cause de la faim et du manque d'air : on ne nous donnait ni à boire ni à manger. Dans les villages que nous traversions, la population avait été dressée contre nous ; on lui avait dit qu'on transportait des traîtres à la patrie et les pierres pleuvaient dans un bruit retentissant contre les portes des wagons. Lorsqu'on ouvrit les portes au milieu des steppes du Kazakhstan, on nous donna à manger des rations militaires sans nous donner à boire, on nous ordonna de jeter nos morts sur le bord de la voie, sans les enterrer, puis nous repartîmes[2]. »

Une fois arrivés « à destination », au Kazakhstan, en Kirghizie, en Ouzbékistan ou en Sibérie, les déportés étaient affectés à des kolkhozes ou à des entreprises. Problèmes de logement, de travail, de survie étaient leur lot quotidien, comme en témoignent tous les rapports envoyés au Centre par les autorités locales du NKVD et conservés dans le très riche fonds des « peuplements spéciaux » du Goulag. Ainsi, en septembre 1944, un rapport en provenance de Kirghizie mentionne que seules 5 000 familles sur 31 000 récemment déportées avaient reçu un logement. Encore la notion de logement était-elle bien extensible ! On apprend, en effet, en lisant attentivement le texte que, dans le district de Kameninski, les autorités locales avaient installé 900 familles dans... 18 appartements d'un

1. J.-J. Marie, *op. cit.*, p. 81-82.
2. *Ibid.*, p. 103.

sovkhoze, soit 50 familles par appartement ! Ce chiffre inimaginable signifie que les familles déportées du Caucase, qui comptaient souvent un grand nombre d'enfants, dormaient à tour de rôle tantôt dans ces « appartements », tantôt à la belle étoile, à la veille de l'hiver.

Dans une lettre à Mikoïan, Beria lui-même reconnaissait en novembre 1944, c'est-à-dire près d'un an après la déportation des Kalmouks, que ces derniers « étaient placés dans des conditions d'existence et dans une situation sanitaire exceptionnellement difficiles ; la plupart d'entre eux n'ont ni linge, ni vêtements, ni chaussures[1] ». Deux ans plus tard, deux responsables du NKVD rapportaient que « 30 % des Kalmouks en état de travailler ne travaillent pas faute de chaussures. L'absence totale d'adaptation au climat sévère, à des conditions inhabituelles, et la méconnaissance de la langue se font sentir et entraînent des difficultés supplémentaires ». Déracinés, affamés, affectés à des kolkhozes qui ne parvenaient même pas à assurer la subsistance de leur personnel habituel, ou assignés dans les entreprises à des postes de travail pour lesquels ils n'étaient pas formés, les déportés étaient, en général, de piètres travailleurs. « La situation des Kalmouks déportés en Sibérie est tragique, écrivait à Staline D. P. Piourveiev ancien président de la république autonome de Kalmoukie. Ils ont perdu leur bétail. Ils sont arrivés en Sibérie démunis de tout. [...] Ils sont peu adaptés aux nouvelles conditions de leur existence de producteurs. [...] Les Kalmouks répartis dans les kolkhozes ne reçoivent aucun ravitaillement car les kolkhoziens eux-mêmes n'ont rien. Quant à ceux qui ont été affectés à des entreprises, ils n'ont pas réussi à assimiler leur nouvelle existence de travailleurs, d'où leur insolvabilité qui ne leur permet pas d'obtenir un ravitaillement normal[2]. » En clair, déroutés devant les machines, les Kalmouks, éleveurs nomades, voyaient la totalité de leur maigre salaire filer en amendes !

Quelques chiffres donnent une idée de l'hécatombe parmi les déportés. En janvier 1946, l'administration des peuplements spéciaux recensa 70 360 Kalmouks sur les 92 000 déportés deux ans auparavant. Au 1er juillet 1944, 35 750 familles tatares représentant 151 424 personnes étaient arrivées en Ouzbékistan ; six mois plus tard, il y avait 818 familles de plus, mais 16 000 personnes en moins ! Des 608 749 personnes déportées du Caucase, 146 892 étaient mortes au 1er octobre 1948, soit près d'une personne sur quatre, et seulement 28 120 étaient nées entre-temps. Des 228 392 personnes déportées de Crimée, 44 887 étaient mortes au bout de quatre ans et l'on ne recensait que 6 564 naissances[3]. La surmortalité apparaît avec encore plus d'évidence, lorsqu'on sait que les enfants de moins de seize ans représentaient entre 40 et 50 % des déportés. La « mort naturelle » ne représentait donc qu'une part infime des décès. Quant aux

1. J.-J. Marie, *op. cit.*, p. 66.
2. *Ibid*, p. 64-65.
3. V. Zemskov, *art. cit.*, p. 9.

jeunes qui survivaient, quel avenir pouvaient-ils espérer ? Sur les 89 000 enfants d'âge scolaire déportés au Kazakhstan, moins de 12 000 étaient scolarisés... en 1948, soit quatre ans après leur déportation. Les instructions officielles stipulaient d'ailleurs que l'enseignement des enfants des « déplacés spéciaux » devait être assuré uniquement en russe.

Durant la guerre, les déportations collectives frappèrent encore d'autres peuples. Quelques jours après la fin de l'opération de déportation des Tatars de Crimée, Beria écrivit à Staline, le 29 mai 1944 : « Le NKVD juge raisonnable [*sic*] d'expulser de Crimée tous les Bulgares, les Grecs et les Arméniens. » Aux premiers, il était reproché d'avoir « durant l'occupation allemande activement prêté leur concours pour la fabrication de pain et de produits alimentaires destinés à l'armée allemande » et d'« avoir collaboré avec les autorités militaires allemandes dans la recherche de soldats de l'Armée rouge et de partisans ». Les seconds avaient, « après l'arrivée des occupants, créé de petites entreprises industrielles ; les autorités allemandes ont aidé les Grecs à faire du commerce, du transport de marchandises, etc. ». Quant aux Arméniens, ils étaient accusés d'avoir créé à Simferopol une organisation de collaborateurs, dite Dromedar, présidée par le général arménien Dro, qui « s'occupait, en plus des questions religieuses et politiques, de développer le petit commerce et l'industrie ». Cette organisation, selon Beria, avait « collecté des fonds pour les besoins militaires des Allemands et pour aider à la constitution d'une Légion arménienne [1] ».

Quatre jours plus tard, le 2 juin 1944, Staline signa un décret du Comité d'État à la Défense, qui ordonnait de « compléter l'expulsion des Tatars de Crimée par l'expulsion de 37 000 Bulgares, Grecs et Arméniens, complices des Allemands ». Comme pour les autres contingents de déportés, le décret fixait arbitrairement des quotas pour chaque « région d'accueil » : 7 000 pour la province de Gouriev au Kazakhstan, 10 000 pour la province de Sverdlov, 10 000 pour la province de Molotov dans l'Oural, 6 000 pour la province de Kemerovo, 4 000 pour la Bachkirie. Selon les termes consacrés, « l'opération fut menée avec succès » les 27 et 28 juin 1944. Au cours de ces deux jours, 41 854 personnes furent déportées, « soit 111 % du plan », soulignait le rapport.

Après avoir « purgé » la Crimée de ses Allemands, de ses Tatars, de ses Bulgares, de ses Grecs et de ses Arméniens, le NKVD décida de « nettoyer » les frontières du Caucase. Renvoyant à la même sacralisation obsessionnelle des frontières, ces opérations à grande échelle n'étaient que le prolongement naturel, sous une forme plus systématique, des opérations « anti-espions » des années 1937-1938. Le 21 juillet 1944, un nouveau décret du Comité d'État à la Défense, signé par Staline, ordonna la déportation de 86 000 Turcs Meskhètes, Kurdes et Khemchines des régions

1. J.-J. Marie, *op. cit.*, p. 107-108.

frontalières de la Géorgie. Étant donné la configuration montagneuse des territoires où étaient installés, depuis des siècles, ces peuples de l'ex-Empire ottoman, et compte tenu du mode de vie nomade d'une partie de ces populations qui avaient l'habitude de passer librement de part et d'autre de la frontière soviéto-turque, les préparatifs de cette rafle-déportation furent particulièrement longs. L'opération dura une dizaine de jours, du 15 au 25 novembre 1944, et fut menée par 14 000 hommes des troupes spéciales du NKVD. Elle mobilisa 900 camions Studebaker, fournis par les Américains au titre de la loi prêt-bail au terme de laquelle les États-Unis fournissaient du matériel de guerre à la plupart des Alliés[1] !

Le 28 novembre, dans un rapport à Staline, Beria se flatta d'avoir transféré 91 095 personnes en dix jours, « dans des conditions particulièrement difficiles ». Tous ces individus, où les enfants de moins de seize ans représentaient 49 % des déportés, expliqua Beria, étaient des espions turcs en puissance : « Une partie importante de la population de cette région est liée par des liens familiaux avec les habitants des districts frontaliers de la Turquie. Ces gens-là faisaient de la contrebande, manifestaient une tendance à vouloir émigrer et fournissaient des recrues aux services de renseignements turcs comme aux groupes de bandits opérant le long de la frontière. » Selon les statistiques du Département des peuplements spéciaux du Goulag, le nombre total des personnes déportées au Kazakhstan et en Kirghizie lors de cette opération se serait élevé à 94 955. Entre novembre 1944 et juillet 1948, 19 540 Meskhètes, Kurdes et Khemchines, soit 21 % environ des déplacés, moururent en déportation. Ce taux de mortalité de 20 à 25 % des contingents en quatre ans était à peu près identique parmi toutes les nationalités « punies » par le régime[2].

Avec l'arrivée massive de centaines de milliers de personnes déportées sur un critère ethnique, le contingent des colons spéciaux connut, durant la guerre, un renouvellement et un accroissement considérables passant de 1 200 000 environ à plus de 2 500 000. Quant aux dékoulakisés qui, avant guerre, constituaient la majeure partie des colons spéciaux, leur nombre tomba de 936 000 environ au début de la guerre à 622 000 en mai 1945. En effet, des dizaines de milliers de dékoulakisés adultes de sexe masculin, à l'exception des chefs de famille déportés, furent appelés sous les drapeaux. Les épouses et les enfants des appelés recouvraient leur statut de citoyen libre et étaient rayés des listes de colons spéciaux. Mais, dans les conditions de la guerre, ils ne pouvaient guère quitter leur lieu d'assignation à résidence, d'autant plus que tous leurs biens, y compris leur maison, avaient été confisqués[3].

---

1. Bougaï, *Nado...*, *op. cit.*, p. 153-156.
2. N. Zemskov, *art. cit.*, p. 9.
3. N. Zemskov, *« Kulatskaia ssylka » nakanune i v gody Velikoi Otecestvennoi voiny* (La « déportation koulak » à la veille et durant la Grande Guerre patriotique), *Sotsiologiceskie Issledovania*, 1992, nº 2, p. 3-26.

Jamais, sans doute, les conditions de survie des détenus du Goulag ne furent aussi terribles que durant les années 1941-1944. Famine, épidémies, entassement, exploitation inhumaine, tel fut le lot de chaque *zek* (détenu) qui survécut à la faim, à la maladie, à des normes de travail toujours plus élevées, aux dénonciations de l'armée d'informateurs chargés de démasquer les « organisations contre-révolutionnaires de détenus », aux jugements et aux exécutions sommaires.

L'avancée allemande des premiers mois de la guerre contraignit le NKVD à évacuer une grande partie de ses prisons, de ses colonies de travail et de ses camps qui risquaient de tomber aux mains de l'ennemi. De juillet à décembre 1941, 210 colonies, 135 prisons et 27 camps, soit au total environ 750 000 détenus, furent transférés à l'Est. Dressant un bilan de « l'activité du Goulag au cours de la Grande Guerre patriotique », le chef du Goulag, Nassedkine, affirmait que « l'évacuation des camps se fit globalement de manière organisée ». Il ajoutait cependant : « À cause du manque de moyens de transport, la plupart des détenus furent évacués à pied, sur des distances dépassant souvent le millier de kilomètres[1]. » On peut imaginer dans quel état les détenus arrivèrent à destination ! Lorsque le temps manquait pour évacuer les camps, comme ce fut souvent le cas dans les premières semaines de la guerre, les détenus étaient sommairement passés par les armes. Ce fut notamment le cas en Ukraine occidentale, où, à la fin du mois de juin 1941, le NKVD massacra 10 000 prisonniers à Lviv, 1 200 à la prison de Loutsk, 1 500 à Stanyslaviv, 500 à Doubno, etc. À leur arrivée, les Allemands découvrirent des dizaines de charniers dans les régions de Lviv, de Jitomir et de Vinnitsa. Prenant prétexte des « atrocités judéo-bolcheviques », les *Sonderkommandos* nazis s'empressèrent de massacrer immédiatement des dizaines de milliers de Juifs.

Tous les rapports de l'administration du Goulag pour les années 1941-1944 reconnaissent la formidable dégradation des conditions d'existence dans les camps durant la guerre[2]. Dans les camps surpeuplés, la « surface habitable » allouée à chaque détenu chuta de 1,5 à 0,7 m^2 par personne, ce qui signifiait, en clair, que les détenus dormaient à tour de rôle sur des planches, les châlits étant désormais un « luxe » réservé aux « travailleurs de choc ». La « norme calorique d'alimentation » chuta de 65 % en 1942 par rapport à celle d'avant-guerre. Les détenus furent réduits à la famine et, en 1942, le typhus et le choléra firent leur réapparition dans les camps ; d'après les chiffres officiels, près de 19 000 détenus en moururent cette année-là. En 1941, avec près de 101 000 décès enregistrés dans les seuls camps de travail, sans compter les colonies, le taux de mortalité annuel approcha de 8 %. En 1942, l'administration des camps du Goulag enregistra 249 000 décès, soit un taux de mortalité de 18 % ; en 1943,

1. GARF, 9414/1/330/56-62.
2. N. Werth, G. Moullec, *op. cit.*, p. 379-391 ; E. Bacon, *The Gulag at War : Stalin's Forced Labour System in the Light of the Archives* (London, 1994).

Rapport du chef adjoint du Département opérationnel du Goulag sur l'état des camps du Siblag, 2 novembre 1941.

D'après les informations reçues par le Département opérationnel du NKVD de la région de Novossibirsk, on a observé une forte augmentation de la mortalité des détenus dans les départements d'Akhloursk, de Kouznetsk et de Novossibirsk du Siblag...

La cause de cette forte mortalité, accompagnée d'une extension massive des maladies parmi les détenus est incontestablement un amaigrissement généralisé dû à un manque alimentaire systématique dans des conditions de travaux physiques pénibles et s'accompagnant de pélagre et d'un affaiblissement de l'activité cardiaque.

Le retard dans les soins médicaux donnés aux malades, la pénibilité des travaux effectués par les détenus, avec journée prolongée et absence d'alimentation complémentaire constituent un autre ensemble de causes expliquant les fortes morbidité et mortalité...

On a constaté de nombreux cas de mortalité, de maigreur prononcée et d'épidémies parmi les détenus convoyés des différents centres de triage vers les camps. Ainsi, parmi les détenus convoyés du centre de triage de Novossibirsk au département Marinskoïe, le 8 octobre 1941, sur 539 personnes, plus de 30 % étaient d'une extrême maigreur d'origine pélagrique et couverts de poux. En plus des déportés, six cadavres ont été amenés à destination[1]. Dans la nuit du 8 au 9 octobre, cinq autres personnes de ce convoi sont mortes. Dans le convoi arrivé du même centre de triage, au département Marinskoïe le 20 septembre, 100 % des détenus étaient couverts de poux et un grand nombre d'entre eux n'avaient pas de linge de corps...

Ces derniers temps, on a découvert, dans les camps du Siblag, de nombreux sabotages de la part du personnel médical composé de détenus. Ainsi, l'aide-soignant du camp Ahjer (département de Taïginsk), condamné au titre de l'article 58-10[2], a organisé un groupe de quatre détenus chargé de saboter la production[3]. Les membres de ce groupe envoyaient des détenus malades aux travaux les plus durs, ne les soignaient pas à temps, espérant ainsi empêcher le camp de remplir ses normes de production.

Le chef adjoint du Département opérationnel du Goulag,
capitaine des forces de sécurité, Kogenman.

1. Passage souligné au crayon ; en marge, au crayon : « On se demande à quoi bon les “amener à destination” ? »

2. L'article 58 du Code pénal traitait de tous les « crimes contre-révolutionnaires ». Il ne comptait pas moins de quatorze alinéas. Dans le monde concentrationnaire, les politiques étaient désignés comme les « 58 ». L'alinéa 58-10 visait « la propagande ou l'agitation appelant à la destruction ou à l'affaiblissement du pouvoir soviétique ». En cas de « propagande de groupe » — généralement retenue — les peines encourues allaient de trois ans de camp à la peine de mort.

3. Passage souligné au crayon, avec note, au crayon, en marge : « Il faut les juger une seconde fois ou les faire passer devant l'OS » (la Commission Spéciale du NKVD, organe extrajudiciaire chargé de réprimer les « Crimes contre-révolutionnaires ».

167 000 décès, soit 17 %[1]. En comptant les exécutions de détenus, les décès dans les prisons et les colonies de travail, on peut estimer à 600 000 environ le nombre de morts au Goulag au cours des seules années 1941-1943. Quant aux survivants, ils étaient dans un piètre état. Selon les données de l'administration, à la fin de 1942, 19 % seulement des détenus étaient aptes à un travail physique « lourd », 17 % à un travail physique « moyen » et 64 % étaient soit aptes à un « travail physique léger », soit invalides.

Cette « situation sanitaire fortement dégradée du contingent », pour reprendre un euphémisme de l'administration du Goulag, n'empêcha pas, semble-t-il, les autorités de pressurer, jusqu'à épuisement complet, les détenus. « De 1941 à 1944, écrivait dans son rapport le chef du Goulag, la valeur moyenne d'une journée-travail augmenta de 9,5 à 21 roubles. » Plusieurs centaines de milliers de détenus furent affectés aux usines d'armement, en remplacement de la main-d'œuvre mobilisée à l'armée. Le rôle du Goulag dans l'économie de guerre s'avéra très important. Selon les estimations de l'administration pénitentiaire, la main-d'œuvre détenue aurait assuré près du quart de la production dans un certain nombre de secteurs clés de l'industrie d'armement, de la métallurgie et de l'extraction minière[2].

Malgré la « bonne tenue patriotique » *(sic)* des détenus, dont « 95 % étaient engagés dans la compétition socialiste », la répression, notamment envers les « politiques », ne se relâcha pas. En vertu d'un décret pris par le Comité central le 22 juin 1941, pas un seul « 58 » — condamné selon l'article 58 du Code pénal sanctionnant les « crimes contre-révolutionnaires » —, même arrivé au terme de sa peine, ne pouvait être libéré jusqu'à la fin de la guerre. L'administration du Goulag isola dans des camps spéciaux « à régime renforcé » et situés dans les régions les plus dures (la Kolyma et l'Arctique) une partie des politiques condamnés pour « appartenance à une organisation trotskiste ou droitière » ou à un « parti contre-révolutionnaire », « espionnage », « terrorisme », « trahison ». Dans ces camps, le taux de mortalité annuel atteignait 30 %. Un décret du 22 avril 1943 instaura des « bagnes à régime renforcé », véritables camps de la mort, où les détenus étaient exploités dans des conditions qui ne leur laissaient guère de chances de survie : un travail harassant, douze heures par jour, dans les mines d'or, de charbon, de plomb, de radium, principalement dans les régions de la Kolyma et de Vorkouta[3].

En trois ans, de juillet 1941 à juillet 1944, les tribunaux spéciaux des camps condamnèrent à de nouvelles peines plus de 148 000 détenus, dont 10 858 furent exécutés. Parmi ceux-ci, 208 pour « espionnage »,

---

1. V. Zemskov, *Goulag, Sotsiologiceskie Issledovania*, 1991, n° 6, p. 14-15.
2. E. Bacon, *The Gulag at War*, *op.cit.*
3. J. Rossi, *Spravocnik po Gulagu* (Dictionnaire du Goulag), Moscou, 1991 ; articles : camp spécial, bagne.

4 307 pour « actes de diversion terroriste », 6 016 pour « avoir organisé un soulèvement ou une émeute dans le camp ». Selon le NKVD, 603 « organisations de détenus » furent démantelées pendant la guerre dans les camps du Goulag[1]. Si ce chiffre était d'abord censé confirmer la « vigilance » d'un encadrement lui aussi largement renouvelé — une partie des troupes spéciales qui gardaient les camps ayant été affectée à d'autres tâches, notamment aux rafles-déportations —, il est vrai aussi que c'est durant les années de guerre qu'eurent lieu les premières évasions collectives et les premières révoltes importantes dans les camps.

En réalité, la population du Goulag changea considérablement durant la guerre. À la suite du décret du 12 juillet 1941, plus de 577 000 détenus condamnés, selon l'aveu même des autorités, « pour des délits insignifiants comme des absences injustifiées au travail ou des petits vols » furent libérés et aussitôt versés dans les rangs de l'Armée rouge. Durant la guerre, en comptant les détenus dont la peine venait à expiration, 1 068 800 passèrent directement du Goulag au front[2]. Les détenus les plus faibles et les moins adaptés aux conditions impitoyables du camp firent partie des 600 000 personnes environ qui moururent au Goulag au cours des seules années 1941-1943. Tandis que les camps et les colonies se vidaient d'une foule de condamnés à des peines légères, restèrent et survécurent les individus les plus solides, les plus durs aussi, parmi les politiques comme parmi les droits-communs. La proportion des condamnés à des peines longues (plus de huit ans) au titre de l'article 58 du Code pénal connut une très forte croissance, passant de 27 à 43 % de l'ensemble des détenus. Amorcée au début de la guerre, cette évolution de la population pénale allait s'accentuer encore davantage à partir de 1944-1945, deux années au cours desquelles, après une période de décrue, le Goulag allait connaître une formidable augmentation de ses effectifs : un bond de plus de 45 % entre janvier 1944 et janvier 1946[3].

De l'année 1945 en Union soviétique, le monde n'a généralement retenu que l'envers doré de la médaille, tout à la gloire d'un pays certes dévasté, mais triomphant. « En 1945, grand État victorieux, écrit François Furet, l'URSS joint la force matérielle au messianisme de l'homme nouveau. » On ne voit pas — on ne veut pas voir — l'envers du décor, certes soigneusement caché. Or, comme le montrent les archives du Goulag, l'année de la victoire fut aussi celle d'un nouvel apogée du système concentrationnaire soviétique. La paix revenue sur le front extérieur n'entraîna pas, à l'intérieur, un relâchement, une pause dans le contrôle de l'État sur une société meurtrie par quatre années de guerre. Au contraire, 1945 fut déjà une année de reprise en main à la fois des régions réincorpo-

1. GARF, 9414/1/68/1-61, cité in *Istoričeski Arkhiv*, 1994, nº 3, p. 61-86.
2. GARF, 9414/1/330/56-62.
3. V. Zemskov, *art. cit.*, p. 8.

rées à l'Union soviétique au fur et à mesure de l'avancée de l'Armée rouge vers l'ouest, et des millions de Soviétiques qui s'étaient retrouvés un temps « hors du système ».

Les territoires annexés en 1939-1940 — pays Baltes, Biélorussie occidentale, Moldavie, Ukraine occidentale —, qui durant la majeure partie de la guerre étaient restés hors du système soviétique, furent soumis à une seconde « soviétisation », après celle de 1939-1941. S'y étaient développés des mouvements nationaux d'opposition à la soviétisation, ce qui suscita un enchaînement de résistance armée, de persécution et de répression. La résistance à l'annexion fut particulièrement forte en Ukraine occidentale et dans les pays Baltes.

La première occupation de l'Ukraine occidentale, de septembre 1939 à juin 1941, avait suscité la formation d'une organisation armée clandestine assez puissante, l'OUN — Organisation des nationalistes ukrainiens —, dont certains membres s'engagèrent comme supplétifs dans des unités SS pour combattre les Juifs et les communistes. En juillet 1944, lors de l'arrivée de l'Armée rouge, l'OUN constitua un Conseil suprême de libération de l'Ukraine. Roman Choukhovitch, chef de l'OUN, devint commandant de l'Armée ukrainienne insurgée (UPA) qui, selon des sources ukrainiennes, aurait compté à l'automne 1944 plus de 20 000 combattants. Le 31 mars 1944, Beria signa un décret ordonnant l'arrestation et la déportation vers la région de Krasnoïarsk de tous les membres des familles des résistants de l'OUN et de l'UPA. De février à octobre 1944, 100 300 civils — femmes, enfants et vieillards — furent déportés à ce titre. Quant aux 37 000 combattants faits prisonniers durant cette période, ils furent envoyés au Goulag. Après la mort, en novembre 1944, de Mgr Chtcheptitski, métropolite de l'Église uniate d'Ukraine, les autorités soviétiques contraignirent cette Église à fusionner avec l'Église orthodoxe.

Pour briser à la racine toute résistance à la soviétisation, les agents du NKVD se rendaient dans les écoles, où, après avoir feuilleté les listes et les carnets de notes des élèves scolarisés durant les années d'avant-guerre, lorsque l'Ukraine occidentale faisait partie de la Pologne « bourgeoise », ils dressaient des listes d'individus à arrêter préventivement, avec en tête les noms des élèves les plus doués qu'ils jugeaient « potentiellement hostiles au pouvoir soviétique ». Selon un rapport de Koboulov, l'un des adjoints de Beria, plus de 100 000 « déserteurs » et « collaborateurs » furent arrêtés, entre septembre 1944 et mars 1945, en Biélorussie occidentale, autre région considérée, à l'instar de l'Ukraine occidentale, comme « truffée d'éléments hostiles au régime soviétique ». Des statistiques, très partielles, font état, pour la période du 1er janvier au 15 mars 1945, de 2 257 « opérations de nettoyage » pour la seule Lituanie.

Ces opérations se soldèrent par la mort de plus de 6 000 « bandits », et par l'arrestation de plus de 75 000 « bandits, membres de groupes nationalistes et déserteurs ». En 1945, plus de 38 000 « membres des familles d'éléments socialement étrangers, de bandits et de nationalistes » furent déportés de Lituanie. De manière significative, au cours des années 1944-1946, la proportion des Ukrainiens et des Baltes parmi les détenus du Goulag connut une croissance spectaculaire : respectivement + 140 % et + 420 %. À la fin de 1946, les Ukrainiens représentaient 23 % des détenus des camps, et les Baltes près de 6 %, un pourcentage très supérieur à la part respective de ces nationalités dans la population soviétique.

La croissance du Goulag en 1945 se fit également au compte de centaines de milliers d'individus qui y furent transférés en provenance des « camps de contrôle et de filtration ». Ces camps avaient été institués, parallèlement aux camps de travail du Goulag, dès la fin de 1941. Ils étaient destinés à accueillir les prisonniers de guerre soviétiques libérés ou échappés des mains de l'ennemi, et d'emblée soupçonnés d'être des espions potentiels ou, du moins, des individus « contaminés » par leur séjour hors du « système ». Ces camps recevaient également les hommes en âge d'être mobilisés en provenance de territoires ayant été occupés par l'ennemi, eux aussi contaminés, et les *starostes* et autres personnes ayant assuré, sous l'occupant, une fonction d'autorité, si minime fût-elle. De janvier 1942 à octobre 1944, plus de 421 000 personnes, selon les données officielles, passèrent par les camps de contrôle et de filtration[1].

Avec l'avancée vers l'ouest de l'Armée rouge, la reprise de territoires occupés depuis deux ou trois ans par les Allemands, la libération de millions de prisonniers de guerre soviétiques et de déportés du travail, la question des modalités du rapatriement des Soviétiques, militaires et civils, prit une ampleur sans précédent. En octobre 1944, le gouvernement soviétique créa une Direction aux affaires de rapatriement, sous la responsabilité du général Golikov. Dans une interview publiée par la presse le 11 novembre 1944, ce général affirmait notamment : « Le pouvoir soviétique est soucieux du sort de ses enfants, tombés sous l'esclavage nazi. Ils seront dignement reçus à la maison comme des enfants de la patrie. Le gouvernement soviétique considère que même les citoyens soviétiques qui, sous la menace de la terreur nazie, ont commis des actes contraires aux intérêts de l'URSS n'auront pas à répondre de leurs actes s'ils sont prêts à accomplir honnêtement leur devoir de citoyen à leur retour dans la patrie. » Ce genre de déclaration, largement diffusée, ne manqua pas d'abuser les Alliés. Comment expliquer autrement le zèle avec lequel ceux-ci appliquèrent une des clauses des accords de Yalta concernant le rapatriement en URSS de tous les citoyens soviétiques « présents hors des frontières de leur patrie » ? Alors que les accords prévoyaient que seuls seraient renvoyés de force ceux qui avaient porté l'uniforme allemand ou collaboré avec l'ennemi, ce furent tous les citoyens soviétiques « hors des frontières » qui furent livrés aux agents du NKVD chargés d'encadrer leur retour.

Trois jours après la cessation des hostilités, le 11 mai 1945, le gouvernement soviétique ordonna la création de cent nouveaux camps de contrôle

1. V. Zemskov, *art. cit.*, p. 4.

et de filtration, chacun d'une contenance de dix mille places. Les prisonniers de guerre soviétique rapatriés devaient être tous « contrôlés » par l'organisation de contre-espionnage, le SMERCH —, tandis que les civils étaient filtrés par les services *ad hoc* du NKVD. En neuf mois, de mai 1945 à février 1946, plus de 4 200 000 Soviétiques furent rapatriés : 1 545 000 prisonniers de guerre survivants sur les cinq millions capturés par les nazis, et 2 655 000 civils, déportés du travail ou personnes ayant fui vers l'Ouest au moment des combats. Après un passage obligatoire par un camp de filtration et de contrôle, 57,8 % des rapatriés, en majorité des femmes et des enfants, furent autorisés à rentrer chez eux ; 19,1 % furent envoyés à l'armée, souvent dans des bataillons disciplinaires ; 14,5 % furent affectés, en général pour une période de deux ans, à des « bataillons de reconstruction » ; 8,6 %, soit 360 000 personnes environ, furent envoyés au Goulag, la plupart pour « trahison de la patrie », ce qui valait dix à vingt ans de camp, ou dans une komandature du NKVD avec le statut de colon spécial[1].

Un sort particulier fut réservé aux *vlassovtsy*, des soldats soviétiques qui avaient rejoint le général soviétique Andreï Vlassov, commandant de la IIe armée, fait prisonnier par les Allemands en juillet 1942. Par convictions antistaliniennes, le général Vlassov avait accepté de collaborer avec les nazis pour libérer son pays de la tyrannie bolchevique. Avec l'approbation des autorités allemandes, Vlassov avait formé un « Comité national russe » et levé deux divisions d'une « armée de libération russe ». Après la défaite de l'Allemagne nazie, le général Vlassov et ses officiers furent livrés par les Alliés aux Soviétiques et exécutés. Quant aux soldats de l'armée de Vlassov, ils furent, à la suite d'un décret d'amnistie de novembre 1945, envoyés en déportation pour six ans en Sibérie, au Kazakhstan et dans l'extrême Nord. Au début de 1946, 148 079 vlassovtsy figuraient sur les listes du Département des déplacés et colons spéciaux du ministère de l'Intérieur. Plusieurs milliers de *vlassovtsy*, pour l'essentiel des sous-officiers, furent envoyés, sous l'accusation de trahison, dans les camps de travail du Goulag[2].

Au total, jamais les « peuplements spéciaux », les camps et colonies du Goulag, les camps de contrôle et de filtration et les prisons soviétiques n'avaient compté autant de pensionnaires qu'en cette année de la victoire : près de cinq millions et demi de personnes, toutes catégories confondues. Un palmarès longtemps éclipsé par les festivités de la victoire et « l'effet Stalingrad ». La fin de la Seconde Guerre mondiale avait, en effet, ouvert une période qui allait durer une décennie environ et au cours de laquelle le modèle soviétique allait exercer, plus qu'à aucun autre moment, une fascination partagée par des dizaines de millions de citoyens d'un grand nombre de pays. Le fait que l'URSS avait payé le plus lourd tribut humain

1. *Sotsiologiceskie Issledovania*, 1991, nº 7, p. 4-5.
2. *Deportatsii narodov*, *op. cit.*, p. 162.

à la victoire sur le nazisme masquait le caractère même de la dictature stalinienne et exonérait le régime du soupçon que lui avaient valu en leur temps — un temps qui apparaissait si lointain alors — les procès de Moscou ou le pacte germano-soviétique.

13

Apogée et crise du goulag

Aucun grand procès public, aucune Grande Terreur ne marque les dernières années du stalinisme. Mais, dans le climat pesant et conservateur de l'après-guerre, la criminalisation des comportements sociaux atteignit son apogée. Les espoirs de la société, meurtrie par la guerre, de voir le régime se libéraliser firent long feu. « Le peuple avait trop souffert, le passé ne pouvait se répéter », avait écrit dans ses Mémoires Ilia Ehrenbourg le 9 mai 1945 ; connaissant bien de l'intérieur les rouages et la nature du système, il avait aussitôt ajouté : « Je suis néanmoins envahi par la perplexité et l'angoisse. » Ce pressentiment allait se révéler exact.

« La population est partagée entre le désespoir face à une situation matérielle très difficile et l'espoir que "quelque chose va changer" », peut-on lire dans plusieurs rapports d'inspection envoyés à Moscou, en septembre-octobre 1945, par les instructeurs du Comité central en tournée d'inspection dans les provinces. Selon ces rapports, la situation dans le pays restait « chaotique ». Un immense mouvement de migration spontané de millions d'ouvriers déplacés vers l'Est durant l'évacuation de 1941-1942 perturbait la reprise de la production. Une vague de grèves d'une ampleur que le régime n'avait encore jamais connue secouait l'industrie métallurgique de l'Oural. Partout, la misère était indicible. Le pays comptait vingt-cinq millions de sans-abri et les rations de pain ne dépassaient pas une livre par jour pour les travailleurs de force. À la fin du mois d'octobre 1945, les responsables du comité régional du parti de Novossibirsk allèrent jusqu'à proposer de ne pas faire défiler les « travailleurs » de la ville à l'occasion de l'anniversaire de la révolution d'Octobre, « car la population manque de vêtements et de chaussures ». Au milieu de cette misère et de ce dénuement, les rumeurs allaient bon train, surtout celles qui avaient trait à la liquidation « imminente » des kolkhozes, qui venaient une nouvelle fois de démontrer leur incapacité à rémunérer les paysans, ne serait-ce qu'à quelques pouds de blé pour une saison de travail[1].

C'est sur le « front agricole » que la situation restait la plus dramatique. Dans les campagnes dévastées par la guerre, frappées par une grave sécheresse, en manque de machines et de main-d'œuvre, la collecte de l'automne 1946 fut catastrophique. Le gouvernement dut une nouvelle fois repousser à plus tard la fin du rationnement promise par Staline dans son discours du 9 février 1946. Refusant de voir les raisons du fiasco agricole, imputant les problèmes à un « appât du gain sur les lopins individuels », le gouvernement décida de « liquider les violations du statut des kolkhozes » et de pourchasser les « éléments hostiles et étrangers qui sabotent la collecte, les voleurs et les dilapidateurs des récoltes ». Le 19 septembre 1946, il créa une Commission des affaires kolkhoziennes, présidée par Andreïev, chargée de récupérer les terres « illégalement appropriées » par les kolkhoziens durant la guerre. En deux ans, l'administration récupéra près de dix millions d'hectares « grignotés » par les paysans qui avaient, pour survivre, tenté d'arrondir leur petit lopin individuel.

Le 25 octobre 1946, un décret du gouvernement au titre explicite, « Sur la défense des céréales d'État », ordonna au ministère de la Justice d'instruire toutes les affaires de vol dans un délai de dix jours et d'appliquer avec sévérité la loi du 7 août 1932, tombée en désuétude. En novembre-décembre 1946, plus de 53 300 personnes, en majorité des kolkhoziens, furent jugées et, pour la plupart, condamnées à de lourdes peines de camp pour vol d'épis ou de pain. Des milliers de présidents de kolkhoze furent arrêtés pour « sabotage de la campagne de collecte ». Durant ces deux mois, la réalisation du « plan de collecte » passa de 36 à 77 %[2]. Mais à quel prix ! L'euphémisme « retard dans la campagne de collecte » cachait bien souvent une réalité dramatique : la famine.

La famine de l'automne-hiver 1946-1947 frappa tout particulièrement les régions les plus touchées par la sécheresse de l'été 1946, les provinces de Koursk, de Tambov, de Voronej, d'Orel, et la région de Rostov. Elle fit au moins 500 000 victimes. Comme la famine de 1932, celle de 1946-1947 fut totalement passée sous silence. Le refus d'abaisser les prélèvements obligatoires sur une récolte qui, dans les régions frappées par la sécheresse, atteignait à peine deux quintaux et demi à l'hectare contribua de manière décisive à transformer une situation de disette en véritable famine. Les kolkhoziens affamés n'eurent souvent d'autre solution, pour survivre, que de chaparder les maigres réserves stockées ici ou là. En un an, le nombre des vols augmenta de 44 %[3].

---

1. Zubkova, *Obscestvo i reformy, 1945-1964* (La société et les réformes, 1945-1964), Moscou, 1993, p. 16-44.

2. V.F. Zima, Poslevoiennoie obscestvo. Prestupnost i golod, 1946-1947 (La société d'après-guerre. Délinquance et famine, 1946-1947), *Otecestvennaia Istoria,* 1995, n° 5, p. 45-58.

3. V.P. Popov, Golod i gosudarstvennaia politika, 1946-1947 (La famine et la politique du gouvernement, 1946-1947), *Otecestvennye Arxivy,* 1992, n° 6, p. 36-60 ; N. Werth, G. Moullec, *op. cit.*, p. 162-165.

Le 5 juin 1947, la presse publia le texte de deux décrets pris la veille par le gouvernement, et qui, très proches par l'esprit et la lettre de la fameuse loi du 7 août 1932, stipulaient que toute « atteinte à la propriété de l'État ou d'un kolkhoze » était passible d'une peine de cinq à vingt-cinq ans de camp, selon que le vol avait été commis individuellement ou collectivement, pour la première fois ou par récidive. Toute personne qui aurait été au courant de la préparation d'un vol ou du vol lui-même, mais ne l'aurait pas dénoncé à la police, était passible d'une peine de deux à trois ans de camp. Une circulaire confidentielle rappelait, par ailleurs, aux tribunaux que les petits chapardages sur le lieu de travail, qui jusqu'alors étaient passibles d'une peine maximale d'un an de privation de liberté, tombaient désormais sous le coup des décrets du 4 juin 1947.

Au cours du second semestre 1947, plus de 380 000 personnes furent condamnées, dont 21 000 adolescents de moins de seize ans, en vertu de cette nouvelle « loi scélérate ». Pour avoir volé quelques kilos de seigle, on écopait couramment de huit ans à dix ans de camp. Voici un extrait du verdict du tribunal populaire du district de Souzdal, dans la province de Vladimir, en date du 10 octobre 1947 : « Chargés de la garde de nuit des chevaux du kolkhoze, N.A. et B.S., mineurs de quinze et seize ans, ont été surpris en flagrant délit de vol de trois concombres dans les potagers du kolkhoze. [...] Condamner N.A. et B.S. à huit ans de privation de liberté, dans une colonie de travail à régime ordinaire[1]. » En six ans, 1 300 000 personnes furent condamnées, dont 75 % à plus de cinq ans, au titre des décrets du 4 juin 1947, et, en 1951, elles représentaient 53 % des droits-communs du Goulag, et près de 40 % du nombre total des détenus[2]. À la fin des années quarante, l'application stricte des décrets du 4 juin 1947 augmenta considérablement la durée moyenne des condamnations infligées par les tribunaux ordinaires ; la proportion des peines de plus de cinq ans passa de 2 % en 1940 à 29 % en 1949 ! En cet apogée du stalinisme, la répression « ordinaire », celle des « tribunaux populaires », relaya la répression « extrajudiciaire », celle du NKVD, florissante dans les années trente[3].

Parmi les personnes condamnées pour vol figuraient de nombreuses femmes, veuves de guerre, mères de famille avec des enfants en bas âge, réduites à la mendicité et au chapardage. À la fin de 1948, le Goulag comptait plus de 500 000 détenues, soit deux fois plus qu'en 1945, et 22 815 enfants de moins de quatre ans gardés dans les « maisons du nouveau-né » dépendant des camps pour femmes. Ce chiffre allait dépasser les 35 000 au début de 1953[4]. Pour éviter que le Goulag ne se transformât en une vaste pouponnière — résultat de la législation ultra-répressive mise

1. V.P. Popov, *Gosudarstvennyi terror...*, *art. cit.*, p. 27.
2. V. Zemskov, *Goulag*, *art. cit.*, p. 10-11.
3. V.P. Popov, *Gosudarstvennyi terror...*, *art. cit.*, p. 27.
4. V. Zemskov, *Goulag*, *art. cit.*, p. 11.

en place en 1947 —, le gouvernement fut contraint de décréter en avril 1949 une amnistie partielle qui permit la libération de près de 84 200 femmes et enfants en bas âge. Néanmoins, l'afflux permanent de centaines de milliers de personnes condamnées pour des petits vols maintint jusqu'en 1953 un fort pourcentage de femmes au Goulag, entre 25 et 30 % des détenus.

En 1947-1948, l'arsenal répressif fut complété par plusieurs autres textes révélateurs du climat de l'époque : un décret sur l'interdiction du mariage entre Soviétiques et étrangers le 15 février 1947, et un décret sur « la responsabilité pour la divulgation des secrets d'État ou la perte de documents contenant des secrets d'État » le 9 juin 1947. Le plus connu est le décret du 21 février 1948 selon lequel « tous les espions, trotskistes, diversionnistes, droitiers, mencheviks, socialistes-révolutionnaires, anarchistes, nationalistes, Blancs et autres éléments antisoviétiques » devaient être, « à l'issue de leur peine de camp, exilés dans les régions de la Kolyma, de la province de Novossibirsk et de Krasnoïarsk [...] et dans certaines régions éloignées du Kazakhstan ». Préférant placer sous bonne garde ces « éléments antisoviétiques », l'administration pénitentiaire décida le plus souvent de reconduire pour dix ans, sans autre forme de procès, la peine infligée à des centaines de milliers de « 58 » condamnés en 1937-1938.

Ce même 21 février 1948, le Praesidium du Soviet suprême adopta un autre décret qui ordonnait la déportation de la RSS d'Ukraine de « tous les individus refusant d'accomplir le nombre minimal de "journées-travail" dans les kolkhozes et menant une vie de parasite ». Le 2 juin 1948, cette mesure fut étendue à l'ensemble du pays. Étant donné l'état de délabrement des kolkhozes, incapables pour la plupart de garantir la moindre rémunération à leurs travailleurs en échange des journées-travail, de nombreux kolkhoziens n'accomplissaient pas dans l'année le nombre minimal de journées-travail imposé par l'administration. Des millions d'entre eux pouvaient donc tomber sous le coup de cette nouvelle loi. Comprenant qu'une application stricte du « décret sur le parasitisme » désorganiserait encore davantage la production, les autorités locales appliquèrent la loi avec laxisme. Néanmoins, pour la seule année 1948, plus de 38 000 « parasites » furent déportés et assignés à résidence dans les komandatures du NKVD. Toutes ces mesures répressives éclipsèrent l'abolition symbolique, et éphémère, de la peine de mort décidée par décret du 26 mai 1947. Le 12 janvier 1950, la peine capitale fut rétablie pour permettre, notamment, l'exécution des accusés de « l'affaire de Leningrad[1] ».

Dans les années trente, la question du « droit au retour » des déplacés et colons spéciaux avait donné lieu à des politiques souvent incohérentes et contradictoires. À la fin des années quarante, cette question fut résolue de manière radicale. Il fut décidé que tous les peuples déportés en 1941-

1. V.F. Zima, *art. cit.*, p. 45-58 ; E. Zubkova, *op. cit.*, p. 63-69.

1945 l'étaient « à perpétuité ». Le problème du sort des enfants de déportés arrivés à leur majorité ne se posait donc plus ; eux et leur descendance seraient toujours des colons spéciaux !

Au cours des années 1948-1953, le nombre de ces colons spéciaux ne cessa d'augmenter, passant de 2 342 000 au début de 1946 à 2 753 000 en janvier 1953. Cet accroissement était le résultat de plusieurs nouvelles vagues de déportation. Les 22 et 23 mai 1948, dans une Lituanie qui résistait toujours à la collectivisation forcée des terres, le NKVD lança une immense rafle baptisée « opération Printemps ». En quarante-huit heures, 36 932 hommes, femmes et enfants furent arrêtés et déportés en trente-deux convois. Tous étaient catalogués comme « bandits, nationalistes et membres de la famille de ces deux catégories ». Après un voyage de quatre à cinq semaines, ils furent répartis dans diverses komandatures de Sibérie orientale et affectés à des combinats forestiers où le travail était particulièrement dur. « Les familles lituaniennes envoyées comme force de travail dans le combinat forestier d'Igara (territoire de Krasnoïarsk), peut-on lire dans une note du NKVD, sont réparties dans des locaux inadaptés à l'habitation : toits qui laissent passer l'eau, fenêtres sans vitres, aucun meuble, aucune literie. Les déportés dorment sur le sol en étendant sous eux de la mousse et du foin. Cet entassement et l'inobservation des règles sanitaires ont fait apparaître des cas de typhus et de dysenterie, parfois mortels, chez les colons spéciaux. » Durant la seule année 1948, près de 50 000 Lituaniens furent déportés comme colons spéciaux et 30 000 envoyés dans les camps du Goulag. En outre, selon les données du ministère de l'Intérieur, 21 259 Lituaniens furent tués au cours des « opérations de pacification » dans cette république qui refusait avec obstination la soviétisation et la collectivisation. À la fin de 1948, malgré les pressions de plus en plus vives des autorités, moins de 4 % des terres avaient été collectivisées dans les pays Baltes [1].

Au début de 1949, le gouvernement soviétique décida d'accélérer le processus de soviétisation des pays Baltes et d'« éradiquer définitivement le banditisme et le nationalisme » dans ces républiques récemment annexées. Le 12 janvier, le Conseil des ministres prit un décret « Sur l'expulsion et la déportation hors des RSS de Lituanie, de Lettonie et d'Estonie, des koulaks et de leurs familles, des familles des bandits et des nationalistes se trouvant en situation illégale, des familles de bandits abattus lors d'affrontements armés, condamnés ou amnistiés et qui continuent de mener une activité hostile, ainsi que des familles des complices des bandits ». Les opérations de déportation se déroulèrent de mars à mai 1949 et touchèrent près de 95 000 personnes déportées des pays Baltes vers la Sibérie. Parmi ces « éléments hostiles et dangereux pour l'ordre soviétique », on comptait, selon le rapport adressé par Krouglov à Staline le 18 mai 1949, 27 084 enfants de moins de seize ans, 1 785 enfants en

1. J.-J. Marie, *op. cit.*, p. 124.

bas âge sans famille, 146 invalides et 2 850 « vieillards décrépits[1] » ! En septembre 1951, de nouvelles rafles envoyèrent près de 17 000 prétendus koulaks baltes en déportation. Pour les années 1940-1953, on estime à plus de 200 000 le nombre de Baltes déportés, dont environ 120 000 Lituaniens, 50 000 Lettons et un peu plus de 30 000 Estoniens[2]. À ces chiffres, il faut ajouter celui des Baltes dans les camps du Goulag, plus de 75 000 en 1953, dont 44 000 dans les camps « spéciaux » réservés aux détenus politiques les plus durs ; les Baltes représentaient un cinquième du contingent de ces camps. Au total, 10 % de la population adulte des pays Baltes était soit en déportation, soit en camp.

Parmi les autres nationalités récemment incorporées de force à l'URSS figuraient les Moldaves, eux aussi rétifs à la soviétisation et à la collectivisation. À la fin de 1949, les autorités décidèrent de procéder à une vaste rafle-déportation des « éléments hostiles et socialement étrangers ». L'opération fut supervisée par le premier secrétaire du Parti communiste de Moldavie, Leonid Ilitch Brejnev, futur secrétaire général du Parti communiste de l'URSS. Un rapport de Krouglov à Staline en date du 17 février 1950 établit à 94 792 le nombre de Moldaves déportés « pour l'éternité » comme « colons spéciaux ». En admettant un taux de mortalité au cours de leur transfert identique à celui des autres déportés, on parviendrait à un chiffre de l'ordre de 120 000 Moldaves déportés, soit environ 7 % de la population moldave. Parmi les autres opérations du même type, citons, toujours pour l'année 1949, la déportation, en juin 1949, vers le Kazakhstan et l'Altaï de 57 680 Grecs, Arméniens et Turcs du littoral de la mer Noire[3].

Tout au cours de la seconde moitié des années quarante, les partisans de l'OUN et de l'UPA capturés en Ukraine continuèrent à fournir d'importants contingents de colons spéciaux. De juillet 1944 à décembre 1949, les autorités soviétiques appelèrent à sept reprises les insurgés à déposer les armes, leur promettant une amnistie, mais sans résultats tangibles. En 1945-1947, les campagnes d'Ukraine occidentale, le « pays profond », étaient largement contrôlées par les insurgés soutenus par une paysannerie qui refusait toute idée de collectivisation. Les forces insurgées opéraient aux confins de la Pologne et de la Tchécoslovaquie, passant d'un pays à l'autre pour échapper aux poursuites. On peut juger de l'importance du mouvement d'après l'accord que dut signer, en mai 1947, le gouvernement soviétique avec la Pologne et la Tchécoslovaquie pour coordonner la lutte contre les « bandes » ukrainiennes. À la suite de cet accord et pour priver la rébellion de ses bases naturelles, le gouvernement

1. *Ibid* ; J-J. Marie, *op. cit.*, p. 122-126.

2. N. F. Bougaï, L. Beria-J. Stalinu..., *op. cit.,* p. 232.

3. Vl. Tsaranov, O likvidatsii kulacestva v Moldavii letom 1949 (La liquidation des koulaks en Moldavie en été 1949), *Otecestvennaia Istoria*, 1996, nº 2, p. 71-79 ; J.-J. Marie, *op. cit.*, p. 127-128.

polonais déplaça la population ukrainienne vers le nord-ouest de la Pologne[1].

La famine de 1946-1947, qui contraignit des dizaines de milliers de paysans d'Ukraine orientale à fuir en Ukraine occidentale, moins touchée, fournit quelque temps encore de nouvelles recrues à la rébellion. À en juger d'après la dernière proposition d'amnistie signée par le ministre ukrainien de l'Intérieur le 30 décembre 1949, les « bandes d'insurgés » ne se recrutaient pas uniquement parmi les paysans. Le texte mentionnait en effet, parmi les catégories de bandits, les « jeunes qui ont fui les usines, les mines du Donetz et les écoles industrielles ». L'Ukraine occidentale ne fut définitivement « pacifiée » qu'à la fin de 1950, après la collectivisation forcée des terres, le déplacement de villages entiers, la déportation ou l'arrestation de près de 300 000 personnes. Selon les statistiques du ministère de l'Intérieur, entre 1944 et 1952, près de 172 000 « membres de l'OUN et de l'UPA » furent déportés, souvent avec leur famille, comme colons spéciaux vers le Kazakhstan et la Sibérie[2].

Les opérations de déportation de « contingents divers », selon la classification du ministère de l'Intérieur, continuèrent jusqu'à la mort de Staline. Ainsi, au cours des années 1951-1952, furent déportés, au titre d'opérations ponctuelles de petite envergure, 11 685 Mingréliens et 4 707 Iraniens de Géorgie, 4 365 Témoins de Jéhovah, 4 431 koulaks de Biélorussie occidentale, 1 445 koulaks d'Ukraine occidentale, 1 415 koulaks de la région de Pskov, 995 personnes de la secte des « Vrais chrétiens orthodoxes », 2 795 basmatchis du Tadjikistan et 591 « vagabonds ». Seule différence avec les déportés appartenant aux divers peuples « punis » : ces contingents divers n'étaient pas déportés « à perpétuité », mais pour une durée de dix à vingt ans.

Comme en témoignent les archives du Goulag récemment exhumées, le début des années cinquante fut marqué à la fois par l'apogée du système concentrationnaire — jamais il n'y avait eu autant de détenus dans les camps de travail et de colons spéciaux dans les « villages de colonisation » — et par une crise sans précédent de ce système.

Au début de 1953, le Goulag comptait environ 2 750 000 détenus, répartis en trois types d'établissement :

— environ 500 « colonies de travail », présentes dans chaque région, regroupant en moyenne chacune mille à trois mille détenus, le plus souvent des droits-communs, condamnés pour moitié à des peines inférieures à cinq ans ;

1. Y. Bilinsky, *The Second Soviet Republic : the Ukraine after World War II*, New Brunswick, 1960, p. 132-135.

2. *Deportatsii narodov SSSR*, *op. cit.*, p. 160.

— une soixantaine de grands complexes pénitentiaires, les « camps de travail », situés principalement dans les régions septentrionales et orientales du pays et regroupant chacun plusieurs dizaines de milliers de détenus, droits-communs et politiques, condamnés dans leur majorité à des peines supérieures à dix ans ;

— une quinzaine de « camps à régime spécial » créés à la suite d'une instruction secrète du ministère de l'Intérieur du 7 février 1948, dans lesquels étaient détenus exclusivement des politiques considérés comme « particulièrement dangereux », soit environ 200 000 personnes [1].

Cet immense univers concentrationnaire comptait 2 750 000 détenus auxquels s'ajoutaient encore 2 750 000 colons spéciaux dépendant d'une autre direction du Goulag. Cet ensemble posait à la fois de sérieux problèmes d'encadrement et de surveillance, mais aussi de rentabilité économique. En 1951, le général Krouglov, ministre de l'Intérieur, inquiet de la baisse constante de la productivité de la main-d'œuvre pénale, lança une vaste campagne d'inspection sur l'état du Goulag. Les commissions envoyées sur place révélèrent une situation très tendue.

D'abord, bien sûr, dans les « camps à régime spécial » où les « politiques » arrivés depuis 1945 — « nationalistes » ukrainiens et baltes rompus à la guérilla, « éléments étrangers » des régions nouvellement incorporées, « collaborateurs » réels ou supposés, et autres « traîtres à la patrie » — étaient des détenus incontestablement plus déterminés que les « ennemis du peuple » des années trente, ces anciens cadres du Parti étant persuadés que leur internement était le fruit de quelque terrible méprise. Condamnés à des peines de vingt à vingt-cinq ans, sans espoir de libération anticipée, ces détenus n'avaient plus rien à perdre. Leur isolement dans les camps à régime spécial les avait, en outre, délivrés de la présence quotidienne des détenus de droit commun. Or, comme l'a souligné Alexandre Soljenitsyne, c'était précisément la promiscuité des politiques et des droits-communs qui constituait le principal obstacle à l'éclosion d'un climat de solidarité entre détenus. Cet obstacle étant levé, les camps spéciaux devinrent aussitôt des foyers de résistance et de révolte contre le régime. Les réseaux ukrainiens et baltes, tissés dans la clandestinité du maquis, y furent particulièrement actifs. Refus de travail, grèves de la faim, évasions de groupe, émeutes se multiplièrent. Pour les seules années 1950-1952, des recherches encore incomplètes recensent seize émeutes et révoltes importantes, impliquant chacune des centaines de détenus [2].

Les « inspections Krouglov » de 1951 révélèrent aussi la dégradation de la situation dans les camps « ordinaires », qui se traduisait par un « relâ-

---

1. GARF, 9414/1s/1391-1392.

2. M. Craveri, N. Formozov, La résistance au Goulag. Grèves, révoltes, évasions dans les camps de travail soviétiques de 1920 à 1956, *Communisme*, n° 42-43-44 (1995), p. 197-209.

chement généralisé de la discipline ». En 1951, un million de journées-travail furent perdues pour « refus de travail » des détenus. Et l'on assista à la montée de la criminalité à l'intérieur des camps, à la multiplication des incidents entre les détenus et les surveillants, et à la chute de la productivité du travail pénal. Selon l'administration, cette situation était largement due à l'affrontement entre bandes rivales de détenus, qui opposait les « voleurs dans la loi », qui refusaient de travailler pour respecter la « règle du milieu », aux « chiennes », qui se soumettaient au règlement du camp. La multiplication des factions et des rixes sapait la discipline et générait le « désordre ». On mourait désormais plus souvent d'un coup de couteau que de faim ou de maladie. La conférence des responsables du Goulag qui se tint à Moscou en janvier 1952 reconnut que « l'administration, qui avait jusqu'à présent su habilement tirer avantage des contradictions entre les divers groupes de détenus, est en train de perdre le contrôle des processus internes. [...] Dans certains camps, les factions sont en passe de prendre en main les affaires intérieures ». Pour casser groupes et factions, l'administration était contrainte de recourir à d'incessants transferts de détenus, à des réorganisations permanentes au sein des diverses sections d'immenses complexes pénitentiaires, regroupant fréquemment 40 000 à 60 000 détenus[1].

Néanmoins, au-delà du problème des factions, dont l'ampleur retient l'attention, c'est à la nécessité d'une réorganisation complète des structures pénitentiaires et productives, voire à d'importantes réductions d'effectifs, que concluent de nombreux rapports d'inspection établis en 1951-1952.

Ainsi, dans son rapport adressé, en janvier 1952, au général Dolguikh, le chef du Goulag, le colonel Zverev, responsable du grand ensemble concentrationnaire de Norilsk comptant 69 000 détenus, préconisait les mesures suivantes :

1. isoler les membres des factions. « Mais, précisait Zverev, à cause du grand nombre de détenus participant activement à l'une ou l'autre des deux factions [...] nous ne parvenons à isoler que les chefs et encore » ;
2. liquider les immenses zones de production où travaillent actuellement sans escorte des dizaines de milliers de détenus appartenant à des factions rivales ;
3. créer des unités de production plus petites pour assurer une meilleure surveillance des détenus ;
4. accroître le personnel de surveillance. « Mais, ajoutait Zverev, il est impossible d'organiser cette surveillance comme il le faudrait dans la mesure où la pénurie de personnel atteint 50 % » ;
5. séparer les détenus des travailleurs libres sur les sites de production. « Mais les liens technologiques entre les différentes entreprises

1. GARF, 9414/1s/513/185.

du combinat de Norilsk, la nécessité d'une production en continu, les problèmes aigus de logement ne permettent pas d'isoler les détenus des travailleurs libres de façon satisfaisante. [...] De manière générale, le problème de la productivité et de la cohérence du processus productif ne pourrait être résolu que par la libération anticipée de 15 000 détenus, qui seraient contraints de rester sur place [1]. »

Cette dernière proposition de Zverev était loin d'être incongrue dans le contexte de l'époque. En janvier 1951, le ministre de l'Intérieur Krouglov avait demandé à Beria la libération anticipée de 6 000 détenus qui devaient être envoyés comme travailleurs libres sur l'immense chantier de la centrale hydroélectrique de Stalingrad, où peinaient, de manière semble-t-il très inefficace, plus de 25 000 détenus. La pratique d'une libération anticipée, notamment des travailleurs qualifiés, était assez fréquente au début des années cinquante. Elle pose la question centrale de la rentabilité économique d'un système concentrationnaire hypertrophié.

Confrontée à une explosion d'effectifs moins aisément malléables que par le passé, à des problèmes d'encadrement et de surveillance — le Goulag employait un personnel de près de 208 000 personnes —, l'énorme machine administrative avait de plus en plus de difficultés à démasquer la *toufta* — les faux bilans — et à assurer une rentabilité toujours problématique. Pour résoudre ce problème permanent, l'administration n'avait le choix qu'entre deux solutions : soit exploiter la main-d'œuvre pénale au maximum, sans tenir compte des pertes humaines, soit l'utiliser de manière plus rationnelle en allongeant sa survie. Grosso modo, jusqu'en 1948, la première solution prédomina. À la fin des années quarante, la prise de conscience, par le régime, de l'ampleur de la pénurie de main-d'œuvre dans un pays saigné à blanc par la guerre conduisit les autorités pénitentiaires à exploiter les détenus de manière plus « économe ». Pour tenter de stimuler la productivité, primes et « salaires » furent introduits, les rations alimentaires augmentèrent pour ceux qui parvenaient à remplir les normes, le taux annuel de mortalité tomba à 2-3 %. Cette « réforme » buta rapidement sur les réalités du monde concentrationnaire.

Au début des années cinquante, les infrastructures de production avaient déjà près de vingt ans et n'avaient bénéficié, en général, d'aucun investissement récent. Les immenses unités pénitentiaires, regroupant des dizaines de milliers de détenus, mises en place au cours des années précédentes dans la perspective d'une utilisation extensive de la main-d'œuvre étaient des structures lourdes, difficilement réformables malgré les nombreuses tentatives faites de 1949 à 1952 pour les fragmenter en unités de production plus petites. La modicité du salaire distribué aux détenus, qui se montait à quelques centaines de roubles par an, soit quinze à vingt fois

1. GARF, 9414/1s/642/60-91 ; N. Werth, L'Ensemble concentrationnaire de Norilsk en 1951, *xx*e *siècle,* n° 47, juillet-septembre 1994, p. 88-100.

moins que le salaire moyen d'un travailleur libre, n'agissait guère comme un stimulant garantissant une productivité du travail plus élevée, à un moment où un nombre croissant de détenus refusait de travailler, s'organisant en bandes et nécessitant une surveillance accrue. Au total, mieux payé ou mieux gardé, le détenu, celui qui se soumettait aux règles de l'administration, comme le réfractaire qui préférait obéir à la « loi du milieu », coûtait de plus en plus cher.

Les données partielles qu'apportent les rapports d'inspection des années 1951-1952 vont toutes dans le même sens : le Goulag était devenu une machine de plus en plus difficilement gérable. D'ailleurs, les derniers grands chantiers staliniens qui avaient fait largement appel à la main-d'œuvre pénale, ceux des centrales hydroélectriques de Kouïbychev et de Stalingrad, du canal du Turkménistan et du canal Volga-Don, prirent un retard considérable. Pour accélérer les travaux, les autorités durent y transférer de nombreux travailleurs libres ou libérer avant terme les détenus les plus motivés [1].

La crise du Goulag éclaire d'un jour nouveau l'amnistie, touchant 1 200 000 détenus, décrétée le 27 mars 1953 par Beria, trois semaines à peine après la mort de Staline. On ne saurait faire abstraction des raisons économiques, et non seulement politiques, qui conduisirent les candidats à la succession de Staline, au courant des immenses difficultés de gestion d'un Goulag surpeuplé et de moins en moins « rentable », à proclamer cette amnistie partielle. Pourtant, au moment même où l'administration pénitentiaire demandait un « allègement » des contingents de détenus, Staline vieillissant, en proie à une paranoïa de plus en plus prononcée, préparait une nouvelle grande purge, une seconde Grande Terreur. Dans le climat pesant et trouble de la fin du stalinisme, les « contradictions » se multipliaient...

1. M. Craveri, O. Khlevniouk, Krizis ekonomiki MVD (La Crise de l'économie du MVD), *Cahiers du Monde russe*, vol. XXXVI (1-2), 1995, p. 179-190.

14
Le dernier complot

Le 13 janvier 1953, la *Pravda* annonça la découverte d'un complot du « groupe terroriste des médecins », composé de neuf puis de quinze médecins réputés, dont plus de la moitié étaient juifs. Ils étaient accusés d'avoir profité de leurs hautes fonctions au Kremlin pour « abréger la vie » d'Andreï Jdanov, membre du Bureau politique mort en août 1948, et d'Alexandre Chtcherbakov, mort en 1950, et d'avoir tenté d'assassiner de grands chefs militaires soviétiques, sur l'ordre de l'Intelligence Service et d'une organisation d'assistance juive, l'American Joint Distribution Committee. Tandis que leur dénonciatrice, la doctoresse Timachouk, recevait solennellement l'Ordre de Lénine, les inculpés, dûment interrogés, accumulaient les « aveux ». Comme en 1936-1938, des milliers de meetings se tinrent pour exiger le châtiment des coupables, la multiplication des enquêtes et le retour à une véritable « vigilance bolchevique ». Dans les semaines qui suivirent la découverte du « complot des blouses blanches », une vaste campagne de presse réactualisa les thèmes des années de la Grande Terreur, exigeant « d'en finir avec l'insouciance criminelle dans les rangs du Parti et de liquider définitivement le sabotage ». L'idée d'une vaste conspiration regroupant intellectuels, juifs, militaires, cadres supérieurs du Parti et de l'économie, fonctionnaires des républiques non russes faisait son chemin, rappelant les pires moments de la Iejovschina.

Comme le confirment les documents aujourd'hui accessibles sur cette affaire [1], le complot des blouses blanches fut un moment décisif du stalinisme d'après-guerre. Il marquait à la fois le couronnement de la campagne « anticosmopolite » — c'est-à-dire antisémite — déclenchée au début de 1949 mais dont les premiers jalons remontent à 1946-1947, et la probable

1. G. Kostyrcenko, S. Redlikh, *Evreiskii Antifacistkii Komitet v SSSR* (Le Comité juif antifasciste en URSS), Recueil de documents, Moscou, 1996 ; G. Kostyrcenko, *V plenu u Krasnogo Faraona* (Dans les geôles du pharaon rouge), Moscou, 1994) ; A. Knight, *Beria* (Paris, Aubier, 1994) ; J.-J. Marie, *Les Derniers Complots de Staline. L'affaire des Blouses blanches* (Bruxelles, Complexe, 1993).

ébauche d'une nouvelle purge générale, d'une nouvelle Grande Terreur que seule la mort de Staline, quelques semaines après l'annonce publique du complot, allait faire avorter. À ces deux dimensions s'en ajoutait une troisième : la lutte entre différentes factions des ministères de l'Intérieur et de la Sécurité d'État, séparés depuis 1946 et soumis à des remaniements constants[1]. Ces affrontements au sein de la police politique étaient eux-mêmes le reflet d'une lutte au sommet des appareils politiques, chacun des héritiers potentiels de Staline se plaçant déjà dans la perspective de la succession. Reste enfin une dernière dimension, troublante, de l'« Affaire » : en exhumant, huit ans après la révélation publique des camps d'extermination nazis, le vieux fonds antisémite du tsarisme combattu par les bolcheviks, l'Affaire soulignait la dérive du stalinisme dans sa dernière phase.

Il n'y a pas lieu ici de démêler les écheveaux de cette affaire ou, plutôt, des affaires qui convergèrent vers ce moment final. On se bornera donc à rappeler brièvement les principaux jalons qui conduisirent à ce dernier complot. En 1942, le gouvernement soviétique, désireux de faire pression sur les Juifs américains afin que ceux-ci poussent le gouvernement américain à ouvrir plus rapidement un « second front » contre l'Allemagne nazie en Europe, créa un Comité antifasciste juif soviétique présidé par Salomon Mikhoels, le directeur du fameux théâtre yiddish de Moscou. Des centaines d'intellectuels juifs y déployèrent une vaste activité : le romancier Ilia Ehrenbourg, les poètes Samuel Marchak et Peretz Markish, le pianiste Émile Guilels, l'écrivain Vassili Grossman, le grand physicien Piotr Kapitza, père de la bombe atomique soviétique, etc. Rapidement, le comité déborda de son rôle d'organisme de propagande officieuse pour se poser en rassembleur de la communauté juive, en organisme représentatif du judaïsme soviétique. En février 1944, les dirigeants du comité, Mikhoels, Fefer et Epstein, adressèrent même à Staline une lettre dans laquelle ils proposaient d'instaurer une République autonome juive en Crimée, susceptible de faire oublier l'expérience de « l'État national juif » du Birobidjan, tentée dans les années trente, et qui apparaissait comme un échec patent — en dix ans, moins de 40 000 Juifs s'étaient installés dans cette région perdue, marécageuse et désertique de l'extrême orient sibérien, aux confins de la Chine[1] !

Le comité se consacra également à la collecte de témoignages sur les massacres de Juifs par les nazis et sur les « phénomènes anormaux concernant les Juifs », euphémisme désignant les manifestations d'antisémitisme parmi la population. Or, celles-ci étaient nombreuses. Les traditions antisémites restaient fortes en Ukraine et dans certaines régions occidentales de la Russie, notamment dans l'ancienne « zone de résidence » de l'Empire russe, où les Juifs avaient été autorisés, par les autorités tsaristes, à résider. Les premières défaites de l'Armée rouge révélèrent l'ampleur de l'antisé-

1. G. Kostyrcenko, *op. cit.*, p. 45-47.

mitisme populaire. Comme le reconnaissaient certains rapports du NKVD sur « l'état d'esprit de l'arrière », de larges couches de la population étaient sensibles à la propagande nazie selon laquelle les Allemands ne faisaient la guerre qu'aux Juifs et aux communistes. Dans les régions occupées par les Allemands, notamment l'Ukraine, les massacres de Juifs, au vu et au su de la population, suscitèrent, semble-t-il, peu d'indignation. Les Allemands recrutèrent près de 80 000 supplétifs ukrainiens, dont certains participèrent aux massacres de Juifs. Pour contrer cette propagande nazie et mobiliser le front et l'arrière autour du thème de la lutte du peuple soviétique tout entier pour sa survie, les idéologues bolcheviques refusèrent d'emblée de reconnaître la spécificité de l'holocauste. C'est sur ce terreau que se développa l'antisionisme, puis l'antisémitisme officiel, particulièrement virulent, semble-t-il, dans les milieux de l'Agit-prop (Agitation-propagande) du Comité central. Ce département avait, dès août 1942, rédigé une note interne sur « La place dominante des juifs dans les milieux artistiques, littéraires et journalistiques ».

L'activisme du comité ne tarda pas à indisposer les autorités. Dès le début de 1945, le poète juif Peretz Markish fut interdit de publication ; la sortie du *Livre noir* sur les atrocités nazies contre les Juifs fut annulée sous prétexte que « le fil conducteur de tout le livre est l'idée que les Allemands n'ont fait la guerre contre l'URSS que dans le seul but d'anéantir les Juifs ». Le 12 octobre 1946, le ministre de la Sécurité d'État, Abakoumov, envoya au Comité central une note « Sur les tendances nationalistes du Comité antifasciste juif[1] ». Désireux, pour des raisons de stratégie internationale, de poursuivre alors une politique extérieure favorable à la création de l'État d'Israël, Staline ne réagit pas immédiatement. C'est seulement après que l'URSS eut voté à l'ONU le plan de partage de la Palestine, le 29 novembre 1947, qu'Abakoumov reçut carte blanche pour entreprendre la liquidation du comité.

Le 19 décembre 1947, plusieurs de ses membres furent arrêtés. Quelques semaines plus tard, le 13 janvier 1948, Salomon Mikhoels fut retrouvé assassiné à Minsk. Selon la version officielle, il aurait été victime d'un accident de voiture. Quelques mois plus tard, le 21 novembre 1948, le Comité antifasciste juif fut dissous, sous prétexte qu'il était devenu un « centre de propagande antisoviétique ». Ses diverses publications, notamment le journal yiddish *Einikait*, auquel[2] collaborait l'élite des intellectuels juifs soviétiques, furent interdites. Dans les semaines qui suivirent, tous les membres du comité furent arrêtés. En février 1949, la presse engagea une vaste campagne « anticosmopolite ». Les critiques de théâtre juifs furent dénoncés pour leur « incapacité à comprendre le caractère national russe » : « Quelle vision un Gourvitch ou un Iouzovski peut-il donc avoir du caractère national de l'homme russe soviétique ? » écrivait la *Pravda*

1. *Izvestia KPSS*, 1989, 12, p. 37.
2. G. Kostyrcenko, S. Redlikh, *op. cit.*, p. 326-384.

le 2 février 1949. Des centaines d'intellectuels juifs furent arrêtés, notamment à Leningrad et à Moscou, au cours des premiers mois de 1949.

La revue *Neva* a récemment publié un document exemplaire de cette période : l'arrêt du Collège judiciaire du tribunal de Leningrad rendu le 7 juillet 1949 et condamnant Achille Grigorievitch Leniton, Ilia Zeilkovitch Serman et Rulf Alexandrovna Zevina à dix ans de camp. Les inculpés étaient reconnus coupables d'avoir, entre eux, « critiqué la résolution du Comité central sur les revues *Zvezda* et *Leningrad* à partir de positions antisoviétiques [...], interprété les opinions internationales de Marx dans un esprit contre-révolutionnaire, loué les écrivains cosmopolites [...], et calomnié la politique du gouvernement soviétique sur la question des nationalités ». Ayant fait appel, les accusés furent condamnés à vingt-cinq ans par le Collège judiciaire de la Cour suprême, qui justifia ainsi son verdict : « La peine infligée par le tribunal de Leningrad n'a pas tenu compte de la gravité du crime accompli. [...] Les inculpés ont en effet mené une agitation contre-révolutionnaire en utilisant les préjugés nationaux et en affirmant la supériorité d'une nation sur les autres nations de l'Union soviétique [1] » !

Le limogeage des Juifs fut systématiquement mené, notamment dans les milieux de la culture, de l'information, de la presse, de l'édition, de la médecine, bref dans les professions où ils occupaient des postes de responsabilité. Les arrestations se multiplièrent, frappant les milieux les plus divers, aussi bien tel groupe d'« ingénieurs-saboteurs », juifs pour la plupart, arrêtés au combinat métallurgique de Stalino, condamnés à mort et exécutés le 12 août 1952, que l'épouse juive de Molotov, Paulina Jemtchoujina, haut responsable de l'industrie textile, arrêtée, le 21 janvier 1949 pour « perte de documents contenant des secrets d'État », jugée et envoyée en camp pour cinq ans, ou encore l'épouse, juive également, du secrétaire personnel de Staline, Alexandre Poskrebychev, accusée d'espionnage et fusillée en juillet 1952 [2]. Molotov et Poskrebychev continuèrent à servir Staline comme si de rien n'était.

Néanmoins, l'instruction des inculpés du Comité antifasciste juif traînait en longueur. Le procès, à huis clos, ne débuta qu'en mai 1952, soit deux ans et demi après l'arrestation des inculpés. Pourquoi ce délai si long ? D'après la documentation, encore lacunaire, aujourd'hui disponible, deux éléments peuvent être avancés pour expliquer la durée exceptionnelle de l'instruction. Staline orchestrait alors, toujours dans le plus grand secret, une autre affaire dite « de Leningrad », étape importante qui devait préparer, avec le dossier du Comité antifasciste juif, la grande purge finale. Parallèlement, il procédait à une réorganisation profonde des services de la Sécurité, dont l'épisode central fut l'arrestation d'Abakoumov en juillet 1951, qui était notamment dirigée contre le tout-puissant Beria, vice-président du Conseil des ministres et membre du Bureau politique. L'affaire du

1. J.-J. Marie, *op. cit.*, p. 60-61.
2. G. Kostyrcenko, *V plenu...*, *op. cit.*, p. 136-137.

Comité antifasciste juif était bien au cœur des luttes d'influence et de succession, au centre du dispositif qui devait déboucher sur l'affaire des blouses blanches et sur une seconde Grande Terreur.

De toutes les affaires, celle dite « de Leningrad », qui se solda par l'exécution, gardée secrète, des principaux dirigeants de la seconde plus importante organisation du Parti communiste de l'Union soviétique, reste encore aujourd'hui la plus mystérieuse. Le 15 février 1949, le Bureau politique adopta une résolution « Sur les actions anti-parti de Kouznetsov, Rodionov et Popkov », trois hauts dirigeants du Parti. Ceux-ci furent démis de leurs fonctions, ainsi que Voznessenski, le président du Gosplan, l'organe de planification d'État, et la plupart des membres de l'appareil du Parti de Leningrad, ville toujours suspecte aux yeux de Staline. En août-septembre 1949, tous ces dirigeants furent arrêtés, sous l'accusation d'avoir organisé un groupe « anti-parti » lié à... l'Intelligence Service. Abakoumov lança alors une véritable chasse aux « anciens du Parti de Leningrad » installés à des postes de responsabilité dans d'autres villes ou d'autres républiques. Des centaines de communistes de Leningrad furent arrêtés et environ 2 000 exclus du Parti et chassés de leur travail. La répression prit des formes étonnantes, frappant la ville elle-même en tant qu'entité historique. Ainsi, les autorités fermèrent, en août 1949, le musée de la Défense de Leningrad, consacré à la geste héroïque du blocus de la ville durant la « Grande Guerre patriotique ». Quelques mois plus tard, Mikhaïl Souslov, responsable à l'idéologie, fut chargé par le Comité central d'installer une « commission de liquidation » du musée, qui travailla jusqu'à la fin février 1953 [1].

Les principaux inculpés de l'affaire de Leningrad — Kouznetsov, Rodionov, Popkov, Voznessenski, Kapoustine, Lazoutine — furent jugés à huis clos le 30 septembre 1950, et exécutés le lendemain, une heure après le prononcé du verdict. Toute l'affaire se déroula dans le secret le plus complet. Nul n'en fut informé, pas même la fille d'un des principaux accusés qui était pourtant la bru d'Anastase Mikoïan, ministre et membre du Bureau politique ! Au cours du mois d'octobre 1950, d'autres parodies de jugement condamnèrent à mort des dizaines de cadres dirigeants du Parti, ayant tous appartenu à l'organisation de Leningrad : Soloviev, premier secrétaire du Comité régional de Crimée ; Badaïev, deuxième secrétaire du Comité régional de Leningrad ; Verbitski, deuxième secrétaire du Comité régional de Mourmansk ; Bassov, premier vice-président du Conseil des ministres de Russie, etc. [2].

L'épuration des « Léningradois » fut-elle un simple règlement de compte entre factions de l'appareil ou bien un maillon d'une chaîne d'af-

1. V.I. Demidov, V.A. Koutouzov, *Leningradskoie Delo* (L'Affaire de Leningrad), Leningrad, 1990, p. 38-90.

2. *Ibid.*, p. 139-151 ; J.-J. Marie, *op. cit.*, p. 77-99.

faires, allant de la liquidation du Comité antifasciste juif au complot des blouses blanches en passant par l'arrestation d'Abakoumov et le « complot nationaliste mingrélien » ? La seconde hypothèse est la plus probable. L'affaire de Leningrad fut sans doute une étape décisive dans la préparation d'une grande purge, dont le signal public fut donné le 13 janvier 1953. De manière significative, les crimes reprochés aux dirigeants léningradois déchus reliaient toute l'affaire aux sinistres années 1936-1938. Lors de la réunion plénière des cadres du Parti de Leningrad en octobre 1949, le nouveau premier secrétaire, Andrianov, annonça à l'auditoire éberlué que les anciens dirigeants avaient publié de la littérature trotskiste et zinoviéviste : « Dans les documents que ces gens-là faisaient publier, ils faisaient passer subrepticement et de façon masquée des articles des pires ennemis du peuple : Zinoviev, Kamenev, Trotski et d'autres. » Au-delà du grotesque de l'accusation, le message était clair pour les cadres de l'appareil. C'était bien à une nouvelle année 1937 que chacun devait se préparer[1].

Après l'exécution des principaux accusés de l'affaire de Leningrad en octobre 1950, manœuvres et contre-manœuvres se multiplièrent au sein des services de la Sûreté et de l'Intérieur. Devenu méfiant vis-à-vis de Beria, Staline inventa un fantomatique complot nationaliste mingrélien dont le but aurait été de rattacher la Mingrélie, région de Géorgie dont Beria était précisément originaire, à la Turquie. Beria fut contraint de décimer lui-même ses « compatriotes » et de mener une purge du Parti communiste géorgien[2]. En octobre 1951, Staline porta un autre coup à Beria en faisant arrêter un groupe de vieux cadres juifs de la sécurité et du parquet, dont le lieutenant-colonel Eitingon, qui avait, sous les ordres de Beria, organisé en 1940 l'assassinat de Trotski, le général Leonid Raikhman, qui avait participé au montage des procès de Moscou, le colonel Lev Schwarzmann, tortionnaire de Babel et de Meyerhold, et le juge d'instruction Lev Cheinine, bras droit du procureur des grands procès de Moscou de 1936-1938, Vychinski... Tous furent accusés d'être les organisateurs d'un vaste « complot nationaliste juif » dirigé par... Abakoumov, le ministre de la Sûreté d'État et proche collaborateur de Beria.

Abakoumov avait été arrêté quelques mois plus tôt, le 12 juillet 1951, et mis au secret. Il fut d'abord accusé d'avoir fait délibérément disparaître Jacob Etinguer, médecin juif renommé, arrêté en novembre 1950 et décédé en prison peu de temps après. En « éliminant » Etinguer qui avait, au cours de sa longue carrière, soigné entre autres Serge Kirov, Sergo Ordjonikidze, le maréchal Toukhatchevski, Palmiro Togliatti, Tito et Georges Dimitrov, Abakoumov aurait tenté d'« empêcher que ne soit démasqué un groupe criminel formé de nationalistes juifs infiltrés au plus haut niveau du ministère de la Sécurité d'État ». Quelques mois plus tard, c'est Abakoumov lui-même qui fut présenté comme le « cerveau » du complot nationaliste

1. J.-J. Marie, *op. cit.*, p. 90-91.
2. A. Knight, *op. cit.*, p. 239-247.

juif ! Ainsi l'arrestation d'Abakoumov en juillet 1951 constitua-t-elle une étape décisive dans le montage d'un vaste « complot judéo-sioniste » ; elle assurait la transition entre la liquidation, encore secrète, du Comité antifasciste juif et le complot des blouses blanches appelé à devenir le signal public de la purge. Ainsi, c'est durant l'été 1951, et non à la fin de 1952, que le scénario prit corps[1].

Du 11 au 18 juillet 1952 se déroula, à huis clos et dans le plus grand secret, le procès des membres du Comité antifasciste juif. Treize inculpés furent condamnés à mort et exécutés, le 12 août 1952, en même temps que dix autres « ingénieurs-saboteurs », tous juifs, de l'usine automobile Staline. Au total, le « dossier » du Comité antifasciste juif donna lieu à 125 condamnations, dont 25 condamnations à mort, toutes exécutées, et 100 condamnations à des peines de camp de dix à vingt-cinq ans[2].

Au mois de septembre 1952, le scénario du complot judéo-sioniste était prêt. Sa mise en œuvre fut retardée de quelques semaines, le temps que se tienne le XIXe Congrès du PCUS, réuni enfin en octobre 1952, treize ans et demi après le XVIIIe Congrès. Dès la fin du congrès, la plupart des médecins juifs mis en cause dans ce qui allait devenir publiquement l'affaire des blouses blanches furent arrêtés, emprisonnés, torturés. Parallèlement à ces arrestations, pour l'instant gardées secrètes, s'ouvrait à Prague, le 22 novembre 1952, le procès de Rudolf Slansky, ancien secrétaire général du Parti communiste tchécoslovaque, et de treize autres dirigeants communistes. Onze d'entre eux furent condamnés à mort et pendus. L'une des particularités de cette parodie judiciaire, entièrement montée par les conseillers soviétiques de la police politique, était son caractère ouvertement antisémite. Onze des quatorze accusés étaient juifs, et les faits qui leur étaient reprochés portaient sur la constitution d'un « groupe terroriste trotsko-tito-sioniste ». La préparation de ce procès fut l'occasion d'une véritable chasse aux Juifs dans les appareils des partis communistes d'Europe de l'Est.

Le lendemain de l'exécution des onze condamnés à mort du procès Slansky, le 4 décembre 1952, Staline fit voter par le Praesidium du Comité central une résolution intitulée « Sur la situation dans le ministère de la Sécurité d'État », qui ordonnait aux instances du Parti de « mettre fin au caractère incontrôlé des organismes de la Sécurité d'État ». La Sécurité était mise sur la sellette ; elle avait fait preuve de « laxisme », manqué de « vigilance », avait permis aux « médecins saboteurs » d'exercer leur funeste activité. Un pas supplémentaire était franchi. Staline comptait bien utiliser l'affaire des blouses blanches contre la Sécurité et contre Beria. Grand spécialiste des intrigues d'appareil, celui-ci ne pouvait ignorer le sens de ce qui se préparait.

---

1. P. et A. Soudoplatov, *op. cit.*, p. 385-434 ; G. Kostyrcenko, *V plenu...*, *op. cit.*, p. 289-314.

2. V.P. Naumov (ed), *Nepravednyi sud. Stenograma sudebnogo protsessa nad clenami Evreiskogo Antifasistkogo Komiteta* (Sténogramme du procès des membres du Comité antifasciste juif), Moscou, 1994.

Ce qui se passa dans les semaines qui précédèrent la mort de Staline reste encore largement méconnu. Derrière la campagne « officielle » appelant au « renforcement de la vigilance bolchevique », à la « lutte contre toute forme d'insouciance », derrière les meetings et les réunions demandant un « châtiment exemplaire » pour les « assassins cosmopolites », l'instruction et les interrogatoires des médecins arrêtés se poursuivaient. De nouvelles arrestations donnaient chaque jour encore plus d'ampleur au complot.

Le 19 février 1953, le vice-ministre des Affaires étrangères, Ivan Maïski, bras droit de Molotov et ancien ambassadeur d'URSS à Londres, fut arrêté. Interrogé sans discontinuer, il « avoua » avoir été recruté comme espion britannique par Winston Churchill, en même temps qu'Alexandra Kollontaï, grande figure du bolchevisme, animatrice en 1921 de l'Opposition ouvrière avec Chliapnikov, exécuté en 1937, et qui, jusqu'à la fin de la Seconde Guerre mondiale, avait été ambassadrice d'URSS à Stockholm [1].

Et cependant, malgré ces « avancées » sensationnelles dans l'instruction du complot, on ne peut s'empêcher de remarquer que, à la différence de ce qui s'était passé en 1936-1938, aucun des grands dignitaires du régime ne s'engagea publiquement, entre le 13 janvier et la mort de Staline le 5 mars, dans la campagne de dénonciation de l'affaire. Selon le témoignage de Boulganine, recueilli en 1970, outre Staline, principal inspirateur et organisateur, seuls quatre dirigeants « étaient dans le coup » : Malenkov, Souslov, Rioumine et Ignatiev. Tous les autres pouvaient par conséquent se sentir menacés. Toujours selon Boulganine, le procès des médecins juifs devait s'ouvrir à la mi-mars et se poursuivre par des déportations massives des Juifs soviétiques vers le Birobidjan [2]. Dans l'état actuel des connaissances et de l'accessibilité encore très limitée aux Archives présidentielles, où sont conservés les dossiers les plus secrets et les plus « sensibles », il est impossible de savoir si un tel plan de déportation massive des Juifs était à l'étude au début de 1953. Une seule chose est certaine : la mort de Staline survint à point nommé pour interrompre enfin la liste des millions de victimes de sa dictature.

1. J.-J. Marie, *op. cit.*, p. 159 ; P. et A. Soudoplatov, *op. cit.*, p. 424-426.
2. I. Rapoport, *Souvenirs du procès des Blouses blanches*, Paris, Alinéa, 1989, p.140-141.

15

La sortie du stalinisme

La disparition de Staline marqua, au milieu des sept décennies d'existence de l'Union soviétique, une étape décisive, la fin d'une époque, sinon la fin d'un système. La mort du Guide suprême révéla, comme l'écrit François Furet, « le paradoxe d'un système prétendument inscrit dans les lois du développement social, mais dans lequel tout dépend tellement d'un seul homme que, cet homme disparu, le système a perdu quelque chose qui lui était essentiel ». L'une des composantes majeures de ce « quelque chose d'essentiel » était le fort niveau de répression exercée, sous les formes les plus diverses, par l'État contre la société.

Pour les principaux collaborateurs de Staline — Malenkov, Molotov, Vorochilov, Mikoïan, Kaganovitch, Khrouchtchev, Boulganine, Beria — le problème politique posé par la succession de Staline était particulièrement complexe. Ils devaient à la fois assurer la continuité du système, se répartir les responsabilités, trouver un équilibre entre la prééminence — même atténuée — d'un seul et l'exercice de la collégialité, en faisant la part des ambitions de chacun et des rapports de forces, et introduire rapidement un certain nombre de changements sur la nécessité desquels existait un large consensus.

La difficile conciliation de ces objectifs explique le cheminement, extrêmement complexe et tortueux, du cours politique entre la mort de Staline et l'élimination de Beria (arrêté le 26 juin 1953).

Les comptes rendus sténographiques, aujourd'hui accessibles, des plenums du Comité central qui se réunirent le 5 mars 1953 (le jour de la mort de Staline) et du 2 au 7 juillet 1953 [1] (après l'élimination de Beria) éclairent les raisons qui poussèrent les dirigeants soviétiques à entamer cette « sortie du stalinisme », que Nikita Khrouchtchev allait transformer en « déstalinisation », avec ses points culminants — d'abord le

1. *Istocnik*, 1994, nº 1, p. 106-111 ; *Izvestia TsK*, nº 1, 1991, p. 139-214 ; 1991, nº 2, p. 141-208.

XXe Congrès du PCUS, en février 1956, puis le XXIIe Congrès, en octobre 1962.

La première raison était l'instinct de survie, l'autodéfense. Au cours des derniers mois de l'existence de Staline, presque tous les dirigeants avaient senti à quel point ils étaient eux-mêmes devenus vulnérables. Personne n'était à l'abri, ni Vorochilov, traité d'« agent de l'Intelligence Service », ni Molotov et Mikoïan, chassés par le dictateur de leur poste au Praesidium du Comité central, ni Beria, menacé par de sombres intrigues au sein des services de Sécurité, manipulées par Staline. Aux échelons intermédiaires, également, les élites bureaucratiques qui s'étaient reconstituées depuis la guerre craignaient et rejetaient les aspects terroristes du régime. La toute-puissance de la police politique constituait le dernier obstacle les empêchant de profiter d'une carrière stable. Il fallait commencer par démanteler ce que Martin Malia a justement appelé « la machinerie mise en place par le dictateur défunt à son propre usage », afin de s'assurer que nul ne s'en servirait pour affirmer sa propre prééminence aux dépens de ses collègues — et rivaux — politiques. Bien plus que des divergences de fond sur les réformes à entreprendre, c'était la peur de voir revenir au pouvoir un nouveau dictateur qui coalisa les « héritiers de Staline » contre Beria, qui apparaissait alors comme le dirigeant le plus puissant, car disposant de l'immense appareil de la Sécurité et de l'Intérieur. Une leçon s'imposait à tous : il ne fallait plus que les appareils répressifs puissent « échapper au contrôle du Parti » — en clair, devenir l'arme d'un seul — et menacer l'oligarchie politique.

La seconde raison, plus fondamentale, du changement tenait à la perception, partagée par tous les principaux dirigeants, aussi bien Khrouchtchev que Malenkov, de la nécessité de réformes économiques et sociales. La gestion exclusivement répressive de l'économie, fondée sur une ponction autoritaire de la quasi-totalité de la production agricole, sur une criminalisation des rapports sociaux, sur l'hypertrophie du Goulag, avait abouti à une grave crise économique et à des blocages sociaux qui excluaient tout progrès de la productivité du travail. Le modèle économique dont la mise en place, dans les années trente, contre la volonté de l'immense majorité de la société, avait débouché sur les cycles répressifs décrits précédemment était dépassé.

Enfin, la troisième raison du changement tenait à la dynamique même des luttes de succession qui alimentaient une spirale de surenchères politiques : c'est Nikita Khrouchtchev qui, pour un certain nombre de raisons que nous n'analyserons pas ici — acceptation personnelle d'affronter son passé de stalinien, authentique remords, habileté politique, populisme spécifique, attachement à une certaine forme de foi socialiste en « l'avenir radieux », volonté de revenir à ce qu'il considérait comme une « légalité socialiste », etc. —, finit par aller plus loin que tous ses collègues dans la voie d'une déstalinisation mesurée et partielle, sur le plan politique, mais radicale sur le plan de la vie quotidienne de la population.

Quelles furent donc les principales étapes du démantèlement de la machinerie répressive, de ce mouvement qui, en quelques années, contribua à faire passer l'Union soviétique d'un système marqué par un fort niveau de répression judiciaire et extrajudiciaire à un régime autoritaire et policier, où la mémoire de la Terreur allait être, une génération durant, l'un des garants les plus efficaces de l'ordre poststalinien ?

Moins de deux semaines après la mort de Staline, le Goulag fut profondément réorganisé. Il passa sous la juridiction du ministère de la Justice. Quant à ses infrastructures économiques, elles furent transférées aux ministères civils compétents. Plus spectaculaire encore que ces changements administratifs, qui traduisaient clairement un très net affaiblissement du tout-puissant ministère de l'Intérieur, fut l'annonce, dans la *Pravda* du 28 mars 1953, d'une large amnistie. En vertu d'un décret promulgué la veille par le Praesidium du Soviet suprême de l'URSS, et signé de son président, le maréchal Vorochilov, étaient amnistiés :

1. Tous les condamnés à des peines inférieures à cinq ans.
2. Toutes les personnes condamnées pour prévarication, crimes économiques et abus de pouvoir.
3. Les femmes enceintes et les mères d'enfant de moins de dix ans, les mineurs, les hommes de plus de cinquante-cinq ans et les femmes de plus de cinquante ans.

En outre, le décret d'amnistie prévoyait la diminution de moitié des peines restant à purger pour tous les autres détenus, sauf ceux condamnés pour crimes « contre-révolutionnaires », vol à grande échelle, banditisme et meurtre avec préméditation.

En quelques semaines, environ 1 200 000 détenus, soit près de la moitié de la population des camps et des colonies pénitentiaires, quittèrent le Goulag. La plupart d'entre aux étaient soit des petits délinquants, condamnés pour de menus vols, soit, le plus souvent, de simples citoyens tombés sous le coup d'une des innombrables lois répressives qui sanctionnaient presque chaque sphère d'activité, depuis « l'abandon du poste de travail » jusqu'à « l'infraction à la loi sur les passeports intérieurs ». Cette amnistie partielle, qui excluait notamment les prisonniers politiques et les « déplacés spéciaux », reflétait, par son ambiguïté même, les évolutions encore mal définies et les cheminements tortueux en cours durant le printemps 1953, période d'intenses luttes pour le pouvoir, durant laquelle Lavrenti Beria, premier vice-président du Conseil des ministres et ministre de l'Intérieur, parut se muer en « grand réformateur ».

Par quelles considérations était dictée cette large amnistie ? Selon Amy Knight[1], la biographe de Lavrenti Beria, l'amnistie du 27 mars 1953, décidée à l'initiative du ministre de l'Intérieur lui-même, s'inscrivait dans une série de mesures politiques qui témoignaient du « revirement libéral » de Beria, engagé dans les luttes de succession pour le pouvoir après la

1. A. Knight, *Beria*, Paris, Aubier, 1995.

mort de Staline, et pris dans une spirale de surenchères politiques. Pour justifier cette amnistie, Beria avait envoyé au Praesidium du Comité central, le 24 mars, une longue note dans laquelle il expliquait que sur les 2 526 402 détenus que comptait le Goulag, seuls 221 435 étaient des « criminels d'État particulièrement dangereux », enfermés, pour la plupart, dans les « camps spéciaux ». Dans leur immense majorité, reconnaissait Beria (remarquable et étonnant aveu !), les prisonniers ne constituaient pas une menace sérieuse pour l'État. Une large amnistie était souhaitable pour décongestionner rapidement un système pénitentiaire excessivement lourd et peu rentable[1].

La question de la gestion de plus en plus difficile de l'immense Goulag était régulièrement évoquée depuis le début des années cinquante. La crise du Goulag, reconnue par la plupart des dirigeants bien avant la mort de Staline, éclaire d'un jour nouveau l'amnistie du 27 mars 1953. Des raisons économiques — et non seulement politiques — conduisirent, par conséquent, les candidats à la succession de Staline, au courant des immenses difficultés de gestion d'un Goulag surpeuplé et de moins en moins « rentable », à proclamer une large, mais néanmoins partielle, amnistie.

Dans ce domaine comme dans tant d'autres, aucune mesure radicale ne pouvait être prise tant que Staline était en vie. Selon la juste formule de l'historien Moshe Lewin, tout était, dans les dernières années du dictateur, « momifié ».

Toutefois, une fois Staline mort, « tout n'était pas encore possible » : étaient ainsi exclus de l'amnistie tous ceux qui avaient été les principales victimes de l'arbitraire du système, les « politiques », condamnés pour activités contre-révolutionnaires.

L'exclusion des politiques de l'amnistie du 27 mars 1953 fut à l'origine d'un certain nombre d'émeutes et de révoltes de détenus dans les camps à régime spécial du Goulag, du Retchlag et du Steplag[2].

Le 4 avril, la *Pravda* annonça que les « assassins en blouse blanche » avaient été les victimes d'une provocation et que leurs aveux avaient été extorqués par des « méthodes illégales d'instruction » (sous-entendu, sous la torture). L'événement fut encore amplifié par la résolution que le Comité central adopta quelques jours plus tard, « Sur la violation de la légalité par les organes de la Sécurité d'État ». Il en ressortait clairement que l'affaire des médecins assassins n'avait pas été un accident isolé, que la Sécurité d'État s'était arrogé des pouvoirs exorbitants, qu'elle avait multiplié les actes illégaux. Le Parti rejetait ces méthodes et condamnait le pouvoir excessif de la police politique. L'espoir engendré par ces textes suscita aussitôt de nombreuses réactions : les parquets furent submergés de cen-

1. A. Knight, *op. cit.*, p. 276.

2. M. Craveri, N. Formozov, « La résistance au Goulag », *Communisme*, 1995, n°s 42-44, p. 197-209.

taines de milliers de demandes de réhabilitation. Quant aux détenus, notamment ceux des camps spéciaux, exaspérés par le caractère limité et sélectif de l'amnistie du 27 mars, conscients du désarroi de leurs gardiens et de la crise que traversait le système répressif, ils refusèrent en masse de travailler et d'obéir aux injonctions des commandants de camp. Le 14 mai 1953, plus de quatorze prisonniers de différentes sections de l'ensemble pénitentiaire de Norilsk organisèrent une grève et mirent sur pied des comités composés de membres élus par les différents groupes nationaux, où les Ukrainiens et les Baltes jouaient un rôle clé. Les principales revendications des détenus étaient : la diminution de la journée de travail à neuf heures ; la suppression du matricule sur les vêtements ; l'abrogation des limitations concernant la correspondance avec la famille ; l'expulsion de tous les indicateurs ; l'extension du bénéfice de l'amnistie aux politiques.

L'annonce officielle, le 10 juillet 1953, de l'arrestation de Beria, accusé d'avoir été un espion anglais, un « ennemi acharné du peuple », conforta les détenus dans l'idée que quelque chose d'important était en train de changer à Moscou et les rendit intransigeants dans leurs revendications. Le mouvement de refus de travail s'amplifia. Le 14 juillet, plus de douze mille détenus de l'ensemble pénitentiaire de Vorkouta se mirent, à leur tour, en grève. Signe du changement des temps, à Norilsk comme à Vorkouta, des négociations furent engagées et l'assaut contre les détenus retardé à plusieurs reprises.

L'agitation resta endémique dans les camps à régime spécial de l'été 1953 jusqu'au XXe Congrès, en février 1956. La révolte la plus importante, et la plus longue, éclata, en mai 1954, dans la troisième section de l'ensemble pénitentiaire du Steplag, à Kenguir, près de Karaganda (Kazakhstan). Elle dura quarante jours et ne fut réduite qu'après que les troupes spéciales du ministère de l'Intérieur eurent investi le camp avec des chars. Environ quatre cents détenus furent jugés et à nouveau condamnés, et les six membres survivants de la commission qui avait dirigé la résistance furent exécutés.

Signe du changement politique depuis la mort de Staline, certaines des revendications exprimées en 1953-1954 par les détenus en révolte furent néanmoins satisfaites : la durée du travail quotidien des détenus fut abaissée à neuf heures, et des améliorations significatives furent introduites dans la vie quotidienne.

En 1954-1955, le gouvernement prit une série de mesures qui limitaient la toute-puissance de la Sécurité d'État profondément remaniée depuis l'élimination de Beria. Les *troïki* — tribunaux spéciaux jugeant les affaires relevant de la police politique — furent supprimées. La police politique fut réorganisée en organisme autonome qui prit le nom de *Komitet Gossoudarstvennoï Bezopasnosti* (KGB, Comité de la Sécurité d'État), purgé de 20 % environ de ses effectifs d'avant mars 1953, et placé sous l'autorité du général Serov, qui avait notamment supervisé toutes les déportations des peuples durant la guerre. Considéré comme un proche de

Nikita Khrouchtchev, le général Serov incarnait toutes les ambiguïtés d'une période de transition où bien des responsables de la veille gardaient des postes clés. Le gouvernement décréta de nouvelles amnisties partielles, dont la plus importante, en septembre 1955, permit la libération des personnes ayant été condamnées, en 1945, pour « collaboration avec l'occupant », et des prisonniers de guerre allemands encore détenus en URSS. Enfin, un certain nombre de mesures furent prises en faveur des « colons spéciaux ». Ceux-ci reçurent notamment l'autorisation de se déplacer dans un rayon plus large, et de pointer moins fréquemment à la *komandature* dont ils dépendaient. À la suite de négociations germano-soviétiques au plus haut niveau, les Allemands déportés, qui représentaient 40 % du nombre total des colons spéciaux (un peu plus d'un million sur 2 750 000 environ), furent les premiers à bénéficier, à partir de septembre 1955, de la levée des restrictions qui pesaient sur cette catégorie de proscrits. Néanmoins, les textes de loi précisaient que l'abrogation des restrictions juridiques, professionnelles, de statut et de résidence n'entraînait « ni la restitution des biens confisqués ni le droit de retourner dans les lieux d'où les colons spéciaux avaient été déplacés »[1].

Ces restrictions étaient très significatives de l'ensemble du processus, partiel et graduel, de ce que l'on a appelé la « déstalinisation ». Menée par un stalinien, Nikita Khrouchtchev, qui avait, comme tous les dirigeants de sa génération, participé directement à la répression — dékoulakisation, purges, déportations, exécutions — la déstalinisation ne pouvait que se limiter à la dénonciation de certains excès de la « période du culte de la personnalité ». Le Rapport secret, lu par Khrouchtchev, dans la soirée du 24 février 1956, devant les délégués soviétiques au XXe Congrès, restait très sélectif dans sa condamnation du stalinisme, ne remettant jamais en cause aucun des grands choix du Parti depuis 1917. Ce caractère sélectif apparaissait aussi bien dans la chronologie de la « déviation » stalinienne — datée de 1934, elle excluait du chapitre des crimes la collectivisation et la famine de 1932-1933 — que dans le choix des victimes mentionnées, toutes des communistes, généralement de stricte obédience stalinienne, mais jamais les simples citoyens. En circonscrivant le champ des répressions aux seuls communistes, victimes de la dictature personnelle de Staline, et à des épisodes précis d'une histoire qui ne commençait qu'après l'assassinat de Serge Kirov, le Rapport secret éludait la question centrale : celle de la responsabilité du Parti, dans son ensemble, et, depuis 1917, vis-à-vis de la société.

Le Rapport secret fut suivi d'un certain nombre de mesures concrètes qui complétèrent les dispositions limitées qui avaient été prises jusque-là. En mars-avril 1956, tous les colons spéciaux appartenant à l'un des

1. V. N. Zemskov, « Massovoie osvobozdenie spetzposelentsev i ssylnyx » (« La libération massive des déplacés spéciaux et des exilés »), *Sotsiologiceskie Issledovania*, 1991, n° 1, p. 5-26.

« peuples punis » pour une prétendue collaboration avec l'Allemagne nazie, et déportés en 1943-1945, furent « soustraits à la surveillance administrative des organes du ministère de l'Intérieur », sans pouvoir, toutefois, prétendre à la restitution de leurs biens confisqués ni au retour dans leur région. Ces demi-mesures suscitèrent la colère des déportés qui furent nombreux à refuser de signer l'engagement écrit qu'exigeait d'eux l'administration de ne pas réclamer la restitution de leurs biens et de ne pas retourner dans leur région d'origine. Face à cette attitude qui témoignait d'un remarquable changement du climat politique et des mentalités, le gouvernement soviétique fit de nouvelles concessions, en rétablissant, le 9 janvier 1957, les anciennes républiques et régions autonomes des peuples déportés, qui avaient été dissoutes au lendemain de la guerre. Seule la république autonome des Tatars de Crimée ne fut pas restaurée.

Durant trois décennies, les Tatars de Crimée allaient se battre pour que leur fût reconnu le droit au retour. Les Karatchaïs, les Kalmouks, les Balkars, les Tchétchènes et les Ingouches prirent, par dizaines de milliers, le chemin du retour à partir de 1957. Rien ne leur fut facilité par les autorités. De nombreux incidents éclatèrent entre les déportés désirant réintégrer leurs anciens logements et les colons russes qui avaient été amenés en 1945 des régions avoisinantes et qui occupaient désormais les lieux. N'ayant pas de *propiska*, cet enregistrement auprès de la police locale qui seul donnait le droit juridique d'habiter dans une localité donnée, les anciens déportés, de retour chez eux, furent contraints, une fois de plus, de s'installer dans des baraquements improvisés, des bidonvilles, des camps de toile, sous la menace permanente d'être à tout moment arrêtés pour infractrion au régime des passeports (passible de deux ans d'emprisonnement). En juillet 1958, la capitale tchétchène, Grozny, fut le théâtre de sanglants affrontements entre Russes et Tchétchènes. Un calme précaire ne fut rétabli qu'après que les autorités eurent débloqué des fonds pour la construction de logements pour les ex-déportés [1].

Officiellement, la catégorie des colons spéciaux ne cessa d'exister qu'en janvier 1960. Les derniers déportés libérés de leur statut de paria furent les nationalistes ukrainiens et baltes. Las d'affronter une nouvelle fois les obstacles administratifs mis à leur retour par les autorités, moins de la moitié des déportés baltes et ukrainiens rentrèrent au pays. Les autres survivants « prirent racine » sur leur lieu de déportation.

Ce n'est qu'après le XXe Congrès que la grande majorité des détenus contre-révolutionnaires fut libérée. En 1954-1955, moins de 90 000 d'entre eux furent élargis. En 1956-1957, près de 310 000 contre-révolutionnaires quittèrent le Goulag. Au 1er janvier 1959, il restait 11 000 politiques dans les camps [2]. Pour accélérer les procédures, plus de deux cents commissions spéciales de révision furent envoyées dans les camps, et plusieurs amnisties

1. J.-J. Marie, *op. cit.*, p. 120 *sq.*
2. V. N. Zemskov, « Goulag », article cité, p. 14.

furent décrétées. Cependant, libération ne signifiait pas encore réhabilitation. En deux ans (1956-1957), moins de soixante mille personnes furent dûment réhabilitées. L'immense majorité dut attendre des années, et parfois des décennies, avant d'obtenir le précieux certificat. L'année 1956 resta néanmoins dans la mémoire collective comme l'année du « retour », admirablement décrite par Vassili Grossman dans son récit *Tout passe*. Ce grand retour, qui se déroulait dans le silence officiel le plus total, et qui rappelait aussi que des millions ne reviendraient jamais, ne pouvait qu'engendrer un profond désarroi des esprits, un vaste traumatisme social et moral, un face à face tragique dans une société où, écrivait Lydia Tchoukovskaïa, « deux Russies se regardaient désormais dans les yeux. Celle qui a emprisonné et celle qui a été emprisonnée ». Face à cette situation, la première préoccupation des autorités fut de ne pas accéder aux demandes individuelles ou collectives concernant des poursuites à engager contre les fonctionnaires auteurs de violations de la légalité socialiste ou de méthodes illégales d'instruction durant la période du culte de la personnalité. La seule voie de recours était les commissions de contrôle du Parti. Sur le chapitre des réhabilitations, les autorités politiques envoyèrent aux parquets un certain nombre de circulaires fixant les priorités : membres du Parti et militaires. Il n'y eut aucune épuration.

Avec la libération des politiques, le Goulag poststalinien vit ses effectifs fondre, avant de se stabiliser, à la fin des années cinquante et au début des années soixante, aux alentours de 900 000 détenus, soit un noyau dur de 300 000 détenus et récidivistes de droit commun purgeant de longues peines et 600 000 petits délinquants condamnés, en fonction des lois répressives toujours en vigueur, à des peines souvent disproportionnées par rapport au délit. Peu à peu disparut le rôle pionnier du Goulag dans la colonisation et l'exploitation des richesses naturelles du Grand Nord et de l'Extrême-Orient soviétique. Les immenses complexes pénitentiaires de la période stalinienne se fragmentèrent en unités plus petites. La géographie du Goulag se modifia aussi : les camps se réinstallèrent en majorité dans la partie européenne de l'URSS. L'enfermement reprit peu à peu la fonction régulatrice qu'il a dans chaque société, gardant toutefois dans l'URSS poststalinienne des spécificités propres à un système qui n'était pas celui de l'État de droit. Aux criminels s'ajoutaient en effet, au gré de campagnes réprimant sporadiquement tel ou tel comportement soudainement jugé intolérable — alcoolisme, hooliganisme, « parasitisme » —, des citoyens « ordinaires », ainsi qu'une minorité de personnes (quelques centaines par an) condamnées pour la plupart au titre des articles 70 et 190 du nouveau Code pénal promulgué en 1960.

Les différentes mesures de libération et les amnisties furent complétées par des modifications capitales de la législation pénale. Parmi les premières mesures réformant la législation stalinienne figurait un décret du 25 avril 1956, qui abolissait la loi anti-ouvrière de 1940 interdisant aux ouvriers de quitter leur entreprise. Ce premier pas vers la dé-criminalisation des relations de travail fut suivi de plusieurs autres dispositions. Toutes ces mesures partielles furent systématisées avec l'adoption, le 25 décembre 1958, des nouveaux « Fondements du droit pénal ». Ces textes firent disparaître les dispositions centrales de la législation pénale des codes précédents, notamment la notion d'« ennemi du peuple » et de « crime contre-révolutionnaire ». Par ailleurs, l'âge de la responsabilité pénale fut relevé de quatorze à seize ans ; la violence et les tortures ne pourraient plus être employées pour arracher des aveux ; le prévenu devait être obligatoirement présent à l'audience, défendu par un avocat informé du dossier ; sauf exception, les débats devaient être publics. Le Code pénal de 1960 maintenait toutefois un certain nombre d'articles qui permettaient de punir toute forme de déviance politique ou idéologique. Aux termes de l'article 70, tout individu « menant une propagande visant à affaiblir le pouvoir soviétique... au moyen d'assertions calomnieuses dénigrant l'État et la société » était passible d'une peine de six mois à sept ans de camp, suivie d'exil intérieur pour une durée de deux à cinq ans. L'article 190 condamnait toute « non-dénonciation » de délit d'antisoviétisme d'une peine de un à trois ans de camp ou d'une peine équivalente de travaux d'intérêt collectif. Dans les années soixante et soixante-dix, ces deux articles furent largement utilisés contre les formes de « déviance » politique ou idéologique : 90 % des quelques centaines de personnes condamnées chaque année pour « antisoviétisme » le furent au nom de ces deux articles.

Au cours de ces années de « dégel » politique et d'amélioration globale du niveau de vie, mais où la mémoire de la répression restait vive, les formes actives de désaccord ou de contestation restèrent extrêmement minoritaires : pour la première moitié des années soixante, les rapports du KGB reconnaissaient 1 300 « opposants » en 1961, 2 500 en 1962, 4 500 en 1964, 1 300 en 1965 [1]. Dans les années soixante-soixante-dix, trois catégories de citoyens firent l'objet d'une surveillance « rapprochée » des services du KGB : les minorités religieuses (catholiques, baptistes, pentecôtistes, adventistes), les minorités nationales les plus touchées par la répression au cours de la période stalinienne (Baltes, Tatars de Crimée, Allemands, Ukrainiens des régions occidentales où la résistance à la soviétisation avait été particulièrement forte), l'intelligentsia créatrice adhérant au mouvement « dissident » apparu au début des années soixante [2].

Après une ultime campagne anticléricale, lancée en 1957, qui se borna le plus souvent à la fermeture d'un certain nombre d'églises rouvertes depuis la guerre, la confrontation entre l'État et l'Église orthodoxe céda la place à une cohabitation. L'attention des services spécialisés du KGB se

1. N. Werth, G. Moullec, *op. cit.*, p. 501-503.

2. L. Alexeïeva, *Soviet Dissent, Contemporary Movements for National, Religious and Human Rights*, Wesleyan UP, 1985. La synthèse la plus complète sur les mouvements dissidents, d'où sont citées les données ici rapidement présentées.

porta désormais plus particulièrement sur les minorités religieuses suspectées moins pour leurs convictions religieuses que pour le soutien qu'on les soupçonnait de recevoir de l'étranger. Quelques données éparses témoignent de l'aspect marginal de ce phénomène : en 1973-1975, 116 baptistes furent arrêtés ; en 1984, 200 baptistes purgeaient une peine de prison ou de camp, la durée moyenne des condamnations étant de un an.

En Ukraine occidentale, qui avait été longtemps une des régions les plus rétives à la soviétisation, une dizaine de « groupuscules nationalistes », héritiers de l'OUN, furent démantelés à Ternopol, Zaporojie, Ivano-Frankovsk, Lviv, dans les années 1961-1973. Les peines infligées aux membres de ces groupuscules s'échelonnaient généralement de cinq à dix ans de camp. En Lituanie, autre région soumise brutalement dans les années quarante, les sources locales font état d'un nombre très limité d'arrestations dans les années soixante-soixante-dix. L'assassinat de trois prêtres catholiques en 1981 dans des circonstances suspectes, qui impliquaient probablement les services du KGB, fut ressenti comme une provocation intolérable.

Jusqu'à la disparition de l'URSS, le problème des Tatars de Crimée, déportés en 1944 et dont la république autonome n'avait pas été rétablie, resta un lourd héritage de la période stalinienne. Dès la fin des années cinquante, les Tatars de Crimée, installés majoritairement en Asie centrale, entamèrent — signe que les temps avaient bien changé — une campagne de pétitions pour leur réhabilitation collective et pour être autorisés à rentrer chez eux. En 1966, une pétition de 130 000 signatures fut déposée par une délégation tatare au XXIIIe Congrès du Parti. En septembre 1967, un décret du Présidium du Soviet suprême annula l'accusation de « trahison collective ». Trois mois plus tard, un nouveau décret autorisa les Tatars à s'installer dans une localité de leur choix, à condition de respecter la législation sur les passeports, ce qui impliquait un contrat de travail en bonne et due forme. De 1967 à 1978, moins de 15 000 personnes — soit 2 % de la population tatare — parvinrent à se mettre en règle au regard de la loi sur les passeports. Le mouvement des Tatars de Crimée fut servi par l'engagement en faveur de la cause tatare du général Grigorenko, arrêté en mai 1969 à Tachkent et transféré dans un hôpital psychiatrique, une forme d'enfermement qui toucha, dans les années soixante-dix, quelques dizaines de personnes par an.

C'est généralement du premier procès politique public de l'époque poststalinienne, le procès des écrivains Andreï Siniavski et Iouri Daniel en février 1966, condamnés à sept et cinq ans de camp, que les historiens datent les débuts de la dissidence. Le 5 décembre 1965, peu de temps après l'arrestation des écrivains, une manifestation de soutien réunissant une cinquantaine de personnes se déroula sur la place Pouchkine à Moscou. Les dissidents — quelques centaines d'intellectuels au milieu des années soixante, entre mille et deux mille à l'apogée du mouvement une décennie plus tard — inauguraient une démarche radicalement différente de contestation. Au lieu de nier la légitimité du régime, ils exigeaient le strict respect des lois soviétiques, de la Constitution et des accords internationaux signés par l'URSS. Les modalités de l'action dissidente étaient en conformité avec ce nouveau principe : refus de la clandestinité, transparence du mouvement, large publicité des actions entreprises grâce au recours, aussi fréquent que possible, à la conférence de presse avec invitation de correspondants étrangers.

Dans le rapport de forces, disproportionné, entre quelques centaines de dissidents et l'État soviétique, le poids de l'opinion internationale devint déterminant, notamment après la parution, en Occident, à la fin de 1973, du livre d'Alexandre Soljenitsyne, *L'Archipel du Goulag*, suivie de l'expulsion hors d'URSS de l'écrivain. En quelques années, grâce à l'action d'une infime minorité, la question des droits de l'homme en URSS devint une affaire internationale majeure et un sujet central de la Conférence sur la sécurité et la coopération en Europe, qui débuta en 1973 à Helsinki. L'acte final de la Conférence, signé par l'URSS, renforça la position des dissidents, qui organisèrent, dans les quelques villes où ils étaient implantés (Moscou, Leningrad, Kiev, Vilnius, etc.), des « comités de surveillance des accords d'Helsinki » chargés de transmettre toute information sur les violations des droits de l'homme. Ce travail d'information avait été entrepris, dans des conditions plus difficiles, dès 1968, avec la parution, tous les deux ou trois mois, d'un bulletin clandestin, la *Chronique des événements courants*, qui signalait les formes les plus diverses d'atteinte aux libertés. Dans le contexte nouveau de l'internationalisation de la question des droits de l'homme en URSS, la machinerie policière fut en partie bridée. Dès que l'opposant était connu, son arrestation ne passait plus inaperçue, les informations sur son sort circulant rapidement à l'étranger. De manière significative, le cycle policier évoluait désormais étroitement en fonction des aléas de la « détente » : les arrestations furent plus nombreuses en 1968-1972 et en 1979-1982 que dans les années 1973-1976. Il est impossible, dans l'état de la documentation actuelle, de dresser un bilan précis du nombre de personnes arrêtées pour des motifs politiques dans les années 1960-1985. Les sources dissidentes font état de quelques centaines d'arrestations dans les années les plus dures. En 1970, la *Chronique des événements courants* fit état de cent six condamnations, dont vingt à un « enfermement prophylactique » dans un hôpital psychiatrique. Pour 1971, les chiffres cités par la *Chronique* étaient respectivement de 85 et 24. Au cours des années 1979-1981, années de confrontation internationale, quelque cinq cents personnes furent arrêtées.

Dans un pays où le pouvoir était toujours resté étranger à l'expression libre d'opinions non conformes qui exprimeraient leur désaccord sur la nature même de ce pouvoir, le phénomène de la dissidence, expression d'une opposition radicale, d'une autre conception politique défendant, face aux droits de la collectivité, ceux de l'individu, ne pouvait guère avoir de prise directe sur le corps social. Le vrai changement était ailleurs : dans les multiples sphères d'autonomie sociale et culturelle qui s'étaient développées à partir des années soixante-soixante-dix, et, plus encore, au milieu des années quatre-vingt, avec la prise de conscience, par une partie des élites politiques, de la nécessité d'un changement aussi radical que celui qui était intervenu en 1953

Moscou, 1936. Staline est entouré *(de gauche à droite)* de Khrouchtchev, qui s'illustra dans la répression en Ukraine, A. Jdanov, l'idéologue qui lancera après guerre la campagne contre le « cosmopolitisme », L. Kaganovitch, commissaire aux chemins de fer, K. Vorochilov, commissaire à la Défense, V. Molotov, le principal lieutenant de Staline, mort en 1986, M. Kalinine, le maréchal M. Toukhatchevski, liquidé en 1937. *Au second rang*, G. Malenkov (2ᵉ), N. Boulganine (5ᵉ) et Elena Stassova (8ᵉ) qui cautionna la politique du *Vojd* (le chef), au sein du Komintern.

Felix Dzerjinski, fondateur de la Tcheka et chef de la Guépéou jusqu'à sa mort en 1926, imposa sa marque au régime.

L. Beria vote – un simulacre de démocratie. Après V. Menjinski, G. Iagoda, N. Iejov, il règne sur la police politique et les forces de répression jusqu'à son élimination, en juin 1953, par ses rivaux Khrouchtchev, Malenkov, Molotov…

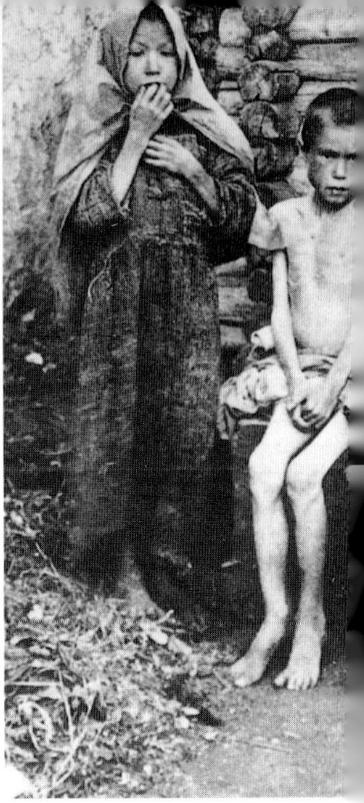

En déclenchant la guerre civile, les bolcheviks ouvrent la voie à une violence inouïe. À Orcha, 1918, un officier polonais est pendu et empalé par des soldats de l'Armée rouge naissante.

Kiev (1919). Après la retraite de l'Armée rouge, les cadavres des victimes de la Tcheka sont exhumés au n° 5 de la rue Sadovaïa où « l'instrument de la terreur bolcheviste » avait l'un de ses centres.

Conséquence de la guerre civile et de la politique bolchevique vis-à-vis des campagnes, une terrible famine ravage les régions de la Volga. En 1921-1922, elle entraîne la mort de cinq millions de personnes – les enfants en sont les premières victimes.

Photos Musée d'histoire contemporaine – BDIC

Lénine est contraint d'accepter l'aide étrangère : des trains de secours distribuant des vivres furent affrétés par la Croix-Rouge, le comité Nansen ou l'American Relief Administration. Les intellectuels russes qui participent à l'organisation de l'aide seront arrêtés sur son ordre et condamnés à mort. Sur intervention de F. Nansen, ils sont finalement bannis de Russie.

1930-1931. Les paysans résistent à la collectivisation : ils affrontent les Gardes rouges venus saisir les récoltes, puis se réfugient dans les forêts. Pour les déloger, les troupes de la Guépéou n'hésitent pas à y mettre le feu.

Le chantier du canal mer Blanche-Baltique (BBK), le Bielomorkanal, entreprise pharaonique, où des dizaines de milliers de détenus trouvent la mort en 1932-1933. Inauguré en grande pompe par Staline et ses acolytes, le canal s'avère inutilisable.

© D.R.

Pour collectiviser les terres – le « grand assaut contre la paysannerie » –, Staline utilise « l'arme de la faim », en particulier contre les Ukrainiens. On estime que sa politique fit six millions de victimes. À Kharkov, en 1933, la mort quotidienne laisse les passants indifférents. Les cas de cannibalisme sont si fréquents que le gouvernement fait imprimer une affiche qui proclame : « Manger son enfant est un acte barbare ! »

© Coll. Tomasz Kizny / Vu.

L'orchestre du Bielomorkanal. La construction du canal, entreprise absurde, était censée être justifiée par la rééducation des détenus.

Dessin de Kersnovskaïa

L'envers des photos de propagande est livré par les détenus qui témoigneront par leurs dessins de la vie et de la mort des déportés soviétiques. Dessin d'Euphrosina Kerniovskaïa : « L'arrivée au camp de rééducation par le travail » en Sibérie, en avril 1943.

Séance d'épuration du Parti. D'abord moyen de contrôle idéologique des militants, les « tchistka » deviennent un exercice de délation auquel chacun peut être soumis dans son entreprise. Ces séances d'autocritique aboutissent de plus en plus souvent à l'arrestation après quelques jours ou quelques semaines.

« La Russie innocente se tordait de douleur/ Sous les bottes ensanglantées/Sous les pneus noirs des fourgons cellulaires », écrit à l'époque la poétesse Anna Akhmatova dont le fils était emprisonné *(Requiem)*. Ces « corbeaux noirs », comme les surnommaient les Moscovites, véhiculaient les prisonniers de la Loubianka aux prisons de Lefortovo ou de Boutyrka, parfois camouflés en voitures de boulanger.

Moscou. La Loubianka (vers 1925). Dans les sous-sols du siège de la Guépéou, qui succède à la Tcheka, étaient aménagées des caves pour exécuter les ennemis du régime d'une balle dans la nuque. Elle symbolise toute la cruauté et l'arbitraire du régime.

© Roger-Viollet

Le procès de Chakhty (Donbass), en 1928, inaugure une nouvelle catégorie d'ennemis du régime, celle des « spécialistes » accusés de « sabotage » alors que Staline lance le premier plan quinquennal. Il s'agit d'imposer aux cadres de l'industrie l'adhésion aux principes de la « seconde révolution » tels qu'il les a définis. *Debout à droite*, le procureur Nikolaï Krylenko, lui-même liquidé en 1938.

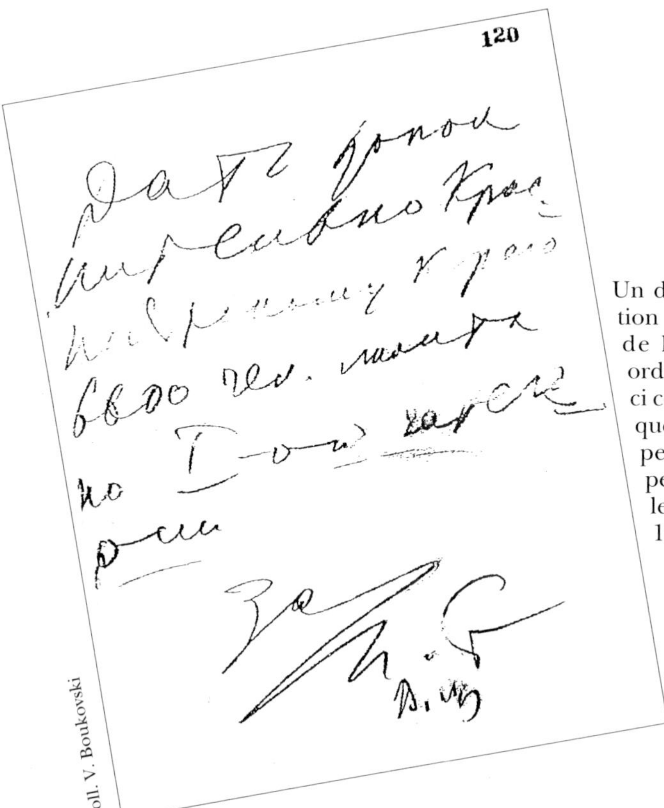

Coll. V. Boukovski

Un des nombreux ordres d'exécution signé par Staline. À l'époque de la Grande Terreur de tels ordres étaient quotidiens : celui-ci concerne 6 600 personnes. Plus que tous les opposants politiques pendus sous le régime tzariste pendant le siècle qui a précédé le coup d'État bolchevique de 1917.

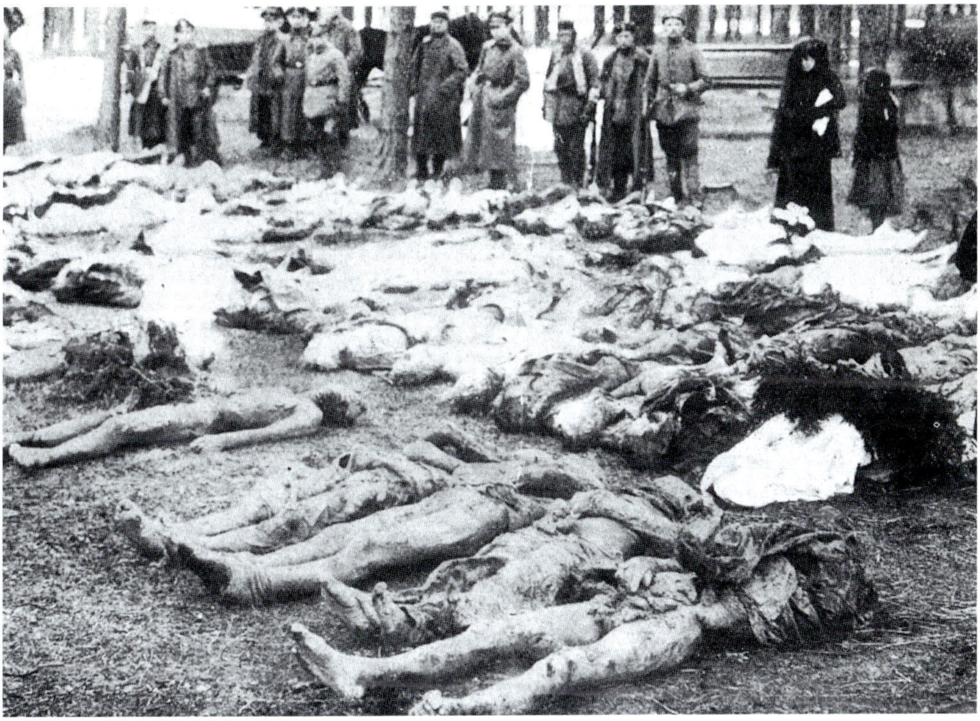

Walk (Estonie), 1919. Les bolcheviks qui tentent de s'emparer du pouvoir exécutent leurs otages choisis parmi les élites ; ils se retirent en laissant derrière eux des centaines de cadavres : l'extermination des adversaires politiques ou de groupes sociaux entiers est nécessaire pour remporter la guerre civile. Ces massacres préfigurent les grandes déportations subies par les Baltes en 1940-1941, puis en 1944-1945.

Allemagne, Pentecôte 1927. Rencontre nationale de la ligue du Rot Front (le Front rouge), Organisation paramilitaire conçue comme un embryon d'Armée rouge ; le Front rouge trouve son origine dans la culture de guerre civile dont Aragon se fera le chantre : « Prolétariat connais ta force/Connais ta force et déchaîne-la/[...] Feu sur Léon Blum/Feu sur Boncour Frossard Déat/Feu sur les ours savants de la social-démocratie/Feu Feu j'entends passer/La mort qui se jette sur Garchery/Feu vous-dis-je/Sous la conduite du Parti communiste SFIC... » (*Le Front rouge*, 1931.)

© D.R.

LE PEUPLE ESPAGNOL SE DÉFEND CONTRE LES ESPIONS ET AGENTS DU FASCISME

Huma 30 oct 38

Les traîtres trotskistes du POUM sont condamnés

Gorkin, Juan Andrade Rodriguez, Gironella et Pedro Bonet Cuito à 15 ans de prison ; José Arquer à 11 ans

Les travailleurs français, en de nombreux télégrammes félicitent le président Negrin pour la fermeté dont fait preuve le gouvernement

6 NOVEMBRE, JOURNÉE DE SOLIDARITÉ !

Les travailleurs parisiens ont commémoré dignement, hier après-midi, la mémoire de leur camarade Damien MAGNAVAL, tombé pour la défense de la République espagnole. Ci-dessus, un aspect de la cérémonie, à la Maison des syndicats, pendant la garde dhonneur des représentants de la région Paris-Ville du Parti communiste

(Voir nos informations en 2e page)

Espagne, 1937. Staline entend exploiter la guerre civile espagnole : il y envoie ses émissaires et ses agents. Le NKVD (successeur de la Guépéou) est chargé de liquider ceux qui se mettent en travers de sa stratégie internationale : anarchistes, trotskistes et les militants du Parti ouvrier d'unification marxiste. Enlevé en juin 1937, torturé, Andreu Nin, son leader, est tué par les hommes de Ernö Gerö (futur dirigeant de la Hongrie communiste), tandis qu'une campagne internationale de la presse communiste (ici *L'Humanité*) accuse les antifascistes non staliniens d'être des agents de Franco.

© D.R.

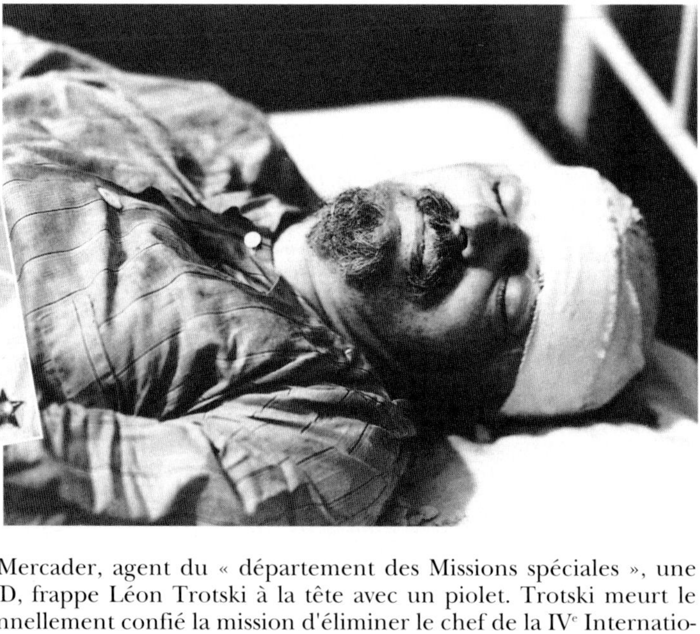

© Roger-Viollet

Le 20 août 1940, Ramon Mercader, agent du « département des Missions spéciales », une unité particulière du NKVD, frappe Léon Trotski à la tête avec un piolet. Trotski meurt le lendemain. Staline a personnellement confié la mission d'éliminer le chef de la IVe Internationale à Pavel Soudoplatov (*à gauche*, en 1942) qui dirige alors ce département.

Katyn (Russie), avril 1943. Les Allemands découvrent dans des fosses les cadavres de 4 500 officiers polonais. Une commission de la Croix-Rouge conclut à leur exécution par les Soviétiques, au printemps 1940 (au total il y eut environ 25 000 disparus). Symbole du meurtre de masse, Katyn est aussi celui du mensonge négateur : jusqu'en 1989 le gouvernement communiste en Pologne et les communistes du monde entier attribuèrent le massacre aux Allemands.

Vinnitsa (Ukraine), juin 1943. Des fosses datant de 1937-1939 contenant plusieurs centaines de cadavres sont ouvertes. Sur leur emplacement, les autorités avaient installé un parc de culture et de repos et un théâtre d'été… À Jitomir, Kamenets-Podolskii, etc., des fosses semblables furent découvertes. Aujourd'hui encore de telles macabres découvertes sont courantes : à l'été 1997, 1100 corps ont été exhumés près de Saint-Pétersbourg, et 9 000 autres dans un charnier dans la forêt de Carélie.

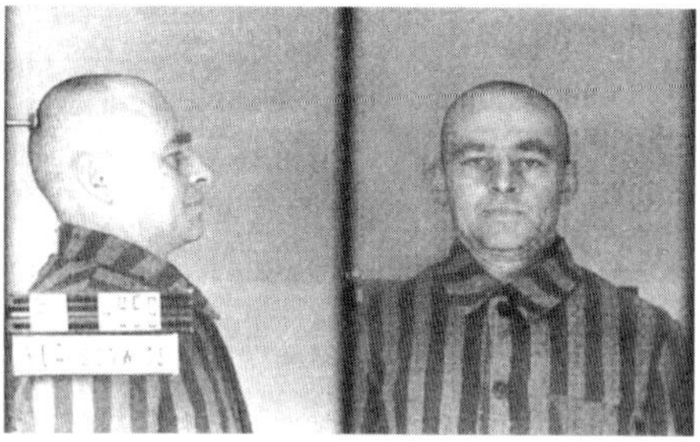

© D.R.

Cimetière juif de Varsovie. Monument érigé clandestinement en 1987 à la mémoire de Viktor Alter et Henryk Erlich. Les leaders du Parti socialiste des ouvriers juifs (Bund) sont condamnés une première fois pour avoir prétendument entretenu des relations avec les nazis ! Condamnés à mort une seconde fois, ils sont gardés prisonniers dans le secret absolu. Erlich se pend dans sa cellule le 15 mai 1942 ; Alter est fusillé le 17 février 1943, quelques jours après la victoire de Stalingrad.

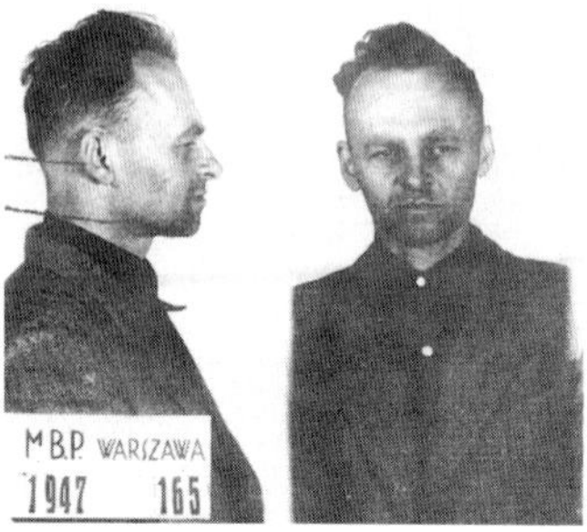

Photos © D.R.

Résistant polonais, Witold Pilecki se fait volontairement interner à Auschwitz (matricule 4859, *en haut*) pour y organiser un réseau, puis il s'en évade et poursuit le combat contre les nazis. Arrêté en mai 1947 par la police politique communiste *(en bas)*, il est torturé, condamné à mort et exécuté. Pilecki a été réhabilité en 1990.

© A. Tabor

Monument érigé à Varsovie en 1996 en hommage aux Polonais, catholiques et juifs, déportés dans le Grand Nord, en Sibérie, au Kazakhstan, etc., en 1939-1941, puis 1944-1945.

Berlin-Est, 17 juin 1953. Pour protester contre la diminution de leurs salaires, les ouvriers font grève le 16 et manifestent. Les chars soviétiques prennent position (ici sur la Leipzigerstrasse). Seize manifestants sont tués, des centaines d'autres blessés, douze mille personnes sont condamnées à de lourdes peines de prison. L'insurrection des Berlinois est la première grande fissure dans une « démocratie populaire ».

Budapest, octobre 1956. Première révolution antitotalitaire, la révolte rassemble l'ensemble de la population contre la police politique et le Parti communiste. Une première intervention soviétique est tenue en échec par les insurgés.

Budapest, novembre 1956. Les chars soviétiques investissent une nouvelle fois la ville. La population résiste les armes à la main. Le Parti communiste hongrois, parti unique, sera rétabli dans ses prérogatives au prix d'environ 3000 morts. 25000 personnes ont été emprisonnées. Des dizaines de milliers de Hongrois ont choisi l'exil.

Poznan (Pologne), 28 juin 1956. Les ouvriers d'une usine de chemin de fer se mettent en grève. La population manifeste avec eux aux cris de « Pain et liberté ». La répression fait plusieurs dizaines de morts : devant l'usine Fiat les manifestants brandissent un drapeau polonais taché de sang.

Gdansk, décembre 1970. Les ouvriers des ports de la Baltique en grève protestent contre la hausse des prix des produits de première nécessité. Des centaines de manifestants sont tués ou blessés. Sur une porte, l'une des victimes de la Milice, Janek Wisniewski, est immortalisée par une ballade (« Gars de Grabowek/Gars de Chylonia/ Aujourd'hui la Milice a tiré/Janek Wisniewski est tombé ») qui resurgit en août 1980 lors de la naissance du Syndicat Solidarnosc *(ci-dessous)*.

Nicolas Petkov, démocrate, résistant au fascisme, fut vice-premier ministre du gouvernement de coalition après la libération de la Bulgarie. Ayant démissionné pour protester contre la terreur, il fut arrêté et, après un procès truqué, condamné à mort le 16 août 1947 et pendu le 23 septembre.

Devant la Cour d'État à Prague, Milada Horáková *(deuxième à gauche)* est condamnée à mort le 8 juin 1950 avec trois autres coaccusés. Ils sont pendus le 27 juin 1950.

Prague, août 1968. L'invasion soviétique en rappelle une autre.
Les Praguois associent naturellement cette nouvelle occupation à celle des troupes hitlériennes en mars 1939. Ils font le salut nazi aux troupes soviétiques.

Pour conclure

Cette synthèse n'a pas la prétention de présenter des révélations sur l'exercice de la violence d'État en URSS et sur les formes de répression mises en œuvre durant la première moitié de l'existence du régime soviétique. Cette spécificité a déjà été, depuis longtemps, explorée par les historiens qui n'ont pas attendu l'ouverture des archives pour retracer les principales séquences et l'ampleur de la terreur. En revanche, l'accès aux sources permet l'établissement d'un premier bilan dans son déroulement chronologique, dans son aspect quantitatif, dans ses formes. C'est cette esquisse qui constitue une première étape dans l'établissement d'un inventaire de questions sur les pratiques de la violence, leur récurrence et leur signification dans différents contextes.

Cette démarche s'insère dans un vaste chantier ouvert, depuis une dizaine d'années, en Occident comme en Russie. Dès l'ouverture — même partielle — des archives, les historiens ont avant tout cherché à confronter l'historiographie constituée dans « l'anormalité » aux sources désormais disponibles. C'est ainsi que, depuis quelques années, un certain nombre d'historiens, surtout russes, ont fait connaître des matériaux aujourd'hui fondamentaux, qui ont servi de base à toutes les études récentes et en cours. Plusieurs champs ont été privilégiés, en particulier l'univers concentrationnaire, la confrontation entre le pouvoir et la paysannerie, les mécanismes de prise de décision au sommet. Des historiens comme V.N. Zemskov ou N. Bougaï ont, par exemple, effectué un premier bilan quantitatif des déportations sur l'ensemble de la période stalinienne. V.P. Danilov en Russie, A. Graziosi en Italie ont mis en évidence à la fois la continuité et la centralité des affrontements entre le nouveau régime et la paysannerie. À travers les archives du Comité central, O. Khlevniouk a apporté un certain nombre d'éclairages sur le fonctionnement du « premier cercle du Kremlin ».

M'appuyant sur ces recherches, j'ai tenté de reconstituer, à partir de 1917, le déroulement de ces cycles de violence, qui sont au cœur de l'histoire sociale, encore largement à écrire, de l'URSS. Tout en reprenant une trame largement explorée par les « pionniers » qui ont reconstitué ex nihilo les pans tragiques de cette histoire, j'ai sélectionné les sources qui m'ont semblé les plus exemplaires de la diversité des formes de violence et de répression, des pratiques et des groupes victimes, mais aussi des décalages et des contradictions : violence extrême du discours léniniste à l'égard des opposants mencheviques qu'il faudrait « tous fusiller », mais qui, dans les faits, ont été plus souvent emprisonnés. Violence extrême des détachements de réquisition qui, à la fin de 1922, continuent à terroriser les campagnes, alors même que la NEP a été décrétée par le Centre depuis plus d'un an. Alternance contradictoire, dans les années 1930, entre des phases spectaculaires d'arrestations de masse et de remises en liberté dans le cadre d'une campagne de « désengorgement des prisons ». Derrière la multiplicité des cas présentés, l'intention a été de procéder à un inventaire des formes de violence et de répression, qui élargit le champ des questionnements sur les mécanismes, l'ampleur et le sens de la terreur de masse.

La permanence de ces pratiques jusqu'à la disparition de Staline et leur incidence déterminante dans l'histoire sociale de l'URSS justifient, me semble-t-il, la mise au second plan de l'histoire politique, dans une première étape du moins. Dans cet effort de reconstitution se mêle un essai de synthèse qui rend compte des connaissances anciennement ou plus récemment acquises et des documents qui interpellent et suscitent de nouvelles questions. Ceux-ci sont le plus souvent des rapports de terrain — correspondance des fonctionnaires locaux sur la famine, rapports de la tcheka locale sur les grèves ouvrières de Toula, comptes rendus de l'administration concentrationnaire sur l'état des détenus — qui mettent en scène des réalités concrètes et des situations limites dans cet univers d'extrême violence.

Pour permettre de dégager les divers questionnements au cœur de cette étude, il faut d'abord rappeler les différents cycles de violences et de répression.

Le premier cycle, de la fin de l'année 1917 à la fin de 1922, s'ouvre avec la prise du pouvoir qui, pour Lénine, passe nécessairement par une guerre civile. Après une très brève phase d'instrumentalisation des violences spontanées émanant de la société, qui ont agi comme autant de forces dissolvantes de « l'ordre ancien », on assiste, dès le printemps 1918, à une offensive délibérée contre la paysannerie, qui, au-delà des affrontements militaires entre « Rouges » et « Blancs », modèlera, pour plusieurs décennies, les pratiques de terreur et conditionnera l'impopularité assumée du pouvoir politique. Ce qui frappe, malgré les enjeux liés à la précarité du pouvoir, c'est le refus de toute négociation, la fuite en avant devant l'obstacle, qu'illustrent tout particulièrement les répressions engagées contre « l'allié naturel » des bolcheviks, les ouvriers, la révolte de Kronstadt n'étant, de ce point de vue, qu'un aboutissement. Ce premier cycle ne s'arrête ni avec la défaite des Blancs, ni avec la NEP : il se prolonge dans une dynamique entretenue par une base formée à la violence et ne se tarit qu'avec la famine de 1922, qui anéantit les dernières résistances paysannes.

Quel sens donner à la courte pause qui, de 1923 à 1927, interrompt deux cycles de violences ? Plusieurs éléments parlent en faveur d'une sortie progressive de la culture de guerre civile : les effectifs de la police politique diminuent fortement, on constate une trêve avec la paysannerie et le début d'une réglementation juridique. Néanmoins, la police politique non seulement ne disparaît pas, mais conserve ses fonctions de contrôle, de surveillance et de fichage. La brièveté même de cette pause en relativise le sens.

Si le premier cycle de répression s'est inscrit dans un contexte d'affrontements directs et généralisés, le second débute par une offensive assumée par le groupe stalinien contre la paysannerie, dans un contexte de luttes politiques au sommet. De part et d'autre, cette résurgence d'une extrême violence est ressentie comme un recommencement. Le pouvoir politique renoue avec les pratiques expérimentées quelques années auparavant. Les mécanismes liés à la brutalisation des rapports sociaux au cours du premier cycle enclenchent une nouvelle dynamique de terreur, mais aussi de régression pour le quart de siècle à venir. Cette seconde guerre déclarée à la paysannerie est décisive dans le processus d'institutionnalisation de la terreur comme mode de gouvernement. Et ce à plusieurs titres : elle se joue en partie sur une instrumentalisation des tensions sociales, réveillant le vieux fonds de violence « archaïque » présent dans le monde rural ; elle inaugure le système des déportations de masse ; elle est le lieu où se forment les cadres politiques du régime. Enfin, en instituant un prélèvement prédateur qui désorganise l'ensemble du cycle productif, le système « d'exploitation militaro-féodale » de la paysannerie, selon la formule de Boukharine, débouche sur une nouvelle forme de servage et ouvre la voie à l'expérience extrême du stalinisme : la famine de 1933 qui, à elle seule, occupe la plus lourde place dans le bilan des victimes de la période stalinienne. Après cette situation limite — plus personne pour semer, plus de place dans les prisons —, un temps de trêve s'esquisse brièvement, deux ans durant : on libère, pour la première fois, en masse. Mais les rares mesures d'apaisement sont génératrices de nouvelles tensions : les enfants de koulaks déportés retrouvent leurs droits civiques, mais ne sont pas autorisés à rentrer chez eux.

À partir de la guerre paysanne, comment s'enchaînent et s'articulent les différentes séquences de la terreur au cours des années trente et de la décennie suivante ? Pour les discerner, on peut s'appuyer sur différents repères, dont l'intensité et la radicalité des répressions. Le temps de la « Grande Terreur » concentre, sur moins de deux ans (fin 1936-fin 1938), plus de 85 % des condamnations à mort prononcées par des cours d'exception pour l'ensemble de la période stalinienne. Durant ces années, la sociologie des victimes est brouillée : la part importante des cadres exécutés ou arrêtés ne peut masquer la très grande diversité sociologique des victimes liquidées au « hasard » des quotas à remplir. Cette répression « tous azimuts », aveugle et barbare, ne traduit-elle pas, en cette apogée paroxystique de la Terreur, une incapacité à tourner un certain nombre d'obstacles et à résoudre les conflits autrement que par la liquidation ?

Un autre repère des séquences de répression nous est fourni par la typologie des groupes victimes. Sur fond de pénalisation croissante des rapports sociaux, on constate plusieurs offensives caractérisées au cours de la décennie, dont la dernière affecte le « petit peuple » des villes à partir de 1938 à travers un renforcement de la législation anti-ouvrière.

À partir de 1940, dans le contexte de la soviétisation des nouveaux territoires annexés, puis de la « Grande Guerre patriotique », se met en place une nouvelle séquence de répression marquée à la fois par la désignation de nouveaux groupes victimes, « nationalistes » et « peuples ennemis », et par la systématisation de déportations massives. Les prémisses de cette nouvelle vague sont observables dès 1936-1937, avec notamment la déportation des Coréens dans un contexte de durcissement de la politique des frontières.

L'annexion, à partir de 1939, des régions orientales de la Pologne, puis des pays Baltes donne lieu à la fois à l'élimination des représentants dits « de la bourgeoisie nationaliste » et à la déportation de groupes minoritaires spécifiques — Polonais de Galicie orientale, par exemple. Cette dernière pratique s'amplifie au cœur même de la guerre, défiant les urgences vitales de défense d'un pays menacé par l'anéantissement. Les déportations successives de groupes entiers — Allemands, Tchétchènes, Tatars, Kalmouks... — révèlent, entre autres, la maîtrise acquise dans ce type d'opérations depuis le début des années trente. Ces pratiques ne sont pas circonscrites à la période de la guerre. Elles se poursuivent, sous une forme sélective, tout au long des années quarante, dans le cadre d'un long processus de pacification-soviétisation des nouvelles régions incorporées à l'Empire. L'afflux, durant cette période, d'importants contingents nationaux au Goulag modifie d'ailleurs profondément la configuration de l'univers concentrationnaire, où les représentants des « peuples punis » et les résistants nationaux occupent désormais une place prépondérante.

Parallèlement, au sortir de la guerre, on assiste à un nouveau durcissement de la pénalisation des comportements sociaux, qui a pour conséquence une croissance ininterrompue des effectifs du Goulag. Cette période d'après-guerre marque donc l'apogée numérique du Goulag, mais aussi le début de la crise de l'univers concentrationnaire, hypertrophié, traversé de multiples tensions et à la rentabilité économique de plus en plus problématique.

Par ailleurs, les dernières années de ce grand cycle stalinien, encore très mal connues, témoignent de dérives spécifiques à cette période : sur fond de réactivation d'un antisémitisme latent, le retour de la figure du complot met en scène la rivalité de forces mal identifiées — clans au sein de la police politique ou des organisations régionales du Parti. Les historiens sont donc amenés à s'interroger sur l'éventualité d'une ultime campagne, nouvelle Grande Terreur, dont la population juive soviétique, en particulier, aurait été la victime.

Ce bref rappel des premières trente-cinq années de l'histoire de l'URSS souligne la permanence des pratiques de violence extrême comme forme de gestion politique de la société.

Ne faut-il pas dès lors reprendre la question classique de la continuité entre le premier cycle « léniniste » et le second cycle « stalinien », l'un préfigurant l'autre ? La configuration historique est, dans les deux cas, à l'évidence, incomparable. La « terreur rouge » s'enracine, à l'automne 1918, dans un contexte d'affrontements généralisés, et le caractère extrême des répressions engagées trouve en partie sens dans cette conjoncture radicale. Par opposition, la reprise de la guerre paysanne, qui est au fondement du second cycle de violences, intervient dans un pays pacifié, et pose la question de l'offensive durable engagée contre l'immense majorité de la société. Au-delà de la dimension irréductible de cette différence contextuelle, l'exercice de la terreur comme instrument central au service du projet politique léniniste est énoncé avant même le déclenchement de la guerre civile et il est assumé comme programme d'action, qui se veut, il est vrai, transitoire. De ce point de vue, la courte trêve de la NEP et les complexes débats entre les dirigeants bolcheviques sur les voies de développement continuent toujours de poser la question d'une normalisation possible et du dépassement des formes de répression comme seul mode de résolution des tensions sociales et économiques. En réalité, durant ces quelques années, le monde rural vit en retrait, et la relation entre le pouvoir et la société est caractérisée, dans une large mesure, par une ignorance réciproque.

La guerre paysanne qui relie les deux cycles de violences se révèle matricielle en ceci qu'elle semble réveiller les pratiques expérimentées et développées durant les années 1918-1922 : campagnes de réquisitions forcées, sur fond d'instrumentalisation des tensions sociales au sein de la paysannerie, affrontements directs et remontée, encouragée, de formes de brutalité archaïque. De part et d'autre, exécutants et victimes ont la conviction de revivre un scénario déjà connu.

Même si l'époque stalinienne, pour des raisons évidentes qui tiennent à la prégnance de la terreur comme élément constitutif d'un mode de gouvernement et de gestion de la société, nous plonge au cœur d'un univers spécifique, on doit s'interroger sur les filiations qui sont suggérées à travers différents aspects de la répression. À cet égard, on peut considérer la question de la déportation à travers un premier cas de figure : la décosaquisation de 1919-1920. Dans le contexte de la reprise des territoires cosaques, le gouvernement engage une opération de déportation touchant l'ensemble de la population autochtone. Cette opération fait suite à une première offensive qui avait visé les Cosaques les plus aisés, mais qui avait donné lieu à une « extermination physique massive » en raison du zèle témoigné par les agents locaux dans l'accomplissement de leur tâche. À plusieurs titres, cet événement préfigure des pratiques et des enchaînements qui se réaliseront, à une tout autre échelle, et dans un contexte différent, dix ans plus tard : stigmatisation d'un groupe social, débordements des directives dans le contexte local, puis initiative d'éradication à travers la déportation. Il y a, dans tous ces éléments, de troublantes similitudes avec les pratiques de la dékoulakisation.

En revanche, si l'on élargit la réflexion au phénomène plus général de l'exclusion collective, puis de l'isolement de groupes ennemis, avec pour corollaire la création, au cours de la guerre civile, de tout un système de camps, on est amené à souligner, au contraire, les fortes ruptures entre les deux cycles de répression. Le développement des camps durant la guerre civile et, dans les années vingt, la pratique de la relégation sont sans commune mesure et dans leurs objectifs et dans leur réalité avec l'univers concentrationnaire tel qu'il se développera dans les années trente. En effet, la grande réforme de 1929 ne conduit pas seulement à l'abandon des formes de détention ordinaire ; elle pose les fondements d'un système nouveau, caractérisé, entre autres, par le travail forcé. L'apparition et le développement du phénomène du Goulag nous renvoient à la question centrale de l'existence ou non d'un dessein destiné à exclure et à instrumentaliser durablement l'exclusion dans un véritable projet de transformation économique et sociale. Plusieurs éléments parlent en faveur de cette thèse et ont fait l'objet d'importants développements. En premier lieu, la planification de la terreur, telle qu'elle se manifeste à travers la politique de quotas à partir de la dékoulakisation et jusqu'à la Grande Terreur, peut être interprétée comme l'une des expressions de ce dessein. La consultation des archives confirme cette obsession du souci comptable qui anime les divers échelons de l'administration, du sommet à la base. Des bilans chiffrés et réguliers témoignent apparemment de la parfaite maîtrise, par les dirigeants, du processus de répression. Ils permettent aussi à l'historien de reconstituer, dans leur complexité, les échelles d'intensité, tout en se gardant de tout excès comptable. La chronologie des diverses vagues répressives, aujourd'hui mieux connue, conforte, dans une certaine mesure, la perception d'une suite ordonnée d'opérations.

Cependant, la reconstitution de l'ensemble du processus de répression, de la chaîne de transmission des ordres et de la façon dont ils sont appliqués, du déroulement des opérations infirme, à bien des égards, la perception d'un dessein conçu, maîtrisé et inscrit dans le long terme. Si l'on aborde notamment la question de la planification répressive, on constate les nombreux aléas, les failles récurrentes dans les différentes phases des opérations. De ce point de vue, l'un des exemples les plus marquants est celui de cette déportation sans destination des koulaks, autrement dit de cette déportation-abandon qui donne la mesure de l'improvisation et du chaos ambiant. De même, les « campagnes de désengorgement » des lieux de détention soulignent l'absence claire de direction. Si l'on aborde à présent le processus de transmission et d'exécution des ordres, on ne peut que constater l'importance de phénomènes d'anticipation, d'« excès de zèle » ou de « déformation de la ligne », qui se manifestent sur le terrain.

Si l'on reprend la question du Goulag, l'intérêt et les objectifs de ce qui a fait système sont beaucoup plus complexes et difficiles à discerner au fur et à mesure que la recherche progresse. Face à la vision d'un ordre stalinien dont le Goulag serait la face « noire », mais achevée, les documents aujourd'hui disponibles suggèrent davantage les nombreuses contradictions qui traversent l'univers concentrationnaire : les arrivées successives de groupes réprimés paraissent souvent plus contribuer à la désorganisation du système de production qu'à l'amélioration de son efficacité ; malgré une catégorisation très élaborée des statuts des réprimés, les frontières entre les divers univers paraissent ténues, voire inexistantes. Enfin, la question de la rentabilité économique de ce système d'exploitation reste entièrement posée.

Face à ces différents constats de contradictions, d'improvisations, d'effets d'enchaînement, plusieurs hypothèses ont été formulées concernant les raisons qui, au sommet, ont conduit à réactiver périodiquement des dynamiques de répression de masse, et les logiques induites par le mouvement propre de violence et de terrorisation.

Pour tenter de cerner les mobiles qui ont été à l'origine du déclenchement du grand cycle stalinien de répression, les historiens ont mis en évidence la part d'improvisation et de fuite en avant dans la conduite du « Grand Tournant » de modernisation. Cette dynamique de rupture prend, d'emblée, l'allure d'une offensive d'une telle ampleur que le pouvoir ne peut se donner l'illusion de la contrôler que par une radicalisation croissante des pratiques de terreur. On se trouve dès lors à l'intérieur d'un mouvement de violence extrême dont les mécanismes et les effets en chaîne, le caractère démesuré échappent largement aux contemporains et toujours aux historiens. Le processus même de répression, unique réponse aux conflits et aux obstacles rencontrés, génère à son tour des mouvements incontrôlés qui alimentent la spirale de la violence.

Ce phénomène central de la terreur dans l'histoire politique et sociale de l'URSS pose aujourd'hui des questions de plus en plus complexes. Les recherches actuelles déconstruisent, en partie du moins, les thèses qui ont longtemps dominé le champ de la soviétologie. En se préservant de l'ambition de vouloir apporter une explication globale et définitive d'un phénomène qui, par sa démesure, résiste à l'entendement, elles s'orientent davantage vers l'analyse des mécanismes et des dynamiques de violence.

Dans cette perspective, les zones d'ombre restent très nombreuses, la plus importante étant les comportements sociaux en jeu dans l'exercice de la violence. S'il faut souligner la part manquante dans le travail de reconstitution — qui étaient les exécutants ? —, on doit alors interroger en permanence la société dans son ensemble, victime, mais aussi partie prenante de ce qui s'est passé.

DEUXIÈME PARTIE

RÉVOLUTION MONDIALE, GUERRE CIVILE ET TERREUR

1

Le Komintern à l'action

par Stéphane Courtois et Jean-Louis Panné

Dès qu'il accéda au pouvoir, Lénine rêva d'étendre l'incendie révolutionnaire à l'Europe puis au monde entier. Ce rêve répondait d'abord au fameux slogan du *Manifeste du parti communiste* de Marx, en 1848 : « Prolétaires de tous les pays, unissez-vous ! » D'emblée, il correspondit aussi à une nécessité impérieuse : la révolution bolchevique ne pourrait se maintenir au pouvoir et se développer si elle n'était pas protégée, soutenue, relayée par d'autres révolutions dans les pays les plus avancés — Lénine pensait surtout à l'Allemagne, avec son prolétariat très organisé et ses formidables capacités industrielles. Cette nécessité conjoncturelle se transforma bientôt en un véritable projet politique : la révolution mondiale.

Sur le moment, les événements semblèrent donner raison au leader bolchevique. La désagrégation des empires d'Allemagne et d'Autriche-Hongrie, consécutive à leur défaite militaire en 1918, provoqua en Europe un séisme politique, accompagné d'un énorme tourbillon révolutionnaire. Avant même que les bolcheviks aient pu prendre une quelconque initiative autre que verbale et propagandiste, la révolution semblait surgir spontanément dans le sillage de la défaite allemande et austro-hongroise.

La révolution en Europe

L'Allemagne fut la première touchée avec, avant même la capitulation, une mutinerie générale de sa flotte de guerre. La défaite du Reich et l'émergence d'une république dirigée par les sociaux-démocrates ne purent empêcher de violents soubresauts, tant du côté de l'armée, de la police et de certains corps francs ultra-nationalistes que des révolutionnaires admirateurs de la dictature des bolcheviks.

À Berlin, dès décembre 1918, Rosa Luxemburg et Karl Liebknecht publiaient le programme du groupe Spartakus qui, quelques jours plus tard, quitta le Parti social-démocrate indépendant pour fonder le Parti communiste allemand (KPD) en fusionnant avec d'autres organisations. Début janvier 1919, les spartakistes, emmenés par Karl Liebknecht — qui, beaucoup plus extrémiste que Rosa Luxemburg[1], et sur le modèle léniniste, récusait l'idée de l'élection d'une Assemblée constituante —, tentèrent à Berlin une insurrection qui fut écrasée par les militaires aux ordres du gouvernement social-démocrate. Arrêtés, les deux leaders furent assassinés le 15 janvier. Il en fut de même en Bavière où, le 13 avril 1919, un responsable du KPD, Eugen Leviné, prit la tête d'une république des Conseils, nationalisa les banques et commença à former une armée rouge. Cette Commune de Munich fut écrasée militairement le 30 avril et Leviné, arrêté le 13 mai, fut jugé par une cour martiale, condamné à mort et fusillé le 5 juin.

L'exemple le plus célèbre de cette poussée révolutionnaire est celui de la Hongrie. Une Hongrie vaincue qui admettait mal l'amputation de la Transylvanie imposée par les Alliés vainqueurs[2]. Il s'agit là du premier cas où les bolcheviks purent exporter leur révolution. Dès le début de 1918, le Parti bolchevique avait regroupé en son sein tous ses sympathisants qui n'étaient pas russes en une Fédération des groupes communistes étrangers. Existait donc à Moscou un Groupe hongrois, formé pour l'essentiel d'anciens prisonniers de guerre, qui, dès octobre 1918, envoya une vingtaine de ses membres en Hongrie. Le 4 novembre, fut fondé à Budapest le Parti communiste de Hongrie (PCH) bientôt dirigé par Béla Kun. Prisonnier de guerre, Kun s'était rallié avec enthousiasme à la révolution bolchevique, au point de devenir le président de la Fédération des groupes étrangers en avril 1918. Arrivé en Hongrie en novembre en compagnie de quatre-vingts militants, il fut élu à la tête du Parti. Fin 1918-début 1919, on estime que deux cent cinquante à trois cents « agitateurs » et émissaires gagnèrent la Hongrie. Grâce au soutien financier fourni par les bolcheviks, les communistes hongrois furent en mesure de développer leur propagande et d'accroître leur influence.

Le journal officiel des sociaux-démocrates, le *Nepszava (La Voix du Peuple)*, fermement opposé aux bolcheviks, fut attaqué le 18 février 1919 par une foule de chômeurs et de soldats mobilisés par les communistes qui avaient l'intention de s'en emparer ou d'en détruire l'imprimerie. La police intervint ; il y eut huit tués et une centaine de blessés. La nuit même, Béla Kun et son état-major furent arrêtés. Au dépôt central, les prisonniers

1. Dans son dernier article paru dans *Die Rote Fahne (Le Drapeau rouge)*, Liebknecht laissa libre cours à un lyrisme révolutionnaire très révélateur : « Sous le grondement de l'effondrement économique qui s'approche, l'armée encore ensommeillée des prolétaires s'éveillera comme au son des trompettes du Jugement dernier, et les corps des combattants assassinés ressusciteront... »

2. Arthur Koestler y voit l'une des principales causes de la Commune hongroise qui « fut la conséquence directe de la politique occidentale, les grandes démocraties ayant tourné le dos à leurs alliés libéraux » ; *cf. La Corde raide*, Robert Laffont, « Bouquins », 1994.

furent roués de coups par les agents de police qui voulaient venger ainsi leurs collègues tués dans l'assaut mené contre le *Nepszava*. Le président hongrois, Michel Karolyi, envoya son secrétaire s'enquérir de la santé du leader communiste qui, dès lors, bénéficia d'un régime fort libéral lui permettant de poursuivre son action et bientôt de renverser la situation. Le 21 mars, toujours en prison, il obtint un succès considérable : la fusion du PCH et du Parti social-démocrate. Simultanément, la démission du président Karolyi ouvrait la voie à la proclamation de la République des Conseils, à la libération des communistes emprisonnés et à l'organisation, sur le modèle bolchevique, d'un Conseil d'État révolutionnaire rassemblant des commissaires du peuple. Cette République dura 133 jours, du 21 mars au 1er août 1919.

Dès leur première réunion, les commissaires décidèrent de créer des tribunaux révolutionnaires avec des juges choisis dans le peuple. En liaison télégraphique régulière avec Budapest à partir du 22 mars (218 messages échangés), Lénine, que Béla Kun avait salué comme le chef du prolétariat mondial, conseilla de fusiller des sociaux-démocrates et des « petits-bourgeois » ; dans son message aux ouvriers hongrois, du 27 mai 1919, il justifiait ainsi le recours à la terreur : « Cette dictature [du prolétariat] suppose l'exercice d'une violence implacable, prompte et résolue, en vue d'écraser la résistance des exploiteurs, des capitalistes, des grands propriétaires fonciers et de leurs suppôts. Quiconque n'a pas compris cela n'est pas un révolutionnaire. » Bientôt les commissaires au Commerce, Mathias Rakosi et, aux Affaires économiques, Eugen Varga, ainsi que le responsable des tribunaux populaires, s'aliénèrent les commerçants, les employés et les avocats. Une proclamation affichée sur les murs résumait l'esprit du moment : « Dans l'État des prolétaires, seuls ceux qui travaillent ont le droit à la vie ! » Le travail devint obligatoire, les entreprises de plus de vingt ouvriers furent expropriées puis ce furent celles de dix et même celles de moins de dix.

L'armée et la police furent dissoutes et fut constituée une nouvelle armée formée de volontaires révolutionnairement sûrs. Bientôt fut organisée une « Troupe de terreur du Conseil révolutionnaire du gouvernement », connue aussi sous le nom de « Gars de Lénine ». Ils assassinèrent une dizaine de personnes dont un jeune enseigne de marine, Ladislas Dobsa, un ancien premier sous-secrétaire d'État et son fils directeur des chemins de fer, trois officiers de gendarmerie. Les « gars de Lénine » obéissaient à un ancien marin, József Czerny, qui recrutait parmi les communistes les plus radicaux, surtout les anciens prisonniers de guerre qui avaient participé à la Révolution russe. Czerny se rapprocha de Szamuely, le leader communiste le plus radical, par opposition à Béla Kun ; ce dernier en vint à proposer la dissolution des « Gars de Lénine ». En réaction, Czerny rassembla ses hommes et les fit marcher sur la Maison des soviets où Béla Kun reçut l'appui du social-démocrate József Haubrich, commissaire du peuple adjoint à la Guerre. Finalement une négociation s'engagea et les hommes de Czerny acceptèrent d'intégrer le commissariat du peuple à l'Intérieur ou de rejoindre l'armée, ce qui fut le cas de la plupart.

À la tête d'une vingtaine de « Gars de Lénine », Tibor Szamuely se rendit à Szolnok, première ville occupée par l'Armée rouge hongroise et y fit exécuter plusieurs notables accusés de collaboration avec les Roumains, considérés à la fois comme ennemis d'un point de vue national (la question de la Transylvanie) et politique (le régime roumain s'opposant au bolchevisme). Un lycéen israélite venu lui demander la grâce de son père fut mis à mort pour avoir traité Szamuely de « bête sauvage ». Le chef de l'Armée rouge tenta en vain de refréner l'ardeur terroriste de Szamuely qui, avec le train qu'il avait réquisitionné, circulait à travers la Hongrie et pendait des paysans récalcitrants aux mesures de collectivisation. Accusé d'avoir commis cent cinquante assassinats, son adjoint József Kerekes devait avouer avoir fusillé cinq personnes et pendu de ses propres mains treize autres. Le nombre exact des exécutions n'a pas été établi. Arthur Koestler soutient qu'elles furent moins de cinq cents[1]. Il note cependant : « Je ne doute pas que le communisme en Hongrie n'eût, avec le temps, dégénéré en un État totalitaire et policier, suivant obligatoirement l'exemple de son modèle russe. Mais cette certitude, d'acquisition plus récente, ne diminue point l'ardeur remplie d'espérance des premières journées de la révolution... » Les historiens attribuent aux « Gars de Lénine » 80 des 129 exécutions recensées, mais ce sont vraisemblablement plusieurs centaines de victimes qu'il faut dénombrer.

Avec la montée des oppositions et la dégradation de la situation militaire face aux troupes roumaines, le gouvernement révolutionnaire en vint à utiliser l'antisémitisme. Une affiche dénonça les Juifs parce qu'ils refusaient de partir au front : « Exterminez-les s'ils ne veulent pas donner leur vie à la cause sacrée de la dictature du prolétariat ! » Béla Kun fit rafler cinq mille Juifs polonais venus pour y trouver du ravitaillement. Leurs biens furent confisqués et ils furent expulsés. Les radicaux du PCH demandèrent que Szamuely prît la direction des affaires ; ils réclamaient également une « Saint-Barthélemy rouge », comme si c'était là le seul moyen de freiner la dégradation de la situation de la République des Conseils. Czerny tenta de réorganiser ses « Gars de Lénine ». À la mi-juillet, un appel parut dans le *Nepszava* : « Nous demandons aux anciens membres de la troupe terroriste, à tous ceux qui, lors de la dissolution de cette troupe, ont été démobilisés, de se présenter pour leur réengagement chez József Czerny... » Le lendemain, un démenti officiel était publié : « Nous avertissons chacun qu'une reprise d'activité des anciens "Gars de Lénine" ne peut absolument pas être envisagée : ils ont commis des méfaits tellement graves pour l'honneur prolétarien que leur nouvel engagement au service de la République des Conseils est exclu. »

---

1. Arthur Koestler, *op. cit.*

Les dernières semaines de la Commune de Budapest furent chaotiques. Béla Kun dut faire face à une tentative de putsch dirigée contre lui, vraisemblablement inspirée par Szamuely. Le 1er août 1919, il quitta Budapest sous la protection de la mission militaire italienne ; à l'été 1920, il se réfugia en URSS où, à peine arrivé, il fut nommé commissaire politique de l'Armée rouge, sur le front sud où il s'illustra en faisant exécuter les officiers de Wrangel qui s'étaient rendus en échange de la vie sauve. Szamuely tenta de passer en Autriche, mais, arrêté le 2 août, il se suicida [1].

Komintern et guerre civile

C'est au moment même où Béla Kun et ses camarades tentaient d'établir une deuxième République des soviets que Lénine prit l'initiative de créer une organisation internationale susceptible de porter la révolution dans le monde entier. L'Internationale communiste — appelée aussi Komintern, ou encore IIIe Internationale — a été fondée à Moscou en mars 1919 et s'est posée d'emblée en rivale de l'Internationale ouvrière socialiste (la IIe Internationale, créée en 1889). Cependant, le Congrès de fondation du Komintern répondait plus à des nécessités propagandistes urgentes et à la tentative de capter les mouvements spontanés qui secouaient l'Europe, qu'à une réelle capacité d'organisation. La véritable fondation du Komintern est plutôt à dater de son IIe Congrès, à l'été 1920, avec l'adoption de 21 conditions d'admission auxquelles les socialistes souhaitant s'y rallier devront se soumettre, intégrant ainsi une organisation extrêmement centralisée — « l'état-major de la révolution mondiale » — où le Parti bolchevique pesait déjà du poids déterminant de son prestige, de son expérience et de son pouvoir d'État (en particulier financier, militaire et diplomatique).

D'emblée, le Komintern fut conçu par Lénine comme un instrument de subversion internationale parmi d'autres — l'Armée rouge, la diplomatie, l'espionnage, etc. —, et sa doctrine politique fut donc étroitement calquée sur celle des bolcheviks : les temps étaient venus de substituer à l'arme de la critique la critique des armes. Le manifeste adopté lors du IIe Congrès annonçait fièrement : « L'Internationale communiste, c'est le parti international de l'insurrection et de la dictature prolétarienne. » En conséquence, la troisième des vingt et une conditions décrétait : « Dans presque tous les pays de l'Europe et de l'Amérique, la lutte de classes entre dans la période de *guerre civile*. Les communistes ne peuvent dans ces conditions se fier à la légalité bourgeoise. Il est de leur devoir de créer partout, parallèlement à l'organisation légale, un organisme clandestin capable de remplir au moment décisif son devoir envers la révolution. »

---

1. Miklos Molnar, *De Béla Kun à Janos Kadar. Soixante-dix ans de communisme hongrois*, Presses de la FNSP, 1987. Arpad Szepal, *Les 133 jours de Béla Kun*, Fayard, 1959.

Formules euphémisées : le « moment décisif », c'était l'insurrection révolutionnaire ; et le « devoir envers la révolution », c'était l'obligation de se lancer dans la guerre civile. Une politique qui n'était pas réservée aux pays soumis à des dictatures mais s'appliquait aussi aux pays de démocratie, monarchies constitutionnelles ou républiques.

La douzième condition précisait les nécessités organisationnelles liées à la préparation de cette guerre civile : « À l'époque actuelle de guerre civile acharnée, le Parti communiste ne pourra remplir son rôle que s'il est organisé de la façon la plus centralisée, si une discipline de fer confinant à la discipline militaire y est admise et si son organisme central est muni de larges pouvoirs, exerce une autorité incontestée, bénéficie de la confiance unanime des militants. » La treizième condition envisageait le cas des militants qui ne seraient pas « unanimes » : « Les Partis communistes [...] doivent procéder à des épurations périodiques de leurs organisations, afin d'en écarter les éléments intéressés et petits-bourgeois. »

Lors du IIIe Congrès, qui se réunit à Moscou en juin 1921 avec la participation de nombreux partis communistes déjà constitués, les orientations étaient encore plus précises. La « Thèse sur la tactique » indiquait : « Le Parti communiste doit inculquer aux plus larges couches du prolétariat, par le fait et par la parole, l'idée que tout conflit économique ou politique peut, en cas d'un concours favorable de circonstances, se transformer en guerre civile, au cours de laquelle ce sera la tâche du prolétariat de s'emparer du pouvoir politique. » Et les « Thèses sur la structure, les méthodes et l'action des partis communistes » explicitaient longuement les questions du « soulèvement révolutionnaire ouvert » et de « l'organisation de combat » que chaque parti communiste devait créer secrètement en son sein ; les thèses précisaient que ce travail préparatoire était indispensable dans la mesure où « il ne saurait être question à un tel moment de former une armée rouge régulière ».

De la théorie à la pratique, il n'y avait qu'un pas qui fut franchi dès mars 1921 en Allemagne où le Komintern projetait une action révolutionnaire d'envergure sous la direction de... Béla Kun, élu entre-temps membre du Praesidium du Komintern. Lancée alors que les bolcheviks réprimaient la Commune de Cronstadt, « l'action de mars », véritable tentative insurrectionnelle menée en Saxe, échoua malgré les violents moyens engagés, tel l'attentat à la dynamite contre le train rapide Halle-Leipzig. Cet échec eut pour conséquence une première épuration dans les rangs du Komintern. Paul Levi, l'un des fondateurs et président du KPD, en fut écarté en raison des critiques qu'il portait à cet « aventurisme ». Déjà sous l'influence prégnante du modèle bolchevique, les partis communistes — qui, d'un point de vue « institutionnel », n'étaient que des sections nationales de l'Internationale — s'enfonçaient de plus en plus dans la subordination (précédant la soumission) politique et organisationnelle au Komintern : celui-ci tranchait les conflits et décidait, en dernière instance, de la ligne politique de chacun d'entre eux. Cette tendance « insurrectionaliste » qui devait beaucoup à Grigori Zinoviev fut critiquée par Lénine lui-même. Mais celui-ci, tout en donnant raison sur le fond à Paul Levi, remit la direction du KPD à ses adversaires. Le poids de l'appareil du Komintern s'en trouvait renforcé d'autant.

En janvier 1923, les troupes françaises et belges occupèrent la Ruhr pour imposer à l'Allemagne le paiement des réparations, prévues par le traité de Versailles. Un des effets concrets de cette occupation militaire fut de provoquer un rapprochement entre nationalistes et communistes contre « l'impérialisme français » ; un autre fut de déclencher la résistance passive de la population avec le soutien du gouvernement. La situation économique déjà instable se dégradait radicalement ; la monnaie s'effondrait et, en août, un dollar valait 13 millions de marks ! Grèves, manifestations, émeutes se succédèrent. Le 13 août, dans une atmosphère révolutionnaire, le gouvernement de Wilhelm Cuno tomba.

À Moscou, les dirigeants du Komintern s'avisèrent qu'un nouvel Octobre était envisageable. Une fois les querelles entre dirigeants surmontées — qui de Trotski, de Zinoviev ou de Staline prendrait la tête de cette seconde révolution —, le Komintern passa à l'organisation sérieuse de l'insurrection armée. Des émissaires (August Gouralski, Mathias Rakosi) furent envoyés en Allemagne, accompagnés de spécialistes de la guerre civile (dont le général Alexandre Skoblewski, alias Gorev). Il était prévu de s'appuyer sur les gouvernements ouvriers, formés de sociaux-démocrates de gauche et de communistes, en voie de formation pour se procurer des armes en masse. Dépêché en Saxe, Rakosi prévoyait de faire sauter un pont de chemin de fer reliant la province à la Tchécoslovaquie afin de provoquer l'intervention de celle-ci et accroître ainsi la confusion.

L'action devait débuter pour l'anniversaire du putsch bolchevique. L'excitation gagna Moscou qui, croyant à une victoire certaine, mobilisa l'Armée rouge sur sa frontière occidentale, prête à venir à la rescousse de l'insurrection. À la mi-octobre, les dirigeants communistes entrèrent dans les gouvernements de Saxe et de Thuringe, avec pour consigne de renforcer les milices prolétariennes (plusieurs centaines) composées de 25 % d'ouvriers sociaux-démocrates et de 50 % de communistes. Mais, le 13 octobre, le gouvernement de Gustav Stresemann décréta l'état d'exception en Saxe, désormais placée sous son contrôle direct, avec à l'appui l'intervention de la Reichswehr. En dépit de cela, Moscou invita à l'armement des ouvriers et, de retour de Moscou, Heinrich Brandler décida de faire proclamer la grève générale à l'occasion d'une conférence des organisations ouvrières à Chemnitz, le 21 octobre. Cette manœuvre échoua, les sociaux-démocrates de gauche refusant de suivre les communistes. Ceux-ci décidèrent alors de faire machine arrière, mais, pour des raisons de transmission, l'information ne parvint pas aux communistes de Hambourg. Le 23 au matin, l'insurrection éclata à Hambourg : les groupes de combat communistes (deux cents à trois cents hommes) attaquèrent les postes de police. L'effet de surprise passé, les insurgés ne purent atteindre leurs objectifs. La police, avec la Reichswehr, contre-attaqua et après trente et une heures de combats, le soulèvement, totalement isolé, des communistes de Hambourg fut jugulé. Un second Octobre, tant espéré à Moscou, n'avait pas eu lieu. Le M-Apparat n'en demeura pas moins, jusque dans les années trente, une structure importante du KPD, bien décrite par l'un de ses chef Jan Valtin, de son vrai nom Richard Krebs [1].

Après l'Allemagne, c'est la République d'Estonie qui fut le théâtre d'une tentative insurrectionnelle. Il s'agissait de la seconde agression subie par ce petit pays. En effet, le 27 octobre 1917, un conseil des Soviets avait pris le pouvoir à Tallinn (Reval), dissous l'assemblée, annulé les élections défavorables aux communistes. Devant le corps expéditionnaire allemand, les communistes battirent en retraite. Juste avant l'arrivée des Allemands, les Estoniens proclamèrent l'indépendance, le 24 février 1918. L'occupation allemande dura jusqu'en novembre 1918. Conséquence de la défaite du Kaiser, les troupes allemandes furent contraintes de se retirer à leur tour ; les communistes reprirent aussitôt l'initiative : le 18 novembre, un gouvernement fut constitué à Petrograd et deux divisions de l'Armée rouge envahirent l'Estonie. L'objectif de cette offensive était clairement expliqué dans le journal *Severnaïa Kommuna (La Commune du Nord)* : « Nous devons construire un pont unissant la Russie des Soviets à l'Allemagne et à l'Autriche prolétariennes. [...] Notre victoire reliera les forces révolutionnaires de l'Europe occidentale à celles de la Russie. Elle donnera une force irrésistible à la révolution sociale universelle [2] ». En janvier 1919, parvenus à trente kilomètres de la capitale, les troupes soviétiques furent arrêtées par une contre-attaque estonienne. Leur seconde offensive échoua également. Le 2 février 1920, les communistes russes reconnurent l'indépendance de l'Estonie par la paix de Tartu. Dans les localités qu'ils avaient occupées, les bolcheviks s'étaient livrés à des massacres : le 14 janvier 1920, à Tartu, à la veille de leur retraite, ils assassinèrent deux cent cinquante personnes, et plus de mille dans le district de Rakvere. Lors de la libération de Wesenberg le 17 janvier, trois fosses furent ouvertes (86 cadavres). À Dorpad, les otages fusillés le 26 décembre 1919 avaient été torturés, bras et jambes rompus, parfois les yeux crevés. Le 14 janvier, juste avant leur fuite, les bolcheviks n'eurent le temps d'exécuter que vingt personnes, dont l'archevêque Platon, sur les deux cents qu'ils retenaient prisonnières. Massacrées à coups de hache et de crosse — un officier fut trouvé ses épaulettes clouées sur le corps ! —, les victimes étaient difficilement identifiables.

1. Jan Valtin, *Sans patrie ni frontières*, Self, 1947. Voir aussi Eric Wollenberg, *Der Apparat. Stalins Fünfte Kolonne*, Bonn, 1946.

2. Cité par Henry de Chambon, *La République d'Estonie*, éditions de la Revue parlementaire, 1936.

Les Soviétiques défaits n'avaient pas renoncé à faire basculer le petit État dans leur orbite. En avril 1924, au cours d'entretiens secrets tenus à Moscou avec Zinoviev, le Parti communiste estonien décida la préparation d'une insurrection armée. Les communistes mirent soigneusement sur pied des équipes de combat structurées en compagnies (un millier d'hommes organisés à l'automne), et entamèrent le travail de démoralisation de l'armée. Il était prévu de déclencher l'insurrection puis d'y apporter le soutien d'une grève. Le Parti communiste estonien, qui comptait environ trois mille membres et subissait une répression sévère, tenta le 1er décembre 1924 de s'emparer du pouvoir à Tallin, pour proclamer une République soviétique dont le rôle essentiel aurait été de demander aussitôt son adhésion à la Russie soviétique, justifiant ainsi l'envoi de l'Armée rouge. Le coup échoua dans la journée même. Au cours de la tentative, des officiers qui s'étaient rendus aux insurgés et s'étaient déclarés neutres furent fusillés, en raison même de l'attitude de neutralité qu'ils avaient adoptée : pour les putschistes, seul le ralliement était concevable[1]. Celui qui dirigeait l'opération, Jan Anvelt, réussit à s'enfuir en URSS. Fonctionnaire du Komintern pendant des années, il disparut dans les purges[2].

Après l'Estonie, l'action se porta en Bulgarie. En 1923, ce pays avait connu de graves troubles. Dirigeant la coalition formée par les communistes et son propre parti, le Parti agraire, Alexandre Stamboliski avait été assassiné en juin 1923 et remplacé à la tête du gouvernement par Alexandre Tsankov qui reçut l'appui de l'armée et de la police. En septembre, les communistes lancèrent une insurrection qui dura une semaine avant d'être sévèrement réprimée. À partir d'avril 1924, ils changèrent de tactique pour recourir à l'action directe et aux assassinats. Le 8 février 1925, une attaque de la sous-préfecture de Godetch fit quatre morts. Le 11 février, à Sofia, le député Nicolas Mileff, directeur du journal *Slovet* et président du syndicat des journalistes bulgares, fut assassiné. Le 24 mars, un manifeste du Parti communiste bulgare (BKP) annonça prématurément la chute inévitable de Tsankov, dévoilant ainsi le lien entre l'action terroriste et les objectifs politiques des communistes. Début avril, un attentat contre le roi Alexandre Ier échoua de peu ; le 15, le général Kosta Georghieff, un de ses proches, fut tué.

Vient ensuite le plus frappant des épisodes de ces années de violence politique en Bulgarie. Le 17 avril, lors des obsèques du général Georghieff à la cathédrale des Septs-Saints à Sofia, une terrible explosion provoqua l'effondrement du dôme : on dénombra cent quarante morts dont quatorze généraux, seize officiers supérieurs, trois députés. Selon Victor Serge, l'attentat avait été organisé par la section militaire du Parti communiste. Les

1. A. Neuberg, *L'Insurrection armée*, édité par le Parti communiste (SFIC), 1931, réimpression Maspero, 1970.
2. Joseph Berger, *Le Naufrage d'une génération*, « Les lettres nouvelles », Denoël, 1974.

auteurs présumés de l'attentat, Kosta Iankov et Ivan Minkov, deux des dirigeants de cette organisation, furent tués les armes à la main lors de leur arrestation.

L'attentat permit de justifier une répression féroce : trois mille communistes furent arrêtés et trois d'entre eux pendus publiquement. Certains membres de l'appareil du Komintern rendirent responsable de cet attentat le chef des communistes bulgares, Georgi Dimitrov, qui dirigeait clandestinement le Parti depuis Vienne. En décembre 1948, devant les délégués du Ve Congrès du Parti bulgare, il en revendiqua la responsabilité pour lui et l'organisation militaire. Selon d'autres sources, le commanditaire du dynamitage de la cathédrale était Meïr Trilisser, chef de la section étrangère de la Tcheka puis vice-président de la Guépéou, décoré en 1927 de l'ordre du Drapeau rouge en raison des services rendus [1]. Dans les années trente, Trilisser fut l'un des dix secrétaires du Komintern dont il assura le contrôle permanent pour le compte du NKVD.

Ayant connu ces échecs cinglants en Europe, le Komintern, sur l'impulsion de Staline, se découvrit un nouveau champ de bataille : la Chine vers laquelle il orienta ses efforts. En pleine anarchie, déchiré de guerres intestines et de conflits sociaux, mais porté par un formidable élan nationaliste, l'immense pays semblait mûr pour une révolution « anti-impérialiste ». Signe des temps : à l'automne 1925, les élèves chinois de l'Université communiste des travailleurs de l'Orient (KUTV), fondée en avril 1921, furent rassemblés dans une Université Sun-Yat-Sen.

Dûment encadré par des responsables du Komintern et des services soviétiques, le Parti communiste chinois, qui n'était pas encore dirigé par Mao Zedong, fut poussé en 1925-1926 dans une étroite alliance avec le Parti nationaliste, le Guomindang, et son chef, le jeune général Chiang Kai-shek. La tactique communiste choisie consistait à investir le Guomindang pour en faire une sorte de cheval de Troie de la révolution. L'émissaire du Komintern, Mikhaïl Borodine, parvint à occuper le rôle de conseiller auprès du Guomindang. En 1925, l'aile gauche du Parti nationaliste, qui soutenait totalement la politique de collaboration avec l'Union soviétique, réussit à s'emparer de sa direction. Les communistes accentuèrent alors leur propagande, encourageant l'effervescence sociale, renforçant leur influence jusqu'à dominer le IIe Congrès du Guomindang. Mais bientôt un obstacle se dressa devant eux : Chiang Kai-shek, inquiet de l'expansion continue de l'influence communiste. Il en vint, à juste titre, à soupçonner les communistes de vouloir l'écarter. Prenant les devants, Chiang proclama la loi martiale le 12 mars 1926, fit arrêter les éléments communistes du Guomindang et même les conseillers militaires soviétiques — tous seront relâchés quelques jours plus tard —, écarta le leader

1. Victor Serge, *Mémoires d'un révolutionnaire, 1901-1941*, Le Seuil, 1978. Arkadi Vaksberg, *Hôtel Lux*, Fayard, 1993.

de l'aile gauche de son parti et imposa un pacte en huit points destiné à limiter les prérogatives et l'action des communistes en son sein. Chiang était désormais le chef incontesté de l'armée nationaliste. Prenant acte du nouveau rapport de forces, Borodine l'entérina.

Le 7 juillet 1926, Chiang Kai-shek, qui bénéficiait d'une importante aide en matériel de la part des Soviétiques, lança les armées nationalistes à la conquête du nord de la Chine toujours sous le pouvoir des « seigneurs de la guerre ». Le 29, il proclama à nouveau la loi martiale à Canton. Les campagnes chinoises du Hunan et du Hubei étaient en proie à une sorte de révolution agraire qui, par sa dynamique même, remettait en cause l'alliance des communistes et des nationalistes. Dans la grande métropole industrielle qu'était déjà Shanghai à l'époque, les syndicats lancèrent une grève générale à l'approche de l'armée. Les communistes, dont Zhou Enlai, appelèrent à l'insurrection, escomptant une entrée imminente de l'armée nationaliste dans la ville. Il n'en fut rien. Le soulèvement des 22-24 février 1927 échoua et les grévistes furent férocement réprimés par le général Li Baozhang.

Le 21 mars, une nouvelle grève générale, encore plus massive, et une nouvelle insurrection balayèrent les pouvoirs en place. Une division de l'armée nationaliste, dont le général avait été convaincu d'intervenir, entra à Shanghai, bientôt rejoint par Chiang, décidé à reprendre la situation en main. Il put d'autant mieux réaliser son objectif que Staline, obnubilé par la dimension « anti-impérialiste » de la politique de Chiang et de son armée, ordonna, fin mars, d'enterrer les armes et de s'en tenir au front commun avec le Guomindang. Le 12 avril 1927, Chiang reproduisit à Canton son opération de Shanghai : les communistes furent pourchassés et abattus.

Néanmoins, Staline devait changer de politique au plus mauvais moment : en août, pour ne pas perdre la face devant les critiques de l'opposition[1], il envoya deux émissaires « personnels », Vissarion Lominadze et Heinz Neumann, pour relancer un mouvement insurrectionnel, après avoir rompu l'alliance avec le Guomindang. Malgré l'échec d'une « révolte des moissons d'automne » orchestrée par les deux envoyés, ils s'obstinèrent jusqu'à déclencher une insurrection à Canton « pour procurer à leur chef un bulletin de victoire » (Boris Souvarine), au moment même où se réunissait le XVe Congrès du Parti bolchevique qui allait exclure les membres de l'opposition. La manœuvre indiquait à quel degré de mépris de toute vie humaine beaucoup de bolcheviks étaient parvenus, y compris quand il s'agissait de leurs propres partisans, ce qui est alors nouveau. L'insensée Commune de Canton en témoigne, mais elle n'est guère différente dans son essence des actions terroristes de Bulgarie quelques années auparavant.

Plusieurs milliers d'insurgés affrontèrent donc pendant quarante-huit heures des troupes cinq à six fois supérieures en nombre. Cette Commune

1. Margarete Buber-Neumann, *La Révolution mondiale*, Casterman, 1971 ; chapitre 17, « Le soulèvement de Canton ».

chinoise avait été mal préparée : à l'armement insuffisant s'ajoutait un contexte politique défavorable, les ouvriers cantonais s'en tenant à une prudente expectative. Dans la soirée du 10 décembre 1927, les troupes loyalistes prirent position dans les lieux de rassemblement prévus pour les Gardes rouges. Comme à Hambourg, les insurgés bénéficièrent de l'initiative, mais, très vite, cet avantage s'épuisa. Dans la matinée du 12 décembre, la proclamation d'une « république soviétique » ne rencontra aucun écho dans la population. Dès l'après-midi, les forces nationalistes contre-attaquèrent. Le surlendemain, le drapeau rouge qui flottait sur la préfecture de police était enlevé par les troupes victorieuses. La répression fut sauvage. Il y eut des milliers de tués.

Le Komintern se devait de tirer les leçons d'une telle expérience, mais il lui était impossible d'aborder les questions politiques de fond. Une fois encore, l'usage de la violence fut justifié envers et contre tout, en des termes qui montrent l'imprégnation de la culture de guerre civile parmi les cadres communistes. Dans *L'Insurrection armée*, on peut lire cette citation d'une effrayante autocritique aux conclusions transparentes : « On ne s'est pas assez occupé de mettre hors d'état de nuire les contre-révolutionnaires. Pendant tout le temps que Canton se trouva entre les mains des insurgés, *on ne tua que cent individus*. Tous les détenus ne purent être tués qu'après jugement en règle par la commission de lutte contre les réactionnaires. En plein combat, en pleine insurrection, *c'est une procédure trop lente*[1]. » Leçon qui fut retenue.

Après ce désastre, les communistes se retirèrent des villes et se réorganisèrent dans des zones éloignées des campagnes, jusqu'à créer à partir de 1931 dans le Hunan et le Kiang-si une « zone libérée » protégée par une Armée rouge. C'est donc de manière très précoce que domina, chez les communistres chinois, l'idée que la révolution était avant tout une affaire militaire, institutionnalisant la fonction politique de l'appareil militaire, jusqu'à ce que Mao résume sa conception en une formule fameuse : « Le pouvoir est au bout du fusil. » La suite a montré que c'était là la quintescence de la vision communiste de la prise du pouvoir et de sa conservation.

Cependant, ses échecs européens du début des années vingt et son désastre chinois ne découragèrent nullement le Komintern de poursuivre dans cette voie. Tous les partis communistes, y compris légaux et dans des républiques démocratiques, maintinrent l'existence en leur sein d'un « appareil militaire » secret, susceptible à l'occasion de se manifester publiquement. Le modèle fut donné par le KPD qui, en Allemagne et sous le contrôle étroit de cadres militaires soviétiques, créa un important « M [militar] Apparat » chargé de la liquidation de militants adverses (en particulier d'extrême droite) et de mouchards infiltrés dans le Parti, mais

1. Chao-Iuy, *La Commune de Canton*, Moscou, 1929.

aussi de l'encadrement de groupes paramilitaires, le fameux Rote Front (le Front rouge), comptant des milliers de membres. Il est vrai que, dans la république de Weimar, la violence politique était générale ; et si les communistes combattaient l'extrême droite et le nazisme naissant, ils n'hésitaient pas non plus à agresser les meetings des socialistes[1], qualifiés de « sociaux-traîtres » et « sociaux-fascistes », et à attaquer la police d'une république tenue pour réactionnaire, voire fasciste. La suite montra dès 1933 ce qu'était le « vrai fascisme », le national-socialisme en l'occurrence, et qu'il eût été plus sage de faire alliance avec les socialistes pour défendre la démocratie « bourgeoise ». Mais les communistes récusaient radicalement cette démocratie.

En France, où le climat politique était plus calme, le Parti communiste français (PCF) créa lui aussi ses groupes armés. C'est Albert Treint, l'un des secrétaires du Parti qui les organisa, son grade de capitaine gagné pendant la guerre lui conférant quelques compétences en la matière. Leur première apparition eut lieu le 11 janvier 1924, lors d'un meeting communiste où, contesté par un groupe d'anarchistes, Treint appela le service d'ordre à la rescousse. Une dizaine d'hommes armés de revolver se dressèrent alors sur la tribune et tirèrent à bout portant sur les contestataires, faisant deux morts et plusieurs blessés. Faute de preuves, aucun des assassins ne fut poursuivi. Une affaire similaire eut lieu un peu plus d'une année plus tard. Le jeudi 23 avril 1925, quelques semaines avant les élections municipales, le service d'ordre du PCF vint troubler la sortie d'une réunion électorale des Jeunesses patriotes, organisation d'extrême droite, dans le XVIIIe arrondissement de Paris, rue Damrémont. Certains militants étaient armés et n'hésitèrent pas à faire usage de leur revolver. Trois militants des JP furent tués et un blessé mourut deux jours plus tard. Jean Taittinger, le dirigeant des Jeunesses patriotes, fut interpellé, et la police lança plusieurs séries de perquisitions chez les militants communistes.

En dépit de ces difficultés, le Parti poursuivit dans cette voie. En 1926, il chargea Jacques Duclos, l'un de ses députés fraîchement élu — et donc couvert par l'immunité parlementaire —, d'organiser des Groupes de défense antifascistes (formés d'anciens combattants de la guerre de 1914-1918) et des Jeunes gardes antifascistes (recrutés parmi les Jeunesses communistes) ; ces groupes paramilitaires constitués sur le modèle du Rote Front allemand défilèrent en uniforme le 11 novembre 1926. Parallèlement, Duclos s'occupait de la propagande antimilitariste et publiait une revue, *Le Combattant rouge*, qui enseignait l'art de la guerre civile, décrivant et analysant les combats de rue, etc.

En 1931, le Komintern publia en plusieurs langues un livre intitulé *L'Insurrection armée*, signé du pseudonyme de Neuberg — en fait des responsables soviétiques[2] — qui présentait les différentes expériences

1. Voir à ce sujet les souvenirs de Jan Valtin, *op. cit.*, D. Wapler, 1947 ; réédition (expurgée), éditions Babel, 1996 ; en particulier le chapitre 17.

2. L'insurrection de Tallinn est analysée par le général Iossif Ounschlicht, celle de Hambourg par Hans Kippenberger, l'insurrection de Canton et Shanghai par le général Vassili

insurrectionnelles depuis 1920 ; ce livre fut publié de nouveau en France au début de 1934. Ce n'est qu'avec le virage politique du Front populaire à l'été-automne 1934 que cette ligne insurrectionnelle fut remisée au second plan, ce qui, sur le fond, n'atténua en rien le rôle fondamental de la violence dans la pratique communiste. Toute cette justification de la violence, cette pratique quotidienne de la haine de classe, cette théorisation de la guerre civile et de la terreur trouvèrent leur application dès 1936 en Espagne où le Komintern envoya beaucoup de ses cadres qui se distinguèrent dans les services de répression communistes.

Tout ce travail de sélection, de formation et de préparation des cadres autochtones de la future insurrection armée se faisait en liaison étroite avec les services secrets soviétiques ou, plus exactement, avec l'un de ces services secrets, le GROu (Glavsnoe Razvedatelnoe Oupravlenie, soit Direction principale du renseignement). Fondé sous l'égide de Trotski comme IVe Bureau de l'Armée rouge, le GROu, désigné dans les ouvrages de référence anglo-saxons comme GRU, n'a jamais totalement abandonné cette tâche « éducative » même si les circonstances l'ont peu à peu contraint à en rabattre énormément. Si surprenant que cela paraisse, quelques jeunes cadres de confiance du Parti communiste français suivaient encore, au début des années soixante-dix, un entraînement en URSS (tir, montage et démontage d'armes courantes, fabrication d'armes artisanales, transmisions, techniques de sabotage) auprès des Spetsnaz, les troupes spéciales soviétiques mises à la disposition des services secrets. En sens inverse, le GROu disposait de spécialistes militaires qu'on pouvait fournir aux partis-frères en cas de besoin. Manfred Stern, par exemple, cet Austro-Hongrois qui fut détaché auprès du « M-Apparat » du KPD pour l'insurrection de Hambourg de 1923, opéra par la suite en Chine et en Mandchourie avant de devenir le « général Kléber » des Brigades internationales en Espagne.

Ces appareils militaires clandestins n'étaient certes pas constitués « d'enfants de chœur ». Leurs membres étaient souvent à la limite du banditisme et certains groupes se transformaient parfois en véritables bandes. L'un des exemples les plus frappants est celui, dans la seconde moitié des années vingt, de la « Garde rouge » ou des « escadrons rouges » du Parti communiste chinois. Ils entrèrent en action à Shanghai, considérée alors officiellement comme l'épicentre de l'action du Parti. Dirigés par Gu Shunzhang, un ancien gangster affilié à la Société secrète de la Bande verte, la plus puissante des deux mafias shanghaïennes, ces hommes de main fanatisés affrontèrent leurs équivalents nationalistes, notamment les Chemises bleues calquées sur le modèle fasciste, dans des combats douteux, terreur contre terreur, embuscade pour embuscade, assassinat individuel pour assassinat individuel. Le tout avec le soutien singulière-

Blücher et Hô Chi Minh qui traitait aussi de la question des insurrections paysannes, le maréchal Toukhatchevski donnant deux chapitres de théorie militaire.

ment actif du consulat d'URSS à Shanghai, qui disposait lui-même de spécialistes des questions militaires comme Gorbatiouk, ainsi que d'exécuteurs des basses œuvres.

En 1928, les hommes de Gu Shunzhang liquidèrent un couple de militants retournés par la police : pendant leur sommeil, He Jiaxing et He Jihua furent criblés de balles dans leur lit. Pour couvrir le bruit des détonations, des comparses firent éclater une salve de pétards à l'extérieur. Des méthodes aussi expéditives furent appliquées peu après au sein même du Parti afin de mater les opposants. Parfois, une simple dénonciation suffisait. Le 17 janvier 1931, furieux d'avoir été manœuvrés par le délégué du Komintern, Pavel Mif, et par les dirigeants soumis à Moscou, He Mengxiong et une vingtaine de ses camarades de la « fraction ouvrière » se réunirent à l'Hôtel oriental de Shanghai. À peine avaient-ils commencé leurs débats que des policiers et des agents du Diaocha tongzhi, le Bureau central d'enquêtes du Guomindang, firent irruption dans la salle l'arme au poing et les arrêtèrent. Les nationalistes avaient été informés « anonymement » de la réunion.

Après la défection de Gu Shunzhang en avril 1931, son retour immédiat dans le giron de la Bande verte et sa « soumission » au Guomindang (il était passé aux Chemises bleues), un Comité spécial de cinq cadres communistes prit le relais à Shanghai. Il se composait de Kang Sheng, Guang Huian, Pan Hannian, Chen Yun et Ke Qingshi. En 1934, date de l'effondrement quasi définitif de l'appareil urbain du PCC, les deux derniers chefs des groupes armés communistes en ville, Ding Mocun et Li Shiqun, tombèrent à leur tour entre les mains du Guomindang. Ils firent aussi leur soumission, passant ensuite au service des Japonais pour connaître un destin tragique, le premier fusillé par les nationalistes en 1947 pour trahison et le second, empoisonné par son officier traitant japonais. Quant à Kang Sheng, il devint dès 1949 et jusqu'à sa mort en 1975, le chef de la police secrète maoïste et donc l'un des principaux bourreaux du peuple chinois sous pouvoir communiste[1].

Il arriva également que des membres de l'appareil de tel ou tel Parti communiste soient utilisés dans des opérations des services spéciaux soviétiques. Cela semble avoir été le cas dans l'affaire Koutiepov. En 1924, le général Alexandre Koutiepov avait été appelé à Paris par le grand-duc Nicolas à la direction de l'Union militaire générale (ROVS). En 1928, la Guépéou décida d'en provoquer la désagrégation. Le 26 janvier, le général disparut. Une multitude de bruits circulèrent, certains lancés de manière intéressée par les Soviétiques eux-mêmes. Deux enquêtes indépendantes permirent de comprendre qui étaient les instigateurs de l'enlèvement : celle du vieux socialiste russe Vladimir Bourtzev, célèbre depuis qu'il avait démasqué Evno Azev, l'agent de l'Okhrana infiltré à la tête de l'Organisa-

1. Roger Faligot, Rémi Kauffer, *Kang Sheng et les services secrets chinois*, Robert Laffont, 1987.

tion de combat des socialistes-révolutionnaires, et celle de Jean Delage, journaliste à *L'Écho de Paris*. Delage établit que le général Koutiepov aurait été transporté à Houlgate et conduit sur un navire soviétique, le *Spartak*, qui quitta le Havre le 19 février. Nul ne revit le général vivant. Le 22 septembre 1965, le général soviétique Chimanov revendiqua l'opération dans le journal de l'Armée rouge, *L'Étoile rouge,* et dévoila le nom du responsable : « Sergueï Pouzitski [...] qui non seulement a participé à la capture du bandit Savinkov [...] mais encore a magistralement conduit l'opération de l'arrestation de Koutiepov et de tant d'autres chefs des Gardes blancs[1]. » On connaît mieux aujourd'hui les circonstances exactes de l'enlèvement du malheureux Koutiepov. Son organisation d'émigrés était infiltrée par la Guépéou : depuis 1929, l'ancien ministre du gouvernement blanc de l'amiral Koltchak, Serguei Nikolaievitch Trétiakov, était passé secrètement aux Soviétiques qu'il renseignait sous le numéro UJ/1 et le nom de code d'Ivanov. Grâce aux informations détaillées qu'il fournissait à son traitant « Vetchinkine », Moscou savait tout ou presque des déplacements du général tsariste. Un commando « arraisonna » sa voiture en pleine rue sous couleur d'un contrôle de police. Déguisé en agent de la circulation, un Français, Honel, garagiste à Levallois-Perret, demanda à Koutiepov de le suivre. Un autre Français était impliqué dans l'opération, Maurice Honel, frère du premier cité, en contact avec les services soviétiques et qui sera élu député communiste en 1936. Koutiepov refusant de se soumettre fut, semble-t-il, tué d'un coup de poignard. Son cadavre aurait été enseveli dans le sous-sol du garage de Honel[2].

Le successeur de Koutiepov, le général Miller, avait pour second le général Nikolaï Skobline qui était en fait un agent des Soviétiques. Avec son épouse, la cantatrice Nadejda Plevitskaïa, Skobline organisa à Paris l'enlèvement du général Miller. Le 22 septembre 1937, celui-ci disparut, le 23 septembre le navire soviétique *Maria Oulianovna* quitta Le Havre. Le général Skobline disparut à son tour, les soupçons à son égard devenant de plus en plus précis. Le général Miller était bien sur le *Maria Oulianovna* que le gouvernement français renonça à intercepter. Parvenu à Moscou, il fut interrogé puis abattu[3].

---

1. Voir *Le Contrat social*, n° 4, juillet-août 1966, p. 253.

2. Roger Faligot et Rémi Kauffer, *Histoire mondiale du renseignement*, tome 1, 1870-1939, Robert Laffont, 1993.

3. *Un crime soviétique devant la cour d'assises de la Seine (5-14 décembre 1938). L'Enlèvement du général Miller par le général Skobline. Le Procès de la Plevitzkaïa. Plaidoirie de Me Maurice Ribet*. Imp. du Palais, 1939. Marina Grey, *Le général meurt à minuit*, Plon, 1981. Marina Gorboff, *La Russie fantôme. L'émigration russe de 1920 à 1950*, L'Âge d'homme, 1995. Pavel et Anatoli Soudoplatov, *op. cit.*

Dictature, criminalisation des opposants et répression au sein du Komintern

Si le Komintern, à l'instigation de Moscou, entretenait dans chaque parti communiste des groupes armés et préparait insurrection et guerre civile contre les pouvoirs en place, il ne manqua pas d'introduire en son sein les méthodes policières et de terreur mises en œuvre en URSS même. C'est lors du Xe Congrès du Parti bolchevique, tenu du 8 au 16 mars 1921 alors que le pouvoir était confronté à la rébellion de Cronstadt, que furent jetées les bases d'un régime dictatorial au sein même du Parti. Au cours de la préparation du Congrès, pas moins de huit plates-formes différentes avaient été proposées et discutées. Ces débats étaient comme les derniers vestiges d'une démocratie qui n'avait pu s'imposer en Russie. Ce n'était qu'à l'intérieur du Parti qu'il demeurait un ersatz de liberté de discussion, plus pour longtemps. Le deuxième jour des travaux, Lénine donna le ton : « Nous n'avons pas besoin d'opposition, camarades : ce n'est pas le moment. Soyez ici, ou là-bas [à Cronstadt] avec un fusil, mais pas avec l'opposition. Cela ne sert à rien de me le reprocher : cela découle de l'état de choses. Plus d'opposition désormais, camarades. Et, à mon avis, il faudra que le Congrès en arrive à la conclusion qu'il est temps de mettre fin à l'opposition, de tirer un rideau sur elle ; nous en avons assez de l'opposition[1]. » Il visait en particulier ceux qui, sans constituer un groupe au sens propre ni posséder de publication, s'étaient rassemblés sur la plate-forme dite de l'Opposition ouvrière (Alexandre Chliapnikov, Alexandra Kollontaï, Loutovinov) et celle dite du Centralisme démocratique (Timothée Sapronov, Gabriel Miasnikov).

Le Congrès était sur le point de s'achever quand, le 16 mars, Lénine présenta *in extremis* deux résolutions : la première à propos de « l'unité du Parti » et la seconde au sujet de « la déviation syndicaliste et anarchiste dans notre Parti », qui s'en prenait à l'Opposition ouvrière. Le premier texte réclamait la dissolution immédiate de tous les groupes constitués conformément à des plates-formes particulières, sous peine d'exclusion immédiate du Parti. Un article non publié de cette résolution, qui demeura secret jusqu'en octobre 1923, confiait au Comité central le pouvoir de prononcer cette sanction. La police de Feliks Dzerjinski se voyait ainsi offrir un nouveau champ d'investigation : tout groupe d'opposition au sein du Parti communiste fera désormais l'objet d'une surveillance et, si nécessaire, d'une sanction : l'exclusion — qui, pour de vrais militants, équivalait presque à une mort politique.

Consacrant l'interdiction de la libre discussion — en contradiction avec les statuts du Parti —, les deux résolutions furent néanmoins votées. En ce qui concerne la première, Radek avança une justification quasi prémonitoire : « J'estime qu'elle peut fort bien servir contre nous et pourtant

1. Lénine, *Œuvres complètes*, tome XVI, p. 227-228.

je l'appuie. [...] Qu'au moment du danger le Comité central prenne les mesures les plus sévères contre les meilleurs camarades s'il l'estime nécessaire. [...] Que même le Comité central se trompe ! C'est moins dangereux que le flottement que l'on peut observer en ce moment. » Ce choix, effectué sous l'empire des circonstances mais qui répondait aux tendances profondes des bolcheviks, pesa de manière décisive sur l'avenir du Parti soviétique et par conséquent sur les sections du Komintern.

Le Xe Congrès procéda également à la réorganisation de la Commission de contrôle dont le rôle était défini ainsi : veiller à « la consolidation de l'unité et de l'autorité dans le Parti ». Dès lors, elle constitua et rassembla les dossiers personnels des militants qui servirent, le cas échéant, de matériaux de base aux futurs dossiers d'accusation : attitude vis-à-vis de la police politique, participation à des groupes d'opposition, etc. Dès la fin du Congrès, les partisans de l'Opposition ouvrière furent soumis à des brimades et à des persécutions. Plus tard, Alexandre Chliapnikov expliqua que « la lutte ne se poursuivait pas sur le terrain idéologique, mais au moyen... de l'éviction (des intéressés) de leurs postes, des mutations systématiques d'un district à l'autre et même d'exclusions du parti ».

Au mois d'août suivant commença un contrôle qui dura plusieurs mois. Près d'un quart des militants communistes furent exclus. Le recours à la *tchistka* (la purge) fit désormais partie intégrante de la vie du Parti. Aïno Kuusinen témoigna sur ce procédé cyclique : « La réunion de "tchistka" se déroulait de la manière suivante : l'accusé était appelé par son nom et invité à monter à la tribune ; les membres de la Commission d'épuration et les autres personnes présentes lui posaient des questions. Quelques-uns réussissaient à se disculper aisément, d'autres devaient subir pendant longtemps cette rude épreuve. Si quelqu'un avait des ennemis personnels, ceux-ci pouvaient donner un cours décisif au déroulement de l'affaire. Toutefois, l'expulsion du Parti ne pouvait être prononcée que par la Commission de contrôle. Si l'accusé n'était pas reconnu coupable d'un acte entraînant l'exclusion du Parti, la procédure était suspendue sans vote. Dans le cas contraire, personne n'intervenait en faveur de l'"accusé". Le président demandait simplement : "Kto protiv" ; personne n'osant faire opposition, l'affaire était jugée "à l'unanimité" [1]. »

Très vite, les effets des décisions du Xe Congrès se firent sentir : En février 1922, Gabriel Miasnikov fut exclu pour un an après avoir défendu, contre l'avis de Lénine, la nécessité de la liberté de la presse. L'Opposition ouvrière, dans l'impossibilité de se faire entendre, fit naturellement appel au Komintern (« Déclaration des 22 »). Staline, Dzerjinski et Zinoviev demandèrent alors l'exclusion de Chliapnikov, Kollontaï et Medvediev, que le XIe Congrès leur refusa. De plus en plus soumis à l'attraction du pouvoir soviétique, le Komintern fut bientôt contraint d'adopter le même régime intérieur que le Parti bolchevique. Conséquence logique et somme toute guère étonnante.

1. Aïno Kuusinen, *Quand Dieu renverse son ange...*, Julliard, 1974.

En 1923, Dzerjinski exigea une décision officielle du Politburo pour obliger les membres du Parti à dénoncer à la GPU toute activité d'opposition. La proposition de Dzerjinski fut à l'origine d'une nouvelle crise au sein du Parti bolchevique : le 8 octobre, Trotski adressa une lettre au Comité central bientôt suivie, le 15 octobre, de la « Déclaration des 46 ». Le débat qui s'engageait se cristallisa autour du « cours nouveau » du Parti russe et connut des prolongements dans chaque section du Komintern [1].

Simultanément, à la fin de 1923, la vie de ces sections fut placée sous le mot d'ordre de la « bolchevisation » ; toutes durent à la fois réorganiser leurs structures en les fondant sur les cellules d'entreprises et renforcer leur allégeance envers le centre moscovite. Les réticences que rencontrèrent ces transformations eurent pour conséquence d'accroître considérablement le rôle et le pouvoir des *missi dominici* de l'Internationale, sur fond de débats concernant l'évolution du pouvoir en Russie soviétique.

En France, l'un des leaders du PCF, Boris Souvarine, s'opposa à la nouvelle ligne et dénonça les bas procédés dont usait la Troïka (Kamenev-Zinoviev-Staline) envers son adversaire, Léon Trotski. À l'occasion du XIIIe Congrès du PCUS, Boris Souvarine fut convoqué le 12 juin 1924 pour s'expliquer. La séance tourna à la mise en accusation sur le mode des séances d'autocritique obligatoires. Une commission spécialement réunie pour traiter du « cas Souvarine » prononça son exclusion temporaire. Les réactions de la direction du PCF indiquent clairement quel état d'esprit était désormais requis dans les rangs du Parti mondial : « Dans notre Parti [le PCF] que la bataille révolutionnaire n'a pas complètement épuré du vieux fond social-démocrate, l'influence des personnalités joue encore un trop grand rôle. [...] C'est dans la mesure où toutes les survivances petites-bourgeoises du “Moi” individualiste seront détruites que se formera l'anonyme cohorte de fer des bolcheviks français. [...] S'il veut être digne de l'Internationale communiste à laquelle il appartient, s'il veut suivre les traces glorieuses du Parti russe, le Parti communiste français doit briser sans faiblesse tous ceux qui, dans son sein, refuseraient de se plier à sa loi ! » (*L'Humanité*, 19 juillet 1924.) Le rédacteur anonyme ignorait qu'il venait d'énoncer la loi qui régira pendant des décennies la vie du PCF. Le syndicaliste Pierre Monatte résuma cette évolution d'un mot : la « caporalisation » du PC.

C'est au cours du même Ve Congrès du Komintern, à l'été 1924, que Zinoviev menaça de « briser les os » aux opposants, illustrant ainsi les mœurs politiques qui envahissaient le mouvement communiste. Mal lui en prit : c'est à lui que Staline « brisa les os », le démettant dès 1925 de ses fonctions de président du Komintern. Zinoviev fut remplacé par Boukharine, qui connut bientôt les mêmes déboires. Le 11 juillet 1928, à la veille

1. Léonard Shapiro, *Les Bolcheviks et l'opposition. Origines de l'absolutisme communiste ; premier stade (1917-1922)*, Les Îles d'or, 1958. Pierre Broué, *Le Parti bolchevique*, éditions de Minuit, 1977.

du VIe Congrès du Komintern (17 juillet-1er septembre), Kamenev rencontra secrètement Boukharine, et dressa un procès-verbal de son entretien. Victime du « régime policier », Boukharine lui expliqua que son téléphone était écouté et qu'il était suivi par la GPU ; à deux reprises, il laissa percer une frayeur bien réelle : « Il nous étranglera... Nous ne voulons pas intervenir en tant que scissionnistes, car alors il nous étranglerait[1]. » « Il » : Staline, bien entendu.

Le premier que Staline tenta d'« étrangler » fut Léon Trotski. Sa lutte contre le trotskisme a ceci de particulier qu'elle connut une extension particulière. Tout commença en 1927. Mais déjà auparavant de sinistres avertissements avaient été proférés lors d'une conférence du Parti bolchevique en octobre 1926 : « Ou l'exclusion et l'écrasement légal de l'Opposition, ou la solution de la question à coups de canon dans les rues, comme avec les socialistes-révolutionnaires de gauche en juillet 1918 à Moscou », voilà ce que préconisait alors Larine dans la *Pravda*. L'Opposition de gauche (c'était son appellation officielle), isolée et de plus en plus affaiblie, était en butte aux provocations de la GPU qui inventa de toutes pièces l'existence d'une imprimerie clandestine, dirigée par un ancien officier de Wrangel (en réalité, un de ses agents), où des documents de l'Opposition auraient été imprimés. Lors du Xe anniversaire d'Octobre 1917, l'Opposition avait décidé de manifester avec ses propres mots d'ordre. L'intervention brutale de la police l'en empêcha et, le 14 novembre, Trotski et Zinoviev furent exclus du Parti bolchevique. L'étape suivante fut, dès janvier 1928, la relégation de ses militants les plus connus dans des régions excentrées — Christian Rakovski, ex-ambassadeur soviétique en France, fut exilé à Astrakhan, sur la Volga puis à Barnaoul, en Sibérie ; Victor Serge fut envoyé, en 1933, à Orenbourg, dans l'Oural — ou bien à l'étranger. Quant à Trotski, il fut emmené de force à Alma-Ata au Turkestan, à quatre mille kilomètres de Moscou. Un an plus tard, en janvier 1929, il était expulsé vers la Turquie, échappant à la prison qui se refermait sur ses partisans. Ils furent en effet de plus en plus nombreux, comme d'ailleurs les militants de l'ancienne Opposition ouvrière ou du groupe du Centralisme démocratique, à être arrêtés et envoyés dans des prisons spécifiques, les *polit-isolators*.

Dès ce moment, des communistes étrangers, membres de l'appareil du Komintern ou vivant en URSS, furent arrêtés et internés, tout comme les militants du Parti russe ; leur cas était assimilé à celui des Russes dans la mesure où tout communiste étranger effectuant un séjour prolongé en URSS était contraint d'adhérer au Parti bolchevique et donc de se soumettre à sa discipline. Tel est le cas, bien connu, du communiste yougoslave Ante Ciliga, membre du Bureau politique du Parti communiste yougoslave (PCY), qui fut envoyé à Moscou en 1926 comme représentant

1. « Boukharine en 1928 », *Le Contrat social*, n° 1, janvier-février 1964.

du PCY au Komintern. Il entretint quelques contacts avec l'opposition rassemblée par Trotski, puis s'éloigna de plus en plus d'un Komintern d'où les vrais débats d'idées étaient bannis et où les dirigeants n'hésitaient pas à user de méthodes d'intimidation envers leurs contradicteurs, ce que Ciliga a appelé le « système de servilité » du mouvement communiste international. En février 1929, lors de l'assemblée générale des Yougoslaves de Moscou, fut adoptée une résolution qui condamnait la politique de la direction du PCY, ce qui équivalait à une condamnation indirecte de la direction du Komintern. Un groupe illégal — selon les canons de la discipline — fut ensuite organisé par les opposants à la ligne officielle, en relation avec des Soviétiques. Bientôt une commission commença à enquêter sur Ciliga qui fut exclu pour un an. Ciliga ne cessa pas pour autant ses activités « illégales » en s'installant à Leningrad. Le 1er mai 1930, il se rendit à Moscou pour rencontrer les autres membres de son groupe russo-yougoslave qui, devenu très critique envers l'industrialisation telle qu'elle était menée, prônait la formation d'un nouveau parti. Le 21 mai, il fut arrêté avec ses camarades, puis expédié au polit-isolator de Verkhné-Ouralsk en vertu de l'article 59. Pendant trois ans, de prison en isolateur, de requête en grève de la faim, Ciliga ne cessa de revendiquer le droit de quitter la Russie. Un moment libéré, il fit une tentative de suicide. La GPU tenta de l'obliger à renoncer à la nationalité italienne. Exilé en Sibérie, il fut finalement expulsé le 3 décembre 1935, ce qui était exceptionnel[1].

Grâce à Ciliga, nous possédons un témoignage sur les isolateurs politiques : « Les camarades nous remirent les journaux qui paraissaient dans la prison. Quelle diversité d'opinions, quelle liberté dans chaque article ! Quelle passion et quelle franchise dans l'exposé des questions non seulement abstraites et théoriques, mais aussi de celles qui touchaient à l'actualité la plus brûlante ! [...] Mais notre liberté ne se bornait pas là. Pendant la promenade, qui réunissait plusieurs salles, les détenus avaient l'habitude de tenir dans un coin de la cour des réunions en règle, avec président, secrétaire, les orateurs prenant la parole chacun à son tour[2]. »

Les conditions matérielles étaient les suivantes : « La nourriture comportait le menu traditionnel du moujik pauvre : pain et bouillie matin et soir, tout au long de l'année. [...] En outre, on recevait à déjeuner une soupe faite de mauvais poisson, de conserve et de viande à moitié pourrie. La même soupe — mais sans viande ni poisson — était servie à dîner. [...] La ration quotidienne de pain était de 700 grammes, la ration mensuelle de sucre de un kilo, en outre on nous délivrait une ration de tabac, de cigarettes, de thé et de savon. Cette nourriture monotone était aussi insuffi-

1. Voir Ante Ciliga, *Dix ans au pays du mensonge déconcertant*, Champ libre, 1977. Philippe Bourrinet, *Ante Ciliga 1898-1992. Nazionalismo e communismo in Jugoslavia*, Gênes, Graphos, 1996.

2. Ante Ciliga, *Au pays du grand mensonge*, Gallimard, 1938, p. 167.

sante en quantité. Nous eûmes du reste à lutter avec acharnement pour qu'on ne réduisît pas davantage cette maigre pitance ; que dire des luttes au prix desquelles nous obtînmes quelques améliorations de détail ! Pourtant, si on le compare au régime des prisons de droit commun, où croupissaient des centaines de milliers de détenus, et surtout celui des millions d'êtres parqués dans les camps du Nord, notre régime à nous était en quelque sorte privilégié [1]. »

Toutefois, ces privilèges étaient tout à fait relatifs. À Verkhné-Ouralsk, les détenus firent trois grèves de la faim, en avril et à l'été 1931 puis en décembre 1933, pour la défense de leurs droits, en particulier pour obtenir la suppression du renouvellement des peines. À partir de 1934 la plupart du temps, le régime politique fut supprimé (Verkhné-Ouralsk le conserva jusqu'en 1937) et les conditions de détention s'étaient déjà aggravées : des emprisonnés moururent lors de passages à tabac, d'autres furent fusillés, d'autres encore mis au secret total, tel Vladimir Smirnov à Souzdal, en 1933.

Cette criminalisation des opposants, réels ou supposés, au sein des partis communistes s'étendit bientôt à des responsables communistes de haut rang. Le dirigeant du Parti communiste espagnol, José Bullejos, et plusieurs de ses camarades, qui avaient été convoqués à Moscou à l'automne 1932, virent leur politique intensément critiquée. Ayant refusé toute soumission aux diktats du Komintern, ils en furent exclus en bloc le 1er novembre et dès lors se retrouvèrent comme en résidence surveillée à l'hôtel Lux, où logeaient les kominterniens. Le Français Jacques Duclos, ex-délégué du Komintern en Espagne, vint leur signifier leur exclusion et leur précisa que toute tentative de rébellion serait réprimée « avec toute la rigueur des lois pénales soviétiques [2] ». Bullejos et ses camarades eurent toutes les peines du monde à quitter l'URSS après deux mois de dures négociations pour récupérer leurs passeports.

La même année avait connu l'épilogue d'une incroyable affaire concernant le Parti communiste français. Au début 1931, le Komintern avait envoyé auprès du PCF un représentant et des instructeurs chargés de le reprendre en main. En juillet, le vrai chef du Komintern, Dimitri Manouilski, débarqua clandestinement à Paris et révéla devant un Bureau politique éberlué qu'il y avait en son sein un « groupe » qui s'adonnait au travail fractionnel. Il s'agissait en réalité d'une mise en scène destinée à susciter une crise d'où la direction du PCF allait sortir, son autonomie affaiblie, et devenir totalement dépendante de Moscou et de ses hommes. Parmi les chefs du fameux « groupe » fut désigné Pierre Celor, l'un des principaux dirigeants du Parti depuis 1928, qui fut convoqué à Moscou sous prétexte de se voir confier le poste de représentant du PCF auprès du

1. Ante Ciliga, *op. cit.*, p. 168.
2. José Bullejos, *La Comintern en España*, Mexico, 1972, p. 206.

Komintern. Mais, à peine arrivé, Celor fut traité comme un « provocateur ». Se retrouvant ostracisé, sans salaire, Celor ne survécut durant ce rude hiver russe que grâce à la seule carte d'alimentation de sa femme, qui l'avait accompagné et travaillait au Komintern. Le 8 mars 1932, il fut convoqué à une réunion à laquelle assistaient des membres du NKVD qui, au cours d'un interrogatoire de douze heures, tentèrent de lui faire « avouer » qu'il était « un agent de la police infiltré dans le Parti ». Celor n'avoua rien et, après d'innombrables tracasseries et pression, réussit à rentrer en France le 8 octobre 1932, pour s'y voir immédiatement dénoncer publiquement comme « flic ».

C'est cette même année 1932 que furent créées dans beaucoup de partis communistes, et sur le modèle du Parti bolchevique, des sections des cadres, dépendant de la section centrale des cadres du Komintern ; elles étaient chargées d'établir des fichiers complets des militants et de regrouper des questionnaires biographiques et des autobiographies détaillées de tous les dirigeants. Rien que pour le Parti français, plus de cinq mille de ces dossiers biographiques furent transmis à Moscou avant la guerre. Ce questionnaire biographique de plus de soixante-dix questions comprenait cinq grandes rubriques : 1) Origines et situation sociale ; 2) Fonction dans le Parti ; 3) Instruction et niveau intellectuel ; 4) Participation à la vie sociale ; 5) Casier judiciaire et répression. Tous ces matériaux destinés à faire un tri parmi les militants étaient centralisés à Moscou où ils étaient conservés par Anton Krajevski, Tchernomordik ou Gevork Alikhanov, les patrons successifs du service des cadres du Komintern, lui-même lié à la section étrangère du NKVD. En 1935, Meïr Trilisser, l'un des plus hauts responsables du NKVD, fut nommé secrétaire du Comité exécutif du Komintern chargé du contrôle des cadres. Sous le pseudonyme de Mikhaïl Moskvine, il recueillait les informations et les dénonciations, décidait aussi des disgrâces, première étape vers une liquidation prochaine[1]. Ces services des cadres furent parallèlement chargés d'établir des « listes noires » des ennemis du communisme et de l'URSS.

Très tôt, sinon dès l'origine, les sections du Komintern servirent de vivier pour le recrutement d'agents de renseignements au profit de l'URSS. Dans certains cas, les militants qui acceptaient de prendre en charge le travail illégal et par conséquent clandestin ignoraient qu'en réalité ils travaillaient pour l'un des services soviétiques : le Service de renseignements de l'Armée rouge (GRU ou IVe Bureau), le département étranger de la Tcheka-GPU (Inostranny Otdel, INO), le NKVD, etc. Ces différents appareils constituaient un entrelacs inextricable et nourrissaient une rivalité féroce qui les poussait à débaucher les agents des services voisins. Dans ses souvenirs, Elsa Poretski donne de multiples exemples de cette concurrence[2].

---

1. Guillaume Bourgeois, « Comment Staline dirigeait le PC », *Le Nouvel Observateur*, 5-11 août 1993. Arkadi Vaksberg, *op. cit.*, p. 62-64. Annie Kriegel, Stéphane Courtois, *Eugen Fried. Le grand secret du PCF*, Le Seuil, 1997, chapitre 13.

2. *Les Nôtres*, Denoël, « Lettres nouvelles », 1969, rééd. 1995.

Les listes noires du PCF

À partir de 1932, le PCF commença à rassembler des informations sur des personnes suspectes ou dangereuses, à ses yeux, pour leurs activités. Ces listes sont donc nées parallèlement à la prise en main de l'appareil des cadres par les émissaires du Komintern. Avec la mise sur pied de la section des cadres destinée à sélectionner les meilleurs militants apparaît son envers : les listes dénonçant ceux qui ont « failli » d'une manière ou d'une autre. De 1932 à juin 1939, le PCF publia douze listes noires sous des titres à la fois différents et similaires : *Liste noire des provocateurs, traîtres, mouchards chassés des organisations révolutionnaires de France* ou *Liste noire de provocateurs, voleurs, escrocs, trotskistes, traîtres chassés des organisations ouvrières de France*... Pour justifier ces listes qui jusqu'à la guerre recensèrent plus de mille noms, le PCF utilisait un simple argument politique : « La lutte de la bourgeoisie contre la classe ouvrière et les organisations révolutionnaires dans notre pays devient de plus en plus aiguë. »

Les militants devaient fournir des signalements (« taille et corpulence, cheveux et sourcils, front, yeux, nez, bouche, menton, forme du visage, teint, signes particuliers » — *Liste n° 10*, août 1938), « tous renseignements utiles qui facilitent [la] recherche » des individus dénoncés, dont leurs lieux de résidence. Chaque militant devait peu ou prou se glisser dans la peau d'un auxiliaire d'une police particulière, jouer au petit tchékiste.

Certains de ces « suspects » étaient vraisemblablement d'authentiques aigrefins tandis que d'autres étaient des opposants à la ligne du Parti, qu'ils y appartinssent ou non. Dans les années trente furent d'abord visés les militants communistes qui avaient suivi Jacques Doriot et son rayon de Saint-Denis, puis les trotskistes. En ce qui les concerne, les communistes français reprirent sans barguigner les arguments des grands frères soviétiques : les trotskistes sont devenus « une bande forcenée et sans principes de saboteurs, d'agents de diversion et d'assassins agissant sur ordre des services d'espionnage étrangers » (*Répertoire n° 1 des listes noires 1 à 8*, s. d.).

La guerre, l'interdiction du PCF qui soutenait le rapprochement germano-soviétique, puis l'occupation allemande conduisirent le Parti à renforcer son prurit policier. Furent dénoncés les militants qui avaient refusé d'entériner l'alliance Hitler-Staline, y compris ceux qui s'engagèrent dans la Résistance, comme Adrien Langumier qui avait pour couverture un travail de rédacteur aux *Temps Nouveaux* de Luchaire (a contrario, le PCF ne dénonça jamais Frédéric Joliot-Curie pour son article très compromettant du 15 février 1941 dans le même journal) ou comme René Nicod, ancien député communiste d'Oyonnax dont l'attitude fut irréprochable envers ses anciens camarades. Sans parler de Jules Fourrier que la « police du Parti » tenta sans succès de liquider ; Fourrier avait voté les pleins pouvoirs à Pétain puis participé, dès la fin de 1940, à la création d'un réseau de résistance ; il fut déporté à Buchenwald puis Mauthausen.

À côté de ceux-ci, il y eut ceux qui participèrent en 1941 à la fondation du Parti ouvrier et paysan français autour de l'ancien secrétaire du PCF, Marcel Gitton, abattu en septembre de la même année par des militants communistes. Le PCF s'arrogea le droit de les déclarer « traîtres au Parti et à la France ». Parfois leurs notices accusatrices sont suivies de la mention :

« A reçu le châtiment mérité ». Il y eut même le cas de militants soupçonnés de trahison qui furent assassinés puis « réhabilités » après guerre, comme Georges Déziré.

En pleine chasse aux Juifs, le PC usait d'étranges manières pour dénoncer ses « ennemis » : « C... Renée, dite Tania, dite Thérèse, du XIVe arr. *Juive bessarabienne* », « De B..., *Juif étranger*. Renégat, dénigre PC et URSS ». La Main-d'œuvre immigrée (MOI), organisation qui rassemblait les militants communistes étrangers, recourut à un langage tout aussi caractéristique : « R. Juif (ce n'est pas son vrai nom). Travaille avec un groupe juif ennemi. » Il n'abandonna nullement sa haine pour les militants trotskistes : « D... Yvonne. 1, place du Gal-Beuret, Paris VIIe. [...] Trotskiste, avait été en liaison avec le POUM. Dénigre l'URSS. » Il est fort probable qu'au cours d'arrestation la police de Vichy ou la Gestapo purent mettre la main sur de telles listes : Qu'est-il advenu des personnes ainsi dénoncées ?

En 1945, le PC publia une nouvelle série de listes noires pour mettre « au ban de la nation », selon son expression, des adversaires politiques dont certains avaient échappé de peu à des tentatives d'assassinat. L'institutionnalisation de la liste noire renvoie bien évidemment à la confection des listes d'accusés potentiels par les organes de sécurité soviétiques (Tcheka, GPU, NKVD). C'est une pratique universelle des communistes, inaugurée dès le début de la guerre civile en Russie. En Pologne, juste au sortir de la guerre, de telles listes comptaient quarante-huit catégories d'individus à surveiller.

Bientôt, l'imbroglio des services fut surmonté par un facteur décisif : aussi bien le Komintern que les services spéciaux répondirent au pouvoir suprême de la direction du PCUS, rendant compte de leur action jusque devant Staline. En 1932, Martemiam Rioutine, qui avait mené avec zèle et sans états d'âme la répression contre les opposants, entra à son tour en opposition avec Staline. Il rédigea une plate-forme dans laquelle il écrivit : « Staline a aujourd'hui dans le Komintern la stature d'un pape infaillible. [...] Staline tient bien en main, par une dépendance matérielle directe et indirecte, tous les cadres dirigeants du Komintern, non seulement à Moscou mais sur place, et c'est là l'argument décisif qui confirme son invincibilité dans le domaine théorique[1]. » Dès la fin des années vingt, le Komintern, qui dépendait financièrement de l'État soviétique, avait perdu tout moyen d'être indépendant. Mais à cette dépendance matérielle qui redoublait la dépendance politique vint s'ajouter la dépendance policière.

La pression de plus en plus forte des services policiers sur les militants du Komintern eut pour résultat d'instaurer la peur et la méfiance entre eux. Simultanément la délation gangrène les relations, le soupçon envahit les cerveaux. Délation qui était de deux ordres : les dénonciations

1. Cité par Arkadi Vaksberg, *op. cit.*, p. 32. Dès novembre 1927, Boris Souvarine dans une lettre à l'Opposition russe avait tenté d'attirer l'attention sur ce phénomène et ses conséquences. Voir Boris Souvarine, *À contre-courant. Écrits 1925-1939*, Denoël, 1984, p. 138-147.

volontaires et celles qui étaient arrachées par les tortures physiques et mentales. Parfois, c'est simplement la peur qui la déclenchait. Certains militants s'honoraient de dénoncer leurs camarades. Le cas du communiste français André Marty est caractéristique de cette rage paranoïaque, ce zèle effréné à se présenter comme le plus vigilant des communistes ; dans une lettre « strictement confidentielle », adressée au secrétaire général en titre du Komintern, Georgi Dimitrov, le 23 juin 1937, il établit une longue dénonciation du représentant de l'Internationale en France, Eugen Fried, dont il s'étonne qu'il n'ait pas encore été arrêté par la police française... ce qui lui paraît pour le moins suspect[1] !

Sur les procès de Moscou

Les phénomènes de la terreur et des procès suscitèrent inévitablement des interprétations divergentes.

Voici ce que Boris Souvarine écrivait à ce sujet :

« Il est fort exagéré, en effet, de prétendre que les procès de Moscou soient des phénomènes russes exclusifs et spécifiques. Sous une empreinte nationale indéniable, on peut à l'examen discerner autre chose d'assez général.

« Tout d'abord, il importe de renoncer au préjugé suivant lequel ce qui est accessible au Russe ne le serait pas au Français. En l'espèce, les aveux démonstratifs extorqués aux inculpés ne laissent pas plus perplexes les Français que les Russes. Et ceux qui, par solidarité fanatique avec le bolchevisme, les trouvent naturels sont à coup sûr plus nombreux hors de l'URSS qu'à l'intérieur. [...]

« Au cours des premières années de la révolution russe, il était expédient de résoudre toute difficulté d'interprétation en la portant au compte de l'"âme slave". Cependant, il a bien fallu ensuite constater en Italie, puis en Allemagne, des faits réputés naguère spécifiquement russes. Que la bête humaine soit déchaînée et les mêmes causes produisent des effets analogues chez des Latins, des Germains ou des Slaves, en dépit de différences de formes et de surfaces.

« D'autre part, ne voit-on pas en France et ailleurs des gens de toutes sortes que les atroces machinations de Staline emplissent d'aise ? La rédaction de *L'Humanité*, par exemple, ne le cède en rien à celle de la *Pravda* pour la servilité et la bassesse, sans l'excuse d'être prise dans les tenailles d'une dictature totalitaire. L'académicien Komarov, sur la place Rouge de Moscou, se déshonore une fois de plus en réclamant des têtes, mais il n'aurait pu s'y refuser sans faire acte conscient de suicide. Que dire alors d'un Romain Rolland, d'un Langevin, d'un Malraux, qui admirent et approuvent le régime dit soviétique, sa "culture" et sa "justice", sans être contraints par la faim ou quelque torture ? »

(*Le Figaro littéraire*, 1er juillet 1937.)

1. Annie Kriegel, Stéphane Courtois, *Eugen Fried. Le grand secret du PCF*, *op. cit.*, p. 293.

Dans le même genre, voici un extrait d'une de ces lettres envoyées au « camarade L. P. Beria » (le commissaire aux Affaires intérieures de l'URSS) par la Bulgare Stella Blagoïeva, obscure employée à la section des cadres du Comité exécutif du Komintern : « Le Comité exécutif de l'Internationale communiste dispose d'informations rédigées par toute une série de camarades, militants de partis frères, que nous jugeons nécessaire de vous adresser pour que vous puissiez les vérifier et prendre les mesures qui s'imposent. [...] L'un des secrétaires du Comité central du Parti communiste de Hongrie, Karakach, a des conversations qui témoignent de son dévouement insuffisant au Parti de Lénine et de Staline. [...] Les camarades posent aussi une question très sérieuse : pourquoi en 1932 le tribunal hongrois ne l'a-t-il condamné qu'à trois ans de prison, alors qu'au cours de la dictature du prolétariat en Hongrie Karakach a exécuté des condamnations à mort décidées par le tribunal révolutionnaire. [...] De multiples allocutions de camarades allemands, autrichiens, lettons, polonais et autres montrent que l'émigration politique est particulièrement souillée. Il faut sarcler tout ça avec détermination[1]. »

Arkadi Vaksberg précise que les archives du Komintern contiennent des dizaines (voire des centaines...) de dénonciations, phénomène qui témoigne de la déchéance morale qui s'était emparée des kominterniens ou des fonctionnaires du Parti communiste d'Union soviétique. Cette déchéance fut éclatante lorsque se déroulèrent les grands procès de la « vieille garde » bolchevique qui avait apporté son concours à l'édification d'un pouvoir s'appuyant sur le « mensonge absolu ».

La grande terreur frappe le Komintern

L'assassinat de Kirov, le 1er décembre 1934, fut pour Staline un excellent prétexte pour passer, dans le Komintern comme dans le Parti russe, d'une répression sévère à une véritable terreur[2]. L'histoire du PCUS, et avec lui du Komintern, était entrée dans une phase nouvelle. La terreur jusque-là exercée à l'encontre de la société se retournait contre les acteurs du pouvoir sans partage qu'exerçaient le PCUS et son secrétaire général tout-puissant.

Les premières victimes en furent les membres de l'opposition russe déjà emprisonnés. À partir de la fin 1935, les détenus libérés à l'issue de leur peine furent remis en prison. Plusieurs milliers de militants trotskistes furent regroupés dans la région de Vorkouta. Ils étaient environ cinq cents à la mine, un millier au camp d'Oukhto-Petchora, au total plusieurs milliers dans le rayon de Petchora. Le 27 octobre 1936, mille d'entre

1. Cité par Arkadi Vaksberg, *op. cit.*, p. 46-47.
2. Alla Kirilina, *L'Assassinat de Kirov. Destin d'un stalinien, 1888-1934*, Le Seuil, 1995.

eux[1] commencèrent une grève de la faim de cent trente-deux jours. Ils revendiquaient la séparation d'avec les criminels de droit commun et le droit de vivre avec leur famille. Au bout de quatre semaines, un premier détenu décéda. D'autres connurent le même sort jusqu'à ce que l'administration annonçât la satisfaction des revendications. À l'automne suivant, douze cents détenus (dont environ la moitié de trotskistes) furent regroupés à proximité d'une vieille briqueterie. Fin mars, l'administration dressa une liste de vingt-cinq prisonniers qui reçurent un kilo de pain et l'ordre de se préparer à partir. Quelques instants plus tard, une fusillade retentissait. L'hypothèse la plus pessimiste fut admise lorsque les prisonniers virent l'escorte du convoi revenir rapidement. Le surlendemain, nouvel appel, nouvelle fusillade. Et ainsi jusqu'à la fin mai. Les gardes arrosaient d'essence les cadavres pour les brûler et les faire disparaître. Le NKVD diffusait par radio les noms des fusillés « pour agitation contre-révolutionnaire, sabotage, banditisme, refus de travail, tentative d'évasion »... Les femmes ne furent pas épargnées. L'épouse d'un militant exécuté était automatiquement passible de la peine capitale, les enfants de plus de douze ans d'un oppositionnel également.

Environ deux cents trotskistes de Magadan, « capitale » de la Kolyma, eurent recours eux aussi à la grève de la faim pour obtenir le statut de politique. Dans leur proclamation, ils dénonçaient les « bourreaux-gangsters » et le « fascisme de Staline bien pire que celui de Hitler ». Le 11 octobre 1937, ils furent condamnés à mort et soixante-quatorze d'entre eux furent fusillés les 26-27 octobre et 4 novembre. De telles exécutions se poursuivirent en 1937-1938[2].

Dans chaque pays où les communistes orthodoxes étaient présents, consigne leur fut donnée de combattre l'influence de la minorité de militants qui se rassemblait autour de Léon Trotski. À partir de la guerre d'Espagne, l'opération prit un tour nouveau, consistant à associer de la manière la plus mensongère trotskisme et nazisme, alors même que Staline préparait son rapprochement avec Hitler.

Bientôt, la Grande Terreur déclenchée par Staline atteignit l'appareil central du Komintern. En 1965, Branko Lazitch avait tenté une première approche de la liquidation des kominterniens sous le titre évocateur de *Martyrologe du Komintern*[3]. Boris Souvarine concluait ses « Commentaires sur le "martyrologe" » qui faisaient suite à l'article de B. Lazitch par une remarque au sujet des modestes collaborateurs du Komintern, victimes anonymes de la Grande Purge. La garder en mémoire n'est pas inutile lorsqu'on aborde ce chapitre particulier de l'histoire du communisme soviétique : « La plupart ont disparu dans ce massacre du Komintern qui

1. Femmes et enfants compris, selon Joseph Berger, *Le Naufrage d'une génération*, *op. cit.*, p. 103-105.
2. *Cahiers Léon Trotski*, n° 53, avril 1994.
3. *Le Contrat social*, n° 6, novembre-décembre 1965.

n'a été qu'*une infime partie d'un massacre innombrable, celui de millions d'ouvriers et de paysans laborieux* immolés sans rime ni raison par une monstrueuse tyrannie arborant l'étiquette prolétarienne. »

Les fonctionnaires de l'appareil central comme ceux des sections nationales furent happés par la machine répressive au même titre que le plus simple des citoyens. Avec la Grande Purge (1937-1938), ce ne furent plus seulement les opposants qui tombèrent victimes des organes de répression, mais aussi les fonctionnaires de l'appareil du Komintern et des appareils annexes : l'Internationale communiste des jeunes (KIM), l'Internationale syndicale rouge (Profintern), le Secours rouge (MOPR), l'École léniniste internationale, l'Université communiste des minorités nationales d'Occident (KUMNZ), etc. Fille d'un vieux compagnon de Lénine, Wanda Pampuch-Bronska rapporta sous pseudonyme qu'en 1936 la KUMNZ fut dissoute, l'ensemble de son personnel fut arrêté, ainsi que la presque totalité de ses élèves [1].

L'historien Mikhaïl Panteleïev, en examinant les fonds des divers services et sections du Komintern, a pour l'instant dénombré 133 victimes sur un effectif global de 492 personnes (soit 27 %) [2]. Entre le 1er janvier et le 17 septembre 1937, 256 renvois furent décidés par la Commission du secrétariat du Comité exécutif, composée de Mikhaïl Moskvine (Meïr Trilisser), Wilhelm Florin et Jan Anvelt, puis par la Commission spéciale de contrôle créée en mai 1937 et composée de Georgi Dimitrov, M. Moskvine et Dimitri Manouilski. En général, le renvoi précédait l'arrestation selon un délai variable : Elena Walter, renvoyée du secrétariat de Dimitrov le 16 octobre 1938, fut arrêtée deux jours plus tard tandis que Jan Borowski (Ludwik Komorowski), renvoyé le 17 juillet du Comité exécutif du Komintern, fut arrêté le 7 octobre suivant. En 1937, 88 employés du Komintern furent arrêtés, et 19 en 1938. D'autres étaient arrêtés « à leur table de travail », comme Anton Krajewski (Wladyslaw Stein) alors responsable du service de presse et de propagande, emprisonné le 26 mai 1937. Beaucoup furent arrêtés immédiatement à leur retour de missions à l'étranger.

Tous les services furent touchés, du secrétariat aux représentations des partis communistes. De 1937 à 1938, 41 personnes du secrétariat du Comité exécutif furent arrêtées. Au sein de son Service de liaison (OMS jusqu'en 1936), on dénombra 34 personnes arrêtées. Moskvine lui-même fut happé par la machine répressive le 23 novembre 1938 et condamné le 1er février 1940 à être fusillé. Jan Anvelt décéda sous la torture, et le Danois A. Munch-Petersen mourut dans un hôpital de prison des suites d'une tuberculose chronique. Cinquante fonctionnaires, dont neuf femmes,

---

1. Alfred Burmeister, *Dissolution and Aftermath of the Comintern. Experiences and Observations, 1937-1947*, New York, 1995, p. 4-8. Cité par Branko Lazitch.

2. Mikhaïl Panteleïev, « La Terreur stalinienne au Komintern en 1937-1938 : Les chiffres et les causes », *Communisme*, nos 40-41, 1995.

furent fusillés. La Suissesse Lydia Dübi, responsable du réseau clandestin du Komintern à Paris, fut convoquée à Moscou début août 1937. À peine arrivée, elle fut arrêtée avec ses collaborateurs Brichman et Wolf. Accusée de participer à « l'organisation trotskiste antisoviétique » et d'espionnage au profit de l'Allemagne, de la France, du Japon et de... la Suisse, elle fut condamnée à mort par le Collège militaire du tribunal suprême de l'URSS le 3 novembre et fusillée quelques jours plus tard ; sa citoyenneté suisse ne lui fut d'aucune protection et sa famille fut brutalement avertie du verdict, sans aucune explication complémentaire. La Polonaise L. Jankovskaïa fut condamnée à huit ans de réclusion en tant que « membre de la famille d'un traître à la patrie », son mari, Stanislaw Skoulski (Mertens), ayant été lui-même arrêté en août 1937 et fusillé le 21 septembre. Le principe de la responsabilité familiale déjà appliqué à l'encontre du simple citoyen fut ainsi étendu aux membres de l'appareil.

Ossip Piatnitski (Tarchis) avait été jusqu'en 1934 le numéro deux du Komintern, derrière Manouilski, chargé de toute l'organisation (en particulier du financement des partis communistes étrangers et des liaisons clandestines du Komintern dans le monde entier), puis chargé de la section politique et administrative du Comité central du PCUS. Le 24 juin 1937, il intervint au Plénum du Comité central pour critiquer le renforcement de la répression et l'attribution de pouvoirs extraordinaires au chef du NKVD, Ejov. Furieux, Staline fut contraint d'interrompre la séance et fit exercer les pires pressions pour que Piatnitski vienne à résipiscence. En vain. Le lendemain, à la reprise de la séance, Iejov accusa Piatnitski d'être un vieil agent de la police tsariste, et celui-ci fut arrêté le 7 juillet. Iejov contraignit alors Boris Müller (Melnikov) à témoigner contre Piatnitski et, au lendemain même de l'exécution de Müller le 29 juillet 1938, le Collège militaire de la Cour suprême jugea Piatnitski, qui refusa de se reconnaître coupable d'espionnage au profit du Japon. Condamné à mort, celui-ci fut fusillé dans la nuit du 29 au 30 juillet.

Beaucoup de ces kominterniens exécutés furent accusés d'appartenir à « l'organisation antikominternienne, dirigée par Piatnitski, Knorin (Wilhelm Hugo) et Béla Kun ». D'autres furent simplement considérés comme trotskistes et contre-révolutionnaires. L'ancien chef de la Commune hongroise, Béla Kun, qui, au début de 1937, s'était opposé à Manouilski, fut mis en accusation par ce dernier (vraisemblablement sur instruction de Staline) qui présenta les critiques de Kun comme visant Staline directement. Kun protesta de sa bonne foi et désigna à nouveau Manouilski et Moskvine comme responsables de la mauvaise représentation du PCUS qui, selon lui, était à l'origine de l'inefficacité du Komintern. Parmi les présents — Palmiro Togliatti, Otto Kuusinen, Wilhelm Pieck et Klement Gottwald, Arvo Tuominen —, aucun ne prit sa défense. À la fin de la réunion, Georgi Dimitrov fit adopter une résolution stipulant que « l'affaire Kun » serait examinée par une commission spéciale. En guise de commission spéciale, Béla Kun n'eut droit qu'à l'arrestation dès sa sortie de la salle de réunion. Il fut exécuté dans les caves de la Loubianka à une date inconnue[1].

Selon M. Panteleïev, le but ultime de ces épurations était d'éradiquer toute opposition à la dictature stalinienne[2]. Ceux qui avaient été dans le passé sympathisants de l'Opposition ou qui entretenaient des relations avec des militants autrefois proches de Trotski furent la cible privilégiée des répressions. Il en va de même des militants allemands qui avaient appartenu à la fraction dirigée par Heinz Neumann (lui-même liquidé en 1937) ou d'anciens militants du groupe du Centralisme démocratique. À l'époque, selon le témoignage de Jakov Matousov, chef adjoint du premier département de la Section politique secrète du GUGB-NKVD, chaque dirigeant de haut niveau dans l'appareil d'État était l'objet à son insu d'un dossier rassemblant des pièces susceptibles d'être utilisées à son encontre le moment venu. Ainsi Kliment Vorochilov, Andreï Vychinski, Lazare Kaganovitch, Mikhaïl Kalinine, Nikita Khrouchtchev avaient le leur. Il est plus que probable que les dirigeants du Komintern étaient soumis à la même suspicion.

Ajoutons que les plus hauts responsables non russes du Komintern participaient activement à la répression. L'un des cas les plus symptomatiques est celui de l'Italien Palmiro Togliatti, l'un des secrétaires du Komintern, présenté après la mort de Staline comme un homme ouvert et opposé aux méthodes terroristes. Or Togliatti mit en accusation Hermann Schubert, un fonctionnaire du Secours rouge international, et l'empêcha de s'expliquer au cours d'une réunion ; arrêté peu après, Schubert fut fusillé. Les Petermann, un couple de communistes allemands arrivés en URSS après 1933, furent accusés au cours d'une réunion par Togliatti d'être des « agents hitlériens » du fait qu'ils maintenaient une correspondance avec leur famille en Allemagne ; ils furent arrêtés quelques semaines plus tard. Togliatti était présent lors de la curée contre Béla Kun et signe la résolution qui enverra celui-ci à la mort. Il fut également mêlé de près à la liquidation du Parti communiste polonais en 1938. À cette occasion, il approuva le troisième des procès de Moscou et conclut : « Mort aux fauteurs de guerre, mort aux espions et aux agents du fascisme ! Vive le Parti de Lénine et de Staline, gardien vigilant des conquêtes de la révolution d'Octobre, garant sûr du triomphe de la révolution mondiale ! Vive celui qui continue l'œuvre de Feliks Dzerjinski : Nicolas Iejov[3] ! »

1. François Fejtö, « Comment Staline liquida Béla Kun », *France Observateur*, 9 avril 1959. F. Fejtö s'appuyait sur les souvenirs d'Arvo Tuominen publiés à Helsinki sous le titre *Les Cloches du Kremlin*.

2. Mikhaïl Panteleïev, *art. cit.*, p. 48.

3. *La Correspondance internationale*, n° 15, 12 mars 1938.

La terreur au sein des partis communistes

Après avoir « nettoyé » l'appareil central du Komintern, Staline s'attaqua aux différentes sections de l'Internationale communiste. La première à en souffrir fut la section allemande. La communauté allemande en Russie soviétique comprenait, mis à part les descendants des colons de la Volga, des militants du Parti communiste allemand (KPD), des antifascistes venus s'y réfugier ou des ouvriers ayant quitté la république de Weimar pour aller participer à « l'édification du socialisme ». Aucune de ces qualités n'offrit la moindre protection lorsque commencèrent les arrestations, dès 1933. Au total, les deux tiers des antifascistes allemands exilés en URSS furent touchés par la répression.

En ce qui concerne les militants communistes, leur sort est connu grâce à l'existence de listes, les « Kaderlisten », établies sous la responsabilité des dirigeants du KPD, Wilhelm Pieck, Wilhelm Florin et Herbert Wehner, qui s'en servirent pour exclure les communistes sanctionnés et/ou victimes de la répression. La première liste date du 3 septembre 1936, la dernière du 21 juin 1938. Un autre document datant de la fin des années cinquante, établi par la commission de contrôle du SED (c'est sous le nom de Parti socialiste unifié que se reconstitua après la guerre le Parti communiste dans la future RDA), recense 1 136 personnes. Les arrestations culminèrent en 1937 (au nombre de 619) et se poursuivirent jusqu'en 1941 (21). Le sort de la moitié de ces personnes (666) est inconnu : on suppose qu'elles moururent en détention. Par contre, on sait avec certitude que 82 furent exécutées, que 197 moururent en prison ou en camp et que 132 furent livrées aux nazis. Les quelque 150 autres lourdement condamnées qui survécurent parvinrent, à l'expiration de leur peine, à quitter l'URSS. L'un des motifs idéologiques invoqués pour justifier l'arrestation de ces militants fut qu'ils n'avaient pas réussi à faire échec à Hitler, comme si Moscou n'avait pas une lourde part de responsabilité dans la prise du pouvoir par les nazis[1].

Mais l'épisode le plus tragique, là où Staline donna toute la mesure de son cynisme, fut celui de la livraison à Hitler des Allemands antifascistes. C'est dès 1937 que les autorités soviétiques décidèrent d'expulser des ressortissants allemands. Le 16 février, dix d'entre eux furent condamnés à l'être par l'OSO. Certains sont connus : Emil Larisch, technicien vivant en URSS depuis 1921 ; Arthur Thilo, ingénieur arrivé en 1931 ; Wilhelm Pfeiffer, communiste de Hambourg ; Kurt Nixdorf, universitaire employé à l'Institut Marx-Engels. Ils avaient été arrêtés courant 1936 sous l'accusation d'espionnage ou d'« activités fascistes », et l'ambassadeur allemand von Schulenburg était intervenu auprès de Maxime Litvinov, le ministre soviétique des Affaires étrangères, à leur sujet. Pfeiffer tenta de

1. *In der fangen des NKWD. Deutsche Opfer des stalinistischen Terrors in des UdSSR*, Berlin, Dietz Verlag, 1991.

se faire expulser en Angleterre, sachant qu'en tant que communiste il serait immédiatement arrêté à son retour en Allemagne. Au bout de dix-huit mois, le 18 août 1938, il fut conduit à la frontière polonaise où sa trace se perd. Arthur Thilo réussit à se rendre à l'ambassade britannique à Varsovie. Beaucoup n'eurent pas sa chance. Otto Walther, lithographe à Leningrad et présent en Russie depuis 1908, parvint à Berlin le 4 mars 1937 ; il se suicida en se jetant par la fenêtre du foyer où il était hébergé.

Fin mai 1937, von Schulenburg transmit deux nouvelles listes d'Allemands arrêtés dont l'expulsion était souhaitée. Parmi les 67 noms, on trouve plusieurs antifascistes dont Kurt Nixdorf. À l'automne 1937, les négociations prirent une nouvelle tournure : les Soviétiques acceptèrent d'accélérer les expulsions, comme le demandaient les officiels allemands (une trentaine avaient déjà été effectuées). De novembre à décembre 1937, 148 Allemands furent expulsés ; courant 1938, ils furent 445. Conduits aux frontières de Pologne ou de Lettonie, parfois de la Finlande, ces expulsés — dont des Schutzbündler autrichiens — étaient immédiatement contrôlés par les représentants des autorités allemandes. Dans certains cas, tel celui du communiste autrichien Paul Meisel, l'expulsé fut emmené en mai 1938 jusqu'à la frontière autrichienne, via la Pologne, pour être remis à la Gestapo. Juif, Paul Meisel devait disparaître à Auschwitz.

Cette excellente entente entre Allemagne nazie et Russie soviétique préfigurait les pactes soviéto-nazis de l'année 1939 « où s'exprime la vraie nature convergente des systèmes totalitaires » (Jorge Semprun). Après leurs signatures, les expulsions se poursuivirent dans des conditions bien plus dramatiques. Après l'écrasement de la Pologne par Hitler et Staline, les deux puissances avaient une frontière commune, permettant de faire passer directement les expulsés des prisons soviétiques aux prisons allemandes. De 1939 à 1941, 200 à 300 communistes allemands furent ainsi livrés à la Gestapo, pour témoigner de la bonne volonté soviétique envers son nouvel allié. Le 27 novembre 1939, un accord fut signé entre les deux parties. Environ 350 personnes furent ensuite expulsées de novembre 1939 à mai 1941 dont 85 Autrichiens. Parmi eux Franz Koritschoner, l'un des fondateurs du Parti communiste autrichien devenu fonctionnaire de l'Internationale syndicale rouge ; après avoir été déporté dans le Grand Nord, il fut remis à la Gestapo de Lublin, transféré à Vienne, torturé puis exécuté à Auschwitz le 7 juin 1941.

Les autorités soviétiques ne tinrent aucun compte de l'origine juive de nombre de ces expulsés : compositeur et chef d'orchestre, Hans Walter David, Juif et membre du KPD, fut livré à la Gestapo et gazé en 1942 au camp de Majdanek. Il existe bien d'autres cas : le physicien Alexandre Weissberg qui survécut et écrivit ses souvenirs. Compagne de Heinz Neumann qui avait été écarté de la direction du KPD puis avait émigré en URSS, Margarete Buber-Neumann a également témoigné sur cette incroyable entente entre nazis et Soviétiques. Après la déportation à Karaganda (Sibérie), elle fut livrée à la Gestapo avec maintes autres compagnes d'infortune en février 1940. Cet « échange » lui valut d'être internée à Ravensbrück[1].

Sur le pont de Brest-Litovsk

« Le 31 décembre 1939, on nous réveilla à 6 heures du matin [...]. Habillés et rasés [nous] dûmes rester quelques heures dans une salle d'attente. Un Juif communiste hongrois, nommé Bloch, avait fui en Allemagne après l'échec de la Commune de 1919. Il y avait vécu sous de faux papiers et avait continué à militer pour le Parti. Plus tard, il avait émigré avec ces mêmes faux papiers. Lui aussi avait été arrêté et, en dépit de ses protestations, devait être livré à la Gestapo allemande. [...] Juste avant minuit arrivèrent des autobus qui nous transportèrent à la gare. [...] Pendant la nuit du 31 décembre 1939 au 1er janvier 1940, le train se mit en marche. Il emportait chez eux soixante-dix êtres vaincus. [...] À travers la Pologne dévastée, nous continuâmes notre voyage vers Brest-Litovsk. Au pont du Bug nous attendait l'appareil de l'autre régime totalitaire en Europe, la Gestapo allemande. »

Alexandre Weissberg, *L'Accusé*, Fasquelle, 1953. A. Weissberg réussit à s'échapper de la prison nazie ; il rejoignit les insurgés polonais et combattit avec eux. À la fin de la guerre, il gagna la Suède puis l'Angleterre.

« Trois personnes refusèrent de franchir ce pont, à savoir : le Juif hongrois nommé Bloch, cet ouvrier communiste condamné par les nazis et un instituteur allemand dont j'ai oublié le nom. Ils furent traînés de force vers le pont. La rage des nazis, des SS, s'exerça aussitôt sur le Juif. Nous fûmes transférés dans un train et conduits à Lublin [...]. À Lublin, nous fûmes remis à la Gestapo. C'est alors que nous pûmes constater que non seulement nous étions remis à la Gestapo, mais que le NKVD avait également remis au SS les documents qui nous concernaient. C'est ainsi que, par exemple, dans mon dossier figurait, en outre, que j'étais la femme de Neumann et que Neumann était un des Allemands qui étaient le plus haï des nazis allemands... »

Margarete Buber-Neumann, « Déposition au procès Kravchenko contre *Les Lettres françaises*, 14e audience, 23 février 1949. Compte rendu sténographique », La Jeune Parque, 1949. Arrêtée en 1937 puis déportée en Sibérie, livrée aux nazis, Margarete Buber-Neumann fut internée au camp de concentration de Ravensbrück jusqu'à sa libération, en avril 1945.

En même temps que les communistes allemands, ce sont les cadres du Parti communiste de Palestine, dont beaucoup avaient émigré de Pologne, qui furent à leur tour happés par la mécanique de la terreur. Joseph Berger (1904-1978), ancien secrétaire du PCP de 1929 à 1931, fut

1. Margarete Buber-Neumann, *Prisonnière de Staline et d'Hitler*. 1, *Déportée en Sibérie* ; 2. *Déportée à Ravensbrück*, Le Seuil, 1986, 1988.

arrêté le 27 février 1935 et ne fut libéré qu'après le XXe Congrès, en 1956. Sa survie représente une exception. Beaucoup d'autres militants furent exécutés à des dates diverses ou disparurent dans les camps. Wolf Averbuch, qui était devenu directeur d'une usine de tracteurs à Rostov-sur-le-Don fut arrêté en 1936 puis exécuté en 1941. La politique systématique de destruction des membres du PCP ou de groupes sionistes-socialistes venus en URSS est à relier à la politique soviétique envers la minorité juive avec la constitution du Birobidjan dont les responsables furent mis en accusation. Le professeur Josif Liberberg, président du Comité exécutif du Birobidjan, fut dénoncé comme « ennemi du peuple ». Après lui, les autres cadres de la région autonome qui dirigeaient des institutions furent réprimés. Samuel Augurskij (1884-1947) fut accusé d'appartenir à un prétendu Centre judéo-fasciste. C'est toute la section juive du Parti russe (la « Jewsekija ») qui fut démantelée. Le but visé était la destruction des institutions juives alors que dans le même temps l'État soviétique cherchait à obtenir le soutien de personnalités juives hors d'URSS [1].

L'un des groupes les plus touchés par la terreur fut celui des communistes polonais. Dans les statistiques de la répression, ils viennent au second rang, juste derrière les Russes. Il est vrai que, très exceptionnellement, le Parti communiste polonais (KPP) avait été officiellement dissous à la suite d'un vote express du Comité exécutif du Komintern le 16 août 1938. Staline avait toujours tenu en suspicion le KPP censé être infecté de déviations successives et multiples. De nombreux dirigeants communistes polonais avaient appartenu à l'entourage de Lénine avant 1917 et vivaient sans protection juridique en URSS. En 1923, le KPP avait pris position en faveur de Trotski. À la veille du décès de Lénine, sa direction avait adopté une résolution en faveur de l'Opposition. Ensuite, ce fut son « luxembourgisme » qui fut critiqué. Lors du Ve Congrès du Komintern, en juin-juillet 1924, Staline écarta la direction historique du KPP — Adolf Warski, Maximilian Walecki et Wera Kostrewa-Kochtchva —, premier pas vers la prise de contrôle par le Komintern. Ensuite, le KPP fut dénoncé comme un foyer de trotskisme. Ce bref rappel ne peut expliquer à lui seul la purge radicale qui frappa ce parti dont de nombreux dirigeants étaient d'origine juive. Il y eut aussi l'affaire de l'Organisation militaire polonaise (POW) en 1933 (voir la contribution d'Andrzej Paczkowski). Il faut aussi garder en mémoire le facteur suivant : la politique du Komintern tendait à imposer à sa section polonaise une action tout entière tournée vers l'affaiblissement de l'État polonais au profit de l'URSS et de l'Allemagne. L'hypothèse selon laquelle la liquidation du KPP fut avant tout motivée par la nécessité

1. Mario Kessler, « Der Stalinsche Terror gegen jüdische Kommunisten », *Kommunisten verfolgen Kommunisten. Stalinischer Terror und « Säuberungen » in den kommunistischen Parteien Europas seit des dreißiger Jahren*, Berlin, Akademie Verlag, 1993, p. 87-102. Sur l'histoire du Birobidjan, voir Henri Slovès, *L'État juif de l'Union soviétique*, Les Presses d'aujourd'hui, 1982.

de préparer la signature des accords germano-soviétiques mérite donc d'être prise au sérieux. La manière dont Staline s'y est pris est également indicative : il fit en sorte — avec l'aide de l'appareil kominternien — de faire revenir à Moscou chacune de ses victimes et veilla à ce que le moins possible lui échappât. Survécurent ceux qui étaient emprisonnés en Pologne, tel Wladyslaw Gomulka.

En février 1938, *La Correspondance internationale*, bihebdomadaire officiel du Komintern, sous la signature de J. Swiecicki, mit en accusation l'ensemble du KPP. Au cours de la purge commencée dès juin 1937 — le secrétaire général Julian Lenski convoqué à Moscou y disparut à ce moment —, douze membres du Comité central, de nombreux dirigeants de second rang et plusieurs centaines de militants furent liquidés. La purge s'étendit également aux Polonais engagés dans les Brigades internationales : les responsables politiques de la brigade Dombrowski, Kazimerz Cichowski et Gustav Reicher, furent arrêtés dès leur retour à Moscou. C'est seulement en 1942 que Staline s'avisa de la nécessité de reconstituer un parti communiste polonais sous le nom de Parti ouvrier polonais (PPR) afin d'en faire le noyau d'un futur gouvernement à sa solde, rival du gouvernement légal réfugié à Londres.

Les communistes yougoslaves eurent aussi beaucoup à souffrir de la terreur stalinienne. Interdit en 1921, le Parti communiste de Yougoslavie avait été contraint de se replier à l'étranger, à Vienne de 1921 à 1936, puis à Paris de 1936 à 1939 ; mais c'est surtout à Moscou, après 1925, que se constitua son principal centre. Autour des élèves de l'Université communiste des minorités nationales (KUNMZ), de l'Université communiste Serdlov et de l'École léniniste internationale, se constitua un premier noyau d'émigrés yougoslaves bientôt renforcé par une nouvelle vague d'émigration consécutive à l'instauration, en 1929, de la dictature du roi Alexandre. Dans les années trente, de deux cents à trois cents communistes yougoslaves résidaient en URSS [1] et étaient très présents dans les administrations internationales, du Komintern et de l'Internationale communiste des jeunes en particulier. À ce titre, ils étaient évidemment rattachés au PCUS.

Ils acquirent une mauvaise réputation en raison des nombreuses luttes opposant les diverses fractions qui se disputaient la direction du PCY. Dans ces circonstances, l'intervention de la direction du Komintern devint de plus en plus fréquente et contraignante. À la mi-1925, il fut procédé à une « tchistka », une vérification-épuration, à la KUNMZ, les étudiants yougoslaves, plutôt favorables à l'Opposition, s'opposant au recteur Maria J. Froukina. Quelques étudiants furent exclus et blâmés et quatre d'entre

1. Ubavka Vujosevic et Vera Mujbegovic, « Die Jugoslavischen Kommunisten in den stalinistischen "Säuberungen" 1929 bis 1949 », in Hermann Weber und Dietrich Staritz, *Kommunisten verfolgen Kommunisten*, *op. cit.*, p. 157-173.

eux (Ante Ciliga, Dedic, Dragic et Eberling) furent arrêtés et bannis en Sibérie. En 1932, il y eut une nouvelle épuration au sein du PCY dont seize militants furent exclus.

Après l'assassinat de Kirov, le contrôle des émigrés politiques fut renforcé et, à l'automne 1936, tous les militants du PCY furent soumis à une vérification avant que la terreur ne les frappe. Mieux connu que le sort des travailleurs anonymes, celui des émigrés politiques fait apparaître que 8 secrétaires du Comité central du PCY, 15 autres membres du Comité central ainsi que 21 secrétaires de directions régionales ou locales furent arrêtés et disparurent. L'un des secrétaires du PCY, Sima Markovitch, qui avait été contraint de se réfugier en URSS, travailla à l'Académie des sciences avant d'être arrêté en juillet 1939 ; condamné à dix ans de travaux forcés sans droit de correspondre, il mourut en prison. D'autres furent exécutés sur-le-champ, comme les frères Vujovic, Radomir (membre du Comité central du PCY) et Gregor (membre du Comité central des Jeunesses) ; leur frère Voja, ancien responsable de l'Internationale communiste des Jeunes, qui s'était solidarisé avec Trotski en 1927, disparut, son arrestation entraînant celle de ses frères. Secrétaire du Comité central du Parti communiste yougoslave de 1932 à 1937, Milan Gorkic fut accusé d'avoir créé une « organisation antisoviétique au sein de l'Internationale et d'avoir dirigé un groupe terroriste au sein du Komintern, organisation dirigée par Knorin et Piatnitski ».

Au milieu des années soixante, le PCY réhabilita une centaine de victimes de la répression mais aucune investigation systématique ne fut entreprise. Il est vrai que l'ouverture d'une telle enquête aurait posé indirectement la question des victimes de la répression menée contre les partisans de l'URSS en Yougoslavie après le schisme de 1948. Et surtout, aurait souligné que l'ascension de Tito (Josip Broz) à la tête du Parti en 1938 avait été consécutive à une purge particulièrement sanglante. Le fait que Tito se soit en 1948 élevé contre Staline ne retire rien à ses responsabilités dans la purge des années trente.

La chasse aux « trotskistes »

Après avoir décimé les rangs des communistes étrangers vivant en URSS, Staline s'attaqua aux « dissidents » vivant à l'étranger. Le NKVD eut ainsi l'occassion de montrer sa puissance mondiale.

L'un des cas les plus spectaculaires est celui d'Ignaz Reiss, de son vrai nom Nathan Poretski. Reiss était un de ces jeunes révolutionnaires juifs issus de la guerre de 1914-1918, comme l'Europe centrale en avait tant connu et comme le Komintern en avait tant recruté [1]. Agitateur profes-

1. Sur l'affaire Reiss, on lira les Mémoires de sa femme, Élisabeth Poretski, *Les Nôtres*, Denoël, 1969 ; et Peter Huber, Daniel Kunzi, « L'Assassinat d'Ignaz Reiss », *Communisme*, n°s 26-27, 1990.

sionnel, il travaillait dans le réseau clandestin international et avait si bien accompli ses missions qu'il avait été décoré en 1928 de l'ordre du Drapeau rouge. Après 1935, il fut « récupéré » par le NKVD qui prenait le contrôle de tous les réseaux à l'étranger et s'occupa d'espionnage en Allemagne. Le premier des grands procès de Moscou bouleversa Reiss, qui décida de rompre avec Staline. Connaissant les mœurs de la « maison », il prépara soigneusement sa défection et, le 17 juillet 1937, rendit publique une lettre au Comité central du PCUS où il s'expliquait et attaquait nommément Staline et le stalinisme, « ce mélange du pire des opportunismes — un opportunisme sans principe —, de sang et de mensonges [qui] menace d'empoisonner le monde entier et d'anéantir les restes du mouvement ouvrier ». Reiss annonçait en même temps son ralliement à Léon Trotski. Il venait, sans le savoir, de signer son arrêt de mort. Le NKVD mobilisa immédiatement son réseau en France, réussit à localiser Reiss en Suisse où un piège lui fut tendu. Dans la soirée du 4 septembre, à Lausanne, il fut criblé de balles par deux communistes français, pendant qu'un agent féminin du NKVD tentait d'assassiner sa femme et son fils avec une boîte de chocolats empoisonnés. En dépit des enquêtes diligentées en Suisse et en France, les tueurs et leurs complices ne furent jamais retrouvés ou condamnés. Trotski mit immédiatement en cause Jacques Duclos, l'un des secrétaires du PCF, demandant à son secrétaire Jan Van Heijenoort d'envoyer ce télégramme au chef du gouvernement français : « Chautemps Président du Conseil Paris / Dans affaire assassinat Ignaz Reiss / Vol de mes archives et crimes analogues / Me permets insister nécessité soumettre interrogatoire au moins comme témoin Jacques Duclos vice-président Chambre des députés vieil agent Guépéou[1]. »

Duclos était alors vice-président de la Chambre des députés depuis juin 1936 et le télégramme n'eut aucune suite.

L'assassinat de Reiss était sans doute spectaculaire, mais s'intégrait dans un vaste plan de liquidation des trotskistes. On ne s'étonne guère de constater qu'en URSS les trotskistes aient été massacrés comme tant d'autres. Par contre, ce qui peut surprendre est la hargne mise par les services spéciaux à liquider physiquement les opposants à l'étranger ou encore les groupes trotskistes constitués dans différents pays. Un patient travail d'infiltration était la base de cette entreprise.

En juillet 1937, le responsable du secrétariat international de l'opposition trotskiste, Rudolf Klement, disparut. Le 26 août suivant, un corps décapité et sans jambes était repêché dans la Seine et bientôt identifié comme étant celui de Klement. Le propre fils de Trotski, Léon Sedov, mourut à Paris le 16 février 1938 des suites d'une opération ; les conditions très suspectes de son décès conduisirent ses proches à penser à un assassinat organisé par les services soviétiques[2]. Au contraire, dans ses

1. Jan Van Heijenoort, *De Prinkipo à Coyoacan. Sept ans auprès de L. Trotski*, Les Lettres nouvelles-Maurice Nadeau, 1978, p. 172.

2. C'est aussi l'hypothèse soutenue par son biographe Pierre Broué dans son livre : *Léon Sedov, fils de Trotski, victime de Staline*, Les Éditions ouvrières, 1993.

souvenirs[1], Pavel Soudoplatov assure qu'il n'en fut rien. Il n'en reste pas moins que Léon Sedov avait été placé sous étroite surveillance par le NKVD. L'un de ses proches, Mark Zborowski, était un agent inflitré dans le mouvement trotskiste.

Louis Aragon, *Prélude au temps des cerises*

Je chante le Guépéou qui se forme
en France à l'heure qu'il est
Je chante le Guépéou nécessaire de France
Je chante les Guépéous de nulle part et partout
Je demande un Guépéou pour préparer la fin d'un monde
Demandez un Guépéou pour préparer la fin d'un monde
pour défendre ceux qui sont trahis
pour défendre ceux qui sont toujours trahis
Demandez un Guépéou vous qu'on plie et vous qu'on tue
Demandez un Guépéou
Il vous faut un Guépéou
Vive le Guépéou figure dialectique de l'héroïsme
qu'on peut opposer à cette image imbécile des aviateurs
tenus par les imbéciles pour des héros quand ils se foutent
la gueule par terre
Vive le Guépéou véritable image de la grandeur matérialiste
Vive le Guépéou contre dieu Chiappe et la « Marseillaise »
Vive le Guépéou contre le pape et les poux
Vive le Guépéou contre la résignation des banques
Vive le Guépéou contre les manœuvres de l'Est
Vive le Guépéou contre la famille
Vive le Guépéou contre les lois scélérates
Vive le Guépéou contre le socialisme des assassins du type
Caballero Boncour MacDonald Zœrgibel
Vive le Guépéou contre tous les ennemis du Prolétariat
VIVE LE GUÉPÉOU.

(1931)

(Cité par Jean Malaquais, *Le nommé Louis Aragon ou le patriote professionnel*, supplément à *Masses*, février 1947.)

Par contre, Soudoplatov a reconnu qu'en mars 1939 il avait été chargé par Beria et Staline en personne d'assassiner Trotski. Staline lui déclara : « Il faut en finir avec Trotski dans l'année, avant le début de la guerre qui est inévitable [...] », ajoutant : « Vous dépendrez directement du camarade Beria et de personne d'autre, mais c'est vous qui avez la pleine responsabilité de cette mission[2]. » Une impitoyable traque fut lancée, jusqu'à Mexico

1. Pavel Soudoplatov, *Missions spéciales*, Seuil, 1994, p. 115-116.
2. *Ibid.*, p. 99-100.

où résidait le chef de la IVe Internationale, en passant par Paris, Bruxelles et les États-Unis. Avec la complicité du Parti communiste mexicain, les agents de Soudoplatov préparèrent un premier attentat auquel Trotski échappa par miracle le 24 mai. Ce fut par l'infiltration de Ramón Mercader sous un faux nom que Soudoplatov trouva le moyen de se débarrasser de Trotski. Mercader ayant gagné la confiance d'une militante trotskiste réussit à entrer en contact avec le « Vieux ». Peu méfiant, Trotski accepta de le recevoir pour lui donner son opinion sur un article écrit pour le défendre, lui le révolutionnaire. Mercader le frappa alors à la tête au moyen d'un piolet. Grièvement blessé, Trotski poussa un cri déchirant. Sa femme et ses gardes du corps se précipitèrent sur Mercader qui était resté figé, son forfait accompli. Trotski décéda le lendemain.

L'interpénétration entre les partis communistes, les sections du Komintern et les services du NKVD fut dénoncée par Léon Trotski qui avait bien conscience que le Komintern était dominé par la Guépéou puis le NKVD. Dans une lettre du 27 mai 1940 adressée au procureur général du Mexique, trois jours après la première tentative d'assassinat dont il avait été victime, il écrivait : « L'organisation de la Guépéou a des traditions et des méthodes bien établies en dehors de l'Union soviétique. La Guépéou a besoin pour son activité d'une couverture légale ou semi-légale et d'un environnement favorable pour le recrutement de ses agents ; elle trouve cet environnement et cette protection dans les prétendus "partis communistes"[1]. » Dans son ultime texte, toujours à propos de l'attentat du 24 mai, il revint en détail sur l'opération dont il avait failli être victime. Pour lui, la GPU (Trotski emploie toujours le nom adopté en 1922, alors qu'il était aux affaires) était « l'organe principal du pouvoir de Staline », c'était « l'instrument de la domination totalitaire » en URSS, d'où « un esprit de servitude et de cynisme [qui] s'est répandu dans tout le Komintern et empoisonne le mouvement ouvrier jusqu'à la moelle ». Il insiste longuement sur cette dimension particulière qui détermine bien des choses au niveau des partis communistes : « En tant qu'organisations, la GPU et le Komintern ne sont pas identiques, mais ils sont indissolublement liés. Ils sont subordonnés l'un à l'autre et ce n'est pas le Komintern qui donne des ordres à la GPU, mais au contraire la GPU qui domine complètement le Komintern[2]. »

Cette analyse, appuyée par de nombreux éléments, était le fruit de la double expérience de Trotski : celle acquise lorsqu'il était l'un des dirigeants de l'État soviétique naissant et celle du proscrit pourchassé à travers la terre entière par les tueurs du NKVD dont les noms sont aujourd'hui connus avec certitude. Il s'agit en l'occurrence des dirigeants du départe-

1. Léon Trotski, *Œuvres complètes*, tome XXIV, Institut Léon-Trotski, 1987, p. 79-82.

2. Léon Trotski, « L'attentat du 24 mai et le Parti communiste mexicain, le Komintern et le GPU », *op. cit.*, tome XXIV, p. 310-361.

ment des « Missions spéciales » créé en décembre 1936 par Nikolaï Ejov : Sergueï Spiegelglass qui échoua, Pavel Soudoplatov (mort en 1996) et Naoum Eitingon (mort en 1981) qui, eux, réussirent grâce à de nombreuses complicités [1].

De l'assassinat de Trotski au Mexique, le 20 août 1940, l'essentiel était connu grâce aux enquêtes successives menées immédiatement sur place, puis à nouveau reprises plus tard, par Julian Gorkin [2]. D'ailleurs, le commanditaire du meurtre ne faisait aucun doute : les responsables directs étaient connus, informations récemment confirmées par Soudoplatov. Jaime Ramón Mercader del Rio était le fils de Caridad Mercader, une communiste qui travaillait depuis longtemps pour les Services et qui devint la maîtresse de N. Eitingon. Mercader avait approché Trotski sous le nom de Jacques Mornard. Ce dernier existait bien ; il est décédé en 1967 en Belgique. Mornard avait combattu en Espagne où il est probable que son passeport lui fut « emprunté » par les services soviétiques. Mercader utilisa également le nom de Jacson, avec un autre passeport à la clef, celui d'un Canadien engagé dans les Brigades internationales et mort au front. Ramón Mercader mourut en 1978 à La Havane où Fidel Castro l'avait invité à venir travailler comme conseiller du ministère des Affaires intérieures. Celui qui avait été décoré de l'ordre de Lénine pour son crime fut enterré dans la discrétion à Moscou.

Staline débarrassé de son dernier adversaire politique, la chasse aux trotskistes n'en cessa pas pour autant. L'exemple français est très révélateur du réflexe mental acquis par les militants communistes à l'encontre des militants des petites organisations trotskistes. Pendant l'Occupation en France, il n'est pas exclu que certains trotskistes aient été dénoncés par des communistes aux polices française ou allemande.

Dans les prisons et les camps français de Vichy, les trotskistes furent systématiquement mis en quarantaine. À Nontron (Dordogne), Gérard Bloch fut victime de l'ostracisme du collectif communiste dirigé par Michel Bloch, fils de l'écrivain Jean-Richard Bloch. Incarcéré ensuite à la prison d'Eysses, Gérard Bloch fut averti par un instituteur catholique que le collectif communiste de la prison avait décidé de l'exécuter, en l'étranglant dans la nuit [3].

Dans ce contexte de haine aveugle, l'affaire de la « disparition » de quatre trotskistes dont Pietro Tresso, fondateur du Parti communiste italien, au maquis FTP « Wodli » installé en Haute-Loire, prend toute sa signification. Évadés de la prison du Puy-en-Velay en même temps que leurs camarades communistes le 1er octobre 1943, cinq militants trotskistes

1. Sur le « montage » de l'opération, voir Pavel Soudoplatov, *op. cit.*, chapitre 4, p. 97-120.

2. Julian Gorkin et général Sanchez Salazar, *Ainsi fut assassiné Trotski*, Self, 1948.

3. René Dazy, *Fusillez ces chiens enragés !... Le génocide des trotskistes*, Olivier Orban, 1981, p. 248.

furent « pris en charge » par ce maquis communiste. L'un d'entre eux, Albert Demazière, fut par hasard séparé de ses camarades. Il est le seul survivant de ce groupe de cinq[1] : Tresso, Pierre Salini, Jean Reboul, Abraham Sadek furent exécutés à la fin octobre, après un simulacre de procès très significatif. Les « témoins » et acteurs encore vivants rapportent en effet que ces militants ont été accusés de projeter d'« empoisonner l'eau du camp », accusation moyenâgeuse qui renvoie aux origines juives de Trotski (dont le propre fils Sergueï fut aussi accusé des mêmes intentions en URSS), et d'au moins un des prisonniers du maquis (Abraham Sadek). Ainsi, le mouvement communiste montrait qu'il n'était pas exempt de la plus grossière régression antisémite. Avant leur assassinat, les quatre trotskistes furent photographiés, vraisemblablement pour identification par les instances supérieures du PCF, et forcés d'écrire leur biographie.

Jusque dans les camps de concentration, les communistes cherchaient à éliminer physiquement leurs proches adversaires en usant des positions acquises dans la hiérarchie des camps. Marcel Beaufrère, responsable de la région bretonne du Parti ouvrier internationaliste qui fut arrêté en octobre 1943 et déporté à Buchenwald en janvier 1944, était soupçonné d'être trotskiste par le chef interblocs (un communiste). Dix jours plus tard, un ami l'avertissait que la cellule communiste du bloc 39 — le sien — l'avait condamné à mort et voulait l'envoyer au bloc des cobayes où on leur inoculait le typhus. Marcel Beaufrère fut sauvé in extremis grâce à l'intervention de militants allemands[2]. Il suffisait d'utiliser le système concentrationnaire nazi pour se débarrasser d'adversaires politiques, victimes pourtant des mêmes gestapistes ou SS, en les expédiant dans les commandos les plus sévères. Marcel Hic et Roland Filiâtre, tous deux déportés à Buchenwald, furent envoyés au terrible camp de Dora, « avec l'assentiment des cadres du KPD qui remplissaient les fonctions administratives dans la camp », écrit Rodolphe Prager[3]. Marcel Hic y succomba. En 1948 encore, Roland Filiâtre échappa à une tentative d'assassinat sur son lieu de travail.

D'autres « liquidations » de militants trotskistes eurent lieu à la faveur de la Libération. Jeune ouvrier parisien du groupe « La Lutte de classes », Mathieu Buchholz disparut le 11 septembre 1944. En mai 1947, le journal de son groupe mit en cause les « staliniens ».

En Grèce, le mouvement trotskiste n'était pas négligeable. Un secrétaire du Parti communiste grec (KKE), Pandelis Pouliopoulos, qui fut fusillé par les Italiens, l'avait même rejoint avant guerre. Durant celle-ci,

1. Un livre récent (Pierre Broué, Roger Vacheron, *Meurtres au maquis*, Grasset, 1997) avance l'hypothèse hasardeuse selon laquelle l'« évasion » involontaire de Demazière aurait été peu ou prou à l'origine de l'exécution de ses camarades, disculpant par ailleurs les responsables communistes français de ces assassinats.

2. René Dazy, *op. cit.*, p. 238-244.

3. « Les trotskistes de Buchenwald », *Critique communiste*, n° 25, novembre 1978.

les trotskistes rallièrent individuellement les rangs du Front de libération nationale (EAM) fondé en juin 1941 par les communistes. Le général de l'Armée populaire de libération nationale (ELAS), Aris Velouchiotis, fit exécuter une vingtaine de dirigeants trotskistes. Après la libération, les enlèvements de militants trotskistes se multiplièrent. Ils furent souvent torturés pour qu'ils livrent les adresses de leurs camarades. En 1946, dans son rapport au Comité central du PC, Vassilis Bartziotas donne le chiffre de 600 trotskistes exécutés par l'OPLA (Organisation de protection des luttes populaires), chiffre qui comprend vraisemblablement des anarchistes ou des socialistes dissidents [1]. Les Archéo-Marxistes, militants qui s'étaient organisés hors du PC grec dès 1924, furent également pourchassés et assassinés [2].

Les communistes albanais ne furent pas en reste. Après l'unification, en novembre 1941, des groupes de gauche dont les trotskistes rassemblés autour d'Anastaste Loula, les divergences resurgirent entre les trotskistes et les orthodoxes (Enver Hoxha, Memet Chehu), conseillés par les Yougoslaves. Courant 1943, Loula fut exécuté sommairement. Après plusieurs tentatives de meurtre, Sadik Premtaj, autre leader trotskiste particulièrement populaire, réussit à gagner la France ; en mai 1951, il fut victime d'une nouvelle tentative d'assassinat perpétrée par Djemal Chami, un ancien des Brigades internationales, homme de main de la légation albanaise à Paris.

En Chine, un embryon de mouvement s'était formé en 1928, sous l'autorité de Chen Duxiu, fondateur et ancien secrétaire du PCC. En 1935, il ne comptait que quelques centaines de membres. Durant la guerre contre le Japon, une partie d'entre eux réussit à intégrer la VIIIe armée de l'APL. C'est Mao Zedong qui les fit exécuter et liquida les bataillons dirigés par eux. À la fin de la guerre civile, ces derniers étaient systématiquement pourchassés et exécutés. Le sort de nombre d'entre eux reste inconnu.

En Indochine, la situation fut, dans un premier temps, différente. Trotskistes du groupe *Tranh Dau* (La Lutte) et communistes firent cause commune à partir de 1933. L'influence des trotskistes était particulièrement forte dans le sud de la péninsule. En 1937, une directive de Jacques Duclos interdit au Parti communiste indochinois de poursuivre sa collaboration avec les militants de La Lutte. Dans les mois qui suivirent la défaite japonaise, une autre branche trotskiste — la Ligue communiste internationale — acquit une influence propre à inquiéter les dirigeants communistes. En septembre 1945, lors de l'arrivée des troupes anglaises, la LCI fustigea l'accueil pacifique que le Viêt-minh (le Front démocratique pour l'indépendance), créé en mai 1941 par Hô Chi Minh, leur avait réservé. Le 14 septembre, le Viêt-minh déclencha une vaste opération contre les cadres

1. René Dazy, *op. cit.*, p. 266-274.

2. Panagiotis Noutsos, « "Säuberugen" innerhalb der griechischer KP (1931 bis 1956) », *Kommmunisten verfolgen Kommunisten*, *op. cit.*, p. 487-494.

trotskistes qui n'y répliquèrent pas. Capturés, la plupart d'entre eux furent exécutés ensuite. Puis, après avoir combattu contre les troupes anglo-françaises, repliés dans la plaine des Joncs, ils furent écrasés par les troupes du Viêt-minh. Deuxième moment de l'opération : Le Viêt-minh se retourna ensuite contre les militants de La Lutte. Emprisonnés à Ben Suc, ils furent exécutés alors qu'approchaient les troupes françaises. Arrêté plus tard, Ta Tu Thau, leader historique du mouvement, fut exécuté en février 1946. Hô Chi Minh n'avait-il pas écrit que les trotskistes « sont les traîtres et les espions les plus infâmes [1] » ?

En Tchécoslovaquie, le destin de Zavis Kalandra symbolise à lui seul celui de tous ses compagnons. En 1936, Kalandra avait été exclu du PCT pour avoir écrit une brochure dénonçant les procès de Moscou. Résistant, il fut déporté par les Allemands à Oranienburg. Arrêté en novembre 1949 et accusé d'avoir dirigé un « complot contre la République », il subit la torture. Son procès s'ouvrit en juin 1950 ; il y prononça son autocritique. Le 8 juin, il était condamné à mort. Dans *Combat* (14 juin 1950), André Breton demanda à Paul Éluard d'intervenir en faveur d'un homme qu'ils connaissaient tous deux depuis l'avant-guerre. Éluard lui répondit : « J'ai trop à faire avec les innocents qui clament leur innocence pour m'occuper des coupables qui clament leur culpabilité [2]. » Zavis Kalandra fut exécuté le 27 juin suivant avec trois autres compagnons.

Antifascistes et révolutionnaires étrangers victimes de la terreur en URSS

Si la décimation du Komintern, des trotskistes et autres dissidents communistes constitua un volet important de la terreur communiste, il ne fut pas le seul. En effet, vivaient en URSS au milieu des années trente de très nombreux étrangers qui, sans être communistes, avaient été attirés par le mirage soviétique. Beaucoup d'entre eux payèrent de leur liberté et souvent de leur vie cette passion pour le pays des soviets.

Au début des années trente, les Soviétiques menèrent une campagne de propagande autour de la Carélie, jouant à la fois sur les possibilités qu'offrirait cette région frontalière entre l'URSS et la Finlande et l'attrait qu'exerçait la « construction du socialisme ». Ils furent jusqu'à douze mille à quitter la Finlande, rejoints par environ cinq mille Finlandais des États-Unis, essentiellement des membres de l'Association (américaine) des travailleurs finlandais, qui rencontraient de grandes difficultés en raison du chômage consécutif à la crise de 1929. La « fièvre de Carélie » fut d'autant plus forte que les agents de l'Amtorg (l'agence commerciale soviétique) leur promettaient du travail, de bons salaires, des logements et le voyage

1. Lettre du 10 mai 1939, *Les Cahiers Léon Trotski*, nº 46, juillet 1991.
2. *Action*, 19-25 juin.

gratuit de New York à Leningrad. Il leur était recommandé d'emporter tout ce qu'ils possédaient.

La « ruée vers l'utopie », selon l'expression d'Aïno Kuusinen, tourna au cauchemar. Dès leur arrivée, les machines, les outils, les économies de ces émigrants leur furent confisqués. Ils durent remettre leurs passeports et se retrouvèrent prisonniers dans une région sous-développée où dominent les forêts, dans des conditions de vie particulièrement dures[1]. Selon Arvo Tuominen qui avait dirigé le Parti communiste finlandais et occupé la fonction de membre suppléant au Praesidium du Comité exécutif du Komintern jusqu'à la fin 1939, avant d'être condamné à mort puis de voir sa peine commuée en dix ans de prison, au moins vingt mille Finlandais furent détenus en camps de concentration[2].

Contrainte de s'installer à Kirovakan, Aïno Kuusinen a assisté, après la Seconde Guerre mondiale, à l'arrivée des Arméniens, qui, victimes eux aussi d'une propagande habile, avaient décidé de s'installer en République soviétique d'Arménie. Répondant à l'appel de Staline qui demanda aux ressortissants d'origine russe vivant à l'étranger de rentrer en URSS, ces Arméniens, bien qu'ils soient plutôt exilés de Turquie, se mobilisèrent pour rejoindre une République d'Arménie qui, dans leur imaginaire, se substituait à la terre de leurs ancêtres. En septembre 1947, plusieurs milliers se rassemblèrent à Marseille. Ils furent trois mille cinq cents à monter à bord du *Rossia* qui les transporta en URSS. Dès que le navire eut franchi la ligne symbolique des eaux territoriales soviétiques en mer Noire, l'attitude des autorités soviétiques changea du tout au tout. Beaucoup comprirent alors qu'un piège odieux s'était refermé sur eux. En 1948, deux cents Arméniens arrivèrent des États-Unis. Accueillis par des festivités, ils subirent le même sort : leurs passeports leur furent confisqués après leur arrivée. En mai 1956, plusieurs centaines d'Arméniens venus de France manifestèrent lors de la visite à Erevan du ministre des Affaires étrangères, Christian Pineau. Seules soixante familles purent quitter l'URSS tandis que la répression s'abattait sur les autres[3].

La terreur n'atteignit pas seulement ceux qui s'étaient rendus librement en URSS, mais également ceux qui y avaient été contraints par la répression de régimes dictatoriaux. Selon l'article 129 de la Constitution soviétique de 1936, « l'URSS accorde le droit d'asile aux citoyens étrangers poursuivis pour la défense des intérêts des travailleurs ou en raison de leur activité scientifique ou de leur lutte pour la libération nationale ». Dans son roman *Vie et destin*, Vassili Grossman met en scène la confrontation entre un SS et un vieux militant bolchevique, son prisonnier. Au cours de son long monologue, le SS énonce une sentence qui illustre parfaitement

1. Aïno Kuusinen, *Quand Dieu renverse son Ange...*, *op. cit.*, 1974, p. 91-96.
2. *Les Cloches du Kremlin*, p. 216, cité par B. Lazitch, « Le Martyrologe du Komintern », *Le Contrat social*, nº 6, novembre-décembre 1965.
3. Armand Maloumian, *Les Fils du Goulag*, Presses de la Cité, 1976.

le destin de milliers d'hommes, de femmes, d'enfants qui vinrent trouver refuge en Union soviétique. La voici : « Qui se trouve dans nos camps en temps de paix, quand il n'y a pas de prisonniers de guerre ? On y trouve les ennemis du Parti, les ennemis du peuple. C'est une espèce que vous connaissez, ce sont ceux qu'on trouve également dans vos camps. Et si en temps de paix vos camps entraient dans notre système de la SS, nous ne laisserions pas sortir vos prisonniers. *Vos prisonniers sont nos prisonniers*[1]. »

Qu'ils soient venus de l'étranger à l'appel des Soviétiques eux-mêmes ou bien pour trouver une sécurité qu'ils n'avaient plus dans leurs pays d'origine en raison de leurs engagements politiques, tous ces émigrés furent considérés comme de potentiels espions. C'est du moins ce motif qui figurait le plus souvent sur leur notification de condamnation.

L'une des émigrations les plus précoces fut celle des antifascistes italiens, dès le milieu des années vingt. Nombre d'entre eux, qui croyaient trouver au « pays du socialisme » le refuge de leurs rêves, furent cruellement déçus et subirent la terreur. Les communistes italiens ou sympathisants étaient environ six cents en URSS au milieu des années trente : environ 250 cadres politiques émigrés et 350 élèves suivant des cours dans trois écoles de formation politique. Beaucoup de ces élèves ayant quitté l'URSS après leur temps d'école et une centaine de militants étant partis combattre en Espagne en 1936-1937, la Grande Terreur s'abattit sur ceux qui étaient restés. Environ deux cents Italiens furent arrêtés, en général pour « espionnage » ; une quarantaine furent fusillés — dont vingt-cinq ont été identifiés, les autres étant envoyés au Goulag, soit dans les mines d'or de la Kolyma, soit au Kazakhstan. Romolo Caccavale a publié un livre émouvant où il retrace l'itinéraire et le destin tragique de plusieurs dizaines de ces militants[2].

Un exemple parmi d'autres : Nazareno Scarioli, un antifasciste qui s'était enfui d'Italie en 1925. De là il gagna Berlin puis Moscou. Accueilli par la section italienne du Secours rouge, il travailla dans une colonie agricole des environs de Moscou pendant un an puis fut transféré à Yalta dans une autre colonie où travaillaient une vingtaine d'anarchistes italiens sous la direction de Tito Scarselli. En 1933, la colonie fut dissoute, Scarioli retourna à Moscou et fut embauché dans une fabrique de biscuits. Il participait aux activités de la communauté italienne.

Vinrent les années de la Grande Purge. La peur et la terreur désagrégèrent la communauté italienne ; chacun était en proie au soupçon envers ses compatriotes. Le responsable communiste Paolo Robotti annonça au Club italien l'arrestation, comme « ennemis du peuple », de trente-six

1. Vassili Grossman, *Vie et destin*, Julliard/L'Âge d'Homme, 1983, p. 374.

2. Romolo Caccavale, *Comunisti italiani in Unione Sovietica. Proscritti da Mussolini soppressi da Stalin*, Mursia, 1995, 360 p.

émigrés, ouvriers dans une fabrique de roulements à billes. Robotti contraignit l'assistance à approuver l'arrestation de ces ouvriers qu'il connaissait bien. Lors du vote à main levée, Scarioli vota contre. Il fut arrêté le lendemain soir. Torturé à la Loubianka, il signa une confession. Déporté à la Kolyma, il travailla dans une mine d'or. De nombreux autres Italiens partagèrent le même sort, dont beaucoup moururent : le sculpteur Arnaldo Silva, l'ingénieur Cerquetti, le dirigeant communiste Aldo Gorelli dont la sœur avait épousé le futur député communiste Siloto, l'ancien secrétaire de la section romaine du PCI Vincenzo Baccala, le Toscan Otello Gaggi qui travaillait comme portier à Moscou, Luigi Calligaris, ouvrier à Moscou, le syndicaliste vénétien Carlo Costa, ouvrier à Odessa, Edmundo Peluso qui avait fréquenté Lénine à Zurich. En 1950, Scarioli, qui ne pesait plus que trente-six kilos, quitta la Kolyma mais demeura, tel un esclave soviétique, contraint de travailler encore en Sibérie. Ce n'est qu'en 1954 qu'il fut amnistié puis réhabilité. Pendant encore six années, il attendit un visa pour regagner l'Italie avec une maigre pension.

Ces réfugiés ne furent pas seulement des communistes, membres du PCI ou sympathisants. Il y eut aussi des anarchistes qui, pourchassés, choisirent de se rendre en URSS. Le cas le plus connu est celui de Francesco Ghezzi, militant syndical et libertaire, qui arriva en juin 1921 en Russie pour représenter l'Unione sindicale italiana auprès de l'Internationale syndicale rouge. En 1922, il s'était rendu en Allemagne où il fut arrêté, le gouvernement italien qui l'accusait de terrorisme ayant demandé son extradition. Une campagne énergique lui évita de connaître les geôles italiennes, mais il fut contraint de retourner en URSS. À l'automne 1924, Ghezzi, qui s'était lié à Pierre Pascal et à Nicolas Lazarévitch notamment, eut ses premiers démêlés avec la Guépéou. En 1929, il fut arrêté, condamné à trois de prison et interné à Souzdal, dans des conditions criminelles pour un tuberculeux. Ses amis et correspondants organisèrent une campagne en sa faveur, en France et en Suisse. Romain Rolland (dans un premier temps) et d'autres signèrent une pétition. Les autorités soviétiques répliquèrent en faisant courir le bruit que Ghezzi était un « agent de l'ambassade fasciste ». Libéré en 1931, Ghezzi reprit un travail en usine. Fin 1937, il était à nouveau arrêté. Mais, cette fois-ci, il fut impossible à ses amis de l'étranger d'obtenir la moindre information sur son sort. Il fut donné pour mort à Vorkouta à la fin août 1941 [1].

Lorsque, le 11 février 1934, à Linz, les responsables du Schutzbund, la Ligue de protection républicaine du Parti socialiste autrichien, décidèrent de résister à toute attaque de la part des Heimwehren (la Garde

1. Charles Jacquier, « L'affaire Francesco Ghezzi ; la vie et la mort d'un anarcho-syndicaliste italien en URSS », *La Nouvelle Alternative*, n° 34, juin 1994. Voir aussi Emilio Guarnaschelli, *Une petite pierre. L'exil, la déportation et la mort d'un ouvrier communiste italien en URSS 1933-1939*, Maspero, 1979. Étienne Manac'h, *Emilio*, Plon, 1990.

patriotique) qui visaient à interdire le Parti socialiste, pouvaient-ils imaginer le destin de leurs camarades ?

L'agression des Heimwehren à Linz obligea les sociaux-démocrates à déclencher à Vienne une grève générale puis l'insurrection. Dollfuss victorieux après quatre jours de combats acharnés, les militants socialistes qui échappèrent à la prison ou au camp d'internement entrèrent dans la clandestinité ou bien s'enfuirent en Tchécoslovaquie, avant parfois de continuer le combat en Espagne. Nombre d'entre eux décidèrent de se réfugier en Union soviétique, invités qu'ils étaient à faire ce choix par une intense propagande qui avait réussi à les dresser contre la direction sociale-démocrate. Le 23 avril 1934, trois cents hommes arrivèrent à Moscou, suivis d'autres convois moins importants jusqu'en décembre. L'ambassade allemande dénombra 807 Schutzbündler émigrés en URSS[1]. Avec leurs familles, c'est environ mille quatre cents personnes qui avaient trouvé refuge en URSS.

Le premier convoi arrivé à Moscou fut accueilli par les responsables du Parti communiste autrichien (KPO) et ces combattants défilèrent dans les rues de la capitale. Ils furent pris en charge par le Conseil central des syndicats. Cent vingt enfants dont les pères étaient tombés sur les barricades ou condamnés à mort furent recueillis, envoyés un temps en Crimée puis installés, à Moscou[2], au home d'enfants nº 6 spécialement ouvert à leur intention.

Après quelques semaines de repos, les ouvriers autrichiens furent répartis dans les usines de Moscou, Kharkov, Leningrad, Gorki ou Rostov. Bien vite, ils déchantèrent en raison des conditions de vie qui leur étaient imposées, et les dirigeants communistes autrichiens durent intervenir. Les autorités faisaient pression sur eux pour qu'ils adoptent la nationalité soviétique ; en 1938, trois cents l'avaient fait. À contrario, des groupes entiers de Schutzbündler entrèrent en relation avec l'ambassade d'Autriche dans l'espoir de se faire rapatrier. En 1936, soixante-dix-sept Schutzbündler auraient réussi à retourner en Autriche. Selon l'ambassade allemande, quatre cents au total auraient fait le voyage retour jusqu'au printemps 1938 (après l'Anschluss en mars 1938, les Autrichiens devinrent sujets du Reich allemand). Cent soixante avaient gagné l'Espagne pour combattre aux côtés des Républicains.

Beaucoup n'eurent pas la chance de quitter l'URSS. On dénombre aujourd'hui 278 Autrichiens arrêtés de fin 1934 à 1938[3]. En 1939, Karlo Stajner rencontra à Norilsk un Viennois, Fritz Koppensteiner, dont il ignore ce qu'il devint[4]. Certains furent exécutés, tel Gustl Deutch, ancien

1. Hans Schafranek, *Zwischen NKWD und Gestapo. Die Auslieferung deutscher und österreichischer Antifaschisten aus der Sowjetunion an Nazideutschland 1937-1941*, Francfort-sur-le-Main, ISP-Verlag, 1990.
2. *Les Syndicats de l'Union soviétique*, éditions du Secours ouvrier international, 1935.
3. Hans Schafranek, *op. cit.*
4. Karlo Stajner, *7 000 jours en Sibérie*, Gallimard, 1983.

responsable du quartier de Floridsdorf et ancien commandant du régiment « Karl-Marx » dont les Soviétiques avaient publié une brochure sur *Les Combats de février à Floridsdorf* (Moscou, Prometheus-Verlag, 1934).

Quant au home d'enfants n° 6, il ne fut pas épargné. À l'automne 1936, les arrestations commencèrent parmi les parents rescapés ; leurs enfants passèrent aussitôt sous l'autorité du NKVD qui les affecta dans ses orphelinats. La mère de Wolfgang Leonhard fut arrêtée et disparut en octobre 1936, mais ce n'est qu'à l'été 1937 qu'il reçut une carte postale en provenance de la République des Komis. Elle avait été condamnée à cinq ans de camp pour « activité contre-révolutionnaire trotskiste [1] ».

La tragique odyssée de la famille Sladek

Le 10 février 1963, le journal socialiste *Arbeiter Zeitung* rapporta l'histoire de la famille Sladek. À la mi-septembre 1934, Mme Sladek et ses deux fils avaient rejoint à Kharkov son mari Josef Sladek, ancien Schutzbündler et ancien cheminot de Semmering réfugié en URSS. À partir de 1937, le NKVD commença ses arrestations dans la communauté autrichienne de Kharkov, plus tardivement qu'à Moscou et Leningrad. Le tour de Josef Sladek vint le 15 février 1938. En 1941, avant l'attaque allemande, Mme Sladek demanda à quitter l'URSS et s'adressa à l'ambassade d'Allemagne. Le 26 juillet, le NKVD l'arrêta ainsi que son fils Alfred âgé de seize ans, tandis que Victor, huit ans, était envoyé dans un orphelinat du NKVD. Les fonctionnaires du NKVD voulurent à tout prix arracher une « confession » à Alfred : ils le battirent, lui annoncèrent que sa mère avait été fusillée. Évacués en raison de l'avance allemande, la mère et le fils se retrouvèrent par hasard dans le camp d'Ivdel dans l'Oural. Mme Sladek avait été condamnée à cinq ans de camp pour espionnage, Alfred Sladek à dix ans pour espionnage et agitation antisoviétique. Transférés au camp de Sarma, ils y découvrirent Josef Sladek qui avait été condamné, à Kharkov, à cinq ans de prison. Mais ils furent à nouveau séparés. Libérée en octobre 1946, Mme Sladek fut assignée à résidence à Solikansk dans l'Oural où elle fut rejointe par son mari un an plus tard. Ce dernier atteint de tuberculose et de faiblesse cardiaque était incapable de travailler. C'est en mendiant que disparut le cheminot de Semmering le 31 mai 1948. En 1951, Alfred fut libéré à son tour et put rejoindre sa mère. En 1954, après de difficiles démarches, tous deux purent regagner l'Autriche et retrouver Semmering. Ils avaient vu Victor pour la dernière fois sept ans auparavant. Les dernières nouvelles de lui dataient de 1946.

Les Yougoslaves présents en Russie en 1917 qui avaient choisi d'y demeurer étaient au nombre de 2 600 à 3 750 personnes en 1924. Ils furent rejoints par des ouvriers d'industrie et des spécialistes venus d'Amérique et du Canada, avec leur matériel, pour participer à « l'édification du socia-

1. Wolfgang Leonhard, *Un enfant perdu de la Révolution*, France Empire, 1983.

lisme ». Leurs colonies se trouvaient réparties sur tout le territoire, de Leninsk, à Magnitogorsk, en passant par Saratov. Certains d'entre eux (de 50 à 100) participèrent à la construction du métro de Moscou. Comme les autres, l'émigration yougoslave fut réprimée. Bozidar Maslaritch soutint qu'ils subirent « le sort le plus cruel », ajoutant : « Sa grande majorité a été arrêtée en 1937-1938 et son sort est resté complètement inconnu[1]... » Appréciation subjective nourrie par le fait que plusieurs centaines d'émigrés disparurent. À l'heure actuelle, il n'existe toujours pas de données définitives concernant les Yougoslaves travaillant en URSS, en particulier ceux qui participèrent à la construction du métro de Moscou et qui, protestant contre les conditions de travail, furent durement réprimés.

Fin septembre 1939, le partage de la Pologne entre l'Allemagne nazie et la Russie soviétique, décidé secrètement le 23 août 1939, devint effectif. Les deux envahisseurs coordonnèrent leur action pour s'assurer du contrôle de la situation et de la population : Gestapo et NKVD collaboraient. Les communautés juives se trouvaient partagées : sur 3,3 millions de personnes, environ 2 millions vivaient sous domination allemande ; aux persécutions (synagogues brûlées) et aux massacres succéda l'enfermement dans les ghettos : celui de Lodz fut créé le 30 avril 1940, celui de Varsovie, organisé en octobre, fut fermé le 15 novembre.

De nombreux Juifs polonais avaient fui vers l'est devant l'avance de l'armée allemande. Pendant l'hiver 1939-1940, les Allemands ne cherchèrent pas à interdire tout franchissement de la nouvelle frontière. Mais ceux qui tentaient leur chance devaient affronter un obstacle inattendu : « Les gardiens soviétiques du "mythe de classe" habillés de long manteaux de fourrure et de casquettes, baïonnette au canon, accueillaient les nomades partis pour la Terre promise avec des chiens policiers et des rafales de pistolets-mitrailleurs[2]. » De décembre 1939 à mars 1940, ces Juifs se retrouvèrent coincés dans un no man's land, large d'un kilomètre et demi, sur la rive orientale du Bug, contraints de camper à la belle étoile. La majorité d'entre eux retournèrent en zone allemande.

Devenu soldat de l'armée polonaise du général Anders, L.C. (matricule 15015) témoigna de cette incroyable situation : « Ce territoire était un secteur de 600-700 mètres où 700-800 personnes environ étaient amassées, depuis quelques semaines déjà ; 90 % de Juifs, échappés à la surveillance allemande. [...] Nous étions malades, tout mouillés sur ce territoire rendu humide par les pluies d'automne, nous serrant les uns contre les autres sans que les Soviets "humanitaires" daignassent nous donner un petit morceau de pain ou de l'eau chaude. Ils ne laissaient même pas passer les gens de la campagne environnante qui désiraient faire quelque chose pour nous maintenir en vie. En conséquence, nous laissâmes de nombreuses

1. Bozidar Maslaritch, *Moskva-Madrid-Moskva*, Zagreb, 1952, p. 103, cité par B. Lazitch.
2. Gustaw Herling, *Un monde à part*, Denoël, 1985.

tombes sur ce territoire. [...] Je peux affirmer que les personnes qui retournèrent chez elles du côté des Allemands avaient raison car le NKVD, à aucun point de vue, n'était meilleur que la Gestapo allemande, avec la différence que la Gestapo abrège le temps en tuant les gens, tandis que le NKVD tue et torture d'une manière bien plus terrible que la mort, de sorte que celui qui réussit par miracle à fuir ses griffes reste invalide pendant toute sa vie [1]... » Symboliquement, Israël Joshua Singer fait mourir dans ce no man's land son héros qui, devenu un « ennemi du peuple », avait fui l'URSS [2].

En mars 1940, plusieurs centaines de milliers de réfugiés — certains avancent le chiffre de six cent mille — se virent imposer un passeport soviétique. Les accords soviéto-nazis prévoyaient un échange de réfugiés. Leurs familles disloquées, la pénurie et la terreur policière du NKVD devenant de plus en plus lourdes, certains décidèrent de retourner dans la partie allemande de l'ancienne Pologne. Jules Margoline, qui se trouvait lui-même à Lvov en Ukraine occidentale, rapporte qu'au printemps 1940 les « Juifs préféraient le ghetto allemand à l'égalité soviétique [3] ». Il leur semblait alors plus aisé de quitter le Gouvernement général pour atteindre un pays neutre que de tenter cette fuite via l'Union soviétique.

Début 1940, les déportations touchant les citoyens polonais commencèrent (voir la contribution d'Andrzej Paczkowski) et se poursuivirent jusqu'en juin. Les Polonais de toutes confessions furent déportés en train vers le Grand Nord ou le Kazakhstan. Le convoi de Jules Margoline mit dix jours pour atteindre Mourmansk. Fin observateur de la société concentrationnaire, il écrit : « Ce qui différencie les camps soviétiques de tous les autres lieux de détention du monde, ce ne sont pas seulement leurs étendues immenses, inimaginables, ni leurs conditions de vie meurtrières. C'est la nécessité de *mentir* sans cesse pour sauvegarder sa vie, mentir toujours, porter un masque pendant des années et ne jamais pouvoir dire ce que l'on pense. En Russie soviétique, les citoyens "libres" sont aussi obligés de mentir. [...] Aussi la dissimulation et le mensonge deviennent-ils le seul moyen d'autodéfense. Les meetings, les réunions, les rencontres, les conversations, les journaux muraux sont enveloppés d'une phraséologie officielle, doucereuse, qui ne contient pas un seul mot de vérité. L'homme de l'Occident peut difficilement comprendre ce que signifient la privation du droit et l'impossibilité, pendant cinq ou dix ans, de s'exprimer librement, jusqu'au bout, l'obligation de refouler la moindre pensée "illégale" et de rester muet comme une tombe. Sous cette pression incroyable se déforme et se désagrège toute la substance interne de l'individu [4]. »

1. Sylvestre Mora et Pierre Zwierniak, *La Justice soviétique*, Rome, Magi-Spinetti, 1945, p. 161-162.
2. Israël Joshua Singer, *Camarade Nachman*, Stock, 1985.
3. Jules Margoline, *La Condition inhumaine*, Calmann-Lévy, 1949, p. 42-43.
4. Jules Margoline, *op. cit.*, p. 149-150.

La mort des prisonniers 41 et 42

Membre du bureau de l'Internationale ouvrière socialiste, Victor Alter (né en 1890) était échevin de Varsovie ; il avait occupé la présidence de la fédération des syndicats juifs. Henryk Erlich fut membre du conseil communal de Varsovie et rédacteur du quotidien yiddish *Folkstaytung*. Tous deux appartenaient au Bund, le Parti socialiste juif de Pologne. En 1939, ils s'étaient réfugiés dans la zone soviétique. Alter fut arrêté le 26 septembre à Kowel tandis qu'Erlich l'était le 4 octobre à Brest-Litovsk. Transféré à la Loubianka, Alter fut condamné à mort le 20 juillet 1941 pour « activités antisoviétiques » (il était censé avoir dirigé une action illégale du Bund en URSS en liaison avec la police polonaise). Cette condamnation prononcée par le Collège militaire de la Cour suprême d'URSS fut commuée en dix années de camp. Le 2 août, Erlich fut lui aussi condamné à mort par le tribunal militaire des forces armées du NKVD de Saratov ; le 27, sa peine fut également commuée en dix ans de camp. Libérés en septembre 1941, à la suite des accords Sikorski-Maïski, Alter et Erlich furent convoqués par Beria qui leur proposa d'animer un Comité juif contre les nazis, ce qu'ils acceptèrent. Repliés à Kouïbychev, ils furent à nouveau arrêtés le 4 décembre, accusés d'avoir été en relations avec les nazis ! Beria ordonna leur mise au secret : désormais, ils étaient les prisonniers n° 41 (Alter) et 42 (Erlich), dont personne ne devait connaître l'identité. Le 23 décembre 1941, considérés comme citoyens soviétiques, ils furent à nouveau condamnés à mort (article 58, § 1), pour trahison. Dans les semaines suivantes, ils adressèrent en vain maintes requêtes aux autorités ; probablement ignoraient-ils leur condamnation. Le 15 mai 1942, Henryk Erlich se pendit aux barreaux de sa cellule. Jusqu'à l'ouverture des archives, on a cru qu'il avait été exécuté.

Victor Alter menaça de se suicider. Beria donna alors l'ordre d'intensifier la surveillance. Victor Alter fut exécuté le 17 février 1943. La sentence du 23 décembre 1941 avait été personnellement approuvée par Staline. Très significativement, son exécution eut lieu peu de temps après la victoire de Stalingrad. À cet assassinat, les autorités soviétiques ajoutèrent la calomnie : Alter et Erlich auraient fait de la propagande en faveur de la signature d'un traité de paix avec l'Allemagne nazie.

Lukasz Hirszowicz, « NKVD Documents shed new light on fate of Erlich and Alter », *East European Jewish Affairs*, n° 2, hiver 1992.

À l'hiver 1945-1946, le docteur Jacques Pat, secrétaire du Comité ouvrier juif des États-Unis, se rendit en mission en Pologne pour mener une enquête sur les crimes nazis. Il publia à son retour une série d'articles dans le *Jewish Daily Forward* à propos des Juifs réfugiés en URSS. Il estimait que 400 000 Juifs polonais avaient péri en déportation, dans les camps ou les colonies de travail. À la fin de la guerre, 150 000 choisirent de reprendre la citoyenneté polonaise pour fuir l'URSS. « Les cent cinquante mille Juifs qui franchissent aujourd'hui la frontière soviéto-polonaise ne discutent plus sur l'Union soviétique, sur la patrie socialiste, la dictature et la démocratie. Pour eux, ces discussions sont terminées et le dernier mot a été leur fuite de l'Union soviétique », écrivait Jacques Pat après avoir interrogé des centaines d'entre eux[1].

Le retour forcé en URSS des prisonniers soviétiques

Si avoir des relations avec des étrangers, ou être venu de l'étranger en URSS, rendait suspect aux yeux du régime, être prisonnier pendant quatre ans hors du territoire national faisait du militaire russe emprisonné par les Allemands un traître méritant châtiment ; le décret nº 270 de 1942 modifiant le code pénal, § 193, déclarait qu'un prisonnier capturé par l'ennemi est *ipso facto* un traître. Peu importe dans quelles conditions la capture était intervenue et la captivité s'était déroulée : dans le cas des Russes, elles furent effroyables — les Slaves, autres sous-hommes, étant destinés à disparaître selon la *Weltanschauung* nazie — puisque, sur 5,7 millions de prisonniers de guerre, 3,3 millions moururent de faim et de mauvais traitements.

C'est donc très tôt que Staline, répondant à la sollicitation des Alliés embarrassés par la présence de soldats russes au sein de la Wehrmacht, décida d'obtenir de ses alliés le rapatriement de tous les Russes se trouvant en zone occidentale. Il n'eut aucun mal à l'obtenir. Dès la fin octobre 1944 et jusqu'en janvier 1945, ce furent plus de 332 000 prisonniers (dont 1 179 de San Francisco) qui furent renvoyés sans leur consentement en Union soviétique. Non seulement les diplomates britanniques et américains n'avaient aucun état d'âme mais ils abordaient cette question avec un certain cynisme puisqu'ils n'ignoraient pas, tel M. Antony Eden, qu'il faudrait employer la force pour « traiter » la question.

Lors des négociations de Yalta (5-12 février 1945), les trois protagonistes (Soviétiques, Anglais et Américains) conclurent des accords secrets qui incluaient aussi bien les soldats que les civils déplacés. Churchill et Eden acceptaient que Staline décidât du sort des prisonniers qui avaient combattu dans les rangs de l'Armée russe de libération (ROA) commandée par le général Vlassov, comme si ces derniers pouvaient bénéficier d'un jugement équitable garanti.

Staline savait pertinemment qu'une partie de ces soldats soviétiques avaient été faits prisonniers d'abord en raison de la désorganisation de l'Armée rouge dont il était le premier responsable, de l'incapacité de ses généraux et de la sienne. Il est également certain que beaucoup de soldats n'avaient nulle envie de se battre pour un régime exécré et, pour reprendre une expression de Lénine, avaient « voté avec leurs pieds ».

Dès les accords de Yalta signés, il ne se passa pas de semaine sans que des convois quittent les îles britanniques pour l'URSS. En deux mois, de mai à juillet 1945, furent « rapatriés » plus de 1,3 million de personnes séjournant dans les zones occidentales d'occupation et considérées par Moscou comme soviétiques (y compris les Baltes annexés en 1940 et les Ukrainiens). Fin août, plus de 2 millions de ces « Russes » avaient été livrés. Parfois dans des condi-

1. *Jewish Daily Forward*, 30 juin, 7 juillet 1946.

tions atroces : les suicides individuels ou collectifs (des familles entières) furent fréquents, les mutilations aussi ; lors de leur livraison aux autorités soviétiques, les prisonniers tentèrent en vain d'opposer une résistance passive et les Anglo-Américains n'hésitèrent pas à recourir à la force pour satisfaire aux exigences soviétiques. À l'arrivée, les rapatriés étaient placés sous le contrôle de la police politique. Le jour même de l'arrivée de l'*Almanzora* à Odessa, le 18 avril, des exécutions sommaires eurent lieu. Même scénario lorsque l'*Empire Pride* arriva dans le port de la mer Noire.

Les Occidentaux craignaient que l'Union soviétique ne prenne les prisonniers anglais, américains ou français comme otages et n'exercent un chantage au moyen de cette « monnaie d'échange » — attitude très indicative de leur disposition d'esprit face aux diktats des Soviétiques qui, de la sorte, imposèrent le « rapatriement » de tous ressortissants russes ou d'origine russe, y compris des émigrants d'après la révolution de 1917. Cette politique tout à fait consciente des Occidentaux n'eut même pas pour résultat de faciliter le retour de leurs propres citoyens. Par contre elle permit à l'URSS de lancer une pléthore de fonctionnaires à la recherche des récalcitrants et d'agir au mépris des lois des nations alliées.

Côté français, le *Bulletin* du gouvernement militaire en Allemagne affirmait qu'au 1er octobre 1945 101 000 « personnes déplacées » avaient été renvoyées côté soviétique. En France même, les autorités françaises acceptèrent la création de 70 camps de regroupement bénéficiant le plus souvent d'une étrange extraterritorialité, tel celui de Beauregard en banlieue parisienne, sur lesquels elle renonça à exercer tout contrôle, accordant aux agents soviétiques du NKVD opérant en France une impunité en contradiction avec sa souveraineté nationale. De la part des Soviétiques, l'ensemble de ces opérations avait été mûrement réfléchi puisque ce fut dès septembre 1944 qu'ils l'engagèrent, avec l'aide de la propagande communiste. Le camp de Beauregard ne devait être fermé qu'en novembre 1947 par la Direction de la sécurité du territoire à la suite de l'enlèvement d'enfants disputés entre leurs parents divorcés. Roger Wybot, qui dirigea l'opération, fait remarquer : « En réalité, d'après les renseignements que j'ai pu obtenir, ce camp de transit ressemblerait davantage à un camp d'enlèvement[1]. » Les protestations contre cette politique furent tardives et suffisamment rares pour signaler celle qui parut à l'été 1947 dans la revue socialiste *Masses* : « Que le Gengis Khan au pouvoir ferme hermétiquement les frontières pour retenir ses esclaves, on le conçoit facilement. Mais qu'il obtienne le droit de les extrader des territoires étrangers, cela dépasse notre morale dépravée d'après-guerre elle-même. [...] Au nom de quel droit moral ou politique peut-on obliger une personne à vivre dans un pays où l'esclavage corporel et moral lui serait appliqué ? Quel remerciement le monde attend-il de Staline pour être resté muet devant les cris des citoyens russes qui se donnent la mort plutôt que de rentrer dans leur pays ? »

Les rédacteurs de cette revue dénonçaient des expulsions récentes : « Encouragés par l'indifférence criminelle des masses devant la violation du droit minimum d'asile, les autorités militaires anglaises en Italie viennent

1. Georges Coudry, *Les Camps soviétiques en France. Les « Russes » livrés à Staline en 1945*, Albin Michel, 1997.

de commettre un forfait inqualifiable : le 8 mai, on a enlevé du camp nº 7 de Ruccione 175 Russes pour être soi-disant envoyés en Écosse, et, du camp nº 6, 10 personnes (ce camp contenait des familles entières). Quand ces 185 personnes furent éloignées des camps, on leur enleva tout objet pouvant servir de moyen de suicide et on leur dit qu'en réalité elles iraient non pas en Écosse, mais en Russie. Malgré cela quelques-unes réussirent à se donner la mort. Le même jour, on enleva aussi 80 personnes (tous des Caucasiens) du camp de Pise. Tous ces malheureux furent expédiés vers la zone russe, en Autriche, dans des wagons gardés par les troupes anglaises. Certains essayèrent de s'enfuir et furent tués par leurs gardiens...[1] ».

Les prisonniers rapatriés furent internés dans des camps spéciaux dits de « filtration et de contrôle » (créés dès la fin de 1941) qui ne se distinguaient guère des camps de travail et qui furent intégrés au Goulag en janvier 1946. En 1945, 214 000 prisonniers y étaient passés[2]. Ces prisonniers intégraient un Goulag à son apogée : en général, ils furent condamnés à six ans de camp selon l'article 58-1-b. Parmi eux, les anciens membres de la ROA (Armée de libération russe) qui avait participé à la libération de Prague en combattant les SS.

Les ennemis prisonniers

L'URSS n'avait pas ratifié les conventions internationales concernant les prisonniers de guerre (Genève, 1929). Théoriquement les prisonniers étaient protégés par la convention, même si leur pays ne l'avait pas signée. L'URSS ne tint aucun compte de cette disposition. Victorieuse, elle gardait de trois à quatre milions de prisonniers allemands. Parmi eux, des soldats libérés par les puissances occidentales qui, revenus en zone soviétique, furent déportés en URSS.

En mars 1947, Viatcheslav Molotov déclarait qu'un million d'Allemands avait été rapatriés (1 003 974 exactement) et qu'il restait encore 890 532 internés dans les camps de son pays. Ces chiffres furent contestés. En mars 1950, l'URSS décréta que le rapatriement des prisonniers était terminé. Cependant les organismes humanitaires avertirent qu'au moins 300 000 prisonniers demeuraient retenus en URSS ainsi que 100 000 civils. Le 8 mai 1950, le gouvernement luxembourgeois protesta conre la clôture des opérations de rapatriement puisque 2 000 de ses ressortissants étaient encore retenus en URSS. La rétention d'informations en la matière était-elle destinée à cacher la triste réalité du destin de ces prisonniers ? On peut le croire en raison de la mortalité existant dans les camps.

Une estimation faite par une commission spéciale (la commission Maschke) devait estimer qu'un million de soldats allemands prisonniers en URSS moururent en camps. Ainsi, il n'y eut que 6 000 survivants parmi les 100 000 prisonniers fait par l'Armée rouge à Stalingrad.

1. *Masses*, nº 9/10, juin-juillet 1947 : « Nous réclamons le droit d'asile pour les Émigrés soviétiques. »

2. Nicholas Bethell, *Le Dernier Secret. 1945 : Comment les alliés livrèrent deux milions de Russes à Staline*, Le Seuil, 1975. Nikolai Tolstoy, *Les Victimes de Yalta, France-Empire*, 1980.

Aux côtés des Allemands, environ 60 000 soldats italiens survivaient en février 1947 (le chifre de 80 000 prisonniers est souvent avancé). Le gouvernement italien informa que seulement 12 513 de ces prisonniers étaient rentrés en Italie à cette date. Il faut signaler aussi que les prisonniers roumains et hongrois qui avaient combattu sur le front russe connurent des situations analogues. En mars 1954, cent volontaires de la division espagnole « Azul » furent libérés. Ce survol ne serait pas complet si l'on ne disait mot des 900 000 soldats japonais fait prisonniers en Mandchourie en 1945.

Les « Malgré-Nous »

Un dicton qui circulait dans les camps rend parfaitement compte de la multitude des origines de la population carcérale : « Si un pays n'est pas représenté au Goulag c'est qu'il n'existe pas. » La France eut aussi ses prisonniers au Goulag, des prisonniers que la diplomatie ne mit pas beaucoup d'acharnement à défendre et récupérer.

Les trois départements de la Moselle, du Bas et du Haut-Rhin furent traités de manière particulière par les nazis triomphants : l'Alsace-Lorraine fut annexée, germanisée et même nazifiée. En 1942, les nazis décidèrent d'incorporer contre leur volonté les classes 1920 à 1924 dans l'Armée allemande. Beaucoup de jeunes Mosellans et Alsaciens qui n'éprouvaient nulle envie de servir sous l'uniforme allemand tentèrent d'échapper à ce « privilège ». Jusqu'à la fin de la guerre, ce fut au total 21 classes d'âge qui furent mobilisés en Alsace et 14 en Moselle, soit 130 000 jeunes hommes. Envoyés en majorité sur le front russe, 22 000 « Malgré-Nous » tombèrent au combat. Les Soviétiques, informés par la France libre de cette situation particulière, lancèrent des appels à la désertion, promettant le retour dans les rangs de la France combattante. De fait et quelles que soient les circonstances, 23 000 Alsaciens-Lorrains furent fait prisonniers ; c'est le nombre de dossiers que les autorités russes remirent en 1995 aux autorités françaises. Un grand nombre d'entre eux furent regroupés au camp 188 de Tambov sous la garde du MVD (ex-NKVD) dans les conditions de survie effroyables : sous-alimentation (600 grammes de pain noir par jour), travail forcé dans les forêts, habitats primitifs (des cabanes de bois à demi-enterrées), absence de tout soin médical. Les rescapés de ce camps de la mort lente estiment que 14 000 de leurs compagnons y moururent en 1944 et 1945. Pierre Rigoulot (*La Tragédie des Malgré-nous. Tambov le camp des Français*, Denoël, 1990) donne le chiffre de 10 000 disparus comme « chiffre plancher ». À l'issue de longues négociations, 1 500 prisonniers avaient été libérés à l'été 1944 et avaient été rapatriés à Alger. Si Tambov est le camp où le plus rand nombre d'Alsaciens-Lorrains furent internés, il existait d'autres camps où ces derniers furent retenus prisonniers, dessinant ainsi une sorte de sous-Archipel particulier à ces Français qui ne purent combattre pour la libération de leur pays.

Guerre civile et guerre de libération nationale

Alors que la signature des pactes germano-soviétiques de septembre 1939 avait provoqué un effondrement de la plupart des partis communistes, dont les adhérents n'acceptaient pas l'abandon de la politique antifasciste par Staline, l'attaque allemande contre l'URSS le 22 juin 1941 réactiva immédiatement le réflexe antifasciste. Dès le 23 juin, le Komintern fit savoir par radio et radiotélégramme à toutes ses sections que l'heure n'était plus à la révolution socialiste mais à la lutte contre le fascisme et à la guerre de libération nationale. Dans le même temps, il réclamait à tous les partis communistes des pays occupés une action armée immédiate. La guerre fut donc l'occasion pour les communistes d'expérimenter une nouvelle forme d'action : la lutte armée et le sabotage de la machine de guerre hitlérienne, susceptibles de se développer en guérilla. Les appareils paramilitaires furent donc renforcés pour former l'embryon de groupes armés communistes qui, selon les pays, en fonction de la géographie et de la conjoncture, devinrent rapidement des formations de guérilla significatives, en particulier en Grèce et en Yougoslavie dès 1942, en Albanie puis en Italie du Nord à partir de la fin 1943. Dans les cas les plus favorables, cette action de guérilla fut l'occasion pour les communistes de s'emparer du pouvoir, sans reculer si nécessaire devant la guerre civile.

L'exemple le plus symptomatique de cette nouvelle orientation est la Yougoslavie. Dès le printemps 1941, Hitler fut contraint de venir au secours de son allié italien tenu en échec en Grèce par une petite armée déterminée. En avril, il dut également intervenir en Yougoslavie où le gouvernement favorable à l'Allemagne avait été renversé par un coup d'État probritannique. Dans ces deux pays existaient des partis communistes faibles mais très expérimentés : ils avaient connu la clandestinité depuis de nombreuses années du fait de leur interdiction par le régime dictatorial de Stojadinovic et celui de Metaxás.

Après l'armistice, la Yougoslavie fut partagée entre Italiens, Bulgares et Allemands. À quoi s'ajoutait le prétendu État indépendant de Croatie aux mains des extrémistes de droite, les Oustachi, dirigés par Ante Pavelić, qui instituèrent un véritable régime d'apartheid à l'encontre des Serbes, allant jusqu'aux massacres englobant aussi les Juifs et les Tsiganes, et qui entreprirent d'éliminer toute opposition, ce qui eut pour effet de pousser de nombreux Croates à rejoindre la Résistance.

Après la capitulation de l'armée yougoslave, le 18 avril, les premiers à gagner le maquis furent les officiers royalistes autour du colonel Draża Mihailović, bientôt nommé commandant en chef de la Résistance yougoslave, puis ministre de la Guerre par le gouvernement royal en exil à Londres. Mihailović créa en Serbie une armée essentiellement serbe, les tchetniks. Ce n'est qu'après l'invasion de l'URSS, le 22 juin 1941, que les communistes yougoslaves se rallièrent à l'idée qu'il fallait entreprendre la lutte de libération nationale, « libérer le pays du joug fasciste et non encore d'y entreprendre la révolution socialiste[1] ». Mais, alors que Moscou entendait ménager le plus longtemps possible le gouvernement royal et ne pas effrayer ses alliés anglais, Tito se sentit assez fort pour jouer son propre jeu, refusant de se placer sous l'obédience du gouvernement légal en exil. Ne posant aucune exclusive ethnique à son recrutement — il était lui-même croate —, il installa à partir de 1942 ses bases de guérilla en Bosnie. Devenus rivaux, les deux mouvements qui développaient des objectifs contradictoires s'affrontèrent. Face aux prétentions communistes, Mihailović choisit de ménager les Allemands et même de s'allier aux Italiens. La situation devint un véritable imbroglio, mêlant guerre de libération et guerre civile, oppositions politiques et haines ethniques, surdéterminées par l'occupation. De nombreux massacres furent alors commis par tous les bords, chacun cherchant à exterminer ses adversaires directs et à imposer son pouvoir aux populations.

Les historiens avancent le chiffre total d'un peu plus de un million de morts — sur plus de seize millions d'habitants. Exécutions, prisonniers fusillés, blessés achevés et représailles en tout genre s'enchaînèrent sans répit d'autant plus aisément que la culture balkanique s'est toujours nourrie des oppositions entre clans. Il y a cependant une différence entre les massacres perpétrés côté tchetnik et ceux perpétrés côté communiste : les tchetniks, qui se soumettaient mal à l'autorité d'une organisation centralisée — beaucoup de bandes échappaient au contrôle de Mihailović —, massacraient les populations plus sur des critères ethniques que politiques. Pour leur part, les communistes obéissaient à des motifs clairement militaires et politiques ; Milovan Djilas, l'un des adjoints de Tito, a témoigné beaucoup plus tard : « Nous étions ulcérés par les prétextes qu'invoquaient les paysans pour se rallier aux tchetniks : ils avaient peur, disaient-ils, que leurs maisons ne fussent brûlées et de subir d'autres représailles. Cette question fut soulevée lors d'une réunion avec Tito et l'argument suivant fut avancé : si nous faisons comprendre aux paysans que, s'ils s'allient à l'envahisseur [notons le glissement entre "tchetniks" (des résistants yougoslaves royalistes) et l'"envahisseur"], nous aussi nous brûlerons leurs maisons, ils changeront d'avis. [...] Finalement, Tito trancha nettement malgré son hésitation : "Bon, c'est bien, nous pouvons brûler une maison ou un village de temps en temps." Plus tard Tito promulgua des ordres dans ce sens — des ordres plus résolus, du seul fait qu'ils étaient explicites[2]. »

Avec la capitulation italienne en septembre 1943 et la décision de Churchill d'apporter l'aide alliée à Tito plutôt qu'à Mihailović, puis la fondation par Tito du Conseil antifasciste de libération nationale de Yougoslavie (AVNOJ) en décembre 1943, les communistes prirent un évident

1. Vladimir Dedijer, *Tito*, Belgrade, 1953 ; cité par B. Lazitch.

2. Milovan Djilas, *Une guerre dans la guerre. Yougoslavie 1941-1945*, R. Laffont, 1980, p. 162.

avantage politique sur leurs adversaires. Fin 1944-début 1945, les partisans communistes s'apprêtaient à dominer toute la Yougoslavie. À l'approche de la capitulation allemande, Pavelić et son armée, ses fonctionnaires, leurs familles — au total plusieurs dizaines de milliers de personnes — partirent en direction de la frontière autrichienne. Des gardes blancs slovènes et des tchetniks monténégrins les y rejoignirent à Bleiburg où tous se rendirent aux troupes anglaises qui les livrèrent à Tito.

Soldats, policiers de toutes sortes se virent imposer des marches de la mort sur des centaines de kilomètres à travers la Yougoslavie. Les prisonniers slovènes furent conduits en Slovénie aux environs de Kocevje où vingt à trente mille personnes furent abattues[1]. Vaincus, les tchetniks ne purent échapper à la vengeance des partisans qui ne firent pas de prisonniers. Milovan Djilas évoque la fin des combattants serbes sans oser livrer les détails vraisemblablement macabres de cette ultime campagne : « Les troupes de Draźa [Mihailović] furent annihilées à peu près en même temps que celles de Slovénie. Les petits groupes de tchetniks qui regagnaient le Monténégro après leur écrasement y rapportèrent le récit de nouvelles horreurs. Personne n'aima jamais reparler de tout cela — pas même ceux qui brandissaient bien haut leur esprit révolutionnaire —, comme s'il s'agissait d'un affreux cauchemar[2]. » Capturé, Draźa Mihailović fut jugé, condamné à mort et fusillé, le 17 juillet 1946. Lors de son « procès », les propositions de témoignage en sa faveur des officiers des missions alliées qui avaient été envoyés auprès de son état-major et avaient combattu les Allemands avec lui furent évidemment récusées[3]. Dès l'après-guerre, Staline avait livré à Milovan Djilas le fond de sa philosophie : « Quiconque occupe un territoire y impose son propre système social. »

Avec la guerre, les communistes grecs se retrouvèrent dans une situation proche de leurs camarades yougoslaves. Le 2 novembre 1940, quelques jours après l'invasion de la Grèce par l'Italie, Nikos Zachariadis, le secrétaire du Parti communiste grec (KKE), emprisonné depuis septembre 1936, lança un appel à la résistance : « La nation grecque mène aujourd'hui une guerre de libération nationale contre le fascisme de Mussolini. [...] Tous au combat, chacun à son poste[4]. » Mais, dès le 7 décembre, un manifeste du Comité central clandestin remettait en cause cette orientation et le KKE revenait à la ligne officielle du Komintern, celle du défaitisme révolutionnaire. Le 22 juin 1941, spectaculaire revirement : le KKE donne l'ordre à tous ses militants d'organiser « la lutte

1. Paul Garde, *Vie et mort de la Yougoslavie*, Fayard, 1992.
2. Milovan Djilas, *op. cit.*, p. 443-444.
3. Le grand roman de Dobritsa Tchossitch, *Le Temps du mal* (L'Âge d'Homme, 1990, 2 vol.) rend bien compte de l'extraordinaire complexité de l'imbroglio yougoslave.
4. Christophe Chiclet, *Les Communistes grecs dans la guerre. Histoire du Parti communiste de Grèce de 1941 à 1949*, L'Harmattan, 1987.

pour la défense de l'Union soviétique et le renversement du joug fasciste étranger ».

L'expérience de la clandestinité était pour les communistes un atout important. Le 16 juillet 1941, et comme tous les autres partis communistes, il créa le Front national ouvrier de libération *(Ergatiko Ethniko Apélevthériko Métopo*, EEAM) qui regroupait trois organisations syndicales. Le 27 septembre, ce fut le tour de l'EAM *(Ethniko Apélevthériko Métopo)* d'apparaître. Ce Front de libération nationale fut le bras politique des communistes. Le 10 février 1942, naissait l'ELAS *(Ellinikos Laïkos Apélevthérotikos Stratos)*, l'Armée populaire de libération nationale dont les premiers maquis furent organisés en mai, à l'initiative d'Aris Velouchiotis (Thanassis Klaras), un militant expérimenté qui avait signé une déclaration de repentir pour obtenir sa libération. Dès lors, les effectifs de l'ELAS ne cessèrent de croître.

L'ELAS n'était pas la seule organisation militaire de résistance. L'EDES *(Ethnikos Démokratikos Ellinikos Syndesmos)*, l'Union nationale grecque démocratique, avait été fondée par des militaires et des civils républicains dès septembre 1941 ; un colonel en retraite, Napoléon Zervas, commandait pour sa part un autre groupe de guérilleros. La troisième organisation était celle du colonel Psarros, née en octobre 1942, l'EKKA *(Ethniki Kai Koiniki Apélevthérosis)*, Mouvement de libération nationale et sociale. Chaque organisation tentait de débaucher les militants et combattants des autres bords.

Mais les succès et la force de l'ELAS firent que les communistes envisagèrent froidement d'imposer leur hégémonie sur l'ensemble de la résistance armée. Les maquis de l'EDES furent plusieurs fois attaqués tout comme l'EKKA, contrainte de disperser ses forces avant de se reconstituer. Fin 1942, en Thessalie occidentale, au pied des monts du Pinde, le major Kostopoulos (un transfuge de l'EAM) et le colonel Safaris constituèrent une unité résistante au cœur d'une zone acquise à l'EAM ; l'ELAS l'encercla et massacra les combattants qui n'avaient pu s'échapper ou qui refusèrent de s'enrôler dans ses propres rangs. Prisonnier, Safaris finit par accepter de devenir chef d'état-major de l'ELAS.

La présence d'officiers britanniques venus assister la Résistance grecque inquiétait les chefs de l'ELAS ; les communistes craignaient déjà que les Anglais n'imposent la restauration de la monarchie. Mais il existait une différence d'attitude entre la branche militaire dirigée par Velouchiotis et le KKE lui-même dirigé par Giorgos Siantos qui entendait suivre la ligne choisie par Moscou — une politique de coalition antifasciste. L'action des Anglais eut un effet momentanément positif puisque leur mission militaire obtint, en juillet 1943, la signature d'une sorte de pacte entre les trois principales formations : l'ELAS forte à cette date d'environ dix-huit mille hommes, l'EDES de cinq mille et l'EKKA de un millier.

La capitulation italienne, le 8 septembre, modifia immédiatement la situation. Une guerre fratricide commença alors que les Allemands lançaient une violente offensive contre l'EDES, ce qui la contraignit à se replier et à se retrouver face à d'importants bataillons de l'ELAS qui manœuvrèrent alors pour l'anéantir. La décision de se débarrasser de l'EDES fut prise par la direction du KKE qui entendait ainsi exploiter la nouvelle donne pour mieux tenir en échec la politique anglaise. Au bout de quatre jours de combat, les partisans commandés par Zervas réussirent à échapper à l'encerclement.

Cette guerre civile au sein de la guerre de libération nationale offrait aux Allemands de formidables possibilités de manœuvres, leurs troupes attaquant tantôt l'une et tantôt l'autre organisation de résistance [1]. Les alliés prirent donc l'initiative de mettre fin à la guerre civile : les combats entre l'ELAS et l'EDES cessèrent en février 1944 et un accord fut signé à Plaka. Il fut éphémère : quelques semaines plus tard, l'ELAS s'en prenait à l'EKKA du colonel Psarros qui, au bout de cinq jours de combat, était vaincu et fait prisonnier. Psarros et ses officiers furent massacrés ; lui-même fut décapité.

L'action des communistes eut pour conséquence de démoraliser la résistance et de discréditer l'EAM ; dans des régions entières, la haine à son égard était si profonde que certains maquisards entrèrent dans les bataillons de sécurité organisés par les Allemands. Cette guerre civile ne prit fin que quand l'ELAS accepta de collaborer avec le gouvernement grec en exil au Caire. En septembre 1944, six représentants de l'EAM-ELAS devinrent membres du gouvernement d'unité nationale présidé par Georges Papandréou. Le 2 septembre, alors que les Allemands commençaient à évacuer la Grèce, l'ELAS lança ses troupes à la conquête du Péloponnèse qui échappait à son contrôle, en raison de la présence des Bataillons de sécurité. Les villes et les bourgs conquis furent « punis ». À Meligala, mille quatre cents hommes, femmes et enfants ainsi qu'une cinquantaine d'officiers et sous-officiers des Bataillons de sécurité furent massacrés.

Rien ne semblait devoir faire obstacle à l'hégémonie de l'EAM-ELAS. Pourtant, libérée le 12 octobre, Athènes leur échappait à la suite du débarquement de troupes britanniques au Pirée. La direction du KKE hésita alors à entamer une épreuve de force. Entendait-elle jouer le jeu dans le gouvernement de coalition ? Rien n'est moins sûr. Alors qu'elle refusait de démobiliser l'ELAS comme le gouvernement le lui avait demandé, Iannis Zegvos, le ministre communiste de l'Agriculture, exigeait la dissolution d'unités répondant aux ordres du gouvernement. Le 4 décembre, les patrouilles de l'ELAS entrèrent dans Athènes, se heurtant aux forces gouvernementales. Le lendemain, presque toute la capitale était tombée sous le contrôle de l'ELAS qui y avait massé vingt mille hommes ; mais les Britanniques résistèrent, comptant sur l'arrivée de renforts. Le

1. L'ELAS accusa l'EDES d'avoir signé un armistice avec les Allemands, accusation sans fondement.

18 décembre, l'ELAS attaqua également l'EDES en Épire. Parallèlement aux combats, les communistes déclenchèrent une sanglante épuration anti-royaliste.

Leur offensive fut néanmoins tenue en échec ; ils se résignèrent à signer, lors d'une conférence réunie à Varkiza, un accord sur le désarmement de l'ELAS. En réalité, beaucoup d'armes et de munitions furent soigneusement cachées. Aris Velouchiotis, l'un des principaux chefs, refusa les accords de Varkiza et gagna le maquis avec une centaine d'hommes, puis passa en Albanie, espérant de là pouvoir reprendre la lutte armée. Interrogé sur les raisons de la défaite de l'EAM-ELAS, Velouchiotis répondit franchement : « C'est que nous n'avons pas assez tué. L'Anglais s'intéressait à ce carrefour qu'on appelle la Grèce ; si nous n'avions laissé aucun de ses amis vivants, il n'aurait pu débarquer nulle part. Mais les autres me disaient tueur : voilà où ils nous ont conduits, ajoutant : Les révolutions réussissent lorsque les rivières deviennent rouges de sang, et ça vaut la peine de le verser, si la récompense en est la perfection de la société humaine [1]. » Le fondateur de l'ELAS, Aris Velouchiotis, trouva la mort en juin 1945 dans un combat en Thessalie, quelques jours après son exclusion du KKE. La défaite de l'EAM-ELAS libéra, en réaction, la haine accumulée contre les communistes et les alliés. Des groupes paramilitaires assassinèrent nombre de militants ; beaucoup d'autres furent emprisonnés ; les dirigeants étaient généralement déportés dans les îles.

Nikos Zachariadis, le secrétaire général du KKE, était rentré en mai d'Allemagne où il avait été déporté à Dachau. Ses premières déclarations annonçaient clairement la politique du KKE : « Ou nous retournons à un régime semblable mais plus sévère que celui de la dictature monarcho-fasciste ou la lutte de l'EAM pour la libération nationale trouvera son couronnement par l'établissement en Grèce d'une démocratie populaire. » La Grèce exsangue n'avait guère de chance de connaître la paix civile. En octobre, le VIIe Congrès du Parti entérinait l'objectif défini par Zachariadis. La première étape était d'obtenir le départ des troupes britanniques. En janvier 1946, l'URSS montra son intérêt pour la Grèce en interpellant le Conseil de sécurité de l'ONU sur le danger que constituait la présence anglaise dans ce pays. Le 12 février, alors que les prochaines élections générales ne laissaient guère de doute sur sa défaite — il prônait d'ailleurs l'abstention —, le KKE décida d'organiser un soulèvement, avec le soutien des communistes yougoslaves.

En décembre avait eu lieu une rencontre entre des membres du Comité central du KKE et des officiers yougoslaves et bulgares. Les communistes grecs avaient l'assurance qu'ils pourraient utiliser l'Albanie, la Yougoslavie et la Bulgarie comme bases arrière. Pendant trois ans, leurs

1. Cité par Evan Averoff-Tossizza, *Le Feu et la hache. Grèce 1946-1949*, Éditions de Breteuil, 1973. L'auteur semble parfaitement connaître cet étudiant devenu avocat au barreau d'Athènes.

combattants purent s'y réfugier, les blessés y furent soignés et l'équipement militaire stocké. Tous ces préparatifs se déroulèrent quelques mois après la création du Kominform et il apparaît que le soulèvement des communistes grecs s'inscrivait parfaitement dans la nouvelle politique du Kremlin. Le 30 mars 1946, le KKE prit la responsabilité de déclencher une troisième guerre civile. Les premières attaques de l'Armée démocratique (AD), créée le 28 octobre 1946 et dirigée par le général Markos Vafiadis, furent menées sur le même modèle ; en général les postes de gendarmerie étaient attaqués, leurs occupants exterminés et les notables exécutés. Tout au long de l'année 1946, le KKE continua simultanément à agir ouvertement.

Dans les premiers mois de 1947, le général Markos intensifia son action : les villages attaqués se comptaient par dizaines, des centaines de paysans furent exécutés. Le recrutement forcé gonflait les effectifs de l'AD[1]. Quant un village n'y répondait pas, il était livré aux représailles ; un village de Macédoine paya cher ses réticences : quarante-huit de ses maisons furent brûlées, douze hommes, six femmes et deux bébés furent exécutés. À partir de mars 1947, les présidents de municipalité furent systématiquement assassinés, tout comme les prêtres. En mars, on comptait déjà quatre cent mille réfugiés. La politique de la terreur provoqua une contre-terreur : des militants communistes ou de la gauche furent tués par des groupes d'extrême droite.

En juin 1947, après une tournée à Belgrade, Prague et Moscou, Zachariadis annonça la prochaine constitution d'un gouvernement « libre ». Les communistes grecs semblaient croire qu'ils pourraient emprunter la même voie que celle suivie par Tito quatre ans auparavant. Ce « gouvernement » fut « officiellement » constitué en décembre. Les Yougoslaves allèrent jusqu'à fournir des volontaires — près d'une dizaine de milliers ! — prélevés dans leur armée[2]. De nombreux rapports d'enquête de la Commission spéciale des Nations unies pour les Balkans établirent toute l'importance de cette aide pour l'Armée démocratique. La rupture Tito-Staline au printemps 1948 eut des conséquences directes pour les communistes grecs. Si l'aide continua à leur parvenir jusqu'à l'automne, Tito engagea son retrait qui aboutit à la fermeture de la frontière. À l'été, alors que les forces du gouvernement menaient une vaste offensive, le chef des communistes albanais, Enver Hoxha, fut obligé de fermer la sienne. Les communistes grecs se retrouvèrent de plus en plus isolés et les dissensions internes s'accrurent. Néanmoins, les combats se poursuivirent jusqu'en août 1949. Nombre de combattants se replièrent en Bulgarie avant de se réfugier dans toute l'Europe de l'Est, en particulier en Roumanie et en URSS. Tachkent, la capitale de l'Ouzbékistan, vit affluer des milliers de réfugiés dont

1. En avril, l'Armée démocratique était forte de seize mille guérilleros.

2. Irène Lagani, « Les Communistes des Balkans et la guerre civile grecque », *Communisme*, n° 9, 1986.

7 500 communistes. Après sa défaite, le KKE en exil connut une succession de purges, au point qu'en septembre 1955 le conflit entre les pro et anti-Zachariadis tourna à l'affrontement violent ; l'armée soviétique dut intervenir pour rétablir l'ordre et il y eut des centaines de blessés[1].

Cet accueil des vaincus de la guerre civile grecque en URSS est d'autant plus paradoxal que Staline avait déjà, à cette date, largement détruit la vieille communauté grecque qui vivait en Russie depuis des siècles et qui, en 1917, était évaluée entre 500 000 et 700 000 personnes, essentiellement dans le Caucase et sur les rivages de la mer Noire. En 1939, ils n'étaient plus que 410 000, et seulement 177 000 en 1960. C'est à partir de décembre 1937 que 285 000 Grecs habitant les grandes villes furent déportés dans les régions d'Arkhangelsk, de la République des Komis et en Sibérie du Nord-Est. D'autres purent rentrer en Grèce. C'est à la même époque que furent liquidés en URSS A. Haitas, l'ancien secrétaire du Parti communiste grec (KKE) et le pédagogue J. Jordinis. En 1944, dix mille Grecs de Crimée, rescapés de la florissante communauté d'autrefois, furent déportés en Kirghizie et en Ouzbékistan, sous l'accusation d'avoir adopté une attitude proallemande pendant la guerre. Le 30 juin 1949, en une nuit, trente mille Grecs de Géorgie furent déportés au Kazakhstan. En avril 1950, ce furent tous les Grecs de Batoum qui subirent un sort analogue.

Dans les autres pays d'Europe occidentale, la tentation des communistes de s'emparer seuls du pouvoir, à l'occasion de la résistance et de la libération, fut rapidement étouffée par la présence des armées anglo-américaines et, à partir de la fin 1944, par les directives de Staline enjoignant aux communistes de cacher des armes et d'attendre une meilleure occasion pour prendre le pouvoir. C'est ce qui ressort avec la plus grande netteté de l'entretien qui eut lieu au Kremlin, le 19 novembre 1944, entre Staline et Maurice Thorez, le secrétaire général du Parti communiste français, qui, après avoir passé la guerre en URSS, allait rentrer en France[2].

Après la guerre, et au moins jusqu'à la mort de Staline en 1953, les mœurs violentes et la terreur instaurées au sein du Komintern avant guerre persistèrent dans le mouvement communiste international. En Europe de l'Est, la répression des dissidents, réels ou supposés, fut intense, en particulier au cours de procès truqués à grand spectacle (voir le chapitre de Karel Bartosek). L'acmé de cette terreur fut atteint avec la crise entre Tito et Staline, en 1948. Ayant refusé de se soumettre et ayant mis en échec la toute-puissance de Staline, Tito fut désigné comme le nouveau Trotski. Staline tenta de le faire assassiner, mais Tito se méfiait et bénéficiait de la protection de son propre appareil d'État. À défaut de pouvoir liquider Tito,

---

1. Nikos Marantzidis, « La deuxième mort de Nikos Zachariadis : l'itinéraire d'un chef communiste », *Communisme*, n°s 29-31, 1992.

2. Philippe Buton, « L'entretien entre Maurice Thorez et Joseph Staline du 19 novembre 1994. Méthodologie et historiographie de la stratégie communiste à la Libération », *Communisme*, n°s 45-46, 1996.

Les enfants grecs et le Minotaure soviétique

Pendant la guerre civile de 1946 à 1948, les communistes grecs recensèrent dans toutes les zones qu'ils contrôlaient les enfants des deux sexes de trois à quatorze ans. En mars 1948, ces enfants furent rassemblés dans les régions frontalières et plusieurs milliers furent conduits en Albanie, en Yougoslavie et en Bulgarie. Les villageois tentèrent de soustraire leurs enfants en les cachant dans les forêts. La Croix-Rouge, au prix de mille difficultés, en dénombra 28 296. À l'été 1948, la rupture Tito-Kominform étant consommée, une partie des enfants (11 600) qui étaient retenus en Yougoslavie furent transférés, malgré les protestations du gouvernement grec, en Tchécoslovaquie, Hongrie, Roumanie et Pologne. Le 17 novembre 1948, la IIIe Assemblée de l'ONU prit une résolution condamnant l'enlèvement des enfants grecs. En novembre 1949, ce fut l'Assemblée générale de l'ONU qui réclama le retour des enfants. Toutes les décisions suivantes de l'ONU restèrent, comme les précédentes, sans réponse : les régimes communistes voisins s'obstinaient à prétendre que ces enfants trouvaient de meilleures conditions de vie chez eux plutôt qu'en Grèce même ; bref, ils voulaient faire croire que cette déportation était un acte humanitaire.

Pourtant, l'exil forcé des enfants se déroula dans de telles conditions de misère, de sous-alimentation et d'épidémies que beaucoup moururent. Regroupés dans des « villages pour enfants », ils devaient suivre des cours d'instruction politique en plus de l'instruction générale. À partir de treize ans, ils étaient contraints d'effectuer des travaux de force, par exemple de défrichement dans les régions marécageuses du Hartchag en Hongrie. L'arrière-pensée des dirigeants communistes était de former une nouvelle génération de militants absolument dévoués. L'échec fut patent : en 1956, un Grec nommé Constantinidès devait tomber aux côtés des Hongrois en combattant contre les Russes. D'autres réussirent à fuir l'Allemagne orientale.

Entre 1950 et 1952, seulement 684 enfants furent rendus à la Grèce. En 1963, environ 4 000 enfants (dont certains nés dans les pays communistes) avaient été rapatriés. En Pologne, la communauté grecque comptait plusieurs millliers de membres au début des années quatre-vingt. Quelques-uns adhérèrent au syndicat Solidarność et furent emprisonnés après le coup d'État du général Jaruzelski. Après 1989, avec la démocratisation en cours, plusieurs milliers de ces Grecs de Pologne retournèrent en Grèce. (*La Question grecque devant les Nations unies*, rapport de la commission spéciale pour les Balkans, 1950.)

les partis communistes du monde entier se livrèrent alors à une débauche de meurtres politiques symboliques et exclurent de leurs rangs des « titistes » qui servirent de boucs émissaires. L'une de ces premières victimes expiatoires fut le secrétaire général du Parti communiste norvégien, Peder Furubotn, un vieux kominternien qui, après avoir longuement séjourné à Moscou, avait déjà réussi à sauver sa peau en regagnant la Norvège en 1938. Le 20 octobre 1949, lors d'une réunion du Parti, un homme des

Soviétiques, un certain Strand Johansen, accusa Furubotn de titisme. Fort de son audience dans le Parti, Furubotn réunit le Comité central le 25 octobre et annonça sa démission et celle de son équipe de direction à condition qu'intervienne dans des délais très brefs une nouvelle élection des membres du Comité central, et que les accusations portées contre lui soient examinées par une commission internationale. Les adversaires de Furubotn étaient pris de court. Alors, à la stupeur générale, le lendemain, Johansen et plusieurs de ses hommes de main pénétrèrent au siège du Comité central, dont ils expulsèrent, revolver au poing, les partisans du secrétaire général. Puis ils organisèrent une réunion où fut votée l'exclusion du Parti de Furubotn qui, connaissant les méthodes soviétiques, s'était retranché chez lui avec des amis armés. À la suite de ce véritable « rodéo » digne d'un film policier, le PCN perdit l'essentiel de ses forces vives militantes. Quant à Johansen, manipulé de bout en bout par des agents soviétiques, il perdit la raison. [1]

Le dernier acte de cette période de terreur dans le mouvement communiste international eut lieu en 1957. Imre Nagy, le communiste hongrois qui avait un moment pris la tête de la révolte de 1956 à Budapest (voir le chapitre de Karel Bartosek), s'était réfugié à l'ambassade de Yougoslavie dont il ne voulait pas sortir, craignant pour sa vie. À la suite de manœuvres tortueuses, les Soviétiques réussirent à s'emparer de sa personne et décidèrent de le faire passer en jugement en Hongrie. Mais, souhaitant ne pas porter seul la responsabilité de cet assassinat légal, le Parti communiste hongrois profita de la tenue de la Ire Conférence mondiale des partis communistes, à Moscou en novembre 1957, pour faire voter la mort de Nagy par tous les chefs communistes présents, dont le Français Maurice Thorez et l'Italien Palmiro Togliatti — et à l'exception notable du Polonais Gomulka. Nagy fut condamné à mort et pendu le 16 juin 1958 [2].

---

1. Torgrim Titlestad, *I Stalins Skygge. Kampen om NKP 1945-1949*, Bergen, Fagbokforlaget, 1997.
2. Federigo Argentieri, « Quando il PCI condamno a morte Nagy », *Micromega*, nº 4, 1992.

2

L'ombre portée du NKVD en Espagne

par Stéphane Courtois et Jean-Louis Panné

Le 17 juillet 1936, les militaires espagnols du Maroc se soulevèrent sous la direction du général Franco contre le gouvernement républicain. Le lendemain, la mutinerie s'étendit au continent. Le 19, elle fut tenue en échec dans de nombreuses villes (Madrid, Barcelone, Valence, Bilbao) par la grève générale et la mobilisation des classes populaires. Cette guerre civile était en gestation depuis plusieurs mois. Le 16 février 1936, la victoire électorale du Front populaire avait été acquise de justesse : la droite rassemblait 3 997 000 voix (132 députés), les centristes 449 000 et le Front populaire 4 700 000 (267 députés). Les socialistes en comptaient 89, la Gauche républicaine 84, l'Union républicaine 37, le Parti communiste espagnol (PCE) 16, le POUM (Parti ouvrier d'unification marxiste, né de la fusion en 1935 du Bloc ouvrier et paysan de Joaquin Maurin et de la Gauche communiste d'Andreu Nin) 1 seul. L'une des forces capitales en Espagne n'était pas représentée : les anarchistes de la Confédération nationale du travail (CNT) et de la Fédération anarchiste ibérique (1 577 547 adhérents contre 1 444 474 au Parti socialiste et à l'Union générale du travail [1]), conformément à leur doctrine, n'avaient pas présenté de candidat, mais le Front populaire n'aurait pu triompher sans l'apport de leurs voix et celles de leurs sympathisants. Les seize élus du PCE constituaient une représentation bien supérieure à ses forces réelles : 40 000 membres revendiqués mais vraisemblablement guère plus qu'une bonne dizaine de milliers qui pilotaient des organisations satellites fortes de plus d'une centaine de milliers d'adhérents.

Une gauche divisée et composite, une droite puissante et une extrême droite décidée (la Phalange), une effervescence urbaine (grèves) et rurale

1. Statistique de la Direction générale de la Sûreté donnée au Parlement par Miguel Maura, l'ancien ministre de l'Intérieur, à l'automne 1934 ; *cf.* Joaquin Maurin, *Le Communisme en Espagne*, New York, 1964. Sur les rapports de forces, voir également Gerald Brenan, *Le Labyrinthe espagnol. Origines sociales et politiques de la guerre civile*, Champ libre, 1984.

(occupation des terres), une armée forte de ses prérogatives, un gouvernement faible, des complots divers, une violence politique sans cesse croissante : tout concourut au déclenchement d'une guerre civile que beaucoup appelaient de leurs vœux. Elle revêtit d'emblée une dimension particulière : à l'échelle de l'Europe, elle symbolisa l'affrontement entre États fascistes et démocraties. Avec l'entrée en lice de l'Union soviétique, l'effet de polarisation entre droite et gauche s'en trouva renforcé.

La ligne générale des communistes

Le Komintern s'était peu préoccupé de la situation espagnole qui n'attirait son attention que depuis la chute de la monarchie en 1931 et, surtout, le soulèvement ouvrier des Asturies en 1934. L'État soviétique n'y portait guère plus d'intérêt puisque la reconnaissance mutuelle des deux pays n'intervint qu'en août 1936, après le déclenchement de la guerre civile, alors que l'URSS venait de signer le pacte de « non-intervention », adopté par l'Angleterre et la France [1] dès juillet dans l'espoir d'empêcher l'internationalisation de la guerre civile. Le 27 août, l'ambassadeur soviétique Marcel Israelevitch Rosenberg prenait ses fonctions.

Pour gagner en influence, les communistes avaient proposé la fusion entre leur parti et le Parti socialiste. C'est seulement au niveau des organisations de jeunesse que cette tactique rencontra un premier succès avec la constitution de la Jeunesse socialiste unifiée le 1er avril 1936, puis un second avec la création du Parti socialiste unifié de Catalogne le 26 juin suivant.

Dans le gouvernement Largo Caballero installé en septembre 1936, le PCE ne disposait donc que de deux ministres : Jesús Hernández à l'Instruction publique et Vincente Uribe à l'Agriculture. Mais, très vite, les Soviétiques acquirent sur lui une grande influence. Grâce aux sympathies qu'il recueillait auprès de membres du gouvernement (Alvarez del Vayo, Juan Negrin), Rosenberg s'imposa comme une sorte de vice-Premier ministre participant aux Conseils des ministres ; il détenait un atout considérable puisque l'URSS était disposée à fournir des armes aux républicains.

Cette intervention du Parti-État soviétique hors de son champ habituel prend un relief particulier ; elle se situe à un moment-charnière, presque vingt années après la prise du pouvoir par les bolcheviks, dans un contexte international qui, bientôt, lui permettra d'étendre en deux étapes successives (1939-1941 puis 1944-1945) son pouvoir en Europe centrale et orientale. En Espagne, la combinaison d'un mouvement social profond,

1. Léon Blum s'y était rallié à contrecœur sous la double pression de l'Angleterre et des radicaux qui craignaient le risque de guerre avec l'Allemagne. Blum fut sur le point de démissionner mais en fut dissuadé par l'ambassadeur espagnol, le socialiste Fernando Los Ríos.

qui rappelle ceux issus du premier conflit mondial, et de la guerre civile russe ouvre un champ d'intervention inespéré. L'Espagne des années 1936-1939 fait figure de laboratoire pour les Soviétiques qui, forts de leur expérience accumulée, y déploient toute la panoplie politique dont ils disposent et expérimentent des techniques qui seront reprises au début de la Seconde Guerre mondiale, puis généralisées à la fin de celle-ci. Leurs objectifs sont multiples, mais le plus urgent est de faire en sorte que le Parti communiste espagnol (entièrement supervisé par les services du Komintern et du NKVD) obtienne le contrôle du pouvoir d'État afin que la République suive au plus près les desiderata de Moscou. Un tel objectif implique d'instaurer les méthodes soviétiques, au premier rang desquelles l'omniprésence du système policier et la liquidation de toutes les forces non communistes.

Courant 1936, Ercoli — le communiste italien Palmiro Togliatti —, l'un des membres de la direction du Komintern, définit les caractères originaux de la guerre civile, qu'il qualifia de « guerre nationale révolutionnaire ». Selon lui, la révolution espagnole, populaire, nationale et antifasciste, imposait de nouvelles tâches aux communistes : « Le peuple espagnol résout les tâches de la révolution bourgeoise démocratique d'une façon nouvelle. » Très vite, il désigna les ennemis de cette conception de la révolution espagnole : les dirigeants républicains et « même ceux du Parti socialiste », les « éléments qui, sous le couvert des principes de l'anarchisme, affaiblissent la cohésion et l'unité du Front populaire par des projets prématurés de "collectivisation" forcée »... Il fixa un objectif : l'hégémonie communiste réalisable grâce à « un front unique entre les Partis socialiste et communiste, la création d'une organisation unique de la jeunesse travailleuse, la création d'un parti unique du prolétariat en Catalogne [le PSUC], la transformation du Parti communiste lui-même en grand parti de masse[1] ». En juin 1937, Dolorès Ibarruri — communiste espagnole plus connue sous le nom de la Pasionaria et devenue célèbre par ses exhortations à la résistance — proposa un nouvel objectif : « une république démocratique et parlementaire d'un *type nouveau*[2] ».

Immédiatement après le *pronunciamiento* franquiste, Staline fit preuve d'une relative indifférence à l'égard de la situation espagnole, comme l'a rappelé Jef Last qui accompagnait André Gide à Moscou durant l'été 1936 : « Nous fûmes très indignés d'y trouver une absence complète d'intérêt à l'égard des événements. Dans aucune réunion il n'en était question et, lorsque au cours d'une conversation privée nous entamions ce sujet, on avait l'air d'éviter scrupuleusement d'émettre une opinion personnelle[3]. » Cependant, au bout de deux mois, et en fonction de la tournure des événements, Staline comprit tout le parti qu'il pouvait en tirer sur le double plan de la diplomatie et de la propagande. En se rangeant à la politique de

1. M. Ercoli, *Particularités de la révolution espagnole*, Bureau d'éditions, 1936.
2. Dolorès Ibarruri, *Pour la victoire. Articles et discours, 1936-1938*, ESI, 1938.
3. Jef Last, *Lettres d'Espagne*, Gallimard, 1939.

« non-intervention », l'URSS s'intégrait davantage au concert des nations et il lui était ainsi possible de tenter de favoriser une plus grande autonomie de la France vis-à-vis de la Grande-Bretagne. Parallèlement, l'URSS s'engageait secrètement à livrer des armes à la République espagnole et à l'aider militairement, et elle comptait exploiter les possibilités qu'offrait le gouvernement de Front populaire en France, disposé à collaborer avec les services soviétiques pour l'organisation de l'aide matérielle aux républicains espagnols. Sur instruction de Léon Blum, Gaston Cusin, sous-chef de cabinet au ministère des Finances, rencontra les officiels et les émissaires soviétiques qui avaient pris leurs quartiers à Paris d'où ils organisaient le transport des armes et le recrutement des volontaires pour l'Espagne. Si l'État soviétique prétendait rester hors du jeu, le Komintern mobilisa à fond toutes ses sections en faveur de l'Espagne républicaine dont il transforma le combat en un formidable vecteur propagandiste antifasciste, particulièrement profitable au mouvement communiste.

En Espagne même, la tactique communiste consista à occuper de plus en plus de positions pour « orienter » la politique du gouvernement républicain dans le sens de celle du Parti-État soviétique qui avait intérêt à exploiter au maximum la situation de guerre. Julian Gorkin, un des dirigeants du POUM, a sans doute été le premier à établir le lien entre la politique soviétique en Espagne républicaine et l'instauration des démocraties populaires dans un essai intitulé *España, primer ensayo de democracia popular* (Buenos Aires, 1961) ; là où Gorkin voit l'application d'une ligne politique prédéterminée, l'historien espagnol Antonio Elorza considère la politique communiste en Espagne comme découlant plutôt de la « conception monolithique, et non pluraliste, des relations politiques dans le Front populaire et du rôle du Parti [qui] porte naturellement à transformer l'alliance en plate-forme pour conquérir l'hégémonie ». Antonio Elorza insiste cependant sur ce qui deviendra un invariant de la politique communiste : imposer l'hégémonie du PCE à tous les antifascistes, « non seulement contre l'ennemi fasciste extérieur, mais aussi contre l'opposition interne ». Il ajoute : « En cela le projet est un précédent direct de la stratégie d'arrivée au pouvoir dans les soi-disant démocraties populaires »[1].

Ce projet était sur le point d'aboutir quand, en septembre 1937, Moscou envisagea la tenue d'élections : des listes uniques devaient permettre au PCE de tirer profit de ce « plébiscite national ». Ce projet, inspiré et suivi attentivement par Staline, visait à l'avènement d'une « république démocratique de type nouveau ». Il prévoyait l'élimination des ministres hostiles à la politique communiste. Mais la tentative tourna court en raison de l'opposition qu'elle rencontra parmi les alliés du PCE et de l'évolution inquiétante de la situation des républicains après l'échec de leur offensive sur Teruel le 15 décembre 1937.

1. Antonio Elorza, « Le Front populaire espagnol à travers les archives du Komintern », *Une histoire en révolution ? Du bon usage des archives, de Moscou et d'ailleurs*, Éditions universitaires de Dijon, 1996.

« Conseillers » et agents

Dès que Staline eut décidé que le terrain espagnol présentait des opportunités pour l'URSS et qu'il était utile d'y intervenir, Moscou envoya en Espagne un fort contingent de cadres dépendant d'instances très diverses. Ce furent d'abord les conseillers militaires qui seraient en permanence de 700 à 800, et au total 2 044 (selon une source soviétique), parmi lesquels les futurs maréchaux Koniev et Joukov ou le général V.E. Goriev, attaché militaire à Madrid. Moscou mobilisa également ses kominterniens, « émissaires », officiels ou officieux, d'un autre genre. Certains étaient à demeure, comme l'Argentin Vittorio Codovilla qui joua un rôle considérable au sein du PCE dès le début des années trente et le dirigea effectivement, le Hongrois Ernö Gerö (surnommé « Pedro ») qui devait devenir après-guerre l'un des maîtres de la Hongrie communiste, l'Italien Vittorio Vidali (soupçonné d'avoir participé à l'assassinat du leader communiste et étudiant cubain Julio Antonio Mella, en 1929) qui deviendrait le premier commissaire politique du 5e régiment organisé par les communistes, à partir de janvier 1937, le Bulgare Minev-Stepanov qui avait travaillé au secrétariat de Staline de 1927 à 1929, l'Italien Palmiro Togliatti arrivé en juillet 1937 comme représentant du Komintern. D'autres y effectuèrent des tournées d'inspection, comme le communiste français Jacques Duclos.

Parallèlement, Moscou envoya en Espagne un fort contingent d'hommes de ses services : V.A. Antonov-Ovseenko[1] — qui avait mené l'assaut contre le Palais d'Hiver à Petrograd en octobre 1917 — qui débarqua à Barcelone le 1er octobre 1936, Alexandre Orlov (de son vrai nom L. Feldbine), responsable du NKVD en Espagne, le Polonais Arthur Stachevsky, ancien officier de l'Armée rouge, désormais attaché commercial, le général Ian Berzine, patron des services de renseignement de l'Armée rouge, Mikhaïl Koltsov, rédacteur de la *Pravda* et porte-parole occulte de Staline, qui prit ses quartiers au ministère de la Guerre. Leonid Eitingon, commandant des forces de la Sécurité d'État (NKVD), et Pavel Soudoplatov, son subordonné, se rendirent également à Barcelone ; dès 1936, Eitingon y fut chargé des opérations terroristes, Soudoplatov n'arrivant qu'en 1938[2]. Bref, dès que Staline décida d'intervenir en Espagne, il y concentra tout un état-major capable d'agir dans de multiples domaines de manière concertée. C'est, semble-t-il, dans la nuit du 14 septembre 1936 qu'Iagoda, le chef du NKVD, convoqua à la Loubianka, à Moscou, une réunion de coordination de l'ensemble de l'intervention communiste en

1. Son fils, historien, a déclaré à la télévision catalane : « La plupart des gens en poste en Espagne, militaires, généraux, conseillers, pilotes, étaient des agents du NKVD » ; *cf.* le film de Llibert Ferri et Dolorès Genovès, *Opération Nikolaï*, 1992.

2. Dans ses souvenirs, Pavel Soudoplatov a cette réflexion significative : « L'Espagne fut en quelque sorte le "jardin d'enfants" où ont pris forme toutes nos opérations d'espionnage futures » (*Missions spéciales*, Le Seuil, 1994, p. 59).

Espagne. Les objectifs étaient autant de combattre les franquistes et les agents allemands ou italiens que de surveiller, contrôler et mettre hors d'état de nuire les adversaires des communistes et de l'URSS au sein même du camp républicain. L'intervention soviétique devait être la plus secrète et la plus camouflée possible, afin de ne pas compromettre le gouvernement soviétique. À en croire le général Krivitsky, qui était le chef des services extérieurs du NKVD en Europe de l'Ouest, sur environ trois mille Soviétiques présents en Espagne, seule une quarantaine aurait effectivement combattu, les autres étant des conseillers militaires, politiques ou des agents de renseignement.

Les Soviétiques firent d'abord porter leur effort sur la Catalogne. En septembre 1936, le commissariat général à l'Ordre public de la généralité de Catalogne, déjà infiltré par les communistes, créa par décret au sein des services secrets catalans (le SSI) un GRUPO DE INFORMACIÓN dirigé par un certain Mariano Gomez Emperador ; ce service officiel, qui employa rapidement une cinquantaine de personnes, était en fait une antenne camouflée du NKVD. Parallèlement, le Parti socialiste unifié de Catalogne — nom choisi par les communistes — créa un Servicio Extranjero basé dans la chambre 340 de l'hôtel Colon, sur la Plaza de Catalunya, chargé de contrôler tous les communistes étrangers désireux de combattre en Espagne et qui transitaient par Barcelone ; or, là encore, ce service était étroitement contrôlé par le NKVD et servait à camoufler ses activités.

Un homme appartenait à ces deux instances et se révéla comme le responsable local du NKVD, sous l'autorité directe d'Orlov et de Gerö : Alfredo Hertz. Communiste allemand à l'identité véritable encore mal établie, Hertz s'était introduit dans le Cuerpo de Investigación y Vigilancia du gouvernement de la généralité et contrôlait le service des passeports, et donc les entrées et sorties d'Espagne ; il était habilité à utiliser les Gardes d'assaut, les troupes d'élite de la police. Avec son réseau installé au commissariat à l'Ordre public de la généralité, Hertz recevait des informations provenant des autres partis communistes — listes noires d'autres antifascistes, dénonciations de communistes critiques, données biographiques fournies par les services des cadres de chaque PC — et les transmettait au Departamento de Estado dirigé par le communiste Victorio Sala. Hertz créa son propre service, le Servicio Alfredo Hertz, qui, sous couverture légale, était une police politique parallèle composée de communistes étrangers et espagnols. Sous sa direction furent établis un fichier de tous les étrangers résidant en Catalogne, puis en Espagne, et des listes noires des gêneurs à éliminer. Dans un premier temps, de septembre à décembre 1936, la persécution des opposants ne fut pas systématique. Ce n'est que peu à peu que le NKVD établit de véritables plans de répression à l'encontre des autres forces politiques de la République. Étaient visés en priorité les sociaux-démocrates, les anarcho-syndicalistes, les trotskistes, les communistes hétérodoxes ou manifestant des divergences politiques.

Et il est vrai que beaucoup de ces « ennemis » étaient critiques à l'égard des communistes, contestant leur volonté hégémonique et leur alignement sur l'URSS. Bien entendu, et comme toujours dans ce type de situation, des vengeances personnelles ne furent pas étrangères à la répression[1].

Les méthodes policières les plus banales comme les plus sophistiquées furent appliquées par des agents à double ou triple identité. La première des tâches de ces policiers très politiques fut la « colonisation » des rouages de l'administration républicaine, de l'armée et de la police. Cette conquête progressive des postes clés, leur « noyautage », s'appuyait sur le fait que l'URSS fournissait des armes aux républicains démunis et qu'elle exigeait, en échange, des contreparties politiques. Contrairement à ce que pratiquèrent Hitler et Mussolini pour les nationalistes, l'URSS ne fit pas crédit aux républicains et les armes devaient être payées d'avance sur le stock d'or de la Banque espagnole que ses agents réussirent à convoyer jusqu'en URSS ; chaque livraison d'armes était une possibilité de chantage qu'exploitaient les communistes.

Julian Gorkin donne un exemple frappant de cette intrication de la guerre et de la politique : début 1937, Largo Caballero, chef du gouvernement espagnol, soutenu par Manuel Azaña (président de la République), avait autorisé Luis Araquistain (ambassadeur à Paris) à entamer des négociations secrètes avec l'ambassadeur italien à Londres, Dino Grandi, et avec Hjalmar Schacht, le financier de Hitler, sous l'autorité de Léon Blum et d'Anthony Eden, pour mettre un terme à la guerre. Avertis par Alvarez del Vayo, ministre des Affaires étrangères philocommuniste, les communistes espagnols décidèrent, en accord avec les principaux responsables des services soviétiques, d'écarter Caballero, interdisant ainsi toute solution négociée au conflit, sur la base du retrait des soldats italiens et allemands[2].

« Après les calomnies... les balles dans la nuque », Victor Serge

Voilà ce que déclara Victor Serge, l'écrivain russo-belge libéré d'URSS en avril 1936, à Julian Gorkin lorsqu'ils se rencontrèrent en 1937, avertissant ainsi le militant du POUM de l'enchaînement fatal de la politique communiste. Une politique qui rencontrait cependant de sérieux obstacles : la masse anarcho-syndicaliste de la CNT échappait à l'influence des communistes et le POUM s'opposait à leur politique. Le POUM était une victime toute désignée en raison de sa faiblesse et de sa position margi-

1. Patrik von Zur Mühlen, *Spanien war ihre Hoffnung. Die deutsche Linke im spanieschen Bürgerkrieg, 1936 bis 1939*, Bonn, Verlag Neue Gesellschaft, 1983.

2. Julian Gorkin, *Les Communistes contre la révolution espagnole*, Belfond, 1978, p. 18-19 et 81-82.

nale sur l'échiquier politique. Pour les communistes, il s'avéra opportun d'exploiter cette configuration politique. En outre, le POUM passait pour lié à Trotski : courant 1935, ses chefs Andreu Nin et Julian Gorkin avaient accompli des démarches auprès des autorités catalanes pour que Trotski, chassé de France, puisse s'installer à Barcelone. Dans le contexte de la chasse aux trotskistes qui se développait alors en URSS, il n'est guère étonnant que le secrétariat du Komintern réuni le 21 février 1936, soit cinq jours après la victoire électorale du Front populaire espagnol, ait donné au PCE la consigne de mener « une lutte énergique contre la secte trotskiste contre-révolutionnaire [1] ». De surcroît, durant l'été 1936, le POUM eut l'audace de prendre la défense des victimes du premier des procès de Moscou.

Le 13 décembre 1936, les communistes réussirent à écarter Andreu Nin du Conseil de la généralité catalane. Ils exigèrent son éviction sous prétexte qu'il s'était rendu coupable d'avoir calomnié l'URSS, et ils usèrent du chantage aux livraisons d'armes pour arriver à leur fin. Le 16 décembre, la *Pravda* lança une campagne internationale contre les opposants à la politique soviétique : « En Catalogne, l'élimination des trotskistes et des anarcho-syndicalistes a commencé ; elle sera menée à terme avec la même énergie qu'elle l'a été en URSS. »

Toute divergence politique équivalait dans la mentalité communiste à une trahison qui relevait partout et toujours du même traitement immédiat ou différé. Calomnies et mensonges étaient déversés sur le POUM dont les unités au front se virent accusées d'avoir abandonné des positions, alors que les unités communistes leur refusaient tout soutien [2]. Le quotidien du Parti communiste français, *L'Humanité*, se distingua particulièrement dans cette besogne en reproduisant les articles de Mikhaïl Koltsov, grand ami du couple Aragon-Triolet. Le thème central de cette campagne se résumait en une affirmation inlassablement répétée : le POUM est complice de Franco, il trahit au profit du fascisme. Les communistes prirent la précaution d'infiltrer dans ses rangs des agents chargés de recueillir des renseignements et de préparer des listes noires afin d'identifier, le moment venu, les militants arrêtés. Un cas est connu : celui de Léon Narvich qui, entré en contact avec Nin, fut démasqué puis exécuté par un groupe d'autodéfense du POUM, après la disparition de Nin et l'arrestation de ses dirigeants.

Mai 1937 et la liquidation du POUM

Le 3 mai, les unités de Gardes d'assaut dirigées par les communistes attaquèrent le central téléphonique de Barcelone contrôlé par les ouvriers

1. Antonio Elorza, art. cit.
2. Voir en particulier *L'Humanité* du 24 janvier 1937.

de la CNT et l'UGT. L'opération conduite par Rodriguez Salas, chef de la police et membre du PSUC, avait été préparée par un redoublement de propagande et de persécutions (fermeture de la radio du POUM, suspension de son journal *La Batalla).* Le 6 mai, cinq mille agents de police encadrés par des chefs communistes arrivèrent à Barcelone. Les affrontements entre forces communistes et non communistes furent violents et l'on dénombra près de cinq cents tués et plus de mille blessés.

Profitant de la confusion, les hommes de main des services communistes saisirent chaque occasion pour liquider les opposants à la politique communiste. Le philosophe anarchiste italien Camillo Berneri et son camarade Barbieri furent enlevés et exécutés par un commando de douze hommes et leurs cadavres criblés de balles furent retrouvés le lendemain. Camillo Berneri paya ainsi son courage politique, lui qui avait écrit dans son journal *Guerra di classe* : « Aujourd'hui, nous combattons contre Burgos, demain nous devrons lutter contre Moscou pour défendre nos libertés. » Alfredo Martinez, secrétaire des Jeunesses libertaires de Catalogne, le militant trotskiste Hans Freund et l'ancien secrétaire de Trotski, Erwin Wolf, subirent le même sort.

Autrichien et communiste oppositionnel, Kurt Landau avait milité en Allemagne, en Autriche puis en France, avant de rejoindre Barcelone et d'adhérer au POUM. Il fut arrêté le 23 septembre et disparut lui aussi dans des circonstances analogues. Sa femme Katia, elle-même emprisonnée, a témoigné sur ces « épurations » : « Les maisons du Parti comme par exemple la Pedrera, Paseo de Gracia, ses casernes "Carlos-Marx" et "Vorochilov", étaient de vraies souricières et des coupe-gorge. Dans la Pedrera, des témoins ont vu pour la dernière fois les deux camarades "disparus" de Radio-POUM. C'est dans les casernes communistes que l'on a emmené les jeunes anarchistes pour les torturer de la façon la plus hallucinante, les mutiler, les assassiner enfin. On a retrouvé leurs cadavres par hasard. » Elle cite un article de l'organe anarcho-syndicaliste *Solidaredad obrera* : « Il fut constaté qu'avant de mourir ils avaient été torturés d'une façon barbare, comme le prouve le fait que les corps présentent de graves contusions et hématomes sur le ventre qui semble enflé et déformé. [...] Un des cadavres montre nettement que celui-ci a été pendu par les pieds ; la tête et le cou paraissent énormément violacés. La tête d'un autre de ces malheureux jeunes camarades porte des marques évidentes de coups de crosse de fusil. »

Des militants disparaissaient pour toujours — on perdit toute trace d'eux —, tel Guido Picelli. George Orwell, engagé volontaire dans une colonne du POUM, qui vécut ces journées dignes de la Saint-Barthélemy, et qui dut se cacher et fuir, a décrit l'atmosphère de traque qui régnait à Barcelone dans une annexe — « Ce que furent les troubles de mai à Barcelone » — à son *Hommage à la Catalogne.*

Les assassinats planifiés par les polices communistes ne furent pas seulement perpétrés à Barcelone. À Tortosa, le 6 mai, ce sont vingt militants de la CNT, arrêtés par les forces du gouvernement de Valence, qui furent extraits des cachots de l'hôtel de ville et abattus par une bande de tueurs. À Tarragone, le lendemain, quinze militants libertaires furent froidement exécutés.

Ce que les communistes n'avaient pu entièrement réaliser sur le terrain, ils l'obtinrent sur le plan politique. Largo Caballero, le chef du gouvernement, refusait de se soumettre aux objurgations des communistes qui réclamaient la dissolution du POUM. José Diaz, le secrétaire général du PCE, avait déclaré en mai : « Le POUM doit être éliminé de la vie politique du pays. » Après les affrontements de Barcelone, Caballero fut contraint de démissionner le 15 mai. Lui succéda le gouvernement de Juan Negrin, un socialiste « modéré » inféodé aux communistes ; tous les obstacles à la réalisation de leurs objectifs furent levés. Non seulement Negrin s'aligna sur les communistes — il devait écrire au journaliste du *Times* Herbert L. Matthews que le POUM « était contrôlé par des éléments très allergiques [...] à tout ce qui signifiait une direction unique et suprême de la lutte, sous une discipline commune » —, mais il approuva la terreur exercée à l'encontre du POUM[1]. Julian Gorkin observa le changement radical qui était intervenu : « Quelques jours après la formation du gouvernement présidé par Juan Negrin, Orlov agissait déjà comme s'il tenait l'Espagne pour un pays satellite. Il se présenta à la Direction générale de la Sécurité et demanda au colonel Ortega, qu'il considérait comme l'un de ses subordonnés, des mandats d'arrêt contre les membres du Comité exécutif du POUM[2]. »

Le 16 juin 1937, Negrin interdit le POUM dont le Comité exécutif était arrêté. Cette décision officielle permit aux agents communistes d'agir sous le couvert d'une légalité toute partiale. Le jour même, Andreu Nin fut interpellé à 1 heure de l'après-midi par des policiers. Aucun de ses camarades ne le revit plus, ni vivant ni mort.

Les policiers venus de Madrid, plus sûrs parce que la police y était entièrement acquise aux communistes, investirent la rédaction de *La Batalla* et différents locaux du POUM. Deux cents de ses militants, dont Julian Gorkin, Jordi Arquer, Juan Andrade, Pedro Bonet, etc., furent mis sous les verrous. Pour justifier *a posteriori* la liquidation du POUM, les communistes inventèrent de toutes pièces une prétendue trahison, l'accusant d'espionnage au profit des franquistes. Le 22 juin, un tribunal spécial fut créé et la propagande se déchaîna : la police découvrit fort opportunément, au cours de perquisitions, des documents confortant la thèse fabriquée de l'espionnage. Max Rieger, journaliste aux ordres ou pseudonyme collectif, rassembla ces forgeries dans son *Espionnage en Espagne*, qui fut diffusé dans toutes les langues.

Dirigés par Orlov et protégés par Vidali, Ricardo Burillo et Gerö, les sbires qui tenaient Andreu Nin le torturèrent, ne parvenant ni à lui arracher

1. Antonio Elorza, art. cit., p. 266.
2. Julian Gorkin, *op. cit.*, p. 96.

des « aveux » destinés à prouver la validité des accusations portées contre son parti ni à lui faire signer la moindre déclaration. Dès lors, il ne leur restait plus qu'à le liquider et à utiliser sa disparition pour le discréditer en affirmant que Nin était passé du côté franquiste. Assassinat et propagande vont de pair. L'ouverture des archives à Moscou a permis de corroborer ce que les amis de Nin supposaient depuis 1937[1].

Ce n'est qu'après l'action contre le POUM, les 16 et 17 juin, que commença la chasse à l'homme systématique contre tous les « traîtres » trotskistes et autres. Pour mener les opérations, les tchékistes disposaient des informations de la police. Ils organisèrent des prisons illégales et parallèles, appelées « cekas », significative transposition du premier nom de la police politique soviétique : la Tcheka. Les noms de ces lieux nous sont connus : la ceka centrale de Barcelone était au 24 de l'Avenida Puerta del Angel, avec sa succursale à l'hôtel Colon place de Catalogne, l'ancien couvent d'Atocha à Madrid, Santa Ursula à Valence, Alcalá de Henares. Nombre de maisons privées, réquisitionnées, servaient également de lieux de détention, d'interrogatoire et d'exécution.

Au début de 1938, deux cents antifascistes et antistaliniens étaient détenus à la ceka Santa Ursula, surnommée, dès cette époque, le Dachau de l'Espagne républicaine, en référence au premier camp de concentration ouvert par les nazis pour y persécuter leurs opposants politiques. « Lorsque les staliniens décidèrent d'en faire une "ceka", on était en train de nettoyer le petit cimetière, rapporte une victime. Les "tchékistes" eurent une idée diabolique : ils laissèrent le cimetière tel quel, avec ses tombes ouvertes, ses squelettes, et ses morts les plus récents en décomposition. Et c'est là qu'ils enferment pendant des nuits et des nuits les détenus les plus récalcitrants. Ils appliquent d'autres supplices particulièrement brutaux : beaucoup de prisonniers sont ainsi pendus par les pieds, la tête en bas, pendant des jours entiers. D'autres ont été enfermés dans d'étroites armoires, percées de quelques petits trous à la hauteur du visage pour qu'ils puissent tout juste respirer... Il existe un supplice encore plus brutal : celui du tiroir. On oblige les prisonniers à s'accroupir dans des caisses carrées et à garder cette position pendant plusieurs jours ; certains sont restés ainsi huit à dix jours sans pouvoir bouger... » Pour cette besogne, les agents soviétiques utilisent des individus dépravés qui sentent leurs actes approuvés par la Pasionaria ; n'a-t-elle pas déclaré à un meeting communiste à Valence : « Mieux vaut condamner cent innocents plutôt que d'acquitter un seul coupable[2] » ?

Le recours à la torture est systématique[3] : supplice de la baignoire remplie d'eau savonneuse, puissant vomitif. Certaines techniques étaient

1. *Cf.* le film de Llibert Ferri et Dolorès Genovès *Opération Nikolaï*.
2. Cité par Julian Gorkin, *op. cit.*, p. 181.
3. *Los Antros del terror stalinista*, brochure éditée clandestinement par le POUM, citée par Julian Gorkin, *op. cit.*

typiquement soviétiques, comme la privation de sommeil et surtout l'enfermement du prisonnier dans une armoire extrêmement étroite nommée *celda armario* (« cellule-armoire »), où le prisonnier ne pouvait tenir ni debout ni assis, et encore moins bouger ses membres ; pouvant à peine respirer, il était aveuglé en permanence par une ampoule électrique. Alexandre Soljenitsyne a longuement décrit ce type de cellules dans la scène de *L'Archipel du Goulag* où il relate son arrivée à la Loubianka.

Les exécutions sommaires étaient également monnaie courante : « Le lieutenant Astorga Vayo, qui appartient au Servicio de Investigación Militar et au NKVD, a trouvé, lui, un moyen pour prévenir les évasions : comme les prisonniers sont réunis par rangées de cinq, pour tout détenu manquant il fait fusiller les quatre autres, et même menace-t-il la rangée de devant et celle de derrière. Ce comportement indignait certains de ses compagnons eux-mêmes, mais Vayo, s'il fut relevé de ses fonctions, obtint de l'avancement et devint commandant d'un des principaux camps de concentration de Catalogne, celui d'Onells de Nagaya, dans la province de Lérida[1]. »

Le nombre d'arrestations fut sensiblement évalué de la même manière par différentes personnes. Katia Landau donne le chiffre de 15 000 prisonniers dont 1 000 poumistes dans les prisons officielles et clandestines[2]. Yves Lévy qui enquêta sur place parle d'« une dizaine de milliers de révolutionnaires, civils ou soldats, emprisonnés » du POUM, de la CNT et de la FAI. Certains moururent à la suite de mauvais traitements, tel Bob Smilie, le correspondant de l'Independent Labour Party auprès du POUM, tel Manuel Maurin — frère de Joaquin Maurin qui avait été fait prisonnier par les franquistes mais avait eu la vie sauve — à la *cárcel modelo* (« prison modèle » !) de Barcelone. Fin 1937, il y avait, selon Julian Gorkin, soixante-deux condamnés à mort dans la prison de Santa Clara.

Le POUM écrasé, les socialistes écartés ou circonvenus, restaient les anarchistes. Dans les premiers mois de la riposte républicaine au *pronunciamiento* des militaires, les collectivités agraires s'étaient multipliées, notamment en Aragon, sous leur influence. Quelques semaines après mai 1937, villes et villages d'Aragon furent investis par les Gardes d'assaut. Le Congrès des collectivités fut reporté et, le 11 août, le décret de dissolution du Conseil d'Aragon qui les dirigeait fut publié. Son président Joaquin Ascaso, accusé de vol de bijoux, fut arrêté et remplacé par un gouverneur général nommé José Ignacio Mantecon, adhérent de la Gauche républicaine, en fait « sous-marin » communiste[3]. Il s'agissait d'une attaque directe contre la CNT destinée à saper les fondements de son influence.

La 11e division commandée par le communiste Enrique Lister, qui avait déjà commis de nombreuses exactions en Castille (exécutions de

1. Julian Gorkin, *op. cit.*, p. 205.

2. Katia Landau, *Le Stalinisme bourreau de la révolution espagnole*, Spartacus, 1938, p. 8.

3. Burnett Bolloten, *La Révolution espagnole. La gauche et la lutte pour le pouvoir*, Ruedo Ibérico, 1977, p. 506.

libertaires, violences contre les paysans collectivistes), la 27e (dite « Karl-Marx », du PSUC) et la 30e dispersèrent par la force les collectivités. Des centaines de libertaires furent arrêtés et éliminés des conseils municipaux pour être remplacés par des communistes, tandis que les terres exploitées collectivement étaient rendues et partagées entre les anciens propriétaires. L'opération se combina avec l'annonce d'une offensive d'envergure contre Saragosse, de manière à justifier un nettoyage à l'arrière des lignes destiné à préparer l'offensive. Malgré le massacre de centaines d'hommes, les paysans reconstituèrent leurs collectivités. En Castille, c'est le célèbre général communiste El Campesino (Valentin González) qui mena les opérations contre les paysans. Selon César M. Lorenzo [1], il surpassa Lister en cruauté. À nouveau des centaines de paysans furent massacrés, des villages incendiés, mais la CNT réagit militairement à cette agression et mit ainsi fin à l'expédition d'El Campesino.

Le NKVD à l'œuvre

Dans l'Espagne de 1937, le NKVD était devenu une sorte de bureau annexe du ministère de l'Intérieur, sous le nom de « Grupo de Información ». Et les agents communistes contrôlaient la Direction de la Sûreté. C'est durant le printemps et l'été 1937 que le Servicio Alfredo Hertz connut sa plus intense activité. Hertz lui-même fut qualifié par Julian Gorkin comme « l'un des grands maîtres des interrogatoires et des exécutions ». Avec lui « travaillait » Hubert von Ranke [2], employé par Ernö Gerö depuis 1930, qui aurait été un temps commissaire politique du bataillon « Thaelmann » des Brigades internationales, avant d'être chargé de la surveillance des étrangers de langue allemande. C'est vraisemblablement à ce titre qu'il arrêta Erwin Wolf qui, relâché, disparut peu de temps après.

Arrêtée par deux membres du très officiel Grupo de Información le 11 septembre 1937, Katia Landau a témoigné sur les méthodes de von Ranke : « Un des plus ignobles agents du GPU, Moritz Bressler, *alias* von Ranke, a réduit toute l'accusation au minimum. Lui et sa femme, Seppl Kapalanz, ont fait arrêter un camarade, le soupçonnant de savoir où Kurt Landau se trouvait. “Si vous ne donnez pas son adresse, disaient-ils, vous ne sortirez jamais de prison. C'est un ennemi du Front populaire et de Staline. Dès que nous saurons où il vit, nous irons le tuer [3].” »

---

1. *Les Anarchistes espagnols et le pouvoir, 1869-1969*, Le Seuil, 1969. C. Lorenzo indique également que les libertaires furent assassinés par centaines sur le front.

2. Pierre Broué, *op. cit.*, p. 178.

3. Katia Landau, *op. cit.* Confronté à des militants dont la sincérité n'était pas contestable, Hubert von Ranke, pris de doute, choisit de rompre avec le Servicio Alfredo Hertz ; réfugié en France et vivant dans la clandestinité pour échapper à ses anciens collègues, il participa à la Résistance.

Dans la nuit du 9 au 10 avril 1937, un jeune homme inconnu, Marc Rein, engagé dans les mouvements d'extrême gauche norvégien et allemand, disparut de sa chambre d'hôtel à Barcelone. Quelques jours plus tard, ses amis s'aperçurent de sa disparition et alertèrent l'opinion publique. Marc Rein était le fils de Rafael Abramovitch, exilé russe dirigeant de la IIe Internationale. La qualité de la victime, l'acharnement de ses amis et de sa famille pour connaître la vérité sur son sort provoquèrent un grand émoi à l'étranger et beaucoup d'embarras en Espagne républicaine. Le gouvernement espagnol fut contraint de charger un de ses agents de renseignement d'une enquête, qui aboutit fort logiquement à désigner le Servicio Alfredo Hertz comme responsable de la disparition. Le bras de fer entre la police du NKVD et le gouvernement fut tel que, le 9 juillet 1937, le secrétaire d'État auprès du ministre de l'Intérieur provoqua devant témoins une confrontation entre son agent de renseignement (SSI 29) et les deux compères Hertz et Gomez Emperador. L'agent SSI 29 fut même arrêté le lendemain par le service de Hertz. Néanmoins, le service secret qui l'employait était encore assez puissant pour le faire libérer. SSI 29, de son vrai nom Laurencic, fut en 1938 repéré et arrêté par les franquistes, déféré devant un tribunal militaire et exécuté comme agent du NKVD !

L'affaire Rein, si elle ne connut pas de réel dénouement — aujourd'hui on ne sait toujours pas quel fut son sort —, eut cependant pour effet de mettre fin, dès juillet 1937, aux activités trop voyantes d'Alfredo Hertz et de Gomez Emperador : leurs services furent dissous ; ils furent recréés sous la direction de Victorio Sala. Dès le 15 août, le ministre de la Défense, le socialiste Indalecio Prieto, créa le Servicio de Investigación Militar (SIM), chargé de regrouper tous les services de surveillance politique et de contre-espionnage. Très rapidement, le SIM compta 6 000 agents. Nombre des « techniciens » du Servicio Hertz furent versés au SIM. Dès 1939, Prieto témoigna que le SIM, en principe destiné au contre-espionnage, avait été créé à l'instigation des Soviétiques, et que très vite, malgré les précautions prises [1] (le service était dirigé au départ par un ami du ministre), les communistes s'en emparèrent et l'utilisèrent à leurs fins. Sur pressions soviétiques et communistes, Prieto fut écarté du gouvernement le 5 avril 1938.

Julian Gorkin a décrit les activités du SIM : « Il arrête à tort et à travers selon son caprice, soit pour obéir au plan de représailles politiques du NKVD. Le "suspect" est jeté en prison et l'on instruit son procès [...]. Le SIM conserve les dossiers pendant des mois et des mois, sous prétexte d'un complément d'information. Et le SIM, terreur des magistrats et des

1. Indalecio Prieto, *Comment et pourquoi je suis sorti du ministère de la Défense*, Paris, 1939. Ramon Rufat, dans son livre *Espions de la République* (Allia, 1990), précise à propos du SIM : « Sa mission n'eut rien à voir, contrairement à l'intention initiale, avec les tâches à l'intérieur de la zone rebelle. Il fut, en fait, chargé de la sécurité et du contre-espionnage dans la zone républicaine, à l'arrière. »

avocats, s'interpose si le juge est convaincu de l'innocence du prisonnier[1]. »

Ancien mécanicien, le communiste suisse Rudolf Frei, qui avait suivi les cours de l'École léniniste internationale à Moscou en 1931-1932, avait été chargé d'organiser depuis Bâle le transfert des volontaires en Espagne. À sa demande, il partit en Espagne fin 1937 et devint responsable du service de contrôle du SIM, plus spécialement chargé de « suivre » les Suisses[2]. À partir du printemps 1938, beaucoup des antifascistes incarcérés dans les prisons contrôlées par les communistes furent amenés sur le front et contraints d'y effectuer, en compagnie de prisonniers « franquistes », des travaux forcés de terrassement et autres, dans des conditions très dures, sans nourriture, sans soins, et sous la menace permanente des fusillades communistes.

L'un des rescapés qui était parvenu à s'évader, Karl Bräuning, membre d'un groupe communiste allemand dissident, a témoigné auprès d'amis personnels en décembre 1939, plus de six mois après la fin de son calvaire : « Ce que nous avons vécu depuis juillet est à la fois épouvantable et cruel. Les images de *La Maison des morts* de Dostoïevski n'en sont que de pâles copies. [...] S'ajoutant à cela la faim incessante confinant au délire. Je ne suis plus que la moitié de ce que j'étais autrefois. La peau et les os. Malade par-dessus le marché et totalement privé de forces. À ce stade s'efface la frontière entre l'homme et l'animal. On atteint le premier degré de la barbarie. Oh ! le fascisme peut encore beaucoup apprendre de ces bandits et peut même s'offrir le luxe d'apparaître comme le porteur de la culture. Il était sans doute noté sur nos dossiers "À anéantir physiquement par des moyens légaux". C'est ce qu'on a tenté jusqu'au bout[3]. »

Un « procès de Moscou » à Barcelone

En dépit de ces restructurations et de ces opérations d'infiltration et de camouflage, le NKVD rencontra certains obstacles : après la sauvage répression dont il avait été victime, le POUM reçut le soutien de divers groupes révolutionnaires qui formèrent en France un Cartel de défense des révolutionnaires emprisonnés en Espagne républicaine. L'action publique ouverte s'opposait ainsi aux ténébreuses et criminelles manœuvres des Soviétiques. Au total, trois délégations se rendirent sur place pour enquêter. En novembre 1937, la troisième, conduite par John MacGovern de l'Independent Labour Party et le professeur Félicien Challaye, put visiter les prisons de Barcelone, notamment le *cárcel modelo* où étaient

1. Julian Gorkin, *op. cit.*, p. 170.

2. Peter Huber, « Die Ermordung des Ignaz Reiss in der Schweiz (1937) und die Verhastung dissidenter Schweizer Spanienkämpfer durch den Geheimapparat der Komintern », in *Kommunisten verfolgen Kommunisten*, Berlin, Akademie Verlag, 1993, p. 68-86.

3. Lettre de Karl Bräuning, citée in Patrik von Zur Mühlen, *op. cit.*

internés cinq cents antifascistes, et recueillir leurs témoignages sur les sévices subis. MacGovern et Challaye obtinrent la libération d'une douzaine de prisonniers. Ils tentèrent même, en vain, de s'introduire dans la prison secrète du NKVD, sise place Junta. Malgré l'appui du ministre de la Justice Manuel de Irujo, ils n'eurent pas gain de cause. MacGovern conclut : « Le masque est tombé. Nous avions soulevé le voile et montré où résidait le véritable pouvoir. Les ministres voulaient mais ne pouvaient pas[1]. »

Du 11 au 22 octobre 1938, les membres du Comité exécutif du POUM — Gorkin, Andrade, Gironella, Rovira, Arquer, Rebull, Bonet, Escuder — furent traduits devant le tribunal spécial pour un procès qui s'inspirait de ceux montés à Moscou. En effet, celui-ci visait aussi à conforter la crédibilité des accusations portées en URSS contre les opposants rassemblés sous le vocable général de « trotskistes ». Mais ces militants rejetèrent tous les chefs d'accusation. André Gide, Georges Duhamel, Roger Martin du Gard, François Mauriac et Paul Rivet télégraphièrent un message à Juan Negrin pour que les accusés bénéficient de toutes les garanties juridiques. L'accusation reposant aussi sur des aveux extorqués, le procès tourna à la confusion des accusateurs. Si aucune des peines de mort réclamées par la presse communiste[2] ne fut prononcée, les militants du POUM furent condamnés, le 2 novembre, à quinze ans de prison (sauf Jordi Arquer à onze ans et David Rey qui fut acquitté) pour avoir « affirmé faussement dans le journal *La Batalla* que le gouvernement de la République est aux ordres de Moscou et qu'il poursuit tous ceux qui ne plient pas aux ordres de ce dernier », attendu qui a valeur d'aveu !

Alors qu'en mars 1939 la défaite de la République était consommée, le dernier responsable du SIM tenta de livrer les condamnés à Franco pour qu'il les fusille, comptant ainsi sur les ennemis de la République pour achever la sinistre besogne que les agents du NKVD n'avaient pu accomplir eux-mêmes. Par chance, les rescapés du Comité exécutif du POUM réussirent à s'échapper.

Dans les Brigades internationales

L'écho rencontré dans le monde par la lutte des républicains avait été tel que de nombreux volontaires décidèrent spontanément de rejoindre l'Espagne pour combattre les nationalistes, ralliant les milices ou les

1. « La Terreur communiste en Espagne », *La Révolution prolétarienne*, nº 263, 25 janvier 1938.

2. Le 8 février, dans *L'Humanité*, Marcel Cachin rend compte de l'ouverture du procès de N. Boukharine et ses coaccusés : « Et si le crime est prouvé, s'il est avoué, alors qu'on ne s'étonne pas de la fermeté des juges ! *Qu'on songe plutôt à imiter la vigilance des magistrats soviétiques* contre les saboteurs et traîtres à la patrie. *Nos amis espagnols comprennent bien ce que nous voulons dire.* »

colonnes des organisations qui recueillaient leur sympathie. Mais les Brigades internationales en tant que telles furent créées à l'initiative de Moscou et constituèrent une véritable armée communiste [1], même si elles ne regroupèrent pas exclusivement des communistes. D'ailleurs, il faut distinguer les véritables combattants qui gagnèrent le front et les hommes d'appareil qui, s'ils appartenaient formellement aux Brigades, furent absents des champs de bataille. Car l'histoire des Brigades ne se résume pas aux combats héroïques des interbrigadistes.

Les Brigades connurent une formidable extension au cours de l'automne-hiver 1936. Des dizaines de milliers de volontaires affluaient du monde entier. Il n'était pas question pour les communistes de les accepter sans contrôle. Ils voulaient d'abord empêcher toute infiltration d'agents doubles, franquistes, nazis ou autres. Mais rapidement, alors que la Grande Terreur s'engageait en URSS, les communistes vérifiaient l'orthodoxie de tous ces volontaires. Les services des cadres des différents partis communistes furent donc chargés de mener « la lutte contre la provocation », c'est-à-dire de débusquer tout élément dissident, critique, indiscipliné. Ils s'efforcèrent même de contrôler le recrutement en amont, hors d'Espagne : la police zurichoise saisit chez le communiste allemand Alfred Adolph une liste dénonçant auprès des agents soviétiques en Espagne les volontaires indésirables. Dans un document du Comité exécutif du Komintern, datant de l'automne 1937, il est indiqué qu'il faut débarrasser les Brigades des éléments politiquement douteux, « surveiller la sélection des volontaires pour éviter que ne se glissent dans les Brigades des agents des services de renseignement et des espions fascistes et trotskistes [2] ». Il est symptomatique que le dossier personnel de chacun des brigadistes, incluant des notations politiques, se trouve dans les archives du Komintern à Moscou. Des dizaines de milliers de dossiers...

Arrivé en Espagne dès août 1936 comme délégué du Komintern auprès du gouvernement républicain, c'est le Français André Marty, membre du Bureau politique du PCF et secrétaire du Komintern, qui joua le rôle de « patron » officiel de la base d'Albacete où étaient organisées les Brigades internationales. Parallèlement aux Brigades, les communistes mirent sur pied le 5e régiment commandé par Enrique Lister qui avait séjourné en URSS à partir de 1932 et avait été formé à l'Académie militaire Frounzé. Bien entendu, le SIM fut aussi présent à Albacete.

L'ampleur des liquidations dans les Brigades est encore aujourd'hui sujette à controverses. Certains se contentent de nier la responsabilité de Marty en dépit de témoignages accablants, d'autres justifient les exécutions. El Campesino expliquera : « Sans doute a-t-il été conduit à se

1. En février 1938, Jef Last écrit : « Le Parti communiste avait sa position la plus forte dans la Brigade internationale, où il disposait à peu près de tous les officiers et commissaires politiques. » *Cf. Lettres d'Espagne, op. cit.*, p. 39. Les études récentes menées par les historiens confirment cette opinion.

2. Peter Huber, art. cit.

débarrasser d'éléments dangereux. Qu'il en ait fait exécuter quelques-uns, *c'est incontestable*, mais il s'agissait d'individus ayant déserté, assassiné ou trahi [1] » ! Le témoignage de Gustav Regler, qui fut commissaire adjoint de la 12ᵉ brigade, confirme ces méthodes : au cours d'une bataille près de l'Escurial, deux volontaires anarchistes avaient flanché ; Regler les a fait arrêter et a proposé de les envoyer en sanatorium. Il en a informé Marty, qui décida de les envoyer à Alcalá de Henares. C'est seulement bien plus tard que Regler apprit qu'en fait il ne s'agissait pas d'un sanatorium mais d'une demeure abritant un détachement russe chargé des exécutions [2]. Dans une note signée de sa main, retrouvée dans les archives à Moscou, Marty explique au Comité central du PCE : « Je regrette aussi qu'on me renvoie à Albacete les espions et les fascistes qui avaient été envoyés à Valence pour y être *liquidés*. Vous savez très bien que les Brigades internationales ne peuvent le faire elles-mêmes ici à Albacete [3]. » On imagine bien qu'il n'était guère facile d'exécuter des « espions » ou des « fascistes » au beau milieu d'une base militaire et on ne sait qui Marty désignait ainsi ; en tout cas, il préférait que le sale boulot soit fait ailleurs par d'autres, ce qui n'atténue en rien sa responsabilité morale.

Un film récent [4] fait état de l'exécution, en novembre 1937, d'Erich Frommelt, membre du bataillon « Thaelmann » de la 12ᵉ brigade, condamné à mort pour désertion à 23 h 15, exécuté le lendemain à 16 h 45. Officiellement, Frommelt fut donné comme mort lors de la bataille de Teruel. Une telle dissimulation invite à s'interroger sur cette catégorie de « déserteurs ». L'interbrigadiste français Roger Codou, qui eut l'occasion de consulter les dossiers de la prison des Brigades, constata de nombreuses « morts par hydrocution » qui cachent, selon lui, des exécutions sommaires. Deux prisons étaient réservées aux interbrigadistes : l'une dans le quartier de Horta à Barcelone (265 y étaient internés courant 1937), l'autre à Castellón de la Plana. Il est difficile d'évaluer le nombre de brigadistes liquidés. Julian Gorkin accuse André Marty d'être « personnellement responsable » d'environ cinq cents exécutions de « membres indisciplinés ou simplement suspectés d'"oppositionnisme" » [5].

Venu de Glasgow, Robert Martin témoigne de la fréquence des arrestations à Albacete. Lui-même arrêté, il retrouva en cellule soixante-dix autres interbrigadistes qui avaient combattu et parmi eux des blessés. Les conditions de détention particulièrement dures poussèrent ces prisonniers à faire une grève de la faim. En dépit de l'annonce de leur libération, tous furent conduits par petits groupes à Barcelone. Robert Martin et ses

1. El Campesino, *Jusqu'à la mort. Mémoires*, Albin Michel, 1978.
2. Gustav Regler, *Le Glaive et le Fourreau*, Plon, 1960.
3. Arch. CRCEDHC 545.6.1034 ; note citée par R. Skoutelsky, « André Marty et les Brigades internationales », in *Cahiers d'histoire*, 2ᵉ trimestre 1997.
4. Ute Bönnen et Gerald Endres, *International Brigaden. Freiwillige in spanischen Bürgerkrieg*, SDR/Arte, 1996.
5. Julian Gorkin, *op. cit.*, p. 82.

camarades furent emmenés à l'hôtel Falcon, l'ancien siège du POUM transformé en prison, puis à la Calle Corsiga où ils furent photographiés et leurs empreintes prises. Évadé par miracle, Martin gagna la France, ignorant tout du sort de ses compagnons [1].

Le social-démocrate Max Reventlow rapporte que, lors de la retraite des républicains consécutive à la percée des nationalistes vers la Méditerranée, les Brigades emmenèrent avec elles au moins six cent cinquante prisonniers. Parvenus en Catalogne, ils furent internés à Horta et Castellón, deux prisons commandées par le Croate Copic qui, dès l'arrivée des prisonniers, en fit fusiller seize. Dans ces prisons, une commission prononça des arrêts de mort sans la moindre intervention de la justice : à la suite de l'évasion de cinquante détenus, cinquante autres furent fusillés. L'usage de la torture était courant ; le lieutenant allemand Hans Rudolph fut torturé pendant six jours : bras et jambes brisés, ongles arrachés, il fut exécuté le 14 juin 1938, avec six autres détenus, d'une balle dans la nuque. Traduit plus tard en justice pour espionnage, Copic sauva sa peau grâce aux interventions conjointes de son frère, le colonel Vladimir Copic, de Luigi Longo et d'André Marty [2].

Tuant un SS, le député communiste allemand Hans Beimler s'était évadé de Dachau et, gagnant l'Espagne, avait participé à l'organisation du bataillon « Thaelmann ». Il fut tué le 1er décembre 1936 à Palacete. Gustav Regler a affirmé que Beimler était tombé victime d'une balle franquiste. Version contredite par l'amie de Beimler, Antonia Stern, qui fut dépouillée de tous ses documents et expulsée d'Espagne : elle soutenait que Beimler aurait critiqué le premier procès de Moscou et de surcroît était entré en relation avec les anciens dirigeants du KPD, Arkadi Maslow et Ruth Fischer, qui animaient un groupe d'opposants à Paris. Sur la base d'un rapport du Servicio Secreto Inteligente, département spécial de la police catalane qui disposait d'informateurs dans les rangs communistes, Pierre Broué penche pour l'assassinat [3].

Les Brigades internationales attirèrent dans leurs rangs nombre d'hommes et de femmes qui étaient portés par un idéal, un élan de solidarité, de générosité pour lequel ils étaient prêts à se sacrifier. Une nouvelle fois, Staline et ses services ont exploité cyniquement cet élan, avant d'abandonner l'Espagne (et les Brigades) à son triste sort : Staline préparait déjà son rapprochement avec Hitler.

L'exil et la mort dans la « patrie des prolétaires »

À Paris, après la défaite républicaine, un comité présidé par Togliatti fut créé en mars 1939 pour sélectionner les Espagnols autorisés à gagner

1. *La Révolution prolétarienne*, 25 octobre 1937.
2. Rolf Reventlow, *Spanien in diesem Jarhundert*, Europa-Verlag, 1969.
3. Pierre Broué, *op. cit.*, p. 180 et 185, et Julian Gorkin, *op. cit.*, p. 175.

la « patrie des prolétaires ». El Campesino a témoigné des conditions de son départ pour l'URSS[1]. Embarqué au Havre le 14 mai 1939 sur le *Siberia*, avec trois cent cinquante personnes dont les membres du Bureau politique et du Comité central du PCE, des députés communistes, les commandants du 5e régiment et une trentaine de chefs des Brigades, El Campesino assista à la reconstitution du Comité, sous l'égide du NKVD. Ce nouveau Comité eut pour fonction de contrôler les 3 961 réfugiés espagnols qui furent aussitôt divisés en dix-huit groupes et envoyés dans différentes villes. En exil, la plupart des responsables espionnaient et dénonçaient leurs compatriotes, tel l'ex-secrétaire du Comité du PCE de Jaén qui fit arrêter la moitié du groupe espagnol de Kharkov, ou bien Cortina qui fit déporter en Sibérie de nombreux invalides. Expulsé de l'Académie militaire Frounzé pour « trotskisme », El Campesino commença, en mars 1941, à travailler au métro de Moscou. Par la suite, il fut déporté en Ouzbékistan puis en Sibérie, et réussit en 1948 à s'échapper jusqu'en Iran.

C'est à Tiflis, le 19 mars 1942, que José Diaz, le secrétaire général du PCE, trouva la mort en tombant du quatrième étage de son immeuble au moment précis où ni sa femme ni sa fille n'étaient sur place. Comme nombre de ses compatriotes, El Campesino est convaincu qu'il s'agissait d'un assassinat. À la veille de sa mort, Diaz travaillait à un livre sur son expérience, il semblait désabusé et, peu de temps auparavant, il avait envoyé aux autorités des lettres pour protester contre le traitement infligé aux enfants de la colonie de Tiflis.

Pendant la guerre civile, des milliers d'enfants espagnols âgés de cinq à douze ans avaient été envoyés en URSS[2]. Leurs conditions de vie changèrent dès la défaite des républicains. En 1939, les instituteurs espagnols furent accusés de « trotskisme » et, selon El Campesino, 60 % d'entre eux furent arrêtés et emprisonnés à la Loubianka, les autres étant envoyés en usine. Une jeune institutrice fut torturée pendant près de vingt mois avant d'être fusillée. Les enfants connurent alors un sort peu enviable, les colonies étant désormais dirigées par des Soviétiques. Particulièrement indisciplinés, ceux de Kalouga furent soumis à la toute-puissante autorité de Juan Modesto — un général qui avait fait ses classes au 5e régiment — et de Lister[3]. En 1941, selon Jesús Hernández, 50 % étaient tuberculeux, et sept cent cinquante (soit 15 %) moururent avant l'exode de 1941. Les adolescents échouèrent alors dans l'Oural et en Sibérie centrale, à Kokand notamment. Ils formèrent des bandes qui volaient, les filles se prostituant. Certains se suicidèrent. Selon Jesús Hernández, sur 5 000 enfants,

1. Général « El Campesino », *La Vie et la mort en URSS (1939-1949)*, Les Îles d'or, 1950.

2. David W. Pike indique que le total des Espagnols entrés en URSS est de 6 000 environ dont 2 000 enfants accompagnés de 102 instituteurs. *Cf.* « Les républicains espagnols incarcérés en URSS dans les années quarante », *Matériaux pour l'histoire de notre temps*, nos 4-5, 1985.

3. Selon El Campesino, Lister, ivre, viola cinq jeunes filles.

2 000 moururent[1]. En 1947, pour le dixième anniversaire de leur arrivée en URSS, une cérémonie rassembla au théâtre Stanislavski de Moscou 2 000 jeunes Espagnols ; 534 d'entre eux regagnèrent l'Espagne en septembre 1956. Finalement, ce sont 1 500 d'entre eux seulement qui rentrèrent.

D'autres Espagnols connurent « la vie et la mort en URSS ». Il s'agit des marins et des aviateurs non communistes venus volontairement suivre une formation. El Campesino eut connaissance du sort de 218 jeunes aviateurs arrivés en 1938 pour un stage de formation de six à sept mois à Kirovabad. Fin 1939, le colonel Martinez Carton, membre du Bureau politique du PCE et agent du NKVD, leur imposa un choix : soit rester en URSS, soit partir pour l'étranger. Ceux qui choisirent de quitter l'URSS furent alors envoyés en usine. Le 1er septembre 1939, ils furent tous arrêtés et un procès fut instruit contre eux. Certains furent torturés, d'autres exécutés à la Loubianka, la plupart étant condamnés à dix ou quinze ans de camp. Du groupe expédié à Petchoraliev, il n'y aura aucun survivant. En définitive, sur ces 218 aviateurs, seule une demi-douzaine a survécu.

En 1947, quelques réfugiés réussirent à sortir d'URSS. Ceux qui restaient furent invités à signer l'engagement de demeurer en URSS. En avril 1948, José Ester (déporté politique à Mauthausen n° 64553) et José Domenech (déporté politique à Neuengamme n° 40202) tinrent une conférence de presse à Paris au nom de la Federación Española de Deportados e Internados Políticos, afin de rendre publiques les informations rassemblées au sujet des détenus du camp n° 99 de Karaganda au Kazakhstan, situé au nord-ouest du lac Balkhach. Ils communiquèrent les noms de 59 déportés, dont 24 pilotes aviateurs, et de 33 marins. Dans un manifeste daté du 1er mars 1948, les deux anciens déportés justifièrent ainsi leur démarche : « C'est un devoir impérieux pour nous, impératif pour tous ceux qui ont connu la famine, le froid et la désolation sous la domination inquisitoire de la Gestapo et des SS, et c'est une fonction de tout citoyen, pour qui les mots Liberté et Droit des gens ont un sens bien défini par les codes, de réclamer et d'exiger, par solidarité, la libération de ces hommes sur lesquels pèse une menace de mort certaine. »

Après la Seconde Guerre mondiale, les communistes et leurs services spéciaux continuèrent à liquider des opposants : Joan Farré Gasso, ancien dirigeant du POUM de Lérida, participa à la Résistance en France. Arrêté et emprisonné à Moissac par le régime de Vichy, il voulut, à sa libération, rejoindre son épouse dans un petit village de Catalogne française. En route pour Montauban, il fut intercepté par des maquisards communistes — les *guerrilleros españoles* — qui l'exécutèrent sommairement[2]. Cet assassinat

1. Jesús Hernández, *La Grande Trahison*, Fasquelle, 1953.

2. Julian Gorkin, *op. cit.*, p. 192 ; René Dazy, *op. cit.*, p. 247-249. *1944, Les Dossiers noirs d'une certaine résistance... Trajectoire du fascisme rouge*, Perpignan, Édition du CES, 1984, livre qui traite de la liquidation par les communistes de l'Union nationale espagnole d'antifascistes espagnols réfugiés en France.

prolongeait la guerre civile d'Espagne dans ce qu'elle eut de plus sinistre : le recours aux assassinats ou aux « liquidations » dont furent victimes des milliers d'antifascistes parmi les plus déterminés et les plus courageux. Le cas espagnol montre qu'il est impossible de dissocier les entreprises policières et criminelles des communistes de la poursuite de leurs objectifs politiques. Et, s'il est vrai que la violence politique et sociale était constante dans l'Espagne de l'entre-deux-guerres et que la guerre civile permit à cette violence de se donner libre cours, il n'en reste pas moins que les Soviétiques y ont ajouté la toute-puissance du Parti-État, né lui-même dans la guerre et la violence, pour atteindre des objectifs déterminés par les intérêts de l'URSS sous le camouflage de l'antifascisme.

Il est clair que, pour Staline et ses hommes de confiance, le but essentiel était de prendre le contrôle du destin de la République. Pour y parvenir, la liquidation des oppositions « de gauche » — socialistes, anarcho-syndicalistes, poumistes, trotskistes — n'était pas moins importante que la défaite militaire de Franco.

3

Communisme et terrorisme

par Rémi Kauffer

Dans les années vingt et trente, le mouvement communiste international s'est concentré sur la préparation d'insurrections armées qui ont toutes échoué. Il a donc abandonné cette forme d'action et profité, dans les années quarante, des guerres de libération nationale contre le nazisme ou le militarisme japonais, puis, dans les années cinquante-soixante, des guerres de décolonisation, pour créer de véritables formations militaires — les partisans —, des groupes de guérilla qui se transformèrent peu à peu en troupes régulières, en véritables armées rouges. En Yougoslavie, en Chine, en Corée du Nord, puis au Vietnam et au Cambodge, cette forme d'action a permis au Parti communiste de s'emparer du pouvoir. Cependant, l'échec des guérillas en Amérique latine — contrées durement par des troupes spéciales formées par les Américains — a incité les communistes à revenir à des actions dites « terroristes » qu'ils avaient jusque-là peu pratiquées, l'attentat dans la cathédrale de Sofia en 1924 constituant une exception. Il est vrai que la distinction est relative entre terrorisme pur et simple et préparation à une éventuelle insurrection armée — ce sont souvent les mêmes hommes qui opèrent sur le terrain, même s'il s'agit de deux tâches différentes. Ces formes d'action ne sont d'ailleurs pas exclusives l'une de l'autre. Nombre de mouvements de libération nationale, selon la terminologie en vigueur, ont volontiers combiné terrorisme et guérilla dans leur action armée, à l'image par exemple du Front de libération nationale et de l'Armée de libération nationale en Algérie.

Le cas algérien est intéressant dans la mesure où les partisans de l'Algérie française voyaient dans l'insurrection nationaliste le produit direct de manœuvres ourdies à Moscou, trouvant une confirmation supplémentaire à cette thèse dans le fait — dûment prouvé, lui — qu'au moment de la bataille d'Alger (1956-1957) le Parti communiste algérien avait fourni au chef FLN de la capitale, Yacef Saadi, ses meilleurs spécialistes en explosifs.

Cela signifiait-il l'inféodation du mouvement nationaliste au communisme ? Sur le terrain, c'était nettement le contraire, le PCA étant contraint de passer sous les fourches caudines du FLN. À l'extérieur, ce dernier bénéficiait d'un soutien politique tout à fait ouvert de l'URSS. Pour autant, quelques opérations très limitées de services spéciaux mises à part, Moscou a bien pris garde de ne pas s'impliquer directement dans le conflit avec la France. Les fournitures d'armes au FLN étaient le fait de l'Égypte nassérienne, de la Yougoslavie de Tito et, pour le bloc de l'Est, de la Tchécoslovaquie agissant « par délégation » (un certain nombre de cadres du FLN ont également été formés par Prague aux techniques poussées de la clandestinité). Les Soviétiques avaient choisi de rester en retrait. Pressentaient-ils que l'Algérie future serait politiquement proche d'eux mais aussi très soucieuse de son indépendance ? Le fait est que jamais les services spéciaux de Moscou n'ont eu de droit de regard sur le saint des saints du nouveau régime, la Sécurité militaire, comme ils l'ont eu sur la DGI cubaine.

Autre exemple de prudence soviétique face aux mouvements nationalistes les plus ombrageux : le cas irlandais. Apanage de l'IRA (*Irish Republican Army*, fondée à Dublin lors de l'insurrection manquée de Pâques 1916), le « républicanisme » restait une manière de penser assez spécifique à l'Irlande. Sans négliger la question sociale, il mettait le problème national (après 1921, la réunification de l'île en arrachant les six comtés du Nord à la Couronne britannique) au centre de toute action. Or les prosoviétiques officiels, qui devaient former en 1933 le *Communist Party of Ireland*, s'écartaient de plus en plus des préoccupations purement nationalistes pour mettre en avant la seule « lutte des classes ».

L'IRA voulait des armes pour combattre les Anglais. Dans l'entre-deux-guerres, elle tenta de les obtenir de l'URSS. À plusieurs reprises, Moscou éluda poliment ces demandes réitérées : il ne paraissait pas judicieux d'équiper ces gens trop indépendants au risque d'un conflit ouvert avec la Grande-Bretagne. Le fait que plusieurs centaines de membres de l'organisation clandestine se soient engagés dans les Brigades internationales en Espagne ne changea rien à l'affaire. En 1939-1940, quand l'IRA entreprit une nouvelle campagne d'attentats à la bombe en Angleterre même, son unité la plus secrète, composée d'un petit groupe de militants nationalistes de confession protestante donc moins soupçonnables, était noyautée par l'appareil communiste animé notamment par Betty Sinclair. Dans toute l'Europe, des groupes de saboteurs, tel le réseau d'Ernst Wollweber, étaient prêts à s'en prendre aux navires allemands mais aussi britanniques ou français. En l'occurrence, Moscou envisageait d'utiliser l'IRA. En sabotant certains navires de guerre de Sa Majesté, l'organisation clandestine camouflerait par la même occasion les opérations soviétiques antianglaises. L'affaire, néanmoins, finit par échouer. De tout cela, Moscou retint une certaine défiance envers ces Irlandais prêts à toutes les alliances pour se procurer l'équipement dont ils avaient besoin mais refusant catégoriquement d'en payer le prix politique en soumettant leur stratégie à celle d'autrui. Au tout début des années soixante-dix, l'IRA reprit les armes (et souvent les explosifs, sa spécialité) contre les Britanniques à la suite de la révolte des ghettos catholiques d'Irlande du Nord. Contrairement à une légende tenace, ces armes ou explosifs ne provenaient de l'URSS ni directement ni indirectement. Dans les faits, ses principaux soutiens se situaient et se situent toujours outre-Atlantique, au sein de la communauté irlando-américaine bien plus qu'à l'Est.

La « main de Moscou » n'est donc pas omniprésente. Elle n'en a pas moins joué un rôle actif dans le soutien à certaines formes de terrorisme moyen-oriental. Partant de l'analyse que les organisations palestiniennes représentaient un mouvement de libération nationale comparable au FLN algérien, les Soviétiques ont très tôt reconnu publiquement l'OLP de Yasser Arafat et sa principale composante, El Fatah. Mais le KGB gardait simultanément l'œil grand ouvert en direction d'une autre tendance du nationalisme palestinien, le FPLP (Front populaire pour la libération de la Palestine) du docteur Georges Habache. Se réclamant d'un marxisme radical, ce mouvement assez bien structuré organisait et revendiquait sans le moindre complexe attentats terroristes et détournements spectaculaires d'avions de ligne. Inaugurée en juillet 1968 avec le détournement d'un Boeing d'El Al puis en décembre avec l'attentat de l'aéroport d'Athènes, cette stratégie culmina en 1970, juste avant l'écrasement des Palestiniens par les troupes du roi Hussein de Jordanie. Sur l'aérodrome de fortune de Zarka où ils avaient tous les trois été détournés avec leurs passagers retenus en otages, le FPLP fit sauter un Boeing de la TWA, un DC-8 de la Swissair et un Viscount VC-1O de la BOAC.

Inquiet de ce virage terroriste trop accentué, un des cadres de l'organisation, Nayef Hawatmeh, décida la scission en 1970-1971 pour créer le FDPLP (Front démocratique et populaire pour la libération de la Palestine). Au nom du nécessaire « travail de masse » et de l'« internationalisme prolétarien », son organisation, de plus en plus alignée sur les positions communistes orthodoxes, répudia publiquement le terrorisme dont elle avait un temps continué à user. Ainsi le FDPLP faisait-il en principe figure de meilleur allié palestinien des communistes. Seulement apparent, le paradoxe veut pourtant que le KGB ait accentué dans le même temps son soutien au FPLP. Et comme on trouve toujours plus extrémiste que soi, le docteur Habache fut vite débordé par son bras droit et « directeur des opérations » Waddi Haddad, un ancien chirurgien-dentiste diplômé de l'université américaine de Beyrouth.

Un homme d'expérience, le docteur Haddad. Pour Pierre Marion, ex-chef de la DGSE, les services spéciaux français, Haddad est le véritable inventeur du terrorisme moderne : « C'est lui qui en a imaginé les structures ; c'est lui qui en a formé les principaux responsables ; c'est lui qui en a perfectionné les méthodes de recrutement et de formation, c'est lui qui en a affiné les tactiques et les techniques [1]. » Fin 1973-début 1974, il se sépara du FPLP pour créer sa propre structure, le FPLP-Cose (FPLP-Commandement des opérations extérieures), entièrement voué au terrorisme international, alors que l'organisation de Habbache s'efforçait de mener de front d'autres activités, tentatives d'opérations de guérilla contre l'armée israélienne et travail de masse dans les camps de réfugiés palestiniens.

Pourtant, le KGB décida de l'appuyer, ainsi qu'en témoigne ce message sans fard du 23 avril 1974, référence 1071-1/05. Émanant du KGB, il était destiné à Leonid Brejnev en personne :

> « Le Comité pour la Sécurité d'État entretient depuis 1968 des contacts clandestins effectifs avec Waddi Haddad, membre du Bureau politique du FPLP, chef des opérations extérieures du FPLP.
>
> « Lors de sa rencontre avec le chef du réseau du KGB au Liban, en avril dernier, Waddi Haddad a exposé confidentiellement le programme des projets d'activités de subversion et de terrorisme du FPLP dont les points essentiels sont exposés ci-dessous. »

Suivait une liste des objectifs visés, actes terroristes et subversifs sur le territoire d'Israël, attaques contre les trusts diamantaires, attentats contre les diplomates israéliens, sabotages d'installations pétrolières et de super tankers en Arabie saoudite, dans le Golfe et même à Hong Kong.

Le KGB précisait alors :

> « W. Haddad nous demande d'aider son organisation à obtenir certains types de matériel spécial indispensables pour des actes subversifs. Coopérant avec nous et demandant notre aide, W. Haddad sait pertinemment que nous réprouvons en principe la terreur et ne nous pose pas de questions liées à cet aspect des activités du FPLP. Le caractère des rapports avec W. Haddad nous permet dans une certaine mesure de contrôler les activités du service des opérations extérieures du FPLP, d'exercer sur celui-ci une influence avantageuse pour l'Union soviétique, de réaliser dans notre intérêt, via les forces de cette organisation, des opérations actives tout en respectant la conjuration requise. »

Un bel exemple de double langage. La conclusion coulait de source : au diable les principes du moment qu'on porte des coups à l'adversaire sans se faire prendre. Transmis à Souslov, Podgorny, Kossyguine et Gromyko, le document devait être approuvé dès le 26 avril [2].

---

1. Pierre Marion, *Mission impossible*, Calmann-Lévy, 1991.
2. L'intégralité de ce texte, dont des extraits avaient été rendus publics par Paul Quinn, du *Boston Globe*, a été publiée en français par *Les Nouvelles de Moscou* (nº 25, 23 juin 1992).

Le meilleur élève de Waddi Haddad se trouvait être un jeune Vénézuélien, Ilitch Ramirez-Sanchez, plus connu sous le pseudonyme de Carlos. Les deux hommes avaient été amenés à travailler avec les rescapés d'un groupe terroriste asiatique, l'Armée rouge japonaise, dont l'itinéraire est tout à fait instructif. Créée à la fin des années soixante, au moment de la radicalisation du mouvement étudiant nippon et au plus fort de la vague maoïste, l'ARJ entra rapidement en contact avec des agents nord-coréens (la communauté coréenne est importante dans l'archipel japonais). Ces derniers instruisirent ses cadres et leur fournirent du matériel mais ne parvinrent pas à empêcher le déclenchement d'une sanglante vendetta entre « déviationnistes » et « orthodoxes » au tout début des années soixante-dix. Résultat : la scission. Une partie des cadres de l'ARJ passa avec armes et bagages au service des Nord-Coréens ; réfugiés aujourd'hui à Pyongyang, ils y jouent les hommes d'affaires et les intermédiaires avec l'Ouest. L'autre partie choisit d'internationaliser encore plus ses activités. Elle se rangea du côté de Waddi Haddad. Ce sont ainsi trois membres de l'ARJ qui, pour le compte du FPLP, perpétrèrent la tuerie de l'aéroport de Lod-Tel-Aviv en mai 1972 : 28 morts.

Que le FPLP-Cose ait travaillé main dans la main avec le banquier nazi suisse François Genoud, comme Pierre Péan l'a révélé dans *L'Extrémiste* sur la base des aveux de ce dernier, ne gênait en rien le KGB[1]. Lequel ne vit pas plus d'inconvénient au développement spectaculaire des activités de Carlos pour le compte du FPLP-Cose d'abord, pour le compte de sa propre organisation ensuite.

Carlos : des relations avec une quinzaine de services secrets des pays arabes et des pays de l'Est

De son propre aveu au juge Bruguière, c'est en 1969 qu'Ilitch Ramirez-Sanchez, fils d'un avocat vénézuélien grand admirateur de Lénine (ses trois fils furent successivement prénommés Vladimir, Ilitch et Oulianov) a rencontré pour la première fois un membre du FPLP, Rifaat Aboul Aoun. C'était à Moscou où le futur Carlos s'ennuyait ferme à l'université, étudiant le marxisme-léninisme, la physique et la chimie. Déçu du trop peu d'activisme des partis communistes latino-américains, Carlos se sentait disponible pour une aventure violente et radicale. Celle qu'il devait rencontrer au sein du FPLP-Cose dès son arrivée en Jordanie. Après une période de formation, le voici opérationnel au début de 1971, naviguant facilement dans les pays d'Europe occidentale grâce à son entregent de fils de famille aisée et commettant des attentats spectaculaires et meurtriers.

Le 27 juin 1975 à Paris, Carlos tue deux policiers de la Direction de la surveillance du territoire et en blesse grièvement un troisième. En

1. Pierre Péan, *L'Extrémiste*, Fayard, 1996.

décembre, il conduira un commando à l'assaut des locaux viennois de l'OPEP, l'Organisation des pays exportateurs de pétrole. Bilan : trois morts et un billet d'avion pour Alger. En compagnie des membres de son équipe, des Allemands issus d'un mouvement gauchiste radical, les Cellules révolutionnaires, dirigées par Johannes Weinrich, il se déplace en Libye, au Yémen, en Irak mais aussi en Yougoslavie. En RDA, surtout, où les services du MfS (Ministerium für Staatssicherheit, soit ministère de la Sécurité d'État ou plus familièrement Stasi) prêtent une attention soutenue à cet extrémiste capable des coups les plus audacieux.

« Separat », ce sera le nom de code de son organisation au sein de la Stasi. En 1980, un dossier top secret est adressé au général Erich Mielke, chef de la Stasi. Il s'intitule tout bonnement « Projet sur la façon d'agir du MfS sur le traitement et le contrôle du groupe Carlos ». Selon Bernard Violet, auteur d'une biographie très documentée [1], « Weinrich et Kopp [respectivement adjoint et compagne de Carlos] ne sont pas à proprement parler des agents de la Stasi. Ils n'effectuent pas de mission pour son compte, ils ne sont pas rémunérés pour faire du renseignement au profit de la RDA. Ils sont en revanche les passages obligés entre les services spéciaux est-allemands et les autres membres du groupe ». Et d'ajouter, après avoir nommé leurs « traitants » est-allemands successifs, les colonels Harry Dahl, Hörst Franz, Günter Jäckel et Helmut Voigt, que « Carlos n'ignore rien des relations que ses deux amis entretiennent avec ces mêmes services ».

Cela n'empêche pas l'intéressé de nouer des contacts étroits avec les Roumains ou d'importuner la Sécurité d'État hongroise par sa propension à prendre Budapest pour sa base arrière. Son groupe, surtout, rebaptisé Organisation de la lutte armée de la libération arabe (ou bras armé), multiplie les attentats meurtriers. Ainsi le colonel Voigt, de la Stasi, attribue-t-il à « Separat » une large part de responsabilité dans l'attentat du 25 août 1983 contre la Maison de France de Berlin-Ouest (deux morts) commis, selon lui, par un autre groupe terroriste lié au bloc de l'Est et basé à Beyrouth, l'ASALA (Armée secrète pour la libération de l'Arménie).

Il peut paraître étonnant que le MfS ait montré tant d'indulgence envers les opérations de son protégé s'il n'y trouvait pas son compte. La décision avait été prise au sommet de la pyramide de la Stasi. On a dit mais cette interprétation psychologisante n'est en rien démontrée qu'Erich Mielke, lui-même chef de groupes de combat du KPD avant guerre et inculpé du meurtre de deux policiers à Berlin, s'était reconnu dans la personnalité du terroriste vénézuélien comme dans celle des membres de la « Bande à Baader ». Sans doute faut-il aller plus loin en recherchant une convergence plus « objective » entre les groupes liés au terrorisme international et le MfS. Ni Mielke ni les dirigeants est-allemands ne nous ont habitués à une sensibilité romantique-révolutionnaire. Si le groupe Carlos a entretenu des relations suivies avec une quinzaine de services secrets des pays socialistes et du monde arabe, ce n'était donc certainement pas par hasard.

1. Bernard Violet, *Carlos*, Le Seuil, 1996.

L'indulgence des pays communistes envers les extrémistes du champ moyen-oriental ne fut pas réservée au seul Carlos. Violemment hostiles à Yasser Arafat et à l'OLP, Abou Nidal et son Fatah-Conseil révolutionnaire, au service des Irakiens d'abord, des Syriens ensuite, en bénéficièrent eux aussi mais à un degré moindre — on les jugeait moins contrôlables. Leur chef, malade, put quand même se faire opérer secrètement à l'abri du rideau de fer.

Autre implication directe des pays de l'Est dans le terrorisme international moderne, la manipulation de la *Rote Armee Fraktion* (RAF, dite « Bande à Baader » dans la presse) en Allemagne. Née de la contestation étudiante, cette petite organisation, disposant d'une cinquantaine de membres directement actifs et d'une mouvance d'environ un millier de personnes, se lança au cours des années soixante-dix dans un terrorisme démonstratif visant notamment les intérêts américains. Après 1977 et l'assassinat du « patron des patrons » ouest-allemands Hans Martin Schleyer, puis la mort en prison de ses chefs Ulrike Meinhof et Andreas Baader, elle trouva des refuges au-delà du mur de Berlin moyennant une subordination de plus en plus accentuée à la Stasi dont elle était en quelque sorte devenue un bras armé occulte. Après l'effondrement du Mur et la réunification allemande, ses derniers rescapés ont été arrêtés à l'Est où ils demeuraient.

La manipulation de guérillas et de groupes terroristes n'est pas toujours chose facile. Cela demande du doigté et un sens politique très vif. Peut-être est-ce pour cette raison qu'en 1969-1970 le KGB, en la personne d'un de ses plus brillants sujets, Oleg Maximovitch Netchiporenko, choisit, avec l'aide des Nord-Coréens, de créer quasiment de toutes pièces un mouvement à ses ordres, le *Movimiento de Acción Revolucionaria* (MAR), lequel devait être démantelé en 1971 par la police mexicaine[1]. À coup sûr, l'objectif d'une manœuvre aussi hardie était de se mettre à l'abri des surenchères, indisciplines et autres initiatives hasardeuses des groupes castristes et paramaoïstes. Certains d'entre eux ont échappé à leurs mentors supposés. Le FRAP (Front révolutionnaire antifasciste et patriotique) espagnol flirta un temps avec les Chinois puis avec les Albanais au début des années soixante-dix dans l'espoir, qui s'est révélé vain, d'obtenir des armes puis s'en écarta pour donner naissance aux GRAPO (Groupes de résistance antifasciste du 1er Octobre). Quant au Sentier lumineux péruvien d'Abimaël Guzman, s'il se réclamait à ses origines du maoïsme pur et dur, notamment de la « guerre populaire prolongée », il vouait en revanche une profonde exécration à Deng Xiaoping et aux nouveaux dirigeants de Pékin. En décembre 1983, il tenta même de s'en prendre à l'ambassade chinoise de Lima !

Dans certains cas rares — car le risque était trop grand dans la période moderne —, les pays communistes procédèrent directement à des attentats

1. John Barron, *KGB*, Bruxelles, 1975, Éditions Elsevier Séquoia, préface de Robert Conquest.

terroristes par le biais de leurs services spéciaux. Ce fut le cas en novembre 1987 quand une équipe de deux agents nord-coréens, un vieux cadre expérimenté, Kim Seung-il, et une jeune femme, Kim Hyuon-hee, formée pendant trois ans à l'Académie militaire de Keumsung, abandonna à l'escale d'Abou Dhabi un transistor piégé à bord d'un appareil de la Korean Air (ligne sud-coréenne) en partance pour Bangkok. L'explosion provoqua la mort de cent quinze personnes. Repéré, Kim Seung-il se suicida tandis que Kim Hyuon-hee, arrêtée, passait des aveux complets, écrivant même un livre dont il est trop tôt pour apprécier la part de vérité et la part d'ombre[1]. Dans tous les cas, la réalité s'impose : la Corée du Nord est sans doute, en 1997, le seul pays communiste à pratiquer de manière systématique le terrorisme d'État.

1. Kim Hyuon-hee, *Dans la fosse aux tigres*, Presses de la Cité, 1994.

TROISIÈME PARTIE

L'AUTRE EUROPE VICTIME DU COMMUNISME

par Andrzej Paczkowski et Karel Bartosek

1

Pologne, la « nation-ennemi »

par Andrzej Paczkowski

LES RÉPRESSIONS SOVIÉTIQUES ENVERS LES POLONAIS

Il est probable que les Polonais comptent parmi les peuples les plus éprouvés par les répressions menées par les autorités soviétiques et cela en dépit de l'organisation de l'appareil de terreur soviétique par un Polonais, Feliks Dzerjinski, et la participation de nombre de ses compatriotes à l'encadrement des « organes », que ce soit la Vetcheka, l'OGPOU ou le NKVD. Les origines de ce « privilège » — ce statut de « nation-ennemi » — sont multiples. Il y a évidemment les mécanismes propres au fonctionnement de l'appareil de répression soviétique, mais l'hostilité traditionnelle entre les deux nations a également joué. Elle était ancrée dans le passé lointain ainsi que dans la méfiance des dirigeants soviétiques — en particulier Staline — envers la Pologne et les Polonais. Entre 1772 et 1795, la Pologne avait subi trois partages au cours desquels l'empire des tsars s'était chaque fois taillé la part du lion ; las de l'oppression russe, les Polonais se soulevèrent à deux reprises, en 1830 et 1863, mais ils furent, chaque fois, sévèrement réprimés. Dès ce moment, la noblesse et le clergé catholique apparaissent comme les noyaux du patriotisme et de la résistance à l'occupation étrangère, tant russe que prussienne. La guerre de 1914 et l'effondrement quasi simultané des trois empires — allemand, russe et austro-hongrois — qui l'oppriment depuis plus d'un siècle sont pour la Pologne l'occasion historique de renaître comme nation indépendante. Une armée de volontaires, avec, à la tête, Jozef Pilsudski, est le moteur et le garant de cette indépendance toute neuve, mais elle se heurte immédiatement à la volonté révolutionnaire de Moscou pour qui Varsovie est le verrou à ouvrir impérativement si l'on veut porter la révolution en Allemagne.

À l'été 1920, Lénine lance l'Armée rouge sur Varsovie. La manœuvre audacieuse est proche de réussir, mais le sursaut national polonais la fait échouer, et les Soviétiques sont contraints, en 1921, de signer la paix de Riga, favorable à la Pologne. Staline, qui par son indiscipline avait contribué fortement à l'échec de l'Armée rouge, n'oublia jamais cet affront, ni ceux qui le critiquèrent à cette occasion : Trotski, chef de l'Armée rouge, et le maréchal Toukhatchevski, qui était à la tête des troupes. Dès lors, on comprend mieux la méfiance des dirigeants soviétiques — et en particulier de Staline — contre la Pologne, contre les Polonais et contre tous ceux qui avaient contribué à reconquérir l'indépendance : la noblesse, l'armée et l'Église.

Les Polonais — qu'ils soient citoyens soviétiques ou non — subirent toutes les phases de la terreur stalinienne : chasse aux « espions », « dékoulakisation », lutte antireligieuse et contre les minorités nationales, Grande Purge, « nettoyage » des régions frontalières et des arrières de l'Armée rouge, « pacifications » destinées à aider la prise du pouvoir par les communistes polonais, et toutes les formes qu'elle prit : travail forcé dans les camps, exécutions de prisonniers de guerre, déportations de masse d'éléments désignés comme « socialement dangereux »...

L'affaire du POW (Organisation militaire polonaise) et « l'opération polonaise » du NKVD (1933-1938)

En 1924, alors que le rapatriement de Polonais effectué en application du traité de Riga de 1921 tirait à sa fin, il demeurait en URSS environ 1 100 000 à 1 200 000 Polonais. L'immense majorité d'entre eux (900 000 à 950 000) habitaient l'Ukraine et la Biélorussie. Il s'agissait à 80 % de paysans implantés depuis la colonisation polonaise des XVIIe et XVIIIe siècles. Quelques communautés polonaises existaient aussi dans les grandes villes, telles Kiev ou Minsk. En Russie même, principalement à Moscou et à Leningrad, en Transcaucasie et en Sibérie vivaient 200 000 Polonais. Parmi ces derniers, on comptait quelques milliers de communistes en exil et à peu près autant de Polonais qui avaient participé à la révolution et à la guerre civile aux côtés des Rouges et n'étaient pas rentrés en Pologne. Pour le reste, il s'agissait surtout de personnes issues de l'émigration économique installée depuis le tournant du siècle.

Malgré la signature du traité de paix à Riga et le rétablissement des relations diplomatiques, la tension persista entre les deux pays. Si l'on considère le poids des souvenirs de la guerre polono-soviétique de 1920 ainsi que la force de la théorie de la « forteresse du prolétariat » assiégée par les impérialistes, il n'est guère étonnant de constater que beaucoup de Polonais se retrouvèrent parmi les victimes de la « chasse aux espions ». Dans les années 1924-1929, plusieurs centaines d'entre eux furent fusillés alors que seuls quelques-uns avaient eu des activités d'espionnage. Lors de la lutte du régime soviétique contre la religion, plusieurs centaines de religieux catholiques subirent des persécutions et plusieurs dizaines d'entre eux furent fusillés ou disparurent. Comparée à l'hécatombe subie par l'Église orthodoxe russe, cette répression semble peu de chose, elle n'en signifiait pas moins la disparition d'une Église qui était à la base de la vie spirituelle et culturelle de centaines de milliers de paysans polonais.

Ces paysans comptent parmi les victimes de la collectivisation. Selon la classification officielle en vigueur à l'époque, 20 % d'entre eux furent désignés comme « koulaks » et un peu plus comme « sous-koulaks ». En Ukraine, la résistance des Polonais fut très vive et dut être brisée par la force. Selon des données encore approximatives, la population des régions habitées par les Polonais pendant la seule année 1933 diminua d'environ 25 %. En Biélorussie, la collectivisation des exploitations polonaises fut moins brutale.

Si l'on écarte la répression des « espions polonais », la logique des vagues répressives est évidente parce qu'elle relève de la « lutte de classes » (lutte contre la religion, collectivisation) telle qu'elle était conçue alors. Mais, parallèlement à la collectivisation, un autre critère de répression fut mis en avant : entre le 15 août et le 15 septembre 1933, les autorités procédèrent à l'arrestation d'environ vingt communistes polonais, en majorité émigrés, dont un membre du Bureau politique du Parti communiste polonais (KPP). Ces arrestations en entraînèrent d'autres. Leur point commun aurait résidé en une prétendue appartenance à l'« Organisation d'espionnage et de sabotage POW ».

L'Organisation militaire polonaise (POW), fondée en 1915 par Jozef Pilsudski comme une organisation secrète aux activités dirigées contre l'Autriche-Hongrie et l'Allemagne, avait été chargée, dans les années 1918-1920, de missions de reconnaissance dans les territoires où régnait la guerre civile, principalement en Ukraine. Elle cessa définitivement son action en 1921. Ses membres étaient majoritairement des gens de gauche, nombre d'entre eux appartenant au Parti socialiste polonais (PPS). Certains avaient rompu avec le PPS pour rejoindre le Parti communiste. En 1933, le POW n'existait plus. Malgré cela, plusieurs des Polonais arrêtés sous la fausse accusation d'appartenance au POW furent condamnés à mort et fusillés (dont le poète d'avant-garde connu Witold Wandurski), d'autres moururent en prison. Ceux qui furent épargnés restèrent en prison, puis furent fusillés pendant la Grande Purge.

Des années durant, « l'affaire du POW » devait alimenter les luttes internes du KPP : l'accusation d'être un « provocateur du POW » était aussi funeste que celle de « trotskisme ». Plus important encore : l'OGPU (et ensuite le GUGB NKVD) établit pendant cette période des répertoires de Polonais travaillant dans l'administration soviétique, le Komintern ou l'appareil de Sécurité. Fait encore plus significatif, ils furent complétés par les listes des Polonais habitant l'Ukraine et la Biélorussie où existaient deux régions autonomes polonaises : la première en Ukraine — baptisée « Julian-Marchlewski » (l'un des fondateurs du KPP, mort en 1925) — avait été organisée en 1925 ; la seconde en Biélorussie, créée en 1932, portait le nom de Feliks Dzerjinski. Ces régions possédaient leurs propres pouvoirs locaux, une presse, des théâtres, des écoles et des maisons d'édition en polonais, formant ainsi une « Pologne soviétique » enclavée en URSS.

En septembre 1935, à Kiev, Minsk et Moscou, débuta une nouvelle vague d'arrestations destinée officiellement à mettre fin au prétendu « réseau du POW ». Simultanément, la liquidation des régions autonomes polonaises commença. Mais ce n'est qu'au tournant de 1936-1937, en harmonie avec la Grande Purge, que commença l'arrestation des fonctionnaires du NKVD d'origine polonaise. L'enquête toucha le sommet de la hiérarchie de la Sécurité, puis s'élargit de plus en plus vers la base. Pendant le Plénum du Comité central du PCR (b) en juin 1937, N. Ejov affirma que le POW « avait infiltré les organes des services de renseignements et de contre-espionnage soviétiques » et il annonça que le NKVD « avait découvert et liquidé le plus important des réseaux d'espionnage polonais ». Des centaines de Polonais étaient déjà internés, dont une grande partie des dirigeants du KPP, et les accusations qui s'enchaînaient étaient confortées par les aveux extorqués par la violence lors des interrogatoires.

À l'été 1937, le NKVD lança une répression générale des minorités nationales, d'abord contre les Allemands, ensuite contre les Polonais. Le 11 août, Ejov signa l'ordre opérationnel n° 00485, qui prévoyait « *la liquidation totale* [...] des réserves humaines du réseau d'espionnage polonais en URSS ».

Une décision du NKVD et du Conseil des commissaires du peuple du 15 novembre 1938 mit fin à « l'opération polonaise » qui connut, toutefois, un prolongement avec une purge parmi les agents du NKVD qui avaient eux-mêmes participé à l'opération. La répression toucha aussi bien des dirigeants du Parti (46 membres et 24 suppléants du Comité central furent fusillés) que de « simples citoyens », des ouvriers mais surtout des paysans. Selon un rapport du NKVD du 10 juillet 1938, le nombre de détenus d'origine polonaise était de 134 519 personnes, dont environ 53 % en Ukraine et en Biélorussie. On estime que 40 à 50 % d'entre elles furent fusillées (soit de 50 000 à 67 000 victimes[1]). Les survivants furent emprisonnés dans les camps ou déportés au Kazakhstan.

Les Polonais représentent plus de 10 % du bilan général des victimes de la Grande Purge et comptent pour environ 40 % du contingent global des victimes de l'opération menée contre les minorités nationales. Il s'agit là de chiffres minima puisque des milliers de Polonais d'Ukraine et de Biélorussie furent déportés en dehors du cadre de « l'opération polonaise ». Ce ne sont donc pas seulement les chambres de l'hôtel Lux où logeaient les communistes polonais et les bureaux où ils travaillaient qui furent vidés mais surtout les villages (ou kolkhozes) polonais.

1. Cit. par N. Pietrow, « L'opération polonaise du NKVD », *Karta*, n° 11, 1993, p. 27.

Ordre d'opération du NKVD d'URSS, N° 00485

Je commande :

1. d'initier, à partir du 20 août 1937, une vaste opération afin de liquider complètement les organisations locales du POW et surtout ses cadres de diversion et d'espionnage, d'insurrection dans l'industrie, les communications, les sovkhozes et les kolkhozes. Cette opération doit être achevée dans les trois mois, c'est-à-dire au 20 novembre 1937 ;

2. d'arrêter : *a)* les membres les plus actifs du POW (d'après la liste ci-jointe), découverts lors des investigations et non identifiés jusqu'à maintenant ; *b)* tous les prisonniers de guerre de l'armée polonaise restés en URSS ; *c)* les réfugiés de Pologne, indépendamment du moment de leur arrivée en URSS ; *d)* les immigrés politiques et les prisonniers politiques échangés avec la Pologne ; *e)* les ex-membres du PPS et des autres partis politiques antisoviétiques ; *f)* les éléments locaux antisoviétiques et nationalistes les plus actifs des régions polonaises ;

3. d'organiser l'opération d'arrestation en deux phases : *a)* premièrement, il faut arrêter les contingents des personnes employées dans le NKVD, l'Armée rouge, les entreprises d'armement, les départements d'armement de toutes les autres entreprises, dans les communications ferroviaires, terrestres, maritimes et aériennes ; dans les secteurs énergétiques de toutes les entreprises industrielles, dans les raffineries et les usines à gaz ; *b)* deuxièmement, il faut arrêter tous ceux qui travaillent dans les entreprises industrielles sans importance pour la sécurité du pays, dans les sovkhozes, dans les kolkhozes et dans les administrations ;

4. d'entreprendre simultanément les enquêtes. Pendant les recherches, il faut faire pression pour démasquer totalement les organisateurs et les dirigeants des groupes de diversion afin de découvrir leur réseau ; d'arrêter immédiatement tous les espions, les nuisibles et groupes de diversion découverts grâce aux dépositions des personnes arrêtées. Pour mener l'enquête, individualiser un groupe spécial d'agents opérationnels ;

5. de classer toutes les personnes arrêtées, au fur et à mesure de l'enquête, en deux catégories : *a)* la première catégorie, à laquelle appartient le réseau d'espionnage, de diversion, de sabotage et d'insurrection de l'espionnage polonais, *doit être fusillée* ; *b)* la deuxième catégorie — moins active que la première — est passible de peine de prison ou de camp pour des durées de cinq à dix ans. [...]

Le Commissaire du Peuple aux Affaires intérieures de l'URSS,
Le Commissaire général de la Sécurité d'État.
N. Ejov, Moscou, 11 août 1937.

Katyn, prisons et déportations (1939-1941)

Le pacte de non-agression signé le 23 août 1939 entre l'URSS et l'Allemagne prévoyait dans un protocole secret le partage, en « sphères d'intérêts », du territoire polonais. Le 14 septembre, l'ordre de « passer à l'offensive contre la Pologne » fut donné et, trois jours plus tard, l'Armée rouge envahissait la République polonaise avec ordre de « libérer » les territoires appelés « Biélorussie de l'Ouest » et « Ukraine de l'Ouest » de « l'occupation fasciste polonaise » et d'incorporer ces territoires à l'URSS. Le processus d'annexion se déroula rapidement, accompagné de mesures d'intimidation et de répression. Le 29 novembre 1939, le Praesidium du Soviet suprême de l'URSS attribua la citoyenneté soviétique à tous les résidents des territoires incorporés. Vilnius et ses environs furent cédés à la République de Lituanie qui vivait ses derniers mois d'indépendance. Il était évident que le système répressif soviétique allait être élargi à ces régions tant la crainte de voir apparaître des organisations de résistance était justifiée. En effet, quelques détachements de l'Armée polonaise avaient évité la capture et s'étaient engagés, dès l'automne, dans l'organisation de maquis. Le NKVD envoya donc des troupes en grand nombre dans ces régions et y organisa l'implantation de ses structures. De nombreuses unités des forces du ministère de l'Intérieur (ainsi que des unités de gardes frontières) y furent concentrées. De surcroît, les nouvelles autorités avaient à résoudre le problème des prisonniers de guerre et à appréhender quelle serait l'attitude de la société civile.

Les militaires constituaient la préoccupation première des Soviétiques. De 240 000 à 250 000 prisonniers, dont environ 10 000 officiers, étaient captifs. Dès le lendemain de son agression, l'URSS adopta les premières décisions : le 19 septembre, Lavrenti Beria créa au sein du NKVD (ordre n° 0308) la Direction des prisonniers de guerre (*Glawnoje Upravlienije po dielam Wojenno-Plennych*, GUWP), ainsi qu'un réseau de camps spécifiques. Début octobre, la libération des simples soldats commença peu à peu, mais 25 000 furent envoyés construire des routes et 12 000 furent mis à la disposition du commissariat à l'Industrie lourde comme travailleurs forcés. Un nombre encore inconnu fut dispersé par petits groupes dans les camps de l'immense Goulag. En même temps fut décidé de créer deux « camps pour officiers » à Starobielsk et à Kozielsk, ainsi qu'un camp spécial pour les policiers, les gardiens de prison et les gardes frontières à Ostaszkow. Bientôt, Beria créa un groupe d'opération spécial chargé d'ouvrir des instructions judiciaires dans les camps mêmes. Fin février 1940, 6 192 policiers (et assimilés) et 8 376 officiers étaient internés.

Pendant plusieurs mois, Moscou hésita sur le sort à leur réserver. On se préparait à condamner une partie d'entre eux, en commençant par ceux du camp d'Ostaszkow, sous un chef d'accusation caractéristique renvoyant à l'article 58-13 du Code pénal, article qui visait les personnes ayant

« combattu le mouvement ouvrier international ». Un petit effort d'interprétation suffisait pour condamner à ce titre chaque policier et gardien de prison polonais. Les peines prévues allaient de cinq à huit ans de camp. Des déportations en Sibérie (Kamtchatka en particulier) étaient envisagées.

La décision finale fut adoptée dans la seconde moitié de février 1940, peut-être en raison de la tournure que prenait la guerre avec la Finlande. Comme on peut en juger à partir de documents aujourd'hui publics, elle fut plutôt inattendue. Le 5 mars, sur proposition de Beria, le Bureau politique décida d'« appliquer la peine suprême » envers tous les prisonniers de Kozielsk, Starobielsk et Ostaszkow et à quelque 11 000 Polonais internés dans les prisons de la partie occidentale de l'Ukraine et de la Biélorussie. (Voir encadré n° 4 dans le texte de N. Werth 1re partie.)

Le verdict fut rendu par un Tribunal spécial, « la troïka », constitué par Ivan L. Basztakov, Bachczo Z. Kobulov et Vsievolod N. Merkoulov. La proposition de Beria fut approuvée par les signatures personnelles de Staline, Vorochilov, Molotov et Mikoïan. Le greffier a noté que Kalinine et Kaganovitch, absents ce jour-là, y étaient favorables.

Témoignage de Stanislaw Swianiewicz, rescapé du massacre de Katyn

« Sous le plafond, j'ai aperçu un trou par lequel j'arrivais à voir ce qui se passait dehors [...]. Devant nous il y avait une place couverte d'herbe [...]. La place était encerclée par un dense cordon des unités de la NKVD, baïonnette au canon.

C'était nouveau par rapport à nos expériences précédentes. Même au front, tout de suite après nous avoir faits prisonniers, l'escorte ne mettait pas de baïonnettes aux fusils [...]. Un simple autocar est arrivé sur la place. Il était plutôt petit si on le compare à ceux qu'on rencontrait d'habitude dans les villes occidentales. Les fenêtres étaient blanchies à la chaux. Sa contenance était d'environ trente personnes, l'entrée des passagers à l'arrière.

Nous nous demandions pour quelle raison ces fenêtres étaient obscurcies. En reculant, l'autocar s'est approché du wagon voisin de telle façon que les prisonniers puissent y entrer directement, sans descendre du wagon. Les soldats du NKVD surveillaient, baïonnette au canon, l'entrée de l'autocar des deux côtés [...]. Chaque demi-heure, l'autocar revenait prendre un autre groupe. Par conséquent, l'endroit où les prisonniers étaient transportés n'était pas éloigné [...].

Le colonel du NKVD, un homme de grande taille, qui m'avait extrait du transport, se trouvait au milieu de la place les mains dans les poches de son grand manteau [...]. Il était évident que c'était lui qui contrôlait toute l'opération. Mais en quoi consistait-elle ? Je dois avouer qu'à ce moment-là, à la lumière de cette belle journée du printemps, je n'ai même pas pensé aux exécutions [...]. »

(*À l'ombre de Katyn*, Institut littéraire, 1976.)

Les préparatifs « techniques » durèrent un mois. Au cours des six semaines suivantes (du 3 avril au 13 mai), les prisonniers furent transférés des camps par petits groupes. 4 404 personnes furent transportées du camp de Kozielsk à Katyn où elles furent abattues d'une balle dans la nuque et ensevelies dans des fosses communes.

Les prisonniers de Starobielsk (3 896 personnes) furent assassinés dans les locaux du NKVD à Kharkov, leurs corps furent enterrés dans la banlieue de la ville à Piatichatki. Ceux d'Ostaszkow (6 287 personnes) furent exécutés dans les locaux de l'UNKVD à Kalinine (aujourd'hui Tver) et inhumés dans la localité de Miednoje. Au total, 14 587 personnes furent liquidées. Le 9 juin 1940, le commandant adjoint du chef du NKVD, Vassili V. Czernyszev, fit un rapport selon lequel les camps étaient prêts à recevoir de nouveaux prisonniers.

Les 11 000 prisonniers mentionnés par Beria ne constituaient qu'une petite partie du total des prisonniers polonais. Il y avait d'autres catégories. La plus nombreuse fut celle des *biezency*, les personnes arrêtées ayant fui hors des territoires polonais sous occupation allemande. 145 000 biezency transitèrent par les prisons et maisons d'arrêt, une partie fut condamnée et déportée dans des camps, une autre fut libérée. La deuxième catégorie, les *pierebiezczyki*, comprenait les Polonais arrêtés lors de tentatives de fuite vers la Lituanie, la Hongrie ou la Roumanie. Une partie fut libérée après quelques semaines, mais environ 10 000 pierebiezczyki furent condamnés par les OSO (*Osoboï sovetctchanié*, conseil spécial de police) à des sentences allant de trois à huit ans ; ils échouèrent au Goulag, surtout au Dallag mais aussi à la Kolyma. Enfin, une partie fut fusillée sur décision prise le 5 mars 1940. La troisième catégorie était composée des militants de réseaux de résistance, d'officiers qui n'avaient pas été mobilisés en 1939, de fonctionnaires de l'administration d'État et des autorités locales, de diverses variétés de *pomieszcziki*, en somme d'« éléments socialement dangereux » *(socjalnoopasnyi)*. C'est de cette dernière catégorie que provint la majeure partie des 7 305 personnes qui, sur les 11 000 prises en compte, furent fusillées en application de la décision du 5 mars 1940. Le lieu de leur inhumation reste inconnu, on sait seulement que 3 405 personnes furent fusillées en Ukraine et 3 880 en Biélorussie.

Le chiffre total de la « population carcérale » dans les territoires incorporés à l'URSS (y compris la Lituanie qui le fut à l'été 1940) n'a pas encore été établi de manière définitive, mais, au 10 juin 1941, il y avait 39 600 prisonniers dans les prisons de l'ouest de l'Ukraine et de la Biélorussie (parmi eux, environ 12 300 étaient déjà « jugés »). Leur nombre avait doublé par rapport à celui du mois de mars de 1940. La proportion criminels/politiques demeure toutefois inconnue.

Après l'attaque allemande contre l'URSS, tous connurent un sort souvent cruel. Dans les seules prisons d'Ukraine occidentale, environ 6 000 personnes furent exécutées, alors qu'il est peu probable qu'elles aient toutes été condamnées à mort auparavant. Dans les rapports du NKVD, il est question de ces opérations de liquidation comme d'une « diminution du nombre de personnes appartenant à la première catégorie[1] ». Quelques centaines de personnes ont été tuées pour avoir tenté de s'enfuir d'un convoi. Dans un cas, le commandant du convoi avait « pris sur sa responsabilité » de faire fusiller 714 prisonniers (dont 500 n'étaient pas passés devant une cour). Il en exécuta plusieurs de sa propre main.

Les déportations en masse furent appliquées aux territoires annexés à l'URSS. Le terme général de « déportation » englobe quatre grandes opérations, mais il faut souligner que les déportations par familles ou par petits groupes ont commencé dès novembre 1939 et que le nombre de personnes concernées demeure inconnu. Il en est de même pour les expulsés en Bessarabie ou des régions orientales de la Biélorussie et de l'Ukraine dans la seconde moitié de 1940. Les historiens ne sont pas encore parvenus à établir des chiffres exacts. Jusqu'à récemment, ce sont les estimations produites par la résistance polonaise ou celles faites par l'ambassade polonaise en 1941 qui servaient de chiffres de base. Depuis l'ouverture des archives du NKVD, la majorité des chercheurs considère que ces données sont fiables mais qu'elles ne donnent qu'un chiffre minimum et qu'il faudra le réévaluer à la hausse.

La première vague de déportations se déroula le 10 février 1940, suite à une décision du Conseil des commissaires du peuple adoptée le 5 décembre 1939. Les préparatifs, surtout « la reconnaissance du terrain » et la mise au point des listes, prirent deux mois. Les organisateurs de la déportation eurent à surmonter maints obstacles techniques, parmi lesquels le nombre très limité de voies ferrées adaptées à la largeur des trains soviétiques. L'ensemble de l'opération fut placé sous le contrôle d'un adjoint de Beria, Merkoulov, qui se rendit sur place, ce qui indique toute l'importance de l'opération aux yeux des Soviets. La déportation de février 1940 toucha surtout les paysans, les habitants des bourgs, les colons polonais installés dans ces régions dans le cadre de la politique de « polonisation », et les gardes forestiers. Selon les données du NKVD, quelque 140 000 personnes furent déportées, dont 82 % de Polonais. L'opération comprit aussi les gardes forestiers, ukrainiens et biélorusses. Les convois partaient à destination du nord de la Russie, vers la République des Komis et vers la Sibérie occidentale.

Au moment même où le Kremlin décidait l'exécution des prisonniers, le Conseil des commissaires du peuple (SNK) décréta, le 2 mars 1940, de nouvelles déportations. Cette fois-ci, ce furent les familles de prisonniers qui furent frappées — au moment même où leurs « maris ou pères » étaient exécutés — ainsi que les « éléments socialement dangereux ». Selon les données du NKVD, environ 60 000 personnes furent déportées, presque

1. Voir K. Popinski, A. Kokurin, A. Gurjanov, *Routes de la mort. L'évacuation des prisons soviétiques des « confins » de l'Est de la IIe République en juin et juillet 1941*, Varsovie, 1995, p. 96-99 et suiv.

toutes au Kazakhstan, dans des conditions dramatiques de froid et de famine, qui sont aujourd'hui bien connues grâce aux témoignages désormais disponibles.

Extrait de *Triptyque kazakh : mémoires de déportation* (Varsovie, 1992)

Lucyna Dziurzynska-Suchon : « Je me souviens d'un des plus dramatiques moments de notre vie. Pendant quelques jours nous n'avons rien mangé, littéralement rien. C'était l'hiver. La cabane était toute couverte de neige. Grâce au tunnel creusé par quelqu'un de l'extérieur, il était possible d'en sortir. [...] Maman a pu aller travailler. Elle avait aussi faim que nous. Nous étions couchés sur le grabat, serrés les uns contre les autres pour avoir plus chaud. De petites lumières scintillaient dans nos yeux. Nous n'avions plus la force de nous mettre debout. Il faisait très froid dans la cabane même [...]. Nous dormions, nous dormions tout le temps. Mon frère se réveillait de temps en temps et criait : "J'ai faim." il ne pouvait rien dire d'autre, ou bien : "Maman, je meurs." Maman pleurait. Elle est allée demander de l'aide auprès des cabanes voisines, chez nos amis. Sans résultat. Nous nous sommes mis à prier : "Notre Père..." Et probablement un miracle se produisit. Une amie de la cabane voisine est venue avec une poignée de blé [...]. »

La troisième opération, lancée par la même décision du SNK, se déroula dans la nuit du 28 au 29 juin 1940 et engloba tous ceux qui n'habitaient pas les territoires annexés avant septembre 1939 et qui n'avaient pas repassé la frontière soviéto-allemande établie par les deux occupants : les fuyards surpris dans l'une ou l'autre zone occupée avaient le droit de revenir chez eux ; ainsi 60 000 personnes, et parmi elles 1 500 Juifs, retournèrent dans le Gouvernement général allemand. Sur les 80 000 déportés de cette opération, on dénombre 84 % de Juifs qui, s'ils échappèrent au massacre perpétré par les *Einsatzgruppen* à l'été 1941, furent dirigés vers le Goulag.

La quatrième et dernière opération débuta le 22 mai 1941, sur décision du Comité central du Parti communiste d'URSS et du Conseil des commissaires du peuple du 14 mai. Son objectif était de « nettoyer » la région frontalière et les Républiques baltes des « éléments indésirables ». Les déportés appartenaient à la catégorie des *zsylposielency*, c'est-à-dire des condamnés à vingt ans de résidence forcée dans des régions désignées (surtout au Kazakhstan). Cette vague de déportations, excepté la Lettonie, l'Estonie et la Lituanie, toucha 86 000 personnes.

Sur la base des données du NKVD, on arrive donc au chiffre de 330 000 à 340 000 déportés. Compte tenu de toutes les données, le nombre des victimes de la répression s'élève à 400 000 ou 500 000. Il y eut des groupes qui se retrouvèrent au fin fond de l'URSS, comme plus de

100 000 jeunes hommes contraints à travailler dans l'industrie soviétique (surtout dans le bassin houiller de Donetsk, de l'Oural et de la Sibérie occidentale) ou les 150 000 jeunes hommes mobilisés dans les « bataillons de travail » *(strojbataliony)* de l'Armée rouge.

Au cours de deux années de pouvoir soviétique en Pologne annexée, un million de personnes, soit un citoyen sur dix, subit la répression sous ses différentes formes : exécutions, prisons, camps, déportations, travail à demi forcé. Pas moins de 30 000 personnes furent fusillées, auxquelles il faut ajouter de 90 000 à 100 000 morts dans les camps ou au cours des transports par convois ferroviaires, estimés entre 8 et 10 % des déportés.

NKVD contre Armia Krajowa (Armée nationale)

Dans la nuit du 4 au 5 janvier 1944, les premiers tanks de l'Armée rouge franchirent la frontière polono-soviétique établie en 1921. En réalité cette frontière n'était plus reconnue ni par Moscou ni par les puissances occidentales et, depuis la découverte du crime de Katyn, l'URSS avait cessé toutes relations diplomatiques avec le gouvernement polonais légal en exil à Londres, sous le prétexte que ce dernier avait demandé une enquête internationale sous l'égide de la Croix-Rouge, demande qui coïncida fortuitement avec une démarche similaire des autorités allemandes. La résistance polonaise prévoyait qu'à l'approche du front l'AK (l'Armée nationale) mobiliserait la population, entamerait le combat avec les Allemands et, après l'arrivée de l'Armée rouge, viendrait à sa rencontre comme autorité légitime. L'opération portait le nom de code de « Burza » (Tempête). Les premiers combats éclatèrent fin mars 1944, en Volhynie, où le commandant de la division de partisans de l'AK lutta aux côtés des unités soviétiques. Le 27 mai, certaines unités de l'AK furent forcées par l'Armée rouge de déposer les armes. En conséquence, le gros des effectifs de la division dut se replier vers la Pologne tout en combattant les Allemands.

Cette façon de procéder des Soviétiques — d'abord la coopération au niveau local puis le désarmement forcé des Polonais — est confirmée par d'autres cas. Les événements les plus spectaculaires eurent lieu dans la région de Vilnius. Quelques jours après la fin des combats, les forces des Unités intérieures du NKVD arrivèrent et — conformément à l'ordre n° 220145 du quartier général — menèrent à terme une opération de désarmement des soldats de l'AK. Selon le rapport reçu par Staline le 20 juillet, plus de 6 000 partisans furent arrêtés tandis que 1 000 d'entre eux réussissaient à s'échapper de la nasse. Tout l'état-major de ces unités de partisans fut arrêté. Les officiers furent internés dans les camps du NKVD qui offrit aux soldats le choix entre le camp ou l'incorporation dans l'armée polonaise, formée sous l'égide des Soviétiques, du général Zygmunt Berling. Les unités de l'AK qui prirent part à la libération de Lvov subirent le même sort. Ces événements avaient lieu dans des territoires considérés par Moscou comme appartenant à l'URSS.

Ce même 1er août 1944, les commandants de l'AK déclenchèrent l'insurrection à Varsovie dont la prise avait été planifiée par l'Armée rouge (front de Biélorussie) pour le 8 août. Staline stoppa l'offensive sur la Vistule déjà franchie, notamment au sud de Varsovie, et laissa les Allemands écraser les insurgés qui résistèrent jusqu'au 2 octobre.

À l'ouest de la ligne Curzon où l'AK avait mobilisé de 30 000 à 40 000 soldats et libéré beaucoup de petites localités, les unités du NKVD, du SMERSCH (le contre-espionnage militaire) et des unités de filtrage procédèrent de la même manière, se conformant à l'ordre du commandement suprême no 220169 du 1er août 1944. Selon un rapport établi en octobre qui contient le résumé de l'exécution de cette directive, environ 25 000 soldats dont 300 officiers de l'AK furent arrêtés, désarmés puis internés.

Les unités du NKVD et les groupes d'opération du SMERSCH disposaient de leurs propres prisons et de leurs camps dans lesquels ils détenaient aussi bien les partisans polonais que les *Volkdeutsches*[1] et les prisonniers allemands. Les officiers et les soldats refusant de s'engager dans l'armée de Berling furent envoyés, à l'instar de leurs camarades de Vilnius et Lvov, au fin fond du Goulag. Jusqu'à aujourd'hui, le nombre exact des participants à l'opération « Burza » qui furent internés par les Soviétiques n'est pas établi. Les estimations varient de 25 000 à 30 000 soldats. Mais les territoires de nouveau annexés par l'URSS à l'automne 1944 connurent aussi des arrestations massives suivies en particulier de condamnations et de déportation au Goulag ou bien de transfert pour le travail forcé, en général dans le bassin du Donetsk. À la vérité, les déportés étaient cette fois majoritairement des Ukrainiens, mais on estime que ces diverses formes de répression touchèrent au minimum quelques dizaines de milliers de Polonais.

L'activité du NKVD et du SMERSCH ne prit nullement fin avec la dispersion de la plus grande partie des unités mobilisées de l'AK. Le 15 octobre 1944, Beria signa l'ordre no 0012266/44 qui décidait de la formation d'une division spéciale destinée à stationner en Pologne (la division 64 dite des « Francs-tireurs »). Dans les régions frontalières, les unités du NKVD de Biélorussie et d'Ukraine prêtaient la main aux opérations menées du côté polonais de la frontière. À partir de la formation de cette division à la fin de 1944, 17 000 personnes furent arrêtées et 4 000 d'entre elles furent déportées dans de lointains camps soviétiques. Les unités soviétiques, subordonnées depuis le 1er mars 1945 au conseiller général du NKVD auprès du ministère polonais de la Sécurité publique (le général Ivan Serov), restèrent en Pologne jusqu'au printemps 1947. Jusqu'en août-

1. Il s'agit des citoyens polonais qui se déclarèrent d'origine allemande et par conséquent membres de la nation allemande.

septembre 1945, elles représentaient la principale force « nettoyant » le terrain dans les zones où existaient des maquis indépendantistes. De janvier 1945 à août 1946, 3 400 combattants de divers groupes de résistance furent arrêtés — la plupart échouèrent en camps, une autre partie étant remise aux autorités polonaises — et 47 000 personnes furent interpellées. Après l'entrée de l'Armée rouge dans les régions polonaises annexées en 1939 par l'Allemagne, il fut procédé à des arrestations non seulement de *Volkdeutsch* mais aussi de Polonais qui, sous pression des Allemands, avaient signé la prétendue IIIe liste nationale *(Eingdeutsche*[1]). Au moins 25 000 à 30 000 civils de Poméranie et de Haute-Silésie furent déportés en URSS, y compris 15 000 mineurs, qu'on envoya dans les camps du Donbass et dans le bassin de Sibérie occidentale.

Toutefois, le NKVD ne se limita pas à des répressions en masse, des chasses à l'homme et des « pacifications ». À la fin de l'été 1944, le SMERSCH mit en place des groupes d'opérations locaux, menant en Pologne une activité régulière, recrutant en particulier des informateurs. L'opération la plus connue, dirigée directement par le général du NKVD Ivan Serov, fut l'arrestation de seize membres de la direction de l'État polonais clandestin : le commandant de l'AK, le vice-Premier ministre du gouvernement clandestin, trois de ses adjoints et des membres du Conseil de l'Unité nationale (un quasi-parlement clandestin) mis sur pied pendant l'occupation allemande. Le 22 février 1945, ce Conseil avait protesté contre les accords de Yalta tout en affirmant être prêt à négocier directement avec les Soviétiques. À la suite de quoi, le général Serov avait invité les dirigeants de la clandestinité à se faire connaître. Au moment même où ils se présentaient à l'endroit convenu (à Pruszkow, aux environs de Varsovie), ils furent arrêtés et transportés directement, le 28 mars 1945, à la Loubianka, à Moscou. Le 19 juin, après une instruction qui dura quelques semaines, commença un procès public dans la salle des colonnes du Palais des Syndicats, où avaient été organisés les Grands Procès d'avant-guerre. Simultanément, à Moscou, des pourparlers se tenaient entre les autorités polonaises prosoviétiques et les représentants des forces démocratiques polonaises pour l'acceptation des clauses concernant la Pologne dans les accords de Yalta ; ces derniers s'étaient eux aussi déclarés prêts à négocier directement avec les Soviétiques. Le verdict du procès fut prononcé le jour même où les trois grandes puissances (États-Unis, URSS et Grande-Bretagne) entérinèrent l'accord entre les différents partis polonais pour la formation d'un gouvernement de coalition dans lequel les communistes avec leurs organisations satellites jouissaient d'une écrasante majorité. Les peines prononcées, jusqu'à dix ans de prison, paraissaient modérées, mais trois des condamnés ne revinrent jamais en Pologne. Le général commandant l'AK, Leopold Okulicki, mourut en prison en décembre 1946.

1. Ce terme désigne les Polonais des territoires annexés par le IIIe Reich qui furent contraints de se faire enregistrer comme « proches de la culture allemande » et qui servirent dans la Wehrmacht.

BIBLIOGRAPHIE

On n'a retenu ici que les travaux généraux les plus récents et les plus complets ainsi que les publications de documents choisis, fondés sur les archives soviétiques récemment ouvertes. Les Mémoires, fort abondants, ne sont donc pas cités.

— *Armée nationale. L'Épilogue dramatique*, réd. K. Komorowski, Varsovie, 1994.

— S. Ciesielski, G. Hryciuk, A. Srebakowski, *Les Déportations soviétiques massives au temps de la Seconde Guerre mondiale*, Wrocław, 1994 (en particulier le chapitre « Déportations de la population polonaise », p. 26-82).

— Jan T. Gross, *Revolution from Abroad. The Soviet Conquest of Poland's Western Ukraine and Western Bielorussia*, Princeton, 1988.

— Mikolaj Iwanow, *Première nation punie. Les Polonais en URSS, 1921-1939*, Varsovie, 1991.

— « La Main de Iejov », *Karta*, revue historique indépendante, n° 11 (spécial), 1993.

— *Katyn. Documents sur un crime* ; tome I, *Les Prisonniers d'une guerre non déclarée, août 1939-mars 1940*, réd. W. Materski, Varsovie, 1995.

— *NKWD i polskoje podpolje 1944-1945* (Po « osobym papkam » J.W. Stalina), réd. A.F. Noskowa, Moscou, 1994.

— *Le NKWD, la Pologne et les Polonais. Reconnaissance dans les archives*, réd. W. Materski, A. Paczkowski, Varsovie, 1996.

— K. Popinski, A. Kokurin, A. Gurjanow, *Routes de la mort. L'évacuation des prisons soviétiques des « confins » de l'Est de la IIe République en juin et juillet 1941*, Varsovie, 1995.

— *Le Procès des seize. Documents du NKVD*, réd. A. Chmielarz, A.K. Kunert, Varsovie, 1995.

— Izabela Sariusz-Skapska, *Les Témoins polonais du Goulag. Littérature des camps soviétiques 1939-1989*, Krakow, 1995.

— J. Siedlecki, *Le Sort des Polonais en URSS dans les années 1939-1986*, Londres, 1987.

— *La Tragédie du Parti communiste polonais*, réd. Jarema Maciszewski, Varsovie, 1989.

— P. Zaron, *Les Camps de prisonniers polonais en URSS dans les années 1939-1941*, Varsovie, 1994.

POLOGNE 1944-1989 : LE SYSTÈME DE RÉPRESSION

L'étendue des répressions politiques en Pologne et leurs formes ont suivi l'évolution du système politique. « Dis-moi quel est l'actuel système de répression et je te dirai à quelle phase du communisme il correspond », pourrait-on dire en paraphrasant un dicton populaire.

La description et l'analyse du système répressif rencontrent deux problèmes majeurs : 1) il s'agit d'un domaine très secret, par conséquent beaucoup de dossiers restent encore inaccessibles ; 2) envisager le passé uniquement sous l'angle de la répression conduit au risque de percevoir ce système communiste de manière déformée puisque, même dans ses périodes les plus répressives, celui-ci disposait d'autres recours. Il reste néanmoins à appréhender une question d'importance capitale dans toute tentative d'évaluation du régime et de ses racines idéologiques : la centralité de l'appareil de répression dans ce système. Pendant les quarante-cinq années de monopole du pouvoir du Parti communiste, on distingue cinq phases de répression. Toutes ont en commun de reposer sur l'existence d'une police politique à la disposition du centre de décision du Parti, ou de quelques-uns de ses responsables.

À la conquête de l'État ou la terreur de masse (1944-1947)

Sur le plan intérieur, les fondements de l'État communiste furent posés grâce à la présence de l'Armée rouge. En ce qui concerne les relations internationales, le protectorat de Staline fut décisif. Le rôle de l'appareil de Sécurité soviétique ne se limita pas à la lutte contre les adversaires du nouveau pouvoir, et l'organisation du NKVD/KGB servit, à quelques modifications (importantes) près, de modèle aux communistes polonais formés à l'école des officiers du NKVD de Kouïbychev. De surcroît, un corps de quelques centaines de conseillers (ou *sovietniks*, avec, au poste de conseiller général, le général Serov) fut organisé, véritable doublon des services polonais. Par le réseau des experts soviétiques, les chefs de la Loubianka avaient accès à toutes les données qui pouvaient leur être utiles, ce qui dispensait Moscou d'avoir son propre système d'information en Pologne. En plus d'intérêts politiques et idéologiques communs avec l'appareil soviétique, l'appareil polonais de Sécurité faisait, de ce point de vue, partie intégrante de l'appareil soviétique. Et cela est encore plus évident en ce qui concerne le système polonais de contre-espionnage militaire.

Les communistes constituaient en Pologne un groupe marginal dépourvu de toute chance d'accéder au pouvoir par la voie démocratique. Ils étaient d'autant plus mal perçus que la majorité des Polonais, traditionnellement méfiante voire hostile envers l'URSS — et la Russie en particulier —, avait fait l'amère expérience d'une « libération » par l'Armée rouge. Dans les premières années de l'après-guerre, les piliers de cette résistance étaient constitués par le maquis, la clandestinité politique et les partis légaux parmi lesquels ne comptait vraiment que le Parti paysan polonais (PSL). La première tâche que se fixa le nouveau pouvoir fut de briser la résistance des Polonais et de faire main basse sur l'État. Il est très significatif que le premier représentant du Comité de libération nationale (fondé à Moscou le 21 juillet 1944) à faire une apparition publique en Pologne fut le ministre de la Sécurité publique : Stanislaw Radkiewicz. Il fallut attendre une année avant que l'appareil de Sécurité (désigné depuis 1945 sous le nom de ministère de la Sécurité publique, MBP) soit suffisamment structuré pour qu'il puisse prendre en charge l'essentiel du travail de consolidation d'un pouvoir conquis par l'Armée rouge et le NKVD. Dans le courant du second semestre 1945, le MBP avait déjà développé une structure opérationnelle qui employait plus de 20 000 fonctionnaires (non compris la milice), le ministère disposant de surcroît d'une formation militaire : le Corps de Sécurité intérieure (KBW) d'environ 30 000 soldats. La guerre contre le maquis, qui connut une intensité élevée jusqu'en 1947 pour ne s'éteindre qu'au début des années cinquante, fut sanglante et brutale. Les historiens polonais ne sont pas tous d'accord pour employer le terme de « guerre civile », étant donné la présence des forces soviétiques (militaires et NKVD) en Pologne.

L'appareil de Sécurité employa un large éventail de méthodes allant de l'infiltration et la provocation jusqu'à la pacification de territoires entiers. Il disposait d'un avantage matériel absolu — moyens de communication, armes, possibilité de mobilisation du KBW — dont il profita sans pitié. Un exemple : selon le Département III chargé de la lutte contre la résistance anticommuniste, 1 486 personnes périrent en 1947 dans des affrontements tandis que les pertes des forces communistes ne s'élevaient qu'à 136 personnes[1]. Les grandes opérations de pacification étaient menées non seulement par les unités du KBW mais aussi par celles de l'armée régulière qui y étaient spécialement affectées. Le nombre d'adversaires du pouvoir tués pendant les combats entre 1945 et 1948 s'élève à environ 8 700 personnes. L'ensemble de ces opérations était dirigé par la Commission d'État pour la Sécurité, présidée par les ministres de la Sécurité et de la Défense. En cas de besoin, des déportations de masse étaient organisées. C'est ainsi que fut résolu le problème de la résistance ukrainienne en Pologne du Sud-Est : entre avril et juillet 1947, tous les Ukrainiens de Pologne (environ 140 000 personnes) furent déportés dans le cadre de l'opération « Wisla » (Vistule) et dispersés dans les anciens territoires allemands à l'ouest et au nord du pays.

Les annales de la Sécurité ne manquent pas d'opérations soigneusement préparées : la fraude massive lors du référendum de juin 1946, la

1. Archives centrales MSW, sygn. 17/IX/36, tome II.

« préparation » des élections de janvier 1947, c'est-à-dire l'intense campagne de propagande qui les précéda, les milliers d'arrestations, surtout dans les campagnes, et le recours à nouveau à la fraude systématique, ou le développement d'un réseau de collaborateurs (au 1er janvier 1946, ils étaient environ 17 500). Cependant, son action est surtout caractérisée par la force brutale, même si les données sûres et précises sur le nombre de détenus manquent encore. En 1947, environ 32 800 personnes furent arrêtées par le Département III (une grande partie d'entre elles étaient des criminels ordinaires) ; le Département IV, chargé de veiller à la sécurité des industries, a fait arrêter près de 4 500 personnes et, dans les semaines précédant les élections, 50 000 à 60 000 militants du Parti paysan (PSL) furent arrêtés par les divers départements du MBP, de la milice, du KBW et de l'armée. Plusieurs cas de meurtres sont connus, certains directement commandités par les comités locaux du Parti communiste.

Les interrogatoires étaient menés de manière extrêmement brutale : les passages à tabac et la torture étaient monnaie courante, les conditions de détention dans les prisons inhumaines.

Kazimierz Moczarski
prisonnier condamné à perpétuité
(Art. 2 du décret 31 août 1944)

« Sztum, prison centrale
Le 23 février 1955

Tribunal suprême chambre pénale
Réf. : III K 161/52

À la suite de la demande de la reprise du procès et de la révision extraordinaire, adressée par mes avocats [...], je déclare :

Pendant l'investigation menée par l'officier de l'ex-Ministère de la Sécurité publique, j'ai été soumis, entre le 9 janvier 1949 et le 6 juin 1951, à quarante-neuf types de brimades et de tortures parmi lesquelles je peux relever celles-ci :

1. Coups de matraque en caoutchouc en des endroits particulièrement sensibles (base du nez, menton, glandes salivaires, de parties saillantes comme les omoplates).

2. Coups de fouet couvert de "caoutchouc collant" aux parties extérieures des pieds nus, surtout aux orteils — méthode très douloureuse.

3. Coups de matraque de caoutchouc aux talons (par série de 10 à chaque talon, plusieurs fois par jour).

4. Cheveux arrachés sur les tempes et la nuque ("plumage d'oie"), de la barbe, la poitrine, du périnée et des organes sexuels.

5. Brûlures de cigarettes sur les lèvres et les yeux.

6. Brûlures des doigts des deux mains.

7. Privation du sommeil : pendant sept à neuf jours le prisonnier, debout dans une cellule sombre, est réveillé par des coups au visage [...]. Cette méthode, appelée "plage" ou "Zakopane" par les officiers instructeurs,

provoque un état proche de la démence — le prisonnier est en proie à des troubles psychiques : visions sonores en couleurs, proches de celles provoquées par l'usage de peyotl ou de mescaline.

De plus, je dois souligner que, pendant six ans et trois mois, j'ai été privé de promenades. Pendant deux ans et dix mois, je n'ai pas pris de bain ; pendant quatre ans et demi environ, j'étais soumis à un isolement sévère, sans aucune possibilité de contacter le monde extérieur (pas de nouvelles de ma famille, de lettres, de livres ou de journaux, etc.).

Les tortures et les tourments ci-mentionnés m'ont été appliqués, entre autres, par le lieutenant-colonel Dusza Jozef, le commandant Kaskiewicz Jerzy et le capitaine Chimczak Eugeniusz dans le but de *me terroriser et m'extorquer des dépositions non conformes à la vérité mais nécessaires à la confirmation de la ligne d'instruction et d'accusation antérieurement définie.*

Ils agissaient sous les ordres du colonel Rozanski, du colonel Fejgin, et le vice-ministre, le général Romkowski, m'a déclaré, le 30 novembre 1948, en présence du colonel Rozanski, que je subirai une "investigation infernale" qui devait effectivement se réaliser [...]. »

(*Cahiers historiques*, n° 53, Paris, 1980)

Résistant antinazi arrêté en 1945, Kazimierz Moczarski fut emprisonné pendant 225 jours dans la même cellule que le général SS Jürgen Stroop qui avait commandé la liquidation du Ghetto de Varsovie en 1943. Libéré, il put faire le récit de cette confrontation. (*Voir* Entretiens avec le bourreau, *Gallimard*, 1979.)

Dans de nombreux cas, les autorités ne se contentaient pas d'une condamnation sommaire mais mettaient en scène des procès « ouverts » au cours desquels un « public » trié sur le volet humiliait les condamnés et montrait la prétendue « haine du peuple » envers eux. La date de certains procès fut fixée en fonction des échéances du pouvoir afin d'en renforcer l'effet de propagande. C'est le cas, entre autres, du procès du plus important des groupes clandestins (« WiN », Liberté et Indépendance). Les accusés attendirent leur procès de novembre 1945 à janvier 1947, soit une semaine avant les élections. Autre procédé : les combattants de la résistance antiallemande étaient condamnés comme collaborateurs. Le raisonnement des communistes reposait sur la logique « qui n'est pas avec moi est contre moi ». Par conséquent, la principale force de résistance organisée face aux Allemands, l'Armée nationale (AK), qui n'avait pas lutté *aux côtés* des Soviétiques contre les Allemands, était considérée comme l'alliée de Hitler. Pour accréditer cet amalgame inique, les fonctionnaires de la Gestapo détenus donnaient des faux témoignages qui servaient à justifier les condamnations. L'un des plus scandaleux « crimes juridiques » a eu lieu avec le procès de Witold Pilecki *(voir encadré)* en 1948. Le point principal de l'accusation portait sur l'accusation d'« espionnage pour le compte d'une puissance étrangère », en l'occurrence l'armée polonaise en Occident.

Witold Pilecki

Né en 1901, Witold Pilecki participe en 1920 à la défense de Wilno contre les bolcheviks. Propriétaire foncier et officier de réserve, il organise des pelotons de cavalerie qui intègrent l'armée en 1939. Dès la défaite de la Pologne, il fonde l'une des toutes premières organisations clandestines de résistance : l'Armée polonaise secrète (serment du 10 novembre 1939). En 1940, de sa propre initiative et avec l'accord de ses supérieurs de l'AK, il se laisse volontairement prendre dans une rafle pour être conduit au camp d'Auschwitz (matricule n° 4859) et y organise un réseau de résistance. En avril 1943, il s'évade, poursuit ses activités clandestines, notamment dans le réseau Niepodlegosc (Indépendance), et prend part à l'insurrection de Varsovie. Après la capitulation de la ville, il est prisonnier à l'oflag de Murnau. Libéré, il est incorporé dans le 2e corps d'armée du général Anders. À l'automne 1945, il retourne en Pologne pour rejoindre le mouvement clandestin. Il organise un petit réseau efficace qui recueille des informations sur la « bolchevisation » du pays et les transmet au général Anders. Arrêté le 5 mai 1947, torturé puis condamné à mort à trois reprises le 15 mars 1948, Witold Pilecki est exécuté le 25 mai d'une balle dans la nuque. Il est réhabilité en 1990.

La direction du Parti décida elle-même du niveau des peines prononcées dans les principaux procès. Elle veillait également aux nominations touchant aux postes clefs de l'appareil de Sécurité.

Toute résistance organisée et coordonnée fut brisée à l'automne 1947. Après la fuite de plusieurs dirigeants du PSL et l'arrestation du quatrième commandant du WiN, les structures de résistance disparurent à l'échelle nationale. La situation politique commençait à se stabiliser : exsangue et épuisée par les années de guerre, la société avait perdu tout espoir dans les gouvernements occidentaux. Le besoin de s'adapter à la réalité, même imposée et honnie, se faisait de plus en plus sentir. Le coup d'État communiste en Tchécoslovaquie en février 1948 avait renforcé la domination de Moscou sur l'Europe centrale et orientale. Le Parti communiste et son principal allié, le Parti socialiste, préparaient leur fusion. À l'amélioration de la situation économique et aux progrès de la reconstruction s'ajoutait la colonisation des territoires anciennement allemands qui absorbait l'intérêt de l'opinion. Tous ces facteurs permirent au Parti communiste de passer à l'étape suivante : la soviétisation de la Pologne et l'assujettissement de la société. Logiquement, le MBP pensa alors à réduire son personnel, et le nombre de ses agents et collaborateurs secrets (45 000 à l'époque) commença à diminuer.

La société comme objectif de conquête ou la terreur généralisée (1948-1956)

Après le « coup de Prague » et la mise de Tito au ban du mouvement communiste international, les pays du bloc de l'Est connurent des transformations analogues, telles que l'absorption des partis socialistes par les partis communistes et la formation (*de jure* ou *de facto*) d'un système de parti unique, une centralisation totale de la gestion économique, une industrialisation accélérée selon le modèle des plans quinquennaux staliniens, un début de collectivisation de l'agriculture, une intensification de la lutte contre l'Église, etc. La terreur de masse se banalisa en se généralisant.

Dans les années 1945-1947, des milliers de personnes qui n'avaient aucune activité oppositionnelle, qu'elle soit légale ou clandestine, furent victimes de « pacifications » ou d'« opérations préventives », mais en principe la machine répressive était tournée contre les adversaires concrets et réellement actifs du PPR (Parti ouvrier polonais). Après 1948, l'objectif principal de l'appareil de Sécurité fut de terroriser et de placer sous sa domination l'ensemble de la société, y compris les groupes ou milieux qui soutenaient avec plus ou moins de zèle le régime. On entre dans une terreur globale, chacun pouvait devenir « l'objet d'un intérêt actif » de la Sécurité, voire sa victime. Trait capital, la répression pouvait toucher également un dirigeant du Parti communiste ou de l'État. Même si certains hauts fonctionnaires du MBP appelaient déjà en 1947 à « intensifier la vigilance révolutionnaire », ce n'est qu'à l'été 1948 que ce mot d'ordre devint l'axe des activités de la Sécurité, avec le rappel de la thèse stalinienne sur « l'intensification de la lutte de classes ».

Le point de départ fut le conflit avec Tito qui, pour l'Europe centrale et orientale, joua un rôle similaire à celui qu'avait joué la lutte contre le trotskisme en URSS. En Pologne, cette question apparaît avec la « critique de la déviation nationaliste de droite », personnalisée, au tournant d'août-septembre 1948, par le secrétaire général du PPR, Wladyslaw Gomulka. Les premières arrestations de la mi-octobre ne touchaient pas encore l'entourage direct de Gomulka, mais quiconque connaissait les Procès de Moscou des années trente était parfaitement conscient que les arrestations en chaîne remontaient jusqu'au sommet de l'appareil.

Dans un système répressif généralisé, les « actions » visant les communistes eux-mêmes ne constituent qu'une proportion insignifiante de l'ensemble de la politique répressive, mais elles ne sont pas négligeables. Dans le cas polonais, elles n'entraînèrent qu'un petit nombre de victimes. En recherchant un réseau « d'espionnage et de diversion », la Sécurité tourna son attention vers les cadres de l'armée et spécialement vers les officiers de carrière de l'armée d'avant-guerre. Dans ce cas précis, l'effet de l'action conjointe de la MBP et du renseignement militaire (Direction générale d'information, GZI) a conduit à l'arrestation de centaines d'officiers, suivie de nombreux procès, de la condamnation et de l'exécution de vingt personnes. La disparition de la scène publique de Gomulka, arrêté avec quelques centaines de cadres du Parti de différents niveaux, fut un signal clair : le temps de la soumission totale de tout l'appareil du Parti, y compris de la Sécurité dont quelques hauts fonctionnaires se retrouvèrent en prison, était arrivé. Comme le procès Gomulka (ainsi que d'autres) n'eut pas lieu [1], la soviétisation de la Pologne n'a pas été marquée par un procès à grand spectacle similaire à ceux de Rajk à Budapest ou de Slansky à Prague.

Seule une infime partie de l'appareil de Sécurité qui, énergiquement développé depuis 1949, comptait environ 34 000 fonctionnaires en 1952, fut compromise dans l'affaire de « la provocation au sein du mouvement ouvrier ». Il s'agissait en l'occurrence du Département X comptant cent personnes environ. Une Commission à la Sécurité avec à sa tête Boleslaw Bierut (1892-1956) fut constituée auprès du Bureau politique. Elle s'occupa aussi bien des enquêtes les plus importantes que des problèmes d'organisation du MBP et du GZI, et formulait des directives générales.

L'omniprésence de la « Bezpieka » (appellation populaire désignant la Sécurité) dans tous les domaines de la vie sociale devint l'un des traits de l'époque. Son réseau d'informateurs (74 000 personnes) ne suffisant plus aux besoins, il fut décidé, à l'été 1949, d'organiser dans les entreprises des cellules de l'appareil de Sécurité, dites Services de protection (*Referat Ochrony*, RO). Quelques années plus tard, les RO existaient dans six cents entreprises. Au sein du MBP, on veilla avec un soin particulier au service de protection de l'économie divisé en plusieurs départements. Dans les années 1951-1953, la majorité des personnes arrêtées (cinq à six mille par an) l'étaient par ce service qui disposait du réseau d'informateurs le plus développé (26 000 personnes). N'importe quelle panne, n'importe quel incendie dans une entreprise était d'emblée considéré comme le résultat d'un sabotage ou même d'une diversion. Dans certains cas, on incarcérait plusieurs dizaines de travailleurs d'une seule entreprise. Dans le cadre de la « protection des institutions d'État », ce service donnait entre autres son opinion sur les candidats aux études polytechniques. En 1952, l'avis du service empêcha 1 500 jeunes gens d'entreprendre des études.

La « protection de l'organisation des coopératives agricoles » (c'est-à-dire de la collectivisation) et le contrôle de l'application des décrets sur des quantités de blé et de viande constituent un chapitre à part. Dans ce dernier cas, l'institution la plus active ne fut pas l'appareil de Sécurité mais la Milice et la Commission extraordinaire pour la lutte contre les abus et le sabotage, formée en 1945. Ce seul nom, qui rappelle celui de la

1. On avance à ce sujet plusieurs hypothèses, entre autres celles-ci : Boleslaw Bierut, successeur de Gomulka après 1948, se serait adroitement opposé aux directives de Moscou, ou, *a contrario*, Staline aurait refusé son accord aux propositions de Varsovie. Aucune d'entre elles n'est fondée sur des documents.

Tcheka, semait la terreur. Il arriva que des milliers de paysans dans chacune des quinze régions soient incarcérés pour n'avoir pas livré leur contingent. La Sécurité et la Milice procédaient aux arrestations selon un plan politique ciblé : les paysans les plus aisés (koulaks) étaient arrêtés les premiers, même s'ils avaient livré leurs quotas. Détenus des semaines entières sans procès, ils étaient ensuite condamnés, leur blé et leur bétail confisqués, de même que leurs propriétés. La Commission extraordinaire s'occupait aussi de la population urbaine. La plupart des condamnations concernaient des cas de spéculation ou de marché noir, et, dans les années 1952-1954, le hooliganisme. Les décisions de la Commission devinrent au fil du temps de plus en plus répressives : dans les années 1945-1948, elle avait condamné 10 900 personnes au camp de travail ; dans les années 1949-1952, 46 700 personnes. Jusqu'en 1954 environ 84 200 personnes furent envoyées en camp de travail. Ces verdicts ne regardaient pas les « délits politiques » au sens strict, délits qui relevaient en Pologne des tribunaux, mais le caractère de ces mesures touchant la population rurale et les « spéculateurs » résultait de la nature même du système répressif, privilégiant le bâton.

Quant à l'appareil de Sécurité, son objectif principal était la poursuite des clandestins — aussi bien de la période de l'occupation que de l'après-guerre —, des ex-militants du PSL, de soldats revenus de l'Ouest, des fonctionnaires, des cadres politiques et des officiers d'avant-guerre. Début 1949, on standardisa « les registres d'éléments suspects » en plusieurs catégories. Le 1er janvier 1953, les fiches de la Sécurité répertoriaient 5 200 000 personnes, un tiers de la population adulte. Malgré l'élimination des organisations illégales, les procès politiques se poursuivaient. Le nombre des prisonniers augmenta au fur et à mesure des diverses « opérations de prévention ». Ainsi, en octobre 1950 dans le cadre de l'action K, 5 000 personnes furent arrêtées au cours d'une même nuit. Après un ralentissement qui suivit les arrestations des années 1948-1949, les prisons recommencèrent à se remplir : en 1952, 21 000 personnes furent arrêtées. Selon les données officielles, il y avait dans le second semestre 1952 49 500 prisonniers politiques. On avait même ouvert une prison spéciale pour les « délinquants politiques » mineurs (2 500 en 1953).

Après la liquidation de l'opposition, l'Église catholique demeurait la seule institution indépendante. Surveillée de plus en plus à partir de 1948, elle était l'objet d'attaques incessantes. En 1950, on commença à emprisonner les évêques. En septembre 1953 se tint le procès de l'évêque Kacmarek (condamné à douze ans de prison) et l'internement du primat de Pologne, le cardinal Wyszynski. Au total, plus de cent prêtres connurent la prison. Les Témoins de Jéhovah, considérés comme des « espions américains », furent particulièrement visés : en 1951, plus de 2 000 d'entre eux étaient incarcérés.

C'était l'époque où chacun allait en prison : les membres du Bureau politique, les hauts fonctionnaires d'avant-guerre (y compris l'ex-Premier

Extrait de *La Grande Éducation. Mémoires des prisonniers politiques en République populaire de Pologne*, 1945-1956, Varsovie, 1990

Staszek : « La tuberculose était, sans doute, la maladie la plus grave en Pologne d'après-guerre [...]. Cela a eu lieu à [la prison de] Wronki, encore avant 1950. Nous étions sept dans une cellule. Elle était petite, huit mètres carrés à peine, peu de place pour chacun [...]. Un jour, le huitième malheureux est arrivé. Nous avons tout de suite constaté que quelque chose n'allait pas. Il ne possédait ni écuelle ni couverture et avait l'air d'un homme gravement malade. Il est devenu bientôt évident que cet homme souffrait de tuberculose avancée, son corps était couvert d'abcès tuberculeux. J'ai vu les visages terrifiés de mes camarades, moi aussi j'étais mal à l'aise [...]. Nous nous sommes éloignés de lui. Mais il est facile de s'imaginer une situation absurde où, sur une surface de huit mètres carrés, sept personnes veulent fuir la huitième. La situation est devenue encore plus pénible au moment où l'on a apporté le premier repas. Cet homme n'avait pas d'écuelle et personne n'avait la moindre intention de lui en apporter ! Je regardais les autres qui, eux aussi, s'observaient en évitant les regards des collègues et de cet homme.

En ne supportant plus la situation, je lui ai donné mon écuelle. Je lui ai dit de manger le premier et moi ensuite. Alors, il a tourné vers moi son visage mort et apathique (tout lui semblait indifférent), et j'ai entendu sa confession : "Camarade, mais moi, je meurs... c'est une question de quelques jours encore. — Mangez à ma santé", je lui ai répondu, sous les regards horrifiés des autres. Ils ont alors commencé à éviter aussi bien le malade que moi. Lorsqu'il a fini son repas, j'ai lavé l'écuelle avec le peu d'eau qui se trouvait dans la cruche et j'ai mangé à mon tour. »

ministre), les généraux, les commandants de l'AK, les évêques, les partisans qui, après avoir lutté contre les Allemands, avaient tourné leurs armes contre les communistes, les paysans qui refusaient de s'inscrire aux kolkhozes, les mineurs d'un puits où un incendie avait éclaté, jusqu'aux jeunes gens arrêtés pour avoir cassé la vitre d'un panneau d'affichage ou avoir écrit des slogans sur les murs. Il s'agissait d'écarter de la vie publique tout opposant potentiel et d'interdire toute liberté d'action. Un des buts principaux du système de terreur généralisée était la diffusion dans la société d'un sentiment de peur permanente, de favoriser la délation et ainsi de l'atomiser.

Ce système commença à changer à partir de la fin de 1953 : le développement du réseau d'informateurs fut interrompu, les conditions d'incarcération s'améliorèrent, une partie des prisonniers fut relâchée pour « raisons de santé », les procès se raréfièrent et les verdicts furent plus cléments ; en pratique, on cessa de battre et de maltraiter les prisonniers. Des officiers de mauvaise réputation furent limogés, le Département X fut dissous et le personnel des Services fut réduit. Une « bombe » éclata le 28 septembre 1954 quand Radio Europe libre commença à diffuser une série de rapports de Jozef Swiatlo, vice-directeur du Département X, qui, en décembre 1953, avait « choisi la liberté ». En quelques semaines, le MBP fut réorganisé et remplacé par le ministère des Affaires intérieures (MSW) et un Comité de Sécurité publique (KBP) distinct. Le ministre et trois des cinq vice-ministres du MBP durent démissionner et, en décembre, Gomulka fut libéré tandis que le chef du Département d'enquête, Jozef Rozanski, était incarcéré. La Commission spéciale de lutte contre les abus fut supprimée. En janvier 1955, le Comité central dénonça « les fautes et les erreurs », rejetant toute la responsabilité sur l'appareil de Sécurité qui, selon lui, « s'était placé au-dessus du Parti ». Quelques bourreaux du MBP furent arrêtés et les effectifs de la Sécurité continuèrent à diminuer.

Mais ces changements n'étaient que de pure forme. En 1955, il restait toujours environ 30 000 prisonniers politiques et, dans la seconde moitié de l'année, eut lieu le procès de l'ex-ministre Wlodimierz Lechowicz[1], celui-là même qui avait été arrêté en 1948 par le Groupe spécial de Swiatlo. Membre du Bureau politique jusqu'en 1949, Marian Spychalski, arrêté en 1950, resta emprisonné sans procès jusqu'en avril 1956. En ce qui concerne la répression sous toutes ses formes, le vrai « dégel » ne commença qu'après le XXe congrès du PCUS en février 1956 et la mort de Bierut. Une amnistie fut alors proclamée, mais il resta encore 1 500 prisonniers politiques. Certains condamnés furent réhabilités, le procureur général et le ministre de la Justice furent remplacés. L'ancien vice-ministre de la Sécurité et le directeur du Département X furent arrêtés, et les prisons, gérées jusque-là par le ministère de l'Intérieur, furent confiées au ministère de la Justice. Les luttes de fractions au sein du pouvoir eurent pour effet de faire « perdre la boussole » à l'appareil de Sécurité. Certains collaborateurs secrets refusaient de collaborer. Il n'était pas question de changer de stratégie : l'appareil continuait à s'intéresser aux mêmes catégories d'individus ; les prisons n'avaient été qu'à moitié vidées ; quelques milliers d'enquêtes étaient menées ; même réduit, le réseau d'informateurs comptait toujours 34 000 collaborateurs... Le système de terreur générale fonctionnait mais avec moins d'envergure. Il avait atteint ses objectifs : les adversaires les plus actifs du régime étaient morts par milliers et la société, qui avait bien compris la leçon, savait désormais à quoi s'attendre de la part des « défenseurs de la démocratie populaire ».

Le socialisme réel ou le système de répression sélectif (1956-1981)

Le cataclysme du socialisme « de fer » fut en Pologne relativement de courte durée et, avec le « dégel », la stratégie des services de Sécurité

1. Avant la guerre, Wlodimierz Lechowicz était fonctionnaire civil du contre-espionnage militaire et collaborateur du GRU. Pendant l'occupation allemande, il travailla au sein du gouvernement de Londres tout en appartenant au réseau de contre-espionnage du PC. Marian Spychalski était son supérieur.

évolua. Ils se consacraient à un contrôle plus discret mais toujours aussi serré de la population, avec une surveillance renforcée des milieux d'opposition légale et illégale, de l'Église catholique et des milieux intellectuels.

Les politiques attendaient de l'appareil qu'il soit prêt à tout moment à disperser les manifestations de rues, tâche nouvelle apparue avec la seconde grande révolte ouvrière dans le bloc de l'Est qui eut lieu à Poznan en juin 1956. L'appareil de Sécurité, la Milice, même le KBW s'étaient laissé surprendre, aussi bien du point de vue idéologique que technique, par la grève, suivie d'une manifestation réunissant des dizaines de milliers de personnes, puis de l'attaque des bâtiments publics. On peut affirmer que la révolte de Poznan fut, en quelque sorte, le dernier chapitre de la « guerre civile » des années 1945-1947 ; on vit même des manifestants ouvrir le feu, ce qui ne devait plus se reproduire par la suite. Le Parti réagit avec brutalité : le Premier ministre déclara que la main qui s'était « levée contre le pouvoir populaire serait tranchée » ; l'armée entra en lice avec des chars. Il y eut environ 70 morts, des centaines de détenus, des dizaines de manifestants passèrent au tribunal. Toutefois, les verdicts prononcés pendant la période de « dégel », entamée après octobre 1956, furent modérés.

Peu de temps après le VIIIe Plénum du Comité central (19-21 octobre 1956), le KBP fut dissous et le Service de sécurité fut intégré au MSW. Le nombre de fonctionnaires fut diminué de 40 % — il en resta 9 000 — et, en même temps, 60 % des informateurs furent congédiés. Les Services de protection dans les entreprises furent supprimés et la moitié des enquêtes en cours furent abandonnées. Les derniers conseillers soviétiques rentrèrent à Moscou et une mission officielle du KGB les remplaça. On procéda à des remaniements à la direction de la Sécurité par le renvoi progressif de la majorité de ses cadres, la plupart d'origine juive, ouvrant le chemin aux « jeunes cadres ». Les effectifs de l'appareil de répression furent radicalement réduits. Mais la direction du Parti et, en particulier, Gomulka, revenu au pouvoir, s'opposèrent à ce que les fonctionnaires rendent des comptes ; seuls quelques procès discrets eurent lieu. Le souci était de ne pas démobiliser un appareil appelé à rendre encore service.

Déjà en février 1957, lors de la première réunion générale du MSW, le ministre Wicha, tout en affirmant que l'intensification de la lutte de classes était une thèse erronée, prétendit *a contrario* que cette même lutte de classes se radicalisait[1] ! À partir de ce moment jusqu'à la fin du système, l'appareil de Sécurité et les autres — celui du Parti, de la propagande, de l'armée — agirent dans cette contradiction.

Vingt années de travail silencieux, calme et systématique s'ouvraient à l'appareil de répression, parfois interrompues par des grèves et des révoltes. Ce travail consistait à renforcer le système de contrôle aussi bien à l'aide du « facteur humain » — le réseau d'informateurs — que des

1. Archives centrales du MSW, sygn. 17/IX/268, tome VII.

techniques d'écoute et de contrôle des correspondances qui furent systématiquement perfectionnés. Dans les années soixante-dix, la SB (le Service de Sécurité) porta une attention particulière à l'économie, mais son intérêt, à l'opposé des anciens Services de protection, se tournait vers les technologies, la rentabilité de la production, etc. Les pannes n'entraînaient plus d'arrestations d'ouvriers mais une pression discrète de l'organisation du Parti pour limoger le directeur « mauvais gestionnaire ». Le MSW disposait d'un instrument de pression qui, d'inutile dans les années staliniennes, était devenu précieux : l'autorisation de délivrance d'un passeport (toujours à usage unique). Par ce biais, il pouvait récolter des informations sur ce qui se passait dans les institutions, les entreprises, les universités, car, pour obtenir ce passeport, beaucoup étaient prêts à coopérer. Lentement mais systématiquement, la SB augmenta ses effectifs, en particulier dans les domaines névralgiques du point de vue de la ligne générale du Parti communiste. La lutte contre l'Église obligea le MSW à créer, en juin 1962, un nouveau département spécialisé et à gonfler ses effectifs jusqu'à quelques centaines de fonctionnaires.

En 1967, sur fond de guerre des Six-Jours entre Israéliens et pays arabes, la lutte contre le « sionisme » fut mise à l'ordre du jour. Ce mot d'ordre avait une triple fonction, politique, sociale et internationale : le pouvoir cherchait une nouvelle légitimité par la réactivation du nationalisme ; une fraction des cadres du PZPR instrumentalisa l'antisémitisme pour écarter la « vieille garde » et s'ouvrir des perspectives de carrière plus élevées ; enfin, la campagne antisémite servit à discréditer le mouvement étudiant de mars 1968. Un service spécial employant quelques dizaines de fonctionnaires fut mis sur pied. L'appareil du MSW fournit alors des informations aux instances locales du Parti pour que celles-ci puissent attaquer ceux qu'on leur désignait. Le Service de Sécurité, aussi bien en Pologne qu'en URSS, fut le grand inspirateur de « l'antisémitisme sans Juifs » du Parti et de l'État.

La pénétration poussée de beaucoup de milieux sociaux par la SB fit que les tentatives, d'ailleurs rares, de former des organisations illégales se révélèrent éphémères. Leurs membres, souvent très jeunes, constituaient la majeure partie des prisonniers politiques qui ne dépassaient pas plusieurs dizaines de personnes à la fois. Les intellectuels étaient surveillés de très près. En cas de besoin, sur injonction du pouvoir, la Sécurité pouvait toujours repérer un collaborateur de Radio Europe libre ou de la presse d'émigration. Des arrestations isolées eurent lieu surtout au début des années soixante. Le cas qui a fait le plus de bruit fut celui de Melchior Wankowicz, écrivain âgé jouissant d'une grande popularité. La SB prêtait une attention particulière à tous les hérétiques du camp communiste. Il y eut des cas d'incarcération de maoïstes ou de trotskistes, ce que l'opinion accueillit avec indifférence, à l'exception du procès de Jacek Kuron et de Karol Modzelewski. En 1970, quarante-huit personnes du groupe illégal

« Ruch » furent arrêtées. Les dirigeants furent condamnés à des peines de sept à huit ans de prison, peines élevées dans une période de relative clémence.

L'appareil de Sécurité fut très actif, un an après le retour au pouvoir de Gomulka, lorsque les jeunes manifestèrent pour protester contre la fermeture de l'hebdomadaire *Po Prostu*, journal qui, en 1956, avait joué un rôle considérable en faveur du changement. Des dizaines de personnes furent passées à tabac et une dizaine fut condamnée. Les grèves et les manifestations de mars 1968 eurent une ampleur plus considérable. Les manifestations furent dispersées brutalement, 2 700 personnes furent arrêtées et 1 000 passèrent devant les tribunaux de divers types. Des dizaines furent condamnées à des peines de prison de plusieurs années. Des centaines furent requises pendant des mois dans l'armée pour y être « formées ». Dans la première moitié des années soixante, il y eut de nombreux cas d'attaques de la Milice contre des fidèles assemblés pour défendre des chapelles ou des croix érigées illégalement. Même si les peines étaient relativement bénignes, des centaines de personnes subirent des passages à tabac et beaucoup furent condamnées à des amendes.

Les manifestations ouvrières eurent une autre portée. Celles de décembre 1970 prirent un tour dramatique dans toutes les villes du littoral de la Baltique. Malgré l'existence d'unités spéciales de la Milice, les autorités en appelèrent à l'armée qui fit usage de ses armes, comme à Poznan quatorze ans plus tôt. Selon les données officielles, il y eut environ quarante morts. Des milliers de personnes furent battues par la Milice, souvent dans les commissariats. Les ouvriers devaient passer par les « chemins de santé », c'est-à-dire entre deux rangées de policiers les frappant avec des matraques. Toutefois, et ceci est caractéristique, après les événements de décembre, le pouvoir n'intenta aucun procès. Les détenus furent relâchés après le départ de Gomulka, et, dans les entreprises, les leaders de la grève furent soumis aux brimades.

Lors des grèves courtes qui éclatèrent dans quelques villes en juin 1976, les autorités firent donner cette fois-ci les unités spéciales de la Milice qui ne firent pas usage de leurs armes, mais cela n'empêcha pas la mort de quelques personnes. Environ mille personnes furent arrêtées, dont quelques centaines furent condamnées à des amendes, et quelques dizaines à des peines de prison.

Les procès au cours desquels se nouèrent des contacts entre les familles des ouvriers accusés, les jeunes et les intellectuels de l'opposition furent le point de départ de la lutte de l'intelligentsia pour les droits de l'homme et la constitution — pour la première fois depuis l'interdiction du PSL en 1947 — de groupes d'opposition organisés (KOR, ROPCIO). Face à cette nouvelle donne, les autorités durent faire un choix tactique. Pour plusieurs raisons, en premier lieu la peur des répercussions internationales vu la dépendance financière croissante du régime envers l'Ouest, le pouvoir opta pour une tactique de harcèlement : gardes à vue de quarante-huit heures renouvelées (autorisées par le Code pénal), licenciements, pressions psychologiques, refus de passeport, confiscation de matériel de reproduction, etc. La SB développa rapidement un réseau d'agents étendu. En 1979, le département spécial de « défense de l'économie » fut réactivé par crainte de voir l'influence de l'opposition s'étendre aux entreprises.

Cela ne fut guère efficace quand, en 1980, commença une nouvelle vague de grèves. À la direction du Parti, les tenants de la ligne « dure » dominaient, mais personne ne prit la décision de briser les grèves par la force. D'ailleurs, comme on le constata lors d'une des réunions du Bureau politique, les forces nécessaires n'étaient ni suffisamment nombreuses ni préparées à faire face à des centaines de milliers de grévistes retranchés dans des centaines d'usines. Cette fois, les grévistes — contrairement à 1956, 1970 et 1976 — agirent selon le mot d'ordre de Jacek Kuron : « Ne brûlez pas les comités [du Parti], organisez les vôtres. »

Le pouvoir poursuivit à l'encontre du syndicat Solidarnosc, animé par Lech Walesa, la tactique des années précédentes. Il s'agissait d'affaiblir le syndicat, de provoquer des divisions intérieures pour rendre possible son absorption par des structures contrôlées par le PC (PZPR) comme le Front d'unité nationale. Dès octobre 1980, le MSW et l'état-major général engagèrent les préparatifs de l'état de guerre. Le MSW commença à infiltrer systématiquement Solidarnosc (à l'été, il y avait déjà rien qu'à Varsovie 2 400 informateurs) et opta pour des confrontations ponctuelles destinées à sonder la réaction du syndicat telles que la garde à vue de militants pendant quarante-huit heures ou l'envoi de la Milice pour faire évacuer les bâtiments publics occupés. Dès février 1981, les listes de militants à interner étaient prêtes (tout comme les prisons destinées à les accueillir), mais la direction du PZPR préféra poursuivre sa tactique de harcèlement et de provocations comme en mars 1981 à Bydgoszcz où la Milice tabassa des syndicalistes. L'appareil polonais de Sécurité qui avait une attitude plutôt passive reçut du renfort. Après les grèves de 1980, la Stasi, police politique de la RDA, établit l'un de ses Groupes opérationnels à Varsovie [1]. Un événement en soi, même si, coordonnée par le KGB, une collaboration des services de Sécurité contre l'opposition démocratique avait déjà été mise sur pied quelques années auparavant.

Cette situation dura jusqu'au début décembre 1981, moment où, pour « tester » les possibilités de mobilisation de Solidarnosc, l'unité antiterroriste de la Milice mit fin à la grève des élèves de l'École des pompiers à Varsovie. Dix jours plus tard, dans la nuit du 12 au 13 décembre, la loi martiale fut instaurée dans toute la Pologne.

1. Le KGB, comme je l'ai rappelé ci-dessus, avait depuis 1956 un poste en Pologne. Après 1986, la Stasi s'établit en Bulgarie, en Tchécoslovaquie et en Hongrie où ses effectifs étaient plus modestes qu'en Pologne.

L'état de guerre, une tentative de répression généralisée

Ce fut une grande opération policière et militaire préparée avec une précision surprenante. 70 000 soldats, 30 000 fonctionnaires de la Milice, avec 1 750 tanks, 1 900 transporteurs blindés, 9 000 camions et voitures, quelques escadres d'hélicoptères et d'avions de transport, entrèrent en action. Ces forces étaient concentrées dans les plus grandes villes et les centres industriels. Elles avaient pour tâche de briser les grèves, de paralyser la vie quotidienne de façon à terroriser la population et entraver toute riposte de la part de Solidarnosc. Les téléphones furent déconnectés (cause de la mort de nombreuses personnes qui ne purent appeler les urgences), les frontières furent fermées ainsi que les stations d'essence ; des laissez-passer étaient nécessaires pour sortir de toute localité, le couvre-feu et la censure sur la correspondance furent institués. Dix jours plus tard, les grèves se terminaient et les manifestations étaient dispersées, preuve de l'efficacité du plan. On dénombra 14 morts, quelques centaines de blessés, environ 4 000 grévistes furent arrêtés et les premiers procès qui se tinrent à Noël prononcèrent des peines allant de trois à cinq ans de prison (la plus forte fut de dix ans). Tous les inculpés furent jugés par des tribunaux militaires, compétents pour tous les « délits contre la loi martiale ». Les armées soviétique, est-allemande, tchécoslovaque qui étaient sur le pied de guerre purent renoncer à une intervention programmée au cas où les grèves et les manifestations se seraient transformées en mouvement insurrectionnel et au cas où les forces armées polonaises s'avéreraient incapables de le réprimer.

Le deuxième volet de la répression fut l'internement des militants de l'opposition et de Solidarnosc commencé le 12 décembre avant minuit. En quelques jours, en vertu d'une disposition administrative, 5 000 personnes furent enfermées dans quarante-neuf « centres d'isolation », situés en dehors des grandes villes. L'objectif était de paralyser le syndicat mais aussi de libérer des responsables pour y placer des collaborateurs de la SB. Ce système d'internement, qui dura douze mois, représentait une forme apparemment « moins rigoureuse » d'emprisonnement, facile à appliquer puisqu'elle dispensait de l'intervention d'un procureur ou d'un procès. Envers les personnes internées, emprisonnées ou condamnées, la SB n'a pas utilisé, en principe, de « moyens interdits », se servant plutôt de « techniques de persuasion », garanties par sa force. La SB a en même temps intensifié le recrutement de collaborateurs et incité les militants à émigrer en exerçant des chantages sur les familles.

Le général Jaruzelski, au pouvoir depuis le 18 octobre, dut faire face aux radicaux du Parti, nombreux surtout parmi les cadres du Parti dans les entreprises, les fonctionnaires retraités du MSW, l'appareil du Parti et de l'armée. Ils créèrent des groupes d'autodéfense (alors que personne ne les attaquait), disposant de pistolets. Ils réclamaient des procès contre les internés, des verdicts sévères, des peines de mort. En un mot, l'introduction de la terreur générale à la place de la répression généralisée, trop clémente à leurs yeux. Malgré une campagne de propagande agressive contre Solidarnosc, la direction du Parti ne se décida pas à utiliser les moyens prônés par ces radicaux. Plutôt que de briser la résistance sociale par des méthodes staliniennes, il fut décidé de « réduire les tensions ». Les manifestations répétées de Solidarnosc chaque 1er et 3 mai — date-anniversaire de la Constitution de 1791 et ancienne fête nationale — et 31 août — anniversaire des accords de Gdansk de 1980 — étaient tout de même brutalement dispersées. Des milliers de personnes furent interpellées et des centaines déférées devant les tribunaux. Il y eut aussi quelques morts (six au total). De temps à autre, à l'issue des procès publics, des dirigeants de Solidarnosc clandestin étaient condamnés à des peines allant jusqu'à cinq ans de prison. Après la fermeture des centres d'internement en décembre 1982 et la révocation formelle de l'état de siège le 22 juillet 1983, il restait dans les prisons des centaines et même jusqu'à un millier de prisonniers politiques, incarcérés pour activité syndicale clandestine, impression clandestine ou colportage de la presse et de livres, parfois même pour une collecte en faveur des détenus. Les autorités eurent aussi recours aux licenciements. Des milliers de grévistes de décembre 1981 en furent victimes, les journalistes furent soumis à des procédures de « vérification » et un millier d'entre eux licenciés.

À l'exception des premières semaines qui ont suivi le 13 décembre, la Pologne n'a plus connu une terreur comparable à celle des années 1949-1956. L'appareil de Sécurité pratiquait toute une gamme de méthodes, désignées dans le langage des services secrets sous le nom de « désinformation et désintégration », déjà utilisées dans les années soixante-dix, lorsque le ministère des Affaires intérieures créa le groupe autonome D avec des filières locales. Jusqu'en 1981, ce nouveau département se concentra sur l'Église et ses milieux proches. Après l'instauration de la loi martiale, le rayon d'action du Groupe D s'étendit à Solidarnosc : attentats répétés contre les biens (incendie d'appartements, destruction de véhicules), agression de militants par des « inconnus », menaces de mort, distribution de faux tracts et de faux journaux clandestins. Il y eut également quelques enlèvements, les victimes étant abandonnées sur un chemin après qu'on leur eut fait absorber des barbituriques ou des stupéfiants. Les passages à tabac firent des victimes, entre autres le lycéen Grzegorz Przemyk dans un poste de police en 1983.

La plus connue des actions de ce genre, commises par des fonctionnaires de la section D du IVe département du MSW, fut l'assassinat du père Jerzy Popieluszko le 19 octobre 1984. Selon la version officielle, les meurtriers auraient agi de leur propre gré, à l'insu de leurs supérieurs. Cette version suscite beaucoup de doutes car l'activité de l'appareil de Sécurité était strictement contrôlée et toutes les actions d'importantes exigeaient un feu vert ministériel. Si, dans ce cas particulier, le MSW a lui-même livré les responsables qui furent condamnés par la suite, dans quelques autres cas de meurtres de prêtres ou de personnes liées à Solidarnosc, les coupables sont restés inconnus. À en juger par la réaction de la population, l'activité de type D n'atteignit pas ses objectifs qui consistaient à répandre la peur dans des milieux choisis. Il semble que l'effet fut exactement inverse, la détermination des opposants se renforçant.

Après les confrontations violentes des premiers jours de la loi martiale et l'importante répression des manifestations des années 1982-1983, la période suivante fut marquée par une répression limitée. Les militants clandestins étaient conscients du fait qu'ils ne risquaient pas plus de quelques années d'une prison régulièrement vidée par des amnisties. À ce stade de son évolution, le système était déjà très loin de ses origines staliniennes.

Du cessez-le-feu à la capitulation, ou le désarroi du pouvoir (1986-1989)

Telle était la situation à la fin de l'été 1986 où, sous l'influence de la perestroïka, de la glasnost et de la stagnation de l'économie polonaise, l'équipe du général Jaruzelski tenta de repérer dans l'opposition polonaise des groupes avec lesquels elle pourrait arriver à un compromis. Toute tentative de ce genre devait être précédée d'une forte baisse du niveau de répression. Le 11 septembre 1986, le ministère des Affaires intérieures annonça la libération de tous les prisonniers politiques : 225 personnes au total. Pour maintenir un minimum de rigueur, il fut décidé que toute participation à une organisation interdite ou toute publication clandestine serait punie d'amende ou de détention dans une maison d'arrêt et non de prison comme avant. On retrouvait donc le niveau de répression des années 1976-1980. Avec cette différence : le pouvoir était désormais confronté non plus à des centaines mais à des dizaines de milliers de militants. Pendant les premiers mois de 1988, après plusieurs vagues de grèves, la répression s'accrut de nouveau, mais, le 26 août, un communiqué annonça le début de négociations avec Solidarnosc.

Bien que frustrés, les gens de l'appareil de Sécurité se comportèrent dans l'ensemble avec discipline, même s'il est probable que certains ont tenté d'empêcher l'accord futur. En témoigne le fait qu'en janvier 1989 deux prêtres chargés du service pastoral des structures locales de Solidarnosc furent assassinés. Jusqu'à ce jour, nul ne sait s'il s'agit d'attentats de la cellule D ou d'actes criminels.

Après les élections du 4 juin 1989 et la formation du gouvernement de Tadeusz Mazowiecki, le contrôle des « ministères de la force » (Intérieur et Défense) resta aux mains de leurs anciens chefs. Le 6 avril 1990, la SB fut dissoute et remplacée par le Bureau de protection du gouvernement (UOP).

En Pologne, le système communiste n'a jamais été conforme à la légalité puisqu'il ne respectait ni le droit international et ni sa propre constitution. Criminel dès sa naissance (1944-1956), le système a toujours été prêt à recourir à la force (y compris militaire) sur une grande échelle.

BIBLIOGRAPHIE

Le présent texte est fondé en général sur mes propres recherches dans les archives. En tant qu'expert de la Commission de responsabilité constitutionnelle, j'ai eu accès à beaucoup de dossiers des années 1980-1982 (encore secrets). La littérature la plus abondante concerne la période 1944-1948. Pour les périodes ultérieures, nous ne disposons que de travaux généraux et de documents choisis, qui concernent les conflits sociaux. Cette bibliographie ne répertorie pas les nombreux témoignages et souvenirs.

— *L'Appareil de Sécurité dans les années 1944-1956. Tactique, stratégie, méthodes* (éd. A. Paczkowski) : I, *Les Années 1945-1947*, Varsovie, 1994 ; II, *Les années 1948-1949*, *idem*, 1996.
— K. Bedynski, *L'Histoire du régime des prisons en Pologne populaire, 1944-1956*, Varsovie, 1988.
— A. Dudek, T. Marszalkowski, *Luttes de rue en Pologne populaire, 1956-1989*, Cracovie, 1992.
— J. Eisler, *Mars 1968*, Varsovie, 1991.
— A. Golimont, *Les Généraux de la Sécurité*, Varsovie, 1992.
— *Le Golgotha de Wroclaw, 1945-1956* (réd. K. Szwagrzyk), Wrocław, 1995.
— *La Commission spéciale pour la lutte contres les abus et le sabotage économique, 1945-1954, choix de documents* (réd. D. Jarosz, T. Wolsza), Varsovie, 1995.
— P. Machcewicz, *L'An polonais 1956*, Varsovie, 1993.
— S. Marat, J. Snopkiewicz, *Les Hommes de la Sécurité. Documentation sur une période hors la loi*, Varsovie, 1990.
— P. Michel, G. Mink, *Mort d'un prêtre. L'affaire Popieluszko*, Paris, 1985.
— E. Nalepa, *Pacification d'une ville révoltée. L'armée polonaise en juin 1956 à Poznan*, Varsovie, 1992.
— *Les Camps de travail en Haute-Silésie* (réd. A. Topol), Katowice, 1994.
— *Défense de la Sécurité de l'État et de l'ordre public en Pologne, 1944-1988* (éd. T. Walichnowski), Varsovie, 1989.
— J. Poksinski, *TUN. Tatar-Utnik-Nowicki*, Varsovie, 1992.
— *Les Polonais face à la violence, 1944-1956* (réd. Barbara Otwinowska, J. Zaryn), Varsovie, 1996.
— Danuta Suchorowska, *La Grande Éducation. Mémoires de prisonniers politiques du PRL (1945-1956)*, Varsovie, 1990.
— Maria Turlejska, *« Ces Générations couvertes de deuil... ». Les Condamnés à mort et leurs juges, 1944-1954*, Londres, 1989.

2

Europe centrale et du Sud-Est

par Karel Bartosek

Terreur « importée » ?

Dans l'espace centre-européen, il faut penser la terreur en relation avec la guerre, son expression suprême dans la première moitié du xxe siècle. La Seconde Guerre mondiale, qui a d'ailleurs commencé sur ce territoire, a de loin dépassé la conception du général Ludendorff sur la « guerre totale ». La « démocratisation de la mort » (Miguel Abensour) a désormais concerné des dizaines de millions de personnes, l'extermination s'est confondue avec l'idée de guerre. La barbarie nazie a frappé la population civile, en particulier avec l'extermination des Juifs. Les chiffres sont éloquents : en Pologne, les pertes militaires représentent 320 000 morts et les pertes civiles 5,5 millions ; en Hongrie, respectivement 140 000 et 300 000 ; en Tchécoslovaquie, les pertes civiles font 80 à 90 % des pertes totales...

Pourtant, la grande terreur de la guerre n'a pas pris fin au jour de la défaite allemande. Les populations ont d'abord vécu des « épurations nationales » qui revêtirent un caractère spécifique dans cette région avec l'arrivée de l'Armée rouge, le « poing armé » du régime communiste. Commissaires politiques et services spéciaux de cette armée — le SMERSCH et le NKVD — s'engagèrent à fond dans une épuration. En particulier dans les États ayant envoyé des troupes sur le front contre l'Union soviétique — Hongrie, Roumanie, Slovaquie —, des centaines de milliers de personnes furent déportées, cette fois-ci vers le Goulag soviétique (leur nombre exact est en cours d'évaluation).

D'après les nouvelles études hongroises et russes, parues à la suite de l'ouverture des archives — elles sont prudentes quant aux chiffres exacts —, des centaines de milliers de personnes, soldats et civils dont des enfants de treize ans et des vieillards de quatre-vingts ans, auraient été déportées : 40 000 environ de l'Ukraine subcarpatique, appartenant à la

Tchécoslovaquie, occupée par la Hongrie après les accords de Munich en 1938, et annexée de fait par l'Union soviétique en 1944 ; en Hongrie — environ neuf millions d'habitants —, plus de 600 000 personnes auraient été déportées à cette époque, alors que les statistiques soviétiques mentionnent seulement 526 604 personnes ; ce chiffre a été établi après l'arrivée aux camps et ne prenait pas en considération les décès dans les camps de transit en Roumanie (camps de Brasso-Brasov, Temesvar-Timisoara, Maramossziget-Maramures), en Moldavie (Foscani), en Bessarabie (Balty) ou en Galicie (Sambor). Environ 75 % des déportés ont transité par ces camps. Parmi ces déportés il y avait également des Juifs, engagés dans des bataillons de travail de l'armée hongroise. Deux tiers de ces prisonniers ont été placés dans les camps de travail, un tiers (des civils) dans les camps d'internement où la mortalité, surtout du fait d'épidémies, a été deux fois plus forte. Selon les estimations actuelles, environ 200 000 de ces déportés de Hongrie — qui comprenaient aussi des personnes appartenant à la minorité allemande, des Russes venus après 1920, des Français ou des Polonais, installés en Hongrie — ne sont jamais revenus [1].

Une partie des épurations seulement était gérée par des tribunaux, « populaires » et « exceptionnels » ; à la fin de la guerre et dans les premiers mois de l'après-guerre a dominé une persécution extrajudiciaire, avec un degré de violence — exécutions, assassinats, tortures, prises d'otages — permis par l'absence ou le non-respect de la loi et des conventions internationales concernant les prisonniers de guerre ou la population civile. La Bulgarie, qui avait à l'époque sept millions d'habitants, se distingua dans ce domaine. Dès le lendemain du 9 septembre 1944, date de la prise du pouvoir par le Front patriotique et de l'entrée de l'Armée rouge dans le pays, se mirent à fonctionner la milice populaire et la Sécurité d'État, contrôlées par les communistes ; le 6 octobre, un décret institua des « tribunaux populaires ». En mars 1945, ils avaient déjà prononcé 10 897 verdicts dans 131 procès et condamné à mort 2 138 personnes, parmi lesquelles figuraient les régents, dont le frère du roi Boris III, la majorité des membres des parlements et des gouvernements de la période d'après 1941, des officiers supérieurs, policiers, juges, industriels, journalistes. Mais, selon plusieurs spécialistes, c'est l'« épuration sauvage » qui a fait l'essentiel des victimes : de 30 000 à 40 000 personnes, principalement des notables locaux, maires, instituteurs, popes, commerçants. Grâce aux témoins qui n'avaient plus peur de parler, on a commencé à découvrir après 1989 des fosses communes ignorées. Pourtant, la Bulgarie n'avait pas envoyé ses troupes contre l'Union soviétique et avait sauvé la majorité de ses Juifs du génocide. Pour situer l'ampleur de la répression communiste qui s'est abattue sur ce pays, il est instructif de mentionner des

1. Voir Tamas Stark, « Hungarian prisoners in the Soviet Union (1941-1955) », *1945 : Consequences and Sequels of the Second World War,* bulletin du Comité international d'histoire de la Deuxième Guerre mondiale, Paris, IHTP, n°s 27-28, 1995, p. 203-213.

données sur les victimes de la période de 1923 à 1944, sous l'Ancien Régime, alors souvent dénoncé en Europe comme dictatorial ; d'après une enquête du nouveau Parlement, effectuée en 1945, on dénombrait 5 632 victimes, assassinées, exécutées, mortes en prison ou à la suite d'emprisonnement pour cette période[1]. De 1941 à 1944, années de la Résistance antifasciste et de sa répression, 357 personnes — pas seulement des résistants — auraient été condamnées à mort et exécutées.

L'épuration sous la tutelle de l'Armée rouge a engendré, dans les sociétés concernées, une peur plus ou moins aiguë selon les cas, car elle ne touchait pas seulement ceux qui avaient activement soutenu les nazis ou les fascistes locaux et chez qui la persécution pouvait se justifier, mais aussi beaucoup d'autres, innocents ou attentistes.

Dans un film documentaire bulgare datant du début des années quatre-vingt-dix, après la chute du régime communiste, une femme raconte un épisode qui s'est déroulé à l'automne 1944 : « Après la première arrestation de mon père, le lendemain vers midi est arrivé à la maison un policier et il a remis à ma mère une convocation, la sommant de se présenter à 5 heures de l'après-midi au poste de police n° 10. Après quoi ma mère s'est habillée, c'était une très belle femme, une personne très douce, et elle est partie. Nous l'attendions, les trois enfants, nous l'attendions. Elle est revenue à 1 h 30 du matin, blanche comme un linge, froissée, dépenaillée. Aussitôt entrée, elle s'est approchée du poêle, en a retiré les plaques, a commencé à se déshabiller, a tout brûlé. Puis elle a pris un bain, et c'est alors qu'elle nous a serrés dans ses bras. Nous nous sommes couchés. Le lendemain, elle a fait une première tentative de suicide, après quoi il y en a eu encore trois, ensuite elle s'est empoisonnée deux fois. Elle vit toujours, je m'en occupe... c'est une malade mentale. Ce qu'on lui avait fait, nous n'avons jamais pu l'apprendre[2]. »

Au cours de cette période, sous le soleil de la « libération par l'Armée rouge » qui doit, selon la propagande communiste ultérieure, briller à jamais, les « retournements de veste » sont nombreux et la délation sévit. Une crise d'identité certaine accompagne ce tournant de l'Histoire, tant chez les « attentistes », complices passifs des bourreaux, que souvent aussi chez les victimes les plus touchées, les Juifs. Les Rosensweig veulent désormais s'appeler Rosanski et les Breitenfeld Bares...

La présence de la terreur, de la peur ou de l'angoisse en Europe du Centre et du Sud-Est ne s'arrête pas ici. La lutte armée contre les nouvelles autorités qui prolonge la guerre continue en particulier en Pologne et touche aussi la Slovaquie en 1947, quand y arrivent les « unités de Bander » chassées d'Ukraine. Les groupes armés formés d'anciens membres de la Garde de fer fasciste sévissent d'autre part dans les Carpates roumaines sous le nom

---

1. Voir Frédy Foscolo, « Épurations : passé et présent », *La Nouvelle Alternative*, dossier « Poids et enjeux des épurations », Paris, n° 21, 1991, p. 8-9.
2. Tzvetan Todorov, *Au nom du peuple*, L'Aube, 1992, p. 52-53.

de « Manteaux noirs ». L'Europe centrale est encore le champ d'un antisémitisme combatif : les derniers pogroms ou tentatives de pogrom de l'Histoire européenne ont eu lieu dans cette aire en 1946, en Pologne, en Hongrie et en Slovaquie. La nouvelle tragédie juive, juste après les massacres de la guerre, c'est aussi le drame des peuples chez lesquels s'exprime un « néo-antisémitisme », selon l'expression du grand penseur hongrois Istvan Bibo. Et l'ampleur de la violence revêt une autre dimension.

Un nationalisme agressif anti-allemand, certes explicable en partie par le passé récent et la répression de l'Allemagne nazie, pesa lourd sur l'évolution de certains pays et contribua considérablement à limiter l'implantation du comportement démocratique. La violence était vécue au quotidien, dans le transfert de millions de personnes appartenant aux minorités allemandes et dont l'installation dans ces régions remontait parfois au XIIIe siècle : 6,3 millions d'Allemands durent quitter leur foyer dans les territoires récupérés par la Pologne ; 2,9 millions furent expulsés de Tchécoslovaquie, 200 000 de Hongrie, plus de 100 000 de Yougoslavie... Les chiffres globaux ne peuvent faire oublier les millions de drames individuels : alors que les hommes, militaires, se trouvaient en général dans les camps de prisonniers de guerre, les femmes, les enfants et les vieillards devaient abandonner leurs maisons, appartements, commerces, ateliers ou fermes. Le transfert, « officialisé » et approuvé par les Alliés au cours de l'été 1945, avait été précédé dans certaines contrées par un « transfert sauvage » ; et les nationalistes tchèques déchaînés avaient, lors de cette chasse aux Allemands, assassiné plusieurs milliers de civils.

Les éléments de terreur étaient donc présents dans l'espace centre-européen avant l'installation des régimes communistes, la violence ayant été souvent partie intégrante des expériences récentes et de la réalité sociale et mentale des pays concernés. Leurs sociétés s'en trouvaient d'autant plus démunies pour s'opposer à la nouvelle vague de barbarie qui ne tarda pas à s'abattre sur elles.

Les instruments de la nouvelle violence furent, en particulier, les partis communistes. Leurs dirigeants et leurs appareils étaient les fidèles disciples de la doctrine bolchevique, « enrichie » en Union soviétique sous la direction de Joseph V. Staline. Nous avons vu dans les chapitres précédents que le but de toute leur action était claire : assurer par tous les moyens le monopole du pouvoir communiste, le « rôle dirigeant du Parti », sur le modèle de l'Union soviétique ; il ne s'agissait nullement d'installer un quelconque pouvoir partagé, une séparation des pouvoirs, un pluralisme politique et une démocratie parlementaire, même si le régime parlementaire était formellement maintenu. La doctrine en place présentait à l'époque l'Union soviétique, auréolée de sa contribution à la défaite de l'Allemagne nazie et de ses alliés, comme la force principale de la révolution, son guide universel. Les forces communistes locales devaient, bien entendu, coordonner et surtout subordonner leur activité au centre du communisme mondial, à Moscou et à son chef, Staline.

Le monopole du pouvoir des communistes fut pratiquement assuré dès la Libération dans deux pays : en Yougoslavie où ils étaient dirigés par Josip Broz, dit Tito, et en Albanie où Enver Hoxha avait pris la tête du PCA. Dans ces deux pays, ce sont eux qui avaient dominé la résistance aux envahisseurs nazis ou italiens et, malgré les pressions de l'extérieur, y compris de l'Union soviétique, ils n'acceptèrent de partager le pouvoir avec d'autres forces politiques que pendant peu de temps.

Rarement, au cours de l'Histoire, l'installation d'un nouveau pouvoir fut précédée d'un bain de sang tel qu'en Yougoslavie (autour d'un million de victimes pour un pays de quinze millions et demi d'habitants) ; de multiples guerres civiles, ethniques, idéologiques et religieuses ont alors fait plus de morts que la guerre, efficace et appréciée des Alliés, contre les occupants ou la répression par ces derniers, les principales victimes ayant été, dans certaines régions, les civils, en majorité les femmes, les enfants et les vieillards. Cette guerre véritablement fratricide, avec certains aspects génocidaires, cette guerre où il est arrivé qu'un frère combattît son frère, a débouché sur une telle « épuration » qu'à la Libération il ne restait pas, à l'intérieur du pays, beaucoup de rivaux politiques aux communistes et à leur chef Tito qui, par ailleurs, s'employaient à les éliminer au plus vite. Une évolution semblable s'est déroulée dans l'Albanie voisine, avec l'aide, d'ailleurs, des communistes yougoslaves.

Dans les autres pays de l'Europe du Centre et du Sud-Est — à l'exception de la Tchécoslovaquie —, les partis communistes représentaient avant la guerre des forces plutôt marginales, avec quelques milliers d'adhérents ; le Parti bulgare, par exemple, fut important en 1919-1923, clandestin ensuite, mais très présent dans la Résistance. Assurés du soutien de l'Armée rouge et dans la conjoncture de l'époque, ils devinrent des forces politiques importantes. Participant aux nouveaux gouvernements, ils contrôlèrent presque partout les ministères chargés de la répression (ministères de l'Intérieur et de la Justice) ou susceptibles de l'être (ministère de la Défense). Dès 1944-1945, les partis communistes détenaient le portefeuille de l'Intérieur en Tchécoslovaquie, en Bulgarie, en Hongrie et en Roumanie, celui de la Justice en Bulgarie, en Roumanie et celui de la Défense en Tchécoslovaquie. Les ministres de la Défense de la Tchécoslovaquie et de la Bulgarie, les généraux Ludvik Svoboda et Damian Veltchev, étaient tous deux crypto-communistes. Des hommes à leur solde se trouvaient à la tête de la police secrète, la Sécurité d'État — la Darjavna Sigournost en Bulgarie, l'Allam Védélmi Osztaly, AVO (plus tard AVH) en Hongrie —, et des services de renseignement de l'armée. En Roumanie, le Service spécial, prédécesseur de la fameuse Securitate, était dirigé par Emil Bodnaras, ancien officier de l'armée, agent soviétique dès les années trente selon Cristina Boïco[1]. Partout, les communistes mettaient d'abord

1. « Les hommes qui ont porté Ceausescu au pouvoir », *Sources — Travaux historiques*, Paris, n° 20, 1990.

en place un appareil de terreur. À propos du contrôle absolu de l'AVO, Matyas Rakosi, secrétaire général du PCH, a déclaré : « C'est la seule institution dont nous nous réservâmes la direction totale, en refusant catégoriquement de la partager avec les autres partis de la coalition selon la proportion de nos forces respectives[1]. »

Les procès politiques contre les alliés non communistes

Le discours occasionnel de certains dirigeants communistes de l'époque sur les « voies nationales au socialisme », sans « dictature du prolétariat » à la soviétique, servait de paravent à la stratégie réelle de tous les partis communistes du centre et du sud-est de l'Europe. Elle consistait à mettre en œuvre la doctrine et la pratique bolcheviques qui avaient fait leurs preuves en Russie dès 1917. La répression suivait une logique « éprouvée » et « expérimentée ». Comme les bolcheviks avaient éliminé leurs alliés d'octobre 1917, les socialistes-révolutionnaires ou d'autres encore, leurs élèves appliqués, liquidèrent, dès 1946, leurs partenaires de coalition. Les analystes parlent d'ailleurs de « processus de soviétisation » de ces pays et de plan stratégique élaboré par Moscou. C'est d'ailleurs Staline qui ordonna le rejet du plan Marshall pendant l'été 1947 et qui inspira la création du Bureau d'information des partis communistes (Kominform), en septembre 1947, pour contrôler encore mieux les partis au pouvoir.

Il y avait, certes, des différences dans l'évolution des pays qui nous occupent. Partout, cependant, les partis communistes visaient à anéantir durablement des adversaires ou des concurrents politiques, idéologiques, spirituels, réels ou potentiels. La doctrine exigeait de les éliminer à jamais et tous les moyens étaient bons pour y parvenir, depuis la condamnation à mort, l'exécution et les emprisonnements de longue durée jusqu'à l'exil forcé vers l'Ouest, procédure moins cruelle, mais qui affaiblissait les forces de résistance aux communistes et qui a été généralement sous-estimée dans les analyses de l'histoire de ces pays. Le « droit à la patrie, au foyer » n'appartient-il pas aux droits fondamentaux de l'homme ? Dès 1944-1945, des dizaines de milliers de Hongrois, Slovaques, Polonais et d'autres autochtones quittaient leur pays par peur de l'Armée rouge.

Le premier outil utilisé dans la panoplie de la répression fut le procès politique contre les dirigeants des autres partis qui ne relevaient pas de la catégorie des « collaborateurs » des occupants nazis ou des fascistes locaux et qui, au contraire, étaient souvent des résistants, ayant connu les prisons et les camps des régimes fascistes ou nazis. Ces procès ont commencé chez les ex-alliés de l'Allemagne (la Hongrie, la Roumanie et la Bulgarie),

1. François Fejtö, *Histoire des démocraties populaires*, Paris, Le Seuil, 1979, tome I, p. 99.

sous le contrôle direct de l'Armée rouge ; dans les commissions interalliées créées en 1944 et fonctionnant jusqu'en 1947, les militaires soviétiques ont largement dominé et imposé leur point de vue. En Hongrie, le Parti des petits propriétaires, grand vainqueur aux élections de 1945 avec 57 % de suffrages, fut l'objet non seulement de manœuvres politiciennes, mais aussi de grandes opérations policières. En janvier 1947, le ministère de l'Intérieur, contrôlé par le communiste Laszlo Rajk, ancien interbrigadiste d'Espagne puis dirigeant de la Résistance intérieure à la fin de la guerre, annonça la découverte d'une « conspiration contre l'État » mettant en cause le groupe Communauté hongroise qui s'était formé pendant la guerre pour combattre clandestinement l'occupant nazi. La police arrêta un ministre et plusieurs députés du Parti des petits propriétaires et le chef des prétendus conspirateurs, György Donath, fut condamné à mort et exécuté, ses coaccusés écopant de lourdes peines de prison.

En février 1947, Béla Kovacs, secrétaire général de ce puissant parti, fut arrêté par les autorités soviétiques pour « complot contre la sécurité de l'Armée rouge » ; il fut détenu en Union soviétique jusqu'en 1956. Le nombre des victimes augmenta rapidement, car la police communiste pensait toujours, en Hongrie comme ailleurs, que chaque « complot » avait forcément des « ramifications ».

Deux ans après la guerre, le premier parti de Hongrie était « décapité et décimé[1] ». Avec Béla Kovacs, ses représentants les plus éminents se trouvaient soit en exil, soit emprisonnés : Ferenc Nagy, président du Conseil, Zoltan Tildy, son prédécesseur, Béla Varga, président de l'Assemblée nationale, Jozsef Kövago, maire de Budapest ; avec eux, des dizaines de députés et de responsables de ce parti. Entre la fin de 1947 et le début de 1949, le Parti de l'indépendance et le Parti démocrate populaire furent dissous. La « tactique du salami », vantée plus tard à propos du Parti des petits propriétaires par Matyas Rakosi, secrétaire général du Parti communiste, revenu de Moscou avec l'Armée rouge, préconisait que les adversaires soient éliminés par tranches successives. Avec la ferme conviction que ces tranches de salami ingérées ne causeraient jamais des troubles de digestion...

C'est encore en Hongrie, en février 1948, que se poursuivit la persécution des sociaux-démocrates, avec l'arrestation de Justus Kelemen, alors sous-secrétaire d'État auprès du ministre de l'Industrie. Elle avait commencé probablement — la Pologne mise à part — en Bulgarie, où le leader social-démocrate Krastiu Pastoukhov avait été condamné dès juin 1946 à cinq ans de prison. Avant l'été 1946 quinze membres du Comité central de la social-démocratie indépendante, dirigée par Kosta Loultchev, étaient en prison. Loultchev en personne, de même que d'autres dirigeants,

1. Miklos Molnar, *De Béla Kun à Janos Kadar. Soixante-dix ans de communisme hongrois*, Paris, Presses de la Fondation nationale des sciences politiques, Institut universitaire des hautes études internationales, 1987, p. 164.

fut arrêté en 1948 et condamné, en novembre, à quinze ans de prison. Gagnant en 1948 la Roumanie avec l'arrestation en mai de Constantin Titel Petrescu et Anton Dimitriu, respectivement président et secrétaire général du Parti social-démocrate indépendant, cette répression frappa durement tous les adversaires de l'unification forcée des partis sociaux-démocrates avec les partis communistes dominants. L'alliance des sociaux-démocrates sollicitée à la Libération s'avéra donc de pure inspiration tactique ; le pluralisme du mouvement ouvrier n'eut en effet jamais aucune place à l'intérieur des régimes communistes. Un épisode spécial de la persécution des sociaux-démocrates s'est déroulé dans la zone d'occupation soviétique en Allemagne, devenue République démocratique allemande. Entre 1945 et 1950, cinq mille sociaux-démocrates, dont quatre cents moururent en détention, auraient été condamnés par les tribunaux soviétiques et est-allemands. Le dernier grand procès contre les sociaux-démocrates de cette période s'est tenu à Prague fin 1954.

La prison de Sighet

Sur la marge extrême nord-ouest de la Roumanie se trouve la localité de Sighet. En 1896, on y édifia une prison aux murs épais qui devint en 1948 une prison politique au régime sévère.

En mai 1950, plusieurs fourgons amenèrent à Sighet plus de deux cents notabilités, y compris quelques ministres des gouvernements d'après 1945. Il s'agissait en majorité de personnes âgées, comme le leader du Parti national paysan, Juliu Maniu, qui avait soixante-treize ans, ou le doyen de la famille Bratianu (le fondateur de la Roumanie moderne), qui avait quatre-vingt-deux ans. La prison s'est remplie d'hommes politiques, de généraux, de journalistes, de prêtres, d'évêques gréco-catholiques... En cinq ans, cinquante-deux de ces prisonniers y trouvèrent la mort.

En Bulgarie, avant les élections du 27 octobre 1946, vingt-quatre militants du Parti agrarien furent assassinés. Son dirigeant, Nicolas Petkov, fut arrêté le 5 juin 1947 en pleine séance de l'Assemblée nationale, avec vingt-quatre autres députés. Républicain francophile, il avait passé sept années en exil en France, après l'assassinat, en 1924, de son frère, député de l'Union agraire. En 1940, Petkov avait été interné quelques mois au camp de Gonda-Voda, puis assigné à résidence, période pendant laquelle il prépara la fondation du Front patriotique qui intégrait aussi des résistants communistes. Il devint vice-président du Conseil à la fin de la guerre, mais démissionna pour protester contre les violences terroristes lors des épurations conduites par les communistes minoritaires. Devenu chef de l'Opposition unie, cet ancien allié des communistes fut, en 1947, accusé d'un « complot armé contre le gouvernement », jugé à partir du 5 août, condamné à mort le 16 et pendu le 23 septembre. Parmi les responsables communistes et de la Sécurité d'État qui préparèrent l'arrestation de Petkov et son procès figure un certain Traïtcho Kostov qui serait pendu deux ans plus tard...

Dans les deux autres anciens pays satellites de l'Allemagne, les procès politiques visèrent d'abord les dirigeants des puissants partis agrariens, qui avaient parfois contribué à la rupture de l'alliance avec l'Allemagne, ce qui provoqua l'entrée de l'Armée rouge. En Roumanie, Juliu Maniu et Ion Mihalache furent condamnés au cours d'un grand procès, basé sur des provocations policières, en octobre 1947 à l'emprisonnement à perpétuité et dix-sept autres personnalités du Parti national-paysan avec eux. Ce procès ouvrit la voie à la persécution massive des hommes politiques non communistes. Juliu Maniu mourut en 1952 en prison. Avant les élections du 18 novembre 1946 déjà, plusieurs hommes politiques, dont le libéral Vintila Bratianu, avaient été condamnés par un tribunal militaire sous l'accusation fabriquée d'« organisation terroriste ».

Ultime déclaration de Nicolas Petkov

Après la réquisition de l'avocat général qui avait demandé la condamnation à mort de Nicolas Petkov, celui-ci avait le droit de faire une ultime déclaration. Il sortit un papier de sa poche et, d'une voix calme, il lut :

« Messieurs les juges [...], ayant la conscience tranquille et me rendant pleinement compte de mes responsabilités aussi bien envers la justice bulgare qu'envers la société et l'organisation politique dont je fais partie et pour laquelle je suis toujours prêt à donner ma vie, il est de mon devoir de déclarer :

« Je n'ai jamais participé ni eu l'intention de participer à une activité illégale dirigée contre le pouvoir populaire du 9 septembre 1944, dont je suis, avec l'Union agraire, un des artisans.

« Je fais partie de l'Union agraire bulgare depuis 1923. Les principes fondamentaux de son idéologie sont : la paix, l'ordre, la légalité et le pouvoir du peuple, tandis que ses seules armes sont le bulletin de vote, la parole et la presse. Jamais l'Union agraire bulgare n'a eu recours à des organisations et agissements secrets et conspirateurs ; jamais elle n'a participé à des coups d'État, mais elle en a été souvent la victime. »

Et N. Petkov évoque le 9 juin 1923 et le 19 mai 1934 — « le début du fascisme en Bulgarie », puis sa démission du gouvernement.

« Si j'étais, comme MM. les procureurs l'affirment, avide de pouvoir et carriériste, je serais aujourd'hui encore vice-président du Conseil en Bulgarie. Depuis que je suis passé dans l'opposition, jusqu'à mon arrestation, je n'ai cessé de travailler pour l'entente entre l'Union agraire et le Parti ouvrier communiste, ce qui pour moi représente une nécessité historique. Je n'ai jamais servi aucune réaction à l'intérieur du pays ou à l'étranger.

« Messieurs les juges, depuis deux ans, depuis le 25 juin 1945 exactement, on mène contre moi la campagne la plus cruelle et la plus impitoyable qui ait jamais été dirigée contre un homme politique bulgare. On n'a rien épargné de ma vie privée ou publique. J'ai été enterré trois fois symboliquement à Sofia et une dizaine de fois en province. J'ai lu moi-même mon avis mortuaire à l'entrée du cimetière de Sofia, lors de ces enterrements. Je supportais cela sans plainte. Je supporterai également avec courage tout ce qui m'attend, car tel est l'inéluctable destin de la triste réalité politique bulgare.

« Modeste ouvrier de la vie publique, je n'ai pas le droit de me plaindre, puisque deux hommes reconnus aujourd'hui par tous comme de grands hommes d'État, Dimitri Petkov et Petko Petkov, ont été assassinés comme traîtres dans les rues de Sofia. [Nicolas Petkov faisait là allusion à son père, Dimitri, assassiné de deux coups de feu dans le dos, le 11 mars 1907, et qui était alors le président du Conseil ; et à Petko, son frère, député, tué le 14 juin 1924 de coups de revolver en pleine poitrine.]

« Messieurs les juges, je suis persuadé que vous laisserez de côté la politique qui n'a nulle place dans une salle de justice, pour ne retenir que les faits incontestablement établis. Je suis convaincu que, guidés uniquement par votre conscience de juges — du moins, je l'espère —, vous rendrez un verdict d'acquittement. »

Le 16 août 1947, après avoir entendu la sentence qui le condamnait à mort par pendaison « au nom du peuple bulgare », Nicolas Petkov s'écria d'une voix forte :

« Non ! Pas au nom du peuple bulgare ! Je suis envoyé à la mort par ordre de vos maîtres étrangers, ceux du Kremlin ou d'ailleurs. Le peuple bulgare, écrasé par la tyrannie sanglante que vous voudriez maquiller en justice, ne croira jamais à vos infamies ! »

(Paul Vergnet et Jean Bernard-Derosne,
L'Affaire Petkov, Paris, Self, 1948, p. 188-192.)

Dans le cas des procès politiques contre d'anciens alliés, la Tchécoslovaquie offre, peut-être, l'exemple « nu », « pur », de l'utilisation de ce procédé. Elle appartenait au camp des pays vainqueurs et sa restauration en 1945 faisait oublier l'alliance de l'État slovaque avec l'Allemagne, alliance d'ailleurs effacée par l'insurrection nationale slovaque contre l'occupation nazie fin août 1944. En novembre 1945, en raison des accords des Alliés, l'Armée rouge dut se replier, de même que les Américains qui avaient libéré la Bohême occidentale. Le Parti communiste gagna les élections de mai 1946 ; il était pourtant minoritaire en Slovaquie, où le Parti démocratique recueillait 62 % de suffrages. Les hommes politiques qui partageaient le pouvoir avec les communistes depuis la Libération avaient prouvé leur attachement à la liberté et à la démocratie en participant en général à la Résistance extérieure ou intérieure, y compris en Slovaquie.

L'ouverture des archives tchécoslovaques et soviétiques a permis de saisir avec plus d'acuité toute la perversité du comportement des émules des bolcheviks. En décembre 1929, leur chef, le député Klement Gottwald, en réponse aux accusations affirmant que le PCT suivait les ordres de Moscou, avait affirmé, dans un discours au Parlement : « Nous sommes le parti du prolétariat tchécoslovaque et notre quartier général révolutionnaire suprême est véritablement Moscou. Et nous allons à Moscou pour apprendre, savez-vous quoi ? Nous y allons pour apprendre des bolcheviks russes comment vous tordre le cou. Et vous savez que les bolcheviks russes sont passés maîtres en ce domaine[1]. »

Après les élections de mai 1946, ce « tordeur de cous » déterminé, dont le destin d'autodidacte ouvrier devenu chef du Parti communiste bolchevisé rappelle celui du communiste Maurice Thorez, accéda au poste de président du Conseil. Il devint alors le chef d'orchestre de la répression, d'abord en coulisses, puis sous les feux de la rampe.

Le Parti démocratique slovaque fut la première cible des manœuvres politiciennes — contre lesquelles ne réagirent pas les non-communistes tchèques imprégnés parfois de nationalisme antislovaque — et des provocations de la Sécurité d'État. En septembre 1947, la police contrôlée par les communistes annonça la découverte d'une « conspiration anti-État en Slovaquie », complètement inventée. À la suite de la crise qui s'ensuivit, le Parti démocratique perdit la majorité au sein du gouvernement slovaque, et deux de ses trois secrétaires généraux furent arrêtés.

La répression s'accéléra considérablement avec le « coup de Prague » en février 1948, qui ouvrit grande la porte à l'installation du monopole du pouvoir du PCT. Dès le début de la crise de février, provoquée par la démission de la majorité des ministres non communistes, ou dans les jours qui suivirent, se retrouvèrent en prison, entre autres, le Slovaque Jan Ursiny, président du Parti démocratique et vice-Premier ministre du gouvernement Gottwald jusqu'à ce qu'il soit obligé de démissionner à l'automne 1947, et Prokop Drtina, son ministre de la Justice, tous deux résistants pendant l'Occupation.

Les premiers grands procès, montés de toutes pièces, frappèrent en avril et en mai 1948 les dirigeants du Parti démocrate slovaque : vingt-cinq furent condamnés, dont un à trente ans de prison. Les objectifs généraux de la répression judiciaire et policière semblaient établis dès ce moment : on cherchait à frapper les « ennemis » dans l'armée et les services de sécurité, ainsi que les dirigeants politiques démocrates-libéraux ou démocrates-socialistes, qui avaient été jusqu'en février 1948 des alliés, souvent très sincèrement partisans de la collaboration avec les communistes.

Prenons, pour les « élites », deux cas typiques du prisonnier politique de cette période.

Le général Heliodor Pika, grand patriote et démocrate, joua un rôle éminent dans la Résistance extérieure. Partisan de la collaboration avec l'Union soviétique, il devint le chef de la délégation militaire tchécoslovaque en URSS dès le printemps 1941, donc avant le 22 juin et l'attaque allemande. Ses démarches et ses initiatives depuis les années trente pour

1. Klement Gottwald, *Vybrané spisy* (Œuvres choisies), tome I, Prague, SNPL, 1954, p. 139.

une collaboration amicale avec Moscou étaient connues. Son conflit avec les « organes soviétiques » l'était aussi : il renvoie à ses tentatives pour faire sortir des camps et des prisons soviétiques plus de dix mille citoyens tchécoslovaques, incarcérés surtout pour « passage illégal de la frontière de l'URSS » en 1938-1939, dans le but de leur faire rejoindre l'armée tchécoslovaque en formation en Union soviétique. Son patriotisme et les services rendus à la « révolution démocratique et nationale » n'étaient pas contestés, pas même après 1945, alors qu'il travaillait comme premier adjoint du chef de l'état-major de l'armée tchécoslovaque.

À partir de fin 1945, son activité fut suivie de près par les services de renseignement militaires, dirigés par Bedrich Reicin, communiste étroitement lié aux services spéciaux soviétiques. Dès la fin de février 1948, le général Pika fut renvoyé de l'armée ; au début de mai, il fut arrêté et accusé d'avoir saboté, pour le compte des services britanniques, les opérations de l'armée tchécoslovaque en URSS pendant la guerre, d'avoir porté atteinte aux intérêts de l'URSS et de la République... Pika fut condamné à mort le 28 janvier 1949 par la Cour d'État, spécialement créée, à la mi-1948, pour mener la répression politique. Le 21 juin 1949, à 6 heures du matin, dans la cour de la prison de Plzen (Pilsen), il fut pendu. B. Reicin a confié clairement à ses proches les raisons de la liquidation physique du général : les « organes soviétiques » l'exigeaient, parce qu'il « en savait trop sur les services de renseignement soviétiques ». Cela explique sans doute sa propre pendaison trois ans plus tard.

Le cas de Josef Podsednik peut, lui aussi, faire figure de modèle. En février 1948, il était maire de Brno, métropole de la Moravie et deuxième ville tchécoslovaque. Il avait accédé à ce poste lors des élections démocratiques de 1946, en tant que candidat du Parti socialiste-national, parti créé au début du siècle et qui n'avait rien de commun avec le « national-socialisme » hitlérien. Partisan de l'idéal démocratique et humanitaire de Tomas Masaryk, le premier président de la République née en 1918, représentant une couche assez large du socialisme tchèque, il pratiquait sincèrement la collaboration avec les communistes. Après février 1948, le maire de Brno décida d'émigrer, puis y renonça et s'occupa d'anciens membres de son parti persécutés dans la région (ils étaient plus de soixante mille au 31 décembre 1947). Arrêté le 3 septembre 1948, la Cour d'État le condamna, en mars 1949, à dix-huit ans de prison pour activité illégale, visant au renversement du régime par la violence, en liaison avec la « réaction étrangère », etc. Avec lui, dix-neuf autres membres de son parti furent condamnés à un total de soixante-quatorze années de prison. Tous les témoins de ce procès étaient des prisonniers politiques qui attendaient d'être jugés. D'autres groupes comprenant trente-deux militants de la région de Moravie du Sud furent condamnés ensuite, en liaison avec l'« affaire J. Podsednik », à soixante-deux ans de détention au total.

Le procès de J. Podsednik était public. « Quelques dizaines de responsables du PCT assistent aussi à ce premier grand procès politique devant la Cour d'État, avec, en tête, Otto Sling [l'un des futurs condamnés à mort dans le procès Slansky] qui riait bien au moment où fut prononcé le verdict », témoigna plus tard Josef Podsednik, qui n'était sorti de prison qu'en 1963, après avoir purgé plus de quinze ans de peine.

En Tchécoslovaquie, l'élimination des alliés démocrates et socialistes culmina avec le procès de Milada Horakova, qui se déroula à Prague du 31 mai au 8 juin 1950. Treize personnes, les leaders des Partis socialiste-

Un drôle de jeu des intellectuels communistes

On parlait encore très peu de psychodrames à la fin de cette année 1951. J'arrivai avec Claire, vers minuit, le soir de la Saint-Sylvestre, venant d'une fête « de famille », au réveillon de mon autre « famille », chez Pierre Courtade [journaliste et écrivain communiste]. Tout le monde était gai. Tout le monde était très ivre. « C'est toi qu'on attendait ! » dirent mes camarades. On m'expliqua le jeu. Jean Duvignaud [sociologue de l'art] disait alors que chaque époque invente « son » genre littéraire : les Grecs, la tragédie ; la Renaissance, le sonnet ; l'âge classique, les cinq actes en vers avec trois unités, etc. L'âge « socialiste » avait inventé « son » genre : le procès de Moscou. C'est au procès que les réveillonneurs, ayant un peu bu, avaient décidé de jouer. On n'attendait qu'un accusé. Donc que moi. Roger Vailland [écrivain communiste] était déjà le procureur, Courtade le défenseur commis d'office. Je n'avais qu'à prendre place dans le box des inculpés. Je me débattis en vain, puis me soumis au jeu. Le réquisitoire fut implacable : j'étais coupable d'infractions à dix articles du Code : sabotage de la lutte idéologique, intelligence avec l'ennemi culturel, complot avec les espions cosmopolites, haute trahison philosophique, etc. Comme je voulus *discuter* au cours de l'interrogatoire, procureur, avocat, témoins à charge se fâchèrent. La plaidoirie de mon avocat fut terrible : j'avais droit aux circonstances atténuantes, c'est-à-dire qu'on me délivre du fardeau de la vie aussi promptement que possible. L'alcool aidant, la bouffonnerie devenait cauchemar, la parodie blessure. Au moment du verdict (la mort, bien entendu), deux femmes de l'assistance, dont la mienne, entrèrent en crise de nerfs. Tout le monde criait, pleurait, cherchait de l'alcali dans l'armoire à pharmacie, trempait des serviettes dans l'eau froide. Procureur, avocat, accusé se penchaient sur les convulsionnaires. J'étais le seul sans doute à ne pas être ivre. Je n'étais pas le seul à me sentir honteux.

Je n'en doute plus aujourd'hui : nous étions fous. Il y a peut-être un moment de l'esprit où la folie atténue les responsabilités. Mais, avant d'en arriver là, bien souvent l'aliéné n'est pas quelqu'un que sa démence décharge du fardeau d'être responsable, mais celui qui *choisit* la folie pour échapper au nœud qui l'étrangle, mais qu'il n'ose pas trancher.

Notre aliénation n'était que la conséquence d'une aliénation historique. Nous rationalisions et intériorisions une démence plus générale.

(Claude Roy, *Nous*, Paris, Gallimard, coll. « Folio », 1980, p. 389-390.)

national, social-démocrate, populaire, et un « trotskiste », y furent condamnées, quatre à mort, dont Milada Horakova, quatre à la réclusion à perpétuité, cinq à des peines allant de quinze à vingt-huit ans de prison (cent dix ans au total). Le rapport de la Cour suprême, publié en 1968 lors du « Printemps de Prague », indique que 300 procès politiques se sont déroulés en liaison avec le procès de Milada Horakova ; plus de 7 000 anciens membres du seul Parti socialiste-national ont été ainsi condamnés. Les plus importants de ces procès eurent lieu entre mai et juillet 1950, dans plusieurs villes de province, pour mettre en évidence la « dimension nationale » de la prétendue conspiration : pour 35 procès, il y eut 639 condamnés, dont 10 à mort, 48 à la réclusion à perpétuité, et les autres à 7 850 années de prison.

Le procès de Milada Horakova fait date pour plusieurs raisons : c'est le premier procès « à grand spectacle » (expression empruntée à un grand spécialiste de la répression, l'historien tchèque Karel Kaplan) ; c'est le premier procès directement préparé par les « conseillers soviétiques », hauts responsables des services spéciaux, venus cogérer la répression, avec la mise au point d'un mécanisme qui s'est ensuite voulu « classique » — scénario du spectacle minutieusement préparé, « aveux » appris et récités, grande machine de propagande mise en œuvre autour de ce spectacle, etc.

Ce procès marqua une étape importante dans la répression politique en Europe non pas seulement communiste ; une femme fut pendue, une femme résistante — extrêmement courageuse — dès le début de l'occupation des pays tchèques en mars 1939, une femme emprisonnée pendant presque cinq ans par les nazis, une femme démocrate qui n'avait jamais pensé à combattre la dictature communiste par les armes...

Pourquoi l'opinion publique occidentale est-elle restée peu mobilisée contre ce crime communiste ? Pourquoi les protestations du physicien Albert Einstein n'ont-elles pas été appuyées par une grande campagne de signatures ? Pourquoi des résistants, en France et ailleurs, n'ont-ils pas dénoncé ce crime avec force ? Pourquoi n'ont-ils pas massivement exprimé leur solidarité avec une des leurs, afin de la sauver de la potence ?

La destruction de la société civile

Pour bien nous faire comprendre, il faut — vu le chaos sémantique où il nous est donné de vivre — préciser ce que signifie la notion de « société civile », sans prétendre à une mise au point définitive. Cette société évolue avec le capitalisme et la formation de l'État moderne. Contrepoids au pouvoir étatique, elle en est indépendante. Elle repose en premier lieu sur un système de besoins, où l'activité économique privée joue un rôle primordial. La société civile suppose un individu riche en besoins, elle repose sur les valeurs de ce dernier, sujet de la conscience et de l'action, détenteur de la liberté humaine. Cet individu est en même temps un être égoïste, indépendant (bourgeois), et un citoyen intéressé par les affaires publiques (homme « communautaire »). Lubomir Sochor, philosophe et politologue, définit la société civile comme « l'ensemble des institutions sociales supra-familiales et en même temps non étatiques rassemblant les membres de la société en vue d'une action coordonnée, et exprimant leurs opinions et intérêts particuliers. Bien sûr, à condition que ces institutions et organismes soient autonomes et ne soient pas transformés en organismes para-étatiques, en simples "courroies de transmission" du pouvoir étatique [1] ». Au nombre des organismes de la société civile qui constituent un moyen de contrôle social de l'État, nous rangeons corporations et associations, Églises, syndicats, municipalités et pouvoir locaux (*self-government*), partis politiques, opinion publique.

La stratégie réfléchie de la répression communiste, visant à instaurer le pouvoir absolu, devait, après avoir éliminé les concurrents politiques et tous ceux qui avaient ou pouvaient avoir un « pouvoir réel » — entre autres, les cadres de l'armée et de la Sécurité —, s'attaquer en toute logique aux organismes de la société civile. Ceux qui voulaient s'assurer le monopole du pouvoir et de la vérité devaient frapper les forces qui avaient ou pourraient détenir un pouvoir politico-spirituel : dirigeants et militants politiques ou syndicaux, ecclésiastiques, journalistes, écrivains, etc. La victime était souvent choisie parmi les détenteurs d'un poste clé dans des organismes de la société civile : partis, Églises, syndicats, ordres religieux, associations, organes de presse, pouvoir local.

Nous devons, peut-être, mentionner ici un critère « international » dans le choix des victimes. Le pouvoir, totalement subordonné à l'Union soviétique, ordonnait que soient cassés tous les liens, extrêmement riches, de la société civile avec l'étranger. Les sociaux-démocrates, les catholiques, les trotskistes, les protestants, etc., étaient visés non seulement pour leur activité intérieure, mais aussi en tant que courants entretenant, de par leur nature, des liens traditionnels solides et fructueux avec l'étranger. Les intérêts et buts de la stratégie mondiale de l'URSS réclamaient le démantèlement de ces liens.

Dans les nouvelles « démocraties populaires », les sociétés civiles étaient en général plutôt faibles. Avant la guerre, leur épanouissement avait été freiné par des régimes autoritaires ou semi-autoritaires, ou encore par le niveau arriéré de la vie économique et sociale. La guerre, les fascismes locaux et la politique des occupants avaient fortement contribué à les affaiblir. À la Libération, le comportement des autorités soviétiques et les épurations sauvages limitèrent encore leurs possibilités de développement.

Les interventions de l'Armée rouge dans sa zone d'occupation de l'Allemagne de l'Est expliquent d'ailleurs, pour une large part, la relative « douceur » de la répression judiciaire et policière, l'absence de procès

1. L. Sochor, « Peut-on parler de la "société civile" dans les pays du bloc soviétique ? », *Communisme*, Paris, nº 8, 1985, p. 84.

politiques « à grand spectacle » en République démocratique allemande au cours de sa période fondatrice (elle voit le jour en 1949) — répression et procès qui accompagnent ailleurs l'instauration du régime communiste. À ce moment-là, le recours à ces instruments de violence n'a pas été nécessaire ; les buts du nouveau pouvoir avaient déjà été atteints par la répression précédente. D'après les nouvelles études faites à la suite de la chute du mur de Berlin en 1989, les autorités d'occupation soviétiques ont, entre 1945 et 1950, interné dans leur zone 122 000 personnes, dont 43 000 sont mortes en détention et 756 furent condamnées à mort. La direction du SED a exercé, de son propre chef, une répression qui a touché entre 40 000 et 60 000 mille personnes[1].

La Tchécoslovaquie constitue une exception d'un autre type, de par la violence de la répression contre la société civile après février 1948. Ce pays était le seul des États d'Europe centrale et du Sud-Est à avoir établi une réelle démocratie parlementaire dans l'entre-deux-guerres — expérience ayant aussi existé, mais de façon limitée, en Roumanie. De surcroît, la Tchécoslovaquie appartenait aux dix pays les plus industrialisés du monde. Après la Libération, la société civile y était de loin la plus développée, la plus structurée, dans l'espace de l'Europe du Centre et du Sud-Est, et s'était reconstituée dès 1945. En 1946 déjà, presque deux millions et demi de citoyens, environ la moitié de la population adulte, adhéraient aux quatre partis politiques des pays tchèques (Bohême, Moravie et Silésie). Deux millions de Tchèques et de Slovaques étaient membres de syndicats unifiés. Des centaines de milliers de personnes étaient engagées dans de nombreuses associations ; une association sportive politisée depuis la fin du XIXe siècle dans le combat pour l'affirmation nationale, le Sokol (Faucon), comptait à elle seule plus de sept cent mille adhérents en 1948. Les premiers « Sokols » furent arrêtés au cours de l'été 1948, lors de leur *slet* (rassemblement gymnique national). Les premiers procès politiques à leur encontre se déroulèrent en septembre 1948. Deux ans plus tard, cette association était quasiment anéantie : une partie avait été transformée — dans les villages — en organisme para-étatique, mais sa puissance essentielle se trouvait paralysée par les arrestations de plusieurs milliers de ses responsables. Le Sokol, tout comme d'autres organismes de la société civile, scouts, associations protestantes, catholiques ou autres, était réduit à néant par la persécution judiciaire, les purges imposées, l'occupation de ses locaux et la confiscation de ses biens, exercices dans lesquels excellaient les agents de la police secrète, sous la couverture de « comités d'action » créés en février 1948 à cet effet.

1. « "Ich habe den Tod verdient." Schauprocesse und politische Verfolgung in Mittel- und Osteuropa, 1945-1956 », *in* Wolfgang Maderthaner, Hans Schafranek, Berthold Unfried (éd.), *Archiv 1991. Jahrbuch des Vereins für Geschichte der Arbeitbewegung*, 7e année, Vienne, 1991.

Prisons nazies et prisons communistes

I. Nyeste, Hongrois et résistant, dirige après la guerre une organisation de la jeunesse et refuse d'adhérer au PC. À l'issue d'un procès, il purge sa peine au camp de travail de Resz jusqu'en 1956 ; d'après son témoignage, les détenus y cassaient des cailloux douze heures par jour l'hiver et seize heures l'été. Mais le pire pour lui, c'était la faim :

« La différence entre la police secrète communiste et celle des nazis — je suis l'un des heureux élus à avoir pu faire l'expérience des deux — ne réside pas dans leur niveau de brutalité et de cruauté. La salle de torture d'une geôle nazie était la même que celle d'une geôle communiste. La différence est ailleurs. Si les nazis vous arrêtaient comme dissident politique, ils voulaient généralement connaître vos activités, vos amis, vos plans, et ainsi de suite. Les communistes ne s'encombraient pas de ça. Ils savaient déjà, en vous arrêtant, quel genre de confession vous alliez signer. Mais pas vous. Je n'imaginais absolument pas que j'allais devenir un "espion américain" ! »

(Interview pour l'émission « The Other Europe », janvier 1988, citée *in* Jacques Rupnik, *L'Autre Europe. Crise et fin du communisme*, Paris, Odile Jacob, 1990, p. 147.)

Les Églises représentaient pour le pouvoir communiste la grande affaire dans le processus d'anéantissement ou de contrôle des organismes de la société civile. Leur histoire et leur enracinement étaient pluriséculaires. Appliquer le modèle bolchevique s'est avéré plus difficile dans certains pays que dans d'autres qui connaissaient la tradition de l'Église orthodoxe, la tradition byzantine du césaro-papisme, tendant à la collaboration de l'Église avec le pouvoir étatique établi — constat qui ne cherche nullement à sous-estimer la répression subie par les orthodoxes en Russie et en Union soviétique. Dans le cas de l'Église catholique, son organisation internationale dirigée depuis le Vatican représentait un phénomène insupportable pour le « camp socialiste » en train de naître. Ainsi les deux grandes Internationales de la foi devaient-elles logiquement s'affronter, avec leurs deux capitales respectives, Moscou et Rome. La stratégie de Moscou était bien définie : rompre les liens des Églises catholique ou gréco-catholique avec le Vatican et soumettre les Églises devenues « nationales » au pouvoir ; c'est ce que laissent entendre les consultations avec les responsables soviétiques lors de la réunion du Bureau d'information des partis communistes en juin 1948, rapportées par Rudolf Slansky, secrétaire général du PCT.

Pour atteindre leur but, réduire l'influence des Églises sur la vie sociale, les soumettre au contrôle tatillon de l'État et les transformer en instruments de leur politique, les communistes combinèrent la répression, les tentatives de corruption et... le noyautage de la hiérarchie ; l'ouverture des archives a démasqué, par exemple en Tchécoslovaquie, de nombreux ecclésiastiques, y compris des évêques, comme des collaborateurs de la police secrète. Certains ont-ils voulu de la sorte « éviter le pire » ?

La première répression antireligieuse — compte non tenu des victimes des épurations sauvages, par exemple les popes bulgares déjà mentionnés — intervint probablement en Albanie. Le primat Gaspar Thaci, archevêque de Shkodër, mourut en résidence surveillée alors qu'il était entre les mains de la police secrète. Vincent Prendushi, archevêque de Durrës, condamné à trente ans de travaux forcés, mourut en février 1949, probablement des suites de tortures. En février 1948, cinq religieux, dont les évêques Volai et Ghini, le régent de la délégation apostolique, furent condamnés à mort et fusillés. Plus de cent religieux et religieuses, curés et séminaristes furent exécutés ou moururent en détention. En liaison avec cette persécution, un musulman au moins, le juriste Mustafa Pipa, fut exécuté : il avait pris la défense des franciscains. Anticipons et notons qu'en 1967 Enver Hoxha a déclaré que l'Albanie était devenue le premier État athée du monde. Et la gazette *Nendori* d'annoncer fièrement que toutes les mosquées et églises avaient été démolies ou fermées — 2 169 au total, dont 327 sanctuaires catholiques.

En Hongrie, la confrontation violente entre l'Église catholique et le pouvoir commença au cours de l'été 1948, avec la « nationalisation » des écoles confessionnelles, fort nombreuses[1]. Cinq curés furent condamnés dès juillet, d'autres les suivirent à l'automne. L'indomptable primat de Hongrie, le cardinal Jozsef Mindszenty, fut arrêté le 26 décembre 1948, deuxième jour des fêtes de Noël, et condamné à la prison à perpétuité le 5 février 1949 ; assisté de ses « complices », il aurait fomenté un « complot contre la République », accompagné d'espionnage, etc. — tout cela, bien entendu, au profit des « puissances impérialistes » et en premier lieu des États-Unis. Un an plus tard, le pouvoir occupait la plupart des couvents et en expulsait la majorité des douze mille religieux et religieuses. En juin 1951, le doyen de l'épiscopat et collaborateur intime de Mindszenty, Mgr Grosz, archevêque de Kalocza, connaissait le même destin que son primat. La persécution des Églises et des ordres en Hongrie ne frappait pas seulement les catholiques. Les Églises calviniste et luthérienne, nettement moins importantes, comptèrent elles aussi leurs victimes parmi les évêques et les pasteurs, dont une éminente personnalité calviniste, l'évêque Laszlo Ravasz.

En Tchécoslovaquie, comme en Hongrie, le pouvoir s'efforça de constituer au sein de l'Église catholique une dissidence disposée à collaborer. Mais, n'y ayant réussi que partiellement, il passa au degré supérieur de la répression. En juin 1949, Josef Beran, archevêque de Prague, emprisonné par les nazis dès 1942 dans les camps de Terezin et de Dachau, fut

1. Elles représentaient 65 % du total des écoles primaires, 50 % des écoles secondaires pour garçons et 78 % des écoles normales et lycées pour jeunes filles.

mis en résidence surveillée et interné. En septembre 1949, quelques dizaines de vicaires, qui protestaient contre la loi sur les Églises, furent arrêtés. Le 31 mars 1950 s'ouvrit à Prague le procès des hauts dignitaires des ordres, accusés d'espionnage au profit du Vatican et de puissances étrangères, et d'avoir organisé des caches d'armes ainsi que de préparer un coup d'État ; le rédemptoriste Mastilak, recteur de l'Institut théologique, fut condamné à perpétuité, les autres écopèrent de cent trente-deux ans de prison. Dans la nuit du 13 au 14 avril 1950 eut lieu une intervention massive contre les couvents, préparée comme une opération militaire par le ministère de l'Intérieur ; la majorité des religieux fut délogée et internée. Simultanément, la police mit les évêques en résidence surveillée de telle sorte qu'ils ne puissent communiquer avec le monde extérieur.

Au printemps 1950, le régime ordonna en Slovaquie orientale la liquidation de l'Église gréco-catholique (uniate), qui devait désormais s'intégrer à l'Église orthodoxe — procédé utilisé dès 1946 en Ukraine soviétique ; les ecclésiastiques en désaccord furent soit internés, soit chassés de leurs paroisses. L'archiprêtre de Ruthénie soviétique, Jozsef Csati, après un procès truqué, fut déporté au camp de Vorkouta, en Sibérie, de 1950 à 1956.

La répression des Églises fut conçue et supervisée par la direction du PCT ; en septembre 1950, cette direction approuva la conception politique d'une série de procès contre les catholiques qui s'ouvrirent à Prague le 27 novembre 1950 ; neuf personnes de l'entourage des évêques, à la tête desquelles se trouvait Stanislav Zela, le vicaire général d'Olomouc en Moravie centrale, furent lourdement condamnées. Et le 15 janvier 1951, cette fois-ci à Bratislava, la capitale slovaque, prit fin le procès de trois évêques, dont celui de l'Église gréco-catholique. Tous les accusés de ces deux « procès contre les agents du Vatican en Tchécoslovaquie » (appellation usuelle à l'époque) furent condamnés à des peines allant de dix ans à la prison à perpétuité. Cette série se termina en février 1951 avec d'autres procès qui touchèrent entre autres l'entourage des évêques. Mais la répression n'en finit pas là. L'évêque de Litomerice en Bohême centrale, Stepan Trochta, résistant arrêté en mai 1942 et détenu jusqu'à la fin de la guerre dans les camps de concentration de Terezin, Mauthausen et Dachau, fut condamné à vingt-cinq ans de prison... en juillet 1954.

Ceux qui concevaient et exécutaient la répression jugèrent bon de décapiter la hiérarchie, mais aussi de frapper des intellectuels chrétiens. Résistante, professeur d'histoire de l'art à l'université Charles, Ruzena Vackova, une femme très appréciée par les prisonniers politiques, fut condamnée en juin 1952 et resta emprisonnée jusqu'en 1967 ! Au cours des deux procès de 1952, l'élite de l'intelligentsia catholique fut durement touchée. Le second se déroula en juillet à Brno, capitale de la Moravie, et représenta probablement le plus grand procès politique contre des « hommes de plume » dans l'histoire européenne du XXe siècle.

L'« aveu » et le non-être d'un catholique

Grand intellectuel catholique qui appréciait assez peu la hiérarchie de son Église, le Tchèque Bedrich Fucik fut arrêté au printemps 1951 et condamné à quinze ans de prison au procès à grand spectacle de 1952 à Brno ; il en sortit, amnistié, en 1960. Pendant les interrogatoires, il fut torturé physiquement. Un jour, après avoir donné pendant sept heures des réponses dilatoires à ses tortionnaires — « rien », « je ne sais pas », « aucun » —, il craqua et commença à « avouer ». « Laissez-moi tranquille, je vous en supplie, dit-il aux enquêteurs, je ne peux pas aujourd'hui, c'est le jour de la mort de ma mère. » Avant le procès, pendant toute une semaine, on lui fit apprendre ses réponses à des questions préparées, qu'il devait restituer devant le tribunal. Il pesait quarante-huit kilos (soixante et un avant son arrestation) et était dans un très mauvais état physique.

Voici quelques extraits des entretiens de Karel Bartosek avec lui, enregistrés à Prague entre 1978 et 1982 :

« Est-ce que vous étiez conscient d'être, devant le tribunal, l'acteur d'une comédie, d'un spectacle ?

— Oui. Je le savais déjà bien avant.

— Mais pourquoi avez-vous joué cette comédie ? Vous, un intellectuel catholique, vous acceptez de vos enquêteurs la mise en scène d'un tribunal communiste stalinien...

— C'est la chose la plus pesante que j'ai ramenée en moi de la prison, cette faim, ce froid, le trou... les maux de tête terrifiants de l'époque où j'ai cessé de voir... tout cela, on l'oublie... même si ça reste quelque part, dans le fond de votre cerveau. Mais ce que je n'oublierai jamais, ce qui est le plus horrible et ce qui ne me quittera jamais, c'est que, tout d'un coup, il y a deux êtres en vous... Deux hommes. Moi, le numéro un, comme j'ai toujours été, et moi, le numéro deux, qui dit au premier : “Tu es criminel, tu as fait ça et ça.” Et le premier se défend. Et ils mènent un dialogue, ces deux-là en moi, c'est le dédoublement total de la personnalité, l'un humilie sans cesse l'autre : “Non, tu ne dis pas la vérité ! Ce n'est pas vrai !” Et l'autre lui répond : “Oui, c'est vrai ! Je l'ai signé, je l'ai...”

— Vous n'êtes pas le seul, avec votre “aveu”. Ceux qui ont “avoué” sont nombreux. Vous étiez des hommes, des individualités, avec votre structure physique et mentale originale, unique, et pourtant vous avez agi tous de façon analogue ou très ressemblante : vous vous êtes soumis à la mise en scène d'un grand spectacle, vous avez accepté de jouer la comédie, vous avez appris les rôles distribués. J'ai déjà enregistré les causes de l'“aveu” des communistes, brisure, cassure de ces êtres. Vous êtes un homme avec une vision du monde différente. Pourquoi tout cela est-il arrivé en vous ? Pourquoi avez-vous collaboré avec ce pouvoir des bourreaux ?

— Je ne savais pas me défendre, psychiquement et physiquement, contre leur bourrage de crâne. Je me suis soumis. Je vous ai déjà parlé du moment où j'ai capitulé à l'intérieur de moi-même. [Mon interlocuteur s'excite de plus en plus, il crie presque.] Après, je n'étais plus... Je considère cet état de non-être comme la plus grande humiliation, la plus grande déchéance de l'homme, comme une destruction de l'être. Par moi-même. »

La répression des Églises suit un scénario semblable dans les pays balkaniques. En Roumanie, la liquidation de l'Église gréco-catholique (uniate), la deuxième par le nombre de ses fidèles après l'Église orthodoxe, s'accentua à l'automne 1948 ; l'Église orthodoxe y assista muette car sa hiérarchie s'était généralement ralliée au régime, ce qui n'empêcha d'ailleurs pas la fermeture de nombreuses églises et l'emprisonnement de certains de ses popes. En octobre, tous les évêques uniates étaient arrêtés. L'Église gréco-catholique fut officiellement interdite le 1er décembre 1948 ; elle comptait alors 1 573 000 fidèles (sur une population de quinze millions d'habitants), 2 498 édifices de culte, 1 733 prêtres. Les autorités confisquèrent ses biens, fermé ses cathédrales et églises, parfois brûlé ses bibliothèques ; 1 400 prêtres (dont 600 environ en novembre 1948) et quelque 5 000 fidèles furent incarcérés, dont environ 200 furent assassinés en prison.

Dès le mois de mai 1948, avec l'arrestation de 92 prêtres, c'est l'Église catholique romaine, forte de 1 250 000 fidèles, qui fut frappée. Le pouvoir ferma les écoles catholiques et confisqua les institutions caritatives et médicales. En juin 1949, plusieurs évêques de l'Église romaine furent arrêtés ; le mois suivant, les ordres monastiques furent interdits. La répression à l'encontre de cette Église culmina en septembre 1951 avec un grand procès devant le tribunal militaire de Bucarest ; plusieurs évêques et des laïcs furent condamnés comme « espions ».

L'un des évêques gréco-catholiques, ordonné secrètement, qui a fait quinze ans de prison et travaillé par la suite comme manœuvre, témoigne :

« Pendant de longues années, nous avons enduré torture, coups, faim, froid, confiscation de tous nos biens, ainsi que la moquerie méprisante, au nom de Saint-Pierre. Nous embrassions nos menottes, nos chaînes et les barreaux de fer de notre cellule comme si c'étaient des objets sacrés, nous adorions notre tenue de prisonnier comme un habit de prêtre. Nous avons choisi de porter notre croix, bien qu'on nous ait proposé sans cesse la liberté, l'argent et une vie facile en échange de notre rejet de Rome. Nos évêques, prêtres et fidèles ont été condamnés à plus de quinze mille années de détention et ils en ont purgé plus de mille. Six évêques ont souffert sous les verrous par fidélité à Rome. Et, malgré toutes ces victimes sanglantes, notre Église a aujourd'hui autant d'évêques qu'à l'époque où Staline et le patriarche orthodoxe Justinian l'ont triomphalement proclamée morte[1]. »

1. Frantisek Miklosko, *Nebudete ich moct rozvratit* (Vous n'aurez pas le pouvoir de les détruire), Bratislava, Archa, 1991, p. 272-273.

Le « petit peuple » et le système concentrationnaire

L'histoire des dictatures est complexe et celle des communistes n'échappe pas à la règle. Leur naissance en Europe du Centre et du Sud-Est a été marquée par un soutien populaire parfois massif, phénomène lié aux espoirs éveillés par l'écrasement de la dictature nazie, ainsi qu'à l'art, incontestable chez les dirigeants communistes, de cultiver l'illusion ou le fanatisme, dont les jeunes ont été les premières proies — comme toujours et partout. Le Bloc de la gauche par exemple, créé en Hongrie à l'initiative des communistes minoritaires aux élections, fut capable d'organiser à Budapest, en mars 1946, une manifestation « monstre », rassemblant quelque quatre cent mille participants...

Le régime communiste qui se mettait en place a, au début, assuré la promotion sociale de centaines de milliers de personnes, issues des couches défavorisées. En Tchécoslovaquie, pays industrialisé où la catégorie « ouvriers » représentait à peu de chose près 60 % de la population dans les pays tchèques et 50 % en Slovaquie, deux cent à deux cent cinquante mille ouvriers prirent la place des personnes touchées par les purges ou vinrent « renforcer » les appareils ; dans leur écrasante majorité, ils étaient membres du PCT. Des millions de petits paysans ou d'ouvriers agricoles dans les pays de l'Europe du Centre et du Sud-Est ont bénéficié, juste après la guerre, des réformes agraires, du partage des grandes propriétés foncières (y compris celles de l'Église catholique) ou encore, pour les petits commerçants ou artisans, de la confiscation des biens des Allemands expulsés.

Le petit bonheur des uns fondé sur le malheur des autres s'avéra souvent éphémère. Car la doctrine bolchevique réclamait que soit liquidée la propriété privée et que son détenteur en soit déraciné à jamais. Dans le contexte de la guerre froide, elle s'inspira de surcroît de la « théorie » prônant l'« intensification de la lutte des classes » et la « lutte offensive des classes ». Dès 1945, les nouveaux régimes procédèrent aux nationalisations (étatisations) des grandes entreprises, opérations souvent légitimées par l'expropriation nécessaire des biens des « Allemands, traîtres et collaborateurs ». Une fois le monopole du pouvoir assuré vint le tour des petits propriétaires, commerçants et artisans. Les propriétaires de petits ateliers ou de modestes boutiques qui n'avaient jamais exploité qui que ce fût, sinon eux-mêmes ou les membres de leurs familles, avaient bien des raisons d'être mécontents. Tout comme les petits paysans, exposés à partir de 1949-1950 à la collectivisation forcée de leurs terres, sous la pression des dirigeants soviétiques. Tout comme les ouvriers, surtout dans les centres industriels, touchés par différentes mesures qui frappaient leur niveau de vie ou liquidaient les conquêtes sociales du passé.

Le mécontentement gagna du terrain, la tension sociale s'aiguisa. Pour exprimer ce mécontentement, les ouvriers utilisèrent non seulement la parole, l'envoi de résolutions, mais aussi des formes de combat plus poussées : la grève et la manifestation de rue. Au cours de l'été 1948, quelques mois après le « Février victorieux », ils entamèrent dans quinze villes tchèques et moraves et trois villes slovaques une grève parfois accompagnée de manifestations. Ils « récidivèrent » dans les derniers mois de 1951, en lançant des grèves dans toutes les régions industrielles, des réunions de protestation dans les usines et des manifestations (de dix mille à trente mille personnes dans les rues de Brno). Puis, au début de juin 1953, pour protester contre la réforme monétaire, des grèves et arrêts de travail se produisirent dans des dizaines d'usines importantes, accompagnés de manifestations qui, à Plzen, tournèrent au combat de rue. En 1953, 472 grévistes et manifestants furent arrêtés, et la direction du PCT demanda d'établir immédiatement les listes des participants, de « les isoler et placer dans des camps de travail ».

Quant aux paysans, ils se révoltèrent parfois. L'un des participants à la révolte des paysans roumains, en juillet 1950, raconte comment ils se réunirent devant le siège du Parti communiste, les mains nues, et comment un activiste communiste commença à tirer avec son revolver. « Alors nous sommes entrés de force au siège du Parti, témoigne-t-il, et nous avons jeté par terre les portraits de Staline et de Gheorghiu Dej, et nous les avons foulés aux pieds. [...] Les renforts sont arrivés. D'abord les gendarmes du village. [...] La chance, c'est que Maria Stoian, une jeune fille, a coupé les fils du central téléphonique et a sonné les cloches. Ils lui ont tiré dessus, les bolcheviks, autant qu'ils ont pu. [...] Et puis au milieu de la matinée, vers 10 heures je crois, est arrivée la Securitate avec des mitrailleuses et toutes sortes d'armes lourdes. Les femmes et les vieillards sont tombés à genoux. "Ne tirez pas sur nous ni sur nos enfants. Vous avez des enfants, vous aussi, et de vieux parents. Nous mourons de faim, et nous nous sommes réunis pour crier que l'on ne nous enlève pas le blé." Le lieutenant-major Stanescu Martin a donné l'ordre de tirer. » L'auteur de ce récit a été arrêté, torturé et envoyé aux travaux forcés ; il ne fut libéré qu'en 1953 [1].

Sous des régimes où les libertés et les droits fondamentaux du citoyen étaient bafoués, toute expression de mécontentement était perçue comme « politique », « anti-État ». Et les dirigeants utilisaient consciencieusement la persécution pour plonger la société dans ce que Karel Kaplan appelle la « psychologie de la peur » et qu'ils concevaient comme « facteur de stabilisation » du régime.

Dans les années 1949-1954, des millions de gens furent touchés par la répression : il s'agit en effet non seulement des personnes incarcérées, mais aussi des membres de leurs familles. La répression revêtit des formes multiples et nous n'aurons garde d'oublier tous ceux qui ont été « délogés » de Budapest, Sofia, Prague, Bucarest ou d'ailleurs vers la province ; au cours de l'été 1951 se trouvaient parmi eux quatorze mille Juifs de

1. Catherine Durandin, *Histoire des Roumains*, Paris, Fayard, 1995, p. 72-73.

Budapest, ayant survécu aux massacres et appartenant à la minorité juive la plus nombreuse qui subsistait en Europe centrale. Rappelons encore les familles des émigrés, les étudiants exclus de leurs facultés, les centaines de milliers de gens qui figuraient sur les listes des « politiquement suspects » ou des « personnes hostiles », élaborées et tenues à jour dès 1949 par les services de la Sécurité.

La mer de la souffrance était immense et les crues des fleuves qui l'alimentaient ne régressaient point. Après l'élimination des représentants des partis politiques et de la société civile, ce fut le tour du « petit peuple ». Dans les usines, des « perturbateurs de l'ordre » traités comme de « grands saboteurs » furent frappés par la « justice de classe ». Tout comme ceux qui, dans les villages, jouissaient d'une autorité naturelle du fait d'un savoir et d'une sagesse acquis pendant des décennies, et qui s'opposaient à la collectivisation forcée sur le modèle de la « meilleure agriculture du monde ». Des millions de personnes comprirent alors que les promesses qui, souvent, les avaient conduites à adhérer à la politique communiste étaient des mensonges tactiques. Certaines osèrent exprimer leur désaccord.

Des études approfondies sur la dimension sociale de la répression, sur la persécution du « petit peuple » font encore défaut. Nous disposons de données statistiques fiables pour les pays tchèques et la Slovaquie, où les archives ont été non seulement ouvertes, mais aussi consultées. Dans la majorité des autres pays, nous devons nous contenter d'enquêtes journalistiques et de témoignages, heureusement fort nombreux depuis 1989.

En Tchécoslovaquie, à la mi-1950 déjà, le nombre des personnes ayant exercé, avant leur arrestation, le métier d'ouvrier représentait 39,1 % des personnes emprisonnées pour « crimes anti-État » ; les petits employés de bureau, souvent victimes des purges de l'administration, tenaient la deuxième place avec 28 %. En 1951-1952, les personnes arrêtées par la Sécurité d'État étaient, pour environ la moitié, des ouvriers ; les paysans qui occupaient la troisième place talonnaient les « employés de bureau », en deuxième position.

Le rapport « sur l'activité des tribunaux et de la procurature » pour l'année 1950 nous apprend par ailleurs que les condamnés pour « délits de gravité moindre contre la République » (incitation à la rébellion, propagation de fausses nouvelles, sabotage de moindre envergure, etc.), jugés, en pays tchèque, par les tribunaux de district, étaient pour 41,2 % des ouvriers et pour 17,7 % des paysans ; en Slovaquie, les chiffres respectifs étaient de 33,9 % et 32,6 %. Le nombre d'ouvriers et de paysans jugés dans de « grandes affaires » devant la Cour d'État est moins considérable ; la catégorie sociale des ouvriers, y compris les ouvriers agricoles, restait pourtant parmi les plus importantes et ces couches populaires fournissaient, si l'on y ajoute les paysans, 28,8 % des condamnés, 18,5 % des condamnés à mort et 17,6 % des condamnés à la réclusion à vie.

Il en a été de même dans les autres pays, bien que ce soit parfois le paysan qui ait figuré au premier rang des victimes de la répression. L'afflux du « petit peuple » dans le monde carcéral était probablement lié à l'expansion des camps, à l'installation du *système* concentrationnaire, phénomène peut-être le plus marquant de la barbarie des régimes communistes. Les prisons ne suffisaient pas pour recevoir la masse de prisonniers et le pouvoir reprit, dans ce domaine aussi, l'expérience de l'Union soviétique et créa l'archipel des camps.

Bolchevisme et nazisme ont à l'évidence enrichi l'histoire de la répression au XXe siècle en érigeant, par temps de paix, le système des camps. Jusqu'à l'émergence du Goulag et du Lager (l'antériorité revient au Goulag), les camps étaient dans l'Histoire « un des moyens de la répression et de l'exclusion en temps de guerre », comme l'a signalé Annette Wieviorka dans son introduction au dossier sur les camps de la revue *Vingtième Siècle* en 1997. Pendant la Seconde Guerre mondiale, le système concentrationnaire s'est installé dans l'Europe continentale et le Camp, le Lager ou le Goulag figuraient sur la carte de l'Europe depuis l'Oural jusqu'au pied des Pyrénées. Mais son histoire n'a pas pris fin avec la défaite de l'Allemagne et de ses alliés.

Ce sont d'ailleurs des régimes fascistes ou autoritaires, alliés à l'Allemagne, qui ont introduit le Camp dans l'évolution de leurs pays respectifs. En Bulgarie, le gouvernement conservateur avait installé un camp d'internement sur la petite île de Sainte-Anastasie, en mer Noire, au large de Burgas, puis les camps de Gonda Voda et de Belo Pole, où furent internés les opposants politiques. En Slovaquie, les populistes au pouvoir instaurèrent, entre 1941 et 1944, quinze « établissements pénitentiaires de travail » auprès des chantiers qui manquaient de main-d'œuvre et y envoyèrent des « éléments asociaux », en général des Tsiganes Roms. En Roumanie, la dictature du maréchal Antonescu créa des camps pour les détenus politiques, comme celui de Tirgu-Jiu et d'autres, servant à la répression raciale, sur le territoire conçu entre le Dniestr et le Boug.

À la fin de la guerre, il y avait donc des camps en état de fonctionnement qui pouvaient servir soit de camps de transit pour la masse des nouveaux déportés (nous l'avons vu dans le cas de Hongrois), soit de camps d'internement des personnes soupçonnées de soutien au nazisme ; ce fut le cas de Buchenwald ou de Sachsenhausen, célèbres camps de concentration de la période nazie, dans la zone d'occupation soviétique en Allemagne de l'Est.

Mais à partir de 1945 apparurent de nouveaux camps, dans lesquels le pouvoir interna ses adversaires politiques. La primauté de leur création semble incomber à la Bulgarie où, dès 1945, un décret permit à la police de mettre en place des foyers d'éducation par le travail (TVO en bulgare) ; des centaines de personnes, parmi lesquelles des dizaines d'anarchistes, furent envoyées au camp de Koutsian, près du grand centre minier de Pernik, appelé déjà à l'époque « les Caresses de la mort », à

Bobov Dol ou à Bogdanov Dol, « le camp des Ombres » pour ses détenus. Ces camps furent dénoncés, documentation détaillée à l'appui, dès mars 1949, par les anarchistes français comme « camps de concentration bolchevistes [1] ».

L'« archipel du Goulag », pour reprendre l'expression de l'écrivain russe Alexandre Soljenitsyne, s'installa en Europe du Centre et du Sud-Est dans les années 1949-1950. Une synthèse voulant saisir aujourd'hui l'histoire de ces camps ne peut malheureusement pas s'appuyer sur une masse d'études et de témoignages comparable à celle que nous possédons sur les camps nazis. Nous devons pourtant la tenter, tant pour approfondir la connaissance de la nature des régimes communistes que par respect pour la mémoire des victimes de l'arbitraire dans cette partie de l'Europe.

Il semble, et l'étude plus approfondie du Goulag soviétique nous incline vers cette hypothèse, que les camps *en tant que système* ont d'abord eu une fonction économique. Bien évidemment, ce système était conçu pour isoler et punir certaines personnes. Mais l'examen de la carte des camps communistes nous convainc d'emblée qu'ils furent situés là où le régime avait besoin d'une force de travail nombreuse, disciplinée et bon marché. Ces esclaves modernes ne devaient pas construire des pyramides, mais des canaux, des barrages, des usines ou des bâtiments en l'honneur des nouveaux pharaons, ou encore exploiter des mines de charbon, d'anthracite et d'uranium. Le choix des victimes, l'étendue de la répression et son rythme furent-ils influencés par des « commandes de prisonniers » nécessaires aux travaux des chantiers ou aux mines ?

En Hongrie et en Pologne, des camps furent établis auprès des bassins houillers. En Roumanie, une grande partie des camps a été créée autour du tracé du canal Danube-mer Noire et dans le delta du Danube ; le plus grand ensemble de camps, le premier, était désigné sous le nom de Poarta Alba, site principal de ce petit archipel, où des noms comme Cernavoda, Medjidia, Valea Neagra ou Basarabi, ainsi que ceux des unités de l'autre ensemble, situé dans le delta du Danube (Periprava, Chilia Veche, Stoenesti, Tataru) sont gravés dans les mémoires. La construction du canal Danube-mer Noire fut d'ailleurs dénommée le « canal de la Mort ». Ce fut là un terrible chantier de travaux forcés, où périrent des paysans qui s'étaient opposés à la collectivisation ou des « individus suspects ». En Bulgarie, les détenus du camp de Koutsian travaillaient dans une mine de minerai métallifère à ciel ouvert, ceux de Boukhovo dans une mine d'uranium et ceux de Béléné renforçaient les digues du Danube. En Tchécoslovaquie, le peuple des camps fut surtout concentré autour des mines d'uranium de la région de Jachymov, en Bohême occidentale, puis dans le bassin houiller d'Ostrava, en Moravie du Nord.

Pourquoi ces lieux de détention ont-ils été appelés « camps de travail » ? Les responsables pouvaient-ils ignorer qu'à l'entrée des camps

1. *Les Bulgares parlent au monde,* édité par la Commission d'aide aux antifascistes de Bulgarie, Paris, mars 1949, 42 p.

nazis figurait l'inscription *Arbeit macht frei* (Le travail libère) ? Les conditions de vie dans ces lieux de détention, surtout dans la période de 1949-1953, étaient extrêmement dures et la corvée quotidienne causait parfois l'épuisement total du détenu.

Nous commençons à connaître le nombre exact des prisons et des camps. L'établissement du nombre des personnes qui les ont peuplés reste plus compliqué. En Albanie, la carte établie par Odile Daniel localise 19 camps et prisons. En Bulgarie, la carte du « Goulag bulgare » établie après 1990 repère 86 localités, et environ 187 000 personnes, durant la période 1944-1962, ont été recensées après 1989 par l'association des anciens prisonniers politiques ; ce chiffre englobe non seulement des condamnés, mais aussi des personnes envoyées dans les camps sans jugement ou encore des incarcérés, gardés dans les commissariats de la police, parfois des semaines, en particulier des paysans que la détention devait faire adhérer aux coopératives agricoles. Selon d'autres estimations, environ 12 000 personnes auraient séjourné dans les camps entre 1944 et 1953, et environ 5 000 entre 1956 et 1962.

En Hongrie, plusieurs centaines de milliers de personnes auraient été poursuivies entre 1948 et 1953 et, selon différentes estimations, de 700 000 à 860 000 mille auraient été condamnées. Dans la plupart des cas, il s'agissait de « délits contre la propriété d'État ». Il faut, comme dans les autres pays, intégrer dans les comptes les internements administratifs opérés par la police politique. En République démocratique allemande, où le mur à la frontière avec l'Ouest n'était pas encore dressé, les prisonniers politiques « nouveaux », en dehors des détenus mentionnés dans le chapitre précédent, semblent avoir été peu nombreux.

En Roumanie, les estimations du nombre des personnes incarcérées pendant toute la période communiste varient entre 300 000 et 1 000 000 ; ce deuxième chiffre inclut probablement non seulement des prisonniers politiques, mais aussi des droit commun (il faut dire que, dans le cas par exemple du « parasitisme », la distinction est parfois difficile). En ce qui concerne les camps, l'historien anglais Dennis Deletant estime à 180 000 le nombre de personnes détenues dans les camps roumains au début des années cinquante. En Tchécoslovaquie, le nombre des prisonniers politiques dans les années 1948-1954 est aujourd'hui établi à 200 000 personnes. Pour une population de 12,6 millions d'habitants, 422 camps et prisons ont fonctionné. Le chiffre des emprisonnés englobe non seulement des personnes jugées et condamnées, mais aussi des personnes incarcérées sans jugement, internées dans des camps par décision arbitraire des autorités locales.

Le monde carcéral de tous ces pays avait des points communs, ce qui est logique car il puisait son inspiration à la même source, l'Union soviétique, dont les émissaires veillaient d'ailleurs partout à son établissement. Il nous semble cependant que certains pays en ont enrichi l'histoire et l'évolution de traits originaux : ainsi la Tchécoslovaquie, la Roumanie et la Bulgarie.

La Tchécoslovaquie, de par son perfectionnisme bureaucratique ; certains analystes pensent d'ailleurs que la pesanteur du bureaucratisme de l'Empire austro-hongrois était encore sensible dans le comportement des communistes de ce pays. En effet, le pouvoir se dota d'une législation originale, la loi n° 247 du 25 octobre 1948 qui entérinait l'installation des TNP (*tabory nucené prace* : camps de travail forcé) conçus pour des personnes de dix-huit à soixante ans, à « éduquer » dans un délai allant de trois mois à deux ans, délai susceptible d'être abrégé... ou prolongé. La loi visait les délinquants et les individus qui « évitent de travailler », mais aussi ceux dont « la manière de vivre nécessite une mesure de redressement ». La loi pénale administrative n° 88 du 12 juillet 1950 autorisait l'envoi dans les TNP de ceux qui ne respectaient pas, par exemple, la « protection de l'agriculture et de la sylviculture » ou de ceux qui faisaient preuve d'« une attitude hostile à l'égard de l'ordre démocratique populaire de la République ou de son édification ». Ces mesures législatives devaient permettre, comme le précisait l'exposé présenté à l'Assemblée nationale, « une répression efficace envers les ennemis de classe »[1].

Au terme de ces lois, la relégation de l'« ennemi » dans les camps était décidée par une commission de trois membres, créée auprès du Comité national régional tout d'abord, puis auprès du Comité national de district à partir de 1950, voire par la Commission pénale auprès de ce comité, présidée par le chef de sa section de sécurité. Dans toutes les contrées, le pouvoir communiste envoya aux TNP en général des « petites gens » et en premier lieu, comme le confirment les études réalisées depuis 1989, des ouvriers.

La bureaucratie communiste inventa encore en 1950 un autre instrument de répression par le biais de l'armée : les PTP (*pomocny technicky prapor* : bataillon de soutien technique). Les appelés dans ces bataillons étaient souvent d'un âge bien supérieur à celui du service militaire et devaient exécuter un dur travail dans les mines ; ils vivaient dans des conditions parfois semblables à celles des camps de travail forcé.

Avec la Tchécoslovaquie, c'est la Roumanie qui enrichit de traits originaux l'histoire de la répression en Europe du Centre et du Sud-Est : elle fut probablement le premier pays à introduire sur le continent européen les méthodes de « rééducation » par « lavage de cerveaux », employées par les communistes asiatiques ; sans doute les a-t-elle même encore perfectionnées avant leur emploi massif en Asie. Amener des détenus à se torturer les uns les autres, tel était le but démoniaque de l'entreprise. Cette invention a eu pour cadre une prison de Pitesti, relativement moderne,

1. Une analyse de ces lois, très détaillée, du régime de ces camps et de la procédure se trouve dans le livre de Paul Barton et Albert Weil, *Salariat et contrainte en Tchécoslovaquie*, Paris, Librairie Marcel Rivière & Cie, 1956.

construite dans les années trente, à cent dix kilomètres de Bucarest. L'expérience commença au début du mois de décembre 1949 et dura environ trois ans. Ses causes sont multiples : politiques, idéologiques, humaines et personnelles. Grâce aux accords passés entre le communiste Alexandru Nikolski, l'un des chefs de la police politique roumaine, et Eugen Turcanu, détenu au passé fascisant, ce dernier devint, en prison, le chef d'un mouvement appelé l'Organisation des détenus aux convictions communistes (ODCC). L'objectif était la rééducation des prisonniers politiques, en combinant l'étude des textes de la doctrine communiste avec la torture physique et morale. Le noyau de rééducation était formé de quinze détenus choisis, qui devaient d'abord nouer des contacts et recueillir les confi-

L'enfer de Pitesti

La Securitate, police politique roumaine, a utilisé lors des interrogatoires les méthodes « classiques » de torture : passages à tabac, coups sur la plante des pieds et suspension par les pieds, tête en bas. À Pitesti, la cruauté des tortures a dépassé de loin ces méthodes : « Toute la gamme — possible et impossible — des supplices fut pratiquée : diverses parties du corps étaient brûlées à la cigarette ; des prisonniers avaient les fesses nécrosées, leur chair tombait comme celle des lépreux ; on en forçait d'autres à avaler toute une gamelle d'excréments et, quand ils vomissaient, on leur rentrait leur vomissure dans la gorge.

L'imagination délirante de Turcanu se déchaînait tout particulièrement contre les étudiants croyants qui refusaient de renier Dieu. Certains étaient « baptisés » tous les matins de la façon suivante : on leur plongeait la tête dans la tinette pleine d'urine et de matières fécales, tandis que les autres détenus psalmodiaient autour la formule du baptême. Pour que le supplicié ne se noie pas, on lui sortait la tête de temps en temps et on le laissait brièvement respirer avant de la lui replonger dans le magma. L'un des ces « baptisés », qui avait été systématiquement torturé de la sorte, avait acquis un automatisme qui dura deux mois environ : tous les matins, il allait de lui-même plonger la tête dans le baquet, à la grande joie des rééducateurs

Quant aux séminaristes, Turcanu les obligeait à officier dans les messes noires qu'il mettait en scène, surtout pendant la semaine sainte, le soir de Pâques. Certains faisaient les chantres, les autres les prêtres. Le texte de la liturgie de Turcanu était évidemment pornographique, il paraphrasait de manière démoniaque l'original. La Sainte Vierge était appelée « la grande putain » et Jésus « le connard qui est mort sur la croix ». Le séminariste qui jouait le rôle du prêtre devait se déshabiller complètement, on l'enveloppait dans un drap maculé d'excréments et on lui accrochait au cou un phallus confectionné avec du savon et de la mie de pain et saupoudré de DDT. En 1950, lors de la nuit de Pâques, les étudiants en cours de rééducation eurent à passer devant un tel « prêtre », à baiser le phallus et à dire : « Christ est ressuscité. »

(V. Ierunca, *op. cit.*, p. 59-61.)

dences des autres. Selon le récit du philosophe Virgil Ierunca[1], la rééducation comportait quatre phases.

La première s'appelait le « démasquement extérieur » : le prisonnier devait faire preuve de sa loyauté en avouant ce qu'il avait caché lors de l'instruction de son affaire, en particulier ses liens avec des amis en liberté. Lors de la deuxième phase, le « démasquement intérieur », il devait dénoncer ceux qui l'avaient aidé à l'intérieur de la prison. Lors de la troisième phase, le « démasquement moral public », on demandait au détenu de bafouer tout ce qu'il jugeait sacré — ses parents, son épouse, sa fiancée, Dieu s'il était croyant, ses amis. Venait alors la quatrième phase : le candidat de l'adhésion à l'ODCC était désigné pour « rééduquer » son meilleur ami, en le torturant de ses mains et en devenant ainsi lui-même un bourreau. « La torture était la clé de la réussite. Elle ponctuait implacablement les confessions, tout au long des phases successives. [...] La torture, on n'y échappait pas. On pouvait tout au plus l'abréger, à condition de s'accuser des pires horreurs. Certains étudiants furent torturés pendant deux mois ; d'autres, plus "coopératifs", pendant une semaine seulement[2]. »

En 1952, les autorités roumaines décidèrent d'étendre, sans succès, l'expérience de Pitesti, en particulier dans les camp de travail du canal Danube-mer Noire. Le secret ayant été dévoilé par les radios occidentales, la direction communiste mit fin à cette rééducation en août 1952. Lors d'un procès en 1954, Eugen Turcanu et six de ses complices furent condamnés à mort, mais aucun responsable véritable de l'appareil policier ne fut jamais touché.

Enfin, troisième cas de figure parmi les pays qui ont apporté, nous semble-t-il, un trait original à l'histoire de la répression communiste européenne : la Bulgarie, et son camp de Lovetch. Ce camp a été créé en 1959, sept ans après la mort de Staline, trois ans après le discours de Khrouchtchev au XXe Congrès du PCUS condamnant les crimes staliniens, au moment où de nombreux camps destinés aux prisonniers politiques étaient fermés, y compris en Union soviétique. Il n'était pas immense, ne pouvant accueillir que mille détenus environ, mais il était atroce par les tueries que les bourreaux y pratiquaient. On y torturait et achevait l'homme de la façon la plus primitive qui soit : à coups de bâton.

Le pouvoir ouvrit le camp de Lovetch après la fermeture de celui de Béléné, bien ancré dans la mémoire des Bulgares, où l'on donnait en pâture aux cochons les cadavres des détenus morts ou assassinés.

Officiellement, le camp de Lovetch fut créé pour les criminels récidivistes et les malfaiteurs endurcis. Mais les témoignages apparus après 1990 montrent que les suppliciés y étaient envoyés en général sans jugement : « Vous avez des pantalons à l'occidentale, les cheveux longs, vous

1. *Pitesti, laboratoire concentrationnaire (1949-1952)*, préface de François Furet, Paris, Michalon, 1996, 152 p.
2. *Pitesti, op. cit.*, p. 55.

écoutez de la musique américaine, vous parlez des langues de ce monde qui nous est hostile et qui vous permettent de nouer des contacts avec un touriste étranger... alors à la trappe ! » Ainsi le prisonnier de ce camp, de ce foyer de redressement par le travail, était-il souvent jeune.

Dans la préface du livre qui rassemble des témoignages de détenus, de leurs familles, mais aussi de membres de l'appareil répressif, Tzvetan Todorov résume la vie au camp de Lovetch :

« Au cours de l'appel du matin, le chef de la police (le responsable de la Sécurité d'État au camp) choisit ses victimes ; il a l'habitude de sortir de sa poche une petite glace et de la leur tendre : "Tiens, regarde-toi pour la dernière fois !" Les condamnés reçoivent alors un sac, qui servira le soir à ramener leur cadavre au camp : ils doivent l'emporter eux-mêmes, comme le Christ sa croix en gravissant le Golgotha. Ils partent pour le chantier, en l'occurrence une carrière de pierres. Ils y seront frappés à mort par les brigadiers en chef et enfermés dans leur sac avec un morceau de fil de fer. Le soir, leurs camarades les ramèneront au camp, étalés sur une charrette à bras, et les cadavres seront stockés derrière les toilettes — jusqu'à ce qu'il y en ait vingt, pour que le camion ne fasse pas de voyage à vide. Ceux qui n'auront pas rempli la norme pendant la journée seront distingués au cours de l'appel du soir : le responsable de la police dessinera du bout de son bâton un cercle par terre ; ceux qu'on invite à y entrer seront écrasés de coups [1]. »

Le nombre exact des morts dans ce camp n'est pas encore établi. Mais même s'il s'agit de quelques centaines de personnes, Lovetch, qui fut fermé par les autorités bulgares en 1962, après une nette amélioration de son régime intérieur en 1961, est un symbole important de la barbarie des pays communistes. Nous aurions envie ici de parler de « barbarie des Balkans », en référence au livre sur la terreur dans les Balkans après la Première Guerre mondiale écrit par Henri Barbusse, cet auteur évoqué à propos de ses positions prostaliniennes.

En terminant notre analyse de la répression des non-communistes, nous devons souligner que cette véritable terreur de masse n'était aucunement justifiée par le « contexte de l'époque », par la guerre froide qui régissait le monde depuis 1947 et qui atteignit son sommet dans les années suivantes, avec la guerre « chaude », la vraie guerre en Corée de 1950 à 1953. Les adversaires du pouvoir communiste à l'intérieur des pays concernés n'avaient pas, dans leur écrasante majorité, prôné une action violente et armée. (La Pologne représente une notable exception, ainsi que quelques groupes armés en Bulgarie et en Roumanie.) Leur opposition, souvent spontanée, inorganisée, revêtait des formes démocratiques. Les hommes politiques qui n'avaient pas émigré croyaient parfois, au début, que la répression serait passagère. Les cas d'opposition armée furent rares ; il s'agissait, souvent, de « règlements de comptes » des services secrets ou

1. T. Todorov, *op. cit.*, p. 38.

de coups aveugles nettement plus proches du fait divers criminel que de la lutte politique préméditée.

La violence ou l'envergure de l'activité oppositionnelle ne sauraient donc justifier la violence de la répression. Nous savons pertinemment, par contre, que la « lutte des classes » était de temps en temps « organisée », des réseaux oppositionnels étant parfois montés par les agents provocateurs de la police secrète. Et qu'il arrivait au Grand Manipulateur de récompenser leurs services en laissant exécuter ces agents provocateurs.

Aujourd'hui, on se heurte encore, à propos de l'histoire du communisme, à un discours qui évoque le « respect du contexte de l'époque », l'« aspect social », etc. Ce discours n'est-il pas sous-tendu par une approche idéologique de l'Histoire et un autre « révisionnisme » qui ne respectent pas les faits établis et s'opposent à une véritable recherche de la vérité ? Ceux qui y sont sensibles ne devraient-ils pas se pencher sur la dimension sociale de la répression, sur tout ce « petit peuple » cruellement persécuté ?

Les procès des dirigeants communistes

La persécution des communistes est à rattacher aux épisodes les plus importants de l'histoire de la répression en Europe du Centre et du Sud-Est dans la première moitié du XXᵉ siècle ; le mouvement communiste international et ses sections nationales n'ont d'ailleurs cessé de décrier « la justice et la police bourgeoises », et plus particulièrement les répressions fasciste et nazie. Des milliers de militants communistes dévoués ont en effet été les victimes des régimes fascisants et de l'occupant nazi pendant la Seconde Guerre mondiale.

La persécution des communistes n'a point cessé toutefois avec l'installation progressive des « démocraties populaires », quand l'État de la « dictature du prolétariat » s'est substitué à l'« État bourgeois ».

Dès 1945, en Hongrie, la police politique emprisonna Pal Demény, Jozsef Skolnik et quelques-uns de leurs camarades. Ils se considéraient comme communistes, et c'est sous cette appellation qu'ils avaient dirigé des groupes clandestins de la Résistance, où étaient souvent engagés des jeunes et des ouvriers ; dans les centres industriels, les adhérents à ces groupes étaient plus nombreux que ceux du Parti communiste lié à Moscou. Pour ce parti, les communistes de la trempe d'un Demény étaient à la fois ressentis comme des concurrents, et considérés comme « trotskisants » ou « déviationnistes ». Dès la Libération, le résistant Pal Demény partagea donc le destin de ceux qu'il avait combattus, et il resta emprisonné jusqu'en 1957. En Roumanie, le sort de Stefan Foris, secrétaire général du PCR depuis le milieu des années trente, fut plus tragique : accusé d'être agent de la police, tenu en résidence surveillée en 1944, il fut tué en 1946, frappé à la tête par une barre de fer. Sa vieille mère qui le recherchait partout fut trouvée un jour noyée dans une rivière de Transylvanie, de grosses pierres attachées au cou. L'assassinat politique de Foris ainsi que ceux qui l'avaient accompli furent dénoncés en 1968 par Ceausescu.

Les cas de Demény, de Foris ou d'autres soulignent cette réalité intangible : pour l'appareil répressif, il y avait les « bons » communistes, organisés dans le parti fidèle à Moscou, et les « mauvais », qui refusaient de rejoindre les rangs de ce parti inféodé. Néanmoins, ce principe n'a pas été valable durablement pour tous les pays, la dialectique de la persécution des communistes devenant plus raffinée en 1948.

Fin juin de cette année-là, le Bureau d'information des partis communistes (Kominform), fondé en septembre 1947 et rassemblant les partis communistes au pouvoir (sauf l'Albanie) et les deux partis les plus puissants de l'Europe occidentale, le français et l'italien, condamnait la Yougoslavie de Tito et appelait à en renverser le chef. Dans les mois suivants prenait forme un phénomène absolument nouveau dans l'histoire du mouvement communiste : la « déviation », l'opposition aux régnants de Moscou, l'envie d'être autonome et indépendant du « Centre-Roi » qui avait toujours été le fait de petits groupes militants, revêtait désormais une forme « étatisée ». Un petit État des Balkans, où le monopole du pouvoir du Parti communiste avait fait ses preuves, y compris par sa cruauté, lançait un défi au centre de l'empire communiste. La situation de plus en plus tendue offrait à la persécution des communistes des perspectives jusqu'alors inimaginables : ceux-ci, dans les États dirigés par des communistes, pouvaient être réprimés en tant qu'« alliés » ou « agents » d'un autre État communiste.

Envisageons les deux versants de cette nouveauté historique dans la persécution des communistes, dont le versant yougoslave a longtemps été occulté et généralement ignoré dans l'histoire des démocraties populaires. Après la rupture que le vocabulaire journalistique a dite de « Tito-Staline », la Yougoslavie a connu une situation économique de disette telle que certains témoins l'ont qualifiée de « pire » que pendant la guerre. Tous les ponts avec l'extérieur furent coupés d'un jour à l'autre et le pays sérieusement menacé, avec les chars soviétiques massés à ses frontières. En 1948-1949, la perspective d'une nouvelle guerre, liée à l'invasion soviétique, n'était pas une idée en l'air, dans un pays ravagé par le conflit si proche.

À la condamnation de la « trahison yougoslave » et à des menaces réelles le pouvoir en place à Belgrade réagit par l'« isolement » des fidèles de Moscou surnommés *informbirovtsi* (« kominformiens »), et de tous ceux qui approuvaient la résolution du Kominform de juin 1948. Cet isolement ne consistait pas en un simple internement qui aurait empêché tout contact avec le monde extérieur. Le pouvoir titiste, imprégné par la doctrine bolchevique, recourut en effet aux méthodes qui correspondaient à sa culture politique : les camps. La Yougoslavie possédait de nombreuses îles et par référence, peut-être, au premier camp bolchevique installé dans l'archipel des Solovki, l'une d'elles, Goli Otok (l'Île nue), devint le principal camp. Et pas n'importe quel camp, car y étaient pratiquées des méthodes de rééducation ressemblant fort à celles du camp de Pitesti en Roumanie et qu'il faut peut-être appeler « balkaniques ». Ainsi, la « haie de déshonneur », nommée aussi « chaud lapin » : le nouveau venu passait entre deux rangées de détenus — ceux qui voulaient se racheter ou améliorer leur situation — qui le tabassaient, l'injuriaient, lui lançaient des pierres. Ainsi, le rituel des « critiques et autocritiques », lié, bien entendu, à celui des « aveux ».

La torture était le pain quotidien des internés. Au nombre des supplices, signalons celui de la « tinette » — on tenait la tête du détenu au-dessus d'un récipient rempli d'excréments —, et aussi le « bunker » — sorte de cachot installé dans une tranchée. Mais la méthode peut-être la plus répandue, utilisée par les surveillants-« rééducateurs » et qui rappelle les supplices des camps nazis, était le concassage de la pierre à l'honneur sur cette île rocheuse de la mer Adriatique. Et pour achever d'humilier l'exécutant, le gravier était jeté à la mer...

La persécution des communistes en Yougoslavie, qui a éclaté en 1948-1949, fait probablement partie des persécutions les plus massives connues en Europe jusqu'alors, après l'Union soviétique des années vingt-quarante, l'Allemagne des années trente et la répression des communistes pendant l'occupation nazie — persécution « massive » à l'évidence si l'on se reporte au nombre d'habitants et au nombre de communistes adhérents. D'après des sources officielles longtemps tenues secrètes, elle a touché 16 731 personnes dont 5 037 après un procès en règle ; les trois quarts furent envoyées à Goli Otok et Grgur. Les analyses indépendantes de Vladimir Dedijer estiment que 31 000 ou 32 000 personnes sont passées par le seul camp de Goli Otok. La recherche récente est encore pour sa part incapable de préciser le nombre de détenus morts, victimes d'exécutions, d'épuisement, de faim et d'épidémies ou encore de suicides, solution extrême par laquelle certains communistes répondaient aux dilemmes que la situation leur posait cruellement.

Le deuxième versant de la persécution des communistes est plus connu : la répression des « agents titistes » dans les autres démocraties populaires. Elle a, le plus souvent, pris la forme de procès « à grand spectacle » qui voulaient frapper non seulement l'opinion des pays concernés, mais aussi celle des autres pays réunis de force dans le « camp de la paix et du socialisme ». Le déroulement de ces procès devait prouver le bien-fondé de la devise de Moscou selon laquelle l'ennemi principal était à rechercher au sein même des partis communistes et instaurer la méfiance généralisée et une vigilance sans faille.

Dès le début de 1948, le Parti communiste roumain (PCR) s'est penché sur le cas de Lucretiu Patrascanu, ministre de la Justice de 1944 à 1948, intellectuel à la renommée de théoricien marxiste, l'un des fondateurs du Parti en 1921, alors qu'il n'avait que vingt et un ans. Par certains des chefs d'accusation, le cas de Patrascanu fit prélude à la campagne contre Tito. Révoqué en février 1948, emprisonné, Patrascanu ne fut condamné à mort qu'en avril 1954 et exécuté le 16 avril, après six ans de détention et un an après la mort de Staline. Le mystère de cette exécution tardive n'est pas totalement élucidé, l'une des hypothèses avancées prétendant que Gheorghiu Dej, le secrétaire général du PCR, aurait craint sa réhabilitation et aurait donc vu en lui un concurrent ; hypothèse satisfaisante en partie seulement, les deux dirigeants étant en conflit depuis la guerre.

En 1949, les procès contre des dirigeants communistes ont d'abord visé des pays voisins de la Yougoslavie. Le premier a eu lieu en Albanie, dont la direction était extrêmement liée aux communistes yougoslaves. La victime choisie, Koci Xoxe (souvent mentionné comme Kotchi Dzodze en français), l'un des chefs de la Résistance armée communiste, ministre de l'Intérieur et secrétaire général du Parti après la guerre, était vraiment un homme dévoué à Tito. Après une campagne politique au sein du Parti à l'automne 1948, qui fustigeait la « fraction trotskiste pro-yougoslave, dirigée par Xoxe et Kristo », les alliés des communistes yougoslaves furent arrêtés en mars 1949. Koci Xoxe fut jugé à Tirana avec quatre autres dirigeants — Pandi Kristo, Vasco Koleci, Nuri Huta et Vango Mitrojorgji. Condamné à mort le 10 juin, il fut exécuté le lendemain. Ses quatre compagnons furent condamnés à de lourdes peines, d'autres communistes pro-yougoslaves étant bientôt victimes de l'« épuration » du Parti albanais.

Le deuxième procès spectaculaire de la série « antititiste » s'est déroulé en septembre 1949 à Budapest, avec pour accusé vedette Laszlo Rajk, ancien des Brigades internationales en Espagne qui avait été l'un des chefs de la Résistance intérieure, puis ministre de l'Intérieur très dur dans la répression des démocrates non communistes, et enfin ministre des Affaires étrangères. Arrêté en mai 1949, Rajk fut torturé, mais en même temps exposé au chantage de ses anciens camarades de la direction — il devait « aider le Parti », il serait condamné mais pas exécuté — jusqu'à ce qu'il se soumette à des aveux qu'il récita devant le tribunal et qui chargeaient lourdement Tito et les Yougoslaves en tant qu'« ennemis des démocraties populaires ». Le verdict du tribunal hongrois, prononcé le 24 septembre, fut sans appel : Laszlo Rajk, Tibor Szönyi et Andras Szalai furent condamnés à mort, le Yougoslave Lazar Brankov et le social-démocrate Pal Justus à la réclusion à vie. Rajk fut exécuté le 16 octobre. Dans un procès annexe, le tribunal militaire envoya à la mort quatre officiers de haut rang.

Lors de la répression consécutive au procès Rajk, quatre-vingt-quatorze personnes auraient été arrêtées en Hongrie, puis condamnées ou internées ; quinze condamnés furent exécutés, onze autres moururent en prison, cinquante inculpés écopèrent de plus de dix ans de prison. Le nombre de morts dans cette affaire atteindrait une soixantaine de personnes, si nous y incluons les suicides des proches, mais aussi — et pourquoi pas ? — des juges ou des officiers impliqués dans l'instruction.

Les animosités à l'intérieur de l'équipe dirigeante ainsi que le zèle du secrétaire général du Parti, Matyas Rakosi, et des chefs de la police secrète sont sans doute à prendre en considération dans le choix des victimes et de leur « chef », Laszlo Rajk. Ces facteurs ou d'autres encore ne doivent pourtant pas cacher l'essentiel : les décideurs de Moscou, parmi lesquels figuraient des responsables de la Sécurité et des services de renseignement chargés de l'Europe centrale et orientale, se trouvaient au cœur des menées contre certains communistes lors de la première vague de répression. Ils se démenaient pour découvrir une vaste « conspiration internationale antisoviétique ». Le procès Rajk devait y tenir un rôle clé, avec son témoin principal à charge, Noel Field, un Américain qui adhérait secrètement au communisme et qui aidait les services soviétiques, ce que les archives récemment ouvertes ont clairement prouvé [1].

Cette tentative d'« internationaliser » le complot, pour l'instant surtout « titiste », s'est encore exprimée au procès de Sofia contre Traïtcho Kostov. Kominternien chevronné, condamné à mort sous l'Ancien Régime, dirigeant de la Résistance armée intérieure, vice-président du Conseil après la guerre, Kostov était considéré comme le dauphin de Georgui Dimitrov ; l'état de santé de cet ancien secrétaire général de l'Internationale communiste et chef du Parti communiste bulgare à Sofia depuis 1946 s'était considérablement aggravé en 1949. (Bien que soigné en URSS depuis mars, il y mourut le 2 juillet.)

Dès la fin de 1948, à la direction du PCB, les « moscovites » (les dirigeants qui avaient passé la guerre à Moscou, de la même mouture que Rakosi en Hongrie ou Gottwald en Tchécoslovaquie) critiquaient les « fautes et défauts » de Kostov, en particulier son « rapport incorrect à l'Union soviétique » dans la sphère économique. Malgré ses « autocritiques », et avec le consentement de Dimitrov qui le condamnait violemment dans une lettre envoyée le 10 mai d'un sanatorium soviétique, Kostov fut arrêté en juin 1949 avec plusieurs de ses collaborateurs.

Le procès contre Traïtcho Kostov et ses neuf coaccusés s'ouvrit à Sofia le 7 décembre 1949 ; le verdict fut prononcé le 14 : Kostov était condamné à mort comme « agent » à la fois de la police bulgare de jadis, du « traître Tito » et des « impérialistes occidentaux » ; quatre autres dirigeants — Ivan Stelanov, Nikola Pavlov, Nikola Netchev et Ivan Tutev — l'étaient à perpétuité, trois à quinze ans, un à douze et un à huit ans. Deux jours plus tard, le recours en grâce était rejeté et Traïtcho Kostov pendu.

Ce procès de Sofia occupe une place originale dans l'histoire des procès des dirigeants communistes sous les régimes communistes : au

1. À la demande de la Hongrie, soutenue par les conseillers soviétiques, Noel Field fut arrêté à Prague. Le procès de cet Américain ne s'est en fait jamais tenu et il fut libéré en octobre 1954 avec sa femme Herta (elle aussi arrêtée en Tchécoslovaquie et livrée le 28 août 1949 à Budapest) et son frère Hermann (arrêté en août 1949 dans le cadre de la collaboration des services de sécurité tchécoslovaque et polonais).

cours de ses premières dépositions devant le tribunal, Kostov est revenu sur ses précédents aveux extirpés lors de l'instruction et a clamé son innocence. Privé de parole par la suite, il a pu toutefois s'exprimer dans une ultime déclaration et proclamer qu'il était l'ami de l'Union soviétique — mais, il n'a pu, bien entendu, terminer son discours. De tels « accidents » ont fait réfléchir les metteurs en scène des procès publics à venir.

L'« affaire Kostov » n'a pas pris fin, en Bulgarie, avec la pendaison de la victime principale. En août 1950 eut lieu le procès de douze « collaborateurs de Kostov », choisis parmi les responsables de l'économie ; un autre procès, contre deux « membres de la bande conspiratrice de Kostov », se déroula en avril 1951, puis un troisième contre deux membres du Comité central du PCB. Dans le cadre de cette affaire se sont tenus enfin quelques procès à huis clos contre des officiers de l'armée et de la Sécurité.

En Tchécoslovaquie, les dirigeants avaient été avertis, dès juin 1949, que de grands « conspirateurs » se cachaient au sein du PCT. Pour les rechercher — et en particulier le « Rajk tchécoslovaque » — a donc été créé à Prague un groupe spécial dans lequel opéraient des responsables de l'appareil du Comité central, de la police politique et de la Commission de contrôle du PCT. Les premiers responsables communistes, d'abord de troisième ordre, furent arrêtés en 1949. Mais le régime ne s'est montré capable, lors de cette première vague des procès des communistes, que de monter un seul procès « antititiste », celui qui, entre le 30 août et le 2 septembre 1950, jugea à Bratislava, capitale de la Slovaquie, seize personnes, dont dix Yougoslaves. À leur tête se trouvait Stefan Kevic, vice-consul de Yougoslavie à Bratislava. Deux Slovaques de ce procès ont été condamnés à mort et l'un d'eux, Rudolf Lancanic, exécuté.

C'est fin 1949 que la machine policière aux trousses du Rajk tchécoslovaque, renforcée et dirigée par des hommes expérimentés venus de la centrale de sécurité moscovite, s'est emballée. Les chefs des « conseillers soviétiques » ne cachaient pas le but de leur mission. L'un d'eux, Likhatchev, irrité par le manque de zèle d'un responsable slovaque de la Sécurité, s'écria : « C'est Staline qui m'a envoyé ici pour faire des procès, je n'ai pas de temps à perdre. Je ne suis pas venu pour discuter, mais je suis venu en Tchécoslovaquie pour couper des têtes *(svolotchit golovy)*. Je préfère tordre cent cinquante cous, plutôt que de me faire tordre le mien [1]. »

La reconstitution historique de cette répression a pu être réalisée méticuleusement du fait que, dès 1968, les historiens ont pu s'introduire dans les recoins les plus secrets des archives du Parti et de la police, et, après novembre 1989, approfondir encore leur étude.

Les époux Pavlik furent les premiers à être arrêtés en mai 1949, en liaison avec la préparation du procès de L. Rajk en Hongrie — le procès

1. AUV KSC, Commission de Barnabitky, lettre de T. Balaz, *in* Karel Kaplan, *Zprava o zavrazdeni generalniho tajemnika* (Rapport sur l'assassinat du secrétaire général), Prague, Mlada Fronta, 1992, p. 68.

de Gejza Pavlik se déroula en juin 1950. En juin 1949, le Hongrois Matyas Rakosi remettait au chef du PCT Klement Gottwald, à Prague, la liste d'environ soixante hauts responsables tchécoslovaques dont les noms étaient apparus au cours de l'instruction de Rajk. Prague, en liaison avec le procès Rajk, et toujours sous la pression des services de sécurité soviétiques et hongrois, s'intéressa de plus en plus vivement aux communistes exilés pendant la guerre à l'Ouest et en particulier aux anciens des Brigades internationales. À l'automne, le PCT mit en place une section spéciale de la Sécurité d'État pour « déceler les ennemis à l'intérieur du Parti » et n'hésita pas à recourir à des membres rescapés de la Gestapo, « spécialistes » du mouvement communiste. Avec l'arrestation d'Evzen Löbl, vice-ministre du Commerce extérieur, en novembre 1949, la répression contre les communistes atteignit un degré nouveau : elle touchait désormais des « cadres supérieurs », ce qui se confirma au cours de l'année 1950, impliquant, entre autres, des dirigeants du Parti au niveau des régions.

En janvier et février 1951, une grande vague d'arrestations toucha une tranche importante de la pyramide du pouvoir. Sur cinquante arrestations parmi les hauts représentants du Parti et de l'État, il y avait des « communistes francophones » et d'autres encore, chargés d'une façon ou d'une autre des contacts avec les autres partis, comme Karel Svab.

L'étiquette de « tête de complot » passait de l'un à l'autre, et il fallut deux années avant de découvrir le Rajk tchécoslovaque. C'est au cours de l'été 1951 seulement qu'avec l'acquiescement empressé de Klement Gottwald, Staline décida que cette tête serait Rudolf Slansky, le secrétaire général du PCT en personne, dont Bedrich Geminder, autre personnage puissant de l'appareil du Komintern, était le « bras droit ». Son nom figure auprès de celui de Rudolf Slansky quasiment partout, aussi bien dans la correspondance entre Staline et Gottwald que dans les interrogatoires des communistes emprisonnés en prélude à l'arrestation de Slansky. Les auteurs soviétiques du scénario envisageaient Geminder comme « tête de rechange ». La Sécurité d'État arrêta ces deux chefs du « complot » le 24 novembre 1951. Au cours des mois suivants, deux autres responsables les rejoignirent derrière les barreaux : le 12 janvier 1952, Rudolf Margolius, vice-ministre du Commerce extérieur et, le 23 mai 1952, Josef Frank, adjoint de Rudolf Slansky.

Les conseillers soviétiques et leurs subalternes locaux torturèrent à tour de bras en vue de préparer un procès à grand spectacle. Ils y réussirent, et le 20 novembre 1952 put commencer à Prague le « procès de la direction du centre de conspiration contre l'État avec à sa tête Rudolf Slansky ». Cette fois-ci, on jugeait des dirigeants communistes de premier plan. Le 27 novembre, le tribunal prononça le verdict : onze accusés étaient condamnés à la peine capitale, trois à perpétuité. Le 3 décembre au matin, de 3 heures à 5 h 45, le bourreau de la prison de Pankrac à Prague accrocha les onze condamnés à la potence.

Le procès Slansky, figure de symbolique de la répression

Après ceux des dirigeants bolcheviques à Moscou, dans les années trente, le procès Slansky est le plus spectaculaire et le plus commenté dans l'histoire du communisme. Parmi les condamnés se trouvaient des personnalités éminentes de l'appareil communiste international qui avait fait de Prague la « Genève communiste » lors de la guerre froide. La capitale tchécoslovaque avait alors un rôle clé dans les relations avec, surtout, les partis communistes français et italien.

Rudolf Slansky, secrétaire général du PCT depuis 1945, était un inconditionnel de Moscou, président du « Groupe des cinq », organisme spécialement chargé de suivre au jour le jour la répression et ayant à ce titre approuvé des dizaines de peines de mort.

Bedrich Geminder et Josef Frank étaient les vice-secrétaires généraux. Geminder avait travaillé au sommet de l'appareil du Komintern et était rentré de Moscou à Prague pour y diriger le département international du PCT. Frank, emprisonné dans les camps de concentration nazis de 1939 à 1945, supervisait les affaires économiques et l'aide financière aux partis communistes occidentaux. Rudolf Margolius, quant à lui, était chargé, en tant que vice-ministre du Commerce extérieur, des relations avec les sociétés commerciales contrôlées par ces partis. Otto Fischl, vice-ministre des Finances, était aussi au courant de certaines manipulations financières du PCT. Ludvik Frejka avait participé, pendant la guerre, à la Résistance tchécoslovaque à Londres et depuis 1948, lorsque Klement Gottwald était devenu président de la République, il dirigeait le département économique de sa chancellerie.

Parmi les condamnés liés aux services spéciaux soviétiques, soit directement, soit par le biais de l'appareil communiste international — en dehors de Slansky et Geminder —, citons Bedrich Reicin, chef des services de renseignements de l'armée, puis vice-ministre de la Défense après février 1948 ; Karel Svab, prisonnier des camps de concentration nazis, puis responsable aux effectifs dans l'appareil central du PCT, travail qui l'avait mené au poste de vice-ministre de la Sécurité nationale ; André Simone, journaliste travaillant avant la guerre en particulier en Allemagne et en France ; et enfin Artur London, collaborateur des services soviétiques pendant la guerre d'Espagne, résistant en France et déporté, ayant aidé les services de renseignement communistes après 1945 en Suisse et en France et, à partir du début de 1949, en tant que vice-ministre des Affaires étrangères à Prague.

Deux autres responsables de ce ministère figuraient parmi les condamnés : le Slovaque Vladimir Clementis, ministre depuis le printemps 1948, avocat communiste avant la guerre, exilé en France où il avait exprimé une position critique envers le pacte germano-soviétique, ce qui lui avait valu l'exclusion du Parti, décision abolie en 1945 ; puis Vavro Hajdu, lui aussi Slovaque, vice-ministre. Le troisième Slovaque du procès, Evzen Löbl, qui avait passé la guerre en exil à Londres, fut arrêté alors qu'il était vice-ministre du Commerce extérieur.

Otto Sling avait participé, lui aussi, à la Résistance tchécoslovaque à Londres, après s'être engagé dans les Brigades internationales en Espagne.

Après la guerre, il était devenu secrétaire régional du PCT à Brno, capitale de la Moravie.

Les trois condamnés à perpétuité — Vavro Hajdu, Artur London et Evzen Löbl — ont vu leur « origine juive » mise en évidence au cours du procès. C'était aussi le cas de huit des onze condamnés à mort, excepté Clementis, Frank et Svab.

Le procès Slansky a fait figure de symbole de la répression dans les démocraties populaires, et pas seulement en Tchécoslovaquie. Sa monstruosité ne peut pourtant pas occulter le fait que les principales victimes de cette répression étaient des non-communistes. Pour toute la période 1948-1954, les communistes représentent en Tchécoslovaquie environ 0,1 % des condamnés, 5 % des condamnés à mort, 1 % des morts — peines capitales exécutées, suicides provoqués par la persécution, morts dans les prisons ou les camps en conséquence directe de l'emprisonnement (accidents du travail dans les mines, assassinats par des gardiens au cours de « tentatives de fuite » ou au cours d'« actes de rébellion »).

Le procès Slansky fut minutieusement préparé par des conseillers soviétiques à demeure qui agissaient en accord avec les hautes sphères du pouvoir de Staline à Moscou. Il marqua la deuxième vague des grands procès politiques qui se déroulèrent dans les démocraties populaires à partir de 1949 contre les dirigeants communistes.

Le grand spectacle du procès Slansky fut suivi en Tchécoslovaquie, en 1953 et 1954, par les procès « consécutifs au procès Slansky », et ce en dépit de la mort de Staline et de Gottwald en mars 1953. Ils ont culminé en 1954. Le premier grand procès de cette année-là se déroula à Prague du 26 au 28 janvier : Marie Svermova, fondatrice du PCT et membre de sa direction de 1929 à 1950, y fut condamnée à la détention à perpétuité ; ses six coaccusés, hauts responsables de l'appareil du Parti, à cent treize années de prison au total. Un deuxième procès suivit un mois plus tard, du 23 au 25 février ; sept membres du « Grand Conseil trotskiste », militants du PCT, furent condamnés au total à cent trois années de prison. Le troisième procès eut lieu à Bratislava entre le 21 et le 24 avril contre les anciens dirigeants du Parti communiste slovaque, jugés en tant que « groupe de nationalistes bourgeois slovaques ». Gustav Husak, l'un des dirigeants de la Résistance, y fut condamné à la réclusion à perpétuité, ses quatre coaccusés à soixante-trois années de prison. Au cours de l'année 1954 furent organisés encore six « grands procès », contre les hauts dignitaires de l'armée, contre les hauts responsables de l'économie (onze personnes condamnées au total à deux cent quatre années de réclusion), contre la « direction illégale de la social-démocratie » ; plusieurs personnes enfin furent jugées individuellement. Comme il était alors de bonne règle depuis plusieurs années avant chaque procès « important », le secrétariat politique du PCT approuva l'acte d'accusation et les peines à prononcer ; la direction du PCT discuta ensuite le rapport sur le déroulement du procès.

Les procès de 1953-1954 n'étaient plus à grand spectacle. Le dernier procès politique de la période 1948-1954, le 5 novembre 1954, fut celui d'Eduard Outrata, responsable de l'économie.

Osvald Zavodsky, ancien interbrigadiste, résistant en France et déporté, chef de la Sécurité d'État après 1948, fut le dernier communiste exécuté dans cette vague de répression. Le tribunal le condamna à la peine capitale en décembre 1953 et les gouvernants lui refusèrent la grâce. Lui aussi, il en savait trop sur les services spéciaux soviétiques. Son corps se balança au gibet de Prague le 19 mars 1954.

Pourquoi en est-on venu à cette répression contre les communistes les plus haut placés ? Le choix de la victime, de celui-ci ou de celui-là, obéissait-il à une logique que l'on puisse saisir ? L'ouverture des archives et les recherches nouvelles ont confirmé en de nombreux points les analyses présentées avant 1989 : procès préfabriqués, rôle des « aveux » extorqués, mise en scène régie par Moscou, frénésie idéologique et politique antititiste d'abord, puis antisioniste et anti-américaine, qui se traduit en actes judiciaires. De nombreux faits précisent et complètent désormais nos connaissances. Mais cette ouverture permet aussi — pour la deuxième vague de la répression contre les communistes qui diffère de la première, soulevée par le besoin immédiat de combattre l'hérésie yougoslave — de faire avancer notre connaissance en formulant certaines hypothèses.

Des études richement documentées ont tiré au clair les causes évidentes : l'intervention, l'immixtion de Moscou ont été déterminantes. Les procès des communistes étaient en liaison étroite avec la situation internationale à cette époque et le pouvoir stalinien devait, après la révolte de Tito, imposer au mouvement communiste une soumission totale et accélérer la « satellisation » des nouveaux territoires de l'empire soviétique. Cette répression était liée encore aux problèmes politiques, sociaux et économiques de chaque pays : le dirigeant communiste condamné servait de bouc émissaire ; ses fautes devaient « expliquer » les insuffisances du gouvernement et son châtiment canaliser la « colère du peuple » ; la terreur omniprésente sema et approfondit la peur dans les couches dirigeantes, elle était nécessaire pour obtenir une obéissance absolue et une soumission totale aux « ordres du Parti » et aux besoins du « camp de la paix », définis par les dirigeants soviétiques.

Les dissensions à l'intérieur des milieux dirigeants jouèrent un rôle incontestable dans le choix des victimes. Les haines et les jalousies réciproques, si fréquentes dans toute société de valets d'un maître colonial, ne sont pas à négliger. Furent ainsi, à coup sûr, offertes à ce seigneur, le Grand Manipulateur de Moscou, d'intéressantes variantes dans le jeu qu'il menait et pouvait mener avec ses valets apeurés ; il possédait depuis longtemps, en effet, des informations détaillées sur ces haines et ces jalousies.

Les deux vagues de répression visant les dirigeants communistes offrent, elles aussi, un type de victime modèle. La répression s'attaqua à d'anciens volontaires de la guerre civile en Espagne, à des hommes ayant participé à la Résistance extérieure, partisans en Yougoslavie, émigrés en France ou en Angleterre ; en Hongrie, Bulgarie et Slovaquie, ce sont surtout les communistes de la Résistance intérieure qui furent les cibles.

Mais nous devons aller plus loin et nous demander : pourquoi le procès Rudolf Slansky, le plus important de tous, a-t-il été un grand spectacle *mondial* ? Quels intérêts sous-jacents du pouvoir stalinien dans le monde ont fait surface dans sa conception ? Pourquoi une telle publicité, une telle brutalité dans les condamnations, cette violence spectaculaire, au moment où l'URSS semblait parfaitement contrôler les démocraties populaires ? Les formes de ce contrôle, lettres « oukases » et réunions-« consultations » et jusqu'à l'activité de milliers de conseillers soviétiques sur place, nous sont désormais bien connues.

Dans cette recherche de la logique profonde de la répression, il nous semble nécessaire de formuler une première hypothèse : le bloc soviétique se préparait à la guerre, il préparait la guerre en Europe. L'« impérialisme américain » était devenu l'ennemi principal et les dirigeants soviétiques croyaient — ou voulaient faire croire — qu'il préparait une agression contre leur « camp ». Le procès Slansky, son déroulement, son retentissement organisé, son « idéologie » violemment anti-américaine — l'antititisme est toujours présent, mais en liaison avec l'anti-américanisme qui domine — furent aussi, et sans doute avant tout, un phénomène témoignant des préparatifs de la guerre par le pouvoir soviétique. La « pédagogie des cadavres » visait non seulement les rangs des communistes, mais aussi l'adversaire. Staline l'avait déjà utilisée, avec les grandes purges, dans les années trente, dans la conjoncture d'avant la guerre, en Union soviétique. Était-il convaincu qu'il pouvait y recourir à nouveau ?

Nul ne doute, parmi ceux qui ont pu prendre connaissance de la richesse des sources d'archives, qu'à partir de 1950-1951 le bloc soviétique, à l'époque où se développait la guerre en Corée, n'ait préparé intensément une guerre imminente en Europe, visant éventuellement l'occupation de l'Europe occidentale. Staline, lors de la réunion des représentants politiques et militaires du « camp », en 1951, mentionna la probabilité de la guerre pour 1953. Partout, la militarisation de l'économie était à son maximum.

La Tchécoslovaquie possédait une industrie d'armement très performante dont la tradition remontait à la monarchie austro-hongroise et, dans les années trente, elle était parmi les premiers exportateurs d'armes dans le monde. À partir de 1949, elle dut servir de fournisseur d'armes au camp soviétique. Cette décision s'accompagna de la militarisation forcenée de l'économie et de la vie sociale, d'une forte propagande sur l'imminence de la guerre ainsi que de l'augmentation sans précédent du budget militaire — en cinq ans, les dépenses affectées à l'armée furent multipliées par sept ! Force nous est d'ajouter : la destruction effrénée de la société civile et le pillage systématique des mines d'uranium, complètement dirigé par les « experts soviétiques ».

L'historien militaire Jindrich Madry, qui a étudié les archives ouvertes après 1989, conclut, dans sa récente étude[1] : « Jusqu'à mai 1953, l'armement de la Tchécoslovaquie a été intensifié au maximum en vue de l'échéance envisagée de la "guerre inévitable". » Le budget du ministère de la Défense, planifié pour 1953, devait être dix fois supérieur à celui de 1948. Selon les exigences soviétiques, l'économie tchécoslovaque devait évoluer en tant qu'« économie de préguerre ». Au 1er janvier 1953, le nombre d'hommes en armes atteignait 292 788 personnes, le double des effectifs de 1949, et le président de la République décida en avril de prolonger le service militaire et de le porter à trois ans. Des réserves financières et matérielles étaient accumulées en vue de la guerre et c'est dans ce cadre qu'il faut replacer la « réforme monétaire » de juin 1953, qui a largement dépouillé les épargnants. Selon certains indices, la situation changea en juin 1953, quand la guerre inévitable ne semble plus avoir été la stratégie préconisée par les nouveaux maîtres de Moscou.

Si nous replaçons dans cette perspective la répression contre les responsables communistes, nous comprendrons peut-être plus clairement la logique du choix des victimes. Le « Grand Frère » connaissait bien ses fidèles camarades, il avait son idée des adversaires à l'Ouest. Sa « pédagogie des cadavres » atteignit, semble-t-il, des sommets de machiavélisme. Que fallait-il faire pour convaincre les adversaires de votre force et de votre détermination (et semer éventuellement l'illusion de votre faiblesse), pour les plonger dans le désarroi complet ? Que fallait-il faire pour convaincre vos fidèles, initiés aux secrets du mouvement, de la gravité de la situation, de la nécessité d'une discipline de fer dans le conflit qui menaçait, de la nécessité sacrée du sacrifice ?

Sacrifier les fidèles d'entre les fidèles, choisir parmi eux ceux qui offraient l'assurance que cette décision aurait la portée la plus grande possible à l'échelle internationale, en toutes directions, y compris l'Union soviétique. Utiliser le mensonge le plus vulgaire dont vous connaissiez tous les éléments, en tant qu'arme. Le grand spectacle mis en scène aurait-il été aussi efficace si avaient été traités d'« agents impérialistes » un Antonin Zapotocky ou un Antonin Novotny, peu connus dans les appareils moscovites ou autres ? À qui va-t-on faire croire aujourd'hui que Thorez ou Togliatti, Khrouchtchev ou Gottwald ont pensé, ne serait-ce qu'une fraction de seconde, en 1952, que Rudolf Slansky, Bedrich Geminder et d'autres encore de leurs proches étaient des « agents américains » ? Oui, les initiés en étaient réduits à s'échiner pour déchiffrer et comprendre ce message-mensonge, et là résidait l'un des buts de cette opération machiavélique.

Pour obtenir l'écho escompté à ce qu'Annie Kriegel a appelé une « pédagogie infernale », il fallait choisir des personnes connues dans le

1. « La période de l'armement et réarmement », in *Soudobé dejiny* (revue *L'histoire du temps présent*), Prague, nos 4-5, 1994.

mouvement antifasciste en Espagne, en France, en URSS ou en Angleterre, connues pour avoir été déportées dans les camps nazis. Les personnages clés des appareils savaient très bien quels services avaient rendus la plupart des communistes condamnés, et à quel point était inébranlable leur loyauté à l'égard de Moscou. Parmi les communistes sacrifiés, il en était par ailleurs suffisamment à avoir eu de grandes responsabilités dans les persécutions et les assassinats antérieurs des non-communistes ; beaucoup avaient étroitement collaboré avec les « organes soviétiques ».

Des procès se sont déroulés encore en 1953 et 1954 jusqu'à ce que l'Union soviétique opte pour la nouvelle stratégie de « coexistence pacifique ».

Une deuxième hypothèse qu'il nous semble nécessaire de formuler concerne l'antisémitisme présent dans la répression à l'encontre des communistes. Les analyses des procès mentionnent régulièrement un aspect de ce phénomène : la « lutte contre le sionisme » et les « sionistes » (en fait, de l'antisémitisme vulgaire) était à l'évidence liée aux changements de la politique soviétique à l'égard d'Israël et du monde arabe. Le nouvel État d'Israël, à la naissance duquel avait particulièrement contribué la Tchécoslovaquie, entre autres par la fourniture d'armes à la Haganah, devint un « grand ennemi » ; la stratégie soviétique comptait désormais avec la « lutte de libération nationale » des Arabes.

Nicolas Werth (voir la première partie) a clairement mis au jour, quant à l'Union soviétique, une composante antisémite dans la répression à partir de décembre 1947 et dans la préparation de la « grande purge finale » au début des années cinquante. En Europe centrale, l'antisémitisme est déjà très net au procès Rajk : le juge y a souligné les noms d'origine juive chez les quatre accusés et a insinué, en vain, que Rajk avait un grand-père juif. Cet antisémitisme a atteint des sommets au procès Slansky qui mettait l'accent sur les « origines juives » de onze des accusés et sur leurs liaisons avec le « sionisme international ».

Pour apprécier le degré de cet antisémitisme en coulisses, il suffit d'écouter l'un des chefs conseillers de Moscou, déjà cité. Le camarade Likhatchov, qui a demandé des renseignements sur l'activité subversive de certains dirigeants slovaques, aurait déclaré (il s'agit d'un témoignage de son interlocuteur-flic slovaque) : « D'où vous les sortez, je m'en fous. Et je me moque de leur véracité. Je suis prêt à les croire et, pour le reste, laissez-moi faire. Pourquoi tant vous soucier de la merde juive[1] ? »

D'où un autre aspect, jamais mentionné à notre connaissance, de cette composante antisémite. Il nous semble en effet que le pouvoir de Staline et de ses émules voulait régler le compte des Juifs dans l'appareil international communiste, en les éliminant définitivement. Ces Juifs communistes n'adhéraient pas à la confession juive. Leur identité semble liée à la nation à laquelle ils s'étaient assimilés, ou encore à leur appartenance à la

1. K. Kaplan, *op. cit.*

communauté communiste internationale. Nous ignorons malheureusement, par manque de témoignages et de sources, comment cette identité avait été influencée par l'expérience du génocide. Nous savons toutefois que beaucoup de leurs proches étaient morts dans les camps d'extermination nazis.

Ces Juifs communistes très fortement représentés dans l'appareil de l'Internationale communiste continuèrent après la guerre à occuper des postes clés dans plusieurs partis et appareils d'État d'Europe centrale. Dans sa synthèse sur le communisme hongrois, Miklos Molnar écrit : « Au plus haut de la hiérarchie, les dirigeants sont presque sans exception d'origine juive, de même que, en proportion un peu moins élevée, dans l'appareil du Comité central, dans la police politique, dans la presse, l'édition, le théâtre, le cinéma... La promotion forte et incontestable de cadres ouvriers ne peut masquer le fait que le pouvoir de décision appartient, dans une très large mesure, aux camarades venant de la petite bourgeoisie juive[1]. » En janvier 1953, le chef de la Sécurité d'État de Hongrie et ancien ami de Rajk, Gabor Peter, se retrouve en prison, comme « conspirateur sioniste ». Le discours officiel de Rakosi, lui-même Juif communiste, qui le stigmatise sous l'appellation de « Peter et sa bande » (lui et quelques officiers de la Sécurité), en fait un bouc émissaire.

En Roumanie, le sort de la kominternienne juive Ana Pauker fut réglé en 1952. Elle appartenait à la « troïka » dirigeante avec Gheorghiu Dej, chef du Parti, et Vasile Luca. D'après un témoignage non recoupé par d'autres sources, Staline, lors d'une rencontre avec Dej en 1951, se serait étonné qu'on n'ait pas encore arrêté en Roumanie les agents du titisme et du sionisme et il aurait demandé une « main de fer ». Ainsi Vasile Luca, ministre des Finances, fut-il révoqué en mai 1952 avec Teohari Georgescu, ministre de l'Intérieur, puis condamné à mort, peine commuée en prison à perpétuité au cours de laquelle il décéda. Ana Pauker, ministre des Affaires étrangères, fut destituée début juillet, arrêtée en février 1953, puis libérée en 1954, rendue à une vie familiale. La répression aux relents antisémites toucha avec elle les cadres au niveau inférieur.

Les événements qui intervinrent alors à Moscou — réorganisation profonde des services de la Sécurité, arrestation de leur chef, Abakoumov, en juillet 1951 — nous amènent à formuler une troisième hypothèse : celle du combat des clans dans l'appareil de la Sécurité soviétique, problablement décisif dans le choix définitif des victimes qui ont collaboré avec ces services et de l'importance de la peine. Karel Kaplan constate dans son dernier travail de synthèse : « Il reste une question ouverte, à savoir si la liquidation d'un groupe de collaborateurs des services de sécurité soviétiques, ainsi que leur remplacement par d'autres (Bacilek, Keppert et autres), n'ont pas leur origine dans les conflits et les changements survenus au sein de la centrale moscovite de sécurité[2]. »

1. M. Molnar, *De Béla Kun à Janos Kadar...*, *op. cit.*, p. 187.
2. K. Kaplan, *op. cit.*, p. 256.

Le bien-fondé de cette dernière hypothèse ne sera étayé qu'au terme d'une très longue étude dans les principales archives moscovites. Il est certain qu'existaient, à la fin du règne de Staline, des dissensions entre les successeurs potentiels — Khrouchtchev, Malenkov, Beria — liés aux différents chefs et groupes des services de sécurité ; on a une certaine idée des rivalités entre les « services spéciaux » de l'armée et ceux du NKVD, qui étaient en situation de concurrence précisément dans les pays de démocratie populaire où l'armée avait pénétré la première [1].

Les archives de Prague portent les traces de l'état d'irrésolution des services de sécurité soviétiques. Au printemps 1950, la centrale moscovite procéda au remplacement des conseillers arrivés à Prague au début d'octobre 1949, qui n'avaient « pas obtenu les résultats escomptés ». À une réunion tenue au Kremlin, le 23 juillet 1951, où Gottwald, invité, s'était fait représenter par Alexeï Cepicka, ministre de la Défense nationale, Staline critiqua ces conseillers pour leur travail irresponsable. Il déclara par ailleurs dans une lettre à Gottwald, ramenée de Moscou par Cepicka, et où il était surtout question du sort de Slansky et de Geminder : « En ce qui concerne votre appréciation positive du travail du camarade Boïarski [principal conseiller soviétique] et votre souhait de le laisser en fonction de conseiller du ministère de la Sûreté nationale de la République tchécoslovaque, nous sommes d'un avis tout différent. L'expérience du travail de Boïarski en République tchécoslovaque a bien montré qu'il n'avait pas la qualification suffisante pour remplir avec esprit de responsabilité ses devoirs de conseiller. C'est pourquoi nous avons décidé de le révoquer de Tchécoslovaquie. Si vous aviez réellement besoin d'un conseiller en matière de sécurité d'État (c'est à vous d'en décider), nous nous efforcerions de trouver un responsable plus solide et plus expérimenté [2]. »

Dans ces conditions, le psychisme des chefs de la Sécurité était sans doute des plus fragiles : le chef du groupe des responsables à l'instruction tchécoslovaques, par exemple, a pris note d'une déclaration des conseillers : « On ne quitte les services de sécurité prématurément que les pieds devant. » Jindrich Vesely, chef de la Sécurité d'État, fit une tentative de suicide (par le feu) en 1950. Il se rata et recommença, cette fois avec succès, en 1964. Avant cette deuxième tentative, il livra une longue explication de son suicide, qui se trouve aux archives du Comité central du PCT et semble tout à fait sincère. Dans cette confession, Jindrich Vesely revient aussi sur les motifs de la première tentative. Il savait parfaitement que Staline liquidait régulièrement les chefs des services de sécurité et voulait ainsi échapper à sa propre liquidation.

Dans la recherche de la logique du choix des victimes parmi les dirigeants communistes, il est enfin indispensable de formuler une quatrième

1. Voir Mikhaïl Agourski, « La bataille au sein de la Sécurité d'État », *Le Monde*, 2-3 octobre 1983.

2. K. Kaplan, *op. cit.*, p. 141.

hypothèse : la préparation d'un grand procès dans la métropole moscovite de l'empire devait couronner la série des procès politiques dans les autres pays et châtier les acteurs prétendus d'un immense « complot international » au centre même, à Moscou. Les nouveaux éléments analysés dans le chapitre « Le dernier complot » constituent autant d'arguments très sérieux à l'appui de cette interprétation de la répression contre les communistes en Europe centrale et du Sud-Est.

De la « post-terreur » au postcommunisme

Avant d'aborder la période allant de 1955-1956 — que Miklos Molnar, historien hongrois, dénomme « post-terreur » — à 1989-1990, quand les régimes communistes se décomposent dans la plupart des pays de l'Europe centrale et du Sud-Est, quelques constatations s'imposent. Elles nous aideront peut-être à comprendre l'évolution de la répression et sa logique, à partir de 1955-1956.

Constatons d'abord que la répression consécutive à l'extension des régimes communistes en Europe, et que l'on peut sans exagérer qualifier de terreur de masse, reposait — c'était d'ailleurs aussi son but — sur la violation et la liquidation des libertés et des droits fondamentaux ; ceux-ci étaient définis et précisés dans des actes internationaux, en particulier dans la Déclaration universelle des droits de l'homme, votée en décembre 1948 par l'Assemblée générale des Nations unies, en dépit de l'abstention de l'URSS et de cinq « démocraties populaires ». Cette répression était en contradiction totale avec la lettre des Constitutions en vigueur dans les pays respectifs ; c'étaient en effet la direction et l'appareil tout entier du Parti communiste qui en décidaient l'ampleur et les grandes orientations, et agissaient en tant qu'organismes non constitutionnels. En Tchécoslovaquie, par exemple, le « rôle dirigeant du Parti communiste » n'est ancré qu'en 1960 dans la Constitution, proclamée deuxième Constitution socialiste après celle de l'URSS. La répression violait aussi souvent les lois en vigueur : aucune législation ne permettait ainsi l'emploi massif de la torture lors de l'instruction et de la détention ; aucune loi ne donnait tout pouvoir à la police politique, machine à fabriquer des procès. Il est bon de souligner à cet égard que les commentaires qui ont accompagné les premières révisions des procès des communistes condamnaient la police pour « s'être dressée au-dessus du Parti », non « au-dessus de la loi » ; ceci dans le but évident d'amoindrir ou de gommer la responsabilité des dirigeants politiques dans le fonctionnement du système policier.

Relevons ensuite les spécificités de la dictature communiste. Elle n'a pas été le fait d'un État, couvrant certes un sixième du globe, mais de plusieurs États et s'est donc internationalisée. Les dictatures communistes représentaient un système de vases communicants, entre elles et avec le centre, Moscou. Nous savons désormais, grâce à l'ouverture des archives, que la répression dans les futures « démocraties populaires » a été inspirée et dirigée, dès 1944, par le très puissant appareil communiste international, structuré au sein de l'Internationale communiste et intégré ensuite à l'appareil central soviétique. Le 12 juin 1943, juste après la dissolution du Komintern, annoncée le 9 juin, a été créé le Département d'informations internationales du Comité central de PC(b)US, avec à sa tête Alexandre Stcherbakov et ses suppléants Georgi Dimitrov et Dimitri Manouilski. Ce département a continué à diriger les partis communistes ; Dimitrov, son chef véritable dès le début, en a été nommé chef officiel fin décembre 1943, sur décision du Bureau politique soviétique. Ce département a donné des directives, par le biais des bureaux étrangers des partis communistes installés en URSS (l'Albanie et la Yougoslavie n'en avaient pas), par le biais de liaisons radiophoniques ou de courriers, et plus tard lors de « consultations » à Moscou. Tel était le cas de Wladyslaw Gomulka qui s'entretenait avec Dimitrov le 10 mai 1945. Ce dernier lui reprochait de ne pas utiliser en Pologne de mesures punitives sévères, et ajoutait : « On ne peut pas faire l'économie des camps de concentration. » Le système des camps était-il, ainsi, envisagé contre les adversaires politiques dès la fin de la guerre[1] ?

L'élargissement de l'expérience bolchevique dans les États non intégrés à l'Union soviétique s'avéra vite risqué : des sensibilités nationales y persistaient et s'y exprimaient, malgré les interventions de Moscou destinées à uniformiser les régimes du bloc soviétique. Après les événements de Yougoslavie en 1948-1949, de Hongrie entre 1953 et 1956, de Pologne en 1956, la diversification des régimes communistes s'accentua avec la rupture entre l'URSS et la Chine au début des années soixante et sa répercussion dans les pays satellites européens, en particulier en Albanie et en Roumanie.

Notons enfin que les communistes anciennement au pouvoir ont su affronter leur passé d'oppresseurs ; là réside l'une des différences majeures entre le communisme et le nazisme, qui n'a jamais eu de Khrouchtchev, Nagy, Dubcek ou Gorbatchev. Au fil des années cinquante, les « réhabilitations » des victimes devinrent partout l'enjeu principal des combats de successions au sommet du pouvoir, successions ouvertes soit par la disparition du grand chef — Staline et Gottwald en 1953, Bierut en Pologne en 1956 —, soit par la destitution du secrétaire général — Rakosi en Hongrie en 1956. « Réhabiliter » signifiait non seulement dénoncer des crimes criants, mais aussi en rechercher les responsables. L'importance des réhabilitations dans les combats au sommet perdura dans les années soixante,

---

1. À propos de l'activité de ce département et de la formation du bloc soviétique, voir les travaux de Leonid J. Gibianskii, historien russe ; par exemple, *Kholodnaïa voïna* (Guerre froide), Nouvelles approches, nouveaux documents, Moscou, Otvet, 1995. Cet historien a consulté des archives russes, mais aussi polonaises, yougoslaves et tchèques.

en particulier en Tchécoslovaquie. Mais ce phénomène touchait aussi la base des tenants de l'utopie (surtout parmi l'intelligentsia), pour lesquels l'idéal communiste avait une dimension morale et qui se sentaient trahis face aux crimes dévoilés du régime. Dès 1953 et jusqu'aux années soixante, l'histoire de la répression doit intégrer les amnisties, même si elles étaient souvent partielles, car elles ont représenté des actes politiques hautement significatifs.

En 1955-1956 donc, la machine à broyer les êtres était toujours en place, mais elle grinçait. Des responsables de la police politique, acteurs consommés de la répression de 1949 à 1953, avaient été révoqués, parfois arrêtés et condamnés, certes à de petites peines. Des dirigeants politiques devaient démissionner, remplacés parfois par d'anciens prisonniers, comme Gomulka en Pologne ou Kadar en Hongrie. Dans l'ensemble, la répression semblait devoir être plus « douce »...

La période fondatrice des régimes communistes avait laissé beaucoup de plaies ouvertes. Et la terreur de masse n'a pas complètement disparu en tant que méthode de répression dans les années cinquante et soixante. Il nous semble légitime en effet de ranger dans cette catégorie les interventions militaires de l'armée soviétique. Le char dans la rue a voulu semer la terreur parmi la population et en symbolisait la frayeur.

Le char soviétique est, pour la première fois, intervenu en RDA, le 17 juin 1953, dans le but d'écraser à Berlin-Est et dans les autres grandes villes les manifestations spontanées des travailleurs, provoquées par les mesures gouvernementales qui durcissaient les conditions de travail. D'après des études les plus récentes, au moins 51 personnes trouvèrent la mort lors des émeutes et de la répression qui s'ensuivit : 2 furent écrasées par les chars, 7 condamnées par les tribunaux soviétiques et 3 par les tribunaux de la RDA, 23 furent victimes des suites de blessures et 6 membres des services de sécurité périrent. Avant le 30 juin, 6 171 personnes furent officiellement arrêtées et, après cette date, 7 000 autres environ[1].

Après le XXe Congrès du PCUS, les dirigeants soviétiques ont encore recouru par deux fois à des interventions militaires spectaculaires, dans la Hongrie de 1956 et la Tchécoslovaquie de 1968. Dans les deux cas, les chars devaient écraser une révolte antitotalitaire populaire, à laquelle adhéraient de larges couches.

En Hongrie, où l'armée soviétique était sur place, ses unités sont intervenues à deux reprises : vers 2 heures du matin le 24 octobre à Budapest — elles ont commencé à se retirer le 30 —, puis dans la nuit du 3 au 4 novembre. De durs combats ont eu lieu jusqu'au soir du 6 novembre, mais quelques nids de résistance, surtout dans les faubourgs ouvriers, ont subsisté jusqu'au 14 novembre, alors qu'au même moment était vaincu un groupe d'insurgés dans les monts de Mecsek. Mais des affrontements

1. Dieter Staritz, *Geschichte der DDR*, Francfort-sur-le-Main, Suhrkampf, 1996.

armés resurgirent en décembre, liés à des manifestations de rue. À Salgotarjan, le 8 décembre, 131 personnes furent encore tuées par les tirs des unités soviétiques et hongroises.

La mort violente et la menace de la subir, élément essentiel de la terreur, ont fait partie de la quotidienneté magyare pendant quelques semaines. Lors des combats, 3 000 personnes environ ont été tuées, pour les deux tiers à Budapest ; près de 15 000 ont été blessées. Les historiens hongrois ont pu, grâce à l'ouverture des archives, établir aussi le nombre de victimes du côté des oppresseurs : entre le 23 octobre et le 12 décembre, les unités de la police politique (AVH), des armées soviétique et hongroise et du ministère de l'Intérieur auraient enregistré environ 350 pertes ; 37 personnes appartenant à l'AVH, à la police ou à l'armée auraient été exécutées sommairement, soit fusillées, soit lynchées. Ainsi, « l'honneur de la révolution a été sali », selon les termes des historiens[1].

La répression qui a suivi l'écrasement de la révolution hongroise, et dans laquelle la police militaire soviétique s'est montrée très active jusqu'au début de 1957, a touché plus de cent mille personnes : plusieurs dizaines de milliers d'entre elles ont été internées dans des camps officiellement reconstitués le 12 décembre ; des poursuites pénales d'autre part ont été engagées contre 35 000 personnes, dont 25 000 à 26 000 ont été emprisonnées ; plusieurs milliers de Hongrois ont été déportés en URSS ; 229 insurgés ont été condamnés à mort et exécutés ; 200 000 personnes, enfin, ont fui la répression et émigré.

Cette répression a rapidement retrouvé un mécanisme éprouvé : la justice d'exception, s'articulant autour des tribunaux populaires et de la Chambre spéciale des tribunaux militaires. Ainsi, c'est devant le tribunal populaire de Budapest que s'est déroulé le procès d' Imre Nagy. Ce vieux communiste, émigré à Moscou pendant la guerre, écarté du pouvoir en 1948 et devenu Premier ministre en 1953, écarté à nouveau du pouvoir en 1955, a assumé la charge de la présidence du gouvernement insurrectionnel. Le procès de Nagy et de ses coaccusés a pris fin en juin 1958. Deux d'entre eux étaient absents : Geza Losonczy, journaliste communiste, ancien résistant déjà emprisonné entre 1951 et 1954, ministre du gouvernement Nagy, mort en prison le 21 décembre 1957, avec l'assistance probable des enquêteurs ; puis Jozsef Szilagyi, communiste d'avant la guerre, résistant emprisonné pendant la guerre, chef de cabinet de Nagy en 1956, condamné à mort le 22 avril, puis exécuté le 24. Selon les documents sauvegardés, J. Szilagyi se serait tout au long de l'enquête comporté comme un accusateur déterminé : il répétait, entre autres, aux enquêteurs que, comparées à celles du moment, les prisons du régime fasciste de Horthy avaient été des sanatoriums.

1. Nous nous appuyons en particulier sur la synthèse publiée par les chercheurs de l'Institut d'histoire de la révolution hongroise de 1956 à Budapest, Csaba Bekes, Janos M. Rainer et Pal Germuska, in *Soudobe dejiny (Histoire contemporaine)*, n° 4, Prague, 1997.

Le verdict du procès Imre Nagy, commencé le 9 juin 1958, fut prononcé le 15, les trois condamnés à mort furent exécutés le 16. Outre Imre Nagy, ont été condamnés à la peine capitale le général Pal Maleter, résistant pendant la guerre, communiste depuis 1945, ministre de la Défense du gouvernement insurrectionnel en 1956, arrêté par les autorités soviétiques, ainsi que Miklos Gimes, journaliste communiste, fondateur d'un journal clandestin après l'écrasement de la révolution. Cinq autres coaccusés furent condamnés à des peines allant de cinq ans à la réclusion à perpétuité.

Le procès de Imre Nagy, l'un des derniers grands procès politiques des démocraties populaires, prouvait qu'il était impossible au pouvoir communiste, restauré grâce à l'intervention militaire soviétique, de ne pas en revenir à cette forme suprême de répression. Mais il ne pouvait plus organiser de procès à grand spectacle ; celui de Nagy s'est déroulé à huis clos, dans le bâtiment de la prison centrale et du siège de la police politique de Budapest, à l'intérieur d'une salle spécialement aménagée. En 1958, Nagy et ses pairs qui refusaient de reconnaître comme légitimes l'intervention soviétique et la prise de pouvoir de l'équipe dirigée par Janos Kadar, et qui symbolisaient la révolte populaire, ne devaient pas rester vivants.

Les recherches nouvelles soulignent la cruauté de cette répression et n'hésitent pas à employer le terme de « terreur ». Mais elles constatent toutefois l'ambivalence de la période et ses différences avec la période 1947-1953. En 1959, alors qu'avaient encore lieu les procès contre les insurgés, se déroulait la première amnistie, partielle. En 1960, les mesures d'exception prirent fin, les camps d'internement furent supprimés, etc. En 1962, on procéda à l'épuration des agents de la police politique compromis dans les procès préfabriqués de la période de Rakosi ; Rajk et 190 autres victimes furent d'autre part définitivement réhabilités. En 1963, l'amnistie générale fut proclamée, mais elle ne toucha pas certains insurgés condamnés comme « meurtriers ». La répression violente prenait fin. Pourtant la réhabilitation d'Imre Nagy et de ses « complices » n'est intervenue qu'en 1989, et, en 1988 encore, la police tabassait à Budapest des manifestants qui voulaient commémorer l'anniversaire de son exécution...

Deux facteurs extérieurs ont influencé cette évolution : d'une part, une critique plus poussée du règne de Staline en URSS, ainsi que la mise à l'écart de ses partisans à la direction soviétique ; et, d'autre part, une conjoncture internationale nouvelle, avec l'idée de coexistence pacifique dans les rapports Est-Ouest qui faisait son chemin. Deux facteurs qui ne se sont pas répercutés seulement en Hongrie...

Douze ans après la Hongrie, le char soviétique destiné à semer la terreur de masse attaquait la Tchécoslovaquie. L'intervention militaire de 1968 est à distinguer de celle de 1956, même si elle poursuivait le même but, l'écrasement d'une révolte populaire contre le « socialisme à la soviétique ». Elle s'en différencia en raison du temps qui avait passé, de la conjoncture internationale et de la conjoncture spécifique du système communiste mondial. L'essentiel des troupes d'assaut était certes soviétique, mais quatre autres pays du pacte de Varsovie y ont participé : Bulgarie, Hongrie, Pologne et République démocratique allemande. Nous tenons à souligner encore une différence fondamentale : en Tchécoslovaquie, des unités de l'armée soviétique ne stationnaient pas dans le pays comme dans la Hongrie de 1956, pays vaincu qu'on pouvait considérer comme occupé et où les divisions soviétiques intervenaient dans le combat armé qui avait éclaté dans les rues. L'état-major soviétique devait envisager l'éventualité d'une résistance armée tchécoslovaque à l'invasion, donc d'une guerre locale, voire européenne.

On comprend donc la masse impressionnante des moyens mis en œuvre. Dans la nuit du 20 au 21 août 1968, sous le nom de code « Danube », l'opération préparée dès le 8 avril, quand fut signée la directive GOU/1/87654 du maréchal Gretchko, ministre de la Défense soviétique,

Des cercueils encombrants

Après l'exécution des onze condamnés au procès Slansky en décembre 1952, les corps ont été incinérés et les cendres dispersées sur les routes verglacées et dans les champs aux environs de Prague. Six ans plus tard, le pouvoir communiste hongrois répugnait à la solution des cendres.

Imre Nagy et ses compagnons, une fois exécutés, furent d'abord enterrés sous une bonne couche de béton dans l'espace de la prison de la rue Kozma, où avait eu lieu le procès. Mais ces cadavres bétonnés dans un lieu ignoré des familles faisaient peur. Au cours de l'été 1961, ils furent exhumés et enterrés de nuit dans le plus grand secret au cimetière communal de Budapest, auprès des lieux de sépulture de deux autres morts de ce procès, Geza Losonczy et Jozsef Szilagyi. Les cercueils ont été passés par-dessus le mur et les employés du cimetière ignoraient tout de l'enterrement de ces trois morts enregistrés sous des noms fictifs. Pendant trente ans, tous les efforts des proches pour connaître l'emplacement des sépultures sont restés vains. Se fondant sur des informations incertaines, ces derniers ornaient quelques tombes de la parcelle n° 301 du cimetière communal. La police molestait les visiteurs et démolit à plusieurs reprises les tombes, les faisant piétiner par des chevaux.

En mars 1989, on a enfin pu exhumer les corps. L'autopsie de Geza Losonczy a révélé plusieurs fractures des côtes dont certaines avaient précédé la mort de trois à six mois, d'autres de très peu de temps.

Le gouvernement de l'époque avait chargé de jeunes officiers enquêteurs de l'identification des lieux de sépulture. Parmi ceux qui ont refusé d'aider ces enquêteurs figuraient Sandor Rajnai, responsable de l'enquête du procès, ambassadeur de Hongrie à Moscou en 1988-1989.

Selon le témoignage d'Alajos Dornbach, avocat de la partie civile ayant demandé la révision du procès Nagy en 1988, publié dans *Communisme*, nos 26-27, Paris, L'Âge d'Homme, 1990.

mit en action essentiellement des troupes soviétiques réparties sur les territoires de la RDA, de la Pologne et de la Hongrie. Avant tout des unités de chars, ces précieux chars qui ont partout symbolisé la répression, y compris place Tian'anmen à Pékin en 1989. Le premier échelon était fort de 165 000 hommes et de 4 600 chars ; cinq jours plus tard, la Tchécoslovaquie était occupée par 27 divisions équipées de 6 300 chars, 800 avions, 2 000 canons, et regroupant 400 000 soldats environ.

Pour avoir clairement la mesure de l'engagement de ces monstres messagers de terreur, notons qu'en 1940 la France fut attaquée par environ 2 500 chars, nettement moins lourds en masse d'acier chenillé et canonné que ceux de 1968, et que l'Allemagne hitlérienne mobilisa en juin 1941 3 580 chars lors de l'attaque contre l'URSS. Et qu'enfin la Tchécoslovaquie avait à peu près 14,3 millions d'habitants, loin de la moitié de la France en 1940.

Il n'y eut pas de guerre locale, la résistance à l'invasion fut pacifique, non armée. Les envahisseurs ont pourtant tué 90 personnes, à Prague surtout ; plus de 300 Tchèques et Slovaques ont été blessés grièvement et plus de 500 légèrement. Le nombre des victimes chez les troupes d'occupation — accident de la route, manipulation maladroite d'armes, exécutions de déserteurs — n'est pas connu jusqu'à présent ; nous savons seulement que les Tchèques ont abattu un soldat bulgare. Les autorités soviétiques ont arrêté et déporté plusieurs dirigeants, mais ont été obligées de les libérer et de négocier avec eux au bout de quelques jours. Le scénario politique de l'intervention a en effet essuyé un échec cuisant : les occupants n'ont pas réussi à installer le « gouvernement ouvrier-paysan » de collaboration qui avait été prévu.

La répression liée à cette intervention militaire ne cessa pas en 1968. Il faut à coup sûr classer au nombre des victimes les « torches vivantes », ces gens qui s'immolèrent publiquement pour protester contre l'occupation. Ils ont acquis le statut de victime-symbole, à l'époque et jusqu'à présent. Le premier à avoir choisi ce destin fut Jan Palach, étudiant de vingt ans, qui s'est immolé le 16 janvier 1969 à 14 h 30 au centre de Prague ; sa mort trois jours plus tard provoqua de grandes manifestations. Au mois de février, un autre étudiant, Jan Zajic, l'imita ; la troisième « torche vivante » — un communiste de quarante ans, Evzen Plocek — s'est enflammée début avril sur la place de Jihlava en Moravie.

La répression revêtit bientôt un trait original en Tchécoslovaquie : elle était le fait des forces intérieures, de l'armée et de la police « normalisées ». La pression des autorités soviétiques, appuyée sur l'installation durable de l'armée d'occupation, fut, à l'évidence, énorme. Un phénomène imprévisible apporta de l'eau à leur moulin : les manifestations spontanées d'un demi-million de personnes dans la nuit du 28 au 29 mars 1969. Les Tchèques et les Slovaques sont descendus dans les rues de soixante-neuf villes pour fêter la victoire de leur équipe nationale de hockey sur glace contre l'Union soviétique au championnat du monde ; 21 des 36 garnisons soviétiques ont alors été attaquées. Et les maréchaux de menacer ; Alexandre Dubcek, encore secrétaire général du PCT — jusqu'au 17 avril —, fut aimablement averti qu'il risquait le sort d'Imre Nagy...

Le potentiel de répression des forces tchécoslovaques « normalisées » — unités spéciales de l'armée et de la police, ainsi que la Milice populaire, formée dans les entreprises — fut mis à l'épreuve au cours du premier anniversaire de l'occupation ; elles y avaient été consciemment préparées. Elles provoquèrent de nombreux affrontements avec les manifestants, en majorité des jeunes. Les charges étaient musclées, surtout à Prague où le 20 août, déjà, deux adolescents furent tués. Toutes les grandes villes subirent le choc des unités spéciales de l'armée, équipées de chars et de blindés. Cet épisode violent est aujourd'hui qualifié par les spécialistes d'« opération de combat la plus importante de l'armée tchécoslovaque d'après-guerre ». Trois autres manifestants tombèrent le 21 août, des dizaines furent grièvement blessés. Des milliers de personnes furent arrêtées et tabassées. Et avant la fin de 1969, 1 526 manifestants furent condamnés sur décret de la présidence de l'Assemblée fédérale, ayant force de loi et signé le 22 août par le président de cet organisme, Alexandre Dubcek [1]...

En 1969, quelques personnes engagées dans la révolte de 1968 furent en outre emprisonnées, puis un groupe de jeunes, le Mouvement de la jeunesse révolutionnaire (HRM), actif dans la préparation des manifestations du premier anniversaire ; la police avait réussi à y infiltrer un indicateur. Toutefois, malgré la forte pression des « ultras », le pouvoir des « normalisateurs » ne donnait toujours pas le feu vert à des procès politiques contre les chefs communistes de 1968. Les analyses mentionnent souvent que la nouvelle équipe craignait d'entamer un tel processus par peur, à la lumière du passé, qu'il ne se retourne contre elle. Gustav Husak, nouveau secrétaire général du PCT, choisi par la direction soviétique et remplaçant de Dubcek, connaissait la chanson : condamné en 1954 à une peine à perpétuité, lors d'un grand procès contre les « nationalistes bourgeois slovaques », il avait passé plus de neuf ans derrière les barreaux. Néanmoins, la répression de masse, approuvée par Moscou, s'exerçait de façon insidieuse et cruelle, avec une stratégie subtile qui voulait instaurer la peur : des centaines de milliers de personnes ne pouvaient plus participer à la vie publique, subissaient des interdits professionnels, et leurs enfants, empêchés d'accéder à l'enseignement secondaire ou supérieur, devenaient des otages. Dès les débuts de la normalisation, le régime frappa les organismes de la société civile qui s'étaient régénérés en 1968 : environ soixante-dix organisations et associations furent interdites ou liquidées par fusion avec d'autres, officielles ; la dure censure se réinstalla, etc. Des

1. À propos du premier anniversaire de l'occupation de la Tchécoslovaquie en 1968, voir *Srpen '69 (Août 69)*, édition de documents sous la direction d'Oldrich Tuma, Prague, USD-Maxdorf, 1996, 344 p.

dizaines de milliers de Tchèques et de Slovaques rejoignirent enfin les exilés d'après février 1948. Au cours de quarante ans de régime communiste, environ quatre cent mille personnes, des gens le plus souvent qualifiés et diplômés, choisirent le chemin de l'exil ; après 1969, les tribunaux les ont régulièrement condamnées par contumace.

Le procès politique ne disparut cependant pas totalement du tableau de la répression consécutive à l'écrasement du « printemps de Prague ». À la suite du procès de seize membres du HRM en mars 1971, au cours duquel son leader, Petr Uhl, fut condamné à quatre ans de prison, neuf procès se déroulèrent pendant l'été 1972 ; ils jugeaient certains protagonistes de « deuxième rang » de 1968, poursuivis pour leur activité après l'occupation. Sur 46 accusés, dont les deux tiers étaient d'anciens communistes, 32 furent condamnés à quatre-vingt-seize ans de prison ferme et 16 autres, après plusieurs mois de détention, à vingt et un ans avec sursis. La peine maximale retenue fut de cinq ans et demi, « clémente » en comparaison avec les atrocités de la période fondatrice du régime. Plusieurs condamnés de cette vague de répression — Petr Uhl, Jaroslav Sabata, Rudolf Batek — furent de nouveau emprisonnés après qu'ils eurent purgé leurs peines et ont passé en tout, dans les années soixante-dix-quatre-vingt, neuf ans de leur vie en prison. La Tchécoslovaquie détenait ainsi, à l'époque, les tristes records de la persécution politique en Europe.

Les grandes révoltes de 1956 et de 1968, et leur écrasement, nous invitent à aborder un autre aspect de la logique de la répression, à savoir celle des vases communicants. Les secousses dans un pays se sont en effet répercutées dans les autres, en particulier lorsque la puissance du centre s'était engagée militairement. En 1956, en liaison avec la révolte hongroise, la direction poststalinienne alarmée du PCT était prête à envoyer des unités de l'armée tchécoslovaque en Hongrie ; elle intensifiait en même temps la répression, renvoyait en prison certains prisonniers politiques libérés et poursuivait les sympathisants tchèques et slovaques de la révolte hongroise ; 1 163 personnes furent alors mises en accusation, le plus souvent pour expression verbale de leur solidarité ; la plupart étaient des ouvriers, 53,5 %, et les condamnations allèrent jusqu'à une année d'emprisonnement, rarement plus. Dans l'Albanie de cette époque, la répression fut plus spectaculaire : le 25 novembre 1956, le régime de Hoxha annonça la condamnation et l'exécution de trois dirigeants « titistes », Liri Gega, membre du Comité central du PCA, alors enceinte, le général Dale Ndreu et Petro Buli. En Roumanie, Gheorghiu Dej, qui commençait à jouer la « carte chinoise » dans ses rapports avec l'URSS, fit des gestes de clémence envers des nationalistes persécutés, alors même qu'il organisait un grand procès contre des responsables du commerce extérieur, souvent juifs communistes.

En 1968 encore, les régimes, y compris l'URSS, qui craignaient la contagion des idées du « Printemps de Prague » renforcèrent la persécution avant et après l'intervention militaire en Tchécoslovaquie. Le sort d'Alfred Foscolo en témoigne et nous permet d'approcher l'atmosphère de l'époque. De mère bulgare et de père français, ayant enseigné en Bulgarie jusqu'en 1949, ce jeune Français passait régulièrement ses grandes vacances en Bulgarie. En 1966, étudiant en droit et en langues orientales à Paris, il vint en aide à ses amis bulgares en ronéotypant en France un tract à cinq cents exemplaires et en l'introduisant à Sofia. Les jeunes y revendiquaient des élections libres, la liberté de la presse et de déplacement, l'autogestion ouvrière, l'abolition du pacte de Varsovie, la réhabilitation des victimes de la répression. La même année, il lui naît une petite fille, dont la maman est la Bulgare Raïna Aracheva. Frédy et Raïna déposent donc une demande d'autorisation de mariage qui tarde à leur être accordée. Puis vient 1968.

Dans son témoignage, Alfred Foscolo écrit à ce propos :

« Début 1968, me voici incorporé pour le service militaire. En juillet, l'ambassade de Bulgarie me fait savoir que l'autorisation de mariage serait accordée à condition que je me rende à Sofia. Je m'y précipite à l'occasion d'une permission de quatorze jours. Mais sur place m'attend un nouveau refus. Nous sommes en août 1968, et, le 21, les Soviétiques entrent à Prague ; le 28, bredouille, je prends l'Orient-Express pour Paris. Je ne devais y arriver que quelques années plus tard : à la frontière, je suis arrêté par des agents de la Darjavna Sigournost. Mis au secret au dépôt de la Sécurité d'État, je suis porté disparu pendant quinze jours, sauf pour le capitaine Nedkov qui m'annonce clairement la couleur : ou bien je coopère en reconnaissant que je suis un agent impérialiste, ou bien personne n'entendra plus parler de moi. J'accepte, espérant qu'un procès me permettra de rétablir la vérité.

« Le procès s'ouvre le 6 janvier 1969. Deux copains ainsi que Raïna sont à mes côtés dans le box des accusés. Au procureur qui réclame pour moi la peine de mort, mon avocat répond que je la mérite pleinement et plaide l'indulgence. Il s'agit en réalité d'une farce judiciaire à des fins de propagande. Je suis condamné à un total de vingt-sept ans de prison, cumulés à quinze ans de régime sévère pour espionnage. Les copains écopent dix et douze ans, Raïna un an, elle qui ne savait rien du tract. Un ami, émigré politique bulgare à Paris, est condamné à mort par contumace.

« Après un mois passé au quartier des condamnés à mort de la prison centrale de Sofia (7e division), je suis transféré à la prison de Stara-Zagora où étaient détenus la majeure partie des deux à trois cents prisonniers politiques du pays. J'y ai beaucoup appris sur l'histoire carcérale de la Bulgarie pendant les vingt-cinq premières années du communisme, et je me suis rendu compte que mes tribulations étaient peu de chose au regard de ce qu'ont vécu des milliers de Bulgares. J'ai également été témoin de la mutinerie du 8 octobre 1969, au cours de laquelle plusieurs détenus ont trouvé la mort. À la même époque, une nouvelle demande d'autorisation de mariage déposée par Raïna et moi-même pendant notre détention fut, elle aussi, rejetée.

« Contre toute attente, j'ai été libéré le 30 avril 1971 et renvoyé en France. Alors qu'en 1968 notre arrestation suivie d'un procès à grand spectacle était, au moment de l'affaire tchécoslovaque, destinée à prouver l'implication des "forces impérialistes" dans le mouvement d'émancipation à l'Est, ma présence dans les prisons bulgares n'était plus souhaitable au moment où s'amorçait le processus d'Helsinki. Mes deux camarades bulgares n'ont pas, quant à eux, bénéficié de cette mesure de clémence.

« De retour à Paris, j'ai échafaudé divers scénarios pour que Raïna et ma fille puissent me rejoindre. Finalement, le 31 décembre 1973, je débarquais clandestinement à Sofia, sous une fausse identité et muni de passeports trafiqués. Grâce à ces documents maquillés et à une chance insolente, nous passions tous les trois la frontière bulgaro-turque dans la nuit du 1er au 2 janvier 1974. Le surlendemain, nous étions à Paris [1]. »

Au cours de cette période allant de 1955-1956 à 1989, la répression fut enfin rythmée par la logique propre à tous les régimes dictatoriaux : l'appareil policier est là et il frappe l'opposition, en général spontanée dans les mouvements sociaux — grèves ou manifestations de rue — ou bien encore réfléchie, délibérée, formulant ses revendications et s'efforçant de se doter d'une structure organisationnelle. Et pour prévenir et étouffer les activités oppositionnelles dans des sociétés où la contestation gagne du terrain et profite de la conjoncture internationale dès la deuxième moitié des années soixante-dix avec les accords d'Helsinki, cet appareil s'appuie sur un réseau d'indicateurs de plus en plus ample. Il est significatif pour l'état du système qu'il ait dû recourir à cette forme de contrôle de la société et en augmenter considérablement le volume. En Tchécoslovaquie, par exemple, la police politique se contentait au début des années soixante d'environ 8 000 indicateurs officiellement recrutés, car chaque membre discipliné du Parti communiste était bien entendu prêt à donner les informations désirées ; à la fin des années quatre-vingt, cette police avait besoin de 170 000 à 180 000 indicateurs !

Mais, parallèlement, la logique de la répression dans la « post-terreur » fut marquée plus qu'auparavant par des spécificités nationales, par les rapports de forces au sein des directions respectives, par l'appréciation ponctuelle de ces dernières quant à la solidité du régime, par le succès ou l'échec de leurs projets politiques et économiques. Le 13 août, à l'initiative de la direction du SED, approuvée par les dirigeants soviétiques, était ainsi dressé le mur de Berlin, avant tout une manifestation de peur panique pour l'avenir du régime.

En Roumanie, la direction communiste a nettement exprimé son indépendance et sa spécificité en refusant de participer à l'intervention militaire contre la Tchécoslovaquie. Quelque temps plus tard et dans les années

1. Raïna et Alfred Foscolo, « Prisonniers à Sofia », *La Nouvelle Alternative* n° 47, septembre 1997, Paris.

quatre-vingt encore, son « communisme national » s'avéra cependant le plus répressif de tous les pays de l'espace que nous traitons, avec le communisme albanais. La répression était en effet inhérente au système communiste, même si la métropole soviétique n'y intervenait pas directement.

La Roumanie de Nicolas Ceausescu, le Conducator — il s'est fait adorer comme le Guide, le Duce, le Führer —, dut faire face, dès la deuxième moitié des années soixante-dix, à une grave crise économique et sociale, ayant provoqué une forte contestation. Si ce mouvement est inscrit dans le sillage des luttes pour les libertés démocratiques qui s'étaient exprimées aussi dans les autres pays, il s'ancra surtout dans l'engagement ouvrier. La grande grève des trente-cinq mille mineurs de la vallée du Jiu en août 1977, les démonstrations et les grèves de l'été 1980 avec occupation d'usines à Bucarest, Galati, Tirgoviste et dans les bassins miniers, la révolte de la vallée de Motru à l'automne 1981 et d'autres manifestations de contestation provoquèrent une dure répression de la part du pouvoir de Ceausescu. Arrestations, déplacements obligés, assignations à résidence, passages à tabac, licenciements, internements psychiatriques, procès, assassinats — tous les moyens répressifs furent massivement utilisés. Avec succès dans l'instant, mais vainement dans le plus long terme. Car des manifestations et des grèves éclatèrent à nouveau en 1987, culminant en novembre 1988 avec le soulèvement populaire à Brasov, deuxième ville roumaine de trois cent mille habitants. Les affrontements avec les forces de l'ordre y furent très violents et sanglants ; il y eut des morts, des centaines d'arrestations.

En Roumanie, le calvaire de certains prisonniers politiques semble éternel. Ainsi le père Calciu, Gheorghiu Calciu Dumitreasa. Né en 1927, il fut arrêté comme étudiant en médecine et emprisonné à Pitesti, prison dont nous avons parlé. Sa captivité a duré jusqu'en 1964. À sa sortie de prison, il décida de devenir prêtre. Engagé, entre autres, avec les fondateurs du Syndicat libre des travailleurs roumains (SLOMR), il fut jugé et condamné le 10 mai 1979 à huis clos à dix ans de prison pour avoir « transmis des informations mettant en danger la Sécurité d'État ». En prison, il a entamé cinq grèves de la faim. Ou encore Ion Puiu, ancien responsable du Parti national-paysan, condamné en 1947 à vingt ans, sorti de prison en 1964. Il fut de nouveau emprisonné en 1987 pour son engagement dans l'opposition.

La recrudescence ou le ralentissement de la répression ont, bien entendu, toujours été liés à la situation politique internationale, aux rapports Est-Ouest, aux changements de la politique soviétique. De Brejnev à Gorbatchev le monde a évolué et avec lui l'idéologie de la répression. Dans les années soixante et après, on ne poursuivait plus, ou peu, pour soutien au « titisme » ou au « sionisme ». Dans la majorité des pays, la police politique s'est occupée beaucoup plus de « diversion idéologique » et de « relations illégales avec l'étranger », surtout occidental.

Quelques cas de prisonniers politiques roumains en 1987

Francise Barabas, quarante ans, mécanicien dans une usine de textile, condamné à six ans. Ce Hongrois de Transylvanie a distribué, avec son frère et sa future épouse, des tracts en hongrois : « À bas le cordonnier ! À bas le meurtrier ! » (Le premier métier de Ceausescu était cordonnier.)

Ion Bugan, électricien, né en 1936. Condamné à dix ans, car il a manifesté dans sa voiture avec une pancarte disant « Nous ne voulons pas de vous, bourreaux ! » dans les rues du centre de Bucarest, en mars 1983.

Ion Guseila, ingénieur, condamné à quatre ans à la fin de 1985 pour avoir distribué des tracts demandant le remplacement du chef de l'État.

Gheorghiu Nastasescu, ouvrier du bâtiment, cinquante-six ans, condamné à neuf ans pour propagande anti-régime. Il a déjà passé quatre ans en prison pour « propagande antisocialiste ». À l'automne 1983, il a jeté des tracts du haut d'un échafaudage à Bucarest, invitant les gens à manifester leur mécontentement.

Victor Totu, Gheorghiu Pavel, Florin Vlascianu, ouvriers, tous nés en 1955, condamnés à sept et huit ans ; le soir du 22 août 1983, à la veille de la fête nationale, ils ont fait des inscriptions « À bas Ceausescu », comparant son régime au régime nazi.

Dimitru Iuga, quarante ans, condamné à dix ans en 1983 ; il avait, à plusieurs reprises, rassemblé des jeunes dans le but d'organiser des manifestations contre Ceausescu. Ils étaient décidés à agir pacifiquement. Sept jeunes ont été condamnés à cinq ans et furent libérés — sauf Iuga — en 1984 grâce à une amnistie.

Nicolae Litoiu, vingt-sept ans, condamné à quinze ans en 1981 pour « complot contre la Sécurité de l'État ». L'été 1981, il a lancé un pétard sur un stand de la Maison du Parti à Ploiesti ; il a également jeté des tracts du haut du magasin Omnia à Ploiesti. C'est pour avoir été informé de cette intention que son beau-frère, Gheorghiu Manu, fut condamné à huit ans.

Attila Kun, médecin, condamné à trois ans en janvier 1987 pour avoir refusé de délivrer un certificat de décès concernant un détenu politique mort sous la torture.

I. Borbely, professeur de philosophie, cinquante ans, condamné en 1982 à huit ans en relation avec la publication d'un samizdat en langue hongroise.

La Nouvelle Alternative, n° 7, septembre 1987, Paris.

Les modalités de la répression désormais « adoucie » dans beaucoup de pays se modifièrent : l'exil forcé — particulièrement en RDA et en Tchécoslovaquie — ou encore, sur le modèle soviétique, le « traitement psychiatrique » vinrent, parfois, remplacer l'emprisonnement. La violence du régime était par ailleurs plus largement commentée et dénoncée à l'Ouest, elle avait un retentissement immédiat, et certaines victimes avaient le privilège peu courant auparavant de témoigner dans des publications à grand tirage. Le fait que le forfait soit rendu public et médiatisé incitait les exécutants de la dictature à la réflexion, y compris dans le cas de la Roumanie.

La souffrance, atténuée, des opprimés restait cependant la souffrance. Les camps ont disparu, sauf en Albanie et en Bulgarie, où ils ont servi, en particulier dans les années quatre-vingt, à l'internement des Bulgares d'origine turque. Les procès politiques ont perduré et jalonné encore, sauf pour la Hongrie, l'évolution des pays qui nous occupent. Comme avant 1956, cette méthode de dissuasion visait ceux qui avaient voulu faire renaître la société civile, les partis jadis liquidés ou des syndicats indépendants, ceux qui avaient fait vivre des Églises de l'ombre. Exceptionnellement, les procès ont touché des dirigeants communistes. À ce propos, on peut citer Paul Merker en RDA, condamné en mars 1955 à huit ans de prison et libéré en 1956 ; Rudolf Barak, ministre tchécoslovaque de l'Intérieur, condamné à six ans en avril 1962 ; Milovan Djilas, grand dissident du communisme yougoslave, emprisonné d'abord entre 1956 et 1961, puis de nouveau entre 1962 et 1966. Quand par ailleurs l'Albanie rompit avec l'URSS et s'aligna sur la Chine, les « prosoviétiques » Liri Belishova, membre du Bureau politique, et Koço Tashko, président de la Commission de contrôle du PCA, furent très durement châtiés ; le contre-amiral Temo Sejko fut exécuté en mai 1961 avec plusieurs officiers. En 1975, alors que la rupture avec la Chine était consommée, Enver Hoxha liquida Beqir Balluku, ministre de la Défense, et Petrit Dume, chef d'état-major.

L'énumération des principaux procès politiques de la période serait longue, et nous devons nous contenter ici de citer quelques exemples.

Nous savons que les condamnations à mort ont été rares — sauf pour de réelles affaires d'espionnage — et en général non exécutées. Ce fut le cas du Bulgare Dimitar Pentchev, condamné à la peine capitale, ainsi qu'un ami complice, en 1961 pour avoir voulu ressusciter le parti agrarien de Nicolas Petkov, avec un groupe de jeunes ; sa peine fut commuée, en appel, à vingt ans de réclusion, puis il fut libéré à l'automne de 1964, à la suite d'une amnistie générale. Devenu ouvrier, Pentchev n'était pas au bout d'une expérience carcérale très instructive. Il connut de nouveau la prison entre 1967 et 1974, cette fois-ci pour « passage illégal de la frontière », aventure au cours de laquelle l'un de ses amis fut tué. Et en 1985, soupçonné de terrorisme, il se trouva pour deux mois dans le camp de l'île de Béléné, pour finir assigné à résidence dans une petite ville minière, Bobov-Dol...

Pour la période de la « post-terreur », le nombre de morts, victimes de la répression, est nettement inférieur à celui de la période d'avant 1956. En dehors des tués, déjà mentionnés, de 1956 en Hongrie et de 1968-1969 en Tchécoslovaquie, nous en décomptons quelques centaines ; une grande partie d'entre eux, deux cents environ, ont été fusillés lors du passage de la frontière de la RDA et du fameux mur de Berlin. L'un des derniers prisonniers politiques de cette période ayant trouvé la mort fut le Tchèque Pavel Wonka, décédé en prison, car mal soigné, le 26 avril 1988...

Les comptes se font peu à peu, mais ce n'est pas facile. Car, parmi les morts, il faut intégrer aussi des assassinats exécutés par la police secrète et travestis, par exemple, en « accidents de voiture », comme dans le cas de deux ingénieurs roumains, meneurs de grève, dans la vallée de Jiu en 1977, quelques semaines après que la grève eut été brisée.

Les recherches à venir tenteront sans doute, comme pour la période précédant 1956, d'établir une typologie des victimes, de définir le prisonnier type. Nous savons dès maintenant que les victimes de cette période n'ont pas toujours été emprisonnées. C'est le cas des personnes tuées lors des interventions militaires ou lors des passages désespérés des frontières. Nous savons aussi qu'il serait erroné de mettre les pleins feux sur les destins du dramaturge tchèque Vaclav Havel, du philosophe hongrois Istvan Bibo, de l'écrivain roumain Paul Goma ou sur d'autres provenant de l'intelligentsia, et de laisser dans l'ombre le « petit peuple ». Limiter l'analyse de la répression à sa dimension culturelle est tout à fait réducteur. D'ailleurs, quel Babel ou quel Mandelstam fut exécuté, assassiné dans les années 1956-1989 ? Il y eut, certes, l'assassinat de l'écrivain bulgare Georgui Markov à Londres, en septembre 1978, par le « parapluie bulgare » d'un agent secret. Il y eut, certes, parmi les jeunes victimes, des talents qui auraient pu s'épanouir. Dans tous les pays cependant, et l'exemple roumain vient renforcer cette conviction, le « petit peuple » a probablement constitué la majorité des emprisonnés et des tués ; et l'histoire ne devrait pas oublier les noms de ces victimes.

Nous savons que les dictatures communistes craignaient les esprits créateurs, leur libre parole. La Tchécoslovaquie communiste a paniqué, début 1977, face aux 260 signatures apposées sous le manifeste oppositionnel de la Charte 77. Mais ces régimes policiers se sont sûrement beaucoup plus alarmés encore quand des dizaines de milliers de personnes sont descendues dans la rue.

À la fin des années quatre-vingt, la répression n'était plus à même de semer la terreur de masse. Et les opprimés ont su vaincre les dernières craintes et les dernières angoisses pour entamer l'assaut général contre le pouvoir.

Une gestion complexe du passé

Peut-on oublier — ou faire oublier — la souffrance provoquée par un système et ses agents à la botte quand cette souffrance a duré pendant des dizaines d'années ? Peut-on être généreux et indulgent envers les vaincus lorsqu'il s'agit du bourreau, du tortionnaire ? Que faire, quand on veut instaurer la démocratie et l'État de droit, des maîtres déchus et de leurs aides de camp si nombreux, de l'appareil omniprésent et structuré de l'État, du parti qui l'a dirigé ?

Les réponses à ces questions n'ont pas manqué dans les démocraties naissantes de l'Europe du Centre et du Sud-Est, après l'effondrement des régimes communistes. L'épuration de l'ancien appareil communiste y a été à l'ordre du jour, même si le terme pouvait évoquer des souvenirs fâcheux. Rien d'étonnant à ce que les nouveaux dirigeants, parmi lesquels d'anciens communistes dans plusieurs pays, aient été divisés quant à la portée et aux méthodes de cette épuration. On en a appelé à des procédés radicaux, à l'interdiction du Parti communiste qualifié d'« organisation criminelle », à des procès contre les grands responsables vivants. Et, d'autre part, on a voulu éviter les purges qui auraient rappelé les anciens procédés communistes. Dénoncer les crimes et les abjections de l'ancien régime, empêcher ses agents actifs de rester dans les structures du pouvoir ne signifiait pas pour le Premier ministre polonais Tadeusz Mazowiecki ou pour le président de la République fédérative tchèque et slovaque Vaclav Havel recourir aux méthodes du pouvoir autoritaire. Car ces démocrates anticommunistes ne voulaient pas gouverner dans la peur et par la peur. György Dalos, écrivain hongrois et opposant de longue date au régime autoritaire, écrivait en 1990 : « Les épurations, même si l'on enjolive la chose en la rebaptisant “grand nettoyage de printemps”, sont capables de créer un sentiment d'insécurité parmi les personnels qualifiés de l'ancien système dont nous avons pourtant un besoin urgent [...] Il serait grave que la peur fasse naître une nouvelle “loyauté” qui n'aurait vraiment que peu de rapports avec l'idée qu'une démocratie a d'elle-même[1]. »

Dès les premiers jours de l'instauration de la liberté, la victime du régime communiste, très concrètement identifiée, vivante ou morte, silencieuse ou pas, a été au centre des interrogations sur les responsabilités. La victime au sens très large, allant des personnes injustement exécutées ou emprisonnées et du petit cordonnier « exproprié » aux êtres humiliés chaque jour par leur assujettissement au mensonge du pouvoir. La société postcommuniste devait faire face à cet « héritage monstrueux » selon Vaclav Havel et aux graves problèmes du crime et du châtiment. La victime, témoin principal de la souffrance, en appelait nécessairement à la nouvelle représentation politique qui encadrait, exploitait ou calmait le ressentiment issu de la souffrance. Il y avait ceux qui soufflaient sur la braise pour en tirer profit et ceux qui ne voulaient pas que la vie de la société s'enflammât d'une vengeance aveugle ; ceux qui observaient et ceux qui, conscients de la fragilité humaine, recherchaient les vraies causes du mal et proposaient des mesures démocratiques. Une « majorité silencieuse » avait existé dans tous les régimes communistes, et c'étaient souvent les lâches et les apeurés de jadis, les « semi-collaborateurs », qui réclamaient subitement, le plus fort, une vengeance brutale.

---

1. « Liberté sans paroles », *Le Monde-Liber*, n° 6, décembre 1990.

Il n'est pas étonnant qu'après tant d'années de mémoire amputée l'interprétation du passé récent eût été passionnelle, avec la recherche de nouvelles légitimités et identités. Il est compréhensible que, dans les bouleversements en cours, les points de vue se soient prioritairement exprimés par voie de presse, libérée de la censure. Une approche « journalistique », « événementielle », la course au « sensationnel » ont pesé lourd, avec une vision en noir et blanc de l'histoire, la réduction de son évolution à la dimension bourreau-victime, où toute la nation et chacun de ses membres devenaient résistants au régime qui avait été imposé par l'étranger. Cette approche ne se préoccupait pas des finesses de vocabulaire, le terme de « génocide » était, par exemple, très fréquent : ce génocide fomenté par les communistes aurait ainsi frappé les peuples roumain, tchèque ou autres ; sous le régime communiste, d'autre part, un génocide du peuple slovaque aurait été tenté par les Tchèques... En Roumanie, les beaux esprits eux-mêmes introduisent la notion d'« holocauste rouge », et en Bulgarie une formule, « ces innombrables Auschwitz sans crématoires », s'emploie volontiers à propos des goulags.

Ces approches du passé récent ont déjà fait l'objet d'études impartiales. Celles-ci prouvent le poids de la Seconde Guerre mondiale dans la vie des sociétés postcommunistes ; le cas extrême en a été fourni par l'ex-Yougoslavie, où la guerre qui vient de se terminer aurait été le prolongement des luttes fratricides des années ayant précédé l'instauration du pouvoir communiste et où la mémoire manipulée aurait représenté l'une des causes du conflit. Les ombres des années de guerre ne se sont pas dissipées, en particulier chez les anciens alliés à l'Allemagne nazie. Si le maréchal français Philippe Pétain avait été roumain ou slovaque, certains courants le présenteraient comme une victime du communisme ; c'est ce qui s'est passé avec le dictateur roumain Antonescu ou le président slovaque Mgr Jozsef Tiso, condamnés et exécutés après la guerre comme coresponsables des atrocités commises par leurs États.

L'histoire des régimes communistes s'avère extrêmement politisée, constat banal quand naissent de nouveaux partis et mouvements désireux de s'ancrer dans le passé, de se trouver des ancêtres, des traditions. Le Polonais Andrzej Paczkowski, coauteur de cet ouvrage, n'hésite pas, à propos de la recherche de la tradition en Pologne actuelle, à parler de « guerre civile », heureusement verbale si on pense à la Yougoslavie. Individus et groupes recherchent une identité dont la mémoire est une des composantes. Une approche instrumentaliste, manipulatrice du passé s'affirme, les anciens mythes et légendes renaissent, des nouveaux apparaissent. Le mythe du chiffre des victimes mérite à cet égard une attention spéciale. Selon l'historien français Robert Frank, ce chiffre-là représente un « symbole clé » à « parure scientifique (mathématique) » ; il autorise un discours sur la « mort chiffrée », il permet d'instrumentaliser et de sacraliser la mort en masse. Ce qui s'est passé dans l'histoire de tous les pays à propos des victimes du communisme. D'où pour le chercheur un impératif absolu de prudence, prudence nécessaire aussi pour combattre les mythologies nationales ou de groupe.

L'interprétation politisée à l'extrême de l'histoire facilite des analyses approfondies de l'évolution politique des pays, suggère le Hongrois György Litvan, directeur de l'Institut d'histoire de la révolution hongroise de 1956 : le rapport au passé récent nous renseigne souvent davantage sur l'ancrage démocratique de tel ou tel courant que son discours sur les problèmes économiques ou autres de la transition en cours.

Des mémoires se (re)constituent et parmi elles la mémoire « officielle » : législateurs et décideurs sélectionnent les traditions destinées aux préambules des constitutions, choisissent les personnalités figurant sur les nouveaux billets de banque, les fêtes nationales à célébrer, les décorations à attribuer, les dates à commémorer, les noms à donner aux rues, places et lieux publics, et bien entendu définissent les programmes d'enseignement. Les héros-victimes de la période communiste ne peuvent être, à coup sûr, oubliés. On propose cependant aussi à la population concernée de mettre l'histoire de la période communiste « entre parenthèses » (parenthèses malheureuses, criminelles — les adjectifs ne manquent pas). Rien là de nouveau au XXe siècle, constate Maria Ferretti, historienne italienne, spécialiste de la mémoire en Russie [1], rappelant Benedetto Croce qui proposait de mettre entre parenthèses le fascisme italien. Tout prouve pourtant que le passé-parenthèse n'est qu'un leurre : plusieurs décennies ne peuvent être « oubliées », refoulées, gommées ; elles ont marqué considérablement l'écrasante majorité des citoyens actuels de ces pays, l'espace urbain et rural, les lieux. Des analyses impartiales proposent des explications de ces comportements : absence (ou faiblesse) d'une « autocritique historique » chez les individus, groupes et peuples, désir d'éviter toute réflexion sur la « responsabilité collective » dans le soutien, souvent tacite, du régime, présence du « sentiment du peuple martyr » à innocenter (Alexandra Laignel-Lavastine étudie en Roumanie une « martyrologie collective », accompagnée du « complexe de l'innocence » qui rejette toute responsabilité sur autrui).

La gestion du passé dans les États postcommunistes mériterait qu'on lui consacre un livre. Si nous faisons le point en 1997, nous constatons de nouveau la diversité entre les pays ; cette fois-ci, elle est liée d'abord aux conjonctures politiques, au maintien ou au recul des « anciennes structures ». En Roumanie en particulier, les hommes de l'ancien appareil communiste ont contrôlé le pouvoir jusqu'aux élections législatives et présidentielles de novembre 1996 ; semblable situation a existé pendant longtemps en Bulgarie. Mais, même dans ces pays, une documentation considérable sur la répression communiste a vu le jour. Un deuxième aspect est à souligner : à l'heure actuelle, tout citoyen dispose de nombreux

1. Maria Ferretti, *La Memoria mutilata. La Russia ricorda*, « La mémoire mutilée. La Russie se souvient »), Milan, Corbaccio, 1993.

documents à ce sujet dans tous les États concernés. Le témoignage sur la souffrance domine largement, très présent dans les médias audiovisuels. Une historiographie digne de ce nom, fondée sur la consultation sérieuse des archives, fait plutôt défaut pour l'instant, sauf peut-être en République tchèque et en Pologne, ou encore en Hongrie.

Relevons ensuite que nulle part le Parti communiste n'a été interdit. Les anciens partis au pouvoir ont en général changé leur appellation, sauf en République tchèque où a été organisé un « référendum » au sein de ce parti qui s'est prononcé pour conserver l'ancien nom. Presque partout, les dirigeants les plus compromis ont été exclus et les directions renouvelées.

Peu de procès ont eu lieu contre les responsables encore vivants de la répression. Le plus spectaculaire s'est déroulé en Roumanie, sous forme d'un pseudo-procès s'étant terminé par l'exécution de Nicolas Ceausescu et de son épouse, le 25 décembre 1989, et le cadavre du dictateur a été montré à la télévision. En Bulgarie, Todor Jivkov, ancien secrétaire général du Parti, fut jugé en avril 1991, mais est resté en liberté. Il n'a pas fait que soit mis en application l'un des commandements de la nomenklatura bulgare : « Nous avons pris le pouvoir par le sang, nous ne le céderons que dans le sang. » En Albanie, quelques dirigeants communistes ont été condamnés pour... « abus de biens publics et infraction à l'égalité des citoyens », dont la veuve d'Enver Hoxha qui écopa onze ans de prison. En Tchécoslovaquie, Miroslav Stepan, membre de la direction et secrétaire du PCT pour Prague, fut condamné en 1991 à deux ans de prison comme responsable des violences contre la manifestation du 17 novembre 1989. Plusieurs procès ont enfin été intentés contre les dirigeants de la RDA, le plus récent étant celui de son dernier président, Egon Krenz, en août 1997 : condamné à six ans et demi de prison ferme, il a été mis en liberté dans l'attente d'un procès en appel. Certaines procédures d'instruction sont toujours ouvertes, comme celle concernant en Pologne la responsabilité du général Jaruzelski lors de l'état de siègle en décembre 1981 ou celle des dirigeants tchécoslovaques qui auraient « invité » les occupants en août 1968.

La justice postcommuniste a par ailleurs intenté plusieurs procès contre les fonctionnaires de l'appareil de sécurité, directement impliqué dans les crimes. L'un des plus intéressants est peut-être le procès polonais, visant Adam Humer et ses onze coaccusés, officiers de l'UB (*Urzad Bezpieczenstwa*, Bureau de sécurité), pour crimes dans la répression de l'opposition au régime à la fin des années quarante et au début des années cinquante ; Adam Humer était à l'époque colonel, vice-directeur du département d'enquête du ministère de la Sécurité publique jusqu'en 1954. Ces crimes ont été en effet qualifiés de crimes contre l'humanité, les seuls qui soient imprescriptibles selon la législation. À l'issue de ce procès qui a duré deux ans et demi, l'ancien colonel a été condamné, le 8 mars 1996, à neuf ans de prison. En Hongrie, les auteurs des fusillades du 8 décembre

1956 à Salgotarjan, ville industrielle au nord-est de Budapest, ont été condamnés en janvier 1995 pour crimes contre l'humanité. Mais le verdict rendu en janvier 1997 par la Cour suprême décide qu'à partir du 4 novembre 1956, du fait de l'intervention illégale des forces soviétiques, il y a eu état de guerre entre les deux pays et qu'il faut donc qualifier ces actes de crimes de guerre à l'encontre de civils, et non de crimes contre l'humanité.

Comment la République tchèque gère les crimes du communisme

La République tchèque occupe, parmi les pays de l'ancien bloc soviétique, une place originale dans la gestion du passé communiste. C'est le seul pays — dans le cadre encore de l'ancienne République fédérative tchèque et slovaque — à avoir adopté des lois sur la restitution des biens confisqués par le pouvoir après le 25 février 1948 et sur la réhabilitation massive des condamnés ; en 1994, les tribunaux de district et de région ont réhabilité environ deux cent vingt mille personnes. Elle est la seule à avoir adopté une loi, souvent contestée à l'intérieur comme à l'extérieur, sur les « lustrations », limitant l'accès à la fonction publique ; cette loi exigea la vérification, la mise au clair du passé personnel, sur la base de recherches dans les registres des collaborateurs de la police politique. Et elle est la seule à s'être dotée d'un organisme spécial pour poursuivre les exactions de l'ancien régime : le Bureau de documentation et d'enquête sur les crimes du communisme. Celui-ci fait partie intégrante du Bureau d'enquête de la police de la République tchèque et a, pour la période allant de 1948 à 1989, les pleins pouvoirs pour instruire, poursuivre, mais aussi recueillir une documentation sur tous les crimes. Environ quatre-vingt-dix personnes se consacrent à ces tâches. Le Bureau intervient en tant qu'organe légal dans la procédure judiciaire, il est tenu d'instruire chaque délit, de rassembler les preuves et de transférer le dossier au parquet avec demande d'inculpation. En 1997, quatre-vingt-dix-huit personnes ont été poursuivies après enquête de cet organisme, le procureur de la République a remis un acte d'accusation contre vingt personnes dont cinq sont passées devant les tribunaux et dont une seule — un ancien responsable de l'instruction à la Sécurité d'État — a été condamnée à cinq ans de prison ferme. Le délai de prescription des délits instruits expire le 29 décembre 1999.

L'actuel directeur du Bureau, Vaclav Benda, mathématicien de formation, opposant des années soixante-dix et quatre-vingt, a passé quatre ans en prison ; aujourd'hui sénateur démocrate-chrétien, il a exprimé dans une récente interview sa position à propos des crimes communistes — crimes contre l'humanité : « L'imprescriptibilité des crimes contre l'humanité existe dans notre législation, mais il reste à savoir à quels crimes du communisme elle peut s'appliquer. Nous ne pouvons pas définir, automatiquement, tous les crimes du communisme comme étant des crimes contre l'humanité. En outre, cet engagement international [sur l'imprescriptibilité] a été pris par la Tchécoslovaquie en 1974 et les points de vue juridiques divergent sur la question de savoir s'il est possible de considérer les crimes commis avant cette date comme tombant sous le coup de l'imprescriptibilité [1]. »

Pavel Rychetsky, vice-Premier ministre du gouvernement fédéral en 1991-1992, responsable de la législation, actuellement sénateur élu sur la liste social-démocrate et président de la Commission législative du Sénat tchèque, nous a déclaré en juin 1997 : « En République tchèque, chacun ressent le besoin que se tiennent des procès, non pas pour voir punir des vieillards, mais pour rendre public tout ce qui s'est passé — dans une sorte de catharsis. Mais c'est là chose accomplie pour la plus grande partie des faits, et nous ne pouvons rien apprendre de plus horrible que ce que nous savons déjà. Le génocide, crime contre l'humanité, est certes imprescriptible. Mais on ne peut qualifier comme tel aucun crime communiste en Tchécoslovaquie, car l'on ne réussira jamais à prouver qu'il s'agissait d'actes correspondant à cette définition. En Union soviétique, il y a eu sans aucun doute des crimes génocidaires envers des groupes ethniques ou d'autres groupes de la population clairement circonscrits : Cosaques, Tchétchènes, etc. Mais ce forfait n'est pas punissable car il ne l'était pas aux termes de la loi en vigueur au moment où il a été commis. »

Ces exemples — on pourrait en citer d'autres, ailleurs — nous amènent à constater que de nombreux crimes restent impunis, couverts par la prescription, faute de témoins ou de preuves. La justice après épuration devient indépendante du pouvoir exécutif et veille à ce que soient respectés les principes des « pays civilisés », comme on dit : à savoir le principe de la prescription et celui selon lequel la loi ne peut pas être rétroactive — il n'est possible de poursuivre que des actes qui étaient répressibles selon les lois de l'époque où ils ont été commis. Plusieurs pays ont modifié la législation pour pouvoir poursuivre certains crimes. En Pologne, la loi du 4 avril 1991 a amendé une loi d'avril 1984 sur la Commission principale des recherches sur les crimes hitlériens et l'Institut de la mémoire nationale. La nouvelle loi place le communisme au même rang que les occupants et que le fascisme, et introduit la notion de crimes staliniens qu'elle définit ainsi : « Les crimes staliniens dans le sens de la loi recouvrent des atteintes à l'encontre d'individus ou de groupes humains, commises par les autorités du pouvoir communiste ou par lui inspirées ou tolérées dans la période ayant précédé le 31 décembre 1956 [2]. » Ces crimes ne sont pas prescriptibles. En 1995, les articles du Code pénal sur la prescription ont été modifiés, les crimes les plus graves commis contre les libertés civiques avant le 31 décembre 1989 pouvant être poursuivis dans un délai de trente ans à partir du 1er janvier 1990. En République tchèque, la loi sur « l'illégitimité du régime communiste et la résistance à son égard », adoptée en

1. *La Nouvelle Alternative*, n° 46, Paris, juin 1997.
2. *Dziennik ustaw Rzeczypospolitej polskiej* (« Journal officiel de la République polonaise »), n° 45, Varsovie, 29 mai 1991.

1993, prolonge jusqu'à la fin de 1999 le délai de prescription pour des crimes commis entre 1948 et 1989 et qu'on peut qualifier de « politiques ».

La gestion du passé, nous le voyons, est complexe. Qu'il me soit permis de terminer sur un ton personnel. À mon avis, le châtiment des coupables n'a pas été appliqué à temps, de façon appropriée. Malgré l'engagement de quelques-uns, dont j'étais, il n'a pas été possible que soit introduit en Tchécoslovaquie quelque chose comme, par exemple, l'accusation d'« indignité nationale », punie de « dégradation nationale » — procédure française de l'après-guerre. Toutefois, la façon dont les Allemands ont ouvert les archives de la Stasi, police politique de la RDA, à tout citoyen se sentant concerné me semble judicieuse. Elle responsabilise et chacun est invité à instruire son propre « procès » — ton mari était indic, tu le sais maintenant, aménage votre destin...

La plaie, malgré tout, reste ouverte.

BIBLIOGRAPHIE SÉLECTIVE

(Nous ne reprendrons pas les titres en référence dans les notes ou les encadrés.)

— Karel Kaplan, *Dans les archives du Comité central — Trente ans de secrets du bloc soviétique*, Paris, Albin Michel, 1978.

— Georges Mink, *Vie et mort du bloc soviétique*, Firenze, Casterman-Giunti, 1997.

— Karel Bartosek, *Les Aveux des archives Prague-Paris-Prague, 1948-1968*, Paris, Le Seuil, 1996.

— Antoine Marès (sous la dir.), *Histoire et pouvoir en Europe médiane*, Paris, L'Harmattan, 1996.

— Vladimir Tismaneanu, *Fantoma lui Gheorghiu-Dej*, Bucarest, Editura Univers, 1995.

— Antonia Bernard, *Petite histoire de la Slovénie*, Otto Urban, *Petite histoire des pays tchèques*, Liptak Lubomir, *Petite histoire de la Slovaquie*, Paris, éd. de l'Institut d'études slaves, 1996.

— Vincent Savarius, *Volontaires pour la potence*, Paris, dossiers des Lettres nouvelles, Julliard, 1963.

— *La Nouvelle Alternative*, revue trimestrielle, dossiers « Les régimes postcommunistes et la mémoire du temps présent » (n° 32, 1993) ; « La justice du postcommunisme » (n° 35, 1994) ; « Mémoire des guerres et des résistances en Tchécoslovaquie, en Europe centrale et en France » (n° 37 et 38, 1995).

QUATRIÈME PARTIE

COMMUNISMES D'ASIE : ENTRE « RÉÉDUCATION » ET MASSACRE

La Chine, le Vietnam, le Laos et le Cambodge

par Jean-Louis Margolin

La Corée du Nord

par Pierre Rigoulot

À Jean Pasqualini, décédé le 9 octobre 1997, qui révéla au monde les horreurs du système concentrationnaire chinois.

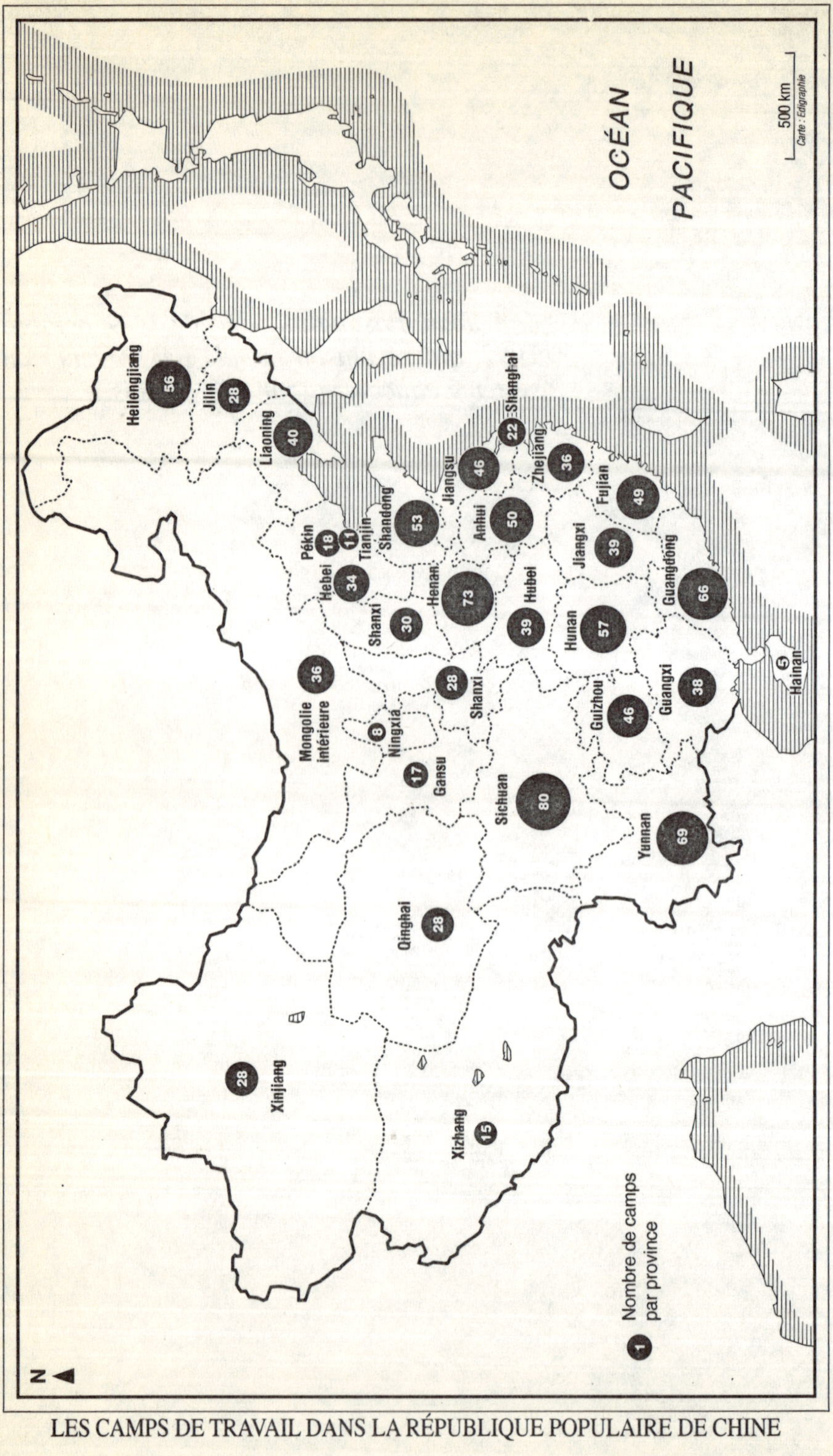

LES CAMPS DE TRAVAIL DANS LA RÉPUBLIQUE POPULAIRE DE CHINE

Par rapport aux communismes européens, ceux d'Asie ont trois spécificités primordiales. À l'exception de la Corée du Nord, occupée par les Soviétiques en août 1945, ils sont pour l'essentiel nés de leurs propres efforts, et en ont tiré (y compris Pyongyang, du fait de la guerre de Corée) la capacité de construire des systèmes politiques indépendants, greffés sur leur passé propre autant que sur le marxisme-léninisme d'origine soviétique, et fortement marqués de nationalisme ; le Laos est une demi-exception : son infériorité est trop évidente face au « grand frère » vietnamien. Deuxièmement : à l'heure où nous écrivons, ils sont toujours au pouvoir, y compris, au prix de très larges concessions, au Cambodge. Cela implique enfin que les archives essentielles ne sont pas encore ouvertes, à l'exception de celles concernant la période Pol Pot, au Cambodge, elles-mêmes très largement à dépouiller ; et de celles du Komintern, à Moscou, qui se taisent malheureusement avant que ne soit au pouvoir un seul des communismes asiatiques.

La connaissance de ces régimes et de leur passé a cependant accompli d'importants progrès depuis une dizaine d'années. D'une part, il est maintenant relativement aisé de se rendre en Chine, au Vietnam, au Laos ou au Cambodge, d'y voyager et d'y faire des recherches. D'autre part, des sources d'un grand intérêt sont disponibles (pour certaines, elles l'étaient déjà auparavant) : médias officiels (y compris les écoutes radio synthétisées par divers organismes occidentaux), et tout particulièrement la presse régionale, publication de souvenirs d'anciens dirigeants, témoignages écrits de réfugiés à l'étranger, témoignages oraux à recueillir dans le pays — les grands drames, en Asie, ne sont pas si anciens. Pour des raisons de politique intérieure, les autorités de Phnom Penh encouragent même à dire du mal de la période Pol Pot, et celles de Pékin à dénoncer les horreurs de la Révolution culturelle. Mais les débats au sommet restent inaccessibles : on ne sait ainsi toujours pas pourquoi et comment a péri en 1971 le « successeur désigné » de Mao, le maréchal Lin Biao. Cette ouverture sélective a entraîné des effets pervers : on dispose d'extraordinaires récits et de quelques bonnes monographies locales ou sectorielles sur la Révolution culturelle, mais les intentions de Mao demeurent assez mystérieuses, et surtout les purges des années cinquante (en Chine comme au Vietnam) ou le Grand Bond en avant restent fort peu étudiés : le risque serait là de remettre en cause les fondements mêmes des régimes toujours en place. Ce qui se passa dans les plus vastes et plus meurtriers camps de Chine, dans l'ouest du pays, reste presque ignoré. Globalement, le sort des cadres communistes et des intellectuels réprimés nous est bien mieux connu que celui du « petit peuple », qui forme la masse des victimes : il n'est pas aisé d'éviter l'illusion d'optique. Ajoutons que la Corée du Nord, dernier vrai communisme « dur », demeure obstinément close, et que, jusqu'à très récemment, on la fuyait fort peu. Les développements qui vont suivre garderont donc, inévitablement, le caractère de premières approximations, très incertaines y compris pour des données de base comme le nombre des victimes. Néanmoins, les finalités et les méthodes des systèmes communistes d'Extrême-Orient ne laissent pas place à de très grands doutes...

1

Chine : une longue marche dans la nuit

> « Après l'anéantissement des ennemis armés, il y aura encore des ennemis non armés ; ceux-ci ne manqueront pas de mener contre nous une lutte à mort ; nous ne devons jamais les sous-estimer. Si nous ne posons et ne comprenons pas maintenant le problème de cette façon, nous commettrons les plus graves erreurs. »
>
> Mao Zedong [1]

La répression en Chine communiste fut-elle la réplique des pratiques du « Grand Frère », l'URSS d'un Staline dont le portrait était encore visible en bonne place à Pékin [2] au début des années quatre-vingt ? Non, si l'on tient compte de la quasi-absence de purges massivement meurtrières dans le Parti communiste, ou de la relative discrétion de la police politique — malgré, dans les coulisses, le poids constant de son maître, Kang Sheng, des maquis de Yan'an dans les années quarante à sa mort en 1975 [3]. Mais oui, assurément, si l'on considère — guerre civile exclue — l'ensemble des morts violentes à mettre au compte du régime : malgré l'absence de toute comptabilité un tant soit peu fiable, les estimations sérieuses amènent à évoquer six à dix millions de victimes directes, y compris des centaines de milliers de Tibétains ; en outre, des dizaines de millions de « contre-

1. Rapport à la deuxième session plénière du Comité central issu du VIIe Congrès du Parti communiste chinois, 5 mars 1949, in *Œuvres choisies* (tome IV), Pékin, Éditions en langues étrangères (fragment repris dans le *Petit Livre rouge*, chapitre « Les classes et la lutte des classes »). Pendant la Révolution culturelle, les interrogatoires des prévenus commençaient souvent par la lecture à haute voix de cette citation.

2. Nous utiliserons la transcription *pinyin* des caractères chinois, imposée par la Chine populaire, et quasi universellement acceptée (Mao Tsé-toung sera donc ici Mao Zedong). Seules exceptions : les personnalités d'avant 1949, et les villes de Pékin (Beijing), Nankin (Nanjing) et Canton (Guangzhou), trop connues sous ces formes.

3. *Cf.* à ce sujet Roger Faligot et Rémi Kauffer, *Kang Sheng et les services secrets chinois (1927-1987)*, Paris, Robert Laffont, 1987.

révolutionnaires » passèrent une longue période de leur vie dans le système pénitentiaire et vingt millions peut-être y périrent. Oui, plus encore, si l'on tient compte des vingt à quarante-trois millions de « morts en trop » des années 1959-1961, ceux du bien mal nommé « Grand Bond en avant », victimes d'une famine entièrement provoquée par les projets aberrants d'un homme, Mao Zedong, et plus encore, ensuite, par son obstination criminelle à refuser de reconnaître son erreur, en acceptant qu'on prît des mesures contre ses effets désastreux. Oui, enfin, si l'on observe les dimensions quasi génocidaires des pertes tibétaines : probablement entre un sur dix et un sur cinq des habitants du « toit du monde » périt des suites de l'occupation chinoise. La surprise non feinte d'un Deng Xiaoping faisant observer que le massacre de la place Tian'anmen en juin 1989 (peut-être un millier de morts) était vraiment insignifiant à l'échelle de ce que la Chine avait connu dans un passé très proche constituait, *a contrario,* une forme d'aveu. Et l'on ne peut guère arguer que ces massacres aient constitué les tristes conséquences d'une guerre civile atroce (elle ne le fut pas tellement, et le régime était solidement installé dès 1950), ou la simple continuation d'une histoire sinistre : si l'on excepte l'occupation japonaise (qui ne provoqua d'ailleurs pas de famine généralisée), il faut remonter jusque vers le troisième quart du XIXe siècle pour trouver des tueries et des famines d'une ampleur un tant soit peu comparable. Elles n'eurent cependant ni la généralité ni le caractère systématique et planifié des atrocités maoïstes ; et pourtant ce moment de l'histoire de Chine était lui-même exceptionnellement dramatique.

L'examen du communisme chinois est doublement important. Dès 1949, le régime de Pékin gouvernait près des deux tiers de l'humanité placée sous le drapeau rouge. Après la disparition de l'URSS (1991) et la décommunisation de l'Europe de l'Est, il s'agit des neuf dixièmes ; il est à peu près évident que le sort des lambeaux épars du « socialisme réel » dépend du devenir du communisme en Chine. Celle-ci joue par ailleurs le rôle d'une « deuxième Rome » du marxisme-léninisme, ouvertement depuis la rupture sino-soviétique de 1960, et dans les faits dès la période d'installation dans la « zone libérée » de Yan'an (1935-1947), après la Longue Marche : les communistes coréens, japonais, vietnamiens parfois vinrent s'y réfugier et s'y ressourcer. Si le régime de Kim Il Sung est antérieur au triomphe du Parti communiste chinois (PCC), et dut son existence à l'occupation soviétique, sa survie tint pendant la guerre de Corée à l'intervention (novembre 1950) d'un million de « volontaires » chinois armés. Les modalités de la répression en Corée du Nord doivent beaucoup au « modèle » stalinien, mais du maoïsme (qui dès Yan'an se confond totalement avec le communisme chinois) le maître de Pyongyang retint la « ligne de masse » (encadrement et mobilisation extrêmement poussés et constants de la totalité de la population) et sa suite logique : l'insistance sur l'« éducation permanente » comme moyen principal du contrôle social. Kim paraphrase Mao quand il assure : « La ligne de masse consiste à défendre activement les intérêts des masses laborieuses, à les éduquer et à les rééduquer pour les rallier autour du Parti, à compter sur leur force et à les mobiliser pour l'accomplissement des tâches révolutionnaires[1]. »

L'influence est plus éclatante encore sur les régimes communistes asiatiques postérieurs à 1949. Depuis la publication des Mémoires du dirigeant vietnamien Hoang Van Hoan, passé à Pékin[2], on sait que, à partir de 1950 et jusqu'aux accords de Genève (1954), de très nombreux conseillers chinois encadraient les troupes et l'administration du Viêt-minh, et qu'une trentaine de milliers de soldats de Pékin, du génie surtout, assurèrent entre 1965 et 1970 la relève des troupes nord-vietnamiennes parties combattre au Sud-Vietnam. Le général Vô Nguyên Giap, vainqueur de Diên Biên Phu, reconnut indirectement en 1964 la contribution chinoise : « À partir de 1950, après la victoire chinoise, notre armée et notre peuple ont pu tirer les leçons précieuses de l'Armée de libération du peuple chinois. Nous avons pu nous éduquer grâce à la pensée militaire de Mao Zedong. Ce fut le facteur important qui détermina la maturité de notre armée et contribua à nos victoires successives[3]. » Le Parti communiste vietnamien (PCV, alors nommé Parti du travail), en retour, inscrivit dans ses statuts, dès 1951 : « Le Parti du travail reconnaît la théorie de Marx, Engels, Lénine, Staline, et la pensée de Mao Zedong, adaptée à la réalité de la Révolution vietnamienne, comme le fondement théorique de sa pensée et comme l'aiguille aimantée qui lui indique la direction dans toutes ses activités[4]. » Ligne de masse et rééducation furent placées au centre du système politique vietnamien. Le *cheng feng* (« réforme du style de travail »), forgé à Yan'an, présida sous sa transcription vietnamienne *(chinh huân)* aux féroces purges du milieu des années cinquante[5]. Quant au Cambodge des Khmers rouges (1975-1979), il fut lui aussi puissamment aidé par Pékin, et tenta de réussir ce que Mao lui-même avait manqué, reprenant en particulier le mythe volontariste du Grand Bond en avant. Tous ces régimes, comme celui de Mao, furent fortement marqués par leur origine guerrière (moins sensible en Corée du Nord, même si Kim s'est vanté de ses prétendus exploits de guérillero antijaponais), prolongée en une militarisation permanente de la société (moins sensible en Chine : elle n'est pas une « ligne de front »). Il est frappant que la place centrale occupée par la police politique dans le système soviétique y revienne plutôt à l'armée, parfois chargée directement des tâches de répression.

---

1. Kim Il Sung, *Œuvres*, tome 30, p. 498, cité in Oh Il-whan, *La Propagande et le contrôle de pensée : les facteurs de résistance du système communiste nord-coréen*, thèse de doctorat en sociologie politique (non publiée), université Paris-X, 1994, p. 209.

2. Hoang Van Hoan, *Une goutte d'eau dans le grand océan — Souvenirs révolutionnaires*, Paris, 1989.

3. Quotidien *Nhân Dân*, 7 mai 1964, cité *in* « Révolutionnaires d'Indochine », *Cahiers Léon Trotski*, n° 40, décembre 1989, p. 119-120.

4. *Ibid.*, p. 119.

5. Georges Boudarel, « L'idéocratie importée au Vietnam avec le maoïsme », in *La Bureaucratie au Vietnam — Vietnam-Asie-Débat n° 1*, Paris, L'Harmattan, 1983, p. 31-106.

Une tradition de violence ?

Dès son vivant, la toute-puissance de Mao Zedong le fit souvent traiter d'« empereur rouge ». Ce que l'on sait désormais de son caractère fantasque et férocement égocentrique, de ses meurtrières vindictes, de sa vie de débauché poursuivie jusqu'à ses derniers jours [1], ne rend que trop aisée l'assimilation aux despotes qui régnèrent sur le Pays du Milieu. Et pourtant la violence érigée en système du règne contemporain déborde d'assez loin une tradition nationale rien moins que libérale.

Non que la Chine n'ait connu, à de nombreuses reprises, de sanglants prurits. Ils utilisèrent généralement, comme en d'autres parties du monde, le vecteur de la religion, inséparable là d'une *Weltanschauung*, vision globale de l'univers. Ce qui sépare les deux grandes traditions chinoises — le confucianisme et le taoïsme —, ce sont moins des divergences théoriques, des oppositions terme à terme que l'insistance, du côté de Confucius, sur la société et sur le rationnel, et, du côté de Lao-tseu, promoteur du Tao, sur l'individu et sur l'intuitif, le sensible, voire l'irrationnel. Or tout Chinois ou presque porte en lui, diversement dosées, ces deux faces de la sinité. Il arrive, dans les moments de crise, chez les plus déshérités, les plus désorientés, que la seconde l'emporte tout à fait, et se lance à l'assaut du bastion de la première : la pyramide des lettrés, c'est-à-dire l'État. Ce furent les nombreuses insurrections inspirées par les sectes apocalyptiques et messianiques : Turbans jaunes de 184, révolte maitreyiste de Faqing en 515, rébellion manichéenne [2] de Fang La en 1120, Lotus blanc de 1351, Huit trigrammes de 1813, etc. [3]. Le message de ces mouvements est assez similaire ; il syncrétise taoïsme et bouddhisme populaire, et met souvent en avant Maitreya, Bouddha du futur dont l'avènement lumineux et rédempteur, imminent, doit s'accomplir dans la catastrophe universelle du « vieux monde ». Les fidèles, élite choisie, doivent aider à la réalisation de la prophétie et en attendent le salut. Tout lien contingent doit être rompu, y compris le lien familial : suivant la chronique de la dynastie des Wei, en 515, « les pères, les fils et les frères ne se reconnaissaient plus l'un l'autre [4] ».

Or, en Chine, l'ensemble de la moralité repose sur le respect des obligations familiales : si celles-ci sont rejetées, tout est permis. La famille de remplacement que devient alors la secte se soumet totalement l'individu. Le reste de l'humanité est promis à l'enfer dans l'au-delà — et à la mort violente dans ce monde. Parfois (comme en 402), les officiels sont coupés en morceaux et, si leurs femmes et leurs enfants refusent de les

---

1. *Cf.* en particulier les souvenirs de son médecin personnel.
2. Inspirée par l'antique religion de l'Iran prémusulman.
3. Ceci et le développement qui suit doivent beaucoup à Richard Shek, « Sectarian Eschatology and Violence », *in* Jonathan N. Lipman et Stevan Harrell, *Violence in China — Essays in Culture and Counterculture*, State University of New York Press, 1990, p. 87-109
4. *Ibid.*, p. 101.

dévorer, ils sont eux-mêmes démembrés ; en 1120, le massacre paraît s'être étendu à des millions de personnes[1]. Toutes les valeurs sont inversées : selon une proclamation de 1130, « tuer des gens, c'est accomplir le *dharma* (loi bouddhique)[2] » ; le meurtre est acte de compassion, car il délivre l'esprit ; le vol fait approcher l'égalité ; le suicide est un bonheur enviable ; plus sa propre mort est horrible, plus la récompense sera grande : selon un texte du XIXe siècle, « la mort par lent découpage en morceaux assurera l'entrée au Ciel en robe écarlate[3] ». Il est difficilement évitable de comparer, sous certains aspects, ces cruels millénarismes aux mouvements révolutionnaires asiatiques de notre siècle. Ils ne suffisent pas à en expliquer nombre de caractéristiques, mais ils aident à comprendre pourquoi ils triomphèrent parfois, et pourquoi la violence qui les accompagna put, un moment, apparaître normale, presque banale, à beaucoup.

Les garde-fous sont cependant puissants et expliquent que, somme toute, l'ordre n'ait été que rarement troublé : les visiteurs européens du Moyen Âge, et encore ceux de l'ère des Lumières, furent extraordinairement frappés, et séduits, par la Grande Paix emblématique du vieil empire. Le confucianisme, doctrine officielle enseignée jusqu'au fin fond des campagnes, faisait de la Bienveillance la vertu cardinale du souverain et entendait modeler l'État sur la famille. Ce que l'on peut sans anachronisme désigner comme des *principes humanistes* réprouve le recours au massacre et valorise la vie humaine. Et ce, depuis des temps reculés. Pour s'en tenir à des penseurs considérés comme canoniques au long des quelque vingt et un siècles d'empire, on évoquera d'abord le philosophe chinois Mo Ti (479-381 av. J.-C. environ), qui condamne ainsi la guerre d'agression : « Si un homicide simple est considéré comme un crime, mais qu'un homicide multiple, comme celui qui consiste à attaquer un autre pays, soit loué comme une bonne action, cela peut-il s'appeler savoir distinguer le bien du mal[4] ? » Dans le fameux *Art de la guerre* de Sun Tzu (environ 500 av. J.-C.), il est dit : « La guerre est semblable au feu ; ceux qui ne veulent pas déposer les armes périssent par les armes[5]. » Il convient de se battre à l'économie, le moins longtemps possible, et en versant le moins de sang possible : « Il ne s'est jamais vu qu'une guerre prolongée profitât à aucun pays... remporter cent victoires en cent batailles n'est pas le comble du savoir-faire... Celui qui excelle à vaincre ses ennemis triomphe avant que les menaces de ceux-ci ne se concrétisent[6]. » Économiser ses forces est essentiel, mais il ne faut pas plus se laisser aller à l'extermination de l'adversaire : « Capturer l'armée ennemie vaut mieux que de la détruire...

1. *Ibid.*, p. 104.
2. *Ibid.*, p. 105.
3. *Ibid.*, p. 106.
4. Cité *in* Sun Tzu, *L'Art de la guerre*, Paris, Flammarion, 1972, p. 45 (introduction de Samuel Griffith).
5. *Ibid.*, p. 103.
6. *Ibid.*, p. 108.

N'encouragez pas le meurtre[1]. » Il faut voir là moins une proclamation morale qu'une considération d'opportunité : les massacres et atrocités provoquent la haine et l'énergie du désespoir chez l'adversaire, qui peut en profiter pour retourner la situation en sa faveur. Par ailleurs, pour le conquérant, « la meilleure politique, c'est de prendre l'État intact ; anéantir celui-ci n'est qu'un pis-aller[2] ».

Raisonnement typique de la grande tradition chinoise (illustrée tout particulièrement par le confucianisme) : les principes éthiques ne sont pas dérivés d'une vision transcendantale, mais d'un pragmatisme attaché à l'harmonie et à l'efficacité du fonctionnement sociétal. Cela ne leur donne sans doute que davantage d'efficacité. Et l'autre « pragmatisme », celui des légistes, qui, contemporain de Confucius et de Sun Tzu, insiste au contraire sur la nécessité pour l'État d'affirmer sa toute-puissance par la terrorisation de la société, prouve son inefficacité fondamentale à faire fonctionner celle-ci lors de son heure de gloire : la courte dynastie Qin du IIIe siècle av. J.-C. Quoique les choses puissent varier énormément d'un règne à l'autre, ce type d'arbitraire va plutôt en diminuant, surtout à partir de la dynastie Song du Nord (960-1127) : l'exil dans une marche lointaine — qui n'exclut pas le retour en grâce — devient le châtiment le plus courant pour le fonctionnaire déméritant. Dès les Tang, en 654, avait été édicté un code pénal plus humain, accordant davantage de place tant à l'intention qu'au repentir, et supprimant la responsabilité familiale automatique dans les cas de rébellion ; la procédure précédant l'exécution capitale devint plus complexe et plus longue, en même temps que certains des châtiments les plus horribles étaient abolis ; un système d'appel était institué[3].

La violence d'État apparaît dans l'ensemble limitée et contrôlée. L'historiographie chinoise s'horrifie des 460 lettrés et administrateurs enterrés vivants par le « premier empereur », Qin Shi (221-210 av. J.-C.). Celui-ci, explicitement pris pour modèle par Mao — lucide dans son cynisme —, fit aussi brûler toute la littérature classique (et le seul fait de l'évoquer était passible de la peine capitale), condamner à mort ou déporter quelque 20 000 hobereaux, et sacrifier des dizaines, sinon des centaines de milliers de vies à la construction de la première Grande Muraille. Avec la dynastie des Han (206 av. J.-C.-220 apr. J.-C.), le confucianisme va au contraire opérer un retour en force, et l'empire ne connaîtra plus ni semblable tyrannie ni massacres très fréquents. L'ordre est rigoureux, la justice sévère, mais, en dehors des moments (malheureusement assez nombreux) de grandes insurrections ou d'invasions étrangères, la vie humaine est plutôt mieux assurée que dans la plupart des autres États anciens, y compris ceux de l'Europe médiévale ou moderne.

1. *Id.*
2. *Ibid.*, et p. 105.
3. Danielle et Vadime Elisseeff, *La Civilisation de la Chine classique*, Paris, Arthaud, 1981, p. 296.

Certes, près de trois cents chefs d'accusation étaient passibles de la peine de mort sous la pacifique dynastie Song, au XIIe siècle, mais chaque condamnation devait en principe être vérifiée et contresignée par l'empereur. Les guerres se soldaient couramment par des centaines de milliers de morts, et la surmortalité finale se trouvait décuplée par l'effet des épidémies, des famines, des crues (qu'on songe aux catastrophiques divagations du cours inférieur — endigué — du fleuve Jaune) et de la désorganisation des transports qu'induisaient les conflits. La révolte des Taiping et sa répression (1851-1868) furent ainsi responsables de *vingt à cent millions de morts*, la population de la Chine tombant en tout cas de 410 millions en 1850 à 350 millions en 1873 [1]. Mais seule une infime partie de ces victimes peut être considérée comme ayant effectivement, intentionnellement, été massacrée (autour d'un million sans doute sous les Taiping [2]). Il s'agissait en tout cas d'une période exceptionnellement troublée, marquée par d'immenses rébellions, par les agressions répétées des impérialismes occidentaux et par le désespoir croissant d'une population paupérisée. C'est dans semblable contexte, malheureusement, que vécurent les deux, trois ou quatre générations qui précédèrent les révolutionnaires communistes. Il les accoutuma à un niveau de violence et de désintégration des valeurs inusité dans la longue histoire chinoise.

Et cependant la Chine de la première moitié du XXe siècle n'annonçait guère, en quantité ou en modalités, les déchaînements du maoïsme triomphant. Si la révolution de 1911 fut assez peu dramatique, les seize années qui suivirent, avant la semi-stabilisation imposée par le régime du Guomindang, connurent un certain nombre de tueries. Ce fut par exemple le cas dans le foyer révolutionnaire qu'était Nankin où, de juillet 1913 à juillet 1914, le dictateur Yuan Shikai fit exécuter plusieurs milliers de personnes [3]. En juin 1925, la police des concessions étrangères de Canton tua 52 participants à une manifestation ouvrière. En mai 1926, à Pékin, 47 étudiants pacifiques périrent lors d'une manifestation antijaponaise. Surtout, en avril-mai 1927, à Shanghai, puis dans les autres grandes villes de l'Est, des milliers de communistes furent exécutés par la coalition originale unissant le chef du nouveau régime, Chiang Kai-shek, et les sociétés secrètes de la pègre locale. *La Condition humaine* d'André Malraux évoque le caractère atroce de certaines exécutions, dans la chaudière d'une locomotive. S'il ne semble pas que les premiers épisodes de la guerre civile opposant communistes et nationalistes se soient accompagnés de massacres de très grande ampleur, pas plus que la Longue Marche (1934-1935), les Japonais entre 1937 et 1945 commirent des myriades d'atrocités dans la vaste partie de la Chine qu'ils occupaient.

1. John K. Fairbank, *La Grande Révolution chinoise 1800-1989*, Paris, Flammarion, 1989 (trad. de l'anglais), p. 126.
2. Estimation effectuée à partir de Jen Yu-wen, *The Taiping Revolutionary Movement*, New Haven, Yale University Press, 1973.
3. Marie-Claire Bergère, Lucien Bianco, Jürgen Domes (dir.), *La Chine au* XXe *siècle* (vol. 1, *D'une révolution à l'autre 1895-1949*), Paris, Fayard, 1989, p. 125.

Bien plus meurtrières que la plupart de ces actes furent les famines de 1900, 1920-1921 et 1928-1930, qui toutes frappèrent le nord et/ou le nord-ouest du pays, sensibles à la sécheresse : la deuxième causa la mort d'un demi-million de personnes, la troisième de deux à trois millions[1]. Mais, si la deuxième fut aggravée par la désorganisation des transports liée aux guerres civiles, on ne peut dire qu'il y ait eu un quelconque « complot de famine », et donc parler de massacre. Il n'en va pas de même dans le cas du Henan où, en 1942-1943, deux à trois millions de personnes moururent de faim (soit plus d'un habitant sur vingt), et des actes de cannibalisme furent relevés. Alors que les récoltes avaient été désastreuses, aucune réduction d'impôt ne fut accordée par le gouvernement central de Chongqing, et un grand nombre de paysans se virent saisir tous leurs biens. La présence du front n'arrangeait rien : les paysans étaient soumis, sans salaire, à des corvées comme le creusement d'un fossé antichar de cinq cents kilomètres de long, qui se révéla inutile[2]. On a là une préfiguration de certains des errements du Grand Bond, même si la guerre pouvait, dans le Henan, constituer une excuse partielle. En tout cas, le ressentiment des paysans fut immense.

Les atrocités les plus nombreuses et, prises ensemble, assurément les plus meurtrières se déroulèrent à petit bruit et laissèrent peu de traces : il s'agissait de pauvres (ou demi-pauvres) luttant contre d'autres pauvres, à l'écart des quelques grands axes, dans l'océan de la Chine des villages. Parmi ces massacreurs à la petite semaine, on trouvait les innombrables brigands qui, parfois en bandes redoutables, pillaient, rackettaient, rançonnaient, tuaient ceux qui résistaient ou leurs otages quand la rançon tardait. Quand ils étaient pris, les paysans aimaient participer à leur mise à mort... Mais les soldats constituaient souvent un plus grand fléau que les bandits qu'ils étaient censés combattre : une pétition venant du Fujian demandait, en 1932, le retrait des forces dites de l'ordre « de façon à ce que nous n'ayons plus que les bandits à combattre[3] ». Dans la même province, en 1931, la majorité d'une troupe de 2 500 soldats, qui avaient passé les bornes en matière de pillages et de viols, avait été exterminée par des paysans révoltés. En 1926, ceux de l'ouest du Hunan, sous couvert de la société secrète des Lances rouges, s'étaient ainsi débarrassés, dit-on, d'une cinquantaine de milliers de « soldats-bandits » d'un seigneur de la guerre vaincu. Quand en 1944, dans la même région, les Japonais passèrent à l'offensive, les paysans, qui se rappelaient les meurtrières corvées de l'année précédente, pourchassèrent les militaires défaits, les enterrant

1. Roderick Mac Farquhar et John K. Fairbank (dir.), *The Cambridge History of China* ; vol. 14, *The People's Republic, Part 1 (1949-1965)*, Cambridge, Cambridge University Press, 1987, p. 371.

2. John K. Fairbank et Albert Feuerwerker (dir.), *The Cambridge History of China* ; vol. 13, *Republican China 1912-1949, Part 2*, Cambridge, Cambridge University Press, 1986, p. 605-606.

3. *Ibid.*, p. 292.

vivants parfois ; 50 000 environ périrent[1]. Et pourtant les soldats n'étaient que de pauvres bougres, paysans comme leurs bourreaux, victimes malchanceuses et terrifiées de cette conscription qui, selon le général américain Wedemeyer, s'abattait sur le villageois comme la famine ou l'inondation, et faisait plus de victimes.

De nombreuses autres révoltes, généralement moins violentes, prenaient pour objet ce qui était perçu comme les exactions de l'administration : impôts sur la terre, sur l'opium, sur l'alcool, sur l'abattage des porcs, corvées, abus d'usure, jugements injustes... Mais leurs pires coups, les paysans les réservaient souvent à d'autres paysans : de sauvages guerres de villages, de clans et de sociétés secrètes ravageaient les campagnes et créaient, culte des ancêtres assassinés aidant, des haines inextinguibles. Ainsi, en septembre 1928, les Petites Épées d'un comté du Jiangsu massacrèrent deux cents Grandes Épées et brûlèrent six villages. Depuis la fin du XIXe siècle, l'est du Guangdong était divisé entre villages Drapeaux noirs et villages Drapeaux rouges, violemment hostiles. Dans la même région, le comté de Puning vit le clan Lin pourchasser et tuer tous ceux qui avaient le malheur de porter le patronyme Ho, sans excepter les lépreux, souvent brûlés vifs, et de nombreux chrétiens. Ces luttes n'étaient jamais politiques ni sociales : les petites notabilités locales y consolidaient leur ascendant. L'adversaire était souvent l'immigrant, ou celui qui vivait de l'autre côté de la rivière[2]...

Une révolution inséparable de la terreur (1927-1946)

Et cependant, quand, en janvier 1928, les habitants d'un village Drapeau rouge virent arriver une troupe brandissant l'étendard écarlate, ils se rallièrent avec enthousiasme à l'un des premiers « Soviets » chinois, celui de Hai-Lu-Feng, dirigé par P'eng P'ai. Les communistes eurent soin de jouer sur l'équivoque, mais surent colorer de leur discours les haines locales, et finalement, profitant de la cohérence de leur message, les capter à leurs fins, tout en concédant à leurs partisans néophytes le libre cours pour leurs pulsions les plus cruelles. On eut ainsi, quarante ou cinquante ans plus tôt, durant quelques mois de 1927-1928, une sorte de préfiguration des pires moments de la Révolution culturelle ou du régime khmer rouge. Depuis 1922, le mouvement avait été préparé par une intense agitation entretenue par les syndicats paysans suscités par le Parti communiste, et avait abouti à une forte polarisation entre « paysans pauvres » et « propriétaires terriens » inlassablement dénoncés, alors que ni les conflits traditionnels ni même les réalités sociales ne mettaient particulièrement en valeur cette division. Mais l'annulation des dettes et l'abolition des fer-

1. *Ibid.*, p. 291 et 293.
2. *Ibid.*, p. 294-297 et 312-314.

mages assuraient au Soviet un large soutien. P'eng P'ai en profita pour établir un régime de « terreur démocratique » : le peuple entier était invité aux procès publics des « contre-révolutionnaires », presque invariablement condamnés à mort ; il participait aux exécutions, en criant « tue, tue » à l'adresse des Gardes rouges occupés à découper progressivement la victime en morceaux, que parfois ils cuisaient et mangeaient, ou faisaient manger à sa famille, sous les yeux du supplicié encore vivant ; tous étaient invités aux banquets où l'on se partageait le foie et le cœur de l'ancien propriétaire, et aux meetings où l'orateur parlait devant une rangée de piquets coiffés de têtes fraîchement coupées. Cette fascination pour un cannibalisme de vengeance, qu'on retrouvera au Cambodge de Pol Pot, et qui correspondrait à un très ancien archétype largement répandu en Asie orientale, apparut souvent aux moments paroxystiques de l'histoire chinoise. Ainsi, dans une ère d'invasions étrangères, en 613, l'empereur Yang (dynastie Souei) se vengea d'un rebelle en persécutant jusqu'à ses parents les plus éloignés : « Ceux qui furent le plus gravement punis durent subir les châtiments de l'écartèlement et de l'exposition de la tête sur une perche, ou furent démembrés, percés de flèches. L'empereur intima aux grands dignitaires l'ordre d'avaler morceau par morceau la chair des victimes[1]. » Le grand écrivain Lu Xun, admirateur du communisme à un moment où celui-ci ne rimait pas avec nationalisme et anti-occidentalisme, écrivit : « Les Chinois sont des cannibales »... Moins populaires que ces orgies sanglantes étaient les exactions des Gardes rouges de 1927 dans les temples et à l'encontre des religieux-sorciers taoïstes : les fidèles peignaient de rouge les idoles pour tenter de les préserver, et P'eng P'ai commençait à bénéficier des premiers signes d'une divinisation. Cinquante mille personnes, dont beaucoup de pauvres, fuirent la région pendant les quatre mois où régna le Soviet[2].

P'eng P'ai (fusillé en 1931) fut le vrai promoteur du communisme rural et militarisé, solution aussitôt récupérée par ce cadre communiste jusque-là un peu marginal qu'était Mao Zedong (lui-même d'origine paysanne), et théorisée dans son fameux *Rapport sur le mouvement paysan dans le Hunan* (1927). Cette alternative au mouvement communiste ouvrier et urbain, alors en pleine déconfiture sous les coups de la répression du Guomindang de Chiang Kai-shek, s'imposa vite et conduisit, dès 1928, à la première des « bases rouges », dans les monts Jinggang, aux confins du Hunan et du Jiangxi. C'est dans l'est de cette province que, le 7 novembre 1931 (jour anniversaire de l'Octobre russe...), la consolidation et l'extension de la principale base autorisèrent la proclamation d'une République chinoise des Soviets, dont Mao présidait le Conseil des commissaires du peuple. Jusqu'au triomphe de 1949, le communisme chinois connaîtra bien des avatars et de terribles revers, mais le modèle est

1. Traité juridique *Souei-chou*, cité in Elisseeff, *op. cit.*, p. 264.
2. Fairbank et Feuerwerker, *op. cit.*, p. 307-322.

donné : concentrer la dynamique révolutionnaire sur la construction d'un État, et concentrer cet État, guerrier par nature, sur la construction d'une armée capable, *in fine*, de venir à bout de l'armée et de l'État « fantoches » ennemis — en l'occurrence le gouvernement central de Nankin, que préside Chiang Kai-shek. Rien d'étonnant donc à ce que la dimension militaire et répressive soit première, et fondatrice, dans la phase révolutionnaire elle-même : on est ici bien loin du premier bolchevisme russe, mais plus encore du marxisme : c'est *par l'intermédiaire du bolchevisme*, ramené à une stratégie de prise du pouvoir et de renforcement d'un État national-révolutionnaire, que les fondateurs du PCC, et en particulier leur « tête pensante », Li Dazhao, viendront au communisme, dès 1918-1919[1]. Partout où le PCC triomphe, c'est le socialisme de la caserne (et des tribunaux d'exception, et des pelotons d'exécution) qui s'installe. P'eng P'ai, décidément, avait fourni le modèle.

Une part de l'originalité des pratiques répressives du communisme chinois provient de ce fait tout d'abord difficile à percevoir : la « Grande Terreur » stalinienne des années 1936-1938 a été *précédée* par celle des Soviets chinois, responsables selon certaines estimations de 186 000 victimes *hors combats* au seul Jiangxi entre 1927 et 1931[2]. La grande majorité de celles-ci provient des résistances à la réforme agraire radicale presque aussitôt appliquée, à une lourde fiscalité et à la mobilisation des jeunes justifiées par les nécessités militaires. La lassitude de la population est telle que, là où le communisme a été particulièrement radical (Mao fut critiqué dès 1931 pour ses excès terroristes aliénant la population, et perdit provisoirement la direction), et où les cadres d'origine locale se sont trouvés marginalisés (par exemple autour de la « capitale » soviétique, Ruijin), l'offensive des forces de Nankin ne se heurte qu'à une faible résistance. Elle est plus vive, et parfois victorieuse, dans les « bases » plus tardives, plus autonomes, et dont les cadres ont profité des douloureuses leçons de la politique de terreur[3]. On retrouva des tensions analogues, que le PC a cependant appris à régler grâce à une répression plus sélective, moins sanglante, dans la base du Nord-Shaanxi centrée sur Yan'an. La pression fiscale sur les paysans est terrible : 35 % des récoltes sont prélevées en 1941, quatre fois plus que dans les zones tenues par le Guomindang. Les villageois en viennent à souhaiter ouvertement la mort de Mao... Le Parti réprime, mais jette du lest : il entreprend à grande échelle — mais sans l'avouer — la culture et l'exportation de l'opium, qui jusqu'en 1945 fournira entre 26 % et 40 % des recettes publiques de la base[4].

1. *Cf.* Roland Lew, *1949 : Mao prend le pouvoir*, Bruxelles, Complexe, 1980.
2. Jean-Luc Domenach, *Chine : l'archipel oublié*, Paris, Fayard, 1992, p. 47.
3. Gregor Benton, « Under Arms and Umbrellas : Perspectives on Chinese Communism in Defeat », *in* Tony Saich et Hans Van de Ven, *New Perspectives on the Chinese Communist Revolution*, Armonk, M. E. Sharpe, 1995, p. 131-133.
4. Chen Yung-fa, « The Blooming Poppy under the Red Sun : The Yan'an Way and the Opium Trade », *in* Saich et Van de Ven, *op. cit.*, p. 263-298.

Comme souvent en régime communiste, les exactions dont des militants furent victimes ont laissé davantage de traces : ils savaient mieux s'exprimer, et surtout faisaient partie de réseaux qui souvent subsistèrent. Certains comptes furent réglés après des décennies... Les cadres les plus visés sont presque invariablement ceux dont les liens avec la population où ils militent sont les plus étroits. Leurs adversaires, plus dépendants de l'appareil central, incriminent leur « localisme », qui effectivement les amène souvent à une certaine modération, voire à discuter les consignes. Ce conflit en cache cependant un autre : les militants locaux sont souvent issus des couches aisées de la paysannerie et, en particulier, des familles de propriétaires fonciers (qui fournissent aussi l'essentiel des lettrés), venus au communisme sur la base d'un nationalisme radical. Les militants « centraux », les soldats de l'armée « régulière » sont, eux, très largement recrutés chez les marginaux, les déclassés : bandits, errants, mendiants, militaires sans solde, et, pour les femmes, prostituées. Mao envisagea dès 1926 de leur faire jouer un rôle important dans la révolution : « Ces gens peuvent se battre très courageusement ; conduits d'une manière juste, ils peuvent devenir une force révolutionnaire[1]. » Ne s'assimilait-il pas encore à l'un des leurs, quand, bien plus tard, en 1965, il se présenta au journaliste américain Edgar Snow comme un « moine âgé cheminant avec son ombrelle trouée sous les étoiles[2] » ? Le reste de la population, à part une minorité d'opposants résolus (eux aussi souvent membres de l'élite), brille surtout par sa passivité, sa « froideur », disent les dirigeants communistes — y compris cette « paysannerie pauvre et moyen-pauvre » censée constituer la base de classe du PC à la campagne... Les déclassés devenus cadres, devant toute leur existence sociale au Parti, plus ou moins confusément avides de revanche et, soutenus par le Centre[3], tendent spontanément aux solutions les plus radicales, et le cas échéant, à l'élimination des cadres locaux. Ce type de contradiction rendra encore compte, après 1946, de bien des sanglants emballements de la réforme agraire[4].

La première grande purge attestée, en 1930-1931, ravagea la base de Donggu, dans le nord du Jiangxi. Les tensions décrites ci-dessus furent localement aggravées par la forte activité d'une organisation politico-policière liée à la droite du Guomindang, le Corps AB (pour « antibolchevique »), qui sut cultiver les soupçons de trahison entre

1. Cité *in* Yves Chevrier, *Mao et la révolution chinoise*, Florence, Casterman/Giunti, 1993, p. 65.

2. François Godement, « La tourmente du vent communiste (1955-1965) », *in* Marie-Claire Bergère, Lucien Bianco, Jürgen Domes (dir.), *La Chine au xxe siècle* (vol. 2, *De 1949 à aujourd'hui)*, Paris, Fayard, 1990, p. 58.

3. Ce terme vague désigne qui exerce le pouvoir dans le Parti ; il correspond partiellement seulement aux instances officielles, dont les frontières et les capacités de décision sont mouvantes, et dont certains membres peuvent être très marginalisés ; à l'inverse, un « retraité » sans fonction comme Deng Xiaoping put une décennie durant rester le vrai « numéro un ».

4. *Cf.* Benton, chapitre cité, et Lucien Bianco, « Peasant Responses to CCP Mobilization Policies, 1937-1945 », *in* Saich et Van de Ven, *op. cit.*, p. 175-187.

membres du PC. Celui-ci a largement recruté dans les sociétés secrètes ; l'adhésion en 1927 du chef de la société des Trois Points a été un renfort décisif. De nombreux cadres locaux sont tout d'abord exécutés, puis la purge se tourne vers l'Armée rouge : environ 2 000 de ses membres sont liquidés. Des cadres enfermés s'évadent, cherchent à susciter la révolte contre Mao, « empereur du Parti », sont invités à des négociations, arrêtés et tués. La IIe armée, dont une unité s'était rebellée, est tout entière désarmée, ses officiers exécutés. Les persécutions déciment plus d'une année durant les cadres civils et militaires ; les victimes se comptent par milliers. Parmi les dix-neuf plus hauts cadres locaux, dont les fondateurs de la base, douze furent exécutés comme « contre-révolutionnaires », cinq furent tués par le Guomindang, un mourut de maladie, et le dernier abandonna la région et la révolution[1].

Vers le début de la présence de Mao à Yan'an, l'élimination du fondateur de la base, le légendaire guérillero Liu Zhidan, paraît répondre au même schéma ; il montre un appareil central tout aussi dénué de scrupules, mais plus rationnel dans son machiavélisme. Le responsable semble être là le « bolchevik » Wang Ming, « homme de Moscou » point encore marginalisé dans la direction, et désireux de mettre la main sur les troupes de Liu. Ce dernier, confiant, accepte son arrestation ; torturé, il n'avoue pas sa « trahison » ; ses principaux partisans sont alors enterrés vivants. Zhou Enlai, adversaire de Wang Ming, le fait libérer, mais, Liu insistant pour conserver l'autonomie de son commandement, il est décrété « droitier endurci ». Envoyé au front, il s'y fait tuer, peut-être d'une balle dans le dos[2]...

La purge la plus célèbre de la période d'avant 1949 commença par frapper les intellectuels communistes les plus brillants de Yan'an, en juin 1942. Comme il le répétera quinze ans plus tard, à l'échelle du pays entier, Mao commence par autoriser, deux mois durant, une très grande liberté de critique. Puis, soudainement, tous les militants sont « invités » à « lutter », au travers d'une myriade de meetings, contre Ding Ling, qui avait dénoncé le formalisme de l'égalité affirmée entre hommes et femmes, et contre Wang Shiwei, qui avait osé réclamer la liberté de création et de remontrance au pouvoir pour l'artiste. Ding craque, accepte une abjecte autocritique et attaque Wang qui, lui, ne cède pas. Exclu du PC, il est emprisonné, et sera exécuté lors de l'évacuation provisoire de Yan'an, en 1947. Le dogme de la soumission de l'intellectuel au politique, développé en février 1942 dans les *Causeries sur l'art et la littérature* du président du Parti, aura désormais valeur de loi. Les séances de *cheng feng* se multiplient, jusqu'à l'obtention de la soumission. C'est début juillet 1943 que

1. *Cf.* Stephen C. Averill, « The Origins of the Futian Incident », *in* Saich et Van de Ven, *op. cit.*, p. 79-115.
2. *Cf.* David E. Apter, « Discourse as Power : Yan'an and the Chinese Revolution », *in* Saich et Van de Ven, *op. cit.*, p. 218-219.

la purge rebondit, s'étend, devient meurtrière. L'âme damnée de cette « Campagne de Sauvetage », censée protéger les militants de leurs propres insuffisances, de leurs doutes cachés, est le membre du Bureau politique Kang Sheng, placé par Mao en juin 1942 à la tête d'un inédit Comité général d'études, qui doit superviser la Rectification. Cette « ombre noire », vêtue de cuir noir, montant un cheval noir, accompagnée d'un féroce chien noir, formée par le NKVD soviétique, a su organiser la première vraie « campagne de masse » de la Chine communiste : critiques et autocritiques généralisées, arrestations sélectives conduisant à des aveux permettant d'autres arrestations, humiliations publiques, tabassages, élévation de la pensée de Mao, décrété infaillible, au rang de seul point d'appui assuré. Kang Sheng, lors d'un meeting, désigne l'assistance et déclare : « Vous êtes tous des agents du Guomindang... Le processus de votre rééducation sera encore long[1]. » Les arrestations, la torture, les décès (une soixantaine, beaucoup par suicide, rien qu'au Centre) se répandent au point d'inquiéter la direction du Parti, alors même que Mao avait assuré que « les espions étaient aussi nombreux que les poils de la fourrure[2] ». Dès le 15 août, les « méthodes illégales » de répression sont proscrites, et, le 9 octobre, Mao, dans une volte-face dont il est déjà familier, proclame : « Nous ne devons tuer personne ; la plupart n'auraient même pas dû être arrêtés[3]. » La campagne est alors définitivement interrompue. En décembre, dans une autocritique de fait, Kang Sheng dut reconnaître que, parmi les appréhendés, seuls 10 % étaient coupables, et que les morts devaient être réhabilités. Sa carrière stagnera jusqu'à l'éclatement de la Révolution culturelle, en 1966, et Mao, devant une assemblée de hauts cadres en avril 1944, devra s'excuser et s'incliner trois fois en hommage aux victimes innocentes avant d'être applaudi. Une nouvelle fois, son extrémisme spontané s'est heurté à forte résistance. Mais le souvenir de la terreur de 1943 est demeuré indélébile, au dire de ceux qui la traversèrent : ce que Mao y perdit en popularité, il le gagna en crainte[4].

La répression gagne peu à peu en sophistication. Même si la guerre (contre les Japonais, contre le Guomindang) s'accompagne à l'occasion de massacres terroristes faisant des milliers de victimes (3 600 en trois mois en 1940, dans une petite portion du Hebei, dont il s'agit de prendre le contrôle[5]), l'assassinat tend à s'individualiser. Les renégats sont particulièrement visés, ce qui correspond aussi aux pratiques traditionnelles des sociétés secrètes : suivant un ancien chef de guérilla : « Nous tuions un grand nombre de traîtres, de façon à ce que le peuple n'ait pas d'autre

1. Vladimirov (représentant du Komintern à Yan'an), *in* Boudarel, chapitre cité, p. 56.

2. Frederick C. Teiwes (et Warren Sun), « From a Leninist to a Charismatic Party : The CCP's Changing Leadership, 1937-1945 », *in* Saich et Van de Ven, *op. cit.*, p. 372.

3. *Ibid.*, p. 373.

4. *Ibid.*, p. 370-375 ; Apter, chapitre cité ; Roger Faligot et Rémi Kauffer, *Kang Sheng et les services secrets chinois (1927-1987)*, Paris, Robert Laffont, 1987, p. 186-206.

5. Domenach, *op. cit.*, p. 48.

choix que celui de continuer sur la voie de la révolution[1]. » Le système carcéral se développe, et évite d'avoir à recourir à l'exécution aussi souvent qu'avant. Dès 1932, les Soviets du Jiangxi avaient vu fleurir les établissements d'amendement par le travail, ironiquement prévus par une loi du Guomindang. En 1939, les condamnés à de longues peines rejoignent des Centres de travail et de production, cependant que des tribunaux pas complètement d'exception apparaissent çà et là. L'intérêt est triple : ne pas provoquer la désaffection de la population par des châtiments trop terribles, bénéficier d'une force de travail disponible, récupérer de nouveaux fidèles au travers d'une déjà savante rééducation. Même des prisonniers de guerre japonais purent ainsi être intégrés à l'Armée populaire de libération (APL), héritière de l'Armée rouge chinoise, et utilisés contre Chiang Kai-shek[2] !

Les méthodes maoïstes à Yan'an, vues par un stalinien soviétique

La discipline du Parti se fonde sur des formes stupidement rigides de critique et d'autocritique. C'est le président de cellule qui décide quelle personne doit être critiquée et pourquoi elle doit l'être. On « attaque » en général un communiste chaque fois. Tout le monde y participe. On ne peut pas s'esquiver. L'« accusé » n'a qu'un seul droit : se repentir de ses « erreurs ». S'il se considère comme innocent ou s'il « bat sa coulpe » trop mollement, l'attaque est renouvelée. C'est un vrai dressage psychologique. [...] J'ai compris une réalité tragique. Cette cruelle méthode de coercition psychologique que Mao appelle « purification morale » a créé une atmosphère étouffante dans l'organisation du Parti à Yan'an. Un nombre non négligeable de militants communistes se sont suicidés, se sont enfuis ou sont devenus psychotiques... La méthode du *cheng feng* répond au principe : « Chacun doit tout savoir des pensées intimes de l'autre. » Telle est la vile et honteuse directive qui gouverne chaque réunion. Tout ce qu'il y a de plus intime et personnel est étalé sans vergogne en public pour examen. Sous l'étiquette de la critique et de l'autocritique, on inspecte les pensées, les aspirations et les actes de chacun[3].

Réforme agraire et purges urbaines (1946-1957)

Le pays où les communistes s'emparent du pouvoir en 1949 n'est pas précisément une terre de douceur et d'harmonie. La violence et parfois le massacre constituent des moyens banalisés de gouverner comme de s'opposer, ou encore de régler ses comptes avec ses voisins. Les actes dont on

1. Ye Fei, interview de 1983, *in* Benton, chapitre cité, p. 138.
2. Domenach, *op. cit.*, p. 44-52.
3. Vladimirov, *in* Boudarel, chapitre cité, p. 55-56.

va faire état ont donc eu un caractère de contre-violence, de riposte à des exactions bien réelles (l'une des victimes de P'eng P'ai, magistrat local, avait fait exécuter une centaine de paysans syndiqués), et ont assurément été perçus ainsi par beaucoup de ruraux. C'est pourquoi cette période conserve une excellente image, tant dans l'histoire officielle post-maoïste (jusqu'à la veille du mouvement Anti-Droitier de 1957, le Timonier aurait pour l'essentiel barré juste) que dans la mémoire de nombre de témoins, de surcroît parfois bénéficiaires directs (ou se l'imaginant) des malheurs de leurs concitoyens trop à l'aise. Ceci expliquant largement cela, les communistes (y compris les intellectuels communistes) ne furent alors pas trop touchés par les purges. Et pourtant il s'agit de la plus sanglante vague de répression qu'ait lancée le Parti communiste chinois ; elle se déploie sur l'ensemble du pays. Par son ampleur, par sa généralité, par sa durée (il y a de brefs moments de répit, mais à peu près chaque année voit le lancement d'une nouvelle « campagne de masse »), par son aspect planifié et centralisé, elle fait accomplir à la violence chinoise un saut qualitatif : la « rectification » yan'anaise de 1943 avait été une répétition générale, mais à la seule échelle d'un canton reculé de l'immense pays. À l'égard de certaines couches sociales, les massacres prennent une allure génocidaire que la Chine n'avait pas connue jusque-là, en tout cas à l'échelle nationale (les Mongols eux-mêmes, au XIIIe siècle, ne ravagèrent que le nord de l'empire). Quelques-unes de ces atrocités eurent lieu dans le contexte d'une dure guerre civile de trois ans : par exemple, l'assassinat de cinq cents habitants, pour une bonne part catholiques, de la ville de Siwanze, en Mandchourie, lors de sa prise. Par ailleurs, dès que, en 1948, les communistes eurent pris un avantage décisif, ils cessèrent de libérer comme auparavant, à fin propagandiste, la masse des prisonniers adverses. Désormais enfermés par centaines de milliers, et débordant vite des prisons surpeuplées, ils furent les premiers pensionnaires de nouveaux camps de réforme par le travail *(laodong gaizao*, soit en abrégé *laogai)*, qui réunissaient les préoccupations de rééducation et de contribution à l'effort de guerre [1]. Mais *pendant les hostilités elles-mêmes* les pires actes eurent lieu à l'arrière, en dehors de tout contexte militaire.

Les campagnes : mise au pas et ingénierie sociale

À la différence de la révolution russe de 1917, la révolution chinoise de 1949 se propagea des campagnes vers les villes. Il est donc logique que les purges urbaines aient été précédées par le mouvement de réforme agraire. Les communistes en avaient une longue expérience, on l'a vu. Mais, pour réaliser puis, tant bien que mal, préserver le « front uni » antijaponais avec le gouvernement central du Guomindang, ils avaient à partir de 1937 mis en sourdine ce point fondamental de leur programme. Ce

1. Domenach, *op. cit.*, p. 52-55.

n'est qu'après la défaite nippone qu'ils relancèrent le mouvement, dans le contexte du déclenchement, en 1946, de la guerre civile qui devait les porter au pouvoir. Des milliers d'équipes d'agitateurs professionnels, de préférence étrangers à la région pour éviter d'être impliqués par les solidarités d'habitat, de clan et de société secrète, furent lancées de village en village, partout dans les « zones libérées » par l'APL. Avec les progrès de celle-ci, le mouvement s'étendra peu à peu jusqu'aux confins méridionaux et occidentaux (Tibet pour l'instant non compris).

Qu'on ne s'y trompe pas : dans la véritable révolution agraire qui va bouleverser, un par un, les centaines de milliers de villages chinois, il serait aussi faux de voir seulement la manipulation venue d'en haut que de s'imaginer, naïvement, que le Parti communiste se serait contenté de répondre à la « volonté des masses[1] ». Celles-ci avaient bien des raisons de se sentir malheureuses et de désirer des changements. Et l'un des déséquilibres criants était l'inégalité entre paysans : ainsi, dans le village de la Longue Courbe (Shanxi) d'où William Hinton suivit la révolution[2], 7 % des paysans possédaient 31 % des terres cultivables, 33 % des animaux de trait. Une enquête nationale de 1945 attribue aux 3 % de notables ruraux 26 % des terres en moyenne[3]. L'inégalité de propriété était redoublée par les effets de l'usure (3 % à 5 % par mois, jusqu'à 100 % par an[4]), quasi-monopole des ruraux les plus riches.

Les plus riches, ou simplement les moins pauvres ? Si, dans les régions côtières du Sud, on signale des propriétés de plusieurs centaines d'hectares, la majorité des bien modestes « propriétaires terriens » se contentent de deux à trois hectares ; à la Longue Courbe (1 200 habitants), le plus riche atteint à peine les dix hectares. De plus, les limites entre groupes de paysans sont très peu nettes, la grande majorité des ruraux faisant partie de couches intermédiaires entre les miséreux sans terre et les propriétaires ne vivant pas principalement de leur travail. Par rapport aux contrastcs sociaux extrêmes que connurent les campagnes de l'Est européen jusqu'en 1945, et que l'Amérique latine connaît encore aujourd'hui, on peut estimer que la société rurale chinoise était *relativement* égalitaire. Et, on l'a dit, les conflits entre riches et pauvres étaient loin d'y constituer l'une des principales causes de troubles. Comme en 1927 à Hai-Lu-Feng, les communistes — et d'abord Mao lui-même — jouèrent donc les ingénieurs du social : il s'agissait de polariser, assez artificiellement, des groupes ruraux définis et délimités plutôt arbitrairement (il y avait des quotas, fixés par l'appareil, à respecter : 10 % à 20 % de « privilégiés »,

---

1. Ce fut par exemple la thèse de Jack Belden — qui fournit cependant des indications allant en sens contraire — dans l'un des tout premiers témoignages sur la révolution chinoise, *China Shakes the World*, Harmondsworth, Pelican, 1973 (1re édition, 1949).

2. William Hinton, *Fanshen*, Paris, Plon, 1971 (traduit de l'anglais).

3. Alain Roux, *La Chine populaire, tome 1 (1949-1966)*, Paris, Éditions Sociales, 1983, p. 81.

4. *Ibid.*, p. 82.

suivant les zones et les méandres de la politique centrale), pour ensuite décréter que dans cette polarisation résidait la cause presque unique du malheur paysan. La voie du bonheur était dès lors facile à trouver...

Les agitateurs commencèrent donc par répartir les paysans en quatre groupes : pauvres, moyens-pauvres, moyens et riches — les exclus du classement étant, avec plus ou moins d'arguments, décrétés « propriétaires terriens » et, dans les circonstances, hommes à abattre. Parfois, faute de critère discriminant bien net, et parce que les plus pauvres y prenaient goût, on leur adjoignit, souvent au-delà des consignes du Parti (il est vrai qu'elles varièrent...), les paysans riches. Si le destin des petits notables ruraux était d'entrée de jeu clairement tracé, la voie choisie pour l'accomplir fut tortueuse, quoique assurément la plus efficace politiquement : il convenait en effet d'y faire participer les « larges masses », de façon, au minimum, à les « mouiller », à leur faire redouter désormais la défaite des communistes, et si possible à leur donner l'illusion du libre arbitre, le nouveau pouvoir ne faisant que soutenir puis entériner leurs décisions. Illusion, sans conteste : car partout, à peu près simultanément, le processus et le résultat sont les mêmes, alors que les conditions concrètes varient énormément suivant villages et régions. On sait aujourd'hui à quel point la mise en place du décor de la « révolution paysanne » coûta d'efforts aux militants, toujours prêts à utiliser la terreur pour arracher plus rapidement les convictions : pendant la guerre, d'assez nombreux jeunes préférèrent fuir vers les zones tenues par les Japonais que s'enrôler dans l'APL. Les paysans, toujours apathiques dans leur masse, et souvent soumis aux propriétaires au point de continuer à leur verser clandestinement leurs fermages traditionnels après leur réduction (prologue à la réforme) par le nouveau pouvoir, furent loin d'adhérer aux idéaux du PC sur une base sociale. Entre eux, les agitateurs les classaient suivant leur position politique : activistes, ordinaires, arriérés, soutiens des propriétaires. Puis, tant bien que mal, ils plaquaient ces catégories sur les groupes sociaux officiels, aboutissant à une sorte de sociologie à la Frankenstein, également influencée par une myriade de querelles privées et de désirs peu avouables (par exemple, se débarrasser d'un mari gênant[1]). La classification pouvait être révisée à volonté : pour clore plus rapidement la redistribution des terres, les autorités de la Longue Courbe firent ainsi soudainement passer les familles de paysans pauvres de 95 (sur 240) à 28[2] ! Quant aux cadres communistes, les civils étaient généralement classés « ouvriers », les militaires « paysans pauvres » ou « moyens-pauvres », alors que la plupart étaient issus des couches privilégiées[3]...

L'élément clé de la réforme agraire fut le « meeting d'amertume » : devant le village rassemblé comparaissent le ou les propriétaires, souvent

1. Bianco, chapitre cité.

2. Hinton, *op. cit.*, p. 649-651.

3. Lynn T. White III, *Policies of Chaos : The Organizational Causes of Violence in China's Cultural Revolution*, Princeton, Princeton University Press, 1989, p. 82.

appelés « traîtres » pour faire bonne mesure (on les amalgame assez systématiquement aux authentiques collaborateurs de l'occupant japonais, en « oubliant » assez vite — sauf au tout début, en 1946 — les paysans pauvres ayant eux aussi fauté). Soit crainte devant des personnages hier encore puissants, soit conscience d'une certaine injustice, les choses sont souvent longues à démarrer, et les militants doivent alors y mettre du leur, en rudoyant physiquement et en humiliant les accusés ; alors, généralement, la conjonction des opportunistes et de ceux qui éprouvent des rancœurs à leur égard permet aux dénonciations de jaillir, et à la température de monter ; compte tenu des traditions de violence paysanne, il n'est pas très difficile ensuite d'aboutir à la condamnation à mort des propriétaires (évidemment accompagnée de la confiscation de leurs biens), assez fréquemment exécutée sur place et sur-le-champ, avec la participation plus ou moins active des paysans. Mais les cadres cherchent le plus souvent, sans toujours y parvenir, à amener le condamné devant la justice du chef-lieu pour y faire confirmer la sentence. Ce théâtre grand-guignolesque, où chacun joue son rôle à la perfection, et avec une tardive mais réelle conviction, inaugure les « meetings de lutte » et autres séances d'autocritique que subirent et firent subir sans relâche *tous* les Chinois, au moins jusqu'à la mort de l'ordonnateur suprême, en 1976. Il montre d'emblée la grande propension, traditionnelle en Chine, au ritualisme et au conformisme, ce dont un pouvoir cynique peut user et abuser à loisir.

Aucune donnée précise ne permet de déterminer le nombre des victimes, mais, comme il en « fallait » apparemment au moins une par village[1], un million semble constituer un strict minimum, et la plupart des auteurs s'accordent sur un chiffre compris entre deux et cinq millions de morts[2]. De plus quatre à six millions de « koulaks » chinois partirent contribuer au remplissage des tout neufs laogai, et sans doute le double fut placé, pour des durées variables, « sous contrôle » des autorités locales : surveillance constante, tâches les plus dures, persécutions en cas de « campagne de masse[3] ». Il y eut au total quinze tués à la Longue Courbe, ce qui, extrapolé, nous amènerait à l'estimation haute. Mais le processus de réforme y avait commencé tôt ; or, après 1948, certains excès furent bannis. Ils avaient durement frappé à la Longue Courbe : massacre de la famille entière du président de l'association catholique locale (et l'église est fermée), tabassage et confiscation des biens de paysans pauvres qui s'étaient solidarisés avec des riches, recherche des « origines féodales » sur trois générations (ce qui ne laissait presque personne à l'abri d'une « requalification » funeste), tortures à mort pour faire révéler l'emplacement d'un mythique trésor, interrogatoires systématiquement accompagnés

1. A. Doak Barnett et Ezra Vogel, *Cadres, Bureaucracy and Political Power in Communist China*, New York, Columbia University Press, 1967, p. 228.

2. Domenach, *op. cit.*, p. 71 ; Claude Aubert, « Économie et société rurales », *in* Bergère *et al.* (1990), *op. cit.*, p. 150.

3. Domenach, *op. cit.*, p. 70-72.

de tortures au fer rouge, extension des persécutions aux familles des exécutés, fouille et destruction de leurs sépultures, arbitraire d'un cadre, ancien bandit, catholique renégat, qui contraint une fille de quatorze ans à épouser son fils, et déclare à qui veut l'entendre : « Ma parole fait loi, et celui que je condamne à mort doit mourir[1]. » À l'autre extrémité de la Chine, au Yunnan, le père de He Liyi, policier de l'ancien gouvernement, est classé pour cette seule raison « propriétaire terrien ». En tant que fonctionnaire, il est immédiatement condamné aux travaux forcés ; en 1951, au plus fort de la réforme agraire locale, en tant qu'« ennemi de classe », il est paradé d'un village à l'autre, puis condamné à mort et exécuté, sans qu'aucun acte précis lui soit reproché. Son fils aîné, militaire qui avait suscité un mouvement de ralliement de soldats du Guomindang à l'APL, et en avait été officiellement félicité, est néanmoins classé « réactionnaire » et placé sous « contrôle[2] ». Tout cela, répétons-le, paraît cependant avoir recueilli l'assentiment de la majorité des ruraux, qui pouvaient ensuite se partager les terres des expropriés. Certains, pour une raison ou pour une autre (souvent d'ordre familial), se sentent atteints par ces exécutions si fréquemment arbitraires ; leur désir de vengeance trouvera parfois à s'exprimer, de façon détournée, lors de la Révolution culturelle, y compris par l'apparence d'un ultra-radicalisme contre le nouvel *establishment*[3]. Le massacre des boucs émissaires n'aura donc pas abouti à cet unanimisme paysan derrière le Parti « justicier » que visait la direction du PC.

Les buts réels du vaste mouvement sont en effet avant tout politiques, puis économiques, et seulement en tout dernier lieu sociaux. Si 40 % des terres furent redistribuées, le petit nombre des privilégiés ruraux et, surtout, l'extrême densité de la plupart des campagnes firent en sorte que les paysans pauvres ne gagnèrent pas beaucoup d'aisance : après la réforme, leur exploitation moyenne n'était encore que de 0,8 hectare[4]. D'autres pays de la région (Japon, Taïwan, Corée du Sud) accomplirent avec succès, dans la même période, des réformes agraires aussi radicales, dans des campagnes plutôt plus inégalitaires au départ. À notre connaissance, il n'y eut pas un seul mort, et une indemnisation plus ou moins satisfaisante fut accordée aux expropriés. La terrible violence de l'équivalent chinois visait donc non la réforme elle-même, mais la prise du pouvoir totale par l'appareil communiste : sélection d'une minorité d'activistes, destinés à devenir militants ou cadres ; « pacte de sang » avec la masse des villageois,

1. Hinton, *op. cit.*, p. 285. Notons que Hinton se montre sur le fond *très favorable* au communisme chinois. Mais c'est un remarquable témoin, et lui-même un agriculteur (aux États-Unis).

2. He Liyi (avec Claire Anne Chik), *Mr China's Son — A Villager's Life*, Boulder, Westview, 1993, p. 52-54.

3. Richard Masden, « The politics of revenge in rural China during the Cultural Revolution », *in* Lipman et Harrell, *op. cit.*, p. 186.

4. Werner Meissner, « La voie orthodoxe (1949-1955) », *in* Bergère *et al.* (1990), *op. cit.*, p. 19.

impliqués dans les exécutions ; démonstration aux récalcitrants et aux tièdes de l'aptitude du PC à jouer de la plus extrême terreur. Cela permettait enfin de parvenir à une connaissance intime du fonctionnement et des relations au sein du village, base, à moyen terme, de sa mise au service de l'accumulation du capital industriel au travers de la collectivisation.

Les villes : « tactique de salami » et expropriations

Quoique tout soit censé venir de la base, Mao Zedong en personne jugea bon de sanctionner publiquement les massacres en cours, lors de la phase de radicalisation qui suivit l'entrée des troupes chinoises dans le conflit coréen (novembre 1950) : « Assurément nous devons tuer tous ces éléments réactionnaires qui méritent d'être tués[1]. » Mais la nouveauté, à ce moment, ce n'est pas la réforme agraire qui, au moins en Chine du Nord, tire à sa fin (par contre, en Chine du Sud, « libérée » plus tardivement, et plus particulièrement dans des provinces d'esprit frondeur comme le Guangdong, le mouvement est encore loin d'être achevé au début de 1952[2]) ; c'est bien plutôt l'extension de l'épuration violente aux villes, au travers d'une série articulée de « mouvements de masse » ciblés, simultanés ou successifs, qui réduisent peu à peu à l'entière soumission les divers groupes (intellectuels, bourgeois — y compris les plus petits patrons —, militants non communistes, cadres communistes trop indépendants) susceptibles d'entraver le projet de contrôle totalitaire du PCC. À quelques années de distance, on n'est pas très loin de la « tactique de salami » de la période de mise en place des démocraties populaires européennes : c'est la période où l'influence soviétique est la plus nette, dans l'économie mais aussi dans l'appareil politico-répressif. Un peu à part (mais de redoutables amalgames sont souvent établis entre opposants, adversaires de classe et brigands, les uns comme les autres « ennemis du gouvernement populaire »), la criminalité et la marginalité (prostitution, tripots de jeux, fumeries d'opium, etc.) sont durement réprimées : selon le PC lui-même, deux millions de « bandits » auraient été « liquidés » entre 1949 et 1952, et probablement autant enfermés[3].

Le système de contrôle, largement forgé *avant* même la victoire, disposa vite de moyens considérables : 5,5 millions de miliciens fin 1950, 3,8 millions de propagandistes (ou activistes) en 1953, 75 000 informateurs chargés de les coordonner (et de surveiller leur zèle...). En ville, perfectionnant un système de contrôle mutuel traditionnel (le *baojia)* remis en place par le Guomindang, les groupes de résidents (15 à 20 foyers) sont coiffés par des comités d'habitants, eux-mêmes subordonnés aux comités de rue

1. In « Commentaires sur le travail de répression et de liquidation des contre-révolutionnaires », cité in *The Cambridge History of China*, vol. 14, p. 89.
2. Roux, *op. cit.*, p. 164.
3. Domenach, *op. cit.*, p. 67 et 80.

ou de quartier[1]. Rien ne doit leur échapper : toute visite nocturne ou séjour d'une journée ou plus d'un « étranger » doit faire l'objet d'un enregistrement au comité de résidents ; on veille particulièrement à ce que tous disposent bien du *hukou*, certificat d'inscription au registre des habitants de la ville, de façon en particulier à éviter l'exode rural « sauvage ». Le moindre responsable joue ainsi l'auxiliaire de police. Celle-ci, qui récupère au départ (comme la justice ou les prisons) l'essentiel des fonctionnaires d'Ancien Régime (ils constitueront des cibles « naturelles » lors des futurs mouvements, une fois leur transitoire utilité épuisée), est vite surdimensionnée : 103 postes de police lors de la prise de Shanghai en mai 1949, 146 dès la fin de l'année[2]. Les troupes de la Sécurité (police politique) atteignent 1,2 million d'hommes[3]. Partout, jusque dans la plus petite bourgade, elles ouvrent des geôles improvisées, cependant que l'entassement et les conditions sont d'une dureté sans précédent dans les prisons déjà existantes : jusqu'à 300 détenus dans une cellule de cent mètres carrés, et 18 000 dans la maison d'arrêt centrale de Shanghai ; rations alimentaires de famine, épuisement au travail ; discipline inhumaine, avec violences physiques constantes (par exemple, coup de crosse dès qu'on redresse la tête, obligatoirement baissée pendant toute marche). La mortalité, jusqu'en 1952 certainement très supérieure à 5 % par an (moyenne des années 1949-1978 au laogai), peut atteindre les 50 % en six mois dans telle brigade du Guangxi, ou 300 décès par jour dans certaines mines du Shanxi. Les tortures les plus variées et les plus sadiques sont monnaie courante, la plus fréquente étant la suspension par les poignets ou par les pouces ; un prêtre chinois meurt après 102 heures d'interrogatoire continu. Les pires brutes peuvent sévir sans contrôle : un commandant de camp aurait assassiné ou fait enterrer vivants 1 320 détenus en un an, en sus de nombreux viols. Les révoltes, assez nombreuses alors (les détenus n'ont pas eu le temps d'être moralement broyés, et comprennent de nombreux militaires), débouchent sur de véritables massacres : plusieurs milliers des vingt mille bagnards des champs pétrolifères de Yanchang sont exécutés ; en novembre 1949, un millier des cinq mille mutins d'un chantier forestier sont ensevelis vivants[4].

La campagne pour « l'élimination des éléments contre-révolutionnaires » fut lancée en juillet 1950, et en 1951 seront déclenchés successivement les mouvements des « Trois Anti » (contre la corruption, le gaspillage et le bureaucratisme des cadres de l'État et du Parti), des « Cinq Anti » (contre les pots-de-vin, la fraude, l'évasion fiscale, la prévarication et la divulgation des secrets de l'État, ce qui vise la bourgeoisie), ainsi que la campagne de « réforme de la pensée », dirigée contre les intel-

1. Meissner, chapitre cité, p. 25.
2. White, *op. cit.*, p. 93.
3. Domenach, *op. cit.*, p. 86.
4. *Ibid.*, p. 94-101.

lectuels occidentalisés : ils devront désormais suivre régulièrement des stages de « rééducation », et prouver leurs « progrès » à leur collectif de travail *(danwei)*. La conjonction temporelle entre tous ces mouvements montre que l'essentiel, c'est que plus aucun membre des élites urbaines ne puisse se sentir à l'abri ; la définition du « contre-révolutionnaire », en particulier, est si vague, si large, que toute position présente ou passée un tant soit peu divergente d'avec la ligne du PC peut suffire à vous faire condamner. Cela signifiait la délégation d'un pouvoir répressif quasiment discrétionnaire aux secrétaires locaux ou d'entreprise du Parti. Avec l'encouragement du Centre, et l'aide de ce « bras armé » qu'est la Sécurité, ils vont en user, et en abuser : on peut, comme Alain Roux, utiliser le mot « terreur rouge » à propos, en particulier, de la terrible année 1951 [1].

Les données chiffrées certaines ne laissent déjà pas d'impressionner : 3 000 arrestations en une nuit à Shanghai (et 38 000 en quatre mois), 220 condamnations à mort et exécutions publiques immédiates en un seul jour à Pékin, 30 000 meetings d'accusation dans cette même ville en neuf mois, 89 000 arrestations dont 23 000 débouchent sur des condamnations à mort en dix mois à Canton [2]. 450 000 entreprises privées (dont près de 100 000 rien qu'à Shanghai) sont soumises à enquête, un bon tiers de leurs patrons et de nombreux cadres d'entreprise étant reconnus coupables de malversations (évasion fiscale le plus souvent), et sanctionnés plus ou moins gravement (300 000 environ par des peines de prison [3]). Les résidents étrangers sont particulièrement visés : 13 800 « espions » sont arrêtés dès 1950, en particulier des ecclésiastiques, dont un évêque italien, condamné à la prison à vie. Résultat, les missionnaires catholiques passent de 5 500 en 1950 à une dizaine en 1955 — les fidèles chinois pourront alors subir de plein fouet le choc de la répression, sans témoin gênant : 20 000 arrestations au moins dès 1955, mais des centaines de milliers de chrétiens de toutes obédiences seront emprisonnés au cours des deux décennies suivantes [4]. Les anciens cadres politiques et militaires du Guomindang, bruyamment amnistiés en 1949 pour ralentir leur hémorragie vers Taïwan et Hong Kong, sont décimés moins de deux ans après : la presse, sans rire, leur signifie que « l'extrême mansuétude des masses envers les réactionnaires a des limites ». La législation pénale contribue à faciliter la répression : distinguant parmi les « contre-révolutionnaires » les « actifs » des « historiques », mais punissant aussi ces derniers, elle introduit donc le principe de rétroactivité des délits ; elle permet par ailleurs de juger par « analogie » (en se fondant sur le traitement du délit le plus proche) l'accusé n'ayant commis aucun acte tombant spécifiquement sous le coup d'une loi. Les peines sont extrêmement sévères : huit ans d'empri-

1. Roux, *op. cit.*, p. 170.
2. Domenach, *op. cit.*, p. 77-78.
3. *Ibid.*, p. 79.
4. « Quinze ans de persécution contre les catholiques en Chine communiste », bimensuel *Est et Ouest*, 16-30 septembre 1966, p. 4-9 ; Domenach, *op. cit.*, p. 504.

sonnement est pratiquement un minimum pour les crimes « ordinaires », la norme étant plus proche des vingt ans.

Il est beaucoup plus difficile, encore une fois, de globaliser, mais Mao lui-même évoqua en 1957 pour cette période le chiffre de 800 000 contre-révolutionnaires liquidés. Les exécutions urbaines ont vraisemblablement atteint le million au moins, soit le tiers du chiffre le plus probable concernant les « liquidations » rurales : comme il y avait alors au moins cinq ruraux pour un citadin, on peut estimer que c'est dans les villes que la répression fut la plus rude. Le tableau s'assombrit encore si l'on tient compte des quelque deux millions et demi d'emprisonnés des « camps de rééducation », représentant autour de 4,1 % des urbains (pour 1,2 % de ruraux incarcérés[1]), ainsi que des très nombreux suicides de personnes poursuivies ou inquiétées, estimés au total à 700 000 par Chow Ching-wen[2] ; certains jours, à Canton, on dénombrait jusqu'à cinquante suicides de contre-révolutionnaires. Les modalités des purges urbaines ressemblent en effet à celles de la réforme agraire et s'écartent de celles, presque exclusivement policières et largement secrètes, suivies en URSS. Le comité local du Parti conserve en Chine la haute main sur la plupart des agissements de la police, et l'on s'efforce au maximum de faire participer la population à la répression, sans, bien entendu, lui laisser davantage de pouvoir réel de décision que dans les campagnes.

Les ouvriers, encadrés par les comités de rue, vont s'attaquer aux « tanières » des « tigres capitalistes », les forcent à ouvrir leurs livres de comptes, à recevoir la critique et à s'autocritiquer, à accepter dorénavant le contrôle de l'État sur leur affaire ; s'ils se « repentent » complètement, ils seront invités à participer aux groupes d'investigation et à dénoncer leurs collègues ; s'ils marquent la moindre réticence, le cycle recommence... Il en va à peu près de même pour les intellectuels : il faut participer sur le lieu de travail aux réunions « de soumission et de renaissance », avouer consciencieusement ses errements, montrer que désormais on a rompu sincèrement avec le « libéralisme », l'« occidentalisme », qu'on a compris les méfaits de « l'impérialisme culturel américain », qu'on a tué le « vieil homme » qui était en soi, avec ses doutes et sa pensée autonome. Cela peut occuper jusqu'à deux mois par an, pendant lesquels toute autre activité est interdite. Là encore les accusateurs ont le temps, et il n'y a aucun moyen de leur échapper — sinon le suicide, solution choisie, conformément à la tradition, par ceux qui veulent échapper à la honte des reniements successifs, à l'ignominie des dénonciations obligatoires de collègues, ou tout simplement qui se retrouvent un jour brisés. On reconnaîtra les mêmes phénomènes pendant la Révolution culturelle, amplifiés, et adjoints de violences physiques. Pour l'instant, c'est toute la population et l'ensemble des activités des villes qui passent sous le contrôle absolu

1. Domenach, *op. cit.*, p. 80-81.
2. Cité in *The Cambridge...*, vol. 14, p. 88.

du Parti. Les chefs d'entreprise, contraints à dévoiler leurs comptes dès 1951, accablés d'impôts, forcés en décembre 1953 d'ouvrir leur capital à l'État, et en 1954 de s'affilier à des sociétés publiques d'approvisionnement (le rationnement est alors généralisé), à nouveau soumis à investigation générale en octobre 1955, ne résistent pas deux semaines quand, en janvier 1956, on leur « propose » la collectivisation, moyennant une modeste rente à vie et parfois un poste de directeur technique dans leur ancienne société (la Révolution culturelle reniera ces promesses). Un récalcitrant de Shanghai, assigné en justice par ses ouvriers sous divers motifs, est en deux mois ruiné puis envoyé en camp de travail. Les patrons de PME, totalement spoliés, se suicident fréquemment ; ceux des grandes sociétés sont bien moins maltraités : à leurs compétences encore utiles s'ajoutent souvent leurs liens avec les influents et riches réseaux chinois d'outre-mer, pour le soutien desquels la compétition avec Taïwan est alors féroce[1].

La machine à broyer ne s'arrêta pas. Certes, les campagnes lancées en 1950-1951 furent déclarées achevées en 1952 ou 1953. Et on avait déjà si bien fait qu'il y avait tout simplement moins de grain à moudre. La répression continua cependant, très dure, et en 1955 fut déclenchée une nouvelle campagne d'« élimination des contre-révolutionnaires cachés » *(sufan)*, qui s'en prit particulièrement aux intellectuels, y compris désormais les vieux compagnons de route du Parti osant faire montre d'un minimum d'indépendance. Ainsi le brillant écrivain marxiste Hu Feng, disciple du révéré Lu Xun, avait en juillet 1954 dénoncé auprès du Comité central les « cinq poignards » (en particulier la soumission de la création à la « ligne générale ») que les contraintes du Parti plantaient dans la tête des écrivains. Une énorme campagne est déchaînée contre lui en décembre : tous les intellectuels de renom doivent y rivaliser dans la dénonciation, puis les « masses » sont convoquées à l'hallali. Hu, totalement isolé, présenta son autocritique en janvier 1955, mais elle fut refusée. Arrêté en juillet, avec 130 « complices », il moisira dix ans en camp ; arrêté de nouveau dès 1966, il errera dans le système pénitentiaire jusqu'à sa réhabilitation complète, en 1980[2]. Les membres du Parti furent eux aussi pour la première fois massivement touchés : le *Quotidien du Peuple* dénonce la présence dans leurs rangs de 10 % de « traîtres cachés », et le chiffre paraît avoir guidé des quotas d'interpellations[3].

Pour le sufan, une source donne 81 000 arrestations (cela paraît bien modeste), l'autre 770 000 morts : mystères de Chine... Quant aux fameuses « Cent Fleurs » (mai-juin 1957), elles font, sur le plan de la répression de masse, partie de ce cycle de campagnes successives. Simplement, là,

1. White, *op. cit.*, p. 104-124.
2. Jacques Andrieu, « Le mouvement des idées », *in* Bergère *et al.* (1990), *op. cit.*, p. 268-269.
3. Domenach, *op. cit.*, p. 118.

l'écrasement des « pousses vénéneuses » sera à la mesure des espoirs et des élans suscités, durant quelques brèves semaines, par la libéralisation proclamée, puis reniée par Mao. Son but était double : comme dans tout mouvement de Rectification (même en prison, il y en avait de temps en temps[1]), susciter d'abord la parole spontanée, l'expression la plus large des désaccords, pour mieux écraser ensuite ceux qui avaient dévoilé leurs « mauvaises pensées » ; d'autre part, face à la dureté des critiques ainsi favorisées, reconstituer l'unité de l'appareil du Parti autour des positions radicales de son président, alors que le XXe Congrès du PCUS avait accentué, en Chine même, la tendance à une légalisation des pratiques répressives (meilleur contrôle des tribunaux sur les agissements de la Sécurité et sur l'exécution des peines[2]) et la remise en cause du culte de Mao. Il est significatif que les intellectuels communistes, échaudés depuis Yan'an, se soient dans l'ensemble prudemment tenus à l'écart. Mais des centaines de milliers de naïfs, souvent « compagnons de route » de 1949, et en particulier membres des « partis démocratiques »-croupions que le PC avait cru bon de laisser subsister, furent pris au piège de leurs propres prises de position, quand le brutal coup de barre « antidroitier » fut donné. Là, généralement peu d'exécutions, mais 400 000 à 700 000 cadres (au moins 10 % des intellectuels chinois, techniciens et ingénieurs compris), affublés de l'infamante étiquette de « droitier », auront une bonne vingtaine d'années pour se repentir, en camp ou dans un lointain village déshérité — quand ils auront réussi à survivre à l'âge, à la famine de 1959-1961, au désespoir ou, une décennie plus tard, à la tornade des Gardes rouges, acharnés à reprendre leur persécution : il faudra attendre 1978 pour assister aux premières réhabilitations. De plus, des millions de cadres (100 000 rien qu'au Henan[3]) et d'étudiants sont « ruralisés », provisoirement ou, en principe, définitivement : les envoyer dans les rudes campagnes constitue une sanction, mais vise aussi à préparer le Grand Bond en avant, qui doit s'y focaliser.

L'enfermement pénitentiaire est généralement précédé d'un enfermement social, pendant la période de « lutte » contre le droitier. Plus personne ne veut le connaître, ne serait-ce que pour lui donner un peu d'eau chaude. Il doit aller à son travail, mais pour y rédiger confession sur confession, y subir meeting sur meeting de « critique-éducation ». Le logement allant généralement avec l'emploi, les voisins-collègues, ou plutôt leurs enfants[4], ne lui laissent aucun répit : sarcasmes, insultes, interdiction de marcher sur le côté gauche d'une rue « puisqu'on est droitier », petite comptine se

1. *Cf.* par exemple Jean Pasqualini (avec Rudolph Chelminski), *Prisonnier de Mao : sept ans dans un camp de travail en Chine*, Paris, Gallimard, 1975 (éd. originale en anglais, 1973).

2. *Cf.* Domenach, *op. cit.*, p. 121-126.

3. Jean-Luc Domenach, *Aux origines du Grand Bond en avant : le cas d'une province chinoise, 1956-1958*, Paris, Éditions de l'EHESS et Presses de la FNSP, 1982, p. 151.

4. Dix ans plus tard, ils seront Gardes rouges : cette toute première génération postrévolutionnaire a été solidement formée...

terminant par « Le peuple luttera[1] le droitier à mort ». Il convient évidemment de tout accepter sans broncher, sous peine d'aggraver son cas[2]. On conçoit que les suicides soient alors nombreux. À travers les innombrables enquêtes et séances de critique, à travers aussi l'épuration qui doit — miracle bureaucratique — toucher au moins 5 %[3] des membres de *chaque* unité de travail (7 % dans les universités, qui s'étaient distingués lors des Cent Fleurs), les fonctionnaires du Parti s'installent à la tête des principales institutions culturelles : la brillante efflorescence intellectuelle et artistique que la Chine avait connue dans la première moitié du siècle était morte, assassinée. Les Gardes rouges tenteront ensuite de tuer jusqu'à son souvenir[4].

C'est alors que la société maoïste de la maturité prend vraiment forme. Même les soubresauts de la Révolution culturelle ne la déstabiliseront qu'un moment. Il faudra attendre les premières grandes réformes de Deng Xiaoping pour que la page soit tournée. Le fondement pourrait en être l'adage du Timonier : « N'oubliez pas la lutte des classes ! » Tout repose en effet sur un étiquetage généralisé des individus, amorcé dans les campagnes avec la réforme agraire, en ville avec les mouvements « de masse » de 1951, mais achevé vers 1955 seulement. Le collectif de travail joue un rôle dans le processus, mais il est significatif que, dans tous les cas, ce soit la police qui ait le dernier mot. Il s'agit encore une fois d'un découpage sociologique fantaisiste, mais aux conséquences diaboliques pour des dizaines de millions de personnes. Dès 1948, un cadre de la Longue Courbe avançait que « la manière dont on gagne sa vie détermine la manière de penser[5] ». Et inversement, si l'on suit la logique maoïste. On mélange en effet des groupes sociaux (délimités assez arbitrairement) et des groupes politiques, pour aboutir à une division binaire entre « catégories rouges » (ouvriers, paysans pauvres et moyens-pauvres, cadres du Parti, militaires de l'APL et « martyrs révolutionnaires ») et « catégories noires » (propriétaires fonciers, paysans riches, contre-révolutionnaires, « mauvais éléments » et droitiers). Entre les deux regroupements, on trouve les « catégories neutres » (par exemple intellectuels, capitalistes, etc.), mais elles tendent progressivement à être rejetées vers les « noirs », en compa-

1. Le verbe « lutter », employé transitivement, signifie ici dénoncer collectivement quelqu'un, exiger de lui contrition et, à défaut, réclamer sa condamnation ; c'est un « combat » bien particulier, puisqu'il est impossible pour la victime de se défendre, même oralement. Il est en principe convenu à l'avance s'il y aura simplement vociférations ou éventuellement coups, et si ceux-ci peuvent éventuellement aller jusqu'à l'assassinat (chose courante pendant la réforme agraire et la Révolution culturelle, rare entre ces deux périodes).

2. He, *op. cit.*, p. 3-8.

3. Le chiffre paraît avoir une valeur quasi magique, tant on le mentionne souvent dans les « campagnes ». Mais il constitue surtout un *minimum* au-dessous duquel il n'est pas question de descendre. On le retrouvera dans le discours de Pol Pot : le « dérapage » sera là particulièrement important...

4. Mac Farquhar et Fairbank, *op. cit.*, p. 257.

5. Hinton, *op. cit.*, p. 484.

gnie des déclassés, marginaux, « responsables du Parti ayant choisi la voie capitaliste », et autres espions. Ainsi, pendant la Révolution culturelle, les intellectuels seront officiellement la « neuvième catégorie (noire) puante ». L'étiquette, quoi qu'on puisse faire, colle littéralement à la peau : un droitier, même officiellement « réhabilité », sera une cible privilégiée à la première campagne de masse, et n'aura jamais le droit de revenir en ville [1]. La logique infernale du système, c'est qu'il faut des ennemis à combattre et parfois à abattre, et que le « stock » doit être renouvelé, par extension des caractéristiques incriminantes, ou par déchéance : un cadre communiste peut par exemple devenir droitier.

Il s'agit, on l'aura compris, moins de classes sociales au sens marxiste du terme que de castes à l'indienne (la Chine traditionnelle, précisons-le, n'avait rien connu de semblable). D'une part, en effet, ce qui compte c'est la situation sociale d'*avant* 1949, sans prendre en considération les énormes bouleversements postérieurs. D'autre part, la qualification du chef de famille est généralement reportée automatiquement sur ses enfants (par contre l'épouse conserve son « étiquette de jeune fille »). Cette héréditarisation contribue à ossifier terriblement une société qui se dit révolutionnaire, et à jeter dans le désespoir les « mal nés ». La discrimination est en effet systématique à l'encontre des « noirs » et de leurs enfants, que ce soit pour l'entrée dans les universités ou dans la vie active (directive de juillet 1957), ou encore dans la vie politique. Il leur sera très difficile d'obtenir le mariage avec un conjoint « rouge », et la société tend à les ostraciser : on craint les ennuis vis-à-vis des autorités que la fréquentation de ces gens « à problèmes » peut causer. C'est avec la Révolution culturelle que l'étiquetage atteindra son paroxysme et prouvera tous ses effets pervers, du point de vue même du régime.

La plus grande famine de l'histoire (1959-1961)

Un mythe a longtemps couru en Occident : bien sûr, la Chine n'était pas un modèle de démocratie, mais « au moins Mao a réussi à donner un bol de riz à chaque Chinois ». Il n'y a malheureusement pas plus faux : d'une part, nous allons le voir, les bien modestes disponibilités alimentaires par habitant n'ont probablement pas augmenté significativement entre le début et la fin de son règne, et ce malgré des efforts comme il en fut rarement imposé à une paysannerie au cours de l'histoire ; d'autre part, et surtout, Mao et le système qu'il créa furent directement responsables de ce qui restera (on l'espère...) comme la plus meurtrière famine de tous les temps, tous pays confondus, en valeur absolue.

On concédera que le but de Mao n'était pas de tuer en masse ses compatriotes. Mais le moins qu'on puisse dire est que les millions de per-

1. Ce fut l'expérience de He Liyi, *op. cit.*

sonnes mortes de faim ne le préoccupèrent guère ; son principal souci, en ces années noires, semble avoir été de dénier au maximum une réalité dont il savait qu'on pouvait la lui incriminer. Il est assez difficile, dans la catastrophe, de faire la part des responsabilités, du projet lui-même *ou* du dérapage constant de son application. Le tout met en tout cas crûment en lumière l'incompétence économique, la méconnaissance du pays, l'isolement dans la suffisance et l'utopisme volontariste de la direction du PC et, singulièrement, de son chef. La collectivisation de 1955-1956 avait été plutôt bien acceptée par la majorité des paysans : elle les regroupait sur la base de leur village, et le droit de se retirer de la coopérative n'était pas un vain mot — 70 000 foyers en profitèrent au Guangdong en 1956-1957, et de nombreuses unités furent dissoutes [1]. Ce succès apparent et les bons résultats des moissons de 1957 poussent Mao à proposer et à imposer aux réticents tant les objectifs du Grand Bond (annoncés en décembre 1957, précisés en mai 1958) que le moyen supposé d'y parvenir, la commune populaire, en août 1958.

Il s'agit, simultanément et en très peu de temps (« trois ans d'efforts et de privations, et mille ans de bonheur », assure un slogan à la mode), de bouleverser le mode de vie des paysans, contraints de se grouper en gigantesques unités de milliers, voire de dizaines de milliers de familles, où tout devient commun, à commencer par les repas ; de développer la production agricole dans d'énormes proportions, grâce à des travaux pharaoniques d'irrigation et à de nouvelles méthodes culturales ; enfin, de supprimer la différence entre travail agricole et travail industriel, par la mise en place partout d'unités industrielles, en particulier des petits hauts-fourneaux (l'« agroville » krouchtchévienne n'est pas loin). Le but est à la fois d'assurer l'autosuffisance à chaque communauté locale et de permettre une croissance accélérée de l'industrie, tant à travers les nouvelles entreprises rurales qu'au moyen des considérables surplus agricoles que devraient dégager les communes au profit de l'État et de la grande industrie qu'il contrôle : dans ce joli rêve qui met, dit-on, le communisme à portée de main, accumulation du capital et amélioration rapide du niveau de vie peuvent aller de pair. Il suffira de remplir les objectifs fixés d'en haut...

Pendant quelques mois, tout paraît marcher à la perfection. On travaille jour et nuit sous les drapeaux rouges claquant au vent, on produit « davantage, plus vite, mieux et plus économiquement », les responsables locaux annoncent record sur record, et en conséquence les objectifs grimpent sans cesse : jusqu'à 375 millions de tonnes de grain pour 1958, le double des 195 millions de tonnes (un assez bon chiffre) de l'année précédente ; et on annoncera en décembre que le résultat est atteint, il est vrai après avoir expédié aux champs le personnel du Bureau central de statistiques, assurément « droitier » puisqu'il avait communiqué ses doutes... La

1. Justin Yifu Lin, « Collectivization and China's Agricultural Crisis in 1959-1961 », *Journal of Political Economy*, 1990, vol. 98, nº 6, p. 1228-1250.

Grande-Bretagne, que le Grand Bond devait permettre de dépasser en quinze ans, sera maintenant rejointe en deux ans, c'est certain. Puisque, certifie le président, « la situation est excellente », on relève les normes de production, on accroît les livraisons obligatoires, on ordonne de dégarnir les champs au profit des ateliers. Une province qui se veut modèle, comme le Henan, cède généreusement deux cent mille de ses travailleurs à celles qui déclarent de moins bons résultats[1]. L'« émulation socialiste » pousse toujours plus loin : suppression totale des lopins privés et des marchés libres, abolition du droit de quitter le collectif, ramassage de tous les ustensiles métalliques pour les transformer en acier, et parfois des portes en bois pour chauffer les hauts-fourneaux. À titre de compensation, toutes les réserves alimentaires communes sont consommées lors de mémorables banquets. « Il était considéré comme révolutionnaire de manger de la viande », se souvient-on au Shanxi[2] : pas de problème, la récolte devait être fabuleuse... « La volonté est maîtresse des choses », avait déjà titré la presse du Henan, lors du Congrès hydraulicien provincial d'octobre 1957[3].

Mais, bientôt, les dirigeants qui sortent encore parfois de la Cité interdite (ce n'est guère alors le cas de Mao) doivent se rendre à l'évidence : ils sont eux-mêmes tombés dans leur propre piège, celui de l'optimisme de commande, du succès obligatoire et de la toute-puissance supposée des dirigeants mythiques issus de la Longue Marche, habitués à gérer l'économie et les travailleurs comme des armées en campagne. Il est moins risqué pour un cadre de trafiquer ses statistiques, quitte à pressurer de façon insupportable ses administrés pour fournir quand même les livraisons prévues, que d'avouer n'avoir pas rempli les objectifs sacro-saints : sous Mao, le « dérapage à gauche » (puisque volontarisme, dogmatisme et violence sont censés être de gauche) fut toujours moins dangereux que la médiocrité droitière. En 1958-1959, plus un mensonge est gros, plus la promotion de son auteur sera rapide : la fuite en avant est totale, les « thermomètres » sont tous cassés, et les critiques potentiels en prison ou sur les chantiers d'irrigation.

Les raisons du drame sont également techniques. Certaines méthodes agronomiques tout droit venues de l'académicien soviétique Lyssenko, et reposant sur la négation volontariste de la génétique, ont valeur de dogme en Chine autant que chez le Grand Frère. Imposées aux paysans, elles se révèlent désastreuses : alors que Mao avait cru bon de prétendre qu'« avec de la compagnie [les graines] poussent facilement, quand elles croissent ensemble elles se sentent à l'aise[4] » — application créatrice de la solidarité de classe à la nature —, les semis ultra-serrés (cinq à dix fois la densité normale) tuent les jeunes plants, les labours profonds dessèchent la terre

1. Domenach (1982), *op. cit.*, p. 152.
2. William Hinton, *Shenfan*, New York, Random House, 1984.
3. Domenach (1982), *op. cit.*, p. 149.
4. Mao, discours secret, *in* Roderick Mac Farquhar, Timothy Cheek et Eugene Wu (éds.), *The Secret Speeches of Chairman Mao*.

ou font remonter le sel, blé et maïs ne se font pas très bonne compagnie sur les mêmes champs, et le remplacement de l'orge traditionnel par le blé sur les hautes terres froides du Tibet est tout simplement catastrophique. D'autres « erreurs » sont d'initiative nationale : l'extermination des moineaux mangeurs de grain a fait proliférer les parasites ; bon nombre d'ouvrages hydrauliques, bâclés et mal coordonnés les uns avec les autres, se révèlent inutiles ou même dangereux (érosion accélérée, risque de rupture brutale aux premières crues), et leur construction coûte cher en vies humaines (10 000 pour 60 000 travailleurs sur un chantier au Henan) ; la volonté de miser l'avenir sur une énorme récolte de céréales (comme sur l'acier dans l'industrie : « *big is beautiful* ») ruine les « petites » activités agricoles annexes, y compris l'élevage, souvent indispensables à l'équilibre alimentaire ; au Fujian, des plantations de thé à très forte valeur ajoutée sont reconverties en rizières.

C'est enfin, au plan économique, l'allocation des ressources qui se révèle dévastatrice : le taux d'accumulation du capital atteint un niveau sans précédent (43,4 % du PIB en 1959 [1]), mais c'est pour mettre en place de grands ouvrages d'irrigation souvent non terminés ou bâclés, et surtout pour développer massivement l'industrie des centres urbains (la Chine « marche sur deux jambes », selon un slogan maoïste célèbre, mais tout le sang de la « jambe » agricole doit passer dans l'industrielle). Cette aberrante allocation du capital détermine de non moins aberrantes allocations de main-d'œuvre : les entreprises d'État embauchent en 1958 la bagatelle de vingt et un millions de nouveaux ouvriers, soit un accroissement de ce secteur de 85 % en une seule année ! Résultat : entre 1957 et 1960, la population non agricole passe de 15 % à 20 % du total — c'est l'État qui devra la nourrir [2]. Or, parallèlement, les travailleurs des campagnes s'épuisent à tout (grands travaux, micro-aciéries dont toute la production est généralement à mettre au rebut, destruction des anciens villages et construction de nouveaux logements, etc.), sauf à cultiver ; devant les « mirifiques » récoltes de 1958, on s'est même cru autorisé à diminuer de 13 % les surfaces emblavées en céréales [3]. Le résultat de cette combinaison de « délire économique et de mensonge politique [4] », ce sont ces moissons de 1960, que les paysans n'ont plus même la force de récolter. Le Henan, première province à se déclarer « hydraulisée à 100 % » (tous les travaux d'irrigation ou d'endigage possibles ont en principe été réalisés), sera aussi l'une des plus durement frappées par la famine (entre deux et huit millions de morts, suivant les estimations [5]). Le prélèvement étatique est au plus

1. Mac Farquhar et Fairbank, *op. cit.*, p. 380.
2. *Ibid.*, p. 369.
3. *Idem.*
4. Domenach (1982), *op. cit.*, p. 157.
5. La plupart des informations qui précèdent proviennent de Jasper Becker, *Hungry Ghosts : China's Secret Famine*, Londres, John Murray, 1996. Il s'agit à notre connaissance du seul ouvrage synthétique sur la famine consécutive au grand Bond.

haut : 48 millions de tonnes de céréales sont livrées en 1957 (17 % des disponibilités), 67 millions en 1959 (28 %), et encore 51 millions en 1960. Le piège se referme sur les menteurs, ou plutôt, malheureusement, sur leurs administrés : dans le district réputé modèle de Fengyang (Anhui), 199 000 tonnes de grain ont été annoncées en 1959, joli progrès par rapport aux 178 000 de l'année précédente ; en fait la production était de 54 000 tonnes, contre 89 000 en 1958 ; mais l'État réclama sa part bien réelle de la récolte fantôme : 29 000 tonnes ! Ce sera donc, l'année suivante le régime de la soupe claire de riz pour (presque) tout le monde, et le slogan à la mode sera celui, surréaliste, d'un *Quotidien du Peuple* de la fin 1959 : « vivre sur un mode frugal dans une année d'abondance ». La presse nationale se met à vanter les mérites de la sieste, et des professeurs en médecine insistent sur la physiologie particulière des Chinois, qui leur rend superflues graisses et protéines[1].

Il était peut-être encore temps de redresser la barre, et on prend de premières mesures en ce sens en décembre 1958. Mais les débuts de la tension avec l'URSS, et surtout, en juillet 1959, l'attaque au bureau politique du PC du prestigieux maréchal Peng Dehuai contre la stratégie voulue par Mao lui-même amènent ce dernier, *pour des raisons de pure tactique politique*, à refuser de reconnaître la moindre difficulté, de façon à éviter de se reconnaître le moindre tort. Le trop lucide ministre de la Défense est remplacé par Lin Biao, qui se révélera servile créature du Timonier. Peng marginalisé, mais non arrêté, sera en 1967 chassé du Parti, condamné à la prison à vie, et mourra enfermé en 1974 : Mao savait avoir la haine tenace. Tentant de transformer son avantage, il imposa en août 1959 une relance et un approfondissement du Grand Bond, les communes populaires étant désormais promises à être étendues aux villes (cela ne se fera finalement pas). La Chine l'aura, sa grande famine — mais Mao survivra. Et puisque, comme le prétendra ensuite Lin Biao, ce sont les génies qui font l'histoire...

La famine touchera tout le pays : tel terrain de basket est à Pékin transformé en jardin potager, et deux millions de poules envahissent les balcons de la capitale[2] ; aucune province n'est à l'abri, malgré l'immensité du pays et l'extrême variété des conditions naturelles et des cultures. Cela suffirait à prouver l'inanité de l'incrimination officielle des « pires catastrophes naturelles en un siècle ». En fait, 1954 et 1980 furent des années météorologiquement beaucoup plus perturbées ; en 1960, seules huit stations météo chinoises sur cent vingt mentionnèrent une sévère sécheresse, et moins du tiers une sécheresse[3]. Or la récolte de 1960, avec 143 millions de tonnes de grain, est de 26 % inférieure à celle de 1957 (celle de 1958 l'avait à peine dépassée) ; on est retombé au niveau de 1950 — avec cent

1. *Ibid.*, p. 133.
2. Roux, *op. cit.*, p. 295-296.
3. Becker, *op. cit.*, p. 283.

millions de Chinois en plus[1]. Les villes, privilégiées par la répartition des stocks et la proximité des organes du pouvoir, sont cependant moins durement frappées (ainsi en 1961, au moment le plus sombre, leurs habitants bénéficient en moyenne de 181 kilos de grain, alors que les ruraux n'en reçoivent que 153 ; la ration de ces derniers a diminué de 25 %, contre 8 % pour celle des urbains). Mao, conformément à la tradition des dominants en Chine, mais contrairement à la légende complaisamment tissée autour de lui, révèle là son peu de souci pour la simple survie de ces êtres grossiers et primitifs que sont les paysans. D'autre part, les inégalités régionales, voire locales, sont fortes : les provinces les plus fragiles, celles du Nord et du Nord-Ouest, les seules à avoir été frappées par la famine lors du dernier siècle, sont logiquement parmi les plus atteintes. Par contre le Heilongjiang, à l'extrême nord, peu touché et encore largement vierge, voit sa population bondir de 14 à 20 millions d'habitants : c'est un havre pour les affamés. Suivant un processus bien connu lors des famines du passé de l'Europe, les régions spécialisées dans les cultures industrielles (canne à sucre, oléagineux, betterave, et surtout coton), dont les affamés n'ont plus les moyens d'acheter les produits, voient leur production s'effondrer (parfois des deux tiers), cependant que la faim y frappe particulièrement durement : le prix du riz sur les marchés libres (ou au marché noir) a été multiplié par quinze, voire trente. Le dogme maoïste redouble le désastre : puisque les communes populaires *doivent* permettre l'autosuffisance, les transferts de vivres interprovinciaux sont drastiquement réduits. Ils souffrent par ailleurs de la pénurie de charbon (les mineurs affamés sont partis chercher de quoi manger, ou cultivent des potagers), et de la tendance générale à l'apathie et à la dissolution suscitée par la faim. Dans une province industrialisée comme le Liaoning, les deux effets se cumulent : production agricole de 1960 réduite à la moitié de celle de 1958, et, alors que 1,66 million de tonnes de produits alimentaires y arrivaient chaque année en moyenne dans les années cinquante, les transferts tombent *pour tout le pays* dès 1958 à 1,5 million de tonnes.

Que la famine soit d'essence politique est démontré par la concentration d'une très large part de la mortalité sur les provinces dirigées par des maoïstes radicaux, alors même qu'elles sont plutôt exportatrices de grain en temps ordinaire : Sichuan, Henan, Anhui. Cette dernière, au Centre-Nord, est sans doute la plus touchée : la mortalité bondit en 1960 à 68 ‰ (pour environ 15 ‰ en période normale), cependant que la natalité s'effondre à 11 ‰ (environ 30 ‰ précédemment). Résultat : la population y diminue de deux millions de personnes (6 % du total) en une seule année[2]. Les activistes du Henan sont convaincus comme Mao que toutes les difficultés proviennent des dissimulations de grain par les paysans : selon le secrétaire de la préfecture de Xinyang (dix millions d'habitants), où avait

1. Mac Farquhar et Fairbank, *op. cit.*, p. 370 et 383.
2. *Ibid.*, p. 376-377.

été lancée la première commune populaire du pays, « ce n'est pas que la nourriture manque. Il y a du grain en quantité, mais 90 % des habitants ont des problèmes idéologiques [1] ». C'est contre l'ensemble des ruraux (les « rangs de classes » sont pour l'instant oubliés) qu'à l'automne 1959 est déchaînée une offensive de style militaire, pour laquelle les responsables évoquent les méthodes de la guérilla antijaponaise. Au moins dix mille paysans sont emprisonnés, et beaucoup périront alors de faim. Ordre est donné de briser tous les ustensiles de cuisine des particuliers (ceux qui n'ont pas été transformés en acier inutilisable), de façon à leur interdire toute autoalimentation et tout désir de chaparder dans les biens de la coopérative. Tout feu est même proscrit, alors que le rude hiver approche ! Les dérapages de la répression sont terrifiants : tortures systématiques sur des milliers de détenus, des enfants tués, mis à bouillir, puis utilisés comme engrais — alors même qu'une campagne nationale incite à « apprendre du Henan ». En Anhui, où l'on proclame l'intention de « maintenir le drapeau rouge même avec 99 % de morts [2] », les cadres reprennent les bonnes vieilles traditions de l'enterrement vivant et de la torture au fer rouge. Les funérailles sont prohibées : on craint que leur nombre n'affole les survivants, et qu'elles ne se transforment en protestations de fait. On interdit de recueillir les nombreux enfants abandonnés : « Plus on en recueillera, plus on en abandonnera [3]. » Les villageois désespérés qui tentent de gagner les villes y sont accueillis par la mitraille. Le district de Fenyang compte plus de 800 morts, et 12,5 % de sa population rurale, soit 28 000 personnes, sont punis suivant diverses modalités. Les choses prennent la proportion d'une véritable guerre antipaysanne. Comme l'a dit Jean-Luc Domenach, « l'intrusion de l'utopie dans la politique a très précisément coïncidé avec celle de la terreur policière dans la société [4] ». La mortalité par la faim dépasse 50 % dans certains villages ; parfois, seuls les cadres ayant abusé de leur pouvoir sont en mesure de survivre. Et, comme au Henan, les cas de cannibalisme sont nombreux (63 reconnus officiellement), en particulier au travers de « tontines » où l'on s'échange les enfants pour les manger [5].

Au moment où Gagarine s'élance dans l'espace, et dans un pays doté de plus de trente mille kilomètres de chemins de fer, du téléphone, de la radio, on retrouve les ravages propres aux grandes crises de subsistance de l'Ancien Régime européen, mais ils frappent une population de l'ordre de celle du *monde entier* au XVIIIe siècle : myriades d'affamés tentant de se repaître de bouillies d'herbe, d'écorces d'arbre, de feuilles de peuplier dans les villes, errant sur les routes à la recherche de leur pitance, tentant de piller les convois de vivres, se lançant à l'occasion dans des jacqueries du désespoir (districts de Xinyang et de Lan Kao au Henan [6]) — on ne leur

1. Becker, *op. cit.*, p. 113.
2. *Ibid.*, p. 146.
3. *Ibid.*, p. 139.
4. Domenach (1982), *op. cit.*, p. 155.
5. Becker, *op. cit.*, p. 112-149.
6. Roux, *op. cit.*, p. 296-297.

enverra rien à manger, mais on fusillera parfois les cadres locaux « responsables » ; plus grande sensibilité aux maladies et aux infections, ce qui démultiplie la mortalité ; quasi-arrêt de la capacité des femmes épuisées à concevoir ou à mettre au monde des enfants. Les détenus du laogai ne sont pas les derniers à mourir de faim, même si leur situation n'est pas forcément plus précaire que celle des paysans avoisinants, qui viennent parfois aux portes du camp mendier un peu de nourriture : les trois quarts de la brigade de travail de Jean Pasqualini en août 1960 étaient un an après morts ou mourants[1], et les survivants en étaient réduits à rechercher les grains de maïs non digérés dans le crottin des chevaux, et les vers dans les bouses de vaches[2]. Ils servent aussi de cobayes pour l'expérimentation d'ersatz de famine, comme le mélange de farine avec 30 % de pâte à papier dans la confection du pain, ou celui de plancton des marais avec la bouillie de riz ; le premier plonge le camp entier dans d'épouvantables constipations, dont beaucoup périssent ; le second rend également malade, et les plus faibles meurent. Finalement on s'arrête aux rafles de maïs moulues, qui se répandront dans le pays entier[3].

Pour l'ensemble du pays, la mortalité bondit de 11 ‰ en 1957 à 15 ‰ en 1959 et 1961, et surtout à 29 ‰ en 1960. La natalité baisse de 33 ‰ en 1957 à 18 ‰ en 1961. Sans tenir compte du déficit des naissances (peut-être 33 millions, mais certaines sont simplement retardées[4]), les pertes liées à la surmortalité de famine peuvent être évaluées, de 1959 à 1961, entre 20 (chiffre quasi officiel en Chine depuis 1988) et 43 millions de personnes[5]. On a là, vraisemblablement, la famine la plus grave (au moins en chiffres absolus) de toute l'histoire de la Chine (la seconde serait celle de 1877-1878 au nord du pays, qui fit entre 9 et 13 millions de victimes), et sans doute aussi de l'histoire du monde. Celle qui, un peu dans le même contexte politico-économique, avait touché l'URSS entre 1932 et 1934 avait été la cause de cinq millions de morts environ, soit plutôt moins en proportion que dans la Chine du Grand Bond[6]. La mortalité dans les campagnes était de 30 % à 60 % supérieure à celle des villes en temps normal ; elle devint double (29 ‰ contre 14 ‰) en 1960. Les paysans retardèrent un peu les effets de la famine en consommant le capital productif représenté par le bétail : 48 % des porcs sont abattus de 1957 à 1961, et surtout 30 % des animaux de trait[7]. Quant aux cultures non strictement alimentaires (telles que le coton, base alors de la principale industrie du pays), la superficie qui leur est consacrée diminue de plus d'un tiers

1. Pasqualini, *op. cit.*, p. 262.
2. *Ibid.*, p. 252.
3. *Ibid.*, p. 225-228.
4. Lin, article cité.
5. Becker, *op. cit.*, p. 270-273.
6. Mac Farquhar et Fairbank, *op. cit.*, p. 370-372.
7. *Ibid.*, p. 372-386, pour ces données et la plupart de celles qui suivent sur le Grand Bond.

entre 1959 et 1962 : la chute de la production se transmettra ainsi au secteur manufacturier. Si, dès la fin de 1959, les marchés libres paysans sont autorisés de nouveau pour inciter à la production, les prix qu'ils proposent — compte tenu des faibles quantités — sont si élevés que peu d'affamés peuvent y trouver de quoi survivre : en 1961, les tarifs du porc y sont 14 fois plus hauts que dans les magasins d'État. Les prix des produits d'élevage montent beaucoup moins que ceux des céréales dans le Nord-Ouest pastoral, chroniquement déficitaire en grain : dans le Gansu, on meurt encore de faim en 1962, la ration céréalière y équivalant à la moitié de la limite de « demi-famine ».

Le souvenir du Grand Bond en Anhui, ou comment Wei Jingsheng rompit avec le maoïsme

Depuis mon arrivée ici[1], j'entendais souvent les paysans parler du Grand Bond en avant comme s'il se fût agi d'une apocalypse dont ils étaient heureux d'avoir pu réchapper. M'étant pris de passion pour le sujet, je les interrogeais fréquemment dans le détail, si bien que, au fil du temps, je finis par me convaincre, à mon tour, que les « trois années de catastrophes naturelles » n'étaient pas aussi naturelles que cela et qu'elles étaient, bien plutôt, les résultats d'une politique erronée. Les paysans racontaient, par exemple, qu'en 1959-1960, pendant le « vent communiste[2] », leur faim était telle qu'ils n'avaient même pas la force de récolter le riz mûr, or cette année-là avait été une bonne année. Beaucoup d'entre eux étaient morts de faim en regardant les grains de riz tomber dans les champs, poussés par le vent. Dans certains villages, il ne se trouvait carrément personne pour aller récolter. Une fois, alors que je me rendais en compagnie d'un parent dans un village situé à quelques *lis* de chez nous et où nous avions été invités, nous passâmes à proximité d'un village désert dont toutes les maisons avaient perdu leur toit. Seuls restaient les murs de terre.

Persuadé qu'il s'agissait d'un village abandonné pendant le Grand Bond en avant, à l'époque des regroupements de villages, je m'étonnai :

« Pourquoi n'abat-on pas ces murs pour faire des champs ? »

Mon parent me répondit :

« Mais c'est que ces maisons appartiennent à des gens, et il n'est pas possible de les abattre sans leur permission. »

Fixant les masures, je me refusais à croire qu'elles fussent habitées.

« Pour sûr qu'elles sont inhabitées ! Par ici, tout le monde est mort de faim à l'époque du "vent communiste" ! Et plus personne n'est jamais revenu. Alors, on a distribué les terres aux équipes de production voisines. Seulement, comme on a pensé qu'il en reviendrait peut-être quelques-uns,

1. En 1968, Wei, âgé de dix-huit ans, Garde rouge désormais pourchassé par les autorités, comme des millions d'autres, se cache dans sa famille, dans un village de l'Anhui, province particulièrement meurtrie par le Grand Bond en avant.

2. Une des appellations officielles du Grand Bond.

on n'a pas partagé les terrains d'habitation. Mais, depuis le temps, je crains bien qu'il ne revienne plus personne. »

Nous longions justement le village. Les rayons éclatants du soleil éclairaient les mauvaises herbes, d'un vert de jade, qui poussaient entre les murs de terre, soulignant ainsi le contraste avec les champs de riz soignés alentour et ajoutant à la désolation du paysage. Devant mes yeux, parmi les mauvaises herbes, surgit soudain une scène qui m'avait été rapportée au cours d'un banquet [*sic*] : celle de familles échangeant entre elles leurs enfants pour les manger. Je distinguai clairement le visage affligé des parents mâchant la chair des enfants contre lesquels ils avaient troqué les leurs. Les gamins chassant les papillons dans les champs situés près du village me semblaient être la réincarnation des enfants dévorés par leurs parents. Ils me faisaient pitié. Mais leurs parents me faisaient davantage pitié encore. Qui les avait obligés à avaler, dans les larmes et la douleur des autres parents, cette chair humaine qu'ils n'auraient jamais, même dans leurs cauchemars, pensé devoir goûter ? J'ai compris alors qui était ce bourreau, « tel que l'humanité, en plusieurs siècles, et la Chine, en plusieurs millénaires, n'en ont produit qu'un seul [1] » : Mao Zedong. Mao Zedong et ses sectateurs qui, par leur système et leur politique criminels, avaient contraint des parents rendus fous par la faim à livrer à d'autres la chair de leur chair pour qu'ils apaisent leur faim, et à recevoir la chair de la chair d'autres parents pour apaiser la leur. Mao Zedong qui, pour laver le crime qu'il venait de commettre en assassinant la démocratie [2], avait lancé le « Grand Bond en avant » et obligé des milliers et des milliers de paysans hébétés par la faim à abattre à coups de binette leurs anciens compagnons et à sauver ainsi leur propre vie grâce à la chair et au sang de ces compagnons d'enfance. Non, les bourreaux ce n'étaient pas eux, les bourreaux c'étaient bien les Mao Zedong et consorts. Enfin, je comprenais où Peng Dehuai avait puisé la force de s'attaquer au Comité central du Parti dirigé par Mao Zedong ; enfin, je comprenais pourquoi les paysans détestaient à ce point le « communisme » et pourquoi ils n'avaient pas admis que l'on attaquât la politique des « trois libertés et une garantie » de Liu Shaoqi. Pour cette simple et bonne raison qu'ils n'entendaient plus à l'avenir donner à mâcher à d'autres la chair de leur chair ni abattre leurs compagnons pour les manger dans un coup de folie, par instinct de survie. Cette raison-là pesait d'un poids plus lourd que n'importe laquelle des idéologies [3].

Soit inconscience accablante, soit, plus vraisemblablement, indifférence absolue envers ces quelques millions d'« œufs » qu'il faut bien casser pour s'approcher du communisme, l'État réagit à la crise — si l'on peut dire — par des mesures dans ces circonstances proprement crimi-

---

1. Célèbre formule appliquée par Lin Biao à Mao Zedong, discours du 18 septembre 1966.

2. Allusion au « piège » des Cent Fleurs.

3. Wei Jingsheng, « Mon évolution intellectuelle entre seize et vingt-neuf ans », in *La Cinquième Modernisation et autres écrits du « Printemps de Pékin »*, Paris, Christian Bourgois, 1997, p. 244-246. Sur Wei, *cf.* ci-dessous.

nelles. Ainsi les exportations nettes de grain, en premier lieu vers l'URSS, montent de 2,7 millions dc tonnes en 1958 à 4,2 millions en 1959, et ne font en 1960 que revenir au niveau de 1958 ; on importe 5,8 millions de tonnes en 1961, contre 66 000 en 1960, mais c'est encore trop peu[1]. Et l'aide des États-Unis est refusée, pour raisons politiques. Le monde, qui aurait pu se mobiliser, doit demeurer ignorant des mésaventures du socialisme à la chinoise. Enfin, l'aide aux nécessiteux des campagnes représente moins de 450 millions de yuans par an, soit 0,8 yuan par personne — alors que le kilo de riz atteint sur les marchés libres 2 à 4 yuans... Le communisme chinois, comme il s'en vante, a su « déplacer les montagnes » et dompter la nature. Mais c'était pour laisser mourir de faim les bâtisseurs de l'idéal.

Entre la relance d'août 1959 et 1961, tout se passe comme si le Parti, hébété, regardait le spectacle du désastre sans pouvoir réagir. Critiquer le Grand Bond, en faveur duquel Mao avait jeté tout son poids, était trop dangereux. Mais la situation se dégrada à tel point que Liu Shaoqi, « numéro deux » du régime, put mettre le président du Parti sur la défensive et imposer un quasi-retour à la collectivisation « douce » d'avant la formation des communes populaires : lopins privés, marchés paysans, entreprises artisanales libres, déconcentration au niveau de la brigade de travail (équivalente à l'ancien village) de la gestion des activités paysannes. Cela permit rapidement la sortie de la famine[2]. Mais pas celle de la pauvreté : tout se passe comme si la production agricole, qui croissait assez notablement entre 1952 et 1958, avait été brisée dans son élan, pour deux décennies : la confiance ne pouvait revenir tant que le « ventre était encore chaud » (Mao, les communes populaires) d'où avait jailli le gigantesque fléau des années 1959-1961. La valeur brute de la production agricole doublait certes entre 1952 et 1978, mais simultanément la population passait de 574 millions à 959 millions, et l'essentiel du petit accroissement par habitant était à mettre au compte des belles années cinquante. Pour la plupart des productions, il fallut attendre 1965 au moins (1968-1969 au Henan[3]) pour simplement retrouver le niveau de 1957 (en valeur brute). La productivité agricole finale fut plus atteinte encore : le Grand Bond, avec ses gaspillages éhontés d'intrants, la fit chuter d'un quart environ. Il fallut attendre 1983 pour retrouver globalement le niveau d'efficacité de 1952[4]. Les témoignages de l'époque de la Révolution culturelle confirment tous la grande pauvreté d'un monde villageois perpétuellement à la limite de la sous-alimentation, privé de tout superflu (le trésor, pour une famille, ce peut être une simple bouteille d'huile[5]), et que le traumatisme du Grand

1. Mac Farquhar et Fairbank, *op. cit.*, p. 381.
2. Becker, *op. cit.*, p. 235-254.
3. Domenach, *op. cit.*, p. 154.
4. Lin, article cité ; Claude Aubert, « Économie et société rurales », *in* Bergère *et al.* (1990), *op. cit.*, p. 166-168.
5. Hua Linshan, *Les Années rouges*, Paris, Le Seuil, 1987, p. 202.

Bond avait rendu extrêmement sceptique à l'égard de la propagande du régime. Il n'est pas surprenant que ce soient les petits paysans qui, répondant avec enthousiasme aux réformes libérales de Deng Xiaoping, aient été le fer de lance de la réintroduction de l'économie de marché en Chine, exactement vingt ans après le lancement des communes populaires.

Mais le désastre de 1959-1961, « grand secret » du régime, et dont beaucoup de visiteurs étrangers contribuèrent alors à la dénégation, ne fut jamais reconnu comme tel. Liu s'avança assez loin, en janvier 1962, devant l'auditoire restreint d'une conférence de cadres : la famine aurait été à 70 % le produit d'erreurs humaines [1]. Il était alors impossible d'aller au-delà sans mettre directement en cause Mao. Cependant, même après la mort de ce dernier, et l'émission en 1981 du « verdict final » du PCC sur son ancien chef, le Grand Bond continue d'échapper à toute condamnation, publique en tout cas.

1. Becker, *op. cit.*, p. 243.

LES PRINCIPALES UNITÉS

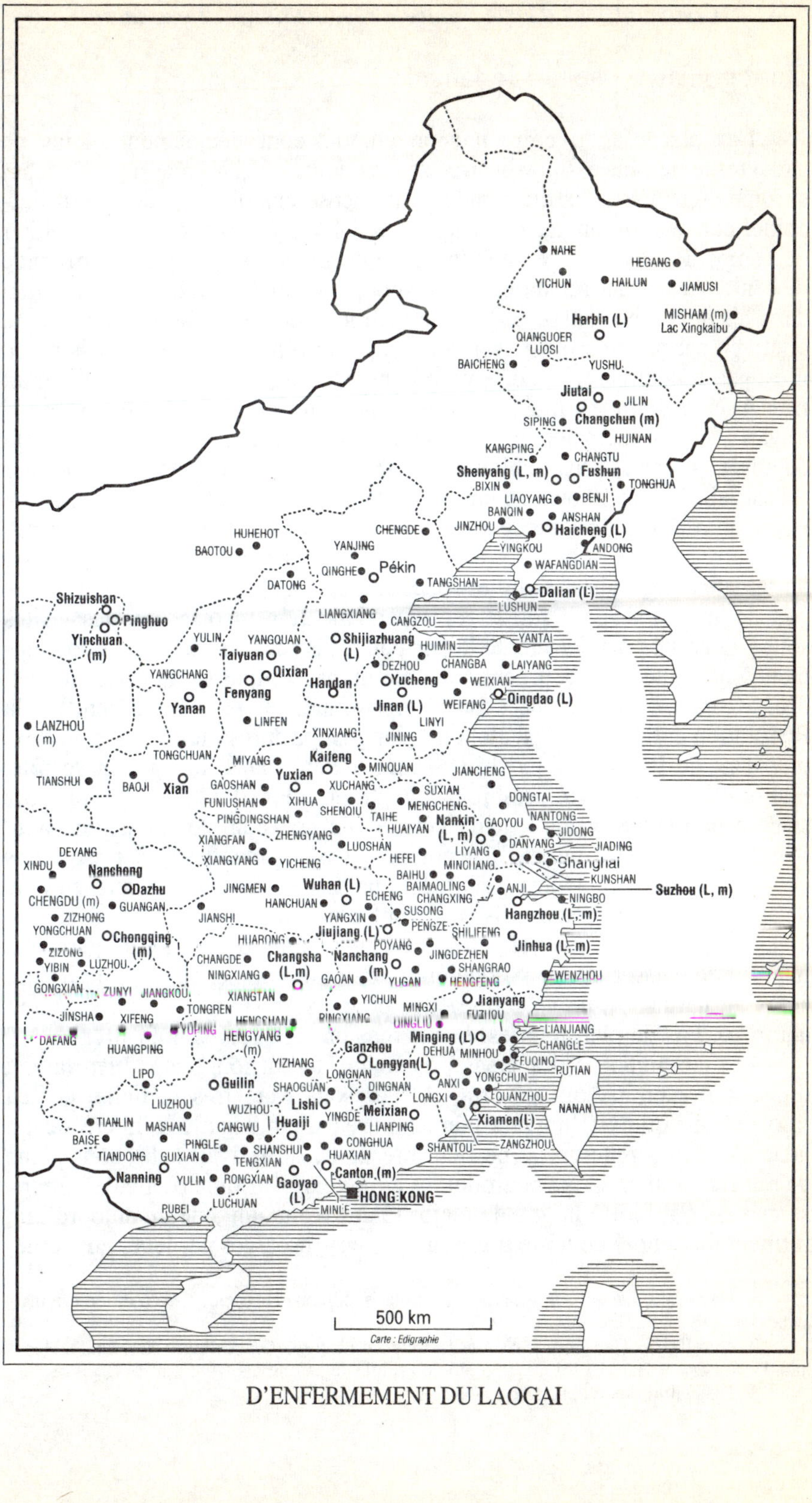

D'ENFERMEMENT DU LAOGAI

Un « goulag » caché : le laogai

Les placards du communisme chinois sont décidément pleins de cadavres, et le plus extraordinaire est sans doute qu'il ait réussi à les cacher si longtemps aux yeux du monde. L'immense chambre froide qu'est l'archipel concentrationnaire n'échappe pas à la règle. Fort d'un gros millier de camps de travail de grande taille *(voir carte)* ainsi que d'une myriade de centres de détention, il ne fait souvent pas l'objet de la moindre mention dans les ouvrages consacrés à la République populaire, même détaillés ou relativement récents. Il est vrai que l'appareil répressif a su se cacher : on n'est pas condamné à la « détention » ou aux « travaux forcés » (cela ferait trop Ancien Régime), mais à la « réforme » ou à la « rééducation » par le travail. Les principaux lieux d'internement, assez logiquement, sont déguisés en entreprises publiques : il faut ainsi savoir que la « teinturerie industrielle de Jingzhou » (nom qui figure seul sur la porte) n'est autre que la prison nº 3 de la province du Hubei, ou que la « ferme de thé de Yingde » correspond à l'unité de rééducation par le travail nº 7 de la province du Guangdong[1]. Les familles elles-mêmes n'écrivent qu'à une boîte postale anonyme. Et il fut de règle pendant l'ère maoïste que les visites soient interdites pendant toute la période d'instruction (dépassant couramment une année). Les proches ne furent pas toujours informés du lieu d'incarcération ou du décès de l'emprisonné, en particulier pendant la Révolution culturelle — ou alors très longtemps après : les enfants de l'ex-président de la République Liu Shaoqi, détenu dans une prison secrète, n'apprirent sa mort (novembre 1969) qu'en août 1972 ; ils purent alors seulement rendre visite à leur mère, enfermée comme lui depuis août 1967[2]. Lors de leurs rares déplacements « dans le monde », les prisonniers devaient se faire invisibles. Habitués à baisser la tête en permanence hors de la cellule, et à se taire, ils reçoivent ces étranges consignes dans une gare : « Conduisez-vous normalement dans le train. Il est interdit, je répète, interdit, de baisser la tête. Si quelqu'un doit aller aux cabinets, il doit faire signe au garde : le poing fermé et le pouce sorti. Fumer et parler seront autorisés. Pas de plaisanteries. Les gardes ont des ordres pour tirer[3]. »

Les témoignages d'anciens prisonniers furent longtemps bien rares : d'une part, comme on le verra, il était sous Mao très difficile, et peu fréquent, de quitter l'univers pénitentiaire ; d'autre part, le libéré devait généralement promettre de ne rien dire de ce qu'il avait subi, sous peine de réincarcération. C'est pourquoi les étrangers — infime partie des emprisonnés — ont fourni la grande majorité des récits qui, encore aujourd'hui, forment l'essentiel de notre information : eux, protégés par leurs gouverne-

---

1. Harry Wu, *Laogai : le goulag chinois*, Paris, éditions Dagorno, 1996 (édition originale en anglais, 1992), p. 28 et 198.
2. Yan Jiaqi et Gao Gao, *Turbulent Decade : A History of the Cultural Revolution*, Honolulu, University of Hawai'i Press, 1996 (édition originale en chinois, 1986), p. 164.
3. Pasqualini, *op. cit.*, p. 182.

ments, purent souvent ressortir vivants. Certains furent explicitement chargés de la mission de témoigner pour les souffrances de l'armée d'ombres qu'ils côtoyèrent un moment. Ce fut le cas de Jean Pasqualini (de son nom chinois Bao Ruo-wang) : un de ses codétenus lui expliqua pourquoi ses compagnons veillaient tant à sa santé et sa sécurité : « Tous ces hommes... et dire qu'aucun d'entre eux ne parviendra jamais à sortir de prison, y compris moi-même. Un contrat à vie. Tu es le seul qui soit différent, Bao. Il se peut qu'un jour tu sortes par la grande porte. Cela pourrait arriver à un étranger, mais pas à nous. Tu seras le seul à pouvoir en parler après, si tu sors. C'est pour ça que nous avons voulu te garder en vie, Bao, [...] aussi longtemps que tu seras ici, tu vivras. Je peux te le promettre. Et si tu es transféré dans d'autres camps, tu trouveras là-bas d'autres prisonniers qui penseront comme nous. Tu es une précieuse cargaison, mon vieux [1] ! »

Le système carcéral le plus peuplé de tous les temps

Le laogai, c'est-à-dire nulle part... Dans ce trou noir, le soleil radieux du maoïsme enfouit des dizaines de millions d'individus (50 millions au total jusqu'au milieu des années quatre-vingt, selon Harry Wu — le chiffre n'est qu'un ordre de grandeur [2]). Et beaucoup y périrent : si l'on croise les deux évaluations approximatives de Jean-Luc Domenach (une dizaine de millions de détenus en année moyenne — entre 1 % et 2 % de la population chinoise, suivant les moments —, et 5 % de mortalité annuelle), une vingtaine de millions de Chinois seraient morts en détention, dont quatre millions environ pendant la famine du Grand Bond, entre 1959 et 1962 (mais le retour aux rations « normales » — déjà minimales — n'eut parfois lieu qu'en 1964 [3]). Après l'extraordinaire témoignage de Jean Pasqualini, deux études récentes (celles de Wu et de Domenach) permettent désormais d'approcher d'une vision d'ensemble du plus méconnu des trois grands univers concentrationnaires du siècle.

De l'univers il a l'ampleur, la permanence (en tout cas jusqu'en 1978, année de la première grande vague de libérations [4]) et aussi la variété. Variété des prisonniers : 80 % de « politiques » vers 1955 (mais de nombreux délits de droit commun peuvent alors être requalifiés politiques — cela aggrave la sanction), une bonne moitié au début de la décennie suivante, et près de deux tiers de « droit commun » vers 1971 [5] : trace de la désaffection des couches populaires envers le régime, et du retour de la criminalité dans une atmosphère d'instabilité politique. Variété des formes

1. *Ibid.*, p. 262.
2. Wu, *op. cit.*, p. 38.
3. Domenach (1992), *op. cit.*, p. 242 ; Pasqualini, *op. cit.*, p. 318.
4. Domenach (1992), *op. cit.*, p. 489.
5. *Ibid.*, p. 512.

d'internement[1] : centres de « préventive », prisons (parmi lesquelles quelques établissements très spéciaux pour les dirigeants déchus), laogai proprement dit, et ces formes « atténuées » de déportation que sont le *laojiao* et le *jiuye*. Les *centres de détention* constituent le sas d'accès à l'archipel pénitentiaire ; au nombre de 2 500 environ, situés dans les villes, les prévenus y subissent leur instruction, de durée très variable (elle peut aller jusqu'à une décennie !) ; les peines inférieures à deux ans y sont également souvent purgées. Les *prisons*, où l'on ne trouve guère que 13 % des détenus, sont au moins un millier, et dépendent en général directement des autorités centrales ; jouant un rôle équivalent à celui de nos « quartiers de haute sécurité », elles renferment, sous surveillance renforcée, les plus lourdes peines (en particulier les condamnations à mort avec sursis de deux ans, bizarrerie du droit chinois qui se traduit dans la plupart des cas par une grâce pour « réforme sincère »), et les prisonniers « sensibles » (hauts cadres, étrangers, ecclésiastiques, dissidents, espions, etc.) ; les conditions de vie, très variables, peuvent ne pas être trop mauvaises (la Prison nº 1 de Pékin, où l'on mange à satiété, où l'on couche sur un tatami et non sur un bat-flanc de bois — « un rêve » pour ceux qui y arrivent d'ailleurs dans l'archipel[2] —, est l'établissement modèle qu'on fait visiter aux hôtes étrangers) ; mais la discipline, particulièrement stricte, la sévérité du travail industriel imposé, l'intensité de l'encadrement idéologique poussent souvent les détenus à solliciter leur envoi « au grand air » dans un camp de travail largement enjolivé.

La grande masse des détenus se trouve donc dans de vastes camps de travail, répartis sur tout le pays, les plus vastes et les plus peuplés se situant cependant dans les zones semi-désertes du nord de la Mandchourie, de la Mongolie-Intérieure, du Tibet, du Xinjiang et surtout du Qinghai, véritable « province pénitentiaire[3] », sorte de Kolyma chinoise au climat brûlant l'été, glacial l'hiver... Son camp nº 2 est peut-être le plus grand de Chine, avec au moins 50 000 déportés[4]. Les camps des régions reculées de l'Ouest et du Nord-Est ont la réputation d'être très durs, mais globalement les rythmes de travail sont plus éprouvants dans les usines carcérales des zones urbanisées que dans les grandes fermes d'État pénitentiaires. Dépendant en principe des administrations provinciales ou municipales (Shanghai a son réseau, réparti sur de nombreuses provinces), les détenus ont donc dans l'ensemble la même origine géographique (on ne rencontre pas de détenus tibétains en Chine de l'Est) ; à la différence de l'URSS, les camps s'intègrent dans les stratégies économiques locales ou régionales, et n'ont qu'occasionnellement participé à des projets d'ampleur nationale, tels que le « chemin de fer de l'amitié », en direction de la Kirghizie soviétique,

1. Sur ce point, *cf.* Wu, *op. cit.*, p. 23-39 ; Domenach (1992), *op. cit.*, p. 139-226.
2. Pasqualini, *op. cit.*, p. 104.
3. Domenach (1992), *op. cit.*, p. 541.
4. Wu, *op. cit.*, p. 30.

dont l'achèvement fut interrompu durant trente ans du fait du schisme soviéto-chinois...

La population des camps doit être divisée en trois groupes de statuts assez différents. La masse la plus importante, et surtout la plus permanente, est représentée sous Mao par les astreints au *laogai* proprement dit, qu'on peut traduire par « réforme [1] par le travail ». Ces condamnés à des peines de moyenne ou longue durée sont organisés militairement (escadrons, bataillons, compagnies, etc.) ; ils ont perdu leurs droits civiques, ne perçoivent aucun salaire et ne peuvent que rarement recevoir des visites. Dans les mêmes camps, et plus rarement dans des établissements spéciaux, on trouve aussi les assignés à la « rééducation par le travail », ou *laojiao*. Il s'agit d'une forme de détention administrative, créée en août 1957, au plus fort de la campagne Anti-Droitiers ; elle formalise quelque peu les pratiques d'incarcération paralégale de la Sécurité. Les victimes ne sont pas condamnées (donc il n'y a pas de terme fixé à leur détention), ne perdent pas leurs droits civiques (mais il n'y a pas de bureau de vote dans les camps...), et touchent un petit salaire (mais l'essentiel est retenu pour le vivre et le couvert). Les fautes qu'on leur reproche sont assez légères, et leur séjour en laojiao ne dépasse pas en principe quelques années ; mais on leur fait lourdement comprendre que beaucoup dépend de leur attitude... La discipline, les conditions de détention et de travail du laojiao sont très proches en fait de celles du laogai, et c'est la Sécurité qui administre l'un comme l'autre.

Un peu plus « privilégiés » sont les « affectés professionnels obligatoires » du *jiuye*, parfois dénommés « travailleurs libres ». Cette liberté est restreinte, puisqu'ils n'ont pas le droit de quitter leur lieu de travail, un camp le plus souvent, sinon pour une ou deux permissions annuelles. Mieux traités, un peu moins mal payés qu'au laojiao, ils peuvent faire venir leur famille ou se marier, mais vivent dans des conditions semi-carcérales. Il s'agit en fait du « sas de décompression » des camps, où sont parqués les « libérés », souvent pour le reste de leur vie : jusque dans les années soixante, 95 % des rescapés du laogai auraient été affectés au jiuye, et 50 % encore au début de la décennie quatre-vingt, ainsi que 20 % à 30 % des anciens du laojiao [2]. Coupés de leur milieu d'origine, ayant perdu leur emploi et leur droit de résider en ville, généralement divorcés (l'épouse est constamment incitée par les autorités à se séparer du « criminel »), suspects à vie puisqu'ils ont fauté, le plus triste est qu'ils n'ont souvent pas d'autre lieu où aller, et se résignent donc à leur condition... N'ayant plus rien à espérer, ils peuvent faire pitié même au détenu du laogai : « Les travailleurs libres, que nous commençâmes à rencontrer, formaient une triste équipe. On aurait dit qu'ils étaient vraiment dans la prison comme des résidents. Ils étaient paresseux, inexpérimentés et sales.

1. Wu préfère « redressement ».
2. *Ibid.*, p. 142-143.

Visiblement, ils avaient conclu que plus rien n'en valait la peine, et en un sens ils avaient raison. Ils étaient constamment affamés, sous les ordres des gardes et des gardiens, et enfermés la nuit juste comme nous autres. La seule différence entre notre condition et la leur, c'était le privilège qu'ils avaient de rendre visite à leur famille. Rien d'autre ne comptait. Bien sûr, ils recevaient aussi un salaire, mais ils devaient le dépenser pour la nourriture et l'habillement, qui n'étaient plus des cadeaux du gouvernement. Ces travailleurs libres se moquaient pas mal de tout ce qui pouvait se passer[1]. » Sous Mao, toute condamnation est en fait le plus souvent une condamnation à vie.

À la recherche de l'« homme nouveau »

L'enfermement sans limite constitue une contradiction fondamentale avec le projet même, hautement proclamé, du système pénitentiaire : la réforme du détenu, sa transformation en un « homme nouveau ». En effet, dit Jean-Luc Domenach, le système proclame à cor et à cri que « la détention n'est pas une punition, mais une occasion pour le criminel de se réhabiliter[2] ». Un document interne de la Sécurité précise le processus sur lequel il convient d'engager le prévenu : « On ne peut se soumettre à la loi que si l'on a d'abord reconnu ses crimes. La reconnaissance de ses crimes est un préalable obligatoire, la soumission à la loi est le commencement de la réforme. Reconnaissance et soumission sont les deux premières leçons qu'il faut enseigner au prisonnier et garder à l'esprit tout au long du processus de réforme » ; une fois la brisure avec son passé acquise, le prisonnier peut commencer à êre pénétré d'« idées justes » : « Il est impératif d'instituer les quatre principes éducatifs de base — pour remettre les idées politiques du criminel dans la bonne direction : le marxisme-léninisme, la foi dans le maoïsme, dans le socialisme, le Parti communiste et la dictature démocratique du peuple[3]. » En conséquence, les établissements pénitentiaires sont avant tout des lieux d'enseignement pour ces « mauvais élèves », turbulents et un peu lents d'esprit, que sont censés être les détenus. « Bienvenue à nos nouveaux camarades étudiants ! », telle est la banderole qui accueille Pasqualini dans un camp de travail[4]. L'étude est tout, sauf un vain mot : pendant toute la période d'instruction, elle dure deux heures par jour au moins, le soir après le dîner, dans le cadre de la cellule ; mais, si les « progrès » de certains prisonniers sont insatisfaisants, ou pendant les campagnes politiques, elle peut s'étendre à la journée, la semaine, voire le mois entier. Dans de nombreux cas, une période d'« étude non-stop », allant de quinze jours à trois mois, sert de stage

1. Pasqualini, *op. cit.*, p. 282.
2. Domenach (1992), *op. cit.*, p. 162.
3. In Wu, *op. cit.*, p. 49 et 55.
4. Pasqualini, *op. cit.*, p. 208.

d'intégration dans l'univers carcéral[1]. Les séances se déroulent suivant un rituel extrêmement rigide, pendant lequel il est rigoureusement interdit de marcher, de se lever (même pour changer de position assise il faut demander la permission), de bavarder... et de dormir, tentation permanente, surtout si le travail a été rude dans la journée. Pasqualini, élevé dans le catholicisme, fut surpris de retrouver méditation, confession et repentance érigées en pratiques marxistes-léninistes — la différence étant la dimension obligatoirement collective et publique de ces actes : le but n'est pas de restaurer le lien entre l'homme et Dieu, mais de fondre l'individu dans une masse totalement soumise au Parti. Pour varier les plaisirs, les séances centrées sur la confession (obligatoirement très détaillée) de tel détenu alternent avec les lectures commentées du *Quotidien du Peuple* (pendant la Révolution culturelle, ce seront les *Œuvres* du président Mao — le volume de ses *Citations* devant être porté en permanence) ou les « discussions » sur un événement jugé matière à édification.

Dans tous les cas, le but est cependant le même : amener l'abdication de la personnalité. Le chef de cellule, lui-même prisonnier, assez souvent ancien membre du PC, joue là un rôle fondamental : « Il nous lançait infatigablement dans des discussions de groupe ou des histoires contenant des principes moraux à observer. Tous les autres sujets auxquels nos esprits auraient pu s'abandonner — la famille, la nourriture, les sports, les passe-temps ou, bien sûr, le sexe — étaient absolument interdits. "Devant le gouvernement nous devons étudier ensemble et nous surveiller mutuellement", telle était la devise, et elle était inscrite partout dans la prison.[2] » Il convient de se purger, de reconnaître qu'on a mal agi parce qu'on était mauvais : « À quelque catégorie que nous appartenions, nous avons tous commis nos crimes parce que nous avions de très mauvaises pensées », assure le chef de cellule[3]. Et si l'on était ainsi, la faute en revenait à la contamination par les idées capitalistes, impérialistes, réactionnaires : tous les délits sont en dernière analyse politiques dans une société où rien n'échappe au politique.

La solution est simple : changer d'idées et, comme en Chine le rite est inséparable du cœur, accepter le moule qui fera de vous un révolutionnaire en bleu de chauffe de plus, voire un héros du type Lei Feng, ce soldat tout fier d'être un petit rouage sans cervelle propre au service de la Cause et qui, ayant eu la chance de périr écrasé en service commandé, fut, au début des années soixante, présenté par le maréchal Lin Biao comme le modèle à suivre : « Le prisonnier apprend très vite à parler sous forme de slogans qui n'engagent à rien. Le danger de ceci, évidemment, c'est qu'il peut finir par penser uniquement par slogans. La plupart y succombent[4]. »

1. Wu, *op. cit.*, p. 50.
2. Pasqualini, *op. cit.*, p. 51-52.
3. *Ibid.*, p. 33.
4. *Ibid.*, p. 53.

Urine et dialectique

Par un soir froid et venteux, à l'heure de l'étude, je quittai la cellule pour aller pisser. Quand le vent glacé du nord-ouest me frappa au visage, je me sentis moins enclin à parcourir les deux cents mètres qui me séparaient des cabinets. Je marchai jusqu'à un entrepôt et pissai contre le mur. Après tout, raisonnai-je, personne ne me verrait dans le noir.

Je me trompais. J'avais à peine fini quand je reçus un violent coup de pied au derrière. En me retournant, je ne pus distinguer qu'une silhouette, mais la voix était celle d'un gardien.

« Vous ne connaissez donc pas le règlement en matière d'hygiène ? demanda-t-il. Qui êtes-vous ? »

Je donnai mon nom, et ce qui s'ensuivit fut une leçon que je n'oublierai jamais. [...]

« J'admets que j'ai tort, gardien, mais ce que je viens de faire ne constitue qu'une infraction au règlement de la prison, tandis que vous, vous avez violé la loi. Les membres du gouvernement n'ont pas le droit de frapper les prisonniers. La violence physique est interdite. »

Il y eut un silence, durant lequel la silhouette réfléchit, et je m'attendais au pire.

« Ce que vous dites est juste, Bao, dit-il calmement et d'un ton mesuré. Si j'admets que j'ai commis une erreur — et je soulèverai la question lors de notre prochaine séance d'autocritique (celles des gardiens) —, seriez-vous prêt à retourner à votre cellule et à m'écrire une confession complète ? »

Je fus surpris par sa réaction. Et ému, aussi : car j'avais affaire à un gardien qui admettait sa faute devant un prisonnier ! [...]

« Oui, gardien. Bien sûr, je le ferai. »

[...] Je m'assis à ma place et commençai à préparer ma confession. Lors de l'examen de conscience hebdomadaire, quelques jours plus tard, je la lus à haute voix pour que toute la cellule l'entende.

« Superficiellement, ce que j'ai fait peut paraître sans grande gravité, ajoutai-je quand j'eus fini ma lecture, mais, si l'on examine les choses de plus près, mon acte démontre que je ne respecte pas les enseignements du gouvernement et que je résiste à la réforme. En pissant ainsi, je faisais sournoisement étalage de ma colère. C'était un acte plein de lâcheté. C'était comme si je crachais à la figure du gouvernement en pensant que personne ne me regardait. Je ne peux que demander au gouvernement de me punir aussi sévèrement que possible. »

La confession fut envoyée au gardien Yang, et j'attendis. Je me préparais déjà, en fortifiant mon courage, à subir un nouveau séjour au cachot. Deux soirs plus tard, Yang entra dans la cellule avec son verdict.

« Il y a quelques jours, dit-il, l'un d'entre vous s'est cru au-dessus de la loi et a commis une faute grave. [...] Nous le tiendrons quitte pour cette fois, mais n'allez pas croire que cela signifie que vous pourrez toujours vous tirer d'ennui juste en écrivant une lettre d'excuse[1]. »

1. Pasqualini, *op. cit.*, p. 267-269.

Le prétendu « lavage de cerveau » décrit par certains Occidentaux, ce n'est pas plus que cela : en soi, rien de très subtil, l'imposition plutôt rude d'une idéologie grossière, qui a d'autant plus réponse à tout qu'elle est plus simpliste. Il s'agit surtout de ne pas laisser au prisonnier la moindre chance d'une expression autonome. Les moyens en sont multiples. Les plus originaux sont une sous-alimentation systématiquement entretenue (voir le texte ci-dessous), qui affaiblit la résistance ainsi que la vie intérieure, et une saturation permanente par le message de l'orthodoxie, dans un contexte où l'on ne dispose ni de temps libre (étude, travail, corvées remplissent totalement les longues journées), ni d'aucun espace d'intimité (cellules surpeuplées, lumière allumée toute la nuit, très peu d'effets personnels autorisés), ni évidemment de la moindre latitude d'exprimer un point de vue original : toutes les interventions (par ailleurs obligatoires) dans une discussion sont minutieusement notées et consignées au dossier de chacun. Il en coûta cher à Pasqualini d'avoir exprimé en 1959 un léger manque d'enthousiasme face à l'intervention chinoise au Tibet. Autre originalité : la délégation aux autres prisonniers de la plus grande part du travail idéologique, ce qui montre le haut niveau d'efficacité du système. On se fouille mutuellement, on évalue les résultats de ses compagnons en matière de travail (et donc de rations alimentaires), on se prononce sur le degré de « réforme » des libérables ; et, surtout, on critique les compagnons de cellule pour les pousser à une autocritique complète, autant que pour prouver soi-même qu'on progresse [1].

L'arme alimentaire

Et puis il y avait la nourriture — la seule chose importante, la plus grande joie et la plus puissante motivation de tout le système pénitentiaire. J'avais eu la mauvaise fortune d'arriver à l'Allée de la Brume sur l'Herbe [2] seulement un mois après l'introduction du rationnement comme partie officielle de la technique des interrogatoires. Le désespérément maigre et aqueux gruau de maïs, les dures petites galettes de *wo'tou* [3], et la tranche de légume devinrent le centre de notre vie et l'objet fondamental de notre attention la plus profonde. Comme le rationnement continuait et que nous maigrissions, nous apprîmes à manger chaque morceau avec une application infinie, en le faisant durer aussi longtemps que possible. Des rumeurs et des racontars désespérés circulaient sur la qualité et l'abondance de la nourriture dans les camps de travail. Ces informations, je l'appris plus tard, étaient souvent des coups montés, inventés par les interrogateurs pour encourager les prisonniers à avouer. Au bout d'un an de ce régime, j'étais prêt à admettre pratiquement n'importe quoi pour obtenir davantage de nourriture.

Le manque de nourriture était admirablement étudié : on nous donnait

1. *Ibid.*, p. 55-59, 117-120, 263.
2. Nom poétique d'un grand centre de détention de Pékin.
3. Équivalent chinois du pain, davantage consommé que le riz au nord du pays.

assez pour nous maintenir en vie, mais jamais assez pour nous laisser oublier notre faim. Durant mes quinze mois dans le centre d'interrogatoires, j'ai mangé du riz une seule fois, et de la viande jamais. Six mois après mon arrestation mon ventre était parfaitement aplati, et je commençais à avoir les articulations meurtries de façon caractéristique par le simple contact du corps avec le lit communautaire. La peau de mes fesses pendait comme les seins d'une vieille femme. Ma vue se brouillait, et je perdais mon pouvoir de concentration. J'atteignis une sorte de record de carence en vitamines quand je devins finalement capable de casser mes ongles des orteils à la main, sans me servir du coupe-ongles. Mes cheveux se mettaient à tomber. [...]

« La vie n'était pas si mauvaise que ça, autrefois, me dit Loo. Nous avions un plat de riz tous les quinze jours, du vrai pain blanc à la fin de chaque mois et un peu de viande aux grandes fêtes, comme au nouvel an, au 1er mai et au 1er octobre[1]. Ce n'était pas si mal. »

Le changement était dû à ceci : une délégation du peuple était venue inspecter la prison durant la période des Cent-Fleurs[2]. Ils avaient été horrifiés de voir des prisonniers manger à leur faim. Il était intolérable, avaient-ils conclu, que ces contre-révolutionnaires — rebuts de la société et ennemis du peuple — bénéficient d'un niveau de vie supérieur à celui de nombreux paysans. À partir de novembre 1957, il n'y eut plus de riz, plus de viande ni de farine de blé aux jours de fête.

La nourriture nous obsédait à tel point que nous en devenions fous, en un sens. Nous étions prêts à tout. C'était un climat parfait pour les interrogatoires. Chacun d'entre nous se mit à demander à être envoyé dans les camps de travail. Personne ne quittait l'Allée de la Brume sur l'Herbe sans l'avoir bien spécifié par écrit. Il y avait même une formule officielle : « Je vous prie de m'autoriser à montrer le repentir que j'ai de mes fautes en travaillant dans les camps. »

Plus tard, quelles que fussent les conditions insupportables que nous devions endurer dans les camps, n'importe quel gardien pouvait nous dire sans mentir que nous étions là seulement parce que nous l'avions demandé[3].

Les autres moyens de pression sur le prisonnier sont plus classiques. La carotte, c'est une promesse d'indulgence, si l'on avoue tous ses « crimes », si l'on se conduit en modèle, si l'on contribue activement au « redressement » de ses compagnons, et également si l'on dénonce ses « complices », ou ses codétenus insoumis (il s'agit d'un test essentiel de sincérité dans la réforme : « la dénonciation des autres est une excellente méthode de pénitence[4] »). Dans le bureau d'interrogatoire trône une banderole indiquant : « Indulgence à l'égard de ceux qui avouent ; sévérité à l'égard de ceux qui résistent ; rachat pour ceux qui obtiennent des mérites,

1. Fête nationale en RPC.
2. Il faut plutôt comprendre le mouvement Anti-Droitiers qui suivit.
3. Pasqualini, *op. cit.*, p. 47-49.
4. *Ibid.*, p. 77.

récompenses pour ceux qui gagnent de grands mérites[1] ». Beaucoup de condamnés à de lourdes peines, espérant grappiller quelques années de remise, se montrent donc de zélés propagandistes. Le problème — Pasqualini en donne plusieurs exemples —, c'est qu'ils ne sont guère payés de retour : soit leur « bonne conduite » n'empêche pas une lourde condamnation, soit, les peines n'étant le plus souvent annoncées qu'oralement (l'accusé est fréquemment absent de son propre procès), une « remise » ramène en fait la durée de détention à ce qui avait toujours été prévu. Un vieux détenu dévoile le pot aux roses : « Les communistes ne se sentent pas obligés de tenir les promesses qu'ils font à leurs ennemis. En guise de moyens pour aboutir à leurs fins, ils n'hésitent pas à employer toutes les combines et les ruses qui peuvent leur servir — et ceci inclut les menaces et les promesses [...] Et rappelle-toi un autre détail : les communistes n'ont pas non plus le moindre respect pour ceux qui tournent casaque[2]. »

Le bâton a malheureusement davantage de consistance. L'augmentation de peine est loin d'être exceptionnelle : celui qui ne se soumet pas en avouant, celui qui refuse de dénoncer (« cacher des renseignements au gouvernement est un délit passible de châtiment[3] »), celui qui tient des propos hérétiques, celui qui, interjetant appel à sa condamnation, montre qu'il n'accepte pas la « volonté des masses », tous ceux-là encourent de nouvelles et lourdes condamnations : on peut ainsi passer de cinq ans à la prison à vie... Et puis il y a le mal que les prisonniers peuvent se faire les uns aux autres. La « carrière » du chef de cellule dépendant de ses ouailles, il s'acharnera sur les plus récalcitrantes, et sera soutenu par les opportunistes. Un degré au-dessus, c'est l'« épreuve », ou la « lutte » : rien de spontané — la victime est choisie par la direction, le lieu (cellule ou cour), le moment et l'intensité sont prédéterminés —, mais l'atmosphère est proche (le meurtre en moins) des pogroms paysans de la réforme agraire : « Notre victime était un prisonnier d'une quarantaine d'années, accusé d'avoir fait une fausse confession. C'était un contre-révolutionnaire forcené, braillait un garde dans un porte-voix en carton. [...] Chaque fois qu'il levait la tête pour dire quelque chose — que ce fût vrai ou faux, cela ne nous intéressait pas — nous l'engloutissions sous une armée de vociférations : “Menteur !”, “Honte de l'humanité !”. Ou même : “Salaud !” [...]. L'épreuve continua encore comme cela pendant trois heures, et à chaque minute qui passait nous avions plus froid et plus faim, et nous devenions plus méchants. Je crois que nous aurions été capables de le déchirer en lambeaux pour obtenir ce que nous voulions. Plus tard, quand j'eus le temps de réfléchir, je me rendis compte que bien sûr c'était aussi à nous-mêmes que nous avions fait subir l'épreuve en même temps, en nous préparant mentalement à accepter la position du gouvernement

1. *Ibid.*, 38.
2. *Ibid.*, p. 315-116.
3. *Ibid.*, p. 156.

avec un assentiment passionné, quels que fussent les mérites de l'homme auquel nous nous attaquions[1]. »

Il est compréhensible que, dans de pareilles conditions, l'immense majorité des prisonniers donne au bout de quelque temps tous les signes extérieurs de la soumission. Cela n'a que secondairement à voir avec les caractéristiques de l'identité chinoise : traités somme toute moins inhumainement, nombre de prisonniers de guerre français du Viêt-minh, confrontés à la même politique de rééducation, suivirent le même itinéraire[2]. L'efficace de la rééducation tient à la combinaison synergique de deux puissants moyens de pression psychologique : une infantilisation radicale, le Parti et l'administration devenant le père et la mère, et réapprenant au prisonnier à parler, à marcher (tête baissée, en courant, le gardien guidant de la voix), à contrôler appétit et hygiène, etc., dans une relation de dépendance absolue ; la fusion dans le groupe, comptable de chacun des gestes, de chacune des paroles, famille de remplacement alors même que les contacts avec la vraie famille sont rendus presque impossibles, qu'on pousse les épouses des détenus à divorcer, les enfants à renier leur père.

Quel est cependant le degré de profondeur de la réforme ? Parler par slogans, réagir comme un automate, c'est simultanément s'anéantir, subir un « suicide psychique[3] », et se protéger contre les ennuis, survivre. Penser qu'il soit aisé de garder son quant-à-soi, en dédoublant sa personnalité, serait certainement trop optimiste. Mais celui-là même qui finit par ne plus détester Big Brother raisonne en termes d'utilité plus que de conviction. Pasqualini peut bien dire que, en 1961, sa « rééducation était si réussie qu'[il] croyait sincèrement ce que les gardiens [lui] disaient », il ajoute aussitôt : « Je savais aussi fort bien qu'il était de mon plus grand intérêt de maintenir toujours ma conduite aussi proche que possible de la lettre de la loi[4]. » La contre-preuve, c'est cette prise de position ultra-maoïste d'un chef de cellule : pour prouver son ardeur au travail et sa fidélité au régime, il faudrait réclamer d'aller travailler même quand la limite fatidique de −15 °C est franchie ; il faudrait se lever plus tôt que l'heure imposée. Le gardien finit par interrompre l'homélie, la jugeant « totalement contraire à l'orthodoxie[5] » — et les détenus paraissent soulagés. Comme tant de Chinois, ils y croyaient un peu, mais visaient avant tout à ne pas avoir d'ennuis.

Criminel, forcément criminel

On aura noté que jamais n'est prise en compte la possibilité d'une fausse accusation, ou d'un acquittement. En Chine, on n'est pas arrêté

1. *Ibid.* p. 86.
2. Albert Stihlé, *Le Prêtre et le commissaire*, Paris, Grasset, 1971.
3. Domenach (1992), *op. cit.*, p. 170.
4. Pasqualini, *op. cit.*, p. 232.
5. *Ibid.*, p. 243.

parce que coupable, mais coupable parce que arrêté. En effet, toute arrestation est menée par la police, organe du « gouvernement populaire », lui-même dirigé par le Parti communiste, que préside Mao Zedong. Contester le bien-fondé de son arrestation, c'est donc s'opposer à la ligne révolutionnaire du président Mao, et dévoiler davantage sa vraie nature de contre-révolutionnaire. Suivant le même raisonnement, le moindre gardien contesté pour une broutille mettra fin au débat en s'indignant : « Quoi, tu oses t'opposer au gouvernement populaire ! » Accepter ses crimes, se soumettre en tout : telle est la seule voie admise. Dans la cellule, on en rajoute : « Tu es un contre-révolutionnaire. Nous le sommes tous. Autrement nous ne serions pas ici [1]. » Dans la logique délirante de ce système mental fonctionnant en circuit fermé, l'accusé doit fournir lui-même les motifs de son arrestation (« Dites-nous pourquoi vous êtes ici » est souvent la première question que l'instructeur lui pose) et rédiger son propre acte d'accusation, y compris l'évaluation de la peine « méritée ». Entre les deux : des confessions successives (dès qu'un problème sérieux se pose, il faut la recommencer de zéro), pouvant demander des mois de travail et comporter des centaines de pages, relater des décennies de vie ; enfin, des interrogatoires étalés généralement sur de longues périodes, et pouvant aller jusqu'à trois mille heures [2] : « Le Parti a tout son temps », s'entend-on dire. Les interrogateurs jouent fréquemment sur la privation de sommeil (redoublée par le caractère souvent nocturne des séances d'instruction), sur la menace d'une peine très sévère — voire d'une exécution —, ou sur la visite terrifiante d'une salle de torture en état de marche, présentée *ensuite* comme un « musée [3] ».

La violence physique proprement dite est rare, en tout cas entre le milieu des années cinquante et la Révolution culturelle ; tout ce qui peut ressembler à de la torture, les coups et même les insultes sont formellement interdits, et les détenus le savent : une « bavure », et ils ont la possibilité unique de faire trembler leur encadrement. Alors, ce dernier recours à une violence biaisée, qui ne s'avoue pas : « épreuve » (où les coups *venant d'autres prisonniers* sont tolérés), ou enfermement dans d'atroces cachots, non chauffés, rarement aérés, si étroits parfois qu'on ne peut même pas s'y étendre, et où de plus on est généralement enchaîné ou menotté en permanence (souvent mains dans le dos...), ce qui rend l'hygiène et les repas presque impossibles. Le prisonnier, ravalé à l'état de bête, affamé, périt le plus souvent si la sanction se prolonge au-delà de huit jours. L'imposition permanente de menottes très serrées est la forme de « quasi-torture » la plus pratiquée : la douleur est vite insupportable, les mains enflent, les cicatrices sont fréquemment irréversibles : « Mettre des menottes spéciales et les serrer sur les poignets des prisonniers était une

1. *Ibid.*, p. 33.
2. Domenach (1992), *op. cit.*, p. 168.
3. Pasqualini, *op. cit.*, p. 43-44.

Résister à Mao

Le jour de mon retour à l'hôpital, la gardienne m'apporta un porte-plume et une bouteille d'encre :

« Mettez-vous à écrire vos aveux ! L'instructeur attend. »

Je pris le rouleau de papier que l'instructeur m'avait remis et je vis que, au lieu des feuilles blanches que l'on m'avait données en 1966 pour écrire mon autobiographie, la première page portait, dans un cadre rouge sous le titre « Directive suprême », une citation de Mao : « Ils n'ont que le droit d'être dociles et obéissants ; ils n'ont pas le droit de parler ni d'agir quand ce n'est pas leur tour. » Au bas de la feuille on lisait : « Signature du criminel ».

La colère monta en moi au vu du mot insultant de « criminel » et je pris la décision de ne pas signer au-dessous. Mais au bout d'un moment de réflexion, je conçus un moyen d'exploiter la situation et de rendre leurs coups aux maoïstes.

Sous la citation de Mao, je traçai un autre cadre que j'intitulai également « Directive suprême » et dans lequel j'inscrivis une autre citation de Mao. Elle ne se trouvait pas dans le *Petit Livre rouge*, mais dans son essai *De la juste solution des contradictions au sein du peuple*. Elle disait : « Partout où il y a contre-révolution, nous devons évidemment la supprimer ; quand nous faisons une erreur, nous devons évidemment la corriger. » [...]

Je remis le papier à la gardienne et l'après-midi même je fus appelée pour un interrogatoire.

Excepté le militaire, les mêmes hommes se trouvaient dans la pièce, le visage sombre — ce à quoi je m'attendais puisque j'avais décidé de m'opposer à leur droit de me présumer coupable alors que je ne l'étais pas. Sans attendre qu'on me le demande, je m'inclinai immédiatement devant le portrait de Mao. La citation que l'instructeur avait choisie et que je lus à haute voix était : « Contre les chiens courants des impérialistes et ceux qui représentent les intérêts des propriétaires terriens et la clique réactionnaire du Guomindang, nous devons exercer le pouvoir de la dictature pour les supprimer. Ils n'ont que le droit d'être dociles et obéissants. Ils n'ont pas le droit de parler ni d'agir quand ce n'est pas leur tour. »

Le papier que j'avais remis se trouvait devant l'instructeur. Quand je fus assise, il frappa du poing sur la table en me regardant et cria :

« Qu'est-ce que vous avez fait là ? Est-ce que vous croyez que nous nous amusons avec vous ?

— Votre attitude n'est pas sérieuse, dit le vieil ouvrier.

— Si vous ne changez pas d'attitude, renchérit le jeune ouvrier, vous ne sortirez jamais de cet endroit. »

Avant que j'aie pu dire quoi que ce soit, l'instructeur jeta mon récit par terre, dispersant les feuillets, et se leva.

« Retournez dans votre cellule et recommencez ! »

Un gardien arriva et m'emmena[1].

---

1. Nien Cheng, *Vie et mort à Shanghai*, Paris, Albin Michel, 1987 (édition originale en anglais, 1986), p. 312-314.

forme de torture très largement utilisée dans les prisons de Mao. Il arrivait aussi que l'on passe des chaînes autour des chevilles des prisonniers. Parfois même, on attachait les menottes à un des barreaux de la fenêtre, si bien que le prisonnier ne pouvait ni manger, ni boire, ni se rendre aux toilettes. Le but était de miner le moral de l'individu en le dégradant. [...] Comme le gouvernement populaire prétendait avoir aboli toutes les formes de torture, on appelait officiellement cela "punition" ou "persuasion"[1]. »

L'instruction a pour but d'obtenir l'aveu (qui, de fait, a force de preuve) et les dénonciations, qui authentifient sa « sincérité » en même temps qu'elles lui donnent son sens du point de vue de l'appareil policier : il est de règle que trois dénonciations valent arrestation, et la chaîne continue... Aux quelques exceptions mentionnées près, les méthodes destinées à faire craquer le détenu sont assez classiquement policières : le mettre en face de ses contradictions, prétendre qu'on sait déjà tout de lui, confronter sa confession à d'autres aveux ou dénonciations. Celles-ci, obtenues sous la contrainte ou spontanées (des « boîtes à dénonciations » figurent partout dans les rues des villes), sont si nombreuses qu'il est très délicat de dissimuler un fragment significatif de son passé. La lecture des lettres de délation le concernant provoqua l'effondrement de la résistance de Pasqualini : « ... Ce fut une révélation effrayante. Parmi ces centaines de pages se trouvaient des formulaires de dénonciation remplis par des collègues, des amis et toutes sortes de gens que je n'avais rencontrés qu'une fois ou deux [...] — combien de gens m'avaient trahi, à qui j'avais accordé ma confiance sans arrière-pensée[2] ! » Nien Cheng, libérée en 1973 sans avoir avoué (chose exceptionnelle, liée en l'occurrence à son extrême ténacité, mais aussi aux atteintes portées à l'appareil judiciaro-policier par la Révolution culturelle), fut ensuite des années durant cernée de parents, d'amis, d'élèves, de domestiques qui *tous* avaient des comptes à rendre sur elle à la Sécurité, et le reconnurent parfois ; ils estimaient ne pas avoir le choix[3].

À l'issue du processus d'instruction, il doit y avoir un « roman vrai » de la culpabilité, « coproduction entre le juge et le prévenu », et qui représente la « subversion sémantique de faits exacts[4] ». Le « crime » doit en effet s'enchaîner sur la vie réelle (il est plus efficace que l'accusateur comme l'accusé y croient au moins un peu, et surtout cela permet d'impliquer des « complices »), mais totalement réinterprétée, de façon paranoïaque, comme l'expression constante d'une opposition politique radicale et rageuse : ainsi, évoquer dans une lettre à l'étranger la diminution des rations de grain à Shanghai à l'époque du Grand Bond devient la preuve de l'espionnage — même si ces chiffres étaient publiés par la presse officielle et connus de toute la communauté étrangère de la ville[5].

1. *Ibid.*, p. 409.
2. Pasqualini, *op. cit.*, p. 77.
3. Nien, *op. cit.*, 3e partie.
4. Domenach (1992), *op. cit.*, p. 170 et 185.
5. Nien, *op. cit.*, p. 438.

Abdiquer sa personnalité

Il ne faut pas longtemps à un prisonnier pour qu'il perde sa confiance en soi. Au fil des ans, la police de Mao a perfectionné ses méthodes d'interrogatoire et a atteint un tel degré de raffinement que je défierais qui que ce soit, Chinois ou non, de lui résister. Leur but n'est pas tellement de vous faire inventer des crimes inexistants, mais de vous faire admettre que la vie ordinaire que vous meniez était pourrie, coupable et passible de châtiment, puisqu'elle ne correspondait pas à leur propre conception de la vie — celle de la police. Le fondement de leur réussite réside dans le désespoir, dans la perception qu'a le prisonnier du fait qu'il est totalement, pour toujours et sans espoir, à la merci de ses geôliers. Il ne dispose d'aucune défense, puisque son arrestation est la preuve absolue et indiscutable de sa culpabilité. (Durant mes années de prison, j'ai connu un homme qui avait en fait été arrêté par erreur — il portait le même nom que la personne recherchée. Au bout de quelques mois, il avait avoué tous les crimes de l'autre. Quand on découvrit la méprise, les autorités de la prison eurent toutes les peines du monde à le persuader de rentrer chez lui. Il se sentait trop coupable pour ça.) Le prisonnier n'a droit à aucun procès, seulement à une cérémonie bien réglée qui dure peut-être une demi-heure ; il n'a pas le droit de consulter un avocat ni de faire appel dans le sens occidental du terme [1].

La condamnation prononcée, le détenu est expédié en camp de travail (ferme d'État, mine, usine). Même si l'étude, allégée, continue, si l'« épreuve », pour ne pas se rouiller, accable un fautif de temps à autre, l'essentiel est maintenant de travailler : dans la « réforme par le travail », un des deux termes au moins n'a rien d'hypothétique. On est noté avant tout sur sa capacité à tenir au long des douze heures d'un labeur d'autant plus épuisant que le régime des deux repas quotidiens, plus que légers, est le même que celui du centre de détention. La carotte, désormais, c'est une ration alimentaire de « travailleur performant », qui impose de dépasser une norme déjà nettement supérieure à celle des « civils ». Ainsi individualisés, les résultats sont aussi pris en compte au niveau de la cellule ou de la chambrée : d'où des compétitions collectives (dénommées « lancers de Spoutnik » à la fin des années cinquante...) à qui s'abrutira le plus (seize, dix-huit heures en continu) pour le plus grand bonheur de l'encadrement. Pas de jour de repos, sinon lors des grandes fêtes, où il faut malgré tout supporter les interminables prêches politiques. Les vêtements sont très insuffisants : on porte souvent des années durant ce que l'on avait sur soi au moment de son arrestation ; des vestes d'hiver ne sont fournies que dans les camps du Nord mandchou, cette Sibérie chinoise, et le règlement ne prévoit le don que d'un sous-vêtement... par an [2].

1. Pasqualini, *op. cit.*, p. 41.
2. Domenach (1992), *op. cit.*, p. 211.

La ration alimentaire moyenne se situe entre douze et quinze kilos de grain par mois (mais un détenu réputé « tire-au-flanc » peut descendre à neuf kilos) : c'est moins que dans les bagnes français de la Restauration, ou même les camps soviétiques, à peu près autant que dans les camps vietnamiens de 1975-1977 [1]. Les carences vitaminiques ou protéiques sont redoutables : presque pas de viande, ni de sucre, ni d'huile, peu de légumes ou de fruits — d'où de nombreux vols de nourriture, prétexte à punitions sévères, et de l'« auto-alimentation » (recherche de petits animaux — par exemple des rats, qu'on mange séchés — ou de plantes comestibles) dans les fermes. Les soins médicaux sont minimes (sauf dans une certaine mesure pour les maladies contagieuses), et les trop faibles, trop vieux, trop désespérés sont expédiés dans de véritables camps-mouroirs, où les rations de famine les font vite disparaître [2]. Le seul vrai point positif par rapport aux centres de détention, c'est la conjugaison d'une discipline plus souple et de détenus plus endurcis, moins craintifs, plus spontanément prêts à violer le règlement dès que le garde a le dos tourné, tout en sacrifiant formellement au langage et au comportement codés imposés : un milieu humainement plus vivable, où l'on peut escompter un minimum de solidarité.

Au fur et à mesure que le détenu avance dans la carrière du « système laogai », ce qui en fait la grande originalité — l'accent mis sur la rééducation — s'estompe donc. Mais là, la trajectoire de l'individu rejoint celle du pays : après la phase de « perfection » (1954-1965 environ) du laogai, qui vit des millions de détenus transformés en petits étudiants zélés s'autodisciplinant presque sans intervention extérieure, et devenant à l'occasion de bons et fidèles communistes en prison, tout se mit à s'effilocher, à se dégrader, à se banaliser. Cela coïncida à la fois avec l'arrivée de plus en plus massive de droit commun souvent très jeunes, et avec cette entreprise de démoralisation générale des cadres du régime que fut la Révolution culturelle. Peu à peu l'appareil relâcha son emprise, cependant que, de plus en plus souvent, des gangs se formaient parmi les détenus. L'obéissance et le respect de la hiérarchie cessaient désormais d'être des automatismes : il fallut pour l'encadrement les obtenir soit par des concessions, soit par un usage nouveau de la violence — et cette violence ne fut plus toujours à sens unique. La grande victime, ce fut en tout cas la réforme de la pensée, cette éducation à la servitude volontaire. Mais la contradiction n'était-elle pas inscrite dans le projet même ? D'un côté, l'appel à s'élever au-dessus de soi-même, à s'améliorer, à se purifier, à rejoindre la masse prolétarienne en marche vers le radieux avenir. De l'autre, la sinistre réalité d'une vie entière à passer en captivité, quels que soient les efforts accomplis, et, dans le cas rare d'une *vraie* libération, l'ostracisation par l'incapacité à se laver du péché originel. Bref, un discours sur l'infinie perfectibilité dissimulant

1. *Ibid.*, p. 213.
2. Pasqualini, *op. cit.*, p. 188-191.

mal la rigidité absolue d'une société régie par la fatalité — celle de l'errement d'un instant, et plus souvent encore celle de la naissance. C'est cette même insupportable, inhumaine contradiction qui allait contribuer à provoquer l'implosion sociétale de la Révolution culturelle, et qui, non résolue, entraînerait son échec.

Une exécution sommaire au laogai

Au milieu d'eux tous se tenait le coiffeur, enchaîné dans des fers. Une corde autour du cou, fermement attachée à sa ceinture, lui maintenait la tête baissée. Ses mains étaient liées derrière son dos, les gardes le poussèrent directement au bord de la scène, juste devant nous. Il resta là debout, en silence, pareil à un pénitent ligoté, tandis que de la vapeur montait en petites traînées à ses pieds. Yen avait préparé un discours.

« J'ai quelque chose d'horrible à vous dire. Je ne suis pas heureux de le faire, et je n'ai vraiment pas à en être fier. C'est mon devoir, et cela devrait vous servir de leçon. Cet œuf pourri, que vous voyez là devant vous, a été emprisonné à la suite d'une affaire de mœurs : il avait eu des relations homosexuelles avec un garçon. Pour ce délit, il n'a été condamné qu'à sept ans. Plus tard, alors qu'il travaillait à l'usine de papier, sa conduite a été constamment mauvaise et il a volé à plusieurs reprises. Sa peine fut doublée. Maintenant nous avons établi que, pendant son séjour ici, il a séduit un jeune prisonnier de dix-neuf ans — un prisonnier mentalement retardé. Si cela se produisait dans le cadre de la société, il serait sévèrement puni. Mais, en commettant son acte ici, il a non seulement pêché moralement, mais il a aussi sali la réputation de la prison et la grande politique de la Réforme par le travail. C'est pourquoi, étant donné ses crimes répétés, le représentant du Tribunal populaire suprême va maintenant vous lire sa sentence. »

L'homme en uniforme bleu s'avança et lut le sombre document, une récapitulation des délits qui se terminait par la décision du Tribunal populaire : la mort, avec exécution immédiate de la sentence.

Tout se produisit de façon si soudaine que je n'eus même pas le temps d'être choqué ni effrayé. Avant même que l'homme en uniforme bleu n'eût fini de prononcer le dernier mot, le coiffeur était mort. Le garde qui se tenait derrière lui sortit un énorme pistolet et lui fit sauter la cervelle. Une pluie de sang et de matières cérébrales vola dans l'air et s'abattit sur ceux d'entre nous qui étaient aux premiers rangs. Je détournai les yeux de la silhouette hideuse agitée de soubresauts par terre, et vomis. Yen réapparut et parla de nouveau :

« Que cela vous serve d'avertissement. J'ai été autorisé à vous dire que désormais l'on ne témoignera plus aucune indulgence dans ce camp. À partir d'aujourd'hui, tous les délits d'ordre moral seront punis de la même façon. Maintenant, à vos cellules, et discutez de ce qui vient de se passer [1]. »

1. Pasqualini, *op. cit.*, p. 197-198.

La Révolution culturelle : un totalitarisme anarchique (1966-1976)

À côté des horreurs quasi astronomiques, et trop peu connues, de la réforme agraire ou du Grand Bond, les quelque quatre cent mille à un million de morts (ce dernier chiffre étant plus vraisemblable) cités par la plupart des auteurs à propos des ravages de la « Grande Révolution culturelle prolétarienne[1] » pourraient presque sembler modestes. Si, plus que tout autre épisode de l'histoire contemporaine de la Chine, elle frappa le monde entier et reste dans les mémoires, ce fut par le radicalisme extrême de son discours et de quelques-uns de ses actes, mais aussi parce qu'elle se déroulait dans les villes, qu'elle se concentrait sur les milieux politiques et intellectuels, et ceci à l'ère de la télévision à qui elle sut offrir les superbes images de cérémonies politiques bien huilées et pleines d'une touchante ferveur. Enfin, à la différence des mouvements précédents, elle commença à être officiellement condamnée en Chine même presque aussitôt que terminée : il devint de bon ton de dénoncer les exactions des Gardes rouges, en particulier contre les vieux cadres et dirigeants communistes — nettement moins de s'attarder sur les massacres commis par l'APL dans la phase subséquente de retour à l'« ordre ».

Le premier paradoxe de la Révolution culturelle est là : moment où l'extrémisme le plus exalté ne parut jamais plus près de réussir, moment de relance d'un processus révolutionnaire qui paraissait solidement institutionnalisé, balayant en à peine plus d'un an à peu près tous les centres de pouvoir, elle demeura cependant un mouvement partiel, enkysté dans les zones urbaines, et hégémonique dans la seule jeunesse scolarisée. Par contre — les campagnes étaient à peine remises du Grand Bond, le conflit avec l'URSS atteignait son apogée — il fut décidé par le « Groupe de la Révolution culturelle[2] » (GRC) lui-même de ne toucher ni à la recherche scientifique, alors concentrée sur l'armement nucléaire, ni à la paysannerie, ni à l'armée. Dans l'esprit du GRC, et peut-être de Mao, c'était reculer pour mieux sauter : aucun secteur de la société et de l'État ne devait durablement échapper à la révolutionnarisation. Mais la masse des ruraux tenait dur comme fer aux « petites libertés » accordées par Liu Shaoqi (voir ci-dessus), et au moins au lopin privé. Et il n'était question de détruire ni la capacité de défense ni l'économie : la récente expérience du Grand Bond

1. *Cf.* par exemple Fairbank, *op. cit.*, p. 449, et Thurston, *art. cit.*, p. 149.

2. Formé lors de la réunion élargie du Bureau politique du PC, le 16 mai 1966, et ne dépendant que de son Comité permanent — c'est-à-dire de Mao lui-même —, il consacre l'éviction de la direction de la Révolution culturelle de Peng Zhen (jusque-là chargé de sa préparation) ainsi que du Secrétariat du Comité central, dirigé par Liu Shaoqi et Deng Xiaoping. Le GRC est dominé par des maoïstes extrémistes, tels que Jian Qing (« Mme Mao »), Chen Boda ou Zhang Chunaia, et Kang Shen est son conseiller en titre. Collaborant étroitement avec Mao, il remplacera, dans les faits, jusqu'en 1968 le Comité central et le Bureau politique comme instance fondamentale de décision.

incitait à la prudence sur ce dernier point. Le préalable, c'était la prise du pouvoir dans la « superstructure » intellectuelle et artistique, et la conquête du pouvoir de l'État. Mais ce dernier but ne fut jamais complètement atteint. Ces restrictions furent parfois violées, mais on ne signale en tout cas pas d'affrontements ou de massacres majeurs dans les villages, qui continuaient à renfermer la grande majorité des Chinois : 64 % des incidents classés comme ruraux eurent lieu dans la couronne périurbaine d'une grande agglomération[1] ; cependant, dans la phase finale de « reprise en main », les récits rapportent de nombreuses exécutions individuelles de villageois qui s'étaient engagés du mauvais côté, ou de Gardes rouges urbains en fuite à la campagne. Enfin, à la grande différence des purges des années cinquante, le but ne fut jamais clairement d'éliminer une couche particulière de la population. Même les intellectuels, particulièrement touchés au début, cessèrent vite d'être au premier rang des persécutés. De plus, les persécuteurs étaient souvent issus de leur propre milieu. Les épisodes les plus meurtriers furent dans l'ensemble le résultat de « bavures », de violences relativement spontanées et à commande locale, sans plan d'ensemble. Même quand le Centre ordonna des opérations militaires débouchant inévitablement sur des massacres, ce fut de manière essentiellement *réactive,* pour faire face à une situation incontrôlée : en ce sens, on est déjà plus près de la répression de juin 1989 que de la réforme agraire, et la Révolution culturelle restera peut-être comme le premier signe de l'impasse d'un communisme chinois en perte d'énergie révolutionnaire.

Le deuxième paradoxe explique, à l'inverse, pourquoi il convient de donner toute sa place à la Révolution culturelle dans le présent récit. Le mouvement des Gardes rouges fut une « rébellion répressive[2] » (et son écrasement fut une vaste répression). On a vu que, dès la fin des années vingt, la dimension terroriste était inséparable du communisme chinois. En 1966-1967, les groupes les plus radicaux eux-mêmes, ceux qui font le plus parade d'attaquer les institutions étatiques, ont toujours un pied dans l'État, y disposent de répondants, au minimum le Président Mao, référence absolue et sans cesse invoquée à l'appui de la moindre décision tactique. Intégrant, dans la grande tradition chinoise, les logiques du pouvoir jusque dans la rébellion[3], ils ne se refusent jamais à la surenchère en matière de répression ; critiquant la prétendue mollesse des dominants face à l'ennemi de classe, ils mettront tout de suite en place leurs propres escouades d'« enquêteurs » musclés, leur police des bonnes mœurs, leurs « tribunaux » et leurs prisons. Au long de la Révolution culturelle, « on retrouve la lutte du

1. Harry Harding, « The Chinese State in crisis », *in* Roderick Mac Farquhar et John K. Fairbank (éd.), *The Cambridge History of China,* vol. 15, 2e partie : *Revolutions within the Chinese Revolution, 1966-1982*, Cambridge, Cambridge University Press, 1991, p. 209.

2. Domenach (1992), *op. cit.*, p. 259.

3. *Cf.* Yves Chevrier, « L'empire distendu : esquisse du politique en Chine des Qing à Deng Xiaoping », *in* Jean-François Bayart, *La Greffe de l'État — Trajectoires du politique 2*, Paris, Karthala, 1996.

bas contre le haut, mais un “bas” mobilisé, manœuvré, quadrillé, terrorisé par un pouvoir et une élite qui n’osent dire leur nom » ; ce débordement du pouvoir par un autre lui-même, n’ayant de cesse de le mimer tout en l’accablant de critiques et de coups, est représentatif de « la formule définitive du maoïsme [qui], après une longue quête, a fini par faire du couple rébellion-empire le principe permanent d’une alternative fondatrice du politique au-dessus de l’État et de la société [1] ». Bien sûr, il s’agit d’une alternative inviable, car fondée sur les faux-semblants, et donc la frustration de ceux qui avaient donné un sens à leur rébellion : de ce « tout changer pour que rien ne change », selon la formule du *Guépard*, sortira une remise en cause tant de la rébellion que de l’empire. Certes très minoritaire, mais conséquente, elle conduira au Mur de la Démocratie de 1979 et à son penseur le plus hardi, Wei Jingsheng. Celui-ci, dans son récit autobiographique déjà cité, met en lumière les contradictions finalement mortelles d’un mouvement jailli de mécontentements légitimes : « Cette explosion de colère a revêtu la forme d’un culte du tyran et a été canalisée dans la voie de la lutte et du sacrifice pour la tyrannie... [Cela] a abouti à cette situation paradoxale, absurde, d’un peuple ne se dressant contre son gouvernement que pour mieux le défendre. Le peuple s’est opposé au système hiérarchique qui l’asservissait, tout en brandissant la bannière du soutien aux fondateurs de ce système. Il a exigé les droits démocratiques, tout en jetant un œil méprisant sur la démocratie, et il a prétendu se laisser guider, dans son combat pour la conquête de ses droits, par la pensée d’un despote [2]. »

On estimera ici devoir s’abstenir d’une présentation aussi complète que pour les épisodes précédents : la Révolution culturelle, qui a donné naissance à une littérature abondante et souvent de qualité, en particulier par les témoignages d’acteurs et de victimes, est assurément moins mal connue que ce qui la précède. Mais, surtout, il s’agit beaucoup plus d’une autre révolution (mimée, avortée, dévoyée, pseudo : si l’on veut — mais révolution quand même) que d’une « campagne de masse » de plus. Répression, terreur et crimes sont loin d’épuiser le sens du phénomène, par ailleurs extrêmement protéiforme suivant les moments et les lieux. Seuls les aspects répressifs de la Révolution culturelle nous occuperont donc. On peut les répartir en trois grandes catégories nettement distinctes, y compris temporellement : les violences contre les intellectuels et cadres politiques (essentiellement 1966-1967), les affrontements factionnels entre Gardes rouges (1967-1968), enfin la reprise en main brutale opérée par les militaires (1968). Avec le IXe Congrès du PC (1969) s’ouvre la phase de l’institutionnalisation — manquée — de certains « acquis » de 1966 et, surtout, des luttes palatiales en vue de la succession d’un Mao Zedong bientôt affaibli par la maladie. Les soubresauts sont nombreux : élimination

1. *Ibid.*, p. 383 et 375.
2. Wei, *op. cit.*, p. 227.

en septembre 1971 du successeur officiellement désigné, Lin Biao ; retour en 1973 au poste de vice-Premier ministre de Deng Xiaoping, et réintégration massive de hauts cadres éliminés pour « révisionnisme » ; offensive de la « gauche » d'appareil en 1974 ; tentative en 1976 de mainmise sur le Centre par les « Quatre de Shanghai », que dirige l'épouse du président, Jiang Qing, en profitant de la fenêtre d'opportunité séparant la mort du Premier ministre modéré Zhou Enlai, en janvier, de celle de Mao Zedong, en septembre ; dès octobre, les Quatre ne sont plus qu'une « Bande » dûment enfermée, et Hua Guofeng, maître du pays pour deux ans, peut siffler la fin de la Révolution culturelle. Nous évoquerons peu les « années grises » (le mot est de J.-L. Domenach) postérieures à l'écrasement des Gardes rouges : la répression y est certes dure, mais elle reprend dans leurs grandes lignes les modalités des années cinquante.

Les acteurs de la révolution

La Révolution culturelle représente la rencontre d'un homme et d'une génération. L'homme, c'est bien sûr Mao lui-même. Atteint *au sein de l'appareil central* par le désastre du Grand Bond, il a dû abandonner depuis 1962 la direction effective du pays au président de la République, Liu Shaoqi. Réduit à la position certes prestigieuse de président du Parti, il se replie sur ce « magistère de la parole » où il sait n'avoir pas à redouter de concurrence. Mais, en vieux stratège, et redoutant d'être simultanément statufié et définitivement marginalisé de son vivant, il cherche les relais efficaces qui lui permettront d'imposer ses choix fondamentaux. Le Parti, bien tenu en main par Liu et son adjoint, le secrétaire général Deng Xiaoping, devra être contourné de l'extérieur ; quant au gouvernement, subordonné au PC comme dans tous les pays communistes, son efficace direction par cet opportuniste intelligent qu'est Zhou Enlai, modéré de raison sinon de cœur, en fait un élément plutôt neutre dans la perspective d'un affrontement entre factions. Mao est conscient d'avoir perdu le soutien de la plupart des cadres et intellectuels lors des purges de 1957, et celui de la masse des ruraux avec la famine de 1959-1961. Mais, dans un pays comme la Chine communiste, une majorité passive, atomisée et apeurée compte moins que des minorités actives et placées dans des positions stratégiques. Or, depuis 1959, l'APL est dirigée par Lin Biao, homme lige du Timonier : il en fait peu à peu un centre de pouvoir alternatif, qui joue un grand rôle à partir de 1962 dans le Mouvement d'éducation socialiste — manière de purge antidroitière rampante mettant l'accent sur le puritanisme, la discipline et le dévouement, valeurs toutes militaires —, fournit dès 1964 un tiers au moins des nouveaux cadres politiques, et effectue sa jonction avec la petite équipe d'intellectuels et artistes ratés qui se structure autour de Jiang Qing et de son programme de destruction totale de tout art ou de toute littérature non engagés conformément à la ligne du

Parti. La formation militaire devient obligatoire pour les étudiants, et des milices armées sont organisées ou remises sur pied par l'APL depuis 1964 dans les usines, quartiers et districts ruraux. L'armée n'est pas, ne sera jamais candidate au pouvoir : le quadrillage par le Parti est trop efficace, et le médiocre Lin Biao, dont il se chuchote qu'il fut héroïnomane, n'a ni pensée ni surface politique propres[1]. Mais, plus que jamais, elle est pour Mao son « assurance vie » ou, pour reprendre ses propres termes, sa Grande Muraille[2].

L'autre levier stratégique sur lequel Mao estime pouvoir compter, c'est la génération déjà mentionnée, ou plus exactement sa fraction scolarisée dans le secondaire, le supérieur et les instituts de formation professionnelle (y compris les académies militaires, seul élément de l'APL autorisé à former des unités de Gardes rouges[3]) ; ils présentent l'immense avantage d'être concentrés dans les villes, et surtout les plus grandes cités, là où s'arbitreront les luttes pour le pouvoir : un quart des habitants de Shanghai sont ainsi dans ses écoles[4]. Ceux qui ont entre quatorze et vingt-deux ans en 1966 seront pour Mao des instruments d'autant plus enthousiastes qu'ils partagent à la fois fanatisme doctrinaire et grande frustration. Fanatisme : première génération entièrement éduquée après la révolution de 1949, elle est en même temps trop jeune, et trop urbaine, pour savoir quelque chose des horreurs du Grand Bond[5], dont Liu et consorts pourront se repentir amèrement de ne pas l'avoir critiqué officiellement. Choyée — en paroles — par le régime, persuadée d'être pour Mao cette « page blanche » pure de toute scorie sur laquelle l'exaltante épopée de la construction du communisme sera écrite, assurée par le vieux tyran que « le monde vous appartient. L'avenir de la Chine vous appartient[6] », elle a tôt appris que, comme le dira une chanson de Gardes rouges, « le Parti est notre mère et notre père[7] ». Et, en cas de conflit de paternité, le choix doit être clair : renier ses géniteurs. Pasqualini narre ainsi la visite à son père au laogai d'« un méchant petit morveux âgé de dix ou onze ans », en 1962 : « "Je ne voulais pas venir ici, brailla-t-il fièrement, mais ma mère m'a forcé. Tu es un contre-révolutionnaire et un déshonneur pour la famille. Tu as causé de graves pertes au gouvernement. Tu as bien mérité

1. *Cf.* Frederick C. Teiwes et Warren Sun, *The Tragedy of Lin Biao : Riding the Tiger during the Cultural Revolution, 1966-1971*, Honolulu, University of Hawaii Press, 1996.

2. Hua Linshan, *Les Années rouges*, Paris, Le Seuil, 1987, p. 251.

3. *Cf.* en particulier les fascinants souvenirs de Ni Yuxian, élève de l'Académie maritime de Shanghai, recueillis *in* Anne F. Thurston, *A Chinese Odyssey : The Life and Times of a Chinese Dissident*, New York, Charles Scribner's Sons, 1991.

4. White, *op. cit.*, p. 203.

5. Par contre, la découverte assez générale par les Gardes rouges de l'extrême misère des campagnes lors des voyages d'échanges d'expériences, ou lors de la ruralisation forcée de 1968, accélérera — un peu tard — leur prise de distance d'avec le régime, comme on l'a vu avec Wei Jingsheng.

6. Mao Zedong, *Petit Livre rouge des citations*, Paris, Le Seuil, 1967, p. 172.

7. Citée *in* Zhai Zhenhua, *Red Flower of China*, New York, Soho, 1992, p. 81.

d'être en prison. Tout ce que je peux dire, c'est que tu ferais mieux de te réformer, autrement tu auras ce que tu mérites." Même les gardes furent choqués par sa tirade. Le prisonnier revint en larmes (ce qui était interdit) à sa cellule, en murmurant : "Si j'avais su que cela arriverait, je l'aurais étranglé le jour de sa naissance". Tien[1] laissa passer l'incident sans même faire un reproche[2]. » Le gamin aurait une quinzaine d'années en 1966, juste l'âge pour devenir Garde rouge... Les plus jeunes furent toujours les plus violents, les plus acharnés à humilier leurs victimes.

Mais, simultanément, ces jeunes dressés à se comporter en petits robots rouges se sentent souvent frustrés. Frustrés d'héroïsme, alors que la génération de leurs parents leur rebat les oreilles de ses exploits révolutionnaires et guerriers, ils mimeront la Longue Marche, les premières bases rouges ou la guérilla antijaponaise lors des affrontements de 1966-1968 : une fois de plus, pour paraphraser Marx, l'histoire allait se répéter, mais sous forme de farce. Frustrés de l'essentiel de la littérature classique et d'une quelconque liberté de discussion face aux hyper-prudents professeurs rescapés de la Rectification de 1957, ils allaient utiliser leurs pauvres connaissances — essentiellement les œuvres de Mao, une pincée de Lénine — pour contester, au nom même de la Révolution, le gris rabâchage auquel son institutionnalisation avait laissé la place. Enfin beaucoup, issus des couches « noires », soumis à la course d'obstacles représentée par les sélections et quotas successifs régis par le principe de l'origine de classe, pouvaient s'estimer frustrés de toute chance réelle de jamais obtenir un poste conforme à leur travail, leur valeur et leurs ambitions : les établissements scolaires d'élite, où les Noirs sont souvent majoritaires, seront aussi fréquemment les plus révolutionnaires ; et l'ouverture officielle des Gardes rouges aux « mal nés », décrétée par le GRC le 1er octobre 1966[3], fera accomplir à la Révolution culturelle un pas en avant essentiel[4].

L'autorisation, le 16 novembre, de la formation de groupes de Gardes rouges dans les usines et, le 15 décembre dans les villages, représentera l'autre extension décisive du mouvement. À cette occasion sont aussi levés tous les verdicts politiques négatifs imposés depuis le début de la Révolution culturelle (mai 1966) sur les ouvriers ; dans la dynamique du moment, les réhabilités chercheront souvent à obtenir l'annulation de tous les étiquetages « droitiers », et la destruction des fiches secrètes où sont consignées opinions et « erreurs » de chacun. Deux catégories de travailleurs industriels rejoignent alors en masse les étudiants et lycéens : les « éléments arriérés » et autres discriminés sur base politique (mais tout est politique...), quel que soit leur âge ; les ouvriers saisonniers, journaliers, sans garantie d'emploi ni protection syndicale (et donc sociale), généralement

1. Le gardien.
2. Pasqualini, *op. cit.*, p. 311.
3. Ceux qui ont séjourné en prison restent cependant interdits d'activités politiques (William Hinton, *Shenfan*, New York, Random House, 1984, p. 529).
4. Harding, chapitre cité, p. 150.

jeunes, formant la majorité du prolétariat des nouvelles grandes usines, qui exigent augmentations de salaire et contrats permanents[1]. Ajoutons encore une bonne pincée de jeunes cadres voyant l'occasion inespérée d'une carrière rapide, de responsables autrefois sanctionnés pour une raison quelconque et ardents de se venger[2], ainsi que d'opportunistes toujours prêts à hurler avec les loups du moment (et à les trahir à la première occasion) : on aura l'hétéroclite coalition de mécontents qui, armés de haine et de désir de réussite sociale, se lancèrent à l'assaut de tous les pouvoirs — à l'école, à l'usine, dans les bureaux... Mais, minoritaires à l'échelle des quelque 20 % d'urbains, et plus encore à celle du pays entier, ils ne peuvent réussir que lorsqu'en face d'eux l'État est paralysé par les attaques du Centre, l'APL corsetée par ses consignes : en dernière analyse, c'est Mao qui ouvre et ferme tour à tour les vannes de la révolution, quitte à ne plus trop savoir que faire de temps à autre, compte tenu de la rapidité des changements de rapport de forces et de la diversité des situations locales, ainsi que de sa quête permanente d'une conciliation entre la rébellion et le maintien de l'empire. Quand les « rebelles » — c'est l'appellation qui les réunira — « prennent le pouvoir » (ou, plus concrètement, se le font remettre : il suffit pour cela du transfert des sceaux), leurs contradictions internes et leurs ambitions égoïstes reprennent immédiatement le dessus, et donnent lieu à d'impitoyables luttes, souvent armées, entre factions incapables de se déterminer autrement que *contre*[3].

L'heure de gloire des Gardes rouges

Les persécutions opérées en 1966 par ces étudiants et lycéens que sont encore pour l'essentiel les « rebelles révolutionnaires » restent comme le symbole de l'ensemble de la Révolution culturelle. Elles furent pourtant au total relativement peu meurtrières et guère novatrices : avec un peu de sadisme et d'exaltation juvénile en plus, elles ressemblent beaucoup à celles dont furent victimes les intellectuels des années cinquante. Furent-elles même beaucoup plus spontanées ? Il serait certes absurde de penser que Mao et son groupe tiraient les fils de chaque équipe de Gardes rouges, mais on retrouve la jalousie de Jiang Qing, épouse du Timonier, derrière les avanies dont fut victime Wang Guangmei, femme du président de la

1. White, *op. cit.*, p. 245-247.

2. Cela provoqua d'amusantes interversions de positions : ainsi le dirigeant henanais modéré Pan Fusheng, limogé à l'instigation de l'ultra-maoïste Wu Zhipu à la veille du Grand Bond, reprit du service en 1966 dans le clan ultra-gauchiste de Chen Boda, tandis que Wu était arrêté et probablement tué en 1967 par les Gardes rouges de Canton. *Cf.* Domenach (1982), *op. cit.*, p. 163.

3. *Cf.* sur ce point le tableau fascinant dressé par un ancien Garde rouge devenu universitaire aux États-Unis : Wang Shaoguang, *Failure of Charisma : The Cultural Revolution in Wuhan*, Hong Kong, Oxford University Press, 1995, p. 95-111 et 161-209.

République Liu Shaoqi[1] ; ce dernier ne fut soumis à « autocritique » puis jeté en prison (où il mourut, torturé) que quand Mao l'estima suffisamment isolé ; et à l'inverse, Zhou Enlai, pourtant durement critiqué, échappa à toute humiliation. L'aspect sensationnel du mouvement, ce sont bien les règlements de comptes au sommet par Gardes rouges interposés, c'est la rupture définitive des solidarités datant parfois d'avant la Longue Marche, ce sont les purges de cadres communistes (60 % furent chassés de leur poste, quitte, pour beaucoup, à y être réintégrés quelques années plus tard, avant même la mort de Mao, en septembre 1976 : Deng Xiaoping en constitue le plus bel exemple). Même là, il faut relativiser la violence : à la grande différence de l'URSS stalinienne des années trente, la plupart des hauts dirigeants et des cadres survivront aux mauvais traitements. Seul un peu connu ministre des Houillères fut battu à mort par les Gardes rouges, et il n'y eut pas d'exécution judiciaire au très haut niveau. Liu mourut fou en 1969 ; Peng Dehuai eut deux côtes brisées en juillet 1967 dans une « lutte », et périt du cancer en 1974 ; le ministre des Affaires étrangères Chen Yi, très attaqué, fut « ruralisé » en 1969, mais trouva le moyen de revenir sur le devant de la scène à la mort de Lin Biao, peu avant de mourir de maladie ; le cas le plus dramatique — et le plus précoce — reste celui du ministre de la Sécurité, Luo Ruiqing, purgé dès novembre 1965 pour laisser le champ libre à Kang Sheng, emprisonné en 1966, blessé au pied dans une tentative de défenestration volontaire, finalement amputé en 1969, son opération risquée ayant été retardée pour tenter de le faire avouer avant — il survécut néanmoins à Mao. Leurs conditions de détention, quoique pénibles et humiliantes, furent beaucoup moins dures que celles des millions de prisonniers qu'ils avaient contribué à expédier au laogai ; ils bénéficièrent en particulier d'un minimum de soins médicaux[2].

Le scénario des exactions des Gardes rouges est tristement similaire, d'un bout à l'autre de la Chine des villes et des universités. Tout se déclenche vers le 1er juin 1966, à la suite de la lecture, à la radio, du *dazibao* (affiche en gros caractères) de Nie Yuanzi, assistante en philosophie à Beida (université de Pékin, la plus prestigieuse du pays), qui appelle à la lutte en diabolisant l'adversaire : « Brisons tous les contrôles et les maléfiques complots des révisionnistes, résolument, radicalement, totalement, complètement ! Détruisons tous les monstres, tous les révisionnistes du type Khrouchtchev[3] ! » Des millions d'élèves et d'étudiants s'organisent alors, et trouvent sans peine en leurs professeurs, leurs responsables d'université, puis les autorités municipales ou provinciales qui tentent de les défendre, les « monstres et démons » à pourchasser ; avec une certaine

1. Alain Roux, *La Chine populaire, tome 2 (1966-1984)*, Paris, Éditions sociales, 1984, p. 45-46.
2. *Cf.* Yan et Gao, *op. cit.*, p. 152-66 et 197-228.
3. *Ibid.*, p. 28.

imagination, on les dénommait encore « génies malfaisants », quand ce n'était pas « fantômes bovins » ou « esprits reptiliens ». L'extrémiste du GRC Qi Benyu assure à propos de Peng, le 18 juillet 1967 : « Le serpent venimeux est inerte, mais pas encore mort. Le tigre de papier Peng Dehuai tue sans ciller. C'est un seigneur de la guerre. Ne soyez pas induit en erreur par sa posture, celle d'un lézard immobile. Il feint seulement la mort. C'est son instinct. Même les insectes et les animaux ont un instinct de conservation, pour ne rien dire de cet animal carnivore. Mettez-le à terre, et piétinez-le [1]. » Il faut prendre ces termes imagés assez au sérieux, car ils sont destinés à supprimer par refus d'identification toute possibilité de pitié. On sait depuis que ces dénominations vous conduisaient généralement à la « lutte », et assez souvent à la mort : l'appel à « détruire tous les monstres », qui déclencha le mouvement à l'université de Pékin, n'était pas un vain mot. L'« ennemi de classe », accoutré de pancartes, de chapeaux et parfois de hardes ridicules (les femmes surtout), contraint à des postures grotesques (et pénibles), le visage barbouillé d'encre noire, obligé d'aboyer comme un chien, à quatre pattes, devait perdre sa dignité humaine. Un professeur Ma (« cheval ») dut manger de l'herbe. Selon un vieil universitaire, dont l'un des étudiants avait battu à mort un de ses collègues : « Je peux presque comprendre comment cela arriva. Les propriétaires étaient alors des ennemis. Vraiment, ce n'étaient plus des hommes. Vous pouviez user de violence avec eux. C'était normal [2]. » En août 1967, la presse de Pékin éructe : les antimaoïstes sont « des rats qui courent dans les rues, tuez-les, tuez-les [3] ». Cette même déshumanisation, on la rencontra dès la période de la réforme agraire, en 1949 : ainsi, un propriétaire terrien est attelé à un araire, et contraint de labourer à force de fouet : « Tu nous as traités comme des bêtes, maintenant tu peux être notre animal [4] ! » crient les paysans. Plusieurs millions de semblables « animaux » furent exterminés. Certains furent même mangés : 137 au moins au Guangxi, en particulier des principaux de collège, et ce avec la participation de cadres locaux du PC ; certains Gardes rouges se firent ainsi servir de la chair humaine à la cantine ; ce fut apparemment aussi le cas dans certaines administrations. Harry Wu évoque un exécuté du laogai, en 1970, dont un agent de la Sécurité dévore la cervelle : il avait — crime sans pareil — osé écrire : « Renversez le président Mao [5]. »

On ne sait ce qui, dans l'immédiat, motive le plus ces Gardes rouges dont le gros ceinturon va longtemps constituer la principale arme : ils

1. *Cf.* Yan et Gao, *op. cit.*, p. 210.

2. Cité *in* Anne F. Thurston, « Urban violence during the Cultural Revolution : who is to blame ? », *in* Jonathan N. Lipman et Stevan Harrell, *Violence in China — Essays in Culture and Counterculture*, State University of New York Press, 1990.

3. Cité *in* Marie-Claire Bergère, *La République populaire de Chine de 1949 à nos jours*, Paris, Armand Colin, 1987, p. 133.

4. Jack Belden, *China Shakes the World*, Harmondsworth, Pelican, 1973 (1re édition, 1949), p. 228.

5. Becker, *op. cit.*, p. 218 ; Wu, *op. cit.*, p. 46.

paraissent sans cesse voguer d'un réel désir de transformation sociale au *happening* d'un été particulièrement caniculaire, en passant par la prudence conformiste de qui ne veut pas avoir d'ennui — rester passif équivaut à être traité de révisionniste, alors, tant qu'à faire... Les contradictions fleurissent dès le départ : on répète sans fin le nouveau slogan simpliste : « on a toujours raison de se révolter », forgé le 18 août par Mao (et auquel, paraît-il, pourraient se résumer les « mille composants » du marxisme), mais on s'impose et on impose un véritable culte du président et de ses œuvres (le fameux *Petit Livre rouge*) ; surtout, c'est le Centre qui seul a le droit de décider *qui* bénéficie du « droit à la révolte » (il n'est pas question de le laisser aux ennemis, faits seulement pour subir) et *quand* cette licence peut être utilisée : d'où une concurrence féroce entre organisations de Gardes rouges pour bénéficier de la précieuse estampille « gauche ». On prétend faire « feu sur les états-majors » — mais celui de l'armée, contrôlé par Lin Biao, protège les Gardes rouges, et celui des transports les promène gratuitement l'automne 1966 à travers toute la Chine dans des convois jouissant de la priorité absolue... Les « échanges d'expériences » qui les justifient tournent fréquemment à d'enivrantes virées touristiques de jeunes jamais sortis de leur ville natale, avec, en guise d'attraction quatre étoiles, la rencontre collective avec un Mao suscitant larmes (obligatoires pour les filles), démonstrations de ferveur religieuse et, à l'occasion, cohues mortelles [1].

Mao l'a dit le 18 août : « Nous ne voulons pas la gentillesse, nous voulons la guerre » ; et la Garde rouge Song Binbin (« Song la gentille ») s'empresse de devenir Song Yaowu (« Song veut la guerre [2] »). Le nouveau ministre de la Sécurité, Xie Fuzhi, proche de Jiang Qing, déclare fin août devant un auditoire de cadres policiers : « Nous ne pouvons nous conformer aux pratiques ordinaires ; nous ne pouvons suivre le code pénal. Si vous arrêtez des gens qui en ont battu d'autres, vous ferez erreur... Les Gardes rouges qui tuent doivent-ils être punis ? Mon opinion est que si des gens sont tués, eh bien ils sont tués ; ce n'est pas notre problème... Je n'approuve pas le fait que les masses tuent, mais si les masses haïssent les mauvaises gens au point que nous ne puissions les stopper, alors n'insistons pas... La police populaire doit être du côté des Gardes rouges, se lier à eux, sympathiser avec eux, et leur fournir des informations, en particulier sur les éléments des Cinq Catégories (noires) [3]. » On aura donc au début un combat sans grand risque : face à un appareil du Parti agité de courants

1. Ling, *op. cit.*, p. 174-183 et Zhai, *op. cit.*, p. 84-90 ; « J'ai essayé de pleurer, mais je n'ai pas pu », raconte-t-elle (p. 88) ; il est vrai que Mao ne gagne pas à être vu de trop près : « Je fus un peu déçue. Il faisait plus vieux que je ne me l'imaginais, et plus de la moitié de ses cheveux étaient blancs. Sa face présentait les marques de la vieillesse et ne resplendissait pas, comme elle aurait dû le faire. Ses mouvements étaient ralentis. C'était un vieil homme sénile » (p. 87).

2. Thurston, *art. cit.*, p. 149.

3. Yan et Gao, *op. cit.*, p. 76.

contradictoires, assommé par l'audace de Mao, et n'osant pas condamner le mouvement en cours, les intellectuels et ce qui les entoure (livres, peintures, porcelaine, bibliothèques, musées, édifices culturels) sont des proies faciles, sur lesquels tout les clans du pouvoir peuvent s'accorder.

L'anti-intellectualisme est en effet, on l'a signalé, une lourde tradition dans le PCC, et Mao l'a particulièrement bien incarnée. Les Gardes rouges ne vont-ils pas répétant sa citation : « La classe capitaliste est la peau ; les intellectuels sont les cheveux qui poussent sur la peau. Quand la peau meurt, il n'y a plus de cheveux [1] » ? Les officiels ne peuvent prononcer le mot « intellectuel » sans y adjoindre l'épithète « puant » ; Jean Pasqualini, qui nettoyait sa sandale à la sortie d'une porcherie, en fit l'expérience avec un gardien, qui lui assena : « Votre cerbeau est plus sale que ça, et il pue encore plus ! Arrêtez immédiatement ! C'est là une habitude bourgeoise. Nettoyez votre cerveau à la place [2] ! » Au début de la Révolution culturelle, les élèves et étudiants se virent doter d'un petit compendium de Mao concernant l'enseignement, où il condamne le savoir des professeurs « incapables de distinguer les cinq grains », et qui, « plus ils en apprennent, plus ils deviennent stupides ». Il prône également le raccourcissement des études, et la suppression de la sélection par examens : l'université doit former des rouges, pas des « experts », et doit être ouverte en priorité aux « rouges » de naissance [3].

Ayant déjà souvent l'expérience de deux ou trois autocritiques, la volonté de résistance des intellectuels est faible. Et les vieux écrivains font, des heures durant, l'« avion » jusqu'à l'épuisement, devant des jeunes qui les insultent ; ils défilent dans les rues, bonnet d'âne sur la tête ; ils sont souvent frappés, durement. Certains en meurent, davantage encore se suicident, comme le grand écrivain Lao She en août, ou Fu Lei, traducteur de Balzac et de Mallarmé, en septembre. Teng To est assassiné, Wu Han, Chao Shu-li et Liu Ching mourront en captivité, et Pa Kin passe des années en résidence surveillée [4]. Ding Ling se voit confisquer et détruire dix ans de manuscrits [5]. Le sadisme et le fanatisme des « révoltés »-bourreaux sont accablants. Ainsi, à l'université de Xiamen (Fujian) : « Certains [professeurs], ne pouvant supporter les séances d'attaques et de critiques, tombèrent malades et moururent, pratiquement en notre présence. Je n'éprouvai aucune pitié à leur égard, ni pour la poignée de ceux qui se jetèrent par la fenêtre, ni pour celui qui se jeta dans une de nos fameuses sources chaudes où il mourut ébouillanté [6]. » Un dixième environ des enseignants fut « lutté » (par leurs collègues dans le primaire), beaucoup plus furent inquiétés.

1. Nien, *op. cit.*, p. 101.
2. Pasqualini, *op. cit.*, p. 194.
3. Zhai, *op. cit.*, p. 62.
4. Douwe Fokkema, « Creativity and Politics », *in* MacFarquhar et Fairbank, *op. cit.*, p. 600.
5. Yan et Gao, *op. cit.*, p. 79.
6. Témoignage d'un Garde rouge, *in* Roux, *op. cit.*, p. 37.

Les villes attendent l'arrivée des Gardes rouges comme on attend un typhon, lors de la campagne contre les « Quatre Vieilleries » (vieilles idées, vieille culture, vieilles coutumes, vieilles habitudes), lancée par Lin Biao le 18 août : temples barricadés (mais de très nombreux seront détruits, souvent dans des autodafés publics, ou endommagés), trésors cachés, fresques badigeonnées pour les protéger, livres déménagés. On brûle décors et costumes de l'Opéra de Pékin, supprimé au profit des « opéras révolutionnaires à thème contemporain » de Mme Mao, pour dix ans pratiquement seule forme d'expression artistique autorisée. La Grande Muraille elle-même est en partie détruite : on en récupère les briques pour élever des porcheries. Zhou fait alors partiellement murer et protéger par des troupes le Palais impérial de Pékin[1]. Les divers cultes sont très touchés : dispersion des moines du célèbre complexe bouddhiste des monts Wutai, manuscrits anciens brûlés, destruction partielle de ses soixante temples ; autodafé de Corans chez les Ouighours du Xinjiang, interdiction de fêter le Nouvel An chinois... La xénophobie, vieille tradition chinoise, atteint des extrêmes atterrants : saccage des tombes « impérialistes » dans certains cimetières[2], quasi-interdiction de toute pratique chrétienne, martelage des inscriptions anglaises ou françaises sur le Bund, à Shanghai. Nien Cheng, veuve d'un Britannique, et qui avait cru bon d'offrir du café à une Garde rouge en « perquisition », s'entend rétorquer : « Pourquoi faut-il que vous buviez une boisson étrangère ? Pourquoi faut-il que vous mangiez de la nourriture étrangère ? Pourquoi avez-vous tant de livres étrangers ? Pourquoi êtes-vous *si* étrangère[3] ? » Les Gardes rouges, ces gamins tragiquement sérieux, croient bon d'interdire ces « dérivatifs à l'énergie révolutionnaire » que seraient chats, oiseaux et fleurs (il devient donc *contre-révolutionnaire* d'en planter dans son jardin), et le Premier ministre est contraint d'intervenir pour empêcher qu'un feu *rouge* ne se mette à signifier « Avancez ». Dans les grandes villes — Shanghai en particulier —, des escouades tondent sommairement les cheveux longs ou gominés, mettent en pièces les pantalons serrés, arrachent les talons hauts, éventrent les chaussures à bout pointu, contraignent les boutiques à prendre des noms « convenables » : des centaines d'*Orient Rouge* n'affichant plus que portraits et œuvres du Timonier désorientent les vieux Shangaïens[4]. Les contrevenants s'exposent à recevoir en guise de scellés une image de Mao, qu'il serait sacrilège de déchirer. Les Gardes rouges arrêtent les passants pour leur faire réciter une citation de Mao, de leur choix[5]. Beaucoup n'osent plus sortir de chez eux.

Le plus dur, pour des millions de familles noires, ce furent cependant les perquisitions de Gardes rouges. Mêlant recherches de « preuves » pour

1. Yan et Gao, *op. cit.*, p. 70.
2. Ling, *op. cit.*, p. 49 ; Yan et Gao, *op. cit.*, p. 71.
3. Nien, *op. cit.*, p. 110.
4. *Ibid.*, p. 86.
5. Certains ont choisi : « Le camarade Norman Béthune est un membre du Parti communiste canadien. » Humour ?

des crimes supposés, récupération d'argent et d'or pour les autorités locales, leur organisation ou... eux-mêmes, et vandalisme pur et simple, ils brisent, pillent et souvent confisquent tout ou partie du domicile. Humiliation, insultes, coups pour les perquisitionnés sont presque de rigueur. Certains se défendent, et mal leur en prend ; mais une simple expression de dédain, une parole légèrement moqueuse, un refus d'avouer l'emplacement de ses « trésors », et c'est la grêle de coups, trop fréquemment le meurtre, au minimum le saccage généralisé du logement[1]. Il y a aussi, rarement, des morts parmi les Gardes. On est souvent « visité » plusieurs fois, par diverses organisations : pour ne pas perdre la face, les derniers à venir saisissent souvent le strict minimum vital que leurs prédécesseurs avaient généreusement laissé aux « capitalistes » déchus. Dans ces conditions, ce furent sans doute les suicides qui causèrent le plus de pertes, mais il est vain de tenter d'établir des dénombrements trop précis : bien des meurtres furent ainsi maquillés...

On dispose cependant de données partielles : la « terreur rouge » aurait fait à Pékin 1700 morts, cependant que 33 600 logements étaient perquisitionnés, et 84 000 Noirs chassés de la ville[2] ; 150 000 logements auraient été confisqués à Shanghai, 32 tonnes d'or saisies. Dans la grande cité industrielle de Wuhan (Hubei), 21 000 perquisitions s'accompagnent de 32 passages à tabac mortels, et de 62 suicides[3]. De sanglants dérapages ont parfois lieu, comme dans le district de Daxing, au sud de la capitale, où 325 Noirs et membres de leurs familles sont assassinés en cinq jours : le plus âgé a quatre-vingts ans, le plus jeune trente-huit jours. Un médecin est exécuté comme « assassin de Rouge », son patient « rebelle » ayant effectué une allergie mortelle à la pénicilline[4]. Les « investigations » dans l'administration — menées parfois par des policiers déguisés en Gardes rouges — furent massives et parfois meurtrières : quelque 1 200 exécutions dans l'épuration du ministère de la Sécurité, 22 000 personnes interrogées, et souvent enfermées, dans le cadre de la constitution du dossier Liu Shaoqi, expulsion (et généralement arrestation) de 60 % des membres du Comité central (presque jamais réuni), des trois quarts des secrétaires provinciaux du Parti ; au total, toutes périodes de la Révolution culturelle confondues, incarcération de trois à quatre millions de cadres (sur dix-huit environ), et de 400 000 militaires — malgré l'interdiction des Gardes rouges dans l'APL[5]. Parmi les intellectuels, 142 000 enseignants, 53 000 techniciens et scientifiques, 500 professeurs en médecine, 2 600 écrivains et artistes auraient été persécutés, et nombre d'entre eux tués, ou poussés au suicide[6]. À Shanghai, où ces catégories sont particuliè-

1. *Cf.* par exemple Zhai, *op. cit.*, p. 92-100.
2. *Ibid.*, p. 100.
3. Wang, *op. cit.*, p. 72.
4. Yan et Gao, *op. cit.*, p. 77.
5. Domenach (1992), *op. cit.*, p. 273-274 et 284-285.
6. Yan et Gao, *op. cit.*, p. 212 ; les chiffres, à manier avec prudence, sont ceux du procès de la « Bande des Quatre » (1981).

rement nombreuses, on estime officiellement dès 1978 que dix mille personnes auraient péri de mort violente du fait des exactions de la Révolution culturelle[1].

Mais on est frappé de la facilité avec laquelle ces jeunes, qui trouvent peu de renforts dans d'autres couches de la société, peuvent, à la fin de 1966 et au début de 1967, s'en prendre à de hauts responsables du Parti, « critiqués » sur des stades à Pékin, voire torturés à mort, comme le responsable du Parti de Tianjin, ou le maire de Shanghai qui, attaché au crochet de la grue d'une dépanneuse de tramways, battu, répond obstinément à ceux qui lui réclament une autocritique : « Plutôt crever[2] ! » Une seule explication : l'élément déterminant — Mao, le Centre — sinon la masse de l'appareil d'État est du côté des « révolutionnaires », et une mesure comme la fermeture pour six mois (elle sera reconduite), le 26 juillet 1966, de l'ensemble des établissements d'enseignement secondaire ou supérieur est un encouragement à se mobiliser pour leurs cinquante millions d'élèves. Désœuvrés, garantis d'une totale impunité, même s'ils tuent (ce seront des « accidents »), encouragés sans relâche par les médias officiels, qu'est-ce qui pourrait leur résister ?

Leur premier pogrom

[...] Alors que quelques-uns d'entre nous nous revenions de la plage où nous étions allés nous baigner, nous avons entendu, en nous approchant de l'entrée principale de l'école, des cris, des hurlements. Quelques camarades de classe couraient vers nous en s'époumonant :

« La lutte a commencé ! La lutte a commencé ! »

Je fonçai à l'intérieur. Sur le terrain de sport, et encore plus loin devant un bâtiment scolaire tout neuf à trois étages, je vis des professeurs, quarante ou cinquante au total, en rangs, la tête et le visage aspergés d'encre noire, de sorte qu'ils formaient effectivement un « gang noir ». Ils portaient pendus à leur cou des panneaux avec des inscriptions comme « autorité académique réactionnaire Untel », « ennemi de classe Untel », « tenant de la voie capitaliste Untel », « Untel, chef de bande corrompu » — tous qualificatifs empruntés aux journaux. Chaque panneau était marqué d'une croix rouge, ce qui donnait aux professeurs une apparence de prisonniers condamnés à mort attendant l'exécution. Tous étaient coiffés de bonnets d'âne sur lesquels étaient peintes des épithètes semblables, et portaient sur le dos des balais sales, des époussettes et des chaussures.

On leur avait aussi pendu autour du cou des seaux remplis de pierres. J'aperçus le directeur : son seau était si lourd que le fil métallique lui avait entaillé profondément la peau, et il chancelait. Tous pieds nus, ils frappaient sur des gongs ou des casseroles en faisant le tour du terrain, tout en criant :

1. Nien, *op. cit.*, p. 602.
2. Roux, *op. cit.*, p. 50.

« Je suis le gangster Untel ! »

Finalement, ils tombèrent tous à genoux, brûlèrent de l'encens, et supplièrent Mao Zedong de « leur pardonner leurs crimes ». Je fus abasourdi par cette scène et me sentis pâlir. Quelques filles faillirent s'évanouir.

Coups et tortures suivirent. Je n'avais jamais vu de pareilles tortures auparavant : on leur faisait manger de la matière de vidange et des insectes ; on les soumettait à des chocs électriques ; on les forçait à se mettre à genoux sur du verre cassé ; on leur faisait faire « l'avion » en les suspendant par les bras et les jambes.

Ceux qui furent les premiers à se saisir de bâtons et à torturer, c'étaient les brutes de l'école : enfants de cadres du Parti et officiers de l'armée, ils appartenaient aux cinq classes rouges — catégorie qui comprenait également les enfants d'ouvriers, de paysans pauvres et moyen-pauvres, et de martyrs révolutionnaires. [...] Grossiers et cruels, ils étaient habitués à jouer de l'influence de leurs parents et à se chamailler avec les autres élèves. Tellement nuls en classe qu'ils étaient sur le point d'être renvoyés, ils en voulaient probablement aux professeurs.

Très enhardis par les provocateurs, les autres élèves hurlaient à leur tour : « Battez-les ! » et sautaient sur les professeurs, en jouant des poings et en donnant des coups de pied. Les traînards furent bien obligés de les soutenir en criant fort et en montrant le poing.

Il n'y avait rien d'étrange dans tout cela. Les jeunes élèves étaient, à l'ordinaire, calmes et bien élevés ; mais, une fois le premier pas fait, ils ne pouvaient que suivre. [...]

Mais le coup le plus dur pour moi, ce jour-là, fut le meurtre de mon cher professeur Chen Ku-teh, celui pour qui j'avais le plus d'amour et de respect. [...]

Professeur Chen, âgé de plus de soixante ans et souffrant d'hypertension, fut traîné dehors à 11 h 30, exposé au soleil d'été durant plus de deux heures, puis forcé de défiler avec les autres en portant un panneau et en frappant sur un gong. Après, on le traîna d'abord au premier étage d'un bâtiment scolaire, puis à nouveau en bas, lui assenant des coups de poing et de manche à balai le long du trajet. Au premier étage, certains de ses agresseurs foncèrent dans une classe pour y prendre des perches de bambou, avec lesquelles ils continuaient à le frapper. Je les arrêtai en suppliant :

« Vous n'avez pas besoin de faire cela. C'en est trop ! »

Il s'évanouit à plusieurs reprises, mais on le ranimait chaque fois en lui jetant de l'eau froide à la figure. Il ne pouvait bouger qu'à grand-peine ; ses pieds étaient coupés par du verre et déchirés par des épines. Mais son esprit n'était pas abattu.

« Pourquoi ne me tuez-vous pas ? criait-il. Tuez-moi ! »

Cela dura six heures, jusqu'à ce qu'il perdît le contrôle de ses excréments. Les tourmenteurs essayèrent de lui enfoncer un bâton dans le rectum. Il s'effondra pour la dernière fois. Ils l'aspergèrent encore une fois d'eau froide, mais il était déjà trop tard. Les assassins en restèrent momentanément hébétés, car c'était sans doute la première fois qu'ils avaient jamais battu un homme à mort, tout comme c'était, pour la plupart d'entre nous, la première fois qu'on assistait à une scène pareille. Les gens commençaient à s'enfuir, les uns après les autres. [...] Ils traînèrent le corps de leur victime hors du terrain, jusqu'à une cabane en bois où les professeurs avaient l'habitude de jouer au ping-pong. Là, ils le mirent sur un tapis de gym sale, puis convoquèrent le médecin de l'école et lui dirent :

« Vérifie soigneusement s'il est bien mort d'hypertension. Tu n'as pas le droit de le défendre ! »

Le docteur l'examina et le déclara mort à la suite de tortures. Puis certains le saisirent et se mirent à le frapper, lui aussi, en disant :

« Pourquoi respires-tu par la même narine que lui ? Veux-tu finir par lui ressembler ? »

Le docteur finit par inscrire sur le certificat de décès : « Mort due à une soudaine attaque d'hypertension[1] ».

Les révolutionnaires et leur Maître

Légende dorée : on a longtemps pris en Occident les Gardes rouges pour les cousins, juste un peu plus fanatiques, des révolutionnaires soixante-huitards[2], leurs contemporains. Légende noire : depuis la chute des Quatre, les Gardes rouges sont considérés en Chine comme les auxiliaires quasi fascistes d'une bande d'aventuriers politiques. La réalité fut bien différente : les « rebelles » se considéraient comme de bons communistes maoïstes, totalement étrangers à tout idéal démocratique ou libertaire : et ils le furent pour l'essentiel. Centralisme démocratique en moins — et cela mit fin à l'expérience en à peine deux ans —, ils représentèrent collectivement une sorte d'étrange « parti communiste bis », au moment où les divisions du premier le paralysaient complètement. Prêts à mourir pour Mao, liés tant idéologiquement qu'humainement à Lin Biao et surtout au GRC de Jiang Qing, ils ne représentèrent une alternative que par rapport à des directions municipales et provinciales en butte à l'hostilité du Centre maoïste, et une force supplétive pour les règlements de comptes du Palais, à Pékin. L'immense énergie de ces dizaines de millions de jeunes gens fut purement destructrice : les périodes, il est vrai brèves, où ils parvinrent à occuper le pouvoir, ils n'en firent strictement rien, et ne modifièrent sur aucun point notable les principes de base du totalitarisme en place. Les Gardes rouges prétendirent souvent imiter les principes de la Commune de Paris de 1871, mais jamais les élections qu'ils organisèrent n'eurent quoi que ce soit de libre ou d'ouvert : tout était décidé par

1. Ken Ling, Miriam London et Ta-ling Lee, *La Vengeance du ciel : un jeune Chinois dans la Révolution culturelle*, Paris, Robert Laffont, 1981 (éd. originale en anglais, 1972), p. 20-23. La scène se passe dans un lycée d'élite de Xiamen.

2. Ce « longtemps » ne s'applique évidemment pas à Simon Leys, dont les ouvrages pionniers peuvent encore aujourd'hui être lus avec profit, tant pour leur précision chronologique que pour leur décryptage de l'idéologie de la Révolution culturelle : *Les Habits neufs du président Mao : Chronique de la « Révolution culturelle »*, Paris, Champ libre, 1971 ; et *Ombres chinoises*, Paris, 10/18-Bibliothèque asiatique, 1974.

de minuscules appareils autoproclamés ; l'alternance ne s'effectuait que sous la forme de coups de force, incessants, à l'intérieur des organisations[1] et des structures administratives qu'elles réussirent à contrôler. Au-delà, il y eut certes de nombreuses « libérations » individuelles, et le triomphe de certaines revendications sociales dans les usines[2] : mais plus dure sera souvent la chute, en 1968...

Mille liens unissaient les Gardes rouges à l'appareil communiste. En juin-juillet 1966, ce furent les équipes de travail envoyées dans les principaux établissements scolaires par le groupe de Liu Shaoqi et les directions provinciales subordonnées qui créèrent les premiers « antres noirs » pour professeurs « luttés » et impulsèrent les groupes initiaux de Gardes rouges. Quoique retirées officiellement début août, dans le cadre du coup de force de Mao au sein du Comité central, elles continuent parfois à influencer durablement les organisations locales[3] ; elles ont en tout cas stimulé de façon décisive le recours à la violence contre les professeurs et cadres de l'enseignement, et ouvert la voie au mouvement contre les Quatre Vieilleries. Celui-ci, encouragé par les autorités locales, est de fait dirigé par la police, qui fournit la liste des perquisitionnables et recueille tant les pièces à conviction que les objets confisqués : Nien Cheng aura la surprise, et la joie, de récupérer en 1978 une grande partie des porcelaines qui lui avaient été sauvagement arrachées douze ans plus tôt. Les victimes expiatoires sont souvent les éternels luttés des campagnes précédentes, plus quelques cadres moyens sacrifiés pour sauver les vrais détenteurs du pouvoir.

L'extension du mouvement aux usines et la fuite en avant d'un Mao qui sent son but — éliminer ses adversaires de l'appareil — lui échapper amènent certes des affrontements de grande ampleur entre rebelles et municipalités ou directions provinciales. Mais, d'une part, celles-ci savent construire à leur service de puissantes organisations de masse, dites « conservatrices », sur le fond bien difficiles à distinguer des rebelles plus proches de la ligne maoïste. D'autre part, ceux-ci, plus indépendants localement, voient leur salut dans l'affiliation à ce « super-Comité central » qu'est devenu le GRC, où Kang Sheng joue un rôle aussi discret qu'essentiel : des équipes spécialisées font le lien avec Pékin (au départ, ce furent souvent des étudiants de la capitale), qui envoie conseils et listes noires (les deux tiers des membres du Comité central, entre autres), attend en retour résultats d'enquêtes et preuves, et fournit à ses alliés les précieuses « bonnes étiquettes », longtemps bouclier magique face à l'APL[4]. Les rebelles sont tout autant partie prenante de la machine étatique que les conservateurs : simplement, ce n'est pas tout à fait la même. On ne saurait

1. Cinq en quelques mois pour la direction du Quartier général ouvrier de Wuhan (Wang, *op. cit.*, p. 89).
2. Ling, *op. cit.*, p. 267-269.
3. *Cf.* en particulier Ling, *op. cit.*
4. Harding, chapitre cité, p. 168.

enfin trop souligner à quel point le consensus est total entre tous les groupes, toutes les factions, en ce qui concerne la répression — et c'est évidemment une immense différence avec la tradition révolutionnaire d'Occident. Si l'on critique le laogai (d'ailleurs peu touché), c'est pour se plaindre de son « laxisme » : Nien Cheng ressentit durement l'arrivée des brutales et inhumaines nouvelles gardiennes maoïstes. Hua Linshan, pourtant rebelle d'ultra-gauche, et en lutte ouverte contre l'APL, occupa la section de mécanique d'une usine-prison, pour y fabriquer des armes ; cependant « pendant tout notre séjour, [les prisonniers] restèrent dans leurs cellules et nous n'eûmes pratiquement aucun contact avec eux[1] ». Les Gardes rouges, qui utilisent le kidnapping comme un moyen essentiel de lutte, ont leur propre réseau pénitentiaire, dans chaque école, chaque administration, chaque usine : dans ces « étables », ces « antres », ou, par euphémisme, ces « classes d'études », on séquestre, on interroge, on torture sans relâche, avec beaucoup de recherche et d'imagination ; ainsi Ling évoque-t-il un « groupe d'études psychologiques » informel dans son lycée : « Nous évitions de mentionner les tortures, mais nous les considérions comme un art [...]. Nous en venions même à penser que nos recherches n'étaient pas assez scientifiques. Il y avait beaucoup de méthodes dont nous n'étions pas en mesure de faire l'expérience[2]. » Une milice « radicale » de Hangzhou, essentiellement formée de Noirs auparavant persécutés, détient en moyenne un millier de personnes dans ses trois centres d'investigation ; elle condamne vingt-trois personnes pour calomnie de son dirigeant Weng Senhe ; ses membres ouvriers obtiennent trois jours de congé pour une journée à la milice, ainsi que des repas gratuits[3]. Il est frappant que, dans tous les témoignages d'anciens Gardes rouges, les pratiques répressives tiennent une telle place, que les mentions soient si nombreuses d'adversaires frappés à terre, paradés, humiliés, parfois assassinés, et ce sans apparemment que qui ce soit s'y oppose jamais. Il est également significatif que la période de la Révolution culturelle ait été marquée par le réemprisonnement d'anciens détenus, par la réattribution générale des étiquettes droitières auparavant levées, par des arrestations systématiques d'étrangers ou de Chinois d'outre-mer, ou même par de nouvelles infamies telles que l'obligation pour une fille d'achever la peine de son père décédé[4] : l'administration civile souffrit considérablement, mais celle du laogai eut pour le moins les coudées franches. Alors, génération de rebelles, ou génération de geôliers[5] ?

---

1. Hua, *op. cit.*, p. 311.
2. Ling, *op. cit.*, p. 32-33.
3. Keith Forster, « Spontaneous and Institutional Rebellion in the Cultural Revolution : The Extraordinary Case of Weng Senhe », in *Australian Journal of Chinese Affairs*, n° 27, 1992, p. 38-75.
4. Domenach (1992), *op. cit.*, p. 278-286.
5. « Les étudiants disaient : lorsque nous aurons en main le contrôle du Bureau de sécurité publique, nous pourrons arrêter qui nous plaira. » Ling, *op. cit.*, p. 252.

Idéologiquement, même des groupes rebelles aussi radicaux et soucieux d'élaboration théorique que le *Shengwulian* du Hunan [1] ne parvinrent pas à s'éloigner du cadre de référence maoïste. Certes, la pensée du président est si vague [2], ses paroles sont si contradictoires qu'on peut y « faire son marché » un peu comme on l'entend : conservateurs comme rebelles avaient leur stock de citations — les mêmes parfois, interprétées différemment. Dans l'étrange Chine de la Révolution culturelle, un mendiant pouvait justifier un vol par une phrase de Mao sur l'entraide [3], et un travailleur au noir ayant détourné des briques rejeter tout scrupule, puisque « la classe ouvrière doit exercer sa direction en tout [4] ». Il y a quand même un noyau dur, incontournable : la sanctification de la violence [5], la radicalité des affrontements de classe et de leurs prolongements politiques. Tout est permis au détenteur de la ligne juste. Les rebelles ne surent même pas se distancier de la propagande officielle, dont leurs textes singent l'épaisse langue de bois ; ils ne se privèrent jamais de mentir de façon éhontée, non seulement aux masses, mais même à leurs camarades d'organisation [6].

Le plus dramatique est cependant peut-être le consensus sur la « castification » opérée dans les années cinquante *(voir ci-dessus)*, et encore renforcée par la Révolution culturelle. Il aurait pu en être autrement : pour pousser les feux, le GRC, on l'a dit, ouvrit les portes de l'organisation aux Noirs, qui s'y précipitèrent. Assez naturellement ils s'inscrivirent chez les rebelles (45 % d'enfants d'intellectuels chez ceux des lycées de Canton), cependant que la progéniture des cadres et des ouvriers à statut formait 82 % des conservateurs de la grande métropole méridionale. Les rebelles, s'appuyant également sur les ouvriers sans statut, étaient les adversaires naturels des cadres politiques, cependant que les conservateurs concentraient le tir sur les Noirs. Mais, parce que leur vision incluait la césure entre catégories socio-politiques, et, partant de là, pour se dédouaner de leur tache d'infamie native, les rebelles se lancèrent dans une surenchère répressive face aux conservateurs, et ne se privèrent pas d'attaquer eux aussi les Noirs, en priant le ciel que le coup épargne leurs propres parents... Pis encore, ils adoptèrent pour eux-mêmes la nouvelle notion d'*hérédité de classe,* propagée d'abord par les Gardes rouges de Pékin, dominés par les enfants de cadres et de militaires, mais jamais explicitement combattue.

Elle s'exprimait par exemple dans ce remarquable chant de marche :

---

1. *Cf.* ses textes essentiels *in* Hector Mandarès *et al.*, *Revo cul dans la Chine pop : anthologie de la presse des Gardes rouges (mai 1966-janvier 1968)*, Paris, Bibliothèque asiatique, 1974, p. 353-427.

2. Et il ne fait rien pour l'expliciter, ce qui aurait risqué de trop l'engager envers un clan : il ne prononça *pas un discours* de toute la Révolution culturelle !

3. Ling, *op. cit.*, p. 119.

4. Nien, *op. cit.*, p. 503.

5. « Nous avions une chose en commun : la conviction que "la violence résout tous les problèmes". » Ling, *op. cit.*, p. 200.

6. *Cf.* par exemple Hua, *op. cit.*, p. 328.

« Si le père est un brave, le fils est un héros,
Si le père est un réactionnaire, le fils est un trou du cul.
Si tu es un révolutionnaire, alors avance-toi et viens avec nous,
Si tu ne l'es pas, va te faire voir
[...]
Allez vous faire voir !
On va vous chasser de votre foutu poste !
Tue ! Tue ! Tue[1] *! »*

Une « bien née » apporte ce commentaire : « Nous sommes *nés rouges*[2] ! Le rouge nous vient du ventre de nos mères. Et je te le dis tout net : tu es né noir ! Que peux-tu y faire »[3] ? La racialisation des catégories est ravageuse. Zhai Zhenhua, ceinturon en main, injure à la bouche, contraint la moitié noire de sa classe à passer son temps à étudier Mao : « Pour se sauver, ils devaient d'abord apprendre à avoir honte de leur horrible origine familiale, ainsi que de leurs parents, et à les haïr[4]. » Il n'est bien sûr pas question pour eux de rejoindre les Gardes rouges. À la gare de Pékin, ces derniers patrouillent, tabassent et renvoient à domicile tout Garde rouge de mauvaise origine. On est souvent plus tolérant en province, et les Noirs tiennent souvent des positions de responsabilité ; néanmoins on met toujours en avant les mieux nés : « La "composition de classe" de Porcinette[5] était excellente, et c'était une qualification majeure : issue d'une famille de maçons, elle se vantait souvent que depuis trois générations sa famille n'avait jamais eu un toit au-dessus de sa tête[6]. » Dans les affrontements verbaux, l'argument de la naissance revient en effet constamment, sans jamais être récusé. Hua Linshan, rebelle très militant, se fait proprement jeter d'un train de Gardes rouges plutôt conservateurs : « Ce que je ressens très vivement encore aujourd'hui, c'est que ma présence physique était pour eux une offense, une souillure. [...] J'ai eu alors l'impression que j'étais une chose immonde[7]. » Dans les manifestations, les Cinq Rouges sont toujours placés en tête[8]. L'*apartheid* s'étend à l'ensemble de la société : dans une réunion de quartier, en 1973, Nien Cheng s'assoit par mégarde avec le prolétariat. « Comme s'ils avaient reçu un choc électrique, les ouvriers les plus proches de moi écartèrent immédiatement leur tabouret du mien et je me retrouvai isolée dans la pièce surpeuplée » ; alors elle va rejoindre un groupe de femmes « composé exclusivement de membres de la classe capitaliste et d'intellectuels, les intouchables de la Révolution

1. Zhai, *op. cit.*, p. 81.
2. Souligné dans le texte.
3. *Idem.*
4. *Ibid.*, p. 105.
5. Surnom d'une lycéenne.
6. Ling, *op. cit.*, p. 42.
7. Hua, *op. cit.*, p. 106.
8. *Ibid.*, p. 108.

culturelle[1] ». Elle précise que ce ne sont ni la police ni le Parti qui ont imposé pareille ségrégation.

De l'explosion des luttes factionnelles à l'écrasement des rebelles

La deuxième phase du mouvement commence au moment où, début janvier 1967, la question du pouvoir se pose. Le Centre maoïste sait avoir dépassé le point de non-retour dans l'affrontement avec l'ancienne direction liuiste, poussée dans les cordes à Pékin, mais pouvant encore compter sur de puissants bastions dans la majorité des provinces. Pour lui donner l'estoc, les rebelles doivent s'y emparer du pouvoir ; l'armée, atout maître, n'interviendra pas : les nouvelles troupes du président auront donc le champ libre. Shanghai donne le signal en janvier, et un peu partout les municipalités et comités du Parti sont aisément renversés. Maintenant, il ne s'agit plus de critiquer, mais de gouverner. Et le désastre commence : les tensions entre groupes rebelles rivaux, entre étudiants et ouvriers[2], entre ouvriers permanents ou non, conduisent presque instantanément à de durs affrontements concernant des villes entières, bientôt avec des armes à feu, et plus seulement des ceinturons ou même des poignards. Les dirigeants maoïstes, maintenant proches du triomphe, s'en effraient : la production industrielle s'effondre (- 40 % à Wuhan en janvier[3]), il n'y a plus d'administration, et des groupes qui leur échappent s'installent dans des positions de pouvoir. La Chine manque cruellement de cadres compétents : il convient donc de réintégrer la grande majorité de ceux qui ont été attaqués. Il faut remettre les usines au travail, et les établissements scolaires ne peuvent rester fermés indéfiniment. D'où un double choix, dès fin janvier : promouvoir une nouvelle structure de pouvoir, les Comités révolutionnaires (CR), fondés sur le principe « trois en un » — alliance des rebelles, des anciens cadres et de l'APL ; pousser doucement les Gardes rouges vers la sortie (ou plutôt vers les salles de classe), en utilisant si besoin est l'autre bras armé de Mao, mis en veilleuse depuis six mois : l'armée.

Pour les rebelles, la roche Tarpéienne est donc proche du Capitole... La Révolution culturelle est néanmoins pleine de surprises. Dès avril, le retour à l'ordre dépasse à ce point les espérances que Mao s'en inquiète : les conservateurs et, derrière eux, les renversés de janvier relèvent partout la tête et constituent parfois un dangereux front commun avec les garnisons de l'APL, comme à Wuhan, où les rebelles sont en débandade. Alors, c'est un nouveau coup de barre à gauche, accentué en juillet, après l'arrestation par les militaires de Wuhan, deux jours durant, d'émissaires du GRC. Mais, comme chaque fois que les Gardes rouges maoïstes se sentent le

1. Nien, *op. cit.*, p. 494.

2. « Une différence fondamentale apparaissait entre les étudiants et les ouvriers : les étudiants voulaient le pouvoir, alors que les ouvriers voulaient de l'argent. » Ling, *op. cit.*, p. 252.

3. Wang, *op. cit.*, p. 118.

vent en poupe, on assiste au déchaînement de la violence et de luttes factionnelles virant à l'anarchie — et les CR ne parviennent toujours pas à être mis en place. D'où, en septembre, l'autorisation donnée à l'APL de faire usage de ses armes (jusque-là, elle devait assister impuissante au pillage de ses arsenaux), et un second lâchage des rebelles. 1968 répète partiellement 1967 : nouvelles inquiétudes de Mao en mars, et encouragements — plus mesurés qu'un an auparavant — à la gauche ; devant l'extension d'affrontements chaque fois plus meurtriers, mise à mort, cette fois radicale, des rebelles en juillet.

Beaucoup dépend donc des atermoiements de Mao, placé devant ce cruel dilemme dont il ne peut sortir : chaos de gauche, ou ordre de droite. Tous les acteurs sont suspendus à la dernière directive du maître de jeu, en espérant qu'elle sera favorable. Étrange situation : les ennemis mortels sont tous les sectateurs inconditionnels du même dieu vivant. Ainsi la puissante fédération conservatrice du Million de Héros, à Wuhan, apprend son désaveu, en juillet 1967 ; elle déclare : « Que nous soyons convaincus ou pas, nous devons suivre et appliquer les décisions du Centre, sans réserve », et se dissout aussitôt[1]. Il n'y a cependant pas d'interprétation canonique, les exégètes patentés — les comités du Parti — étant plutôt déconsidérés : la confusion règne donc souvent quant aux intentions réelles d'un Centre dont on ne veut pas croire qu'il soit lui-même si hésitant. Par ailleurs, le jeu de bascule permanent fait que bientôt chacun a une sanglante vengeance à prendre, les vainqueurs du moment ne pratiquant jamais la magnanimité.

À ces causes exogènes d'aggravation de la violence s'ajoutent deux facteurs endogènes aux organisations, rebelles en particulier. Intérêts de petits groupes et ambitions individuelles, jamais arbitrés démocratiquement, conduisent en permanence à de nouvelles scissions, cependant que de cyniques « entrepreneurs en politique » tentent de monnayer leur aura sous la forme d'une intégration aux nouveaux pouvoirs locaux, tout particulièrement en cultivant leurs relations avec les états-majors régionaux de l'APL : beaucoup finiront associés aux Quatre, et convertis en tyranneaux de province. Les luttes factionnelles perdent peu à peu leur caractère politique et se résument à l'affrontement entre ceux qui se trouvent au pouvoir et ceux qui voudraient les y remplacer[2]. Enfin, on l'a vu au laogai, celui qui accuse, en Chine communiste, a toujours raison, puisqu'il se barde de citations et de slogans intouchables ; on aggrave presque systématiquement son cas en se défendant. La seule riposte efficace réside donc dans une contre-accusation de niveau supérieur : qu'elle soit fondée ou non importe peu, l'essentiel étant qu'elle soit exprimée en termes politiquement justes. La logique du débat pousse donc à un élargissement constant du champ des attaques et du nombre des attaqués[3]. Enfin, tout étant politique, le plus

1. *Ibid.*, p. 158.
2. Hinton (1984), *op. cit.*, p. 521.
3. Wang, *op. cit.*, p. 66.

petit incident peut être surinterprété à loisir comme une preuve des pires intentions criminelles. L'arbitrage par l'élimination physique est au bout...

Le terme de « guerre civile », larvée ou ouverte, serait souvent plus apte à qualifier ces événements que celui de « massacre », quoique l'une conduise presque automatiquement à l'autre. On assiste de plus en plus à une guerre de tous contre tous. À Wuhan, dès fin décembre 1966, les rebelles ont jeté en prison 3 100 conservateurs ou cadres [1]. Le premier mort dans les affrontements entre rebelles et Million de Héros tombe le 27 mai 1967 : on entreprend alors de s'armer et d'occuper les points stratégiques. Le QG des rebelles ouvriers est pris le 17 juin : 25 tués, et 158 au total dans leur camp au 30 juin. Après la déconfiture des conservateurs, fin juillet, les représailles sont terrifiantes : 600 tués, 66 000 persécutés, souvent blessés, dans leurs rangs. Au moment du virage à gauche de mars 1968, la chasse reprend : dizaines de milliers de séquestrés dans un stade ; des milices de plus en plus pénétrées de racketteurs et de gangs de rue sèment la terreur ; des armes affluent des provinces voisines. En mai, les affrontements entre factions rebelles créent une atmosphère de guerre civile : 80 000 armes volées à l'armée le 27 mai (record de Chine pour une journée...), ce qui permet la création d'un véritable marché parallèle d'armement, où l'on vient du pays entier ; on se met à reconvertir les usines en fabriques de tanks ou d'explosifs, pour les factions. À la mi-juin, 57 personnes ont déjà été tuées par des balles perdues. Magasins et banques sont pillés ; la population commence à fuir la ville. Le *deus ex machina* de Pékin parviendra cependant, par son seul désaveu, à faire s'effondrer les rebelles : l'APL intervient le 22 juillet sans coup férir, et les factions sont contraintes à l'autodissolution en septembre [2]. Là où, comme au Fujian peu industrialisé, le clivage ne se structure pas durablement entre conservateurs et rebelles, c'est l'esprit de clocher qui domine, ou l'hostilité villes-campagnes : quand les Gardes rouges de Xiamen débarquent dans la capitale provinciale, ils se font attaquer aux cris de : « Fuzhou appartient aux habitants de Fuzhou [...] ; et, habitants de Fuzhou, n'oubliez pas vos ancêtres ! Nous serons toujours les ennemis jurés des gens de Xiamen [3]. » À Shanghai, de manière plus contournée, l'opposition entre originaires du nord et du sud du Jiangsu rend compte de certains affrontements [4]. Même au niveau minuscule de la Longue Courbe (*cf.* ci-dessus), la lutte entre factions révolutionnaires dissimule mal la reprise de la vieille querelle entre le clan Lu, qui domine le nord du village, et le clan Shen, hégémonique au sud ; c'est aussi le moment de régler de vieux comptes, remontant à l'occupation japonaise ou aux sanglants débuts de la réforme agraire, en

1. *Ibid.*, p. 94.
2. Wang, *op. cit.*, p. 143-208.
3. Ling, *op. cit.*, p. 85.
4. White, *op. cit.*, p. 325.

1946[1]. Dans le Guangxi fortement rural, les conservateurs, chassés de Guilin, encerclent progressivement la ville de milices paysannes, finalement victorieuses[2]. Les batailles rangées entre factions du Drapeau rouge et du Vent d'est font 900 morts à Canton en juillet-août 1967[3]. On se battit parfois au canon.

La dureté de cette période est bien indiquée par ce témoignage d'un Garde rouge alors âgé de quatorze ans : « Nous étions jeunes. Nous étions fanatiques. Nous croyions que le président Mao était grand, qu'il détenait la vérité, qu'il était la vérité. Je croyais tout ce que disait Mao. Et je croyais qu'il y avait des raisons à la Révolution culturelle. Nous pensions être des révolutionnaires et que, dans la mesure où nous étions des révolutionnaires qui suivaient le président Mao, nous pourrions résoudre n'importe quel problème, tous les problèmes de la société[4]. » Les atrocités prennent une allure plus massive, plus « traditionnelle », que l'année précédente. Voilà par exemple ce à quoi on pouvait assister près de Lanzhou, au Gansu : « Il devait y avoir cinquante véhicules... En travers du radiateur de chaque camion était attaché un être humain. À quelques camions en étaient ficelés deux. Tous y étaient allongés en diagonale et immobilisés par du fil de fer et des cordes... La foule entourait un homme et plongeait dans son corps javelines et sabres rustiques, jusqu'à ce qu'il tombe en une masse tordue d'où jaillissait le sang[5]. »

La seconde moitié de 1968 est marquée par la reprise en main généralisée effectuée par l'armée, par la dissolution des Gardes rouges, par l'envoi, à l'automne, de millions (5,4 au total jusqu'en 1970[6]) de « jeunes instruits » au fin fond des campagnes, d'où l'on espère ne pas les revoir de sitôt (beaucoup y resteront dix ans ou plus) ; 12 à 20 millions seront ruralisés de force avant la mort de Mao[7], dont un million de Shanghaïens — 18 % de ceux-ci, un record[8]. Trois millions de cadres limogés sont placés, souvent pour plusieurs années, dans ces centres de réhabilitation semi-carcéraux que sont les Écoles du 7 Mai[9]. C'est aussi sans doute l'année des plus grands massacres, lors de la pénétration d'équipes d'ouvriers du Parti et de soldats sur les campus, et surtout lors de la reprise de certaines villes du Sud. Ainsi Wuzhou, au Guangxi, est ravagée par l'artillerie lourde et le napalm ; Guilin est reconquise le 19 août par 30 000 soldats et miliciens paysans armés, après une vraie guerre de positions (l'indifférence des campagnes à la Révolution culturelle paraît donc

1. Hinton (1984), *op. cit.*, p. 519 et 527-28.
2. *Cf.* en particulier le témoignage de l'ex-garde rouge Hua Linshan, *op. cit.*
3. Bergère, *op. cit.*, p. 133.
4. Thurston, *art. cit.*, p. 158-159.
5. Roux, *op. cit.*, p. 54-55.
6. Harding, chapitre cité, p. 188.
7. Douze millions suivant Thurston, quatorze suivant Fairbank, vingt suivant Bergère, *op. cit.*
8. White, *op. cit.*, p. 294.
9. Harding, chapitre cité, p. 212.

s'être parfois transformée en franche hostilité, certes manipulée et magnifiée par l'appareil politico-militaire). Durant six jours, les rebelles sont exécutés en masse. Alors qu'il n'y a plus de combats, la terreur se répand un mois durant dans les campagnes environnantes, cette fois contre les Noirs et anciens du Guomindang, éternels boucs émissaires. Son ampleur est telle que certains districts pourront se proclamer « dépourvus de tout membre des cinq éléments noirs[1] ». Le futur président du PC Hua Guofeng, chargé de la Sécurité de sa province, gagne alors son titre de « boucher du Hunan ». Le sud du pays a le plus souffert : peut-être 100 000 morts au seul Guangxi, 40 000 au Guangdong, 30 000 au Yunnan[2]. Les Gardes rouges furent cruels. Mais les authentiques massacres sont à mettre au compte de leurs bourreaux : militaires et milices aux ordres du Parti.

Guilin : armée contre Gardes rouges

Dès que le jour se leva, les miliciens commencèrent à fouiller les maisons et à procéder aux arrestations. Au même moment, les militaires se mirent à diffuser leurs directives par haut-parleur. Ils avaient dressé une liste de dix crimes, parmi lesquels on pouvait relever : s'être emparé d'une prison, avoir occupé une banque, avoir attaqué des organes militaires, avoir pénétré de force dans les bureaux de la sécurité publique, avoir pillé les trains, avoir participé à la lutte armée, etc. Il suffisait d'avoir commis n'importe lequel de ces crimes pour être arrêté et jugé « selon la dictature du prolétariat ». Je fis un rapide calcul et je m'aperçus que j'avais à mon actif six de ces chefs d'accusation. Mais lequel d'entre eux n'avait pas été commis « pour les besoins de la révolution » ? Aucune de ces activités ne m'avait procuré d'avantage personnel. Si je n'avais pas voulu « faire la révolution », je ne me serais livré à aucun de ces actes criminels. Aujourd'hui, on voulait me faire endosser leur entière responsabilité. Cela me paraissait injuste et, en même temps, m'emplissait de frayeur. [...]

Par la suite, j'appris que les miliciens avaient fait périr certains de nos « héros de combat ». Puis ils avaient sectionné les tuyaux d'arrivée de sang ou d'oxygène de ceux qui étaient sous perfusion, faisant de nouvelles victimes. Ceux qui pouvaient encore marcher se virent supprimer tout médicament, et on les emmena dans les prisons provisoires.

Un blessé s'était enfui pendant le trajet et les miliciens bouclèrent le quartier. Ils procédèrent à une nouvelle fouille de toutes les habitations. Ceux dont le nom n'était pas inscrit sur les registres du quartier furent arrêtés, et c'est ce qui m'arriva. [...]

Je retrouvai à mon étage [de l'école n° 7 de Guilin convertie en prison] un ami de l'école de mécanique. Il m'apprit qu'un héros de combat de son école avait été tué par les miliciens. Cet étudiant avait tenu bon sur une colline et résisté aux assauts des miliciens pendant trois jours et trois nuits. Le quartier général rebelle, pour louer son courage, l'avait surnommé le

1. Hua, *op. cit.*, p. 345-346.
2. Domenach (1992), *op. cit.*, p. 278.

« héros seul et courageux ». Les miliciens qui avaient envahi l'école et procédé à de nombreuses arrestations lui avaient demandé de sortir des rangs. Ils l'avaient ensuite enfermé dans un sac en toile de lin et suspendu à un arbre, afin qu'il ressemble vraiment à une « vésicule biliaire[1] ». Puis, devant tous les élèves réunis, ils l'avaient frappé à tour de rôle avec la crosse de leur fusil jusqu'à ce que mort s'ensuive.

Les histoires horribles abondaient en prison, et je refusai d'en écouter davantage. Pendant ces deux jours, les exécutions s'étaient succédé dans toute la ville, et elles étaient devenues le principal sujet de conversation. Ces tueries apparaissaient tout à coup presque normales. Ceux qui procédaient à de tels massacres en faisaient peu de cas, et ceux qui les racontaient étaient devenus froids et insensibles. J'écoutais moi-même ces récits comme s'ils n'avaient aucun rapport avec la réalité.

Le plus terrible, en prison, c'était quand un prisonnier qui acceptait de collaborer avec les autorités venait essayer de reconnaître certains d'entre nous. Ceux qui nous gardaient aboyaient soudain : « Relevez tous vos faces de chiens ! » Quelques individus masqués entraient alors dans la salle et nous dévisageaient longuement. S'ils découvraient un visage connu, les miliciens pointaient leur fusil vers le malheureux et lui ordonnaient de sortir. Très souvent, ces rebelles étaient abattus sur-le-champ[2].

En 1968, l'État revient donc, avec ses pompes et ses œuvres. Il reprend le monopole de la violence légitime, et ne se fait pas faute de l'utiliser. Avec davantage d'exécutions publiques, on en revient aux formes essentiellement policières d'avant la Révolution culturelle. À Shanghai, l'ex-ouvrier Wang Hongwen, créature de Jiang Qing et bientôt vice-président du Parti, proclame la « victoire sur l'anarchie » ; le 27 avril, plusieurs dirigeants rebelles sont condamnés à mort et tués séance tenante, devant une vaste foule[3]. Zhang Chunqiao, autre membre des Quatre, proclame en juillet : « Si quelques personnes sont accusées faussement [...], le problème n'est pas trop grave. Mais il serait dramatique de laisser des ennemis authentiques s'en sortir[4]. » On entre effectivement dans une sombre ère de complots fantomatiques, permettant de bien réelles arrestations de masse, et le retour au silence de la société ; seule la mort de Lin Biao, en 1971, atténuera sans l'arrêter cette pire campagne de terreur que la Chine ait connue depuis les années cinquante.

La première affaire est celle du prétendu Parti du Peuple de Mongolie-Intérieure, en fait dissous et incorporé au PC en 1947, et qui aurait été reconstitué clandestinement. 346 000 personnes sont poursuivies entre février et mai 1968, dont trois quarts de Mongols (le chauvinisme anti-minoritaires ne fait guère de doute) ; exécutions, tortures et suicides lais-

1. Le terme évoque en Chine le « héros seul et courageux ».
2. Hua, *op. cit.*, p. 338 et 341-342.
3. White, *op. cit.*, p. 260.
4. *Ibid.*, p. 277.

sent derrière eux 16 000 morts et 87 000 handicapés[1]. Des accusations comparables conduisent à 14 000 exécutions au Yunnan, autre province fertile en minorités ethniques[2]. Mais particulièrement ténébreux est le « complot » du Régiment du 16 Mai. Cette organisation de Gardes rouges pékinois d'ultra-gauche, probablement minuscule et très provisoire (il y en eut des milliers de comparables), laissa pour tout témoignage quelques inscriptions hostiles à Zhou Enlai, en juillet 1967. Pour des raisons encore peu claires, le Centre maoïste choisit d'en faire un énorme réseau de « bandits noirs », contre-révolutionnaires, et la campagne rebondit en 1970-1971, pour ne s'achever — sans conclusion ni procès — qu'en 1976 : meetings de « lutte », confessions, tortures se multiplièrent dans tout le pays. Six cents des deux mille employés du ministère des Affaires étrangères furent ainsi poursuivis. La garde personnelle de Mao, l'unité 8341, s'illustra à l'université de Pékin, où 178 « ennemis » furent découverts, et dix moururent des persécutions infligées. Dans une usine du Shaanxi, fin 1968, on découvrit la bagatelle de 547 « espions », et de 1 200 complices de ces derniers. Quant à l'actrice d'opéra Yan Fengying, inculpée sous treize chefs, elle se suicide en avril 1968 ; on l'autopsie, à la recherche d'un émetteur radio caché dans son corps. Les trois plus grands champions de ping-pong mirent eux aussi fin à leurs jours[3].

Dans la pire des nuits, un avenir moins tragique se prépare cependant. Tous les témoignages le confirment : la Chine de 1969 et des années qui suivent est recrue de violences, de campagnes, de slogans. L'échec patent de la Révolution culturelle achève de détacher du régime la majorité des urbains, et tout particulièrement des jeunes, qui se sentent d'autant plus trahis qu'ils avaient davantage espéré. Leur fréquent refus de la ruralisation entraîne la naissance d'une couche flottante de citadins vivant dans la semi-clandestinité. Cynisme, criminalité, repli sur soi progressent partout. En 1971, l'élimination brutale et inexpliquée du successeur désigné par Mao lui-même, Lin Biao, dessille beaucoup d'yeux : décidément le Timonier n'est plus infaillible[4]. Les Chinois sont las et craintifs — à juste titre : le laogai a embarqué sans doute deux millions de passagers en plus, même compte tenu des départs, entre 1966 et 1976[5]. Ils continuent à mimer la fidélité au chef. Mais, souterrainement, chemine un réveil de la société civile, qui explosera entre 1976 et 1979. Il constituera un mouvement autrement plus fécond que cette Révolution culturelle qui pourrait garder comme devise la formule prêtée par Mao, en août 1966, à un « bon » étudiant : « C'est par obéissance que je me révolte[6]. »

1. Yan et Gao, *op. cit.*, p. 266-267.
2. Faligot et Kauffer, *op. cit.*, p. 407 ; Harding, chapitre cité, p. 214.
3. Yan et Gao, *op. cit.*, p. 252-265.
4. Hua, *op. cit.*, p. 365.
5. Domenach (1992), *op. cit.*, p. 279.
6. Cité *in* Mandarès *et al.*, p. 50.

La terreur théâtralisée en 1969 : un meeting de « lutte »

L'auditoire criait des slogans en agitant ses petits livres rouges. Après « Vive Notre Grand Dirigeant, le Président Mao », ce fut « Bonne Santé à Notre Commandant Suprême en second Lin, toujours Bonne Santé ! ». Cela reflétait non seulement la position élevée de Lin Biao après le IXe Congrès du Parti, mais aussi le fait que c'étaient les partisans de Lin Biao, désireux d'entretenir le culte de la personnalité, qui avaient organisé cette réunion. Avaient-ils pris en main l'instruction de mon cas ?

Deux jambes apparurent dans mon champ visuel, et un homme parla devant moi. Il me présenta à l'auditoire en résumant mes origines familiales et ma vie personnelle. J'avais déjà remarqué qu'à chaque fois que les révolutionnaires racontaient l'histoire de ma vie, je devenais plus riche et mon mode de vie plus décadent et plus luxueux. Maintenant la farce atteignait des proportions fantastiques. Comme j'avais promis de ne pas répondre et de rester muette, j'étais beaucoup plus détendue que lors de mon premier meeting de lutte en 1966. Pourtant, l'auditoire se leva et beaucoup d'hommes se pressèrent autour de moi pour me crier leur colère et leur indignation quand l'orateur leur dit que j'étais un agent de l'impérialisme.

Ces insultes étaient tellement intolérables que je relevais instinctivement la tête pour répondre. Les femmes haussèrent alors mes mains attachées par les menottes avec une telle brutalité que je dus me plier en deux pour atténuer la douleur. Elles me maintinrent dans cette position jusqu'à la fin de la dénonciation de l'orateur. Ce n'est que lorsque l'auditoire se remit à crier des slogans qu'elles laissèrent retomber mes bras. J'appris plus tard que l'on m'avait fait prendre la « position du jet » inventée pour des cas semblables par les révolutionnaires. [...]

Les individus qui participaient au meeting en arrivèrent à un état quasi hystérique. Leurs cris étouffaient la voix de l'orateur. Quelqu'un me poussa très fort par-derrière. Je trébuchai et fis tomber le micro. Une des femmes se baissa pour le ramasser, s'empêtra dans les fils et tomba, m'entraînant à sa suite. Comme mes bras étaient attachés derrière mon dos, je m'affalai dans une position inconfortable, le visage contre le sol ; dans la confusion, beaucoup tombèrent sur nous. Tout le monde criait et il fallut plusieurs minutes avant que l'on parvienne à me relever.

Complètement épuisée, j'avais hâte que ce meeting se termine, mais les discours se succédaient sans interruption, comme si tous les personnages présents sur la tribune voulaient apporter leur contribution. Ils avaient cessé de m'attaquer et se lançaient maintenant dans une joute oratoire où chacun voulait chanter plus haut les louanges de Lin Biao dans les termes flatteurs les plus extravagants que la riche langue chinoise pouvait leur offrir.

Soudain, la porte s'ouvrit derrière moi et une voix d'homme cria que quelqu'un était parti. L'effet de ses paroles fut instantané. L'orateur s'arrêta même au milieu d'une phrase. Je fus alors certaine qu'une personnalité importante écoutait d'une autre pièce, et que son départ rendait inutile toute poursuite de la représentation montée pour elle. Certains partaient déjà, d'autres rassemblaient sacs et vestes. L'orateur lança en toute hâte des slogans pour qu'ils le reprennent en chœur, mais on l'ignora presque totalement. Seules quelques voix se firent entendre avant que la pièce se vide.

Plus personne n'avait l'air en colère contre moi. On ne me souriait pas, mais on me regardait avec indifférence. Je n'étais qu'une des innombrables victimes dont ils avaient animé le meeting de lutte. Ils avaient fait ce qu'on attendait d'eux, et maintenant tout était terminé. Une main secourable vint même me soutenir quand un homme me bouscula. Chacun partait en bavardant de la pluie et du beau temps comme à la sortie d'une séance de cinéma[1].

L'ère Deng : le délitement de la terreur (depuis 1976)

Quand, en septembre 1976, il finit par expirer, Mao était en réalité mort — politiquement s'entend — depuis quelque temps. La médiocrité des réactions populaires spontanées à l'annonce de son décès le montre, de même que son incapacité à assurer sa succession les Quatre, dont il était idéologiquement proche, sont jetés en prison moins d'un mois après la mort de leur parrain ; Hua Guofeng, qui devait garantir la continuité, doit abdiquer l'essentiel de son pouvoir dès décembre 1978 au profit de l'insubmersible Deng Xiaoping, objet de détestation des maoïstes. Le grand tournant avait peut-être cependant été le 5 avril 1976, fête des morts chinoise, qui voit le peuple de Pékin commémorer massivement, et là, spontanément, le Premier ministre Zhou décédé en janvier. Le pouvoir s'affole, à juste titre, de cette capacité de mobilisation totalement inédite : elle échappe aux logiques factionnelles, au contrôle du Parti, et certains poèmes déposés avec les couronnes de fleurs contiennent des attaques à peine voilées contre le vieux Timonier. La foule est donc réprimée (mais, pas plus qu'en 1989, on ne tire sur la place Tian'anmen), on compte huit morts et deux cents blessés, des milliers d'emprisonnés dans tout le pays (il y eut des répliques provinciales du deuil de Pékin), au moins cinq cents exécutions, dont une centaine chez les manifestants arrêtés, et des investigations qui, jusqu'en octobre, touchent des dizaines de milliers de personnes[2]. *Business as usual ?* Non : l'après-maoïsme était commencé, marqué par un retrait du politique et par la perte de la capacité du Centre à gérer seul les mobilisations. « Si en 1966, place Tian'anmen, c'est un peuple béat qui contemplait, la larme à l'œil, celui qui lui avait arraché la liberté, en 1976, sur cette même place, c'est un peuple devenu courageux qui a fait front à la même personne[3]. »

Le Mur de la démocratie (hiver 1978-printemps 1979) allait symboliser cette nouvelle donne, tout en en montrant clairement les limites. Une pléiade d'anciens Gardes rouges y affiche, avec le consentement de Deng,

1. Nien, *op. cit.*, p. 345-348.
2. Sebastian Hellmann, « The suppression of the April 5th Movement and the Persecution of "Counterrevolutionaries" in 1976 », *Issues and Studies*, vol. 30, nº 1, janvier 1994, p. 37-64.
3. Wei, *op. cit.*, p. 226.

des opinions renversantes pour qui fut élevé dans le maoïsme. Le plus articulé de ces penseurs, Wei Jingsheng, dans son *dazibao* (affiche en gros caractères) intitulé « La cinquième modernisation : la démocratie[1] », affirme en effet que le peuple est exploité par la classe dirigeante du « socialisme féodal » au pouvoir ; que la démocratie est la condition d'un développement durable, et donc des « quatre modernisations » économiques et techniques proposées par Deng ; que le marxisme, source du totalitarisme, doit être rejeté au profit des courants démocratiques du socialisme. Dès mars 1979, Deng, assuré de son pouvoir, fait arrêter Wei et quelques autres ; il sera condamné à quinze ans de détention pour livraison d'informations à un étranger (ce qui constitue un « crime contre-révolutionnaire »). Libéré en 1993 sans s'être jamais « confessé », il s'exprime si franchement que, arrêté de nouveau au bout de huit mois, il est condamné à quatorze ans de prison en 1995 pour avoir forgé un « plan d'action en vue de renverser le gouvernement[2] ». Il est toujours difficile au pouvoir d'accepter la critique...

On peut néanmoins sous Deng être critique, et survivre : progrès par rapport à l'ère de Mao, quand un mot de trop ou un graffiti suffisait à vous faire fusiller. Certes, les réformes post-maoïstes ont privilégié l'économie, mais le politique n'a pas été oublié. Tout — à commencer par les transformations économiques — va dans le sens d'une émancipation de la société et d'une limitation de l'arbitraire du pouvoir : ainsi, dès les années quatre-vingt, la suppression des associations de paysans pauvres et moyen-pauvres ne laisse dans la mouvance organisée du PCC qu'un petit dixième de la paysannerie, maintenant massivement retournée à l'exploitation familiale[3] ; dans les villes, le secteur en pleine ascension des entreprises individuelles et privées soustrait une large part de la main-d'œuvre à tout contrôle politique direct. Les structures étatiques sont formalisées, régularisées davantage que circonscrites, mais cela a pour effet de rendre à l'individu des moyens de se défendre. Dès 1978, libérations (cent mille environ) et réhabilitations (souvent à titre posthume) sont légion, en particulier dans les milieux artistiques et littéraires ; ainsi Ding Ling, victime de la Rectification de 1957-1958, échappe-t-elle en 1979 à sa relégation rurale, et à une longue série de persécutions qui remonte à Yan'an. C'est le début d'une « littérature des cicatrices » et d'un retour encore timide à la liberté de création. Les deux tiers des ruralisés de la Révolution culturelle sont réadmis en ville. La nouvelle Constitution restaure un minimum de droits pour la défense et les parquets judiciaires. En 1979, le premier Code pénal de l'histoire de la RPC (Mao, qui voulait avoir les coudées franches, en avait entravé la promulgation) restreint la peine de mort aux

1. On en trouvera le texte complet (avec ses annexes) dans le recueil déjà cité d'écrits de Wei.

2. Angel Pino, « Postface », *in* Wei, *op. cit.*, p. 261-347.

3. Jürgen Domes, « La société politique », *in* Bergère, Bianco et Domes, *op. cit.*, p. 251.

« délits abominables », restaure le droit d'appel (il ne peut plus se traduire par une aggravation de la peine), éloigne l'administration judiciaire des comités du Parti.

1982 marque une vague de réhabilitations encore plus massive : 242 000 rien qu'au Sichuan ; au Guangdong, 78 % de ceux ayant reçu l'étiquette contre-révolutionnaire sont lavés de l'infamie et reçoivent une petite indemnité pour chaque année passée en prison. Parmi les nouveaux condamnés, les politiques tombent à 0,5 %. En 1983, le ministère de la Sécurité voit ses compétences drastiquement réduites et doit abandonner à la Justice l'administration du laogai. Les parquets commencent à annuler certaines arrestations, à instruire les plaintes contre la police, à poursuivre les gardiens tortionnaires — publiquement condamnés —, à inspecter les camps. On ne doit en principe plus tenir compte de l'origine de classe dans les procès. En 1984, le retour à la société en fin de peine est facilité, et, en prison, la formation professionnelle commence à supplanter l'étude idéologique. On introduit les notions de réduction de peine, de libération conditionnelle, de permission ; la préservation du lien familial est désormais favorisée[1]. Dès 1986, les effectifs carcéraux sont tombés aux alentours de cinq millions (ils ne bougeront plus guère ensuite) : c'est moitié moins qu'en 1976 et, avec 0,5 % de la population totale, pas plus qu'aux États-Unis, moins que dans les dernières années de l'URSS[2]. Malgré d'importants efforts, la part du PIB produite au laogai se situe dans le même ordre de grandeur, soit trois fois moins qu'à la fin des années cinquante[3].

Les progrès ont continué après la commotion du « second Tian'anmen ». Depuis 1990, les citoyens peuvent attaquer l'administration en justice. Depuis 1996, la détention administrative est strictement réglementée, et réduite à un mois ; la peine maximale de laojiao était déjà passée à trois ans. Le rôle et l'autonomie de l'avocat ont été renforcés ; leur nombre a plus que doublé entre 1990 et 1996. Depuis 1995, les magistrats sont recrutés par concours (il s'agissait souvent auparavant d'anciens militaires ou policiers[4]).

Il s'en faut pourtant encore de beaucoup pour que la Chine devienne un État de droit. La présomption d'innocence n'est toujours pas admise, le crime contre-révolutionnaire, lui, n'a pas été retiré des codes, même si on l'utilise avec prudence. En décembre 1994, le terme de « laogai » a été remplacé par celui plus banal de « prison », mais la *Gazette légale* croit bon de préciser : « La fonction, le caractère et les tâches de notre administration pénitentiaire resteront inchangés[5]. » La plupart des procès ont lieu

1. Domenach (1992), *op. cit.*, p. 335-345.
2. Domenach (1992), *op. cit.*, p. 491.
3. *Ibid.*, p. 415.
4. Jean-Pierre Cabestan, « Chine : un État de lois sans État de droit », *Revue Tiers Monde, t. 37,* n° 147, juillet-septembre 1996, p. 649-668.
5. Wu, *op. cit.*, p. 186.

hors de la présence du public, et les jugements restent fréquemment expéditifs (instruction presque toujours inférieure à trois mois, parfois à une semaine) et non motivés. Alors que la corruption des cadres est massive, ils constituaient en 1993-1995 moins de 3 % des poursuivis pour ce délit[1]. Globalement, si les membres du PC (4 % de la population) représentaient dans les années quatre-vingt 30 % des inculpés, ils ne fournissaient que 3 % des exécutés[2]. C'est dire l'étroitesse des liens d'influence et de solidarité qui continuent de régir les rapports entre appareils politique et judiciaire. L'arrestation d'une partie de l'équipe municipale de Pékin pour malversation a été une commotion au milieu des années quatre-vingt-dix, mais reste un fait relativement isolé. La *nomenklatura* communiste, de plus en plus engagée dans les affaires, demeure pratiquement invulnérable.

Enfin cette violence extrême qu'est la peine de mort continue à être couramment appliquée en Chine. Il existe des centaines de cas de condamnation à mort, parmi lesquels les « cas sérieux » de contrebande, l'exportation illégale d'œuvres d'art ou la « révélation de secrets d'État » (la définition en est redoutablement large). La grâce présidentielle, prévue dès 1982, demeure non pratiquée. La Chine, avec plusieurs milliers d'exécutions chaque année, est responsable à elle seule de plus de la moitié de celles de la planète ; et le chiffre est plutôt en augmentation, par rapport à la fin des années soixante-dix, comme par rapport aux derniers siècles de l'Empire chinois[3]. Il convient de rapprocher cette sinistre réalité de la facilité de la transgression vers l'élimination physique lors de campagnes ou de crises. En 1983, la montée de la criminalité entraîna peut-être un million d'arrestations, et probablement dix mille exécutions au moins (dont beaucoup de publiques et « pédagogiques », ce qui est en principe interdit par le Code pénal), dans une « campagne de masse » à la mode des années cinquante. Comme alors, on tenta d'amalgamer tous les gêneurs : beaucoup d'intellectuels, de prêtres, d'étrangers furent inquiétés lors de la campagne Contre la Pollution spirituelle, lancée dans la foulée[4]. Quant à l'occupation de la place Tian'anmen un mois durant, au printemps 1989, sa répression fut à la mesure des frayeurs de l'équipe Deng, qui fit tirer alors que les dirigeants maoïstes de 1976 s'y étaient refusés : un gros millier de morts, peut-être dix mille blessés à Pékin, des centaines d'exécutions en province, souvent tenues secrètes, ou maquillées en droit commun ; quelque dix mille arrestations à Pékin, trente mille dans toute la Chine. Les condamnations à la prison se comptèrent par milliers, et les dirigeants du mouvement non repentis reçurent jusqu'à treize ans de détention. Les pressions et représailles sur les familles, pratique qu'on eût crue abandonnée, reprirent à grande échelle, de même que la tête baissée de force en public, les

1. Cabestan, *art. cit.*, p. 662-663.

2. Andrew Scobell, « The Death Penalty in Post-Mao China », *The China Quarterly*, n° 123, septembre 1990, p. 503-520.

3. *Idem.*

4. Domenach (1992), *op. cit.*, p. 352-355.

brutalités et la sentence guidée par l'étendue de la contrition et des dénonciations du prévenu. Si les prisonniers politiques ne sont plus qu'une petite minorité des détenus, on en compterait encore environ cent mille en 1991, dont un millier de dissidents récents [1]. La Chine communiste de la fin du siècle est considérablement plus prospère et moins violente que celle de Mao ; elle a durablement rejeté la tentation de l'utopie et de la guerre civile purificatrice. Mais, n'ayant jamais clairement désavoué son fondateur, elle est toujours prête, en cas de difficulté grave, à redonner de l'emploi à quelques-unes de ses funestes méthodes.

Tibet : génocide sur le toit du monde ?

Nulle part les dérives de l'ère Deng ne furent plus désastreuses qu'au Tibet ; nulle part la continuité du Grand au Petit Timonier ne fut plus sensible. Tout en étant un État unitaire, la Chine accorde aux minorités nationales des droits particuliers, et une certaine autonomie administrative pour les plus considérables. Mais les quelque quatre à six millions de Tibétains, qui *de facto* ont montré qu'ils n'étaient pas décidés à s'en contenter, ont la nostalgie d'une époque où ils étaient pratiquement maîtres chez eux, et où leur territoire historique n'était pas divisé entre la Région autonome du Tibet (qui n'en représente guère que la moitié) et plusieurs provinces chinoises : celle du Qinghai fut constituée dans les années cinquante aux dépens de l'Amdo tibétain, et les petites minorités tibétaines ne jouissent que de peu de droits au Sichuan, au Gansu et au Yunnan : elles y furent probablement traitées avec encore moins de ménagement que dans la Région autonome, et cela conduisit en particulier à la dure rébellion des nomades guerriers Golok de l'Amdo [2] (Tibet septentrional).

Il est peu contestable que les Tibétains aient vécu un drame depuis l'arrivée de l'Armée populaire de libération (APL) en 1950-1951. Mais ce drame ne serait-il pas le plus souvent, avec les inévitables variantes locales, un peu aggravées par le mépris chinois pour ces « sauvages arriérés » des hauts plateaux, celui de l'ensemble des habitants de la Chine populaire ? Ainsi, selon les opposants au régime, soixante-dix mille Tibétains seraient morts de faim entre 1959 et 1962-1963 (comme dans d'autres régions isolées, des poches de famine subsistèrent plus longtemps qu'ailleurs [3]). Cela représente 2 % à 3 % de la population, soit des pertes proportionnellement plutôt inférieures à celles subies par le pays entier. Il est vrai que l'étude récente de Becker évoque des chiffres bien plus élevés, et jusqu'à 50 % de décès dans le district natal du dalaï-lama, au Qinghai [4]. On regroupa de force, entre 1965 et 1970,

1. *Ibid.*, p. 365-378.
2. Becker, *op. cit.*, p. 171.
3. Vania Kewley, *Tibet : Behind the Ice Curtain,* Londres, Grafton Books, 1990, p. 251.
4. Becker, *op. cit.*, p. 166.

les familles dans des communes populaires à l'organisation militaire — comme ailleurs, et un peu plus tardivement. La volonté de produire à tout prix les mêmes « grandes » céréales qu'en Chine propre poussa à des mesures absurdes, responsables de la famine, telles que des ouvrages d'irrigation ou du terrassage mal conçus, la suppression de la jachère, indispensable sur des sols pauvres et non engraissés, le remplacement systématique de l'orge rustique, supportant froid et sécheresse, par le blé plus fragile, ou la limitation du pâturage des yaks : beaucoup de ceux-ci périrent, et les Tibétains n'eurent plus ni produits laitiers (le beurre est un élément de base de leur alimentation) ni nouvelles peaux pour couvrir leurs tentes en hiver — certains moururent de froid. Il semble également que, comme ailleurs, les livraisons obligatoires aient été excessives. Les seules difficultés vraiment particulières furent l'installation de dizaines de milliers de colons chinois dès après 1953 au Tibet oriental (Sichuan), où ils y bénéficièrent d'une partie des terres collectivisées ; la présence en région autonome de quelque trois cent mille Chinois de la majorité Han à nourrir, dont deux cent mille militaires ; et le report à 1965 des mesures de libéralisation rurale impulsées ailleurs par Liu Shaoqi dès 1962, et symbolisées au Tibet par le slogan « un lopin, un yak [1] ».

Le Tibet ne fut pas non plus épargné par la Révolution culturelle. Dès juillet 1966 les Gardes rouges (parmi lesquels des Tibétains [2], ce qui détruit le mythe unanimiste entretenu par les partisans du dalaï-lama) y perquisitionnent les demeures privées, remplaçant sur les autels les bouddhas par des portraits de Mao Zedong ; ils font subir aux moines ces « séances de lutte » à répétition d'où l'on ne sort pas toujours vivant ; surtout, ils s'en prennent aux temples, y compris les plus fameux : Zhou Enlai doit faire protéger le Potala de Lhassa lui-même (ancienne résidence du « dieu vivant ») par la troupe. Le sac du monastère du Jokhang à Lhassa se répète à des myriades d'exemplaires ; suivant un moine témoin : « Il y avait plusieurs centaines de chapelles. Seulement deux ont été épargnées. Toutes les autres ont été entièrement pillées et souillées. La totalité des statues, textes sacrés et objets rituels a été saccagée ou emportée... Seule la statue de Çakyamuni, à l'entrée du Jokhang, a échappé aux Gardes rouges, car [...] elle symbolisait les liens entre la Chine et le Tibet. Les destructions durèrent près d'une semaine. Après quoi, le Jokhang a été transformé en baraquement pour les soldats chinois... Une autre partie [...] était transformée en abattoir pour les animaux [3]. » Compte tenu du poids de la religion dans la société tibétaine, ces exactions assez typiques de la période furent évidemment encore plus durement ressenties qu'ailleurs. Il semble aussi que l'armée, moins liée à la population locale, ait plus qu'ailleurs prêté main-forte aux Gardes rouges, tout au moins quand on leur opposait

1. *Ibid.*, p. 171.
2. Pierre-Antoine Donnet, *Tibet mort ou vif*, Paris, Gallimard, 1990, p. 126.
3. *Ibid.*, p. 126-127.

de la résistance. Cependant, là aussi, les plus grands massacres eurent lieu à la fin du mouvement, en 1968, que ce soit lors des batailles entre groupes maoïstes (des centaines de morts à Lhassa en janvier) ou, surtout, pendant l'été, quand l'armée imposa la formation d'un Comité révolutionnaire qu'elle dirigeait. Il y eut ainsi, au total, peut-être plus de tués chinois que tibétains[1] au cours de la Révolution culturelle.

Mais, pour le Tibet, les pires années, de très loin, furent celles qui avaient commencé avec l'arrivée des troupes chinoises, et culminé en 1959 avec la collectivisation forcée (trois ans après le reste du pays), l'insurrection qui s'ensuivit, la brutale répression qui l'écrasa et la fuite en Inde du dalaï-lama (souverain spirituel et temporel), accompagné de cent mille personnes, dont une large part de la mince élite cultivée du pays. Même si les années cinquante n'eurent rien de très rose en Chine propre, le pouvoir fit montre sur le haut plateau d'une violence extrême, destinée à imposer simultanément le communisme et la domination chinoise à une population farouchement indépendante, soit semi-nomade (pour environ 40 % de ses effectifs), soit plus ou moins asservie aux monastères. La situation ne cesse de se tendre avec la collectivisation, vers le milieu de la décennie. Et, à la levée des guérilleros Khampa, l'armée répond par des atrocités hors de toute proportion. Mais déjà, lors des festivités du nouvel an tibétain, en 1956, le grand monastère Chode Gaden Phendeling, à Batang, avait été détruit par un bombardement aérien, où au moins deux mille moines et pèlerins furent tués[2].

La litanie des atrocités est sinistre, et souvent invérifiable. Mais la concordance des témoignages est telle que le dalaï-lama a déclaré non sans raison, à propos de cette époque ; « [Les Tibétains] n'ont pas été seulement fusillés, mais battus à mort, crucifiés, brûlés vifs, noyés, mutilés, affamés, étranglés, pendus, ébouillantés, enterrés vivants, écartelés ou décapités[3]. » Le moment le plus sombre est sans conteste l'année 1959, celle de la grande insurrection du Kham (Tibet oriental), qui finit par gagner Lhassa. Il est impossible d'y faire la part entre la réaction aux communes populaires et au Grand Bond, la mobilisation spontanée contre plusieurs années d'exactions, et la réinfiltration massive par la CIA de guerriers Khampa préalablement formés à la guérilla sur ses bases de Guam et du Colorado[4]. La population civile, qui paraît en tout cas sympathiser avec les insurgés et accepter qu'ils se mêlent à elle, subira avec eux les bombardements massifs de l'armée chinoise ; les blessés, non soignés, étaient à l'occasion enterrés vivants ou finissaient dévorés par les chiens errants — ce qui rend compte aussi du nombre élevé de suicides parmi les vaincus. Lhassa même, bastion de 20 000 Tibétains souvent armés de mousquets et de sabres, fut

1. *Ibid.*, p. 128-129.
2. Kewley, *op. cit.*, p. 269-270.
3. Donnet, *op. cit.*, p. 70.
4. Kewley, *op. cit.*, p. 165.

reprise le 22 mars, au prix de 2 000 à 10 000 morts et de destructions importantes infligées au temple de Ramoché et au Potala même, pris pour cibles. Le dirigeant tibétain et une centaine de milliers de ses compatriotes prirent le chemin de l'Inde[1]. Il y eut encore au moins une grande révolte à Lhassa en 1969, réprimée dans le sang. Et la guérilla Khampa se ralluma alors jusqu'en 1972. Le cycle révoltes-violences-nouvelles révoltes a repris, à Lhassa au moins, depuis octobre 1987, au point que, en mars 1989, la loi martiale fut proclamée ; la capitale tibétaine venait de subir trois jours d'émeutes ouvertement indépendantistes, accompagnées de débuts de pogroms antichinois. Les violences auraient fait plus de 600 victimes en dix-huit mois, selon le général Zhang Shaosong[2]. Malgré des bavures inacceptables, en particulier à l'encontre de nonnes arrêtées, il est cependant clair que les méthodes chinoises ont changé : on ne peut plus parler de massacres. Mais, au total, peu de familles tibétaines n'ont pas au moins un drame intime à raconter[3].

La plus grande tragédie du Tibet contemporain fut celle des centaines de milliers d'internés — peut-être un Tibétain sur dix au total — des années cinquante et soixante. Il semble que très peu (on cite parfois le chiffre de 2 %[4]) soient ressortis vivants des 166 camps recensés, la plupart au Tibet et dans les provinces voisines : les services du dalaï-lama ont cité en 1984 le chiffre de 173 000 morts en détention. Des communautés monastiques entières furent envoyées dans les mines de charbon. Les conditions de détention — froid, faim, chaleur extrême — semblent avoir été dans l'ensemble effroyables, et on mentionne tant l'exécution de détenus refusant de dénoncer l'idée d'un Tibet indépendant que des cas de cannibalisme entre prisonniers lors de la famine du Grand Bond[5]. Tout se passe comme si les Tibétains, qui pour le quart des hommes adultes sont des lamas, formaient une population de suspects : un adulte sur six environ fut classé droitier, contre un sur vingt en Chine. Dans la région tibétaine des prairies, au Sichuan, où Mao avait pu se ravitailler lors de la Longue Marche, deux hommes sur trois sont arrêtés dans les années cinquante, et libérés seulement en 1964 ou en 1977. Le panchen-lama, second plus haut dignitaire du bouddhisme tibétain, ose protester auprès de Mao dans un rapport de 1962 contre la famine et la répression qui déciment ses compatriotes. Pour toute réponse, il est jeté en prison, puis assigné à résidence, jusqu'en 1977 ; le « verdict » qui le condamne n'est annulé qu'en 1988[6].

Si aucun argument convaincant ne permet de penser que les Chinois aient planifié un génocide physique des Tibétains, ils tentèrent incontestablement un génocide culturel. Les temples, on l'a dit, furent leurs

---

1. Donnet, *op. cit.*, p. 66-69.
2. *Ibid.*, p. 202.
3. *Ibid.*, p. 137.
4. Kewley, *op. cit.*, p. 255.
5. *Ibid.*, p. 122-124, 291 et 314-318.
6. Becker, *op. cit.*, p. 173-176.

victimes désignées : au lendemain de la Révolution culturelle, seuls 13 des 6 259 lieux de culte du bouddhisme tibétain fonctionnaient encore. Parmi les autres, les plus favorisés furent transformés en casernements, en hangars ou en centres de détention : malgré d'énormes déprédations, ils purent survivre et certains, désormais, sont rouverts. Mais beaucoup furent totalement rasés, et leurs trésors — manuscrits séculaires, fresques, *thanka* (peintures), statues, etc. — détruits, ou volés, en particulier quand ils contenaient des métaux précieux. Une fonderie pékinoise récupéra jusqu'en 1973 600 tonnes de sculptures tibétaines. En 1983, une mission venue de Lhassa put retrouver dans la capitale chinoise 32 tonnes de reliques tibétaines, qui incluaient 13 537 statues et statuettes[1]. La tentative d'éradication du bouddhisme fut accompagnée de l'essai d'imposer des noms chinois aux nouveau-nés tibétains, et jusqu'en 1979 de scolariser les enfants en mandarin ; souvenir tardif — et mal placé — de la révolution antimandchoue de 1911, les Gardes rouges coupèrent d'office les nattes des Tibétains des deux sexes ; ils tentèrent aussi de leur imposer les normes vestimentaires alors en vogue chez les Han.

Les morts violentes furent sans doute au Tibet plus nombreuses en proportion que partout ailleurs dans l'ensemble chinois. Il est cependant difficile de prendre totalement au sérieux les chiffres diffusés par le gouvernement tibétain en exil en 1984 : 1 200 000 victimes, soit un Tibétain sur quatre environ. Annoncer 432 000 morts au combat semble particulièrement peu vraisemblable. Mais on peut parler de *massacres génocidaires* : par le nombre de morts, par le peu de cas fait des civils et des prisonniers, par la régularité des atrocités. La population de la Région autonome baissa de 2,8 millions d'habitants en 1953 à 2,5 millions en 1964, suivant les chiffres officiels ; compte tenu des exilés et du taux de natalité (lui-même incertain), cela pourrait représenter jusqu'à 800 000 « morts en trop », soit des taux de pertes rappelant le Cambodge des Khmers rouges[2]. Que, dans ces conditions, revienne si fréquemment chez les femmes tibétaines la crainte de l'avortement ou de la stérilisation forcés lors du moindre séjour à l'hôpital est autant un indice supplémentaire d'un sentiment d'extrême insécurité que l'effet de pratiques rudement antinatalistes (récemment alignées sur celles en vigueur dans la majorité Han, alors que longtemps les minorités en avaient été dispensées). On dit que le secrétaire général du PCC, Hu Yaobang, en visite à Lhassa en 1980, pleura de honte devant tant de misère, tant de discrimination et de ségrégation entre Han et Tibétains, et parla de « colonialisme à l'état pur[3] ». Les Tibétains, longtemps perdus dans leur pays de neige et de dieux, ont le malheur de vivre dans une région éminemment stratégique, au cœur même de l'Asie. Puissent-ils ne le payer ni de leur disparition physique, heureusement improbable, ni de celle de leur âme.

1. Donnet, *op. cit.*, p. 133-134.
2. Becker, *op. cit.*, p. 181.
3. Donnet, *op. cit.*, p. 154-155.

2

Corée du Nord, Vietnam, Laos : la semence du Dragon

CRIMES, TERREUR ET SECRET EN CORÉE DU NORD

par Pierre Rigoulot

La République populaire et démocratique de Corée (RPDC) fut créée le 9 septembre 1948 dans la partie du pays qui s'étend au nord du 38e parallèle. Selon un accord signé avec les Américains en août 1945, l'URSS avait été chargée d'administrer « provisoirement » cette zone pendant que les États-Unis administreraient la Corée méridionale, au sud du même 38e parallèle.

Très vite, la Corée du Nord s'est avérée l'État communiste le plus fermé du monde. Les autorités soviétiques interdirent en effet bientôt l'accès au nord à tout représentant de la communauté internationale.

Cette fermeture se renforça ensuite pendant les deux premières années de la RPDC.

La guerre, enfin, que le Nord déclencha le 25 juin 1950 et qui n'est toujours pas formellement terminée puisque seul un armistice a été signé le 27 juillet 1953 avec les troupes de l'ONU, a aggravé le poids des mensonges, de la désinformation, de la propagande, ainsi que l'extension du champ propre au secret d'État.

Pourtant, la guerre n'est pas seule en cause : la nature intrinsèque du régime communiste nord-coréen, replié sur lui-même, jusqu'au sein du monde communiste (il louvoiera en effet lors du conflit sino-soviétique sans rallier totalement ni longuement l'un ou l'autre camp), mais aussi sa crainte, un peu à la manière des communistes albanais ou cambodgiens, de voir les influences du monde extérieur corrompre l'« unité idéologique du peuple et du Parti », expliquent que l'État nord-coréen mérite parfaitement le nom qu'on lui donne parfois de « royaume ermite ». Ce repli sur soi a même été théorisé avec l'idéologie dite du « Djoutché », c'est-à-dire de la maîtrise de soi, de l'indépendance, voire de l'autosuffisance, idéologie qui prend place officiellement dans les statuts du Parti du travail coréen à son Ve Congrès en novembre 1970.

Dans ces conditions, et moins que partout ailleurs, il ne faut espérer pouvoir produire des informations globales et détaillées sur les réalités de la répression en Corée du Nord, et cela d'autant moins que n'a pu se constituer, ni à l'intérieur ni à l'extérieur du pays, une opposition active qui, comme en URSS et dans les pays de l'Est européen, aurait pu collecter et diffuser les informations. Il faut se contenter d'échos officiels, à interpréter ou à décrypter, de témoignages de transfuges, en nombre croissant depuis quelques années, certes, mais longtemps peu nombreux, de données recueillies par les services de renseignements des pays voisins et tout particulièrement par la Corée du Sud. Des données à manier évidemment avec précaution.

Avant la constitution de l'État communiste

Le communisme coréen n'a pas été fondé par Kim Il Sung, contrairement aux hagiographies qu'on fait ingurgiter de force à la population nord-coréenne depuis la petite enfance. Sa naissance est plus ancienne puisque dès 1919 existent deux groupes qui se réclament du bolchevisme. Moscou n'ayant pas donné son aval immédiatement à l'une ou l'autre faction, la lutte entre elles fut féroce. Les premières victimes du communisme coréen sont donc des communistes. Des guérilleros antijaponais du « PC coréen panrusse », dit « groupe d'Irkoutsk », affrontèrent les armes à la main d'autres guérilleros d'un groupe ayant fondé un « Parti communiste coréen » en juin 1921. L'affaire fit plusieurs centaines de morts et obligea le Komintern à sortir de sa réserve et à tenter d'imposer l'unité du mouvement communiste coréen.

Les communistes coréens furent souvent aux avant-postes de la lutte contre les Japonais (rappelons que depuis 1910 le Japon a fait de la Corée une colonie), et la férocité de la répression colonialiste causa de nombreuses victimes dans les rangs communistes. Il est difficile cependant de ne pas attribuer aux communiste coréens eux-mêmes une part de responsabilité dans leur propre écrasement : méconnaissance du pays par des cadres formés à l'étranger, volonté héroïque peut-être, mais aux conséquences catastrophiques, de manifester lors de journées symboliques comme le 1er mai, doivent être mises en cause.

D'autres communistes vont tomber ensuite, lors de luttes factionnelles au moment de la division du pays en deux zones, consécutive à la défaite du Japon. Kim Il Sung, simple commandant d'une unité de guérilla antijaponaise aux confins de la Mandchourie, est mis en place par les Soviétiques au détriment des communistes militant dans le pays depuis longtemps. Dès septembre 1945 ont lieu à Pyongyang un certain nombre d'assassinats de cadres communistes opposés à Kim Il Sung, comme Hyon Chun Hyok. Quelques dizaines ? Quelques centaines ? On ne le sait pas encore.

Les nationalistes qui, à Pyongyang en cet hiver 1945-1946, avaient encore droit de cité furent aussi pourchassés et arrêtés. Avec leur dirigeant, Cho Man Sik, ils dénonçaient en effet la décision de la conférence des ministres des Affaires étrangères des grandes puissances, tenue à Moscou en décembre 1945, de placer la Corée sous tutelle durant une période d'au moins cinq ans. Cho fut arrêté le 5 janvier 1946 et exécuté plus de quatre ans plus tard, en octobre 1950, lors de l'évacuation de Pyongyang devant l'avance des troupes de l'ONU. Il va de soi que nombre de ses proches amis politiques subirent le même sort...

La répression s'exerce aussi sur la population. Dans cette partie septentrionale du pays, les Soviétiques forgent presque de toutes pièces un État à leur image : réforme agraire ouvrant la voie à la collectivisation, parti unique, encadrement idéologique de la population dans des associations de masse, etc. Tout adversaire politique, tout propriétaire foncier, tout opposant à la réforme agraire, tout citoyen soupçonné d'avoir collaboré avec les Japonais, est inquiété. Il est difficile de mettre cependant sur le compte du communisme les victimes d'une épuration qui aurait peut-être été aussi sévère de la part de dirigeants nationalistes. D'ailleurs, la mise en place du régime, dans un premier temps, donne lieu moins à un bain de sang qu'à la fuite vers la zone Sud, par centaines de milliers, des couches sociales que nous venons d'indiquer et plus largement de tous ceux qui craignent pour leur vie et leurs biens. Si la fermeture du Nord à des organismes officiels internationaux ou provenant de la zone Sud est très vite opérée, il est possible de passer du Nord au Sud plus ou moins facilement jusqu'en 1948.

Victimes de la lutte armée

Cette fuite, possible pendant les trois premières années d'existence d'un pouvoir communiste qui ne s'affirme pas encore comme État, ne signifie pas que les dirigeants communistes avaient renoncé à une « communisation » générale de la population de la péninsule. Ils considéraient en effet comme probable et prochaine l'unification à leur profit de la Corée. Les archives récemment ouvertes à Moscou montrent un Kim Il Sung impatient de renverser ceux qu'il appelle déjà des « marionnettes » des Américains : les marionnettes en question ont une armée beaucoup plus faible que celle du Nord (les États-Unis craignant qu'elles-mêmes ne se lancent dans une aventure au Nord), leur conception autoritaire du pouvoir est contestée sous forme de grèves, voire d'attentats et de guérillas encadrés par les communistes dans diverses régions du pays, la population du Sud — Kim Il Sung le pense, en tout cas, il le dit — avait confiance en lui et en son armée [1]. Kim Il Sung, insiste donc auprès de Staline, qui

1. Voir notamment la lettre à Vychinski de l'ambassadeur soviétique à Pyongyang, Chtikov, en date du 19 janvier 1950, Archives traduites par le Woodrow Wilson Center, bulletins n°s 5 et 6 du Projet d'histoire internationale de la guerre froide, Washington 1995 et 1996.

donne finalement son feu vert à la fin de l'hiver 1949-1950. Le 25 juin 1950, l'invasion préméditée a lieu : les troupes nord-coréennes envahissent par surprise le Sud. C'est le début d'une guerre effroyable qui fera plus d'un demi-million de morts dans l'ensemble de la population coréenne, environ 400 000 morts et un peu plus de blessés parmi les Chinois venus à la rescousse des Nord-Coréens quand ils seront menacés d'une défaite totale par les troupes de l'ONU conduites par le général MacArthur, au moins 200 000 morts parmi les soldats nord-coréens, 50 000 parmi les soldats sud-coréens, plus de 50 000 Américains, des millions de sans-abri. Le bataillon français des forces de l'ONU comptera environ 300 morts et 800 blessés.

Rares sont les guerres dont l'origine soit si évidemment liée à la volonté communiste d'étendre — pour le bien du peuple — sa zone d'influence... À l'époque, de nombreux intellectuels français de gauche — Jean-Paul Sartre, par exemple — appuyèrent la position communiste faisant de la Corée du Sud l'agresseur d'un pays pacifique. Aujourd'hui, notamment grâce à l'étude des archives à notre disposition, le doute n'est plus permis : ces souffrances et d'autres, comme celles qu'ont endurées les prisonniers (6 000 soldats américains et presque autant venus d'autres pays, en majorité des Sud-Coréens, sont morts en détention) ou comme le calvaire du personnel diplomatique français et anglais resté sur place à Séoul et arrêté puis déporté par les troupes nord-coréennes, celui des missionnaires qui œuvraient en Corée du Sud, également déportés, sont donc à mettre au compte du communisme [1].

On sait qu'après trois ans de guerre un armistice fut signé, en juillet 1953, qui établissait une zone démilitarisée entre les deux Corées à peu près sur la ligne de départ, c'est-à-dire le 38e parallèle. Un armistice et non la paix. La poursuite d'un certain nombre d'incursions et d'attaques de la Corée du Nord contre le Sud ont causé de nombreuses victimes. Parmi les coups portés par le Nord, tant à des civils qu'à des militaires, nous pouvons citer l'attaque en 1968, par un commando de trente et un hommes, du Palais présidentiel sud-coréen (un seul survivant parmi les assaillants), l'attentat de Rangoon en Birmanie, dirigé le 9 octobre 1983 contre des membres du gouvernement de Séoul — il fit seize morts dont quatre ministres sud-coréens — ou l'explosion en plein vol d'un avion de la Korea Air Line le 29 novembre 1987 avec cent quinze personnes à bord.

La Corée du Nord n'est pas soupçonnée : elle est coupable. Une terroriste à son service fut arrêtée, qui expliqua qu'il s'agissait pour Pyongyang, dans cette opération, de montrer que le Sud n'était pas capable d'assurer la sécurité des jeux Olympiques de Séoul prévus quelques mois plus tard et de rabaisser son prestige [2]...

1. V. Charles Martel et Georges Perruche, « Prisonniers français en Corée », in *Les Cahiers d'histoire sociale*, n° 3, octobre 1994.
2. Kim Hyun Hee, *Dans la fosse aux tigres*, Paris, Presses de la Cité, 1994, et entretien avec l'auteur (février 1997).

Ajoutons, car il s'agit ici de la guerre menée contre l'ensemble du monde capitaliste, que dans les années soixante et soixante-dix la Corée du Nord a donné asile à divers groupes terroristes, notamment l'Armée rouge japonaise, qui s'est illustrée en Israël par des attentats, des groupes de fedayin palestiniens, des guérilleros philippins, etc.

Victimes communistes du Parti-État nord-coréen

On se souvient que le rapport Khrouchtchev fut d'abord une dénonciation des crimes de Staline à l'encontre des communistes. En Corée du Nord aussi, la liste serait longue des victimes des purges au sein du Parti du travail. On a calculé que, sur les vingt-deux membres du premier gouvernement nord-coréen, dix-sept avaient été assassinés, exécutés ou purgés [1] !

À peine l'armistice de Pan Mun Jon est-il signé que l'on apprend qu'une purge frappe, au sein du Parti nord-coréen, un certain nombre de cadres de haut rang. Le 3 août 1953 un « grand procès » est l'occasion d'anéantir les communistes « de l'intérieur », jugés pour espionnage au profit des Américains et tentative de renversement du régime. Tibor Meray, journaliste et écrivain hongrois, a assisté à ce procès. Il avait fait la connaissance de l'un des acusés, Sol Jang Sik, interprète adjoint de la délégation nord-coréenne aux négociations de Kaesong en juillet-août 1951, poète et traducteur de Shakespeare en coréen.

Le numéro 14

« Un grand numéro était cousu au dos de chaque veste de prisonnier. Le principal accusé était le numéro 1 et ils étaient numérotés par ordre d'importance jusqu'au numéro 14.

Le numéro 14 était Sol Jang Sik.

Je pouvais à peine le reconnaître. Son beau visage passionné de jadis était morne et exprimait fatigue et résignation. Il n'y avait plus de lueur dans ses yeux sombres et juste un peu bridés. Il se mouvait comme un robot. Comme je l'appris des années plus tard, les accusés étaient très bien nourris quelques semaines avant leur apparition pour avoir meilleure allure après leurs épreuves et leurs tortures. Si le procès se déroulait en public, les autorités essayaient de donner l'impression à l'auditoire, et particulièrement aux représentants de la presse occidentale, que les prisonniers étaient en bonne santé, bien nourris, en forme physiquement et mentalement. Là, en Corée, il n'y avait pas de correspondants occidentaux, il n'y avait que des représentants de la presse soviétique et d'autres journaux communistes ; le but évident était de démontrer leur culpabilité, d'humilier ces gens qui

1. *Asia Watch Human rights in the Democratic People's Republic of Korea*, Washington, 1988.

avaient été jadis des personnages plus ou moins importants et aujourd'hui des accusés.

À part ça, le procès était très semblable aux différents procès politiques hongrois, tchécoslovaques ou bulgares. J'étais si bouleversé en voyant Sol ainsi et la traduction était si sommaire que je peux à peine me souvenir du contenu exact des accusations (j'espérais seulement que Sol ne pourrait me voir et je crois qu'il ne le pouvait pas car la pièce était assez bondée). Autant que je me souvienne, il y était question de conspiration contre la démocratie populaire coréenne avec un complot pour assassiner Kim Il Sung, le leader bien-aimé de la nation. Les accusés souhaitaient le retour du vieil ordre féodal... Ils voulaient aussi faire passer la Corée du Nord dans les mains de Syngman Rhee et, par-dessus tout, ils espionnaient pour les impérialistes américains et les agents qu'ils rémunéraient[1]...

Parmi les accusés, il y avait pas mal de fonctionnaires haut placés — entre autres, Li Sung Yop, un des secrétaires du Comité central du Parti communiste, Paik Hyung Bok, du ministère de l'Intérieur, et Cho Il Myung, ministre adjoint de la Culture et de la Propagande. Sol était plutôt un petit poisson dans ce groupe. Nombre d'entre eux venaient du sud de la Corée.

Pak Hon Yong, le ministre des Affaires étrangères, un communiste qui avait lutté de longue date dans le pays, fut lui-même condamné à mort le 15 décembre 1955 et exécuté trois jours plus tard comme « agent secret américain ». D'autres suivirent, en 1956, avec l'élimination de Mu Chong, représentant du groupe dit « de Yenan », ancien général dans la VIIIe armée de route chinoise, commandant de l'artillerie nord-coréenne puis chef d'état-major du GQG des forces combinées sino-nord-coréennes pendant la guerre contre le Sud et l'ONU. Une autre purge frappa des cadres liés aux Soviétiques, comme Ho Kai, à nouveau des cadres dits de la faction Yenan, liés aux Chinois, comme Kim Du Bong en mars 1958, ainsi, à la même époque, que d'autres cadres, ouverts aux réformes khrouchtchéviennes. Diverses vagues de purges eurent lieu en 1960, en 1967 (Kim Kwang Hyup, secrétaire du secrétariat du Parti est envoyé au camp), en 1969 (la victime la plus connue est Hu Hak-bong, chargé des opérations secrètes contre le Sud, mais il faut noter aussi la disparition de quatre-vingts étudiants de l'Institut révolutionnaire des langues étrangères de Pyongyang), en 1972 (Pak Kum Chul, ancien vice-Premier ministre et membre du Bureau politique, se retrouve dans un camp), en 1977 (Li Yong Mu, ancien membre du Bureau politique, est envoyé également dans un camp, avec là aussi disparition d'un certain nombre d'étudiants, fils de cadres mis en cause), en 1978, en 1980, etc.

À vrai dire, ces purges existent de manière structurelle et non contingente et conjoncturelle. Encore récemment, en 1997, il est possible qu'une

1. Tibor Meray, « Wilfred Burchett en Corée », *Les Cahiers d'histoire sociale*, n° 7, automne-hiver 1996, p. 87.

purge ait eu lieu au début de l'année, dirigée contre des officiers de l'armée et des cadres du Parti aux velléités réformatrices, à la tête desquels le Premier ministre Kang Son San. Selon les témoignages de transfuges, chaque fois qu'apparaît une tension liée à des difficultés matérielles supplémentaires imposées à la population, des cadres communistes sont désignés comme boucs émissaires pour éviter que le pouvoir ne soit le moins du monde mis en cause, puis emprisonnés, envoyés dans un camp, ou exécutés.

Les exécutions

On ignore à combien elles se montent, mais une indication peut être retenue dans le Code pénal nord-coréen — il n'y a pas moins de quarante-sept crimes punissables de la peine de mort, qu'on peut classer en :

— crimes contre la souveraineté de l'État ;

— crimes contre l'administration de l'État, crimes contre la propriété d'État ;

— crimes contre les personnes ;

— crimes contre les biens des citoyens ;

— crimes militaires.

Une estimation a été tentée, pour les seules purges à l'intérieur du Parti dans la période de très brutale répression de 1958-1960, par le meilleur spécialiste des années soixante et soixante-dix du système légal en Corée du Nord, Kang Koo Chin. C'est environ neuf mille personnes qui auraient été selon lui exclues du Parti, jugées et condamnées à mort ! En extrapolant cette estimation sérieuse, compte tenu du nombre de purges massives connues (une dizaine), on parviendrait au nombre respectable de quatre-vingt-dix mille exécutions. Encore une fois, il s'agit seulement d'un ordre de grandeur : les archives de Pyongyang parleront plus tard.

On a pu recueillir aussi quelques échos de la part des transfuges, au sujet d'exécutions publiques visant la population « civile » et ayant pour motifs la « prostitution », la « trahison », le meurtre, le viol, la « sédition »... La foule est alors incitée à adopter une attitude coopérative et le jugement s'accompagne de cris, d'insultes, voire de jets de pierres. Parfois c'est même un vrai lynchage qui est encouragé, le condamné étant alors battu à mort pendant que la foule lance des slogans. L'appartenance à une classe ou à une autre joue ici un grand rôle. Deux témoins ont affirmé devant les enquêteurs d'Asia Watch que le viol n'était punissable de mort que pour les citoyens appartenant aux « plus basses catégories ».

Juges aux ordres du Parti — dès le début il leur est demandé de se comporter en strict accord avec la doctrine légale marxiste-léniniste —, procès qui ne couvrent qu'une partie des décisions d'enfermement ou d'exécutions — des procédures plus expéditives étant en effet possibles —, avocats aux ordres du Parti, tout cela donne une idée de la nature du système judiciaire nord-coréen.

Prisons et camps

Mme Li Sun Ok était membre du Parti du travail et responsable d'un centre d'approvisionnement réservé aux cadres. Victime d'une de ces purges régulières, elle a été arrêtée avec d'autres camarades. Torturée longuement à l'eau et à l'électricité, battue, privée de sommeil, elle finit par avouer tout ce qu'on voulait et notamment qu'elle s'était approprié des biens de l'État, puis elle fut condamnée à treize ans de prison. Car il s'agit bien de prison, même si le terme n'est pas officiellement employé. Six mille personnes, dont deux mille femmes, travaillaient dans ce complexe pénitentiaire comme des bêtes, de 5 h 30 à minuit, à fabriquer des pantoufles, des étuis de revolver, des sacs, des ceintures, des détonateurs pour explosifs, des fleurs artificielles. Les détenues enceintes étaient obligées d'avorter brutalement. Tout enfant né en prison était irrémédiablement étouffé ou égorgé[1].

D'autres témoignages plus anciens avaient fait déjà connaître la dureté des conditions de vie en prison. Une relation exceptionnelle de ce qui se passait dans les prisons nord-coréennes pendant les années soixante et soixante-dix nous vient d'Ali Lameda, un poète communiste vénézuélien, favorable au régime, venu travailler à Pyongyang comme traducteur des textes de la propagande officielle. Ayant émis quelques doutes sur l'efficacité de ladite propagande, Lameda fut arrêté en 1967. Bien qu'il n'ait pas été torturé lui-même pendant son année de détention, il a affirmé avoir entendu les hurlements de prisonniers qu'on torturait. Pendant sa détention, il perdit une vingtaine de kilos et son corps se couvrit d'abcès et de plaies.

Dans une brochure publiée par Amnesty International, il évoque la parodie de jugement au terme duquel il fut condamné à vingt ans de travaux forcés pour « avoir tenté de saboter, d'espionner et d'introduire des agents étrangers en Corée du Nord », ses conditions de détention[2] puis sa libération au bout de six ans à la suite d'interventions répétées des autorités vénézuéliennes.

D'autres témoignages évoquent la faim, utilisée comme arme pour briser la résistance des prisonniers. Non seulement la quantité de nourriture était insuffisante, mais tout était fait pour gâcher les portions distribuées. Les prisonniers tombaient souvent malades : diarrhées, maladies de peau, pneumonie, hépatite et scorbut n'étaient pas rares.

Les prisons et les camps font partie d'un vaste ensemble d'institutions organisant la répression. On distingue :

1. Entretien avec l'auteur à Séoul, février 1997.

2. Un autre étranger, un Français du nom de Jacques Sédillot, a aussi été arrêté. Lui aussi était venu travailler à la section du Département des publications en langues étrangères de Pyongyang. Condamné lui aussi à vingt ans, mais comme « agent de l'impérialisme français », il fut libéré en 1975 dans un tel état de délabrement physique qu'il mourut quelques mois plus tard sans avoir pu regagner la France.

— des « postes de secours », sortes de prisons de transit où l'on attend d'être jugé pour des délits politiques légers et pour des délits et crimes non politiques ;

— des « centres de régénération » par le travail, qui abritent cent à deux cents personnes jugées asociales, oisives, voire paresseuses. Il y en a dans presque toutes les villes. On y reste entre trois mois et un an, souvent sans jugement ni accusation précise.

— les camps de travaux forcés. On en trouve une bonne douzaine dans le pays, qui abritent entre cinq cents et deux mille cinq cents personnes chacun. Les détenus sont des criminels de droit commun, accusés de vol, de tentative d'assassinat, de viol, mais aussi des enfants de détenus politiques, des gens arrêtés alors qu'ils tentaient de fuir le pays, etc. ;

— des « zones de déportation », où des éléments considérés comme peu sûrs (membres de la famille d'un transfuge au Sud, familles d'anciens propriétaires fonciers, etc.) sont déplacés. Ces assignations à résidence se font dans des lieux éloignés et toucheraient plusieurs dizaines de milliers de personnes ;

— des « zones de dictature spéciale », qui sont les véritables camps de concentration où l'on peut trouver des prisonniers politiques. Il en existe une douzaine, qui réunissent entre 150 000 et 200 000 personnes. On notera qu'un tel chiffre représente à peine 1 % de la population globale, un niveau nettement inférieur à ce qu'avait atteint le Goulag soviétique au début des années cinquante. Cette « performance » doit évidemment se lire non comme l'effet d'une mansuétude particulière mais plutôt comme la manifestation d'un niveau exceptionnel de contrôle et de surveillance de la population.

Ces zones de dictature spéciale se trouvent surtout dans la partie nord du pays, dans des régions montagneuses et souvent difficiles d'accès. La zone de Yodok serait la plus grande de toutes et abriterait 50 000 personnes. Elle comprend les camps de Yongpyang et Pyonjon, très isolés, qui regroupent environ les deux tiers des prisonniers de la zone, et ceux de Kou-oup, Ibsok et Daesuk, où sont gardés, mais séparément, des familles d'anciens résidents au Japon et des célibataires. D'autres zones de dictature spéciale existent à Kaechon, Hwasong, Hoiryoung, Chongjin.

Ces camps ont été créés à la fin des années cinquante pour enfermer des « criminels politiques » et des opposants à Kim Il Sung au sein du Parti... Leur population s'est enflée tout particulièrement en 1980 à la suite d'une « purge » importante, consécutive à la défaite des opposants à l'institutionnalisation du communisme dynastique au VIe Congrès du Parti du travail. Certains d'entre eux, comme le camp n° 15 de la zone de Yodok, sont divisés en « quartier de révolutionnarisation » où sont détenus des prisonniers qui peuvent espérer revoir un jour le monde extérieur, et en « quartier de haute sécurité » d'où nul ne peut jamais sortir.

Le quartier de révolutionnarisation est surtout occupé par des détenus de l'élite politique, ou des rapatriés du Japon qui ont des relations personnelles avec des dirigeants d'associations japonaises favorables à la Corée du Nord.

La description qu'en font les rares transfuges passés par les camps est terrifiante : barbelés élevés, chiens bergers allemands, gardes armés, champs de mines aux alentours. La nourriture est totalement insuffisante, l'isolement de l'extérieur complet, le travail dur (mines, carrières, creusement de canaux d'irrigation, coupe de bois pendant environ douze heures par jour auxquelles s'ajoutent deux heures de « formation politique »). Mais la faim y est peut-être le pire supplice et les détenus font tout pour capturer et manger des grenouilles, des rats, des vers de terre.

Ce tableau, somme toute classique dans l'horreur, doit être complété par la mention de la progressive déchéance physique des prisonniers, l'utilisation des détenus pour des travaux « spéciaux » comme le percement de tunnels secrets, ou dangereux sur les sites nucléaires, voire même comme cibles vivantes pour des exercices de tir pratiqués par les gardiens. Tortures, violences sexuelles sont quelques autres aspects parmi les plus choquants de la vie des détenus nord-coréens.

On peut y ajouter l'affirmation par le régime du caractère familial de la responsabilité : bien des familles se retrouvent dans un camp du fait de la condamnation d'un seul de leurs membres ; mais si, au moment de la grande purge des adversaires de Kim Il Sung en 1958, la punition était souvent étendue à trois générations, ce système tend aujourd'hui à s'alléger. Il n'empêche que des témoignages relativement récents illustrent cette conception étrange du droit. Un jeune transfuge, Kang Chul Hwan, est entré au camp à l'âge de neuf ans. C'était en 1977. Il avait été interné avec son père, un de ses frères et deux de ses grands-parents parce que, en 1977, le grand-père, ancien responsable de l'association des Coréens de Kyoto, au Japon, avait été arrêté pour quelques remarques trop complaisantes sur la vie en pays capitaliste.

Jusqu'à l'âge de quinze ans, Kang Chul Hwan a suivi au camp le régime réservé aux enfants : école le matin où l'on enseigne surtout la vie du génie national, Kim Il Sung, travail l'après-midi (arrachage des mauvaises herbes, ramassage des pierres, etc. [1]).

Doit-on s'appuyer sur le témoignage des diplomates français faits prisonniers par les Nord-Coréens en juillet 1950, au début de la guerre ? Ou sur celui des Américains du *Pueblo*, un navire de surveillance au large des côtes coréennes, arraisoné en 1968 ? Les circonstances dans les deux cas sont exceptionnelles, mais les récits des uns et des autres illustrent la brutalité des interrogatoires, l'indifférence à la vie humaine, les mauvaises et systématiques conditions de détention [2].

En 1992, deux transfuges apportèrent aussi d'autres informations concernant la vie sur le plus grand des camps nord-coréens, celui de

1. Entretien avec l'auteur, Séoul, février 1997.
2. *Cahiers d'histoire sociale*, n° 3, *op. cit.*, pour les premiers ; *Human Rights in the Democratic People's Republic of Korea*, *op. cit.*, pour les seconds.

Yodok. Ils affirmèrent notamment que les conditions de détention y étaient si dures que chaque année, malgré les fils de fer électrifiés, les miradors tous les kilomètres, l'assurance en cas d'échec d'un procès public et d'une exécution devant les autres détenus, une quinzaine d'entre eux tentaient chaque année de s'évader. Ils alourdissent la note en vies humaines des victimes du communisme puisque, d'après ces deux hommes, il n'y a pas encore eu d'évasion réussie.

On retiendra plutôt le témoignage exceptionnel apporté récemment par un ancien gardien d'un camp de la zone de Hoiryong. Cet homme, qui s'enfuit en Chine en 1994 avant de gagner Séoul, a fait considérablement progresser nos connaissances sur le monde concentrationnaire coréen[1]. Selon ce témoin, nommé An Myung Chul, de « mauvais sujets » sont désignés pour être exécutés : « Insoumis, responsables de révolte, meurtriers, femmes enceintes (toute relation sexuelle est formellement interdite aux prisonniers), tueurs de bétail, destructeurs de matériaux utilisés pour la production. Au cachot, on leur attache un gros morceau de bois entre les jambes repliées et les fesses, puis ils restent agenouillés ainsi. La mauvaise circulation du sang cause des ravages à la longue, et, même si on les libérait, ils ne pourraient plus marcher et mourraient au bout de quelques mois. »

Les exécutions ne sont plus publiques dans ce camp. Cela se pratiquait avant, mais les tueries étaient devenues si courantes qu'elles ont fini par inspirer moins la terreur que la révolte. La garde, lourdement armée, devait protéger le lieu du supplice et, depuis 1984, c'est en secret qu'on exécute.

À coups de pelle

Qui procède aux exécutions ? Le choix est laissé à la discrétion des agents de la Sécurité qui fusillent quand ils ne veulent pas se salir les mains ou tuent lentement s'ils veulent suivre l'agonie. J'ai ainsi appris qu'on peut tuer à coups de bâton, par lapidation ou avec une pelle. Il est arrivé qu'on tue les prisonniers comme en jouant, en faisant un concours de tir, en les visant à l'œil. Il est arrivé aussi qu'on force les suppliciés à se battre entre eux et à se déchirer mutuellement. [...] De mes propres yeux, j'ai vu plusieurs fois des cadavres atrocement mis à mort : les femmes meurent rarement paisiblement. J'ai vu des seins lacérés de coups de couteau, des parties génitales défoncées par un manche de pelle, des nuques fracassées à coups de marteau [...] Au camp, la mort est quelque chose de très banal. Et les « criminels politiques » se débattent comme ils peuvent pour survivre. Ils font n'importe quoi pour obtenir plus de maïs et de graisse de porc. Pourtant, dans le camp, malgré cette lutte, quatre ou cinq personnes en moyenne meurent chaque jour, de faim, d'accident ou... d'exécution.

Il est à peine pensable de s'enfuir d'un camp. Un garde qui arrête un fugitif peut espérer entrer au Parti puis fréquenter l'Université. Certains

1. De larges extraits de ce témoignage ont été publiés par *Coreana*, bulletin de la Société d'études coréennes, n° 1, mars 1995.

Mao Zedong et les communistes chinois ont pris le pouvoir en 1949. En 1958, ils lancent le « Grand Bond en avant » destiné à accélérer le développement industriel, opération qui a pour conséquence une immense famine. Pendant que les dirigeants communistes (ici Mao et Peng Chen) posent pour les photos de propagande, trente millions de chinois, estime-t-on, meurent.

Avec la « Grande Révolution culturelle prolétarienne », lancée en 1966, Mao reprend les affaires en main mais déclenche une guerre civile larvée au cours de laquelle les Gardes rouges détruisent, humilient, lynchent et assassinent. Ici un historien, Chien Po Tsan, est livré à la vindicte des agitateurs.

Au bout de plusieurs semaines, le pouvoir décide d'employer la force contre le mouvement étudiant qui reçoit l'appui de la population. Les chars prennent position puis, dans la nuit du 4 juin, détruisent le campement des étudiants. Un millier d'entre eux sont tués.

La dissidence chinoise n'a pas capitulé. Elle est symbolisée par l'ancien Garde rouge Wei Jingsheng. Condamné une première fois à quinze ans de prison pour « crimes contre-révolutionnaires », il l'est à nouveau en décembre 1995 à quatorze ans.

La Chine a aussi son Goulag : le Laogaï, vaste système de prisons-usines qui emploie la main-d'œuvre pénitentiaire. Les produits fabriqués sont souvent destinés à l'exportation. Emprisonné dix-neuf ans sans jugement pour avoir critiqué l'intervention soviétique en Hongrie, Harry Wu a réussi à rassembler une documentation considérable ; ici deux photographies prises clandestinement.

© Gamma

Au printemps 1968, le Nord-Vietnam lance une offensive d'envergure contre le Sud. L'armée Viêt-minh prend la ville de Hué. Quand les forces du Sud-Vietnam reprennent la ville, elles découvrent d'immenses fosses remplies de cadavres.

© Henri Bureau / Sygma

Scène d'un camp de rééducation communiste au Vietnam. Le but de la « rééducation » est très particulier : le détenu est contraint d'approuver le système qui l'emprisonne et d'adhérer à l'idéologie de ses oppresseurs.

Coll. Doan Van Toai

L'exécution d'un « contre-révolutionnaire » est une occasion, pour les communistes, de faire appel à la pédagogie de la terreur, pour imposer leur système politique et social.

© K. Gangler / Sygma

La victoire et l'installation du régime communiste au Sud-Vietnam en 1975 provoquent le départ en masse de Vietnamiens qui se sentent menacés. Les boat people s'enfuient sur des embarcations de fortune, préférant courir les risques souvent mortels de la mer et des pirates plutôt que de rester sous la nouvelle dictature.

© A. Borrel / Sipa Press

Cambodge, avril 1975. Les Khmers rouges entrent victorieux à Phnom Penh. Très vite, ces très jeunes combattants, des adolescents de quinze-seize ans, se font l'instrument de la politique de Pol Pot, le « frère n° 1 », qui décide de vider la capitale de tous ses habitants.

Après l'effondrement du régime de Pol Pot, le nouveau gouvernement provietnamien créa un « musée du génocide » où sont exposés des milliers de crânes des victimes non identifiées de la terreur khmère rouge.

© Spengler / Sygma

La prison de Tuol Sleng, une ancienne école, fut l'un des lieux de torture et d'exécution les plus hallucinants. Chaque prisonnier – enfant, femme, homme, vieillard – était photographié avant d'être cruellement exécuté.

« En général, je prenais les photos à l'arrivée des prisonniers, après qu'on leur avait accroché un numéro avec une épingle, parfois à même la peau quand ils arrivaient torse nu. »
(le photographe)

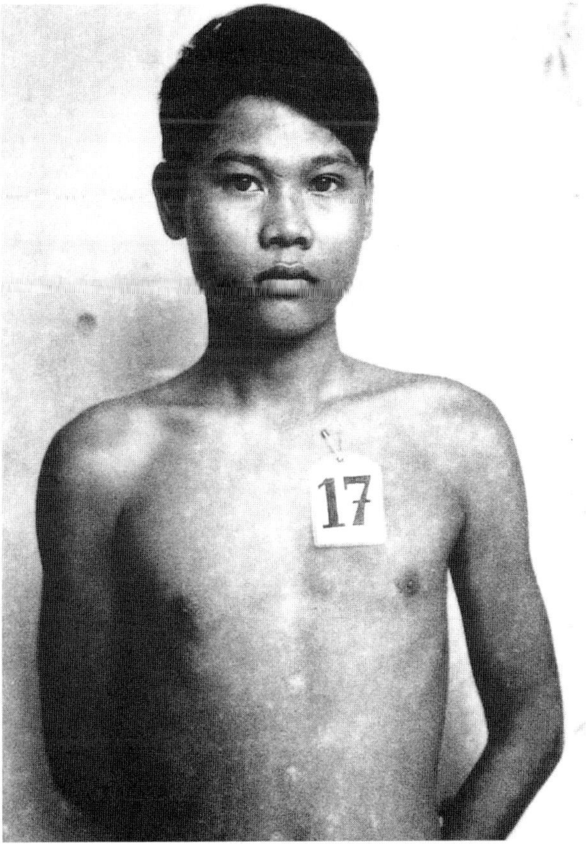

© Archive Photos

Pol Pot, ses camarades les plus proches et sa famille se faisaient encore photographier en 1986. Mais en juillet 1997, Pol Pot était traîné par ses propres lieutenants devant un pseudo-tribunal pour un simulacre de procès plein d'arrière-pensées politiques.

Retranchés derrière des champs de mines, les Khmers rouges tiennent toujours des maquis au Cambodge. C'est le pays qui compte le plus d'estropiés, surtout parmi les adolescents et les enfants.

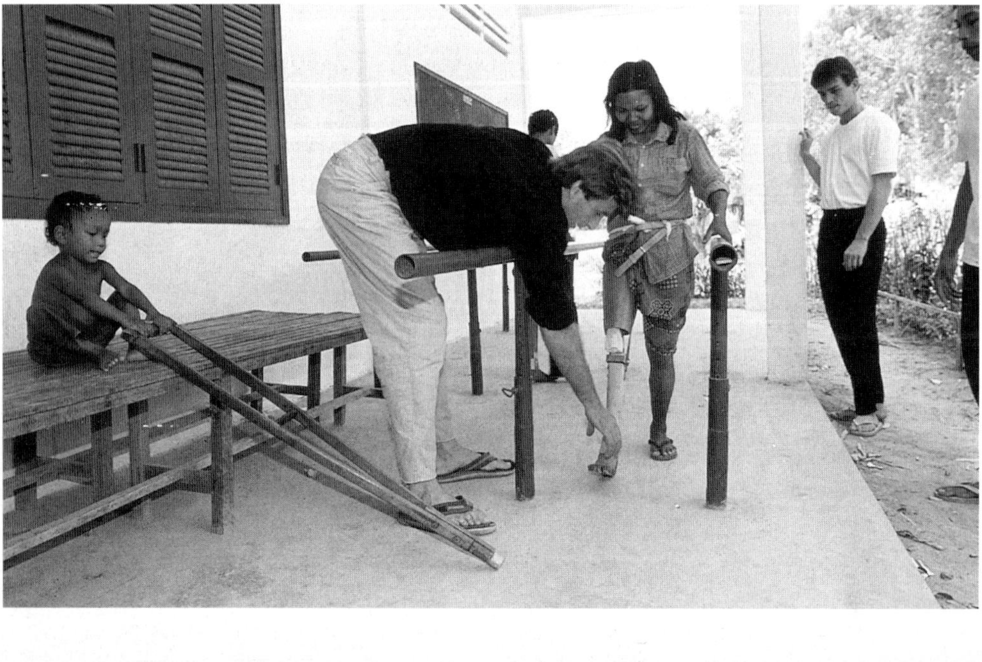

© Ch. Loviny / Gamma

© D. R.

© D. R.

© Luc Adrian

La chute du régime de Batista, dont Castro n'est qu'un des acteurs, avait ouvert une grande espérance chez les Cubains. Très tôt la monopolisation du pouvoir par Castro et ses hommes suscite des oppositions. *De gauche à droite* : Pedro Luis Boitel, prisonnier mort en faisant la grève de la faim en 1972 ; Humberto Sori Marin, fusillé après avoir tenté d'organiser la lutte armée contre son ancien compagnon Castro ; le poète Jorge Valls, condamné à vingt ans de prison, libéré récemment.

Photos © F. Carrie / Gamma

Le général Ochoa, ancien commandant en chef du corps expéditionnaire cubain en Angola, est accusé par Fidel Castro d'avoir comploté contre lui. Sous l'accusation de trafic de drogue (les services spéciaux du régime en usent depuis de longues années), Castro le fait condamner à mort et exécuter.

© L'Illustration / Sygma

Castro muselle la société civile au moyen des Comités de défense de la révolution quadrillant villes et campagnes. Complément indispensable à ces organes d'espionnage domestique et de dénonciation : les tribunaux populaires qui se réunissent le plus souvent dans les locaux des CDR (ici en juin 1974).

© Viviane Rivière / Sipa Press

Avant les boat people du Vietnam, il y eut les *Balseros* de Cuba. Ils furent des dizaines de milliers à tenter de quitter l'île sur des embarcations fabriquées avec des matériaux de récupération. Ils furent des milliers à périr en mer.

Fidel Castro en compagnie d'Eden Pastora, appelé le « commandant Zéro », le plus prestigieux chef de la guérilla sandiniste contre le dictateur Somoza. Pastora devint ensuite l'un des plus farouches adversaires du pouvoir sandiniste de Managua qui entendait importer dans son pays le système soviétique. Il entreprit contre lui une nouvelle guérilla qui dura jusqu'en 1986 *(à droite)*.

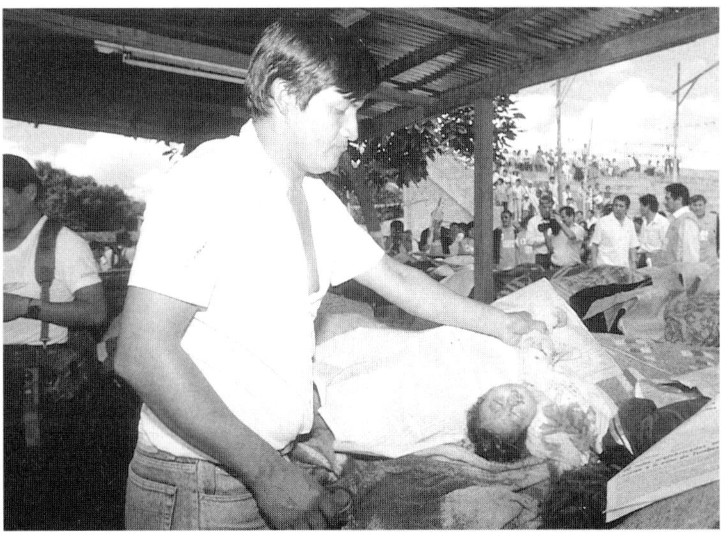

Au Pérou, le Sentier lumineux, organisation terroriste qui se réclame du maoïsme, n'hésite pas à massacrer les paysans qui ne se plient pas à sa volonté. Dans le village de Mazamari, soixante-douze d'entre eux ont été massacrés. On voit ici la tête d'une de ces victimes.

© Lefort / Gamma

Éthiopie, le 14 septembre 1979. Le ministre des Affaires étrangères de l'Union soviétique, Alexeï Kossyguine, se rend à Addis Abeba pour le 5e anniversaire de la prise du pouvoir par Mengistu Hailé Mariam. Le régime du dictateur s'inspire du communisme soviétique. Le Parti des travailleurs d'Éthiopie se veut l'héritier de la « grande révolution d'Octobre ».

Au milieu des années 1980, la sécheresse frappe l'Éthiopie et la famine s'installe. Mengistu utilise « l'arme alimentaire » pour organiser des tranferts de population – les Éthiopiens deviennent ainsi les otages d'une « politique de réorganisation de l'espace ».

© C. Steele-Perkins / Magnum photos

© P. Aventurier / Gamma

Soutenu par les Soviétiques dès 1974, le Mouvement populaire de libération de l'Angola reçoit le renfort de « volontaires » cubains en 1975. Ceux-ci seront des dizaines de milliers à combattre les mouvements non marxistes, rivaux du MPLA, avant de s'en retirer à partir de janvier 1989.

© L. Van der Stockt / Gamma

Le 27 décembre 1979, les troupes soviétiques entrent en Afghanistan pour répondre à l'appel des communistes incapables de garder le contrôle de la situation. L'une des guerres coloniales les plus féroces commence. Se heurtant à une résistance générale, les Soviétiques pratiquent la tactique de la « terre brûlée », détruisant villes et villages. Les enfants sont les premières victimes des mines antipersonnel. En dix ans, l'Armée rouge fait de 1 million à 1,5 million de victimes dont 90 % de civils.

© P. de St Exupéry / Gamma

Martwa Droga, la Route de la mort.
En 1949, Staline fit entreprendre une liaison ferroviaire au nord du Cercle polaire, entre Sakhelard et Igarka ; « En avant vers le communisme », proclame la banderole *(en haut)*.
Dès la mort du dictateur, le chantier est abandonné. La « locomotive de l'histoire », qui tira le train blindé de Trotski puis les trains de déportation, a finalement échoué dans les forêts de l'absurde *(ci-dessous)*.

obligent des prisonniers à grimper aux barbelés. Ils tirent alors et font semblant de les avoir arrêtés.

Outre les gardes, des chiens surveillent les criminels politiques. On se sert de ces animaux effrayants, très bien dressés, comme de machines à tuer. En juillet 1988, au camp n° 13, deux prisonniers ont été attaqués par des chiens. Il n'est resté que des os de leur corps. En 1991 aussi, deux garçons de quinze ans ont été dévorés par ces chiens.

An affirme avoir entendu une conversation entre le chef de la garde et deux autres membres du personnel d'encadrement du camp n° 13 où étaient évoquées des pratiques qu'on croyait réservées aux seuls exterminateurs des camps nazis. « Camarade, dit l'un d'eux, sous-chef d'escouade, j'ai vu hier des fumées à la cheminée du Troisième Bureau[1]. Est-il vrai qu'on comprime les corps pour en extraire de la graisse ? »

Le chef de la garde répondit qu'il était allé une fois au tunnel du Troisième Bureau, près d'une colline.

« J'ai senti l'odeur du sang et vu des cheveux collés sur les murs... Je n'ai pas pu m'endormir cette nuit-là. Les fumées que tu as vues viennent de la crémation des os des criminels. Mais n'en parle pas ou tu le regretterais. Qui sait quand tu aurais un haricot noir (une balle) dans la tête ? »

D'autres gardes lui ont parlé d'expériences qu'on pratiquait au camp, comme de laisser mourir de faim des prisonniers afin d'étudier leur résistance :

« Les préposés à ces exécutions et à ces expériences boivent de l'alcool avant de tuer. Maintenant ils sont devenus de vrais experts ; il leur arrive de frapper des prisonniers avec un marteau, derrière la tête. Les malheureux perdent alors la mémoire ; et de ces demi-morts on fait des cibles vivantes pour les exercices de tir. Quand le Troisième Bureau manque de sujets, un camion noir, surnommé "le corbeau", vient en chercher de nouveaux, semant la terreur parmi les prisonniers. Le corbeau vient au camp une fois par mois et emmène quarante ou cinquante personnes on ne sait où... »

Dans tous les cas, les arrestations se font discrètement, sans procédures légales, de sorte que même les parents ou les voisins ne savent rien. Quand ils se rendent compte de la disparition, ils évitent de poser des questions de peur d'avoir eux-mêmes des ennuis.

Après de telles horreurs, on ose à peine mentionner l'existence de camps de bûcherons nord-coréens en Sibérie depuis l'année 1967, malgré les dures conditions de travail, l'insuffisance de la nourriture, la surveillance de gardes armés, les cachots pour qui manquerait à une discipline aux normes nord-coréennes, etc.

Au moment de l'effondrement de l'URSS, grâce au témoignage de plusieurs bûcherons évadés et aux efforts de Serge Kovalev, responsable

1. Une des sous-directions de l'« agence de la sécurité nationale », en charge des régions frontalières. Ce camp se trouve en effet tout à côté de la frontière chinoise.

d'une commission des droits de l'homme auprès de Boris Eltsine, les conditions de ces travailleurs immigrés d'un genre spécial se sont améliorées et ne sont plus sous le seul contrôle des autorités nord-coréennes.

Arrêtons-nous un instant. Comme pour les purges au sein du Parti, il ne s'agit que de la recherche d'un ordre de grandeur. Dix mille personnes étant détenues au camp n° 22, selon une estimation du témoin, cinq personnes y mourant chaque jour, et en considérant que le nombre total de détenus des camps de concentration nord-coréens est de l'ordre de 200 000 [1], on arrive à un total de cent morts par jour et de 36 500 par an. Ce nombre étant multiplié par 45 ans (période 1953-1998), on aboutit à un nombre d'environ 1,5 million de morts dont le communisme coréen est directement responsable.

Le contrôle de la population

Si les camps abritent un concentré d'horreur, la liberté n'existe guère hors des camps. La Corée du Nord est un lieu de négation du choix individuel, de l'autonomie personnelle. « La société tout entière doit être fermement constituée en une force politique unie qui respire et avance d'une seule pensée et d'une seule volonté sous la direction du leader suprême », affirmait un éditorial radiodiffusé du 3 janvier 1986. Et un slogan courant en Corée du Nord ordonne : « Pensez, parlez et agissez comme Kim Il Sung et Kim Jong Il... »

Du haut en bas de l'échelle sociale, l'État, le Parti, ses associations de masse ou sa police contrôlent les citoyens au nom de ce qu'on appelle « les dix principes du Parti pour réaliser l'unité ». C'est ce texte et non la Constitution qui régit aujourd'hui encore la vie quotididienne des Nord-Coréens. Contentons-nous, pour en faire saisir l'esprit, de citer l'article 3 : « Nous imposerons absolument l'autorité de notre Leader. »

Dès 1945 est apparu un Bureau de la Sécurité sociale (entendons par là un bureau chargé, sur le plan social, du contrôle de la population), en 1975, un Comité national de censure (laquelle existait évidemment depuis bien longtemps) et un « Comité juridique de la vie socialiste » en 1977 [2].

Quant à la police politique, elle forma en 1973 un « Ministère de la protection politique nationale », rebaptisé aujourd'hui « Agence de la sécurité nationale », divisée en différents bureaux (le bureau n° 2 s'occupe des étrangers, le n° 3 de la protection des frontières, le n° 7 des camps, etc.).

Une fois par semaine, chacun est « convié » à un cours d'endoctrinement, et une fois par semaine également chacun est convié à une séance de critique et d'autocritique appelée en Corée du Nord « bilan de vie ». On doit s'y accuser d'au moins une faute politique et l'on doit adresser au moins deux reproches à ceux que l'on côtoie.

1. Une estimation modeste : la fourchette va de 150 000 à 400 000 détenus.
2. Jean-Pierre Brulé, *La Corée du Nord de Kim Il Sung*, Paris, éd. Barré-Dayez, 1982.

Les cadres nord-coréens sont certainement privilégiés sur le plan matériel et alimentaire, mais le contrôle dont ils sont l'objet est aussi plus étroit : ils sont regroupés dans un quartier spécial, et subissent l'écoute de leurs conversations téléphoniques ou autres, et la vérification des cassettes audio et vidéo qu'ils possèdent sous couvert de « réparation » ou d'« intervention pour fuite de gaz ». Mais pour tous les Nord-Coréens, les postes de radio ou de télévision ne donnent accès, par un système de blocage des boutons, qu'aux stations d'État ; les déplacements nécessitent l'accord des autorités locales et des unités de travail ; la domiciliation à Pyongyang, la capitale et la vitrine du socialisme nord-coréen, est, comme dans de nombreux autres États communistes, strictement contrôlée.

Tentative de génocide intellectuel ?

La répression, la terreur ne signifient pas seulement atteinte ou astreinte de corps mais d'esprit. L'enfermement peut être spirituel aussi et ce n'est pas là la moindre dégradation. Nous évoquions en ouvrant ce panorama la fermeture du pays comme une clause méthodologique : il était impossible, concernant cet État, d'obtenir un ensemble de renseignements aussi précis et fiables que nous le souhaiterions. Mais la fermeture au monde extérieur doublée d'une agression idéologique permanente d'une violence à nulle autre pareille fait indéniablement partie des crimes du communisme nord-coréen. Certes, les transfuges qui parviennent à passer à travers les mailles du filet témoignent aussi de l'extraordinaire capacité de résistance de l'être humain. C'est en ce sens que les adversaires du concept de totalitarisme indiquent qu'il y a toujours du « jeu », de la résistance, et que la « totalité » visée par *Big Brother* n'est jamais réalisée.

En ce qui concerne la Corée du Nord, le déversement de la propagande se fait selon deux axes. Un axe classiquement marxiste-léniniste : l'État socialiste et révolutionnaire offre la vie la meilleure possible à des citoyens comblés. La vigilance face à l'ennemi impérialiste doit être cependant soutenue (d'autant, pourrait-on ajouter aujourd'hui, que beaucoup de « camarades » à l'extérieur ont capitulé). L'autre axe est de type national et archaïque : loin du matérialisme dialectique, le pouvoir nord-coréen utilise une mythologie tendant à faire croire aux sujets de la dynastie des Kim que le ciel et la terre sont de connivence avec leurs maîtres. L'agence officielle nord-coréenne a ainsi assuré que, le 24 novembre 1996 (il s'agit seulement de quelques exemples entre mille), lors d'une inspection par Kim Jong Il des unités de l'armée nord-coréenne à Pan Mun Jon[1], la zone s'enveloppa d'un brouillard aussi épais qu'inattendu. Le numéro un put donc aller et venir dans différents endroits, pour se rendre compte des

1. Ce village où se menèrent les négociations d'armistice est le seul point où l'armée du Nord est au contact immédiat de celles du Sud et des États-Unis.

« positions ennemies », sans que l'on puisse le repérer le moins du monde. Mystérieusement, le brouillard se leva et le temps s'éclaircit juste au moment où il posa pour être photographié avec un groupe de soldats... Un phénomène semblable avait pu être observé dans une île de la mer Jaune. Parvenu à un poste avancé d'observation, il entreprit d'étudier une carte des opérations. C'est alors que la pluie et le vent cessèrent, les nuages s'éloignèrent et le soleil se mit à briller... Il a également été question dans les dépêches de la même agence officielle d'« une série de phénomènes mystérieux qui ont eu lieu dans toute la Corée à l'approche du troisième anniversaire de la mort du Grand Leader [...] Le ciel sombre est devenu tout à coup lumineux dans le canton de Kumchon [...] et trois groupes de nuages rouges se sont dirigés vers Pyongyang... Vers 20 h 10, le 4 juillet, la pluie qui avait commencé de tomber dès le matin s'arrêta et un double arc-en-ciel se déploya au-dessus de la statue du président [...] puis une étoile très brillante étincela dans le ciel au dessus de la statue », etc. [1].

Une hiérarchie stricte

Dans cet État qui se réclame du socialisme, la population n'est pas seulement encadrée et contrôlée, elle est fichée en fonction de critères qui concernent l'origine sociale, géographique (vient-on d'une famille du Sud ou du Nord ?), les antécédents politiques et les marques récentes de loyauté à l'égard du régime. Un « savant » découpage de l'ensemble a ainsi été mis en place dans les années cinquante. Bureaucratie aidant, pas moins de cinquante et une catégories furent ainsi constituées qui déterminaient largement l'avenir matériel, social et politique des citoyens. Probablement trop lourd à manier, ce système a été simplifié dans les années quatre-vingt, ramenant de cinquante et un à trois le nombre de catégories sociales. Certes, le « fichage » reste encore complexe puisque, en plus de ces « classes », les services secrets surveillent particulièrement certaines « catégories » représentées dans l'une ou l'autre classe, notamment celle des gens venus de l'étranger, qu'ils y aient été résidents ou visiteurs.

On distingue donc une classe « centrale », « noyau » de la société, une classe « indécise » et une classe « hostile » qui représente environ un quart de la population nord-coréenne. Le système communiste nord-coréen justifie par ces distinctions une sorte d'apartheid : un jeune homme de « bonne origine », par exemple d'une famille comptant d'anciens guérilleros antijaponais, ne saurait épouser une jeune fille de « mauvaise origine », par exemple issue d'une famille du Sud. Un ancien diplomate nord-coréen, Koh Young Hwan, qui fut, au Zaïre dans les années quatre-vingt, premier secrétaire à l'ambassade nord-coréenne, affirme : « La Corée du Nord connaît un système plus rigide que celui des castes [2]. »

1. Textes reproduits dans *La Lettre de Corée*, n°s 4 et 5, juin et août 1997.
2. *Le Figaro Magazine*, 8 mars 1997.

Si tant est que cette discrimination par l'origine ait un sens du point de vue de la théorie marxiste-léniniste, la discrimination biologique de ce même point de vue est encore plus difficile à justifier. Pourtant les faits sont là : les handicapés nord-coréens sont victimes d'un ostracisme sévère. Il n'est ainsi pas question qu'ils demeurent dans la capitale, Pyongyang. Jusqu'à ces dernières années, ils étaient seulement déplacés dans les localités de sa banlieue de façon que les membres valides de leur famille puissent leur rendre visite. Aujourd'hui, ils sont déportés dans des endroits retirés, à la montagne ou dans des îles de la mer Jaune. Deux lieux d'exil ont été repérés avec certitude : Boujun et Euijo au nord du pays, non loin de la frontière chinoise. Cette discrimination à l'égard des handicapés s'est récemment accentuée avec l'application de cette politique d'exclusion à d'autres grandes villes que Pyongyang : Nampo, Kaesong, Chongjin.

Parallèlement aux handicapés, les nains sont systématiquement traqués, arrêtés et envoyés dans des camps où non seulement ils sont isolés mais empêchés d'avoir des enfants. « La race des nains doit disparaître », a ordonné Kim Jong Il lui-même[1]...

La fuite

Malgré la surveillance des gardes-frontières, quelques Nord-Coréens ont réussi à fuir ; depuis la guerre environ sept cents personnes ont rejoint le Sud, mais on pense que plusieurs milliers ont franchi la frontière chinoise. Ignorant ce qui se passe à l'extérieur, strictement contrôlés, les Nord-Coréens qui traversent clandestinement la frontière sont encore peu nombreux. On estime à près d'une centaine les transfuges passés au Sud pendant l'année 1997, un nombre en nette augmentation par rapport à la moyenne des années quatre-vingt-dix et surtout des décennies précédentes. Le nombre de passages annuels a quintuplé depuis 1993 et tend à s'accroître. En général, les candidats au passage clandestin de la frontière fuient une menace de sanction ou ont eu l'occasion de voyager à l'étranger. C'est ainsi qu'on compte un certain nombre de diplomates ou de fonctionnaires de haut niveau parmi les transfuges. En février 1997, l'idéologue du Parti, Hwang Jang Yop, s'est réfugié à l'ambassade de Corée du Sud à Pékin avant de gagner Séoul. L'ambassadeur d'Égypte, qui a rejoint les États-Unis fin août 1997, pouvait, lui, craindre pour son avenir politique : l'année précédente, son propre fils avait « disparu ». Koh Young Hwan, le diplomate de l'ambassade nord-coréenne au Zaïre déjà cité, craignait d'être arrêté : il avait imprudemment, devant une retransmission télévisée du procès des époux Ceausescu, « espéré que rien de semblable n'arriverait dans son pays » — preuve flagrante de son manque de confiance dans la direction. Il s'enfuit quand il apprit l'arrivée d'agents de la Sécurité d'État

1. *Ibid.*

à l'ambassade quelques jours après. Selon lui, toute tentative de fuite découverte avant sa mise en œuvre conduit son auteur à l'arrestation et au camp. Pis : comme il a pu le constater à Amman, en Jordanie, le projet de fuite d'un diplomate se solde en général par une « neutralisation », par plâtrage complet du coupable et retour immédiat à Pyongyang. À l'aéroport, on fait croire à un accident de voiture ou autre !

Les simples gens qui manquent leur tentative de fuite ne sont pas mieux lotis. Comme la presse française l'a rapporté il y a peu [1], les fuyards sont probablement exécutés avant d'avoir subi un traitement particulièrement dégradant : « Les témoignages recueillis le long du fleuve [le Yalou] concordent. Les policiers qui récupèrent les fugitifs introduisent un fil de fer dans les joues ou dans le nez des traîtres à la nation, qui ont osé abandonner la mère patrie. Une fois rentrés, ils sont exécutés. Leurs familles sont envoyées dans des camps de travail. »

Activités à l'extérieur

Non contente d'empêcher brutalement toute tentative de fuite, la direction nord-coréenne envoie ses agents à l'extérieur pour y frapper des ennemis du régime. En septembre 1996, l'attaché culturel de la Corée du Sud à Vladivostok a, par exemple, été assassiné. Le Japon soupçonne aussi les Nord-Coréens d'avoir enlevé une vingtaine environ de femmes japonaises qui sont obligées de travailler ensuite à la formation d'espions ou de terroristes. Un autre contentieux existe entre Japon et Corée du Nord au sujet de centaines de femmes japonaises venues s'installer en Corée du Nord à partir de 1959, avec leurs époux coréens. Malgré les promesses faites alors par le gouvernement nord-coréen, aucune d'entre elles n'a pu regagner, ne serait-ce que temporairement, son pays natal. On sait, par le témoignage des rares transfuges qui ont connu les camps, qu'un certain nombre de ces femmes ont été détenues et que le taux de mortalité parmi elles est très élevé. Sur quatorze Japonaises incarcérées au camp de Yodok à la fin des années soixante-dix, deux seulement étaient encore vivantes quinze ans plus tard. Le gouvernement nord-coréen se sert de ces femmes, dont il promet le départ, contre une aide alimentaire japonaise. Les dépêches d'agence ne disent pas combien de kilos de riz vaut, aux yeux des dirigeants nord-coréens, la libération d'une femme japonaise. Amnesty International et la Société internationale des droits de l'homme, entre autres associations, se sont inquiétés de ces cas. L'enlèvement de pêcheurs sud-coréens est également pratiqué.

Entre 1955 et 1995, les incidents n'ont pas cessé. Le gouvernement sud-coréen soutient que plus de quatre cents pêcheurs sont toujours portés manquants. Certains passagers et membres de l'équipage d'un avion

1. Marc Epstein, *L'Express*, 14 août 97.

détourné en 1969, jamais rendus au gouvernement du Sud, un diplomate sud-coréen enlevé en Norvège en avril 1979, un pasteur, le Révérend Ahn Sung Un, enlevé en Chine et conduit en Corée du Nord en juillet 1995 fournissent d'autres exemples de citoyens sud-coréens victimes des violences nord-coréennes en territoire étranger.

Famine et disette

Récemment, un autre motif grave de mise en cause du régime nord-coréen est apparu : la situation alimentaire de la population nord-coréenne. Celle-ci est depuis longtemps médiocre, mais elle a empiré ces dernières années au point que les autorités nord-coréennes, nonobstant leur sacro-saint principe d'autosuffisance, ont récemment lancé des appels à l'aide internationale. La récolte de céréales en 1996 s'est élevée à 3,7 millions de tonnes, soit trois millions de moins que la production du début des années quatre-vingt-dix. Celle de 1997 sera certainement peu différente. La Corée du Nord invoque, notamment auprès du Programme alimentaire mondial de l'ONU, mais aussi après des États-Unis ou de la Communauté européenne, diverses catastrophes naturelles (inondations en 1994 et 1995, sécheresse et raz de marée en 1997). Les causes de cette pénurie alimentaire sont en fait liées aux difficultés structurelles propres à toute agriculture socialiste, planifiée et centralisée. De grossières erreurs comme la déforestation de collines entières, la construction hâtive de cultures en terrasse par des équipes plus ou moins compétentes, sur ordre du sommet du Parti, ont aussi joué leur rôle dans la gravité des inondations. L'effondrement du communisme soviétique et le nouveau cours qui a lieu en Chine font que l'aide de ces deux pays à la Corée du Nord a beaucoup diminué. La Russie et la Chine tiennent enfin à commercer désormais selon les lois du marché international. Le manque de devises fortes pèse donc sur le gouvernement nord-coréen qui acquiert avec de plus grandes difficultés machines agricoles, engrais et fuel.

Mais quelle est la gravité de la situation alimentaire ? Nous ne le savons pas, malgré les affirmations catastrophiques d'organisations humanitaires comme World Vision — qui évoque une possibilité de deux millions de victimes — ou la Croix-Rouge allemande — laquelle parle de dix mille morts d'enfants par mois[1]. Des indications claires de graves difficultés existent : des rapports d'experts de l'ONU confirment les rumeurs qui circulent parmi la population frontalière chinoise ; la disette existe bel et bien et dans certains endroits la famine. Mais l'utilisation de voyages de personnalités de bonne volonté qui n'hésitent pas à parler de « millions de morts » à venir si l'aide n'est pas développée, la diffusion à l'étranger de photos d'enfants malingres ou d'enregistrements vidéo de

1. *Le Monde*, 10 octobre 1997.

conseils télévisés à la population pour accommoder des herbes en guise de nourriture, indiquent une entreprise très organisée pour noircir un tableau qui n'est de toute façon guère brillant. Il ne s'agit pas aujourd'hui de faire dire au président Herriot que l'Ukraine va bien alors qu'elle traverse une terrible famine, mais au contraire que la Corée du Nord fait face à une terrible famine et que toute interruption de l'aide pourrait conduire à des actions inconsidérées et dangereuses pour la stabilité de la péninsule et la paix en Extrême-Orient. La gigantesque armée nord-coréenne est cependant bien nourrie et construit des missiles de plus en plus perfectionnés.

Nous n'avons pratiquement aucune donnée chiffrée concernant des victimes de cette pénurie alimentaire si ce n'est des indications, données par les Nord-Coréens eux-mêmes, d'un pourcentage non négligeable d'enfants présentant des traces de malnutrition : les nutritionnistes du Programme alimentaire mondial ont pu faire par exemple une étude sur 4 200 enfants nord-coréens d'un échantillon choisi par le seul gouvernement nord-coréen : 17 % souffraient de malnutrition[1], ce qui tend à confirmer l'existence d'une disette généralisée et de très probables poches locales ou régionales de famine. Cette disette et cette famine, très largement liées aux choix politiques du régime nord-coréen, sont cependant combattues et limitées grâce aux efforts du monde « impérialiste » qui livre des céréales par millions de tonnes. *Livrée aux effets du seul régime communiste, la population nord-coréenne subirait en effet une vraie famine aux conséquences terribles.* Il faut aussi noter que les effets de la disette en termes de victimes sont bien réels mais qu'ils sont surtout indirects et se traduisent notamment par une fragilisation accrue aux diverses maladies.

En conclusion, on peut parler de plusieurs centaines de milliers de victimes directes et indirectes des pénuries alimentaires, mais en gardant à l'esprit les efforts du gouvernement nord-coréen pour « noircir », par tous les moyens, la situation, à l'instar des Soviétiques constituant en juillet 1921 « un comité d'aide aux affamés » appelant à l'aide les bonnes volontés du monde bourgeois.

Décompte final

Le malheur communiste, en Corée du Nord moins que partout ailleurs, est difficilement traduisible numériquement. Pour des raisons de données statistiques insuffisantes, d'impossibilité d'enquêtes sur place, d'inaccessibilité aux archives. Pour des raisons qui tiennent aussi à l'enfermement. Comment comptabiliser le déversement d'une propagande aussi imbécile que permanente ? Comment chiffrer l'absence de libertés (d'asso-

1. Entretien avec Catherine Bertini, *La Croix*, 8 octobre 1997. Une étude du même organisme, au début des années 90, montrait cependant que 43 % des enfants de l'Inde souffraient de malnutrition.

ciation, d'expression, de déplacement, etc.) ? Comment évaluer la vie gâchée d'un enfant envoyé dans un camp parce que son grand-père a été condamné, d'une femme incarcérée obligée d'avorter dans d'atroces conditions ? Comment faire entrer en statistiques la médiocrité d'une vie obsédée par le manque de nourriture, de chauffage, de vêtements confortables et élégants, etc. ? Que pèse à côté de cet ensemble l'« américanisation » de la société sud-coréenne évoquée par nos contempteurs de l'ultra-libéralisme pour renvoyer dos à dos la démocratie évidemment imparfaite du Sud et le cauchemar organisé du Nord ?

On objectera aussi que le communisme nord-coréen est une caricature du communisme, comme le fut celui des Khmers rouges. Une exception archéo-stalinienne. Certes, mais ce musée du communisme, ce Madame Tussaud asiatique, est encore vivant...

Ces réserves faites, on peut additionner aux 100 000 morts des purges au sein du Parti du travail, 1,5 million de morts du fait de l'internement concentrationnaire et 1,3 million de morts consécutifs à la guerre voulue, organisée et lancée par les communistes — une guerre inachevée qui accroît régulièrement le décompte des victimes du fait d'opérations ponctuelles mais meurtrières (attaques de commandos nord-coréens contre le Sud, actes de terrorisme, etc.). Il faudrait ajouter à ce bilan les victimes directes et surtout indirectes de la malnutrition. C'est là que les données manquent le plus aujourd'hui, mais c'est là aussi que, la situation s'aggravant, les données peuvent être dramatiquement et très prochainement alourdies. Même si nous nous contentons, depuis 1953, de cinq cent mille vies perdues du fait de la fragilisation face aux maladies, ou directement du fait de la pénurie alimentaire (des rumeurs de cannibalisme évidemment invérifiables courent actuellement !), nous aboutissons, pour un pays de vingt-trois millions d'habitants, et d'un régime communiste d'une cinquantaine d'années, à un résultat global de plus de trois millions de victimes.

VIETNAM : LES IMPASSES D'UN COMMUNISME DE GUERRE

par Jean-Louis Margolin

« Nous allons transformer les prisons en écoles ! »
Lê Duan, secrétaire général du Parti communiste vietnamien [1]

Admettre les méfaits du communisme vietnamien est encore aujourd'hui une épreuve pour nombre d'Occidentaux qui, se mobilisant contre d'autres méfaits — ceux du colonialisme français, ceux de l'impérialisme américain —, se trouvèrent placés objectivement dans le même camp que

1. Cité in Doan Van Toai, *Le Goulag vietnamien*, Paris, Robert Laffont, 1979, p. 28. Lê Duan visitait le bagne de l'île de Con-son, après la « libération » du Sud Vietnam, en 1975.

le Parti communiste vietnamien (PCV). De là à penser qu'il était l'expression des aspirations d'un peuple, qu'il visait à construire une société fraternelle et égalitaire, il n'y avait qu'un pas. L'apparence avenante de son fondateur et dirigeant jusqu'en 1969, Hô Chi Minh, l'extraordinaire ténacité de ses combattants et l'habileté de sa propagande extérieure, pacifiste et démocratique, firent le reste. Autant il était difficile d'éprouver de la sympathie pour Kim Il Sung et son régime de béton armé, autant il semblait aisé de préférer à la pourriture du régime saigonnais de Nguyên Van Thiêu (1965-1975) l'austérité souriante des mandarins rouges de Hanoi. On voulut croire que le PCV n'était pas un parti stalinien de plus : d'abord et avant tout nationaliste, il aurait surtout utilisé son étiquette communiste pour recevoir l'aide des Chinois et des Soviétiques.

Il n'est pas question de remettre en cause la sincérité du patriotisme des communistes vietnamiens, qui luttèrent avec une détermination sans pareille, un demi-siècle durant, contre Français, Japonais, Américains et Chinois : l'accusation de « trahison » ou de « collaboration » joua souvent le même rôle au Vietnam que celle de « contre-révolution » en Chine. Mais le communisme ne fut nulle part incompatible avec le nationalisme ou même la xénophobie, et en Asie moins encore qu'ailleurs. Or, sous le vernis d'un aimable unanimisme national, c'est un stalino-maoïsme fort servile envers ses prototypes qu'on décèle aisément, pour peu que l'on ne se voile pas la face.

Le jeune Parti communiste indochinois (PCI[1]) commença assez mal. À peine fondé, en 1930, il dut faire face, lors d'un procès spectaculaire, aux conséquences des sinistres errements de certains de ses activistes de Saigon qui, déjà engagés en 1928, et influencés par la tradition des sociétés secrètes et du terrorisme nationaliste, avaient proprement jugé et exécuté un de leurs camarades, puis brûlé son corps ; il était seulement coupable d'avoir séduit une militante[2]. En 1931, se lançant un peu follement dans la création de « soviets » ruraux dans le Nge Tinh (sur le modèle du Jiangxi, mais le Vietnam n'a pas l'immensité de la Chine...), il entreprend immédiatement de liquider les propriétaires fonciers par centaines ; une partie des habitants s'enfuit, et cela facilite le retour en force rapide des troupes coloniales. Quand le PCI, qui se dissimule sous le « front uni » de la Ligue pour l'indépendance du Vietnam, ou *Viêt-minh*, ose enfin se lancer à grande échelle dans la lutte armée, au printemps 1945, il s'en prend davantage aux « traîtres » et « réactionnaires » (qui incluent parfois

1. Quoique très majoritairement composé de Vietnamiens, et totalement contrôlé par eux, le PCI a l'ambition de diriger la révolution dans l'ensemble de l'Indochine française, Laos et Cambodge compris. Formellement auto-dissous en 1945, il continue à fonctionner jusqu'en 1951, date à laquelle il donne naissance à trois partis toujours étroitement liés, et qui n'ont plus le statut officiel de partis communistes (*cf.* chapitre sur le Cambodge).

2. Ngo Van, *Vietnam 1920-1945 : révolution et contre-révolution sous la domination coloniale*, Paris, L'Insomniaque, p. 128-129.

l'ensemble des fonctionnaires) qu'à l'occupant japonais, certes mieux armé ; un de ses responsables propose une campagne d'assassinats pour « accélérer les progrès du mouvement[1]. » Propriétaires et mandarins ruraux constituent eux aussi des cibles de choix ; des « tribunaux populaires » sont mis en place pour les condamner et confisquer leurs biens[2]. Mais la terreur vise aussi les adversaires politiques du faible PCI, qui ne compte encore que quelque cinq mille militants : il faut faire le vide, très vite, et rester seul à la tête du mouvement national. Le Dai Viêt, parti nationaliste allié des Japonais, est sauvagement pourchassé : le Viêt-minh de Son Tay demande à Hanoi un générateur électrique et un spécialiste pour torturer les « traîtres » à grande échelle[3].

La révolution d'Août, qui catapulte Hô Chi Minh au pouvoir lors de la capitulation nippone, fait du PCI l'élément central du nouvel État. Il met à profit les quelques semaines qui précèdent l'arrivée des troupes alliées (Français et Britanniques au sud, Chinois au nord) pour redoubler d'ardeur dans la liquidation de la concurrence. Constitutionnalistes modérés (y compris leur figure emblématique qu'est Bui Quang Chieu) et secte politico-religieuse *Hoa Hao* (y compris son fondateur, Huynh Phu So, lui-même commanditaire d'assassinats) ne sont pas davantage oubliés que le grand intellectuel et politicien de droite qu'est Pham Quynh. Mais ce sont les trotskistes, encore actifs dans la région saigonaise, quoique peu nombreux, qui font l'objet d'une véritable extermination : leur principal dirigeant, Ta Thu Tau, est arrêté et tué en septembre dans un Quang Ngai particulièrement ravagé par les épurations[4], et le dirigeant communiste de Saigon, Tran Van Giau, ancien de Moscou, qui se défendra ultérieurement d'une quelconque responsabilité dans ces assassinats, les cautionne cependant. Il déclare le 2 septembre : « Un certain nombre de traîtres à la patrie sont en train de grossir leurs rangs pour servir l'ennemi [...] il faut punir les bandes qui, créant des troubles en République démocratique du Vietnam (RDV) donnent à l'ennemi l'occasion de nous envahir[5]. » Un article de la presse Viêt-minh de Hanoi du 29 août invite à créer dans chaque quartier ou village des « comités d'élimination des traîtres[6]. » Des dizaines, peut-être des centaines de trotskistes sont pourchassés et abattus ; d'autres, participant en octobre à la défense de Saigon contre les Franco-Britanniques, sont privés de munitions et de ravitaillement : la plupart se feront tuer[7]. Dès le 25 août, une Sécurité d'État est organisée sur le modèle soviétique à Saigon, et les prisons, tout juste vidées, se remplissent à nouveau ; le Viêt-minh s'adjoint

1. David G. Marr, *Vietnam 1945 : The Quest for Power*, Berkeley, University of California Press, 1995, p. 234-237.
2. *Ibid.*, p. 415-416.
3. *Ibid.*, p. 409 et 413.
4. *Ibid.*, p. 434-435.
5. Ngo, *op. cit.*, p. 341.
6. Marr, *op. cit.*, p. 518.
7. Ngo, *op. cit.*, p. 352 et 358-361.

un « Comité d'assassinat d'assaut », qui défile dans les rues ; largement recruté dans la pègre, il est à la tête du pogrom antifrançais du 25 septembre, qui laisse derrière lui des dizaines de cadavres souvent mutilés[1]. Les compagnes vietnamiennes de Français sont parfois systématiquement abattues, même si l'on en blâme de « faux Viêt-minh ». Au cours des seuls mois d'août et septembre, les assassinats d'origine Viêt-minh se comptent par milliers, les séquestrations par dizaines de milliers ; l'initiative en est souvent locale, mais il n'est pas contestable que l'appareil central pousse à la roue ; le PCI regrettera plus tard publiquement n'avoir pas alors davantage supprimé d'« ennemis[2] ». Au Nord, seule partie du pays à être contrôlée par lui jusqu'à l'éclatement de la guerre d'Indochine, en décembre 1946, camps de détention et police politique sont alors bien en place, et la RDV est régie par un parti unique de fait : les nationalistes radicaux du Viêt-Nam Quôc Dan Dang (VNQDD, Parti national du Vietnam, fondé en 1927), qui s'étaient engagés avec le Viêt-minh dans une lutte acharnée ponctuée d'assassinats réciproques, ont été éliminés physiquement depuis juillet, alors que leur parti avait pourtant été aussi durement réprimé que le PCI par le pouvoir colonial, en particulier après avoir organisé en 1930 la mutinerie de Yenbai.

La violence répressive communiste doit ensuite être pour longtemps redéployée en une résistance armée face à la France. De nombreux témoignages ont focalisé l'attention sur les camps de prisonniers du Corps expéditionnaire français[3]. Beaucoup y souffrirent et y moururent : sur 20 000, seuls 9 000 survivaient quand les Accords de Genève (juillet 1954) permirent leur libération[4]. Les redoutables endémies des montagnes indochinoises avaient décimé des détenus privés par l'encadrement viêt-minh de protection médicamenteuse et d'hygiène, et souvent délibérément sous-alimentés. Il y eut des passages à tabac, et parfois de vraies tortures, mais les militaires français étaient utiles : considérés comme autant de « criminels de guerre », ils devaient être amenés à se repentir, puis à adhérer aux valeurs de leurs geôliers, le but étant de les retourner, à fins de propagande, contre leur propre camp. Cette « rééducation » à la patte chinoise (les conseillers envoyés par Mao affluent dès 1950), effectuée à coups de

1. *Ibid.*, p. 338, 341 et 350.
2. Marr, *op. cit.*, p. 517 et 519-520.
3. *Cf.* par exemple Albert Stihlé, *Le Prêtre et le Commissaire*, Paris, Grasset, 1971.
4. *L'Histoire*, n° 149, mai 1991. Une autre totalisation, établie en octobre 1954 par l'armée française, aboutit à 36 900 prisonniers (y compris les Vietnamiens alliés à la France), dont apparemment 5 500 furent libérés, soit avant soit après la cessation des combats — le taux de pertes (un peu moins de 60 %) est en tout cas pratiquement le même dans les deux décomptes — *cf.* Colonel Robert Bonnafous, *Les Prisonniers français des camps Viêt-minh*, Thèse d'université, Centre d'histoire militaire et d'études de défense nationale, Université Paul-Valéry (Montpellier), 1985, p. 217. À titre de comparaison, notons que, selon une lettre de mars 1955 du général de Beaufort, chef de la mission française auprès de la Commission internationale de contrôle de l'application des accords de Genève, quelque 9 000 des 63 000 prisonniers de guerre Viêt-minh avaient eux-mêmes péri, *cf.* Bonnafous, *op. cit.*

séances de propagande où est requise une participation active des « élèves », de division entretenue parmi les prisonniers entre « réactionnaires » et « progressistes », de promesses (y compris celle d'une libération), connut quelques succès impressionnants, largement dus à l'épuisement physique et psychologique des détenus. Cela, également parce que les Français étaient moins mal traités que les prisonniers autochtones ne le seront plus tard en RDV.

C'est au moment où la victoire paraît à portée de main, en décembre 1953, qu'est lancée la réforme agraire dans les zones libérées. Avant la fin de 1954, elle s'étend à l'ensemble du territoire situé au nord du dix-septième parallèle, accordé à la RDV par les accords de Genève ; elle ne s'achèvera qu'en 1956. Son rythme comme ses buts sont ceux de la réforme agraire chinoise des années 1946-1952 (voir ci-dessus) : resserrement des liens du Parti — réapparu officiellement en 1951 — avec la paysannerie pauvre et moyenne, préparation du développement économique par l'extension du contrôle étatique, et élimination de môles de résistance potentiels au communisme. Et pourtant, plus encore qu'en Chine, l'élite traditionnelle des campagnes avait par conscience nationale exacerbée assez massivement soutenu le Viêt-minh. Mais les méthodes, féroces et délibérément meurtrières, sont aussi celles mises au point chez le grand voisin du Nord : dans chaque village, les activistes « chauffent » — souvent avec difficulté — les paysans classés pauvres et moyens (parfois avec la contribution de troupes de théâtre), puis c'est le « procès d'amertume » contre la ou les victimes expiatoires, souvent choisies arbitrairement (il y a un quota à respecter : 4 % à 5 % de la population — les éternels 5 % du maoisme[1]), et la mort, ou au minimum l'emprisonnement et la confiscation des biens ; l'opprobre est étendue à l'ensemble de la famille — comme en Chine. L'absence de prise en considération des « mérites » politiques montre à la fois l'impitoyable dogmatisme mais aussi la volonté de quadrillage totalitaire de la société qui anime le PCV. Une propriétaire et riche commerçante, mère de deux Viêt-minh de la première heure, ayant eu droit elle-même au titre de « bienfaitrice de la révolution », est ainsi « luttée » deux fois, mais les paysans restent tièdes. Alors « un groupe bien rodé en Chine fut expédié sur les lieux et parvint à retourner l'assistance. [...] On accusa Mme Long d'avoir tué trois métayers avant 1945, d'avoir couché avec le résident français, d'avoir léché les bottes des Français et espionné pour leur compte. Épuisée par la détention, elle finit par tout avouer et fut condamnée à mort. Son fils qui se trouvait en Chine fut ramené au pays, dégradé, dépouillé de ses décorations et condamné à vingt ans de détention[2]. » Comme à Pékin, on est coupable parce qu'accusé, le Parti ne pouvant se tromper. Alors le moindre mal est de tenir le

1. Georges Boudarel, *Cent fleurs écloses dans la nuit du Vietnam : communisme et dissidence 1954-1956*, Paris, Jacques Bertoin, 1991, p. 177.
2. *Ibid.*, p. 174-175.

rôle qu'on attend de vous : « Mieux valait finalement avoir tué père et mère et l'avouer que ne rien dire sans avoir rien fait de mal[1]. »

Le déchaînement de violence est hallucinant. Le thème de la *haine* contre l'adversaire — de classe ou du dehors — est martelé : selon Lê Duc Tho, futur prix Nobel de la paix avec Henry Kissinger, « si l'on veut amener les paysans à prendre les armes, il faut d'abord allumer en eux la haine de l'ennemi[2] ». En janvier 1956, l'organe officiel du PC, *Nhan Dan*, écrit : « La classe des propriétaires fonciers ne se tiendra jamais tranquille avant d'avoir été éliminée[3]. » Comme au nord de la frontière, le mot d'ordre est : « Plutôt dix morts innocents qu'un seul ennemi survivant[4]. » La torture est couramment pratiquée, ce dont Hô s'inquiétera fin 1954 : « Certains cadres ont encore [sic] commis l'erreur d'utiliser la torture. C'est là une méthode sauvage, celle qu'emploient les impérialistes, les capitalistes et les féodaux pour mater les masses et mater la révolution [...] Au cours de cette phase [re-sic], le recours à la torture est strictement interdit[5]. »

Originalité par rapport à l'évident modèle chinois : à cette « rectification » de la société qu'est la réforme agraire est adjointe celle du Parti (plus tardive en Chine) ; le poids des membres des couches privilégiées dans celui-ci explique sans doute cette simultanéité. Là aussi, il y aurait « 5 % » d'éléments infiltrés du VNQDD, parti assimilé au Guomindang chinois ; lointain souvenir des purges du Jiangxi (voir ci-dessus), on part en chasse de fantomatiques « éléments contre-révolutionnaires AB » (anti-bolcheviks). La paranoïa brise toutes les barrières : des héros de la guerre d'Indochine sont assassinés ou mis en camp. Le traumatisme est terrible, et, dans le discours des communistes vietnamiens, « 1956 » (le *chinh huan* culmine au début de l'année) évoque encore aujourd'hui le comble de l'horreur : « Un secrétaire du Parti communiste tomba sous les balles du peloton d'exécution en criant : “Vive le parti communiste indochinois !” Dans l'incapacité de comprendre ce qui lui arrivait, il mourut persuadé d'avoir été abattu par les fascistes[6]. » Les pertes, difficiles à chiffrer, sont en tout cas catastrophiques : probablement autour de 50 000 exécutions dans les campagnes (hors de tout combat), soit quelque 0,3 % à 0,4 % de la population totale (on est très près du taux moyen de victimes retenu pour la réforme agraire chinoise[7]) ; entre 50 000 et 100 000 personnes auraient été emprisonnées ; on dénombre 86 % d'épurés dans les cellules rurales du Parti, jusqu'à 95 % d'exclusions parfois parmi les cadres de la résistance antifrançaise. Selon le responsable de la purge, qui admet en

1. *Ibid.*, p. 176.
2. *Ibid.*, p. 171.
3. *Ibid.*, p. 191.
4. *Ibid.*, p. 170.
5. *Ibid.*, p. 177-178.
6. *Ibid.*, p. 190.
7. Ngo, *op. cit.*, p. 375.

juillet 1956 des « erreurs » : « la direction (de la rectification) en vint à porter un jugement tendancieux sur l'organisation du Parti. Elle estima que les cellules rurales, en premier celles de la zone nouvellement libérée, étaient toutes sans exception prises en main par l'ennemi ou infiltrées par lui, et même que les organes de direction des districts et des provinces étaient eux aussi gravement tombés sous la coupe de la classe des propriétaires fonciers et des éléments contre-révolutionnaires[1]. » On a là une manière de préfiguration de la condamnation globale du « nouveau peuple » opérée par les Khmers rouges (voir ci-dessous).

L'armée avait été la première à organiser dans ses rangs un *chinh huan*, plus idéologique que répressif, en 1951[2]. Entre 1952 et 1956, la rectification devient quasi permanente. La tension est telle dans certains « séminaires » qu'il faut retirer rasoirs et couteaux aux hommes et laisser la lumière allumée la nuit pour tenter de prévenir les suicides[3]. C'est pourtant de l'armée que viendra la fin de la purge. Les persécutions frappent si durement ses propres cadres, qui commencent à réagir assez fréquemment par la désertion et le passage au Sud Vietnam[4], qu'elle s'effraie de son affaiblissement, alors que sa mission est de réunifier le pays. Par rapport à la Chine, le poids des nécessités militaires impose souvent un certain réalisme, et la faible étendue du pays facilite le départ de quelques mécontents : tout ceci joue dans le sens d'une certaine atténuation de la violence arbitraire. Le sort des catholiques du Nord (1,5 million de personnes, 10 % de la population totale) le prouve aussi : persécutés d'emblée, fortement organisés, ils profitèrent de l'échappatoire représentée par le départ en masse, sous la protection des dernières troupes françaises ; 600 000 au moins gagnèrent le Sud.

L'effet du XXe Congrès du PC soviétique (février) commence aussi à se faire sentir, et le Vietnam connaîtra de timides « Cent Fleurs » dès avril 1956. En septembre paraît la revue *Nhân Van* (Humanisme) qui symbolise l'aspiration des intellectuels à la liberté. Des écrivains osent se moquer de la prose du censeur officiel To Huu, auteur de ce poème :

Vive Hô Chi Minh
Le phare du prolétariat !
Vive Staline,
Le grand arbre éternel !
Abritant la paix sous son ombre !
Tuez, tuez encore, que la main ne s'arrête pas une minute ;
Pour que rizières et terres produisent du riz en abondance,
Pour que les impôts soient recouvrés rapidement.

1. Cité in Boudarel, *op. cit.*, p. 200 ; autres informations, *ibid.*, p. 199-202.
2. Georges Boudarel, « L'idéocratie importée au Vietnam avec le maoisme », in *La Bureaucratie au Vietnam — Vietnam-Asie-Débat n° 1*, Paris, L'Harmattan, 1983, p. 63.
3. *Ibid.*, p. 61.
4. Boudarel (1991), *op. cit.*, p. 183-184.

Pour que le Parti dure, ensemble marchons du même cœur.
Adorons le président Mao,
rendons un culte éternel à Staline[1]

Mal leur en prend : dès décembre 1956, les revues littéraires critiques sont interdites, et une campagne analogue à celle menée contre Hu Feng et la liberté de création, en Chine (voir ci-dessus), s'étend peu à peu avec le soutien personnel d'Hô Chi Minh[2]. Il s'agit de mettre au pas les intellectuels de Hanoi, membres ou proches du Parti, souvent anciens des maquis. Au début de 1958, 476 « saboteurs du front idéologique » sont contraints à l'autocritique, et envoyés soit en camp de travail, soit dans l'équivalent vietnamien du laojiao chinois.[3] Comme en RPC, la tentation khrouchtchévienne est donc rapidement rejetée au profit d'un ressaut totalitaire. Ce qui l'entretiendra et le limitera en même temps, par rapport aux errements du voisin du Nord, c'est la guerre au Sud, qui se rallume dès 1957 contre la féroce répression anticommuniste du régime de Ngo Dinh Diêm appuyé par les États-Unis ; le PCV décide secrètement en mai 1959 de la généraliser et de la soutenir à fond de ses envois d'armes et d'hommes, au prix d'immenses efforts de la population du Nord Vietnam. Cela n'empêche pas, en février 1959, le lancement d'une manière de « grand bond en avant » dans l'agriculture, après une série d'articles enthousiastes de Hô lui-même, en octobre 1958[4]. La conjonction des énormes chantiers d'irrigation et d'une grave sécheresse amène, comme plus au nord, la chute de la production et une sérieuse famine, au nombre de victimes jamais déterminé[5]. L'effort de guerre n'empêcha pas non plus, en 1963-1965, puis en 1967, la purge de centaines de cadres « prosoviétiques » du parti, y compris l'ancien secrétaire personnel de l'« oncle Hô », le PCV partage alors l'« antirévisionnisme » des communistes chinois. Certains purgés resteront au camp une décennie, sans jugement[6].

La « guerre américaine », qui ne s'achève que par les accords de Paris (janvier 1973) marquant le retrait des troupes des États-Unis, ou plutôt par l'écroulement du régime sud-vietnamien (30 avril 1975), ne fut pas accompagnée des « bains de sang » que beaucoup redoutaient, et qui frappèrent le Cambodge voisin. Mais les prisonniers vietnamiens des forces communistes — y compris les « traîtres » dans leurs rangs — furent affreu-

1. Cité in Ngo, *op. cit.*, p. 404.
2. Georges Boudarel, « 1954 : les dilemmes de l'indépendance », in Georges Boudarel et Nguyên Van Ky, *Hanoi 1936-1996* : *Du drapeau rouge au billet vert*, Paris, Autrement, 1997, p. 141.
3. Ngo, *op. cit.*, p. 404.
4. Boudarel (1991), *op. cit.*, p. 150.
5. Gérard Tongas, *J'ai vécu dans l'enfer communiste au Nord Vietnam*, Paris, Nouvelles Éditions Debresse, 1960, p. 231-232.
6. Daniel Hémery, entretien, Paris, octobre 1997 ; Georges Boudarel, « 1965-1975 : guerre ou paix ? », in Boudarel et Nguyên, *op. cit.*, p. 154.

sement maltraités, souvent liquidés lors des déplacements [1] ; et il est clair que ce qui fut une guerre civile au moins autant qu'une « lutte de libération » s'accompagna, des deux côtés, de quantités d'atrocités et d'exactions diverses, y compris à l'encontre des civils « récalcitrants » à soutenir l'un ou l'autre camp ; il est cependant très difficile de les dénombrer et de dire qui surpassa l'autre dans l'utilisation de méthodes terroristes. Les communistes commirent au moins un massacre de grande ampleur : pendant les quelques semaines où le « Viêt-cong [2] » contrôla l'ancienne capitale impériale de Huê, dans le cadre de l'offensive du Têt (février 1968), il massacra au moins trois mille personnes (bien plus que lors des pires exactions de l'armée américaine), y compris des prêtres vietnamiens, des religieux français, des médecins allemands, et tout ce qu'il put dénicher de fonctionnaires, grands ou petits ; certains furent enterrés vivants, d'autres convoqués en « session d'études » d'où ils ne revinrent jamais [3]. Il est difficile de comprendre ces crimes, jamais reconnus par leurs auteurs, et qui annoncent tant la politique des Khmers rouges. S'ils s'étaient emparés de Saigon dès 1968, les communistes y auraient-ils fait de même ?

Ils ne se conduisirent en tout cas pas ainsi en 1975. Pendant quelques brèves semaines, le gros million d'anciens fonctionnaires et militaires du régime de Saigon put même croire que la tant vantée « politique de clémence du président Hô » ne resterait pas un vain mot ; ils ne craignirent donc pas de s'enregister auprès des nouvelles autorités. Puis, début juin, on fut convoqué en rééducation, « pour trois jours » pour les simples soldats, « pour un mois » pour leurs officiers et les hauts fonctionnaires [4]. En fait, les trois jours devinrent trois ans, le mois sept ou huit ans ; les derniers « rééduqués » survivants ne revinrent qu'en 1986 [5]. Pham Van Dông, alors Premier ministre, reconnut en 1980 200 000 rééduqués au Sud ; les estimations sérieuses varient entre 500 000 et un million (sur une population d'environ 20 millions d'habitants), y compris un grand nombre d'étudiants, d'intellectuels, de religieux (surtout bouddhistes, parfois catholiques), de militants politiques (dont des communistes), parmi lesquels beaucoup avaient sympathisé avec le Front national de libération du Sud Vietnam ; celui-ci se révèle alors simple paravent de la mainmise des communistes venus du Nord, qui violent presque instantanément toutes leurs promesses de respecter la personnalité propre du Sud. Comme en 1954-1956, les compagnons de route et camarades d'hier sont les « rectifiés » d'aujourd'hui. Aux prisonniers enfermés dans des structures spécialisées, et pour des années, il faudrait ajouter un nombre indéterminé, mais important, de rééduqués « légers », cloîtrés pour quelques semaines

1. Doan, *op. cit.*, p. 206-207.
2. Ou « communistes vietnamiens », terme d'origine sudiste.
3. Stanley Karnow, *Vietnam : A History*, Harmondsworth, Penguin Books, 1984, p. 530-531.
4. Doan, *op. cit.*, p. 178-179.
5. Hô Chi Minh-Ville, entretien avec un ancien responsable communiste, 1996.

sur leur lieu de travail ou d'enseignement. Notons qu'aux pires moments du régime sudiste les adversaires de gauche dénonçaient l'enfermement de deux cent mille personnes [1]...

Les conditions de détention ne sont pas uniformes. De nombreux camps, proches des villes, n'ont pas de barbelés, et le régime y est plus contraignant que pénible. Pour les « cas difficiles », c'est par contre l'envoi dans la haute région du Nord, malsaine et reculée ; certains de ces camps avaient peut-être été inaugurés par des prisonniers français. L'isolement y est total, les soins médicaux minimes, et la survie dépend souvent des envois de colis de vivres par les familles, qui s'y ruinent. La sous-alimentation est aussi dramatique dans les prisons (200 grammes par jour d'un riz rougeâtre bourré de cailloux), utilisées surtout en « préventive » pour ceux faisant l'objet d'une investigation. Doan Van Toai nous a laissé une description saisissante de cet univers, qui rappelle de près nombre des caractéristiques des centres de détention chinois, plutôt en pire en ce qui concerne l'entassement, les conditions sanitaires, la violence des châtiments parfois mortels (flagellation en particulier), la lenteur de l'instruction aussi. On fourre soixante-dix ou quatre-vingts détenus dans une cellule pour vingt, et toute promenade est interdite par la construction à la hâte de nouveaux bâtiments de détention dans la cour ; les cellules datant de l'époque coloniale sont des havres de confort par rapport à ces derniers. Le climat tropical et le manque d'aération rendent la respiration difficile (on se relaie toute la journée devant l'unique et minuscule ouverture), les odeurs insupportables, les maladies de peau permanentes. L'eau elle-même est sévèrement rationnée. Mais c'est peut-être la mise au secret, parfois des années durant, sans le moindre contact avec la famille, qui est le plus dur à supporter. La torture est dissimulée, mais présente, tout comme les exécutions ; le cachot sanctionne la moindre transgression du règlement ; on y mange si peu qu'en quelques semaines c'est la mort qui est au bout [2].

À ce tableau d'une bien étrange « libération », il faudrait ajouter le calvaire des centaines de milliers de boat people, fuyant répression et misère, et périssant souvent noyés ou assassinés par les pirates. Une relative détente n'a commencé à apparaître qu'en 1986 : le nouveau secrétaire général du PC, Nguyên Van Linh, fait alors libérer la plupart des détenus politiques, fermer en 1988 les derniers camps-mouroirs de la haute région. Un premier Code pénal va être enfin promulgué. La libéralisation est cependant timide et contradictoire, et la présente décennie est marquée d'une sorte d'équilibre instable entre conservateurs et réformistes. Les prurits répressifs ont découragé bien des espérances, même si les arrestations sont désormais ciblées et relativement peu massives. De nombreux

1. *Cf.* par exemple Communauté vietnamienne, *Les Prisonniers politiques*, Paris, Sudestasie, 1974.

2. Doan, *op. cit.*

Testament des prisonniers patriotes du Vietnam (extraits)

Nous,

— Ouvriers, paysans et prolétaires,

— Religieux, artistes, écrivains et intellectuels patriotes actuellement détenus dans différentes prisons au Vietnam,

Voulons tout d'abord exprimer notre reconnaissance la plus vive à :

— tous les mouvements progressistes du monde entier,

— tous les mouvements de lutte des travailleurs et intellectuels,

— et à toutes les personnes qui, au cours de ces dix dernières années, ont soutenu les mouvements de lutte pour le respect des Droits de l'homme au Vietnam, la démocratie et la liberté des Vietnamiens opprimés et exploités. [...]

Au régime pénitentiaire de l'Ancien Régime (objet de très vives condamnations et de sévères protestations de l'opinion internationale) a été substitué un autre régime plus subtilement conçu et planifié en cruautés et atrocités. Toute relation entre le prisonnier et sa famille est absolument interdite, même par courrier. Ainsi, la famille du détenu, ignorant tout de son sort, est plongée dans une angoisse insupportable, et devant ces humiliantes mesures discriminatoires, doit garder le silence par crainte que le prisonnier, gardé ainsi en otage, puisse être à tout moment assassiné sans qu'elle le sache. [...]

Il convient d'insister sur les conditions de détention absolument inimaginables. Rien qu'à la prison Chi Hoa, la prison officielle de Saigon, près de 8 000 personnes étaient enfermées sous l'Ancien Régime et ce fait avait été sévèrement condamné. Aujourd'hui, cette même prison se trouve engorgée par près de 40 000 personnes. Souvent des prisonniers meurent de faim, du manque d'air, sous la torture ou se suicident. [...]

Il y a deux sortes de prisons au Vietnam : les prisons officielles et les camps de concentration. Ces derniers sont perdus dans la jungle, le prisonnier y est condamné à perpétuité aux travaux forcés, il n'est jamais jugé et aucun avocat ne peut prendre sa défense. [...]

S'il est vrai que l'humanité actuelle recule avec crainte devant le développement du communisme et surtout devant la prétendue « invincibilité » des communistes vietnamiens qui ont « vaincu le tout-puissant impérialisme américain », alors, nous, prisonniers du Vietnam, demandons à la Croix-Rouge internationale, aux organisations humanitaires du monde, aux hommes de bonne volonté d'envoyer d'urgence à chacun de nous un comprimé de cyanure pour que nous puissions arrêter notre souffrance et notre humiliation. Nous voulons mourir tout de suite ! Aidez-nous à réaliser cet acte : aidez-nous à mourir tout de suite. Nous vous en garderons une très vive reconnaissance.

Fait au Vietnam, du mois d'août 1975 au mois d'octobre 1977[1].

---

1. Cité in Doan, *op. cit.*, p. 331-334. Cet appel, appris par cœur, circula dans les prisons d'Hô Chi Minh-Ville, et fut « signé » oralement par quarante-huit courageux.

intellectuels et religieux ont été persécutés ou emprisonnés ; le mécontentement rural au Nord a donné lieu à des émeutes violemment réprimées. La meilleure chance d'une détente réside sans doute, à terme, dans l'irruption peu résistible de l'économie privée, qui, comme en Chine, fait échapper une partie croissante de la population au contrôle de l'État et du Parti. Mais, parallèlement, celui-ci tend à se transformer en mafia affairiste et corrompue, ce qui fait peser une nouvelle forme d'oppression, plus banale, sur une population encore plus pauvre qu'en Chine.

LAOS : POPULATIONS EN FUITE

Chacun a entendu parler du drame des boat people vietnamiens. Mais le Laos, devenu communiste dans la foulée du Sud-Vietnam, en 1975, connut des départs bien plus considérables encore, en proportion ; il est vrai qu'il suffisait de traverser le Mékong pour se retrouver en Thaïlande, et que la plupart des Laotiens vivent dans la vallée de ce fleuve, ou à proximité ; la longueur de son cours, les moyens répressifs assez limités du pouvoir rendaient le départ plutôt aisé. Il n'empêche : 300 000 personnes environ (10 % de la population totale) fuirent le pays, parmi lesquelles 30 % de l'importante minorité montagnarde des H'mong (environ 100 000 personnes), et sans doute 90 % des couches intellectuelles, techniciennes et des fonctionnaires. Cela fait beaucoup, et mérite sans doute interrogation. Seule la Corée du Nord, en Asie communiste, connut probablement, dans le contexte du conflit coréen, une proportion de départs plus considérable encore.

Depuis 1945, le sort du Laos dépendit toujours étroitement de celui du Vietnam. Les Français, puis les Américains y soutinrent, y compris militairement, un pouvoir monarchique dominé par les forces de droite. Les communistes vietnamiens y renforcèrent le petit Pathet Lao dominé par les quelques communistes locaux (personnellement liés au Vietnam dans bien des cas) ; il fut toujours totalement dépendant d'eux militairement. L'Est du pays, très faiblement peuplé, fut englobé directement dans la phase américaine du conflit vietnamien : par là passaient les vitales pistes Hô Chi Minh ; l'aviation américaine bombarda sans relâche, et la CIA parvint à susciter un puissant mouvement anticommuniste armé dans une grande partie de la population H'mong. On ne signale pas d'atrocités marquantes dans un conflit généralement peu intense et intermittent. En 1975, les communistes contrôlaient les trois quarts orientaux du pays, mais seulement le tiers de sa population ; le reste, comprenant quelque 600 000 réfugiés internes (un Laotien sur cinq), se trouvait près du Mékong, à l'ouest.

La prise du pouvoir, dans le nouveau rapport de forces indochinois, fut pacifique : une sorte de « coup de Prague » asiatique. L'ex-Premier ministre (neutraliste) Souvanna Phouma devint conseiller spécial (écouté) du nouveau régime, représenté par le prince Souphanouvong, apparenté au roi déchu. La nouvelle République démocratique populaire suivit cependant l'exemple vietnamien : la quasi-totalité des fonctionnaires d'ancien régime (30 000 environ) furent expédiés en « séminaire » — ou plus authentiquement en camp de rééducation —, souvent dans les provinces du Nord et de l'Est, reculées, malsaines et proches du Vietnam ; ils y restèrent cinq ans en moyenne. Les « criminels » les plus endurcis (officiers de l'armée et de la police), au nombre de 3 000 environ, furent internés dans les camps à régime sévère des îles Nam Ngum. L'ancienne famille royale elle-même fut arrêtée en 1977, et le dernier prince héritier mourut en détention. Tout ceci rend compte de bien des départs du pays, eux-mêmes parfois sources de drames : il arrivait qu'on tire sur les fuyards.

La principale originalité par rapport au modèle vietnamien tient cependant au maintien obstiné d'une guérilla anticommuniste de quelques milliers de combattants, H'mong pour la plupart. Ils inquiétèrent à ce point le pouvoir de Vientiane, autour de 1977, qu'il les fit bombarder par l'aviation ; on évoqua avec insistance à cette occasion des « pluies jaunes » chimiques ou bactériologiques, mais le fait n'a jamais vraiment été confirmé. Ce qui est certain, par contre, c'est que cette guérilla, faisant suite à la mobilisation H'mong pendant la guerre, fut à l'origine de départs massifs. Dès 1975, d'immenses colonnes de civils H'mong se dirigeaient vers la Thaïlande ; il y eut au moins un très grave incident à cette occasion avec l'armée communiste, et, au total, les réfugiés ont évoqué jusqu'à 45 000 victimes (tuées ou mortes d'inanition) lors de ces déplacements ; le chiffre est invérifiable. En 1991, 55 000 Laotiens, dont 45 000 montagnards (la plupart H'mong) se trouvaient encore dans des camps thaïlandais, en attente d'une destination d'accueil définitive (certains ont trouvé refuge en Guyane française...).

Plusieurs purges (non sanglantes) ont également frappé la tête de l'État et du parti, en 1979 quand se produisit la rupture avec la Chine, en 1990 quand certains furent tentés par une évolution semblable à celle de l'Europe de l'Est. Le départ des quelque 50 000 soldats vietnamiens, en 1988, puis une libéralisation économique poussée et une réouverture de la frontière thaïlandaise ont détendu l'atmosphère. Il n'y a plus guère de détenus politiques, et la propagande communiste s'est faite discrète. Mais seuls quelques milliers de réfugiés sont définitivement revenus au pays du « million d'éléphants ». Le resserrement des liens d'un pays extrêmement pauvre et arriéré avec cette diaspora compétente et parfois aisée est un enjeu essentiel pour l'avenir du pays [1].

1. Les informations qui précèdent sont pour l'essentiel tirées de Martin Stuart-Fox (éd.), *Contemporary Laos Studies in the Politics and the Society of the Lao People's Democratic Republic*, Saint Lucia, University of Queensland Press, 1982, de Martin Stuart-Fox et Mary Koogman, *Historical Dictionary of Laos*, Metuchen & Londres, Scarecrow Press, 1992, ainsi que d'un entretien avec Christian Culas, que je remercie très chaleureusement.

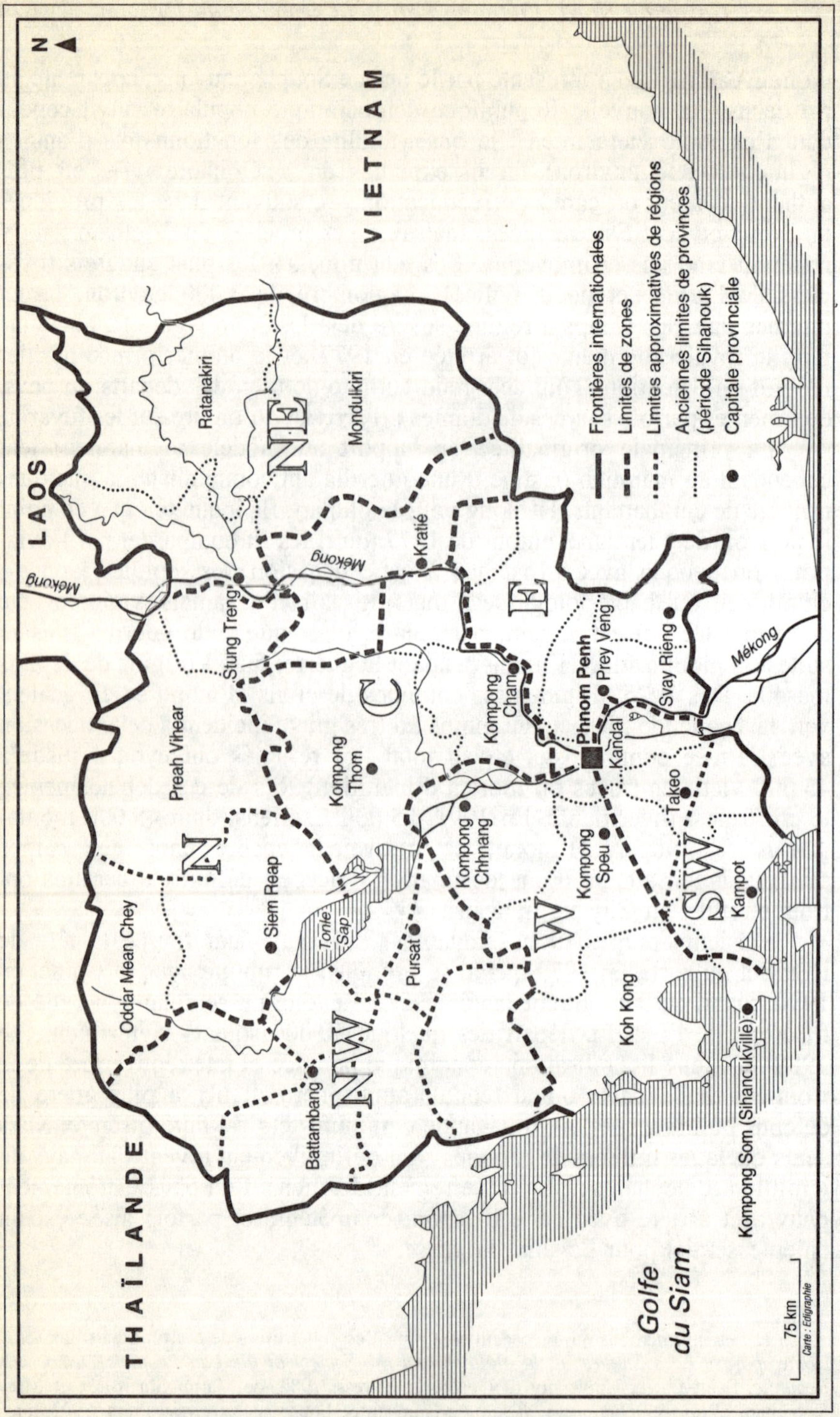

LE KAMPUCHÉA DÉMOCRATIQUE

3

Cambodge : au pays du crime déconcertant

« Nous devons donner de l'histoire du Parti
une image pure et parfaite. »

Pol Pot[1]

De Mao Zedong à Pol Pot, la filiation est évidente. Mais l'on touche là le premier de ces paradoxes qui rendent si délicate à analyser, et plus encore à comprendre, cette révolution khmer rouge en forme de tourbillon funèbre : le tyran cambodgien, dans sa peu contestable médiocrité, n'est qu'une pâle copie du fantasque et cultivé autocrate de Pékin, capable après tout de fonder dans le pays le plus peuplé de la planète, et sans aide extérieure décisive, un régime dont la viabilité ne s'est pas encore épuisée. Ce sont par contre la Révolution culturelle et le Grand Bond qui pourraient passer pour de médiocres épreuves, des préparatifs brouillons de ce qui restera peut-être la tentative de transformation sociale la plus radicale de tous les temps : appliquer le communisme intégral *tout de suite*, sans cette longue période de transition qui paraissait faire partie des fondements de l'orthodoxie marxiste-léniniste. Et la monnaie d'être abolie, la collectivisation intégrale d'être achevée en moins de deux ans, les différenciations sociales d'être supprimées par anéantissement de l'ensemble des couches possédantes, intellectuelles, commerçantes, l'antagonisme millénaire entre campagnes et villes d'être résolu par la suppression, en une semaine, de ces dernières. Il n'y avait qu'à vouloir, très fort, et le paradis descendait sur la terre : Pol Pot crut sans doute qu'il se hissait ainsi plus haut encore que les glorieux ancêtres — Marx, Lénine, Staline, Mao Zedong — et que la révolution du XXIe siècle parlerait khmer comme celle du XXe avait parlé russe, puis chinois.

1. Cité *in* Michael Vickery, *Cambodia 1975-1982*, Boston, South End, 1984, p. 148.

Mais la trace que les Khmers rouges[1] laisseront dans l'Histoire est tout entière faite de sang. Il n'est que de lire l'abondante bibliographie suscitée par cette expérience limite : que ce soient les témoignages des rescapés ou les analyses des chercheurs, il n'y est pratiquement question que de répression. La seule question valable paraît être : pourquoi, comment une semblable horreur ? En ce sens, oui, le communisme cambodgien[2] surpasse tous les autres, et en diffère. Suivant qu'on insiste sur l'un ou l'autre de ces termes, on considérera qu'il constitue un cas extrême, marginal, aberrant — et la brièveté de l'exercice du pouvoir (trois ans et huit mois) va dans ce sens —, ou alors qu'il représente la caricature, grotesque mais révélatrice, de certains traits fondamentaux du phénomène communiste. Le débat n'est pas clos, ne serait-ce que parce que les dirigeants khmers rouges, avares de mots et d'écrits, nous restent très mal connus, et que les archives de leurs mentors successifs — Vietnamiens et Chinois — demeurent inaccessibles.

Le dossier est cependant abondant : communisme tardif, le Cambodge fut aussi le premier pays à s'en dissocier (1979), du moins dans sa forme radicale. Et l'étrange « démocratie populaire » qui lui succéda, durant la décennie d'occupation militaire vietnamienne, trouva son fondement idéologique presque unique (le socialisme étant trop déconsidéré par le traumatisme précédent) dans la condamnation de « la clique génocidaire Pol Pot-Ieng Sary[3] ». Les victimes (pour une part réfugiées à l'étranger) étaient encouragées à parler (et elles le font aisément, pour peu qu'on les sollicite), et les chercheurs, dans une certaine mesure, à travailler. L'instauration d'un régime politique pluraliste[4] sous l'égide de l'ONU, à partir de 1992, suivi de l'accord de fonds de recherche importants par le Congrès des États-Unis au bénéfice du Programme du génocide cambodgien, piloté par l'université de Yale, facilite les conditions matérielles ; à l'inverse, la volonté de « réconciliation » entre Cambodgiens, allant jusqu'à réintégrer les derniers Khmers rouges dans le jeu politique, tend à susciter une inquié-

1. Le nom même qui leur reste (et qu'ils ont toujours refusé) ne leur appartient pas : c'est Sihanouk qui le forgea lors des premières guérillas, à la fin des années soixante. Nous préférons les désigner ainsi plutôt que par l'expression « polpotistes » (plus courante au Cambodge) qui personnalise trop une direction semble-t-il authentiquement collégiale ; incidemment, elle facilite aussi le « blanchiment » en cours de dirigeants comme Ieng Sary ou Khieu Samphan, dont le seul fait qu'ils aient échappé aux purges des années 1975-1979 implique qu'ils ont au minimum entériné de monstrueux crimes.

2. Nous utiliserons ici l'épithète « cambodgien » pour désigner ce qui se rapporte au Cambodge, et « khmer » pour ce qui s'applique à l'ethnie majoritaire d'un pays où les groupes minoritaires, évoqués plus loin, constituaient avant 1970 15 % au moins de la population. Néanmoins, par nationalisme ethnique, les pouvoirs qui se sont succédé à Phnom Penh ont tendu à substituer « khmer » à « cambodgien ». Quant à « Kampuchéa », nom officiel du pays de 1975 à 1991, il s'agit simplement de la prononciation khmère du francisé « Cambodge » ; le terme vient du sanscrit.

3. Curieusement, ce furent donc des communistes qui, avant la plupart des commentateurs occidentaux, osèrent appliquer le terme de *génocide* à un régime communiste.

4. Sur lequel le coup d'État de juillet 1997 du second Premier ministre Hun Sen contre le prince Ranariddh, vainqueur des élections de 1993, laisse planer les plus lourdes incertitudes.

tante amnésie dans l'élite du pays, où l'on a évoqué avec insistance la fermeture du musée du Génocide (ex-prison centrale) et l'enfouissement des charniers exhumés.

On sait donc à peu près ce que vécurent les Cambodgiens entre 1975 et 1979, même si beaucoup reste à faire au niveau de la quantification, des variations locales, de la chronologie fine et des modalités de prise de décision au sein du Parti communiste du Kampuchéa (PCK). On en sait assez, en tout cas, pour justifier pleinement les précoces cris d'alarme d'un François Ponchaud[1], qui, comme ceux de Simon Leys avant lui, dérangèrent si fort le conformisme intellectuel de gauche qu'on refusa un temps de les entendre[2]. Peu à peu reconnus véridiques, en partie grâce aux communistes vietnamiens, les « récits d'amertume » de la terreur khmer rouge jouèrent un rôle non négligeable dans la crise du communisme et du marxisme occidentaux. Comme pour ces Juifs qui mobilisèrent leurs ultimes forces pour que le monde sache ce qu'avait été la Shoah, témoigner constitua le but suprême et le ressort des quelques Cambodgiens qui, bravant tout, s'enfuirent : leur ténacité avait porté ses fruits. C'est l'humanité entière qui doit aujourd'hui reprendre leur flambeau, celui par exemple d'un Pin Yathay errant un mois dans la jungle, seul, affamé, « pour témoigner du génocide cambodgien, pour décrire ce que nous avions subi, pour raconter comment l'on avait froidement programmé la mort de plusieurs millions d'hommes, de vieillards, de femmes et d'enfants... Comment le pays avait été rasé, replongé dans l'ère préhistorique, et ses habitants torturés... Je voulais vivre pour supplier le monde d'aider les survivants à échapper à l'extermination totale[3] ».

La spirale de l'horreur

Malgré leur nationalisme ombrageux, les Cambodgiens lucides reconnaissent que leur pays fut fondamentalement victime de lui-même : de ce petit groupe d'idéalistes qui tournèrent si mal, et d'une élite traditionnelle tragiquement incapable. Mais pareil cocktail n'est pas si exceptionnel, en Asie ou ailleurs, et ne conduit que rarement à des révolutions. C'est là où la rencontre d'une situation géographique (la longue frontière avec le Vietnam et le Laos) et d'une conjoncture historique (la guerre du Vietnam, en pleine escalade à partir de 1964) exerce son poids sans doute décisif.

1. *Cambodge, année zéro*, Paris, Julliard, 1977.

2. Et il y eut des contre-témoignages, lénifiants et mensongers : voir par exemple Jérôme & Jocelyne Steinbach, *Cambodge, l'autre sourire*, Paris, Éditions sociales, 1976.

3. Pin Yathay, *L'Utopie meurtrière : un rescapé du génocide cambodgien témoigne*, Bruxelles, Complexe, 1989, p. 381.

Une guerre civile (1970-1975)[1]

Le royaume khmer, protectorat français depuis 1863, avait à peu près réussi à échapper à la guerre d'Indochine (1946-1954). Au moment où les maquis liés au Viêt-minh commençaient à se développer, en 1953, le roi Sihanouk sut se lancer dans une pacifique « croisade pour l'indépendance » — facilitée par ses bonnes relations avec Paris — qui, couronnée de succès, coupait l'herbe sous le pied de ses adversaires de gauche. Mais, face à l'affrontement entre communistes vietnamiens et États-Unis, le trop subtil jeu de bascule qu'il tenta afin de préserver la neutralité cambodgienne lui valut peu à peu la méfiance de tous à l'extérieur, et une incompréhension croissante à l'intérieur.

En mars 1970, le renversement du prince par son propre gouvernement et par l'Assemblée, béni par la CIA (mais, semble-t-il, pas organisé par elle), n'allait précipiter le pays entier dans la guerre que dans la mesure où il s'accompagnait de terribles pogroms contre la minorité vietnamienne (quelque 450 000 personnes, dont les deux tiers durent regagner le Sud-Vietnam), de l'incendie des ambassades communistes vietnamiennes et, enfin, de l'ultimatum (bien vain) ordonnant aux « troupes étrangères » de quitter le pays. Hanoi, qui soudain n'avait plus d'autre carte au Cambodge que celle des Khmers rouges, choisit de les soutenir à fond (armes, conseillers, formation militaire au Vietnam), et en attendant d'occuper la plus grande partie du pays en leur nom, ou plutôt en celui de Sihanouk, furieux de l'humiliation subie au point de s'associer à ses pires ennemis de la veille — les communistes locaux — qui s'empressèrent de lui dérouler le tapis rouge, sur les conseils de Pékin et de Hanoi, tout en ne lui concédant pas la plus petite once de contrôle réel sur la résistance intérieure. Des communistes formellement « royalistes » se battirent donc contre l'assez formelle République khmère[2]. Celle-ci, en position d'infériorité militaire face aux Nord-Vietnamiens, et incapable de capitaliser à son profit la grande impopularité de Sihanouk dans les couches urbaines, moyennes et intellectuelles, dut vite faire appel à l'aide américaine (bombardements, armement, conseillers) et accepter une vaine intervention des fantassins sud-vietnamiens.

Après la catastrophe de l'opération Chenla-II qui, début 1972, vit les meilleures troupes républicaines décimées, la guerre ne fut en fait qu'une longue agonie, l'étau se resserrant sans cesse autour des principales zones urbaines, ravitaillées et reliées aux autres de plus en plus exclusivement par voie aérienne. Mais ce combat d'arrière-garde fut néanmoins destructeur,

---

1. Dirigée par le général (et bientôt maréchal) Lon Nol.

2. Sur les prodromes du Kampuchéa démocratique (nom officiel de l'État khmer rouge), les meilleurs exposés récents sont ceux de David P. Chandler, *The Tragedy of Cambodian History : Politics, War and Revolution since 1945,* New Haven, Yale University Press, 1991 ; et de Marie-Alexandrine Martin, *Le Mal cambodgien : histoire d'une société traditionnelle face à ses leaders politiques, 1946-1987,* Paris, Hachette, 1989.

meurtrier et surtout déstabilisateur pour une population qui, à la différence de la vietnamienne, n'avait jamais rien connu de comparable. Les bombardiers américains, en particulier, firent pleuvoir 540 000 tonnes d'explosifs sur les zones de combat, dont la moitié au cours des six mois précédant leur interdiction par le Congrès (août 1973). Ils ralentirent la progression des Khmers rouges, mais leur assurèrent de nombreuses recrues rurales saisies de haine pour les États-Unis, déstabilisèrent un peu plus la république par l'afflux des réfugiés vers les villes (sans doute le tiers des huit millions de Cambodgiens[1]), facilitèrent ensuite leur évacuation lors de la victoire des Khmers rouges et, enfin, leur permirent ce gros mensonge, argument récurrent de leur propagande : « Nous avons vaincu la première puissance du monde, donc nous triompherons de toute résistance, de la nature, des Vietnamiens, etc.[2]. »

La conquête de Phnom Penh le 17 avril 1975, et des dernières cités républicaines, était donc à ce point attendue qu'elle fut accueillie chez les vaincus eux-mêmes avec un soulagement quasi général : rien, pensait-on, ne pouvait être pire que cette guerre cruelle et inutile. Et pourtant... Les Khmers rouges n'avaient pas attendu leur victoire pour montrer leur aptitude déconcertante à la violence et aux mesures les plus extrêmes. Au fur et à mesure de sa « libération », le pays se couvrit de « Centres de rééducation », de moins en moins discernables des « Centres de détention », réservés en principe aux « criminels » les plus endurcis. Ils furent sans doute au départ constitués sur le modèle des camps de prisonniers du Viêt-minh des années cinquante, et comme eux réservés pour l'essentiel aux prisonniers de l'armée Lon Nol. Il n'était pas question d'y appliquer les Conventions de Genève, les républicains étant des « traîtres » avant d'être des combattants. Néanmoins, au Vietnam, il n'y eut pas de massacre délibéré des détenus, ni français ni même indigènes. Au Cambodge, au contraire, le régime le plus sévère tendit à se généraliser, et on paraît avoir décidé dès l'origine que le sort le plus normal pour tout détenu était la mort. Ainsi un grand camp, renfermant plus de mille détenus, a été étudié par Henri Locard[3] ; fondé en 1971 ou 1972, on y jeta les soldats ennemis, mais aussi leurs familles (réelles ou supposées), enfants inclus, et encore des moines bouddhistes, des voyageurs « suspects », etc. Mauvais traitements, régime de famine et maladies vinrent rapidement à bout de la majorité des détenus et de la *totalité* des enfants. Les exécutions étaient également nombreuses : jusqu'à trente par soirée[4].

1. *Cf.* David P. Chandler, *Pol Pot : frère numéro un*, Paris, Plon, 1993 (éd. originale en anglais 1992), p. 142, 162-163 et 166-167 ; et Ben Kiernan, *The Pol Pot Regime : Race, Power, and Genocide in Cambodia under the Khmer rouge, 1975-1979*, New Haven, Yale University Press, 1996, p. 20-25.

2. *Cf.* par exemple Haing Ngor, *Une odyssée cambodgienne* (écrit avec Roger Warner), Paris, Fixot-Filipacchi, 1988 (éd. originale en anglais, 1987), p. 105-106.

3. Henri Locard, « Tramkâk District in the Grip of the Khmer rouge », communication au colloque *Cambodia : Power, Myth and Memory*, Université Monash, décembre 1996, p. 26-33.

4. Les Khmers rouges exécutent toujours le soir, ce qui correspond à leur constante obsession pour le secret.

D'autres sources nous font entrevoir le massacre d'une dizaine de milliers de personnes lors de la prise de l'ancienne capitale royale, Oudong, en 1974[1]. Et les déportations massives de civils débutèrent dès 1973 : une quarantaine de milliers furent transférés de la province de Takêo vers les zones frontalières du Vietnam — beaucoup s'enfuirent vers Phnom Penh ; lors de la tentative avortée de prise de la ville de Kompong Cham, des milliers de citadins furent contraints de suivre les Khmers rouges dans leur retraite[2] ; Kratié, première cité de quelque importance conquise, fut entièrement vidée de sa population. 1973 marqua aussi un moment décisif dans l'émancipation par rapport au Nord-Vietnam : offusqué du refus du PCK de se joindre au processus de départ négocié des Américains (accords de Paris, janvier 1973), il diminua beaucoup son aide. Ses moyens de pression se réduisirent d'autant, et l'équipe Pol Pot[3] en profita pour commencer à faire éliminer physiquement les survivants revenus au Cambodge des « Khmers Viêt-minh », anciens résistants antifrançais (un millier environ) partis à Hanoi après les accords de Genève (1954)[4]. Par leur expérience, par leurs liens avec le PC vietnamien, ils représentaient une alternative aux dirigeants en place, venus au communisme pour l'essentiel *après* la guerre d'Indochine et/ou en France, alors qu'ils y étudiaient ; ces dernières amorcèrent souvent leur vie militante au Parti communiste français[5]. Dès ce moment, réécrivant l'histoire, ils imposent le dogme d'un PCK fondé en 1960, et non comme ce fut le cas en 1951, à partir du Parti communiste indochinois (PCI), initié par Hô Chi Minh et centré sur le Vietnam. C'était ôter toute légitimité historique aux « 51 », désormais pourchassés, et créer artificiellement une solution de continuité avec le Parti communiste vietnamien (PCV). Pour faire bonne mesure, les quelques sihanoukistes égarés dans le maquis furent eux aussi liquidés. Les premiers accrochages sérieux entre troupes vietnamiennes et Khmers rouges semblent aussi dater de 1973[6].

---

1. Chandler (1993), *op. cit.*, note 28, p. 308 ; Kiernan, *op. cit.*, p. 108.
2. *Ibid.*, p. 167.
3. On reviendra sur le « frère numéro un » ; les autres dirigeants de premier plan sont alors Hou Youn, Hu Nim, Khieu Samphan (vitrine « légale » du PC à Phnom Penh jusqu'en 1967, tous anciens ministres) et, dans le maquis parfois depuis 1963, Nuon Chea, Sao Phim, Son Sen, Vorn Vet, Ieng Sary, ainsi que les épouses de ce dernier et de Saloth Sar (alias Pol Pot), Ieng Thirith et Khieu Ponnary, elles-mêmes sœurs. À quelques années près, tous appartiennent à la même génération, née à la fin des années vingt.
4. Kiernan, *op. cit.*, p. 108.
5. Chandler (1993), *op. cit.*, p. 63-64.
6. Serge Thion, « Chronology of Khmer Communism, 1940-1982 », *in* David P. Chandler & Ben Kiernan, *Revolution and its Aftermath in Kampuchea : Eight Essays*, New Haven, Yale University Southeast Asia Studies, 1983, p. 301-302.

Déportations et segmentation de la population (1975-1979)

Le vidage intégral de Phnom Penh [1], juste après la victoire, fut pourtant un choc aussi inattendu pour ses habitants que pour l'opinion mondiale, qui perçut pour la première fois que des événements exceptionnels se déroulaient au Cambodge, même si les Phnompenhois étaient encore tentés d'ajouter foi aux prétextes avancés par les nouveaux maîtres : protéger la population d'éventuels bombardements américains, assurer son approvisionnement. L'évacuation des villes, qui restera peut-être la « signature » du régime dans l'histoire, fut spectaculaire, mais semble-t-il pas excessivement coûteuse en vies : il s'agissait à ce moment de populations plutôt bien portantes et bien nourries, qui purent emporter quelques réserves (et des moyens d'échange, à commencer par l'or, les bijoux... et les dollars [2]). Elles ne subirent pas alors de brutalités systématiques, quoique les récalcitrants tués « pour l'exemple » ou, déjà, les soldats vaincus exécutés n'aient pas manqué. Les déportés ne sont généralement pas dépouillés de leurs biens, et même pas fouillés. Les victimes directes ou indirectes de l'évacuation — blessés ou opérés chassés des hôpitaux, vieillards ou malades isolés ; également de nombreux suicidés, parfois par famille entière... — furent peut-être une dizaine de milliers [3], sur deux à trois millions d'habitants de la capitale, et quelques centaines de milliers pour les autres villes (46 % à 54 % de la population totale auraient été jetés sur les routes [4] !). C'est le traumatisme qui reste, indélébile, dans les mémoires des survivants. Ils eurent à quitter domicile et biens en moins de vingt-quatre heures, encore un peu rassurés par le pieux mensonge [5] que « c'est pour trois jours seulement », mais affolés par un maelström humain où il était aisé de perdre, parfois définitivement, ses proches. D'inflexibles soldats *(yothea)* qui ne souriaient jamais les entraînaient : en fait la région de destination dépendait du quartier de départ — malheur aux familles divisées à ce moment. Ils furent accablés de scènes de mort et de désespoir, et ne reçurent généralement pas la moindre aide (nourriture, soins...) des Khmers rouges pendant un lent exode qui pour certains dura des semaines.

Cette première déportation correspondit aussi au premier tri des ex-urbains, à des carrefours routiers. Il était rudimentaire, et généralement

1. La mesure fut apparemment décidée en janvier 1975, en même temps que la renonciation à la monnaie, alors que des billets venaient d'être imprimés. Le seul dirigeant à s'y opposer, le prestigieux Hou Youn, ancien ministre de Sihanouk et membre fondateur du PCK, « disparut » dans les mois qui suivirent — première purge à ce niveau, mais qui en annonçait bien d'autres.

2. Les Khmers rouges abolirent immédiatement la monnaie khmère. Une conséquence involontaire fut le monopole désormais reconnu au dollar par la population pour le peu d'échanges monétaires, illégaux, subsistant.

3. Kiernan, *op. cit.*, p. 48.

4. Marek Sliwinski, *Le Génocide khmer rouge : une analyse démographique*, Paris, L'Harmattan, p. 30.

5. Qui explique aussi que certains soient partis sans grand-chose, et en particulier sans produits échangeables au marché noir, lui-même condition presque absolue de la survie dans les mois et années qui suivirent.

déclaratif : assez inexplicablement, du moins dans une perspective de contrôle policier[1], les Khmers rouges avaient ordonné la destruction de tous les papiers d'identité ; cela permit à d'innombrables anciens fonctionnaires ou militaires de se forger une personnalité nouvelle et, avec un peu de chance, de survivre[2]. Il s'agissait, sous le prétexte de pouvoir servir le nouveau régime dans la capitale, ou d'aller accueillir dignement Sihanouk, chef d'État nominal jusqu'en 1976, de sélectionner le maximum de fonctionnaires de grade moyen ou élevé, et en premier lieu d'officiers de l'armée. La plupart furent immédiatement massacrés, ou périrent peu après en prison.

Gérer entièrement les énormes flux de citadins était encore hors de portée du faible appareil khmer rouge, généralement évalué en 1975 autour de 120 000 militants et sympathisants (pour la plupart très récents), dont une moitié de combattants. On laissa donc souvent s'installer où ils le voulaient (ou le pouvaient) les évacués, à condition qu'ils obtinssent l'assentiment du chef du village. Le Cambodge n'est ni très grand ni très densément peuplé, et presque tous les urbains avaient de la famille proche à la campagne : bon nombre purent la rejoindre, ce qui améliora leurs chances de survie, du moins tant qu'ils ne furent pas déportés à nouveau (voir ci-dessous). Globalement, les choses ne furent pas trop difficiles : il arriva que les villageois tuassent une vache en l'honneur des évacués[3], et ils les aidèrent souvent à s'installer. Plus généralement, jusqu'à la chute du régime, les témoignages manifestent au moins aussi souvent des relations d'entraide, ou d'échange, que d'hostilité — surtout au début ; peu de brimades physiques, et apparemment pas d'assassinats spontanés[4]. Les rapports semblent avoir été particulièrement amicaux avec les *Khmers Loeu* (minorité ethnique des régions reculées[5]). Que ces derniers, chez lesquels les Khmers rouges eurent leurs premières bases, aient été particulièrement favorisés par le régime, au moins jusqu'en 1977, permet de conclure que les tensions souvent croissantes ailleurs entre nouveaux venus et paysans provinrent de l'extrême pénurie générale, où une bouchée de plus pour l'un pouvait signifier une faim tenaillante pour l'autre : ce genre de situation n'a jamais contribué à l'altruisme[6]...

L'afflux des citadins bouleversait la vie rurale et l'équilibre ressources-consommation : dans les fertiles plaines rizicoles de la région 5 (Nord-Ouest), aux 170 000 habitants d'origine s'ajoutaient 210 000 nou-

1. Il faut croire que l'hostilité dogmatique à tout écrit non révolutionnaire (les livres étaient détruits, laissés à l'abandon, comme à la Bibliothèque nationale, ou transformés en papier à cigarettes) l'emporta alors sur toute autre considération.

2. *Cf.* Pin Yathay, *op. cit.*, p. 60-64 ; Haing Ngor, *op. cit.*, p. 102-103.

3. Témoignage de Channo, *Phnom Penh Post* (ci-après *PPP*), 7 avril 1995, p. 5.

4. *Cf.* par exemple Pin Yathay, *op. cit.*, p. 57, 94 et 209-211.

5. Usha Welaratna, *Beyond the Killing Fields : Voices of Nine Cambodian Survivors in America*, Stanford, Stanford University Press, 1993, p. 78.

6. Discussion générale des rapports Anciens/Nouveaux *in* Kiernan, *op. cit.*, p. 210-215.

veaux venus[1] ! De plus, le PCK fit tout pour creuser le fossé entre *Pracheachon Chah* — ancien peuple, ou peuple de base, parfois nommé « 70 », car généralement sous le contrôle des Khmers rouges depuis le début de la guerre — et *Pracheachon Thmei* — nouveau peuple, ou « 75 », ou encore « 17 avril ». Il stimula la « haine de classe » des « prolétaires-patriotes » à l'encontre des « capitalistes-valets des impérialistes ». Il établit un droit différencié ; ou, plus exactement, seuls les Anciens, une petite majorité de la population, avaient quelques droits, en particulier, au début, celui de cultiver un lopin privé, ensuite celui de manger à la cantine obligatoire avant les autres, et un peu mieux ; incidemment, parfois, celui de participer aux « élections » à candidat unique. L'*apartheid* était complet — en principe pas le droit de se parler, et en tout cas pas celui de se marier —, même dans l'habitat : chaque groupe était consigné dans un quartier du village[2].

Les clivages se multipliaient donc à l'intérieur de chacun des deux grands groupes de population. Chez les Anciens, on fit tout pour opposer les « paysans pauvres » aux « propriétaires terriens », aux « paysans riches » et aux ex-commerçants (la collectivisation fut vite totale). Chez les Nouveaux, les non-fonctionnaires, les non-scolarisés furent séparés au maximum des anciens serviteurs de l'État et des intellectuels. Le sort de ces deux dernières catégories fut généralement funeste : peu à peu, et en descendant chaque fois plus bas dans la hiérarchie, elles furent « purgées », souvent jusqu'à disparition complète, et à partir de 1978 on y inclut assez souvent femmes et enfants.

Avoir ruralisé la quasi-totalité de la population cambodgienne ne suffisait cependant pas aux dirigeants du PCK : à peine installés depuis quelques mois, une très grande part des Nouveaux dut se diriger vers de nouveaux lieux de déportation, cette fois sans avoir la moindre voix au chapitre : ainsi, au cours du seul mois de septembre 1975, plusieurs centaines de milliers de personnes quittèrent les zones Est et Sud-Ouest pour le Nord-Ouest[3]. Les cas ne sont pas rares de trois ou quatre déportations successives, sans compter les « brigades de travail » qui entraînaient, parfois pour plusieurs mois d'affilée, jeunes et adultes sans enfants en bas âge loin de leur village d'affectation. L'intention du régime était quadruple : empêcher tout lien durable, politiquement menaçant, entre Nouveaux et Anciens, et même entre Nouveaux[4] ; « prolétariser » toujours plus ces derniers, en les empêchant d'emporter tous leurs maigres biens[5]

1. Kiernan, *op. cit.*, p. 219.
2. Pin Yathay, *op. cit.*, p. 92.
3. Kiernan, *op. cit.*, p. 97.
4. Pin Yathay cite ainsi des projets de fuite ou de révolte anéantis par de soudains mouvements de population.
5. On finissait parfois par ne plus autoriser qu'un bol et une cuiller comme possessions personnelles ; *cf.* Charles H. Twining, « The Economy », *in* Karl D. Jackson (éd.), *Cambodia 1975-1978 : Rendezvous with Death*, Princeton, Princeton University Press, 1989, p. 121.

et d'avoir le temps de récolter ce qu'ils avaient semé ; établir un contrôle complet sur les flux de population, permettant le lancement de grands travaux et la mise en valeur agricole des montagnes et jungles sous-peuplées de la périphérie du pays ; enfin, sans doute, faire disparaître un maximum de « bouches inutiles », tant les nouvelles évacuations (parfois à pied, au mieux en charrette ou dans des trains bondés et lents, qu'on peut attendre une semaine) furent éprouvantes pour des individus désormais sérieusement malnutris, et dont les réserves de médicaments s'épuisaient.

Les transferts « volontaires » étaient un cas un peu particulier. Les Nouveaux se sont souvent vus proposer de « retourner vers leur village natal », ou d'aller travailler dans une coopérative moins dure, moins malsaine, mieux alimentée. Invariablement les volontaires (souvent nombreux) se voyaient trompés et précipités dans un environnement encore plus sinistre, plus meurtrier. Pin Yathay, lui-même victime, a su décrypter le pot aux roses : « C'était, en vérité, un sondage pour détecter les penchants individualistes. [...] le citadin prouvait qu'il n'était pas débarrassé de ses fâcheux penchants. Il démontrait ainsi qu'il devait subir un traitement idéologique plus sévère dans un village où les conditions de vie étaient difficiles et rudes. En nous portant volontaires, nous nous dénoncions nous-mêmes. Par ce moyen infaillible, les Khmers rouges dépistaient les déportés les plus instables, les moins satisfaits de leur sort[1]. »

Le temps des purges et des grands massacres (1976-1979)

Tout se passe comme si la folie classificatoire et éliminatrice imposée à la société gagnait peu à peu jusqu'au sommet du pouvoir. On a vu que les « pro-vietnamiens » authentiques et Hou Youn avaient été éliminés précocement ; les diplomates du « gouvernement royal », qui n'étaient pas tous communistes, furent rappelés en décembre 1975, et tous sauf deux torturés puis exécutés[2]. Mais, dans un PCK qui semble n'avoir jamais connu un fonctionnement régulier, les suspicions de trahison étaient alimentées par l'assez large autonomie de départ des différentes zones (ainsi l'armée ne fut unifiée qu'*après* le 17 avril), puis par les échecs manifestes de l'économie, enfin, à partir de 1978, par les faciles contre-offensives vietnamiennes à la frontière.

Dès l'arrestation en septembre 1976 de Keo Meas, qui fut « N° 6 » dans la hiérarchie du PCK, celle-ci se trouva comme dévorée de l'intérieur à un rythme toujours accéléré. Il n'y eut jamais de procès, ou même d'accusations claires, et tous les emprisonnés furent assassinés, au terme d'effroyables tortures ; seules leurs « confessions » nous font entrevoir ce dont on pouvait les accuser, mais les divergences avec la ligne Pol Pot ne sont jamais claires ; il s'agissait sans doute d'« écraser » tous ceux dont la

1. Pin Yathay, *op. cit.*, p. 120.
2. Selon Julio Jeldres, conseiller de Sihanouk, in *PPP*, 20 septembre 1996.

brillance personnelle, la moindre marque d'indépendance d'esprit ou une association passée avec le PCV (voire avec la « bande des Quatre » chinoise, comme pour Hu Nim), pouvait un jour menacer la prééminence de Pol Pot[1]. La paranoïa paraît caricaturer les pires excès staliniens. Ainsi, lors de la session d'études des cadres du PC, juste après le début de la purge, le « Centre » évoque, en conclusion, « un combat féroce et sans merci, à mort, contre l'ennemi de classe [...], en particulier dans nos rangs[2] » ; le mensuel du Parti, *Tung Padevat (Drapeaux révolutionnaires)*, écrit, en juillet 1978 : « Il y a des ennemis partout dans nos rangs, au centre, à l'état-major, dans les zones, les villages de base[3]. » Et pourtant, à cette date, cinq des treize plus hauts responsables d'octobre 1975 avaient été exécutés, ainsi que la majorité des secrétaires de régions[4]. Deux des sept membres de la nouvelle direction de 1978 sont encore liquidés avant janvier 1979, dont le vice-Premier ministre Vorn Vet, que Pol Pot aurait tabassé en personne, au point de lui briser une jambe[5]. La purge s'autoentretient : il suffit de trois dénonciations comme « agent de la CIA » pour être arrêté — d'où l'acharnement des interrogateurs à faire rédiger confession sur confession à leurs « gros poissons » (sept successives pour Hu Nim), quel que soit le moyen utilisé[6]... Les complots imaginaires s'étendent sans cesse, les « réseaux » se recoupent. La haine furieuse contre le Vietnam fait perdre tout sens des réalités : un médecin s'accuse d'avoir été membre de la « CIA vietnamienne » ; il aurait été recruté à Hanoi en 1956 par un agent américain déguisé en touriste[7]. Les liquidations descendent jusqu'au niveau des coopératives : n'estime-t-on pas dès lors que, dans un seul district, 40 000 des 70 000 habitants seraient des « traîtres collaborant avec la CIA[8] » ?

C'est cependant dans la seule zone Est que la reprise en main prit une allure proprement génocidaire. Le Vietnam hostile était proche, et le chef militaire et politique, Sao Phim, s'était bâti une solide base locale de pouvoir ; phénomène unique, une rébellion des cadres locaux contre le Centre dégénérera en une courte guerre civile, en mai-juin 1978. Dès avril, 409 cadres de l'Est avaient été enfermés à Tuol Sleng ; en juin, se voyant perdu, Sao Phim se suicida ; sa femme et ses enfants furent massacrés alors qu'ils accomplissaient les rites funéraires ; quelques débris des forces armées de la zone tentèrent de s'insurger, puis passèrent au Vietnam où ils constituèrent l'embryon du Front uni de Salut national qui accompa-

1. Chandler (1993), *op. cit.*, p. 205-209.
2. Kiernan, *op. cit.*, p. 333.
3. Chandler (1991), *op. cit.*, p. 298.
4. On peut les assimiler à nos départements ; chaque zone en compte plusieurs.
5. Y Phandara, *Retour à Phnom Penh : le Cambodge du génocide à la colonisation*, Paris, A. M. Métailié, 1982, p. 208.
6. Chandler (1993), *op. cit.*, p. 207.
7. *Ibid.*, p. 209 ; Chandler (1991), *op. cit.*, p. 295.
8. Kiernan, *op. cit.*, p. 418.

gnera l'armée de Hanoi à Phnom Penh. Alors même que le Centre triomphait, il condamna néanmoins à mort ces « Vietnamiens dans des corps khmers » que seraient les habitants de l'Est. De mai à décembre 1978, entre 100 000 et 250 000 personnes (sur 1,7 million d'habitants) furent massacrées — en commençant par les jeunes et les militants —, dont par exemple la totalité des 120 familles (700 personnes) du village de Sao Phim ; dans un autre village, on compta sept rescapés pour quinze familles, dont douze avaient totalement disparu [1]. À partir de juillet, les survivants furent déportés en camion, en train, en bateau vers d'autres zones, où ils étaient destinés à être progressivement exterminés (des milliers furent déjà assassinés au cours du transport) : ainsi on les affubla de vêtements *bleus* (commandés en Chine, par cargos spéciaux), alors que l'« uniforme » sous Pol Pot devait être noir. Et progressivement, sans faire trop de bruit, généralement hors de la vue des autres villageois, les « bleus » disparurent ; dans une coopérative du Nord-Ouest, seuls une centaine, sur trois mille, étaient encore vivants lors de l'arrivée de l'armée vietnamienne [2]. Ces atrocités marquent un triple tournant, à la veille de l'effondrement du régime : les femmes, enfants, vieillards sont massacrés tout autant que les hommes adultes ; les Anciens sont tués comme les Nouveaux ; enfin, débordés par leur tâche, les Khmers rouges imposent parfois à la population, y compris des « 75 », de les aider. La « révolution » devenait vraiment folle, et menaçait maintenant d'engloutir jusqu'au dernier Cambodgien.

Que le pouvoir khmer rouge ait conduit une grande partie des Cambodgiens au désespoir, l'importance des fuites vers l'étranger le prouve : sans compter les arrivées (peu nombreuses) d'avril 1975, on comptait en Thaïlande 23 000 réfugiés dès novembre 1976 [3]. En octobre 1977, quelque 60 000 Cambodgiens se trouvent au Vietnam [4]. Et pourtant l'extrême dangerosité de la fuite, toujours punie de mort en cas de capture, et seulement envisageable au prix de journées, voire de semaines d'errance à travers une jungle hostile [5] — alors même que l'épuisement était général —, fit reculer la plupart de ceux qui l'envisageaient. De ceux qui partirent, seule une faible fraction (quatre sur douze dans le groupe de Pin Yathay, qui s'était pourtant minutieusement préparé) parvint à bon port.

Après vingt mois de conflit frontalier sporadique, d'abord secret, puis ouvert dès janvier 1978, l'arrivée des Vietnamiens, en janvier 1979, fut

1. Kiernan, « Wild Chickens, Farm Chickens and Cormorants : Kampuchea's Eastern Zone under Pol Pot », *in* Chandler et Kiernan, *op. cit.*, p. 191-197.

2. Chandler (1991), p. 296-297 ; Kiernan, *op. cit.*, p. 392-411.

3. Kiernan, *op. cit.*, p. 144.

4. Suivant plusieurs témoignages (en particulier Chandler, 1991, *op. cit.*, p. 276), certains furent renvoyés au Cambodge — parfois échangés contre du bétail... —, et vraisemblablement à la mort, *même après le début des combats.*

5. *Cf.* par exemple Pin Yathay, *op. cit.*, p. 347-402.

ressentie par la grande majorité des Cambodgiens comme une « libération » (son appellation officielle, jusqu'à aujourd'hui) ; il est emblématique que les villageois de Samlaut (« héros » de la révolte de 1967) aient, comme de nombreux autres, massacré leurs cadres khmers rouges qui ne s'étaient pas enfuis à temps[1]. Ces derniers avaient pris le temps d'ultimes atrocités : dans de nombreuses prisons[2], dont Tuol Sleng, il n'y eut pratiquement personne à libérer. Que beaucoup aient par la suite déchanté, que les intentions de Hanoi n'aient pas été d'abord humanitaires, n'enlève rien à ce fait qui fut à l'époque contesté : vu la tournure prise par le régime khmer rouge, particulièrement en 1978, un nombre incalculable d'individus a été sauvé de la mort par les divisions blindées vietnamiennes. Le pays a pu, tout doucement, revivre, ses habitants récupérer progressivement les libertés de se déplacer, de cultiver leur champ, de croire, d'apprendre, d'aimer...

Variations autour d'un martyrologe

L'horreur n'a pas besoin d'être chiffrée pour être établie. Ce que nous avons déjà dit, ce que nous allons encore être contraint de dire suffit sans doute à qualifier le régime du PCK. Il reste que quantifier, c'est comprendre : même si *aucune* catégorie de la population ne fut épargnée qui était le plus visé ? Où et quand cela se passa-t-il ? Comment situer la tragédie du Cambodge parmi toutes celles de ce siècle, et au sein de sa propre histoire ? Le croisement de différentes méthodes (démographie, micro-études quantitatives, récits, évaluations venant des acteurs), dont aucune n'est satisfaisante à elle seule, permet d'avancer vers la vérité.

Deux millions de morts ?

Pour commencer par l'inévitable besoin d'évaluation globale, on doit convenir que la « fourchette » est large, beaucoup trop large — ce qui peut déjà être considéré comme significatif de l'ampleur de l'événement : plus un massacre est considérable et difficile à comprendre, plus son décompte est délicat. Par ailleurs trop de gens ont eu intérêt à brouiller les pistes dans des directions opposées, les Khmers rouges pour nier leurs responsabilités, les Vietnamiens et leurs alliés cambodgiens pour se justifier. Pol Pot, lors de son dernier entretien journalistique de décembre 1979, assura que « seuls quelques milliers de Cambodgiens ont pu mourir suite à des erreurs dans l'application de notre politique consistant à donner l'abondance au peuple[3] ». Khieu Samphan, dans une brochure officielle de 1987,

1. Y Phandara, *op. cit.*, p. 228.
2. Henri Locard, *Le Goulag khmer rouge*, Note de l'université Lyon-2, 1995, p. 17.
3. Chandler (1993), *op. cit.*, p. 265.

précisa les choses : 3 000 victimes d'« erreurs », 11 000 exécutions d'« agents vietnamiens », 30 000 assassinats par des « agents vietnamiens infiltrés » *(sic)*. Le document précise cependant que les occupants vietnamiens, en 1979-1980, auraient tué « environ 1 500 000 » personnes ; ce dernier chiffre étant fantastiquement exagéré, on peut le prendre sans doute comme un aveu involontaire de la mortalité de la période commençant en 1975, à mettre en très grande majorité à l'actif des Khmers rouges[1]. Le « détournement de cadavres » est encore plus flagrant s'agissant de l'évaluation des morts d'*avant* le 17 avril, pendant la guerre civile : Pol Pot cita en juin 1975 le chiffre, déjà sans doute exagéré, de 600 000 ; en 1978, le même était passé à « plus de 1,4 million[2] ». À propos des victimes des Khmers rouges, l'ex-président Lon Nol a préféré parler de 2 500 000, et l'ancien secrétaire général du Parti populaire révolutionnaire du Kampuchéa (PPRK), au pouvoir à partir de 1979, Pen Sovan, formula le chiffre repris par la RPK et par la propagande vietnamienne : 3 100 000.

Les deux premières études quantitatives considérées comme sérieuses — mais elles reconnaissent leurs incertitudes — sont sans doute celle de Ben Kiernan, qui aboutit à 1 500 000 morts[3], et celle de Michael Vickery, qui cite un chiffre moitié moins important (mais en se fondant sur une population de départ sans doute nettement sous-évaluée). Stephen Heder reprend l'évaluation de Kiernan, la répartissant par moitié sur les Anciens et les Nouveaux (ce qui est difficile à accepter), par moitié également sur la famine et les assassinats[4]. David Chandler, spécialiste incontesté, mais qui n'a pas effectué d'évaluation analytique, parle de 800 000 à un million de personnes comme d'un chiffre minimal[5]. Une étude de la CIA, fondée sur des données approximatives, estime le déficit démographique total (y compris la dénatalité induite par les difficultés) à 3 800 000 personnes entre 1970 et 1979 (les pertes de la guerre de 1970-1975 sont donc incluses), pour une population subsistante d'environ 5 200 000 habitants en 1979[6]. Se fondant sur la comparaison entre rizières cultivées avant 1970 et en 1983, une évaluation aboutit à 1 200 000 victimes[7]. Marek Sliwinski, dans une récente et novatrice étude à base démographique (fragilisée cependant par l'absence de tout recensement entre la fin des années

1. *Ibid.*, p. 322.

2. Locard (1995), note citée, p. 8-9.

3. Il se fonde surtout sur l'extrapolation d'un nombre important de micro-études, dans des secteurs différents de la population : 25 % de pertes dans les familles des réfugiés ; 35 %, 41 % et 53 % de pertes sous le Kampuchéa démocratique dans trois villages ; 42 % dans un quartier de Phnom Penh (dont le quart seulement mort de faim ou de maladie) ; 36 % sur un groupe de 350 habitants de la zone Est, presque tous assassinés.

4. Kiernan, *op. cit.*, p. 456-460.

5. Chandler (1993), *op. cit.*, p. 261.

6. Craig Etcheson, *The Rise and Demise of Democratic Kampuchea*, Boulder, Westview, 1984, p. 148.

7. Leo Mong Hai, président de l'Institut khmer pour la démocratie, entretien personnel (décembre 1996).

soixante et 1993), évoque un peu plus de deux millions de morts, soit 26 % de la population (mortalité naturelle, évaluable à 7 %, non comprise). Il est le seul à tenter de préciser la surmortalité des années 1975-1979 en fonction du sexe et de l'âge : 33,9 % des hommes, 15,7 % des femmes ; une telle différence plaide pour une majorité d'assassinats comme cause ; la mortalité a été terrifiante à tous les âges, mais surtout chez les jeunes adultes (34 % des hommes de vingt à trente ans, 40 % des trente-quarante ans) et chez les plus de soixante ans des deux sexes (54 %). Comme lors des grandes famines ou épidémies d'Ancien Régime, la natalité s'effondre : 3 % en 1970, 1,1 % en 1978 [1]. Ce qui est sûr, c'est qu'aucun pays n'a été, depuis 1945, touché à ce point. En 1990, le nombre d'habitants de 1970 n'avait pas encore été rattrapé. Et la population est très déséquilibrée : 1,3 femme pour un homme ; chez les adultes de 1989, on compte la bagatelle de 38 % de veuves, pour 10 % de veufs [2]. On trouve 64 % de femmes dans la population adulte, et 35 % des chefs de famille sont des mères ; l'ordre de grandeur est le même chez les 150 000 Cambodgiens réfugiés aux États-Unis [3].

Un tel niveau de pertes — presque certainement égal à un habitant sur sept au moins, et plus probablement à un sur quatre ou cinq — permet déjà d'éliminer cette opinion souvent émise [4] : la violence des Khmers rouges, si inacceptable soit-elle, aurait été largement *réactive* — la réaction d'un peuple devenu fou de douleur et de rage — face au « péché originel » des bombardements américains. On remarquera d'emblée que d'autres peuples copieusement bombardés (les Britanniques, les Allemands, les Japonais, les Vietnamiens...) n'en furent pas pour autant saisis d'un prurit extrémiste comparable (au contraire parfois). Mais, surtout, les ravages de la guerre, pour dramatiques qu'ils soient, ne sont pas vraiment comparables à ce qu'accomplit le PCK *en temps de paix*, même si l'on exclut la dernière année et son conflit frontalier avec le Vietnam. Pol Pot lui-même, qui n'avait certes aucun intérêt à minimiser, évalua (sans justifier ce chiffrage), on l'a dit, les victimes à 600 000 — chiffre repris tel quel, si étonnant que cela paraisse, par beaucoup de spécialistes ; Chandler, tout aussi légèrement, avance « un demi-million » de victimes ; quant aux bombardements américains, il cite, s'appuyant sur diverses études, 30 000 à 250 000 tués [5] ». Sliwinski, lui, parvient à 240 000 victimes en estimation moyenne, auxquels il faudrait peut-être ajouter jusqu'à 70 000 civils vietnamiens, pour la plupart victimes des pogroms de 1970 ; il ramène en particulier les

1. Sliwinski, *op. cit.*, p. 49-67.
2. *Ibid.*, p. 52.
3. Welaratna, *op. cit.*, p. XIX et 2.
4. L'idée sous-tend l'ouvrage par ailleurs très riche, et qui fit date, de William Shawcross, *Sideshow : Nixon, Kissinger and the Destruction of Cambodia*, Londres, Deutsch, 1979 (trad. française, *Une tragédie sans importance*, Paris, Balland, 1979) ; *cf.* également Kiernan, *op. cit.*, p. 20 et 24.
5. Chandler, *op. cit.*, (1993), p. 13 et 163.

tués par bombardement à une quarantaine de milliers (dont un quart de combattants), faisant remarquer que les provinces les plus bombardées étaient souvent très peu peuplées et ne renfermaient en 1970 qu'un peu plus d'un million d'habitants — dont beaucoup s'enfuirent vite vers les villes ; par contre les « assassinats » de période de guerre, en forte majorité dus aux Khmers rouges, auraient été d'environ 75 000 [1]. Que la guerre ait affaibli la résistance de la société, détruit ou démoralisé une partie des élites, et fantastiquement accru la puissance des Khmers rouges du fait des choix stratégiques de Hanoi comme de la fatuité irresponsable de Sihanouk, certes : les auteurs et les parrains du coup de mars 1970 ont donc beaucoup à se reprocher. Mais cela n'atténue en rien la responsabilité du PCK après 1975 ; les violences n'eurent d'ailleurs alors pas grand-chose de spontané, on l'a noté.

Il faut aussi s'interroger sur les *modalités* de ces meurtres de masse. Les quelques études quantitatives sérieuses, malgré leurs contradictions, nous les laissent percevoir. La ruralisation forcée des citadins (déportations, épuisement au travail...) fit, au maximum, 400 000 victimes, probablement nettement moins. Les exécutions sont la donnée la plus incertaine, la valeur moyenne tournant autour de 500 000 ; mais Henri Locard, raisonnant par extrapolation, attribue aux seules prisons — ce qui laisse de côté les exécutions « sur place », elles aussi nombreuses — 400 000 à 600 000 victimes au moins [2] ; Sliwinski évoque au total un million d'assassinats. La maladie et la faim furent sans doute les plus meurtrières, avec probablement au moins 700 000 morts [3] ; Sliwinski : évoque le chiffre de 900 000, en incluant les effets directs de la ruralisation [4].

Cibles et suspects

S'il est si délicat de tirer des données globales à partir d'études locales, c'est que la répartition de l'horreur fut on ne peut plus inégale. À l'évidence les « 70 » souffrirent moins que les « 75 », en particulier de la faim, même s'il faut se garder de l'illusion d'optique venant de ce que les Nouveaux ont fourni la quasi-totalité des témoignages publiés. La mortalité est très forte chez les ex-citadins : on a peine à trouver une famille intacte. Or il s'agit de près de la moitié de la population totale. Ainsi, sur deux cents familles installées dans un village de la zone Nord, une cinquantaine survivent en janvier 1979, et une seule n'a perdu « que » les grands-parents [5]. Mais certaines catégories plus restreintes ont été bien plus décimées encore. On a déjà noté la chasse aux anciens fonctionnaires de

1. Sliwinski, *op. cit.*, p. 42-48.
2. Locard (1995), p. 10.
3. Etcheson, *op. cit.*, p. 148.
4. D'après Sliwinski, *op. cit.*, p. 82.
5. Munthit, *PPP*, 7 avril 1995, p. 6.

l'administration Lon Nol et d'abord aux militaires ; des purges successives frappèrent toujours plus bas dans la hiérarchie[1]. Seuls apparemment les employés des chemins de fer, irremplaçables, ont été pour une part maintenus à leur poste — mais tel chef de gare trouve plus sage de déclarer une position plus subalterne[2]. Les moines, encadrement traditionnel de ce pays bouddhiste, représentaient une inacceptable force concurrente : ceux qui ne se défroquèrent pas furent systématiquement éliminés. Ainsi, d'un groupe de 28 religieux évacués dans un village de la province de Kandal, un seul survivait en 1979[3]. À l'échelle nationale, ils seraient tombés de 60 000 à un millier environ[4]. La quasi-totalité des photographes de presse a disparu[5]. Le sort des « intellectuels[6] » fut plus diversifié. Ils furent parfois pourchassés en tant que tels. Mais, le plus souvent, semble-t-il, le renoncement à toute prétention d'expertise et aux attributs symboliques (livres, et même lunettes) suffit à les exonérer.

Les Anciens étaient mieux traités, sur le plan alimentaire surtout : dans certaines limites ils pouvaient consommer des fruits, du sucre, un peu de viande ; leurs rations étaient plus importantes et, luxe presque inouï sous Pol Pot, ils eurent souvent droit au riz « dur », à la place de l'universelle soupe de riz claire, synonyme de famine pour tant de leurs concitoyens. Les militaires khmers rouges furent les premiers à se servir, malgré leurs prétentions à la frugalité. Les « 70 » eurent parfois accès à de vrais dispensaires et à de vrais médicaments, fabriqués en Chine. Les avantages n'étaient cependant que relatifs : les villageois, certes pas déportés, étaient fréquemment astreints à diverses corvées loin du domicile ; leurs horaires de travail étaient également exténuants. La mince classe ouvrière, vivant dans l'atmosphère de campement militaire qui envahit Phnom Penh, fut elle aussi soumise à une rude discipline. De plus, peu à peu, des paysans pauvres, supposés plus fidèles, remplacèrent les ouvriers d'avant 1975[7].

Certains signes, en 1978, laissèrent entrevoir l'abolition progressive de la barrière entre Nouveaux et Anciens ; les premiers accédèrent même, parfois, à des responsabilités locales. Interprétation positive : ceux qui étaient parvenus à survivre pouvaient être considérés comme désormais adaptés aux exigences du régime. Interprétations plus sinistres : il se serait agi de renforcer l'unité nationale face au conflit avec le Vietnam, comme Staline la réalisa en 1941 face à l'Allemagne ; et, dans un contexte de généralisation des purges, il serait devenu nécessaire de combler les

1. *Cf.* par exemple Kenneth M. Quinn, « The Pattern and Scope of Violence », *in* Karl D. Jackson (éd.), *Cambodia 1975-1978 : Rendezvous with Death*, Princeton, Princeton University Press, 1989, p. 190.
2. Entretien personnel, décembre 1996.
3. *PPP*, 7 avril 1995, p. 7.
4. David Hawk, « The Photographic Record », in Jackson, *op. cit.*, p. 212.
5. *PPP*, 7 avril 1995, p. 6.
6. Il suffisait d'avoir été dans l'enseignement secondaire, voire parfois d'être correctement alphabétisé, pour en faire partie...
7. Charles H. Twining, « The Economy », *in* Jackson, *op. cit.*, p. 134.

énormes vides creusés dans l'appareil. Quoi qu'il en soit, l'aggravation générale de la répression dans la dernière année du régime fait penser à un nivellement par le bas ; c'est de cette période qu'on peut sans doute dater le basculement de la majeure partie des « 70 », dans l'opposition, silencieuse, aux Khmers rouges.

Le sort de la vingtaine de minorités ethniques, qui représentaient en 1970 au moins 15 % de la population du pays, ne fut pas homogène. Une distinction initiale doit être effectuée entre minorités essentiellement *urbaines* (Chinois, Vietnamiens) et *rurales* (Cham musulmans des régions lacustres et fluviales, Khmers Loeu — terme générique recouvrant des groupes variés, clairsemés — des montagnes et des jungles). Les premières ne paraissent pas avoir été réprimées en tant que telles, jusqu'en 1977 en tout cas. Certes, environ 150 000 résidents vietnamiens furent rapatriés[1], sur la base du volontariat, entre mai et fin septembre 1975, ce qui réduisit sans doute la communauté à quelques dizaines de milliers de personnes, essentiellement des conjoints de Khmers. Mais échapper à la tutelle khmère rouge semblait dès alors suffisamment tentant pour que d'assez nombreux Khmers aient cherché à se faire passer pour Vietnamiens — cela n'apparaissait donc pas alors particulièrement dangereux. Par ailleurs, sur les lieux de déportation, on ne relève pas de discrimination entre minoritaires urbains et autres ex-citadins ; l'épreuve commune constitue même un ciment nouveau : « Les Cambodgiens des villes, les Chinois et les Vietnamiens étaient rassemblés, pêle-mêle, sous l'infamante appellation de "peuple nouveau". Nous étions tous frères. Nous avions oublié les rivalités nationalistes et les rancœurs anciennes [...]. Les Cambodgiens étaient probablement les plus déprimés. Ils étaient écœurés par les agissements de leurs compatriotes et de leurs bourreaux : les Khmers rouges. [...] Nous étions révoltés par l'idée que nos tortionnaires avaient notre nationalité[2]. »

Comment alors comprendre qu'une proportion élevée de ces minoritaires n'ait pas survécu au régime khmer rouge ? On avance 50 % de mortalité pour les quelque 400 000 Chinois[3], bien plus encore pour les Vietnamiens restés après 1975 ; Sliwinski retient les chiffres de 37,5 % pour les Vietnamiens, de 38,4 % pour les Chinois[4]. La réponse tient dans la comparaison avec d'autres groupes de victimes : selon Sliwinski, 82,6 % des officiers de l'armée républicaine, 51,5 % des diplômés du supérieur, et surtout 41,9 % des résidents de Phnom Penh disparurent[5]. Ce dernier chiffre est très proche de celui obtenu pour les minorités : celles-ci furent persécutées en tant qu'« ultra-citadines » (en 1962, Phnom Penh comptait 18 % de Chinois, 14 % de Vietnamiens[6]) et, secondairement, « ultra-mer-

1. Deux fois moins qu'en 1970, sous Lon Nol...
2. Pin Yathay, *op. cit.*, p. 169.
3. Kiernan, *op. cit.*, p. 295, citant l'enquête approfondie de Stephen Heder.
4. Marek Sliwinski, *op. cit.*, p. 77.
5. *Ibid.*, p. 76.
6. François Ponchaud, « Social Change in the Vortex of Revolution », *in* Jackson, *op. cit.*, p. 153.

cantiles » — beaucoup ne surent pas dissimuler à temps leur ancienne position sociale. Leur richesse, souvent supérieure à celle des Khmers, était à la fois un bienfait (ce qui avait pu en être emporté permettait de survivre grâce au marché noir[1]) et une menace, car elle les « ciblait » aux yeux des nouveaux maîtres. Mais, communistes conséquents, ces derniers privilégiaient la lutte des classes (ou ce qu'ils entendaient comme telle) sur la lutte des races ou des peuples.

Cela ne signifie pas que les Khmers rouges n'aient pas usé et abusé du nationalisme et de la xénophobie. En 1978, Pol Pot assurait que le Cambodge bâtissait le socialisme sans aucun modèle, et son discours de Pékin en hommage à Mao Zedong (1977) ne fut pas retransmis à Phnom Penh. La haine du Vietnam, « voleur » au XVIIIe siècle du Kampuchéa Krom (englobé dans la Cochinchine), devint peu à peu un thème central de la propagande — et reste pratiquement l'unique raison d'être affirmée des Khmers rouges subsistant aujourd'hui. Dès la mi-1976, les Vietnamiens restant au Cambodge furent pris au piège : interdiction leur fut faite de quitter le pays. Au niveau local, on dénota certaines tueries. Elles se généralisent (sur une population réduite, rappelons-le), à la suite d'une directive du Centre, le 1er avril 1977, qui prescrivait l'arrestation et la remise aux forces de sécurité centrales de l'ensemble des Vietnamiens — et, pour faire bonne mesure, de leurs amis, ainsi que des Khmers vietnamophones. Dans la province de Kratié, limitrophe d'un Vietnam avec lequel les hostilités avaient déjà commencé, tout ancêtre vietnamien vous condamnait, et les autorités qualifiaient les *Yuon* d'« ennemis historiques[2] ». Dans cette atmosphère, accuser l'ensemble des habitants de la zone Est, en 1978, d'être « des Vietnamiens dans des corps khmers », c'était les promettre à la mort.

La poignée de catholiques cambodgiens fut, selon Sliwinski, le groupe ethnique ou religieux le plus meurtri : 48,6 % de disparitions[3] : à leur fréquente citadinité s'ajoutaient une ethnicité souvent vietnamienne et une association avec l'« impérialisme colonial ». Tout pour plaire... La cathédrale de Phnom Penh fut le seul édifice de la ville totalement rasé. Les minorités ethniques se virent nier leur personnalité propre. Suivant un décret, « au Kampuchéa, il y a une seule nation et une seule langue, la langue khmère. Dorénavant, les diverses nationalités n'existent plus au Kampuchéa[4] ». Les « montagnards » (Khmers Loeu), petits groupes de chasseurs des forêts, furent pourtant initialement plutôt favorisés : le PCK avait eu chez eux ses premières bases et y avait recruté une part importante de ses premières troupes. Mais à partir de la fin 1976, pour satisfaire à

1. Mais Pin Yathay évoque ces Chinois morts de faim, faute d'avoir bradé leurs lingots d'or contre quelques boîtes de riz... (*Op. cit.*, p. 231.)

2. Kiernan, *op. cit.*, p. 297-298.

3. Sliwinski, *op. cit.*, p. 76.

4. Cité *in* Elizabeth Becker, *Les Larmes du Cambodge — l'histoire d'un auto-génocide*, Paris, Presses de la Cité, 1986, p. 242.

l'obsession de la production rizicole, les villages des hautes terres furent détruits, et leurs habitants forcés de s'installer au fond des vallées, ce qui bouleversait totalement leur mode de vie et constitua pour eux un drame[1]. En février 1977, les gardes Jarai de Pol Pot étaient arrêtés, puis liquidés.

Quant aux Cham, principale minorité autochtone, qui étaient 250 000 en 1970, agriculteurs et surtout pêcheurs, ils connurent un sort très particulier, du fait surtout de leur religion musulmane. Réputés excellents guerriers, ils avaient été courtisés par les Khmers rouges au début de leur « guerre de libération » ; ils faisaient généralement partie des Anciens, quoiqu'on leur reprochât d'être trop souvent engagés dans des activités commerciales (ils fournissaient en poisson une bonne partie des Cambodgiens). Mais, dès 1974, Pol Pot ordonna secrètement de disperser leurs villages compacts, ce qui fut réalisé progressivement. En 1976, tous les cadres du régime d'origine cham furent chassés de leurs postes. Dès 1975, selon un texte khmer rouge, les Cham « doivent changer de nom, en prendre de nouveaux semblables aux noms khmers. La mentalité cham est abolie. Ceux qui ne se conforment pas à cet ordre en subiront les conséquences[2] » : dans la zone Nord-Ouest, on pouvait être tué pour avoir parlé cham. On interdit aux femmes le port du sarong (jupe malaise) et les cheveux longs.

Mais c'est la tentative d'éradication de l'islam qui provoqua les pires drames. Dès 1973, dans les zones libérées, des mosquées furent détruites, la prière interdite. À partir de mai 1975, ces mesures se généralisèrent. On collecta les Corans pour les brûler, les mosquées furent reconverties ou rasées. En juin, treize dignitaires musulmans furent exécutés, les uns pour avoir préféré la prière à un meeting politique, les autres pour avoir réclamé le droit au mariage religieux. On força souvent à choisir entre l'élevage ou la consommation de porc, et la mort — ironiquement, alors que pour bien des Cambodgiens la viande disparut totalement des menus des années entières, les Cham se virent parfois offrir du porc deux fois par mois (certains se forçaient ensuite à vomir leur repas). Les religieux, particulièrement visés, furent décimés : sur un millier de *Haji*[3], une trentaine survécut. À la différence des autres Cambodgiens, les Cham se rebellèrent fréquemment, ce qui provoqua en représailles de nombreux massacres[4]. À partir de la mi-1978, les Khmers rouges se mirent à exterminer systématiquement de nombreuses communautés cham, femmes et enfants inclus — y compris quand ils avaient accepté de manger du porc[5]. Ben Kiernan évoque pour eux 50 % de mortalité globale, Sliwinski 40,6 %[6].

---

1. *Cf.* le témoignage de Niseth, évacué dans un village Pnong, *in* Welaratna, *op. cit.*, p. 180.
2. Becker, *op. cit.*, p. 249.
3. Ayant accompli le pèlerinage à La Mecque.
4. Sauf annotation contraire, ces informations concernant les Cham sont tirées de l'étude approfondie de Kiernan, *op. cit.*, p. 252-288.
5. Kiernan, *op. cit.*, p. 428-431.
6. Sliwinski, *op. cit.*, p. 76.

Variations dans l'espace et dans le temps

La mortalité connut également d'importantes variations locales. Suivant la provenance des victimes : selon Sliwinski, 58,1 % des Phnompenhois étaient encore de ce monde en 1979 (ce qui représente environ un million de personnes, la moitié du total), 71,2 % des habitants de Kompong Cham (autre province peuplée), mais 90,5 % de ceux d'Oddar Méan Chhey, dans le Nord presque désert — la surmortalité liée au régime tombe là à 2,6 %[1]. De façon prévisible, les zones conquises le plus tardivement, les plus densément peuplées et les plus proches de la capitale (l'évacuation des bourgades de province fut apparemment moins dramatique), furent celles qui souffrirent le plus. Mais la survie dépendait surtout de la zone où l'on se trouvait (volontairement, ou déporté) au temps du Kampuchéa démocratique. Être envoyé dans une zone forestière ou montagneuse, dans une région de culture industrielle comme le jute (il n'y avait pratiquement plus de circulation interrégionale des vivres), était presque un arrêt de mort[2] : quelle que soit l'affectation, l'insensibilité niveleuse du régime imposait grosso modo les mêmes normes de production, généralement sans fournir la moindre aide. Quand il fallait commencer par défricher et construire une pauvre cabane, puis s'épuiser au travail avec des rations de famine, et que par surcroît la dysenterie et le paludisme se mettaient à frapper les organismes affaiblis, les ravages se faisaient terrifiants : Pin Yathay évalue la mortalité d'un camp forestier, fin 1975, à un tiers en quatre mois[3] ; dans le village de défrichement de Don Ey, la famine est générale, il n'y a plus de naissances, et peut-être 80 % de morts au total[4]. Par contre, aboutir dans une région agricole prospère était une chance de survie, surtout si la surcharge en Nouveaux, point trop importante, ne venait pas tendre exagérément les équilibres locaux. D'un autre côté, on y était plus contrôlé, et plus facilement exposé aux purges : un second « bon choix », inverse, pouvait être celui des zones les plus reculées, aux cadres plus tolérants, aux résidents khmers Loeu accueillants, on l'a vu ; là, la maladie était sans doute le principal danger.

Au niveau encore plus réduit du village, le comportement des cadres locaux était d'autant plus décisif qu'il conditionnait aussi, dans une large mesure, les rapports avec les Anciens. La faiblesse et la médiocrité de l'appareil bureaucratique khmer rouge laissaient en effet une large autonomie aux directions locales, pour le meilleur ou pour le pire[5]. Il y eut des brutes sadiques (des jeunes femmes assez souvent[6]), des arrivistes ou des

1. *Ibid.*, p. 57.
2. *Cf.* Michael Vickery, « Democratic Kampuchea : Themes and Variations », *in* Chandler et Kiernan, *op. cit.*, p. 99-135.
3. Pin Yathay, *op. cit.*, p. 206.
4. *Ibid.*, p. 251-252.
5. Ce d'autant plus que, à la différence des dirigeants communistes d'autres pays, ceux du Cambodge paraissent très peu se déplacer, peut-être par paranoïa extrême. Aucun témoignage n'en mentionne, même par ouï-dire.
6. *Cf.* par exemple Heng et Demeure, *op. cit.*, p. 105, 150-151 et 172-173.

incapables désireux de se distinguer en en rajoutant sur la répression et les normes de travail. Deux types de cadres amélioraient par contre l'espérance de vie : d'abord les plus humains, comme ce chef de village qui, en 1975, n'imposait aux réfugiés que quatre heures de travail par jour[1] ; et tous ceux, que les survivants eurent à rencontrer à tel ou tel moment critique, qui autorisèrent un malade ou un épuisé à se reposer, un mari à aller voir sa femme, qui fermèrent les yeux sur l'« auto-alimentation » en principe interdite, et pourtant vitale. Mais étaient aussi précieux les plus corrompus, ceux à qui l'attrait d'une montre Oméga ou un tael d'or pouvait faire signer un changement de résidence ou d'équipe de travail, voire faire accepter, pour un temps, une vie totalement en marge des cadres strictement établis[2]. Néanmoins, le renforcement de la centralisation du régime réduisit de plus en plus les interstices de tolérance du début, et sa logique infernale, au travers des purges, amena le remplacement progressif des cadres humains — suspects de faiblesse ou corrompus — par de nouveaux responsables, très jeunes, plutôt purs et surtout terriblement durs.

La mortalité varia enfin dans le temps. La faible durée et surtout le polymorphisme géographique du régime khmer rouge interdisent la définition de périodes bien délimitées. De plus, la terreur et la faim furent permanentes, et à peu près générales ; seule leur intensité varia, mais les chances de survie dépendaient énormément de cette intensité. Les témoignages fournissent cependant suffisamment d'éléments pour aller vers une chronologie du martyrologe. Les tout premiers mois du régime furent marqués par des tueries massives, socialement ciblées, et facilitées par la naïveté initiale des « 75 » face à leurs nouveaux maîtres. Par contre, jusqu'à l'automne en tout cas, la sous-alimentation ne frappa pas trop ; de plus les cantines collectives n'avaient pas encore interdit les repas familiaux[3]. Le Centre ordonna à plusieurs reprises la cessation des massacres, entre fin mai et octobre : trace de l'influence résiduelle conservée alors par des dirigeants plus modérés, ou plus probablement volonté d'asseoir sa prééminence sur les états-majors de zones, trop autonomes. Les meurtres continuèrent ensuite, mais à un rythme plus modéré : selon le banquier Komphot réfugié dans la zone Nord, « les gens étaient tués un par un — il n'y avait pas de grands massacres. D'abord, ce fut une douzaine de "nouveaux", ceux qu'on soupçonnait d'avoir été des soldats, des choses comme ça. Au cours des deux premières années, un dixième peut-être des nouveaux furent tués, un par un, avec leurs enfants. Je ne peux pas dire combien cela fait au total[4] ».

1. Pin Yathay, *op. cit.*, p. 85.
2. *Cf.* par exemple Pin Yathay, p. 280, 332, 344.
3. Le tableau fut cependant beaucoup plus sombre, très vite, pour ceux déportés vers des zones de défrichement.
4. Becker, *op. cit.*, p. 276.

1976 fut apparemment l'année des terribles famines. La folie des grands travaux battait son plein, épuisant les plus actifs et entravant l'agriculture. Les récoltes de 1976 ne furent pourtant pas trop mauvaises, et rétablirent un moment la situation, dans la première moitié de l'année (la moisson principale est en décembre-janvier) ; mais on atteignait sans doute péniblement la moitié des montants moyens des années soixante[1]. Selon certains témoignages, 1977 vit le comble de l'horreur : famine ravageuse, mais aussi renouveau des purges[2]. Elles prirent une allure différente de celles de 1975 : plus politiques (elles étaient souvent la conséquence des conflits de plus en plus féroces au sein du régime), davantage connotées ethniquement, on l'a vu, elles touchaient des catégories nouvelles — en particulier les paysans riches, ou même moyens, du « peuple de base », et plus systématiquement qu'avant les instituteurs[3]. Elles furent également empreintes d'une férocité nouvelle : quoique des instructions de 1975 aient prescrit déjà l'exécution des femmes et des enfants des officiers républicains, ce n'est qu'en 1977 que les épouses des hommes précédemment exécutés (même longtemps auparavant) furent elles-mêmes arrêtées et tuées ; la liquidation de familles entières, voire de villages entiers — comme celui (350 familles) de l'ex-président Lon Nol le 17 avril 1977, en guise de joyeux anniversaire de la « Libération » —, n'est plus exceptionnelle[4]. 1978 fut davantage controversée : selon Sliwinski, la famine s'atténuerait notablement, du fait sans doute de meilleures récoltes et surtout d'une plus grande souplesse de gestion ; selon Twining, plutôt corroboré par les témoignages, la sécheresse et la guerre se seraient au contraire conjuguées pour provoquer des privations sans précédent[5]. Ce qui est assuré, c'est que les tueries, de plus en plus généralisées (à la fois chez les Anciens et, surtout, dans la zone Est) atteignirent alors un niveau exceptionnel.

La mort quotidienne au temps de Pol Pot

« Au Kampuchéa démocratique, il n'y avait pas de prisons, pas de tribunaux, pas d'universités, pas de lycées, pas de monnaie, pas de postes, pas de livres, pas de sport, pas de distractions... Aucun temps mort n'était toléré dans une journée de vingt-quatre heures. La vie quotidienne se divisait ainsi : douze heures de travaux physiques, deux heures pour manger,

1. Twining, chapitre cité, p. 143.
2. *PPP*, 7 avril 1995, p. 5 ; Sliwinski *(op. cit.*, p. 65) corrobore ces impressions.
3. Cette extension de la « lutte des classes » au village ainsi que le parachèvement alors de la collectivisation intégrale (interdiction des repas familiaux et de l'autoalimentation) font qu'on peut aussi dater de ce moment le basculement dans la désaffection d'une bonne partie des Anciens (Kiernan, *op. cit.*, 1996, p. 202 et 213-214).
4. Quinn, chapitre cité, p. 201-202.
5. Sliwinski, *op. cit.*, p. 64-65 ; Twining, chapitre cité, p. 143-145.

trois heures pour le repos et l'éducation, sept heures de sommeil. Nous étions dans un immense camp de concentration. Il n'y avait plus de justice. C'était l'Angkar[1] qui décidait de tous les actes de notre vie. [...] Les Khmers rouges utilisaient souvent des paraboles pour justifier leurs actes et leurs ordres contradictoires. Ils comparaient l'individu à un bœuf : "Vous voyez ce bœuf qui tire la charrue. Il mange où on lui ordonne de manger. Si on le laisse paître dans ce champ, il mange. Si on le conduit dans un autre champ où il n'y a pas assez d'herbe, il broute quand même. Il ne peut pas se déplacer. Il est surveillé. Et quand on lui dit de tirer la charrue, il la tire. Il ne pense jamais à sa femme, à ses enfants[2]..." »

À tous les survivants, le Kampuchéa démocratique a laissé cette impression d'étrangeté, de perte des repères et des valeurs. On était vraiment passé de l'autre côté du miroir et, si l'on voulait garder une chance d'y survivre, il fallait d'urgence s'initier à la nouvelle règle du jeu. Son premier article était le mépris radical de la vie humaine : « Te perdre n'est pas une perte. Te conserver n'est d'aucune utilité » — tous les témoignages rapportent cette formule redoutée[3]. C'est bien une descente aux enfers que vécurent les Cambodgiens, pour certains dès 1973 : les territoires « libérés » de la zone Sud-Ouest connurent dès alors la suppression du culte bouddhiste, l'arrachement des jeunes à leurs familles, l'imposition d'un code vestimentaire uniforme, l'enbrigadement dans les coopératives de production. Ce sont les innombrables occasions qu'on avait de périr qu'il faut maintenant relater.

Avenir radieux, esclavagisme, famine

Il convenait d'abord d'accepter sa nouvelle condition, intermédiaire, du moins pour les « 75 », entre celle d'une bête de somme et celle d'un esclave de guerre[4] (cela aussi appartenait à la tradition angkorienne...). On se faisait d'autant plus facilement admettre dans un village d'Anciens qu'on était d'apparence robuste et qu'on ne venait pas accompagné de trop de bouches inutiles[5]. On se trouvait progressivement dépouillé de ses biens : dès l'évacuation, par les soldats khmers rouges ; à la campagne, par cadres et Anciens, au travers du marché noir — en période de pénurie extrême, la boîte de riz (250 grammes) pouvait atteindre le tarif extravagant de 100 dollars[6]. On devait se faire à la disparition de tout

1. Abréviation d'*Angkar padevat* (Organisation révolutionnaire), paravent du PCK toujours quasi clandestin.
2. Pin Yathay, *op. cit.*, p. 305.
3. *Cf.* par exemple Chandler (1993), *op. cit.*, p. 195 ; Ly Heng et Françoise Demeure, *Cambodge : le sourire bâillonné*, Xonrupt-Longemer, Anako, 1994, p. 100.
4. Haing Ngor (*op. cit.*, p. 158), dans un dispensaire khmer rouge, entendit une infirmière demander à une autre : « As-tu donné à manger aux esclaves de guerre ? »
5. Pin Yathay, *op. cit.*, p. 59.
6. *Ibid.*, p. 263.

enseignement, de toute liberté de déplacement, de tout commerce licite, de toute médecine digne de ce nom, de la religion, de l'écrit, ainsi qu'à l'imposition de strictes normes vestimentaires (tenue noire, à longues manches boutonnée jusqu'au cou) et comportementales (pas de démonstrations d'affection, pas de disputes ou d'injures, pas de plaintes ou de pleurs). On devait obéir aveuglément à toute consigne, assister (en ayant l'air d'écouter) aux interminables réunions, hurler ou acclamer sur commande, critiquer les autres et s'autocritiquer.... La Constitution de 1976 du Kampuchéa démocratique indiquait opportunément que le premier droit des citoyens était de travailler : jamais les Nouveaux n'en connurent d'autre. Il est compréhensible que les premiers temps du régime aient été marqués par une épidémie de suicides ; ils frappèrent en particulier ceux qui s'étaient trouvés séparés de leurs proches, les personnes âgées se sentant une charge pour leur famille, ou ceux qui avaient fait partie des plus aisés.

L'adaptation des « 75 » fut souvent rendue plus difficile encore par la médiocrité des conditions d'« accueil » (si l'on ose utiliser ce terme). Ils furent pour une large part envoyés dans des régions malsaines, à l'automne 1975 surtout. Ils n'avaient pas à espérer plus que des outils rudimentaires et des rations alimentaires toujours insuffisantes ; jamais d'aide technique, de formation pratique, et les pires sanctions pour ceux qui s'en sortaient mal, quelle qu'en soit la raison : même un handicap évident ne vous protégeait pas de la sanction du « tire-au-flanc » et de l'incapable — la mort. Sauf connexion familiale particulièrement forte, l'installation n'était par ailleurs jamais terminée : les changements de brigade de production et surtout les nouvelles déportations imprimaient le sentiment d'un arbitraire total du pouvoir. D'où, souvent, chez les plus valides, la tentation de la fuite vers des cieux encore gouvernés par un minimum de rationalité, de prévisibilité, voire d'humanité. Elle ressemble trop souvent à un suicide différé : effectuée sans boussole et sans carte le plus fréquemment[1], souvent à la saison des pluies pour être moins facilement poursuivi ou repéré, avec des provisions de nourriture insuffisantes, et des organismes affaiblis par les privations, on peut supposer qu'une forte majorité des fugitifs disparut avant même de tomber sur l'éventuelle patrouille khmère rouge, qui avait ordre de ne pas faire de quartier. Les tentatives furent néanmoins nombreuses, et stimulées par une surveillance relativement relâchée, compte tenu du faible nombre des soldats et des cadres[2].

Si l'installation dans la nouvelle existence posait de difficiles problèmes d'ajustement, le système en vigueur ne ménageait aux nouveaux venus aucune possibilité de récupérer. Ses responsables semblaient persuadés que l'« avenir radieux » était à portée de main, au bout sans doute du Plan de quatre ans (1977-1980) présenté par Pol Pot en août 1976. Il entendait développer massivement la production et l'exportation de pro-

1. Pin Yathay se procura à prix d'or un morceau de carte.
2. Pin Yathay, *op. cit.*, p. 150.

duits agricoles, seule ressource évidente du pays, de façon à réaliser l'accumulation primitive du capital. On assurerait ainsi l'industrialisation de l'agriculture, le développement d'une industrie légère diversifiée et, un peu plus tard, d'une puissante industrie lourde[1]. Étrangement, cette mystique moderniste s'appuyait sur un fantasme passéiste : celui d'Angkor. « Puisque notre peuple a été capable d'édifier Angkor, tout lui est possible », assurait Pol Pot, dans le discours-fleuve où, le 27 septembre 1977, il annonça officiellement que l'Angkar, c'était en fait le Parti communiste du Kampuchéa[2]. L'autre justification du volontarisme khmer rouge, c'est le « glorieux 17 avril », qui aurait démontré la supériorité des paysans pauvres du Cambodge sur la première puissance impérialiste.

Futilité, dans ce contexte, que l'effort demandé à la population pour passer à « trois tonnes (de paddy) à l'hectare[3] » — on en produisait guère plus d'une vers 1970. Futilité que le triplement de la surface des rizières envisagé pour le riche Nord-Ouest. Concrètement, cela signifiait et le défrichement de nouvelles terres et le développement à une énorme échelle de l'irrigation[4] : il s'agissait de passer très vite de une à deux, puis, à terme, à trois récoltes de paddy par an. Par contre, toutes les autres cultures passaient au second plan ; et l'effort réclamé à cette « armée du travail » que représentent les Nouveaux n'était même pas évalué[5]. Or celui-ci va prendre les proportions d'un épuisement, aux conséquences souvent mortelles, des forces les plus vives d'une population entière : ce sont souvent les hommes les plus robustes, ceux à qui on réclame le plus, qui meurent le plus vite[6]. Les journées de labeur duraient couramment onze heures ; mais, à l'occasion, des compétitions entre villages (pour la plus grande gloire de leurs cadres) contraignirent à se lever dès 4 heures du matin, et à rester sur le chantier jusqu'à 22 ou 23 heures[7]. Quant aux journées de repos (parfois totalement supprimées), elles n'intervenaient généralement que tous les dix jours[8] ; mais elles étaient occupées par d'interminables meetings politiques. Le rythme de travail n'était, en temps normal, pas forcément supérieur à ce que connaissait habituellement le paysan cambodgien. La grande différence résidait dans la quasi-absence de moments de détente, dans l'insuffisance des plages de repos pendant le travail et, surtout, dans la chronicité de la sous-alimentation[9].

1. Chandler (1993), *op. cit.*, p. 191-193 et 197-198 ; la section du Plan consacrée à l'industrie lourde est la plus longue de toutes...

2. Cité in Chandler, *op. cit.*, p. 223.

3. Incidemment, c'est l'exact montant fixé par le vice-Premier ministre chinois d'alors, Hua Guofeng, à la conférence nationale sur l'exemple de Dazhai, en 1975.

4. Guère importante dans un Cambodge relativement peu peuplé, où l'on compte surtout sur les pluies et, souvent, sur l'inondation annuelle.

5. Chandler, *op. cit.*, p. 193-194 et Karl D. Jackson, « The Ideology of Total Revolution », *in* Jackson (éd.), *op. cit.*, p. 60.

6. Pin Yathay, *op. cit.*, p. 147.

7. *Ibid.*, p. 99 et 139.

8. Inspiration du *décadi* de la Révolution française, qui tenta de supplanter le dimanche ?

9. Twining, chapitre cité, p. 130.

L'avenir serait peut-être radieux, mais le présent était désastreux. Dès novembre 1976, l'ambassade américaine à Bangkok, se fondant sur les récits des réfugiés, estimait à 50 % le recul de la surface cultivée par rapport à la période précédant 1975 [1]. Ceux qui ont alors voyagé dans le pays décrivent des campagnes à demi désertes, des champs abandonnés, résultat des déplacements massifs vers les chantiers et les zones de défrichement. Le témoignage de Laurence Picq est hallucinant (voir ci-contre).

La désorganisation des campagnes

Des deux côtés de la route s'étendaient à perte de vue des rizières en friche.

Je cherchai en vain les travaux de repiquage. Rien, sinon, après une dizaine de kilomètres, un groupe de travail de quelques jeunes filles.

Où étaient les centaines de jeunes des brigades mobiles dont la radio parlait tous les jours ?

De place en place, des groupes d'hommes et de femmes déambulaient, l'air vague, un baluchon sur l'épaule. À leurs habits, des haillons aux couleurs autrefois vives, pantalons collants ou jupes déchirées, on devinait qu'ils étaient des « nouveaux », d'anciens citadins chassés de la ville.

J'appris que de nouveaux transferts de population avaient été organisés, en cette mi-année, pour pallier le déséquilibre causé par la politique absurde d'une « bande de traîtres ».

Ces citadins avaient été, en un premier temps, envoyés dans les régions déshéritées du Sud-Ouest, où, face au dénuement total, ils devaient se faire une « nouvelle conception du monde ». Or, pendant ce temps, les régions fertiles étaient laissées sans main-d'œuvre. On mourait de faim dans tout le pays, mais un cinquième seulement des terres emblavées était exploité !

Où était donc passée l'ancienne main-d'œuvre qui travaillait sur ces terres ? Beaucoup de questions restaient sans réponse.

Quant aux brigades mobiles vantées pour leur intrépidité au travail, elles vivaient dans de dures conditions. Les repas étaient apportés aux champs : quelques liserons dans de l'eau bouillie, un peu de riz, soit la moitié de ce que nous avions à Phnom Penh. Avec de telles rations, il était impossible de fournir un véritable effort et en conséquence de produire quoi que ce soit. [...]

J'ouvris tout grands mes yeux. Le spectacle était terrible : une misère humaine indescriptible, une désorganisation innommable, un gâchis lamentable...

Alors que la voiture roulait à vive allure, un vieillard se précipita à sa rencontre en faisant de grands gestes des deux bras. Sur le bord de la route, une jeune femme était allongée, sans doute malade. Le chauffeur fit une embardée et le vieillard resta au milieu de la route, les deux bras levés vers le ciel [2].

1. Kiernan, *op. cit.*, p. 235.

2. Laurence Picq, *Au-delà du ciel : cinq ans chez les Khmers rouges*, Paris, Bernard Barrault, 1984, p. 133-135.

Le projet économique du PCK impliquait par lui-même des tensions intolérables. Celles-ci furent encore aggravées par l'incapacité hautaine des cadres chargés de l'appliquer. L'irrigation était la pierre angulaire du Plan, et d'énormes efforts lui furent consacrés, sacrifiant en quelque sorte le présent à l'avenir. Or la médiocrité de conception et/ou d'exécution de bien des ouvrages entrepris rendit ce sacrifice en grande partie inutile. À côté de quelques digues, canaux ou barrages bien conçus, toujours utilisés de nos jours, combien furent emportés à la première crue (noyant éventuellement quelques centaines de constructeurs ou de villageois), firent circuler l'eau à contresens, s'envasèrent en quelques mois... Les ingénieurs hydrauliciens parfois présents dans la main-d'œuvre ne pouvaient qu'enrager en silence : critiquer aurait été un acte d'hostilité à l'Angkar, avec les conséquences connues... « Vous n'avez pas besoin d'autre chose que d'éducation politique pour construire des barrages », assurait-on aux esclaves [1]. Pour ces paysans illettrés qui, souvent, étaient leurs chefs, l'accumulation maximale de terrassiers, d'heures de travail et de terre tenait lieu de principe technique unique.

Ce mépris pour la technique et les techniciens s'accompagnait d'un rejet du plus élémentaire bon sens villageois : de pauvres hères aux mains calleuses dirigeaient peut-être les chantiers et les villages, mais leurs propres maîtres étaient des intellectuels urbains, assoiffés de rationalité formelle et d'uniformité, et convaincus de leur omniscience. Ainsi avaient-ils ordonné de niveler la plupart des diguettes délimitant les rizières, la dimension imposée étant partout de un hectare [2]. Le calendrier des travaux agricoles était centralement déterminé pour une région entière, quelles que fussent les conditions écologiques locales [3]. La production de riz étant décrétée unique critère de réussite, certains cadres crurent bon de couper l'ensemble des arbres des zones cultivées, y compris les arbres fruitiers ; pour détruire l'asile de quelques moineaux pillards, on anéantissait l'une des sources d'alimentation de la population affamée [4]. Si la nature fut ainsi passée au laminoir, la main-d'œuvre, elle, fut subdivisée et spécialisée jusqu'à l'absurde : chaque catégorie d'âge fut « mobilisée [5] » à part (les sept-quatorze ans, puis de quatorze ans jusqu'au mariage, les vieux, etc.), et les équipes consacrées à une tâche précise et unique se démultiplièrent. À côté de cela, des cadres distants, nimbés dans leur toute-puissance, ne travaillant guère avec leurs subordonnés, ordonnant sans souffrir la moindre discussion.

La faim qui accabla des millions de Cambodgiens des années durant fut aussi utilisée, consciemment, pour mieux asservir. Ainsi des êtres affai-

1. Pin Yathay, *op. cit.*, p. 166-167.
2. *Ibid.*, p. 199.
3. Twining, chapitre cité, p. 122.
4. Pin Yathay, *op. cit.*, p. 291.
5. L'assimilation des travailleurs à une armée, de la production à une campagne militaire est constante.

blis, incapables de constituer des réserves de nourriture, étaient-ils moins tentés de fuir. Obsédés en permanence par l'alimentation, le ressort de la pensée autonome, de la contestation, de la sexualité même était brisé en eux. Le *stop-and-go* auquel on jouait avec leurs repas permettait de mieux faire passer les déplacements forcés ou le passage aux cantines collectives (quelques repas satisfaisants, et tout le monde se mettait à aimer l'Angkar), ou encore de briser les solidarités interindividuelles, y compris entre parents et enfants. On ne craignait pas d'embrasser la main qui vous nourrissait, si sanglante fût-elle[1].

Triste ironie : un régime ayant voulu tout sacrifier à la mystique du riz (comme il y eut une mystique de l'acier en URSS, ou du sucre à Cuba) rendit cet aliment de plus en plus mythique. Le Cambodge exportait régulièrement depuis les années vingt plusieurs centaines de milliers de tonnes de riz par an, tout en nourrissant, frugalement mais correctement, la masse de sa population. Or une bonne partie des Cambodgiens ne connut plus guère que la soupe de riz claire (contenant approximativement l'équivalent de quatre cuillerées à café de riz par personne[2]), dès lors que les cantines collectives furent généralisées, début 1976. Et les récoltes, on l'a vu, varièrent entre le misérable et le catastrophique. Les rations quotidiennes baissèrent dans des proportions extraordinaires. On estime que, avant 1975, un adulte de la région de Battambang consommait environ 400 grammes de riz par jour — quantité minimale pour une activité normale. Or tous les témoignages concordent : sous les Khmers rouges, quand on arrivait à disposer d'une boîte de riz (250 grammes) par personne, c'était bombance. Quoique les rations aient beaucoup varié, il n'était pas exceptionnel que cinq, six, voire huit personnes aient eu à se contenter d'une seule boîte[3].

D'où le caractère généralement vital du marché noir — permettant d'obtenir du riz, venant en particulier des cadres qui détournaient les rations des nombreux morts non déclarés —, ainsi que de la recherche individuelle de nourriture, globalement interdite — l'Angkar agit pour le bien du peuple, *donc* ses rations doivent suffire... —, parfois tolérée, officiellement[4] ou officieusement — sauf, évidemment, quand il s'agit de « vol »). Rien n'échappait à la furieuse fringale des affamés, ni les biens en principe collectifs (paddy juste avant, ou pendant, la moisson, et fruits en permanence), ni les maigres propriétés individuelles (poulaillers, puis animaux domestiques des Anciens), ni les crabes, grenouilles, escargots, lézards, serpents qui pullulent dans les rizières, ni les fourmis rouges ou les grosses araignées dévorées crues, ni les pousses, champignons et tubercules de la forêt qui, mal sélectionnés ou insuffisamment

1. Picq, *op. cit.* ; Pin Yathay, *op. cit.*, p. 163-164, 186 et 197.
2. *PPP*, 7 avril 1995, p. 5.
3. *Cf.* en partculier Twining, chapitre cité, p. 149-150 ; Kiernan, *op. cit.*, p. 240 ; Pin Yathay, *op. cit.*, p. 138.
4. Pin Yathay, *op. cit.*, p. 228 ; Haing Ngor, *op. cit.*, p. 257-258.

cuits[1], furent à l'origine d'un grand nombre de décès. On atteignit des extrémités insoupçonnées, même pour un pays pauvre : disputer aux cochons le son de leur auge[2], ou faire bombance de rats des champs[3]. La quête individuelle de nourriture resta l'un des principaux prétextes à sanctions, et elles pouvaient aller de l'admonestation à des exécutions pour l'exemple, en cas de pillage trop massif des récoltes[4].

La sous-alimentation chronique, affaiblissant les organismes, favorisa l'ensemble des maladies (en particulier la dysenterie) et en accentua la gravité. Il y eut aussi des « maux de la faim », dont le plus courant, et le plus grave, était l'œdème généralisé — décrit dans bien d'autres situations historiques comparables —, favorisé par les forts apports en sel de la bouillie quotidienne. Cette mort relativement paisible (on s'affaiblit, puis on sombre dans l'inconscience) finit par être considérée comme enviable par certains, les vieillards en particulier[5].

Le moins que l'on puisse dire, c'est que cette morbidité dramatique — parfois ce sont les grabataires qui constituent la majorité d'une communauté[6] — n'émut guère les responsables khmers rouges. L'accidenté était un coupable, puisqu'il a fait « perdre de la main-d'œuvre à l'Angkar[7] ». Le malade, toujours soupçonné d'être un tire-au-flanc, ne put généralement s'arrêter de travailler qu'à condition d'aller à l'infirmerie ou à l'hôpital, où les rations alimentaires étaient réduites de moitié, et où le risque épidémique était très élevé. Henri Locard est sans doute fondé à écrire que « les hôpitaux étaient davantage des lieux d'élimination de la population que de guérison[8] » : Pin Yathay perdit en quelques semaines quatre membres de sa famille proche dans un hôpital. Un groupe de quinze jeunes atteint de varicelle fut traité sans aucun ménagement : maintien au travail, pas de soins, obligation de dormir à même le sol, malgré les plaies provoquées par l'éruption. Résultat : un unique survivant.

De la destruction des repères à l'animalisation

La faim, on le sait, déshumanise. Elle provoque le repli sur soi, l'oubli de toute considération étrangère à sa propre survie. Comment expliquer autrement le recours occasionnel au cannibalisme ? Il fut cependant moins répandu que dans la Chine du Grand Bond, et semble se limiter à la

1. Toute cuisine individuelle était en principe prohibée ; on tournait souvent la difficulté en faisant semblant de faire bouillir de l'eau, mesure prophylactique recommandée par les Khmers rouges.
2. Heng et Demeure, *op. cit.*, p. 139-140.
3. *PPP*, 7 avril 1995, p. 7.
4. Haing Ngor (*op. cit.*, p. 215) évoque cet enfant de quatre ans agonisant des jours durant, attaché à un poteau, devant ses parents impuissants.
5. *Ibid.*, p. 135-136 ; Pin Yathay, *op. cit.*, p. 267.
6. *Cf.* par exemple Haing Ngor, *op. cit.*, p. 145.
7. Pin Yathay, *op. cit.*, p. 174.
8. Locard (1995), article cité, p. 6

consommation des morts. Deux exemples précis sont évoqués par Pin Yathay : la dévoration partielle de sa sœur par une ex-institutrice, et le partage par une chambrée d'hôpital d'un jeune décédé. Dans les deux cas, la sanction pour les « ogres » (esprit particulièrement démoniaque dans la tradition khmère) est la mort, par tabassage devant le village (et sa petite fille) pour l'institutrice[1]. Le cannibalisme de vengeance existait aussi, comme en Chine : Ly Heng[2] évoque un soldat khmer rouge déserteur contraint, avant son exécution, de manger ses propres oreilles. La consommation de foie humain est davantage citée, sans être une spécificité des Khmers rouges : les soldats républicains le faisaient parfois subir à leurs ennemis, entre 1970 et 1975 ; on trouve des coutumes analogues partout dans le Sud-Est asiatique[3]. Dans une prison, Haing Ngor[4] relate l'extirpation du fœtus, du foie et des seins d'une femme enceinte assassinée ; le fœtus est jeté (d'autres sont déjà pendus au bord du toit de la geôle, et s'y dessèchent), le reste est emporté accompagné de cette réflexion « On a assez de viande pour ce soir ! » Kên Khun évoque un chef de coopérative préparant un remède pour les yeux à partir de vésicules biliaires humaines[5] (et le distribuant libéralement à ses administrés !) tout en vantant les qualités gustatives du foie humain[6]. N'a-t-on pas dans ce recours à l'anthropophagie un cas limite d'un phénomène bien plus général : l'affaissement des valeurs, des repères moraux et culturels, et d'abord de la compassion, vertu si cardinale dans le bouddhisme ? Paradoxe du régime des Khmers rouges : il a affirmé vouloir mettre en place une société d'égalité, de justice, de fraternité, d'oubli de soi, et, comme les autres pouvoirs communistes, il a provoqué un déchaînement inouï de l'égoïsme, du chacun pour soi, de l'inégalité *en pouvoir*, de l'arbitraire. Pour survivre, il fallait d'abord et avant tout savoir mentir, tricher, voler, et rester insensible.

L'exemple, si l'on peut dire, venait de haut. Pol Pot, disparu dans les maquis depuis 1963, ne fit rien pour reprendre contact avec sa famille, même après le 17 avril 1975. Ses deux frères et sa belle-sœur furent donc déportés avec les autres, et l'un d'eux périt rapidement ; les deux survivants, comprenant sur le tard, à l'aide d'un portrait officiel, l'identité réelle du dictateur, crurent bon (sans doute à juste titre) de ne jamais faire connaître leurs relations avec lui[7]. Le régime fit tout pour desserrer ou briser les liens familiaux, dont il percevait bien qu'ils constituaient un

1. Pin Yathay, *op. cit.*, p. 217 et 227.
2. Heng et Demeure, *op. cit.*, p. 172-173.
3. Ponchaud, chapitre cité, p. 160.
4. Haing Ngor, *op. cit.*, p. 174 et 193-194.
5. Il s'agirait là d'un artefact spécifique aux Khmers Loeu (Ponchaud, chapitre cité, p. 160).
6. Kên Khun, *De la dictature des Khmers rouges à l'occupation vietnamienne — Cambodge, 1975-1979*, Paris, L'Harmattan, 1994, p. 94.
7. Chandler (1993), *op. cit.*, p. 174-175.

môle de résistance spontanée face au projet totalitaire d'une dépendance exclusive de chaque individu face à l'Angkar. L'unité de travail disposait fréquemment de ses propres « locaux » (souvent de simples nattes, ou hamacs), même à faible distance du village. Il était très difficile d'avoir l'autorisation de la quitter : les maris étaient donc souvent éloignés de leurs épouses des semaines d'affilée, ou plus ; les enfants étaient écartés de leurs vieux parents ; les adolescents pouvaient passer six mois sans autorisation de voir leur famille, sans nouvelles [1], pour parfois s'apercevoir à leur retour que tous avaient péri [2]. Là encore le modèle venait d'en haut : les couples dirigeants vivaient eux-mêmes fréquemment séparés [3]. Il était mal vu pour une mère de trop se consacrer à son enfant, même petit.

Le pouvoir des maris sur leurs femmes, des parents sur leur descendance leur fut retiré : on pouvait être exécuté pour avoir giflé son épouse, dénoncé par ses enfants pour les avoir frappés, contraint à l'autocritique pour une injure ou une dispute [4]. Dans un contexte fort peu humaniste, il faut y voir la volonté du pouvoir de s'arroger le monopole de la violence légitime, de dissoudre toutes les relations d'autorité lui échappant. Le plus grand mépris était accordé aux sentiments familiaux : on pouvait se trouver séparés les uns des autres, souvent définitivement, pour n'avoir pas réussi à embarquer sur le même camion, ou parce que deux charrettes qui se suivaient, dans un convoi, avaient ordre de ne pas prendre la même route de déportation. Peu importait aux cadres que des vieillards ou des enfants se retrouvent alors isolés : « Ne vous en faites pas. L'Angkar prendra soin [d'eux]. Vous ne faites pas confiance à l'Angkar ? » — telle était la réponse type faite à ceux qui suppliaient de les réunir à leurs proches [5].

Avec la substitution de l'ensevelissement à la crémation des morts (sauf exceptions, pour lesquelles il fallait supplier, et avoir un cadre humain), on a une atteinte supplémentaire à la solidarité familiale : pour un Khmer, abandonner un proche au froid, à la boue, sans rites funéraires (rien n'est prévu en pareil cas), c'est lui manquer du respect le plus élémentaire, c'est compromettre sa réincarnation, éventuellement le contraindre à l'existence de fantôme. Disposer d'un peu de ses cendres était au contraire particulièrement valorisé, en cette période de fréquents déplacements. Il s'agissait en fait de l'une des pierres angulaires de l'attaque systématique contre la riche culture traditionnelle du Cambodge, qu'elle soit bouddhique ou prébouddhique (les cérémonies « primitives » des Khmers Loeu ne furent pas mieux préservées que les rites issus de l'Empire angkorien), populaire (chants d'amour, plaisanteries) ou savante (danses de cour, peintures de temple, sculptures...). Le Plan de 1976, singeant sans doute la Révolution culturelle chinoise, ne reconnaissait pas

1. La poste, est-il besoin de le préciser, a complètement cessé de fonctionner.
2. Entretien personnel, Cambodge, décembre 1996.
3. Picq, *op. cit.*
4. Pin Yathay, *op. cit.*, p. 168.
5. *Ibid.*, p. 90 et 122.

d'autres formes d'expression artistique que les chants et poèmes révolutionnaires [1].

Mais, au-delà, la réduction du statut des morts est le pendant de la dénégation de l'humanité des vivants. « Je ne suis pas un être humain, je suis un animal », conclut dans sa confession l'ancien dirigeant et ministre Hu Nim [2]. L'homme vaut-il seulement autant que la bête ? On pouvait perdre la vie pour avoir égaré un bœuf, être torturé à mort pour en avoir frappé un [3]. Des hommes furent attachés à la charrue et, eux, fouettés sans merci, pour ne pas s'être montrés à la hauteur de la vache qu'ils secondaient [4]. La vie humaine a si peu de prix... « Tu as des penchants individualistes. [...] Tu dois [...] te libérer de tes sentiments », rétorque un soldat khmer rouge à Pin Yathay, qui prétendait conserver auprès de lui son fils blessé. Voulant aller le voir, mort, quelques jours plus tard, Pin Yathay dut justifier de ce que, malade, il « ne gaspille pas [ses] forces au détriment de l'Angkar » pour obtenir, difficilement, l'autorisation d'aller voir le corps de son fils. Il n'a pas le droit de voir sa femme à l'hôpital, plus tard, sous prétexte que « l'Angkar s'en occupe ». Venant aider une voisine gravement malade et ses deux petits enfants, il s'attira cette remarque d'un Khmer rouge : « Ce n'est pas votre devoir de l'aider, au contraire, cela prouve que vous avez encore de la pitié, des sentiments d'amitié. Il faut renoncer à ces sentiments et extirper de votre esprit les penchants individualistes. Rentrez chez vous, maintenant [5]. »

Cette négation systématique de l'humain a, du point de vue des maîtres du pays, son revers : la disparition chez leurs victimes de tout scrupule à mentir, à tirer au flanc dès que les gardes et les mouchards ont le dos tourné, et surtout à voler. C'est une question de vie ou de mort, compte tenu des rations fournies par l'Angkar : tout le monde vole, des enfants aux vieillards — ce qui peut simplement signifier, tout appartenant à l'État, la cueillette de quelques fruits. Piège infernal qu'une société qui ne vous laisse le choix qu'entre mourir, voler et tromper : cette *déséducation*, chez les jeunes en particulier, a laissé subsister jusqu'à aujourd'hui un cynisme et un égoïsme qui compromettent les chances de développement du Cambodge.

Le triomphe de la brutalité

Autre contradiction irréductible du régime : l'exigence de transparence absolue des vies et des pensées s'oppose au caractère

1. Chandler (1993), *op. cit.*, p. 202 ; Henri Locard, *Les Chants révolutionnaires khmers rouges et la tradition culturelle cambodgienne, ou la révolution triomphante*, note non publiée et non datée.

2. Françoise Corrèze et Alain Forest, *Le Cambodge à deux voix*, Paris.

3. Heng et Demeure, *op. cit.*, p. 132.

4. Haing Ngor, *op. cit.*, p. 131-133.

5. Pin Yathay, *op. cit.*, p. 222-223, 226 et 310 ; des épisodes similaires abondent dans *tous* les témoignages.

particulièrement dissimulé du groupe au pouvoir. Phénomène unique au sein des régimes communistes : l'existence du PCK n'est déclarée officiellement que le 27 septembre 1977, trente mois après le 17 avril. La personnalité même de Pol Pot est un secret particulièrement bien gardé. Il apparaît pour la première fois lors des « élections » de mars 1976, sous la raison sociale d'« ouvrier des plantations d'hévéas ». Il n'y a en fait jamais travaillé, pas plus qu'« à la ferme de ses parents », ainsi que le prétend une biographie diffusée lors de sa visite en Corée du Nord, en octobre 1977. Ce sont les services secrets occidentaux qui, par recoupement, firent une seule et même personne de Pol Pot et de Saloth Sar, militant communiste ayant fui Phnom Penh en 1963, et déclaré « mort au maquis » par certains cadres du PCK. La volonté de demeurer dans l'ombre, pour mieux exercer la toute-puissance, était telle que Pol Pot n'aura ni biographie, ni buste, ni même portrait officiel ; sa photographie n'apparut que rarement, et il n'y a pas eu de recueil de ses textes. Rien donc qui évoque un culte de la personnalité — et beaucoup de Cambodgiens n'apprendront qu'après janvier 1979 qui avait été leur Premier ministre[1]. Pol Pot se confondit avec l'Angkar, et réciproquement : tout se passa comme si, Anonyme suprême de cette organisation anonyme, il était présent dans le moindre village, invisible, derrière le plus petit détenteur d'autorité. L'ignorance est mère de la terreur : personne, à aucun moment, ne peut se sentir à l'abri.

Opacité/transparence : les esclaves du système ne s'appartiennent plus, si peu que ce soit. Leur présent est totalement guidé, par le biais d'un emploi du temps fait pour ne pas accorder de répit, par l'obsession de la nourriture, par les fréquentes réunions de critique-autocritique, où la plus petite défaillance peut faire problème. Leur passé est minutieusement scruté[2], au moindre doute sur la véracité de leurs déclarations, et beaucoup d'arrestations, suivies de tortures, sont destinées à leur faire avouer ce qu'ils auraient tenté de dissimuler. On se trouve à la merci d'une dénonciation, de la rencontre fortuite d'un ancien collègue, voisin, étudiant... Quant à l'avenir, il paraît ne tenir qu'à un fil, soumis au moindre caprice du Moloch au pouvoir. Rien ne doit pouvoir échapper au regard du pouvoir, qui « a autant d'yeux que l'ananas », dit un slogan courant. Tout étant censé avoir une signification politique, la moindre violation des règles établies peut prendre valeur d'acte d'opposition, et donc de « crime contre-révolutionnaire ». Il fallait éviter la plus petite incartade, même involontaire : dans la logique paranoïaque que les Khmers rouges diffusaient autour d'eux (on était entouré d'ennemis aussi perfides que bien dissimulés), il n'y avait pas d'accident, pas de hasard, pas de maladresse — rien que des « trahisons ». Casser un verre, mal maîtriser un buffle et tracer

1. *PPP*, 7 avril 1995, p. 7 ; Chandler (1993), *op. cit.*, p. 185-186, 227, 245 et 265.
2. On impose parfois la rédaction mensuelle d'une autobiographie complète ; à la moindre variation entre deux versions, c'est la mort (Welaratna, *op. cit.*, p. 125).

des sillons de travers pouvaient vous conduire devant les membres de la coopérative érigés en tribunal — vos parents et amis inclus —, et les accusateurs ne manquaient pas. Il ne fallait jamais évoquer les morts, traîtres justement punis ou lâches ayant soustrait leur force de travail à l'Angkar. Le mot « mort » lui-même était devenu tabou, il fallait dire *bat kluon* (corps qui disparaît).

Le point faible fut cependant l'absence de tout appareil judiciaire, même aux ordres (il n'y eut jamais de procès), et surtout d'un appareil policier digne de ce nom — c'est l'armée, guère préparée à ce rôle, qui était chargée de la sécurité intérieure. La rusticité de l'appareil répressif rendait compte de la facilité somme toute assez grande qu'on avait à trafiquer, à parler plutôt librement en privé, à voler... Mais cela explique aussi l'usage immodéré qui fut fait des enfants et jeunes adolescents, transformés en auxiliaires de police. Les uns, déjà intégrés dans l'appareil khmer rouge, nommés *chhlop*, étaient essentiellement des espions, se dissimulant par exemple sous les pilotis des maisons à la recherche de conversations répréhensibles, ou venant dénicher les réserves alimentaires privées interdites. Les autres, souvent plus jeunes, avaient surtout pour tâche de suivre l'itinéraire politique de leurs parents, frères ou sœurs, et de les dénoncer « pour leur bien » en cas de pensées « hétérodoxes ». Pour l'ensemble des Cambodgiens, tout ce qui n'était pas explicitement autorisé était interdit (ou pouvait être considéré comme tel). Comme la prison était dans les faits l'antichambre de la mort, les actes délictueux mineurs, non récidivés, et faisant l'objet d'une autocritique spontanée, suffisamment humble, furent soit pardonnés, soit punis d'un changement d'affectation (par exemple, vers la porcherie — à la chinoise) ou d'un tabassage plus ou moins violent, généralement à la fin de la réunion collective. Les prétextes foisonnaient. Comment, pour des membres d'une famille, accepter pendant des mois de ne pas se rencontrer, alors que leurs équipes de travail sont souvent à quelques kilomètres les unes des autres ? Comment éviter les errements mineurs dans le travail, provenant souvent du manque d'expérience, de l'épuisement qui fait se relâcher la vigilance, de l'usure des outils ? Comment résister à la tentation de la collecte d'aliments, ou de ce « vol » que représente la cueillette d'une banane ?

Chacun de ces « crimes » pouvait mener à l'emprisonnement ou à la mort[1]. *Tout le monde* les commettait, et le plus fréquent était cependant une sanction plus mesurée. Tout est relatif : la flagellation, surtout pour les jeunes, était un châtiment banal ; les adultes paraissent plutôt avoir été roués de coups — il arrivait qu'ils en meurent. Les tortionnaires pouvaient être des militaires khmers rouges. Mais le plus courant était de vous faire tabasser par vos propres collègues de travail, des « 75 » qui, souvent, rivalisaient d'autant plus de zèle qu'ils se savaient eux-mêmes en danger

1. Seng Kimseang (*PPP*, 7 avril 1995, p. 7) évoque le passage à tabac jusqu'à l'évanouissement d'un jeune adolescent pour vol de riz, puis sa « disparition » aux mains de l'Angkar.

constant. Comme toujours, il faut paraître se soumettre entièrement : plaintes ou, pis encore, protestations seraient interprétées comme une marque d'opposition au châtiment, donc au régime. Il s'agissait de châtier, mais aussi de terroriser : des simulacres d'exécutions ont été pratiqués[1].

L'assassinat comme méthode de gouvernement

« Il suffit d'un million de bons révolutionnaires pour le pays que nous construisons. Nous n'avons pas besoin du reste. Nous préférons abattre dix amis plutôt que de garder un ennemi en vie » : tel était le discours des Khmers rouges lors des réunions de coopérative[2]. Ils ont mis en pratique cette logique génocidaire. La mort violente était quotidienne sous Pol Pot ; on périt alors plus souvent assassiné que de maladie ou de grand âge. Le châtiment ailleurs appelé « suprême » était banalisé par sa fréquence, et par la futilité des raisons de l'appliquer. Étrange inversion : c'est dans les cas considérés comme les plus graves qu'on allait en prison (où certes la mort n'était généralement que différée), pour se voir contraint d'avouer complots et complices. Quoique la réalité du système répressif fût soigneusement dissimulée — mystère qui le rendait encore plus effrayant —, certains déportés en perçurent les grandes lignes : « Peut-être y avait-il deux systèmes parallèles de répression. Un système carcéral, partie intégrante d'une bureaucratie, qui se nourrissait de lui-même pour justifier son existence ; et un autre système, plus informel, qui donnait aux chefs de coopérative le droit de se faire justice. En fin de compte, le résultat était le même pour les prisonniers[3]. » Henri Locard confirme cette hypothèse[4]. Il conviendrait d'y ajouter un troisième mode de mise à mort, qui tend à prévaloir dans la dernière année du régime : la « purge militaire » — rappelant un peu les « colonnes infernales » de la guerre de Vendée, en 1793-1795 —, où des troupes liées au Centre massacrent sur place, et en masse, des équipes de cadres locaux disgraciés, des villages suspects, des populations entières comme dans la zone Est. Jamais en tout cas d'acte d'accusation précis, de possibilité de se défendre, de communication du sort des victimes à leurs proches ou à leurs collègues de travail : « L'Angkar tue, mais n'explique jamais » — tel était l'un des nouveaux dictons de la population[5].

Il est difficile de cerner précisément la liste des délits punis de mort. Non qu'ils manquent mais, au contraire, parce qu'il est sans doute impossible de citer une déviance qui *ne puisse pas* entraîner l'exécution capitale : pour le cadre khmer rouge, il est aisé, et recommandé comme preuve d'intelligence politique, d'effectuer la lecture la plus paranoïaque possible du

1. Heng et Demeure, *op. cit.*, p. 185.
2. Pin Yathay, *op. cit.*, p. 237.
3. Haing Ngor, *op. cit.*, p. 178.
4. Locard (1995), note citée.
5. Chandler (1991), *op. cit.*, p. 260.

moindre écart. On se contentera donc d'une récapitulation des principaux motifs de mise à mort, en commençant par les plus fréquents. Le « vol » d'aliments vient certainement en tête. Compte tenu de l'importance du riz dans l'alimentation, et de la fixation effectuée sur lui par le régime, la sentence de mort fut massivement appliquée en cas de glanage sauvage, de chapardage dans les greniers ou à la cuisine ; les maraudeurs étaient souvent exécutés immédiatement à coups de manche de pioche, directement dans le champ — et abandonnés là, pour l'exemple[1]. On avait plus de chances d'en être quitte pour un passage à tabac dans le cas de vol de fruits ou de légumes. Néanmoins, quelques bananes cueillies par une affamée allaitant son bébé la conduisirent à la mort[2]. Des adolescents pillards de vergers furent « jugés » par leurs camarades (qui n'avaient guère le choix de refuser), condamnés et exécutés d'une balle dans la tête séance tenante : « Nous étions tremblants. On nous dit que c'était une leçon pour nous[3]. » L'abattage clandestin était plus rare : volailles et animaux domestiques disparurent rapidement, ou furent placés sous bonne garde ; la promiscuité rendait très délicat le détournement de gros bétail. Une famille entière pouvait néanmoins être assassinée pour s'être partagé un veau[4].

Les visites clandestines à la famille, assimilées à des désertions, même de courte durée, étaient elles aussi très dangereuses. Il semble cependant qu'on y risquait surtout sa vie en cas de récidive — à condition de n'avoir pas accompli la faute gravissime de manquer à son travail. Trop aimer les siens était mal vu ; se disputer avec eux, ou avec qui que ce soit d'autre, pouvait aussi vous coûter la vie (là encore, généralement pas la première fois). Dans une atmosphère d'un puritanisme extrême — il était recommandé pour un homme de se tenir à trois mètres au moins de son interlocutrice, si elle n'était pas une proche parente — les relations sexuelles en dehors du mariage étaient systématiquement punies de mort : malheur aux jeunes amants, malheur aussi aux cadres libidineux, nombreux à « tomber » ainsi[5]. La consommation de boisson alcoolisée[6] (généralement du jus de palme fermenté) était un autre crime capital ; mais cela valait surtout pour cadres et Anciens, les Nouveaux risquant déjà suffisamment leur vie en cherchant à se nourrir. Quant aux pratiques religieuses, très mal considérées, elles ne vous faisaient pas forcément condamner si elles restaient discrètes, et purement individuelles (ce qui est possible dans le bouddhisme, très difficile dans l'islam) ; en revanche, les cérémonies de

1. Pin Yathay, *op. cit.*, p. 289.

2. Kên Khun, *op. cit.*, p. 96 ; en l'occurrence la femme est auparavant violée par les miliciens meurtriers ; peu après, le cadre sera purgé.

3. *PPP*, 7 avril 1995, p. 6.

4. *Ibid.*, p. 7.

5. Pin Yathay, *op. cit.*, p. 314-315 ; Heng et Demeure, *op. cit.*, p. 107.

6. Par contre, le tabac est universellement consommé, y compris par les plus jeunes des soldats khmers rouges ; la drogue, quoique beaucoup moins répandue, ne fait pas l'objet d'interdiction particulière.

transes pouvaient être punies de mort[1]. Bien entendu, toute insoumission était fatale. Les rares qui se risquèrent, les premiers temps surtout, à profiter de la prétendue liberté de critique qu'on leur accordait dans les meetings pour évoquer l'insuffisance de nourriture ou de vêtements « disparurent » très vite, de même que ces courageux instituteurs déportés, organisateurs en novembre 1975 d'une manifestation de protestation contre les rations de famine, elle-même non réprimée[2]. Les propos « défaitistes », souhaiter la disparition du régime (ou la victoire des Vietnamiens, ce que nombre de Cambodgiens pensaient tout bas en 1978), et ne serait-ce que reconnaître qu'on a faim : tout cela vous exposait au pire. Les *chhlop* étaient chargés d'enregistrer, parfois de susciter ces paroles incriminantes.

Ne pas accomplir la tâche assignée, quelle qu'en soit la raison, était aussi des plus risqué. Personne n'était à l'abri d'erreurs ou d'accidents mineurs, toujours potentiellement fatals, mais c'est aussi au nom de cette obligation de résultat que nombre de handicapés, d'invalides, de malades mentaux furent assassinés : incapables, saboteurs objectifs, ils étaient encore plus inutiles que la masse des Nouveaux. Bien entendu, les blessés et amputés de guerre de l'armée républicaine étaient tout désignés pour disparaître. Particulièrement vulnérables furent ceux qui se trouvaient dans l'incapacité de comprendre ou d'appliquer consignes et interdits : un fou ramassant une pousse de manioc, ou exprimant son mécontentement en termes incohérents sera généralement tué[3]. Les communistes khmers appliquaient un eugénisme *de facto*.

Le niveau global de violence du Kampuchéa démocratique était terrifiant. Mais, pour la plupart des Cambodgiens, c'est l'imprévisibilité et le mystère entourant les incessantes disparitions qui terrorisaient, et pas tant le spectacle de la mort. Celle-ci était presque toujours discrète, cachée. On rapprochera de cette discrétion de la mise à mort l'invariable politesse des militants et cadres du PCK : « Leurs paroles restaient cordiales, très douces, même aux pires moments. Ils allaient jusqu'au meurtre sans se départir de cette courtoisie. Ils administraient la mort avec des mots aimables. [...] Ils étaient capables de faire toutes les promesses que nous voulions entendre pour anesthésier notre méfiance. Je savais que leurs paroles douces accompagnaient les crimes ou les précédaient. Les Khmers rouges étaient polis en toute circonstance, même avant de nous abattre comme du bétail[4]. » Une première explication est tactique : comme le suggère Yathay, entretenir la surprise, éviter le refus ou la révolte. Une deuxième est culturelle : la maîtrise de soi est hautement valorisée dans le bouddhisme ; celui qui cède à l'émotion perd la face. Une troisième est politique : comme aux beaux jours du communisme chinois (avant la Révolution culturelle), prouver l'implacable

1. Ponchaud, chapitre cité, p. 169 ; *PPP*, 7 avril 1995, p. 7.
2. Pin Yathay, *op. cit.*, p. 161-163 et 190-191.
3. Haing Ngor, *op. cit.*, p. 184 ; Welaratna, *op. cit.*, p. 53.
4. Pin Yathay, *op. cit.*, p. 163 et 387.

rationalité de l'action du Parti — qui ne doit rien à des passions momentanées ou à des pulsions individuelles — et sa capacité totale à diriger, en toute circonstance. Cette discrétion dans les exécutions suffirait à prouver qu'elles étaient largement coordonnées depuis le Centre : la violence primitive et spontanée, celle des pogroms par exemple, n'hésite pas à s'exhiber. Une fin d'après-midi, une nuit, des soldats viennent vous chercher pour « interrogatoire », pour « étudier », ou pour la bonne vieille « corvée de bois ». Souvent, ils vous attachent les coudes dans le dos, et c'est fini. Parfois, ensuite, on retrouve un cadavre en forêt, non enterré — peut-être pour inspirer encore davantage la peur —, mais il n'est pas toujours identifiable. On sait aujourd'hui que de très nombreux charniers — plus d'un millier pour chacune des provinces complètement investiguées ; et il y en a vingt au total — parsèment la campagne cambodgienne [1]. Parfois était mise en pratique la sinistre menace constamment répétée par les Khmers rouges d'aller servir de « fertilisant pour nos rizières [2] » : « On tuait sans cesse des hommes et des femmes pour en faire de l'engrais. On les enterrait dans les fosses communes qui étaient omniprésentes dans les champs de cultures, surtout ceux de manioc. Souvent, en arrachant les tubercules de manioc, on déterrait un os frontal humain à travers les orbites duquel passaient les racines de la plante vivrière [3]. » Les maîtres du pays semblent avoir parfois cru qu'il n'y avait pas mieux que les cadavres humains pour l'agriculture [4] ; mais il est aussi permis de discerner là le point d'aboutissement, à égalité avec le cannibalisme (des cadres), de la négation de l'humanité des « ennemis de classe ».

La sauvagerie du système réapparaît au moment suprême, celui de l'exécution. Pour économiser les balles, mais aussi sans doute pour satisfaire le fréquent sadisme des exécuteurs [5], la fusillade n'est pas la plus courante : 29 % des victimes selon l'étude de Sliwinski [6]. Par contre, on compterait 53 % de crânes écrasés (à la barre de fer, au manche de pioche, parfois à la binette), 6 % de pendus et asphyxiés (au sac en plastique), 5 % d'égorgés comme de battus à mort. Confirmation de l'ensemble des témoignages : 2 % seulement des assassinats auraient eu lieu en public. Parmi ceux-ci, bon nombre d'exécutions « exemplaires » de cadres déchus, utilisant des modalités particulièrement barbares, où le feu (purificateur ?) semble jouer un grand rôle : ensevelissement jusqu'à la poitrine dans une fosse remplie de braises [7] ; crémation des têtes au pétrole [8].

1. *Le Monde*, 18 juin 1997, p. 16.
2. Pin Yathay, *op. cit.*, p. 301.
3. Kên Khun, *op. cit.*, p. 123 (témoignage d'un étudiant en médecine).
4. Locard (1995), *op. cit.*, p. 12-13.
5. *Cf.* par exemple Haing Ngor, *op. cit.*, p. 179-180.
6. Sliwinski, *op. cit.*, p. 78 ; j'arrondis les décimales à l'unité, les chiffres n'ont probablement qu'une valeur indicative.
7. Haing Ngor, *op. cit.*, p. 268.
8. Heng et Demeure, *op. cit.*, p. 109. Cela rappelle étrangement le fameux supplice, peut-être mythique, infligé à des Khmers lors de l'occupation vietnamienne de la première moitié du XIXe siècle : enterrés jusqu'au cou, leurs têtes enflammées auraient servi de support à des bouilloires à thé.

L'archipel carcéral

Le Kampuchéa démocratique ne connaissait en principe pas la prison. Selon Pol Pot lui-même, s'exprimant en août 1978 : « Nous n'avons pas de prisons et nous n'utilisons pas même le mot de "prison". Les mauvais éléments sont consignés à des tâches productives[1]. » Les Khmers rouges s'en glorifiaient, soulignant la double rupture avec le passé politique et avec la tradition religieuse, ce châtiment différé qu'est la détention étant confondu avec le karma bouddhique, où le compte de vos péchés n'est soldé que dans votre existence à venir. Désormais, la sanction était immédiate[2]... Il existait cependant des « centres de rééducation » *(munty operum)*, parfois appelés « centres de police de district ». Les anciennes geôles d'origine coloniale, vidées comme le reste de la population urbaine, ne furent d'ailleurs pas réoccupées, sauf dans quelques petites villes de province — où une trentaine de détenus étaient entassés dans des cellules conçues pour quelques prisonniers. Ce sont souvent les anciens établissements scolaires, devenus inutiles, parfois les temples qui les remplacèrent[3].

Il est vrai qu'on est assez loin des prisons classiques, même à régime sévère. Rien n'est fait, c'est le moins qu'on puisse dire, pour faciliter la vie des détenus, ou à tout le moins leur survie : des rations alimentaires de famine (parfois une boîte de riz pour quarante personnes[4]), aucun soin médical, un entassement phénoménal, un enchaînement permanent — une cheville pour les femmes et pour certains détenus masculins « légers », deux pour les hommes, aux coudes parfois attachés dans le dos — à une barre de fer collective fixée au sol *(khnoh)*, pas de toilettes ni de possibilité de se laver... On comprend dans ces conditions que l'espérance de vie moyenne du nouveau détenu puisse être évaluée à trois mois, et que les survivants soient rares[5]. Un des rescapés évoque favorablement son lieu de détention, dans la zone Ouest : « On n'y tua que la moitié des prisonniers environ, voire moins encore[6]. » Il eut sans doute la « chance » d'être enfermé fin 1975, à un moment où il n'était pas encore inconcevable d'être libéré, tout comme c'était le cas avant le 17 avril : jusqu'en 1976, 20 % à 30 % sans doute des prisonniers furent élargis. C'est que parfois on prenait alors encore au sérieux la fonction rééducative (passant principalement par un labeur épuisant), cœur du modèle carcéral sino-vietnamien : des fonctionnaires d'Ancien Régime, voire des soldats, avaient quelques possi-

1. Locard, 1995, note citée, p. 18.
2. *Cf.* Pin Yathay, *op. cit.*, p. 306.
3. Sur les prisons nous nous appuyons, sauf mention contraire, sur les deux études fondamentales d'Henri Locard : *Le Goulag khmer rouge*, Note de l'Université Lyon-2 (faculté des langues), 1995 ; et « Tramkâk District in the Grip of the Khmer rouge », communication au colloque *Cambodia : Power, Myth and Memory*, Université Monash, décembre 1996.
4. Pin Yathay, *op. cit.*, p. 231.
5. Trois sur quatre-vingts dans une prison locale mentionnée *in* Pin Yathay, *op. cit.*, p. 231.
6. Kiernan, *op. cit.*, p. 345, note 169.

bilités de s'en sortir à condition de bien se comporter, de travailler dur, et ce fut encore vrai au début des déportations[1]. L'ancienne terminologie fut ensuite préservée (ainsi l'emprisonnement est-il souvent déguisé en convocation à une « session d'études » — le terme « khmer » est calqué sur le chinois *xuexi*), mais vidée de tout sens. Que la portée pédagogique ait pratiquement disparu (sauf peut-être au camp de Bung Tra Bek — pour Cambodgiens retournés de l'étranger, étudiants en majorité — décrit par Y Phandara) est par exemple indiqué par la note d'une direction locale prescrivant d'enfermer les enfants avec leurs mères, quel que soit leur âge, « de façon à se débarrasser de tous d'un seul coup[2] ». Il s'agit là de la concrétisation du slogan « Quand on arrache une herbe, il faut en extirper toutes les racines[3] », lui-même version radicale de « l'hérédité de classe » chère aux maoïstes extrêmes. Le sort de ces enfants, laissés à eux-mêmes, non attachés mais sans personne pour prendre soin d'eux, fut particulièrement poignant ; pire encore fut celui des très jeunes « délinquants », enfermés sans condition d'âge minimal.

Des enfants dans une prison de district

Ce qui nous émouvait le plus, c'était le sort de vingt petits enfants, surtout ceux des gens déportés après le 17 avril 1975. Ces enfants ont volé parce qu'ils avaient trop faim. On les avait arrêtés non pour les punir mais pour les mettre à mort d'une manière fort sauvage :

— les gardiens de prison les frappaient ou leur donnaient des coups de pied jusqu'à ce qu'ils en meurent ;

— ils faisaient d'eux des jouets vivants en les attachant par les pieds, les suspendaient à la toiture, les balançaient, puis essayaient de les stabiliser à coups de pied ;

— près de la prison il y avait une mare ; les bourreaux y jetaient des petits prisonniers, les immergeaient avec leurs pieds et, quand ces malheureux étaient pris de convulsions, ils laissaient leur tête émerger mais recommençaient tout de suite à les enfoncer dans l'eau.

Nous, les autres prisonniers et moi-même, pleurions en cachette sur le sort de ces pauvres enfants qui avaient quitté ce monde d'une manière si atroce. Il y avait huit bourreaux gardiens de prison. Bun, le chef, et Lân (je n'ai en mémoire que ces deux noms) étaient les plus sauvages, mais tous ont contribué à cette besogne ignoble, tous ont rivalisé de cruauté pour faire souffrir leurs compatriotes[4].

Le principal clivage entre détenus opposait, si l'on ose dire, ceux condamnés à périr à petit feu, et ceux qui seraient exécutés. Cela dépendait

1. *PPP*, 7 avril 1995, p. 5.
2. Locard (1996), *op. cit.*, p. 6.
3. Locard (1995), *op. cit.*, p. 11.
4. Témoignage d'un ancien fonctionnaire, in Kên Khun, *op. cit.*, p. 131.

surtout de la raison pour laquelle on avait été enfermé : violation d'interdit, origine sociale impure, désaffection manifeste vis-à-vis du régime, inculpation pour participation à un « complot ». Dans ces trois derniers cas, on était généralement interrogé, soit pour faire avouer un ancien métier « à risque », soit pour contraindre à reconnaître une culpabilité et à dévoiler des complices. À la plus légère réticence, la torture était utilisée, bien plus que dans n'importe quel autre régime communiste ; les interrogateurs khmers rouges firent preuve de beaucoup d'imagination morbide et sadique en la matière [1] ; une des modalités les plus courantes semble avoir été la quasi-asphyxie par sac en plastique autour de la tête. Beaucoup de prisonniers, déjà affaiblis, ne survivaient pas à ces séances — les femmes en premier lieu, victimes des pires atrocités. Les bourreaux s'autojustifiaient au nom d'une prétendue efficacité de la torture pour la recherche de la vérité : dans un compte rendu d'interrogatoire, il est ainsi mentionné que le détenu « fut questionné en douceur, sans le frapper. Aussi ne pouvons-nous savoir avec certitude s'il disait la vérité ou non [2] ». Dans les cas les plus sérieux, ou quand les « aveux » paraissaient particulièrement prometteurs en vue de futures inculpations, le détenu était expédié à l'étage supérieur de l'archipel carcéral : on pouvait passer ainsi de la geôle locale à celle du district, puis à celle de la zone, et aboutir enfin à la prison centrale de Tuol Sleng. Quel que soit le niveau atteint, la conclusion tendait à être la même : le prisonnier, une fois établi qu'il n'avait plus d'« informations » à livrer, pressuré à fond par ses interrogateurs (cela prenait parfois des semaines, voire des mois), pouvait désormais être « jeté » ; les exécutions se faisaient le plus souvent à l'arme blanche, avec des particularités locales, comme, à Tramkâk, l'écrasement du cou à la barre de fer. Des haut-parleurs diffusaient une bruyante musique révolutionnaire pour masquer les cris d'agonie.

Parmi les causes de mise en détention, on retrouve des catégories analogues à celles qui vous valaient ennuis ou assassinat dans la coopérative, mais pas dans les mêmes proportions. Beaucoup de simples voleurs se retrouvent en prison, mais il faut généralement qu'ils aient agi sur une grande échelle, ou avec des complices. Par contre, les cas de rapports sexuels hors mariage sont assez fréquents, et plus encore ceux de déclarations « subversives » : dénonciation des inégalités de traitement alimentaire, de la baisse du niveau de vie ou de la soumission à la Chine, affirmation de sa lassitude devant une agriculture présentée comme une offensive militaire permanente, plaisanteries sur l'hymne de la Révolution, propagation de rumeurs concernant des guérillas anticommunistes, référence aux prédictions bouddhistes décrivant un monde en tohu-bohu où règne l'athéisme, mais promis à la disparition. Une femme (pourtant « 70 ») a cassé à la cantine une cuiller, de rage d'avoir déjà perdu quatre

1. *Cf.* par exemple Haing Ngor, *op. cit.*, p. 170-174, 188-194, 240-244 ; Heng et Demeure, *op. cit.*, p. 144-149.
2. Locard (1996), *op. cit.*, p. 8.

enfants du fait de la famine et de n'avoir pas obtenu l'autorisation de rester avec le dernier, mourant à l'hôpital. À côté de ces « casiers politiques », on dénote bon nombre de « casiers sociaux » : ceux qui ont caché leur ancienne profession, ou des épisodes terriblement compromettants de leur biographie, tels qu'un séjour prolongé en Occident. La dernière spécificité de la population carcérale, c'est de compter une masse non négligeable (quoique très minoritaire) d'Anciens, et même de soldats ou fonctionnaires khmers rouges : 10 % de l'échantillon (46 dossiers sur 477) dans la prison de Tramkâk. Eux aussi ont manifesté leur lassitude ou ont « déserté », généralement pour voir leurs proches. Quant aux cadres de rang moyen ou supérieur, ils sont le plus souvent catapultés directement sous le contrôle du Centre et de sa prison de Tuol Sleng.

Survivre à l'horreur

Pour le crime de parler anglais, je fus arrêté par les Khmers rouges et entraîné, la corde au cou, claudiquant et titubant, à la prison de Kach Roteh, près de Battambang. Ce n'était qu'un début. Je fus enchaîné avec tous les autres prisonniers, avec des fers qui me cisaillaient la peau. Mes chevilles en portent encore les marques. On me tortura de façon répétée, pendant des mois. Mon seul soulagement, c'était quand je m'évanouissais.

Chaque nuit, les gardes faisaient irruption, et appelaient les noms de un, deux ou trois prisonniers. On les emmenait, et on ne les revoyait plus — ils étaient assassinés sur l'ordre des Khmers rouges. À ma connaissance, je suis l'un des très rares prisonniers à avoir survécu à Kach Roteh, un vrai camp de torture et d'extermination. Je n'ai survécu que grâce à mon aptitude à raconter les fables d'Ésope et des contes classiques animaliers khmers aux adolescents et aux enfants qui étaient nos gardiens [1].

La visite de cet ancien lycée, connu dans l'organigramme du PCK sous le code S-21, donne le sentiment de toucher le fond de l'horreur. Il ne s'agit pourtant que d'un centre de détention parmi des centaines d'autres et, malgré ses quelque 20 000 victimes, pas forcément du plus meurtrier ; les conditions d'incarcération, certes terribles, l'étaient tout autant ailleurs. Cela signifie que seuls 2 % environ des assassinés, peut-être 5 % des emprisonnés sont passés par Tuol Sleng, qui n'a donc rien à voir avec la centralité d'un Auschwitz dans le système concentrationnaire nazi. Pas de mode de torture vraiment spécifique, sinon peut-être un usage courant de l'électricité. Les deux particularités résident dans le caractère de « prison du Comité central », où parviennent surtout cadres disgraciés et dirigeants déchus, et de « trou noir » dont, en principe, il n'est pas question de sortir vivant : seuls six ou sept détenus échappèrent à la mort. La dernière singu-

1. Kassie Neou, directeur de l'Institut cambodgien des Droits de l'homme, *in PPP*, 20 septembre 1996, p. 8 (traduit de l'anglais par J.-L. Margolin).

larité tient à notre information : un registre complet des entrées, de 1975 à la mi-1978 (14 000 noms) ; et surtout plusieurs milliers de confessions détaillées et de comptes rendus d'interrogatoires, dont certains concernent des grands du régime[1].

Les quatre cinquièmes environ des détenus étaient eux-mêmes des Khmers rouges, quoique des ouvriers et techniciens, en particulier d'origine chinoise, y aient été envoyés en 1978, tout comme les quelques étrangers (marins le plus souvent) ayant eu la malchance de tomber aux mains du régime[2]. On comptait en permanence mille à quinze cents détenus, mais le *turnover* était massif, comme le prouvent les chiffres d'entrée (qui équivalent à peu de chose près aux victimes de l'année), en constante augmentation : à peine 200 en 1975, 2 250 en 1976, 6 330 en 1977, et 5 765 pour le seul premier semestre de 1978. Les interrogateurs subissaient un cruel dilemme : « Nous considérons la torture comme absolument nécessaire », dit l'un de leurs carnets ; mais d'un autre côté cela fait mourir les internés trop tôt, sans qu'ils aient suffisamment « avoué » : cela constitue donc une « défaite pour le Parti ». D'où cette incongruité : un minimum de présence médicale là où tous sont promis à la mort[3]. Certains détenus constituaient des cas plus faciles : les femmes et enfants de prisonniers (souvent déjà exécutés), dont on se débarrassait rapidement, à dates fixes. Ainsi, le 1er juillet 1977, 114 femmes (dont 90 épouses de suppliciés) furent assassinées ; le lendemain, ce fut le tour de 31 fils, de 43 filles de détenus ; quinze avaient été préalablement arrachés à un centre d'enfants. Le maximum quotidien d'exécutions fut atteint peu après la proclamation de l'existence du PCK : 418 le 15 octobre 1977[4]. On estime que quelque 1 200 enfants furent assassinés à S-21[5].

Les raisons de la folie

Comme pour les autres crimes de masse de ce siècle, l'excès de la monstruosité inspire la tentation d'en chercher l'*ultima ratio* du côté de la démence d'un homme, ou de la fascination hébétée d'un peuple. Il n'est pas question d'atténuer la responsabilité d'un Pol Pot, mais ni l'histoire nationale cambodgienne, ni le communisme international, ni l'influence de certains pays (à commencer par la Chine) ne devraient pouvoir s'en tirer à si bon compte : quintessence de ce qu'ils pouvaient produire de pire, la dictature des Khmers rouges est au point de rencontre de ces trois dimensions, en même temps qu'ancrée dans un contexte géographique et temporel précis.

1. Chandler (1991), *op. cit.*, p. 285-302.
2. Quinn, chapitre cité, p. 198 ; Kiernan, *op. cit.*, p. 432-433.
3. Chandler (1991), *op. cit.*, p. 374, note 27 ; Quinn, chapitre cité, p. 210.
4. Kiernan, *op. cit.*, p. 353-354.
5. Quinn, chapitre cité, p. 198.

Une exception khmère ?

« La révolution khmère n'a pas de précédent. Ce que nous essayons de faire n'a jamais été accompli dans l'histoire passée[1]. » Les Khmers rouges eux-mêmes, sitôt émancipés de leurs protecteurs vietnamiens, ont insisté constamment sur l'unicité de leur expérience. Leurs discours officiels ne font presque jamais référence à l'étranger, sinon de façon négative, et ils ne citent pratiquement pas les pères fondateurs du marxisme-léninisme, ou même Mao Zedong. Leur nationalisme a, dans une large mesure, le relent étrange de celui développé par leurs prédécesseurs, Sihanouk ou Lon Nol : un mélange de dolorisme extrême et de prétention démesurée ; un pays-victime, opprimé en permanence par des voisins perfides, cruels, acharnés à sa perte comme si leur propre survie en dépendait, au premier rang desquels le Vietnam ; un pays-cocagne, béni des dieux, au passé prodigieux, au peuple sans égal, qui aurait vocation à rejoindre l'avant-garde de la planète, si seulement[2]... Le triomphalisme ne connaît pas de bornes : « Nous sommes en train de faire une révolution unique. Connaissez-vous un seul pays qui ose, comme nous, supprimer marchés et monnaie ? Nous battons de beaucoup les Chinois qui nous admirent. Ils essaient de nous imiter, mais n'y parviennent pas encore. Nous serons un bon modèle pour le monde entier » — tel est le discours d'un cadre intellectuel ayant séjourné à l'étranger[3]. Même après son éviction du pouvoir, Pol Pot continua de considérer que le 17 avril 1975 fut le plus grand événement révolutionnaire de l'histoire « à l'exception de la Commune de Paris en 1871[4] ».

Or la réalité, tristement prosaïque, est celle d'un petit pays trop longtemps replié sur lui-même, maintenu par le protectorat français dans la position d'un aimable conservatoire d'intéressantes traditions, où les divers clans en lutte quasi incessante pour le pouvoir ne reculèrent jamais devant l'appel aux interventions étrangères en leur faveur, et dans lequel personne ne semble jamais s'être posé sérieusement la question du développement économique : peu d'entreprises, peu de classes moyennes, peu de techniciens, une agriculture de subsistance au poids écrasant. Bref, l'« homme malade » par excellence de l'Asie du Sud-Est[5]. Or l'irréalisme extrême favorise les solutions extrêmes ; la combinaison d'une méfiance quelque peu paranoïaque vis-à-vis des autres et d'une exagération mégalomaniaque

1. Ieng Sary, 1977, cité *in* Chandler (1991), *op. cit.*, p. 240.

2. Sur cette question de la « conscience malheureuse » khmère, *cf.* Jean-Claude Pomonti, « Angoisses khmères », *Le Monde*, 10 mars 1995.

3. Y Phandara, *op. cit.*, p. 88.

4. Ici, c'est la Révolution culturelle chinoise qui manifeste son influence : la « Commune de Shanghai » de janvier 1967 entend mimer la révolution parisienne.

5. Deux autres pays y connaissent aujourd'hui une situation partiellement comparable : le Laos et la Birmanie. Mais le premier ne constitue une entité politique unifiée que depuis 1945, et la seconde, remarquablement prospère sous la colonisation britannique, n'a pas la même position de faiblesse face à ses voisins.

de ses propres capacités stimule le volontarisme et l'isolement ; la faiblesse de l'économie et la pauvreté de la plupart des habitants renforcent l'attrait pour ceux qui se présentent comme les fourriers d'un progrès possible. Le Cambodge était donc un « maillon faible », économiquement aussi bien que politiquement ; l'environnement international, et plus particulièrement la guerre du Vietnam, fit le reste. Quant à la sauvagerie des Khmers rouges, elle trouverait son origine dans la contradiction non assumée entre la démesure des ambitions et le poids des contraintes.

Des auteurs considèrent également que certaines caractéristiques de la nation cambodgienne ont pu favoriser l'action meurtrière des Khmers rouges. Ainsi du bouddhisme, au rôle cependant ambigu : son indifférence aux contrastes sociaux et son report à l'existence future de la rétribution des mérites et démérites de la présente entrent en porte-à-faux avec la vision révolutionnaire. Mais son anti-individualisme correspond bien à la suppression du « je » par les Khmers rouges. La valeur limitée d'une existence, au milieu du tourbillon des réincarnations, et le fatalisme qui en découle face à l'inévitable destinée ont amoindri la résistance des croyants face aux exactions[1].

À Haing Ngor mal en point à sa sortie de prison, une vieille finit par dire tout haut ce que tout le monde pensait tout bas :

« Samnang, peut-être avez-vous fait quelque chose de très mal dans votre vie antérieure. Vous êtes peut-être puni pour cela.

— Oui. Ce doit être ça. Je crois que mon *kama*[2] n'est pas très, très bon[3] ! »

Le bouddhisme, certes violemment réprimé, n'a en tout cas pas constitué ce môle de résistance aux Khmers rouges que fut l'islam pour les Cham.

Le présent amène souvent à revoir le passé. Non pour changer les faits établis, « à la nord-coréenne » si l'on veut, mais pour en modifier la hiérarchie et l'interprétation. L'apparemment paisible Cambodge de Sihanouk, longtemps îlot de neutralité au milieu des guerres indochinoises, avait conduit à mettre l'accent sur le « sourire khmer » — celui des apsaras des reliefs angkoriens, de monarques débonnaires, de paysans petits propriétaires recueillant sans efforts démesurés le paddy de la rizière, le poisson du lac et le sucre du palmier. La furie des trois dernières décennies attire l'attention sur de plus sombres dimensions. Angkor est une indiscutable splendeur[4], mais ses kilomètres de bas-reliefs présentent en grande majorité des scènes guerrières[5]. Les gigantesques édifices, les encore plus

1. Ponchaud, chapitre cité, p. 170-175.
2. Karma, prononcé à la khmère.
3. Haing Ngor, *op. cit.*, p. 176.
4. Son architecture est néanmoins très archaïque par ses techniques, plus proches de celles de l'Égypte pharaonique que de celles des cathédrales gothiques contemporaines.
5. Ce n'est pas le cas des grands temples javanais (Borobudur en particulier) à peu près contemporains.

gigantesques réservoirs d'eau *(baray)* nécessitèrent déportations et mises en esclavage massives.

On conserve fort peu de documents écrits relatifs à la période angkorienne (VIIIe-XIVe siècle), mais toutes les monarchies hindou-bouddhistes de l'Asie du Sud-Est péninsulaire (Thaïlande, Laos, Birmanie...) furent constituées sur son modèle. Leur histoire pleine de violence ressemble à celle du Cambodge ; partout l'on faisait piétiner les concubines répudiées par des éléphants, l'on inaugurait son règne par le massacre de sa propre famille, et les populations vaincues étaient déportées en masse dans les zones désertes. L'absolutisme est fortement ancré dans ces sociétés, et toute contestation prend l'allure d'un sacrilège. Le despote éclairé n'en abuse pas : les structures administratives, particulièrement faibles, amèneraient vite à une situation de rupture. Mais la capacité d'acceptation des populations est particulièrement élevée : à la différence du monde chinois, les révoltes antimonarchiques sont rares, le salut étant plutôt cherché dans la fuite vers d'autres États (jamais trop éloignés) ou vers les régions les plus reculées[1].

Le règne de Sihanouk (depuis 1941, mais le protectorat français dure jusqu'en 1953) peut laisser un souvenir quasi idyllique en comparaison de ce qui suivit son renversement en mars 1970. Le prince ne recula cependant pas devant un usage étendu de la violence, particulièrement contre son opposition de gauche. Dès 1959-1960, inquiet de la popularité croissante d'une gauche communisante critiquant la corruption du pouvoir, il fait ou laisse assassiner le rédacteur en chef du journal *Pracheachun (Le Peuple)*, puis fait tabasser en pleine rue le directeur du bihebdomadaire francophone *L'Observateur* (un des plus gros tirages du pays), le futur dirigeant khmer rouge Khieu Samphan ; on compte, en août 1960, dix-huit emprisonnements, et les principaux organes de la gauche sont interdits. En 1962, dans des conditions encore mystérieuses, c'est vraisemblablement la police secrète qui assassine le secrétaire général du PCK clandestin, Tou Samouth — facilitant l'accession à sa direction de Saloth Sar. En 1967, la révolte de Samlaut et l'influence de la Révolution culturelle dans certaines écoles chinoises entraînent une répression plus sévère que jamais, responsable de nombreux décès : les derniers communistes agissant au grand jour et une centaine de sympathisants intellectuels renforcent les premiers maquis khmers rouges[2]. Suivra-t-on pour autant Henri Locard, quand il écrit : « La violence polpotiste est née de la brutalité de la répression des sihanoukistes[3] » ? Oui, au niveau de la chronologie : l'autocrate princier puis, après 1970, le maréchal illuminé ont réduit à l'impuissance ceux qui critiquaient leurs régimes ineptes ; ce faisant, ils n'ont laissé subsister que

1. Beaucoup d'ethnologues soulignent un lien avec la terre et les ancêtres plus faible que dans le monde sinisé, Vietnam inclus.

2. Chandler (1993), *op. cit.*, p. 101, 105-106 et 135 ; Raoul Marc Jennar, *Cambodge : une presse sous pression*, Paris, Reporters Sans Frontières, 1997, p. 23.

3. Locard (1995), note citée, p. 15.

le PCK comme opposition crédible. Non, au plan de la généalogie : les fondements idéologiques et les fins ultimes de l'action des Khmers rouges ne sont pas *réactifs*, mais reprennent très exactement la « grande tradition » issue du léninisme, et passée au travers des cribles successifs de Staline, de Mao Zedong et d'Hô Chi Minh. L'évolution calamiteuse du Cambodge après l'indépendance, puis son englobement dans la guerre ont *facilité* la prise du pouvoir par les extrémistes du PCK et *légitimé* leur recours à une violence inouïe ; mais aucune circonstance extérieure n'explique leur radicalisme lui-même.

1975 : Une fracture radicale

Il est plus facile pour la révolution cambodgienne d'énoncer ce qu'elle refuse que de dire ce qu'elle propose. Elle correspond, il est vrai, à une volonté de revanche, et trouva sans doute par là l'essentiel de sa base sociale, échaudée ensuite par la collectivisation radicale. Revanche des villageois contre les citadins : les Anciens soutirent rapidement leurs biens aux Nouveaux, que ce soit en jouant du marché noir ou, tout simplement, en volant dans leurs bagages[1]. Revanche, au sein du village, des paysans les plus pauvres contre les « capitalistes » locaux (entendez ceux qui ont quelque chose à commercialiser, ou emploient un peu de main-d'œuvre). Mais la revanche est aussi, peut-être surtout interindividuelle, subvertissant les anciennes hiérarchies professionnelles, familiales, etc. Les témoignages insistent sur la promotion surprenante, aux postes de responsabilité locaux, des marginaux du village, alcooliques par exemple : « Ces hommes réhabilités par l'Angkar, investis de missions de commandement, pouvaient tuer leurs compatriotes sans remords, sans scrupules[2]. » Haing Ngor voit là la sanctification politique de ce qu'il considère comme le plus vil de l'âme khmère : le *kum*, rancœur meurtrière contre laquelle le temps ne peut rien. Parmi ceux dont il eut le plus à se plaindre, on trouve sa tante restée au village familial, qui avait dû auparavant solliciter l'aide de ses parents urbains ; et un infirmier aperçu alors qu'il était médecin hospitalier, qui, quoique Nouveau, chercha à le faire condamner à mort, et fut promu chef d'équipe de travail, renversant ainsi radicalement la hiérarchie qu'il avait eu à supporter[3]. Ce sont toutes les tensions de la société cambodgienne, dont seules certaines peuvent être qualifiées de « sociales » *stricto sensu,* qui explosent ainsi.

Renversement des valeurs : des emplois auparavant méprisés, tels que cuisinier (voire balayeur à la cantine) ou pêcheur, étaient désormais parmi les plus recherchés, car ils autorisaient de faciles détournements de nourri-

---

1. Haing Ngor, *op. cit.*, p. 163.
2. Pin Yathay, *op. cit.*, p. 95-96. Le même type de milieu a largement été utilisé par le PC chinois dans la phase de conquête du pouvoir (voir ci-dessus).
3. Haing Ngor, *op. cit.*, p. 112, 126 et 237-238.

ture. Par contre, les diplômes n'étaient plus rien que de la « paperasserie inutile », et gare à ceux qui essayaient encore de s'en prévaloir. L'humilité était devenue vertu cardinale : parmi les cadres revenus au pays, « la tâche la plus recherchée fut étrangement le nettoyage des toilettes [...] surmonter sa répugnance était une preuve de transformation idéologique [1] ». L'Angkar prétendit capter et monopoliser les liens d'affection familiaux : on s'adressait à elle en public par le collectif « pères-mères » (ce qui entretint la confusion entre le Parti-État et l'ensemble de la population adulte, phénomène caractéristique du communisme asiatique) ; et la période révolutionnaire post-1975 fut désignée par le terme *samay pouk-mè* (« ère pères-mères ») ; les chefs militaires furent appelés « grand-père [2] ». La peur et la haine de la ville étaient extrêmes : cosmopolite, tournée vers la consommation et le plaisir, Phnom Penh est pour les Khmers rouges « la grande prostituée du Mékong [3] ». Une des justifications données à l'évacuation de la capitale fut qu'« un plan secret politico-militaire de la CIA américaine et du régime de Lon Nol » prévoyait en particulier « de corrompre nos combattants et d'émousser leur esprit combatif par les filles, l'alcool et l'argent » après la « libération [4] ».

Plus que les Chinois eux-mêmes, les révolutionnaires du Cambodge prenaient au sérieux le fameux adage de Mao : « C'est sur la page blanche qu'on écrit le plus beau des poèmes [5]. » Il convenait de se dépouiller de tout bien excédant ce qu'on trouve chez un paysan pauvre : les Cambodgiens retournés au pays durent renoncer à presque tous leurs bagages, y compris leurs livres. Ceux écrits en « écriture impérialiste » — français ou anglais — aussi bien que ceux en khmer (« reliques de la culture féodale [6] ») furent destinés à être détruits ; Haing Ngor s'entendit dire par des soldats khmers rouges d'une dizaine d'années : « Plus de livres capitalistes, maintenant ! Les livres étrangers sont des instruments de l'Ancien Régime qui a trahi le pays. Pourquoi as-tu des livres, tu es de la CIA ? Plus de livres étrangers sous Angka [7]. » Il convenait aussi de brûler diplômes aussi bien que papiers d'identité, et même albums de photos [8] ; la révolution, c'est le recommencement à zéro. Assez logiquement, ce sont les êtres sans passé qui s'y trouvaient favorisés : « Seul l'enfant nouveau-né est sans tache », assurait un slogan [9]. L'éducation fut réduite à sa plus simple expression : soit aucune école, soit, assez souvent, quelques cours de lecture, d'écriture et surtout de chants révolutionnaires, entre cinq et neuf

1. Laurence Picq, *op. cit.*, p. 22.
2. Pin Yathay, *op. cit.*, p. 271 ; Ponchaud, chapitre cité, p. 164.
3. Chandler (1991), *op. cit.*, p. 247.
4. Ieng Sary, in *Newsweek,* 4 septembre 1975.
5. *Drapeau rouge* (Pékin), 1er juin 1958.
6. Pin Yathay, *op. cit.*, p. 60.
7. Haing Ngor, *op. cit.*, p. 103.
8. Picq, *op. cit.*, p. 21 ; Y Phandara, *op. cit.*, p. 91.
9. Locard, *PPP*, 20 mai 1994, p. 16.

ans, parfois pas plus d'une heure par jour ; les maîtres étaient souvent eux-mêmes à peine alphabétisés. Le savoir pratique comptait seul : loin de la culture livresque inutile, « nos enfants des zones rurales ont toujours eu des connaissances très utiles. Ils peuvent distinguer la vache calme de la nerveuse. Ils savent se tenir sur un buffle dans les deux sens. Ils sont les maîtres du troupeau. Ils se sont pratiquement rendus maîtres de la nature. Ils connaissent les variétés de riz comme leurs poches. [...] Ils connaissent et comprennent vraiment [...] ce type de savoir est très adapté à la réalité de la nation[1] ».

Pol Pot, ou les enfants au pouvoir... Tous les témoignages confirment l'extrême jeunesse d'une grande partie des soldats khmers rouges. Ils sont engagés dès douze ans, parfois avant — Sihanouk eut des préadolescents parmi ses gardiens, qui se distrayaient en torturant des chats[2]. Ly Heng évoque l'ultime campagne de recrutement, étendue aux Nouveaux, juste avant l'arrivée des Vietnamiens : elle s'adressait aux garçons comme aux filles, entre treize et dix-huit ans ; devant le peu de succès de l'appel au volontariat, des brigades mobiles de jeunes furent contraintes de passer des chantiers dans l'armée[3]. Les jeunes enrôlés perdaient tout contact avec leur famille, et généralement avec leur village. Vivant dans leurs campements, relativement coupés de la population qui les craignait et les évitait, honorés par le pouvoir, ils se savaient tout-puissants, et beaucoup moins menacés par les purges que les cadres. Au-delà du verbiage révolutionnaire, la motivation de beaucoup, de l'aveu même de transfuges, c'était de « ne pas avoir à travailler et pouvoir tuer des gens[4] ». Les moins de quinze ans étaient généralement les plus redoutables : « On les prenait très jeunes et on ne leur apprenait que la discipline. Seulement obéir aux ordres, pas besoin de justification [...] Ils ne croient ni en la religion ni en la tradition, uniquement aux ordres des Khmers rouges. C'est pourquoi ils tuaient leur propre peuple, bébés inclus, comme on écrase des moustiques[5]. »

Les soldats furent, jusqu'en 1978, exclusivement des « 70 ». Les enfants des « 75 », eux, furent fréquemment utilisés dès huit ou neuf ans comme espions ; cependant le degré d'adhésion au régime était si faible qu'une forme de complicité tacite s'installa souvent avec les espionnés qu'ils s'arrangeaient pour avertir discrètement de leur présence[6]. À peine plus âgés, après les purges massives de cadres locaux, ils devinrent parfois des « enfants miliciens », supplétifs des nouveaux chefs des coopératives, chargés de repérer, arrêter et tabasser les coupables d'autoalimentation[7]. L'expérience de Laurence Picq, au Centre, montre

1. Radio Phnom-Penh, 18 avril 1977, cité *in* Jackson, *op. cit.*, p. 74.
2. Norodom Sihanouk, *Prisonnier des Khmers rouges*, Paris, Hachette, 1986.
3. Heng et Demeure, *op. cit.*, p. 189-190.
4. Chandler (1991), *op. cit.*, p. 243.
5. Dith Pran (« modèle » du film *La Déchirure)*, cité *in* Sydney Schanberg, « The Death and Life of Dith Pran », *New York Times Magazine*, 20 janvier 1980.
6. Heng et Demeure, *op. cit.*, p. 112.
7. Ken Khun, *op. cit.*, p. 97-98.

qu'avec le temps la « dictature infantile » était promise à une extension au domaine de l'encadrement civil. Elle décrit la « formation » accélérée d'un contingent d'enfants des campagnes :

« On leur expliqua que la première génération de cadres avait trahi et que la deuxième ne valait guère mieux. Ainsi seraient-ils appelés à prendre très vite la relève [...].

« C'est parmi cette nouvelle génération qu'apparurent les enfants médecins. Elles étaient six fillettes de neuf à treize ans. Elles savaient à peine lire, mais le Parti leur avait confié à chacune une boîte de seringues. Elles étaient chargées de faire les piqûres.

« — Nos enfants médecins, entendait-on dire, sont issus de la paysannerie. Ils sont prêts à servir leur classe. Ils sont remarquablement intelligents. Dites-leur que la boîte rouge contient des vitamines, ils s'en souviendront ! Montrez-leur comment on stérilise une seringue, et ils sauront le faire !

« Ces enfants étaient purs, incontestablement, mais c'était sans compter l'ivresse que procure le savoir-faire d'une piqûre ! Très vite les enfants médecins se montrèrent d'une arrogance et d'une insolence sans précédent[1]. »

La rupture tient encore à la suppression de la religion, et à l'extrême moralisme imposé dans tous les domaines de la vie quotidienne (*cf.* ci-dessus). Il n'y a plus aucune place, on l'a déjà noté, pour les « déviants » en tous genres, y compris les malades chroniques, les fous, les handicapés. Mais le système finit par entrer en contradiction avec le projet officiel d'une nation puissante et nombreuse : les contraintes imposées à la sexualité, au mariage, et plus encore la sous-alimentation permanente tuent jusqu'au désir[2] et font s'effondrer la natalité, de trente pour mille en 1970 à (probablement) onze pour mille en 1978[3].

Rien ne doit subsister qui puisse contrecarrer, volontairement ou involontairement, la volonté du PCK. À la moindre de ses décisions s'attache le dogme de l'infaillibilité. Contrainte redoutable pour celui qui a été arrêté : comme en Chine, c'est là la « preuve » qu'il est coupable, les aveux ultérieurs ne venant que surlégitimer l'action décidée par l'Angkar. Ainsi d'un emprisonné de 1972 : après deux ans d'interrogatoires, il finit par se disculper de l'accusation d'être un militaire républicain ; il fut alors libéré, après un meeting de propagande où l'on vantait la mansuétude de l'Angkar qui, « bien qu'il soit un officier de Lon Nol », voulait tenir compte de son honnêteté et de sa sincérité[4]. Et encore se situait-on avant la fuite en avant répressive postérieure au 17 avril... L'arbitraire est total : le Parti n'a à justifier ni ses choix politiques, ni sa sélection des cadres, ni

1. Picq, *op. cit.*
2. « Les Khmers rouges, subtilement, nous avaient émasculés », *in* Pin Yathay, *op. cit.*, p. 316.
3. Sliwinski, *op. cit.*, p. 67.
4. Locard (1996), *op. cit.*, p. 28.

Le monde nouveau

« Dans le Kampuchéa démocratique, sous le régime glorieux d'Angka, nous devons penser à l'avenir. Le passé est enterré, les "nouveaux" doivent oublier le cognac, les vêtements coûteux et les coupes de cheveux à la mode. [...] Nous n'avons pas besoin de la technologie des capitalistes, pas du tout ! Dans le nouveau système, plus besoin d'envoyer les enfants à l'école. Notre école, c'est la campagne. La terre est notre papier, la charrue notre stylo : nous écrirons en labourant ! Les certificats et les examens sont inutiles ; sachez labourer et sachez creuser des canaux : voilà vos nouveaux diplômes ! Et les médecins, nous n'en avons plus besoin non plus ! Si quelqu'un a besoin qu'on lui enlève les intestins, je m'en chargerai moi-même ! »

Il fit le geste d'éventrer quelqu'un au couteau au cas où nous n'aurions pas saisi l'allusion.

« C'est facile, vous voyez, il n'y a pas besoin d'aller à l'école pour ça ! Nous n'avons pas besoin non plus de professions capitalistes comme les ingénieurs ou les professeurs ! Nous n'avons pas besoin de maîtres d'école pour nous dire ce qu'il faut faire ; ils sont tous corrompus. Nous n'avons besoin que de gens qui veulent travailler dur dans les champs ! Cependant, camarades... il y en a qui refusent le travail et le sacrifice... Il y a des agitateurs qui n'ont pas la bonne mentalité révolutionnaire... Ceux-là, camarades, sont nos ennemis ! Et certains sont ici même, ce soir ! »

L'assistance fut envahie d'un sentiment de malaise qui se traduisit par des mouvements divers. Le Khmer rouge continuait en regardant chaque visage devant lui.

« Ces gens-là s'accrochent au vieux mode de pensée capitaliste ! On peut les reconnaître : j'en vois parmi nous qui portent encore des lunettes ! Et pourquoi mettent-ils des lunettes ? Ils ne peuvent pas me voir si je leur donne une gifle ? »

Il s'avança brusquement vers nous, la main levée :

« Ah ! Ils reculent la tête, donc ils peuvent me voir, donc ils n'ont pas besoin de lunettes ! Ils portent des lunettes pour suivre la mode capitaliste, ils croient que ça les rend beaux ! Nous n'en avons pas besoin : ceux qui veulent être beaux sont des paresseux et des sangsues qui sucent l'énergie du peuple ! »

Discours et danses se succédèrent pendant des heures. Enfin, tous les cadres se mirent sur une seule ligne hurlant d'une seule voix : « LE-SANG-VENGE-LE-SANG ! » En prononçant le mot « sang », ils se frappaient la poitrine avec le poing ; en criant « venge », ils saluaient le bras levé, le poing tendu. « LE-SANG-VENGE-LE-SANG ! LE-SANG-VENGE-LE-SANG ! »

Le visage figé dans une détermination sauvage, ils hurlaient les slogans au rythme des coups sur leur poitrine, terminant cette terrifiante démonstration par un vibrant : « Longue vie à la révolution cambodgienne [1] ! »

---

1. Discours d'un cadre khmer rouge de Tonle Bati, été 1975, *in* Haing Ngor, *op. cit.*, p. 110-111.

ses changements, de ligne comme de personnel : malheur à celui qui n'a pas compris à temps que les Vietnamiens étaient des ennemis, ou que tel leader historique du mouvement était en fait un agent de la CIA ! C'est sous l'angle de la trahison, ou du sabotage mené par les anciennes classes exploiteuses et par leurs alliés, que Pol Pot et consorts analysent les échecs (économiques, et bientôt militaires) de plus en plus patents du régime : d'où l'emballement des mesures terroristes[1].

Dans ce système pauvre en réalisations comme en représentations, incapable d'aller au-delà de son origine guerrière, la haine faisait l'objet d'un véritable culte, qui s'exprimait par une obsession morbide du *sang*.

Le premier couplet de l'hymne national, *L'Éclatante Victoire du 17 avril*, est de ce point de vue représentatif :

Sang écarlate qui inonde la ville et la campagne de la patrie kampuchéenne,
Sang de nos splendides ouvriers-paysans,
Sang des combattants et combattantes révolutionnaires,
Sang qui se mua en terrible colère, en lutte acharnée,
Le 17 avril, sous l'étendard de la Révolution
Sang libérateur de l'esclavage,
Vive, vive l'éclatante victoire du 17 avril !
Grandiose victoire, plus significative que l'époque d'Angkor[2] *!*

Et Pol Pot de commenter :

« Comme vous le savez, notre hymne national n'a pas été composé par un poète. Son essence, c'est le sang de notre peuple entier, de tous ceux qui sont tombés dans les siècles passés. Cet appel du sang a été incorporé à l'hymne national[3]. »

Même une berceuse se termine par « Tu ne dois jamais oublier la vengeance de classe[4] ».

Un marxisme-léninisme paroxystique

Que l'expérience khmère rouge ait été exceptionnellement meurtrière suscite la tentation, comme pour la Shoah, d'insister sur son unicité. Les autres régimes communistes et leurs défenseurs ont dans leur grande majorité emboîté le pas : la tyrannie polpotiste serait soit une déviation ultragauchiste, soit plutôt un « fascisme rouge », simplement déguisé en communisme. Et pourtant, avec le recul, il est clair que le PCK au pouvoir appartenait bien à la « grande famille » ; les particularités du cas cambod-

1. *Cf.* par exemple Chandler (1993), *op. cit.*, p. 214.
2. Locard (date non précisée), article cité, p. 17.
3. Discours du 27 septembre 1977, *in* Jackson, chapitre cité, p. 73.
4. Pin Yathay, *op. cit.*, p. 181.

gien sont importantes, mais l'Albanie ne fut pas non plus la Pologne... Somme toute, le communisme cambodgien est plus proche du chinois que celui-ci ne l'est du soviétique.

On a souligné plusieurs influences possibles pour les Khmers rouges. L'examen de la « piste française » s'impose : presque tous les dirigeants khmers rouges furent étudiants en France, et la plupart y adhérèrent au PCF, y compris le futur Pol Pot[1]. Un certain nombre de leurs références historiques proviennent de cette formation : Suong Sikoeun, second de Ieng Sary, assure : « J'ai été très influencé par la Révolution française, et particulièrement par Robespierre. De là, il n'y avait qu'un pas pour être un communiste. Robespierre est mon héros. Robespierre et Pol Pot : les deux hommes ont les mêmes qualités de détermination et d'intégrité[2]. » Au-delà de cet exemple d'intransigeance, il est cependant difficile de trouver grand-chose, dans la pratique ou le discours du PCK, qui provienne clairement de France, ou du communisme français. Les dirigeants khmers rouges étaient des praticiens bien plus que des théoriciens : ce sont les expériences de « socialisme réel » qui les passionnèrent vraiment.

Cette passion se porta un moment sur le Nord-Vietnam. Ce fut lui, bien plus que le PCF, qui tint le communisme cambodgien sur les fonts baptismaux, puis participa intimement à ses orientations jusque vers 1973. Le PCK n'est au départ que l'une des sections du Parti communiste indochinois (PCI), où l'hégémonie vietnamienne est totale, et qui fut dissocié en trois branches nationales (sans pour autant disparaître) par la seule volonté des camarades d'Hô Chi Minh en 1951. Jusqu'au début de la guerre, le PCK ne semble pas faire preuve de la moindre autonomie par rapport au PCV, que ce soit sur les plans programmatique, stratégique (le légalisme ou les actions armées des communistes cambodgiens sont avant tout des moyens de faire pression sur Sihanouk dans le cadre de la guerre du Vietnam[3]) ou tactique (armement, encadrement, logistique). Même après le coup d'État, ce sont des Vietnamiens qui encadraient l'administration révolutionnaire des « zones libérées » et les nouvelles recrues cambodgiennes. Le fossé ne commença à se creuser qu'après les accords de Paris de janvier 1973 : la stratégie de Hanoi poussait le PCK vers la table des négociations, mais cela aurait donné le beau rôle à Sihanouk et risqué de révéler la faiblesse organisationnelle des Khmers rouges. Aussi refusèrent-ils pour la première fois de servir de masse de manœuvre : ils en avaient désormais les moyens.

Quelle est l'empreinte spécifique du communisme vietnamien sur le PCK ? Répondre n'est pas aisé : une large part des méthodes du PCV

1. Chandler (1993), *op. cit.*, p. 63 et 72-73.

2. Interview postérieure au « ralliement » des partisans de Ieng Sary, *in PPP*, 15 novembre 1996, p. 6. Sur l'admiration du jacobinisme comme vecteur du communisme, *cf.* François Furet, *Le Passé d'une illusion : Essai sur l'idée communiste au* XXe *siècle*, Paris, Robert Laffont, 1995.

3. Même l'insurrection de Samlaut en 1967, point d'origine officiel de la résistance armée, se dressa contre la volonté de Lon Nol de réduire les livraisons de riz cambodgien à l'armée nord-vietnamienne...

viennent de Chine. Vu de Phnom Penh, comment distinguer ce qui est venu directement de Pékin de ce qui a transité par Hanoi ? Certains traits des Khmers rouges rappellent cependant fortement le Vietnam. D'abord, l'obsession du *secret* et de la *dissimulation* : Hô Chi Minh apparut en 1945 sans se référer à son riche passé de cadre de l'Internationale communiste sous le nom de Nguyên Ai Quôc ; des pans entiers de sa carrière ne commencent à être connus que depuis l'ouverture des archives soviétiques[1]. Le PCI déclara son autodissolution en novembre 1945 au profit du Viêt-minh, se reconstitua en 1951 sous le nom de Parti des travailleurs du Vietnam, ne reprit l'étiquette communiste qu'en 1976 ; au Sud-Vietnam, le Parti populaire révolutionnaire n'était qu'une des composantes du Front national de libération. Et pourtant toutes ces organisations furent en fait dirigées d'une main de fer par le même petit groupe de vétérans communistes. Dans les avatars de la vie de Pol Pot (y compris, après la défaite de 1979, les annonces de son « retrait », puis de sa « mort »), dans le jeu entre Angkar et PCK, dans l'opacité de la direction, on lira des phénomènes analogues, et inégalés ailleurs dans l'univers communiste.

Second trait commun, complémentaire en fait du premier : l'usage exceptionnellement étendu du *front uni*. En 1945, l'ex-empereur Bao Dai fut un moment conseiller d'Hô Chi Minh, qui lui-même sut s'attirer le soutien des Américains, et calqua sa Déclaration d'indépendance sur celle des États-Unis ; les Khmers rouges étaient partie prenante en 1970 d'un Gouvernement royal d'union nationale et reprirent ce type de stratégie après leur renversement. Le Viêt-minh comme l'Angkar ne firent jamais référence au marxisme-léninisme et jouèrent sans complexe du nationalisme, au point que celui-ci finit par s'imposer comme dimension autonome et centrale. Enfin, on discernera dans ces *communismes de guerre*, qui ne semblent pouvoir prospérer que dans le contexte d'un conflit armé[2], une forte dérive militariste[3], où l'armée constitue la colonne vertébrale et jusqu'à la raison d'être du régime, en même temps qu'elle fournit un modèle pour la mobilisation des civils, en particulier dans l'économie.

Et la Corée du Nord ? L'image typiquement coréenne du cheval volant *(Chollima)* est souvent utilisée pour illustrer le progrès économique[4]. Pyongyang fut l'une des deux capitales étrangères visitées par Pol Pot en tant que chef de gouvernement, et d'assez nombreux techniciens nord-coréens aidèrent à la remise en ordre de l'industrie cambodgienne[5]. Du « kimilsungisme », Pol Pot a peut-être retenu les purges permanentes, le contrôle policier et l'espionnage généralisés, ainsi qu'un discours où la

1. Sophia Quinn-Judge, « Hô Chi Minh : New Perspectives from the Comintern Files », *in* Philippe Le Failler et Jean-Marie Mancini (éd.), *Viêt Nam : Sources et approches*, Aix-en-Provence, Publications de l'Université de Provence, 1996, p. 171-186.

2. Les échecs du Vietnam après 1975 en sont les témoins.

3. Discernable en Chine pendant le seul court règne du maréchal Lin Biao (1967-1971).

4. Chandler (1991), *op. cit.*, p. 276.

5. Twining, chapitre cité, p. 132.

lutte des classes tend à passer au second plan, au profit d'une dialectique peuple entier/poignée de traîtres ; celle-ci signifie en fait que c'est l'ensemble de la société qui peut être visé par la répression, et qu'aucun groupe social n'a vocation à se substituer au Parti-État pour mener celle-ci. On est là assez loin du maoïsme mais, il est vrai, très près du stalinisme.

Après 1973, le PCK chercha à changer de « grand frère ». La Chine de Mao Zedong s'imposait, pour des raisons tant d'affectivité (son radicalisme affirmé) que d'opportunité (sa capacité à faire pression sur le Vietnam frontalier). L'accueil dans la capitale chinoise en septembre 1977 du dictateur cambodgien, lors de son premier voyage officiel à l'étranger, fut triomphal, et l'amitié entre les deux pays était alors qualifiée d'« indestructible », mettant le Cambodge au même rang que la seule Albanie[1]. Dès mai 1975, les premiers techniciens chinois affluaient à Phnom Penh, et ils atteignirent au minimum les quatre mille (quinze mille selon Ben Kiernan), cependant que la Chine promettait d'emblée un milliard de dollars d'aides diverses[2].

C'est au niveau de la réorganisation du pays sur la base d'une campagne collectivisée que l'expérience chinoise apparaissait exemplaire. La commune populaire, vaste structure aux activités diversifiées, autarcique autant que faire se peut, et cadre de la mobilisation du travail comme de l'administration de la population, fut assurément le prototype des coopératives cambodgiennes. Jusque dans les détails, on retrouve certaines innovations de la Chine de 1958 : les cantines obligatoires, la « mise en commun » des enfants, la collectivisation des objets usuels eux-mêmes, les grands chantiers hydrauliques absorbant une énorme part du travail, la concentration (au fond, contradictoire avec le projet lui-même) sur une ou deux productions presque exclusives, les objectifs chiffrés totalement irréalistes, l'insistance sur la vitesse de réalisation, sur les possibilités illimitées d'une main-d'œuvre correctement mobilisée... Mao avait dit : « Avec du grain et de l'acier, tout devient possible » ; les Khmers rouges répondaient : « Si nous avons du riz, nous avons tout[3]. » On aura remarqué l'absence de l'acier dans la version cambodgienne : l'irréalisme n'allait pas jusqu'à inventer des gisements de fer ou de charbon, inexistants au Cambodge. Par contre, personne n'a dû dire à Pol Pot comment s'était terminé le Grand Bond chinois[4] — ou plutôt ce n'était pas son problème. La notion même est au centre du discours des Khmers rouges. Ainsi l'hymne national s'achève par : « Construisons notre patrie pour qu'elle effectue un Grand Bond en avant ! Un immense, un glorieux, un prodigieux Bond en avant[5] ! »

1. Chandler (1993), *op. cit.*, p. 225-226.
2. *Ibid.*, p. 176 ; Ben Kiernan, *op. cit.*, p. 379.
3. Radio Phnom-Penh, 25 juillet 1975, *in* Jackson, « Ideology... », chapitre cité, p. 60.
4. Sihanouk assure que Zhou Enlai, en 1975, avait très précisément averti la direction cambodgienne que c'était là l'exemple à ne pas suivre.
5. Locard (non daté), article cité, p. 17.

Le Kampuchéa démocratique fut fidèle au Grand Bond chinois au-delà de toute espérance : comme lui, il eut pour principale réalisation une immense et meurtrière famine.

En revanche, la Révolution culturelle n'eut que peu d'échos directs. Comme les autres pouvoirs communistes, celui de Phnom Penh avait constaté à quel point il était aventureux de mobiliser « les masses », même encadrées et chapitrées, contre tel ou tel clan du Parti. Il s'agissait d'autre part d'un mouvement fondamentalement urbain et issu des établissements d'enseignement, donc non transposable par définition. On retrouve certes au Cambodge, encore décuplés, l'anti-intellectualisme de 1966 et la négation de la culture symbolisée par les « opéras révolutionnaires » de Jiang Qing (copiés, semble-t-il, sous Pol Pot[1]) ; la ruralisation de millions d'ex-Gardes rouges inspira peut-être le vidage des villes.

Tout se passe comme si les Khmers rouges s'étaient davantage inspirés de la théorie, ou plus encore des slogans maoïstes, que des pratiques effectives de la RPC. Les campagnes chinoises, foyers de révolution, furent certes le lieu d'exil de millions d'intellectuels citadins, surtout au lendemain de la Révolution culturelle ; le régime utilise toujours aujourd'hui de rudes moyens pour limiter l'exode rural. Mais les grandes cités continuèrent à jouer un rôle moteur après comme avant 1949, et les ouvriers permanents, en particulier, furent les enfants chéris du régime. Jamais le PCC n'envisagea seulement de vider totalement les villes de leur population, de déporter les habitants de régions entières, d'abolir la monnaie ou tout système scolaire et de pourchasser l'ensemble des intellectuels. Mao ne perdait jamais une occasion de leur montrer son mépris, mais il ne voyait pas, au fond, comment se passer d'eux. Et les Gardes rouges étaient souvent issus des universités de l'élite. Khieu Samphan utilisa une rhétorique nettement maoïste quand il accueillit ainsi en 1976 les intellectuels revenus au Cambodge prouver leur fidélité au régime : « On vous le dit clairement, on n'a pas besoin de vous, on a besoin de gens qui savent labourer la terre, un point c'est tout. [...] Celui qui est politisé, qui a bien compris le régime, peut faire n'importe quoi, la technique vient après [...] ; on n'a pas besoin d'ingénieurs pour cultiver le riz, planter le maïs ou élever des porcs[2]. » Mais jamais en Chine semblable négation de toute expertise ne devint politique admise... De plus, par une sorte d'isostasie, chaque virage vers l'extrémisme utopiste, chaque vague répressive aboutissait assez rapidement dans le « pays du Milieu » à un retour à des méthodes et à des principes plus « normaux », l'initiative du retournement venant de l'intérieur même du Parti communiste : c'est sans doute ce qui assura la durabilité du régime, alors que le PCK se vida lui-même de sa substance.

S'agissant des modalités de la répression, enfin, on retrouve les mêmes contradictions. L'inspiration d'ensemble est incontestablement

1. *Cf.* Pin Yathay, *op. cit.*, p. 321.

2. Marie-Alexandrine Martin, *Le Mal cambodgien — histoire d'une société traditionnelle face à ses leaders politiques, 1946-1987*, Paris, Hachette, 1989, p. 193.

chinoise (ou sino-vietnamienne) : séances incessantes et interminables où critiques comme autocritiques sont obligatoires, le tout dans une vague perspective éducative, ou rééducative ; ressassement de la biographie et « confessions » écrites successives dès que les « organes » vous saisissent ; « casier social » (la naissance, le métier) déterminant le « casier politique », qui lui-même définit le casier judiciaire, et héréditarisation/familialisation de plus en plus accentuée de l'ensemble. Enfin, comme ailleurs en Asie, l'intensité de la participation et de l'adhésion politiques exigées tend à abolir la dichotomie Parti-État/société, dans une perspective évidemment totalitaire.

Les particularités cambodgiennes sont néanmoins considérables, et vont toutes dans le sens d'une aggravation par rapport au prototype. La principale différence tient à ce que, au moins jusque dans les années soixante[1], communistes chinois et vietnamiens prirent la rééducation au sérieux : beaucoup d'efforts étaient accomplis pour convaincre les incarcérés de la justesse de l'attitude du Parti à leur égard, et cela impliquait en particulier que les mauvais traitements ou la torture fussent pratiquement bannis : ils furent systématiques au Cambodge. Il fallait aussi que, si hypothétique que ce fût, une « bonne conduite » vous ouvrît la perspective d'une libération, d'une réhabilitation, ou au moins d'un mode de détention plus léger : on ne fut presque jamais libéré des geôles cambodgiennes, et on y mourut incroyablement vite. En Chine ou au Vietnam, la répression massive venait par vagues, entrecoupées de périodes de détente ; des « groupes-cibles » plus ou moins vastes étaient visés, mais ils ne représentaient chaque fois qu'une faible partie de la population — au Cambodge ce sont tous les « 75 », au minimum, qui étaient suspects, et il n'y eut aucun répit. Enfin, au plan des modalités, du « savoir-réprimer », les autres communismes asiatiques donnent le sentiment, au début surtout, de l'organisation, de l'efficacité, d'une relative cohérence, d'une certaine intelligence (même perverse). Au Cambodge, la brutalité nue et l'arbitraire dominent une répression d'initiative très largement locale, même si ses principes viennent d'en haut. On ne connut pas ailleurs en Asie communiste ces exécutions et ces massacres sur place, sauf dans une certaine mesure en Chine pendant la réforme agraire (mais seuls les propriétaires fonciers et assimilés en furent les victimes) et aux grandes heures de la Révolution culturelle (mais de façon plus ponctuelle, dans l'espace comme dans le temps). Bref les maoïstes des rives du Mékong recoururent à une manière de stalinisme primitif (ou, si l'on préfère, dégénéré).

Un tyran exemplaire

L'empreinte personnelle d'un Staline ou d'un Mao fut si considérable que leur mort marqua rapidement de fondamentales modifications, en par-

1. Et ensuite la population pénale diminua beaucoup, en particulier en ce qui concerne les détenus politiques (en Chine plus tôt qu'au Vietnam).

ticulier en matière de répression. Est-il légitime de parler de polpotisme ? L'ex-Saloth Sar traverse de bout en bout l'histoire du communisme cambodgien : il est difficile d'imaginer ce que ce dernier serait sans lui. Or on décèle dans sa personnalité certains traits allant dans le sens des dérives sanglantes. Que faire tout d'abord de ce passé lointain, si peu conforme à une légende révolutionnaire qu'il fit tout pour le nier ? Avoir une sœur et une cousine danseuses et concubines du roi Monivong, un frère fonctionnaire du Palais jusqu'en 1975, et avoir soi-même passé une bonne part de son enfance au cœur même d'une monarchie archaïque : n'y a-t-il pas là de quoi vouloir se « disculper » en détruisant encore et encore le vieux monde ? Pol Pot semble s'être enfoncé toujours plus dans la dénégation de la réalité, faute peut-être d'assumer celle de sa propre histoire. Homme d'appareil, tôt ambitieux, plus à l'aise en petit comité que devant une foule, il vécut depuis 1963 coupé du reste de l'univers : camps de jungle, résidences secrètes (encore aujourd'hui ignorées) dans un Phnom Penh désert. Il semble avoir cultivé là une profonde paranoïa : alors même qu'il était tout-puissant, tous ceux venant l'écouter étaient fouillés ; il changeait souvent de résidence, soupçonnait ses cuisiniers de vouloir l'empoisonner, et il fit exécuter des électriciens « coupables » de coupures de courant [1].

Comment interpréter autrement que par ses obsessions ce dialogue hallucinant avec un journaliste de la télévision suédoise, en août 1978 :

« Votre Excellence voudrait-elle nous dire quelle est la réalisation la plus importante du Kampuchéa démocratique depuis trois ans et demi ?

— La réalisation la plus importante [...] est le fait d'avoir infligé des défaites à tous les complots et actes d'ingérence, de sabotage, de tentative de coup d'État, et aux actes d'agression de la part d'ennemis de tout acabit [2]. »

Involontairement, quel aveu d'échec pour le régime !

Le professeur sensible et timide, amoureux de poésie française et aimé de ses élèves, le propagateur captivant et chaleureux de la foi révolutionnaire que tous décrivent, des années cinquante aux années quatre-vingt, était un être à double face : au pouvoir, il fit arrêter certains de ses plus vieux compagnons en révolution, qui se croyaient ses amis personnels, ne répondit pas à leurs lettres suppliantes, autorisa leur torture « forte » et les fit exécuter [3] ; on a dit qu'il participa peut-être à leur supplice. Son « repentir » après la défaite, lors d'un séminaire pour cadres, en 1981, est un modèle d'hypocrisie :

« Il a dit qu'il savait que de nombreux habitants du pays le haïssaient et le tenaient pour responsable des massacres. Il a dit qu'il savait que de nombreuses personnes avaient trouvé la mort. En disant cela, il s'est presque effondré et a fondu en larmes. Il a dit qu'il devait en assumer la

1. Chandler (1993), *op. cit.*, p. 216-217.
2. Locard (1995), note citée, p. 19.
3. Chandler (1993), *op. cit.*, p. 210-211.

responsabilité parce que la ligne était trop à gauche et qu'il ne suivait pas d'assez près ce qui se passait. Il a dit qu'il était pareil au maître d'une maison qui ignorait ce que faisaient les enfants, et qu'il avait trop fait confiance aux gens. [...] Ils lui disaient des choses qui n'étaient pas vraies, que tout allait bien, mais que telle ou telle personne était un traître. En fin de compte, les véritables traîtres, c'étaient eux. Le principal problème, c'étaient les cadres formés par les Vietnamiens [1]. »

Alors, faut-il croire cet autre très vieux compagnon de Pol Pot, son ex-beau-frère Ieng Sary qui, rallié, l'accuse de mégalomanie : « Pol Pot se considère comme un génie incomparable dans les domaines militaire et économique, en hygiène, en écriture de chansons [2], en musique et en danse, en art culinaire, en mode [*sic*], en tout, y compris l'art de mentir. Pol Pot se considère au-dessus de toutes les créatures de la planète. C'est un dieu sur terre [3] » ? On a là quelque chose d'assez proche de certains portraits de Staline. Coïncidence ?

Le poids du réel

Au delà de la conscience malheureuse de l'histoire nationale, et de l'influence des communismes au pouvoir, la violence des Khmers rouges fut induite par le contexte temporel et spatial dans lequel leur régime se situait. Produit presque accidentel d'une guerre qui dépassait largement le Cambodge, il se vit avec effroi faible et isolé dans son propre pays sitôt la victoire acquise. L'hostilité du Vietnam et les étouffantes embrassades de la Chine firent le reste.

Le 17 avril vint trop tard dans un monde trop vieux. La première faiblesse des Khmers rouges, peut-être la plus grande, c'est d'être une anomalie historique, et moins une utopie qu'une *uchronie*. Il s'agit d'un « communisme tardif », au sens où l'on parle d'antiquité tardive, alors que le monde est déjà en train de basculer vers autre chose. Quand Pol Pot parvient au pouvoir, Staline est mort (1953), Hô Chi Minh est mort (1969), et Mao ne se sent vraiment pas très bien (il meurt en septembre 1976). Reste Kim Il Sung, mais la Corée du Nord est petite et lointaine. Le grand modèle chinois se craquelle sous les yeux du nouveau dictateur : la « bande des Quatre » essaie de relancer la Révolution culturelle en 1975, mais rien ne vient ; après d'ultimes manœuvres, la mort du Timonier suffit à la balayer tel un château de cartes ; les Khmers rouges tentent de se rabattre sur ce qu'il reste de maoïstes inconditionnels, mais ceux-ci, dès fin 1977, sont engagés dans un combat d'arrière-garde contre l'irrésistible retour de Deng Xiaoping et de ses partisans réformateurs ; un an après, c'est la fin officielle du maoïsme, et le Mur de la démocratie, cependant qu'on mas-

1. Suivant le récit d'un participant, *in* Chandler (1993), *op. cit.*, p. 266-267.
2. Sihanouk prétend qu'il aurait composé l'hymne de l'Angkar.
3. *PPP*, 20 septembre 1996, p. 7.

sacre à tour de bras au Cambodge. Fini le Grand Bond, vive le révisionnisme ! Le reste de l'Asie, vu de Phnom Penh, est encore plus déprimant : après le stimulus momentané fourni par la victoire des forces révolutionnaires en Indochine, les guérillas maoïsantes de Thaïlande, de Malaisie et de Birmanie reprennent ou amorcent leur déclin ; surtout, peut-être, l'aile marchante du continent, enviée et admirée, ce sont désormais, aux côtés du Japon, les « petits dragons » (Singapour, Taïwan, Corée du Sud, Hong Kong), aussi prospères économiquement qu'anticommunistes politiquement, et pourtant de plus en plus émancipés de la tutelle occidentale. Enfin, ce qu'ils peuvent savoir d'une intelligentsia occidentale où le marxisme amorce un déclin définitif ne peut que les dérouter. Le sens de l'histoire n'est-il pas en train de s'inverser ?

À ce lent basculement, deux réponses possibles : l'accompagnement, et donc la modération, la révision des dogmes, le risque aussi de perdre son identité et sa raison d'être ; ou le raidissement sur ce que l'on est, la radicalisation de l'action, la fuite en avant vers un hypervolontarisme — « théorisé » par le Juche nord-coréen. L'euro-communisme, qui connaît alors sa phase de splendeur, ou les Brigades rouges (Aldo Moro est assassiné en 1978) : deux impasses historiques, on le sait maintenant — mais l'une sanglante, l'autre non. Tout se passe comme si les anciens étudiants de la France des années cinquante avaient compris que, faute de mettre en place toute leur utopie, immédiatement, quel qu'en soit le prix, ils ne pourraient pas échapper, eux non plus, à l'engluement des compromis avec le présent réellement existant. Il fallait imposer l'« an zéro » à une population privée de tout répit, ou finir par être balayé. Le Grand Bond chinois n'avait pas porté ses fruits. La Révolution culturelle avait échoué ? C'est qu'on s'était arrêté à des demi-mesures, que les môles de résistance au service de la contre-révolution n'avaient pas été tous balayés : les villes corruptrices et incontrôlables, les intellectuels fiers de leur savoir et prétendant penser par eux-mêmes, l'argent et les rapports marchands élémentaires, fourriers d'une restauration capitaliste, et les « traîtres infiltrés au sein du Parti ». Cette volonté d'obtenir très vite une société différente, un homme nouveau, ne pouvait, malgré ou à cause de la docilité des Cambodgiens, que se heurter à la résistance finalement insurmontable du réel. Ne voulant pas renoncer, le régime dérapa de plus en plus dans l'océan du sang qu'il croyait devoir faire couler sans trêve pour se maintenir au pouvoir. Le PCK se voulait le glorieux successeur de Lénine et de Mao : historiquement, ne s'inscrira-t-il pas davantage comme le prédécesseur de ces groupes qui ont traduit le marxisme-léninisme en licence de commettre n'importe quelle violence : le Sentier lumineux péruvien, les Tigres de l'Eelam tamoul (Sri Lanka), le Parti des travailleurs du Kurdistan (PKK), etc. ?

Le drame des Khmers rouges, c'est peut-être leur faiblesse. Celle-ci, certes, fut soigneusement dissimulée sous un verbiage triomphaliste. Mais, au fond, le 17 avril eut deux raisons primordiales : le considérable soutien militaire du Nord-Vietnam, et l'ineptie du régime Lon Nol (encore aggravée par les incohérences de la politique américaine). Lénine, Mao et, dans une large mesure, Hô Chi Minh n'ont pratiquement dû qu'à leurs propres efforts d'avoir remporté la victoire, et leurs adversaires n'avaient pas été tous médiocres. Leurs partis et, pour les deux derniers, leurs forces armées avaient été édifiés patiemment, lentement, et représentaient bien avant l'arrivée au pouvoir des forces considérables. Rien de tel au Cambodge. Jusque vers le milieu de la guerre civile, les Khmers rouges restèrent complètement dépendants des forces de Hanoi. Même pour 1975, on cite le chiffre d'une soixantaine de milliers de combattants khmers rouges (moins de 1 % de la population), venus à bout de quelque deux cent mille soldats républicains démoralisés.

Armée faible, parti faible... Aucune source n'est vraiment fiable, mais on a cité les chiffres de 4 000 membres en 1970, de 14 000 en 1975[1] : d'un gros groupuscule à un petit parti. Ces chiffres impliquent aussi que les cadres expérimentés, jusqu'à la fin du régime, furent très peu nombreux — et cela rend les purges qui les frappèrent encore plus dramatiques. Les conséquences sont visibles dans les récits des déportés : pour un responsable compétent, combien d'incapables, d'autant plus prétentieux et cruels qu'ils sont bornés. « Les anciens promus cadres étaient ignorants. Ils appliquaient et expliquaient à tort et à travers les principes révolutionnaires. Cette incompétence amplifiait la démence des Khmers rouges[2]. » Tout se passe en effet comme si la faiblesse réelle du régime, quoique inavouée, et le sentiment d'insécurité qu'elle engendre ne pouvaient être compensés que par un surcroît de violence ; celle-ci entraînant la désaffection, la terreur doit encore monter d'un cran, et ainsi de suite. D'où cette atmosphère d'insécurité, de méfiance généralisée, d'incertitude pour le lendemain qui traumatisa tant ceux qui la vécurent. Elle reflète l'impression (justifiée) d'isolement ressentie au sommet : les « traîtres cachés » sont partout. Alors, « on peut toujours faire une erreur en arrêtant quelqu'un, mais on ne doit jamais se tromper quand on le relâche », affirme un slogan khmer rouge[3] : encouragement à la répression aveugle. Pin Yathay analyse bien le cercle infernal à l'œuvre : « Les Khmers rouges, en réalité, craignaient de libérer la colère du peuple nouveau en allégeant l'appareil répressif. Hantés par l'idée d'une révolte éventuelle, ils avaient au contraire décidé de nous faire payer cette impassibilité qu'ils nous reprochaient. C'était le règne de la peur permanente. Nous avions peur de leurs persécutions. Ils avaient peur d'une insurrection populaire. Et ils avaient peur, aussi, des manœuvres idéologiques et politiques de leurs camarades de combat[4]... » Cette crainte d'insurrections populaires était-

1. Timothy Carney, « The Organization of Power », *in* Jackson, *op. cit.*, p. 95.
2. Pin Yathay, *op. cit.*, p. 308.
3. Locard (1995), note citée, p. 19.
4. Pin Yathay, *op. cit.*, p. 288.

elle justifiée ? On n'a pas gardé trace de beaucoup de mouvements de ce type[1], et tous furent écrasés facilement, rapidement et... sauvagement. Mais, à la première fenêtre d'opportunité, quand par exemple l'encadrement local se trouva déstabilisé par les purges, il est significatif que la colère des néo-esclaves s'engouffra par la brèche, quitte à faire franchir à la terreur un palier supplémentaire.

Il y eut des révoltes du désespoir, et d'autres suscitées par de folles rumeurs. À un niveau plus modeste de résistance, on évoquera ces quolibets qui fusent dans la nuit, du bas d'un chantier de barrage, à l'encontre d'un soldat khmer rouge perché sur le mur[2]. Plus globalement, les témoignages laissent l'impression d'une assez grande liberté de ton entre Nouveaux travaillant ensemble, de complicités faciles à obtenir dans le chapardage ou les pauses clandestines, et d'un faible nombre de dénonciations : espionnage et mouchardage ne furent apparemment pas très efficaces. Cela confirme la coupure complète entre les cadres et les « 75 ». La solution que les premiers crurent trouver, ce fut le maintien d'une atmosphère de guerre, puis le recours à la guerre elle-même — la méthode avait fait ses preuves ailleurs. Certains slogans sont significatifs : « Une main tient la houe, une main frappe l'ennemi[3] », ou « Avec de l'eau on fait pousser le riz, avec le riz on fait la guerre[4] ». Les Khmers rouges ne croyaient pas si bien dire : il n'y eut jamais assez de riz, et ils perdirent la guerre.

Un génocide ?

Il faut se résoudre à qualifier les crimes des Khmers rouges. C'est un enjeu scientifique : situer le Cambodge par rapport aux autres grandes horreurs de ce siècle, et l'inscrire à sa place dans l'histoire du communisme. C'est également une nécessité juridique : une partie importante des responsables du PCK sont encore vivants, et actifs. Doit-on se résigner à ce qu'ils restent libres de leurs mouvements ? Sinon, sous quels chefs d'inculpation les juger[5] ?

Que Pol Pot et consorts soient coupables de crimes de guerre, c'est une évidence : les prisonniers de l'armée républicaine furent systématiquement maltraités et souvent exécutés ; ceux qui avaient rendu les armes en avril 1975 furent ensuite impitoyablement pourchassés. Le crime contre l'humanité ne fait pas davantage problème : des groupes sociaux entiers furent ciblés comme indignes d'exister, et largement exterminés ; la

1. La meilleure recension se trouve *in* Kiernan, *op. cit.*
2. Haing Ngor, *op. cit.*, p. 227.
3. Locard (1995), note citée, p. 19.
4. Kiernan, *op. cit.*, p. 247.
5. Dans la discussion qui suit, je me fonde en partie sur Craig Etcheson, « Genocide : By the Laws, not by Emotion », *PPP*, 11 août 1995, p. 20.

moindre divergence politique, réelle ou supposée, devait être punie de mort. La vraie difficulté porte sur le crime de génocide. Si l'on prend la définition au pied de la lettre, on risque de tomber dans une discussion un peu absurde : le génocide ne s'appliquant qu'aux groupes nationaux, ethniques, raciaux et religieux, et les Khmers ne pouvant être considérés *globalement* comme ciblés pour l'extermination, toute l'attention se concentre sur les minorités ethniques, et éventuellement sur le clergé bouddhique. Or, même tous réunis, ils n'ont constitué qu'une part relativement réduite des victimes ; de plus, on l'a vu, il est hasardeux d'affirmer que les Khmers rouges aient réprimé spécifiquement les minorités, excepté les Vietnamiens à partir de 1977 — mais il en restait assez peu à cette date ; les Cham eux-mêmes ont surtout été visés parce que leur foi islamique constituait un môle de résistance. Quelques auteurs ont tenté de résoudre le problème en introduisant la notion de *politicide*[1] — défini en gros comme un génocide à base politique (on pourrait aussi utiliser *sociocide* : génocide à base sociale). C'est reculer pour mieux sauter : se situe-t-on, oui ou non, au même niveau de gravité que le génocide ? Et si oui, comme ces auteurs semblent l'entendre, pourquoi brouiller les pistes en ne conservant pas le terme consacré ? On rappellera que, lors des discussions préalables à l'adoption de la Convention du génocide par l'ONU, ce fut la seule URSS, pour des raisons trop évidentes, qui s'opposa à l'inclusion du groupe *politique* parmi les qualificatifs du crime. Mais, surtout, le terme *racial* (qui ne recouvre, notons-le, ni l'ethnie ni la nation) devrait fournir une solution : la race, fantasme démonté par les progrès de la connaissance, n'existe qu'aux yeux de qui entend la délimiter ; il n'y a, en réalité, pas plus de race juive que de race bourgeoise. Or, pour les Khmers rouges, comme d'ailleurs pour les communistes chinois, certains groupes sociaux sont criminels globalement, et par nature ; de plus ce « crime » est transmis aux époux comme à la descendance, par une forme d'héréditarisation des caractères (sociaux) acquis : Lyssenko n'est pas loin. On est donc en droit d'évoquer une *racialisation* de ces groupes sociaux : le crime de génocide peut alors s'appliquer à leur élimination physique, poussée très loin au Cambodge, et assurément menée en connaissance de cause. Y Phandara s'entend ainsi dire par un ouvrier khmer rouge à propos des « 17 avril » : « C'est le nom des citadins qui soutenaient le régime du traître Lon Nol. [...] Il y a beaucoup de traîtres parmi eux. Le Parti communiste a eu la vigilance d'en éliminer une bonne partie. Ceux qui vivent encore travaillent à la campagne. Ils n'ont plus la force de se dresser contre nous[2]. »

Pour des millions de Cambodgiens d'aujourd'hui, la fracture de l'« ère Pol Pot » a laissé sa trace de feu, inguérissable. En 1979, 42 % des enfants se retrouvaient orphelins, trois fois plus souvent du père que de la

1. Barbara Harff et Ted Robert Gurr, « Towards an Empirical Definition of Genocides and Politicides », *International Studies Quarterly*, n° 32, 1988.

2. Y Phandara, *op. cit.*, p. 72-73.

mère ; 7 % avaient perdu leurs deux parents. En 1992, c'est chez les adolescents que la situation d'isolement était la plus dramatique : 64 % d'orphelins[1]. Une partie des maux sociaux gravissimes qui ravagent aujourd'hui encore la société cambodgienne, à un niveau exceptionnel pour l'Asie orientale, proviennent de cette désarticulation : criminalité massive et souvent très violente (les armes à feu sont partout), corruption généralisée, irrespect et manque de solidarité, absence à tous les niveaux du moindre sens de l'intérêt général. Les centaines de milliers de réfugiés à l'étranger (cent cinquante mille aux seuls États-Unis) continuent eux aussi à souffrir de ce qu'ils vécurent : des cauchemars récurrents, le plus haut taux de dépressions nerveuses de tous les originaires d'Indochine, une grande solitude pour les femmes venues seules, en nombre beaucoup plus important que les hommes de leur génération, assassinés[2]. Et pourtant le ressort de la société cambodgienne n'a pas été brisé : quand, en 1985, les derniers lambeaux de la collectivisation rurale furent abandonnés, l'augmentation de la production permit presque immédiatement la disparition des pénuries alimentaires[3].

Face aux responsables de la dictature khmère rouge, ce laboratoire de toutes les dérives les plus sombres du communisme, les Cambodgiens, dont on comprend le désir primordial de revenir à une vie normale, ne doivent pas être affligés seuls du fardeau de la liquidation d'un terrible passé. Le monde, qui souvent eut tant de complaisance pour leurs bourreaux, et si tardivement, doit faire sien ce drame-là aussi.

---

1. Calculé d'après Sliwinski, *op. cit.*, p. 128.
2. Welaratna, *op. cit.*, p. 254-258.
3. Sliwinski, *op. cit.*, p. 153.

Conclusion

Il y a des communismes au pouvoir en Asie ; il n'y en a même d'ailleurs pratiquement plus que là. Mais existe-t-il un *communisme asiatique*, au sens, par exemple, où il a existé un communisme est-européen ? La réponse n'a rien d'évident. En Europe, à la Yougoslavie et l'Albanie près (et encore...), les communismes eurent au moins ceci en commun d'avoir le même père. Ils moururent pratiquement tous ensemble (*même* en Yougoslavie et en Albanie) quand celui-ci se mit à ne vraiment plus aller bien du tout ; et il les suivit de près dans la tombe. En Asie, on ne décèle semblable relation qu'entre le Vietnam et le Laos, dont les destins paraissent encore organiquement liés. Ailleurs, ce qui frappe, c'est la singularité des processus de conquête et de consolidation du pouvoir, même si la Corée du Nord fut sous Staline une manière de Démocratie populaire, même si, pour le Viêt-minh, le tournant vers la victoire fut l'arrivée de l'APL aux frontières du Tonkin. Il n'y a pas, il n'y eut jamais de « bloc » communiste en Asie sinon dans les désirs de Pékin : il manquait l'étroitesse de la coopération économique, la circulation des cadres à grande échelle, la communauté de formation, et surtout les liens discrets entre appareils militaro-policiers. Des tentatives de ce genre eurent lieu, mais à une échelle réduite, et elles furent peu durables (sauf, encore une fois, entre le Laos et son « grand frère » vietnamien) : entre la Chine et la Corée du Nord, pendant et un peu après le conflit coréen ; entre la Chine et le Vietnam dans les années cinquante ; entre la Chine et le Cambodge de Pol Pot ; entre le Vietnam et le Cambodge des années quatre-vingt. Il n'y a guère en Asie que des communismes *nationaux*, disposant en particulier de la maîtrise de leur défense (sauf au Laos...) même si l'aide chinoise (et parfois soviétique) fut à plusieurs reprises essentielle ; ce n'est que là, d'ailleurs, qu'on vit des guerres « communistes à 100 % », à la fin des années soixante-dix, entre Vietnam et Cambodge, puis entre Vietnam et Chine. Au niveau de l'éducation, de la propagande, de la manière de dire l'histoire, on rencontre difficilement sur cette planète plus nationalistes, et même plus étroitement chauvins que les communismes d'Asie, qui se constituèrent tous dans la lutte contre un impérialisme étranger. Cela constitue au moins un point commun ; l'ennui est que ce nationalisme est souvent tourné contre le communisme voisin.

D'un autre côté, à chaque fois que l'on rentre dans le détail des politiques (et en particulier des politiques répressives, sujet qui nous occupe ici), les similitudes ne laissent pas de frapper, et nous en avons signalé de nombreuses au cours des chapitres qui précèdent. Avant de reprendre les principales, il est bon de s'interroger sur la *chronologie* comparée des régimes étudiés. En Europe, les grandes étapes de l'histoire de chacun sont étroitement articulées avec celle des autres, sauf dans le cas de l'Albanie, et dans une moindre mesure de la Roumanie ou de la Yougoslavie. En Asie, tout d'abord, les points d'origine sont éloignés dans le temps, entre 1945 et 1975 : réformes agraires et collectivisation le sont également, y compris au Vietnam entre le Nord et le Sud. Mais, par ailleurs, on retrouve toujours la succession de ces deux étapes, assez peu de temps après l'accession au pouvoir (sept ans au maximum, dans le cas de la Chine, pour la totalité du processus). Au plan politique, le PC n'agit jamais complètement à visage découvert dans la phase de conquête du pouvoir ; l'apparence d'un « front uni » est maintenue quelque temps après la victoire (huit ans en Chine), même s'il s'agit simplement de ne pas révéler l'existence du Parti, comme au Cambodge jusqu'en 1977. Cependant, si beaucoup sont trompés *avant* par les promesses d'une démocratie pluraliste (et cela contribue au succès communiste, au Vietnam en particulier), le masque tombe très vite *après* : dans un camp de Sudistes prisonniers, au Vietnam, jusqu'au 30 avril 1975 à peu près correctement nourris et vêtus, pas contraints au travail, les rations sont brutalement réduites, la discipline renforcée et d'exténuantes corvées imposées sitôt la « libération » du Sud acquise ; les chefs du camp justifient ces mesures ainsi : « Jusqu'ici, vous avez profité du régime des prisonniers de guerre [...] Maintenant, tout le pays est libéré, nous sommes les vainqueurs et vous êtes les vaincus. Vous devriez vous estimer heureux d'être toujours vivants ! Après la Révolution de 1917 en Russie, tous les vaincus ont été supprimés[1]. » Les couches sociales choyées dans le cadre du front uni (intellectuels et capitalistes « nationaux » en particulier) subissent de plein fouet ostracisme et répression quand la dictature du Parti est installée.

À un niveau plus fin, les similitudes chronologiques sont inconstantes. La Corée du Nord a ses rythmes propres depuis la fin des années cinquante, et ce musée du stalinisme paraît depuis longtemps bien isolé. La Révolution culturelle chinoise est restée sans imitateur. Pol Pot triomphe quand Jiang Qing va s'effondrer, et il rêve d'un Grand Bond abandonné depuis quatorze ans. Mais, partout où les PC sont déjà au pouvoir, l'époque de Staline est marquée de purges, et du développement de la Sécurité. Partout

1. Doan, *op. cit.*, p. 302.

l'onde de choc du XXe Congrès suscite la tentation de la libéralisation politique, rejetée presque aussitôt au profit d'un durcissement des régimes, et sur le plan économique d'un prurit volontariste et utopique — le Grand Bond en Chine, son succédané vietnamien, le *Chollima* coréen. Partout, sauf en Corée, les années quatre-vingt et quatre-vingt-dix sont marquées d'une libéralisation de l'économie : au Laos et au sud du Vietnam, elle suit de très près les mesures de collectivisation, en fait jamais achevée. Plus vite qu'on ne l'a souvent dit, le réformisme économique conduit à une normalisation et un assagissement des pratiques répressives, même si le processus est heurté, contradictoire et incomplet. Sauf à Pyongyang, la terreur de masse comme l'uniformisation des consciences ne sont plus que des souvenirs, et il n'y a pas plus de prisonniers politiques que dans une banale dictature sud-américaine : au Laos, selon les chiffres d'Amnesty International, on est passé de 6 000 ou 7 000 en 1985 à 33 dès mars 1991, et les chiffres ont baissé dans des proportions analogues au Vietnam ou en Chine. Notre époque apporte parfois de bonnes nouvelles, malgré tout, et cela prouve, incidemment, que la compulsion du meurtre de masse n'est pas plus irrésistible dans les communismes d'Asie que dans ceux d'Europe. Pour en revenir à la problématique centrale de cet ouvrage, la *terreur* a eu son temps, qui fut souvent beaucoup trop de temps (jusqu'aux alentours de 1980), et elle précipita régulièrement aussi bien que partout en *crimes* plus ou moins abominables. Elle a aujourd'hui laissé place à une simple *répression* essentiellement sélective et dissuasive, ainsi que de plus en plus banalisée par le recul de la préoccupation rééducatrice.

La clé de ces similitudes chronologiques, qui tout compte fait l'emportent sans doute sur les dissemblances, est dès 1956 beaucoup plus à Pékin qu'à Moscou, et le XXe Congrès en est responsable : il choqua et fut considéré comme une menace par Mao Zedong, Hô Chi Minh ou Kim Il Sung autant que par Maurice Thorez. À contrario, cela met en valeur l'audace de l'initiative khrouchtchévienne. Le Centre chinois, au moins depuis Yan'an, jouait, on l'a signalé, le rôle d'une seconde Mecque pour les communistes de toute l'Asie ; mais le prestige de l'URSS de Staline était immense, et le poids de ses moyens économiques et militaires faisait le reste. L'intervention chinoise en Corée, puis la massivité de son aide au Viêt-minh furent de premiers ébranlements, mais 1956 voit Mao propulsé à la tête du camp « antirévisionniste » *de facto* dans lequel se rangent désormais les pays frères d'Asie. Les errements de la Révolution culturelle affaibliront le magistère chinois ; les besoins militaires du Vietnam le pousseront, à partir du milieu des années soixante, à un rapprochement d'opportunité avec l'URSS. Mais la chronologie fait foi : les initiatives viennent régulièrement de Chine, et sont fréquemment reprises au bouton de guêtre près. Il y a un air de famille qui ne trompe pas dans tous les régimes communistes ; mais, entre ceux d'Asie, cela tient souvent du clonage — pensons par exemple aux réformes agraires chinoise et vietnamienne.

Si le « communisme du goulash » cher à Khrouchtchev attira si peu les communismes d'Asie, du moins jusqu'au début de la décennie quatre-vingt, c'est qu'ils se trouvaient encore à l'heure des guerres révolutionnaires, mais aussi qu'ils constituaient des *idéocraties* à un point rare. Dans la tradition confucéenne de la « rectification des noms » (et partout, sauf au Cambodge, on est de tradition confucéenne), c'est la réalité qui doit se plier au mot ; au pénal, ce qui compte n'est pas ce qu'on a fait, mais le verdict qu'on en tire, et l'étiquette qu'on colle sur vous ; or ceux-ci répondent à toutes sortes de considérations étrangères à vos actes. C'est moins la bonne action que le mot juste qui établit la paix dans les esprits. D'où ce dyptique des communismes d'Asie : suridéologisation, mais aussi volontarisme. La première découle de la boursouflure classificatoire et réorganisatrice issue de la combinaison du mode de pensée confucéen et de la vision révolutionnaire d'une refonte totale de la société. Le second, dans la perspective plus vaste encore d'une transformation du monde, veut s'appuyer comme s'il s'agissait d'un levier sur la pénétration complète des consciences par les « idées justes ». On a évoqué ces joutes oratoires où l'on triomphait si l'on assénait à l'adversaire la citation de Mao à laquelle on ne peut répliquer. Le Grand Bond fut aussi un festival de mots. Évidemment l'irréalisme des Asiatiques a des limites : quand la réalité résiste par trop au discours, cela ne leur échappe pas. Et après avoir constaté la faillite de trop de discours, ainsi que les innombrables catastrophes qu'ils entraînèrent, ils finirent par ne plus vouloir entendre que celui profondément anti-idéologique de Deng Xiaoping : « Qu'importe qu'un chat soit noir ou gris, pourvu qu'il attrape les souris. »

Mais la vraie, la grande originalité des communismes asiatiques, c'est sans doute d'avoir réussi à transférer *du parti à l'ensemble de la société* cette suridéologisation et ce volontarisme, dont on peut sans doute trouver des équivalents, par exemple en URSS stalinienne. Là encore, ils pouvaient faire fond sur deux traditions, elles-même coordonnées. En Asie sinisée (cela concerne donc le Vietnam et la Corée en sus de la Chine), il n'y a pas, depuis longtemps, la distance qu'on constate en Occident entre culture des élites et culture populaire : le confucianisme, en particulier, sut passer de la classe dirigeante aux campagnes les plus reculées, sans beaucoup se modifier ; mais ce fut également le cas en Chine, dès le début du présent millénaire, d'une institution aussi aberrante que les pieds bandés des femmes. Par ailleurs, l'État ne s'est jamais constitué comme une institution cohérente, séparée de la société, et fondée sur un droit complexe : contrairement à l'image qu'elles tentèrent souvent de donner d'elles-mêmes, les monarchies d'inspiration chinoise furent presque toujours dénuées de la plupart des instruments formels d'intervention qui étaient déjà en la possession des royaumes d'Occident à la fin du Moyen Âge[1]. Elles ne

1. Sur ce point, *cf.* par exemple Yves Chevrier, « L'empire distendu : esquisse du politique en Chine des Qing à Deng Xiaoping », in Jean-François Bayart, *La Greffe de l'État — Trajectoires du politique 2*, Paris, Karthala, 1996.

pouvaient survivre et gouverner qu'à travers le consentement de leurs sujets — un consentement obtenu non par une quelconque forme de consultation démocratique, ni par l'arbitrage institutionnalisé entre intérêts divergents, mais par la très large et profonde diffusion de normes identiques de morale civique, elle même habilement fondée sur une morale familiale et interindividuelle : assez exactement ce que Mao dénomma « ligne de masse ». L'État moral (ou idéologique) a en Asie orientale une longue et riche histoire. C'est un État sur le fond pauvre et faible ; mais s'il parvient à faire adhérer la conscience de chaque groupe, de chaque famille, de chaque individu à ses propres normes et idéaux, sa puissance devient inouïe, sans aucune limite — sinon celles de la nature, l'implacable ennemie de Mao au moment du Grand Bond. Les communismes asiatiques cherchèrent donc, et parvinrent un moment (sans doute partout terminé), à créer des sociétés profondément *holistes*. D'où ce chef de cellule vietnamien, lui-même prisonnier, qui se sent le droit de hurler au détenu récalcitrant : « Tu t'opposes au chef de cellule nommé par la révolution. Donc tu t'opposes à la révolution[1] ! » D'où cette extraordinaire volonté, patiente et acharnée, de faire du dernier des détenus, et même d'officiers français sortis de Saint-Cyr, les porteurs et les diffuseurs du message du Parti. Là où la révolution russe ne réussit pas à briser le fossé entre « eux » et « nous », la Révolution culturelle put faire croire un moment à beaucoup que l'État et le Parti, c'était eux aussi : dans certains cas, des Gardes rouges non membres du PC s'estimèrent en droit de décider des exclusions du Parti. Les communismes d'Occident connurent eux aussi la critique, l'autocritique, les interminables réunions de « discussion », l'imposition des textes canoniques. Mais cela fut généralement réservé à la sphère du Parti. En Asie, les mêmes normes sont étendues à tous.

Deux conséquences majeures à cela, en ce qui concerne les formes prises par la répression. La plus évidente, c'est l'absence, que nous avons si souvent constatée, de toute référence même formelle au droit, à la loi, à la justice : tout est politique, et n'est que cela. L'édiction tardive d'un Code pénal (1979 en Chine, 1986 au Vietnam) marque en fait la fin des grandes terreurs. L'autre conséquence, c'est le caractère *généralisé davantage encore que sanglant* des grandes vagues répressives : elles englobent soit l'ensemble des sociétés, soit des couches très larges, dans leur totalité (paysans, urbains, intellectuels, etc). Le régime de Deng Xiaoping a affirmé que la Révolution culturelle avait « persécuté » cent millions de Chinois — chiffre invérifiable ; mais elle ne fit probablement pas plus d'un million de morts. Le rapport ne fut pas le même dans les grandes purges staliniennes. Pourquoi se donner la peine de tuer, si l'on peut si efficacement terroriser ? Cela explique sans doute aussi la massivité des *suicides* dans la mortalité politique : l'intensité des campagnes, relayées par les collègues, les amis, les voisins, la famille est porteuse de tensions propre-

1. Doan, *op. cit., p. 195.*

ment insupportables pour nombre d'individus : il n'y a plus d'espace de repli.

Notre raisonnement porte en lui sa limite : elle s'appelle Cambodge (et, dans une mesure beaucoup plus légère, Laos). Celui-ci ne fut jamais pénétré de confucianisme ; sa tradition politique est beaucoup plus indienne que chinoise. Faut-il voir dans le déchaînement d'une violence pour le coup aussi sanglante que généralisée, qu'il fut seul à connaître, l'effarement d'un pouvoir tentant d'appliquer les recettes sino-vietnamiennes à une population non prédisposée à les recevoir ? Il y a là une piste à creuser, mais il conviendrait aussi d'approfondir les conditions précises de cette expérience heureusement unique.

C'était notre propos de souligner ici les spécificités du communisme asiatique (ou du moins de celui de l'Asie sinisée). Le lecteur de l'ensemble de cet ouvrage décèlera plus aisément par lui-même les très forts liens qui par ailleurs l'unissent au système communiste mondial, et à son chef de file soviétique. Bien des phénomènes qui ont retenu notre attention (la « page blanche », cette nostalgie du recommencement absolu, de la table rase ; le culte et la manipulation de la jeunesse) peuvent facilement être retrouvés sous d'autres cieux. Il reste que la destinée du communisme en Europe et en Asie, d'ores et déjà très divergente, impose l'interrogation sur les différences structurelles pouvant exister entre les variantes d'un phénomène planétaire.

SÉLECTION BIBLIOGRAPHIQUE ASIE[1]

CAMBODGE

Elizabeth Becker, *Les Larmes du Cambodge — l'histoire d'un auto-génocide,* Paris, Presses de la Cité, 1986

David P. Chandler, *The Tragedy of Cambodian History : Politics, War and Revolution since 1945*, New Haven, Yale University Press, 1991.

David P. Chandler, *Pol Pot : Frère Numéro Un*, Paris, Plon, 1993 (éd. originale en anglais 1992).

Ben Kiernan, *The Pol Pot Regime : Race, Power, and Genocide in Cambodia under the Khmer Rouge, 1975-79*, New Haven, Yale University Press, 1996.

Karl D. Jackson (ed.), *Cambodia 1975-1978 : Rendezvous with Death*, Princeton, Princeton University Press, 1989.

Marie-Alexandrine Martin, *Le Mal cambodgien : histoire d'une société traditionnelle face à ses leaders politiques 1946-1987*, Paris, Hachette, 1989.

Haing Ngor, *Une odyssée cambodgienne* (écrit avec Roger Warner), Paris, Fixot-Filipacchi, 1988 (ed. originale en anglais 1987).

Laurence Picq, *Au-delà du ciel : cinq ans chez les Khmers rouges*, Paris, Bernard Barrault, 1984.

Marek Sliwinski, *Le Génocide Khmer rouge : une analyse démographique*, Paris, L'Harmattan, 1995.

Pin Yathay, *L'utopie meurtrière : un rescapé du génocide cambodgien témoigne*, Bruxelles, Complexe, 1989.

CHINE (y compris TIBET)

Jasper Becker, *Hungry Ghosts : China's Secret Famine*, Londres, John Murray, 1996.

Marie-Claire Bergère, *La République populaire de Chine de 1949 à nos jours*, Paris, Armand Colin, 1987.

1. On ne trouvera ici que des ouvrages accessibles et pouvant faire office de référence, en privilégiant ceux écrits ou traduits en français.

Marie-Claire Bergère, Lucien Bianco, Jürgen Domes (dir.), *La Chine au xxe siècle (vol. 1 : D'une révolution à l'autre 1895-1949 ; vol. 2 : De 1949 à aujourd'hui)*, Paris, Fayard, 1989 et 1990.

Yves Chevrier, *Mao et la révolution chinoise*, Florence, Casterman/Giunti, 1993.

Jean-Luc Domenach, *Chine : l'archipel oublié*, Paris, Fayard, 1992.

Pierre-Antoine Donnet, *Tibet mort ou vif*, Paris, Gallimard, 1990.

John K. Fairbank et Albert Feuerwerker (dir.), *The Cambridge History of China — vol 13 : Republican China 1912-1949, Part 2*, Cambridge, Cambridge University Press, 1986

William Hinton, *Fanshen*, Paris, Plon, 1971 (traduit de l'anglais).

Hua Linshan, *Les Années rouges*, Paris, Seuil, 1987.

Ken Ling, Miriam London & Ta-ling Lee, *La Vengeance du ciel : un jeune Chinois dans la Révolution culturelle*, Paris, Robert Laffont, 1981 (éd. originale en anglais, 1972).

Roderick MacFarquhar & John K. Fairbank (dir.), *The Cambridge History of China — vol. 14 : The People's Republic, Part 1(1949-1965)* ; *vol. 15, Part 2 : Revolutions within the Chinese Revolution, 1966-1982*, Cambridge, Cambridge University Press, 1987 et 1991.

Nien Cheng, *Vie et mort à Shanghai*, Paris, Albin Michel, 1987(éd. originale en anglais, 1986).

Jean Pasqualini (avec Rudolph Chelminski), *Prisonnier de Mao : sept ans dans un camp de travail en Chine*, Paris, Gallimard, 1975 (éd. originale en anglais, 1973).

Alain Roux, *La Chine populaire, tome 1 (1949-1966), tome 2 (1966-1984)*, Paris, Editions sociales, 1983.

Wei Jingsheng, *La Cinquième Modernisation et autres écrits du « Printemps de Pékin »*, Paris, Christian Bourgois Éditeur, 1997.

Harry Wu, *Laogai : le goulag chinois*, Paris, éd. Dagorno, 1996 (éd. originale en anglais, 1992).

Yan Jiaqi & Gao Gao, *Turbulent Decade : A History of the Cultural Revolution*, Honolulu, University of Hawai'i Press, 1996 (éd. originale en chinois, 1986).

VIETNAM

Georges Boudarel, *Cent fleurs écloses dans la nuit du Vietnam : communisme et dissidence 1954-56*, Paris, Jacques Bertoin, 1991.

Collectif, *La bureaucratie au Vietnam — Vietnam-Asie-Débat n° 1*, Paris, L'Harmattan, 1983.

Jacques Dalloz, *La Guerre d'Indochine 1945-1954*, Paris, Seuil, 1987.

Doan Van Toai, *Le Goulag vietnamien*, Paris, Robert Laffont, 1979.

Daniel Hémery, *Révolutionnaires vietnamiens et pouvoir colonial en Indochine, 1932-37*, Paris, Maspero, 1975.

Stanley Karnow, *Vietnam : A History*, Harmondsworth, Penguin Books, 1984 (trad. française : *Viêt-Nam*, Paris, Presses de la Cité, 1984).

David G. Marr, *Vietnam 1945 : The Quest for Power,* Berkeley, University of California Press, 1995.

Ngo Van, *Viêt-nam 1920-1945 : révolution et contre-révolution sous la domination coloniale*, Paris, L'Insomniaque, 1995.

LAOS

Martin Stuart-Fox et Mary Koogman, *Historical Dictionary of Laos*, Metuchen & Londres, Scarecrow Press, 1992.

CINQUIÈME PARTIE

LE TIERS-MONDE

par Pascal Fontaine, Yves Santamaria et Sylvain Boulouque

1

L'Amérique latine à l'épreuve des communismes

par Pascal Fontaine

CUBA. L'INTERMINABLE TOTALITARISME TROPICAL

La principale île des Caraïbes a connu depuis le début du siècle une vie politique agitée, marquée au sceau des mouvements démocratiques et sociaux. Déjà en 1933, un putsch militaire emmené par le sergent sténographe Fulgencio Batista avait renversé la dictature de Gerardo Machado. Devenu chef de l'armée, Batista fit et défit pendant vingt ans les présidents d'un pouvoir aux orientations sociales et opposé aux ingérences américaines. Élu en 1940 président de la République, Batista promulgua une constitution libérale. En 1952, il mena un ultime coup d'État, interrompit le processus démocratique, symbolisé par des élections libres prévues pour la même année, et gouverna en s'appuyant alternativement sur divers partis politiques, dont le Parti socialiste populaire, en réalité le Parti communiste cubain.

Sous Batista, Cuba connut un net décollage économique mais la richesse est très mal répartie [1], avec en particulier un fort déséquilibre entre des campagnes déshéritées et les villes aux fortes infrastructures et à l'argent facile dégagé par la pègre italo-américaine — on comptait en 1958 11 500 prostituées à La Havane. La corruption et l'affairisme caractérisaient l'ère Batista et, peu à peu, la classe moyenne se détacha du régime [2]. Les étudiants, sous l'impulsion de José Antonio Etcheverria, créèrent un

1. En 1952, Cuba occupait le 3e rang sur les 20 pays latino-américains pour le produit national brut par habitant ; trente ans plus tard, après plus de vingt ans de castrisme, Cuba n'occupait plus que le 15e rang juste devant le Nicaragua, le Salvador, la Bolivie et Haïti ; cf. Jeannine Verdès-Leroux, *La Lune et la caudillo*, Gallimard, 1898, p. 16.

2. La critique du régime de Batista ne doit pas faire oublier les mensonges de la propagande castriste au sujet de l'état du pays — le nouveau régime avait besoin d'en « rajouter » pour être plus crédible et gagner la sympathie des intellectuels occidentaux. Castro soutint que 50 % de la population était analphabète ; en réalité, en 1958, le taux était de 22 % et, à l'époque, dans la population mondiale, il était estimé à 44 %.

Directoire étudiant révolutionnaire qui patronna un groupe armé et attaqua en mars 1953 le Palais présidentiel. Ce fut un échec total ; Etcheverria fut tué et le Directoire décapité. Mais, le 26 juillet 1953, un autre groupe d'étudiants attaqua la caserne de la Moncada. Plusieurs d'entre eux sont tués et un de leurs leaders, Fidel Castro, fut arrêté. Condamné à quinze ans de prison, il fut bientôt libéré, gagna le Mexique et se lança dans la formation d'un mouvement de guérilla, le Mouvement du 26 juillet, essentiellement composé de jeunes gens libéraux. La lutte armée entre Batista et les *barbudos* devait durer vingt-cinq mois.

La répression menée par le régime était violente et fit des milliers de victimes[1]. Les réseaux de guérilla urbaine furent les plus touchés, avec 80 % de pertes, contre 20 % aux guérillas rurales de la Sierra. Le 7 novembre 1958, à la tête d'une colonne de guérilleros, Ernesto Guevara entama une marche sur La Havane. Le 31 décembre, les syndicats déclenchaient une grève générale. Le 1er janvier 1959, Batista s'enfuyait, tout comme les principaux dignitaires de sa dictature ; Rolando Masferrer, patron de la sinistre police parallèle appelée « les tigres », et Estebán Ventura, chef de la police secrète, deux tortionnaires, ont gagné Miami. Le leader de la Confédération des travailleurs cubains (CTC), Eusebio Mujal, qui avait passé nombre d'accords avec Batista, jugea prudent de se réfugier à l'ambassade d'Argentine. La facile victoire des guérilleros éclipsa le rôle joué par d'autres mouvements dans la chute de Batista. En réalité, la guérilla n'avait livré que des combats mineurs et Batista fut vaincu avant tout parce qu'il avait perdu le contrôle de La Havane face au terrorisme urbain. L'embargo américain sur les armes joua également en sa défaveur.

Le 8 janvier 1959, Castro, Guevara et les *barbudos* font une entrée triomphale dans la capitale. Dès la prise du pouvoir, les prisons de la Cabana à La Havane et de Santa Clara furent le théâtre d'exécutions massives. Selon la presse étrangère, cette épuration sommaire fit six cents victimes parmi les partisans de Batista, en cinq mois. Les tribunaux d'exception créés uniquement pour prononcer des condamnations furent organisés. « Les formes des procès et les principes sur lesquels le droit fut conçu étaient hautement significatifs : la nature totalitaire du régime y était inscrite dès le départ », constate Jeannine Verdès-Leroux[2]. Des simulacres de jugement ont lieu dans une ambiance de kermesse : une foule de 18 000 personnes rassemblée au Palais des Sports « juge » le commandant batistien Jesús Sosa Blanco, accusé d'assassinats, en pointant les pouces vers le sol — il s'écrie : « C'est digne de la Rome antique ! » Il sera fusillé.

Dans la Sierra, Castro avait donné en 1957 une interview au journaliste Herbert Matthews, du *New York Times*, à qui il déclarait : « Le

1. Après enquête, Jeannine Verdès-Leroux conclut que le chiffre de 20 000 morts avancé par la propagande castriste et repris par les intellectuels occidentaux de gauche, est faux. Elle avance le chiffre de 2 000 morts, après une discussion serrée des sources.

2. Jeannine Verdès-Leroux, *op. cit.*, p. 179-189.

pouvoir ne m'intéresse pas. Après la victoire, je veux rentrer dans mon village et reprendre mon métier d'avocat. » Déclaration d'intention certainement hypocrite, immédiatement démentie par la politique qu'il suivit. Dès la prise du pouvoir, de sourdes luttes intestines minèrent le jeune gouvernement révolutionnaire. Le 15 février 1959, le Premier ministre Miro Cardona démissionna. Déjà commandant en chef de l'armée, Castro le remplaça. En juin, il décida d'annuler le projet d'organiser des élections libres, autrefois promises dans un délai de dix-huit mois. Devant les habitants de La Havane, il justifia sa décision par cette interpellation : « Des élections ! Pour quoi faire ? » Il reniait ainsi l'un des points fondamentaux inscrit au programme des révolutionnaires anti-Batista. Ainsi Castro perpétua une situation instaurée par le dictateur déchu. De surcroît, il suspendit la Constitution de 1940 qui garantissait les droits fondamentaux, pour gouverner uniquement par décret — avant d'imposer en 1976 une constitution inspirée de celle de l'URSS. Il prit soin également de promulguer deux textes de lois, la loi n° 54 et la loi n° 53 (texte relatif à la loi sur les associations) qui limitaient le droit des citoyens à s'associer librement.

Castro, qui travaillait alors en étroites relations avec ses proches, entreprit d'écarter les démocrates du gouvernement et pour y parvenir s'appuya sur son frère Raúl (membre du Parti socialiste populaire, c'est-à-dire le PC) et sur Guevara, soviétophile convaincu. Dès juin 1959 se cristallisait l'opposition entre libéraux et radicaux à propos de la réforme agraire lancée le 17 mai. Le projet initial visait à constituer une moyenne bourgeoisie foncière par le biais d'une répartition des terres. Castro choisit une politique plus radicale, sous l'égide de l'*Instituto nacional de reforma agraria* (Institut national de la réforme agraire, INRA) confié à des marxistes orthodoxes et dont il fut le premier président. D'un trait de plume, il annula le plan proposé par le ministre de l'Agriculture, Humberto Sori Marin. En juin 1959, et pour accélérer la réforme agraire, Castro donna l'ordre à l'armée de prendre le contrôle de cent domaines dans la province de Camagüey.

La crise, latente, rebondit en juillet 1959 lorsque le président de la République Manuel Urrutia — un ancien juge d'instruction qui avait courageusement défendu des *barbudos* en 1956 — donna sa démission. Bientôt le ministre des Affaires étrangères, Roberto Agramonte, fut remplacé par Raúl Roa, un castriste de la première heure. Le ministre des Affaires sociales, qui désapprouvait un verdict prononcé à l'encontre d'aviateurs accusés de crime contre des civils, démissionna à son tour[1]. Courant 1960, le processus s'amplifia : en mars, Rupo Lopez Fresquet, ministre des Finances depuis janvier 1959, rompit avec Castro, passa à

1. Au cours de ce procès dit des Aviateurs (février 1959), le ministre de la Défense occupa le siège du procureur. Les aviateurs acquittés, Castro intervint pour qu'ils soient condamnés dans un second procès en mars — le droit est au service du dictateur.

l'opposition puis s'exila. Un autre membre du gouvernement, Anres Suarez, quitta définitivement le pays la même année. Les derniers périodiques indépendants disparurent, le musellement méthodique arrivait à son terme. Le 20 janvier 1960, Jorge Zayas, directeur du journal antibatistien *Avance*, partit en exil ; en juillet, Miguel Angel Quevedo, rédacteur en chef de *Bohemia*, quitta Cuba — *Bohemia* avait reproduit les déclarations de Castro lors du procès de la Moncada. Ne restaient que les périodiques communistes *Granma* et *Hoy*. À l'automne 1960, les dernières figures de l'opposition, politiques ou militaires, furent arrêtées, tels William Morgan ou Humberto Sori Marin. Morgan, autrefois commandant dans la Sierra sera fusillé début 1961.

Bientôt les derniers démocrates se retiraient du gouvernement, tels Manolo Ray[1], le ministre des Travaux publics, ou Enrique Oltusky, le ministre des Communications. C'est alors que se produisit la première grande vague de départs : près de cinquante mille personnes, issues des classes moyennes qui avaient soutenu la révolution, s'exilent. L'absence de médecins, de professeurs ou d'avocats devait durablement fragiliser la société cubaine.

Après les classes moyennes, c'est le monde ouvrier qui subit la répression. D'emblée, les syndicats se montrèrent rétifs au nouveau régime tel qu'il se dessinait. L'un de leurs principeaux leaders était le responsable des syndicats du sucre, David Salvador. Homme de gauche, il avait rompu avec le PSP lorsque ce dernier avait refusé de combattre la dictature de Batista ; il avait organisé les grandes grèves des centrales sucrières en 1955 ; arrêté et torturé, il avait apporté son soutien à la grève d'avril 1958, lancée par les castristes du Mouvement du 26 juillet. Élu démocratiquement secrétaire général de la Confédération des travailleurs cubains en 1959, il se vit imposer deux adjoints, des communistes de la première heure qui n'avaient pas subi l'épreuve démocratique de l'élection. Il tenta d'enrayer le noyautage et le contrôle de sa centrale par les communistes, mais, dès le printemps 1960, Salvador était marginalisé. Il rejoignit la clandestinité en juin. Arrêté en août 1962, il purgea une peine de douze ans de prison. C'était une autre grande figure de la résistance à Batista qui était écartée. Finalement, Castro obtiendra en 1962 du syndicat unique, la CTC, qu'il demande la suppression du droit de grève : « Le syndicat n'est pas un organe revendicatif », précisa un apparatchik du Parti.

Après son arrestation en 1953, Fidel Castro avait sauvé sa tête grâce à l'intervention de l'archevêque de Santiago de Cuba, Mgr Perez Serantes. Le clergé avait accueilli avec soulagement le départ de Batista. Quelques prêtres avaient même suivi les guérilleros dans la Sierra. Mais l'Église s'était élevée contre les jugements expéditifs des batistiens, tout comme elle avait condamné les crimes des « Tigres » de Masferrer. Dès 1959, elle

1. Manolo Ray relance un nouveau mouvement armé, le Mouvement révolutionnaire populaire (MRP), qui sera très actif en 1960-1961.

dénonça l'infiltration communiste. Castro saisit le prétexte de l'affaire de la baie des Cochons[1] pour interdire sur ordre gouvernemental la revue *La Quincena*. En mai 1961, tous les collèges religieux furent fermés et leurs bâtiments confisqués, y compris le collège jésuite de Belen où Fidel avait suivi ses études. Sanglé dans son uniforme, le Líder Máximo (« chef suprême ») déclara : « Que les curés phalangistes se préparent à faire leur valise ! » L'avertissement n'était pas gratuit puisque, le 17 septembre 1961, 131 prêtres diocésains et religieux furent expulsés de Cuba. Pour survivre, l'Église dut se replier sur elle-même. Le régime œuvra à la marginalisation des institutions religieuses. L'un des procédés consistait à laisser chaque Cubain libre d'afficher sa foi, quitte à subir les mesures de rétorsion, comme l'interdiction d'accès à l'université et aux carrières administratives.

La répression toucha également de plein fouet le monde artistique. Dès 1961, Castro a défini le rôle des artistes au sein de la société. Un slogan résume ses conceptions : « Dans la révolution tout, en dehors rien ! » La destinée d'Ernesto Padilla illustre parfaitement l'état de la culture. Écrivain révolutionnaire, Padilla finit par quitter Cuba en 1970 après avoir été contraint de faire son « autocritique ». Après dix années d'errance, Reinaldo Arenas profita de l'exode de Mariel pour quitter lui aussi définitivement Cuba.

Che Guevara, l'envers du mythe

Fidel Castro se référait sans cesse à la Révolution française : le Paris jacobin avait eu Saint-Just, La Havane des guérilleros avait son Che Guevara, version latino-américaine de Netchaïev.

Fils de bonne famille né à Buenos Aires en 1928, Ernesto Guevara sillonne très jeune le sous-continent américain. Ce jeune bourgeois fragilisé par un asthme chronique termine ses études de médecine après un périple à mobylette entre la Pampa et la jungle d'Amérique centrale. Au début des années cinquante, il rencontre la misère au Guatemala à l'époque du régime progressiste de Jacobo Arbenz qui est renversé par les Américains — Guevara apprend à haïr les États-Unis. « J'appartiens, de par ma formation idéologique, à ceux qui croient que la solution des problèmes de ce monde est derrière ce que l'on appelle le rideau de fer », écrit-il à un ami en 1957 (Lettre à René Ramos Latour, cité par Jeannine Verdès-Leroux, *op. cit.*). Une nuit de 1955, au Mexique, il rencontre un jeune avocat cubain exilé qui prépare son retour à Cuba : Fidel Castro. Guevara décide de suivre ces Cubains qui débarqueront sur l'île en décembre 1956. Nommé dans les maquis commandant d'une « colonne », il se fait très vite remarquer par sa dureté. Un gamin, guérillero de sa colonne, qui a volé un peu de nourriture, est immédiatement fusillé, sans autre forme de procès. Ce « partisan de

1. Tentative malheureuse de débarquement de guérilleros anticastristes, opération de la CIA initiée par D. Eisenhower et poursuivie par J.F. Kennedy.

l'autoritarisme à tout crin », selon son ancien compagnon de Bolivie Régis Debray (*Loués soient nos seigneurs*, Gallimard, 1996, p. 184), qui veut déjà imposer une révolution communiste, se heurte à plusieurs commandants cubains authentiquement démocrates.

À l'automne 1958, il ouvre un second front dans la plaine de Las Villas, au centre de l'île. Il remporte un succès éclatant en attaquant à Santa Clara un train de renforts militaires envoyé par Batista : les militaires s'enfuient, refusant le combat. Une fois la victoire acquise, Guevara occupe la charge de « procureur » et décide des recours en grâce. En tout état de cause, la prison de la Cabana où il officie est le théâtre de nombreuses exécutions, notamment d'anciens compagnons d'armes demeurés démocrates.

Nommé ministre de l'Industrie et directeur de la Banque centrale, il trouve avec ses fonctions l'occasion d'appliquer sa doctrine politique, imposant à Cuba le « modèle soviétique ». Méprisant l'argent mais vivant dans les quartiers privés de La Havane, ministre de l'Économie mais dépourvu des plus élémentaires notions d'économie, il finit par ruiner la Banque centrale. Il est plus à l'aise pour instituer les « dimanches de travail volontaires », fruit de son admiration pour l'URSS et la Chine — il saluera la Révolution culturelle. Régis Debray (*op. cit.*, p. 185) fait remarquer : « C'est lui et non Fidel qui a inventé en 1960, dans la péninsule de Guanaha, le premier "camp de travail correctif" (nous dirions de travaux forcés)... »

Dans son testament, cet élève de l'école de la Terreur loue « la haine efficace qui fait de l'homme une efficace, violente, sélective et froide machine à tuer » (Régis Debray, *op. cit.* , p. 186). « Je ne peux pas être ami avec quelqu'un s'il ne partage pas mes idées », avoue ce sectaire qui baptise son fils Vladimir, en hommage à Lénine. Dogmatique, froid et intolérant, le « Che » (expression argentine) est en complet décalage avec le naturel ouvert et chaleureux des Cubains. À Cuba, il est l'un des artisans de l'embrigadement de la jeunesse, sacrifiant au culte de l'homme nouveau.

Désireux d'exporter la révolution dans sa version cubaine, aveuglé par un anti-américanisme sommaire, il s'emploie à propager les guérillas à travers le monde, selon son slogan : « Créer deux, trois... de nombreux Vietnam ! » (mai 1967). En 1963, il est en Algérie puis à Dar-es-Salam, avant de gagner le Congo où il croise le chemin d'un certain Désiré Kabila, un marxiste devenu aujourd'hui maître du Zaïre qui ne répugne pas aux massacres de populations civiles.

Castro l'utilise à des fins tactiques. Une fois leur rupture survenue, Guevara gagne la Bolivie. Tentant d'appliquer la théorie du *foco* (foyer) de guérilla, dédaignant la politique du Parti communiste bolivien, ne rencontrant aucun soutien de la part des paysans dont pas un ne rejoindra son maquis itinérant. Isolé et traqué, Guevara est capturé et exécuté le 8 octobre 1967.

L'armée des anciens rebelles connut aussi un processus de mise au pas. Dès juillet 1959, un proche de Castro, le commandant d'aviation Diaz Lanz, démissionna et gagna les États-Unis. Le mois suivant, une vague d'arrestations, la première, est organisée sous le prétexte de déjouer une tentative de coup d'État.

Dès 1956, Huber Matos avait aidé les *barbudos* dans la Sierra, cherchant des appuis au Costa Rica, les ravitaillant en armes et munitions avec un avion privé, libérant Santiago de Cuba, la deuxième ville du pays, à la tête de la colonne n° 9 « Antonio-Guiterras ». Devenu gouverneur de la province de Camagüey, mais en profond désaccord avec la « communisation » du régime, il abandonna ses fonctions. Castro y vit un complot et chargea un héros de la guérilla, Camillo Cienfuegos, d'arrêter Matos en raison de son « anticommunisme ». Sans égard pour ce combattant exemplaire, Castro lui infligea un « Procès de Moscou à La Havane » dans lequel il intervint lui-même. Devant le tribunal, il exerça des pressions sans retenue : « Je vous le dis. Choisissez : c'est Matos ou moi ! », et interdit aux témoins favorables à l'accusé de s'exprimer. Matos fut condamné à vingt ans de prison qu'il accomplit jusqu'au dernier jour. Tous ses proches furent incarcérés.

Privés de la moindre possibilité d'expression, de nombreux opposants à Castro entrèrent dans la clandestinité, rejoints par les anciens animateurs de la guérilla urbaine contre Batista. Au début des années soixante, cette opposition clandestine s'est transformée en un mouvement de révolte implanté dans les montagnes de l'Escambray. Encadré par d'authentiques *barbudos*, il refusait la collectivisation forcée des terres et la dictature. Raúl Castro dépêcha tous ses moyens militaires, blindés et artillerie, ainsi que des miliciens par centaines pour mettre fin à la rébellion. Les familles des paysans rebelles furent déplacées dans le but de saper les bases populaires de la révolte. Des centaines d'entre elles se retrouvèrent transplantées à des centaines de kilomètres de l'Escambray dans la région des plantations de tabac à Pinar del Río à l'extrême-ouest de l'île. C'est la seule fois où le pouvoir castriste recourut à la déportation de population.

Néanmoins, les combats ont duré pendant cinq années. De plus en plus isolés, les maquis disparurent les uns après les autres. Pour les rebelles et leurs chefs, la justice fut expéditive. Guevara trouva l'occasion de liquider l'un des anciens jeunes chefs de la guérilla antibatistienne, Jesús Carreras, qui s'était opposé à sa politique dès 1958. Blessé au cours d'un accrochage, Carreras fut traîné au poteau d'exécution, Guevara refusant de lui accorder la grâce. À Santa Clara, 381 « bandits » capturés furent jugés. À la prison de La Loma de los Coches, dans les années qui suivent le triomphe de 1959 et pendant la liquidation des maquis de l'Escambray, plus de mille « contre-révolutionnaires » furent fusillés.

Après sa démission du ministère de l'Agriculture, Humberto Sori Marin tenta de créer à Cuba un *foco* (foyer de lutte armée). Arrêté et jugé par un tribunal militaire, il fut condamné à la peine capitale. Sa mère implora sa grâce auprès de Castro, lui rappelant que Sori Marin et lui se connaissaient depuis les années cinquante. Castro promit que Humberto Sori Marin aurait la vie sauve ; quelques jours plus tard il était fusillé.

Périodiquement, après les maquis de l'Escambray, il y eut des tentatives d'implantation de commandos armés sur le sol cubain. La plupart appartenaient aux commandos *Liberación* de Tony Cuesta et aux groupes Alpha 66, créés dès le début des années soixante. La plupart de ces débarquements, inspirés par celui de Castro lui-même, échouèrent.

En 1960, les juges perdirent leur inamovibilité et passèrent sous l'autorité du pouvoir central, négation de la séparation des pouvoirs caractéristique de la dictature.

L'université ne put échapper à la mise au pas générale. Jeune étudiant en génie civil, Pedro Luis Boitel se présenta à la présidence de la Fédération étudiante universitaire (FEU). Ancien opposant à Batista, il était aussi un adversaire acharné de Fidel Castro. Avec l'appui des frères Castro, ce fut le candidat du régime, Rolando Cubella, qui fut élu. Arrêté peu après, Boitel fut condamné à dix ans de prison et incarcéré dans une prison particulièrement dure : Boniato. À plusieurs reprises, il fit la grève de la faim pour protester contre les traitements inhumains. Le 3 avril 1972, il en commença une nouvelle pour obtenir des conditions décentes d'incarcération. Boitel apostropha ainsi l'un des responsables de la prison : « Je fais cette grève pour qu'on m'applique les droits réservés aux prisonniers politiques. Droits que vous exigez pour les détenus des dictatures des pays d'Amérique latine mais que vous refusez pour ceux de votre pays ! » Mais rien n'y fit. Sans assistance médicale, Boitel agonisait. À partir du quarante-cinquième jour, son état devint critique ; au quarante-neuvième, il sombra dans un semi-coma. Les autorités n'intervenaient toujours pas. Le 23 mai à 3 heures du matin, après cinquantre-trois jours de grève de la faim, Boitel décéda. Les autorités refusèrent à sa mère de voir le corps de son fils.

Très vite, Castro a pris appui sur un service de renseignements efficace. La « Sécurité » fut confiée à Ramiro Valdés tandis que Raúl Castro avait la haute main sur le ministère de la Défense. Il réactiva les tribunaux militaires et bientôt le *paredón* — le poteau d'exécution — devint un outil judiciaire à part entière.

Surnommé la « Gestapo rouge » par les Cubains, le Département de la sécurité d'État (DSE), connue aussi sous le nom de *Dirección General de Contra-Inteligencia*, fit ses premières armes entre 1959-1962 lorsqu'il était chargé d'infiltrer et de détruire les diverses oppositions à Castro. La DSE dirigea la sanglante liquidation des maquis de l'Escambray et veilla à la mise en place des travaux forcés. Bien entendu, c'est lui qui détient la haute main sur le système carcéral.

S'inspirant du modèle soviétique, la DSE fut dirigée dès l'origine par Ramiro Valdés, un proche de Castro depuis l'époque de la Sierra Madre. Au fil des ans, la DSE joua un rôle de plus en plus considérable, gagnant une certaine autonomie. Théoriquement, elle dépend du « Minit », le ministère de l'Intérieur. Elle comprend plusieurs branches qui seront détaillées par le général d'aviation Del Pino après qu'il se fut réfugié à Miami en 1987. Certaines sections sont chargées de surveiller tous les fonctionnaires des administrations. La 3e section contrôle ceux qui travaillent dans le secteur de la culture, des sports et de la création artistique (écrivains, cinéastes). La 4e section s'occupe des organismes en relation avec l'économie, le ministère des Transports et des Communications. La 6e section, qui emploie plus de mille agents, a en charge les écoutes téléphoniques. La 8e section surveille les correspondances, c'est-à-dire viole le secret du courrier postal. D'autres sections surveillent le corps diplomatique et les visiteurs étrangers. La DSE entretient la survie du système castriste en utilisant à des fins économiques les milliers de détenus qui sont affectés à des travaux forcés. Elle constitue un monde de privilégiés disposant de pouvoirs illimités.

La *Dirección Special del Ministerio del Interior* ou DEM recrute les *chivatos* (les indicateurs) par milliers pour contrôler la population. La DEM travaille selon trois axes : le premier, appelé « information », consiste à établir un dossier sur chaque Cubain ; le deuxième, « état de l'opinion », sonde l'opinion des habitants ; le troisième, appelé « ligne idéologique », a pour mission de surveiller les églises et les congrégations par l'infiltration d'agents.

Depuis 1967, le Minit dispose de ses propres sections d'intervention : les *Fuerzas Especiales*. En 1995, elles comptaient cinquante mille hommes. Ces troupes de choc collaborent étroitement avec la Dirección 5 et la *Dirección de Seguridad Personal* (service de protection rapprochée). Garde prétorienne de Castro, la DSP est composée de trois unités d'escorte de plus de cent hommes chacune. Renforcée par des hommes-grenouilles et un détachement naval, elle doit protéger physiquement Fidel Castro. On évalue, en 1995, les troupes chargées de cette besogne à plusieurs milliers d'hommes. De surcroït, des experts étudient les scénarios possibles d'attentats contre lui, des goûteurs testent sa nourriture et un corps médical spécial est à sa disposition vingt-quatre heures sur vingt-quatre.

La Dirección 5 est « spécialisée » dans l'élimination des opposants. Deux authentiques opposants à Batista devenus anticastristes furent victimes de cette section : Elias de la Torriente fut abattu à Miami et Aldo Vera, un de chefs de la guérilla urbaine contre Batista, fut assassiné à Puerto Rico. En exil à Miami, Hubert Matos est contraint de se faire protéger par plusieurs vigiles en armes. Les détentions et les interrogatoires menés par la Dirección 5 ont lieu au Centre de détention de Villa Marista à La Havane, un ancien bâtiment de la congrégation des Frères Maristes. Des tortures plus psychiques que physiques se déroulent dans un univers clos, à l'abri des regards, dans un isolement extrême pour le détenu.

Autre unité de la police politique, la *Dirección General de la Inteligencia* (Direction générale des renseignements) qui s'apparente plus à un service de renseignements classique. Ses domaines de prédilection sont l'espionnage, le contre-espionnage, l'infiltration des administrations des pays non communistes et des organisations des exilés cubains.

Il est possible de dresser un bilan de la répression des années soixante : de sept à dix mille personnes ont été passées par les armes et on estimait les prisonniers politiques au nombre de trente mille. En conséquence, le gouvernement castriste a eu très vite à gérer un nombre considérable de détenus politiques, avec notamment les prisonniers de l'Escambray et ceux de Playa Giron — la baie des Cochons.

L'Unité militaire d'aide à la production (UMAP), qui fonctionna de 1964 à 1967, fut le premier essai de développement de travail pénitentiaire. Opérationnel en novembre 1965, les camps de l'UMAP étaient de véritables camps de concentration où étaient jetés pêle-mêle des religieux (catholiques, dont l'actuel archevêque de La Havane, Mgr Jaime Ortega, protestants, Témoins de Jéhovah), des proxénètes, des homosexuels et tout individu considéré comme « potentiellement dangereux pour la société ». Les prisonniers durent construire eux-mêmes leurs baraquements, notamment dans la région de Camagüey. Les « personnes socialement déviantes » étaient soumises à une discipline militaire qui se transforma en un régime de mauvais traitements, de sous-alimentation et d'isolement. Pour échapper à cet enfer, des détenus s'automutilèrent. D'autres sont sortis psychiquement détruits par leur incarcération. Une des fonctions de l'UMAP fut la « rééducation » des homosexuels. Dès avant sa création, nombre d'entre eux avaient perdu leur travail, surtout dans le domaine culturel ; l'université de La Havane fit l'objet de purges anti-homosexuelles et il était courant de « juger » les homosexuels en public sur leur lieu de travail. Ils étaient contraints de reconnaître leurs « vices », d'y renoncer ou d'être licenciés, avant d'être emprisonnés. Les protestations internationales provoquèrent la fermeture des camps de l'UMAP après deux années d'existence.

En 1964, un programme de travail forcé fut mis en place à l'île des Pins : le plan « Camillo-Cienfuegos ». La population pénale fut organisée en brigades divisées en groupes de quarante personnes, les *cuadrilla*, commandés par un sergent ou un lieutenant ; ils étaient affectés aux travaux agricoles ou à l'extraction dans des carrières, notamment de marbre. Les conditions de travail y étaient très dures, les prisonniers travaillant presque nus, habillés d'un simple caleçon, En guise de punition, les récalcitrants devaient couper de l'herbe avec les dents, et d'autres furent immergés dans des fosses d'aisances pendant plusieurs heures.

La violence du régime pénitentiaire toucha aussi bien les politiques que les droit commun. Elle commençait avec les interrogatoires conduits par le *Departemento Técnico de Investigaciones*, les sections chargées des enquêtes. Le DTI utilisait l'isolement et exploitait les phobies des détenus : une femme ayant peur des insectes fut enfermée dans une cellule infestée de cafards. Le DTI usa de pressions physiques violentes : des prisonniers étaient contraints de monter des escaliers munis de chaussures lestées de plomb, puis étaient précipités en bas des marches. À la torture physique s'ajoutait la torture psychique, souvent médicalement suivies ; les gardiens utilisaient le penthotal et d'autres drogues afin de maintenir les détenus éveillés. À l'hôpital de Mazzora, les électrochocs étaient pratiqués à des fins répressives, sans aucune restriction. Les gardiens employaient les chiens de garde, procédaient à des simulacres d'exécution ; les cellules disciplinaires étaient sans eau ni électricité ; le détenu que l'on voulait dépersonnaliser était maintenu dans un local d'isolement.

La responsabilité, à Cuba, étant considérée comme collective, la punition l'est aussi. C'est un autre moyen de pression : les proches du détenu payent socialement l'engagement politique de leur parent. Leurs enfants n'ont pas accès à l'Université et leurs conjoints perdent leur travail.

Il faut distinguer les prisons « normales » des prisons de sécurité dépendant du GII (la police politique). La prison Kilo 5,5, située à ce kilomètre précis de l'autoroute de Pinar del Río, est une prison de haute sécurité qui existe encore de nos jours. Elle était dirigée par le capitaine Gonzalez, dit El Nato, qui mêla volontairement politiques et droit commun. Dans les cellules prévues pour deux prisonniers s'en entassaient sept ou huit, les détenus dormant sur le sol. Les cellules disciplinaires furent baptisées *Tostadoras* (grille-pain) en raison de la chaleur insupportable qui y régnait hiver comme été. Kilo 5,5, est un centre fermé où les détenus confectionnent des articles d'artisanat. Il y existe une section pour les femmes. À Pinar del Río ont été aménagées des cellules souterraines et des salles d'interrogatoire. La torture y est, depuis quelques années, plus psychologique que physique, en particulier la torture par la privation de sommeil, bien connue depuis les années trente en URSS. À la rupture du rythme de sommeil et à la perte de la notion du temps s'ajoutent les menaces à l'encontre des proches et un chantage sur la fréquence des visites. La prison Kilo 7 à Camagüey est particulièrement violente. En 1974, une rixe a causé la mort de quarante prisonniers.

Le centre du GII de Santiago de Cuba, construit en 1980, a le redoutable privilège de posséder des cellules à très hautes et très basses températures. Les prisonniers sont réveillés toutes les vingt ou trente minutes. Ce traitement peut durer des mois. Nus, coupés totalement du monde extérieur, beaucoup de prisonniers qui subissent ces tortures psychiques présentent au bout de quelque temps des troubles irréversibles.

La prison la plus tristement célèbre fut pendant longtemps la Cabana où furent exécutés Sori Marin et Carreras. En 1982 encore, près de cent prisonniers y furent fusillés. La « spécialité » de la Cabana était les cachots aux dimensions réduites appelés *ratoneras* (trous à rat). Elle a été désaffectée en 1985. Mais les exécutions continuent à Columbio, à Boniato, prison de haute sécurité où règne une violence sans limites et où des dizaines de politiques sont morts de faim. Pour ne pas être violés par les droit commun, certains s'enduisent d'excréments. Boniato demeure encore aujourd'hui la prison des condamnés à mort, qu'ils soient politiques ou droit commun. Elle est célèbre pour ses cellules grillagées, *tapiadas*. Des dizaines de prisonniers y trouvèrent la mort faute d'assistance médicale. Les poètes Jorge Valls, qui devait faire 7 340 jours de prison, et Ernesto Diaz Rodriguez ainsi que le commandant Eloy Guttierrez Menoyo ont témoigné des conditions particulièrement dures qui y règnent. En août 1995 y éclata une grève de la faim lancée conjointement par les politiques et les droit commun, pour dénoncer les conditions de vie déplorables : nourriture infecte et maladies infectieuses (typhus, leptospirose). La grève dura presque un mois.

Certaines prisons ont remis en vigueur les cages de fer. À la fin des années soixante, à la prison de Tres Macios del Oriente, les *gavetas* (cages), destinées à l'origine aux droit commun, furent occupées par des politiques. Il s'agissait d'une cellule de 1 mètre de large sur 1,8 mètre de hauteur, et longue d'une dizaine de mètres. Dans cet univers clos où la promiscuité est difficilement supportable, sans eau ni hygiène, les prisonniers, politiques et droit commun mêlés, restaient des semaines, parfois des mois.

Dans les années soixante furent inventées les *requisas* (réquisitions) à des fins répressives. En pleine nuit, les détenus étaient réveillés et violemment expulsés de leur cellule. Abrutis de coups, souvent nus, ils étaient obligés de se rassembler pour attendre la fin de l'inspection avant de pouvoir regagner leurs cellules. Les *requisas* pouvaient se répéter plusieurs fois par mois.

Les visites des proches offrent aux gardiens l'occasion d'humilier les détenus. À la Cabana, ils devaient se présenter nus devant leur famille. Les maris incarcérés devaient assister à la fouille intime de leurs épouses.

Dans l'univers carcéral de Cuba, la situation des femmes est particulièrement dramatique parce qu'elles sont livrées sans défense au sadisme des gardes. Plus de onze cents femmes ont été condamnées pour raison politique depuis 1959. En 1963, elles étaient incarcérées à la prison de Guanajay. Les témoignages rassemblés établissent l'usage de séances de passage à tabac et d'humiliations diverses. Un exemple : avant de passer à la douche, les détenues devaient se dévêtir devant les gardiens qui les frappaient. Dans le camp de Potosi, dans la zone de Las Victorios de las Tunas, on dénombrait en 1986 trois mille femmes incarcérées — délinquantes, prostituées et politiques confondues. À La Havane, la prison de Nuevo Amenacer (Nouvelle Aube) reste la plus importante. Amie de Castro de longue date, représentante de Cuba à l'Unesco dans les années soixante-dix, la doctoresse Martha Frayde a décrit ce centre carcéral où les conditions de vie étaient particulièrement dures : « Ma cellule avait six mètres sur cinq. Nous étions vingt-deux dormant sur des châlits superposés par deux ou trois. [...] Dans notre cellule, il nous arriva d'être quarante-deux. [...] Les conditions d'hygiène devenaient tout à fait insupportables.

Les bacs où nous devions nous laver étaient remplis d'immondices. Il était devenu tout à fait impossible de faire sa toilette. [...] L'eau vint à manquer. L'évacuation des toilettes devint impossible. Elles se remplirent puis débordèrent. Une nappe d'excréments se forma, envahissant nos cellules. Puis, comme un flot irrépressible, elle gagna le couloir puis l'escalier pour descendre jusqu'au jardin. [...] Les prisonnières politiques [...] firent un tel chahut que la direction de la prison se décida à faire venir un camion-citerne. [...] Avec l'eau croupie du camion, nous avons balayé les excréments. Mais l'eau de la citerne n'était pas suffisante, et il fallut continuer à vivre dans cette nappe nauséabonde qui ne fut ôtée que quelques jours plus tard [1]. »

L'un des plus grands camps de concentration se situe dans la région de Camagüey, celui d'*El Manbi*, qui comptait dans les années quatre-vingt plus de trois mille prisonniers. Celui de Siboney, où là encore les conditions de vie, tout comme la nourriture, sont exécrables, a le redoutable privilège d'avoir un chenil. Les bergers allemands sont utilisés pour la recherche des prisonniers évadés.

Il existe à Cuba des camps de travail à « régime sévère ». Les condamnés qui n'ont pas rejoint leurs lieux de détention sont jugés par le tribunal populaire interne au camp et sont alors mutés dans un camp à régime sévère où les *Consejos de trabajo de los pressos* (conseils de travail des prisonniers) jouent un rôle identique à celui des kapos des camps nazis : ces « conseillers » jugent et châtient leurs propres compagnons de détention.

Souvent, les peines sont alourdies à l'initiative de l'encadrement carcéral. Celui qui se rebelle voit une nouvelle peine de prison s'ajouter à sa condamnation initiale. La seconde peine sanctionne le refus de porter l'uniforme des droit commun ou celui de participer aux « plans de réhabilitation » ou encore une grève de la faim. Dans ce cas, les tribunaux, considérant que le détenu désirait porter atteinte à la sûreté de l'État, requièrent une peine de « sécurité post-délictive ». Il s'agit en fait d'un renouvellement de un à deux ans de la détention en camp de travail. Il n'est pas rare que des détenus effectuent en sus un tiers ou la moitié de leur peine initiale. Condamné à dix ans de prison, Boitel avait accumulé par ce système quarante-deux années d'incarcération.

Situé près de Santiago de Las Vegas, le camp Arco Iris est conçu pour recevoir quinze cents adolescents. Ce n'est pas le seul : il existe aussi celui de Nueva Vida (Vie nouvelle), au sud-est de l'île. Dans la zone de Palos, se trouve le Capitiolo, camp d'internement spécial réservé aux enfants d'une dizaine d'années. Les adolescents coupent la canne ou font des travaux d'artisanat, tout comme les enfants envoyés en stage à Cuba par le MPLA d'Angola ou le régime éthiopien dans les années quatre-

1. Martha Frayde, *Écoute Fidel*, Denoël, 1987.

vingt. Autres pensionnaires des camps et des prisons, les homosexuels connaissent toute sorte de régime carcéral : aux travaux forcés et à l'UMAP succèdent les incarcérations « classiques » en prison. Quelquefois, ils disposent d'un quartier spécial dans l'enceinte de la prison, c'est le cas à la Nueva Carceral de La Habana del Este.

Dépourvu de tout droit, le détenu est néanmoins soumis et intégré à un « plan de réhabilitation », censé le préparer à sa réinsertion dans la société socialiste. Ce plan comprend trois phases : la première est appelée « période de sécurité maximale » et se déroule en prison ; la seconde est dite de « moyenne sécurité » et a lieu dans une *granja* (grange) ; la troisième, dite de « sécurité minimale », s'effectue à « front ouvert ».

Les détenus en « cours de plan » portaient l'uniforme bleu *(azul)* comme les droit commun. En fait, le régime a tenté par ce biais de confondre politiques et droit commun. Les politiques qui refusaient le plan étaient revêtus de l'uniforme jaune *(amarillo)* de l'armée de Batista, vexation insupportable pour les nombreux prisonniers d'opinion qui venaient des rangs de la lutte antibatistienne. Ces détenus « indisciplinés », opposés au plan *(plantado)*, refusaient avec énergie aussi bien l'une que l'autre tenue. Les autorités les laissaient parfois des années entières vêtus d'un simple caleçon, d'où leurs noms de *calzoncillos*, et ils ne recevaient aucune visite. Huber Matos, qui fut l'un d'eux, témoigna : « Je vécus donc plusieurs mois sans uniforme, sans visites. J'étais au secret simplement pour avoir refusé de me soumettre à l'arbitraire des autorités. [...] J'ai préféré rester ainsi nu, au milieu des autres prisonniers également dévêtus, dans une promiscuité difficilement supportable. »

Le passage d'une phase à l'autre dépend de la décision d'un « officier rééducateur » ; en général, il veut imposer la résignation par l'épuisement physique et moral au détenu en cours de rééducation. Ancien fonctionnaire du régime, Carlos Franqui analyse ainsi l'esprit de ce système : « L'opposant est un malade et le policier son médecin. Le prisonnier sera libre quand il inspirera confiance au policier. S'il n'accepte pas la “cure”, le temps ne compte pas. »

Les peines les plus lourdes se purgent en prison. La Cabana, qui fut désactivée, en 1974, avait un quartier spécial réservé aux détenus civils (la zone 2) et un autre pour les militaires (la zone 1). En zone 2, il y eut rapidement plus de mille hommes répartis en galeries de trente mètres de long sur six de large. Il existait aussi des prisons dépendant du GII, la police politique.

Les condamnés à des peines légères de trois à sept ans d'emprisonnement sont affectés à des *fronts* ou des *granjas*. La granja est une innovation castriste. Elle est constituée de baraquements confiés aux gardes du ministère de l'Intérieur qui ont droit de tirer à vue sur toute personne qui tenterait de s'échapper[1]. Entourée de plusieurs réseaux de barbelés et de miradors, elle s'apparente au camp de travail correctif soviétique. Certaines granjas pouvaient contenir de cinq à sept prisonniers. Les conditions de détention sont épouvantables : travail de douze à quinze heures par jour, toute-puissance des gardiens qui n'hésitent pas à donner des coups de baïonnette aux détenus pour accélérer la cadence de travail.

Quant au « front ouvert », il s'agit d'un chantier où le prisonnier est assigné à résidence, placé généralement sous commandement militaire. Ce sont toujours des chantiers de construction où le nombre de détenus varie, de cinquante à plus d'une centaine, parfois deux cents si le chantier est important. Les détenus des granjas — politiques ou droit commun — produisent des éléments préfabriqués qu'assemblent ceux des fronts ouverts. Le détenu d'un front ouvert dispose de trois jours de permission à la fin de chaque mois. D'après divers témoignages, la nourriture y est moins mauvaise que dans les camps. Chaque front est indépendant, ce qui permet une gestion plus facile des détenus en évitant une trop forte concentration de politiques qui pourraient créer des foyers de dissidence.

Ce type de système présente un intérêt économique certain[2]. Par exemple, tous les détenus sont mobilisés pour la coupe de la canne à sucre, la *Zafra*. Le responsable des prisons en Oriente, au sud de l'île, Papito Struch, déclara en 1974 : « Les détenus constituent la principale force de travail de l'île. » En 1974, la valeur des travaux réalisés représentait plus de 348 millions de dollars. Les organismes d'État ont recours aux prisonniers. Ainsi le Développement des travaux sociaux et agricoles (DESA) utilise pour ses chantiers environ 60 % de détenus. Les prisonniers travaillent dans des dizaines de fermes dans Los Valles de Picadura qui constituent la vitrine des bienfaits de la rééducation par le travail. Des dizaines d'hôtes du gouvernement visitèrent ces installations parmi lesquels des chefs d'État tels Leonid Brejnev, Houari Boumediene, et François Mitterrand en 1974.

Toutes les écoles secondaires de province ont été construites par des prisonniers politiques avec un encadrement civil réduit au minimum, comme quelques techniciens. En Oriente, à Camagüey, les détenus ont bâti plus de vingt écoles polytechniques. Dans toute l'île, de nombreuses centrales sucrières existent grâce à leur travail. L'hebdomadaire *Bohemia* détailla d'autres travaux réalisés par la main-d'œuvre carcérale : laiteries, centrales d'élevages bovins dans la province de La Havane ; ateliers de charpente et écoles secondaires à Pinar del Río ; une porcherie, une laiterie, un atelier de charpente à Matanzas ; deux écoles secondaires et dix laiteries à Las Villas... Les plans de travail, chaque année plus exigeants, requièrent une quantité de plus en plus importante de prisonniers.

1. Alfredo Carrion fut abattu à bout portant par un gardien connu sous le nom de « Jaguey Grande » pour avoir tenté de s'évader de la Granja Melena 2.

2. L'hebdomadaire gouvernemental *Bohemia* reconnut, en avril 1973, « l'utilisation de prisonniers contre-révolutionnaires dans des tâches d'intérêt public ».

En septembre 1960, Castro a créé les Comités de défense de la révolution (CDR). Ces comités de quartiers ont pour base la *cuadra*, le pâté de maisons à la tête duquel est placé un responsable chargé de surveiller les menées « contre-révolutionnaires » de l'ensemble des habitants. Ce quadrillage social est particulièrement serré. Les membres du comité sont tenus d'assister aux réunions du CDR et sont mobilisés pour accomplir des rondes afin de déjouer l'« infiltration ennemie ». Ce système de surveillance et de délation fait que l'intimité des familles n'existe plus.

La finalité des CDR éclata au grand jour lorsqu'en mars 1961, à l'instigation de R. Valdés, le chef de la Sûreté, une gigantesque rafle fut organisée et réalisée en un week-end. Ce fut à partir des listes établies par les CDR que plus de cent mille personnes ont été interpellées et plusieurs milliers d'entre elles conduites dans des centres de détention : stade, immeuble ou gymnase.

Les Cubains furent profondément commotionnés par l'exode massif du port de Mariel en 1980. Ils le furent d'autant plus que les CDR organisèrent sur ordre des *actos de repudio* (actes de reniement) destinés à marginaliser socialement et à briser moralement les opposants — désormais affublés du nom de *gusanos* (vers de terre) — et leur famille. Rassemblée devant la maison de l'opposant, une foule haineuse la bombarde de pierres et s'en prend à ses habitants. Des slogans castristes et des insultes sont inscrits sur les murs. La police n'intervient que lorsque « l'action révolutionnaire de masse » devient physiquement dangereuse pour la victime. Cette pratique de quasi-lynchage nourrit au sein de la population des sentiments de haine réciproque dans une île où tout le monde connaît tout le monde. Les actos de repudio déchirent les liens entre voisins, altèrent le tissu social pour mieux imposer la toute-puissance de l'État socialiste. La victime, conspuée aux cris de *« Afuera gusano ! »* (« Dehors ver de terre ! »), *« Agente de la CIA ! »* et, bien entendu, *« Viva Fidel ! »* n'a aucun moyen de se défendre en justice. Le président du Comité cubain pour les droits de l'homme, Ricardo Bofill, fut soumis à un acte de reniement en 1988. En 1991, ce fut au tour du président du mouvement chrétien Libération, Oswaldo Payas Sardinas, d'en être victime. Mais, devant la lassitude des Cubains pour cette débauche de haine sociale, les autorités firent appel à des assaillants venant d'autres quartiers que celui de leurs victimes.

Selon l'article 16 de la Constitution, l'État « organise, dirige et contrôle l'activité économique en accord avec les directives du Plan unique de développement économique et social ». Derrière cette phraséologie collectiviste se cache une réalité plus prosaïque : le Cubain ne dispose ni de sa force de travail ni de son argent dans son propre pays. En 1980, le pays connut une vague de mécontentements et des troubles : des entrepôts furent brûlés. La DSE arrêta aussitôt cinq cents « opposants » en moins de soixante-douze heures. Puis les services de sécurité intervinrent en province contre les marchés libres paysans et pour finir, une vaste campagne contre les trafiquants du marché noir fut lancée dans tout le pays.

Adoptée en mars 1971, la loi nº 32 réprimait l'absentéisme sur le lieu de travail. En 1978 fut promulguée la loi de « dangerosité pré-délictive » Autrement dit, un Cubain pouvait désormais être arrêté sous n'importe quel prétexte si les autorités estimaient qu'il représentait un danger pour la sécurité de l'État, même s'il n'avait accompli aucun acte en ce sens. De fait, cette loi institue comme crime la manifestation de toute pensée non conforme aux canons du régime. Et même plus, puisque chacun devient potentiellement suspect.

Après l'UMAP, le régime utilisa des détenus du Service militaire obligatoire. Créée en 1967, la Colonne juvénile du centenaire[1] est devenue en 1973 *El Ejército Juvenil del Trabajo* (l'Armée du travail de la jeunesse). Organisation paramilitaire, les jeunes gens travaillent dans les champs et participent à des travaux de construction dans des conditions bien souvent épouvantables, avec des horaires difficilement supportables pour un salaire ridicule de 7 pesos, soit un tiers de dollar en 1997.

Cette militarisation de la société était présente dès avant la guerre en Angola. Tout Cubain ayant accompli son service militaire devait faire contrôler son livret par un comité militaire et s'y présenter tous les six mois pour la vérification de son statut (travail, adresse).

Dès les années soixante, les Cubains ont « voté avec leurs rames ». Les premiers à quitter Cuba massivement, dès 1961, furent les pêcheurs. Le *balsero*, équivalent cubain du boat-people d'Asie du Sud-Est, appartient au paysage humain de l'île au même titre que le coupeur de canne. L'exil est subtilement utilisé par Castro comme moyen de régulation des tensions internes à l'île. Ce phénomène, présent dès l'origine, a été ininterrompu jusqu'au milieu des années soixante-dix. Beaucoup ont rejoint la Floride ou la base américaine de Guantánamo.

Mais le phénomène fut porté à la connaissance du monde entier avec la crise d'avril 1980. Des milliers de Cubains investirent l'ambassade du Pérou à La Havane, réclamant des visas de sortie pour échapper à un quotidien insupportable. Au bout de plusieurs semaines, les autorités autorisèrent cent vingt-cinq mille d'entre eux — sur une population qui à l'époque comptait dix millions d'habitants — de quitter le pays en s'embarquant dans le port de Mariel. Castro en profita pour « libérer » les malades mentaux et les petits délinquants. Cet exode massif fut la manifestation du désaveu du régime puisque les *Marielitos,* comme ils furent appelés, venaient des couches les plus humbles de la société auxquelles le régime prétendait porter une grande attention. Blancs, mulâtres et Noirs, le plus souvent jeunes, fuyaient le socialisme cubain. Après l'épisode de Mariel, de nombreux Cubains s'inscrivirent sur des listes pour obtenir le

1. Il s'agit du centenaire de la révolte contre les Espagnols en 1868.

droit de quitter leur pays. Dix-sept ans plus tard, ils attendent toujours cette autorisation.

Au cours de l'été 1994, La Havane a été le théâtre, pour la première fois depuis 1959, de violentes émeutes. Des candidats au départ ne pouvant embarquer sur les *balsas*, les radeaux de fortune, se sont affrontés aux policiers. Dans les rues du quartier Colomb, le front de mer — le *Malecón* — fut mis à sac. Le rétablissement de l'ordre a entraîné l'arrestation de plusieurs dizaines de personnes, mais, finalement, Castro a autorisé de nouveau l'exode de vingt-cinq mille personnes. Depuis, les départs n'ont pas cessé et les bases américaines de Guantánamo et Panamá sont saturées d'exilés volontaires. Castro a aussi tenté de freiner ces fuites en radeaux en envoyant des hélicoptères bombarder les frêles embarcations avec des sacs de sable. Près de sept mille personnes ont péri en mer au cours de l'été 1994. Au total on estime qu'un tiers des balseros sont morts au cours de leur fuite. En trente ans, ce serait de vingt-cinq à trente-cinq mille Cubains qui ont tenté l'évasion par mer. Au total, les divers exodes font que Cuba compte actuellement 20 % de ses citoyens en exil. Sur une population totale de 11 millions d'habitants, près de 2 millions de Cubains vivent hors de l'île. L'exil a destructuré les familles et on ne compte plus celles qui sont éparpillées entre La Havane, Miami, l'Espagne ou Puerto Rico...

De 1975 à 1989, Cuba a porté à bout de bras le régime marxiste-léniniste du Mouvement populaire de libération de l'Angola (MPLA — voir la contribution d'Yves Santamaria) auquel s'opposait l'UNITA de Jonas Savimbi. Aux innombrables « coopérants » et aux dizaines de « conseillers techniques », La Havane ajouta un corps expéditionnaire de cinquante mille hommes[1]. L'armée cubaine s'est conduite en Afrique comme en terrain conquis. Les trafics ont été nombreux (argent, ivoire, diamants) et la corruption endémique. Lorsqu'en 1989 les accords de New York sanctionnèrent la fin du conflit, les troupes cubaines, à majorité noires, furent rapatriées. Mais leurs pertes sont évaluées entre sept mille à onze mille tués.

Les convictions de nombreux officiers avaient été ébranlées par cette expérience. Le général Arnaldo Ochoa — chef du corps expéditionnaire en Angola et par ailleurs membre du Comité central du Parti communiste — entreprit d'organiser un complot pour renverser Castro. Arrêté, il a été jugé par un tribunal militaire en compagnie de plusieurs hauts responsables des forces armées et des services de sécurité dont les frères La Guardia. Ces derniers avaient trempé dans le trafic de drogue pour le

1. La volonté de soutenir les révolutions hors Cuba est constante chez Castro jusque dans les années quatre-vingt. En 1979-1980, il envoie six cents conseillers militaires à Grenade pour conforter le régime du socialiste pro-soviétique de Maurice Bishop. En 1983, lors de leur intervention, les Américains firent prisonniers sept cent cinquante Cubains.

compte du service MC, service spécial surnommé par les Cubains « Marihuana y Cocaina ». Ce n'était pas le cas d'Ochoa qui n'avait rapporté d'Angola qu'un peu d'ivoire et des diamants. En réalité, Castro a saisi l'occasion de se débarrasser d'un rival potentiel qui, par son prestige et ses hautes fonctions politiques, était susceptible de canaliser le mécontentement. Une fois Ochoa condamné et exécuté, l'armée a été épurée, ce qui l'a déstabilisée et traumatisée un peu plus. Conscient du fort ressentiment des officiers à l'égard du régime, Castro a confié la direction du ministère de l'Intérieur à un général proche de Raúl Castro, son prédécesseur ayant été sacrifié pour « corruption » et « négligence ». Le régime ne peut désormais compter avec certitude que sur la dévotion aveugle des Forces spéciales.

En 1978, il y avait entre 15 000 et 20 000 prisonniers d'opinion. Beaucoup venaient du M-26, des mouvements étudiants antibatistiens, des maquis de l'Escambray ou des anciens de la baie des Cochons. En 1986[1], on dénombrait de 12 000 à 15 000 prisonniers politiques incarcérés dans cinquante prisons « régionales » réparties dans toute l'île. À cela s'ajoutent aujourd'hui de multiples fronts ouverts renforcés par des brigades de cinquante, cent, voire deux cents prisonniers. Certains fronts ouverts sont organisés en milieu urbain. Ainsi La Havane en comptait six à la fin des années quatre-vingt. Aujourd'hui, le gouvernement reconnaît l'existence de quatre à cinq cents prisonniers politiques. Cependant, au printemps 1997, Cuba connut une nouvelle vague d'arrestations. Au dire des responsables cubains des droits de l'homme, eux-mêmes souvent anciens détenus, on ne torture plus physiquement à Cuba. Selon ces mêmes responsables et Amnesty International, il y aurait en 1997 entre 980 et 2 500 prisonniers politiques (hommes, femmes et adolescents).

Depuis 1959, plus de cent mille Cubains ont connu les camps, les prisons ou les fronts ouverts. De 15 000 à 17 000 personnes ont été fusillées. « Pas de pain sans liberté, pas de liberté sans pain », proclamait en 1959 le jeune avocat Fidel Castro. Mais, comme le précisait un dissident avant le début du « régime spécial » — la fin de l'aide soviétique : « Une prison même pourvue en vivres reste toujours une prison. »

Tyran qui semble hors du temps, Castro, face aux échecs de son régime et aux difficultés que connaît Cuba, affirmait en 1994 qu'il « préférait mourir [plutôt] que de renoncer à la révolution ». Quel prix devront encore payer les Cubains pour satisfaire son orgueil ?

NICARAGUA : L'ÉCHEC D'UN PROJET TOTALITAIRE

Petit pays d'Amérique centrale, blotti entre le Salvador et le Costa Rica, le Nicaragua est marqué par une tradition de soubresauts politiques

1. À la même époque, environ 35 000 jeunes étaient affectés à des travaux contraignants - mesure pénale ou disciplinaire — dans le cadre du Service militaire patriotique.

sanglants. Pendant plusieurs décennies, il a été dominé par la famille Somoza et son chef, le général Anastasio Debayle Somoza, « élu » président de la République en février 1967. Peu à peu, grâce à une redoutable Garde nationale, la famille Somoza s'est emparée de près de 25 % des terres exploitables et de la plupart des plantations de tabac, de sucre, de riz et de café et d'un grand nombre d'usines.

Cette situation a provoqué l'émergence de mouvements d'opposition armée. S'inspirant du modèle cubain, Carlos Fonseca Amador et Tomás Borge ont fondé le Front sandiniste de libération nationale (FSLN) — du nom de Cesar Sandino, ancien officier qui organisa la guérilla avant-guerre et qui fut assassiné en 1934. Sans soutien extérieur, le Front a maintenu avec difficulté quelques foyers de guérilla. En 1967, des émeutes éclatèrent à Managua, la Garde nationale tua au moins deux cents personnes dans les rues de la capitale. Après l'assassinat en 1978 de Pedro Joaquim Chamorro, patron du journal libéral *La Prensa*, le FSLN, soutenu depuis plusieurs années par Cuba, relança la guérilla. S'engagea alors une véritable guerre civile entre le Front et la Garde somoziste. Le 22 février 1978, la ville de Masaya se souleva. En août, un commandant de la guérilla, Eden Pastora, s'empara du palais présidentiel de Somoza à Managua et obtint la libération de nombreux responsables du FSLN. En septembre, la Garde nationale, pour reprendre Estelí, bombarda la ville au napalm et massacra nombre de civils au cours de très violents combats de rue. 160 000 personnes quittèrent le Nicaragua pour le Costa Rica voisin. En avril 1979, les villes d'Estelí et de León s'insurgèrent à nouveau, ainsi que Granada. Mieux coordonné que l'année précédente, l'effort des révolutionnaires fut d'autant plus payant que les somozistes avaient réussi à rassembler contre eux la quasi-totalité de la population. En juin, Managua se révolta et, le 17 juillet 1979, le dictateur, qui avait perdu tout soutien international, fut contraint de quitter le pays. Le coût de la guerre civile et de la répression aurait fait entre 25 000 et 35 000 morts, les sandinistes avançant le chiffre de 50 000 victimes. Quoi qu'il en soit, le prix payé par ce pays de trois millions d'habitants était énorme.

Ortega-Pastora : deux itinéraires révolutionnaires

Nicaraguayens tous les deux, ils connaissent très jeunes les geôles de Somoza. Issu de la moyenne bourgeoisie foncière, Pastora a une vingtaine d'années quand, à Cuba, triomphent les *barbudos*. Ortega est né en 1945 dans un milieu modeste. À l'aube des années soixante, il participe à la lutte dans les rangs des organisations de jeunesses anti-somozistes.

Le Front sandiniste de libération nationale, créé en 1961 par Carlos Fonseca Amador et Tomás Borge, regroupe tant bien que mal diverses tendances. Les deux fondateurs affichent d'ailleurs des sensibilités différentes. Amador est castriste, tandis que Borge se réclame de Mao Zedong. Au fil des ans on distingue trois courants au sein du FSLN : la « Guerre populaire

Prolongée » (GPP, maoïste) privilégie la lutte depuis les campagnes. La tendance marxiste-léniniste ou « prolétarienne » d'Amador et de Jaime Wheelock s'appuie sur un prolétariat embryonnaire. Le courant « terceriste » ou « insurrectionnel » animé par des marxistes dissidents et des démocrates travaille à structurer la guérilla urbaine ; Pastora appartient à cette tendance tout comme Ortega qui va bientôt rejoindre les Prolétariens. Daniel Ortega est rentré dans la Révolution par engagement politique, Pastora pour venger son père, opposant démocrate abattu par la Garde somoziste. Après les grèves insurrectionnelles de 1967 suite à des élections présidentielles truquées, Pastora est arrêté. Torturé (saigné, il est contraint de boire son sang), puis relâché, il monte une opération punitive contre ses tortionnaires. Les deux guérilléros qui l'accompagnent se nomment Daniel et Humberto Ortega. Puis c'est à Daniel Ortega de tomber entre les griffes de la police somoziste. Eden, de son côté, continue à structurer la guérilla. Reçu par Fidel Castro, il réaffirme son attachement à une démocratie parlementaire et tisse des liens avec les démocrates centres-américains tels que le Costaricain Fuguérés et le Panaméen Torrijos. Ortega est libéré en 1974 après la prise en otage d'un dignitaire somoziste. Il ne tarde pas à prendre le premier avion pour La Havane. Pastora reste avec ses combattants.

En octobre 1977, un soulèvement est organisé dans diverses villes nicaragueyennes. Étrillés par la Garde, pilonnés par l'aviation somoziste, Pastora et Ortega se replient dans la jungle. En janvier 1978, le pays s'embrase. En août de la même année, Pastora prend d'assaut la Chambre des députés. Il obtient entre autres la libération de tous les prisonniers politiques dont celle de Tomás Borge. Daniel Ortega partage son temps entre La Havane et le Front-Nord du Nicaragua. Au cours d'une attaque sur Masaya, Camillo Ortega, un des frères de Daniel, trouve la mort. Bien structurée, appuyée par des conseillers cubains, l'insurrection gagne du terrain. Déjà les cadres du FSLN repliés à Cuba rentrent au Nicaragua. Au sud de Managua, Pastora et ses *muchachos* luttent avec acharnement contre les unités d'élite de la Garde.

Après le triomphe des sandinistes en juillet 1979, Pastora se retrouve vice-ministre de l'Intérieur alors qu'Ortega est, sans surprise, élu président de la République. Ortega s'aligne ouvertement sur Cuba. Les conseillers militaires et « internationalistes » cubains affluent à Managua. Pastora, de plus en plus seul, réaffirme son attachement à une démocratie parlementaire. Déçu, Eden Pastora démissionne en juin 1981 et organise la résistance armée du sud du pays.

Vainqueurs, les antisomozistes s'unirent immédiatement en une Junte de gouvernement et de reconstruction nationale (JGRN), regroupant les représentants des différentes tendances (socialistes, communistes, mais aussi démocrates et modérés). Cette Junte présenta un programme en quinze points qui prévoyait la mise en place d'un régime démocratique, fondé sur le suffrage universel et la liberté d'organisation en parti politique. Mais, en attendant, le pouvoir exécutif restait aux mains de la JGRN au sein de laquelle les sandinistes vont devenir prépondérants.

La Junte reconnaît des liens privilégiés avec Cuba [1], mais n'exclut pas une participation occidentale à la reconstruction du Nicaragua où les dégâts causés par la guerre civile sont estimés à 800 millions de dollars. Cependant, très vite, les démocrates sont marginalisés. Dès mars 1980, la veuve de Pedro Joaquim Chamorro, Violeta Chamorro, l'une des grandes figures du combat antisomoziste, démissionna, bientôt suivie d'un autre leader, Adolfo Robelo. Ils refusaient, entre autres, la mainmise du FSLN sur le Conseil d'État.

Parallèlement à cette crise politique, la Junte désormais dominée par le FSLN mit sur pied une police secrète. Les sandinistes créèrent des forces armées transformant les 6 000 guérilleros de 1979 en une armée qui, dix ans plus tard, comptera 75 000 hommes. Le service militaire est instauré dès 1980 : les hommes de dix-sept à trente-cinq ans sont mobilisables et justiciables des tribunaux militaires, créés en décembre 1980. Tout étudiant ne suivant pas ses cours d'instruction militaire ne pouvait espérer obtenir ses diplômes. Cette armée devait permettre d'aider à la réalisation d'un rêve né dans l'euphorie de la victoire : une suite de victoires des guérillas d'Amérique centrale, à commencer par le Salvador. Dès le mois de janvier 1981, les autorités de ce pays signalaient les incursions de combattants sandinistes sur son territoire.

Le nouveau pouvoir créa des tribunaux d'exception. Le décret 185 du 5 décembre 1979 instaurait des chambres spéciales pour juger les ex-membres de la Garde nationale et les partisans civils de Somoza. Les sandinistes entendaient juger les « criminels somozistes », comme les castristes avaient jugé les « criminels batistiens ». Les détenus étaient jugés selon le code pénal en vigueur au moment des faits reprochés, mais les tribunaux d'exception fonctionnaient en marge du système judiciaire normal et la procédure d'appel ne pouvait être portée que devant la cour d'appel de ces mêmes tribunaux. C'était là un moyen imparable pour établir une jurisprudence spéciale en marge de l'appareil judiciaire ordinaire. Les procédures étaient entachées d'irrégularités. Ainsi des crimes étaient parfois considérés comme établis sans qu'aucune preuve concrète n'ait été produite. Les juges ne tenaient aucun compte de la présomption d'innocence et les condamnations reposaient fréquemment sur la notion de responsabilité collective plus que sur la preuve de culpabilité individuelle. Des personnes furent parfois condamnées sans le moindre élément susceptible de prouver la réalité du crime.

La mise en œuvre de cette répression nécessitait de disposer d'un outil efficace. Le pays a été rapidement quadrillé par les 15 000 hommes des troupes du ministère de l'Intérieur. Mais un service — la *Dirección General de Securidad del Estado* (DGSE) — a été plus spécialement

1. Ces liens sont attestés par la présence de 500 militaires nicaraguayens aux côtés du corps expéditionnaire cubain en Angola. L'alignement des sandinistes est attesté par le rejet de la résolution de l'ONU condamnant l'intervention soviétique en Afghanistan.

chargé de la police politique. Formée par les agents cubains du GII, la DGSE dépendait directement du ministère de l'Intérieur. Elle était chargée des arrestations et des interrogatoires des prisonniers politiques et pratiqua ce qu'ont appelle la « torture propre », apprise auprès des experts cubains et allemands de l'Est. Dans les régions rurales éloignées, des unités de l'armée régulière ont souvent arrêté et détenu durant plusieurs jours des civils suspects, dans des camps militaires, avant de les remettre à la DGSE. Les interrogatoires se déroulaient notamment dans le centre de détention du Chipote, dans le complexe militaire « German-Pomarés », zone militaire située sur les pentes du volcan Loma de Tiscapa, juste derrière l'hôtel Intercontinental à Managua. Deux membres du Parti social-chrétien, José Rodriguez et Juana Blandon, confirment l'utilisation de chantages effectués sur les proches et de la rupture des rythmes du sommeil. La Sécurité avait également recours à des traitements dégradants. Ainsi des détenus étaient maintenus dans des cellules minuscules et obscures, de forme cubique, appelées *chiquitas* (les petites). Il était impossible pour un homme de s'y asseoir et leur superficie au sol ne dépassait guère un mètre carré. Elles étaient plongées dans une obscurité totale, ne bénéficiaient d'aucune aération ou installation sanitaire. Des prisonniers y furent isolés parfois pendant plus d'une semaine. Les interrogatoires se déroulaient à n'importe quelle heure du jour ou de la nuit. Ils étaient menés parfois sous la menace d'une arme, avec des simulations d'exécution ou des menaces de mise à mort. Certains détenus étaient privés de nourriture et d'eau après leur arrestation. Au bout de quelques jours de détention, physiquement exténués, nombre d'entre eux ont fini par signer des dépositions mensongères qui les incriminaient.

Le 15 mars 1982, la Junte proclama l'état de siège qui lui permit de fermer les stations de radios indépendantes, de suspendre les droits de réunion, de limiter les libertés syndicales en raison de l'hostilité des organisations à devenir des organes accessoires du pouvoir qui entendait cantonner leur rôle à la consolidation du régime. À cela, il faut ajouter les persécutions contre les minorités religieuses protestantes, Moraves ou témoins de Jéhovah. En juin 1982, Amnesty international estimait les prisonniers à plus de 4 000 personnes dont de nombreux gardes somozistes mais aussi plusieurs centaines de prisonniers d'opinion. Un an plus tard, le nombre des prisonniers était estimé à 20 000 personnes. Un premier bilan de la Commission permanente des droits de l'homme (CPHD) établi à la fin de l'année 1982 attirait l'attention sur un phénomène encore plus grave, celui des multiples « disparitions » de personnes arrêtées comme « contre-révolutionnaires » et mortes « au cours de tentatives de fuite ».

Parallèlement à la mise en place d'un système répressif, le régime s'engagea dans une centralisation économique à outrance : l'État contrôlait près de 50 % des moyens de production. Le pays entier dut accepter le modèle social imposé par le FSLN. À l'image de Cuba, le jeune pouvoir sandiniste couvrit le pays d'organisations de masse. Chaque quartier eut son Comité de défense du sandinisme (CDS) dont le rôle correspondait à celui des CDR cubains : quadriller le pays et surveiller ses habitants. Les enfants, mieux scolarisés que sous Somoza, appartenaient de fait aux organisations de pionniers, les *Camillitos* — à la mémoire de Camillo Ortega, le frère du leader sandiniste Daniel Ortega, tué à Masaya. Les femmes, les ouvriers et les paysans se trouvèrent embrigadés dans des « associations » étroitement contrôlées par le FSLN. Les partis politiques ne jouissaient d'aucune liberté réelle. La presse fut rapidement muselée, les journalistes soumis à une censure redoutable. Gilles Bataillon a parfaitement caractérisé cette politique : les sandinistes prétendaient « occuper la totalité de l'espace social et politique [1] ».

Les sandinistes et les Indiens

Sur la côte atlantique du Nicaragua vivaient quelque 150 000 Indiens : Miskito, Sumu ou Rama ainsi que des Créoles et des Ladinos. Très rapidement les sandinistes s'attaquèrent à ces communautés décidées à défendre leur terre et leur langue et bénéficiant jusque-là d'une autonomie avantageuse : exemption d'impôts et de service militaire, héritée de l'époque coloniale. En octobre 1979, le leader de l'Alpromisu, Lyster Athders, fut assassiné deux mois après son arrestation. Début 1981, les leaders nationaux de Misurasata, l'organisation politique regroupant les différentes tribus, sont arrêtés et, le 21 février 1981, les forces armés qui intervenaient contre les alphabétiseurs tuèrent sept Miskito et en blessèrent dix-sept autres. Le 23 décembre 1981, à Leimus, l'armée sandiniste massacrait soixante-quinze mineurs qui avaient revendiqué le paiement d'arriérés de salaire. Le lendemain, ce furent trente-cinq autres mineurs qui subissaient le même sort.

L'autre versant de la politique sandiniste consistait à déplacer les populations sous le prétexte de « les protéger contre les incursions armées des anciens gardes somozistes installés au Honduras ». Au cours de ces opérations, l'armée se rendit coupable de nombreuses exactions. Des milliers d'Indiens (7 à 15 000 suivant les estimations de l'époque) se réfugièrent au Honduras tandis que plusieurs autres milliers (14 000) étaient emprisonnés au Nicaragua. Les sandinistes tiraient sur les fuyards qui traversaient le fleuve Río Coco. C'est cette situation triplement inquiétante : massacres, déplacements de population et exil à l'étranger, qui autorisait l'ethnologue Gilles Bataillon à parler de « politique ethnocidaire ».

Ce tournant autoritaire a dressé contre l'administration de Managua les tribus indiennes qui se sont regroupées dans deux guérillas, la Misura et la Misurata. On y trouve pêle-mêle des Indiens Sumo, Rama et Miskito dont le mode de vie communautaire était incompatible avec la politique intégrationniste des *Comandantes* de Managua.

Scandalisé, Eden Pastora s'était écrié en plein Conseil des ministres : « Mais le tyran Somoza lui-même les a laissés tranquilles. S'il les a

1. Gilles Bataillon, « Nicaragua : de la tyrannie à la dictature totalitaire », *Esprit*, octobre 1983.

exploités, vous, vous voulez les prolétariser de force ! » Tomás Borge, le très maoïste ministre de l'Intérieur, lui rétorqua que « la Révolution ne saurait tolérer d'exceptions ».

Le gouvernement trancha et les sandinistes optèrent pour l'assimilation forcée. L'état de siège fut décrété en mars 1982 et dura jusqu'en 1987. Dès 1982, l'Armée populaire sandiniste « déplaça » près de dix mille Indiens vers l'intérieur du pays. La faim devint alors une arme redoutable dans les mains du régime. Ainsi les communautés indiennes regroupées au centre du pays reçurent une nourriture quantifiée, délivrée par des fonctionnaires du gouvernement. Les abus de pouvoir, les violations flagrantes des droits de l'homme et la destruction systématique des villages indiens caractérisent les premières années du pouvoir sandiniste sur la côte Atlantique.

Le pays, du nord au sud, s'est rapidement soulevé contre le régime dictatorial, à propension totalitaire, de Managua. Une nouvelle guerre civile débuta, touchant de nombreuses zones comme les régions de Jinotega, Estelí, Nueva Segovia dans le Nord, de Matagalpa et Boaco dans le Centre et de Zelaya et Río San Juan au Sud. Le 9 juillet 1981, le prestigieux commandant Zéro — Eden Pastora, vice-ministre de la Défense — rompit avec le FSLN et quitta le Nicaragua. La résistance aux sandinistes s'organisa, se voyant attribuer abusivement le nom de « Contra », c'est-à-dire contre-révolutionnaire. Au Nord se trouvait la Force démocratique nicaraguayenne (FDN) où combattaient d'ex-somozistes et de vrais libéraux. Au Sud, d'anciens sandinistes, renforcés par des paysans refusant la collectivisation des terres et par des Indiens passés au Honduras ou au Costa Rica, constituèrent dans ce dernier pays l'Alliance révolutionnaire démocratique (ARDE) dont le chef politique était Alfonso Robelo, et le responsable militaire Eden Pastora.

En avril 1983, pour lutter contre les groupes d'opposition, l'État mit sur pied les Tribunaux populaires antisomozistes (TPA), censés juger les prévenus accusés d'entretenir des liens avec les *contras*, voire de participer à des opérations militaires. Les crimes de rébellion et les actes de sabotage relevaient aussi des TPA. Les membres des TPA étaient nommés par le gouvernement et issus d'associations liées au FSLN. Les avocats, bien souvent commis d'office, se contentaient d'accomplir des formalités d'usage. Les TPA ont régulièrement accepté pour preuve des aveux extra-judiciaires, obtenus par d'autres instances que le juge. Ils ont été dissous en 1988.

La nouvelle guerre civile prit de l'ampleur. Les combats les plus violents eurent lieu au nord et au sud du pays de 1982 à 1987, avec des exactions des deux côtés. Le conflit au Nicaragua s'inscrivait dans un contexte d'opposition Est-Ouest. Les Cubains encadraient l'Armée populaire sandiniste et étaient présents dans chacune de ses unités. Ils assistaient même au Conseil des ministres à Managua et Fidel Castro ne refusa pas de jouer le rôle de mentor des commandants. Ainsi, Eden Pastora, avant d'entrer dans l'opposition, a assisté, médusé, à une scène peu banale à La Havane. Le gouvernement sandiniste au grand complet est dans le bureau de Castro qui passe en revue tous les ministres et leur donne des « conseils » pour gérer l'Agriculture, la Défense ou l'Intérieur. Managua dépendait entièrement de Cuba. Le responsable des conseillers militaires cubains fut un moment le général Arnoldo Ochoa. Sur le terrain, les sandinistes, appuyés par des Bulgares, des Allemands de l'Est et des Palestiniens, entreprirent de déplacer des populations sur de vastes distances.

En 1984, le gouvernement, qui voulait se donner une façade démocratique et trouver une nouvelle légitimité, organisa une élection présidentielle. Un discours de mai 1984 de Bayardo Arce, l'un des neuf membres de la direction nationale du FSNL, éclaire particulièrement bien l'intention des sandinistes : « Nous pensons qu'il faut utiliser les élections pour qu'on vote pour le sandinisme, car c'est lui qui est mis en question et qui est stigmatisé par l'impérialisme. Cela permettra de démontrer que, quoi qu'il en soit, le peuple nicaraguayen est pour ce totalitarisme [le sandinisme], qu'il est pour le marxisme-léninisme. [...] Il faut maintenant songer à en finir avec tout cet artifice du pluralisme, avec l'existence d'un Parti socialiste, d'un Parti communiste, d'un Parti social-chrétien et d'un Parti social-démocrate ; cela nous a été utile jusqu'à maintenant. Mais l'heure est venue d'en finir avec cela... » Et Bayardo Arce invitait ses interlocuteurs du Parti socialiste nicaraguayen (pro-soviétique) à se fondre en un parti unique [1].

Devant les violences des *turbas*, les hommes de main du parti sandiniste, le candidat conservateur Arturo Cruz retira sa candidature et l'on assista à l'élection sans surprise de Daniel Ortega, ce qui ne contribua pas à freiner les hostilités. En 1984-1985, le régime au pouvoir organisa de grandes offensives contre les résistants antisandinistes. En 1985-1986, les troupes de Managua s'attaquèrent aux zones frontalières avec le Costa Rica. En dépit d'un soutien populaire certain, Eden Pastora cessa le combat en 1986 et se replia avec ses cadres au Costa Rica. Quadrillée par les commandos sandinistes, la Moskitia n'opposa plus, à partir de 1985, qu'une résistance sporadique. Les forces *contras* et de la « résistance antisandiniste » se disloquèrent mais ne disparurent pas.

Le gouvernement justifia la suppression de nombreuses libertés individuelles et politiques en invoquant les attaques des *contras*. À cela s'est ajouté le 1er mai 1985 un embargo décrété par les États-Unis, embargo contrebalancé par l'attitude des pays européens. La dette du pays s'envola, l'inflation culminant à 36 000 % en 1989. Le gouvernement instaura le carnet de rationnement. Près de 50 % du budget passait dans les dépenses

1. Bayardo Arce, « De la stratégie révolutionnaire et de la construction du socialisme », *Esprit*, janvier 1986.

militaires. L'État était incapable de subvenir aux besoins du peuple. On manquait de lait, de viande. Les plantations de café étaient ravagées par la guerre.

Des vagues d'arrestations en zones rurales furent déclenchées en 1984-1986. Délégué du FSLN, Carlos Nuves Tellos défendit la détention préventive prolongée en arguant du fait qu'elle « était une nécessité imposée par les difficultés que constituaient les centaines d'interrogatoires en zones rurales ». Des membres de partis d'opposition — libéraux, sociaux-démocrates, démocrates-chrétiens —, des syndicalistes opposants furent arrêtés pour leurs activités considérées comme « favorables à l'ennemi ». Au nom de la défense de la Révolution, les arrestations ordonnées par la DGSE se multiplièrent. Aucun recours n'était possible. Cette police politique, outre son caractère violent, avait le pouvoir d'arrêter tout suspect et de le maintenir indéfiniment en détention, au secret, sans chef d'inculpation. Elle pouvait également décider des conditions de détention d'un prisonnier, de ses contacts avec son avocat et ses proches. Certains détenus n'ont jamais pu communiquer avec leur avocat.

Certains centres d'incarcération figuraient parmi les plus durs. Ainsi, à Las Tejas, les prisonniers étaient obligés de se tenir debout sans pouvoir plier ni les bras ni les jambes. Toutes construites sur le même modèle, les cellules ne disposaient ni d'électricité ni de sanitaires. En période d'état d'urgence, les prisonniers y étaient détenus pendant plusieurs mois. À la suite d'une campagne menée par des organisations de défense des droits de l'homme, les *chiquitas* furent détruites en 1989. Selon Amnesty International, on dénombrait peu de cas de décès dans les centres de la DGSE. Cependant, Danilo Rosales et Salomon Tellevia décédèrent officiellement de « crise cardiaque ». En 1985, le détenu José Angel Vilchis Tijerino, frappé à coups de crosse, vit un de ses compagnons de détention mourir suite à des mauvais traitements. Amnesty International et diverses ONG ont dénoncé des abus similaires dans les zones rurales. Un détenu de la prison de Río Blanco à Matagalpa a déclaré avoir été enfermé avec vingt autres détenus dans une cellule si petite qu'ils devaient dormir debout. Un autre, privé de nourriture et d'eau pendant cinq jours, dut boire ses urines pour survivre. L'utilisation de la « gégène » était courante.

Le système pénitentiaire est calqué sur le modèle cubain. La loi de clémence du 2 novembre 1981, inspirée des textes cubains, prévoyait de prendre en considération l'attitude du prisonnier afin de statuer sur sa libération éventuelle. Les limites de la loi furent vite atteintes. Si des centaines de prisonniers condamnés par les tribunaux d'exception ont été graciés, aucune révision systématique de ces condamnations n'a jamais été entreprise.

Les arrestations répondaient à la notion de « crime somoziste », ce qui ne signifie rien de précis. Ainsi en 1989, sur 1 640 détenus pour délits contre-révolutionnaires, il n'y avait que 39 cadres somozistes. Dans les effectifs de la Contra, la présence d'ex-gardes somozistes n'a d'ailleurs jamais dépassé 20 %. C'était l'argument choc utilisé par les sandinistes pour incarcérer leurs opposants. Plus de six cents d'entre eux furent ainsi parqués à la Cárcel Modelo. Les falsifications de preuves, voire des accusations sans fondement, caractérisèrent les premières années « judiciaires » du sandinisme.

En 1987, plus de 3 700 prisonniers politiques croupissaient dans les geôles nicaraguayennes. Le centre de Las Tejas était connu pour ses mauvais traitements. Les détenus devaient se déshabiller et revêtir un uniforme bleu avant de rejoindre les cellules de la DGSE. Celles-ci, minuscules, disposaient de lits encastrés dans des murs en béton. Dépourvues de fenêtre, elles étaient éclairées par un mince filet de lumière filtrant à travers une étroite grille de ventilation située au-dessus de la porte en acier.

À cela s'ajoutait la réadaptation par le travail. Il y avait cinq catégories d'emprisonnement. Ceux qui étaient déclarés inaptes aux programmes de travail pour des raisons de sécurité étaient incarcérés dans les quartiers de Haute Sécurité. Ils ne voyaient leur famille que tous les quarante-cinq jours et ne pouvaient quitter leur cellule que six heures par semaine. Les prisonniers qui intégraient les programmes de réadaptation étaient autorisés à effectuer des travaux rémunérés. Ils avaient droit à une visite conjugale mensuelle et à une visite de leurs proches tous les quinze jours. Ceux qui satisfaisaient aux exigences du programme de travail pouvaient demander leur transfert dans une ferme de travail au régime moins strict, dit « semi-ouvert », puis ensuite passer au régime « ouvert ».

En 1989, 630 prisonniers se trouvaient dans le centre de détention de Cárcel Modelo à vingt kilomètres de Managua. Trente-huit ex-gardes somozistes y purgeaient une peine dans un quartier à part. Les autres détenus politiques étaient incarcérés dans des prisons régionales : Estelí, La Granja, Granada. Certains prisonniers, à Cárcel Modelo notamment, refusèrent pour des raisons idéologiques de participer à ces travaux. Cela ne se fit pas sans violences. Amnesty International a signalé des mauvais traitements à la suite de mouvements de protestation et de grèves de la faim.

Le 19 août 1987, à El Chipote, une dizaine de détenus ont été bastonnés par les gardiens. Des prisonniers ont dénoncé l'utilisation de matraques « électriques ». En février 1989, devant la dureté de leur incarcération, 90 détenus de Cárcel Modelo ont entamé une grève de la faim. Trente grévistes ont été transférés à El Chipote où, à titre de punition, ils ont été entassés nus dans une seule cellule pendant deux jours. Dans d'autres prisons, plusieurs détenus furent maintenus nus, menottés et privés d'eau.

Prenant prétexte d'actes de guérilla, le gouvernement a déplacé des populations jugées favorables à l'opposition armée. Les offensives et les contre-offensives des deux camps ont rendu difficile l'estimation précise des pertes. Malgré tout, les exécutions de plusieurs centaines d'opposants eurent lieu dans les zones rurales où les combats furent particulièrement violents. Il semble que les massacres soient un fait généralement répandu dans les unités de combat de l'armée et celles du ministère de l'Intérieur. Les troupes spéciales du ministère dépendaient de Tomás Borge, ministre de l'Intérieur. Elles correspondaient aux Forces spéciales du Minit cubain.

Des exécutions de villageois ont été signalées dans la région de Zelaya. Nous ne disposons d'aucun chiffre précis. Les corps étaient généralement mutilés, les hommes émasculés. Les paysans massacrés étaient soupçonnés d'aider ou d'appartenir à la Contra. Leurs maisons étaient rasées et les survivants déplacés. Ces faits sont imputables aux soldats de l'armée régulière. Le gouvernement entendait imposer sa politique par la terreur et priver l'opposition armée de ses bases. Ne pouvant intercepter les résistants, les sandinistes se sont vengés sur leurs proches. En février 1989, Amnesty International faisait état de dizaines d'exécutions extrajudiciaires notamment dans les provinces de Matagalpa et de Jinotega. Les corps mutilés des victimes ont été identifiés et retrouvés par les proches à proximité de leur demeure. Pendant toute la durée de la guerre, on note de nombreuses disparitions imputables aux éléments de la DGSE. Cela s'accompagne de déplacements forcés de la population vers le centre du pays. Les Indiens Miskito et les paysans vivant dans les zones frontalières ont particulièrement souffert de ces « disparitions ». La cruauté d'un camp répondit à l'horreur d'un autre. Ainsi, le ministre de l'Intérieur n'hésita pas à abattre à l'arme automatique des prisonniers politiques incarcérés à Managua.

Les accords signés à Esquipulas, au Guatemala, en août 1987 ont pourtant relancé le processus de paix. En septembre 1987, le quotidien d'opposition *La Prensa* a été autorisé à reparaître. Le 7 octobre de la même année, un cessez-le-feu unilatéral a été signé dans trois zones situées dans les provinces de Segovia, Jinotega et Zelaya. Plus de 2 000 prisonniers politiques ont été libérés mais, en février 1990, on en comptait encore 1 200. En mars 1988 s'ouvrirent des négociations directes entre le gouvernement et l'opposition à Sapoa au Costa Rica. En juin 1989, huit mois avant les élections présidentielles, la plupart des 12 000 hommes de la guérilla antisandiniste étaient repliés dans leurs bases du Honduras.

Le coût humain de la guerre se situe autour de 45 000-50 000 morts, civils pour la plupart. Au moins 400 000 Nicaraguayens ont fui leur pays pour se réfugier au Costa Rica, au Honduras ou aux États-Unis, à Miami et en Californie notamment.

Incapables d'imposer durablement leur idéologie, combattus à l'intérieur comme à l'extérieur du pays, minés par des querelles au sein même du FSLN, les sandinistes ont été contraints de remettre démocratiquement en jeu leur pouvoir. Le 25 février 1990, la démocrate Violeta Chamorro était élue présidente avec 54,7 % des suffrages. Pour la première fois en cent soixante ans d'indépendance, l'alternance politique s'est opérée dans le calme. L'aspiration à la paix a eu raison de l'état de guerre permanent.

Quelle qu'en soit la cause — qu'ils aient finalement compris l'importance de la démocratie ou qu'ils se soient pliés à un rapport de forces —, les communistes nicaraguayens ne sont pas allés, comme d'autres pouvoirs communistes, jusqu'au bout d'une logique de terreur pour conserver le pouvoir à tout prix. Il n'en reste pas moins que, par leur volonté d'hégémonie politique et d'application de doctrines sans rapport avec les réalités, les sandinistes ont dévoyé un juste combat contre une dictature sanglante et ont provoqué une seconde guerre civile qui a entraîné un recul momentané de la démocratie et de nombreuses victimes civiles.

PÉROU : LA « LONGUE MARCHE » SANGLANTE DU SENTIER LUMINEUX

Le 17 mai 1980, jour des élections présidentielles, le Pérou fut le théâtre de la première action armée d'un groupuscule maoïste appelé *Sentier lumineux*. À Chuschi, de jeunes militants s'emparèrent des urnes et les brûlèrent, en guise de signal annonçant le début de la « guerre populaire », avertissement auquel personne ne prêta attention. Quelques semaines plus tard, les habitants de la capitale, Lima, découvrirent des chiens pendus aux lampadaires portant des écriteaux avec le nom de Deng Xiaoping, le dirigeant chinois « révisionniste » accusé de trahir la révolution culturelle. D'où provenait cet étrange groupe politique aux pratiques si macabres ?

Au Pérou, la fin des années soixante-dix avait été singulièrement agitée : six grèves générales massivement suivies entre 1977 et 1979, toutes précédées de grandes mobilisations dans les principales villes de province, Ayacucho, Cuzco, Huancayo, Arequipa et même Pucallpa. Elles avaient été accompagnées de l'émergence de *Fronts de défense* très amples, structurés autour de revendications. Ce type d'organisation, qui existait à Ayacucho depuis quelque temps, devint la matrice du Sentier lumineux. En quechua, Ayacucho veut dire « le coin des morts » ; ce département est l'un des plus déshérités du Pérou : moins de 5 % des terres sont labourables, le revenu annuel moyen par habitant est de 500 francs, l'espérance de vie de quarante-cinq ans. La mortalité infantile atteint le record de 20 %, alors qu'il n'est « que » de 11 % pour l'ensemble du Pérou. C'est dans ce terreau de désespérance sociale que le Sentier a trouvé ses racines.

Ayacucho est aussi un centre universitaire particulièrement actif depuis 1959. On y enseignait la puériculture, l'anthropologie appliquée et la mécanique rurale. Très vite se créa un Front des étudiants révolutionnaires qui joua un rôle important au sein de la Faculté. Communistes orthodoxes, guévaristes et maoïstes se disputaient âprement le contrôle des étudiants. Dès le début des années soixante, un jeune activiste maoïste, un professeur de philosophie : Abimael Guzman, y joua un rôle de premier plan.

Né à Lima le 6 décembre 1934, jeune homme taciturne, Abimael Guzman a effectué des études brillantes. Membre du Parti communiste en 1958, il s'était fait remarquer très tôt pour ses dons d'orateur. En 1965, il participa à la création du groupe communiste *Bandera Roja* (Drapeau rouge), scission que connut le Parti communiste péruvien à la suite du grand schisme sino-soviétique. Selon certains, il se serait rendu en Chine, selon d'autres non[1]. En 1966, le gouvernement ferma l'Université à la suite d'émeutes insurrectionnelles. Les maoïstes de *Bandera Roja* créèrent alors le Front de défense de la population d'Ayacucho. Et, dès 1967, Guzman milita en faveur de la lutte armée. En juin 1969, il participa à la séquestration du sous-préfet Octavio Cabrera Rocha à Huerta, dans le nord de la province d'Ayacucho. Incarcéré en 1970 pour délit contre la sûreté de l'État, il fut libéré quelques mois plus tard. En 1971, à la IVe Conférence de *Bandera Roja*, une autre scission aboutit à l'émergence d'un nouveau groupe communiste : le Sentier lumineux. Le nom est emprunté à José Carlos Mariatégui[2] qui avait écrit : « Le marxisme-léninisme ouvrira le sentier lumineux de la révolution. » Adulé par les militants, Guzman est appelé « la quatrième épée du marxisme » (après Marx, Lénine et Mao). Vargas Llosa analyse ainsi son « projet » révolutionnaire : « À ses yeux, le Pérou décrit par José Carlos Mariatégui dans les années vingt est essentiellement identique à la réalité chinoise analysée par Mao à cette époque — une "société semi-féodale et semi-coloniale" — et il obtiendra sa libération au moyen d'une stratégie semblable à celle de la Révolution chinoise : une guerre populaire prolongée qui, utilisant les campagnes comme colonne vertébrale, donnera l'"assaut" aux villes. [...] Le modèle de socialisme qu'il revendique sont la Russie de Staline, la révolution culturelle de la "bande des quatre" et le régime de Pol Pot au Cambodge.[3] »

De 1972 à 1979, le Sentier semble s'être cantonné à des luttes pour le contrôle des organisations étudiantes. Il reçut le renfort d'étudiants de l'Université de technologies de San Martin de Torres de Lima. Il infiltra largement le Syndicat des enseignants du primaire et ses colonnes rurales de guérilleros furent souvent encadrées par des instituteurs. À partir de la fin 1977, Guzman disparaît dans la clandestinité. On assista alors à l'aboutissement d'un processus initié en 1978 : le 17 mars 1980, au cours de sa deuxième session plénière, le parti maoïste opta pour la lutte armée. Les effectifs du Sentier furent renforcés par des éléments trotskisants de

1. Mario Vargas Llosa, « Bréviaire d'un massacre », *Esprit*, n° 82, octobre 1983 (« Contrairement aux autres dirigeants du Sentier lumineux, on ne sait pas s'il est allé en Chine populaire ni même s'il est jamais sorti du Pérou »).

2. José Carlos Mariatégui (1895-1930) est l'auteur des célèbres *Sept essais sur la réalité péruvienne* ; il se situait à mi-chemin entre le marxisme et le populisme et pour cette raison était aussi bien revendiqué par les communistes que les apristes.

3. Mario Vargas Llosa, article cité.

Carlos Mezzich et par des maoïstes dissidents du groupe Pukallacta. L'heure de la lutte armée avait sonné, d'où l'opération de Chuschi, suivie, le 23 décembre 1980, de l'assassinat d'un propriétaire terrien, Benigno Medina, le premier cas de « justice populaire ». Disposant à l'origine de deux cents à trois cents hommes, le Sentier éliminait systématiquement les représentants des classes possédantes et les membres des forces de l'ordre.

En 1981, les postes de police de Totos, San José de Secce et Quinca furent attaqués. En août 1982, les maoïstes prirent d'assaut le poste de Viecahuaman, tuant six policiers anti-guérilla (les *Sinchis* — mot quechua signifiant vaillant, courageux), quinze autres étaient en fuite ou faits prisonniers. Sans soutiens extérieurs, les guérilleros récupérèrent des armes dans les stocks de la police et des explosifs sur les chantiers, n'hésitant pas à attaquer les campements de mineurs. Le bâton de dynamite lancé au moyen d'une fronde traditionnelle, le *maraka,* devint leur arme favorite. À côté de ces attaques, ils accomplirent une multitude d'attentats [1] contre des édifices publics, contre les lignes électriques et les ponts. Bien implantés à Ayacucho, les commandos investirent la ville en mars 1982, attaquèrent la prison et libérèrent 297 prisonniers (politiques et droit commun). La préparation minutieuse de l'attaque, l'infiltration de la ville, les opérations simultanées contre les casernes de police révélèrent un long apprentissage de la subversion.

Le Sentier lumineux s'acharna à détruire les installations et les infrastructures réalisées par l'État afin d'établir les bases de ses « communes populaires ». Ainsi, en août 1982, un commando détruisit le centre de recherche et d'expérimentation agronomiques d'Allpahaca : les animaux furent abattus et les machines incendiées. Un an plus tard, ce fut au tour de l'Institut de recherches techniques sur les camélidés (lamas, guanacos, alpagas) de disparaître en fumée. Au passage, les ingénieurs et les techniciens, considérés comme les vecteurs de la corruption capitaliste, étaient massacrés. Ainsi Tino Alansaya, chef de projet, fut assassiné et son corps dynamité. Afin de se justifier, les guérilleros déclarèrent que « c'était un agent de l'État bureaucratico-féodal ! ». En huit ans, soixante ingénieurs furent assassinés en zones rurales. Les coopérants des ONG ne furent pas épargnés : en 1988, l'Américain Constantin Gregory de AID fut exécuté par le Sentier. Le 4 décembre de la même année, deux coopérants français sont massacrés.

Guzman aurait prédit : « Le triomphe de la Révolution coûtera un million de morts ! » — le Pérou comptait alors dix-neuf millions d'habitants. En vertu de ce principe, les maoïstes s'attachaient à éliminer tous les symboles d'un ordre politique et social haï. En janvier 1982, ils exécutèrent deux instituteurs devant leurs élèves. Quelques mois plus tard, 67 « traîtres » furent abattus en public au cours d'un « jugement populaire ». Au début, l'exécution de latinfundistes et autres propriétaires terriens

1. En août 1982, le Sentier lumineux revendiquait 2 900 actions.

n'avait pas choqué des paysans écrasés d'impôts et étranglés par des emprunts aux taux usuraires. En revanche, l'élimination de la petite bourgeoisie et des commerçants les privait d'une série d'avantages (prêts à taux supportables, travail, aides diverses). Dans un souci de pureté révolutionnaire et pour asseoir leur tyrannie, les guérilleros décimèrent aussi les bandes d'*abigeos* (les voleurs de bétail) qui écumaient les hauts plateaux. Cette lutte contre la délinquance était purement tactique, et, dès 1983, le Sentier commença à collaborer avec les narcotrafiquants à Huánuco.

Dans des régions de conflits ethniques, le Sentier a su alimenter la haine à l'encontre du pouvoir central liménien, vestige d'un « passé colonial haï » comme se plaît à le rappeler le président Gonzalo (Guzman). Se posant en défenseur de l'indianité comme Pol Pot se référait à la pureté khmère de l'époque d'Angkor, le Sentier s'attira quelques sympathies auprès de certaines tribus indiennes qui, avec le temps, supportèrent de moins en moins la violence maoïste. En 1989, en Haute-Amazonie, les Ashaninkas furent embrigadés de force ou persécutés. Vingt-cinq mille d'entre eux vivaient retranchés dans la jungle avant d'être placés sous la protection de l'armée.

Livrée à la vindicte maoïste, la région d'Ayacucho vécut sous le nouvel ordre moral : les prostituées étaient tondues, les maris volages et les ivrognes fouettés, les récalcitrants se voyaient découper une faucille et un marteau dans le cuir chevelu, les fêtes jugées malsaines étaient interdites. Les communautés étaient dirigées par des « comités populaires » avec à leur tête cinq « commissaires politiques », structure pyramidale caractéristique de l'organisation politico-militaire du Sentier. Plusieurs comités formaient une base d'appui dépendant d'une colonne principale regroupant de sept à onze membres. Aux commissaires politiques étaient adjoints des commissaires chargés de l'organisation rurale et de la production. Ces derniers organisaient les travaux collectifs dans les « zones libérées ». Aucun refus n'était toléré et la moindre incartade était sanctionnée par une mort immédiate. Le Sentier avait choisi une politique autarcique et il détruisit les ponts afin d'isoler les zones rurales des villes, ce qui suscita d'emblée une forte opposition paysanne. Pour s'assurer le contrôle des populations et exercer un chantage sur les parents, le Sentier n'hésita pas à enrôler de force des enfants.

Dans un premier temps, le gouvernement répondit au terrorisme par l'utilisation des commandos spéciaux *(Sinchis)* et de l'infanterie de marine. En vain. En 1983-1984, la « guerre populaire » prenait un tour offensif. En avril 1983, cinquante guérilleros du Sentier investirent Luconamanca où trente-deux « traîtres » furent massacrés à la hache et au couteau ainsi que d'autres personnes qui voulaient s'enfuir. Le bilan total fit état de soixante-sept morts dont quatre enfants. Par ce massacre, le Sentier voulait faire comprendre aux autorités qu'il serait impitoyable. En 1984-1985, son offensive se porta sur les représentants du pouvoir. Dès novembre 1983, le maire du centre minier Cerro de Pesco avait été assassiné et son corps dynamité. Se sentant lâchés par les autorités, plusieurs maires et adjoints démissionnèrent, les curés s'enfuirent.

En 1982, la guerre avait fait deux cents morts. Pour 1983, ce chiffre est à multiplier par dix. En 1984, on comptait plus de deux mille six cents actes terroristes. Plus de quatre cents soldats et policiers sont morts en opérations. Aux crimes du Sentier répondirent les exactions de l'armée. Quand, en juin 1986, les militants déclenchèrent des mutineries dans trois prisons de Lima, vraisemblablement pour porter la guerre dans les villes, la répression fut féroce : on compta plus de deux cents morts. Les maoïstes échouèrent à s'infiltrer durablement dans les syndicats de mineurs bien structurés et dans des *barrios* (quartiers) disposant d'un tissu associatif solide. Pour conserver un certain crédit, le Sentier concentra alors ses coups sur le parti majoritaire au pouvoir, l'APRA [1]. En 1985, sept apristes furent tués et subirent les mutilations réservées aux mouchards : oreilles et langues coupées, yeux crevés. La même année, le Sentier ouvrit un nouveau front à Puno. Les départements de la Libertad, les provinces de Huánuco et de la Mar, la Haute-Amazonie furent touchés par la guérilla. Les villes de Cuzco et d'Arequipa furent le théâtre de plasticages contre des centrales électriques. En juin 1984, les maoïstes firent dérailler un train transportant du concentré de plomb ; peu après, ce fut le tour d'un train transportant du cuivre. En 1984, l'état d'urgence était proclamé dans dix provinces sur 146 que compte le Pérou.

Pour enrayer cette violence, l'armée compta d'abord sur la répression : pour soixante paysans abattus, l'état-major promit d'éliminer trois guérilleros. Cette politique eut pour effet, dans un premier temps, de pousser les indécis vers les maoïstes. Au début des années quatre-vingt-dix, le gouvernement en changea : le paysan ne fut plus considéré comme un ennemi mais comme un partenaire. Une refonte de la hiérarchie militaire et un meilleur recrutement des hommes permirent de privilégier la collaboration avec les paysans. De son côté, le Sentier affina sa tactique ; quatre formes de lutte furent définies lors de la IIIe Conférence du groupe maoïste : guerre de guérilla, sabotage, terrorisme sélectif et guerre psychologique comme l'attaque des foires agricoles.

Lorsqu'une vague de dissidence s'éleva dans les rangs du Parti puis retomba bien vite, elle fut suivie d'exécutions des « traîtres tenants de la ligne bourgeoise ». Afin de punir ceux qui trahissaient les « forces du peuple », le Sentier créa en Amazonie des camps de travail. En décembre 1987, trois cents femmes, enfants et vieillards faméliques réussirent à fuir ce « goulag péruvien » et arrivèrent à Belém, aux confins de la forêt vierge. Dès 1983, des paysans assujettis au travail forcé avaient quitté les zones tenues par le Sentier qui obligeait les péones à cultiver la terre, les champs

1. APRA : Alianza popular revolucionaria americana (Alliance populaire révolutionnaire américaine), fondée en 1924, par le Péruvien Victor Raul Haya de la Torre. D'abord à vocation continentale, l'APRA devait peu à peu se limiter au seul Pérou.

de coca et à subvenir aux besoins des colonnes de guérilleros. De nombreux enfants nés sur les hauts plateaux y trouvèrent la mort et les personnes qui tentaient de s'évader étaient systématiquement abattues. Enfermés dans des camps, obligés de suivre des sessions d'étude des textes du président Gonzalo, les détenus connurent très vite la faim. Ce fut le cas de cinq cents personnes détenues dans un camp de la région de Convention.

En septembre 1983, la police avait marqué un premier point en arrêtant Carlos Mezzich, un des chefs d'état-major de Guzman. Lassée par la cruauté d'un Sentier incapable d'améliorer son sort, la masse des paysans n'avait pas basculé du côté de la révolution guzmannienne. En outre, le Sentier fut combattu par d'autres mouvements politiques. La gauche unie, appuyée sur une forte implantation syndicale, s'opposa avec succès aux tentatives d'infiltration du Sentier qui se montrait, en définitive, beaucoup plus à l'aise dans l'utilisation de méthodes sanguinaires et expéditives que dans un travail communautaire ou associatif. En effet, en 1988-1989, Lima et Cuzco devinrent des cibles directes du Sentier et les bidonvilles des bouillons de culture révolutionnaire, suivant les directives du président Gonzalo : « Il s'agit de prendre les bidonvilles comme bases et le prolétariat comme dirigeant ! » Le Sentier entreprit alors le quadrillage des favelas et les réfractaires furent éliminés. Ses militants s'étaient infiltrés dans certaines organisations caritatives, tel lè Secours populaire du Pérou. En fait, le groupe maoïste essayait d'éliminer l'implantation urbaine de la gauche marxiste classique. Après les tentatives de prise en main des syndicats, ce fut un nouvel échec. En outre, sur son chemin, le Sentier se heurta aux Tupacamarus du MRTA. Les affrontements furent d'une violence inouïe. En 1990, 1 584 civils et 1 542 rebelles trouvèrent la mort. Malmené par le MRTA, étrillé par l'armée, le Sentier lumineux commençait à décliner.

Les 12 et 13 septembre 1992, Guzman et son adjointe, Elena Iparraguire, furent arrêtés. Quelques semaines plus tard, le numéro trois de l'organisation, Oscar Alberto Ramirez, tomba aux mains de la police. Le 2 mars 1993, le responsable militaire du Sentier, Margot Dominguez (Edith dans la clandestinité), fut arrêtée. Enfin, en mars 1995, une colonne de trente guérilleros avec à sa tête Margie Clavo Peralta a été démantelée par les services de sécurité. Malgré cela, l'augmentation de ses effectifs permettait au Sentier lumineux d'aligner, en 1995, 25 000 membres dont 3 000 à 5 000 « réguliers ».

La prédiction de Guzman ne s'est pas réalisée. Le Pérou ne fut pas noyé dans son propre sang[1]. Selon certaines sources, le Sentier lumineux est responsable de la mort de 25 000 à 30 000 personnes. Les enfants des campagnes ont payé un lourd tribut au terrorisme de guerre civile du Sentier : entre 1980 et 1991, les attentats ont tué 1 000 enfants et en ont mutilé environ 3 000. L'éclatement des familles dans les zones de guerre

1. On estime le coût de la violence à 20 milliards de dollars.

a aussi laissé livrés à eux-mêmes près de 50 000 enfants dont de nombreux orphelins.

ORIENTATIONS BIBLIOGRAPHIQUES

Michael Lowy, *Le Marxisme en Amérique latine de 1909 à nos jours. Anthologie*, F. Maspero, 1980.

Louis Mercier-Vega, *La Révolution par l'État. Une nouvelle classe dirigeante en Amérique latine*, Payot, 1978. *Technique du contre-État*, Belfond, 1968 ; *Les Mécanismes du pouvoir en Amérique latine*, Belfond, 1967.

Publications de La Documentation française, série Amérique latine.

NICARAGUA

Geneviève et Élie-Georges Berreby, *Commandant Zéro*, Robert Laffont, 1987.

J. M. Caroit et V. Soulé, *Le Nicaragua, le modèle sandiniste*, Le Sycomore, 1981.

René Dumont, *Finis les lendemains qui chantent*, Le Seuil, 1982.

Nicaragua. Colonialisme et révolution, diffusion Inti, Paris, 1982.

Gilles Bataillon, « Le Nicaragua et les indiens Miskito », *Esprit*, juillet-août 1982 ; « Le Nicaragua et les indiens de la côte atlantique », *Esprit*, juillet 1983 ; « Nicaragua : de la tyrannie à la dictature totalitaire », *Esprit*, octobre 1983, numéro spécial « Amériques latines à la une » ; « Nicaragua : des élections à l'état d'urgence » et « Paysage après la bataille (Nicaragua) », *Esprit*, janvier 1986 ; « L'Opposition nicaraguayenne à la recherche d'une stratégie », *Esprit*, juin 1987 ; « Communistes et sociodémocrates dans la révolution », *Communisme*, n° 13, 1987.

CUBA

Juan Clark, *Testimonio de un pueblo*, Miami.

Carlos Franqui, *Journal de la révolution cubaine*, Le Seuil, 1976.

Armando Valladares, *Mémoires de prison*, Albin Michel, 1986.

Jorge Valls, *Mon ennemi, mon frère*, Gallimard, L'Arpenteur, 1989.

Jeannine Verdès-Leroux, *La Lune et le caudillo. le rêve des intellectuels et le régime cubain (1959-1971)*, Gallimard, L'Arpenteur, 1989.

PÉROU

Alain Hertoghe et Alain Labrousse, *Le Sentier lumineux, un nouvel intégrisme dans le Tiers-Monde*, La Découverte, 1989.

2

Afrocommunismes : Éthiopie, Angola, Mozambique

par Yves Santamaria

Pour l'opinion publique, le lien entre « outre-mer » et mouvement communiste fut fonction du soutien apporté par ce dernier aux luttes anticoloniales, avant que la guerre froide ne vienne globaliser les enjeux : face aux penchants décolonisateurs de Washington, la IVe République française tenta de faire accroire que tout recul face aux nationalistes indigènes devenait *ipso facto* une invite aux ambitions moscovites, selon l'adage prêté à Lénine : vue de l'Est, la route de Paris passe par Alger. Il fallut attendre, lors de la glaciation consécutive à la défaite américaine au Vietnam en 1975, l'instauration des régimes prosoviétiques d'Afrique ex-portugaise et d'Éthiopie, pour qu'apparaisse, à la délicate articulation entre deux objets furieusement exotiques et tellement familiers — l'Afrique, le communisme —, l'idée d'une nocivité ne se limitant pas au cadre géopolitique. Par-delà la mainmise éventuelle du camp socialiste sur des secteurs jugés vitaux par l'Occident, voilà que le communisme, loin de se révéler pour le tiers-monde le remède indépassable au sous-développement, semblait une fois encore infliger aux populations locales des punitions déjà administrées de par le monde aux peuples insuffisamment pénétrés de la mission qui, aux yeux des héritiers de la révolution d'Octobre, leur était impartie par l'Histoire.

Communisme aux miroirs africains

Les « Khmers noirs » : tel était le surnom encore accolé en 1989, au lendemain de la chute du mur de Berlin, aux hommes du Front patriotique rwandais (toutsi), soupçonnés de penchants polpotiens. Leur chef, Paul Kagamé, n'échappait pas pour autant à la dénomination d'« Américain », conférée par des responsables français avertis de sa formation aux États-Unis et toujours en éveil face aux menées anglo-saxonnes dans le pré carré africain[1]. Complexe à souhait, le cas de la région des Grands Lacs illustre, aujourd'hui encore, une difficulté majeure des observateurs comme des praticiens de la politique africaine : le continent « noir » est un lieu privilégié de projection de fantasmes politiques occidentaux. Peut-on dans ces conditions évoquer innocemment un « communisme africain » sans succomber au péché ethnocentrique, alors même que le président mozambicain Joaquim Chissano n'avait pas hésité à concéder, tandis que l'Histoire basculait à l'Est européen, que décidément « cette histoire de marxisme commençait à nous poser des problèmes[2] » ? De fait, les débats sur l'authenticité d'une adhésion des Africains à l'univers communiste s'apparentent furieusement à ceux qui ont pu agiter les amateurs de ce type d'empoignades à propos d'autres secteurs de la planète. Après tout, puisque pour le général de Gaulle l'URSS n'avait cessé d'être la chère et puissante Russie, pourquoi le Mouvement pour la libération de l'Angola (MPLA) ne serait-il pas l'expression « marxiste-léniniste » — donc, la traduction à usage de l'Ouest — du patchwork ethnique créoles-indiens-mbundu ? Quant à refuser au « négus rouge » Mengistu la dignité de « communiste », on sait que ce qualificatif a été scrupuleusement dénié à Staline par des secteurs importants de l'extrême gauche marxiste, dont les trotskistes ne sont pas la sous-variété la moins influente.

Bornons-nous donc à prendre acte du fait que le sérieux de la référence à Marx, au bolchevisme et à l'URSS des partis, États et régimes ici mentionnés ne fut contesté, tout au long de la période ici considérée (pour l'essentiel, 1974-1991), ni par les acteurs ni par leurs adversaires et encore moins par l'instance légitimante, à savoir l'Union soviétique et le mouvement communiste international. Certes, l'appartenance organisationnelle au camp communiste fut le fait de minorités : les estimations soviétiques avançaient les chiffres de 5 000 pour toute l'Afrique en 1939, puis de 60 000 au début des années soixante-dix[3]. Mais nombre d'exemples, notamment européens, sont là pour rappeler qu'en logique léniniste seule compte la conformité idéologique du *pouvoir* (plus que celle du régime ou de l'État) et que celui-ci est peu sensible a priori à l'imprégnation préalable de la société par la culture communiste. Sitôt aux commandes, les nouveaux dirigeants ont pris soin de quadriller symboliquement le paysage, multipliant les marques de rupture avec le « socialisme africain » qui avait fleuri au lendemain des premières indépendances des années cinquante-

1. Éric Fottorino, « Dans le piège rwandais », *Le Monde*, 25 juillet 1997.

2. Déclaration à l'*Expresso* de Lisbonne, 12 mai 1990, *in* M. Cahen, « Le socialisme, c'est les Soviets plus l'ethnicité », *Politique africaine*, juin 1991.

3. Marina et David Ottaway, *Afrocommunism*, New York, Holmes et Meier, 1986, p. 30-35. Nous profitons de cette note pour souligner l'emprunt dans notre titre à ces auteurs du mot « afrocommunisme ». Il s'agit là d'une commodité purement lexicale et qui exclut toute connotation positive du type de celles qui ont pu s'attacher, dans les années soixante-dix, à la notion d'« eurocommunisme ». Celle-ci tendait en effet à projeter sur les relations entre PC d'Espagne, d'Italie et de France les espérances qu'une part notable de la gauche entretenait en matière d'un « socialisme à visage humain » délié des pesanteurs soviétiques.

soixante. La leçon des échecs de la première vague coulait de source : si la politique agraire communautaire *(ujamaa)* menée en Tanzanie par Julius Nyerere n'apportait pas les résultats escomptés, c'est, expliquait-on au Frelimo [1] comme chez les experts éthiopiens que le parti TANU/ASP [2] n'avait pas été assez « marxiste-léniniste ». L'adoption d'une grille « socialiste scientifique » permettait aux élites dirigeantes de déjouer le péril « tribaliste », dérive naturelle, à leurs yeux, de solidarités paysannes non planifiées. Acceptant d'entrée de jeu que l'État construise la nation — selon un modèle qui n'était pas étranger aux Européens... —, les forces au pouvoir insérèrent celle-ci dans la communauté internationale. Nul ne pouvait ignorer, en atterrissant à Maputo, capitale du Mozambique, qu'il accédait à une « zone libérée de l'humanité [3] ».

Loin d'inviter à un quelconque déni des droits de l'homme, le slogan illuminant la façade de l'aéroport affichait les deux dimensions consubstantielles au projet communiste : face à l'Afrique du Sud raciste, l'anti-impérialisme ; aux côtés des États socialistes, l'inscription dans le système communiste mondial. Comme le Mozambique, l'Angola et l'Éthiopie y ont trouvé place au rang de pays d'« orientation socialiste ». Depuis Khrouchtchev, en effet, les analystes soviétiques ont pris soin d'affiner leur typologie : l'éclosion de nouvelles nations « progressistes » a imposé l'usage d'une terminologie adéquate, ménageant leur place à celles d'entre elles qui, tout en ayant pris leurs distances avec la « voie capitaliste », ne sauraient (comme Cuba ou le Vietnam) se prévaloir du label « socialiste [4] ». Celui-ci vaut en effet garantie, de la part de l'Union soviétique, d'engagements dont la rentabilité ne semble pas assurée sur la scène africaine. Aussi les États à orientation socialiste doivent-ils compter essentiellement, pour assurer les bases matérielles de leur développement, sur les ressources autochtones et les financements occidentaux. Quant au volet militaire de la coopération, il s'inscrit dans la longue tradition de l'« impérialisme rouge », qui théorisait dès les premiers pas de l'Internationale communiste [5] le devoir d'assistance prolétarienne. Si, en termes de transfert de technologie militaire, la clientèle soviétique en Afrique excédait largement les trois États qui font l'objet de cette approche, ces derniers en furent les principaux bénéficiaires. Et la profondeur de l'insertion dans un système mondial permit à leurs directions de bénéficier des ressources différenciées de la galaxie communiste : aux côtés des 8 850 conseillers

1. Front de libération du Mozambique.

2. Tanganyka African National Union/Afro Shirazi Party (Zanzibar).

3. Christian Geffray, « Fragments d'un discours du pouvoir (1975-1985) : du bon usage d'une méconnaissance scientifique », *Politique africaine,* nº 29, mars 1988.

4. Marie Mendras, « La stratégie oblique en Afrique subsaharienne », *in* GERSS (Groupe d'études et de recherches sur la stratégie soviétique), « L'URSS et le tiers-monde : une stratégie oblique », *Cahiers de la Fondation pour les études de Défense nationale,* nº 32, 1984.

5. On peut se référer sur ce point aux déclarations on ne peut plus explicites de Boukharine, le 18 novembre 1922, lors du IVe Congrès du Komintern (Supplément à *La Correspondance internationale,* nº 38, 4 janvier 1923).

soviétiques à l'œuvre sur l'ensemble du continent, on a pu recenser, pour l'année 1988, la présence de 53 900 Cubains, sans que l'on puisse dénombrer l'importance des spécialistes est-allemands, particulièrement appréciés auprès des services de Sécurité concernés[1].

Il est certes loisible de retrouver, dans l'adoption de la rhétorique marxiste-léniniste par le MPLA d'Angola, le Frelimo du Mozambique et le Derg/PTE d'Éthiopie, le processus connu par les historiens de l'Antiquité sous le nom d'« interprétation », par lequel les dieux gaulois connurent une longue immortalité sous leurs défroques romaines. Il est exact que l'« instrumentalisation » n'est pas forcément à sens unique et que, par exemple, la bureaucratie impériale éthiopienne a su canaliser à son profit le potentiel centralisateur du modèle communiste réellement existant. N'en demeure pas moins, quelle que soit la puissance de ce modèle explicatif, une *politique* communiste en Afrique identifiable comme telle en s'appuyant sur une solide batterie de critères d'authentification. Nombre d'entre eux, pris séparément, concourent à la description d'autres États africains, à commencer par le refus du pluripartisme couplé à la notion d'avant-gardisme, vertu dévolue à la seule faction au pouvoir. Moscou ne délivra pourtant le label de « partis d'avant-garde s'appuyant sur une théorie révolutionnaire » qu'aux seuls MPLA-Parti du travail (Angola), Frelimo-Parti des travailleurs (Mozambique), ainsi qu'au Parti congolais du travail, rejoints en 1984 par le Parti des travailleurs d'Éthiopie. Il en est de même quant à l'existence d'une « politique du ventre[2] » de type mafieux, où, en l'absence de « classe bourgeoise », la mainmise sur l'État demeure la seule source d'enrichissement personnel. Il s'agit là, il est vrai, de pratiques nomenklaturistes dont l'Afrique est loin de détenir le monopole. Et certes, on pourrait se borner à cerner la spécificité communiste des trois régimes ici évoqués en y soulignant la volonté, dans chaque cas de figure et sous une même rhétorique, de créer un « homme nouveau » tout en confiant au ministère de la Vérité autochtone le soin de trier ce qui, dans la culture ancestrale, mérite folklorisation ou éradication.

Resterait à se demander pourquoi, au bazar idéologique du XXe siècle, les élites ayant accédé à la direction de ces États se sont allées fournir au rayon idéologique marxiste-léniniste[3]. Pour nous en tenir à ce seul élément de compréhension, il n'est pas exclu que la fascination pour les potentialités offertes par la doctrine à une utilisation vertigineuse de la violence puisse constituer l'un des éléments du débat. Et de même qu'en Occident apparaissent de plus en plus visibles aux chercheurs les liens entre les

1. Gareth M. Windrow, *The Foreign Policy of the GDR in Africa,* Cambridge, Cambridge University Press, 1990.

2. Jean-François Bayart, « L'État », *in* Coulon-Martin, *Les Afriques politiques,* Paris, La Découverte, 1991, p. 219.

3. Question liminaire à tout débat sur la sincérité de la croyance communiste africaine, ainsi que le soulignait Michael Walter dans son éditorial aux n°s 3-4 (septembre/décembre 1985) du *Journal of Communist Studies* consacré aux régimes militaires marxistes en Afrique.

déferlements totalitaires et la « culture de guerre » qui a prévalu en Europe de 1914 à 1945, de même l'épisode communiste en Afrique s'insère-t-il dans la longue durée d'une violence dont l'étude commence à peine à surmonter les oppositions manichéennes entre harmonie (ou barbarie) précoloniale, ordre (ou répression) colonialiste et anomie consécutive aux indépendances et/ou aux convoitises néocoloniales[1]. Certes, l'Afrique communiste n'a pas été un îlot de violence, loin s'en faut : le Nigeria, lors de la guerre du Biafra, et le Rwanda, avec le génocide des Hutu, ont apporté chacun en son temps leurs considérables contributions aux raisons de désespérer de son semblable. L'Éthiopie, l'Angola et le Mozambique conservent néanmoins, par-delà les querelles de chiffres, leur spécificité criminelle, ne serait-ce qu'à travers des processus de remodelage du tissu social marqués par la « villagisation » forcée du monde rural, ainsi que par l'utilisation politique de la famine. Ils offrent en outre au spécialiste du communisme non africaniste la tentation du paysage familier, tant en matière d'épuration du Parti ou de liquidation du gauchisme que dans le traitement des oppositions nationalitaires/ethniques, partisanes ou religieuses.

La dénégation du meurtre de masse ayant eu de plus en plus de mal à contourner, malgré la professionnalisation de l'Agit-prop, les maillages médiatiques internationaux, la dimension criminelle du communisme africain a suscité un regain des pratiques absolutoires. Chez ceux enclins à dissiper le soupçon intentionnaliste qui pèse sur des régimes par ailleurs « progressistes », chaque initiative de l'État marxiste-léniniste tend à se présenter comme une réplique mesurée à des forces contre-révolutionnaires. Querelle depuis longtemps engagée à propos de la Terreur révolutionnaire française, rajeunie par la Révolution bolchevique, l'invocation de la « tyrannie des circonstances » trouve dans la conjoncture africaine ample matière à plaidoiries issues bien au-delà des rangs communistes. À cet égard, l'ampleur — toute relative, mais incomparable avec celles suscitées par les autres pays africains à orientation socialiste[2] — des polémiques soulevées à l'Ouest par les trois États retenus suffirait à justifier notre choix. C'est qu'aux figures classiques du Mal (le legs du passé, la stratégie interventionniste impérialiste) s'adjoint en Éthiopie, au Mozambique, voire en Angola, le concours des forces naturelles d'un milieu dont le monde communiste se plaît à l'occasion à souligner la dureté, quitte à embrigader la sécheresse au service de ses projets prométhéens. D'anomalies pluviométriques en pesanteurs ethniques, l'argumentaire n'écarte pas toujours la tentation d'imputer la barbarie africaine à une hypothétique africanité. Pourtant, les sociétés africaines sont

1. Voir en première approche René Lemarchand, « La violence politique », *in* Coulon-Martin, *Les Afriques politiques, op. cit.* Importante bibliographie.

2. À la veille de l'ère Gorbatchev (1985), les Soviétiques y faisaient figurer, outre le trio ici considéré, l'Algérie, le Bénin, le Cap-Vert, le Congo, la Guinée, la Guinée-Bissau, Madagascar, São Tomé et Príncipe et la Tanzanie.

au moins autant tributaires de leur temps que de leur héritage et, à ce titre, ne sauraient avoir été préservées des saignées totalitaires.

L'EMPIRE ROUGE : L'ÉTHIOPIE

Lorsque disparaît, le 12 septembre 1974, l'empire incarné par le Négus Hailé Sélassié Ier, alors âgé de quatre-vingt-deux ans, le diagnostic semble aisé. Fragilisé par l'incertitude régnant quant à l'identité de son successeur autant que par le choc pétrolier, épuisé par les guerres frontalières et les pénuries alimentaires, contesté par les couches urbaines issues de la modernisation sociale, le régime s'écroule sans soubresauts majeurs. Fruit des préoccupations géopolitiques du souverain déchu[1], l'armée — qui s'est illustrée en Corée en 1950 aux côtés des Américains... — s'installe aux commandes de l'État : 108 hommes composent le *Derg* (Comité militaire administratif provisoire) au sein duquel les oppositions idéologiques semblent s'effacer derrière le slogan *Ethiopia tikdem* (Éthiopie d'abord). Très vite pourtant les équivoques se dissipent. Placé à la tête du gouvernement, le général Aman Andom, héros de la guerre contre la Somalie, d'origine érythréenne, est liquidé dans la nuit du 22 au 23 novembre. Quelques heures plus tard, c'est au tour de 59 personnalités : suivant une technique éprouvée, les hommes politiques libéraux subissent le même sort que les traditionalistes liés à l'Ancien Régime. Le sort des membres du Derg est désormais lié à celui du chef qu'ils ont porté à sa tête en juillet et qui, le 21 décembre 1974, engage ouvertement le pays sur la voie du socialisme : Mengistu Hailé Mariam.

La biographie de l'ex-président reste à écrire[2]. L'homme s'est plu dans le rôle de paria, jouant de sa peau sombre et de sa courte taille (amendée, il est vrai, par l'usage des talonnettes...) pour poser au *bariah* (esclave) face au clan amhara, cœur du régime impérial. À ce milieu privilégié, il émargeait pourtant par sa mère, authentique rejeton de l'aristocratie. Malgré sa bâtardise (son père était un caporal illettré), il bénéficia de la protection d'un oncle qui, ministre du Négus, put faciliter ses débuts dans la carrière militaire. L'éducation de Mengistu se limita pourtant à une scolarité primaire et c'est sans diplôme qu'il franchit les portes de l'école militaire d'Holetta, réservée aux jeunes gens dépourvus. Commandant de brigade mécanisée, ses qualités lui valurent cependant, à deux reprises, de bénéficier d'un stage à Fort-Levenvorth (Texas). Sans bagage théorique connu, mais doté d'un solide appétit de pouvoir, il lui fallut trois ans pour évincer ses rivaux : après l'élimination (pour complot « droitier ») du colonel Sisaye vint le tour, le 3 février 1977, du général

1. Hailé Sélassié avait été contraint à l'exil de 1936 à 1941, au cours du bref épisode de la colonisation italienne de l'Éthiopie.

2. Voir le portrait enlevé par Jacques de Barrin dans *Le Monde* du 23 mai 1991.

Teferi Bante et de huit de ses camarades. C'est à la mitrailleuse 12,7 que Mengistu a réglé, assure la légende, le sort des « capitulards » lors d'une mémorable réunion des instances dirigeantes du Derg.

Dans le Grand Palais construit par Ménélik II après la fondation d'Addis-Abeba en 1886, le chef suprême de l'Éthiopie peut dès lors endosser les dépouilles impériales, au Parlement près[1]. Son implacable style de commandement, popularisé par une communication très professionnelle, n'a rien qui puisse dépayser les sujets du défunt « roi des rois ». Sa légitimité est incontestée aux yeux du camp socialiste qui dispose à présent en lui d'un partenaire stable : le coup de février a été précédé, en décembre 1976, d'une visite de Mengistu à Moscou. En avril 1977, l'Éthiopie rompt ses relations militaires avec les États-Unis. Cubains et Soviétiques fournissent alors un appui massif, tant en équipement qu'en personnel[2], et qui va se révéler décisif face aux indépendantistes érythréens et à l'offensive somalienne de juillet 1977 en Ogaden. Les Soviétiques apprécient à leur juste valeur les efforts de soviétisation entrepris par le régime, parfois à l'imitation du socialisme prôné en Somalie, alors alliée de l'URSS. La « voie éthiopienne » esquissée en décembre 1974 par le Comité provisoire prend forme en janvier 1975, lorsque le Derg nationalise banques et assurances, ainsi que l'essentiel du secteur manufacturier. Surtout, en mars, l'abolition de la propriété foncière et la limitation à un bien par famille de la propriété immobilière témoignent de la radicalisation du régime. Moscou n'en pousse que davantage à la création de l'instrument seul capable, à ses yeux, de faire franchir aux dirigeants un seuil qualitatif essentiel : le Parti. Il faut pourtant attendre 1979 pour qu'une commission d'organisation du Parti des travailleurs (COPTE) soit mise sur pied. Les travaux de son deuxième congrès, en janvier 1983, furent jugés suffisamment fructueux par les Soviétiques pour que, le 11 septembre 1984, la création du Parti des travailleurs d'Éthiopie (PTE) vienne couronner les cérémonies du dixième anniversaire de la Révolution. Se reconnaissant héritier de la « grande révolution d'Octobre », le PTE accède au degré d'intégration suprême dans le système communiste mondial : les accords de parti à parti. Ombre au tableau, l'Éthiopie ne peut se hausser au rang de « démocratie populaire ». La fragmentation multiethnique et la dépendance économique à l'égard de l'Occident demeurent des infirmités pour l'heure rédhibitoires[3].

Le rythme de la construction du Parti n'était pas tributaire d'une « bonne » composition sociologique. À la veille de sa fondation, en dépit d'efforts signalés pour afficher une vitrine plus conforme à l'idée que d'aucuns peuvent avoir du « parti de la classe ouvrière », lesdits ouvriers

1. Paul B. Henze, « Communisme and Ethiopia », *Problems of Communism,* mai-juin 1981.

2. Le chiffre de 15 000 Cubains est avancé de source américaine.

3. Christopher Clapham, « The Workers' Party of Ethiopia », *The Journal of Communist Studies,* n° 1, mars 1985.

représentaient moins du quart des effectifs. Symbole de la réalité des rapports sociaux, militaires et fonctionnaires pesaient pour près des trois quarts des membres face à 3 % de paysans[1], dans un pays où la paysannerie représente 87 % de la population. Au niveau des directions, le rapport de forces penchait encore plus massivement en faveur des cadres de l'armée, le Politburo du PTE se composant pour l'essentiel de survivants du Derg. Réduite à la portion congrue, la place de l'intelligentsia s'expliquait par la destruction physique de ses cadres et organisations. Après l'arrivée, d'Europe et des États-Unis, d'étudiants formés dans des universités largement imprégnées du radicalisme d'alors, une campagne de coopération *(zamecha)* menée dans un esprit mao-populiste avait jeté cinquante mille étudiants (et quelques professeurs) à la rencontre de l'univers paysan. Le retour en ville se solda par un renforcement d'organisations d'obédience marxiste-léniniste, le PRPE et le MEISON[2]. Aux yeux d'une population largement indifférente, la rivalité entre les deux mouvements s'expliquait par leur composition ethnique, à dominante amhara pour le PRPE, oromo pour le MEISON. Idéologiquement proches, les deux organisations se séparaient quant au traitement de la question érythréenne, le MEISON se coulant davantage dans la démarche centralisatrice du Derg. Jouant sur les affrontements armés entre les deux factions, habilement qualifiés de « terreur blanche », Mengistu procéda à leur extermination en deux temps. Lors de la première vague, déclenchée à l'automne 1976, la « terreur rouge » anéantit le PRPE. Lors d'un discours public prononcé le 17 avril 1977, Mengistu lança le peuple à l'assaut des « ennemis de la révolution ». Joignant le geste à la parole, il brisa successivement trois flacons de sang (du moins, on le suppose) censés figurer l'« impérialisme », le « féodalisme » et le « capitalisme bureaucratique ». Le MEISON prêta largement son concours à l'opération en infiltrant les 293 *kebele,* milices urbaines mises sur pied par le Derg sur le modèle des « sections » parisiennes de la Révolution française[3] et équipées par l'armée pour la circonstance. À la suite de l'exécution, le 11 novembre, du lieutenant-colonel Atnafu Abate[4], son principal soutien au sein du Derg, le piège se referma sur le MEISON, à son tour victime des tristement célèbres 504 blanches des « étouffeurs », ces escadrons de la mort aux ordres des services de sécurité[5].

Obtenir des données fiables concernant les victimes de la terreur demeure actuellement hors de portée. Pour la période février 1977-

1. Olga Kapeliouk, « Quand le paysan est tenu à l'écart des décisions politiques », *Le Monde diplomatique,* avril 1984.

2. Parti révolutionnaire du peuple éthiopien ; Mouvement socialiste panéthiopien (acronyme).

3. Membre éminent du MEISON et du Bureau politique du Derg, Hailé Fida avait acquis sa formation marxiste-léniniste lors de ses études en France. Arrêté en août 1977, il disparut après quelques mois de détention.

4. Atnafu s'était signalé par sa férocité dans la répression anti-PRPE.

5. Patrice Piquard, « L'Éthiopie juge Mengistu, le boucher rouge », *L'Événement du Jeudi,* 22-28 décembre 1994.

juin 1978, le chiffre de 10 000 assassinats politiques a été avancé, dans la seule capitale, au cours des séances du procès tenu à Addis-Abeba en mai 1995[1]. Distinguer entre les victimes (des prochinois aux falachas, juifs autochtones victimes de massacres en 1979...) pourrait paraître déplacé : comme l'a rappelé Karel Bartosek à propos de la Tchécoslovaquie[2], le temps n'est plus où l'on osait privilégier à l'intérieur des charniers ceux qui nourrissaient le thème du Saturne bolchevique qui, comme chacun sait, dévore ses propres enfants. Renouant avec les amalgames staliniens, où les mêmes espions émargeaient aux budgets de Hitler, Chamberlain, Daladier et du Mikado réunis, les réquisitoires hâtifs des procureurs aux ordres du Derg n'hésitaient pas à affubler les charretées de condamnés du prêt-à-liquider rituel : « Réactionnaires, antirévolutionnaires, anti-peuple et membres anarchistes et subversifs du PRPE ». Comme dans l'ex-URSS, on n'a pas fini de redécouvrir les fosses communes où se côtoient nombre de « disparus » recensés par les rapports d'Amnesty International. Comme en Chine, les familles furent invitées à défrayer l'État d'une partie des dépenses engagées pour l'exécution des sentences, selon le principe dit « paying for the bullet ». Marque distinctive du colonel Teka Tulu (dit « la Hyène »), l'un des chefs de la Sécurité d'État les plus haïs, la cordelette de nylon (le « nœud papillon de Mengistu ») fut largement utilisée lors des mises à mort. La technique fut d'ailleurs éprouvée, une nuit d'août 1975, sur la personne de l'empereur déchu. Officiellement, le décès fut attribué (comme dans le cas de la petite-fille du monarque, la princesse Ijegayehu Asfa) à l'échec d'une intervention chirurgicale.

Le concours des services de sécurité est-allemands (Stasi) et soviétiques fut apprécié en haut lieu. Les étudiants résidant à Moscou ne furent pas épargnés, les autorités soviétiques se chargeant dans plusieurs cas de les confier au bras éthiopien compétent. À Addis-Abeba, le sergent Legesse Asfaw servait d'intermédiaire entre les spécialistes européens et leurs camarades autochtones. Ceux-ci imposèrent des pratiques exemplaires en matière d'exposition de victimes torturées sur les trottoirs d'Addis-Abeba[3]. Le 17 mai 1977, le secrétaire général suédois du *Save the Children Fund* témoigna : « Un millier d'enfants ont été massacrés à Addis-Abeba et leurs corps, gisant dans les rues, sont la proie des hyènes errantes. [...] On peut voir les corps entassés d'enfants assassinés, pour la plupart âgés de onze à treize ans, sur le bas-côté de la route lorsque l'on quitte Addis-Abeba[4]. »

---

1. Bertrand Le Gendre, « Éthiopie : le procès de la Terreur rouge », *Le Monde,* 13 mai 1995. En 1977, le secrétaire général de la Fédération des enseignants d'Éthiopie avançait le chiffre de 30 000 meurtres politiques depuis 1974. *Cf. Human Rights Violations in Ethiopia,* Amnesty International, 1978, p. 16.

2. Karel Bartosek, *Les Aveux des archives, Prague-Paris-Prague, 1948-1956,* Paris, Le Seuil, 1996.

3. Pour de plus amples précisions, voir *Human Rights Violations in Ethiopia, op. cit.*, p. 9-11.

4. *Ibid.*, p. 14-15.

Les 1 823 affaires instruites après 1991 par la justice du président Meles Zenawi [1] concernent essentiellement des personnalités urbaines marquantes. Mais une vision trop centrée sur la capitale mutilerait la réalité sociologique et géographique de la terreur exercée à l'encontre d'un pays qui, à l'intérieur de ses frontières de l'époque, s'étendait sur 1 222 000 km^{e} pour une population sans doute proche de 40 millions d'âmes. Le Wollo, où le PRPE bénéficiait d'une relative implantation, connut lui aussi son lot d'exactions. En mai 1997 devant la chambre criminelle de la Haute Cour d'Addis-Abeba, le colonel Fantaye Yhdego et les lieutenants Hailé Gebeyahu et Ambachew Alemu durent ainsi répondre de leurs actes, parmi lesquels la justice avait retenu l'empoisonnement par gaz de 24 membres du PRPE, en février 1977, à Dese et Kombalcha [2]. Hors Choa [3], la situation la mieux connue est celle de l'Érythrée, où l'opposition nationaliste, extrêmement bien organisée et bénéficiant de solides appuis dans les milieux marxo-tiers-mondistes, a pu recenser et diffuser des informations de nature à discréditer auprès de l'opinion publique internationale [4] le régime d'Addis-Abeba. Celui-ci avait réaffirmé dès le 20 décembre 1974 l'indivisibilité de la nation : toute sécession de l'ancienne colonie italienne [5] amputait en effet l'Éthiopie de sa façade sur la mer Rouge. Quant au Sud-Est, en direction de l'océan Indien, les tendances panéthiopiennes rencontraient les revendications sur l'Ogaden de la Somalie, où, depuis 1969, le régime de Siyad Barre avait officiellement embrassé le marxisme-léninisme. Qui plus est, le rapprochement entre Moscou et Mogadiscio venait de culminer par le traité d'amitié de 1974. Entre ses deux protégés, l'URSS fit son choix. Après avoir vainement joué la carte d'une fédération Éthiopie-Somalie-Yémen du Sud, les Soviétiques misèrent sur Addis-Abeba. Mengistu put dès lors bénéficier, sous l'appellation « opération Étoile rouge », de la puissance de feu et de la logistique navale et aérienne de l'Armée rouge, ainsi que du corps expéditionnaire cubain, afin de repousser les offensives du Front populaire de libération de l'Érythrée (marxiste-léniniste) et de l'armée somalienne, de juillet 1977 à janvier 1978.

L'efficacité de l'action de Mengistu fut telle que, lors de la 39e session du Bureau de la Fédération syndicale mondiale, tenue à Addis-Abeba du

1. Président de la République au lendemain de la fuite de Mengistu. Le procès des dignitaires du régime Mengistu, accusés de crimes contre l'humanité, ajourné une première fois en décembre 1994, fut reporté le 13 mai 1995. Tout en continuant les investigations, les autorités semblent avoir renoncé à toute médiatisation. Les procès d'anciens responsables de rang intermédiaire se sont néanmoins poursuivis depuis.

2. *The Ethiopian Herald,* 13 mai 1997.

3. La province centrale, dont le cœur est Addis-Abeba.

4. Il serait — et le parallèle serait intéressant avec l'Algérie, l'Afghanistan ou le Mozambique — parfaitement inexact de brosser un tableau d'une Érythrée unie face à l'envahisseur. La région inclut maintes minorités ethniques et (sans parler du sort réservé aux soldats éthiopiens) les dissensions furent parfois sanglantes dans les rangs nationalistes.

5. Occupée par l'Italie à partir de 1882, l'Érythrée fut annexée de fait par Hailé Sélassié, par ailleurs figure écoutée de l'anticolonialisme africain, en 1962.

28 au 30 mars 1988, l'organisation — dans laquelle la CGT française, alors dirigée par Henri Krasucki, assumait d'importantes responsabilités — lui décerna sa médaille d'or pour « sa contribution à la Lutte pour la paix et la sécurité des peuples, pour leur indépendance nationale et économique ». Sur le terrain, cela se traduisait parfois douloureusement pour les peuples en question : peu après la clôture de la session, en juin 1988, 2 500 habitants de Hawzen[1] périrent sous les bombes. Comme à Guernica, au Pays basque espagnol, on était jour de marché. Guerre coloniale ou répression antinationalitaires, les périphéries de l'Empire (Érythrée, Tigré, Oromo, Ogaden, Wollega, Wollo) étaient secouées de révoltes souvent encadrées par des « Fronts populaires » dont les cadres partageaient avec leurs adversaires à tout le moins une rhétorique marxiste-léniniste[2]. À leur égard furent déployées des ressources militaires diversifiées, certains courants gauchistes et/ou prochinois se plaisant à souligner dans ce déferlement (incontestable) de barbarie les responsabilités successives des États-Unis, de l'URSS et d'Israël[3]. Sur le modèle des opérations montées contre l'intervention américaine au Vietnam, un « Tribunal permanent de la Ligue internationale pour les droits et la libération des peuples » tint session à Milan en mai 1980. Publiés en 1981 par le Comité belge de secours à l'Érythrée, ses attendus reflètent la position du FPLE[4]. Recoupées par les rapports d'Amnesty International, certaines données recueillies autorisent néanmoins les comparaisons avec maints théâtres d'opérations, le nom d'Oradour-sur-Glane venant spontanément sous la plume de l'observateur français au récit de massacres de populations civiles rassemblées dans les églises. La brochure du « Tribunal permanent » évoque ainsi le cas du village de Wokiduba, où 110 personnes auraient été massacrées dans l'église orthodoxe pendant l'été 1975. Aux Peugeot blanches d'Addis-Abeba, les escadrons de la mort opérant à Asmara préférèrent les camionnettes Volkswagen beige, chargées de convoyer vers les « boucheries » (fosses communes) ceux pour qui il n'était plus temps d'être incarcérés au camp de concentration d'Adi Qualla, près de Mendefera. Le bilan de la « guerre totale » décrétée par Mengistu en août 1977 contre les « sécessionnistes » d'Érythrée reste en chantier. 80 000 morts civils et

1. Hawzen est situé au Tigré, soit dans une province périphérique de l'Éthiopie constituant l'hinterland du littoral érythréen.

2. Il existait également, sur une base régionale, des oppositions armées plus hétérogènes : regroupant monarchistes, expropriés et autres vaincus de la révolution de 1974, l'UDE (Union démocratique éthiopienne) se retrouvait aux côtés des notables Beni Amer ou Afar pour des opérations ponctuelles mais qui ajoutaient à l'insécurité ambiante.

3. Il est exact que le désengagement gorbatchévien dans la Corne de l'Afrique a entraîné immédiatement un rapprochement entre Addis-Abeba et Tel-Aviv, inquiet de l'affaiblissement éventuel d'une puissance hostile au monde islamique.

4. Front populaire de libération de l'Érythrée. Encadré par des chrétiens, le FPLE est issu en 1970 d'une scission marxisante du Front de libération de l'Érythrée, à majorité musulmane. Voir Alain Fenet, « Le programme du FPLE, nation et révolution », in *La Corne de l'Afrique, Questions nationales et politique internationale,* Paris, L'Harmattan, 1986.

militaires pour la seule période 1978-1980 ? À cette estimation[1] prenant notamment en compte les victimes des opérations de représailles massives et des raids de terreur aérienne, il est loisible d'adjoindre les retombées d'une politique systématique de désorganisation de la vie rurale. Si les centres urbains bénéficièrent d'un approvisionnement prioritaire et d'une présence militaire salariée favorable au commerce, l'agriculture pâtit de la destruction du cheptel — notamment par les aviateurs, friands de chasse au chameau —, de l'implantation de mines, de la déforestation et de la désorganisation autoritaire des échanges. Acteurs essentiels de la production agricole, les femmes furent particulièrement frappées par les viols systématiques perpétrés par la troupe et qui contribuèrent largement à maintenir un climat d'insécurité peu propice à l'activité extérieure[2].

Il est difficile d'avancer que le souci gouvernemental de couper les guérillas de leur base civile ait constitué la raison initiale des déplacements massifs de population lors de la famine de 1982-1985, encore que des ponctions démographiques significatives aient pu être localement effectuées. Si l'Érythrée n'a guère été touché, le Wollo fut atteint dans des proportions non négligeables : sur 525 000 personnes déplacées de novembre 1984 à août 1985, 310 000 (soit 8,5 % de la population de cette province) étaient originaires du Wollo[3]. Et certaines régions frontalières (Gondar) s'étaient déjà littéralement vidées d'une part notable (30 à 40 %) de leurs populations regroupées au Soudan dans des camps contrôlés par les organisations oppositionnelles[4]. Crise de subsistance grave mais régionale, touchant 25 % de la population, la famine s'inscrivait dans une série pluriséculaire dont le dernier épisode (en 1972-1973) avait pesé dans la chute du régime impérial. Ses effets furent aggravés par la paupérisation de la partie de la paysannerie mise dans l'obligation de se priver de ses réserves afin de satisfaire aux quotas de livraison qui lui étaient dictés par l'État. Déjà lourdement taxés, les paysans se trouvèrent parfois contraints de payer au prix fort, sur le marché libre, des grains qui leur étaient rachetés par l'administration au prix imposé. Nombre d'entre eux durent se défaire de leur cheptel, se retrouvant ainsi particulièrement démunis en période difficile. Celle qui s'ouvrit en 1982 fut d'abord la conséquence d'une authentique sécheresse. La crise fut amplifiée par la paralysie des échanges, dans laquelle la persécution des négociants et l'insécurité jouèrent chacune leur partie. Elle fut mise par le régime Mengistu au service d'objectifs définis au sein de sa *Relief and Rehabilitation Commission* (RRC), autrement dit l'émanation *ah hoc* du Politburo éthiopien. Par le

1. *Evil Days. Thirty Years of War and Famine in Ethiopia : An African Watch Report,* New York, 1991, p. 117.

2. *Ibid.,* p. 127.

3. Georges Lecomte, « Utopisme politique et transfert de population en Éthiopie », *Esprit,* juin 1986.

4. Jean Gallais, « Sécheresse, famine, État en Éthiopie », *Hérodote,* n° 39, octobre-décembre 1985.

contrôle des secours et le déplacement des populations, l'arme alimentaire visait à la réalisation de plusieurs objectifs, parmi lesquels figurent en bonne place la soumission des dissidences et l'aménagement « scientifique » de l'espace par le Parti-État[1]. L'interdiction faite aux organisations non gouvernementales d'intervenir ailleurs que dans le Wollo et le détournement de l'aide destinée au Tigré tendaient à faire affluer dans les secteurs tenus par l'armée les populations rurales jusqu'alors sous contrôle des guérillas. Les transferts forcés, souvent facilités par l'annonce de distributions de vivres, furent présentés comme un redéploiement démographique du Nord (sec) vers le sud (humide/fertile). Ils affectèrent en priorité non pas les victimes de la famine, mais bel et bien les populations sous contrôle militaire et ce, quelle que soit la situation alimentaire de leur région d'origine : à cet égard, les habitants des régions disputées entre Derg et Front de libération du Tigré constituent un exemple caractéristique. Le volontariat, s'il n'est pas, ponctuellement, niable, s'efface derrière l'aspect massif des déportations. Ce despotisme aménageur, les dirigeants l'avaient non sans finesse baptisé *bego* (bonne volonté) *teseno* (coercition), autrement dit « coercition pour le bien d'autrui ». Depuis 1980, il s'exerçait déjà aux dépens d'autres « volontaires » recrutés *manu militari* dans les grandes agglomérations au profit des fermes d'État, et dont les conditions d'existence attirèrent l'attention des sociétés antiesclavagistes anglo-saxonnes[2].

La politique de villagisation, touchant des communautés non destructurées, se heurta à davantage de résistances, parfois sanglantes et de nature à enrichir le sinistre florilège des guerres paysannes en régime communiste. Visant, comme au Mozambique, à regrouper les communautés rurales dans un lieu de résidence plus aisément contrôlable par le Parti, elle devait pourtant permettre au paysan de « changer sa vie et sa pensée, et d'ouvrir un nouveau chapitre dans l'établissement d'une société moderne dans les zones rurales et d'aider à édifier le socialisme[3] ». Couplée au programme de réinstallation, elle visait tout autant à l'extension du secteur sovkhozien de l'agriculture qu'à la création d'un « homme nouveau » ; on relèvera avec le géographe Michel Foucher[4] que « les effets de la famine ont dépassé largement les secteurs et les populations affectés par la crise climatique, puisque celle-ci a été l'occasion d'amorcer une vaste réorganisation autoritaire de l'espace ». Sans nier la réussite de cer-

1. Michel Foucher, « L'Éthiopie : à qui sert la famine ? », *Hérodote,* nº 39, octobre/décembre 1985.

2. Anti-Slavery Society, *Forced Labour in Humera : Intervention on Behalf of the Anti-Slavery Society* présentée au Conseil économique et social de l'ONU, Commission des Droits de l'homme, Groupe de travail sur l'esclavage, Genève, août 1981. Voir *Evil Days, op. cit.,* p. 167.

3. Rapport du président Mengistu Hailé Mariam au Comité central du Parti des travailleurs d'Éthiopie, 14 avril 1986.

4. M. Foucher, article cité, p. 112.

taines opérations-vitrines, il est ici aussi extrêmement périlleux de prétendre chiffrer les coûts humains de l'opération. Le taux de mortalité (14 %) de certains camps de transit, tels que celui d'Ambassel au Wollo, fut supérieur à celui enregistré dans les poches de famine[1]. Aux deux cent à trois cent mille victimes de l'imprévoyance et du secret, sans doute n'est-il pas hasardeux d'adjoindre un nombre équivalent de personnes sacrifiées sur l'autel du passage accéléré du « féodalisme » au « socialisme », laissées volontairement en dehors des circuits d'aide internationale, abattues lors des rafles ou des tentatives de fuite, dépressurisées dans les soutes des Antonov qui les menaient vers l'Éden ou abandonnées sans réserves suffisantes, en butte à l'hostilité parfois meurtrière des premiers arrivés. Médiatiquement parlant, le bilan fut contrasté pour le régime : après avoir tenté de dissimuler l'ampleur de la famine, Mengistu contre-attaqua. Mettant à profit les images chocs diffusées en Occident à l'automne 1984, il annonça le 16 novembre 1984, alors que l'émotion était à son comble, sa décision de procéder au transfert de 2,5 millions de personnes, engageant une partie serrée dans l'espoir de mettre l'aide internationale qui s'annonçait au service de ses projets, et ce en dépit de l'hostilité de l'administration Reagan. Les réactions furent partagées en France, où l'immunisation conférée à une partie de l'intelligentsia par la familiarité culturelle du communisme fut pour une part à l'origine de la décision de Médecins sans frontières, seule ONG à refuser de cautionner la politique de *resettlement* et déclarée *persona non grata* par le régime le 2 décembre 1985. Au niveau planétaire, par contre, un comportement exemplaire dans la bataille de l'image ainsi que le soutien de nombreux experts onusiens permirent au régime d'engranger — à des fins militaires ou somptuaires — les bénéfices d'une vague du solidarité humanitaire sans précédent sur laquelle surfèrent rockstars de pointures diverses, à l'image de Bob Geldorf et Michael Jackson, interprètes aux côtés des plus beaux fleurons du show-biz américain de l'hymne *We are the World,* dont on peut craindre qu'il ne demeure la seule trace du drame éthiopien dans la mémoire de dizaines de millions d'ex-adolescents des défuntes années quatre-vingt.

À partir de 1988, le crépuscule de Mengistu ne se confond que partiellement avec celui de l'Union soviétique. Le départ des conseillers soviétiques hors des zones de combat est annoncé en mars 1990. À cette date, le rapport de forces a déjà basculé : sur tous les fronts, l'armée recule face aux insurgés des Fronts populaires de libération de l'Érythrée et du Tigré, et le régime n'en finit plus de faire vibrer la corde de la patrie en danger. Les coups d'arrêt donnés à la politique de réinstallation et l'annonce ostentatoire de mesures de libéralisation de l'économie se conjuguent à l'épuration des forces armées, où, le 16 mai 1989, une tentative prématurée de putschistes largement infiltrés par les services de renseignements a été noyée dans le sang. Le 21 juin 1990, Mengistu

1. Cultural Survival, *Ethiopia : More Light on Resettlement,* Londres, 1991.

décrète la mobilisation générale : théoriquement réservée aux plus de dix-huit ans, celle-ci n'épargne pas toujours les très jeunes gens (quatorze-seize ans), raflés sur les stades de football ou aux alentours des établissements scolaires. 1991 est l'année de la fermeture de tous les établissements d'enseignement supérieur, l'ensemble des étudiants étant invité à prendre leur part dans l'effort de guerre demandé à la nation. Tandis que l'étau se resserre sur Addis-Abeba, le 19 avril 1991 Mengistu appelle à la constitution d'une armée de conscription « à l'irakienne », qu'il entend porter à un million de combattants. Forte à cette date de 450 000 hommes (contre 50 000 en 1974), l'armée la plus nombreuse de l'Afrique subsaharienne ne répond déjà plus et ses nouveaux alliés américains et israéliens voient avec satisfaction s'esquisser une solution de rechange. Le 21 mai 1991, le colonel Mengistu s'envole, via le Kenya, pour Harare : héros de la lutte contre les colons blancs rhodésiens, Robert Mugabe lui accorde l'asile politique. À l'automne 1994, sollicité en vue de la comparution du premier responsable de la tragédie éthiopienne devant un tribunal d'Addis-Abeba, le Zimbabwe refusa l'extradition de celui-là même qui avait inspiré aux journalistes est-allemands de l'*Ethiopian Herald* l'une de ses proclamations les plus sonores : « Nous liquiderons l'héritage satanique du passé et placerons la nature sous notre contrôle[1]. »

VIOLENCES LUSOPHONES : ANGOLA, MOZAMBIQUE

Présent dès le XVe siècle sur les côtes africaines, le Portugal n'entreprit que tardivement la colonisation de l'immense empire (vingt-cinq fois sa superficie...) que les rivalités européennes lui permirent de se tailler sur le continent noir. Cette tardive et superficielle occupation de l'espace ne facilita certainement pas la diffusion d'un sentiment d'appartenance homogène à l'intérieur des territoires ainsi délimités. À bien des égards, les organisations qui se lancèrent dans la lutte armée au début des années soixante durent s'appuyer, au sein des populations non blanches, sur un sentiment anticolonial certainement plus virulent que leurs éventuelles aspirations nationales[2]. Conscientes des obstacles auxquels se heurtait leur jacobinisme, les directions nationalistes accordèrent rapidement une attention soutenue à *l'Inimigo interno*[3] (ennemi de l'intérieur) — chefs traditionnels, collaborateurs du colonisateur, dissidents politiques — accusé de porter atteinte à la patrie en danger. Ces traits caractéristiques d'une culture politique que le double code génétique sazalariste et stalinien ne prédisposait

1. Bertrand Le Gendre, « Éthiopie : le procès de la Terreur rouge », article cité.
2. Voir sur ce point les travaux de Michel Cahen, et notamment sa polémique avec Elisio M. Macamo in *Lusotopie,* 1996, p. 365-378.
3. Alex Vines, *Renamo, Terrorism in Mozambique,* Centre for Southern African Studies, University of York, 1991, p. 5.

guère au culte de la démocratie représentative allaient s'accentuer en dépit du départ précipité de la puissance tutélaire.

LA RÉPUBLIQUE POPULAIRE D'ANGOLA

Au moment où, à la fureur de la population blanche, les officiers au pouvoir à Lisbonne se prononcent en faveur de l'indépendance des colonies le 27 juillet 1974, l'armée portugaise reste maîtresse du terrain angolais. Son désengagement précipité fraie la voie aux trois organisations indépendantistes : *Movimento Popular de Libertação de Angola* (MPLA), *Frente Nacional de Libertação de Angola* (FNLA) et *União Nacional para a Independência Total de Angola* (UNITA). Le 15 janvier 1975, la nouvelle République portugaise les reconnaît, lors de la signature de l'accord d'Alvor sur l'indépendance, comme « seuls représentants légitimes du peuple angolais ». Le calendrier est prometteur : élections à la Constituante à échéance de neuf mois ; proclamation de l'indépendance le 11 novembre 1975. Pourtant, tandis que l'exode de 400 000 Portugais s'accélère de février à juin 1975, la viabilité de la coalition gouvernementale (où le MPLA s'est installé à l'Information, à la Justice et aux Finances) apparaît rapidement comme un leurre. Les incidents sanglants se multiplient et le cessez-le-feu de Nakuru, le 14 juin, n'est qu'une trêve mise à profit par chaque mouvement pour accumuler des forces et préparer l'intervention de ses alliés étrangers.

Depuis octobre 1974, les armes soviétiques viennent accroître le potentiel des milices MPLA, qui bénéficient également du concours de l'aile gauche de l'armée portugaise, regroupée dans le Mouvement des forces armées (MFA). Influencés par le Parti communiste portugais, ces secteurs peuvent alors compter sur la présence à Luanda, depuis mai 1974, de l'« amiral rouge » Rosa Coutinho. Dès le mois de mars 1975, les premiers éléments cubains et soviétiques débarquent en Angola. Fidel Castro théorisera *a posteriori* la décision : « L'Afrique est aujourd'hui le maillon faible de l'impérialisme. C'est là qu'existent des perspectives excellentes pour pouvoir passer presque du tribalisme au socialisme sans avoir à traverser les diverses étapes qu'ont dû parcourir quelques autres régions du monde[1]. » Après la dislocation du gouvernement (8-11 août), le *Vietnam Heroïco* accoste à Luanda : à son bord, plusieurs centaines de soldats (noirs, en majorité). Ils sont déjà 7 000 lorsque, le 23 octobre, l'Union sud-africaine intervient massivement aux côtés de l'UNITA, désormais reléguée par la *Pravda* au statut de « force fantoche, armée par les mercenaires de la Chine et de la CIA avec l'aide des racistes sud-africains et rhodé-

1. Entrevue à *Afrique Asie*, n° 135, 16 mai 1977. *In* Pierre Beaudet (dir.), *Angola, bilan d'un socialisme de guerre*, Paris, L'Harmattan, 1992.

siens[1] ». L'analyse n'est, il est vrai, pas absolument dénuée de pertinence. Modelée au tour maoïste, la direction de l'UNITA possède en effet un sens aigu du pacte avec le diable. En la circonstance, le bric-à-brac de l'inventaire des soutiens de l'UNITA vient s'inscrire au panthéon du réalisme lénino-stalinien, le louvoiement qui devait conduire Savimbi aux côtés de Pieck Botha n'ayant rien qui puisse désorienter des thuriféraires du pacte germano-soviétique de 1939. Mais, pour l'heure, la logistique aéronavale soviéto-cubaine s'avère déterminante pour la survie du régime. Le 11 novembre 1975, MPLA et UNITA proclament chacun pour leur compte l'indépendance du pays[2] tandis que se dessine la nouvelle carte de ce qui était la perle de l'*Ultramar* portugais : le MPLA tient les ports, le pétrole et les diamants, soit — grossièrement parlant — le littoral ; ses rivaux (où l'UNITA acquiert bientôt la suprématie) s'appuient sur le Nord et, surtout, les plateaux centraux.

L'identification des acteurs apparaît désormais plus aisée aux yeux des Occidentaux, comme d'ailleurs des communistes d'Afrique australe. Pour le dirigeant mozambicain Samora Machel, le caractère impitoyable de la lutte s'inscrit dans la configuration des forces : « En Angola, il y a deux parties qui s'affrontent : d'une part, l'impérialisme et ses alliés et fantoches ; d'autre part, les forces progressistes qui soutiennent le MPLA. Rien d'autre[3]. » Leader incontesté du Mouvement, Agostinho Neto est noir, ancien *assimilado,* issu d'une famille de pasteurs protestants et « organisé » par le PC portugais, au prosoviétisme éprouvé, dès les années cinquante. Fondé en 1956, le MPLA a façonné, au cours des séjours qui se multiplièrent en URSS au long des années soixante, nombre de ses cadres dirigeants (tels J. Mateus Paulo ou A. Domingos Van Dunem) au moule marxiste léniniste alors en vigueur. À l'étude du socialisme scientifique s'adjoignit pour certains d'entre eux (J. Njamba Yemina) une formation militaire adéquate, en Union soviétique ou dans les écoles de guérilla de Cuba. C'est à l'issue de la prise du pouvoir que le Congrès de Luanda (4-10 décembre 1977) prit acte de la nécessité du passage d'un mouvement de type frontiste à une structure d'avant-garde calquée sur le modèle bolchevique et apte à assumer le rang de « parti frère » dans le mouvement communiste international. De fait, le nouveau « MPLA-Parti du travail » fut immédiatement reconnu par Raoul Castro, présent au Congrès, comme seul « capable d'exprimer correctement les intérêts du peuple travailleur ».

La conception d'un État « instrument capable d'appliquer les orientations définies par le Parti unique » impliquait pour le nouveau parti une vigilance accrue à l'égard des formations rivales, promptes à camoufler

1. *Pravda,* 5 novembre 1975. *In* Branko Lazitch, Pierre Rigoulot, « Angola 1974-1988. Un échec du communisme en Afrique », supplément à *Est et Ouest,* nº 54, mai 1988.

2. À la dénomination « République populaire d'Angola », seule reconnue par le Portugal en février 1976, l'UNITA et le FNLA adjoignent l'adjectif « démocratique ».

3. B. Lazitch, P. Rigoulot, *op. cit.,* p. 33.

leur nature contre-révolutionnaire derrière une phraséologie gauchiste, ainsi qu'un centralisme démocratique à toute épreuve. On ne s'étonnera donc pas de voir resurgir sous les latitudes australes les pratiques antidéviationnistes réservées jusqu'alors à l'hémisphère Nord. Avant même l'officialisation du bolchevisme angolais, Neto maîtrisait déjà un savoir-faire considérable en ce domaine. Lorsque, en février 1975, il réduisit (avec le concours des troupes portugaises) la fraction « Révolte de l'Est » animée par le cadre ovimbundu Daniel Chipenda, l'épisode permit à ce dernier une dénonciation en règle des liquidations perpétrées à l'encontre des dissidents du MPLA depuis 1967. On décrypte mieux alors le communiqué publié par le mouvement en février 1974 selon lequel celui-ci avait « déjoué et neutralisé » le complot de la contre-révolution interne « visant à l'élimination physique du président et de nombre de ses cadres [1] ».

Ministre de l'administration interne, rival de Neto, Nito Alvès était présent à Luanda lors des événements du 25 avril 1974 qui sonnèrent le glas du régime colonial. En l'absence de la direction extérieure, il parvint à conquérir une audience non négligeable auprès des Noirs urbanisés, déniant notamment aux Blancs la nationalité angolaise, sauf comportement anticolonial avéré. Il s'appuya sur un réseau de comités de quartier, au nom d'un *Poder popular* pour la conquête duquel il ne recula pas devant les pratiques les plus staliniennes, peu faites d'ailleurs pour surprendre ses victimes, généralement d'obédience maoïste [2]. Fort des assurances qui lui furent certainement données par les Soviétiques, les Cubains et les communistes portugais, il tenta un coup de force le 27 mai 1977 pour tenter de prévenir la purge engagée depuis peu à l'encontre de ses partisans. Alors que l'échec de l'opération étant patent (notamment en raison de l'attentisme des conseillers étrangers de Nito Alvès), Neto prit la parole à la radio : « Je pense que notre peuple va comprendre les raisons pour lesquelles nous allons agir avec une certaine dureté contre ceux qui sont en relation avec ces événements. » Accusés de « racisme, de tribalisme et de régionalisme », les fractionnistes firent l'objet d'une épuration radicale. Tandis que le Comité central et l'appareil étaient profondément renouvelés [3] et que les affrontements ensanglantaient la capitale, la répression s'étendit dans les capitales provinciales : à Ngunza (Kuanza-Sud), 204 déviationnistes auraient été abattus dans la seule nuit du 6 août [4], ce qui conférerait quelque crédibilité aux chiffres avancés après 1991 par les survivants selon lesquels le MPLA aurait été définitivement purgé de plu-

1. *Libération-Afrique,* nº 9, mars 1974.

2. Voir un point de vue trotskiste informé *in* Claude Gabriel, *Angola, le tournant africain ?,* Paris, La Brèche, 1978.

3. Sur trente membres, cinq furent fusillés (à l'image de Nito Alvès), trois disparurent dans des circonstances insuffisamment élucidées, deux furent exclus. *Cf.* Lazitch, Rigoulot, *op. cit.*, p. 21.

4. D'après la revue trotskiste portugaise *Açção Comunista,* citée par C. Gabriel, *op. cit.*, p. 329.

sieurs milliers de ses membres en cette occasion. Les commissaires politiques des FAPLA (Forces armées) firent également l'objet de la vigilance de Sapilinia, membre du Comité central qui dirigea personnellement leur liquidation à Luena (Moxico)[1].

La relative popularité de Nito Alvès était entretenue par la dénonciation, dans les colonnes du *Diario de Luanda* et les programmes radio « Kudibanguela » et « Povo em armas », de la dégradation des conditions de vie. Ces sources laissent entrevoir l'existence de pénuries alimentaires cruelles (l'expression « famine » est employée par les nitistes) dans certaines régions. Elles dépeignent un état d'épuisement des salariés urbains encore en activité et caporalisés par le régime : une loi de novembre 1975 et un décret de mars 1976 étant venus assurer la discipline dans l'appareil productif, la grève extrasyndicale (c'est-à-dire antiparti) est assimilée à un crime en vertu du mot d'ordre « produire et résister ». Apparaissent donc (en dépit de leur instrumentalisation bureaucratique) des formes de contestation qui ne se satisfont plus de la dénonciation rituelle de la désorganisation provoquée par l'exode blanc et la guerre. Prospère depuis les années soixante, l'économie angolaise s'est en effet littéralement effondrée à partir de 1975 et le contrôle étatique du système camoufle de plus en plus difficilement une dollarisation généralisée : monopole partisan et capacité d'accès à une devise qui se négocie à cinquante fois son cours officiel conjuguent leurs effets dans l'apparition d'une nomenklatura largement indifférente aux conditions d'existence du « peuple travailleur ». Nul n'est en mesure, pendant près d'une dizaine d'années, d'apprécier la situation alimentaire sur d'immenses portions du territoire. Tandis que le gouvernement parvient à déconnecter le marché urbain — nourri par la rente pétrolière — des producteurs locaux, l'État néglige des campagnes meurtries par la guerre et ponctionnées par les deux camps au gré des nécessités de la conscription. Le terme de « famine », soigneusement écarté jusqu'alors par les milieux officiels, resurgit en 1985 sous la forme d'une mise en garde de la FAO. Lors des grandes autocritiques déclenchées par la perestroïka soviétique, le gouvernement angolais reconnaîtra alors la gravité d'une situation qui aboutissait au constat formulé par l'Unicef début 1987 selon lequel plusieurs dizaines de milliers d'enfants étaient morts de faim au cours de l'année précédente.

Riche de la maîtrise de l'enclave pétrolifère de Cabinda[2], mais pauvre en ressources administratives, militaires et militantes, le régime n'a pu consacrer que peu de ressources à ses projets de collectivisation et de villagisation rurales. Tels quels, ils furent ressentis comme une menace par d'importants secteurs de la paysannerie. Surtout, les ponctions fiscales,

1. *Ibid.*

2. Rattaché à l'Angola en 1956 par le Portugal, le Cabinda est séparé du reste du pays par l'embouchure (zaïroise) du Congo. Sa population (Bacongo), alléchée à l'idée d'une indépendance assise sur les royalties du pétrole, est tenue en respect, à partir de 1975, par 10 000 hommes des FAPLA et 2 000 Cubains.

l'insuffisance des investissements publics, les entraves à la commercialisation et l'assèchement des débouchés urbains ont entraîné un repli rural. Treize ans après l'indépendance, l'État angolais publia dans un rapport officiel[1] la mise en garde de l'agronome René Dumont, dénonçant en langage compréhensible par ses interlocuteurs l'« échange inégal » qui spolie les paysans de leurs « plus-values ». Cette situation se mua rapidement en hostilité envers un monde littoral dominé par la culture (marxisante en l'occurrence) des *assimilados* créoles ou métissés, très présents au sommet du MPLA. C'est sur cette base, renforcée d'une haine de l'étranger cubain, russe, est-allemand ou nord-coréen[2], que l'UNITA de Jonas Savimbi a pu — alors même que ses hommes pratiquent sans modération l'art de vivre sur l'habitant — bénéficier d'un soutien rural grandissant bien au-delà des terres Ovimbundu qui représentaient sa base ethnique de départ. Dans ces conditions, plutôt qu'à une guerre de type stalinien menée par le MPLA contre la paysannerie, il serait plus exact de faire référence, dans le cas angolais, à une « guerre paysanne », notion plaçant les acteurs en position symétrique plus conforme au rapport de forces existant sur le terrain. Soutenus par l'administration Reagan mais imprégnés de culture maoïste, les dirigeants de l'UNITA puisent d'ailleurs allègrement dans la rhétorique de l'opposition ville/campagne, dénonçant au nom du « peuple africain » l'« aristocratie créole » du MPLA[3]. Il reste néanmoins difficile d'apprécier l'ampleur, à la veille des bouleversements à l'Est, du ralliement paysan à Savimbi. À la suite du désengagement sud-africain et cubain consécutif aux accords de New York du 22 décembre 1988, la conversion du MPLA produisit les effets escomptés. L'adoption par sa direction en juillet 1990 de l'économie de marché ainsi que l'acceptation du pluralisme partisan entraînèrent, lors des scrutins de 1992, la défaite de l'UNITA.

L'indéniable développement de cette organisation au cours des quinze premières années d'indépendance était essentiellement le symptôme d'une réaction de rejet vis-à-vis de l'État-MPLA, elle-même fruit du traumatisme engendré par quinze ans de destructuration des échanges, de recrutements forcés et de déplacements massifs de population, davantage que de l'absence de garanties judiciaires qui présida à la répression massive des opposants. La période de transition vers le pluripartisme fut d'ailleurs peu propice à la recherche des responsabilités en matière de violation des droits de l'homme, et les membres de la police politique — souvent issus, comme

1. *Sintese do plano de recuperação economica a nivel global para o bieno 1989-90,* Républica popular de Angola, 1988. *In* P. Baudet, *op. cit.*, p. 64.

2. Comme le fait remarquer Jean-François Revel dans sa préface au texte de B. Lazitch et P. Rigoulot *(op. cit.)*, « les Soviéto-cubains sont là pour imposer à l'Angola le système communiste, alors qu'il n'est pas question, et ce serait inconcevable, que l'Afrique du Sud exporte en Angola le système de l'apartheid ».

3. Christine Messiant, « Angola, les vois de l'ethnisation et de la décomposition », *Lusotopie* 1-2, 1994.

en URSS, d'ethnies minoritaires — n'eurent guère à répondre de leurs activités antérieures, du fait de la continuité gouvernementale. À l'exception de petites formations dans lesquelles se retrouvaient des rescapés des purges, aucun des deux grands partis ne jugea bon de demander que la lumière soit faite sur les dizaines de milliers de victimes dont le sort n'avait pas été, pour conserver la sobriété propre aux rapports d'Amnesty International, « conforme aux normes d'équité internationalement reconnues ».

MOZAMBIQUE

Le 25 septembre 1974, les militaires portugais n'avaient pas plus tôt institué le pluripartisme à Lisbonne qu'ils confièrent les destinées du Mozambique au seul *Frente de Libertação do Moçambique* (Frelimo). Mis sur pied en juin 1962[1], le Front avait su, sous l'autorité du docteur (en anthropologie) Eduardo Chivambo Mondlane, s'attirer les sympathies de la communauté internationale et bénéficier du soutien militaire de la Chine comme de l'URSS. À la différence de l'Angola, le Frelimo était parvenu, à la veille de la « révolution des œillets » portugaise (25 avril 1974), à mettre en difficulté les troupes coloniales, d'ailleurs majoritairement composées d'Africains[2]. S'étant rallié une part notable des élites intellectuelles nationalistes, le Front reflète les divisions idéologiques qui les traverse. En 1974, pourtant, l'imprégnation marxiste-léniniste de sa direction ne peut plus guère être occultée. Depuis son IIe Congrès (1968) la signification du combat anti-impérialiste, développé par Samora Machel selon la logique chinoise des « zones libérées », apparaissait chaque jour plus conforme au constat formulé, peu avant sa disparition (1969), par Mondlane lui-même : « J'en conclus aujourd'hui que le Frelimo est plus socialiste, révolutionnaire et progressiste que jamais et que notre ligne est chaque jour plus orientée vers le socialisme marxiste-léniniste. » Et s'interrogeant sur les raisons de l'évolution, il expliquait : « Parce que, dans les conditions de vie au Mozambique, notre ennemi ne nous laisse pas le choix. »

Au lendemain de l'indépendance, l'ennemi semblait devoir laisser quelque répit aux nouveaux maîtres. Ces derniers, où l'élément urbain *assimilado,* blanc, métis ou indien était hégémonique, se lancèrent avec enthousiasme dans l'obstétrique nationale. Dans un pays rural, l'invention de la nation supposait à leurs yeux un quadrillage du Parti-État que seule

1. Sommairement parlant le Frelimo est le produit de la fusion d'organisations nationalistes constituées parmi les Mozambicains émigrés au Tanganyka, en Rhodésie et au Nyassaland. Voir Luis de Brito, « Une relecture nécessaire : la genèse du parti-État Frelimo », *Politique africaine,* n° 29, mars 1988.

2. Sur la faiblesse du nationalisme mozambicain, voir Claude Cahen, « Sur quelques mythes et quelques réalités de la colonisation et de la décolonisation portugaises », communication au colloque *Décolonisations comparées,* Aix-en-Provence, 30 septembre-3 octobre 1993.

pouvait assurer une conséquente politique de « villagisation », apte de surcroît à engendrer l'*homem novo,* cher au poète Sergio Vieira [1]. Déjà initiée au début des années soixante-dix dans les « zones libérées » avec des fortunes diverses, elle fut systématisée sur l'ensemble du territoire. Tous les ruraux, à savoir 80 % de la population, étaient supposés abandonner leur habitat traditionnel afin de se regrouper dans des villages. Dans l'enthousiasme de l'indépendance, les populations répondirent favorablement aux sollicitations de l'administration, mettant en culture des champs collectifs vite délaissés les années suivantes, participant parfois à l'édification des constructions demandées, sans toujours consentir à y résider. Sur le papier, néanmoins, le pays s'était couvert d'une administration hiérarchisée, théoriquement sous contrôle des cellules d'un parti qui, en 1977, avait ouvertement revendiqué l'héritage bolchevique et appelé à l'extension de la collectivisation des terres et au resserrement des liens avec le mouvement communiste international. Divers traités avaient été conclus avec l'Est, et la fourniture d'armes et d'instructeurs semblait autoriser un soutien accru aux nationalistes rhodésiens de la *Zimbabwe African National Union* (ZANU).

Alors que le Mozambique s'associait au blocus qui risquait de l'étrangler, c'est en représailles que la Rhodésie blanche de Ian Smith décida d'apporter son soutien à la résistance qui se faisait jour dans les campagnes. Sous la direction d'Alfonso Dhlakama, la *Resistencia Nacional Moçambicana* (Renamo) bénéficia du parrainage étroit des services spéciaux rhodésiens jusqu'à l'indépendance du Zimbabwe, date à laquelle la tutelle logistique fut assurée par l'Afrique du Sud (1980). À la surprise de nombreux observateurs, le ralliement à la résistance des populations villageoises alla croissant, en dépit de la barbarie des méthodes de la Renamo, dont l'action épouvantait jusqu'à ses protecteurs rhodésiens. Les rescapés des « camps de rééducation » qui s'étaient multipliés dès 1975 [2] sous la haute main du *Serviço Nacional de Segurança Popular* (SNASP, Service national de sécurité populaire) n'étaient pas les moins virulents. À défaut de ralliement, le contrôle des populations devenait un enjeu vital pour chacune des deux parties et les rares études de terrain confirment les observations de *Human Rights Watch* [3] quant à l'ampleur et à la bestialité des exactions commises par les deux camps à l'encontre des populations civiles. Moins encadrée que la violence d'État du Frelimo, celle exercée par la Renamo ne saurait se réduire à des pratiques de « grandes compagnies », désormais livrées à elles-mêmes depuis la défection de leurs employeurs. Le soutien qui lui est malgré tout accordé exprime une haine

1. Christian Geffray, *La Cause des armes au Mozambique. Anthropologie d'une guerre civile,* Paris, Karthala, 1990, p. 27.

2. L'un des plus importants regroupa dix mille Témoins de Jéhovah à Milange, près de la frontière du Malawi.

3. *Conspicuous Destruction. War, Famine & the Reform Process in Mozambique,* Human Rights Watch, New York, 1992.

de l'État dont l'ampleur témoigne des violences justifiées par le Frelimo dans une langue étrangère au nom de la lutte contre le « tribalisme », d'un attachement à des pratiques religieuses qualifiées d'« obscurantisme » et d'une fidélité maintenue envers des lignages et chefferies rejetés en bloc par le régime après l'indépendance sous l'étiquette de « féodalisme [1] ».

Les prérogatives du SNASP avaient été largement étendues avant même que l'ampleur de la menace constituée par la Renamo eût été perçue par les autorités de Maputo. Créée dès octobre 1975, la Sécurité populaire était en effet habilitée à arrêter et détenir toute personne soupçonnée d'« atteinte à la Sécurité de l'État », notion incluant les délinquants économiques. Le SNASP était fondé à déférer ces personnes devant un tribunal, auquel cas il se chargeait de l'instruction. Il pouvait tout aussi bien les envoyer directement en « camp de rééducation ». Dénié aux détenus par l'article 115 du Code de procédure pénale, l'*habeas corpus* n'était qu'un souvenir (à supposer que son application ait été effective aux temps salazariens...) lorsque la première attaque d'envergure de la Résistance visa, en 1977, le camp de rééducation de Sacuze. Les *ofensivas pela legalidade* (offensives pour la légalité), périodiquement conduites par Samora Machel, n'amputèrent par le SNASP de ses prérogatives. Elles visaient à mettre en accord le fait avec le droit ; telle fut la logique de la loi 2/79 du 28 février 1979 sur les crimes contre la sécurité du peuple et de l'État populaire, rétablissant la peine de mort, abolie au Portugal et dans toutes ses colonies depuis 1867. Le châtiment suprême n'était d'ailleurs pas toujours administré dans les formes, et notamment lorsqu'il s'agissait d'éliminer les dissidents du Frelimo. Tel fut en particulier le sort de Lazaro Nkavandame, Joana Simaião et Uria Simango, liquidés lors de leur détention en 1983 et dont le sort fut gardé secret jusqu'à ce que le Parti tire un trait sur le marxisme-léninisme[2]. Pour faire bonne mesure, cette même année 1983 fut également marquée sur le plan juridique par la fermeture de la faculté de droit Eduardo Mondlane à Maputo ; à en croire les attendus délivrés par le gouvernement, il était clair en effet que cet établissement ne préparait pas les juristes à défendre les intérêts du peuple mais uniquement ceux des exploiteurs[3]. Généralement, l'intelligentsia bascula assez rapidement dans un désenchantement discret, teinté de servilité à l'égard de la nourricière *Associação dos escritores moçambicanos,* se livrant en privé à d'iconoclastes rapprochements entre KGB, CIA et SNASP[4]. Plus rares furent ceux qui, comme le poète Jorge Viegas, payèrent leur dissidence de l'hôpital pyschiatrique puis de l'exil.

Le durcissement politique constaté alors faisait pendant, selon une logique déjà éprouvée lors des premiers pas de la Russie soviétique, à

1. Michel Cahen, « Check on Socialism in Mozambique. What Check ? What Socialism ? », *Review of African Political Economy,* n° 57, 1993, p. 54.

2. Ve Congrès du Frelimo, juillet 1989.

3. *Mozambique, indépendance et droits de l'homme,* Amnesty International, 1990, p. 24.

4. Michel Laban, « Écrivains et pouvoir politique au Mozambique après l'indépendance », *Lusotopie,* 1995.

une ouverture économique. Sans doute, celle-ci n'avait guère lieu de se manifester davantage à l'égard de l'étranger. Les investissements occidentaux restèrent toujours bienvenus, comme il sied à un pays d'« orientation socialiste » auquel l'URSS refusa l'entrée au Comecon[1]. C'est en direction de la population rurale que le IVe Congrès (1983) tourna son attention, donnant un coup d'arrêt à une politique de collectivisation aux effets désastreux. Lors d'une des dénonciations qu'il affectionnait, Samora Machel ne mâcha pas ses mots : « Nous oublions le fait que notre pays est avant tout constitué de paysans. Nous persistons à parler de la classe ouvrière et nous reléguons au second plan la majorité de la population[2]. » Chaque incendie de paillotes par les milices gouvernementales aux ordres (théoriques) de hiérarques soucieux de quotas de villagisation renforçait mécaniquement la Renamo. Qui plus est, la destructuration des systèmes de culture, la dégradation des termes de l'échange biens de consommation/cultures nourricières et la désorganisation du commerce concouraient à une aggravation des difficultés alimentaires.

Il ne semble pas que l'arme de la famine ait été utilisée de façon systématique, tant par les autorités que par la Renamo. Cependant, le contrôle de l'aide alimentaire a constitué pour le Frelimo un atout essentiel pour le regroupement des populations que se disputaient les deux camps. De ce fait, la concentration improductive d'agriculteurs mis ensuite dans l'impossibilité de rejoindre leurs terres était en elle-même génératrice de difficultés alimentaires futures. Au total, selon Human Rights Watch, l'insuffisance des rations globalement disponibles pendant la période 1975-1985 fut à l'origine d'un nombre de décès supérieur à celui causé par la violence armée[3]. L'appréciation est confirmée par l'Unicef qui évalue à six cent mille le nombre de victimes de la famine au cours de la décennie considérée et n'hésite pas à esquisser une comparaison avec l'Éthiopie. L'aide internationale fut pour beaucoup dans la survie des populations exposées. En janvier 1987, l'ambassadeur des États-Unis à Maputo envoya ainsi au Département d'État un rapport chiffrant à trois millions et demi le nombre de Mozambicains menacés par la faim[4], déclenchant une aide immédiate de Washington et des organisations internationales concernées. Néanmoins, les zones les plus isolées et exposées aux aléas climatiques furent victimes de famines brutalement meurtrières d'ampleur difficilement appréciable, à l'image de la région de Memba où, selon les organisations

1. Voir Michel Cahen, *Mozambique, la révolution implosée,* Paris, L'Harmattan, 1987, p. 152-154.

2. Discours du président Samora Machel à la session de décembre 1985 de l'Assemblée populaire. *In* M. Cahen, *Mozambique, la révolution implosée, op. cit.*, p. 163.

3. *Conspicuous Destruction, op. cit.*, p. 4. L'Unicef évalue à 600 000 le nombre de victimes de la famine pour la décennie considérée et estime ce chiffre comparable à celui déploré en Éthiopie, il est vrai, pour la seule période 1984-1985.

4. Jean-François Revel, « Au Mozambique aussi, le marxisme-léninisme engendre la famine », *Est & Ouest,* nº 40, mars 1987.

humanitaires, huit mille personnes moururent de faim au printemps 1989[1]. Quant aux aires irriguées par la solidarité étrangère, le marché y reprit rapidement ses droits. C'est en tout cas l'une des leçons d'un rapport de la Communauté européenne[2] de 1991, d'où il ressort que seuls 25 % de l'aide alimentaire étaient vendus au prix convenu, 75 % restant aux mains de l'appareil politico-administratif qui, après la ponction de rigueur, en négociait les surplus sur le marché parallèle. L'*homem novo* que s'attachaient à construire Samora Machel et les siens était bien « le produit profondément pathologique de ce compromis, lequel, dans le sujet individuel, est vécu comme déshonneur, mensonge, folie schizophrénique. Il veut vivre, mais pour cela il doit se diviser, mener une vie cachée et véritable et une vie publique et fausse, vouloir la seconde pour protéger la première, mentir sans cesse pour garder quelque part un coin de vérité[3] ».

La soudaineté de l'effondrement des Partis-États à l'Est a conduit, dans un mouvement bien naturel, à prêter davantage d'attention à leur faiblesse et à mettre l'accent sur la résistance des sociétés civiles. Même si, au cours des quinze années considérées, la caractérisation publique du communisme africain comme « légitimation politique moderne[4] » aurait pu avoir des conséquences douloureuses pour un universitaire autochtone, cette perception n'en conserve pas moins sa charge explicative. La brièveté de l'expérience africaine conjuguée à la perception dominante d'une Afrique tautologiquement vouée à la violence de par son africanité même pourrait conduire à estomper — en dépit de nos précautions initiales — les contours de notre sujet. Afin de résister à la tentation, sans doute n'est-il pas inutile de renverser la perspective. S'il est vrai que la spécificité de la violence observée dans les États d'obédience marxiste-léniniste ressort difficilement dans un continent marqué par le parti unique, les massacres de civils et la famine ne sont-ils pas dus, ainsi que l'écrivait A. Mbembe, au fait que, bien que les contrées africaines « aient été colonisées et conduites à l'indépendance par les puissances occidentales, ce sont en définitive les régimes de type soviétique qui leur ont servi de modèle », les efforts de démocratisation n'ayant pas « modifié la nature profondément léniniste des États africains » ?

1. C. Geffray, *La Cause des armes, op. cit.*, p. 209.

2. H. Gebaver, « The Subsiddized Food Distribution System in Mozambique and its Socio-Economic Impact », Technical Assistance, EC Food Security Department, Maputo, 1991. In *Conspicuous Destruction, op. cit.*, p. 120.

3. Alain Besançon, « La normalité du communisme selon Zinoviev », *Pouvoirs,* n° 21, 1982.

4. Jean Leca, *in* C. Cahen, *Mozambique, la révolution implosée, op. cit.*, p. 161.

3

Le communisme en Afghanistan

par Sylvain Boulouque

L'Afghanistan[1] s'étend sur 640 000 km², soit une superficie un peu plus grande que celle de la France, située aux confins de quatre États : l'Union soviétique au nord, l'Iran à l'ouest, le Pakistan à l'est et au sud, et marginalement, sur quelques dizaines de kilomètres, la Chine à l'est. Son territoire est occupé pour plus du tiers par de hautes montagnes qui, pour certaines, culminent à plus de 7 000 m. En 1979, la population afghane comptait quinze millions d'âmes réparties en diverses ethnies. L'ethnie dominante, avec six millions de personnes, implantée principalement dans le sud du pays, est celle des Pachtouns, population à majorité sunnite, parlant sa propre langue, le pachtoun. Les Tadjiks sont principalement des persophones sunnites, s'exprimant en dari, et sont forts de quatre millions de personnes installées essentiellement dans l'est du pays. Les Ouzbeks, eux aussi sunnites, population turcophone installée dans le nord du pays, représentent un million et demi de personnes. Également estimés à environ un million et demi, les Hazâras sont à dominante chiite et vivent dans le centre du pays. Les autres ethnies, entre autres, Turkmènes, Kirghiz, Baluchis, Aymaqs, Kohistânis et Nouristans, sont réparties sur l'ensemble du territoire et forment au total 10 % de la population afghane.

---

1. Sur l'histoire de l'Afghanistan, se reporter à : Michael Barry, *La Résistance afghane, du Grand Moghol à l'invasion soviétique*, Paris, Flammarion, collection « Champs », 1989 (une première version de ce livre a paru en 1984 sous le titre *Le Royaume de l'insolence*, Paris, Flammarion). Olivier Roy, *L'Afghanistan, Islam et modernité politique*, Paris, Le Seuil, collection « Esprit », 1985. Assem Akram, *Histoire de la guerre d'Afghanistan*, Paris, Balland, collection « Le Nadir », 1996. Pierre et Michèle Centlivres (éd.), *Afghanistan, la colonisation impossible*, Paris, Le Cerf, 1984. Jacques Lévesque, *L'URSS en Afghanistan*, Bruxelles, Complexe, collection « La Mémoire du siècle », 1990. Éric Bachelier, *L'Afghanistan en guerre, la fin du grand jeu soviétique*, Lyon, Presses universitaires de Lyon, 1992. André Brigot et Olivier Roy (éd.), *La Guerre d'Afghanistan, Intervention soviétique et résistance*, « Notes et études documentaires », nº 4785, Paris, La Documentation française, 1985. On consultera également la revue *Les Nouvelles d'Afghanistan* qui, depuis 1980, publie des informations régulières d'excellente qualité sur l'évolution du pays. Pour simplifier la lecture, les noms propres sont écrits dans leur transcription française.

Le premier ciment national est l'islam. L'Afghanistan est composé à 99 % de musulmans dont 80 % sont de confession sunnite et 20 % chiite. Il existe des minorités sikh et hindoue et une petite communauté juive. C'est un islam modéré qui avait rythmé la vie quotidienne de l'Afghanistan tant dans les villes que dans les campagnes. Il avait laissé en place les structures traditionnelles du système tribal, où les chefs tribaux dirigeaient de petites communautés. Rural dans son immense majorité, l'Afghanistan comptait, en 1979, une grande ville, de plus de cinq cent mille habitants, Kaboul, sa capitale, située à l'est du pays, et des villes de moindre importance comme Hérat à l'ouest, Kandahar au sud, Mazar-e Charif et Kunduz ; aucune de ces villes ne dépassait deux cent mille habitants. Une longue tradition de résistance aux tentatives de conquête forme un autre capital commun aux Afghans. Ces derniers avaient résisté aux tentatives d'invasion des Mongols puis des Russes. L'Afghanistan a été mis sous tutelle anglaise au milieu du XIXe siècle jusqu'en 1919. Alors que l'Angleterre et la Russie, puis l'Union soviétique s'affrontaient à travers les peuples de l'Asie centrale, la monarchie afghane a toujours cherché à affirmer son indépendance relative, puisque elle a souvent été l'enjeu de rivalitée entre les puissances. La prise du pouvoir effective par le roi Zaher, en 1963, accéléra la vague de modernisation culturelle, économique et politique. Depuis 1959, les femmes n'étaient plus contraintes de porter le voile, et avaient accès à l'école, les universités étaient mixtes. Le roi ayant choisi de démocratiser le régime, l'Afghanistan était sur la voie du système parlementaire : les partis politiques furent reconnus en 1965 et des élections libres eurent lieu. Le coup d'État communiste du 27 avril 1978 et l'intervention soviétique consécutive modifièrent l'équilibre du pays et bouleversèrent ses cadres traditionnels en pleine mutation.

L'Afghanistan et l'URSS de 1917 à 1973

Les liens entre l'Union soviétique et l'Afghanistan étaient anciens. En avril 1919, le roi Amanollah établit des relations diplomatiques avec le nouveau gouvernement de Moscou, ce qui permit à ce dernier d'ouvrir cinq consultats. Le 28 février 1921, un traité de paix et un accord de coopération furent signés et les Soviétiques participèrent à la construction d'une ligne télégraphique. Ils versaient au roi un subside annuel de 500 000 dollars. Cette entente marquait pour les Soviétiques la volonté de contrebalancer l'influence anglaise sur le pays [1], mais aussi d'étendre la révolution dans les pays sous domination coloniale ou semi-coloniale. Ainsi, lors du Congrès des peuples d'Orient, tenu à Bakou du 1er au 8 sep-

1. Voir à ce sujet Louis Fisher, *Les Soviets dans les affaires mondiales*, Paris, Gallimard, 1933, 766 p., et tout particulièrement les chapitres 13 et 29 concernant la rivalité anglo-russe en Asie centrale puis russo-afghane.

tembre 1920, les responsables de l'Internationale communiste considérèrent que l'anticolonialisme et l'anti-impérialisme pourraient attirer dans leur camp les peuples « sous domination » et se lancèrent dans des déclarations où le terme « lutte des classes » était remplacé par celui de *Jihad* (« guerre sainte »). Il semble que trois Afghans prirent part à ce congrès : Agazadé pour les communistes afghans, Azim pour les « sans-parti » et Kara Tadjiev qui devint, par la suite, le représentant des sans-parti auprès du Congrès[1]. De même, les résolutions du IVe Congrès de l'Internationale communiste, qui s'ouvrit le 7 novembre 1922, prônaient l'affaiblissement des « puissances impérialistes » par la création et l'organisation de « fronts uniques anti-impérialistes ».

Dans le même temps, les troupes soviétiques dirigées par le général Mikhaïl Vassilievitch Frounzé (1888-1925), l'un des responsables de l'Armée rouge, qui avait, par ailleurs, participé à la répression contre le mouvement anarchiste ukrainien de Nestor Makhno, annexèrent, en septembre 1920, le Khanat (province de Boukhara) qui avait, un temps, fait partie du royaume d'Afghanistan, et multiplièrent les opérations contre les paysans, les *basmatchis* — appelés « brigands », qui avaient toujours refusé la domination russe puis bolchevique de la région —, en utilisant des méthodes analogues à celles employées contre les paysans révoltés en Russie. L'annexion de cette région fut définitive en 1924, cependant des combats s'y poursuivirent, tandis qu'un million de basmatchis se réfugiaient en Afghanistan. Ce n'est qu'en 1933 que les basmatchis furent définitivement écrasés par l'Armée rouge. L'influence des communistes sur les sphères dirigeantes de l'Afghanistan se faisait déjà sentir ; nombre d'officiers afghans partaient se former en URSS. Parallèlement, des « diplomates soviétiques » menaient des activités clandestines : un attaché militaire et des ingénieurs furent expulsés pour ce type de travail[2]. La présence d'agents de la Guépéou en Afghanistan est également attestée, en la personne de Georges Agabekov, membre de la Tcheka depuis 1920, intégré au service Inostrany Otdel (la section étrangère), dont il devint le résident illégal, d'abord à Kaboul, puis à Istanbul, où il continua de s'occuper de l'Afghanistan, jusqu'à sa rupture avec la Guépéou en 1930[3].

En 1929, le roi Amanollah engagea une politique de réforme agraire. Il mena en parallèle une campagne antireligieuse. Les lois furent calquées sur le modèle du réformateur turc Kemal Atatürk et provoquèrent un soulèvement paysan, dirigé par Batcha-yé-Saqqao, « le Fils du porteur d'eau », qui renversa le régime[4]. Dans un premier temps, ce soulèvement fut perçu,

1. Nicolas Tandler, « "Désinformation" à propos de l'Afghanistan », *Est & Ouest*, nº 616, 1er-15 juin 1978, p. 19-20.

2. *Ibid.*, p. 20.

3. Georges Agabekov, *Guépéou, notes d'un tchékiste*, Berlin, Strelan, 248 p. Traduit et présenté par Marc Lazarévitch dans « L'intervention soviétique en Afghanistan de 1929 », *Les Cahiers d'histoire sociale*, nº 1, 1993, p. 149-162.

4. Ludwig Adamec, « Le Fils du porteur d'eau », *Les Nouvelles d'Afghanistan*, nº 48, juillet 1990, p. 16-17.

par l'Internationale communiste, comme anticapitaliste. Puis l'URSS aida les troupes de l'Ancien Régime dirigées par l'ambassadeur afghan à Moscou, Goulam-Nabi Khan, à rentrer en Afghanistan. Les troupes soviétiques (les meilleures unités de Tachkent aidées par l'aviation russe) pénétrèrent en Afghanistan sous des uniformes afghans. Cinq mille Afghans représentant les forces gouvernementales furent tués, tous les villageois trouvés sur le passage de l'Armée rouge furent immédiatement exécutés[1]. Le roi Amanollah et Goulam-Nabi Khan s'enfuirent à l'étranger et le soutien soviétique cessa. Nader Shah, rentré précipitamment de son exil en France, prit alors la tête de l'armée afghane, les notables et les tribus le proclamèrent roi, et « le Fils du porteur d'eau », d'abord en fuite, fut arrêté et exécuté. Nader Shah rechercha l'entente avec les Anglais et avec les Soviétiques. Il était reconnu et écouté par Moscou, en échange de l'arrêt du soutien aux insurgés basmatchis. Le dirigeant des basmatchis, Ebrahim Beg, fut refoulé par l'armée afghane sur le territoire soviétique, où il fut arrêté et exécuté[2]. Un nouveau traité de non-agression fut signé le 24 juin 1931. Nader Shah mourut assassiné par un étudiant et Zaher Shah, son fils, devint roi en 1933.

Après 1945, le pays connut plusieurs vagues de « modernisation », surtout sensibles dans la capitale, avec la mise en œuvre de plans quinquennaux et septennaux. De nouveaux accords de partenariat et d'amitié furent signés avec l'Union soviétique, dont celui de décembre 1955 qui prônait la non-ingérence, tandis que nombre de conseillers soviétiques étaient envoyés en Afghanistan, notamment pour contribuer à la modernisation de l'armée.

Le prince Mohammed Daoud, cousin du roi et Premier ministre, gouverna de 1953 à 1963. Il participa à la création du mouvement des non alignés. Au fil du temps, l'influence soviétique devint prépondérante, les Soviétiques noyautèrent l'armée et les secteurs clefs de la vie du pays. Les accords économiques furent orientés de manière quasi exclusive en faveur de l'URSS, même si le prince tenta régulièrement des rapprochements avec les États-Unis. En 1963, Daoud fut remercié par le monarque, Zaher Shah, qui désormais exercerait réellement le pouvoir. Au cours de la décennie 1963-1973, Zaher essaya de transformer le régime en une monarchie constitutionnelle. Les partis politiques furent légalisés et les premières élections libres eurent lieu en janvier 1965. Un deuxième scrutin fut organisé en 1969. Lors des deux élections, les résultats tournèrent à l'avantage des notables locaux et des groupes favorables au gouvernement. L'Afghanistan s'occidentalisait et se modernisait, même si le pays n'était pas encore une véritable démocratie : « Le régime royal était loin d'être parfait : hautain, privilégié, souvent corrompu, souligne Michael Barry.

1. Marc Lazarévitch, art. cit., p. 158. Sur le soulèvement, voir également Olivier Roy, *L'Afghanistan*, *op. cit.*, p. 88-89.

2. Michael Barry, *op. cit.*, p. 241.

Mais il était loin d'être cet abîme de barbarie que se complaisent à dépeindre les communistes afghans. En outre, la royauté, depuis 1905, avait aboli la torture et même les châtiments corporels prévus par la Charia étaient tombés en désuétude : le régime communiste sur ce plan représente une régression sauvage [1]. »

Les communistes afghans

Le Parti communiste afghan, qui était demeuré clandestin, apparut au grand jour, sous le nom de Parti démocratique du peuple afghan (PDPA). Les élections permirent à Babrak Karmal et à sa compagne, Anathihâ Ratebzâd, d'être élus députés. Deux autres communistes, dont Hafizoullah Amine, furent élus aux élections de 1969. Un congrès du PDPA tenu au début de l'année 1965 désigna, avec l'aval des Soviétiques, Nour-Mohammed Taraki comme secrétaire général. Cependant, derrière une unité de façade, existaient des rivalités et des dissensions, qui étaient d'ordre autant politique que tribal et personnel. Babrak Karmal était un *kabouli*, aristocrate appartenant à la famille royale ; fils du général Mohammed Hosayn Khan, Karmal n'était qu'un pseudonyme, « l'Ami des travailleurs ». Selon un transfuge du KGB, Karmal aurait appartenu au KGB depuis de nombreuses années. L'autre fondateur du Parti, Nour-Mohammed Taraki, était le fils d'un paysan aisé, né dans un village de la province de Ghazni. C'était un Pachtoun, qui atteignit les sphères gouvernementales grâce à sa pratique de l'anglais. Hafizoullah Amine était lui aussi un Pachtoun, né dans la banlieue de Kaboul dans une famille de petits fonctionnaires [2].

Le PDPA était formé de deux factions ayant chacune leur journal, le *Khalq* (Le Peuple) et le *Partcham* (Étendard ou Drapeau). Le Khalq rassemblait les Pachtouns du sud-est du pays, le Partcham regroupait les classes aisées persophones et souhaitait mettre en pratique la théorie du front uni. Tous deux étaient ouvertement orthodoxes et suivaient de très près la politique soviétique, même si le Partcham semblait plus sensible aux *desiderata* de Moscou. La scission entre les deux factions dura de 1966 à 1976, chacune revendiquant le titre de communiste afghan et agissant au nom du PDPA. Le Khalq et le Partcham furent réunifiés en 1976. Le Parti ne devait jamais dépasser 4 000 à 6 000 membres [3]. À côté de ces deux mouvements regroupés au sein du PDPA, il existait des variantes prochinoises du communisme. La Flamme éternelle *(Sholà-yé-Jawid)*, recrutant principalement ses militants chez les chiites et les étudiants, se divisa par

1. *Ibid.*, p. 253.
2. Les biographies des principaux dirigeants du PDPA sont développées *ibid.*, p. 294-297.
3. Étienne Gille, « L'accession au pouvoir des communistes prosoviétiques », in Pierre et Michèle Centlivres, *Afghanistan, op. cit.*, p. 184, et Jacques Lévesque, *L'URSS en Afghanistan, op. cit.*, p. 35.

la suite en plusieurs tendances. L'ensemble des groupes maoïstes devait rejoindre, par la suite, la résistance. Entre 1965 et 1973, les communistes afghans menèrent une campagne de dénigrement systématique du gouvernement et de la monarchie. Ils multiplièrent les manifestations, les interruptions de séance au Parlement. En parallèle, les militants du PDPA cherchaient à recruter des adeptes, essentiellement dans les sphères dirigeantes.

Le coup d'État de Mohammed Daoud

Daoud, écarté du pouvoir en 1963 par le roi Zaher, fomenta et réussit un coup d'État en 1973, grâce à l'appui des officiers communistes. Il faut noter que les interprétations divergent : les uns penchent pour une action téléguidée de Moscou[1] alors que d'autres estiment que Daoud utilisa les communistes. Quoi qu'il en soit, le gouvernement de Daoud compta sept ministres communistes appartenant au Partcham. Les libertés constitutionnelles furent suspendues. Une première phase de répression fut déclenchée, à l'instigation des communistes. « Le dirigeant nationaliste Hashim Maïwandwal (ancien Premier ministre de tendance libérale entre 1965-1967) est arrêté pour complot avec une quarantaine d'autres personnes, dont quatre sont exécutées. Maïwandwal “se suicide” (version officielle) en prison. L'opinion générale est qu'il s'agit d'un assassinat constituant un coup monté pour ôter à Daoud toute solution de rechange crédible et pour éliminer certaines personnalités non communistes[2]. » La torture et la terreur devinrent des méthodes courantes et la sinistre prison de Pol-e Tcharki fut inaugurée en 1974.

Cependant, en 1975, Daoud évinça les communistes et conclut de nouveaux accords commerciaux avec les pays du bloc de l'Est mais également avec l'Iran et l'Inde. Les relations avec l'URSS se détériorèrent et, lors d'une visite officielle en Union soviétique, Daoud se brouilla avec Leonid Brejnev et chercha à affirmer l'indépendance économique de son pays. Ses jours étaient comptés, et Daoud fut renversé le 27 avril 1978. Michael Barry résume fort bien la situation à la veille du coup d'État : « L'Afghanistan d'avant 1978 était un État laïc, ne tolérant guère d'opposition intégriste musulmane, officiellement neutre, complaisant envers l'Union soviétique dont il ne contestait nullement les frontières ou la domination sur d'autres musulmans. [...] Dire que l'URSS avait pris les devants pour bloquer la montée de l'intégrisme musulman n'a pas de sens ; en abattant Daoud, elle a renforcé plutôt une contestation islamique qu'elle avait tendance jusque-là à sous-estimer ; tout au plus, le coup d'État

1. Olivier Roy, « De l'instauration de la République à l'invasion soviétique », *La Guerre d'Afghanistan. Intervention soviétique et résistance*, *op. cit.*, p. 29-30.

2. *Ibid.*, p. 30.

communiste a-t-il été hâté pour empêcher l'Afghanistan d'échapper en dernière heure à l'empire de l'URSS[1]. »

Le coup d'État d'avril 1978 ou « révolution de Saour »

L'incident qui déclencha le coup d'État communiste fut l'assassinat de Mir-Akbar Khaybar, un des fondateurs du PDPA, dans des conditions qui demeurèrent mystérieuses. Une première version, mise en avant après la prise du pouvoir par le Partcham, est son élimination par les hommes du Khalq dirigés par Hafizoullah Amine. La seconde version est que son assassinat a été perpétré par Mohammed Najiboullah, le futur dirigeant des services secrets afghans, avec la complicité des services secrets soviétiques[2]. Cet assassinat a eu pour conséquence la multiplication des manifestations communistes et le renversement de Daoud. Il semble, en fait, que la prise du pouvoir ait été préméditée. Amine, chef du Khalq qui était particulièrement bien implanté chez les militaires, avait projeté un coup d'État pour le mois d'avril 1980[3]. En effet, l'implantation du communisme en Afghanistan avait ceci de particulier qu'il avait repris les méthodes inaugurées en Espagne et appliquées par la suite dans les « démocraties populaires » : infiltration des sphères dirigeantes, noyautage de l'armée et de la haute administration, puis prise du pouvoir par la force, lors du coup d'État d'avril 1978, qualifié de « révolution d'Avril » ou « révolution de Saour » (du taureau). La mise à l'écart des communistes par Daoud et l'assassinat de Mir-Akbar Khaybar accélérèrent les préparatifs. Les manifestations communistes se multiplièrent. Daoud fit arrêter ou placer en résidence surveillée les principaux dirigeants communistes. Amine, assigné à résidence, bénéficia de la complicité des policiers, semble-t-il, membres du PDPA, qui surveillaient sa demeure, et put donc organiser le coup d'État de sa résidence[4].

Le palais présidentiel fut pris d'assaut, le 27 avril 1978, par des chars et des avions. Daoud, sa famille et sa garde présidentielle refusèrent de se rendre. Lui et dix-sept membres de sa famille furent éliminés le lendemain. Dès le 29 avril, une première purge, qui fit 3 000 victimes, fut conduite parmi les militaires non communistes. La répression menée contre les partisans de l'Ancien Régime fit environ 10 000 victimes. Entre 14 000 et 20 000 personnes furent emprisonnées pour des raisons politiques[5].

Le nouveau gouvernement, dirigé par Nour-Mohammed Taraki, fut proclamé le 30 avril. Taraki, du Khalq, fut nommé président de la Répu-

1. Michael Barry, *op. cit.*, p. 252.
2. *Ibid.*, p. 301, et Assem Akram, *op. cit.*, p. 93-95, ce dernier s'appuie sur le témoignage du frère de Mohammed Najiboullah.
3. *Ibid.*, p. 300.
4. *Ibid.*, p. 302.
5. Amnesty International, *Rapport annuel*, 1979, couvrant l'année civile 1978, p. 101.

blique démocratique d'Afghanistan, Babrak Karmal, du Partcham, vice-président et vice-Premier ministre, et Hafizoullah Amine, du Khalq, deuxième vice-président et ministre des Affaires étrangères. L'Union soviétique fut le premier État à reconnaître le nouveau gouvernement[1] et un accord de coopération et d'assistance mutuelle fut signé. Taraki édicta des réformes qui, selon tous les observateurs et les témoins, brisèrent les cadres traditionnels de la société afghane. Les dettes rurales et l'hypothèque sur les terres furent supprimées, l'école devint obligatoire pour tous, une propagande antireligieuse fut mise sur pied. Taraki fut proclamé « le guide et le père de la révolution d'Avril ». Cependant les réformes provoquèrent un mécontentement général, les premières révoltes éclatèrent, en juillet 1978, à Asmar, dans le sud-est de l'Afghanistan. La violence politique devint omniprésente. Le 14 février 1979, l'ambassadeur américain, Adolph Dubs, fut enlevé par le groupe maoïste Setem-i-Milli, qui réclamait la libération d'un de ses dirigeants, Barrudim Bâhes, qui avait été exécuté entre-temps par le KHAD — les services de sécurité afghans, conseillés par les Soviétiques. Les hommes du KHAD intervinrent et tuèrent l'ambassadeur américain et ses ravisseurs[2]. « Certains diront que cette opération est dirigée en sous-main pour compromettre la situation diplomatique du régime khala[3]. » Il ne reste aucun témoin de cette prise d'otage.

Peu après, le gouvernement communiste décréta une campagne antireligieuse. Le Coran était brûlé sur les places publiques. Des responsables religieux (imams) furent arrêtés et massacrés. Ainsi, dans le clan des Mojaddedi, groupe religieux fort influent d'une ethnie chiite, tous les hommes, soit 130 personnes d'une même famille, furent massacrés dans la nuit du 6 janvier 1979[4]. La pratique religieuse fut interdite pour toutes les confessions, y compris pour la petite communauté juive composée de 5 000 membres résidant principalement à Kaboul et à Hérat et qui trouva asile en Israël.

La rébellion s'étendit, multiforme, sans structure réelle. Elle progressa d'abord dans les villes, puis s'étendit aux campagnes. « Chaque tribu, chaque ethnie, avec ses propres traditions, va se constituer en réseau de résistance. La résistance est formée par une multitude de groupes en contact permanent avec la population, et dont le lien primordial est l'islam[5]. » Face à ce refus généralisé de leur prise de pouvoir, les

1. Michael Barry, *op. cit.*, p. 304.

2. Rémi Kauffer et Roger Faligot, *Les Maîtres espions. Histoire mondiale du renseignement*, t. 2, *De la guerre froide à nos jours*, Paris, Robert Laffont, 1994, p. 391. Voir également Patrice Franceschi, *Ils ont choisi la liberté*, *op. cit.*, p. 41-42, et Étienne Gille, *Afghanistan, op. cit.*, p. 199-200.

3. Étienne Gille, *op. cit.*, p. 199.

4. Assem Akram, *op. cit.*, p. 516, et Marie Broxup et Chantal Lemercier-Quelquejay, « Les expériences soviétiques de guerres musulmanes », *in* André Brigot et Olivier Roy, *La Guerre d'Afghanistan*, *op. cit.*, p. 41.

5. Éric Bachelier, *op. cit.*, p. 50.

communistes afghans pratiquèrent la terreur, aidés par des conseillers soviétiques. Michael Barry rappelle : « En mars 1979, le village de Kérala fut le théâtre de l'Oradour-sur-Glane de l'Afghanistan : 1 700 adultes et enfants, toute la population masculine du village, rassemblés sur la place et mitraillés à bout portant ; les morts et les blessés enterrés les uns sur les autres dans trois fosses communes, avec un bulldozer. Les femmes effrayées voient, pendant de longs moments, les monticules de terre trembler, car les enterrés vivants essaient de se dégager. Puis plus rien. Les mères et les veuves sont toutes parties au Pakistan. Elles témoignent, pathétiques "contre-révolutionnaires-féodales-vendues-aux-intérêts-chinois-et-américains", avec des hoquets de douleur dans leurs gourbis de réfugiés [1]. »

Les communistes afghans demandèrent alors une aide discrète mais toujours plus grande aux Soviétiques. En mars 1979, des Mig décollèrent d'Union soviétique et bombardèrent la ville d'Hérat, qui venait de tomber aux mains des insurgés qui s'opposaient au pouvoir des communistes. Le bombardement puis la répression firent selon les sources entre 5 000 et 25 000 morts sur une population de 200 000 habitants, car l'armée se chargea par la suite de nettoyer la ville des insurgés. Il n'existe donc pas d'indication sur l'ampleur de la répression [2]. La rébellion s'étendit à l'ensemble du pays, et les communistes furent contraints de demander à nouveau de l'aide des Soviétiques qui la leur fournirent : « Du matériel spécial pour un montant de 53 millions de roubles dont 140 canons, 90 véhicules blindés (dont 50 d'urgence), 48 000 armes de tir, près de 1 000 lance-grenades, 680 bombes aériennes [...]. À titre d'aide de première urgence, les Soviétiques fournissent 100 réservoirs de liquide incendiaire, 150 caisses de bombes, mais doivent s'excuser de ne pas pouvoir honorer la demande afghane de bombes chargées de gaz toxique et de pilotes pour les équipages d'hélicoptères [3]. » Parallèlement, la terreur régnait à Kaboul. La prison de Pol-e-Tcharki, située à l'est de la ville, devint un camp de concentration [4]. Le directeur de la prison, Sayyed Abdullah, expliqua aux prisonniers : « Vous êtes ici pour être réduits à l'état d'ordures. » La torture était monnaie courante : « Le châtiment suprême de la prison était l'enter-

---

1. Michael Barry, *op. cit.*, p. 314. Voir également, sur les veuves de Kérala, *Les Nouvelles d'Afghanistan*, n°s 35-36, décembre 1987, p. 33. Par ailleurs, Michael Barry rappelait que cinq officiers soviétiques contrôlèrent l'opération.

2. Jacques Lévesque, *op. cit.*, p. 48. Étienne Gille, *Afghanistan*, *op. cit.*, p. 200. Voir également Amnesty International, *Violation des droits de l'homme et des libertés fondamentales en République démocratique d'Afghanistan*, 11 avril 1979, 30 p. Le dossier d'Amnesty ne s'appuie que sur les cas officiels. L'organisation de défense des droits de l'homme mentionnait la présence d'enfants détenus.

3. Vladimir Boukovski, *Jugement à Moscou, un dissident dans les archives du Kremlin*, Paris, Robert Laffont, 1995, p. 378-379. L'auteur donne le compte rendu intégral de la discussion entre Alexis Kossyguine et Nour-Mohammed Taraki, ce dernier réclamant l'aide des Soviétiques. qui au départ se montrèrent réticents.

4. L'expression est tirée de Michael Barry, *op. cit.*, p. 306-307.

rement vivant dans la fosse d'aisances »[1]. Les détenus furent exécutés à raison de plusieurs centaines par nuit, « les cadavres et les agonisants étaient enterrés vivants au moyen de bulldozers[2] ». La méthode de Staline utilisée pour les peuples punis fut réemployée. Ainsi, le 15 août 1979, 300 personnes de l'ethnie des Hazâras, suspectés de soutenir la résistance, furent arrêtées. « Cent cinquante d'entre eux furent enterrés vivants par des bulldozers ; ceux de l'autre moitié arrosés d'essence et brûlés vifs[3]. » En septembre 1979, les autorités de la prison reconnaissaient que 12 000 détenus avaient été éliminés. Le directeur de la prison Pol-e Tcharki revendiquait à qui voulait l'entendre : « Nous ne laisserons qu'un million d'Afghans vivants, c'est suffisant pour construire le socialisme[4] ! »

Pendant que l'Afghanistan se transformait en une gigantesque prison, les affrontements entre le Khalq et le Partcham se poursuivaient au sein du PDPA. Ils tournèrent à l'avantage du Khalq. Les représentants du Partcham furent envoyés dans les ambassades des pays de l'Est ; leur dirigeant Babrak Karmal, qui avait été un agent du KGB[5], fut détaché en Tchécoslovaquie, à la demande expresse de l'Union soviétique. Le 10 septembre 1979, Amine devint Premier ministre et secrétaire général du PDPA. Il élimina ses opposants supposés, faisant assassiner Taraki, qui selon la version officielle serait mort des suites d'une longue maladie alors qu'il rentrait d'un voyage en URSS. Les différents observateurs notèrent la présence de 5 000 conseillers soviétiques en Afghanistan et en particulier celle du colonel général Ivan Gregorevitch Pavlosky, chef d'état-major des forces terrestres soviétiques[6].

Un peu plus d'une année après le coup d'État communiste, le bilan était effrayant. Shah Bazgar explique : « Babrak Karmal avoua lui-même que les purges de ses deux prédécesseurs, Taraki et Amine, avaient fait au moins 15 000 victimes. En réalité, il y en eut au moins 40 000. Parmi elles, hélas, deux de mes cousins maternels disparurent au pénitencier de Pol-e Tcharki. L'un, Selab Safay, était un homme de lettres renommé, dont les poèmes étaient lus à la radio et à la télévision Je lui portais une profonde affection. Mon autre cousin, son propre frère, était instituteur. Toute l'élite du pays se trouvait décapitée. Les rares survivants témoignaient des atrocités communistes. Les portes des cellules étaient ouvertes : listes en main, les soldats épelaient des noms de détenus. Ceux-ci se levaient. Quelques instants plus tard, des rafales de mitrailleuse parvenaient assourdies[7]. » Ces chiffres ne prennent en compte que les événements de Kaboul

---

1. *Ibid.*, p. 306.
2. *Ibid.*, p. 307.
3. *Ibid.*, p. 307.
4. *Ibid.*
5. Christopher Andrew et Oleg Gordievsky, *Le KGB dans le monde*, Paris, Fayard, 1990, p. 569.
6. Roger Faligot et Rémi Kauffer, *op. cit.*, p. 390.
7. Shah Bazgar, *Afghanistan, la résistance au cœur*, Paris, Denoël, 1987, p. 65-66. Shah Bazgar est mort le 23 novembre 1989 dans une embuscade tendue alors qu'il effectuait un reportage sur les systèmes d'irrigation. Il avait pour toute arme une caméra. *Cf.* Gilles Rossignol

et des principales villes du pays. Les exécutions dans les campagnes, où les communistes faisaient régner l'ordre par la terreur avec l'objectif d'anéantir toute forme de résistance, et les bombardements sur ces mêmes campagnes ont provoqué la mort de près de 100 000 personnes. Le nombre de réfugiés afghans, qui fuyaient les massacres de masse, était estimé à plus de 500 000 personnes[1].

L'intervention soviétique

L'Afghanistan sombrait dans le guerre civile. Les communistes malgré la répression n'arrivaient pas à établir leur pouvoir et demandèrent de nouveau l'aide soviétique. Le 27 décembre 1979, l'opération « Bourrasque 333 » fut déclenchée, les troupes soviétiques entrèrent en Afghanistan. Elles furent appelées, selon les termes du traité de coopération et d'amitié, pour venir en aide aux « frères » de Kaboul. « Un groupe d'assaut des commandos du KGB dirigé par le colonel Boïarinov [...] se charge de l'assaut du palais et assassine Amine et tous les témoins susceptibles de raconter les événements[2]. » Amine semblait se détacher de la tutelle soviétique et avait contacté les Américains — à l'occasion de ses études aux États-Unis dans les années cinquante — et multiplié les liaisons avec des pays n'étant pas directement sous influence soviétique. En fait, la décision soviétique était prise depuis le 12 décembre 1979. Babrak Karmal le remplaça. Amine aurait dû se retirer et accepter une retraite dorée. Devant son refus, le nouveau gouvernement fut proclamé, au cours d'une émisssion de radio diffusée à partir du sud de l'Union soviétique avant même qu'Amine n'eût été assassiné[3].

Les hypothèses sur l'intervention soviétique sont nombreuses. Certains y voient la poursuite de l'expansion russe avec pour but d'atteindre les mers chaudes. Pour d'autres, c'est une volonté de stabilisation de la région face à l'expansion d'un islam radical. À moins que cette intervention ne soit l'expression de l'expansion de l'impérialisme soviétique, ainsi que du caractère messianique du régime marxiste qui voulait soumettre l'ensemble des peuples au communisme. À cela s'ajoutait la volonté de défendre un État tenu par des communistes et prétendument menacé par des « agents de l'impérialisme »[4].

---

et Étienne Gille, « Un témoin : Shah Bazgar », *Les Nouvelles d'Afghanistan*, n° 45, décembre 1989, p. 6.

1. Olivier Roy, *Afghanistan, op. cit.*, p. 126, et Étienne Gille, *ibid.*, p. 199.

2. Christopher Andrew et Oleg Gordievsky, *op. cit.*, p. 570-571. Les auteurs notent que Boïarinov fut tué par ses hommes car il a été pris pour un Afghan. Vladimir Boukovski arrive aux mêmes conclusions.

3. Archives du Politburo citées par Assem Akram, *op. cit.*, p. 149-150 ; Vladimir Boukovski, *op. cit.*, p. 383-384.

4. Assem Akram, *op. cit.*, p. 150-154, développe les différentes possibilités de l'expansion communiste.

Les troupes soviétiques arrivèrent en Afghanistan le 27 décembre 1979. Dès le début de 1980, le contingent comptait près de 100 000 hommes. La guerre d'Afghanistan se déroula en quatre phases. Les troupes soviétiques occupèrent le pays entre 1979 et 1982. La phase la plus dure de cette guerre totale couvrit les années 1982-1986, le retrait s'effectua entre 1986 et 1989. 200 000 soldats soviétiques stationnèrent en permanence en Afghanistan. L'ultime phase se caractérisa, entre 1989 et 1992, par le maintien à la tête de l'État de Mohammed Najiboullah, censé faire office de Gorbatchev afghan proposant une réconciliation nationale, période durant laquelle l'Union soviétique versa, à titre d'aide, après le départ des troupes le 15 février, 2,5 milliards de roubles en 1989 en technologie militaire et 1,4 milliard en 1990. Le gouvernement Najiboullah ne tomba qu'en 1992 lors de la disparition de l'Union soviétique[1].

Dès lors, deux techniques se combinèrent : d'une part, la tactique de la guerre totale, conduite par les Soviétiques, qui pratiquaient la politique de la terre brûlée, et, d'autre part, les méthodes de terreur de masse et l'élimination systématique des opposants, ou supposés tels, dans les prisons spéciales de l'AGSA (Organisation pour la protection des intérêts de l'Afghanistan), devenue le KHAD (Service d'information de l'État) en 1980 puis le WÂD (ministère de la Sécurité d'État) en 1986, et qui dépendait directement du KGB tant par le financement que par les instructeurs. Cette méthode de gouvernement par la terreur de masse dura jusqu'en 1989, date du retrait des troupes soviétiques d'Afghanistan. En fait, elle perdura jusqu'en 1992, date de la chute du gouvernement de Mohammed Najiboullah.

Durant ces quatorze années de guerre, les Soviétiques et les communistes afghans ne maîtrisèrent guère plus de 20 % du territoire. Ils se contentèrent de tenir les grands axes, les principales villes, les zones riches en céréales, en gaz et en pétrole dont la production était bien sûr destinée à l'Union soviétique. « L'exploitation des ressources et la mise en valeur de l'Afghanistan entrent dans le cadre d'une économie d'exploitation coloniale typique : la colonie fournit les matières premières et doit absorber les produits industriels de la métropole, faisant ainsi tourner son industrie. [...] Selon la technique russe bien connue, l'occupant fait payer au pays occupé les frais de la conquête et de l'occupation. Les armées, les tanks, les bombardements des villages sont facturés et payés par son gaz, son coton, plus tard son cuivre et son électricité[2]. » Pendant ces quatorze années, les Soviétiques, aidés par l'armée afghane, livrèrent une guerre

1. Vladimir Boukovski, *op. cit.*, p. 489-490. Christophe de Ponfilly et Frédéric Laffont rapportent dans *Poussières de guerre* (Paris, Robert Laffont, 1990, p. 91) : « Les Russes ont utilisé leur armement le plus moderne : des avions [dont le SU-29] lâchent des bombes en volant à plus de dix mille mètres. »

2. *Les Nouvelles d'Afghanistan*, n° 7, novembre 1981, p. 9. Cette revue dans le même numéro a consacré un long dossier aux « Intérêts économiques soviétiques en Afghanistan » et aux pillages des richesses naturelles auxquels se sont livrés les Soviétiques.

totale. Mais l'armée afghane, forte de 80 000 hommes en 1978, subissait une hémorragie liée à la multiplication des désertions. Elle ne dépassait guère 30 000 hommes deux ans plus tard. En 1982, les réservistes furent rappelés. En mars 1983, la mobilisation générale fut décrétée pour tous les hommes âgés de dix-huit ans et plus. Des enfants de quinze ans furent enrôlés de force.

Les soldats soviétiques envoyés en Afghanistan, outre les unités des troupes spéciales, étaient principalement des citoyens des républiques périphériques, Ukrainiens, Lettons, Lituaniens, Estoniens. Ils remplacèrent les contingents de musulmans soviétiques, le pouvoir craignant la contagion d'un islam radical. Au minimum, 600 000 appelés furent envoyés en Afghanistan. Le nombre de soldats soviétiques tombés aurait été supérieur à 30 000 [1]. Leurs corps n'ont pas été rendus à leurs familles ni ramenés en URSS. Dans les cercueils plombés, mis sous scellés, les cadavres étaient remplacés par du sable ou par les corps d'autres soldats [2]. Démoralisés par une guerre sans nom, les soldats sombraient dans l'alcoolisme, dans la drogue (haschich, opium et héroïne). Certains trafics furent organisés par le KGB. Les bénéfices de la production de la drogue afghane supplantaient ceux du Triangle d'or. Afin d'être rapatriés, les soldats se mutilèrent volontairement. À leur retour, nombre d'appelés furent abandonnés à leur sort, certains furent envoyés en hôpitaux psychiatriques pour troubles psychiques [3], d'autres sombrèrent dans la délinquance. D'autres encore développèrent une rhétorique nationaliste, qui donna naissance au mouvement ultra-nationaliste et antisémite Pamiat qui bénéficia de la complicité bienveillante du KGB [4].

Face à l'invasion soviétique, la Résistance afghane s'organisa. Le nombre de résistants était estimé entre 60 000 et 200 000 hommes. Ils bénéficièrent du soutien de la population. La Résistance afghane était composée de sept partis sunnites, dont la base arrière était située au Pakistan, et de huit partis chiites installés en Iran [5]. Tous les groupes nés de la Résistance se réclament de l'islam radical ou modéré — comme celui du commandant Massoud. La Résistance bénéficia du soutien du Congrès américain, qui lui fournit des armes, dont, à partir du milieu des années quatre-vingt, des missiles sol-air Stinger qui permirent aux résistants d'empêcher les attaques aériennes des Soviétiques, l'un des éléments fondamentaux de la guerre conduite par l'envahisseur. La stratégie utilisée

1. Assem Akram, *op. cit.*, p. 346, et Éric Bachelier, *L'Afghanistan, op. cit.*, chapitre 6, p. 75-86.

2. S. Jemis, « Un bonjour d'Afghanistan », *L'Alternative*, n° 19, novembre-décembre 1982, p. 43. Voir, sur ce point, le témoignage de Svetlana Aleksievitch, *Les Cercueils de zinc*, Paris, Bourgois, 1991.

3. Christophe de Pontilly et Frédéric Laffont, *op. cit.*, p. 175.

4. Voir sur ce point Vladimir Boukovski, *op. cit.*, p. 262 et 456, ainsi que Françoise Thom, « Le KGB et les Juifs », *Pardès*, nos 19-20, Paris, Le Cerf, 1994, p. 7-24.

5. Éric Bachelier, *op. cit.*, p. 52. Pour une étude détaillée des groupes de la Résistance, voir également Olivier Roy, *Islam, op. cit.*, et Assem Akram, *op. cit.*, chapitre 8.

par les Soviétiques était celle de la terreur. Toute personne, tout village suspecté d'aider peu ou prou la Résistance était immédiatement victime de représailles. La répression frappait partout et tout le temps.

Les atrocités commises sont communes à toutes les guerres. La violence née de la brutalisation des masses et de la totalisation de la guerre[1] conduite par les Soviétiques a frappé l'Afghanistan. Les résistants afghans ont eux aussi perpétré des massacres. Si elles ne sont pas évoquées ici, les exactions de la résistance demeurent inacceptables et inexcusables. À la différence d'autres conflits, comme le Vietnam, auquel l'Afghanistan a été comparé, il faut souligner que cette guerre n'a pas été médiatisée, très peu d'images ont filtré du conflit. Il s'est agi d'une insurrection généralisée, réponse au coup d'État communiste doublé d'une invasion. Il faut par ailleurs noter que les puissances qui ont soutenu les résistants ont été peu regardantes quant à l'attitude de certains de ces derniers vis-à-vis du respect des droits de l'homme, favorisant parfois les plus obscurantistes d'entre eux. Il n'en demeure pas moins que la responsabilité des événements qui sont advenus en Afghanistan incombent directement aux communistes et à leurs alliés soviétiques. Le gouvernement par la terreur de masse et le système coercitif mis en place demeurent une constante dans l'histoire du communisme.

L'ampleur de la répression

La question des réfugiés

Le nombre des réfugiés a augmenté sans cesse. À la fin de l'année 1980, il était estimé à plus d'un million. On sait que 80 % des intellectuels avaient fui leur pays à la date du 4 juillet 1982. Au début de l'année 1983, on comptait près de trois millions de réfugiés sur une population totale de quinze millions d'habitants. En 1984, le nombre des réfugiés dépassait quatre millions, soit plus du quart de la population totale[2], pour atteindre cinq millions au début des années quatre-vingt-dix. Aux réfugiés ayant quitté l'Afghanistan s'ajoutaient les « réfugiés de l'intérieur » qui quittaient leur village pour échapper à la guerre et à la répression, leur nombre s'élevant à près de deux millions. Selon Amnesty International, les réfugiés qui ont quitté l'Afghanistan sont « le groupe le plus important au mon-

1. Sur la notion de brutalisation et de totalisation des masses, voir Annette Becker et Stéphane Audoin-Rouzeau « Violence et consentement la culture de guerre du Premier conflit mondial », dans Jean-Pierre Rioux et Jean-François Sirinelli, *Pour une histoire culturelle*, Paris, Le Seuil, « collection l'Univers Historique », 1997, p. 251-271 et François Furet, *Le Passé d'une illusion*, Paris, Robert Laffont, 1995, chapitres 2 et 3.

2. Olivier Roy, « Les limites de la pacification soviétique en Afghanistan », *L'Alternative*, n° 31, janvier-février 1985, p. 14.

de[1] ». Ils étaient principalement installés au Pakistan, pour plus des deux tiers d'entre eux, un tiers vivant en Iran, et une infime minorité avait réussi à s'établir en Europe occidentale et aux États-Unis. Un observateur constate : « En automne 1985, au cours d'une mission clandestine à cheval dans quatre provinces de l'Est et du Centre effectuée pour la Fédération internationale des droits de l'homme, le docteur suédois Johann Lagerfelt et moi-même [Michael Barry] réussîmes à recenser vingt-trois villages et à y évaluer un taux de dépopulation de l'ordre de 56,3 %[2]. » Sur l'ensemble du territoire, près de la moitié de la population afghane avait dû s'exiler, son départ étant la conséquence directe de la terreur à grande échelle employée par l'Armée rouge et par ses supplétifs afghans.

La destruction des villages et les crimes de guerre

Dès les débuts de l'intervention, les attaques soviétiques se concentrèrent principalement dans quatre directions : le long de la frontière, dans la vallée du Panjshir, et dans les régions de Kandahar, au sud du pays, et d'Hérat, à l'est, deux zones qui furent occupées en février 1982. La guerre totale menée par les Soviétiques fut très rapidement condamnée par le Tribunal permanent des peuples, héritier des anciens « tribunaux Russell », qui « s'inspirent directement du tribunal de Nuremberg dont ils sont une filiation juridique[3] ». Le Tribunal permanent des peuples conduisit une enquête sur cet assassinat collectif. Elle fut confiée à l'afghanologue Michael Barry, au juriste Ricardo Frailé et au photographe Michel Baret. L'enquête confirma que, le 13 septembre 1982 à Padkhwab-e Shana (au sud de Kaboul, dans la province du Logar), 105 villageois cachés dans un canal d'irrigation souterrain avaient été brûlés vifs par les Soviétiques. Ceux-ci avaient effectivement utilisé du pétrole, de la pentrite et du dinitrotoluène — un liquide hautement combustible — à partir de tuyaux qu'ils avaient branchés sur des camions pour tuer les Afghans cachés. La session du Tribunal des peuples tenue à la Sorbonne le 20 décembre 1982 condamna officiellement ce crime. Le représentant du gouvernement afghan à Paris dénonça le Tribunal comme étant le jouet des impérialistes et nia le crime, arguant que, « les plafonds des *kârêz* [les conduits des tunnels] afghans n'ayant que quelques centimètres de hauteur, [il est] impossible pour des êtres humains d'y pénétrer[4] ».

1. Amnesty International, *Rapport annuel*, 1989, couvrant l'année 1988, p. 172. Voir également « Les Réfugiés afghans », *Les Nouvelles d'Afghanistan*, n°s 35-36, décembre 1987.

2. Michael Barry, *op. cit.*, p. 18.

3. Marina Isenburg, « Les origines du Tribunal permanent des peuples », *Bulletin d'information et de liaison du Bureau international afghanistan, La Lettre du BIA*, numéro spécial, « Afghanistan, Tribunal des peuples. Stockholm : 1981-Paris : 1982, compte rendu des travaux », p. 3.

4. Cité par Michael Barry, *op. cit.*, p. 80. Sur le massacre du village de Padkhwab-e Shana, voir *La Lettre du BIA*, *op. cit.*, et Michael Barry, *op. cit.*, chapitre 1 : « Enquête sur un crime de guerre en Afghanistan », p. 68-80.

Un assassinat similaire avait été perpétré dans le village de Khasham Kala, dans la province du Logar. Une centaine de civils qui n'opposaient aucune résistance avaient trouvé la mort de la même manière[1]. Lorsque l'armée soviétique pénétrait dans un village, la terreur s'abattait : « Le convoi s'arrête en vue d'un village. Après une préparation d'artillerie, il en bloque toutes les issues ; puis les hommes de troupe descendent de leurs blindés pour fouiller le village à la recherche d'"ennemis". Trop souvent, et là les témoignages sont innombrables, ces fouilles de villages s'accompagnent d'actes de barbarie aveugle, des femmes et des vieillards sont abattus s'ils esquissent un geste de peur. Des soldats, soviétiques aussi bien qu'afghans, se saisissent des postes de radio ou des tapis et arrachent les bijoux des femmes[2]. » Les crimes de guerre et les actes de barbarie se produisaient avec une extrême régularité : « Des soldats soviétiques ont versé du kérosène sur les bras d'un garçon et y ont mis le feu en présence de ses parents parce que ceux-ci refusaient de fournir des informations. Des villageois ont été forcés de rester pieds nus dans la neige à une température de plusieurs degrés sous zéro pour les forcer à parler. » Un soldat expliqua : « Nous ne faisions pas de prisonniers de guerre. Aucun. En général, on tuait les prisonniers sur place [...]. Lors des expéditions punitives, on ne tuait pas les femmes et les enfants par balle. On les enfermait dans une pièce et on leur balançait des grenades »[3].

L'objectif des Soviétiques était de semer la terreur, d'effrayer les populations et de les dissuader d'aider la Résistance. Les opérations de représailles étaient conduites dans le même esprit. Des femmes étaient lancées nues à partir des hélicoptères et, pour venger la mort d'un soldat soviétique, des villages étaient détruits. Ainsi les observateurs remarquaient : « À la suite d'une attaque d'un convoi près des villages de Muchkizai dans la région de Kandahar, le 13 octobre 1983 la population des villages de Kolchabâd, Muchkizai et Timur Qalatcha a été massacrée en mesure de représailles. Le nombre total des victimes est de 126 : 40 à Timur Qalatcha, soit la totalité de la population de ce hameau ; 51 à Kolchabâd et 35 à Muchkizai. Il s'agit en majorité de femmes et d'enfants ; 50 femmes âgées de vingt à trente-deux ans et 26 enfants ; tous les hommes avaient quitté les villages dès l'arrivée des convois pour échapper à la conscription[4]. » Par ailleurs, les villages étaient systématiquement bombardés pour empêcher la Résistance de lancer des contre-offensives. Ainsi,

1. Amnesty International, *Rapport annuel*, 1983, couvrant l'année 1982, p. 227, et Bernard Dupaigne, « L'armée soviétique en Afghanistan », *L'Alternative*, n° 31, janvier-février 1985, p. 8-9.

2. *Ibid.*, p. 8-9.

3. *Ibid.*

4. Cité par Olivier Roy, « Les limites de la pacification soviétique en Afghanistan », *L'Alternative*, n° 31, art. cit., p. 13. Amnesty International dans son *Rapport annuel*, 1984, portant sur l'année 1983, p. 240, dénonça l'assassinat de 23 civils du village de Raudza (province de Ghazni). Dans chacun de ses rapports annuels, Amnesty International signalait des destructions de villages similaires.

le 17 avril 1985, les Soviétiques détruisirent des villages pour saper les bases arrière de la Résistance dans la région de Laghman, près de mille personnes furent tuées. Le 28 mai 1985, les Soviétiques quittèrent la zone de Laghman-Kounar et « nettoyèrent » les villages[1].

Les conventions internationales furent systématiquement violées. Le napalm et le phosphore furent employés de manière intensive lors des bombardements de la campagne afghane par l'aviation soviétique[2]. Des gaz toxiques de divers types furent aussi régulièrement utilisés contre les populations civiles. Différents témoignages firent état de bombardements de gaz irritants, asphyxiants et lacrymogènes. Le 1er décembre 1982, on signalait l'utilisation de gaz neurotoxiques contre la Résistance afghane, mais le nombre de victimes n'est pas connu[3]. En 1982, le Département d'État américain notait l'emploi de mycotoxine — une arme biologique. La revue *Les Nouvelles d'Afghanistan* signalait, en décembre 1986 : « Les Soviétiques auraient employé cet été une arme chimique à Kandahar, selon *Le Point* du 6 octobre 1986, l'utilisation de produits chimiques meurtriers a été également signalée à Paghman[4]. » Parallèlement, l'armée soviétique jetait des substances toxiques dans les sources d'eau potable, provoquant ainsi la mort des hommes et du bétail[5]. Le commandement soviétique faisait bombarder les villages où des déserteurs s'étaient réfugiés afin de décourager les Afghans de leur donner l'hospitalité[6]. Ce même commandement envoya les soldats afghans comme démineurs ou aux avant-postes. À la fin de l'année 1988, pour « nettoyer » les axes principaux et ainsi préparer son retrait, l'Armée rouge utilisa des missiles Scud et Ouragan. En 1989, les troupes soviétiques reprirent le chemin utilisé dix ans plus tôt en contrôlant les axes routiers pour éviter des attaques de résistants. Les Soviétiques, avant leur repli, avaient inauguré une nouvelle stratégie : l'assassinat de réfugiés. Amnesty International remarque que « des groupes d'hommes, de femmes et d'enfants fuyant leurs villages sont soumis par les forces soviétiques et afghanes à d'intenses bombardements en représailles d'attaques de la guérilla. Parmi les cas cités : un groupe d'une centaine de familles du village de Sherkhudo, dans la province de Faryab, à l'extrémité nord-ouest du pays, a été attaqué à deux reprises au cours de leur fuite de plus de cinq cents kilomètres vers la frontière pakistanaise. Lors de la première attaque, en octobre 1987, les forces gouvernementales les auraient encerclés et auraient tué dix-neuf personnes dont sept enfants de moins de six ans. Quinze jours plus tard, des hélicoptères auraient ouvert

1. Assem Akram, *op. cit.*, p. 523. Amnesty International, *Rapport annuel*, 1986, p. 222.
2. *La Lettre du BIA*, numéro spécial, « Afghanistan », *op. cit.*, p. 15.
3. Pierre Gentelle, « Chronologie 1747-1984 », *Problèmes politiques et sociaux*, nº 499, 15 décembre 1984, Paris, La Documentation française, p. 14.
4. *Les Nouvelles d'Afghanistan*, nº 31, décembre 1986, p. 23.
5. Assem Akram, *op. cit.*, p. 523. Guennadi Botcharov rapporte une pratique similaire. Les bêtes furent systématiquement abattues (*La Roulette russe*, Paris, Denoël, 1990, p. 30).
6. Vladimir Boukovski, *op. cit.*, p. 532.

le feu sur ce groupe, tuant cinq hommes[1] ». À quelques reprises, les villages de réfugiés au Pakistan, susceptibles de servir de base arrière à la Résistance, furent également bombardés, comme le camp Matasangar, au Pakistan, le 27 février 1987[2].

Les observateurs pouvaient constater l'utilisation massive de mines antipersonnel. Vingt millions de mines furent déposées principalement autour des zones de sécurité. Ces mines furent utilisées pour protéger les troupes soviétiques et les exploitations industrielles qui fournissaient des produits à l'Union soviétique. Elles furent également lancées à partir d'hélicoptères dans les zones d'agriculture pour rendre les terres inexploitables[3]. Les mines antipersonnel auraient fait au minimum 700 000 mutilés et continuent aujourd'hui de faire des victimes. Pour terroriser les populations civiles, les Soviétiques avaient pris pour cibles les enfants en leur offrant des « cadeaux » : des jouets piégés, le plus souvent lancés d'avion[4]. Lorsque Shah Bazgar décrit les destructions systématiques de villages, il conclut : « Les Soviétiques se sont acharnés sur chaque demeure, pillant, violant les femmes. Cette barbarie est pire qu'instinctive, elle apparaît programmée ; ils savent qu'en perpétrant de tels actes ils cassent les fondements de notre société[5]. »

Cette stratégie de la terre brûlée et de la guerre totale était accompagnée également de la destruction systématique du patrimoine culturel de l'Afghanistan. Kaboul, qui était une ville cosmopolite où « l'esprit kabouli, bien vivace, [était] fait de bonne humeur, à la limite de la grivoiserie, [affichait] une décontraction et une liberté des mœurs [éloignées] de l'austérité des campagnes[6] ». Cette caractéristique culturelle avait disparu du fait de la guerre et de l'occupation soviétique. La ville d'Hérat est devenue une ville martyre, suite aux bombardements répétés des Soviétiques, en représailles à l'insurrection généralisée qui s'est développée dans l'ouest du pays à partir de mars 1979. Les monuments de cette ville, comme la Grande Mosquée datant du XIIe siècle, la vieille ville édifiée au XVIe siècle furent gravement endommagés et leur reconstruction empêchée par l'occupation soviétique[7].

À la guerre menée contre les populations civiles s'ajouta la terreur politique qui s'exerca sans discontinuité dans les zones contrôlées par les

1. *La Chronique d'Amnesty International*, « Afghanistan, assassinats de réfugiés », n° 19 *bis*, juin 1988, p. 10. Amnesty renouvela ce constat dans un communiqué de presse en date du 4 mai 1988 (Archives d'Amnesty International, dossier « Afghanistan », année 1988).

2. *Les Nouvelles d'Afghanistan*, n°s 35-36, décembre 1987, p. 17.

3. Assem Akram, *op. cit.*, p. 178-179, et Anne Guérin, « Une sanglante lassitude », *La Chronique d'Amnesty International*, n° 2, décembre 1986, p. 9. Anne Guérin ne donnait pas de chiffres sur le nombre de mines.

4. *Ibid.*

5. Shah Bazgar, *op. cit.*, p. 101-102.

6. Olivier Roy, « Kaboul, la sinistrée », *in* Éric Sarner (éd.), *Villes en guerre*, Paris, Autrement, 1986, p. 74.

7. *Les Nouvelles d'Afghanistan* ont consacré un dossier à cette ville : « Hérat ou l'art meurtri », n°s 41-42, mars 1989, p. 40.

communistes afghans, épaulés par les Soviétiques. L'Afghanistan soviétisée avait été transformée en un gigantesque camp de concentration. Pour les opposants, la prison et la torture étaient systématiquement utilisées.

La terreur politique

L'ordre était aux mains du KHAD, la police secrète afghane, l'équivalent du KGB. Ce service contrôlait les lieux de détention et pratiquait la torture et l'assassinat à grande échelle. Si le KHAD était officiellement dirigé par Mohammed Najiboullah, « à partir de l'occupation soviétique c'est Vatanshâh, un Tadjik soviétique d'une quarantaine d'années [...], qui a pris en main le service de torture et d'interrogatoire dans les locaux du KHAD[1] ». La prison de Pol-e Tcharki, située à douze kilomètres à l'est de Kaboul, avait été vidée après l'amnistie décrétée lors de l'arrivée au pouvoir de Babrak Karmal. Au mois de février 1980, Karmal instaura la loi martiale, et les prisons furent de nouveau pleines. « Cette prison se compose de huit ailes disposées comme les rayons d'une roue circulaire centrale. [...] Le bloc n° 1 est réservé aux prévenus, ceux dont les interrogatoires sont terminés mais qui n'ont pas été jugés. Le bloc n° 2 regroupe les prisonniers les plus importants, en particulier les rescapés des fonctionnaires communistes des factions qui ont perdu le pouvoir. [...] Le bloc n° 4 regroupe des prisonniers importants [...] le bloc n° 3 est le plus redouté, car, enfermé au milieu des autres, il ne reçoit pas la lumière du soleil ; et c'est dans ces cachots qu'on enferme les détenus les plus remuants. Les cellules de ce bloc n° 3 sont si petites qu'on n'y peut ni se lever ni s'allonger. Les cellules sont surpeuplées. [...] La prison a été agrandie au printemps 1982 par le creusement de cellules souterraines. Ce sont probablement de ces cellules que parlent des prisonniers lorsqu'ils évoquent avec effroi les "tunnels". [...] Il existe en réalité 12 000 à 15 000 prisonniers à Pol-e Tcharki. Il faut ajouter à ce chiffre, au minimum, 5 000 prisonniers politiques supplémentaires détenus dans les autres prisons de Kaboul et dans les huits principaux centres de détention[2]. »

Au début de 1986, un rapport publié par les Nations unies sur la situation des droits de l'homme en Afghanistan[3] accablait le KHAD, qualifié de « machine à torturer ». Le rapport indique que le KHAD contrôle sept centres de détention à Kaboul : « 1) Le bureau n° 5 du KHAD, connu sous le nom de Khad-i-Panj. 2) Le quartier général du KHAD dans le district de Shasharak. 3) Le bâtiment du ministère de l'Intérieur. 4) Le bureau central d'interrogatoires connu sous le nom de Sedarat. 5) Les

1. Michael Barry, *op. cit.*, p. 308.

2. Bernard Dupaigne, « Les droits de l'homme en Afghanistan », *Les Nouvelles d'Afghanistan*, n°s 24-25, octobre 1985, p. 8-9.

3. Rapport établi par Félix Ermacora, rapporteur spécial de l'ONU, en application de la résolution 1984/55 de la Commission des droits de l'homme, *La Question de la violation des droits de l'homme en « Afghanistan »*, 1985, 40 p.

bureaux de la branche militaire du KHAD, connus sous le nom de Khad-i-Nezami, et deux maisons particulières à proximité du bâtiment Sedarat : 6) La maison Ahmad Shah Khan. 7) La maison Wasir Akbar Khan, les bureaux du KHAD dans le district de Howzai Bankat[1]. »

Le KHAD avait également réquisitionné « deux cents maisons » individuelles autour de la capitale, ainsi que dans les grandes villes, les prisons et les postes militaires[2]. « En ce qui concerne la nature des tortures, poursuit le document, il a été signalé au rapporteur spécial toute une série de techniques de torture qui seraient mises en œuvre. Dans son témoignage, un ancien officier de la police de sécurité a dénombré huit types de tortures : les tortures par électrochoc généralement utilisé sur les parties génitales des hommes et sur les seins des femmes ; arrachage des ongles avec introduction de chocs électriques ; interdiction aux prisonniers de faire leurs besoins naturels de sorte qu'au bout d'un certain temps ils soient obligés de les faire en présence d'autres codétenus [...] ; introduction de bouts de bois dans l'anus des hommes, spécialement des prisonniers fort âgés et respectés ; arrachage de barbes de certains prisonniers, en particulier d'hommes âgés ou de personnalités religieuses ; compression du cou des prisonniers pour les obliger à ouvrir la bouche pour qu'on urine dedans ; usage de chiens policiers contre les détenus ; pendaison par les pieds pendant une durée indéterminée ; viol de femmes, pieds et mains liés, et introduction dans le vagin de toute une variété d'objets[3]. » À ces tortures physiques il faut ajouter toutes sortes de tortures psychologiques : meurtre simulé, viol sur un familier devant le prisonnier, fausse libération[4]. Les conseillers soviétiques participaient aux interrogatoires et prêtaient main-forte au bourreau[5]. Christopher Andrew et Oleg Gordievsky ont rappelé que « le KGB revécut sur le sol afghan certaines des horreurs de son passé stalinien[6] ». Le KHAD comptait 70 000 Afghans dont 30 000 civils contrôlés par 1 500 officiers du KGB[7].

En dépit de la terreur politique qui sévissait à Kaboul depuis le coup d'État communiste, les groupes de résistance se multiplièrent, des bombes visaient les locaux des responsables communistes. Les manifestations se développèrent. Ainsi les étudiants se mirent en grève la semaine du 27 avril 1980 pour célébrer, à leur manière, l'anniversaire du coup d'État. Au cours de la manifestation, « soixante étudiants dont six jeunes filles auraient

1. Amnesty International, communiqué de presse du 2 novembre 1983, archives Amnesty International, dossier « Afghanistan », 1983.

2. *Id.*, *Rapport annuel 1987*, sur l'année 1986, p. 160.

3. Rapport de Félix Ermacora, cité par Shah Bazgar, *op. cit.*, p. 132.

4. Amnesty Internationnal, *Afghanistan : la torture des prisonniers politiques*, *op. cit.*, p. 19-26, et Cristina L'Homme, « Les Soviétiques interrogent, les Afghans torturent », *La Chronique d'Amnesty International*, n° 2, décembre 1986, p. 6-8.

5. Témoignage de Tajwar Kakar, cité par Doris Lessing, *Le Vent emporte nos paroles...*, Paris, Albin Michel, 1987, p. 193-204.

6. Christopher Andrew et Oleg Gordievsky, *op. cit.*, p. 572.

7. Rémi Kauffer et Roger Faligot, *op. cit.*, p. 392.

été abattus[1] ». La grève dura un mois. Elle entraîna l'emprisonnement de nombreux étudiants et étudiantes dont certains subirent la torture. « Les plus chanceux furent exclus de leur lycée de manière provisoire ou définitive[2]. » Les interdictions professionnelles touchèrent les non-communistes. La répression contre les élèves et les enseignants fut encore plus dure. « Pour impressionner les lycéennes, les bourreaux les emmènent dans des "chambres d'horreur" où les résistants sont suppliciés ; Farîda Ahmadî voit des membres coupés et épars dans la "chambre" du KHAD. [...] Ces victimes sélectives du monde étudiant sont parfois relâchées pour semer l'effroi parmi leurs camarades, que leurs témoignages avertissent[3]. »

À l'automne 1983, Amnesty International publia un document et lança un appel pour obtenir la libération de certains prisonniers. Le professeur Hassan Kakar, chef du département d'histoire, spécialiste de l'histoire afghane, qui avait enseigné à Boston et à Harvard, fut arrêté pour avoir aidé des membres de la fraction Partcham (bien que non-membre du PDPA) et avoir donné l'abri à plusieurs personnes. Son procès s'est tenu à huis clos, sans avocat. Il a été accusé de délits contre-révolutionnaires et condamné à huit ans d'emprisonnement. Deux de ses collègues également professeurs ont été condamnés à dix et huit ans de prison. L'unique physicien atomiste afghan, Mohammed Younis Akbari, fut suspendu de ses fonctions en 1983, arrêté et détenu sans inculpation, il avait déjà été détenu à deux reprises en 1981 et de nouveau en 1983[4], puis condamné à mort en 1984. Il fut exécuté en 1990[5]. Les intellectuels qui participaient à des groupes de réflexion pour rechercher les moyens de parvenir à la paix furent emprisonnés. Toute personne susceptible de devenir une « menace » pour le régime était systématiquement éliminée.

L'information était strictement contrôlée. Les étrangers non accrédités par le régime étaient *personae non gratae* ; médecins et journalistes subirent le même sort. Dès leur arrestation, ils étaient conduits par les Soviétiques à la prison centrale et soumis à un interrogatoire. Ils n'étaient pas physiquement torturés, car les associations humanitaires savaient qu'ils séjournaient en Afghanistan et demandaient immédiatement leur libération. Ils étaient néanmoins obligés d'avouer, au cours de procès truqués et montés de toutes pièces, des activités d'espionnage au profit des puissances

1. Amnesty International, *Rapport annuel* 1981, couvrant l'année 1980, p. 225, et *Les Nouvelles d'Afghanistan*, « Les manifestations étudiantes d'avril 1980 », n° 48, juillet 1990, p. 18-20.

2. Assem Akram, *op. cit.*, p. 169.

3. Michael Barry, *op. cit.*, p. 308.

4. Amnesty International, *Afghanistan*, document externe, SF : 83 E 162 — ASA 11/13/83, 11 octobre 1983, p. 6-7, et *id., Afghanistan : la torture des prisonniers politiques*, *op. cit.*

5. *Id.*, rapports annuels de 1983 à 1991. La date de son exécution demeure inconnue, annonce l'organisation dans son rapport de 1991, p. 20.

extérieures et leur participation aux combats dans la Résistance en dépit de leur présence à titre humanitaire[1].

Si les étrangers étaient des témoins gênants, ils n'étaient ni torturés ni assassinés[2]. Au contraire, tout Afghan suspect était systématiquement arrêté, torturé puis généralement assassiné. Ainsi les militants du Parti social-démocrate pachtoun (Afghan Mellat), fondé en 1966, furent arrêtés le 18 mai 1983, alors que, selon des informations, ils ne soutenaient pas la Résistance afghane. Amnesty International publia une liste — complétée par la suite — de 18 militants arrêtés, qui auraient fait des « aveux publics ». Officiellement, le gouvernement annonça entre le 8 juin 1980 et le 22 avril 1982 plus de cinquante condamnations à mort pour activité contre-révolutionnaire, 77 en 1984 et 40 en 1985[3].

Le 19 avril 1992, la prison de Pol-e Tcharki fut prise. 4 000 personnes furent libérées. En mai 1992, un charnier de 12 000 cadavres fut découvert aux abords de celle-ci[4]. À l'été 1986, Shah Bazgar avait établi un questionnaire dans lequel il avait recensé 52 000 prisonniers à Kaboul, 13 000 à Djalalabad. Selon ses chiffres, le total des prisonniers avait dépassé 100 000 personnes[5].

En 1986, Babrak Karmal fut démis de ses fonctions et remplacé par le président très gorbatchévien Mohammed Najiboullah, qui se faisait appeler le « camarade Najib » pour éviter la référence à Allah, et était redevenu Najiboullah quand il avait fallu prôner la réconciliation nationale. Najiboullah était un homme de main de Moscou, ancien médecin, ambassadeur en Iran, membre du Partcham. Il dirigea le KHAD de 1980 à 1986, ce qui lui valut pour les services rendus les félicitations d'Iouri Andropov, l'ancien dirigeant du KGB, devenu secrétaire général du Parti. Son frère, Seddiqoullah Rahi, le surnommait « le Bœuf » et le comparait à Beria. Il expliquait qu'il aurait signé l'ordre d'exécution de 90 000 personnes en l'espace de six ans[6]. En plus de la direction des services spéciaux, Najiboullah avait soumis à la torture de nombreuses personnes. Ainsi un des rares survivants témoigne : « [...] Ayant nié à plusieurs reprises les accusations qu'on m'imputait, Najiboullah s'approcha de moi et me donna plusieurs coups au ventre et au visage. Je me suis écroulé par terre. Au sol, à moitié inconscient, je reçus plusieurs coups de pied au visage et au

1. Voir notamment Alain Guillo, *Un grain dans la machine*, Paris, Robert Laffont, 1989 ; Philippe Augoyard, *La Prison pour délit d'espoir, médecin en Afghanistan*, Paris, Flammarion, 1985, et Jacques Abouchar, *Dans la cage de l'Ours*, Paris, Balland, 1985.

2. François Missen, dans *La Nuit afghane*, Paris, Ramsay, 1990, rapportait qu'il avait été arrêté en compagnie d'Antoine Darnaud, son cameraman, et d'Osman Baraï, son guide. Ce dernier n'avait jamais été relâché.

3. Amnesty International, *Afghanistan*, *op. cit.*, p. 8, et, concernant l'Afghan Mellat, *Rapport annuel* 1989, sur les libérations de 23 des 30 militants emprisonnés.

4. Éric Bachelier, *op. cit.*, p. 62, et Assem Akram, *op. cit.*, p. 207-208.

5. Shah Bazgar, *op. cit.*, p. 227-229.

6. Seddiqoullah Rahi, *Connaissez-vous Najiboullah ?*, cité par Assem Akram, *op. cit.*, p. 210. *Idem* pour la citation suivante.

dos. Du sang coulait de ma bouche et de mon nez. Je ne repris connaissance que plusieurs heures plus tard alors que l'on m'avait ramené à ma cellule. »

À la terreur politique s'ajoutait l'arbitraire le plus complet. Ainsi un marchand, ancien député à l'Assemblée nationale sous le roi Zaher, avait été arrêté par erreur, torturé, puis relâché : « Mon arrestation a eu lieu à environ 9 h 30 du soir. [...] J'ai été placé dans une cellule où il y avait deux autres prisonniers, un ouvrier du bâtiment de Kalahan, au nord de Kaboul, et un fonctionnaire de la province de Nangahar qui avait travaillé au ministère de l'Agriculture. L'ouvrier avait été manifestement gravement maltraité. Ses vêtements étaient couverts de sang et ses bras portaient de graves meurtrissures. [...]. J'ai été emmené pour l'interrogatoire. On m'a dit que je m'étais rendu au cours des dernières semaines à Mazar-e Charif et à Kandahar, et que le but de mon voyage était de semer le mécontentement à l'égard du gouvernement [...]. Je n'avais pas bougé de Kaboul depuis plus de six mois. J'ai protesté de mon innocence, mais, dès que je l'ai affirmé, les coups ont commencé. [...] On a connecté mes orteils à un téléphone à manivelle et on m'a envoyé des décharges électriques. [...] Après cela, je n'ai plus été interrogé. Deux jours plus tard, un des hommes du KHAD qui avait participé à mon interrogatoire est venu dans ma cellule pour me dire que je serais relâché. Il m'a dit que le KHAD était maintenant convaincu que mon arrestation avait été une erreur[1]... »

La terreur s'appliquait également aux enfants. Ils étaient raflés, envoyés en Union soviétique et formés comme enfants espions chargés d'infiltrer la Résistance. Naïm a raconté à Shah Bazgar : « Je suis originaire d'Hérat. À l'âge de huit ans, on m'a retiré de l'école pour me faire entrer dans le Sazman [la Jeunesse communiste afghane], puis j'ai passé neuf mois en URSS. Certains parents étaient forcés d'accepter. Moi, mon père, qui est pour les communistes, était d'accord. Ma mère est morte. Il s'est remarié. À la maison, à part un frère et une sœur, tout le monde était du Khalq. Mon père m'a vendu aux Soviétiques. Pendant plusieurs mois, il a touché de l'argent. [...] Nous devions faire de l'espionnage. » Les enfants étaient drogués pour limiter leur indépendance et les plus âgés bénéficiaient des « services » de prostituées.

« As-tu vu un enfant mourir devant toi ?

— Plusieurs. Une fois, c'était à l'électricité. Le corps d'un enfant a fait un bond d'un mètre peut-être, puis il est retombé au sol. L'enfant refusait de faire ce travail d'espion. Une autre fois, un enfant a été amené devant nous. On lui reprochait de n'avoir pas dénoncé un de ses copains qui s'était glissé sous un blindé russe, paraît-il, pour y mettre le feu. Il a été pendu sous nos yeux à un arbre. Les responsables criaient : “Voilà ce

1. Amnesty International, *Afghanistan*, *op. cit.*, p. 13. Les témoignages donnés par l'organisation de défense des droits de l'homme sont anonymes.

qui peut vous arriver si vous refusez ce qu'on vous commande de faire" », témoigne Naïm[1].

Au total, 30 000 enfants de six à quatorze ans furent envoyés en URSS. Les parents qui émettaient des protestations étaient assimilés aux résistants et emprisonnés.

La terreur a touché l'ensemble de la population, toutes les classes d'âge furent victimes de cette guerre totale et de cette politique totalitaire. Les troupes d'occupation soviétiques cherchaient par tous les moyens à éliminer les poches de résistance. Pour cela, elles utilisaient la terreur à grande échelle : bombardement des populations civiles, assassinats massifs des villageois, exode contraint pour ces derniers. À cette terreur contre les populations civiles s'ajoutait la terreur politique ; les grandes villes comportaient toutes des prisons spéciales où les détenus étaient torturés et le plus souvent assassinés.

Les conséquences de l'intervention

Le coup d'État communiste puis l'intervention soviétique en Afghanistan ont eu pour ce pays des conséquences tragiques. Alors que cette nation avait connu, à partir des années soixante, un développement économique, une modernisation et une ébauche de fonctionnement démocratique, le processus démocratique fut brisé net par le coup d'État de Daoud, appuyé par les communistes. La prise du pouvoir par les hommes de main de Moscou coupa l'élan économique du pays. L'Afghanistan fut plongé dans la guerre civile. L'économie se transforma en une économie de guerre, tournée essentiellement au profit des Soviétiques. Des trafics en tous genres furent organisés (armes, drogues...). L'économie fut rapidement ruinée. L'ampleur du désastre est encore aujourd'hui difficilement mesurable. Sur une population totale d'environ seize millions, plus de cinq millions d'habitants ont quitté leur pays pour le Pakistan et l'Iran où ils vivent dans des conditions misérables. Le nombre de morts est très difficile à établir : la guerre aurait fait, selon les témoignages, entre un million et demi et deux millions de victimes dont 90 % de civils. Il y a eu entre deux millions et quatre millions de blessés. Le rôle direct et indirect du communisme dans l'essor des mouvements islamistes et dans le réveil des tensions interethniques est incontestable, même s'il reste aujourd'hui difficile à analyser. Alors qu'il était un pays sur la voie de la modernité, l'Afghanistan a été transformé en un pays où la culture de guerre et la violence sont devenues les seuls référents.

1. Témoignage de Naïm, dix ans, dans Shah Bazgar, *op. cit.*, p. 25-28.

POURQUOI ?

par Stéphane Courtois

« Les yeux bleus de la Révolution
brillent d'une cruauté nécessaire. »
Louis Aragon
Le Front rouge

Par-delà l'aveuglement, les passions partisanes, les amnésies volontaires, ce livre a tenté de brosser un tableau d'ensemble des faits criminels commis dans le monde communiste, depuis l'assassinat individuel jusqu'aux massacres de masse. Dans une réflexion générale sur le phénomène communiste au XXe siècle, il ne s'agit que d'une étape à un moment charnière : l'effondrement du cœur du système à Moscou en 1991 et l'accès à une riche documentation jusque-là tenue solidement sous le boisseau. Cependant, l'établissement, indispensable, de la connaissance la plus documentée, la mieux fondée, ne peut satisfaire ni notre curiosité intellectuelle ni notre conscience. Reste, en effet, la question fondamentale du « Pourquoi ? ». Pourquoi le communisme moderne, apparu en 1917, s'est-il, presque immédiatement, érigé en dictature sanglante, puis en régime criminel ? Ses buts ne pouvaient-ils être atteints que grâce à la violence la plus extrême ? Comment expliquer que le crime ait été perçu et pratiqué par le pouvoir communiste comme une mesure banale, normale, ordinaire, et ce pendant des décennies ?

La Russie soviétique a été le premier pays à régime communiste. Elle a constitué le cœur, le moteur d'un système communiste mondial qui s'est construit peu à peu, puis a connu une formidable extension après 1945. L'URSS léninienne et stalinienne a été la matrice du communisme moderne. Le fait que, d'emblée, cette matrice ait acquis une dimension criminelle est d'autant plus surprenant qu'il allait à rebours de l'évolution du mouvement socialiste.

Tout au long du XIXe siècle, la réflexion sur la violence révolutionnaire a été dominée par l'expérience fondatrice de la Révolution française. Celle-ci a connu, en 1793-1794, un épisode de violence intense adoptant trois formes principales. La plus sauvage apparut avec les « massacres de septembre » au cours desquels mille personnes furent assassinées à Paris par des émeutiers, sans qu'intervienne aucun ordre du gouvernement ni aucune instruction d'aucun parti. La plus connue reposait sur l'institution du Tribunal révolutionnaire, des comités de surveillance (de délation) et de la guillotine, qui envoyèrent à la mort 2 625 personnes à Paris et 16 600 dans toute la France. Longtemps occultée fut la terreur pratiquée par les « colonnes infernales » de la République, chargées d'exterminer la Vendée et qui firent des dizaines de milliers de morts parmi une population désarmée. Ces mois de Terreur ne constituent, cependant, qu'un épisode sanglant, qui s'inscrit comme un moment dans une trajectoire de plus longue durée symbolisée par la création d'une république démocratique, avec sa constitution, son assemblée élue et ses débats politiques. Et dès que la Convention retrouva un peu de courage, Robespierre fut mis à bas et la Terreur cessa.

François Furet montre, néanmoins, comment apparaît alors une certaine idée de la Révolution, inséparable de mesures extrêmes : « La Terreur est le gouvernement de la crainte, que Robespierre théorise en gouvernement de la vertu. Née pour exterminer l'aristocratie, la Terreur finit en moyen de réduire les méchants et de combattre le crime. Elle est désormais coextensive à la Révolution, inséparable d'elle, puisqu'elle seule permet de produire un jour une République de citoyens. [...] Si la République des citoyens libres n'est pas possible encore, c'est que les hommes, pervertis par l'histoire passée, sont méchants ; par la Terreur, la Révolution, cette histoire inédite, toute neuve, fera un homme nouveau[1]. »

Par certains côtés, la Terreur préfigurait la démarche des bolcheviks — la manipulation des tensions sociales par la faction jacobine, l'exacerbation du fanatisme idéologique et politique, la mise en œuvre d'une guerre d'extermination contre une fraction révoltée de la paysannerie. Robespierre a incontestablement posé une première pierre sur le chemin qui, plus tard, mena Lénine vers la terreur. Lors du vote des lois de Prairial, n'avait-il pas déclaré devant la Convention : « Pour punir les ennemis de la patrie, il suffit d'établir leur personnalité. Il ne s'agit pas de les punir, mais de les détruire[2] » ?

Cette expérience fondatrice de la terreur ne semble guère avoir inspiré les principaux penseurs révolutionnaires du XIXe siècle. Marx lui-même y a accordé peu d'attention ; il a, certes, souligné et revendiqué le « rôle de la violence dans l'Histoire », mais il y voyait une proposition très générale qui ne visait pas la mise en œuvre systématique, volontaire d'une violence contre les personnes, même si elle n'était pas exempte d'une ambiguïté dont ont profité les tenants du terrorisme comme mode de résolution des conflits sociaux. S'appuyant sur l'expérience, désastreuse pour le mouvement ouvrier, de la Commune de Paris et de la très dure répression qui l'avait suivie — au moins vingt mille morts —, Marx a critiqué avec

1. François Furet, « Terreur », *in* F. Furet, Mona Ozouf, *Dictionnaire critique de la Révolution française*, Paris, Flammarion, 1988.

2. Jacques Baynac, *La Terreur sous Lénine*, Paris, Le Sagittaire, 1975, p. 75.

fermeté ce type d'action. Dans le débat amorcé au sein même de la Ire Internationale entre Marx et l'anarchiste russe Michel Bakounine, le premier semblait l'avoir nettement emporté. À la veille de la guerre de 1914, le débat interne au mouvement ouvrier et socialiste sur la violence terroriste semblait presque clos.

Parallèlement, le développement rapide de la démocratie parlementaire en Europe et aux États-Unis était une donnnée nouvelle et fondamentale. La pratique parlementaire prouvait que les socialistes pouvaient peser dans le champ politique. Lors des élections de 1910, la SFIO obtint 74 députés, accompagnés de 30 socialistes indépendants dont le chef de file, Millerand, était entré dès 1899 dans un gouvernement « bourgeois » ; Jean Jaurès était l'homme de la synthèse entre la vieille logomachie révolutionnaire et l'action réformiste et démocratique au quotidien. Les socialistes allemands étaient les mieux organisés et les plus puissants d'Europe ; à la veille de 1914, ils comptaient un million d'adhérents, 110 députés, 220 représentants dans les *landtag* de province, 12 000 conseillers municipaux, 89 quotidiens. En Angleterre, le mouvement travailliste était, lui aussi, nombreux et organisé, fortement appuyé sur des syndicats puissants. Quant à la social-démocratie scandinave, elle était très active, largement réformiste et d'orientation nettement parlementaire. Les socialistes pouvaient espérer conquérir, un jour pas si lointain, une majorité parlementaire absolue les autorisant à engager, de manière pacifique, des réformes sociales fondamentales.

Cette évolution était entérinée, sur le plan théorique, par Édouard Bernstein, l'un des principaux théoriciens marxistes de la fin du XIXe siècle et exécuteur testamentaire de Marx (avec Karl Kautsky), qui, considérant que le capitalisme ne montrait pas les signes de l'effondrement annoncé par Marx, préconisait un passage progressif et pacifique au socialisme, reposant sur un apprentissage, par la classe ouvrière, de la démocratie et de la liberté. Dès 1872, Marx avait exprimé l'espoir que la révolution pourrait revêtir des formes pacifiques aux États-Unis, en Angleterre et en Hollande. Cette orientation était approfondie par son ami et disciple, Friedrich Engels dans la préface à la seconde édition du texte de Marx, *Les Luttes de classes en France*, publié en 1895.

Les socialistes entretenaient pourtant une attitude ambiguë à l'égard de la démocratie. Lors de l'affaire Dreyfus en France, au tournant du siècle, ils avaient adopté des positions contradictoires : tandis que Jaurès s'engageait en faveur de Dreyfus, Jules Guesde, la figure centrale du marxisme français, déclarait dédaigneusement que le prolétariat n'avait pas à se mêler d'une querelle interne au monde bourgeois. La gauche européenne n'était pas homogène et certains de ses courants — anarchistes, syndicalistes, blanquistes — étaient encore attirés par une contestation radicale du parlementarisme, y compris sous une forme violente. Néanmoins, à la veille de la guerre de 1914, la IIe Internationale, d'obédience officiellement marxiste, s'orientait vers des solutions pacifiques, reposant sur la mobilisation des masses et sur le suffrage universel.

Au sein de l'Internationale se distinguait, depuis le début du siècle, une aile extrémiste à laquelle appartenait la fraction la plus dure des socialistes russes, les bolcheviks dirigés par Lénine. S'ils se rattachaient à la tradition européenne du marxisme, les bolcheviks plongeaient également leurs racines dans le terreau du mouvement révolutionnaire russe. Tout au long du XIXe siècle, celui-ci a entretenu un rapport étroit avec une violence minoritaire dont la première expression radicale est due au fameux Serge Netchaïev, celui-là même dont s'inspira Dostoïevski pour peindre Pierre Vierkhovienski, le personnage du révolutionnaire dans son fameux roman *Les Démons* ; en 1869, Netchaïev rédigea un *Catéchisme du révolutionnaire* où il se définissait : « Le révolutionnaire est un homme perdu d'avance. Il n'a pas d'intérêts particuliers, d'affaires privées, de sentiments, d'attaches personnelles, de propriété, il n'a même pas de nom. Tout en lui est absorbé par un seul intérêt à l'exclusion de tout autre, par une seule pensée, par une passion — la révolution. Au fond de son être, non seulement en paroles, mais en actes, il a rompu tout lien avec l'ordre public et avec le monde civilisé tout entier, avec toutes les lois, convenances, conventions sociales et règles morales de ce monde. Le révolutionnaire en est un ennemi implacable et il ne continue à y vivre que pour le détruire plus sûrement[1]. »

Puis Netchaïev précisait ses objectifs : « Le révolutionnaire ne s'introduit dans le monde politique et social, dans le monde dit instruit, et n'y vit qu'avec la foi dans sa destruction la plus complète et la plus rapide. Il n'est pas un révolutionnaire s'il a pitié de quelque chose dans ce monde[2]. » Et, immédiatement, il envisageait l'action : « Toute cette société immonde doit être divisée en plusieurs catégories. La première comprend ceux condamnés à mort sans délai. [...] La deuxième catégorie doit comprendre ces individus auxquels on accorde la vie provisoirement, afin que par leurs actes monstrueux ils poussent le peuple au soulèvement inéluctable. »

Netchaïev eut des émules. Le 1er mars 1887, un attentat eut lieu contre le tsar Alexandre III ; il manqua son but, mais ses auteurs furent arrêtés : parmi eux Alexandre Ilitch Oulianov, frère aîné de Lénine, qui fut pendu avec quatre de ses complices. La haine de Lénine pour ce régime était profondément enracinée et c'est d'ailleurs Lénine personnellement qui, à l'insu des membres du Bureau politique, décida et organisa le massacre de la famille impériale des Romanov en 1918.

Pour Martin Malia, cette action violente d'une fraction de l'intelligentsia, « retour imaginaire à la Révolution française, marquait l'arrivée,

---

1. Michael Confino, *Violence dans la violence. Le débat Bakounine-Netchaïev*, Paris, Maspero, 1973.
2. *Idem*, p. 102.

sur la scène mondiale, du terrorisme comme tactique politique systématisée (bien différent du terrorisme de l'attentat solitaire). Et c'est ainsi que la stratégie populiste de l'insurrection venue d'en bas (des masses), conjuguée avec la terreur venue d'en haut (des élites qui les guidaient), a abouti en Russie à une légitimation de la violence politique dépassant les légitimations initiales des mouvements révolutionnaires de l'Europe de l'Ouest, de 1789 à 1871 [1]. »

Cette violence politique, marginale, se nourrissait cependant de la violence qui depuis des siècles traversait la vie de la Russie, et que souligne Hélène Carrère d'Encausse, dans son livre sur *Le Malheur russe* : « Ce pays, dans son malheur sans pareil, apparaît comme une énigme à ceux qui scrutent son destin. C'est en tentant d'élucider les ressorts profonds de ce malheur séculaire qu'un lien spécifique nous a semblé unir — toujours pour le pire — la conquête ou la conservation du pouvoir et l'usage du meurtre politique, individuel ou de masse, réel ou symbolique. [...] Cette longue tradition meurtrière a sans nul doute façonné une conscience collective où l'attente d'un univers politique pacifié tient peu de place [2]. »

Le tsar Ivan IV, dit « le Terrible », n'a pas treize ans quand, en 1543, il fait déchiqueter par ses chiens le prince Chouïski, son Premier ministre. En 1560, la mort de sa femme le jette dans une fureur vengeresse ; il soupçonne en chacun un traître potentiel, extermine en cercles concentriques tous les proches de ses ennemis réels ou imaginaires. Il crée une garde rapprochée, l'*opritchnina*, qui a tous pouvoirs et applique la terreur individuelle et collective. En 1572, il liquide les membres de l'opritchnina, avant d'assassiner son propre fils héritier. Et c'est sous son règne qu'est établi le servage des paysans. Pierre le Grand n'est guère plus tendre, ni avec les ennemis déclarés de la Russie, ni avec l'aristocratie, ni avec le peuple ; et lui aussi assassina son fils héritier de ses propres mains.

D'Ivan à Pierre, la Russie a connu un dispositif spécifique liant la volonté de progrès émanant d'un pouvoir absolu à un asservissement toujours plus marqué du peuple et des élites à l'État dictatorial et terroriste. Comme l'écrit Vassili Grossman à propos de l'abolition du servage en 1861 : « Cet événement, comme l'a montré le siècle suivant, était plus révolutionnaire que l'avènement de la grande révolution d'Octobre. Cet événement a ébranlé les fondations millénaires de la Russie, fondations auxquelles n'ont touché ni Pierre ni Lénine : l'assujettissement du progrès à l'esclavage [3]. » Et, comme toujours, cet esclavage n'a pu être maintenu pendant des siècles que par un haut degré de violence permanente.

1. Martin Malia, *La Tragédie soviétique*, Paris, Le Seuil, 1995, p. 92.
2. Hélène Carrère d'Encausse, *Le Malheur russe. Essai sur le meurtre politique*, Paris, Fayard, 1988, p. 17.
3. Vassili Grossman, *Tout passe*, Paris, Julliard/L'Âge d'Homme, 1984, p. 205.

Tomas Masaryk, homme d'État de haute culture, fondateur de la République tchécoslovaque en 1918, qui avait bien connu la Russie révolutionnaire pour y avoir séjourné entre 1917 et 1919, établissait d'emblée le lien entre les violences tsariste et bolchevique. En 1924, il écrivait : « Les Russes, les bolchevistes comme les autres, sont les fils du tsarisme ; c'est de lui qu'ils ont, durant des siècles, reçu leur éducation et leur formation. Ils ont pu supprimer le tsar, mais ils n'ont pas supprimé le tsarisme. Ils portent toujours l'uniforme tsariste, encore qu'à l'envers. [...] Les bolchevistes n'étaient pas préparés pour une révolution administrative, positive, mais seulement pour une révolution négative, c'est-à-dire que, par fanatisme doctrinal, étroitesse d'esprit et manque de culture, ils commirent quantité de destructions superflues. En particulier, je leur reproche d'avoir, à l'imitation des tsars, pris une véritable jouissance au meurtre[1]. »

Cette culture de la violence n'était pas propre aux milieux du pouvoir. Quand les masses paysannes entraient en révolte, massacre de nobles et terreur sauvage étaient aussi à l'ordre du jour. Deux de ces révoltes ont laissé une empreinte dans la mémoire russe, celle de Stenka Razine, entre 1667 et 1670, et surtout celle de Pougatchev qui, entre 1773 et 1775, prit la tête d'une immense jacquerie, fit trembler le trône de la Grande Catherine et laissa une longue trace sanglante tout au long de la vallée de la Volga, avant d'être pris et exécuté dans des conditions atroces — écartelé, coupé en morceaux et jeté aux chiens.

À en croire Maxime Gorki, écrivain, témoin et interprète de la misère de la Russie d'avant 1917, cette violence émane de la société elle-même. En 1922, alors même qu'il réprouve les méthodes bolcheviques, il rédige un long texte prémonitoire :

> « La cruauté — voilà ce qui toute ma vie m'a stupéfié et tourmenté. En quoi, où sont les racines de la cruauté humaine ? J'ai beaucoup réfléchi là-dessus et je n'y ai rien compris et n'y comprends toujours rien. [...] Maintenant, après l'effroyable démence de la guerre européenne et les événements sanglants de la révolution, [...] je dois remarquer que la cruauté russe ne semble pas avoir évolué ; on dirait que ses formes ne changent pas. Un annaliste du début du XVIIe siècle raconte que de son temps on pratiquait ces tortures : "On versait de la poudre dans la bouche et on l'allumait ; à d'autres, on introduisait la poudre par en bas. On trouait les seins des femmes et, passant des cordes par les blessures, on les pendait par ces cordes." En 1918 et en 1919, on faisait de même dans le Don et l'Oural : on introduisait dans un homme, par le bas, une cartouche de dynamite et on le faisait sauter. Je crois qu'au peuple russe est propre exclusivement — aussi exclusivement qu'aux Anglais le sens de l'humour — le sens d'une

1. Tomas G. Masaryk, *La Résurrection d'un État. Souvenirs et réflexions 1914-1918*, Paris, Plon, 1930, p. 197.

cruauté spéciale, une cruauté de sang-froid, comme désireuse d'éprouver les bornes de la résistance humaine à la souffrance, d'étudier la persistance, la stabilité de la vie. On sent dans la cruauté russe un raffinement diabolique ; il y a en elle quelque chose de subtil, de recherché. On ne saurait expliquer cette particularité par les mots de psychose ou de sadisme, mots qui au fond n'expliquent rien. [...] Si ces actes de cruauté n'étaient que l'expression de la psychologie pervertie des individus, on pourrait ne point en parler : ce serait du domaine du psychiatre et non du moraliste. Mais je ne vise ici que les divertissements collectifs par la souffrance. [...] Quels sont les plus cruels : les Blancs ou les Rouges ? Ils le sont autant probablement, car les uns et les autres sont russes. Au reste, à cette question de degré dans la cruauté, l'histoire répond très nettement : le plus actif est le plus cruel [1]. »

Cependant, depuis le milieu du XIXe siècle, la Russie semblait avoir adopté un cours plus modéré, plus « occidental », plus « démocratique ». En 1861, le tsar Alexandre II abolit le servage et émancipa les paysans ; il créa les *zemstvos,* organes de pouvoir locaux. En 1864, afin de fonder un État de droit, il inaugura un système judiciaire indépendant. Les universités, les arts, les revues fleurirent. En 1914, une bonne part de l'analphabétisme des campagnes — qui représentaient 85 % de la population — était résorbée. La société semblait impliquée dans un courant « civilisateur » qui la portait vers une atténuation de la violence à tous les niveaux. Et même la révolution vaincue de 1905 donna un coup de fouet au mouvement démocratique de l'ensemble de la société. Paradoxalement, c'est précisément au moment où la réforme semblait pouvoir l'emporter sur la violence, l'obscurantisme et l'archaïsme que la guerre vint tout contrecarrer et que, le 1er août 1914, la violence de masse la plus intense fit brusquement irruption sur la scène européenne.

Martin Malia écrit : « Ce que démontre l'*Orestie* d'Eschyle, c'est que le crime engendre le crime, la violence la violence, jusqu'à ce que le premier crime de la chaîne, le péché originel du genre humain, soit expié dans une accumulation de souffrances. De la même façon, c'est le sang d'août 1914, sorte de malédiction des Atrides dans la maison Europe, qui a engendré cette concaténation de violences internationales et sociales qui a dominé tout le siècle : la violence et les carnages de cette Première Guerre mondiale ont été sans commune mesure avec les gains que pouvaient espérer l'un ou l'autre camp. C'est la guerre qui a produit la Révolution russe et la prise du pouvoir par les bolcheviks [2]. » Lénine n'aurait pas démenti cette analyse, lui qui dès 1914 appelait à la transformation

1. Maxime Gorki, *Le Paysan russe*, Le Sagittaire, 1924, p. 126-127.
2. Martin Malia, *op. cit.*, p. 13.

de « la guerre impérialiste en guerre civile » et prophétisait que de la guerre capitaliste sortirait la révolution socialiste.

Cette violence fut intense, continue pendant quatre années, sous la forme d'un massacre ininterrompu et sans issue, aboutissant à la mort de huit millions et demi de combattants. Elle correspondait à un nouveau type de guerre, défini par le général allemand Ludendorff comme une « guerre totale », impliquant jusque dans la mort aussi bien les militaires que les civils. Et pourtant, cette violence, qui atteignait un niveau jamais vu dans l'histoire mondiale, resta limitée par tout un ensemble de lois et de coutumes internationales.

Cependant, la pratique des hécatombes quotidiennes, souvent dans des conditions horribles — les gaz, les hommes ensevelis vivants sous le souffle des obus, les longues agonies entre les lignes —, a considérablement pesé sur les consciences, affaibli les défenses psychologiques des hommes face à la mort — la leur et celle de leur prochain. Une certaine insensibilisation a pu se développer, voire même une certaine désensibilisation. Karl Kautsky, le principal leader et théoricien du socialisme allemand, y revenait en 1920 : « C'est à la guerre qu'il faut attribuer la cause principale de cette transformation des tendances humanitaires en une tendance de brutalité. [...] Pendant quatre ans, la guerre mondiale absorba la presque totalité de la saine population mâle, les tendances brutales du militarisme atteignirent les sommets de l'insensibilité et de la bestialité, et le prolétariat lui-même ne put dès lors échapper à leur influence. Il en fut contaminé au plus haut degré et en sortit abruti à tous les points de vue. Ceux qui revenaient n'étaient que trop disposés par les mœurs de la guerre à défendre en temps de paix leurs revendications et leurs intérêts par des actes sanglants et des violences à l'égard de leurs concitoyens. Ceci fournit un de ses éléments à la guerre civile[1]. »

Paradoxalement, aucun des chefs bolcheviques n'a participé à la guerre, soit qu'ils fussent en exil — Lénine, Trotski, Zinoviev —, soit qu'ils fussent en relégation au fond de la Sibérie — Staline, Kamenev. Pour la plupart hommes de cabinet ou orateurs de meeting, sans expérience militaire, ils n'avaient jamais participé à un combat réel, avec des morts réels. Jusqu'à leur prise du pouvoir, leurs guerres avaient surtout été verbales, idéologiques et politiques. Ils entretenaient une vision abstraite de la mort, du massacre, de la catastrophe humaine.

Cette ignorance personnelle des horreurs de la guerre a pu jouer en faveur de la brutalité. Les bolcheviks développaient une analyse de classe largement théorique qui ignorait la dimension profondément nationale, voire nationaliste, du conflit. Ils faisaient porter au capitalisme la responsabilité du massacre, justifiant a priori la violence révolutionnaire : en mettant fin au règne du capitalisme, la révolution mettrait fin à ces mas-

1. Karl Kautsky, *Communisme et terrorisme*, Paris, éditions Jacques Povolozki, 1920, p. 164.

sacres, dût-il en coûter l'anéantissement de la « poignée » de capitalistes responsables. Macabre spéculation, fondée sur l'hypothèse parfaitement erronée qu'il fallait combattre le mal par le mal. Mais, dans les années vingt, un certain pacifisme nourri de la révolte contre la guerre a souvent été un actif vecteur d'adhésion au communisme.

Il n'en reste pas moins que, comme le souligne François Furet dans *Le Passé d'une illusion*, « la guerre est faite par des masses de civils enrégimentés, passés de l'autonomie citoyenne à l'obéissance militaire pour un temps dont ils ne connaissent pas la durée, et plongés dans un enfer de feu où il s'agit davantage de "tenir" que de calculer, d'oser ou de vaincre. Jamais la servitude militaire n'a été parée de moins de noblesse qu'aux yeux de ces millions d'hommes transplantés, tout juste sortis du monde moral de la citoyenneté. [...] La guerre est l'état politique le plus étranger au citoyen. [...] Ce qui fait sa nécessité est de l'ordre des passions, sans rapport avec celui des intérêts, qui transige, et moins encore avec la raison qui rapproche. [...] L'armée en guerre constitue un ordre social où l'individu n'existe plus et dont l'inhumanité même explique la force d'inertie presque impossible à briser [1]. » La guerre a relégitimé la violence et le mépris de l'individu en même temps qu'elle affaiblissait une culture démocratique encore en son adolescence et revitalisait une culture de la servitude.

À l'orée du XXe siècle, l'économie russe était entrée dans une phase de croissance vigoureuse et la société développait chaque jour son autonomie. Brusquement, les contraintes exceptionnelles de la guerre tant sur les hommes que sur la production et sur les structures mirent à nu les limites d'un régime politique dont le chef manquait de l'énergie et de la clairvoyance qui auraient pu sauver la situation. La révolution de Février 1917 fut une réponse à une situation catastrophique et s'orienta vers un cours « classique » : une révolution « bourgeoise » et démocratique avec élection d'une Assemblée constituante, doublée d'une révolution sociale, ouvrière et paysanne. Avec le coup d'État bolchevique, le 7 novembre 1917, tout bascula et la révolution entra dans une ère de violences généralisées. Reste une question : pourquoi, seule en Europe, la Russie a-t-elle connu un tel cataclysme ?

La guerre mondiale et la violence russe traditionnelle permettent, certes, de mieux comprendre le contexte dans lequel les bolcheviks arrivèrent au pouvoir ; elles n'expliquent pourtant pas la voie extrêmement brutale qu'ils adoptèrent d'emblée et qui contraste singulièrement avec la révolution, inaugurée en février 1917, laquelle avait en ses débuts un caractère largement pacifique et démocratique. L'homme qui imposa cette violence, comme il imposa à son parti la prise du pouvoir, c'est Lénine.

1. François Furet, *Le Passé d'une illusion. Essai sur l'idée communiste au* XXe *siècle*, Paris, Robert Laffont/Calmann-Lévy, 1995, p. 64-65.

Lénine instaura une dictature qui très vite se révéla terroriste et sanglante. La violence révolutionnaire n'apparut plus alors comme une violence réactive, réflexe de défense face à des forces tsaristes disparues depuis des mois, mais comme une violence active, qui réveilla la vieille culture russe de la brutalité et de la cruauté, et attisa la violence latente de la révolution sociale. Alors que la Terreur rouge n'a été inaugurée « officiellement » que le 2 septembre 1918, il a existé une « terreur avant la terreur » ; dès novembre 1917, Lénine a délibérément organisé la terreur, et ce en l'absence de toute manifestation d'opposition à force ouverte des autres partis et des différentes composantes de la société. Le 4 janvier 1918, il a fait disperser la Constituante élue au suffrage universel — pour la première fois dans l'histoire de la Russie —, et tirer sur les partisans de celle-ci qui protestaient dans la rue.

Cette première phase terroriste a été dénoncée immédiatement avec une grande force par un socialiste russe, le chef des mencheviks, Youri Martov, qui écrivait en août 1918 : « Dès les premiers jours où ils parvinrent au pouvoir, et bien qu'ayant pourtant déclaré la peine de mort abolie, les bolcheviks commencèrent à tuer. À tuer les prisonniers de guerre civile, ainsi que le font tous les sauvages. À tuer les ennemis qui, après la bataille, s'étaient rendus sur la promesse que leur vie serait épargnée. [...] À la suite de pareilles tueries organisées ou bien tolérées par les bolcheviks, le pouvoir prit lui-même en main la liquidation de ses ennemis. [...] Après avoir exterminé des dizaines de milliers d'individus sans jugement, les bolcheviks procèdent désormais aux exécutions... dans les formes. Ainsi ont-ils formé un nouveau tribunal révolutionnaire suprême pour juger les ennemis du pouvoir soviétique[1]. »

Martov avait de sombres pressentiments : « La bête a léché le sang chaud de l'homme. La machine à tuer l'homme s'est mise en marche. MM. Medvedev, Bruno, Peterson, Kareline — les juges du tribunal révolutionnaire — ont retroussé leurs manches et se sont faits bouchers. [...] Mais le sang appelle le sang. La terreur politique instaurée depuis l'octobre des bolcheviks a répandu sur la Russie ses vapeurs sanglantes. La guerre civile accroît ses atrocités, rabaissant les individus à la sauvagerie et à la férocité ; de plus en plus s'oublient les grands principes d'humanité véritable qu'a toujours enseignés le socialisme. » Puis Martov apostrophe Radek et Rakovski, deux socialistes ayant rejoint les bolcheviks, l'un juif polonais, l'autre roumano-bulgare : « Vous êtes venus chez nous pour cultiver notre antique barbarie, entretenue par les tsars, pour encenser le vieil autel russe du meurtre, pour porter jusqu'à un degré encore inconnu, même dans notre sauvage pays, le mépris de la vie d'autrui, pour organiser enfin l'œuvre panrusse de la bourreaucratie. [...] Le bourreau est redevenu la figure centrale de la vie russe ! »

À la différence de la Terreur de la Révolution française qui, sauf en Vendée, n'a touché qu'une mince couche de la population, la terreur sous

1. Youri Martov, « À bas la peine de mort », *in* J. Baynac, *op. cit.*, p. 266-267.

Lénine vise toutes les formations politiques et toutes les couches de la population : nobles, grands bourgeois, militaires, policiers, mais aussi constitutionnels-démocrates, mencheviks, socialistes-révolutionnaires, ainsi que le peuple dans sa masse, paysans et ouvriers. Les intellectuels furent particulièrement maltraités, et le 6 septembre 1919, après l'arrestation de plusieurs dizaines de grands savants, Gorki adressa une lettre furieuse à Lénine : « Pour moi, la richesse d'un pays, la puissance d'un peuple, se mesure à la quantité et à la qualité de son potentiel intellectuel. La révolution n'a un sens que si elle favorise la croissance et le développement de ce potentiel. Les hommes de science doivent être traités avec le maximum de prévenance et de respect. Mais nous, en sauvant notre peau, nous coupons la tête du peuple, nous détruisons notre cerveau[1]. »

La brutalité de la réponse de Lénine fut à la hauteur de la lucidité de la lettre de Gorki : « On aurait tort d'assimiler les "forces intellectuelles" du peuple aux "forces" de l'intelligentsia bourgeoise. [...] Les forces intellectuelles des ouvriers et des paysans grandissent et s'amplifient dans la lutte pour le renversement de la bourgeoisie et de ses acolytes, des petits intellectuels minables, laquais du capital, qui se veulent le cerveau de la nation. En réalité, ce n'est pas un cerveau, c'est de la merde. » Cette anecdote sur les intellectuels est un premier indicateur du profond mépris dans lequel Lénine tenait ses contemporains, y compris les esprits les plus éminents. Bientôt, du temps du mépris, il passa au temps du meurtre.

L'objectif prioritaire de Lénine était de tenir le plus longtemps possible au pouvoir. Au bout de dix semaines, lorsqu'il eut dépassé la durée de la Commune de Paris, il se prit à rêver et sa volonté de conserver le pouvoir fut décuplée. Le cours de l'histoire commença à bifurquer et la révolution russe, captée par les bolcheviks, s'engagea dans des voies jusqu'alors inconnues.

Pourquoi la conservation du pouvoir était-elle si importante qu'elle justifiât l'usage de tous les moyens et l'abandon des principes moraux les plus élémentaires ? Parce qu'elle seule permettait à Lénine de mettre en œuvre ses idées, de « construire le socialisme ». La réponse fait apparaître le vrai moteur de la terreur : l'idéologie léniniste et la volonté, parfaitement utopique, d'appliquer une doctrine en total décalage avec la réalité.

À cet égard, on peut légitimement s'interroger : qu'y a-t-il de marxiste dans le léninisme d'avant 1914 et, surtout, d'après 1917 ? Certes, Lénine appuyait sa démarche sur quelques notions marxistes élémentaires : la lutte des classes, la violence accoucheuse de l'Histoire, le prolétariat comme classe porteuse du sens de l'Histoire. Mais, dès 1902, dans son fameux texte *Que faire ?*, il proposait une nouvelle conception du parti révolutionnaire formé de professionnels réunis dans une structure clandestine à la discipline quasi militaire. Il reprenait et développait le modèle de Net-

1. Cité *in* Arkadi Vaksberg, *Le Mystère Gorki*, Paris, Albin Michel, 1997, p. 111.

chaïev, fort éloigné de la conception des grandes organisations socialistes allemandes, anglaises ou même françaises.

C'est en 1914 qu'intervint la rupture définitive avec la IIe Internationale. Pendant que la quasi-totalité des partis socialistes, confrontés brutalement à la puissance du sentiment national, ralliaient leurs gouvernements respectifs, Lénine se lança dans une fuite en avant théorique : il prophétisa « la transformation de la guerre impérialiste en guerre civile ». Alors que le froid raisonnement menait à conclure que le mouvement socialiste n'était pas encore assez puissant pour contrer le nationalisme et qu'après une guerre inévitable — puisque l'on n'avait pas pu l'éviter —, il serait appelé à regrouper ses forces pour empêcher toute récidive belliciste, la passion révolutionnaire l'emporta chez Lénine : il posa un acte de foi, proposa un pari, un quitte ou double. Pendant deux ans, la prophétie léninienne sembla stérile. Puis, soudain, ce fut la divine surprise : la Russie entrait en révolution. Lénine fut persuadé qu'il fallait y voir l'éclatante confirmation de sa prédiction. Le volontarisme netchaïevien l'emportait sur le déterminisme marxiste.

Si le diagnostic sur la possibilité de s'emparer du pouvoir était formidablement exact, l'hypothèse que la Russie était prête à s'engager dans la voie du socialisme, dont elle tirerait un progrès fulgurant, se révéla radicalement fausse. C'est dans cette erreur d'appréciation que réside l'une des causes profondes de la terreur, dans ce décalage entre la réalité — une Russie qui aspirait à accéder à la liberté — et la volonté léninienne de s'assurer du pouvoir absolu pour appliquer une doctrine expérimentale.

Trotski, dès 1920, définit bien cet enchaînement implacable : « Il est tout à fait évident que, si l'on s'assigne pour tâche l'abolition de la propriété individuelle des moyens de production, il n'est pas d'autre voie pour y parvenir que la concentration de tous les pouvoirs de l'État entre les mains du prolétariat, la création d'un régime d'exception pendant la période transitoire. [...] La dictature est indispensable parce qu'il s'agit non pas de changements partiels, mais de l'existence même de la bourgeoisie. Sur cette base, nul accord n'est possible, la force seule peut décider. [...] Qui veut la fin ne peut répudier les moyens [1]. »

Pris entre sa volonté d'appliquer sa doctrine et la nécessité de conserver le pouvoir, Lénine imagina le mythe de la révolution bolchevique mondiale. Dès novembre 1917, il voulut croire que l'incendie révolutionnaire allait ravager tous les pays impliqués dans la guerre et au premier chef l'Allemagne. Or, il n'y eut point de révolution mondiale et, après la défaite allemande de novembre 1918, une nouvelle Europe se mit en place sans se préoccuper des flammèches révolutionnaires rapidement éteintes en Hongrie, en Bavière et à Berlin même. Patente lors de la défaite de l'Armée rouge sous Varsovie en 1920 et seulement admise en 1923

1. Léon Trotski, *Défense du terrorisme*, éditions de la Nouvelle Revue critique, 1936, p. 44.

après l'échec de l'octobre allemand, la faillite de la théorie léniniste de la révolution européenne et mondiale laissa les bolcheviks seuls, en tête à tête avec une Russie en pleine anarchie. Plus que jamais, la terreur fut à l'ordre du jour, qui permettait de conserver le pouvoir, de commencer à remodeler la société à l'image de la théorie, et d'imposer silence à tous ceux qui, par leur discours, leur pratique ou leur seule existence — sociale, économique, intellectuelle —, dénonçaient chaque jour la vacuité de la théorie. L'utopie au pouvoir devint utopie meurtrière.

Ce double décalage entre théorie marxiste et théorie léniniste, puis entre théorie léniniste et réalité, a donné lieu au premier débat fondamental sur la signification de la révolution russe et bolchevique. Dès août 1918, Kautsky a porté un jugement sans appel : « En aucun cas il n'est permis de supposer qu'en Europe occidentale se répéteront les événements de la grande Révolution française. Si la Russie actuelle montre autant de similitude avec la France de 1793, c'est la preuve qu'elle est proche du stade de la Révolution française. [...] Ce qui se passe là-bas, ce n'est pas la première révolution socialiste, mais la dernière révolution bourgeoise [1]. »

Se produit alors un événement majeur : le changement complet du statut de l'idéologie dans le mouvement socialiste. Déjà avant 1917, Lénine avait montré sa conviction profonde qu'il était le seul à détenir la vraie doctrine socialiste, à décrypter le vrai « sens de l'Histoire ». L'irruption de la révolution russe et, surtout, la prise de pouvoir apparurent à Lénine comme des « signes du Ciel », comme une confirmation éclatante, incontestable, que son idéologie et son analyse étaient infaillibles [2]. Après 1917, sa politique et l'élaboration théorique qui l'accompagne deviennent paroles d'évangile. L'idéologie se transforme en dogme, en Vérité absolue et universelle. Cette sacralisation a des conséquences immédiates, bien repérées par Cornelius Castoriadis : « S'il y a une théorie vraie de l'histoire, s'il y a une rationalité à l'œuvre dans les choses, il est clair que la direction du développement doit être confiée aux spécialistes de cette téhorie, aux techniciens de cette rationalité. Le pouvoir absolu du parti [...] a un statut philosophique ; il est fondé en raison dans la conception matérialiste de l'histoire. [...] Si cette conception est vraie, le pouvoir doit être absolu, toute démocratie n'est que concession à la faillibilité humaine des dirigeants ou procédé pédagogique dont eux seuls peuvent administrer les doses correctes [3]. »

C'est l'accession de l'idéologie et de la politique au rang de Vérité absolue parce que « scientifique » qui fonde la dimension « totalitaire » du communisme. C'est elle qui commande le parti unique. C'est encore elle

1. K. Kautsky, *La Dictature du prolétariat*, UGE 10/18, p. 219 et 255.
2. Voir son portrait par Nicolas Valentinov, *Mes rencontres avec Lénine*, Paris, Plon, 1964.
3. Cornelius Castoriadis, *L'Institution imaginaire de la société*, Paris, Le Seuil, 1975.

qui justifie la Terreur. C'est toujours elle qui oblige le pouvoir à investir tous les aspects de la vie sociale et individuelle.

Lénine affirme la justesse de son idéologie en se proclamant représentant d'un prolétariat russe numériquement très faible et qu'il n'hésitera pas à écraser quand celui-ci se révoltera. Cette captation du symbole prolétarien a été l'une des grandes impostures du léninisme et a, dès 1922, provoqué la réplique cruelle d'Alexandre Chliapnikov, l'un des seuls dirigeants bolcheviques d'origine ouvrière, qui, au XIe Congrès du Parti, apostrophait ainsi Lénine : « Vladimir Ilitch a affirmé hier que le prolétariat comme classe et au sens marxiste n'existait pas [en Russie]. Permettez-moi de vous féliciter d'exercer la dictature au nom d'une classe qui n'existe pas ! » Cette manipulation du symbole prolétarien se retrouvera dans tous les régimes communistes d'Europe comme du tiers-monde, de la Chine à Cuba.

Là réside l'une des caractéristiques majeures du léninisme, dans la manipulation du langage, dans le découplement des mots et de la réalité qu'ils sont censés représenter, dans une vision abstraite où la société, les hommes ont perdu toute épaisseur et ne sont plus que les pièces d'une sorte de Meccano historique et social. Cette abstraction, étroitement liée à la démarche idéologique, est une donnée fondatrice de la terreur : on n'extermine pas des hommes mais des « bourgeois », des « capitalistes », des « ennemis du peuple », on ne massacre pas Nicolas II et sa famille, mais des « tenants du féodalisme », des « suceurs de sang », des parasites, des poux...

Cette démarche idéologique a rapidement acquis un impact considérable grâce à la détention du pouvoir de l'État, qui procure légitimité, prestige et moyens. Au nom de la vérité du message, les bolcheviks sont passés de la violence symbolique à la violence réelle, et ont installé un pouvoir absolu et arbitraire, qu'ils ont nommé « dictature du prolétariat », reprenant une expression que Marx avait utilisée au hasard d'une correspondance. En outre, les bolcheviks engagent un formidable prosélytisme : ils ouvrent une nouvelle espérance en donnant l'impression de rendre sa pureté au message révolutionnaire. Cette espérance rencontre rapidement un écho à la fois chez ceux qu'anime un désir de vengeance au sortir de la guerre, et chez ceux — souvent les mêmes — qui rêvent d'une réactivation du mythe révolutionnaire. Brusquement, le bolchevisme acquiert une portée universelle et rencontre des émules sur les cinq continents. Le socialisme est à la croisée des chemins : démocratie ou dictature.

Avec son livre *La Dictature du prolétariat*, rédigé à l'été 1918, Kautsky porte le fer dans la plaie. Alors que les bolcheviks ne sont au pouvoir que depuis six mois et que seuls quelques indices laissent présager les hécatombes que leur système politique provoquera, Kautsky situe l'enjeu fondamental : « L'opposition des deux courants socialistes [...] repose sur l'opposition de deux méthodes foncièrement différentes : la méthode démocratique et la méthode dictatoriale. Les deux courants veulent la même chose : l'émancipation du prolétariat et avec lui de l'humanité par le socialisme. Mais la voie choisie par les uns est tenue par les autres pour fausse et ne pouvant que mener à la ruine. [...] La revendication à la libre discussion nous place d'emblée sur le terrain de la démocratie. Le but de la dictature n'étant pas de réfuter l'opinion opposée, mais de supprimer violemment son expression. Ainsi les deux méthodes de la démocratie et de la dictature s'opposent déjà d'une façon irréductible avant même le début de la discussion. L'une exige la discussion, l'autre la refuse[1]. »

Plaçant la démocratie au centre de son raisonnement, Kautsky s'interroge : « La dictature d'une minorité trouve toujours son appui le plus solide dans une armée dévouée. Mais plus elle met à la place de la majorité la force des armes et plus elle contraint toute opposition à rechercher son salut dans le recours aux baïonnettes et aux poings au lieu de recourir au vote qui lui est refusé ; alors la *guerre civile* devient le moyen par lequel les oppositions politiques et sociales sont résolues. Tant que ne règnent pas la plus parfaite apathie politique et sociale ou le plus parfait découragement, la dictature d'une minorité est constamment menacée par des coups d'État ou une guérilla permanente. [...] Dès lors celle-ci n'arrive plus à se sortir de la guerre civile et elle est confrontée à chaque instant au danger de se voir écraser par la guerre civile. Mais il n'y a pas de plus grand obstacle à la construction d'une société socialiste qu'une guerre intestine. [...] Dans une guerre civile, chaque parti combat pour son existence, celui qui échoue est menacé d'un anéantissement complet. C'est la conscience de cela qui rend les guerres civiles si cruelles[2]. »

Cette analyse prémonitoire appelait impérativement une réponse. Avec rage, et en dépit de ses charges écrasantes, Lénine écrivit un texte devenu célèbre, *La Révolution prolétarienne et le renégat Kautsky*. Le titre même indiquait bien la tournure de la discussion... ou, comme l'avait annoncé Kautsky, du refus de la discussion. Lénine définit ce qui est au cœur de sa pensée et de son action : « L'État est aux mains de la classe dominante une machine destinée à écraser la résistance de ses adversaires de classe. Sous ce rapport, la dictature du prolétariat ne se distingue en rien, quant au fond, de la dictature de toute autre classe, puisque l'État prolétarien est une machine servant à écraser la bourgeoisie. » Cette conception très sommaire et très réductrice de ce qu'est l'État le conduit à dévoiler l'essence de cette dictature : « La dictature est un pouvoir qui s'appuie directement sur la violence et n'est lié par aucune loi. La dictature révolutionnaire du prolétariat est un pouvoir conquis et maintenu par la violence, que le prolétariat exerce sur la bourgeoisie, pouvoir qui n'est lié par aucune loi. »

1. K. Kautsky, *La Dictature...*, *op. cit.*, p. 173-174.
2. *Idem*, p. 217 et 219.

Confronté à la question centrale de la démocratie, Lénine s'en tire par une pirouette : « La démocratie prolétarienne, dont le pouvoir des Soviets est une des formes, a développé et étendu la démocratie comme nulle part au monde, au profit justement de l'immense majorité de la population, au profit des exploités et des travailleurs[1]. » Retenons bien cette expression : « démocratie prolétarienne ». Durant des décennies, elle fera florès et servira à couvrir les pires crimes.

La querelle Kautsky/Lénine souligne les enjeux majeurs apparus avec la révolution bolchevique, entre un marxisme qui veut s'en tenir à de supposées « lois de l'Histoire », et un subjectivisme activiste à qui tout est bon pour nourrir la passion révolutionnaire. La tension sous-jacente à la démarche de Marx, entre le messianisme du *Manifeste du parti communiste* de 1848, et la froide analyse des mouvements de la société du *Capital*, se transforme, sous l'effet du triple événement de la guerre mondiale, de la révolution de Février et de la révolution d'Octobre, en une profonde et irrémédiable déchirure qui fera des socialistes et des communistes les frères ennemis les plus célèbres du XXe siècle. L'enjeu de la querelle n'en demeure pas moins majeur : démocrarie ou dictature, humanité ou terreur.

Tout entiers habités par la passion révolutionnaire, confrontés au tourbillon des événements, les deux acteurs principaux de cette première phase de la révolution bolchevique, Lénine et Trotski, vont théoriser leur action. Ou, plus exactement, ils vont mettre en forme idéologique les conclusions que leur inspire la conjoncture. Ils inventent la révolution permanente : en Russie, la situation permet de passer directement de la révolution bourgeoise (Février) à la révolution prolétarienne (Octobre). Ils donnent son habillage idéologique à la transformation de la révolution permanente en guerre civile permanente.

On mesure là tout l'impact de la guerre sur la démarche des révolutionnaires. Trotski écrit : « Kautsky voit dans la guerre, dans son effroyable influence sur les mœurs, une des causes du caractère sanglant de la lutte révolutionnaire. C'est incontestable[2]. » Mais les deux hommes n'en tirent pas du tout la même conclusion. Le socialiste allemand, face au poids du militarisme, est de plus en plus sensible à la question de la démocratie et de la défense de la personne humaine. Pour Trotski, « le développement de la société bourgeoise, d'où est sortie la démocratie contemporaine, ne constitue pas le moins du monde le processus d'une démocratisation graduelle, que rêvait, avant la guerre, le plus grand des utopistes de la démocratie socialiste, Jean Jaurès, que rêve à présent le plus savant de tous les pédants, Karl Kautsky[3] ».

1. *Idem*, p. 53.
2. L. Trotski, *Défense...*, *op. cit.*, p. 83.
3. *Idem*, p. 107.

Généralisant son propos, Trotski parle de « l'impitoyable guerre civile qui se déroule dans le monde entier ». Il considère que la planète est entrée dans une époque « où la lutte politique se transforme rapidement en guerre civile » où ne se heurtent bientôt plus que « deux forces : le prolétariat révolutionnaire dirigé par les communistes, et la démocratie contre-révolutionnaire à la tête de laquelle se placent des généraux et des amiraux ». L'erreur de perspective est double ; d'une part, la suite de l'histoire a montré que l'aspiration à la démocratie représentative et sa mise en œuvre sont devenues un phénomène mondial, même dans l'URSS de 1991. D'autre part, Trotski, comme Lénine, a une forte tendance à généraliser la portée du cas russe, lui-même interprété de manière caricaturale. Les bolcheviks sont persuadés que parce qu'une guerre civile s'est déclenchée en Russie — largement de leur fait —, elle va — et doit — s'étendre à l'Europe puis au monde. C'est néanmoins sur cette double erreur d'interprétation que sera construite la justification de la terreur communiste pendant des décennies.

De ces prémices, Trotski tire des conclusions définitives : « On peut et on doit faire comprendre qu'en temps de guerre civile nous exterminons les gardes blancs afin qu'ils n'exterminent pas les travailleurs. Dès lors, notre but n'est pas de supprimer des vies humaines, mais bien de les préserver. [...] L'ennemi doit être mis dans l'impossibilité de nuire, ce qui, en temps de guerre, ne peut se traduire que par sa suppression. En révolution comme en guerre, il s'agit de briser la volonté de l'ennemi, de le réduire à capituler en acceptant les conditions du vainqueur. [...] La question de savoir à qui appartiendra le pouvoir dans le pays, c'est-à-dire si la bourgeoisie doit vivre ou périr, se résoudra non par des références aux articles de la Constitution, mais par le recours à toutes les formes de la violence [1]. » On retrouve sous la plume de Trotski les expressions qui fondent chez Ludendorff la conception de la guerre totale. Les bolcheviks qui se croyaient de grands novateurs étaient en fait dominés par leur époque et l'ultra-militarisme ambiant.

Les remarques de Trotski sur la seule question de la liberté de la presse montrent à quel point cette mentalité de guerre est prégnante : « En temps de guerre, toutes les institutions, organes de pouvoir gouvernemental et de l'opinion publique, deviennent, directement ou indirectement, des organes pour la conduite de la guerre. Ceci concerne en premier lieu la presse. Nul gouvernement, menant une guerre sérieuse, ne peut permettre la diffusion, sur son territoire, de publications qui, ouvertement ou non, soutiennent l'ennemi. À plus forte raison en période de guerre civile. La nature de cette dernière est telle que les deux camps en lutte ont, à l'arrière de leurs troupes, des populations faisant cause commune avec l'ennemi. À la guerre, où la mort sanctionne les succès et les insuccès, les agents ennemis qui se sont faufilés à l'arrière des armées doivent subir la peine

1. *Idem*, p. 57.

de mort. Loi inhumaine sans doute, mais personne n'a considéré encore la guerre comme une école d'humanité, à plus forte raison la guerre civile. [1] »

Les bolcheviks ne sont pas les seuls impliqués dans la guerre civile qui éclate en Russie au printemps-été 1918 et qui va se déchaîner pendant près de quatre années dans une folie de cruautés des deux bords : on crucifie, on empale, on découpe vivant, on brûle vif. Mais seuls les bolcheviks théorisent la guerre civile, la revendiquent. Sous l'effet conjoint de la doctrine et des mœurs nouvelles établies par la guerre, *la guerre civile devient pour eux une forme permanente de la lutte politique*. La guerre civile des Rouges contre les Blancs cache une autre guerre, beaucoup plus considérable, beaucoup plus significative, la guerre des Rouges contre une partie importante du monde ouvrier et une grande partie de la paysannerie qui, dès l'été 1918, commencent à ne plus supporter la férule bolchevique. Cette guerre n'oppose plus, comme dans le schéma traditionnel, deux groupes politiques en conflit, mais le pouvoir en place à la majeure partie de la société. Sous Staline, cette guerre opposera le Parti-État à l'ensemble de la société. C'est un phénomène nouveau, inédit, et qui ne pourra connaître une certaine durée et une certaine extension que grâce à l'instauration d'un système totalitaire, contrôlant l'ensemble des activités de la société et s'appuyant sur une terreur de masse.

Les études menées récemment sur la base des archives montrent que cette « sale guerre » (Nicolas Werth) des années 1918-1921 a été la véritable matrice du régime soviétique, le creuset où se sont forgés les hommes qui allaient porter et développer cette révolution, le chaudron infernal où a été préparée cette mentalité si particulière du communiste léninien-stalinien — mélange d'exaltation idéaliste, de cynisme et de cruauté inhumaine. Cette guerre civile, étendue du territoire soviétique au monde entier, et appelée à durer tant que le socialisme n'aurait pas conquis la planète, instaurait la cruauté comme mode de relations « normales » entre les hommes. Elle a provoqué une rupture des barrages traditionnels contre une violence absolue, fondamentale.

Pourtant, dès les premiers jours de la révolution bolchevique, les problèmes posés par Kautsky taraudaient les révolutionnaires russes. Isaac Steinberg, socialiste-révolutionnaire de gauche allié aux bolcheviks, qui fut de décembre 1917 à mai 1918 commissaire du peuple à la Justice, parlait, dès 1923, à propos du pouvoir bolchevique, d'un « système de terreur d'État méthodique » et posait la question centrale de la limite de la violence dans la révolution : « Le renversement du vieux monde, son remplacement par une vie nouvelle mais qui conserve les mêmes maux, qui est contaminée par les mêmes vieux principes, voilà qui place le socialiste devant un choix crucial : la violence ancienne [tsariste, bourgeoise] ou la violence révolutionnaire au moment de la lutte décisive. [...] La violence ancienne n'est qu'une protection maladive de l'esclavage, la vio-

1. L. Trotski, *Défense...*, *op. cit.*, p. 78.

lence nouvelle est la voie douloureuse vers l'émancipation. [...] C'est cela qui détermine notre choix : nous prenons en main l'instrument de la violence pour en finir à jamais avec la violence. Car il n'y a pas d'autre instrument de lutte contre elle. C'est là que se trouve la blessure morale béante de la révolution. Ici se révèlent son antinomie, sa douleur interne, sa contradiction[1]. » Et il ajoutait : « Comme la terreur, la violence (considérée également sous la forme de la contrainte et du mensonge) contamine toujours les tissus essentiels de l'âme du vaincu d'abord et, simultanément, du vainqueur, puis ensuite de la société tout entière. »

Steinberg était conscient des risques énormes encourus par leur expérience, du simple point de vue de la « morale universelle » ou du « droit naturel ». Gorki était dans les mêmes sentiments quand, le 21 avril 1923, il écrivait à Romain Rolland : « Je n'éprouve pas le moindre désir de rentrer en Russie. Je ne pourrais pas écrire si je devais gaspiller mon temps à ressasser la même antienne : "Tu ne tueras point"[2]. » Tous les scrupules de ces révolutionnaires non bolcheviques et les dernières préventions des bolcheviks eux-mêmes furent balayés par la fureur de Lénine, relayée par Staline. Et le 2 novembre 1930, Gorki, qui venait de se rallier au « chef génial », put écrire dans une lettre au même Romain Rolland : « Il me semble, Rolland, que vous auriez jugé les événements intérieurs de l'Union [soviétique] avec plus de sérénité et d'équité si vous aviez admis le simple fait que voici : le régime soviétique et l'avant-garde du parti ouvrier se trouvent en état de guerre civile, c'est-à-dire de guerre de classes. L'ennemi contre lequel ils luttent — et doivent lutter — est l'intelligentsia, qui s'efforce de restaurer le régime bourgeois, et le paysan riche, qui, en défendant son propre petit bien, base du capitalisme, empêche l'œuvre de collectivisation ; ils ont recours à la terreur, à l'assassinat des collectivistes, à l'incendie des biens collectivisés et autres méthodes de la guerre des partisans. À la guerre on tue[3]. »

La Russie connut alors une troisième phase révolutionnaire qui, jusqu'en 1953, fut incarnée par Staline. Elle se caractérisa par une terreur généralisée symbolisée par la grande purge des années 1937-1938. Désormais, toute la société est visée, mais aussi l'appareil d'État et du Parti. Staline définit au fur et à mesure les groupes ennemis à exterminer. Et cette terreur n'attend pas la conjoncture exceptionnelle de la guerre pour se déchaîner. Elle est engagée en période de paix extérieure.

Autant Hitler, sauf exception, ne s'est jamais occupé de la répression, laissant ces tâches « subalternes » à des hommes de confiance comme Himmler, autant Staline s'y intéresse de près et en est l'initiateur et l'organisateur. Il paraphe personnellement des listes de milliers de noms de

1. Isaac Steinberg, *L'Aspect éthique de la révolution* (Berlin, 1923), *in* J. Baynac, *La Terreur...*, *op. cit.*, p. 370.
2. *In* A. Vaksberg, *op. cit.*, p. 183.
3. *In* A. Vaksberg, *op. cit.*, p. 264.

personnes à fusiller et il contraint les membres du Bureau politique à en faire autant. Lors de la Grande Terreur, en quatorze mois, de 1937 à 1938, 1,8 million de personnes sont arrêtées au cours de quarante-deux grandes opérations mûrement préparées ; près de 690 000 sont assassinées. Le climat de guerre civile plus ou moins « chaude » ou « froide », intense et ouverte ou masquée et insidieuse, est permanent. L'expression « guerre de classes », souvent préférée à celle de lutte de classes, n'est plus du tout métaphorique. L'ennemi politique n'est plus tel ou tel opposant ni même la « classe ennemie », mais la société tout entière.

Il était inévitable qu'à terme, par contagion, la terreur qui visait à la destruction de la société atteignît cette contre-société qu'était le parti au pouvoir. Déjà sous Lénine, à partir de 1921, les déviants ou les oppositionnels avaient subi des sanctions. Mais les ennemis potentiels restaient ceux qui n'étaient pas membres du Parti. Sous Staline, les membres du Parti deviennent à leur tour des ennemis potentiels. Il faudra cependant attendre l'assassinat de Kirov pour que Staline, saisissant le prétexte, obtienne d'appliquer la peine capitale aux membres du Parti. Il renoue ainsi avec Netchaïev à qui, dans sa lettre de rupture, Bakounine écrivait en juin 1870 : « À la base de notre activité doit reposer cette simple loi : vérité, honnêteté, confiance entre tous les frères [révolutionnaires] ; le mensonge, la ruse, la mystification et — par nécessité — la violence ne sont employés qu'envers les ennemis. [...] Tandis que vous, mon cher ami — et c'est là votre principale et colossale erreur —, vous vous êtes entiché du système de Loyola et de Machiavel [...] Épris des principes et des méthodes policiers et jésuitiques, vous avez eu l'idée de fonder sur eux votre propre organisation [...] en raison de quoi vous agissez envers vos amis comme s'ils étaient des ennemis[1]. »

Autre innovation stalinienne, les bourreaux sont appelés à devenir à leur tour des victimes. Après l'assassinat de Zinoviev et de Kamenev, ses vieux camarades de parti, Boukharine déclare à sa compagne : « Je suis terriblement content qu'on ait fusillé ces chiens[2] ! » Moins de deux ans plus tard, c'est lui, Boukharine, qui est fusillé comme un chien. Ce trait stalinien se retrouve dans la plupart des régimes communistes.

Avant d'exterminer certains de ses « ennemis », Staline leur réserva un sort particulier : il les fit comparaître dans des procès à grand spectacle. Lénine avait inauguré cette formule, en 1922, avec le premier procès truqué, celui des socialistes-révolutionnaires. Staline améliora la formule et en fit une constante de son dispositif de répression puisqu'il le fit appliquer en Europe de l'Est après 1948.

Annie Kriegel a bien montré le formidable mécanisme de prophylaxie sociale que constituaient ces procès dont la dimension de « pédagogie infernale » remplaçait, sur terre, l'Enfer promis par la religion[3]. Simultané-

1. M. Confino, *op. cit.*, p. 137.
2. *In* Alain Brossat, *Un communisme insupportable*, Paris, L'Harmattan, 1997, p. 266.
3. *Les Grands procès dans les systèmes communistes*, Paris, Gallimard, Idées, 1972.

ment était mise en œuvre une pédagogie de la haine de classe, de la stigmatisation de l'ennemi. Dans le communisme asiatique, cette procédure est poussée à son extrême logique : on y organise des journées de la haine.

À la pédagogie de la haine, Staline avait ajouté la pédagogie du mystère : le secret le plus absolu entourait les arrestations, les motifs, les condamnations, le sort des victimes. Mystère et secret, étroitement liés à la terreur, nourrissaient une formidable angoisse de l'ensemble des populations.

Puisqu'ils se considèrent en guerre, les bolcheviks instaurent toute une terminologie de l'ennemi : « agents ennemis », « populations faisant cause commune avec l'ennemi », etc. Sur le modèle guerrier, la politique est ramenée à des termes simplistes, définie comme relation ami/ennemi[1], comme revendication d'un « nous » opposé à « eux ». Elle implique une vision en termes de « camp » — encore une expression militaire : le camp révolutionnaire, le camp contre-révolutionnaire. Et chacun est sommé de choisir son camp, sous peine de mort. Grave régression à un stade archaïque de la politique qui efface cent cinquante ans d'efforts du bourgeois individuel et démocrate.

Comment définir l'ennemi ? La politique étant réduite à une guerre civile générale opposant deux forces — la bourgeoisie et le prolétariat —, et nécessitant l'extermination de l'une des deux par les moyens les plus violents, l'ennemi n'est donc pas seulement l'homme d'Ancien Régime, l'aristocrate, le grand bourgeois, l'officier, mais toute personne qui s'oppose à la politique bolchevique et qui est qualifiée de « bourgeois ». L'« ennemi » désigne toute personne ou catégorie sociale qui, dans l'esprit des bolcheviks, fait obstacle au pouvoir absolu. Le phénomène apparaît immédiatement, y compris dans des instances d'où la terreur est encore absente : les assemblées électorales des soviets. Kautsky l'a pressenti qui, dès 1918, écrivait : « Seuls ont le droit de vote [dans les soviets] ceux qui "ont acquis leurs moyens d'existence par le travail productif ou profitable à l'ensemble". Mais qu'est-ce que "le travail productif ou profitable à l'ensemble" ? C'est un mot en caoutchouc. En caoutchouc aussi l'ordonnance concernant ceux qui sont exclus du droit de vote, y compris ceux qui "emploient des ouvriers salariés pour en tirer du profit". [...] On voit très bien qu'il ne faut pas grand-chose pour être étiqueté capitaliste sous le régime électoral de la République soviétique, et pour perdre son droit de vote. La nature élastique des définitions des mots de la loi électorale ouvre la porte au règne de l'arbitraire le plus patent et n'est pas due au système législatif mais à son objet. On ne réussira jamais à définir de manière juridique inattaquable et précise le terme de prolétaire[2]. »

1. Carl Schmitt, *La Notion de politique*, Paris, Calmann-Lévy, 1972, p. 66.
2. K. Kautsky, *La Dictature...*, *op. cit.*, p. 241-243.

Le terme de « prolétaire » ayant remplacé celui de « patriote » sous Robespierre, la catégorie de l'ennemi est à géométrie variable et peut s'enfler ou se dégonfler au gré de la politique du moment. Elle devient un élément majeur de la pensée et de la pratique communistes. Tzvetan Todorov précise : « L'ennemi est la grande justification de la terreur ; l'État totalitaire ne peut vivre sans ennemis. S'il en manque, il s'en inventera. Une fois identifiés, ceux-ci ne méritent aucune pitié. [...] Être ennemi est un tare inguérissable et héréditaire. [...] On insiste parfois sur le fait que les Juifs étaient poursuivis non pour ce qu'ils avaient fait mais pour ce qu'ils étaient : des Juifs. Il n'en va pourtant pas autrement du pouvoir communiste : il exige la répression (ou, aux moments de crise, l'élimination) de la bourgeoisie comme classe. La simple appartenance à cette classe suffit, il n'est pas nécessaire de *faire* quoi que ce soit[1]. »

Reste une question essentielle : pourquoi exterminer « l'ennemi » ? Le rôle traditionnel de la répression est, selon le titre d'un ouvrage célèbre, de « surveiller et punir ». Cette phase du « surveiller et punir » était-elle dépassée ? L'« ennemi de classe » était-il « irrécupérable » ? Soljenitsyne apporte une première réponse en montrant qu'au Goulag les droit commun étaient systématiquement mieux traités que les politiques. Non seulement pour des raisons pratiques — ils faisaient fonction d'encadrement —, mais pour des raisons « théoriques ». En effet, le régime soviétique se faisait fort de créer un « homme nouveau », y compris en rééduquant les criminels les plus endurcis. Ce fut même un vecteur très fructueux de sa propagande, tant dans la Russie de Staline que dans la Chine de Mao ou au Cuba de Castro.

Mais pourquoi faut-il tuer « l'ennemi » ? En effet, il n'est pas nouveau que la politique consiste, entre autres, à identifier amis et ennemis. Déjà l'Évangile édictait : « Qui n'est pas avec moi est contre moi. » La nouveauté tient à ce que Lénine décrète que non seulement « Qui n'est pas avec moi est contre moi », mais que « Qui est contre moi doit mourir », et qu'il généralise cette proposition du domaine de la politique au champ de la société tout entière.

Avec la terreur, l'on assiste à une double mutation : l'adversaire, d'abord ennnemi, puis criminel est transformé en exclu. Cette exclusion aboutit presque mécaniquement à l'idée d'extermination. En effet, la dialectique ami/ennemi est désormais insuffisante à résoudre le problème fondamental du totalitarisme : la recherche d'une humanité réunifiée, purifiée, non antagoniste, à travers la dimension messianique du projet marxiste de réunification de l'humanité dans et par le prolétariat. Ce projet justifie la démarche d'unification forcée — du Parti, de la société, puis de l'empire — qui rejette comme des déchets ceux qui n'entrent pas dans l'épure. Bientôt, d'une logique de combat politique, on glisse à une logique

1. Tzvetan Todorov, *L'Homme dépaysé*, Paris, Le Seuil, 1995, p. 33.

d'exclusion, puis vers une idéologie éliminationniste et, enfin, exterminationniste de tous les éléments impurs. Au bout de cette logique, il y a le crime contre l'humanité.

L'attitude de certains communismes asiatiques — Chine, Vietnam — est un peu différente ; sans doute, sous l'effet de la tradition confucéenne, laisse-t-on plus de place à la rééducation. Le laogaï chinois se distingue par cette institution qui contraint le prisonnier — qualifié d'« élève » ou d'« étudiant » — à réformer sa pensée sous le contrôle de ses geôliers-professeurs. N'y a-t-il pas dans ce type de « rééducation » une attitude moins franche, plus hypocrite encore que dans l'assassinat pur et simple ? N'est-il pas pire de contraindre ses ennemis à se renier et à se soumettre au discours de leurs bourreaux ? Par contre, les Khmers rouges ont adopté d'emblée une solution radicale : considérant que la rééducation d'une partie du peuple était impossible, car ce peuple était trop « corrompu », ils ont décidé de changer de peuple. D'où l'extermination massive de toute la population intellectualisée et urbanisée avec, là encore, la volonté de détruire d'abord l'ennemi sur le plan psychologique, de désagréger sa personnalité en lui imposant une « autocritique » où il se couvre de déshonneur et qui, de toute façon, ne lui évite pas le châtiment suprême.

Les dirigeants des régimes totalitaires revendiquent le droit d'envoyer leurs semblables à la mort et ils en ont la « force morale ». Leur justification fondamentale est toujours la même : la nécessité fondée sur la science. Réfléchissant sur les origines du totalitarisme, Tzvetan Todorov écrit : « C'est le scientisme, et non l'humanisme, qui a contribué à jeter les bases idéologiques du totalitarisme. [...] La relation entre scientisme et totalitarisme ne se limite pas à la justification des actes par des nécessités prétendument scientifiques (biologiques ou historiques) : il faut déjà pratiquer le scientisme (fût-il “sauvage”) pour croire à la transparence parfaite de la société et donc à la possibilité de transformer celle-ci en fonction de son idéal, par le moyen d'une révolution [1]. »

Trotski illustra avec force ce propos, dès 1919 : « Le prolétariat est une classe historiquement ascendante [...]. La bourgeoisie est, à l'époque actuelle, une classe en décadence. Non seulement elle ne joue pas le rôle essentiel dans la production, mais, par ses méthodes impérialistes d'appropriation, elle détruit l'économie mondiale et la culture humaine. Cependant, la vitalité historique de la bourgeoisie est colossale. Elle se cramponne au pouvoir et ne veut pas lâcher prise. Par cela même, elle menace d'entraîner dans sa chute toute la société. On est obligé de l'en arracher et de lui couper, pour cela, les mains. La terreur rouge est l'arme employée contre une classe vouée à périr et qui ne s'y résigne pas [2]. » Il concluait : « La révolution violente est devenue une nécessité justement parce que les exigences immédiates de l'histoire ne pouvaient pas être

1. Tzvetan Todorov, *Nous et les autres*, Paris, Le Seuil, 1989, p. 233.
2. Léon Trotski, *Défense du terrorisme*, *op. cit.*, p. 82.

satisfaites par l'appareil de la démocratie parlementaire[1]. » On retrouve la divinisation de l'Histoire, à qui tout doit être sacrifié, et l'incurable naïveté du révolutionnaire qui s'imagine, grâce à sa dialectique, favoriser l'émergence d'une société plus juste et plus humaine en employant des méthodes criminelles. Douze ans plus tard, Gorki disait les choses plus brutalement : « Nous avons contre nous tout ce qui a fait son temps tel que l'histoire le lui a mesuré, et cela nous donne le droit de nous considérer comme étant toujours en guerre civile. D'où, naturellement, la conclusion : si l'ennemi ne se rend pas, on l'extermine[2]. » Et la même année, Aragon en faisait un vers : « Les yeux bleus de la Révolution brillent d'une cruauté nécessaire. »

À l'inverse, dès 1918, Kautsky abordait la question avec beaucoup de courage et de franchise. Abandonnant tout fétichisme des mots, il écrivait : « En vérité, ce n'est pas le socialisme qui est notre but final, mais c'est d'abolir "toute espèce d'exploitation et d'oppression, qu'elle soit dirigée contre une classe, un parti, un sexe ou une race". [...] Si l'on arrivait à nous démontrer que nous avons tort de ne pas croire que la libération du prolétariat et de l'humanité en général puisse se réaliser uniquement ou plus commodément sur la base de la propriété privée des moyens de production, alors nous devrions jeter par-dessus bord le socialisme, sans renoncer pour autant à notre but final, nous devrions le faire précisément dans l'intérêt de notre but final[3]. » Kautsky faisait clairement passer son humanisme avant son scientisme marxiste, dont il était pourtant le plus éminent représentant.

La mise à mort proprement dite nécessite une pédagogie : face aux réticences de chacun à tuer son prochain, la pédagogie la plus efficace consiste encore à nier l'humanité de la victime, à la « déshumaniser » préalablement. Alain Brossat note très justement : « Le rite barbare des purges, le fonctionnement à plein rendement de la machine exterminatrice ne se dissocient pas, dans le discours et les pratiques de persécution, de cette animalisation de l'Autre, de la réduction des ennemis imaginaires et réels à l'état zoologique[4]. »

Et, effectivement, lors des grands procès de Moscou, le procureur Vychinski, intellectuel, juriste et homme de bonne éducation classique, se livra à une débauche d'« animalisation » des accusés : « Feu sur les chiens enragés ! À mort cette bande qui cache aux masses populaires ses crocs de fauve, ses dents de rapace ! Au diable, vautour-Trotski écumant d'une bave venimeuse, dont il éclabousse les grandes idées du marxisme-léninisme ! Que l'on mette hors d'état de nuire ces menteurs, ces histrions, ces pygmées misérables, ces roquets, ces toutous se ruant sur l'éléphant !

1. *Idem*, p. 57.
2. A. Vaksberg.
3. K. Kautsky, *La Dictature...*, *op. cit.*, p. 176-177.
4. Alain Brossat, *Un communisme insupportable*, *op. cit.*, p. 265.

[...] Oui, à bas cette abjection animale ! Que l'on en finisse avec ces détestables hybrides de renards et de porcs, ces charognes puantes. Que l'on fasse taire leurs grognements porcins ! Que l'on extermine ces chiens enragés du capitalisme qui veulent mettre en pièces les meilleurs des hommes de notre terre soviétique ! Qu'on leur fasse rentrer dans la gorge leur haine bestiale tournée contre les dirigeants de notre Parti ! » Mais n'est-ce pas Jean-Paul Sartre qui, en 1952, éructait tout crûment : « Tout anticommuniste est un chien ! » ? Cette rhétorique diabolico-animalière nous semble conforter l'hypothèse d'Annie Kriegel sur la fonction principalement pédagogique des procès truqués à grand spectacle. Comme dans les mystères du Moyen Âge y est mise en scène pour le bon peuple la figure du « méchant », de l'hérétique, du « trotskiste », et bientôt du « sioniste-cosmopolite », bref du Diable...

Brossat rappelle que charivaris et carnavals avaient instauré une véritable tradition de l'animalisation de l'Autre, que l'on retrouve dans la caricature politique dès le XVIIIe siècle. Ce rite métaphorique permettait, précisément à travers l'animal, l'expression de crises et de conflits latents. À Moscou dans les années trente, rien n'est métaphorique : l'adversaire « animalisé » est traité comme un gibier de chasse avant de devenir un gibier de potence — en l'occurrence candidat à une balle dans la nuque. Si Staline a systématisé et généralisé ces méthodes, elles ont été largement reprises par ses successeurs chinois, cambodgiens et autres. Et Staline n'en est pas l'inventeur. Lénine lui-même n'est pas exempt de ce reproche, lui qui, après la prise du pouvoir, traitait tous ses ennemis d'« insectes nuisibles », de « poux », de « scorpions », de « vampires ».

Lors du procès truqué dit « du parti industriel », la Ligue des droits de l'homme publia une protestation signée, entre autres, d'Albert Einstein et de Thomas Mann ; Gorki y répondit par une lettre ouverte : « J'estime que cette exécution était parfaitement légitime. Il est tout à fait naturel que le pouvoir ouvrier et paysan extermine ses ennemis comme des poux [1]. »

Alain Brossat tire les conclusions de cette dérive zoologique : « Comme toujours, les poètes et les bouchers du totalitarisme se trahissent en premier lieu par leur vocabulaire : ce "liquider" des bourreaux moscovites, proche cousin du "traiter" des industriels de l'assassinat nazi, constitue le microcosme linguistique de l'irréparable catastrophe mentale, culturelle, qui s'expose alors en pleine visibilité dans l'espace soviétique : la vie humaine s'est effondrée comme valeur, la pensée par catégorie ("ennemis du peuple", "traîtres", "éléments sûrs"...) s'est substituée à la notion chargée de positivité ethique de l'espèce humaine [...]. Dans le discours, les pratiques et les dispositifs exterminationnistes des nazis, l'animalisation de l'Autre, indissociable de l'obsession de la souillure et de la contagion, se rattache étroitement à l'idéologie de la race. Elle est conçue dans les termes implacablement hiérarchiques du discours de la race, du sur- et du sous-

1. A. Vaksberg, *op. cit.*, p. 262.

homme ; [...] mais, dans la Moscou de 1937, le discours de la race et les dispositifs totalitaires qui s'y rattachent sont barrés, indisponibles. De là découle l'importance de l'animalisation de l'autre pour penser et mettre en œuvre une politique fondée sur le "tout est permis totalitaire"[1]. »

Pourtant, certains n'ont pas hésité à franchir la barrière idéologique et à passer du social au racial. Dans une lettre de 1932, Gorki, qui, rappelons-le, était alors un ami personnel de Iagoda, le chef du GPU, et dont le fils était un salarié de ce même GPU, écrit : « La haine de classe doit être cultivée par la répulsion organique à l'égard de l'ennemi, en tant qu'être inférieur. Ma conviction intime est que l'ennemi est bel et bien un être inférieur, un dégénéré sur le plan physique mais aussi "moral"[2]. »

Il ira jusqu'au bout de sa démarche, favorisant la création de l'Institut de médecine expérimentale de l'URSS. Au tout début de 1933, il écrit que « les temps sont proches où la science va interpeller impérieusement les êtres dits normaux : vous voulez que toutes les maladies, les handicaps, les imperfections, la sénilité et la mort prématurée de l'organisme soient étudiés minutieusement et avec précision ? Cette étude ne saurait être effectuée par des expériences sur des chiens, des lapins, des cobayes. L'expérimentation sur l'homme même est indispensable, il est indispensable d'étudier sur lui-même le fonctionnement de son organisme, les processus de l'alimentation intracellulaire, de l'hématopoïèse, la chimie des neurones et, plus généralement, tous les processus de son organisme. Il faudra pour cela des centaines d'unités humaines, ce sera un véritable service de l'humanité, ce qui sera, bien évidemment, plus important, plus utile que l'extermination de dizaines de millions d'êtres sains pour le confort de vie d'une classe misérable, psychiquement et moralement dégénérée, de prédateurs et de parasites[3]. » Les effets les plus négatifs du scientisme socio-historique rejoignaient ainsi ceux du scientisme biologique.

Cette dérive « biologique » ou « zoologique » nous permet de mieux comprendre en quoi nombre de crimes du communisme relèvent des crimes contre l'humanité et pourquoi l'idéologie marxiste-léniniste a pu porter et justifier ces crimes. Revenant sur les décisions juridiques liées aux récentes découvertes de la biologie, Bruno Gravier écrit : « Les textes de loi sur la bioéthique [...] viennent baliser d'autres menaces plus sournoises parce que liées au progrès de la science, dont on a trop méconnu le rôle dans la genèse d'idéologies fondées sur la terreur "en tant que loi du mouvement" (J. Asher) [...]. Le dessein eugénique dans les écrits de médecins renommés, tels Richet ou Carrel, a fait le lit de l'extermination de masse, jusqu'aux actes dévoyés des médecins nazis[4]. »

Or, il existe dans le communisme un eugénisme socio-politique, un darwinisme social. Comme l'écrit Dominique Colas : « Maître du savoir

---

1. A. Brossat, *op. cit.*, p. 268.
2. *In* Vaksberg, *op. cit.*, p. 286-287.
3. *Idem*, p. 312.
4. Bruno Gravier, « Une actualité toujours plus cruciale », *in* Marcel Colin (sous la dir.), *Le Crime contre l'humanité*, Érès, p. 10.

sur l'évolution des espèces sociales, Lénine tranche pour décider celles qui doivent disparaître parce qu'elles sont condamnées par l'histoire[1]. » À partir du moment où l'on décrète, par un effet de science — idéologique et politico-historique comme le marxisme-léninisme —, que la bourgeoisie représente une étape dépassée de l'évolution de l'humanité, on justifie sa liquidation en tant que classe et bientôt la liquidation des individus qui la composent ou qui sont censés y appartenir.

Se référant au nazisme, Marcel Colin parle des « classifications, ségrégations, exclusions, critères purement biologiques qui sont véhiculés par l'idéologie criminelle. Nous pensons à ces présupposés scientistes (hérédité, hybridation, pureté de la race) et même à l'apport fantasmatique, millénariste ou planétaire, qui sont très marqués historiquement et indépassables[2]. » Ces présupposés scientistes appliqués à l'histoire et à la société — le prolétariat porteur du sens de l'Histoire, etc. — relèvent bien d'une fantasmagorie millénariste et planétaire et sont omniprésents dans l'expérience communiste. Ce sont eux qui fixent une idéologie criminogène déterminant selon des critères purement idéologiques une ségrégation arbitraire (bourgeoisie/prolétariat), des classifications (petits-bourgeois, grands bourgeois, paysans riches, paysans moyens, paysans pauvres, etc.) ; en les figeant — comme si elles étaient définitivement données et comme si les individus ne pouvaient passer d'une catégorie à une autre —, le marxisme-léninisme instaure le primat de la catégorie, de l'abstraction, sur le réel et sur l'humain ; tout individu ou groupe est perçu comme archétype d'une sociologie primaire et désincarnée. Ce qui rend le crime plus facile : le délateur, l'enquêteur, le bourreau du NKVD, ne dénonce pas, ne poursuit pas, ne tue pas un homme mais élimine une abstraction nuisible au bonheur général.

La doctrine est devenue une idéologie criminogène par le simple fait de nier une donnée fondamentale, l'unité de ce que Robert Antelme appelle « l'espèce humaine » ou ce que le préambule de la Déclaration des droits de l'homme de 1948 nomme « la famille humaine ». Les racines du marxisme-léninisme plongeraient-elles moins dans Marx que dans un darwinisme dévoyé, appliqué à la question sociale et aboutissant aux mêmes errements que dans la question raciale ? Une chose est certaine : le crime contre l'humanité est le produit d'une idéologie qui réduit l'homme et l'humanité à une condition non universelle mais particulière : biologique/raciale ou socio-historique. Là encore, par un effet de propagande, les communistes ont réussi à faire croire que leur démarche était universelle, prenant en compte l'humanité tout entière. On a même souvent fait reposer une distinction radicale entre nazisme et communisme sur le fait que le projet nazi était particulier — étroitement nationaliste et racia-

1. Dominique Colas, *Lénine et le léninisme*, Paris, PUF, Que sais-je ?, 1987, p. 101. Voir également sa thèse de doctorat, *Le Léninisme*, PUF, 1982.

2. M. Colin, *op. cit.*, p. 14.

liste —, alors que le projet léniniste aurait été universaliste. Quoi de plus faux : dans la théorie et dans la pratique, Lénine et ses successeurs ont clairement exclu de l'humanité le capitaliste, le bourgeois, le contre-révolutionnaire, etc. Reprenant des mots courants du discours sociologique ou politique, ils en ont fait des ennemis absolus. Et comme le disait Kautsky dès 1918, ce sont des mots « en caoutchouc » qui autorisent à exclure de l'humanité qui l'on veut, quand on veut et comme l'on veut et qui mènent tout droit au crime contre l'humanité.

Mireille Delmas-Marty écrit : « Des biologistes, comme Henri Atlan, reconnaissent eux-mêmes que la notion d'humanité dépasse l'approche biologique, et que la biologie a "peu à dire sur la personne humaine". [...] Il est vrai que l'on peut parfaitement considérer l'espèce humaine comme une espèce animale parmi d'autres, une espèce que l'homme apprend à fabriquer lui-même, comme il fabrique déjà des espèces animales ou végétales[1]. » Mais n'est-ce pas ce qu'ont tenté de faire les communistes ? L'idée de « l'homme nouveau » n'a-t-elle pas été au cœur du projet communiste ? Des « Lyssenko » mégalomanes n'ont-ils pas tenté de créer, outre de nouvelles espèces de maïs ou de tomates, une nouvelle espèce d'homme ?

Cette mentalité scientiste de la fin du XIXe siècle, contemporaine du triomphe de la médecine, a inspiré à Vassili Grossman cette remarque sur les chefs bolcheviques : « Les hommes de cette trempe se conduisent comme le chirurgien dans une clinique. [...] Son âme est dans son couteau. Ce qui caractérise ces hommes, c'est leur foi fanatique en la toute-puissance du bistouri. Le bistouri est le grand théoricien, le *leader* philosophique du XXe siècle[2]. » L'idée est poussée à bout chez Pol Pot qui, d'un effroyable coup de bistouri, ampute la partie « gangrenée » du corps social — le « peuple nouveau » — et conserve la partie « saine » — le « peuple ancien ». Aussi folle soit-elle, cette idée n'était pas totalement neuve. Déjà dans les années 1870, Pierre Tkatchev, révolutionnaire russe et digne émule de Netchaïev, proposait d'exterminer tous les Russes âgés de plus de vingt-cinq ans, considérés comme incapables de réaliser l'idée révolutionnaire. À la même époque, dans une lettre à Netchaïev, Bakounine s'indignait de cette idée folle : « Notre peuple n'est pas une feuille blanche sur laquelle toute Société secrète peut écrire ce qui lui semble bon, votre programme communiste par exemple[3]. » Il est vrai que l'Internationale clame « Du passé faisons table rase ! » et que Mao se comparait à un poète génial calligraphiant sur la fameuse page blanche. Comme si une civilisation plusieurs fois millénaire pouvait être tenue pour une page blanche !

---

1. Mireille Delmas-Marty, « L'Interdit et le respect : comment définir le crime contre l'humanité ? », *in* Colin, *op. cit.*, p. 26.
2. V. Grossman, *Tout passe*, *op. cit.*, p. 193.
3. M. Confino, *op. cit.*, p. 120.

L'ensemble du processus de terreur que nous venons d'évoquer a certes été fondé en URSS sous Lénine et Staline, mais il comprend un certain nombre d'éléments invariants que l'on retrouve, à des degrés d'intensité divers, dans tous les régimes se réclamant du marxisme-léninisme. Chaque pays ou parti communiste a connu son histoire spécifique, ses particularités locales et régionales, ses cas plus ou moins pathologiques, mais ceux-ci se sont toujours inscrits dans la matrice élaborée à Moscou à partir de novembre 1917 et qui, de ce fait, a imposé une sorte de code génétique.

Comment comprendre les acteurs de ce terrifiant système ? Présentaient-ils des caractéristiques spéciales ? Il semble que chaque régime totalitaire a suscité des vocations, et a su découvrir et promouvoir les hommes susceptibles de le faire fonctionner. Le cas de Staline est singulier. Sur le terrain de la stratégie, il a été un digne héritier de Lénine, capable de scruter une affaire locale et d'embrasser une situation mondiale. Et sans doute émergera-t-il, aux yeux de l'Histoire, comme le plus grand homme politique du XXe siècle, réussissant à hisser la petite Union soviétique de 1922 au rang de superpuissance mondiale, et à imposer pour des décennies le communisme comme une alternative au capitalisme.

Il fut aussi l'un des criminels majeurs d'un siècle pourtant riche en bourreaux de grande envergure. Faut-il voir en lui un nouveau Caligula, comme le décrivaient Boris Souvarine et Boris Nicolaïevski en 1953 ? Son action est-elle celle d'un pur paranoïaque, comme le laissait entendre Trotski ? N'est-elle pas, au contraire, celle d'un fanatique extraordinairement doué pour la politique, et qui répugnait aux méthodes démocratiques ? Staline est allé au bout de la démarche engagée par Lénine et déjà préconisée par Netchaïev : il a adopté des moyens extrêmes pour mener une politique extrême.

Le fait que Staline se soit engagé délibérément dans la voie du crime contre l'humanité comme moyen de gouvernement nous renvoie aussi à la dimension proprement russe du personnage. Ossète du Caucase, toute son enfance et son adolescence ont été bercées d'histoires de brigands au grand cœur, les *abrek*, montagnards caucasiens bannis de leur clan ou ayant prêté serment d'une vengeance sanglante, combattants mus par le courage du désespoir. Lui-même adopta le pseudonyme de Koba, du nom d'un de ces princes-brigands mythiques, sorte de Robin des Bois vengeur de la veuve et de l'orphelin. Or, dans sa lettre de rupture avec Netchaïev, Bakounine lui écrit :

> « Vous souvenez-vous comment vous vous fâchiez contre moi lorsque je vous appelais un *abrek*, et votre catéchisme un catéchisme d'*abreki* ; vous disiez que tous les hommes doivent être faits ainsi, que l'abnégation totale de soi et le renoncement à tous les besoins personnels, à toutes les satisfactions, aux sentiments, attachements et liens, doivent être l'état normal, naturel et quotidien de tous sans

exception. Votre propre cruauté pleine d'abnégation, votre extrême fanatisme, vous voulez en faire, même à présent, une règle de vie de la communauté. Vous voulez des inepties, des choses impossibles, la négation totale de la nature, de l'homme et de la société[1]. »

En dépit de son engagement révolutionnaire total, Bakounine avait perçu dès 1870 que même l'action révolutionnaire doit se soumettre à certaines contraintes morales fondamentales.

La terreur communiste a souvent été comparée à celle inaugurée par la Sainte Inquisition catholique en 1199. Et là, le romancier nous éclaire sans doute plus que l'historien. Dans son magnifique roman, *La Tunique d'infamie*, Michel del Castillo remarque : « La fin n'est pas de torturer ou de brûler : elle consiste à poser les questions justes. Point de terreur sans vérité, qui est son fondement. Ne posséderait-on point la vérité, comment reconnaîtrait-on l'erreur ? [...] Dès lors qu'on éprouve la certitude de posséder la vérité, comment se résoudrait-on à laisser son prochain dans l'erreur[2] ? »

L'Église promettait le pardon du péché originel et le salut dans l'au-delà ou les feux d'un enfer surnaturel. Marx croyait à une autorédemption prométhéenne de l'humanité. Ce fut le rêve messianique du « Grand Soir ». Mais, pour Leszek Kolakowski, « l'idée que le monde existant est si totalement corrompu qu'il est impensable de l'améliorer et que, précisément pour cela, le monde qui lui succédera apportera la plénitude de la perfection et la libération ultime, cette idée est l'une des aberrations les plus monstrueuses de l'esprit humain. [...] Bien sûr, cette aberration n'est pas une invention de notre temps ; mais il faut reconnaître que, dans la pensée religieuse qui oppose à la totalité des valeurs temporelles la force de la grâce surnaturelle, elle est beaucoup moins abominable que dans les doctrines mondaines qui nous certifient que nous pouvons assurer notre salut en sautant d'un seul bond de l'abîme des enfers aux cimes des cieux[3]. »

Ernest Renan avait sans doute vu juste quand, dans ses *Dialogues philosophiques*, il estimait que, pour s'assurer du pouvoir absolu dans une société d'athées, il ne suffit plus de menacer les insoumis des feux d'un enfer mythologique, mais d'instituer un « enfer réel », un camp de concentration qui servirait à briser les révoltés, à intimider tous les autres, et qui serait servi par une police spéciale, faite d'êtres dépourvus de scrupules moraux et entièrement dévoués au pouvoir en place, des « machines obéissantes prêtes à toutes les férocités[4] ».

Après la libération de la majorité des prisonniers du Goulag, en 1953, et même après le XXe Congrès du PCUS, alors qu'une certaine forme de

1. M. Confino, *op. cit.*, p. 112.
2. Michel del Castillo, *La Tunique d'infamie*, Paris, Fayard, 1997, p. 25.
3. L. Kolakowski, *L'Esprit révolutionnaire*, Paris, Éditions Complexe, 1978, p. 22.
4. Tzvetan Todorov, *Nous et les autres*, Paris, Le Seuil, 1989, p. 226-227.

terreur n'était plus à l'ordre du jour, le principe de la terreur conservait sa fonction et continuait d'être efficace ; la mémoire de la terreur suffisait à paralyser les volontés, comme le rappelle Aino Kuusinen : « C'est le souvenir de cette terreur qui pesait sur les âmes, personne ne semblait croire que Staline avait vraiment disparu de la circulation. Il n'y avait presque pas de famille à Moscou qui n'eût eu à souffrir de ses persécutions, et pourtant on n'en parlait jamais. C'est ainsi, par exemple, que je n'évoquais jamais en présence de mes amis mes souvenirs de prison et de camp. Ils ne me posaient jamais de questions. La peur était trop profondément enracinée dans leur esprit[1]. » Si les victimes portaient en permanence cette mémoire de la Terreur, les bourreaux continuaient de s'appuyer sur elle. En pleine période brejnevienne, l'URSS édita un timbre commémorant le cinquantième anniversaire de la Tcheka et publia un recueil d'hommage à la Tcheka[2].

Pour conclure, laissons une dernière fois la parole à Gorki, dans son texte d'hommage à Lénine en 1924 : « Une de mes vieilles connaissances, un ouvrier de Sormov, un homme à l'âme douce, se plaignait qu'il était dur de travailler dans la Tcheka. Je lui répondis : "Il me semble aussi que ce n'est pas votre affaire. Ce n'est pas dans votre caractère." Il en convint tristement : "Non, pas du tout." Mais après avoir réfléchi, il ajouta : "Pourtant, quand je songe que sûrement Ilitch, lui aussi, est souvent obligé de retenir son âme par les ailes, j'ai honte de ma faiblesse." Arrivait-il à Lénine de "retenir son âme par les ailes" ? Il faisait trop peu attention à lui-même pour parler de soi avec les autres ; mieux que personne, il savait se taire sur les secrètes tempêtes de son âme. Mais, une fois, il me dit en caressant des enfants : "Leur vie sera meilleure que la nôtre ; beaucoup de ce que nous avons vécu leur sera épargné. Leur vie sera moins cruelle." En regardant au loin, il ajouta, songeur : "Quand même, je ne les envie pas. Notre génération est venue à bout d'une tâche étonnante par son importance historique. La cruauté de notre vie, imposée par les circonstances, sera comprise et pardonnée. Tout sera compris, tout[3] !" »

Oui, tout commence à être compris, mais pas au sens où l'entendait Vladimir Ilitch Oulianov. Que reste-t-il aujourd'hui de cette « tâche étonnante par son importance historique » ? Non pas une illusoire « construction du socialisme », mais une immense tragédie qui continue de peser sur la vie de centaines de millions d'hommes et qui va marquer l'entrée dans le troisième millénaire. Vassili Grossman, le correspondant de guerre de Stalingrad, l'écrivain qui se vit confisquer par le KGB le manuscrit de son œuvre majeure et qui en mourut, en tire néanmoins une leçon d'optimisme que nous reprendrons à notre compte : « Notre siècle est le siècle où la violence qu'exerce l'État sur l'homme a atteint son plus

1. A. Kuusinen, *op. cit.*, p. 224.
2. Ce texte a été analysé par Michel Heller, « Lénine et la Vetcheka », *Libre*, n° 2, 19.
3. M. Gorki, *Lénine*, *op. cit.*, p. 31-32.

haut degré. Mais c'est là précisément que résident la force et l'espérance des hommes : c'est le XXe siècle qui a ébranlé le principe hégélien du processus historique universel : “Tout ce qui est réel est rationnel”, principe dont se réclamaient, dans des disputes passionnées qui durèrent des dizaines d'années, les penseurs russes du siècle dernier. Et c'est justement maintenant, à l'époque du triomphe de la puissance étatique sur la liberté de l'homme, que les penseurs russes, revêtus de la bure des camps, énoncent, en retournant la loi de Hegel, le principe suprême de l'histoire universelle : “Tout ce qui est inhumain est insensé et inutile.” Oui, dans ce temps de triomphe total de l'inhumanité, il est devenu évident que tout ce qui a été créé par la violence est insensé, inutile, sans portée, sans avenir [1]. »

1. V. Grossman, *Tout passe*, *op. cit.*, p. 228.

INDEX

C

D

E

F

G

H

L

M

Q

R

S

T

U

V

W

X

Y

Z

LES AUTEURS

Stéphane Courtois, directeur de recherches au CNRS (GÉODE-Paris X), directeur de la revue *Communisme*, spécialiste de l'histoire du communisme. Il a notamment publié : *Le* PCF *dans la guerre* (Ramsay, 1980), *Qui savait quoi ? L'extermination des Juifs, 1941-1945* (La Découverte, 1987, en coll.), *Le Communisme* (MA Éditions, 1987, avec M. Lazar), *Le Sang de l'étranger. Les immigrés de la* MOI *dans la Résistance* (Fayard, 1989, en coll.), *Cinquante ans d'une passion française. De Gaulle et les communistes* (Balland, 1991, avec M. Lazar), *Rigueur et passion. Hommage à Annie Kriegel* (Le Cerf/L'Age d'homme, 1994, en coll.), *L'État du monde en 1945* (La Découverte, 1994, avec A. Wieviorka), *Histoire du Parti communiste français* (Presses universitaires de France, 1995, avec M. Lazar), *Eugen Fried. Le grand secret du* PCF (Le Seuil, 1997, avec A. Kriegel).

Nicolas Werth, agrégé d'histoire, chercheur à l'Institut d'histoire du temps présent, s'est consacré à l'histoire de l'URSS. Il a notamment publié : *Être communiste en* URSS *sous Staline* (Gallimard, 1981), *La Vie quotidienne des paysans russes de la Révolution à la collectivisation, 1917-1939* (Hachette, 1984), *Histoire de l'Union soviétique, de l'Empire russe à la* CEI (PUF, 1992), *Rapports secrets soviétiques. La société russe dans ses rapports confidentiels, 1921-1991* (Gallimard, 1995) avec Gaël Moullec.

Jean-Louis Panné, historien. A collaboré au *Dictionnaire biographique du mouvement ouvrier français* (1914-1939) ; auteur (avec Emmanuel Wallon) de *L'Entreprise sociale, le pari autogestionnaire de Solidarnosc*, L'Harmattan, 1987 ; *Boris Souvarine, le premier désenchanté du communisme*, Robert Laffont, 1993.

Andrzej Paczkowski, vice-directeur à l'Institut d'études politiques de l'Académie polonaise des sciences, membre du Conseil scientifique des

Archives du ministère des Affaires intérieures et de l'administration. Il est l'auteur de : *Stanislaw Mikolajczyk (1901-1966) ou la défaite d'un réaliste. Essai de biographie politique*, 1991 ; *L'Appareil de la Sécurité 1944-1956* (documents), 2 vol., 1994 et 1996 ; *Un demi-siècle d'histoire de la Pologne, 1939-1989*, 1995 (prix Clio du meilleur livre d'histoire, 1996).

Karel Bartosek, historien d'origine tchèque, chargé de recherches à l'IHTP (CNRS) de 1983 à 1996, directeur de la revue *La Nouvelle Alternative*, spécialisé sur l'Europe centrale et orientale. A publié entre autres : *The Prague Uprising 1945* (en tchèque, slovaque, allemand et anglais, entre 1960 et 1965), *De l'exil à la Résistance, Réfugiés et immigrés d'Europe centrale en France 1933-1945* (codir., Arcantère, 1989), *Confession* (entretiens avec Bedrich Fucik, Toronto, 1989), *Le témoin du procès de Husak témoigne* (entretiens avec Ladislav Holdos, Prague, 1991), *Les Aveux des archives. Prague-Paris-Prague, 1948-1968*, Le Seuil, 1996.

Jean-Louis Margolin, agrégé d'histoire, maître de conférences à l'université de Provence, chercheur à son Institut de recherche sur le Sud-Est asiatique (CNRS). Il a publié *Singapour, 1959-1987. Genèse d'un nouveau pays industriel* (L'Harmattan, 1989).

Ont collaboré à l'ouvrage :

Rémi Kauffer, spécialiste de l'histoire du Renseignement, du terrorisme et des appareils clandestins. Auteur notamment, avec Roger Faligot, de *Service B* (Fayard, 1985), KGB *objectif Pretoria* (Lausanne, 1986), *Kang Sheng et les services secrets chinois 1927-1987* (Robert Laffont, 1987), *As-tu vu Cremet*, (Fayard 1991). *Histoire mondiale du Renseignement* (2 volumes, Robert Laffont, 1993-1994, en coll.).

Pierre Rigoulot, chercheur à l'Institut d'histoire sociale. Rédacteur en chef des *Cahiers d'histoire sociale*. Auteur notamment de *Des Français au Goulag* (Fayard, 1984), *La Tragédie des Malgré-nous* (Plon, 1990), *Les paupières lourdes, Les Français face au Goulag : aveuglement et indignation* (Éditions universitaires, 1991).

Pascal Fontaine, journaliste spécialiste de l'Amérique Latine.

Yves Santamaria, agrégé d'histoire, maître de conférences à l'IUFM du Mans et à l'IEP de Paris. Auteur de *Du Printemps des peuples à la Société des nations* (La Découverte, 1996 avec Brigitte Waché).

Sylvain Boulouque, étudiant en histoire, chercheur associé au GEODE (Université Paris X).

TABLE

TROISIÈME PARTIE

L'AUTRE EUROPE VICTIME DU COMMUNISME

QUATRIÈME PARTIE

COMMUNISMES D'ASIE : ENTRE « RÉÉDUCATION » ET MASSACRE

CINQUIÈME PARTIE

LE TIERS-MONDE

Ce volume a été composé
par Nord-Compo
et achevé d'imprimer en octobre 1997
par Bussière Camedan Imprimeries
à Saint-Amand-Montrond (Cher)

Edition exclusivement réservée aux adhérents du Club
Le Grand Livre du Mois
15 rue des Sablons
75116 Paris
réalisée avec l'aimable autorisation des éditions Laffont

Dépôt légal : novembre 1997.
N° d'impression : 4/1077.

Imprimé en France

ISBN : 2-7028-0981-2